Os Sertões

Coleção Clássicos Comentados

Dirigida por Ivan Teixeira (*in memoriam*)
João Angelo Oliva Neto
José de Paula Ramos Jr.

Euclides da Cunha

OS SERTÕES

— Campanha de Canudos —

Edição, Prefácio, Cronologia, Notas e Índices
LEOPOLDO M. BERNUCCI

Ilustrações
ENIO SQUEFF

∼ **1902-2022** ∼
120 anos da publicação de Os Sertões

Ateliê Editorial

Copyright @ 2001 Leopoldo M. Bernucci

Direitos reservados e protegidos pela Lei 9.610 de 19.02.1998. É proibida a reprodução total ou parcial sem autorização, por escrito, da editora.

1ª edição, 2001
2ª edição, 2002
3ª edição, 2004
4ª edição, 2009
5ª edição revista e ampliada, 2018
6ª edição, 2022

Dados Internacionais de Catalogação na Publicação (CIP)
(Câmara Brasileira do Livro, SP, Brasil)

Cunha, Euclides da, 1866-1909

Os Sertões (Campanha de Canudos) / Euclides da Cunha; edição, prefácio, cronologia, notas e índice Leopoldo Bernucci/ ilustração Enio Squeff. – 6. ed. – Cotia, SP: Ateliê Editorial, 2022. – (Coleção Clássicos Comentados)

ISBN 978-65-5580-077-7

1. Brasil, Nordeste – Descrição e viagens. 2. Brasil – História – Guerra de Canudos, 1897. 3. Cunha, Euclides da, 1866-1909. Os sertões – Apreciação crítica. 4. Literatura brasileira. I. Bernucci, Leopoldo M. II. Título. III. Série.

22-113740   CDD-B869.3

Índices para catálogo sistemático:
1. Romance: Literatura brasileira   B869.3

Aline Graziele Benitez – Bibliotecária – CRB 1/3129

Direitos reservados à
Ateliê Editorial
Estrada da Aldeia de Carapicuíba, 897
06709-300 – Cotia – SP
Tel.: (11) 4702-5915
www.atelie.com.br | contato@atelie.com.br
facebook.com/atelieeditorial | blog.atelie.com.br

Printed in Brazil 2022
Foi feito o depósito legal

Sumário

Agradecimentos 9
Nota à Presente Edição 11
Prefácio 13
Cronologia 47

Os Sertões

Nota Preliminar 61
A Terra 65
O Homem 139
A Luta – *Preliminares* 299
   Travessia do Cambaio 335
   Expedição Moreira César 375
   Quarta Expedição 447
   Nova Fase da Luta 607
   Últimos Dias 649

Notas à 2ª. Edição 709
Glossário de Antropônimos e Topônimos 719
Bibliografia 781
Índice Remissivo 791
Iconografia 819

Agradecimentos

Gostaria de consignar o meu mais sincero agradecimento a alguns amigos e colegas que partilharam várias horas dedicadas ao estudo de *Os Sertões*. A José Carlos Barreto de Santana, que esclareceu inúmeras dúvidas bibliográficas e informativas ligadas às ciências; a Frederic Amory, que leu as duas primeiras partes, comentando-as com a sua fina erudição de sempre; a Isolde Jordan, que me ajudou na tradução do alemão; a Enzo Carratore, Enio Fonda e João Angelo de Oliva Neto pelo auxílio com o latim; a Roberto Ventura, pelo apoio biográfico e pela imprescindível e cuidadosa leitura final do texto. A Ivan Teixeira, que resolveu comigo, numa longa madrugada em São Paulo, problemas de inteligibilidade do texto; a este amigo e colega sou grato também pelo seu desprendimento, sua visão editorial, sua generosidade bibliográfica e seu incansável estímulo. Na etapa final das correções do livro, o apoio e a revisão (indispensáveis!) de Geraldo Gerson de Souza e de Álvaro Lorencini, este, tio e amigo, contribuíram para que a redação do livro melhorasse consideravelmente. Sou grato também à Maria Olívia G. R. Arruda por ter compartilhado comigo dados de sua pesquisa de arquivos. A Plinio Martins Filho, paciente e desprendido editor que, fazendo vista grossa aos meus infindos prazos, sempre se mostrou aberto às minhas ideias. Devo muito ainda a Oswaldo Galotti e ao coronel Davis Ribeiro de Sena (Arquivo Histórico do Exército), pela seleção iconográfica desta edição. É da coleção particular do primeiro que a maioria das fotos foram extraídas. Finalmente, agradeço a minha esposa, Rachelle, e meus filhos Alexandre, Paul e Marcel, que sempre souberam, com aquela diplomacia caseira, quando era hora de retirar-me do computador para me acolherem de braços abertos ao mundano e delicioso ruído do lar.

Nota à Presente Edição

Sem desconsiderar a hipótese de contribuir com os estudos euclidianos, a edição que ora apresentamos de *Os Sertões* destina-se essencialmente ao leitor menos familiarizado com o universo do livro. Por isso, concentramos nossos esforços nas notas explicativas ao difícil texto de Euclides da Cunha, com o propósito de organizar uma edição realmente prática e que fosse autossuficiente, no sentido de aliviar ao máximo sua leitura, evitando o exaustivo concurso a dicionários e enciclopédias. Assim, elaboramos mais de três mil notas ao texto, voltadas para o esclarecimento de dificuldades de sintaxe, de vocabulário, de geografia e história. As notas de consulta imediata vão em pé de página; os informes históricos, geográficos e onomásticos encontram-se no final do volume. As notas do próprio Euclides a seu texto acham-se também em pé de página, com indicação especial.

O trabalho de organização de informações, infelizmente ainda incompleto, não teria sido possível sem algumas fontes básicas no setor: a edição brasileira da *Obra Completa* do autor, dirigida por Afrânio Coutinho; a edição americana de *Os Sertões*, sob responsabilidade de Samuel Putnam; a venezuelana, organizada por Walnice Nogueira Galvão; a alemã, a cargo de Berthold Zilly; e a francesa, sob direção de Antoine Seine e Jorge Coli. Foram igualmente imprescindíveis os estudos de José Calasans, para a biografia dos principais conselheiristas, e os de Leone Fontes, para a biografia de Moreira César e para a história da terceira expedição do exército republicano contra Canudos.

Os dados biográficos dos soldados não poderiam estar minimamente organizados sem a ajuda e a presteza dos pesquisados do Instituto Histórico do Exército, do Rio de Janeiro. Contribui também para essa tarefa Felipe Rissato com a sua sempre valiosa, contínua e precisa pesquisa sobre a vida do autor. Apesar de nossos esforços, lamentamos que as notas sobre alguns conselheiristas e alguns soldados, assim como a localização de certos lugares, apareçam de modo incompleto ou inconsistente, à espera de melhor sorte em futuras investigações. A cronologia de Euclides da Cunha aqui incluída se baseia no trabalho biográfico de Paulo Dantas e nos de Décio Valente.

A fonte básica para o presente texto de *Os Sertões* é um exemplar da terceira edição (AP), corrigido por Euclides da Cunha, do qual há cópia na Academia Brasileira de Letras. Assim, exceto pela atualização ortográfica, virgulação e diagramação, nosso texto esforçou-se por obedecer, na medida do possível, àquilo que a tradição dos estudos euclidianos estabeleceu como sendo a vontade do autor. Para as questões ortográficas, foram utilizados os seguintes dicionários: F. J. Caldas Aulete, Cândido de Figueiredo, Academia Brasileira de Letras e Aurélio Buarque de Holanda Ferreira. Os sumários originais para cada um dos oito capítulos de *Os Sertões* foram modificados para refletir a disposição que demos aos subcapítulos no corpo do livro. Todos os nossos acréscimos aparecem entre colchetes, porém a maioria daqueles já tinha sido introduzida no texto por Fernando Nery, em 1933, na 12ª edição. Outros foram criados por nós e alguns, ainda, corrigidos para coincidir literalmente com os subtítulos dos sumários.

LEOPOLDO M. BERNUCCI
Boulder, 2002.

Prefácio

Em toda a história da literatura brasileira, nenhum escritor pôde estabelecer, até agora, uma relação tão visceral com seus leitores como Euclides da Cunha. Todos nós que lemos e relemos as instigantes e magistrais páginas de *Os Sertões* saímos sempre de nossa leitura com um sentimento de assombro ou de perplexidade. Alguns dos seus leitores o detestam, outros sentem por ele verdadeira adoração. E ainda há um terceiro grupo, o daqueles que reagem de modo ambivalente diante desse texto multifacetado. Porque é bem verdade que, na construção dessa obra, as camadas justapostas da linguagem, os diferentes níveis de significado, o enorme sentido dado à tragédia de Canudos e as teorias científicas e sociológicas ali discutidas revelam um quadro de acertos e deslizes, mas que nunca nos deixa impassíveis diante da matéria apresentada. Tanto é assim que é justamente essa disparidade de um produto miscelâneo que confere a esta obra uma dignidade própria, um certo aspecto humano e humanístico em que na coluna do *haver* encontram-se os experimentos com a língua portuguesa, a potência de uma retórica barroca que roça o conceptismo, uma enorme curiosidade de conhecer o tipo brasileiro, um esforço veemente por definir a nossa nacionalidade, um respeito reverencial pela história brasileira, um afã de justiça por uma campanha militar que terminou em "charqueada" e muitos outros que elevam o livro à categoria dos clássicos, como até hoje ele tem sido tratado. Na seção do *deve*, ficaria aquela visão das raças superiores, inclusive muito de escola, que impediu que Euclides lançasse um olhar mais sereno sobre a formação da nossa etnia, tão complexa, rica e admirável como resultado da mestiçagem que marcou profundamente os aspectos culturais e religiosos do povo brasileiro. Como vemos, se compararmos as duas colunas, pensando nos ganhos e nas perdas do livro, notaremos que a segunda se redime pelos lucros notáveis encontrados na primeira. A diferença não só é quantitativa, mas também qualitativa, o que quer dizer que os acertos são muito maiores que as falhas.

Além dessas particularidades textuais, há o fato, não menos importante, de que os percalços na vida de Euclides, somados a um desfecho verdadeiramente funesto de sua existência irregular, não poderiam ser menos trágicos, guardadas as devidas proporções, que os fatos ligados ao grande tema de *Os Sertões*. Assim, o fascínio pela obra não seria menor que o fascínio pela biografia, não faltando razões para se traçar inclusive um paralelo entre a vida conjugal do Conselheiro e a do Autor. Sobre ambas recai o tema do adultério que no entrecho biográfico do líder de Canudos, em *Os Sertões*, recebe não só uma, mas duas versões. Na primeira, a fuga da mulher com um policial (p. 242); na segunda, a estória de uma traição urdida pela mãe (p. 246). Certamente, o motivo central dessas estórias – a questão da honra do marido – deveria ter impressionado Euclides que, ironicamente, tornou-se também sua vítima.

A propriedade que tem um texto como *Os Sertões* de "crescer", depois de quase cento e vinte anos desde seu nascimento, e de atrair um número invejável de leitores é o melhor atestado que ele poderia ter recebido de obra imperecível. O próprio Euclides, que no dizer expressivo de um de seus críticos "dormiu desconhecido para no dia seguinte acordar famoso", nunca poderia ter imaginado que um século depois do seu lançamento um grupo cada vez maior de leitores, dentro e fora de seu país, estivesse lendo-o em português e em mais de dez línguas, nas diversas traduções que, em alguns casos, ganharam até mesmo duas ou três versões. Estamos, sem dúvida, diante de um trabalho de linguagem esmerado e sem par e de uma organização discursiva que fizeram com que o livro ascendesse já muito cedo aos patamares da literatura. Todavia, devemos ainda reconhecer que as diferentes matérias nele abordadas, principalmente a da Guerra de Canudos, emprestaram-lhe um certo vigor e atualidade nos últimos quarenta anos, durante os quais a grande maioria dos leitores tem-se tornado mais sensível e cética com respeito à forma como os assuntos foram colocados no século XIX: civilização e barbárie, vencedores e vencidos, progresso litorâneo e atraso interiorano, fanatismo religioso e legitimidade de expressão espiritual, europeísmo e autoctonismo.

Assim, duas considerações podem ser traçadas a respeito de *Os Sertões*. Em primeiro lugar, a seleção dos temas ali tratados estará sempre justificando a sua atualidade. Em segundo, a feliz arrumação dos fatos narrados e os extraordinários efeitos estéticos de sua linguagem – a qual, mesmo depois de tantos anos, nos comove até hoje por sua força expressiva e pela presença de seu nervo vivo e pulsante – conferem a esta obra um padrão literário de qualidade e originalidade excepcionais. Será a esse último aspecto que estaremos dedicando a nossa análise no presente prefácio.

A ORGANIZAÇÃO DE *OS SERTÕES* E SUAS LINGUAGENS

A maior relevância que a primeira parte, "A Terra", possui com respeito a *Os Sertões* no seu todo é, indiscutivelmente, de natureza orgânica. Melhor do que tentar demonstrar uma vez mais a sua importância estrutural, apesar do pouco acessível que é à maioria dos seus leitores, será considerá-la aqui como matriz geradora de núcleos narrativos a serem desenvolvidos ou expandidos nas duas partes ulteriores, "O Homem" e a "A Luta"[1]. Neste sentido, por exemplo, "A Terra" tem uma incomum capacidade antecipadora de articular certas narrativas e de formular um conjunto de ideias lançadas ou sugeridas no começo do livro e que são retomadas mais tarde em outras páginas da obra-prima de Euclides.

Nas seções subsequentes a esse momento inicial de *Os Sertões*, verificamos que, uma vez que uma ideia aparece reduplicada, esta ganha, geralmente, uma forma mais elaborada, e portanto mais enriquecida do que a original. Este efeito de duplicação ou espelhamento interessa na medida em que "A Terra" pode ser considerada como uma súmula de co-

---

1 Para uma apreciação da importância estrutural de "A Terra", segundo o plano determinista do autor, ver os capítulos VII e VIII do meu livro *Historia de un Malentendido: Un Estudio Transtextual de* La Guerra del Fin del Mundo *de Mario Vargas Llosa*, pp. 189-218.

nhecimentos díspares (geologia, corografia, geografia, folclore, história, botânica, arqueologia etc.) mas harmônicos entre si, regida sempre pelo princípio de equivalência e sustentada pelo de coerência da obra. Nesta dinâmica especular, em que uma matriz engendra núcleos narrativos semelhantes, as fronteiras entre os diferentes discursos se veem transpostas e ao mesmo tempo apagadas, digamos, entre aqueles discursos científicos, antropológicos, historiográficos e os que lidam com os acontecimentos da guerra e as matérias imaginadas ou inventadas da obra. Assim, o martírio da terra se reflete no do homem; o flagelo do clima, no espancamento do sertanejo pelas canículas ou ainda a sugestiva imagem vegetal da degola extraída do *Melocactus bahiensis*, popularmente conhecido como coroa-de-frade, reflete-se naquele sacrifício humano, a degola, que tanto aterrorizou os conselheiristas no final da guerra. Ademais, o pior desastre desse final, a destruição de Canudos, espelha a catástrofe do círculo vicioso das secas. Porém, resta ainda observarmos outros núcleos.

Para melhor entender o procedimento acima descrito, seria útil começar com a visão telescópica que adota Euclides para abrir o primeiro capítulo do livro, em que a perspectiva da sua narração é originalíssima. Principia com uma imagem aérea, "cinematográfica", do Planalto Central [sic] e abre-se como um leque em visão panorâmica, subjugada aqui e ali por um efeito óptico de *zoom*, como a crítica já observou, para fechar-se em *close-up* (a região de Canudos), a partir do capítulo II, e depois descansar o seu olhar nos capítulos III e IV, e uma vez mais redirecionar o foco, dirigindo-o agora para as considerações gerais e os paralelismos no capítulo V. Este movimento de abertura e contração do campo visual atesta explicitamente o caráter não só pictórico da escritura euclidiana, mas também a sua singular capacidade para mover-se entre as generalizações e os aspectos mais particulares da sua narrativa. Desta maneira, para explicar Canudos, lança-se um olhar geral sobre a topografia, a geografia e o clima brasileiros, focaliza-se especificamente no arraial de Antônio Conselheiro e retorna-se novamente às considerações universais através de uma comparação, cuja fórmula facilmente se identifica com os modelos de análises científicas. O método utilizado para demonstrar a formação da etnia do sertanejo é absolutamente exemplar no seguir as mesmas linhas utilizadas na explicação do meio natural. O quadro mais geral das três raças condensa-se e, numa síntese incalculavelmente engenhosa, tenta-se regressar ao seu estágio primeiro, quando se buscam no jagunço traços do bandeirante impetuoso – seu progenitor cultural – para explicar o atual cangaceiro. E esse painel nunca se fecha, bastando observar que nem mesmo toda a história das heresias que marcam a trajetória do Cristianismo, a partir do século II d.C., nem mesmo os antecedentes sebastianistas em Portugal e nem ainda os movimentos mais recentes, como o da Pedra Bonita (1837), todos num conjunto universalizante, conseguem dar conta de um modo satisfatório das idiossincrasias do movimento messiânico de Canudos. Esgotados os recursos explicativos que a história das religiões, via Renan, podia oferecer-lhe, Euclides apela para um oráculo local, as teorias do Dr. Nina Rodrigues, para sem muita sorte voltar, então, a um mestre de escola europeia, Maudsley, que logra somente pasmar o consulente já há tempo abismado.

    E em "A Luta"? Nesta parte, procede-se de modo idêntico, sem muitas variantes. Deixando a vertente religiosa do conflito de lado, Euclides recupera suas causas políticas num gesto europeizante de associar a Campanha de Canudos à Vendeia ou de relacionar os seus fracassos às táticas de guerra europeias que dificilmente se enquadravam nas situações locais. Durante as batalhas, ajusta-se a alça de mira das armas do alto do Morro da Favela, como anteriormente já, depois de acertar os binóculos e acomodar o olhar, tinha-se apreciado o país também das alturas e vislumbrado os sertões em volta de Canudos do lugar mais elevado de Monte Santo. O efeito visual é formidável, mas o que prevalece como ponto de ligação entre a primeira e a terceira parte do livro é a metáfora do conflito. Em "A Terra", a frequência deste tropo é tão pronunciada que nos faz pensar que já estamos no regime dos combates de "A Luta". O "embater dos elementos" (p. 74), o "perene conflito" (p. 93), "a luta pela vida" (p. 108), "a batalha surda" (p. 108) são algumas dessas imagens que ficam registradas na retina do leitor. Como fica também a troca de papéis que se verifica tanto na natureza, expressa através da relação desta com o homem, quanto na guerra. Em outras palavras, ora a natureza domina o homem, ora este luta contra ela, dominando-a; ora ganha o jagunço, ora ganham as forças do exército. Na visão euclidiana, o homem ainda perde diante da estupenda força natural do meio, como o jagunço é massacrado pelas mãos "civilizadoras" do exército. O conflito é antigo e gravita sobre um eixo demasiado conhecido e polarizado: civilização e barbárie.

Procurando geralmente encaixar o objeto estudado nas categorias já delineadas pelas ciências europeia e norte-americana, Euclides utiliza os parâmetros científicos do Outro para realçar, em caráter quase nacionalista, a singularidade da matéria do seu estudo. É aqui onde o Autor se aproxima mais daquela tendência modernista que se instalará entre nós na década de 1920, embora sem identificar-se com ela completamente; quer dizer, frisando os traços autóctones brasileiros, sem que esta atitude pressuponha necessariamente um tom ufanista, como aquele que marcou também o período, mas que em Euclides não medrou. E se os mesmos parâmetros lhe serviam para adjudicar à realidade do sertão baiano respostas seguras a problemas de questionável solvência científica, era porque o prurido de originalidade calava mais fundo no nosso autor. Diante das inevitáveis dúvidas e indecisões, o elemento cotejado, isto é, Canudos, dá lugar a digressões narrativas que deslocam o centro de atenção do discurso para a periferia, na mesma proporção em que o salto geográfico em latitudes permite a Euclides deixar a Bahia para percorrer os pontos comparados: os *llanos* da Venezuela, as savanas do Mississippi, os Andes, o deserto de Atacama, as estepes da Mongólia e o Saara, tudo em minutos preenchidos com ligeiras recordações de suas semelhanças e diferenças.

Deve-se reconhecer aqui que centro e periferia importam somente na medida em que a segunda existe para afirmar a supremacia do primeiro. Em "A Terra", Canudos aparece como o centro que sintetiza todos os sertões do Norte (p. 101), mas também como *axis brasiliae* na cartografia euclidiana, traçada, como já ficou dito, a partir da visão do mapa do Brasil em relevo, desde os confins do Planalto Central até o mirante de Monte Santo (p. 89).

BÍBLIA

Algo semelhante ocorre nas últimas duas partes de *Os Sertões*, onde não se pode deixar de buscar a nova imagem do arraial conselheirista como *axis mundi* ou a nova Jerusalém. E desta forma se instauram, deslizando-se pouco a pouco no texto, ressonâncias bíblicas que contribuem para fazer de Canudos um lugar inexaurível de infinitas possibilidades interpretativas (*dilúvio, Canaã sagrada, arca da aliança, Anticristo, Babilônia*). Outra delas é a "visão do Paraíso", de cariz historiográfico desde os primórdios da Colônia e que, em "A Terra", se antecipa ao paraíso terrestre, recarregado de sentido religioso para os conselheiristas.

A analogia e a comparação sempre operam em Euclides algo que em escritores menores pode ser visto como limitação; isto é, nestes busca-se uma forma equilibrada entres os elementos, uma lei quase universal que lhes permite encontrar um sentido ou harmonizar suas formas aparentemente dissociadas; enquanto em Euclides, a correspondência ocorre de modo momentâneo para logo converter-se em paradoxo. O "sertão é um paraíso" (p. 121), é "um pomar vastíssimo, sem dono" (p. 127) nos indicam duas passagens da primeira parte do livro. Ali "era o céu" (p. 92), aponta outro trecho que encontra, por um lado, o seu correspondente (na segunda parte) na "terra da promissão, onde corre um rio de leite e são de cuscuz de milho as barrancas" (p. 280), e, por outro, o seu contraponto, na imagem do Inferno: "Canudos, imunda antessala do Paraíso, pobre peristilo dos céus, devia ser assim mesmo – repugnante, aterrador, horrendo..." (p. 280)

Para um livro tão permeado de imagens bíblicas, aconselha-se a começar do início de todas as coisas. Euclides segue à risca a ordem de sua criação, seu desenvolvimento e sua conclusão. A origem, é certo, lhe interessa sobremaneira porque satisfaz, na base de um espírito científico como o dele, uma curiosidade que explica a causa de todos os efeitos. Nota-se ainda como a entrada da "árvore sagrada do sertão" – o umbuzeiro – no horto paupérrimo do sertanejo (p. 119) vem reforçar essas imagens que se intensificam ainda mais nas narrações apocalípticas dos últimos dias da luta. Um olhar sobre Canudos lançado naqueles momentos derradeiros, a partir do Morro da Favela, revela ao Autor uma "tapera babilônica", "uma paisagem bíblica", "como as cidades do Evangelho" (pp. 535-536). Observemos também, para estudar um caso muito expressivo, o aparecimento do Gênesis e de uma gênese no livro. O primeiro surge logo de início na poderosa metáfora do *caos* e o segundo se manifesta através das explicações geológicas sobre a formação do continente sul-americano e da desordem humana em Canudos. Visitando o terreno bíblico antes do geológico, Euclides parece sugerir que há um grau de importância nessa apresentação, na qual se coloca o Antigo Testamento, uma vez mais, no centro do fazer historiográfico, como era praxe na historiografia antiga. Se esta tradição influi ou não sobre a obra do nosso escritor, adquire menor importância que o fato de ele configurar para o seu texto clássico um universo de trevas, no qual a noção de desordem ganha sua expressão. Será ao entrar na topografia da Bahia que a linguagem euclidiana começa a lidar com o caos. Fala-se, inicialmente, de "morros, incoerentemente esparsos" (p. 74), da "drenagem caótica das torrentes" (p. 75), da "terra ignota" (p. 75), de um "rio problemático" (p. 75), morros parecidos a "disformes pirâmides" (p. 77). E isto tudo serve para adiantar as imagens intensificadas dos horrores paridos por uma Natureza, cuja gênese em si é imperfeita, gerando um "informe amontoado de montanhas derruídas" (p. 87), numa "confusão pasmosa" (p. 91) em que prima a "acidentação caótica de boqueirões" (p. 91). Sendo Canudos a meta final dessa narrativa, inevitavelmente, a linguagem contaminadora do escritor chegará também até lá. Basta acompanhar o narrador de *Os Sertões* ao Alto da Favela, para olharmos estupefatos um amontoado de casebres desordenados. As pobres vivendas de pau a pique se transformam em "confusos tetos" (p. 92) ou em cenário de uma "confusão caótica dos telhados" (p. 226). A estrutura da igreja nova se identifica pelo seu "madeiramento confuso de traves, vigas e baldrames" (p. 416), como ideias similares que continuam a propagar-se pelo texto contagiando também as prédicas do Conselheiro ("misto inextricável e confuso conselhos", p. 250) e as tropas do exército, que sofrem os achaques da "confusão e [d]a desordem" (p. 326), principalmente durante as expedições de Febrônio de Brito e de Moreira César.

ANTROPOLOGIA

Se o processo de duplicação descrito em páginas anteriores foi confundido, no passado, por alguns críticos do estilo euclidiano, e visto como *repetição*, dando a esta palavra o seu pior sentido, uma leitura mais cuidadosa de *Os Sertões* vem mostrar justamente o contrário. A repetição, para um escritor disciplinado e rigoroso como Euclides, só pode significar ênfase e atender a expedientes que unicamente ajudam a reforçar a unidade do livro. Auxiliando na criação de elos entre as suas três partes, caberia considerar também, dentro dessa ordem das coisas, a noção de enlace, segundo a qual se aplicaria um único conceito a duas unidades diferentes, como é o caso do *arraigamento*, usado nas duas acepções: o Homem que *se arraiga* nos sertões (pp. 211-218) e a planta que *se enraíza* no seu solo árido (p. 112). Os efeitos climatológicos do deserto que desidratam tanto um soldado (pp. 97-98, 574) como um cavalo (p. 98) fazem parte desse mundo das curiosidades científicas, onde a repetição também enfatiza a observação empírica do Autor.

Sob a base conceitual do isolamento encontraremos que ele opera tanto no terreno natural (isolamento geográfico; pp. 93-95) quanto no humano (isolamento étnico; pp. 123-124, 156, 272), estabelecendo, portanto, o laço que acima comentamos. O aproveitamento de uma única noção para dar conta de duas zonas de conhecimento (Geografia e Antropologia) nos permite ver, entretanto, que a divisão em partes adotada para *Os Sertões* segue apenas um impulso organizador de sua escritura: porquanto "A Terra" e "O Homem" estariam ignorando os seus próprios limites, e atravessando as barreiras que lhe foram impostas pelo Autor, é certo, com o intuito apenas de poder organizar a multiplicidade e dar forma à densidade das matérias ali contidas. Não nos surpreende, assim, ver tantas vezes um assunto ser discutido na primeira parte para depois ser retomado ou expandido na segunda.

Levando um argumento determinista – a influência do meio sobre o Homem – até às últimas consequências, Euclides consegue fazer que a topografia caótica de Canudos se espelhe na topografia psíquica do Conselheiro; e numa inversão notável, logra conceber que os componentes anômalos do próprio meio – a tapera do jagunço, as igrejas construídas pelo Conselheiro – sejam o reflexo insano e caótico da psique do sertanejo (pp. 278-280).

Recapitulando. Uma das técnicas que Euclides emprega em *Os Sertões* seria aquela que, apropriando-se de um núcleo narrativo menor, visa expandi-lo e reduplicá-lo. Todos os leitores certamente recordarão como o Autor agiu diante de uma tese sugestiva de Emmanuel Liais – a da existência de um mar cretáceo cobrindo a região de Monte Santo, e portanto a região dos sertões, na época terciária de sua formação geológica. A bem dizer, a tese do naturalista francês, rebatida pela de Frederick Hartt e Orville Derby, com bases muito mais sólidas e averiguações paleontológicas, se tampouco foi afiançada por Euclides, nem por isso deixou de interessá-lo. Nota-se, numa leitura ainda que rápida do livro, o efeito que a ideia de um mar no deserto (e o que verdadeiramente importa é a ilusão da abundância de água no deserto) pode provocar. Ao refutar a tese desse cientista "algo romântico", como Euclides chamaria o autor de *Climats*, embora sem abandoná-la (p. 85), o escritor fluminense a expõe com meticulosidade para aproveitar dela a explicação sobre o aparecimento dos pontos mais altos do território baiano, mas para também apontar a dificuldade de compreender por que aquela zona do país nunca poderia ter estado debaixo de um enorme volume de água salgada, quando todos os dados que até então se enfeixavam levavam-no a crer o contrário. Ora, a concessão feita à ciência de Liais parece que teve o poder mesmo de enfeitiçá-lo, exigindo de Euclides a sua forte adesão ao imaginário sertanejo, a tal ponto que ele próprio chega a falar "da ilusão maravilhosa de um seio de mar" (p. 99). Não poderia ter-lhe ocorrido explorar a teoria desse mesmo imaginário, porquanto a imagem já estava sedimentada naquele "o certão [*sic*] virará Praia..."? (p. 252). É difícil responder a esta pergunta quando estamos diante de um escritor que vibrava tanto em face de conhecimentos das ciências quanto das trovas da sabedoria popular.

Parte dessa dualidade se explica pelo mecanismo de combater a aparência com a realidade ou a primeira impressão com o dado empírico, derivado da formação científica e escolar do autor. Mas parte viria também da sua atrevida linguagem barroca em que, para o agravo da ciência, a ilusão das coisas enriquece o texto pela sua capacidade sugestiva: "Reproduzamos, intactas, todas as impressões, verdadeiras ou ilusórias" (p. 190). As rochas se assemelham a "ruinarias de castelos" (p. 82) e as chapadas corroídas a "velhos caminhos de geleiras" (p. 83). Ou então, o caminho da via-sacra de Monte Santo lembra uma "escada para os céus..." (p. 339). Como veremos mais adiante, compaginam-se a essas imagens muitas outras ainda como a da "ilusão da vitória" (p. 489).

Com Humboldt, sempre venerado por Euclides, o problema não é tão diferente. O escritor brasileiro retorna ao tema da invasão das águas, agora do Atlântico sobre o norte da África, num cataclismo diluvial de proporções bíblicas. E o naturalista alemão, que nunca pisou no Brasil, verá sua "hipótese brilhante" ser aproveitada para o desenvolvimento de uma teoria sobre a formação dos desertos em latitudes onde também o solo, num passado remoto, tinha podido ser fértil e exuberante. Registrem-se ainda, apenas como um parêntese, três lugares em *Os Sertões* em que as ideias de Humboldt, claramente glosadas na *Caderneta*, fundiram-se com a escritura euclidiana (pp. 99, 106, 115, 127)[2].

Ainda nessa direção, em que se procura extrair o máximo do mínimo, encontra-se em "A Luta" um caso de reduplicação e expansão notável exemplificado pela tomada do canhão Whitworth 32, a temida "matadeira". O caso em si, tal como o narra Euclides, é um primor de concisão. Tenta-se tomar o canhão do exército por um dos filhos de Joaquim Macambira, enquanto os soldados descansam no pino do dia. A tentativa fracassa e todos os jagunços morrem, menos o filho menor. Eis aqui, em suma, o argumento de uma história na qual Euclides viu lances de epopeia (p. 531) e que precisamente por conter elementos épicos de audácia e coragem levou-o a mencioná-la outra vez (p. 585) e, novamente, a distendê-la e a repeti-la mais tarde, já com detalhes (pp. 585-587).

Os fios narrativos da tapeçaria linguística de *Os Sertões*, no dizer sugestivo de Nereu Corrêa, deixam ver que as suas três partes se entrela-

2 Ver *Caderneta de Campo*, pp. 37-39.

çam, não pela obviedade desses, mas por linhas finas, quase transparentes, que só se enxergam depois de várias leituras do livro. Pensemos na frase latina de Barlaeus, citada em "O Homem" e que depois foi transformada em "A Luta" para explicar idêntico proceder:

> Homens de guerra, sem lares, afeitos à vida solta dos acampamentos, ou degredados e aventureiros corrompidos, norteava-os a todos como um aforismo o *ultra æquinoctialem non peccavi*, na frase de Barléus (p. 165).

> Canudos tinha muito apropriadamente, em roda, uma cercadura de montanhas. Era um parêntese; era um hiato. Era um vácuo. Não existia. Transposto aquele cordão de serras, ninguém mais pecava (p. 662).

Parêntese, hiato, vácuo, tudo que indique o estado de não-existência desse território não riscado nos mapas ainda – a *terra ignota*, abordada no princípio do livro – deve ser sugerido para reforçar a imagem. Fora da cartografia, o lugarejo ficou também fora da História, até que o gênio de Euclides lhe deu vida sob a forma de um inconfundível discurso reivindicatório.

> Canudos era uma tapera miserável, fora dos nossos mapas, perdida no deserto, aparecendo, indecifrável, como uma página truncada e sem número das nossas tradições (p. 454).

Consideremos um terceiro paralelo trabalhado em volta da mesma situação limítrofe dos exemplos anteriores, o caso da estrada de ferro que vai até Queimadas, BA, linha que se interpõe entre progresso e civilização, entre o sertão e o litoral, estabelecendo uma fenda que só no final do livro, estaremos certos, que poderá se fechar com o congraçamento operado entre sertanejos e soldados, agora irmanados e vistos como elementos indiferenciados:

> A linha férrea corre no lado oposto. Aquele liame do progresso passa, porém, por ali, inútil, sem atenuar sequer o caráter genuinamente roceiro do

arraial. Salta-se do trem; transpõe-se poucas centenas de metros entre casas deprimidas; e topa-se para logo, à fímbria da praça – o sertão...

Está-se no ponto de tangência de duas sociedades, de todo alheias uma à outra. O vaqueiro encourado emerge da caatinga, rompe entre a casaria desgraciosa, e estaca o *campeão* junto aos trilhos, em que passam, vertiginosamente, os patrícios do litoral, que o não conhecem (p. 610).

FOLCLORE

Num outro jogo de reflexos ou ecos narrativos, encontram-se aquelas cenas folclóricas da lida diária com o gado. Os relatos de tais costumes, contados com um luxo de detalhes, revelam a predileção do autor pelos temas sertanejos que englobam narrações de hábitos, lendas e superstições. É tão autêntico o prazer de contar que se tem por eles que, como se fosse em regime de sonata musical, estruturada como por partes bem definidas, o narrador cria uma coda em "A Luta", retomando um dos temas principais daquela passagem de "O Homem" (p. 201-202), a ferra e o trato com o animal:

> Não raro, alguns bois – rebotalhos de manadas grandes tresmalhadas pelo alvoroço da guerra – ao lobrigarem, de longe, a azáfama que movimentava de novo a paragem a que se haviam aquerenciado, o rancho tranquilo onde tinham sofrido a primeira *ferra*, para lá abalavam velozmente. Vinham urrando, numa alegria ruidosa e forte. Buscavam o vaqueiro amigo que os campeara outrora e iria, de novo, ao som das cantigas conhecidas ou ao toar tristonho do *aboiado*, levá-los às *soltas* prediletas, aos *logradouros* fartos e às aguadas frescas (p. 573).

Na apresentação da indumentária dos homens do sertão (p. 196) prenuncia-se o aspecto guerreiro que ganhará o sertanejo posteriormente nessa metamorfose apontando a transição que se dá entre as vestes do vaqueiro (*gibão, perneiras, joelheiras, luvas* e *guarda-pés*) e as do guerreiro (*armadura*). Havendo suficiente amplitude nesse quadro de colorido local, ali se encaixam facilmente outras correlações. Será suficiente ver uma delas, a que ocorre em torno do *estouro da boiada* (pp. 206-208), estilizada ao gosto do Romantismo e uma das cenas mais exploradas pelos escritores da segunda metade do XIX, como José de Alencar, Franklin Távora e Rui Barbosa[3]. No sumário dos capítulos da segunda parte de *Os Sertões* preparado por Euclides, esse mural de costumes aparece no terceiro capítulo sob o título "A Vaquejada e a Arribada". Mais tarde, já em "A Luta", uma outra versão, perversa agora, do estampido dos animais (p. 584) rememora a fuga desenfreada dos soldados equiparados aos bois de carga dos comboios (pp. 438-439). E até mesmo surgirá no livro uma teoria, escorada em Gabriel de Tarde, para explicar o fenômeno contagiante na debandada, aquele idêntico fenômeno que eletrifica "o homem que foge à morte e o homem que quer matar" (p. 413).

BARROQUISMO

Um vezo constante em alguns dos nossos escritores naturalistas do XIX é o repúdio expresso às formas barrocas ou gongorinas da linguagem. Mesmo Euclides, que claramente criticou o "gongorismo de Rocha Pita" e que de boa-fé combateu o obscurantismo estilístico decorrente dessa tendência literária do XVII, não pôde atravessar incólume as quadras da sua própria escritura sem de alguma forma deixar de ser também barroco. Barroco é o seu modo de construir as antíteses ou os contrastes que permitem ver simultânea ou alternadamente *seca* e *chuva*, a planta da *floresta* e do *deserto* ou *no seio da natureza tropical um deserto, inverno* e *verão*, extrema *aridez* e *exuberância* extrema, *máxima energia orgânica* e *mínima fortaleza moral*. Barrocos ainda são os oximoros *mendigos fartos* (p. 93), *Hércules-Quasímodo* (p. 191), *tumulto disciplinado* (p. 277), e alguns outros já lembrados por Augusto Meyer, e ainda a maneira paradoxal de apresentar a natureza que ora *atrai*, ora *repulsa* o sertanejo[4].

---

3 Ver "O 'Estouro da Boiada'" (Pesquisa à Margem de um Texto de *Os Sertões*)" de Émerson Ribeiro Oliveira. 4 Cf. Nereu Corrêa, p. 19. Os oximoros localizados por Meyer são: *profecias retrospectivas* (p. 85) e *sol escuro* (p. 96). Ver também Alfredo Bosi, *História Concisa da Literatura Brasileira*, pp. 347-348.

Recorre-se ainda a métodos mais elaborados para os contrastes. Para auxiliá-lo nas descrições paradoxais do civilizado bárbaro, o Autor lança mão de uma locução emprestada da Óptica, *flint glass*, tendo por alvo demonstrar a natureza inversa do homem litorâneo que se faz selvagem, como pode também Euclides se utilizar de outra, de origem tenebrista, o *claro-escuro* (p. 453).

> A reveses, as fogueiras quase abafadas, vasquejando sob nuvens de fumo, crepitam, revivendo ao sopro da viração noturna e chofrando precípites clarões sobre a turba.
> [...]
> Na claridade amortecida dos braseiros esbatem-se os seus perfis interessantes e vários (p. 283).

Finalmente, nem mesmo a sintaxe freia o ímpeto barroco de Euclides, que cria frases em que o hipérbato adquire força expressiva, quando combinado com outro poderoso elemento do estilo desusado, a ironia, tão esmagadora que é de causar inveja ao nosso Gregório de Matos e aos mestres espanhóis Quevedo e Góngora.

Se as várias linguagens reunidas em *Os Sertões* podem ser identificadas pelos respectivos temas ali tratados, estes mostram que por sua vez, no plano de sua concretude discursiva, há um suporte linguístico servindo a cada um dos assuntos. Daí que tema e discurso não se desvencilham, produzindo-se uma perfeita adequação, e daí também se poder falar das linguagens da Geologia, da Bíblia, das Operações e Estratégias Militares etc., porque estas reúnem nas suas articulações narrativas um vocabulário que nos permite percebê-las como tais. Uma avaliação de por que se constroem essas linguagens nos levaria a concluir que, entre outras coisas, a sua função está dada para estabelecer comparações e metáforas que implodem um determinado campo de conhecimento para logo reconstruí-lo com o auxílio dos demais. Por isso, poderíamos afirmar que elas são também "emprestadas" ou derivadas de áreas semânticas outras, diferentes, por exemplo, da linguagem do limitado e previsível âmbito da engenharia de Euclides, para darem conta da explicação dos fenômenos de um assunto em particular: a cidadela de Canudos, o sertanejo, o deserto, o exército.

GEOLOGIA

No caso da Geologia, por exemplo, cujo discurso é predominante e serve para a abertura de Os Sertões, notamos que constitui a base ou a fundação da estrutura do livro. É o marco também para onde tudo parece convergir, como se na possibilidade de uma rocha imantada ela atraísse para si todos os seixos ao seu redor. Nesse livro, a presença da linguagem geológica se faz de modo tão ostensivo que, ao ser utilizada pela primeira vez, não deixará de despontar novamente, para ressurgir uma vez mais, alternando-se sempre com as outras. Não seria nenhum exagero afirmar que essa mesma linguagem-mestra, como pedra fundamental na construção de Os Sertões, é a favorita do nosso Autor, que, aliás, até mesmo chegou a esmiuçá-la numa apreciação crítica da poesia de Vicente de Carvalho[5].

Este comentário iluminador do Autor, porquanto lança luz à própria poética narrativa de Os Sertões, contém premissas e análises que se enquadram com perfeição no caso de Euclides. Ele que, metalinguisticamente, discorreu muito pouco sobre as construções e as técnicas de sua escritura, fê-lo de modo mais frequente com respeito a outros escritores, num escrutínio que sempre pareceu ser uma forma velada também de autoanálise ou autodefinição das regras de compor. Vejamos, então, como se operam esses juízos críticos nas suas apreciações sobre o "poeta do mar".

Delas se extrai primeiramente um tema central – o consórcio entre as ciências e as artes – expresso através de múltiplas imagens de oposição e conjunção, forma característica do método analítico de Euclides que para melhor compreendê-lo deve ser mantido na sua ordem cronológica de apresentação, porque a "disjunção" como tal possui um caráter temporário somente. Na verdade, o que importa, para Euclides, é chegar à concilia-

---

5 Prefácio a *Poemas e Canções*, de Vicente de Carvalho, 1908. Ver *Obra Completa*, vol. I, pp. 437-446.

ção dos contrários (engenheiro e poeta, teoria e especulação, realismo e invenção), centro e modelo de toda a sua atividade intelectual criativa.

Para enfatizar ainda mais esse aspecto, o Autor desconstrói o próprio método das ciências, problematizando os esforços científicos que, ao teorizar sobre um dado fenômeno da natureza, terminam simplificando o seu complexo mecanismo. Vai mais longe, porém, o seu olhar indagador ao notar a proliferação de fórmulas algébricas e incontáveis silogismos, bem como pressupostos apoiados em leis arbitrárias ou contraditórias às quais se submetem a Álgebra e a Mecânica. Demonstra ainda como na Astronomia, na Física e na Físico-química se consubstanciam natureza tangível e natureza ideal, realismo e sonho. Tudo isso, é certo, tem o efeito de já ir comprovando quão instáveis são as teorias e as chamadas verdades estáticas produzidas pelas ciências, e os danos que divisões compartimentadas do saber podem acarretar, quando se procura definir as noções de cientificismo e idealismo.

Descontado o que possa entrar de caprichoso ou excessivo nesse singular consórcio elaborado por ele, parece inevitável pensar-se que tudo isso inclui parcela apreciável de verdade e daí concluir que Euclides estaria oferecendo uma defesa da Poesia, palavra que para o escritor recobra um valor universal e resume o estar-sempre-poeticamente-em-contato--com-as-coisas-do-mundo. Assim, não poderia ser outra a visão que ele tem de si mesmo, num exemplo emblemático de uma de suas funções na engenharia, exercida em circunstâncias já muito comentadas, a de (re)construtor de obras públicas:

> Pelas vigas metálicas de nossas pontes, friamente calculadas, estiram-se as "curvas dos momentos", que nos embridam as fragilidades traiçoeiras do ferro. E ninguém as vê, porque são ideais. Calculamo-las; medimo-las; desenhamo-las – e não existem...[6]

Segundo este mesmo ângulo crítico, a poesia bem lograda captaria verdades científicas, como uma teoria científica deveria condensar uma

---

[6] *Obra Completa*, vol. I, p. 439.

visão poética. No domínio de *Os Sertões*, este modo de agir artística e cientificamente se evidencia nas tantas explanações que oscilam entre o homem, de um lado; e a Geologia, a Botânica e a Astronomia, de outro. Por isso é que no círculo traçado por esta lógica se inscrevem paralelos entre Canudos e a Geologia:

> [...] assim como os estratos geológicos não raro se perturbam, invertidos, sotopondo-se uma formação moderna a uma formação antiga, a estratificação moral dos povos por sua vez também se baralha, e se inverte, e ondula riçada de sinclinais abruptas, estalando em *faults*, por onde rompem velhos estádios há muito percorridos (p. 454).

Ademais entalha-se o cerne de uma nacionalidade.
  Atacava-se a fundo a rocha viva da nossa raça. Vinha de molde a dinamite... Era uma consagração (p. 691).

METEOROLOGIA

É importante assinalar essas paridades, que além de tudo já se tornaram lugar-comum nas investigações sobre *Os Sertões*, porque elas irrompem depois de uma parte quase totalmente dedicada aos fenômenos naturais, "A Terra", onde um acervo terminológico só vem reforçar a linguagem da Geologia empregada pelo Autor. *Morfogenia, riçado, cumeadas, taludes, talvegues, veeiros, albardões, menires, diáclase, promontório, filades,* loggans, *dólmenes,* oueds, *estratigráficos,* divortium aquarum, *anticlinal, mesológico, crastas, selada, socavas* são apenas alguns dos determinantes linguísticos que imprimem o seu selo distintivamente geológico entre as demais disciplinas científicas. Curiosamente, o emprego de tais palavras incomuns, mas que não revela a desfamiliarização do escritor com respeito aos seus significados, faz-se com pleno conhecimento das diferentes acepções. Talvez esta prática se deva ao hábito no manejo de vocábulos pertencentes às matérias estudadas por Euclides nos anos da Escola Militar e da Escola Politécnica do Rio de Janeiro, enquanto os não conhecidos provinham de áreas do saber pouco frequentadas[7]. Seria necessário admitir que palavras como *cúmulos, rebojos, bochorno, lufadas, fotosfera, fículos, higrométricas, isotermas, eclíptica*, pertencentes aos campos da Meteorologia e Astronomia, estariam mais próximas do cotidiano de Euclides do que *pinchos, sebes, dirimir* e os verbetes regionais, amplamente anotados em suas cadernetas como desconhecidos[8]. Sob a constante demanda da palavra justa, busca-se, é claro, a cristalina limpidez da expressão de seu significado. Contudo, há de ter também nesta procura uma finalidade ética ou profissional que responde ao compromisso pessoal do Autor com o seu ideário de intelectual e humanista, e de artesão da palavra acostumado a lidar ao mesmo tempo com os cálculos e as reflexões filosóficas, e simultaneamente com as engrenagens e a métrica dos versos, no melhor espírito da *discordia concors* dos renascentistas e que, como acabamos de ver, regula a sua filosofia da composição. É um escritor clássico no melhor dos sentidos, porque não desconfia das linguagens e, ao utilizá-las com fina precisão, o faz somente de modo a captar uma dada realidade. Não tendo unicamente a finalidade de persuadir nem de somente adornar, como base retórica que a crítica mais recente parece ter ali encontrado, os seus muitos discursos, embora retoricamente semelhantes em tom e estrutura às arguições das tribunas, não servem para eliminar um argumento, e sim para tentar resolvê-lo.

Não só das linguagens das ciências estaria feito o livro, nem dependeria somente destas apartando-se das demais, pois, como sabemos, há um

---

[7] Euclides teria estudado, no primeiro ano: Álgebra Superior, Geometria Analítica, Cálculo Diferencial e Integral, Física Experimental, Química Inorgânica, Desenho Topográfico, Topografia (Teórica e Prática); no segundo ano: Tática, Estratégia, História Militar, Direito Internacional, Direito Público, Direito Militar, Geometria Descritiva e Planos Cotados. Na Escola Politécnica fez provas de adaptação em Zoologia, Botânica, Mineralogia e Física e frequentou cursos de Engenharia Civil. José Carlos Barreto conjetura que Euclides tenha feito exames de Mineralogia e Geologia também nesta mesma instituição. Ao ser readmitido na Escola Militar (atual Escola Superior de Guerra) em 1890, depois de seu desligamento em dezembro de 1888, submeteu-se a exames complementares de Física, Química, Cálculo e a exames de todas as matérias do segundo ano da Escola (Mecânica, Balística, Artilharia, Aplicação da Eletricidade à Guerra, Desenho de Fortificação e Máquinas, Trigonometria Esférica, Astronomia, Geodésia, Mineralogia, Geologia, Desenho de Cartas Geográficas, Alemão). Consultar Walnice Nogueira Galvão, pp. 24-27; José Carlos Barreto de Santana, pp. 33-80. [8] Para uma visão global dos vocábulos que lhe eram desconhecidos, consultar os manuscritos da Biblioteca Nacional, a *Caderneta de Campo* e os cadernos de notas do Grêmio Euclides da Cunha, em São José do Rio Pardo.

verdadeiro sistema de vasos comunicantes entre os múltiplos discursos de *Os Sertões*. Se a Geologia desempenha um papel preponderante e organizador no *corpus* narrativo do livro, as outras linguagens estariam aí também para manter a sua unidade, quando cingidas àquela ou quando ligadas entre si. Note-se a transposição do vocábulo militar *falanges* numa das descrições dos xiquexiques e na da narração sobre o incansável embate entre a natureza e o exército:

> Vê-se um como rastilho de queimada: uma linha de baionetas enfiando pelos gravetos secos. Lampeja por momentos entre os raios do sol joeirados pelas árvores sem folhas; e parte-se, faiscando, adiante, dispersa, batendo contra espessos renques de xiquexiques, unidos como quadrados cheios, de falanges, intransponíveis, fervilhando espinhos... (p. 325).

> A força militar decai a um plano inferior. Batem-na o homem e a terra. E quando o sertão estua nos bochornos dos estios longos não é difícil prever a quem cabe a vitória. Enquanto o minotauro, impotente e possante, inerme com a sua envergadura de aço e grifos de baionetas, sente a garganta exsicar-lhe de sede e, aos primeiros sintomas da fome, reflui à retaguarda, fugindo ante o deserto ameaçador e estéril, aquela flora agressiva abre ao sertanejo um seio carinhoso e amigo (p. 328).

Ou ainda nessa que impregna uma descrição tipográfica:

> Eram páginas demoníacas aqueles muros sacrossantos: períodos curtos, incisivos, arrepiadores; blasfêmias fulminantes; imprecações, e brados, e vivas calorosos, rajavam-nas em todo o sentido, profanando-as, mascarrando-as, *em caracteres negros espetados em pontos de admiração, compridos como lanças* (p. 610).

> Versos cambeteantes, riçados de rimas duras, enfeixando torpezas incríveis na moldura de desenhos pavorosos; imprecações revoluteando pelos cantos numa coreia fantástica de letras tumultuárias, em que caíam, violentamente, *pontos de admiração rígidos como estocadas de sabre...* (p. 619)

Outra passagem também perfila o exército à natureza, estabelecendo de novo um paralelo em que esta imita aquele:

> Naquela hora matinal a montanha deslumbrava. Batendo nas arestas das lajes em pedaços, os raios do sol refrangiam em vibrações intensas alastrando-se pelas assomadas, e dando a ilusão de movimentos febris, fulgores vivos de *armas cintilantes, como se em rápidas manobras forças numerosas ao longe se apercebessem para o combate* (p. 355).

A terra como "a sua arma formidável" (p. 369) transveste-se em aliada dos sertanejos na luta contra os soldados do exército. Novamente, os papéis se invertem para a dramatização de uma cena em que, inclusive em situação de desvantagem devido às progressivas derrotas, a natureza não abandona os canudenses, mesmo que isso implique uma mudança de tática, de uma manobra ofensiva (arma) para uma defensiva (proteção):

> Ao passo que as caatingas são um aliado incorruptível do sertanejo em revolta. Entram também de certo modo na luta. Armam-se para o combate; agridem. Trançam-se, impenetráveis, ante o forasteiro, mas abrem-se em trilhas multívias, para o matuto que ali nasceu e cresceu (p. 324).

> A terra protetora dava aos vencidos o último reduto (p. 360).

TERRA

Com a intensificação do drama e da tragédia narrados em crescendo em "A Luta", o leitor se prende à leitura de um relato que parece aproximar-se do seu final, quando para se chegar a ele, sabemos, faltam ainda algumas boas páginas. A explicação para essa sensação de um "nunca acabar" encontra o seu melhor correlato na igual capacidade intensificadora que possui o vocabulário euclidiano. Em outras palavras, embora estando já nos últimos momentos do livro, o nosso Autor não se cansa de introduzir novas e rebuscadas dicções dentro daquele plano do inusitado que ele se propôs desenvolver a partir das primeiras páginas de Os Sertões. A surpresa do leitor é, então, dupla, vinda das agruras da matéria narrada e derivada do uso infrequente e culto de certos vocábulos. Tanto é assim que, ao descrever as batalhas, o livro chama a atenção também sobre si mesmo, portanto criando uma certa distância entre o conjunto dos seus discursos e os horrores da guerra.

Aludimos ao drama e à linguagem teatral e esta é uma das que também ressaltam no livro, com uma mínima parte talvez cristalizada dentro de outro discurso, o militar, e que se revela como tal desde uma primeira leitura. Ali se fala em *teatro de operações* ou *teatro da luta*, evidentemente empregando termos correntes nos manuais de instrução militar da época. Todavia, uma análise mais minuciosa faria desprenderem-se dessa mesma linguagem locuções que indicam uma *inversão de papéis*, *espectadores* ou

> [...] uma *ficção estupenda, naquele palco revolto*, no resplendor sinistro de uma *gambiarra* de incêndios. [...] Era o sombreado do quadro, abrangendo-o de extremo a extremo e velando-o de todo, às vezes, como *telão descido sobre um ato de tragédia* (pp. 645-646).

Predomina ainda a dramaticidade de um discurso correto, pontilhado de relevos e que denota a amplitude da visão do Autor.

> E quando estas [vistas] se adunavam impenetráveis, em toda a cercadura de *camarotes grosseiros do monstruoso anfiteatro* explodiam irreprimíveis clamores de contrariedades e desapontamentos de *espectadores frenéticos*, agitando os *binóculos* inúteis, procurando adivinhar o *enredo* inopinadamente encoberto (pp. 646-647).

> Retomavam-se os *binóculos*. Uma rajada corria, em sulco largo e límpido, pela cerração dentro, talhando-a de meio a meio, e desvendando de novo o *cenário*.
> Era um desafogo. Vozeavam *aclamações e aplausos* (p. 647).

Descidas as vertentes, em que se entalava aquela furna enorme, podia *representar-se* lá dentro, obscuramente, um *drama sanguinolento* da idade das cavernas. O *cenário* era sugestivo. *Os atores*, de um e de outro lado, negros, caboclos, brancos e amarelos, traziam, intacta, nas faces [...]⁹ (p. 662).

A força expressiva do discurso euclidiano reside no ajuste exato entre o que se narra e a maneira como esse algo é narrado; ou seja, entre o objeto narrado e os meios empregados para a sua narração, cuja precisão vocabular deve ser rigorosamente acatada. Rodeada como aparece de todo um aparato semântico ligado ao teatro, a *inversão de papéis* de que o Autor fala numa das citações acima, por exemplo, pode dar a impressão de uma imagem localizada quando ela, na verdade, transcende o seu próprio campo de significação original para emparentar-se com outros, fortalecendo até mesmo, através da sua poderosa ironia, uma das vigas mestras do conjunto discursivo do livro: a conciliação das oposições. Esta maneira de construir discursos, sobre a qual se tem comentado muito, embora de outros ângulos, deixa-nos ver que deles se desprendem as principais figuras de linguagem e de pensamento do livro (antítese, oximoro, ironia), e funciona de modo a mover o engenho cultista responsável pelo estilo barroco de Euclides. Assim, seria impossível conceber a noção da *inversão de papéis* como simples ornato da retórica de *Os Sertões*, porque longe de ser elemento acessório (ornato) da *elocutio* a expressão significa o que quer e precisa realmente significar. Num dos usos que se faz dessa economia discursiva, Euclides narra o deslocamento e o intercâmbio de lugares entre o *locus* da civilização e o da barbárie da seguinte forma:

> A animalidade primitiva, lentamente expungida pela civilização, ressurgiu, inteiriça. Desforrava-se afinal. Encontrou nas mãos, ao invés do machado de diorito e do arpão de osso, a espada e a carabina. Mas a faca relembrava-lhe melhor o antigo punhal de sílex lascado (p. 662).

---

9 O realce em itálico, nas últimas citações, é nosso.

O caráter imprevisível das coisas ligadas à natureza e ao homem em Canudos, como era de esperar, exige da pena do Autor pinturas do inusitado, do desconhecido que sempre negaceia e não se deixa conhecer totalmente. Daí haver uma sombra de mistério nesses quadros da natureza e do homem, que faz eludir a completa percepção do seu ser, e um descortinar-se muitas vezes dos cenários, como se estivéssemos frente a um palco, na iminência de assistir a uma tragédia:

> O sol dardejava a prumo. Transpondo os últimos acidentes fortes do terreno, os batalhões abalaram, dentro de uma nuvem pesada e cálida, de poeira.
> De súbito, surpreendeu-os a vista de Canudos.
> Estavam no alto da Favela (pp. 415-416).

Se o discurso teatral aparece com maior frequência nos últimos capítulos do livro é porque neles a destruição de Canudos vai ganhando pouco a pouco um sentido eminentemente trágico, de hecatombe ou de final apocalíptico, logicamente diferente das "pequenas" tragédias narradas no seu começo. Entre estas, vale a pena recordar a que caracteriza a seca, na primeira parte, e na segunda a que vem marcar as aberrações de Pedra Bonita e os incidentes familiares na vida de um *títere* (p. 244) ou *bufão* (p. 250), como o Conselheiro é apelidado. Naquelas, Euclides enxerga formas da *farsa* e nestas os episódios são narrados como um drama de corte pantomímico, principalmente no conjunto das cenas denominado pelo autor de "lenda arrepiadora". Assim é como se chama esse dramalhão impregnado de artificialidade e que representa a morte da mãe travestida e da malsinada esposa do Beato de Belo Monte.

LINGUAGEM MILITAR

Duas linguagens em *Os Sertões* merecem ainda ser estudadas, a militar e a arquitetônica. Na verdade, elas estão às vezes relacionadas e compartilham um espaço comum que grosseiramente poderíamos denominar o da engenharia militar, sem que com isso se limite o termo às atividades dos *sapadores* e *pontoneiros*. Este lugar é muito mais vasto, aliás, e se distende àqueles vocábulos que, embora tecnicamente da Arquitetura, possuem função estratégica para proteger-se do inimigo ou para interceptá-lo: *blocausse, casamatas, barbacãs, troneiras*. Haveria ainda mais uma observação a fazer sobre o discurso militar que no seu todo traz um pequeno grupo léxico diferenciador. *Columbrina, besta de polé, guante* resultam do manejo de um vocabulário arcaico entre aquelas palavras e expressões contemporâneas e convencionais (*paliçada, em talhante avançado, a dois de fundo, munições de boca, dólmã, a coice de armas, marche-marche*). Não é mera coincidência que o discurso arquitetônico apareça na última parte do livro, "A Luta". Euclides utiliza de um modo compensatório uma regra discursiva que lhe permite remansar a cadência da sua narrativa, naqueles momentos em que as descrições de batalhas se intensificam, para dar-lhe cada vez mais ritmo. Nestes, é como se presenciássemos no rufar de tambores um redobre que aumenta em volume e tempo, cada vez que as batalhas se tornam menos espaçadas umas das outras. Sem dúvida, esses momentos são os finais, com os quais o Autor constrói a metáfora da resistência dos conselheiristas em torno da visão dos dois edifícios mais importantes do arraial, a igreja velha e a nova.

ARQUITETURA

Não se pode, sem forçar argumentos, negar a finalidade que a linguagem arquitetônica possui aqui, pois ela nos retira momentaneamente do regime narrativo das ações para transferir-nos ao de suas descrições propriamente, respeitando sempre o gosto pelo detalhe que em Euclides é típico quando aborda especificidades como *átrio, vestíbulo, alcova*. Nas cenas da queda dos dois templos, como último reduto de Canudos, carreiam termos correspondentes a objetos que somente a precisão do olhar do arquiteto conseguiria nomeá-los: *emperras, aduelas, ameias, testadas, cariátide, volutas, ogivas, troneiras, plintos, canhoneiras, espaldão, cimalhas, cunhal, esvãos, apside, adro, panos de muros, dentilhões, gótica, frisos.*

Apesar da óbvia presença desse discurso, não se deve apenas limitar o papel do Autor ao campo da Arquitetura, quando pensamos nos aspectos visuais e plásticos da sua escritura. Euclides, a seu modo, é também o grande desenhista e o exímio pintor que consegue criar perspectivas e ângulos "impossíveis" para a sua época se se considera a forte pressão que lhe era imposta, em dias de acirrado Naturalismo, para desenvolver um campo de observação estrito e objetivamente realista. Recordemos, uma vez mais, a primeira visão do alto que está dada no começo do livro – anticientífica e em nada empírica, porque imaginada – concebida como vista aérea e panorâmica que só anos mais tarde, com o advento da aviação e do cinema, poderia ter sido possível. O olhar do alto pode ser fruto também da assimilação, consciente ou não, de uma tópica literária antiga, que remonta à *imago mundi* da epopeia, ou àquele "mapa-múndi" em relevo, contemplado das alturas, no poema épico. Mas não deixemos que esta provável fixação de um modelo clássico nos desvie do assunto principal.

A rigor, o arquiteto que se encarrega de nos dar uma visão minuciosa das formas dos edifícios é o mesmo geômetra que em outras partes de *Os Sertões* quer ser preciso nos traços de seus desenhos narrativos. Chega-se, por esse caminho, a um outro grupo de palavras onde prima também a exatidão dos significados: *elipse, diedro, mediana, corda, truncadura, curva de nível*. Essa proclividade para os aspectos visuais, como já foi observado, é a que domina nas páginas introdutórias do livro e, se o leitor notar, se estenderá através de quadros em que as analogias vão aparecendo. Aliás, Nereu Corrêa já havia observado a capacidade que tem Euclides como artista de desdobrar-se, "múltiplo, numeroso, polimórfico, como se não fosse apenas um, mas toda uma equipe trabalhando sob a sua chefia" (p. 20). E é tão correta esta constatação do crítico que somos obrigados a reconhecer que "[a] mão que assent[a] os pesados blocos de granito, erguendo sobre eles as colunas do templo, é a mesma que esculp[e] os frisos que a rodeiam na delicada decoração dos capitéis" (p. 5).

O que desnorteia Euclides, que busca uma relação congruente entre o que previamente (pensava que) sabia e o que depois vê, é a impossibilidade de facilmente harmonizar essas duas perspectivas, uma cognitivamente livresca; e a outra do saber através da própria experiência ou da testemunha ocular. Tome-se um caso extremo, mas não raro, o da inverossimilhança da realidade[10]. Os fatos que eram tratados de um modo coerente, antes da chegada de Euclides no campo de batalha, foram dando lugar, quando já observados de perto, a uma realidade ilógica ou absurda, até mesmo contrária à dos acontecimentos imaginados que, mesmo carecendo de verdade na sua essência, eram apresentados como absolutamente verossímeis.

FICÇÃO

O problema da verossimilhança em *Os Sertões* é complexo e não muito fácil de resolver, mas é ele também que justamente nos brinda com um ângulo que nos permite iniciar uma discussão em torno da linguagem da ficção no livro[11]. Sendo impróprio, a meu ver, considerar esta obra como livro ficcional, não seria incorreto, entretanto, buscar nela um dos seus discursos mais tonificantes, aquele que imita o da ficção. Veja-se que com isso o livro *não* se ficcionaliza, porque ocorre que nele se opera apenas um "empréstimo" mais de linguagem, como já ficou dito anteriormente. Para que *Os Sertões* fosse considerado obra de ficção, digamos um romance, para oferecer um exemplo extremo, teria que haver passado, pelo menos, por um processo de ficcionalização de *todos* os seus discursos, processo que somente teria cabido a Euclides decidir ou ajuizar. A ficcionalidade de um livro independe da vontade de um determinado leitor de querer ou não considerá-lo como tal.

Mas se com apenas os determinantes linguísticos (vocabulário, torneios de frase, figuras de linguagem e de pensamento etc.) não se pode garantir o *status* de ficcionalidade para um discurso, o que então nos permitiria caracterizá-lo dessa maneira? Não haveria uma, mas várias respostas a esta pergunta. Inicialmente, faz-se necessário distinguir, através de um hábito assíduo de leituras, entre a ficção e a História. As

---

10 Há vários exemplos disso no livro. Observe, já em outro nível, o da lealdade do sertanejo para com o patrão, que levou Euclides a declarar: "Parece fantasia este fato, vulgar, entretanto, nos sertões" (p. 202). 11 Trato deste problema com maiores detalhes nas pp. 59-60 do meu livro *A Imitação dos Sentidos*.

poéticas antigas já procuravam diferenciar os dois tipos de escritura sobre a base de uma discussão em torno dos conceitos de verossimilhança e verdade. O primeiro caberia à ficção (tragédia, comédia, lírica e épica), preocupada com a aparência da verdade, e o segundo à História, dedicada à verdade dos fatos. Preserva-se no cabedal dessas leituras o costume de ver, repetidas vezes, traços de escritura que se associam mais à ficção enquanto outros se relacionam mais com a História. Com as várias leituras, acumuladas no decorrer do tempo, cria-se um consenso sobre como se realizam as obras ficcionais e as historiográficas.

Quando falamos em traços de escritura, trata-se na sua maior parte de marcadores de linguagem que aparecem em Os Sertões e que nos autorizam a identificá-los como mais característicos de um discurso que de outro. Assim, e correndo o risco de uma inevitável generalização, poderíamos afirmar que a precisão das datas e o apoio documental interessam à História, ao passo que a sua vaguidade interessa à ficção; como também poderíamos aceitar que, se a testemunha ocular que constata os fatos pertence àquela, a anedota engendrada pela subjetividade de uma personagem, por exemplo, pertence a esta. É na enunciação ainda que se localiza outra marca do discurso ficcional, sempre em caráter oscilante, obrigando a uma mudança do foco narrativo que se despersonaliza para tornar-se anônimo, voltando depois à sua individualização. Observe-se também como, às vezes, o narrador cede a sua perspectiva aos soldados, para depois recobrá-la de novo para si:

> É que nada pode assustá-los. *Certo, se os adversários imprudentes com eles se afrontarem, serão varridos em momentos. Aqueles esgalhos far-se-ão em estilhas a um breve choque de espadas e não é crível que os gravetos finos quebrem o arranco das manobras prontas.* E lá se vão, marchando, tranquilamente heroicos...[12] (p. 324).

Na impossibilidade de aqui nos determos de modo pormenorizado em assunto de tamanha complexidade e para não repisar pontos já estu-

---

12 Os grifos são nossos.

dados por nós em outro lugar[13], procuraremos daqui por diante concentrar-nos em mais uma análise discursiva, a da linguagem épica, linguagem à qual o conceito de ficcionalidade não se aplica da mesma forma como se aplicaria ao romance, mas que sugere ao menos uma oposição com a noção aristotélica da História[14]. É bom que se esclareça com que parâmetros estamos lidando, porque a própria escritura euclidiana está norteada pelo menos por dois deles: um aristotélico, que insiste no conceito de verdade histórica e de sua oposição aos fatos imaginados; e outro, tipicamente dos grandes escritores do século passado, como Michelet, que "reagiu contra o conceito puramente documental da história, defendendo os direitos da imaginação reconstrutiva..."[15] Tanto é verdade que assim pensava o nosso Autor, que vamos encontrá-lo naquele momento primeiro de *Os Sertões*, já na "Nota Preliminar", declarando uma tese baseada em outro grande historiador, Taine, para o qual haveria escritores que "copiam os fatos mas desfiguram a alma".

ÉPICA

A intuição de mais de um crítico, correta de todo modo, tem podido constatar uma série de quadros épicos em *Os Sertões*. O próprio Euclides, analisando alguns episódios, denominará um deles de épico (p. 442) e falará de outros que contêm "delineamentos épicos" (p. 585), preparando o leitor portanto para a expectativa de mais um tipo discursivo que aparecerá em "A Luta". Quando descreve um dos capítulos da nossa história colonial, o Autor tratará do desbravamento das zonas interioranas do país pelos homens do litoral chamando-o de "epopeia inédita das *bandeiras*..." (p. 158). A mesma observação que se fez à *Farsália* de Lucano, a partir do Renascimento, se poderia também fazer a *Os Sertões*: a estória que se conta aí é tão mais História, que o poema, enquanto poesia, só não desaparece porque a sua forma versificada nos estaria forçando a

---

13 Ver o primeiro capítulo, "O Impasse Euclidiano", do meu livro *A Imitação dos Sentidos*, pp. 19-24. 14 A categoria em que se encontra a épica, embora sendo a da poesia, se complica pela nem sempre ficcionalização do narrador e pela entrada franca do material histórico. 15 Cf. Facioli, p. 90. Ver ainda, nas páginas seguintes, a sua proveitosa discussão sobre essa forma de escritura historiográfica.

aceitá-lo deste modo. Foi ainda Quintiliano que sugeriu que esse poema poderia ter sido mais bem imitado por oradores que por poetas (x.1. § 90), colocando a qualidade retórica da sua linguagem sobre as demais. Esta breve comparação serviria para fazer-nos pensar sobre dois aspectos que ressaltam no livro: a forte ingerência de uma matéria histórica, aliás contemporânea ao autor e em parte vivida por ele, e os aspectos retóricos de seu discurso. Haveria, contudo, um terceiro detalhe que aproxima as duas obras. Mesmo simpatizando-se com os perdedores, o poema de Lucano e os de outros que o imitaram (*La Araucana* de Alonso de Ercilla), ou assumiram essa mesma perspectiva ideológica (*O Uraguai*, de Basílio da Gama), permanecem do lado do império. Algo idêntico ocorre em *Os Sertões*, em que o narrador toma partido na defesa dos conselheiristas, mas a escolha final, a que determina verdadeiramente a decisão inexorável de combater o fanatismo religioso, a "selvatiqueza épica", em uma palavra, os nossos "bárbaros patrícios", recai nas mãos de um juiz implacável. E nem mesmo o esforço para construir uma frase imparcial e justa, que defina o seu duplo ataque, aos sertanejos e aos "singularíssimos civilizados" nas "Notas à 2ª. Edição", consegue no final retraí-lo da sua cega fidelidade ideológica ao republicanismo progressivo.

Se a definição da épica como gênero se tornou difícil, senão impossível, depois da Idade Média, devido às transformações pelas quais vão passando os poemas, não deveríamos pensar, contudo, que uma ideia de seus traços mais dominantes, por gerais que sejam, não nos permita vislumbrar um mundo de heroísmo e batalhas construído ao gosto dos poemas homéricos, da *Eneida* e de *La Araucana*[16]. Acredito que isso ocorre somente porque, se as convenções de um gênero são violadas ou modificadas, este ainda guarda certos gestos verbais que o ajudaram na sua criação e preservação: o troar da artilharia (p. 418), as arengas exortativas dos comandantes aos soldados nos momentos de desânimos ou covardia (pp. 342, 380-381), mães e filhos temerosos abraçados (p. 704), a azáfama na construção das armas (p. 396), os incêndios (pp. 646-647),

---

[16] Não menciono *Os Lusíadas*, porque se encaixa em outra ordem das coisas, visivelmente mais distante da truculência das batalhas narradas nos poemas acima mencionados e em *Os Sertões*.

o inimigo que se burla do outro (pp. 369-370) e cenas típicas de batalhas em que a hipérbole se confunde com a realidade:

> Era um fervilhar de corpos transudando vozear estrídulo, e discordante, e longo, dando a ilusão de alguma enchente repentina, em que o Vaza-Barris, engrossado, saltasse, de improviso, fora do leito, borbulhando, acachoando, estrugindo... (p. 431).

No plano linguístico, é preciso mencionar a descrição minuciosa e estilizada do pôr do sol ou do amanhecer coincidindo com o final de uma narração (pp. 343, 352, 373), os símiles ou comparações, as enumerações, as repetições de tipo anafórico, um vocabulário servindo de suporte ao mundo épico da Antiguidade (*armaduras, Troia de taipa, Tebaida, titãs*) e, finalmente, uma tendência a construir sintagmas de dez e doze sílabas à semelhança dos versos heroicos épicos[17] e dos heroicos quebrados ao estilo parnasiano.

Na concepção do mundo da epopeia não pode faltar o elemento heroico, alfa e ômega do próprio gênero, mas que seja um heroísmo de alto grau como o de Ulisses, de Eneias ou de Heitor e, no nosso caso, como o do major Henrique Severiano (p. 693) ou de João Grande (pp. 357-358). Dir-se-ia, no entanto, que isto é a exceção à regra em *Os Sertões* e que serve somente para mostrar a outra face da moeda, porque a concepção que tem Euclides de heroísmo está carregada de matizes secundários que aparecem problematizados sob as formas de um "heroísmo estranho" (p. 591), de uma "heroicidade antiga" (p. 558), de "deserções heroicas" (p. 537) ou de um perfil dúbio de herói e facínora (p. 383), "caricatura do heroísmo" (p. 381) como o de Moreira César.

Aqui, a coloração do conceito de herói se adensa a tal ponto que vemos ser recuperada novamente aquela matriz especular discutida no princípio deste prefácio. Conforme esta, os elementos de diferentes campos cognitivos ou disciplinares se enlaçam, os naturais e os humanos se

---

[17] Para uma análise detalhada do "verso" euclidiano, consultar Augusto e Haroldo de Campos, *Os Sertões dos Campos, Duas Vezes Euclides*.

interagem, as metáforas "viajantes" transitam de um lado a outro. Assim é como se entende que Euclides, cancelando um raciocínio antitético largamente explorado em toda a obra, consegue no seus últimos capítulos irmanar soldados e conselheiristas pela superstição (pp. 313n, 365, 536), pela miséria de um heroísmo repugnante (p. 675), ou ainda igualá-los porque, afinal, a nossa dimensão humana já obriga o Autor a ver as coisas desse modo.

Se esta constatação poderá parecer um tanto óbvia ao leitor, quando se chega aos momentos finais do livro, lembremos que Euclides coloca o problema do contato e do contágio entre as particularidades próprias dos homens do exército e dos sertanejos, questionando a rejeição do soldado que resiste ao uso da roupa de couro nos sertões, porque "a expedição deveria marchar corretíssima. Corretíssima e fragílima" (p. 471). Mas esta fase, em que o temor de que à epiderme do soldado se colasse a pele coriácea do jagunço, é relativamente curta, porque logo veremos que aquele copia a "astúcia requintada" (p. 526) deste. Deste ponto até o momento dessa espécie de simbiose entre ambos há um passo. Equiparam-se no fanatismo que transformara um corpo militar em um bando de iluminados e a luta pela República em uma cruzada (p. 559). Quando já se veem miseráveis e andrajosos é quando também, depois de assim indicar-nos o narrador, o soldado já haverá copiado, por adaptação, os hábitos do sertanejo (p. 575). Ajagunça-se, então, o soldado (pp. 633-634) e não somente será vencido pelas armas, mas abater-se-á também diante da cultura, dos costumes "primitivos" e das necessidades de sobrevivência:

> Percebiam-se os soldados esfrangalhados, imundos, sem bonés, sem fardas, cobertos de chapéus de couro ou de palha, calçando alpercatas velhas, vestidos com o mesmo uniforme do adversário (p. 677).

Não deixa de ser sintomático que um escritor, com um livro de estreia como *Os Sertões*, seguisse com sua prosa lapidar, pelas mesmas trilhas traçadas para o primeiro livro. O estilo adotado para uma coleção de ensaios, como os de *À Margem da História* (1909), por exemplo, faz-nos reviver, em parte, os grandes momentos do primeiro livro. Alterações, arcaísmos, vocábulos regionais, frases cortantes, de contornos geométricos, efeitos retóricos, quando combinados com o estudado neste prefácio, informam a essência da linguagem euclidiana dessa última época. A diferença entre ambos os livros, porém, estaria assentada em dois valores: o palpitante tema de Canudos e a monumentalidade organizacional do primeiro. Deste já se falava, ainda em vida, da dificuldade que teria seu autor de superá-lo um dia com outras obras. Este parecer crítico, inevitavelmente, associaria Euclides só com *Os Sertões*, em prejuízo de outros excelentes textos publicados antes e depois de sua morte. Entretanto, somente o tempo pôde confirmar um truísmo válido para todo grande escritor: raramente saem duas grandes obras da pena de um só autor, porque os contextos históricos ou de produção variam. Ironicamente, o de Euclides, precedendo em seis anos a publicação de *Os Sertões*, foi um dos mais conturbados e instáveis, do ponto de vista político e familiar. Mas não seria na carniça da história que se colhem as mais ricas pérolas?

LEOPOLDO M. BERNUCCI

BIBLIOGRAFIA

BERNUCCI, Leopoldo M. *Historia de un Malentendido: Un Estudio Transtextual de* La Guerra del Fin del Mundo *de Mario Vargas Llosa*. New York, Peter Lang, 1989.
_____. *A Imitação dos Sentidos: Prógonos, Contemporâneos e Epígonos de Euclides da Cunha*. São Paulo, Edusp, 1995.
BOSI, Alfredo. *História Concisa da Literatura Brasileira*. São Paulo, Cultrix, 1975.
CAMPOS, Augusto e Haroldo de. *Os Sertões dos Campos – Duas Vezes Euclides*. Rio de Janeiro, Sette Letras, 1997.
CUNHA, Euclides da. *Obra Completa*. Organizada por Afrânio Coutinho. Rio de Janeiro, José Aguilar, 1966, 2 vols.
_____. *Caderneta de Campo*. Introdução, Notas e Comentários por Olímpio de Souza Andrade. São Paulo, Cultrix, 1975.
_____. *À Margem da História*. Leopoldo M. Bernucci e Felipe Rissato (orgs.); Leopoldo M. Bernucci e Francisco Foot Hardman (coords.). São Paulo, Editora Unesp, 2019.
CORRÊA, Nereu. "A Tapeçaria Linguística de *Os Sertões*". *A Tapeçaria Linguística de* Os Sertões *e Outros Estudos*. São Paulo/Brasília, Quíron/Instituto Nacional do Livro/Ministério da Educação e Cultura, 1978, pp. 1-21.

FACIOLI, Valentim. *Euclides da Cunha, a Gênese da Forma*. Tese de Doutorado, Faculdade de Filosofia, Letras e Ciências Humanas, USP, 1990.
GALVÃO, Walnice Nogueira. "Euclides, Elite Modernizadora e Enquadramento". *Euclides da Cunha*. Organização de Walnice Nogueira Galvão. São Paulo, Ática, 1984, pp. 7-37.
OLIVEIRA, Émerson Ribeiro. "O 'Estouro da Boiada' (Pesquisa à Margem de um Texto de *Os Sertões*)". *In: Enciclopédia de Estudos Euclidianos*, 1. Organizada e coordenada por Adelino Brandão. Jundiaí, Gráfica-Editora Jundiá, 1982, pp. 81-99.
QUINTILIANI, M. Fabi. *Institutionis Oratoriae*. Prefácio de Notas de W. Peterson. Oxford, The Clarendon Press, 1891.
SANTANA, José Carlos Barreto de. *Ciência e Arte: Euclides da Cunha e as Ciências Naturais*. Feira de Santana, BA, Hucitec/Editora da Universidade Estadual de Feira de Santana, 2001.

Cronologia

1866 Em 20 de janeiro nasce Euclides Rodrigues Pimenta da Cunha, na Fazenda Saudade, em Santa Rita do Rio Negro, atual Euclidelândia, município de Cantagalo, RJ. Filho de Manuel Rodrigues Pimenta da Cunha e Eudóxia Alves Moreira da Cunha. Foi batizado em 24 de novembro.

1868 Nasce sua irmã, Adélia, em 9 de agosto.

1869 Euclides torna-se órfão, aos três anos, depois da morte da mãe, vítima de tuberculose.

1870 Muda-se para Teresópolis, RJ, para a casa de seus tios Rosinda e Urbano Gouveia. Morre sua tia Rosinda, que ocupou o lugar da mãe na criação do menino.

1871-73 Depois da morte de Rosinda, em 1871, muda-se para São Fidélis, RJ, com a irmã e passa a morar com os tios Laura e Cândido José de Magalhães Garcez na Fazenda São Joaquim.

1874 Matricula-se no Colégio Caldeira, sob direção de Francisco José Caldeira, pedagogo português.

1877-78 Muda-se para Salvador, BA, para morar com a avó e estuda no Colégio Bahia, dirigido por Carneiro Ribeiro e Cônego Lobo.

1879 Volta à região fluminense para morar com seu tio paterno, Antônio Pimenta da Cunha, numa chácara nas imediações do atual Largo da Carioca, Rio. Matricula-se no Colégio Anglo-Americano.

1880-82 Transfere-se de novo de escola, passando a frequentar os colégios Vitório da Costa e Meneses Vieira. Cursa os preparatórios.

1883 Inicia novos estudos no Colégio Aquino e passa a estudar sob a orientação de Benjamim Constant, grande republicano. Cultiva o gênero poesia como se pode constatar pelo caderno manuscrito deixado, *Ondas*, de 1883. *O Evolucionista* (RJ, 31.8.1883) divulga "Cláudio Manoel da Costa", seus primeiros versos publicados e conhecidos até agora. Com Boaventura Pinto (*Penseroso*), Euclides (*Ícaro*) redige no mesmo número desse periódico uma nota *in memoriam* sobre Gonçalves Dias, comemorando o sexagésimo aniversário do poeta. Com este parceiro contribui ainda com três estrofes (XI-XIII) ao longo poema "A Infância e o Gênio", editado no *Espectador* (RJ, 9.9.1883). Este periódico também publica em 23 do mesmo mês uma carta-poema dirigida a B. Pinto, em que Euclides finalmente se despede da colaboração.

1884 Começa a editar o periódico bimensal *O Democrata*, lançado nos primeiros meses do ano, no qual Euclides publicará um dos seus primeiros trabalhos em prosa, "Em Viagem", em 4.4.1884. Declama suas poesias no Centro José de Alencar, que se reunia frequentemente no Liceu Literário Português.

1885 Nos dias 11 e 15 de março, presta exames de matemática e desenho para admissão na Escola Politécnica no Largo de São Francisco no Rio. Matricula-se nesta escola no dia 27 do mesmo mês. Ingressa também na Escola de Medicina, deixando-a no ano seguinte, segundo correspondência do autor de 27.12.1903, enviada de Lorena, a Rodrigo Octávio.

1886 Em 26 de fevereiro assenta praça na Escola Militar da Praia Vermelha, RJ, cadete de número 308, estudando em companhia de Cândido Rondon e de Tasso Fragoso, dois grandes chefes militares do Estado-Maior do Exército. A poesia que escreve dessa época é de inspiração filosófica e metafísica e com tom melancólico.

1887 A partir de 1º de novembro passa a colaborar, com artigos e poemas, na *Revista da Família Acadêmica*, editada pelos alunos da Escola Militar.

1888 Em 4 de novembro, ocorre um incidente provocado pelo seu espírito rebelde de republicano que teve graves repercussões na carreira militar do Autor. Há pelo menos duas versões sobre o motivo do incidente. A primeira diz que o governo resolvera transferir a Escola

Militar da Praia Vermelha para Angra dos Reis, a fim de diluir as agitações políticas da Corte. Ademais, os alunos do terceiro ano não haviam recebido promoção, segundo a lei, para o posto de alferes--aluno. Por estas razões, Euclides e alguns companheiros de farda resolveram fazer um manifesto aberto diante do Ministro da Guerra do Império, Tomás Coelho, quando este visitasse aquela escola. A segunda versão constata que os alunos se preparavam para assistir ao desembarque do tribuno republicano Lopes Trovão, que voltava da Europa pelo vapor Ville de Santos, o que se daria no dia 4 de novembro. Uma visita regulamentar com revista de Tomás Coelho foi adiada do dia 3 para o dia 4, provavelmente para impedir o comparecimento dos alunos ao desembarque. Durante o desfile, Euclides sai de forma, da segunda companhia, e em vez de levantar o seu sabre-baioneta de sargento em saudação, tenta quebrá-lo no joelho e, não o conseguindo, atira-o em seguida ao chão, proferindo palavras de protesto aos seus colegas republicanos que desfilavam para um ministro do Imperador. Foi retirado do recinto por ordem do comandante, Coronel José Clarindo de Queiroz. O bondoso médico da Escola, Dr. Lino de Andrade, leva Euclides para a enfermaria, e num intento de salvá-lo da prisão declara-o "doente dos nervos". Euclides é expulso da escola e transferido para o Hospital Militar no Morro do Castelo, onde se recolheu com toda sua altivez, certo de haver honrado um compromisso, recusando-se terminantemente a aceitar os conselhos de seus superiores, que procuravam forjar uma versão inocente para justificar o seu corajoso ato de rebeldia e indisciplina. Nesse hospital, onde esteve de 4 a 6 de novembro, tem a seu lado o dr. Francisco de Castro e uma irmã de caridade que o consolam nesse momento difícil em sua vida.
Preso e conduzido, mais tarde, à Fortaleza de Santa Cruz, onde ficou de 6 de novembro até 13 de dezembro e, por ato pessoal do Imperador, foi expulso do Exército, no dia 14 de dezembro.
Excluído da Escola Militar, viaja para São Paulo em 20 de dezembro, onde é bem recebido pelos republicanos. A convite de Júlio de Mesquita, diretor de *A Província de São Paulo* (*O Estado de S. Paulo*),

começa a escrever para esse jornal em 22 de novembro ("A Pátria e a Dinastia") e, em 29 do mesmo mês e no dia 1º do mês seguinte, com o pseudônimo de "Proudhon", redigirá dois artigos intitulados "Questões Sociais" ("Revolucionários" e "89").

1889 Retorna ao Rio de Janeiro, em 28 de janeiro, para prestar exames de adaptação em 6 e 7 de maio para a Escola Politécnica. Na manhã do dia 16 de novembro, chega-lhe a notícia da Proclamação da República, através do colega da Escola Politécnica, Edgar Sampaio. No mesmo dia, visita o major Frederico Solon Sampaio Ribeiro, seu futuro sogro, e participa de uma reunião de oficiais em sua casa. A volta de Euclides ao Exército foi acolhida calorosamente e no dia 19 do mesmo mês dá-se a sua reintegração, graças ao apoio do novo Ministro da Guerra, Benjamin Constant, seu antigo mestre. Dois dias depois, é promovido a alferes-aluno. Publica em *A Província de São Paulo* uma série de oito crônicas intitulada "Atos e Palavras", que durará de 10 a 24 de janeiro. São deste mesmo ano ainda a crônica publicada no mesmo jornal em 17 de maio, "Da Corte", e mais três sob os títulos "Homens de Hoje", dos dias 22 e 28 de junho, "Definamo-nos" de 23 de julho.

1890 Matricula-se na Escola Superior de Guerra, em 8 de janeiro, e completa, em 11 de fevereiro, curso de artilharia. Em 14 de abril é promovido a segundo-tenente e, em 19 do mesmo mês, torna-se oficial do Batalhão Acadêmico. Para 15 de maio, Euclides já havia terminado de escrever *Os Sertões*. Em 10 de setembro casa-se com Ana Ribeiro, "Saninha", filha do major Solon Ribeiro e de Túlia Teixeira Ribeiro. Colabora no jornal *Democracia*, RJ, com duas crônicas publicadas em 3 ("O Ex-Imperador") e 18 de março ("Sejamos Francos") e a série intitulada "Divagando" (12 e 26 de abril, 24 de maio e 2 de junho).

1891 Em 29 de janeiro, recebe um mês de licença para tratamento de saúde e parte para a Fazenda Trindade, de seu pai, na região entre Descalvado e São Carlos do Pinhal, SP. Volta ao Rio para fazer os cursos de Estado-Maior e Engenharia Militar na Escola Superior de Guerra. Morre sua filha Eudóxia, semanas depois de seu nascimento.

1892 Conclui os cursos de Estado-Maior e Engenharia Militar na Escola Superior de Guerra em 8 de janeiro e no dia seguinte é promovido a tenente do Estado-Maior. Formou-se em 16 de janeiro em Matemáticas e Ciências e Naturais. É nomeado auxiliar de ensino teórico da Escola Militar do Rio em 4 de julho. Leciona física, química e astronomia. Colabora em *O Estado de S. Paulo*, sob o pseudônimo José Dávila, publicando artigos na série "Da Penumbra", em 15, 17 e 19 de março; e numa longa série de 29 crônicas, sob o título "Dia a Dia", com intermitências de 29 de março a 6 de julho e assinadas, com exceção da de 8 de abril, E. C. Em 11 de novembro, nasce o seu primeiro filho, Solon. Em 1º de fevereiro, inicia a sua prática de engenharia, como estagiário, na Estrada de Ferro Central do Brasil, trecho entre São Paulo e Caçapava, depois de ter solicitado tal posto a Floriano Peixoto.

1893 Em 22 de dezembro, durante a Revolta da Armada, Euclides é designado para servir provisoriamente na Diretoria de Obras Militares, destacado então para dirigir a construção de trincheiras no Morro da Saúde, RJ.

1894 Em fevereiro inicia obras semelhantes às realizadas no Morro da Saúde nas Docas. A respeito de sua problemática participação contra a Revolta da Armada, Euclides nos deixou algumas notas "De um Diário da Revolta", publicadas com o título "A Esfinge" em *Contrastes e Confrontos*. Em 18 e 20 de fevereiro, publica ruidoso protesto na *Gazeta de Notícias*, RJ, replicando o modo punitivo sugerido para a execução dos prisioneiros pelo senador florianista João Cordeiro, CE. Seus protestos, porém, atraíram contra si a desconfiança de seus chefes militares, que o afastaram pouco a pouco do campo de ação. Cai em desgraça aos olhos de Floriano Peixoto e dos jacobinos que o apoiavam. Terminada a Revolta, em fins de março, um mês depois é transferido para a cidade de Campanha, MG, onde se estabelece um mês depois e faz a adaptação do prédio da Santa Casa de Misericórdia para o quartel do 8º Regimento de Cavalaria, comissionado pela Diretoria de Obras Militares de Minas Gerais. Este período em Campanha é marcado por estudos. Em 11 de novembro, com a chegada da primeira locomotiva à estação de Campanha, faz eloquentes discursos de saudação aos operários da Estrada de Ferro e ao 8º Regimento de Cavalaria. Em 18 de julho, nasce o seu segundo filho, Euclides, o Quidinho.

1895 Em fevereiro, recebe visita do pai e, em 28 de junho, é agregado ao Corpo do Estado-Maior de primeira classe. Muda-se para Descalvado, SP. Começa a pensar seriamente em deixar o Exército.

1896 Em 13 de julho, reformado do Exército, retorna a São Paulo, sendo nomeado oficialmente, em 18 de setembro, engenheiro-ajudante de primeira classe da Superintendência de Obras Públicas do Estado de São Paulo, cargo e titulo já assumidos por ele no ano anterior. Estreita os laços profissionais e de amizade com Gonzaga de Campos, Teodoro Sampaio e Bueno de Andrade. Visita várias cidades do interior do Estado paulista e, por primeira vez, em 28 de agosto, São José do Rio Pardo, lugar aonde regressará mais tarde. Em novembro irrompe o movimento de Canudos.

1897 Em 4 de março publica "Distribuição dos Vegetais no Estado de São Paulo" em *O Estado de S. Paulo*. No dia 14 do mesmo mês e em 17 de julho, igualmente neste diário paulistano, saem a primeira e a segunda parte do primeiro ensaio sobre a Guerra de Canudos, "A Nossa Vendeia". A convite de Júlio de Mesquita, proprietário de *O Estado de S. Paulo*, Euclides aceita realizar a reportagem da Guerra de Canudos, agregando-se à comitiva militar do Ministro da Guerra, Marechal Bittencourt. Parte para o Rio de Janeiro de trem no dia 1º de agosto para apresentar-se ao Ministro da Guerra e de navio viaja para Salvador em 3 de agosto, chegando no dia 7, onde passará 23 dias hospedado na casa de seu tio paterno, José Rodrigues Pimenta da Cunha, na rua da Mangueira, nº 8, atual rua Rocha Galvão, observando os acontecimentos, lendo os jornais baianos do ano e enviando ao jornal paulistano algumas de suas reportagens que hoje estão publicadas sob o título "Diário de uma Expedição" em *Canudos e Inéditos*. Publica "O Batalhão de S. Paulo" em 26 de outubro em *O Estado de S. Paulo*.

Em 30 de agosto deixa a capital para iniciar a grande jornada pelo sertão baiano: Alagoinhas, Queimadas (31 agosto) e Monte Santo, onde chega a 6 de setembro e de onde parte no dia 13, para alcançar Canudos no dia 16, às duas da tarde. Com o material colhido, as observações feitas sobre os tipos e a campanha militar, principalmente referentes à última, escreve as primeiras notas de *Os Sertões*. Terminada a luta, parte do arraial no dia 3 de outubro, regressando a Salvador no dia 13, e depois ao Rio de Janeiro em 16 de outubro. Viaja a São Paulo no dia 21 e no dia 30 de outubro procura repouso na fazenda do pai.

1898 Em 5 de janeiro reassume o seu cargo na Superintendência de Obras Públicas do Estado de São Paulo. Em 19 de janeiro aparece em *O Estado de S. Paulo*, "Excerto de um Livro Inédito", as primeiras amostras públicas de *Os Sertões*. Em 23 de janeiro, uma ponte de ferro sob a empreitada do engenheiro Artur Pio Deschamps de Montmorency, em São José do Rio Pardo, é destruída por uma enchente. Sentindo como dever reconstruir a ponte, visto que o engenheiro e fiscal de obras, Amaro Batista, que a levantou trabalhava no seu distrito sob sua direção, Euclides muda-se com a família para São José do Rio Pardo em 14 de março, indo residir no atual sobrado da Casa Euclides da Cunha, na rua Marechal Teodoro. Provavelmente, ali chegando, Euclides já tivesse uma sexta parte do livro pronta, sobretudo as partes ligadas a "A Terra" e "O Homem". Euclides lê trabalho sobre "Climatologia dos Sertões da Bahia", em 5 de fevereiro, no Instituto Histórico e Geográfico de São Paulo.

1899 Em São José do Rio Pardo, estará cercado de bons amigos, entre eles, Francisco Escobar, que muito o auxilia, abrindo a sua exemplar biblioteca para consultas e dúvidas. A redação de *Os Sertões* vai ganhando corpo enquanto Euclides trabalha na ponte. Publica "A Guerra no Sertão" no número 19 da *Revista Brazileira*.

1900 Em maio, o autor pede a José Augusto Pereira Pimenta, cabo do destacamento local, para passar a limpo, em boa caligrafia e em tiras de papel, o manuscrito de *Os Sertões*. Publica "As Secas do Norte" em 29 e 30 de outubro e 1º de novembro em *O Estado de S. Paulo*.

1901 Em 31 de janeiro nasce, em São José do Rio Pardo, o seu terceiro filho, Manuel Afonso, batizado em 18 de maio, data da reinauguração da ponte. De 31 de maio a dezembro, Euclides passa a morar na Fazenda Trindade, depois de assumir o posto de chefe do Quinto Distrito de Obras Públicas em São Carlos do Pinhal, SP. Em 2 de dezembro, viaja para Guaratinguetá, transferido para o Segundo Distrito de Obras. Tenta, sem nenhum êxito, lecionar na Politécnica de São Paulo e no Ginásio de Campinas. Publica "Fazedores de Desertos", em 22 de outubro, em *O Estado de S. Paulo*. Em dezembro, Euclides segue para o Rio de Janeiro com o manuscrito do seu famoso livro e uma carta de apresentação de Garcia Redondo a Lúcio de Mendonça, que, assombrado com a qualidade de *Os Sertões*, encaminha-o à Livraria Laemmert. Ante o desinteresse demonstrado pelo diretor da editora, Euclides resolve custear parcialmente a primeira edição do seu livro, pela qual paga um conto e quinhentos mil-réis. Muda-se para Lorena, em dezembro deste mesmo ano.

1902 Em janeiro recebe as primeiras provas de *Os Sertões*. Durante os meses de torturante expectativa que se seguiram, no decorrer da impressão do seu trabalho, ele emenda, suprime, acrescenta e corrige com afinco as provas tipográficas. Publica em *O Estado de S. Paulo* respectivamente "Excerto de um Livro Inédito" e "Olhemos para *Os Sertões*" em 19 de janeiro e em 18 e 19 de março. Sai ainda em *O Paiz* em 6 de agosto o artigo "A Guerra das Caatingas". Realiza viagem às ilhas dos Búzios e da Vitória, para escolher o local da construção de um presídio. Ao regressar, vai a São Paulo para escrever o seu relatório de trabalho na primeira quinzena de outubro. Retorna a Lorena em seguida e, nos primeiros dias de dezembro, logo após o lançamento do livro no mercado, recebe uma carta da Editora Laemmert comunicando-lhe o grande êxito de vendas. A primeira edição esgota-se em poucas semanas. O livro é recebido com incomum entusiasmo pelos grandes críticos da época, Araripe Júnior, José Veríssimo e Sílvio Romero. Pelas críticas irreverentes e atrevidas que fez das operações militares, e pela descrição viva e colorida dos aspectos da natureza sertaneja, inteiramente desconhecida do público das capitais, Euclides demonstra ser um observador arguto e imaginativo ao mesmo tempo, possuidor de bons conhecimentos científicos, escritor versado em Estratégia Militar, Botânica, Geologia, Etnografia, História, Geografia e Literatura, narrando com um estilo incisivo e vigoroso, inteiramente próprio e original.

1903 Em 9 de julho é lançada a segunda edição de *Os Sertões*. Devido às sérias restrições orçamentárias motivadas pela crise do café, o governo corta as verbas destinadas às construções e melhoramentos de obras públicas. Ironicamente, Euclides, que acabava de conquistar a glória literária e o respeito intelectual de seus colegas, foi obrigado a deixar o seu posto de chefe de distrito na Superintendência de Obras Públicas de São Paulo. Em 21 de setembro, é eleito, por uma margem de 24 votos, de um total de 31, membro da Academia Brasileira de Letras, ocupando a vaga deixada por Valentim Magalhães, da qual é patrono Castro Alves. Em 20 de novembro toma posse no Instituto Histórico e Geográfico Brasileiro, RJ.

1904 Em 15 de janeiro é nomeado engenheiro-fiscal da Comissão de Saneamento de Santos, indo residir no Guarujá até setembro. Três meses depois de assumir o cargo, teve um desentendimento com o gerente da City of Santos Improvements, Hugh Stenhouse, e com o diretor da Secretaria de Agricultura, Comércio e Obras Públicas, Eugênio Lefèvre, o que o levou a pedir demissão do cargo em 24 de abril. Para compensar o salário perdido, começa a escrever de novo para *O Estado de S. Paulo*. Em princípios de agosto, realiza novamente viagem exploratória à ilha de Búzios com Vicente de Carvalho e uma comitiva. Por intermédio de José Veríssimo, e solicitação de Oliveira Lima ao Barão do Rio Branco, Euclides é nomeado, em 9 de agosto, chefe da Comissão Brasileira de Reconhecimento do Alto Purus, a qual, com a Comissão do Juruá, estava encarregada de fixar os limites entre o Brasil e o Peru. Domício da Gama é quem o apresenta ao Barão do Rio Branco, no Palacete de Westfália, em Petrópolis. Em 13 de dezembro, já no novo cargo, parte para Manaus, aonde chega no dia 30 e se hospeda na casa da Vila Glicínia do velho amigo Alberto Rangel, seu ex-colega na Escola Militar e autor do livro *Inferno Verde* (1908), para o qual Euclides escreverá o prefácio.

1905 Em 22 de março, sua Comissão se reúne com a do Peru. Em 5 de abril, parte de Manaus para o Purus, cuja foz atinge em 9 do mesmo mês, alcançando a foz do Chandless em 30 de maio. Contrai sério impaludismo. Em 3 de julho ocorre o banquete no sítio "Alerta", oferecido pelo seringalista peruano Carlos Scharff, em homenagem às duas comissões, durante o qual Euclides discursa lamentando a ausência da bandeira brasileira no local. Doente, regressa a Manaus em 23 de outubro, hospeda-se na residência de Firmo Dutra, concede entrevista ao diário local *Jornal do Comércio*, em 29 do mesmo mês, e apresenta em 16 de dezembro a ata de encerramento dos trabalhos das comissões.

1906 No dia 5 de janeiro, chega ao Rio de Janeiro, de volta da Amazônia, tornando-se adido ao gabinete do Barão do Rio Branco. Nesse mesmo mês publica na revista *Kosmos* o artigo "Entre os Seringais". Em junho publica o "Relatório da Comissão Mista Brasileiro-Peruana de Reconhecimento do Alto Purus". Em 11 de julho nasce o quarto filho, Mauro, da esposa com seu amante Dilermando Cândido de Assis. A criança veio a falecer uma semana depois do nascimento. Em 18 de dezembro, toma posse na Academia Brasileira de Letras, sendo honrosamente recebido com um discurso encomiástico pelo acadêmico Sílvio Romero.

1907 Em janeiro sai publicado *Contrastes e Confrontos*, pela Empresa Literária Tipográfica do Porto, em Portugal; e em setembro, no Rio de Janeiro, outro livro, *Peru versus Bolívia*, pela Livraria Francisco Alves. Como no anterior, passa todo este ano no Itamarati, sem cargo fixo, e aborrecido por estar confinado, mantendo-se de favores, e por receber o seu salário sem estar propriamente trabalhando à maneira como estava acostumado. Em 16 de novembro nasce o quinto filho, Luís, da esposa e outra vez com Dilermando de Assis. Volta-se a manifestar a tuberculose que trazia desde a infância. Em 2 de dezembro, a convite do Centro Onze de Agosto, faz a conferência sobre "Castro Alves e seu Tempo", publicada neste mesmo mês, pela Imprensa Nacional num folheto de 44 páginas.

1908 Em 30 de setembro escreve o prefácio do livro *Poemas e Canções* de Vicente de Carvalho.

1909 Em 17 de maio, concorrendo com quinze candidatos, Euclides presta concurso para a cadeira de Lógica no Ginásio Nacional, atual Colégio Dom Pedro II, realizando nesse dia sua prova escrita sobre o ponto sorteado, "Verdade e Erro". No dia 25, discorre oralmente sobre o ponto "Ideia do Ser". Em 7 de junho, a comissão julgadora, formada pelos professores Paulo de Frontin, Rodolfo de Paula Lopes e Eugênio de Barros Raja Gabaglia, colocou o filósofo cearense, Farias Brito, em primeiro lugar, e Euclides em segundo. De acordo, porém, com o artigo do Código Epitácio, cabia ao presidente da República, Nilo Peçanha, escolher um dos dois colocados. Ante a vacilação do presidente, Euclides comunicou a Coelho Neto que iria renunciar. O amigo consegue demovê-lo desse propósito. No dia 15 de julho sai a sua nomeação para o cargo de professor de Lógica do Ginásio Nacional. Pouco, muito pouco tempo, permaneceu Euclides na cátedra. Após ter dado apenas dez aulas, durante o curto período de 21 de julho a 13 de agosto, foi tragicamente morto com quatro tiros por Dilermando na manhã de 15 deste último mês, num domingo triste e chuvoso, na casa de número 214 da Estrada Real de Santa Cruz (mais tarde Av. Suburbana, 2552), estação da Piedade, hoje Quintino Bocaiúva, subúrbio do Rio de Janeiro. Seu enterro foi realizado no Cemitério São João Batista, recebendo sua sepultura o número 3026. Nesta época o autor residia na Av. Copacabana, n. 234. Deixou uma resenha incompleta e muito positiva sobre a obra do Barão Homem de Melo e de Francisco Homem de Melo, *Atlas do Brasil*. Infelizmente, Euclides não veria a publicação de seu último livro, *À Margem da História*, trazido a lume dias após a sua morte. Atualmente, seus restos mortais encontram-se em São José do Rio Pardo, SP, e em Cantagalo, RJ.

Euclides da Cunha, em retrato feito por Belmiro de Almeida.

OS SERTÕES
(Campanha de Canudos)

* * *

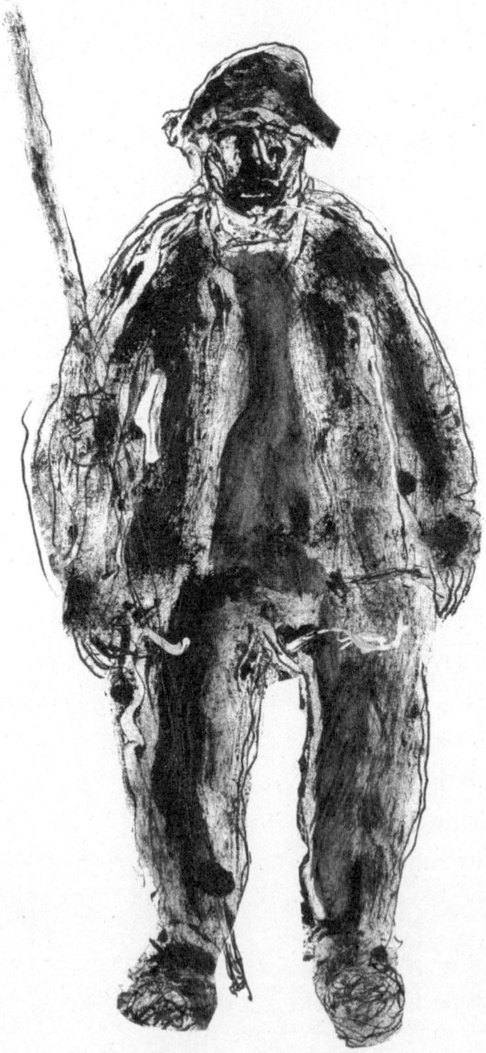

Nota Preliminar

Escrito nos raros intervalos de folga de uma carreira fatigante, este livro, que a princípio se resumia à história da Campanha de Canudos, perdeu toda a atualidade, remorada a sua publicação em virtude de causas que temos por escusado apontar.

Demos-lhe, por isto, outra feição, tornando apenas variante de assunto geral o tema, a princípio dominante, que o sugeriu.

Intentamos esboçar, palidamente embora, ante o olhar de futuros historiadores, os traços atuais mais expressivos das sub-raças sertanejas do Brasil. E fazemo-lo porque a sua instabilidade de complexo[1] de fatores múltiplos e diversamente combinados, aliada às vicissitudes[2] históricas e deplorável situação mental em que jazem, as tornam talvez efêmeras, destinadas a próximo desaparecimento ante as exigências crescentes da civilização e a concorrência material intensiva das correntes migratórias que começam a invadir profundamente a nossa terra.

O *jagunço* destemeroso, o *tabaréu*[3] ingênuo e o *caipira* simplório, serão em breve tipos relegados às tradições evanescentes, ou extintas.

Primeiros efeitos de variados cruzamentos, destinavam-se talvez à formação dos princípios imediatos de uma grande raça. Faltou-lhes, porém, uma situação de parada ou equilíbrio, que lhes não permite mais a velocidade adquirida pela marcha dos povos neste século. Retardatários hoje, amanhã se extinguirão de todo.

---

1 Em todas as edições de *Os Sertões* aparece na sua forma plural, mesmo quando significa conjunto. 2 **vicissitudes** mudanças, transformações, alterações. 3 **tabaréu** (*tupi-guarani*) indivíduo das zonas rurais do Norte, equivalente ao caipira do Sul; matuto.

A civilização avançará nos sertões impelida por essa implacável "força motriz da História" que Gumplowicz, maior do que Hobbes, lobrigou[4], num lance genial, no esmagamento inevitável das raças fracas pelas raças fortes[5].

A campanha de Canudos tem por isto a significação inegável de um primeiro assalto, em luta talvez longa. Nem enfraquece o asserto[6] o termo-la realizado nós, filhos do mesmo solo, porque, etnologicamente indefinidos, sem tradições nacionais uniformes, vivendo parasitariamente à beira do Atlântico[7] dos princípios civilizadores elaborados na Europa, e armados pela indústria alemã – tivemos na ação um papel singular de mercenários[8] inconscientes. Além disto, mal unidos àqueles extraordinários patrícios pelo solo em parte desconhecido, deles de todo nos separa uma coordenada histórica – o tempo.

Aquela campanha lembra um refluxo para o passado.

E foi, na significação integral da palavra, um crime.

Denunciemo-lo.

E tanto quanto o permitir a firmeza do nosso espírito, façamos jus ao admirável conceito de Taine sobre o narrador sincero que encara a história como ela o merece:

>...*il s'irrite contre les demi-vérités que sont des demi-faussetés, contre les auteurs qui n'altèrent ni une date, ni une généalogie, mais dénaturent les sentiments et les moeurs, qui gardent le dessin des événements et*

---

4 lobrigou percebeu, observou, entreviu. **5** A expressão de Gumplowicz já tinha aparecido no artigo "Olhemos para os Sertões", publicado em *O Estado de S. Paulo*, em 18-19.3.1902. Ver *Obra Completa*, vol. I, pp. 496-504. Euclides, com toda a certeza, leu o primeiro livro na sua tradução francesa, *La Lutte des Races* (1893). A citação provém da p. 217 dessa edição. Ver um resumo das teorias de Gumplowicz nas pp. 24.-25 de uma *caderneta* que está no Grêmio Euclides da Cunha. **6 asserto** proposição afirmativa, asserção. **7** Esta observação de Euclides reflete uma ideia antiga expressa na *História do Brasil* de Frei Vicente do Salvador, a de que os portugueses, "sendo grandes conquistadores de terras, não se aproveitam delas, mas contentam-se de as andar arranhando ao longo do mar como caranguejos". **8** Euclides atribui essa culpa a si mesmo e a todos aqueles, inclusive ao exército, que vinham até esse momento ignorando ou desprezando os sertanejos. A propósito, Alvim Martins Horcades foi quem também chamou o exército de *mercenários*, recebendo, por carta, uma admoestação taxativa de José de Siqueira Meneses. Ver M. Horcades, pp. 60-61.

en changent la couleur, qui copient les faits et défigurent l'âme: il veut sentir en barbare, parmi les barbares, et, parmi les anciens, en ancien[9].

São Paulo – 1901.
EUCLIDES DA CUNHA

---

[9] Esta citação foi extraída da introdução ao *Essai sur Tite Live* [Ensaio sobre Tito Lívio, 1874], p. 30. Tradução: "[...] ele se irrita contra as meias verdades que são as meias falsidades, contra os autores que não alteram nem uma data, nem uma genealogia, mas desnaturam os sentimentos e os costumes, que conservam o desenho dos acontecimentos mudando-lhes a cor, que copiam os fatos desfigurando a alma: ele quer sentir como bárbaro entre os bárbaros e, entre os antigos, como antigo".

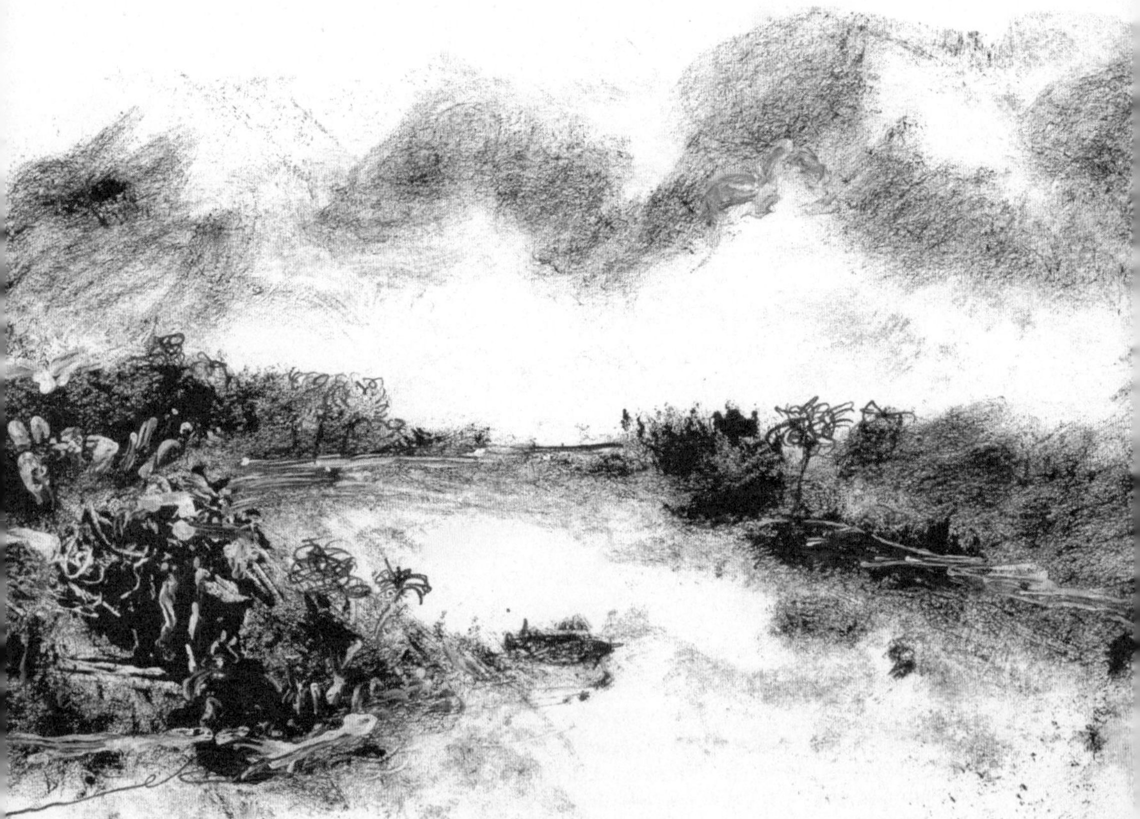

A TERRA

I. *Preliminares* [p. 67]. A entrada do sertão [p. 75]. *Terra ignota*[1] [p. 75]. Em caminho para Monte Santo [p. 78]. Primeiras impressões [p. 81]. Um sonho de geólogo [p. 85].

II. Golpe de vista do alto de Monte Santo [p. 89]. Do alto da Favela [p. 91].

III. O clima [p. 93]. Higrômetros[2] singulares [p. 96].

IV. As secas [p. 101]. Hipóteses sobre a sua gênese [p. 103]. As caatingas[3] [p. 107]. [O juazeiro, p. 112]. [A tormenta, p. 117]. [Ressurreição da flora, p. 118]. [O umbuzeiro, p. 119]. [A jurema, p. 120]. [A visão do paraíso, p. 121]. [Manhãs sertanejas, p. 123].

V. Uma categoria geográfica que Hegel não citou [p. 125]. Como se faz um deserto [p. 129]. Como se extingue o deserto [p. 133]. O martírio secular da terra [p. 136].

---

1 ignota ignorada, desconhecida. Assim se indicavam nos mapas antigos os territórios ainda por explorar. Charles Frederick Hartt a chamou *terra incognita*. **2 higrômetros** instrumentos para medir a umidade do ar. **3 caatinga** (*tupi*, "mato espinhoso, fedorento") tipo de vegetação característica do Nordeste brasileiro, mas que alcança o norte de MG e o MA, formado por pequenas árvores, comumente espinhosas, que perdem as folhas no curso da longa estação seca (entre elas ocorrem numerosas plantas suculentas, sobretudo cactáceas); catinga. Há um comentário do Autor sobre este vocábulo nas últimas páginas do livro, na seção "Notas à 2ª edição", pp. 709-717 da presente edição.

ESBOÇO GEOLOGICO

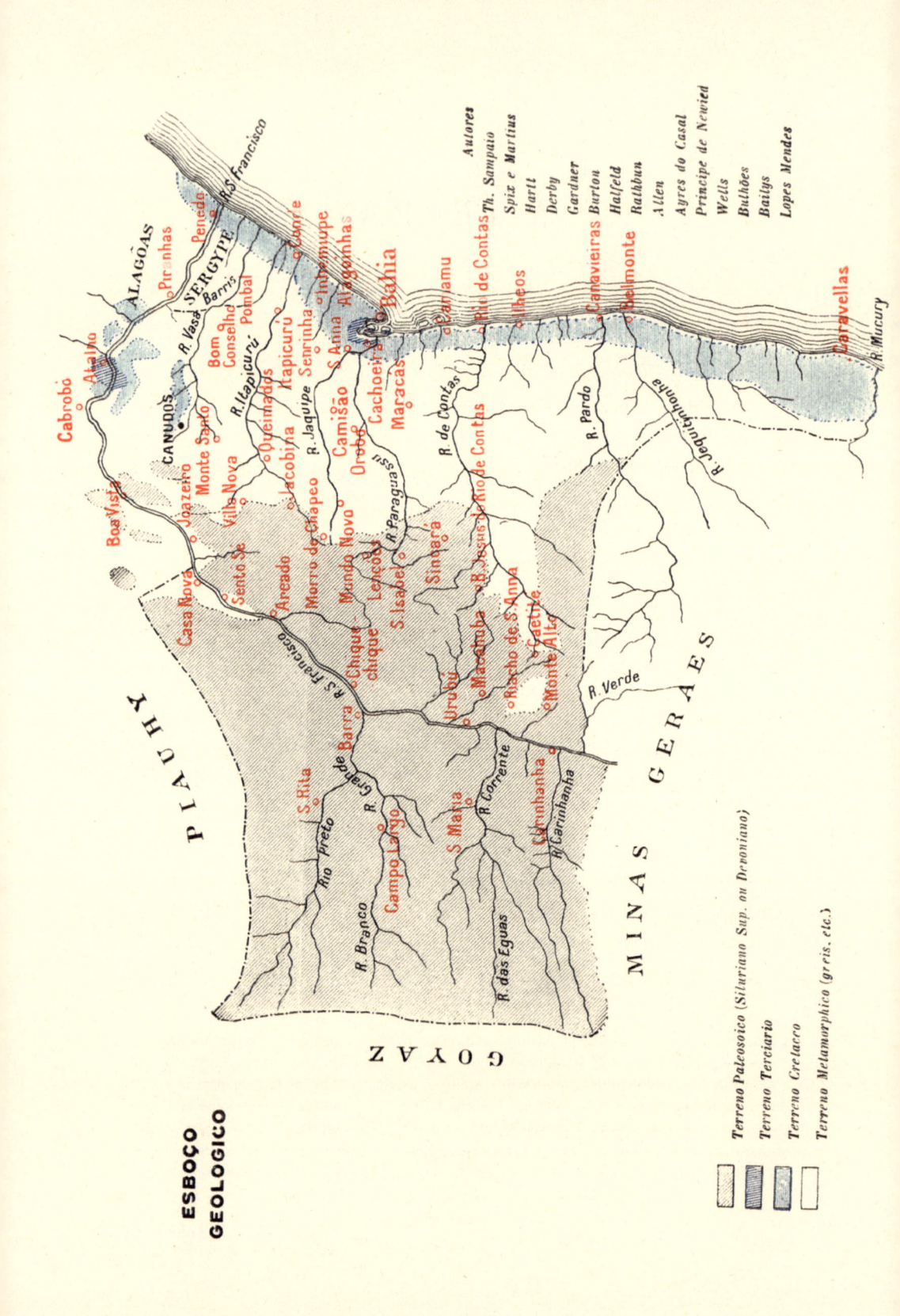

Autores
Th. Sampaio
Spix e Martius
Hartt
Derby
Gardner
Burton
Rathbun
Hatfeld
Allen
Ayres do Casal
Principe de Newied
Wells
Bulhões
Bailys
Lopes Mendes

Terreno Paleosoico (Siluriano Sup. ou Devoniano)
Terreno Terciario
Terreno Cretaceo
Terreno Metamorphico (greis, etc.)

I

PRELIMINARES

O planalto central do Brasil desce, nos litorais do Sul, em escarpas[4] inteiriças, altas e abruptas. Assoberba[5] os mares; e desata-se em chapadões nivelados pelos visos[6] das cordilheiras marítimas, distendidas do Rio Grande a Minas. Mas ao derivar para as terras setentrionais[7] diminui gradualmente de altitude, ao mesmo tempo que descamba para a costa oriental em andares, ou repetidos socalcos[8], que o despem da primitiva grandeza afastando-o consideravelmente para o interior.

    De sorte que quem o contorna, seguindo para o norte, observa notáveis mudanças de relevos: a princípio o traço contínuo e dominante das montanhas, precintando-o, com destaque saliente, sobre a linha projetante das praias; depois, no segmento de orla marítima entre o Rio de Janeiro e o Espírito Santo, um aparelho[9] litoral[10] revolto, feito da envergadura desarticulada das serras, riçado[11] de cumeadas[12] e corroído de angras[13], e escancelando-se[14] em baías, e repartindo-se em ilhas, e desagregando-se em recifes desnudos, à maneira de escombros do conflito secular que ali se trava entre os mares e a terra; em seguida, transposto o 15º paralelo, a atenuação de todos os acidentes – serranias que se

---

    4 escarpas ladeiras íngremes; terrenos inclinados. **5 assoberba** domina. **6 visos** cumes, picos, ápices; fastígios. **7 setentrionais** relativas ao setentrião; situadas ao norte. **8 socalcos** semelhantes a degraus, numa encosta, sustentados por muro. **9 aparelho** conjunto, reunião. **10 litoral** litorâneo. **11 riçado** encrespado. **12 cumeadas** sequências de cumes. **13 angras** enseadas ou pequenas baías, largamente abertas, que aparecem onde há costas altas. **14 escancelando-se** abrindo-se muito, escancarando-se.

arredondam e suavizam as linhas dos taludes[15], fracionadas em morros de encostas indistintas no horizonte que se amplia; até que em plena faixa costeira da Bahia, o olhar, livre dos anteparos de serras que até lá o repulsam e abreviam, se dilata em cheio para o ocidente, mergulhando no âmago da terra amplíssima lentamente emergindo num ondear longínquo de chapadas...[16]

Este fácies[17] geográfico resume a morfogenia[18] do grande maciço[19] continental.

Demonstra-o análise mais íntima feita por um corte meridiano qualquer, acompanhando a Bacia do São Francisco.

Vê-se, de fato, que três formações geognósticas[20] díspares, de idades mal determinadas, aí se substituem, ou se entrelaçam, em estratificações discordantes, formando o predomínio exclusivo de umas, ou a combinação de todas, os traços variáveis da fisionomia da terra. Surgem primeiro as possantes massas gnaissegraníticas[21], que a partir do extremo sul se encurvam em desmedido anfiteatro, alteando as paisagens admiráveis que tanto encantam e iludem as vistas inexpertas dos forasteiros. A princípio abeiradas do mar progridem em sucessivas cadeias, sem rebentos[22] laterais, até às raias do litoral paulista, feito dilatado muro de arrimo sustentando as formações sedimentárias do interior. A terra sobranceia[23] o oceano, dominante, do fastígio[24] das escarpas; e quem a alcança, como quem vinga[25] a rampa de um majestoso palco, justifica todos os exageros descritivos – do gongorismo[26] de Rocha Pita às extravagâncias geniais de Buckle – que fazem deste país região privilegiada, onde a natureza armou a sua mais portentosa[27] oficina[28].

---

15 taludes terrenos inclinados; escarpas, rampas. **16 chapadas** nos campos gerais, quando algumas partes da superfície se elevam e dão-lhes a forma de platô. **17** *fácies* conjunto de caracteres ou aspectos. **18 morfogenia** produção ou evolução dos caracteres morfológicos ou das formas do terreno. **19 maciço** formação eruptiva de grandes dimensões. **20 geognósticas** geológicas. **21 gnaissegranítica** nome composto: gnaisse (rocha metamórfica feldspática laminada, nitidamente cristalina, e de composição mineralógica muito variável) + granito (quartzo + feldspato alcalino). **22 rebentos** renovos, brotos, novas formações vegetais. **23 sobranceia** domina. **24 fastígio** cume, viso. **25 vinga** vence, transpõe. **26 gongorismo** escola poética inspirada no modelo de Luis de Góngora y Argote, poeta espanhol (1561-1627), e caracterizada por um excesso de metáforas, antíteses, inversões, trocadilhos e alusões clássicas. **27 portentosa** maravilhosa, prodigiosa, assombrosa. **28** A despeito da abundância da terra, Buckle criticamente afirma que "o único progresso realmente eficaz, depende não da abun-

É que, de feito[29], sob o tríplice aspecto astronômico, topográfico e geológico – nenhuma se afigura[30] tão afeiçoada à Vida.

Transmontadas[31] as serras, sob a linha fulgurante do trópico, veem-se, estirados para o ocidente e norte, extensos chapadões cuja urdidura[32] de camadas horizontais de grés[33] argiloso, intercaladas de emersões[34] calcárias[35], ou diques de rochas eruptivas básicas, do mesmo passo lhes explica a exuberância sem-par e as áreas complanadas[36] e vastas. A terra atrai irresistivelmente o homem, arrebatando-o na própria correnteza dos rios que, do Iguaçu ao Tietê, traçando originalíssima rede hidrográfica, correm da costa para os sertões, como se nascessem nos mares e canalizassem as suas energias eternas para os recessos das matas opulentas. Rasgam facilmente aqueles estratos em traçados uniformes, sem talvegues[37] deprimidos[38], e dão ao conjunto dos terrenos até além do Paraná a feição de largos plainos[39] ondulados, desmedidos.

Entretanto, para leste a natureza é diversa.

Estereografa-se[40], duramente, nas placas rígidas dos afloramentos gnáissicos[41]; e o talude dos planaltos dobra-se no socalco da Mantiqueira, onde se encaixa o Paraíba, ou desfaz-se em rebentos que, após apontoarem[42] as alturas de píncaros[43] centralizados pelo Itatiaia, levam até ao âmago de Minas as paisagens alpestres do litoral. Mas ao penetrar-se este Estado nota-se, malgrado o tumultuar das serranias, lenta descensão geral para o norte. Como nos altos chapadões de São Paulo e do Paraná, todas as caudais[44] revelam este pendor insensível[45] com derivarem em leitos contorcidos e vencendo, contrafeitas[46], o antagonismo permanente das montanhas: o rio Grande rompe, rasgando-a com a força viva da

---

dância da Natureza, mas da energia do Homem" (Buckle, *History of Civilization in England*, cap. I, p. 50). **29 de feito** de fato, na verdade. **30 se afigura** parece, se assemelha. **31 transmontadas** transpostas. **32 urdidura** superposição, arranjo. **33 grés** arenito. **34 emersões** saliências, ressaltos. **35 calcárias** designação comum às rochas constituídas essencialmente de carbonato de cálcio; pedra calcária. **36 complanadas** niveladas. **37 talvegues** (*alem.*, Talweg = "caminho do vale") os canais mais profundos do leito de um rio ou riacho. **38 deprimidos** que apresentam depressão. **39 plainos** planícies, planuras. **40 estereografa-se** releva-se, sobressai-se, manifesta-se. **41 gnáissico** relativo à gnaisse (rocha metamórfica feldspática laminada, nitidamente cristalina e de composição mineralógica muito variável). **42 apontoarem** escorarem, ampararem, sustentarem. **43 píncaros** cumes, topos. **44 caudais** cursos de águas. **45 pendor insensível** queda ou caída imperceptível do terreno. **46 contrafeitas** constrangidas, forçadas.

corrente, a Serra da Canastra, e, norteados pela meridiana[47], abrem-se adiante os fundos vales de erosão do Rio das Velhas e do São Francisco. Ao mesmo tempo, transpostas as sublevações[48] que vão de Barbacena a Ouro Preto, as formações primitivas desaparecem, mesmo nas maiores eminências, e jazem sotopostas[49] a complexas séries de xistos[50] metamórficos[51], infiltrados de veeiros[52] fartos, nas paragens lendárias do ouro.

A mudança estrutural origina quadros naturais mais imponentes que os da borda marítima. A região continua alpestre. O caráter das rochas, exposto nas abas dos cerros de quartzito[53], ou nas grimpas[54] em que se empilham as placas do itacolomito[55] avassalando[56] as alturas, aviva todos os acidentes, desde os maciços que vão de Ouro Branco a Sabará, à zona diamantina expandindo-se para nordeste nas chapadas que se desenrolam nivelando-se às cimas[57] da Serra do Espinhaço; e esta, apesar da sugestiva denominação de Eschwege, mal sobressai, entre aquelas lombadas definidoras de uma situação dominante. Dali descem, acachoantes[58], para o levante[59], tombando em catadupas[60] ou saltando *travessões*[61] sucessivos, todos os rios que do Jequitinhonha ao Doce procuram os terraços inferiores do planalto arrimados à Serra dos Aimorés; e volvem águas remansadas[62] para o poente os que se destinam à bacia de captação do São Francisco, em cujo vale, depois de percorridas ao sul as interessantes formações calcárias do Rio das Velhas, salpintadas[63] de lagos, solapadas[64] de sumidouros[65] e ribeirões subterrâneos, onde se abrem as cavernas do

---

47 meridiana linha meridiana ou linha imaginária que circunda a superfície da Terra passando pelos polos norte e sul. A linha aqui referida é a longitudinal de 45°. **48 sublevações** terrenos levantados ou em alto-relevo. **49 sotopostas** postas por baixo. **50 xistos** designação comum às rochas metamórficas cujos minerais, em forma de lâminas ou agulhas, são visíveis a olho nu e dispostos com a mesma orientação, graças à pressão dirigida sob a qual são eles formados, o que confere à rocha um aspecto folheado típico. **51 metamórficos** relativos à metamorfose dos xistos. **52 veeiros** veios; fendimentos numa rocha preenchidos por substâncias de origem hidrotermal. **53 quartzito** rocha metamórfica, composta essencialmente de quartzo; arenito em que o cimento silicoso se recristalizou. **54 grimpas** picos, cumes. **55 itacolomito** rocha metamórfica, variedade flexível de quartzito. **56 avassalando** dominando. **57 cimas** cumes, cimos, topos, vértices. **58 acachoantes** borbulhantes, espumantes. **59 levante** leste, parte oriental. **60 em catadupas** em quedas d'água de grande quantidade. **61 travessões** caminhos no meio de um rio formados de restingas ou pedras. **62 remansadas** tranquilas. **63 salpintadas** pontilhadas, marcadas. **64 solapada** escavada, minada. **65 sumidouros** aberturas por onde um rio desaparece terra adentro ressurgindo em outros lugares mais baixos; escoadouro.

homem pré-histórico de Lund, se acentuam outras transições na contextura superficial do solo.

De fato, as camadas anteriores, que vimos superpostas às rochas graníticas, decaem, por sua vez, sotopondo-se a outras, mais modernas, de espessos estratos de grés.

Novo horizonte geológico reponta com um traço original e interessante. Mal estudado embora, caracteriza-o notável significação orográfica[66] porque as cordilheiras dominantes do Sul ali se extinguem, soterradas, numa inumação[67] estupenda, pelos possantes estratos mais recentes, que as circundam. A terra, porém, permanece elevada, alongando-se em planuras[68] amplas, ou avultando em falsas montanhas, de denudação[69], descendo em aclives[70] fortes, mas tendo os dorsos alargados em plainos inscritos num horizonte de nível, apenas apontoado a leste pelos vértices dos albardões[71] distantes, que perlongam[72] a costa.

Verifica-se, assim, a tendência para um aplainamento geral.

Porque neste coincidir das terras altas do interior e a depressão das formações arqueanas[73], a região montanhosa de Minas se vai prendendo, sem ressaltos[74], à extensa zona dos *tabuleiros*[75] do Norte.

A Serra do Grão Mogol, raiando as lindes[76] da Bahia, é o primeiro espécimen[77] dessas esplêndidas chapadas imitando cordilheiras, que tanto perturbam aos geógrafos descuidados; e as demais que a convizi-

---

66 **orográfica** relativa à descrição das montanhas. 67 **inumação** ato de inumar; enterro, sepultamento. 68 **planuras** planícies. 69 **de denudação** desnudas, com pouca ou quase nenhuma vegetação. 70 **aclives** ladeiras, rampas íngremes. 71 **albardões** cadeias de coxilhas alternadas de baixadas, ao longo de cursos de água; terreno elevado, à beira de rios ou lagunas. 72 **perlongam** costeiam. 73 **arqueanas** adjetivo que designa características do período arqueano ou fase mais antiga do período pré-cambriano; formações geológicas arqueanas ou cambrianas (Câmbria, antigo nome dado ao País de Gales). 74 **ressaltos** relevos, saliências. 75 **tabuleiros** faixas de terra plana de poucas árvores e quase sem nenhum arbusto dos campos gerais. O terreno é típico das regiões secas e áridas. Geralmente, as árvores se encontram dispersas ou isoladas e são de casca grossa, de ramos alongados e folhas sem seiva, de um verde acinzentado. Euclides os define desta maneira: "Assim é que de todo contraposta à topografia habitual de dos nossos campos do Sul – ligeiramente ondulados e descambando em suaves declives para os inúmeros vales que os rendilham, caracterizam-se aqueles pelas linhas duras e incisivas das fundas depressões, terminando em *tabuleiros* bruscamente em escarpas abruptas, separando-se os cerros por desfiladeiros estreitos, flanqueados de grotas cavadas a pique..." (*Canudos e Inéditos*, p. 47). 76 **lindes** limites. 77 **espécimen** espécime; modelo, amostra, exemplo.

nham, da do Cabral mais próxima, à da Mata da Corda alongando-se para Goiás, modelam-se de maneira idêntica. Os sulcos de erosão que as retalham são cortes geológicos expressivos. Ostentam em plano vertical, sucedendo-se a partir da base, as mesmas rochas que vimos substituírem em alongado roteiro pela superfície: embaixo os rebentos graníticos decaídos pelo fundo dos vales, em cômoros[78] esparsos; à meia encosta, inclinadas, as placas xistosas mais recentes; no alto, sobrepujando-as, ou circuitando-lhes os flancos em vales monoclínicos[79], os lençóis de grés, predominantes e oferecendo aos agentes meteóricos plasticidade admirável aos mais caprichosos modelos. Sem linhas de cumeadas, as maiores serranias nada mais são que planuras altas, extensas rechãs[80] terminando de chofre em encostas abruptas, na moldurage golpeante do regime torrencial sobre o terreno permeável e móvel. Caindo por ali há séculos as fortes enxurradas, derivando a princípio em linhas divagantes[81] de drenagem, foram pouco a pouco reprofundando-as, talhando-as em quebradas[82] que se fizeram *cânions*[83], e se fizeram vales em declive, até orlarem de escarpamentos[84] e despenhadeiros aqueles plainos soerguidos. E consoante[85] a resistência dos materiais trabalhados variaram nos aspectos: aqui apontam, rijamente, sobre as áreas de nível, os últimos fragmentos das rochas enterradas, desvendando-se em fraguedos[86] que mal relembram, na altura, o antiquíssimo "Himalaia brasileiro", desbarrancado, em desintegração contínua, por todo o curso das idades; adiante, mais caprichosos, se escalonam em alinhamentos incorretos de menires[87] colossais, ou em círculos enormes, recordando na disposição dos grandes blocos superpostos, em rimas[88], muramentos desmantelados de ciclópicos coliseus em ruínas; ou então, pelos visos das escarpas, oblíquos e sobranceando as planuras que, interopostos[89], ladeiam, lem-

---

78 **cômoros** pequenas elevações de terreno; dunas, combros. 79 **monoclínicos** monoclinais; diz-se dos vales com relevo cuja estrutura das camadas é inclinada numa só direção. 80 **rechãs** planaltos. 81 **divagantes** sinuosas, tortuosas. 82 **quebradas** valas provocadas pela água. 83 **cânion** (*ingl. canyon*) garganta sinuosa e profunda cavada por um curso de água. 84 **escarpamentos** escarpas. 85 **consoante** conforme; de acordo com, segundo. 86 **fraguedos** rochedos. 87 **menires** monumentos megalíticos, que consistem num bloco de pedra levantado verticalmente. 88 **em rimas** em escadas ou pilhas. 89 **interopostos** encaixados e mutuamente opostos.

bram aduelas[90] desconformes, restos da monstruosa abóbada da antiga cordilheira, desabada...

Mas desaparecem de todo em vários pontos.

Estiram-se então planuras vastas. Galgando-as pelos taludes, que as soerguem dando-lhes a aparência exata de tabuleiros suspensos, topam-se, a centenas de metros, extensas áreas ampliando-se, boleadas[91], pelos quadrantes[92], numa prolongação indefinida, de mares. É a paragem formosíssima dos *campos gerais*[93], expandida em chapadões ondulantes – grandes tablados onde campeia[94] a sociedade rude dos vaqueiros...

Atravessemo-la.

Adiante, a partir de Monte Alto, estas conformações naturais se bipartem: no rumo firme do norte a série do grés figura-se progredir até ao platô arenoso do Açuruá[95], associando-se ao calcário que aviva as paisagens na orla do grande rio, prendendo-as às linhas dos cerros talhados em diáclase[96], tão bem expressos no perfil fantástico do Bom Jesus da Lapa; enquanto para nordeste, graças a degradações intensas (porque a Serra Geral segue por ali como anteparo aos alísios[97], condensando-os em diluvianos[98] aguaceiros) se desvendam, ressurgindo, as formações antigas.

Desenterram-se as montanhas.

Reponta a região diamantina, na Bahia, revivendo inteiramente a de Minas, como um desdobramento ou antes um prolongamento, porque é a mesma formação mineira rasgando, afinal, os lençóis de grés, e alteando-se com os mesmos contornos alpestres e perturbados, nos alcantis

---

90 aduelas pedras em forma de cunha secionada, que se empregam na construção de arcos e abóbadas de cantaria. **91 boleadas** arredondadas, torneadas. **92 quadrantes** quaisquer das quatro partes centradas em que se pode dividir igualmente um círculo. **93 campos gerais** extensas campinas entre planaltos. A parte alta do sertão, muito mais saudável do que os arredores do rio São Francisco. Essas grandes campinas, geralmente, estão cobertas de relva entre parda e verde, que embora lembrando pela uniformidade e extensão os *llanos* e pampas da América do Sul e as *prairies* da América do Norte distinguem-se deles pela forma ondulada que muitas vezes se eleva a verdadeiros morros. **94 campeia** vive, passa os seus dias. **95** Nas três primeiras edições de *Os Sertões* e no AP, a grafia é outra: Acuaruá. **96 diáclase** plano que separa ou tende a separar em duas partes uma unidade rochosa, sem haver separação dos bordos, a exemplo do que ocorre nas cavernas. **97 alísios** ventos persistentes que sopram, sobretudo na atmosfera inferior, sobre extensas regiões, a partir de um anticiclone subtropical na direção das regiões equatoriais. **98 diluvianos** abundantíssimos, torrenciais.

que irradiam da Tromba ou avultam para o norte nos xistos huronianos[99] das cadeias paralelas de Sincorá.

Deste ponto em diante, porém, o eixo da Serra Geral se fragmenta, indefinido. Desfaz-se. A cordilheira eriça-se de contrafortes[100] e talhados[101] de onde saltam, acachoando, em despenhos[102], para o levante, as nascentes do Paraguaçu, e um dédalo[103] de serranias tortuosas, pouco elevadas mas inúmeras, cruza-se embaralhadamente sobre o largo dos gerais[104], cobrindo-os. Transmuda-se[105] o caráter topográfico, retratando o desapoderado[106] embater dos elementos, que ali reagem há milênios entre montanhas derruídas, e a queda, até então gradativa, dos planaltos, começa a derivar em desnivelamentos consideráveis. Revela-os o São Francisco, no vivo infletir[107] com que torce para o levante, indicando do mesmo passo a transformação geral da região.

Esta é mais deprimida e mais revolta.

Cai para os terraços inferiores, entre um tumultuar de morros, incoerentemente esparsos. Último rebento da serra principal, a da Itiúba reúne-lhe alguns galhos indecisos, fundindo as expansões setentrionais das da Furna, Cocais e Sincorá. Alteia-se um momento, mas descai logo para todos os rumos: para o norte, originando a corredeira de quatrocentos quilômetros à jusante[108] do Sobradinho; para o sul, em segmentos dispersos que vão até além do Monte Santo; e para leste, passando sob as chapadas de Jeremoabo, até se desvendar no salto prodigioso de Paulo Afonso.

E o observador que seguindo este itinerário deixa as paragens em que se revezam, em contraste belíssimo, a amplitude dos gerais e o fastígio das montanhas, ao atingir aquele ponto estaca surpreendido...

---

99 **huronianos** terrenos primitivos, arqueanos ou azoicos. Conhecidos também como terrenos canadenses porque abarcam a região dos lagos norte-americanos Huron, Eiré e Ontário. 100 **contrafortes** cadeias de montanhas que se destacam, mais ou menos perpendicularmente, de um maciço principal, entestando com ele. 101 **talhados** abas pedregosas das serras; precipícios, despenhadeiros. 102 **despenhos** quedas num despenhadeiro. 103 **dédalo** cruzamento confuso de caminhos; encruzilhada, labirinto. 104 **gerais** termo vago que significa: campos do Planalto Central; lugares desertos e intransitáveis, no sertão do Nordeste; campos planos cobertos de erva ou grama; campos extensos, inaproveitados e desabitados; campos gerais. 105 **transmuda-se** altera-se, transforma-se. 106 **desapoderado** desenfreado. 107 **infletir** curvar, incidir, inclinar. 108 **a jusante** rio abaixo.

A ENTRADA DO SERTÃO

Está sobre um socalco do maciço continental, ao norte.

Demarca-o de uma banda[109], abrangendo dois quadrantes, em semicírculo, o rio de São Francisco; e de outra, encurvando também para sudeste, numa normal à direção primitiva, o curso flexuoso[110] do Itapicuruaçu. Segundo a mediana[111], correndo quase paralelo entre aqueles, com o mesmo descambar expressivo para a costa, vê-se o traço de um outro rio, o Vaza-Barris, o *Irapiranga* dos tapuias, cujo trecho de Jeremoabo para as cabeceiras é uma fantasia de cartógrafo. De fato, no estupendo degrau, por onde descem para o mar ou para jusante de Paulo Afonso as rampas esbarrancadas do planalto, não há situações de equilíbrio para uma rede hidrográfica normal. Ali reina a drenagem caótica das torrentes, imprimindo naquele recanto da Bahia fácies excepcional e selvagem.

TERRA IGNOTA

Abordando-o, compreende-se que até hoje escasseiem sobre tão grande trato[112] de território, que quase abarcaria a Holanda (9° 11'–10° 20' de lat. e 4°–3°, de long. O. R. J.)[113], notícias exatas ou pormenorizadas. As nossas melhores cartas[114], enfeixando[115] informes escassos, lá têm um claro expressivo, um hiato, *terra ignota*, em que se aventura o rabisco de um rio problemático ou idealização de uma corda[116] de serras.

É que transpondo o Itapicuru, pelo lado do sul, as mais avançadas turmas de povoadores estacaram em vilarejos minúsculos – Maçacará, Cumbe ou Bom Conselho – entre os quais o decaído Monte Santo tem visos de cidade: transmontada a Itiúba, a sudoeste, disseminaram-

---

109 **banda** lado. 110 **flexuoso** ondulante, tortuoso, sinuoso. 111 **mediana** num triângulo, segmento de reta que une um vértice ao meio do lado oposto. 112 **trato** espaço. 113 As coordenadas que hoje correspondem, aproximadamente, à posição do território baiano são: 8°–18° de lat. e 37°–47°, de long. As medidas originais foram talvez informadas pela carta baseada nos mapas do engenheiro Antônio Maria de Oliveira Bulhões, em 1873-1874, e o mapa do Estado da Bahia, organizado pelo engenheiro Teive e Argollo, em 1892, que tinham em conta o meridiano do Rio de Janeiro e não, como habitualmente se faz hoje, o de Greenwich. Ver *Jornal do Brasil* de 8.3.1897. 114 **cartas** mapas. 115 **enfeixando** juntando, reunindo, acolchetando. 116 **corda** cadeia.

-se pelos povoados que a abeiram acompanhando insignificantes cursos de água, ou pelas raras fazendas de gado, estremados[117] todos por uma tapera obscura – Uauá; ao norte e a leste pararam às margens do São Francisco, entre Capim Grosso e Santo Antônio da Glória.

Apenas naquele último rumo se avantajou uma vila secular, Jeremoabo, balizando[118] o máximo esforço de penetração em tais lugares, evitados sempre pelas vagas humanas, que vinham do litoral baiano procurando o interior.

Uma ou outra o cortou, rápida, fugindo, sem deixar traços.

Nenhuma lá se fixou. Não se podia fixar. O estranho território, a menos de quarenta léguas da antiga metrópole, predestinava-se a atravessar absolutamente esquecido os quatrocentos anos da nossa história. Porque enquanto as *bandeiras*[119] do Sul lhe paravam à beira e envesgando[120], depois, pelos flancos da Itiúba, se lançavam para Pernambuco e Piauí até ao Maranhão, as do levante, repelidas pela barreira intransponível de Paulo Afonso, iam procurar no Paraguaçu e rios que lhe demoram ao sul, linhas de acesso mais praticáveis. Deixavam-no de permeio[121], inabordável, ignoto.

É que mesmo trilhando o último daqueles rumos, adstritas[122] a itinerário menos longo, as salteava[123] impressionadoramente o aspecto estranho da terra, repontando em transições imprevistas.

Deixando a orla marítima e seguindo em cheio para o ocidente, tinham, transcorridas poucas léguas, amolentada[124] ou desinfluída[125] a atração das *entradas*[126] aventurosas, e extinta a miragem do litoral opulento[127]. Logo a partir de Camaçari as formações antigas cobrem-se de es-

---

117 estremados demarcados, limitados. **118 balizando** delimitando, demarcando. **119 bandeiras** expedições armadas que partindo, em geral, da capitania de São Vicente (depois, de São Paulo), desbravavam os sertões (fins do século XVI a começos do século XVIII) a fim de cativar os índios ou descobrir minas. **120 envesgando** entortando, torcendo, caminhando obliquamente. **121 de permeio** nesse ínterim; entretanto. **122 adstritas** ligadas, unidas, cingidas, contraídas. **123 salteava** sobressaltava, surpreendia. **124 amolentada** enfraquecida. **125 desinfluída** diminuída. **126 entradas** expedições organizadas, no período colonial, pelas autoridades ou por particulares, e que geralmente partia dum ponto do litoral, para explorar o interior, prender índios destinados à escravidão, ou procurar minas; bandeiras. **127 Entenda-se**: Deixando a orla marítima e seguindo em cheio para o ocidente, esses aventureiros viam, transcorridas poucas léguas, amolentada ou desinfluída, a atração das *entradas* aventurosas e extinta a miragem do litoral opulento.

cassas manchas terciárias[128], alternando com exíguas[129] bacias cretáceas[130], revestidas do terreno arenoso de Alagoinhas que mal esgarçam, a leste, as emersões calcárias de Inhambupe. A vegetação em roda transmuda-se, copiando estas alternativas com a precisão de um decalque. Rarefazem-se as matas, ou empobrecem. Extinguem-se, por fim, depois de lançarem rebentos esparsos pelo topo das serranias; e estas mesmo, aqui e ali, cada vez mais raras, ilham-se ou avançam em promontório[131] nas planuras desnudas dos campos, onde uma flora característica – arbustos flexuosos entressachados[132] de bromélias[133] rubras – prepondera exclusiva em largas áreas, mal dominada pela vegetação vigorosa irradiante da Pojuca sobre o *massapé*[134] feraz[135] das camadas cretáceas decompostas.

Deste lugar em diante, reaparecem os terrenos terciários esterilizadores, sobre os mais antigos que, entretanto, depois, dominam em toda a zona centralizada em Serrinha. Os morros do Lopes e do Lajedo aprumam-se, à maneira de disformes pirâmides de blocos arredondados e lisos; e os que se sucedem, beirando de um e outro lado as abas das serras da Saúde e da Itiúba, até Vila Nova da Rainha e Juazeiro, copiam-lhes os mesmos contornos das encostas estaladas, exumando a ossatura partida das montanhas.

128 terciárias do período em que se observa intensa atividade do núcleo terrestre, frequentes mudanças da crosta, e extinção completa dos grandes dinossauros, ao passo que os répteis, peixes e aves assumem um aspecto semelhante ao atual, e os mamíferos, sobretudo os ruminantes e proboscídeos, adquirem grande porte, e no fim do qual surgem os primeiros símios antropomorfos e, no último período, o homem (no começo desta era, que tem a duração de 71 milhões de anos, o clima é muito quente, modificando-se a partir do quaternário); conhecido também por Era/Idade Cenozoica. Ver a descrição de F. Hartt (pp. 361-363) sobre essa região. **129 exíguas** diminutas, escassas. **130 cretáceas** do período em que, na fauna, aparecem os primeiros mamíferos, de pequeno porte (marsupiais), e na flora, se nota o progresso dos gimnospermos (coníferas) e o surgimento dos angiospermos mono e dicotiledôneos; da era cenozoica. **131 promontório** cabo formado de rochas elevadas ou alcantis. **132 entressachados** misturados, mesclados, intercalados. **133 bromélias** da família das bromeliáceas: plantas superiores, monocotiledôneas, constituídas de ervas rosuladas, de folhas rígidas, flores actinomorfas, coloridas, com cálice e corola distintos, seis estames, fruto bacáceo ou cápsulas, que vivem sobre pedras ou árvores. Há cerca de mil espécies tropicais, muitas delas apreciadas como plantas ornamentais. O Brasil é rico em representantes dessa família, da qual o abacaxi é o espécime mais importante. **134 massapé** variante de massapê. No Norte e Nordeste, terra argilosa encontrada em SE e na BA, formada pela decomposição dos calcários cretáceos, preta quase sempre, e ótima para a cultura da cana de açúcar. **135 feraz** fértil, fecundo.

O observador tem a impressão de seguir torneando a truncadura[136] malgradada[137] da borda de um planalto.

Calca, de fato, estrada três vezes secular, histórica vereda[138] por onde avançavam os rudes sertanistas[139] nas suas excursões para o interior.

Não a alteraram nunca.

Não a variou, mais tarde, a civilização, justapondo aos rastros do bandeirante os trilhos de uma via férrea[140].

Porque o caminho em cuja longura de cem léguas, da Bahia ao Juazeiro, se entroncam numerosíssimos desvios para o poente e para o sul, jamais comportou, a partir de seu trecho médio, variante apreciável para leste e para o norte.

Calcando-o, em demanda do Piauí, Pernambuco, Maranhão e Pará, os povoadores, consoante vários destinos, dividiam-se em Serrinha. E progredindo para Juazeiro, ou volvendo à direita, pela estrada real do Bom Conselho que desde o século XVII os levava a Santo Antônio da Glória e Pernambuco – uns e outros contorneavam sempre, evitando-a sempre, a paragem sinistra e desolada, subtraindo-se a uma travessia torturante.

De sorte que aquelas duas linhas de penetração, que vão interferir o S. Francisco em pontos afastados – Juazeiro e Santo Antônio da Glória – formavam, desde aqueles tempos, as lindes de um deserto.

EM CAMINHO PARA MONTE SANTO

No entanto quem se abalança[141] a atravessá-lo, partindo de Queimadas para nordeste, não se surpreende a princípio. Recurvo em meandros[142], o Itapicuru alenta vegetação vivaz; e as barrancas pedregosas do Jacurici debruam-se de pequenas matas. O terreno, areento e chão, permite travessia desafogada e rápida. Aos lados do caminho ondulam tabuleiros

---

136 **truncadura** fenda, greta. 137 **malgradada** forçada, contrafeita. 138 **vereda** no sertão, caminho cuja vegetação é um misto de agreste e caatinga. 139 **sertanistas** pessoas que se embrenhavam nos sertões à cata de riquezas; bandeirantes. 140 Euclides alude aqui à estrada de ferro entre Alagoinhas e Juazeiro, construída sobre o mesmo leito natural aberto pelos bandeirantes. 141 **abalança** arrisca, ousa. 142 **meandros** sinuosidades, rodeios, volteios de curso de água, de caminho.

rasos. A pedra, aflorando em lajedos[143] horizontais, mal movimenta o solo, esgarçando a tênue capa das areias que o revestem.

Veem-se, porém, depois, lugares que se vão tornando crescentemente áridos.

Varada a estreita faixa de cerrados, que perlongam aquele último rio, está-se em pleno *agreste*[144], no dizer expressivo dos matutos[145]: arbúsculos quase sem pega[146] sobre a terra escassa, enredados de esgalhos[147] de onde irrompem, solitários, *cereus*[148] rígidos e silentes, dando ao conjunto a aparência de uma margem de desertos. E o fácies daquele sertão inóspito vai-se esboçando, lenta e impressionadoramente...

Galga-se uma ondulação qualquer – e ele se desvenda ou se deixa adivinhar, ao longe, no quadro tristonho de um horizonte monótono em que se esbate, uniforme, sem um traço diversamente colorido, o pardo requeimado das *caatingas*.

Intercorrem ainda paragens menos estéreis, e nos trechos em que se operou a decomposição *in situ*[149] do granito, originando algumas manchas argilosas, as copas virentes[150] dos ouricurizeiros[151] circuitam – parênteses breves abertos na aridez geral – as bordas das *ipueiras*[152]. Estas lagoas mortas, segundo a bela etimologia indígena, demarcam obrigatória escala ao caminhante. Associando-se às cacimbas e *caldeirões*[153], em que se abre a pedra, são-lhe recurso único na viagem penosíssima. Verdadeiros oásis, têm, contudo, não raro, um aspecto lúgubre: locali-

---

143 **lajedos** lajes, lajens. 144 **agreste** zona fitogeográfica do Nordeste, entre a mata e o sertão, caracterizada pelo solo pedregoso e pela vegetação escassa e de pequeno porte (mirtáceas, leguminosas e combretáceas). 145 **matutos** caipiras, tabaréus. 146 **pega** aderência, adesão. 147 **esgalhos** renovos vegetais que pouco se desenvolvem; restos do ramo que ficam no tronco. 148 **cereus** cactos; plantas cactáceas parecidas a um círio (*Candelabrum*). 149 ***in situ*** no local; *in loco*. 150 **virentes** verdejantes, florescentes. 151 **ouricurizeiros** plantas da família das palmeiras (*Cocos coronata* Mart.), que produzem o ouricuri, drupa comestível, cuja medula fornece fécula e cuja semente fornece óleo alimentar. Outros nomes: alicuri, ururucuri, guaricuri, aruculi, licuri, urucuri, uruculi, uricuri-iba, nicuri, anacuri, coco-de-rosário. Das suas palmas se extrai grande quantidade de cera, sucedânea da cera de carnaúba. Ultimamente, esta preciosa palmeira tem sido derrubada, em número incalculável, para se fazer pastagens. Não se deve confundir esta palmeira com o aricuri, ariculi, licurioba, aliculi, aracuí ou aricuí (*Cocos schizophilla*). O tronco deste tipo de palmeira mede de 2 a 3 m, enquanto o daquele de 3 a 10 m. 152 **ipueiras** (*tupi* ,"águas passadas, que já não correm", "rio seco"); lagoeiros ou poços formados nos lugares baixos e nos leitos de rios pelas águas das chuvas onde se conservam meses a fio. 153 **caldeirões** "buracos na pedra"; tanques naturais nos lajedos, onde se reúne a água da chuva.

zadas em depressões, entre colinas nuas, envoltas pelos *mandacarus*[154] despidos e tristes, como espectros de árvores; ou num colo de chapada, recortando-se com destaque no chão poento e pardo, graças à placa verde-negra das algas unicelulares que as revestem.

Algumas denotam um esforço dos filhos do sertão. Encontram-se, orlando-as, erguidos como represas entre as encostas, toscos muramentos de pedra seca. Lembram monumentos de uma sociedade obscura. Patrimônio comum dos que por ali se agitam nas aperturas[155] do clima feroz, vêm, em geral, de remoto passado. Delinearam-nos os que se afoitaram primeiro com as vicissitudes de uma entrada naquelas bandas. E persistem indestrutíveis, porque o sertanejo, por mais escoteiro[156] que siga, jamais deixa de levar uma pedra que calce as suas junturas[157] vacilantes.

Mas transpostos estes pontos – imperfeita cópia das barragens romanas remanescentes na Tunísia, – entra-se outra vez nos areais exsicados[158]. E avançando célere[159], sobretudo nos trechos em que se sucedem pequenas ondulações, todas da mesma forma e do mesmo modo dispostas, o viajante mais rápido tem a sensação da imobilidade. Patenteiam-se-lhe, uniformes, os mesmos quadros, num horizonte invariável que se afasta à medida que ele avança. Raras vezes, como no povoado minúsculo de Cansanção, larga emersão de terreno fértil se recama[160] de vegetação virente.

Despontam vivendas pobres; algumas desertas pela retirada dos vaqueiros que a seca espavoriu; em ruínas, outras; agravando todas, no aspecto paupérrimo, o traço melancólico das paisagens...

---

154 mandacarus grandes cactos (*Cereus jamacaru*, S. Dyck.), de porte arbóreo, tronco grosso e ramificado, que podem fornecer madeira na base, flores enormes, alvas, que se abrem à noite, e cujos ramos têm de quatro a cinco ângulos, sendo o fruto uma baga espinhosa. É planta das mais características da caatinga nordestina e serve de alimento ao gado na seca. Euclides ainda nos dá esta definição: "silentes e majestosos; árvores providenciais em cujos galhos e raízes armazenam-se os últimos recursos para a satisfação da sede e da fome ao viajante retardatário – cactáceas gigantes que, revestidas de grandes frutos de um vermelho rutilante e subdividindo-se com admirável simetria em galhos ascendentes, igualmente afastados, patenteiam a conformação típica e bizarra de grandes candelabros firmados sobre o solo..." (*Canudos e Inéditos*, p. 46). **155 aperturas** apuros, aflições, angústias. **156 escoteiro** como o viajante sem bagagem que não gosta de levar muito peso. **157 junturas** junções. **158 exsicados** ressequidos, secos. **159 célere** veloz, ligeiro, rápido. **160 recamar-se** cobrir-se, revestir-se.

Nas cercanias de Quirinquiná, porém, começa a movimentar-se o solo. O pequeno sítio ali ereto alevanta-se já sobre alta expansão granítica, e atentando-se para o norte divisa-se região diversa – riçada de vales e serranias, perdendo-se ao longe em grimpas fugitivas. A Serra de Monte Santo, com um perfil de todo oposto aos redondos contornos que lhe desenhou o ilustre Martius, empina-se, a pique, na frente, em possante dique de quartzito branco, de azulados tons, em relevo sobre a massa gnáissica que constitui toda a base do solo. Dominante sobre a várzea que se estende para sudeste, com a linha de cumeadas quase retilínea, o seu enorme paredão, vincado pelas linhas dos estratos, expostas pela erosão eólia[161], afigura-se cortina de muralha monumental. Termina em crista altíssima, estremando-lhe o desenvolvimento no rumo de 13° NE, a cavaleiro da vila[162] que se lhe erige no sopé. Centraliza um horizonte vasto. Observa-se, então, que atenuados para o sul e leste, os acidentes predominantes da terra progridem avassalando os quadrantes do norte.

O "Sítio do Caldeirão", três léguas adiante, ergue-se à margem dessa sublevação metamórfica; e alcançando-o, e transpondo-o, entra-se, afinal, em cheio, no sertão adusto...[163]

PRIMEIRAS IMPRESSÕES

É uma paragem impressionadora.

As condições estruturais da terra lá se vincularam à violência máxima dos agentes exteriores para o desenho de relevos estupendos. O regime torrencial dos climas excessivos, sobrevindo, de súbito, depois das insolações[164] demoradas, e embatendo naqueles pendores, expôs há muito, arrebatando-lhes para longe todos os elementos degradados, as séries mais antigas daqueles últimos rebentos das montanhas: todas as variedades cristalinas, e os quartzitos ásperos, e as filades[165] e calcários,

---

161 **eólia** provocada pelo vento; eólica. 162 **a cavaleiro da vila** sobranceiro à vila; em posição elevada em relação à vila. 163 **adusto** queimado, abrasado, ressequido. 164 **insolações** exposições constantes ao sol quando este permanece descoberto, brilhando, livre de nebulosidade ou nevoeiro. 165 **filades** rochas metamórficas, que se esfolham, como os xistos.

revezando-se ou entrelaçando-se, repontando duramente a cada passo, mal cobertos por uma flora tolhiça[166] – dispondo-se em cenários em que ressalta, predominante, o aspecto atormentado das paisagens.

Porque o que estas denunciam – no enterroado[167] do chão, no desmantelo dos cerros quase desnudos, no contorcido dos leitos secos dos ribeirões efêmeros, no constrito das gargantas e no quase convulsivo de uma flora decídua[168] embaralhada em esgalhos – é de algum modo o martírio da terra, brutalmente golpeada pelos elementos variáveis, distribuídos por todas as modalidades climáticas. De um lado a extrema secura dos ares, no estio, facilitando pela irradiação noturna a perda instantânea do calor absorvido pelas rochas expostas às soalheiras[169], impõe-lhes a alternativa de alturas e quedas termométricas repentinas; e daí um jogar de dilatações e contrações que as disjunge[170], abrindo-as segundo os planos de menor resistência. De outro, as chuvas que fecham, de improviso, os ciclos adurentes[171] das secas, precipitam estas reações demoradas.

As forças que trabalham a terra atacam-na na contextura íntima e na superfície, sem intervalos na ação demolidora, substituindo-se, com intercadência[172] invariável, nas duas estações únicas da região.

Dissociam-na[173] nos verões queimosos; degradam-na nos invernos torrenciais. Vão do desequilíbrio molecular, agindo surdamente, à dinâmica portentosa das tormentas[174]. Ligam-se e completam-se. E consoante o preponderar de uma e outra, ou o entrelaçamento de ambas, modificam-se os aspectos naturais. As mesmas assomadas[175] gnáissicas, caprichosamente cindidas[176] em planos quase geométricos, à maneira de silhares[177], que surgem em numerosos pontos, dando, às vezes, a ilusão de encontrar-se, de repente, naqueles ermos vazios, majestosas ruinarias de castelos – adiante se cercam de fraguedos, em desordem, mal seguros sobre as bases estreitas, em ângulos de queda, incumbentes[178] e instáveis,

---

166 **tolhiça** atrofiada, inanida, coibida. 167 **enterroado** convertido em torrões. 168 **decídua** despojada, privada, decrépita; seca, a ponto de cair ou desprender-se dos galhos. 169 **soalheiras** as luzes e os calores mais intensos do sol. 170 **disjungir** soltar, separar, desunir, desprender. 171 **adurentes** que queimam, causticam. 172 **intercadência** interrupção. 173 **dissociam-na** decompõem-na quimicamente. 174 **tormentas** tempestades, chuvas torrenciais. 175 **assomadas** cumeadas, cumes. 176 **cindidas** separadas, divididas. 177 **silhares** pedras lavradas em forma de quadrado. 178 **incumbentes** inclinados para a terra.

feito *logghans*[179] oscilantes, ou grandes desmoronamentos de *dólmenes*[180]; e mais longe desaparecem sob acervos de blocos, com a imagem perfeita desses "mares de pedra" tão característicos dos lugares onde imperam os regimes excessivos. Pelas abas dos cerros, que tumultuam em roda – restos de velhíssimas chapadas corroídas – se derramam, ora em alinhamentos relembrando velhos caminhos de geleiras, ora esparsos a esmo, espessos lastros[181] de seixos[182] e lajens[183] fraturadas, delatando idênticas violências. As arestas dos fragmentos, onde persistem ainda cimentados ao quartzo os cristais de feldspato[184], são novos atestados desses efeitos físicos e mecânicos que despedaçando as rochas, sem que se decomponham os seus elementos formadores, se avantajaram ao vagar dos agentes químicos em função dos fatos meteorológicos normais.

Deste modo se tem a cada passo, em todos os pontos, um lineamento incisivo de rudeza extrema. Atenuando-o em parte, deparam-se várzeas deprimidas, sedes de antigos lagos, extintos agora em ipueiras apauladas[185], que demarcam os pousos dos vaqueiros. Recortam-nas, no entanto, abertos em caixão, os leitos as mais das vezes secos de ribeirões que só se enchem nas breves estações das chuvas. Obstruídos, na maioria, de espessos lastros de blocos entre os quais, fora das enchentes súbitas, defluem[186] tênues fios de água, são uma reprodução completa dos *oueds*[187] que marginam o Saara. Despontam-lhes, em geral normais às barrancas, estratos de um talcoxisto[188] azul-escuro em placas brunidas[189] reverberando a luz em fulgurar metálico – e sobre elas, cobrindo extensas áreas, camadas menos resistentes de argila vermelha, cindidas de veios de quartzo, interceptando-lhes, discordantes, os planos estratigráficos[190].

179 **loggans** (*ingl.*) pedras oscilantes; formações rochosas oscilantes. Nas três primeiras edições e no AP a palavra aparece com ortografia incorreta: *loghans*. 180 **dólmenes** (ingl. *dolmens*) monumentos druídicos formados de uma grande pedra chata posta sobre duas outras verticais. 181 **lastros** camadas, geralmente, de pedra britada. 182 **seixos** fragmentos de rocha dura, pedra solta. 183 **lajens** lajes, lajedos. 184 **feldspato** designação comum aos silicatos de alumínio e de um ou mais metais alcalinos ou alcalino-terrosos, mais comumente potássio, sódio e cálcio, de cor clara, componentes das rochas eruptivas. 185 **apauladas** palustres, pantanosas. 186 **defluem** correm, emanam (líquido). 187 **oueds** (*fr.*) cursos de água intermitentes que correrm pelo deserto. 188 **talcoxisto** rocha esquistosa, clara, esverdeada ou azul, macia ao tato; talco-esquisto; talcito. 189 **brunidas** polidas, lustradas, brilhantes. 190 **estratigráficos** das rochas da litosfera e de suas relações genéticas, suas condições pretéritas de formação e sua paleogeografia.

Estas últimas formações, silurianas[191] talvez, cobrem de todo as demais à medida que se caminha para NE e apropriam-se a contornos mais corretos. Esclarecem a gênese dos tabuleiros rasos, que se desatam, cobertos de uma vegetação resistente, de mangabeiras[192], até Jeremoabo.

Para o norte, porém, inclinam-se mais fortemente as camadas. Sucedem-se côrmoros despidos, de pendores resvalantes[193], descaindo em quebradas onde enxurram torrentes periódicas, solapando-os; e pelos seus topos divisam-se, alinhadas em fileiras, destacadas em lâminas, as mesmas infiltrações quartzosas, expostas pela decomposição dos xistos em que se embebem.

À luz crua dos dias sertanejos, aqueles cerros aspérrimos rebrilham, estonteadoramente – ofuscantes, num irradiar ardentíssimo...

As erosões constantes quebram, porém, a continuidade destes estratos que ademais, noutros pontos, desaparecem sob as formações calcárias. Mas o conjunto pouco se transmuda. A feição ruiniforme destas casa-se bem a dos outros acidentes. E nos trechos em que elas se estiram, planas, pelo solo, desabrigadas de todo ante a acidez corrosiva dos aguaceiros tempestuosos, crivam-se[194], escarificadas[195], de cavidades circulares e acanaladuras[196] fundas, diminutas mas inúmeras, tangenciando-se em quinas de rebordos cortantes, em pontas e duríssimos estrepes que impossibilitam as marchas.

Deste modo, por qualquer vereda, sucedem-se acidentes pouco elevados mas abruptos, pelos quais tornejam os caminhos, quando não se justapõem por muitas léguas aos leitos vazios dos ribeirões esgotados. E por mais inexperto que seja o observador – ao deixar as perspectivas majestosas, que se desdobram ao sul, trocando-as pelos cenários

---

191 **silurianas** do período siluriano, que se caracterizam pelo progresso dos crustáceos, atingindo os trilobites o seu maior desenvolvimento, e pelo aparecimento dos peixes antracodermos e dos escorpiões. 192 **mangabeiras** árvores de pequeno porte, medindo não mais de 4 m, da família das apocináceas (*Hancornia pubescens* ou *Willugbeia speciosa*), frequente em cerrados e no litoral nordestino, que produzem fruto comestível, a mangaba, e látex útil na fabricação de borracha, e cujas flores são grandes e alvas. Esta árvore se eleva sobre o mato rasteiro dos tabuleiros, com seus galhos delicados, pendentes, cobertos de finas folhas lanceoladas. 193 **resvalantes** escorregadios, derrapantes, deslizantes. 194 **crivam-se** perfuram-se. 195 **escarificadas** cariadas, lancetadas. 196 **acanaladuras** fossos ou escavações à maneira de canais.

emocionantes daquela natureza torturada, tem a impressão persistente de calcar o fundo recém-sublevado[197] de um mar extinto, tendo ainda estereotipada[198] naquelas camadas rígidas a agitação das ondas e das voragens...[199]

UM SONHO DE GEÓLOGO

É uma sugestão empolgante[200].

Vai-se de boa sombra com um naturalista algo romântico[201], imaginando-se que por ali turbilhonaram, largo[202] tempo, na idade terciária, as vagas e as correntes.

Porque, a despeito da escassez de dados permitindo uma dessas profecias retrospectivas, no dizer elegante de Huxley, capaz de esboçar a situação daquela zona em idades remotas, todos os caracteres que sumariamos reforçam a concepção aventurosa.

Alentam-na ainda: o estranho desnudamento da terra; os alinhamentos notáveis em que jazem os materiais fraturados, orlando, em verdadeiras curvas de nível[203], os flancos das serranias; as escarpas dos tabuleiros terminando em taludes a prumo, que recordam falésias[204]; e, até certo ponto, os restos da fauna pliocena[205], que fazem dos *caldeirões* enormes ossuários de mastodontes[206], cheios de vértebras desconjuntadas e parti-

---

197 sublevado levantado. **198 estereotipada** reproduzida fielmente, impressa. **199 voragens** turbilhões. **200** A teoria da existência de um mar terciário nos sertões talvez já tivesse sido incutida na mente de Euclides que, em 1897, parecia alimentar essa ideia, segundo o que se pode colher dos comentários de Aníbal Galvão, jornalista de *A Notícia*. Este, por sua vez, acompanhou Euclides em alguns passeios pelas caatingas e declara que deve "ao distintíssimo engenheiro [seu] cabedal de geologia". Portanto, foi sob a mesma influência, já que ignorante no assunto, que Galvão pôde escrever que "pela ligeira análise das águas, como pelos detritos fósseis, pode-se afirmar que em tempos pré-históricos a região central do norte da Bahia foi ocupada pelo mar" (*A Notícia*, 21-22.9.1897). **201 Nota do Autor:** em E. Liais. **202 largo** longo, duradouro. **203 curvas de nível** linhas curvas que, nas cartas topográficas, ligam pontos de uma mesma altitude; isoípsa; altimétrica. Curvas de nível muito juntas indicam terreno muito íngreme, abrupto; afastamento de uma para a outra indica região pouco íngreme. **204 falésias** (fr. *falaises*), designação comum a terras ou rochas altas e íngremes à beira-mar, resultado da erosão marinha; paredões naturais. **205 pliocena** da época pliocena: aquela em que surgem os primeiros homínidas; no período quaternário. **206 mastodontes** proboscídeos fósseis, corpulentos e de constituição análoga à do elefante, que surgiram no oligoceno e se extinguiram no plistoceno.

das, como se ali a vida fosse, de chofre, salteada[207] e extinta pelas energias revoltas de um cataclismo[208].

Há também a presunção derivada de situação anterior, exposta em dados positivos. As pesquisas de Fred. Hartt, de fato, estabelecem, nas terras circunjacentes a Paulo Afonso, a existência de inegáveis bacias cretáceas; e sendo os fósseis que as definem idênticos aos encontrados no Peru e México, e contemporâneos dos que Agassiz descobriu no Panamá – todos estes elementos se acolchetam[209] no deduzir-se que vasto oceano cretáceo rolou as suas ondas sobre as terras fronteiras das duas Américas, ligando o Atlântico ao Pacífico. Cobria, assim, grande parte dos Estados setentrionais brasileiros, indo bater contra os terraços superiores dos planaltos, onde extensos depósitos sedimentários denunciam idade mais antiga, o paleozoico[210] médio.

Então, destacadas das grandes ilhas emergentes, as grimpas mais altas das nossas cordilheiras mal apontavam ao norte, na solidão imensa das águas...

Não existiam os Andes, e o Amazonas, largo canal entre as altiplanuras das Guianas e as do continente, separava-as, ilhadas. Para as bandas do sul o maciço de Goiás – o mais antigo do Mundo – segundo a bela dedução de Gerber, o de Minas e parte do planalto paulista, onde fulgurava, em plena atividade, o vulcão de Caldas, constituíam o núcleo do continente futuro...[211]

Porque se operava lentamente uma sublevação geral: as massas graníticas alteavam-se ao norte arrastando o conjunto geral das terras numa rotação vagarosa em torno de um eixo, imaginado por Em. Liais entre os chapadões de Barbacena e a Bolívia. Simultaneamente, ao abrir-se a épo-

---

207 salteada tomada de assalto, acometida. **208** Ver em E. Liais, pp. 234-247; J. C. de Carvalho, p. 27. **209 acolchetam** reúnem, enfeixam, resumem. **210 paleozoico** na fauna, período que se caracteriza pelo surgimento dos animais de organização celular rudimentar (medusas, corais, ouriços-do--mar), pelo desenvolvimento dos invertebrados e pelo aparecimento dos vermes, insetos, moluscos, peixes, batráquios e répteis; na flora, pelo surgimento dos criptógamos vasculares (fungos, algas e musgos). O período durou cerca de 380 milhões de anos. **211** Este trecho foi tomado, como bem lembra José Carlos Barreto de Santana, de um ensaio de F. Hartt, "Recent Explorations in the Valley of the Amazonas, with Maps" (1873). Consultar ainda *Canudos e Inéditos*, p. 109 e Jean Louis R. Agassiz, *A Journey in Brazil*, pp. 407-408.

ca terciária, se realiza o fato prodigioso do alevantamento dos Andes; novas terras afloram nas águas; tranca-se, num extremo, o canal amazônico, transmudando-se no maior dos rios; ampliam-se os arquipélagos esparsos, e ganglionam-se[212] em istmos[213], e fundem-se; arredondam-se, maiores, os contornos das costas; e integra-se, lentamente, a América.

Então os terrenos da estrema setentrional da Bahia, que se resumiam nos cachopos de quartzito de Monte Santo e visos de Itiúba, esparsos pelas águas, avolumaram-se, num ascender contínuo. Mas nesse vagaroso altear-se, enquanto as regiões mais altas, recém-desvendadas, se salpintavam de lagos, toda a parte média daquela escarpa permanecia imersa. Uma corrente impetuosa, de que é forma decaída a atual da nossa costa, enlaçava-a. E embatendo-a longamente, enquanto o resto do país, ao sul, se erigia já constituído, e corroendo-a, e triturando-a, remoinhando para oeste e arrebatando todos os materiais desagregados, modelava aquele recanto da Bahia até que ele emergisse de todo, seguindo o movimento geral das terras, feito informe amontoado de montanhas derruídas.

O regime desértico ali se firmou, então, em flagrante antagonismo com as disposições geográficas: sobre uma escarpa, onde nada recorda as depressões sem escoamento dos desertos clássicos.

Acredita-se que a região incipiente ainda está preparando-se para a Vida: o líquen[214] ainda ataca a pedra, fecundando a terra. E lutando tenazmente com o flagelar do clima, uma flora de resistência rara por ali entretece a trama[215] das raízes, obstando[216], em parte, que as torrentes arrebatem todos os princípios exsolvidos[217] – acumulando-os pouco a pouco na conquista da paragem desolada cujos contornos suaviza – sem impedir, contudo, nos estios longos, as insolações inclementes e as águas selvagens, degradando o solo.

---

212 ganglionam-se agrupam-se, cacheiam-se. **213 istmos** faixas de terra que ligam uma península a um continente. **214 líquen** vegetal criptogâmico formado pela íntima associação de uma alga verde ou azul com um fungo superior. As algas ficam dentro do talo, formando camada verde. Vivem nos lugares mais inóspitos, comumente sobre rochas e cascas de árvores. **215 trama** trançado. **216 obstando** impedindo. **217 exsolvidos** desagregados, precipitados, a partir de uma fase cristalina sólida; desligados, desprendidos.

Daí a impressão dolorosa que nos domina ao atravessarmos aquele ignoto trecho de sertão – quase um deserto – quer se aperte entre as dobras de serranias nuas ou se estire, monotonamente, em descampados grandes...

II

GOLPE DE VISTA DO ALTO DE MONTE SANTO

Do alto da Serra de Monte Santo atentando-se para a região, estendida em torno num raio de quinze léguas, nota-se, como num mapa em relevo, a sua conformação orográfica. E vê-se que as cordas de serras, ao invés de se alongarem para o nascente, medianas aos traçados do Vaza-Barris e Itapicuru, formando-lhes o *divortium aquarum*[1], progridem para o norte.

Mostram-no as serras Grande e do Atanásio, correndo, e a princípio distintas, uma para NO e outra para N e fundindo-se na do Acaru, onde abrolham[2] os mananciais intermitentes do Bendegó e seus tributários efêmeros. Unificadas, aliam-se às de Caraíbas e do Lopes e nestas de novo se embebem, formando-se as massas do Cambaio, de onde irradiam as pequenas cadeias do Coxomongó e Calumbi, e para o noroeste os pincaros torreantes[3] do Caipã. Obediente à mesma tendência, a do Aracati, lançando-se a NO à borda dos tabuleiros de Jeremoabo, progride, descontínua, naquele rumo e, depois de entalhada pelo Vaza-Barris em Cocorobó, inflete para o poente, repartindo-se nas da Canabrava e Poço de Cima, que a prolongam[4]. Todas traçam, afinal, elíptica[5] curva fechada ao sul por um morro, o da Favela, em torno de larga planura

---

1 *divortium aquarum* (lat.) linha natural, no topo das serras, que divide as águas para as diferentes vertentes ou bacias. 2 **abrolham** nascem, originam. 3 **torreantes** que torreiam ou que se elevam à maneira de torre. 4 Consultar *Caderneta*, p. 149. 5 **eclíptica** a imagem de uma curva definida como lugar geométrico, neste caso, cujas distâncias de cada serra até o Morro da Favela seriam iguais. Ver nota 23, p. 92.

ondeante onde se erigia o arraial de Canudos – e daí para o norte de novo se dispersam e decaem até acabarem em chapadas altas à borda do São Francisco.

Deste modo, no ascender para o norte, procurando o chapadão que o Parnaíba escava, aquele talude dos planaltos parece dobrar-se num ressalto, perturbando toda a área de drenagem do São Francisco abaixo da confluência do Patamuté, num traçado de torrentes sem nome, inapreciáveis na mais favorável escala, e impondo ao Vaza-Barris um curso tortuoso do qual ele se liberta em Jeremoabo, ao infletir para a costa.

Este é um rio sem afluentes. Falta-lhe conformidade com o declive da terra. Os seus pequenos tributários, o Bendegó e Caraíbas, volvendo águas transitórias, dentro dos leitos rudemente escavados, não traduzem as depressões do solo. Têm a existência fugitiva das estações chuvosas. São, antes, canais de esgotamento, abertos a esmo pelos enxurros – ou correntes velozes que, adstritas aos relevos topográficos mais próximos, estão, não raro, em desarmonia com as disposições orográficas gerais. São rios que sobem. Enchem-se de súbito; transbordam; reprofundam os leitos, anulando o obstáculo do declive geral do solo; rolam por alguns dias para o rio principal; e desaparecem, volvendo ao primitivo aspecto de valos[6] em torcicolos[7], cheios de pedras, e secos.

O próprio Vaza-Barris, rio sem nascentes em cujo leito viçam gramíneas e pastam os rebanhos, não teria o traçado atual se corrente perene lhe assegurasse um perfil de equilíbrio, através de esforço contínuo e longo. A sua função como agente geológico é revolucionária. As mais das vezes *cortado*, fracionando-se em gânglios[8] estagnados, ou seco, à maneira de larga estrada poenta e tortuosa, quando cresce, *empanzinado*[9], nas cheias, captando as águas selvagens que estrepitam nos pendores, volve por algumas semanas águas barrentas e revoltas, extinguindo-se logo em esgotamento completo, vazando, como o indica o dizer português, substituindo-lhe com vantagem a antiga denominação indígena. É uma onda tombando das vertentes[10] da Itiúba, multiplicando a energia

---

6 valos parapeitos ou muros de proteção. **7 em torcicolos** sinuosos, tortuosos. **8 gânglios** nódulos, agrupamentos. **9 empanzinado** cheio, repleto, a ponto de transbordar. **10 vertentes** declives de montanhas, por onde derivam as águas pluviais.

ESBOÇO GEOGRAPHICO
DO
SERTÃO DE CANUDOS

Esc. 1/1.000.000

0 1 2 3 4 5 6 LEGUAS

da corrente no apertado dos desfiladeiros, e correndo veloz entre barrancos, ou entalada em serras, até Jeremoabo.

Vimos como a natureza, em roda, lhe imita o regime brutal – calcando-o em terreno agro[11], sem os cenários opulentos das serras e dos tabuleiros ou dos sem-fins das chapadas – mas feito um misto em que tais disposições naturais se baralham, em confusão pasmosa: planícies que de perto revelam séries de cômoros, retalhados de algares[12]; morros que o contraste das várzeas faz de grande altura e estão poucas dezenas de metros sobre o solo, e tabuleiros que em sendo percorridos mostram a acidentação caótica de boqueirões[13] escancelados e brutos. Nada mais dos belos efeitos das denudações lentas, no remodelar os pendores, no desapertar os horizontes e no desatar – amplíssimos – os *gerais* pelo teso[14] das cordilheiras, dando aos quadros naturais a encantadora grandeza de perspectivas em que o céu e a terra se fundem em difusão longínqua e surpreendedora de cores...

Entretanto, inesperado quadro esperava o viandante[15] que subia, depois desta travessia em que supõe pisar escombros de terremotos, as ondulações mais próximas de Canudos.

DO ALTO DA FAVELA

Galgava o topo da Favela. Volvia em volta o olhar, para abranger de um lance o conjunto da terra. – E nada mais divisava recordando-lhe os cenários contemplados. Tinha na frente a antítese do que vira. Ali estavam os mesmos acidentes e o mesmo chão, embaixo, fundamente revolto, sob o indumento[16] áspero dos pedregais e caatingas estonadas...[17] Mas a reunião de tantos traços incorretos e duros – arregoados[18] divagantes de algares, sulcos de despenhadeiros, socavas[19] de bocainas[20], criava-lhe

---

11 agro duro, árduo, inclemente, dificultoso. **12 algares** furnas, grutas, despenhadeiros. **13 boqueirões** aberturas ou gargantas na serra por onde corre um rio. **14 teso** alto, cimo. **15 viandante** viajante. **16 indumento** camada, revestimento. **17 estonadas** chamuscadas, dessecadas. **18 arregoados** gretas, regos, canaletas. **19 socavas** covas subterrâneas. **20 bocainas** depressões numa serra; vales ou canhadas entre duas elevações do terreno.

perspectiva inteiramente nova. E quase compreendia que os matutos crendeiros[21], de imaginativa ingênua, acreditassem que "ali era o céu..."

O arraial, adiante e embaixo, erigia-se no mesmo solo perturbado. Mas vistos daquele ponto, de permeio a distância suavizando-lhes as encostas e aplainando-os – todos os serrotes[22] breves e inúmeros, projetando-se em plano inferior e estendendo-se, uniformes, pelos quadrantes, davam-lhe a ilusão de uma planície ondulante e grande.

Em roda uma elipse[23] majestosa de montanhas...

A Canabrava, a nordeste, de perfil abaulado e simples; a do Poço de Cima, próxima, mas íngreme e alta; a de Cocorobó, no levante, ondulando em seladas[24], dispersa em esporões[25]; as vertentes retilíneas do Calumbi ao sul; as grimpas do Cambaio, no correr para o poente; e, para o norte, os contornos agitados do Caipã – ligam-se e articulam-se no infletir gradual traçando, fechada, a curva desmedida[26].

Vendo ao longe, quase de nível, trancando-lhe o horizonte, aquelas grimpas altaneiras, o observador tinha a impressão alentadora de se achar sobre platô elevadíssimo, páramo[27] incomparável repousando sobre as serras.

Na planície rugada, embaixo, mal se lobrigavam os pequenos cursos d'água, divagando, serpeantes...

Um único se distinguia, o Vaza-Barris. Atravessava-a, torcendo-se em meandros. Presa numa dessas voltas via-se uma depressão maior, circundada de colinas... E atulhando-a, enchendo-a toda de confusos tetos incontáveis, um acervo enorme de casebres...

---

21 crendeiros que creem facilmente em superstições. **22 serrotes** pequenos montes ou serras. **23 elipse** curva definida como lugar geométrico dos pontos de um plano cuja soma das distâncias a dois pontos fixos desse plano é constante. A imagem é justa, estando no alto da Favela, o observador vê em volta um círculo de montanhas e tem a impressão de que as distâncias entre cada uma delas e o ponto de observação são iguais. **24 seladas** depressões nas lombadas das elevações. **25 esporões** contrafortes, espigões. **26** Comparar: "Imagine-se uma curva que podemos aproximar, pela sua forma, de uma grande elipse, em cujo centro está plantado este célebre reduto das aspirações doentias do sebastianismo brasileiro, fechado em imenso recinto, bordado de ciclópicas construções [...]" (Siqueira Meneses, *O País*, 22.9.1897). **27 páramo** patamar, belvedere, terraço.

III

O CLIMA

Dos breves apontamentos indicados resulta que os caracteres geológicos e topográficos, a par[1] dos demais agentes físicos, mutuam[2] naqueles lugares as influências características de modo a não se poder afirmar qual o preponderante.

Se, por um lado, as condições genéticas reagem fortemente sobre os últimos, estes, por sua vez, contribuíram para o agravamento daquelas; – e todas persistem nas influências recíprocas. Deste perene conflito feito num círculo vicioso indefinido, ressalta a significação mesológica[3] do local. Não há abrangê-la[4] em todas as modalidades. Escasseiam-nos as observações mais comuns, mercê da proverbial[5] indiferença com que nos volvemos às coisas desta terra, com uma inércia cômoda de mendigos fartos.

Nenhum pioneiro da ciência suportou ainda as agruras[6] daquele rincão[7] sertanejo, em prazo suficiente para o definir.

Martius por lá passou, com a mira essencial de observar o aerólito, que tombara à margem do Bendegó e era já, desde 1811, conhecido nas academias europeias, graças a F. Mornay e Wollaston. Rompendo, porém, a região selvagem, *desertus australis*[8], como a batizou, mal atentou

---

1 **a par** ao lado de, junto com. 2 **mutuam** trocam, reciprocam, permutam. 3 **mesológica** ecológica. 4 Entenda-se: É impossível abrangê-la. Este tipo de locução verbal será muito usado por Euclides em todo o livro. 5 **proverbial** sabido, notório, conhecido. 6 **agruras** dificuldades, obstáculos, empecilhos. 7 **rincão** lugar indeterminado, em geral distante. 8 ***desertus australis*** (lat.) "deserto austral", ou seja, deserto do hemisfério sul.

para a terra recamada de uma flora extravagante, *silva horrida*[9], no seu latim alarmado. Os que o antecederam e sucederam, palmilharam, ferretoados[10] da canícula[11], as mesmas trilhas rápidas, de quem foge. De sorte que, sempre evitado, aquele sertão, até hoje desconhecido, ainda o será por muito tempo.

O que se segue são vagas conjecturas. Atravessamo-lo no prelúdio de um estio ardente e, vendo-o apenas nessa quadra[12], vimo-lo sob o pior aspecto. O que escrevemos tem o traço defeituoso dessa impressão isolada, desfavorecida, ademais, por um meio contraposto à serenidade do pensamento, tolhido pelas emoções da guerra. Além disto os dados de um termômetro único e de um aneroide[13] suspeito, misérrimo arsenal científico com que ali lidamos, nem mesmo vagos lineamentos darão de climas que divergem segundo as menores disposições topográficas, criando aspectos díspares entre lugares limítrofes. O de Monte Santo, por exemplo, que é, ao primeiro comparar, muito superior ao de Queimadas, diverge do dos lugares que lhe demoram ao norte, sem a continuidade que era lícito prever de sua situação intermédia. A proximidade das massas montanhosas torna-o estável, lembrando um regime marítimo em pleno continente: escala térmica oscilando em amplitudes insignificantes; firmamento onde a transparência dos ares é completa e a limpidez inalterável; e ventos reinantes, o SE no inverno e o NE no estio – alternando-se com rigorismo raro. Mas está insulado[14]. Para qualquer das bandas, deixa-o o viajante num dia de viagem. Se vai para o norte, salteiam-no transições fortíssimas: a temperatura aumenta; carrega-se o azul dos céus; embaciam-se os ares; e as ventanias rolam desorientadamente de todos os quadrantes – ante a tiragem[15] intensa dos terrenos desabrigados, que dali por diante se estiram. Ao mesmo tempo espelha-se o regime excessivo: o termômetro oscila em graus disparatados passando, já em outubro, dos dias com 35° à sombra para as madrugadas frias[16].

---

9 *silva horrida* (lat.) literalmente "selva horrível". **10 ferretoados** picados, aguilhoados. **11 canícula** grande calor atmosférico. **12 quadra** período, época. **13 aneroide** instrumento para medir a temperatura do ar que opera sem a interveniência de fluidos; semelhante ao barômetro. **14 insulado** isolado. **15 tiragem** fluxo de ar quente proveniente do calor do terreno. **16** O gosto pela linguagem musical fez com que Euclides criasse aliterações estas e outras encontradas no livro. Ver, por exem-

No ascender do verão acentua-se o desequilíbrio. – Crescem a um tempo as máximas e as mínimas, até que no fastígio das secas transcorram as horas num intermitir[17] inaturável[18] de dias queimosos e noites enregeladas[19].

A terra desnuda tendo contrapostas, em permanente conflito, as capacidades emissiva e absorvente dos materiais que a formam, do mesmo passo armazena os ardores das soalheiras e deles se esgota, de improviso. Insola-se e enregela-se, em 24 horas. Fere-a o sol e ela absorve-lhe os raios, e multiplica-os e reflete-os, e refrata-os, num reverberar ofuscante: pelo topo dos cerros, pelo esbarrancado das encostas, incendeiam-se as acendalhas[20] da sílica[21] fraturada, rebrilhantes, numa trama vibrátil de centelhas[22]; a atmosfera junto ao chão vibra num ondular vivíssimo de bocas de fornalha em que se pressente visível, no expandir das colunas aquecidas, a efervescência dos ares; e o dia, incomparável no fulgor, fulmina a natureza silenciosa, em cujo seio se abate, imóvel, na quietude de um longo espasmo, a galhada sem folhas da flora sucumbida.

Desce a noite, sem crepúsculo, de chofre – um salto da treva por cima de uma franja vermelha do poente – e todo este calor se perde no espaço numa irradiação intensíssima, caindo a temperatura de súbito, numa queda única, assombrosa...

Ocorrem, todavia, variantes cruéis. Propelidas pelo Nordeste[23], espessas nuvens, tufando[24] em cúmulos[25], pairam ao entardecer sobre as areias incendidas. Desaparece o sol e a coluna mercurial permanece imóvel, ou, de preferência, sobe. A noite sobrevém em fogo; a terra irradia como

---

plo: *deixa-o o viajante num dia de viagem; ante a tiragem intensa dos terrenos desabrigados, que dali por diante se estiram;* in*cendeiam-se as a*c*endalhas da sílica fratur*ad*a, rebrilha*nt*es, numa tr*am*a vibrátil de centelhas.* Ver outros exemplos comentados em Augusto e Haroldo de Campos, *Os Sertões dos Campos*, 1997. Compare-se: "O termômetro centígrado à sombra chega muitas vezes a 35°. As noites são frescas" (J. C. de Carvalho, p. 29). **17 intermitir** alternância. **18 inaturável** insuportável, intolerável. **19 enregeladas** extremamente geladas. **20 acendalhas** resíduos de mineral partido; gravetos. **21 sílica** dióxido de silício, cristalino, abundantíssimo na crosta terrestre; encontrado no quartzo e na areia. **22 centelhas** partículas ígneas ou luminosas que se desprendem dum corpo incandescente; chispas, fagulhas. **23 Nordeste** vento típico da região nordeste; o *vento da seca*, como é conhecido pelo sertanejo. **24 tufando** avolumando; enfurnando. **25 cúmulos** nuvens brancas, de grande desenvolvimento vertical, de base retilínea e topo arredondado, constituídas de elementos que lembram novelos, flocos de algodão.

um sol escuro, porque se sente uma dolorosa impressão de faúlhas[26] invisíveis; mas toda a ardência reflui sobre ela, recambiada pelas nuvens. O barômetro cai, como nas proximidades das tormentas; e mal se respira no bochorno[27] inaturável em que toda a adustão[28] golfada[29] pela soalheira se concentra numa hora única da noite.

Por um contraste explicável, este fato jamais sucede nos paroxismos[30] estivais das secas, em que prevalece a intercadência de dias esbraseados e noites frigidíssimas, agravando todas as angústias dos martirizados sertanejos.

Copiando o mesmo singular desequilíbrio das forças que trabalham a terra, os ventos ali chegam, em geral, turbilhonando revoltos, em rebojos[31] largos. E, nos meses em que se acentua, o Nordeste grava em tudo sinais que lhe recordam o rumo.

Estas agitações dos ares desaparecem, entretanto, por longos meses, reinando calmarias pesadas – ares imóveis sob a placidez luminosa dos dias causticantes. Imperceptíveis exercem-se, então, as correntes ascensionais dos vapores aquecidos sugando à terra a umidade exígua; e quando se prolongam, esboçando o prelúdio entristecedor da seca, a secura da atmosfera atinge a graus anormalíssimos.

HIGRÔMETROS SINGULARES

Não a observamos através do rigorismo de processos clássicos, mas graças a higrômetros inesperados e bizarros[32].

Percorrendo certa vez, nos fins de setembro, as cercanias de Canudos, fugindo à monotonia de um canhoneio frouxo de tiros espaçados e soturnos[33], encontramos, no descer de uma encosta, anfiteatro irregu-

---

26 faúlhas centelhas, fagulhas, chispas. **27 bochorno** ar abafadiço, sufocante, quente. **28 adustão** calor excessivo, abrasamento. **29 golfada** arremessada, expelida, emitida. **30 paroxismos** períodos de maior intensidade térmica. **31 rebojos** repercussões ou redemoinhos do vento, provocados por mudança repentina de direção. **32 bizarros** esquisitos, estranhos. Notar que deste ponto ao final do capítulo III, o Autor narra, pela primeira vez, um trecho que pertence à Campanha de Canudos, até aqui só mencionada na Nota Preliminar. Estas belas linhas foram depois imitadas pelo escritor escocês Robert Cunninghame Graham, no seu pastiche *A Brazilian Mystic*; 1971 [*Um Místico Brasileiro*]. **33 soturnos** sombrios, tristes, lúgubres.

lar, onde as colinas se dispunham circulando um vale único. Pequenos arbustos, icozeiros[34] virentes viçando em tufos intermeados de *palmatórias*[35] de flores rutilantes, davam ao lugar a aparência exata de algum velho jardim em abandono. Ao lado uma árvore única, uma quixabeira[36] alta, sobranceando a vegetação franzina.

O sol poente desatava, longa, a sua sombra pelo chão e protegido por ela – braços largamente abertos, face volvida para os céus – um soldado descansava.

Descansava... havia três meses.

Morrera no assalto de 18 de julho. A coronha da *mannlicher*[37] estrondada[38], o cinturão e o boné jogados a uma banda, e a farda em tiras,

---

34 icozeiros árvores pequenas e copadas da família das caparidáceas (*Capparis yco* Eichl.), muito características da caatinga nordestina, de folhas coriáceas, ovado-elípticas, flores de três a cinco cm, com longos estames e pétalas citrinas, e cujo fruto (icó) é uma baga de três a quatro cm de diâmetro, com polpa e muitas sementes. Euclides, comentando a utilidade das plantas na vida do vaqueiro, assim a define em outro lugar: "As folhas grandes e resistentes do *icó* cobrem-lhe a cabana provisória e sustentam-lhe o cavalo" (*Canudos e Inéditos*, p. 93). "O icó é um arbusto sempre verde – (as ramas são caules secundários irradiando do principal para etc.). A flor do icó (amarela) dura muitos dias como as das orquídeas" (*Caderneta*, p. 81). **35 palmatórias** plantas que comumente designam várias cactáceas do gênero *Opuntia vulgaris*, especialmente a *Opuntia monacanthia*. Assim as define Euclides: "espalmadas, de flores rubras e acúleos finíssimos e penetrantes" (*Diário*, p. 92). **36 quixabeira** arvoreta lactescente, da família das sapotáceas (*Bumelia sartorum*), muito difundida na caatinga, e que tem folhas pequenas e numerosos espinhos robustos. O gado, na época da seca, come-lhe folhas e frutos. Assim as define Euclides em dois lugares: "frutos pretos menores que azeitona – árvore grande de espinhos – alimento, doce, leitosa, folhas miudinhas" (*Caderneta*, p. 51); "de folíolos pequenos e pequenos frutos pretos e brilhantes como ônix – revestem-se de espinhos" (*Canudos e Inéditos*, p. 93). **37 mannlicher** "de forma discutível, é chamado de *Mannlicher* pelos militares e pelos autores que trataram do assunto (e de *Manulixe* pelos jagunços), o que pode acarretar confusão com o fuzil 1888 projetado por Ferdinand Von Mannlicher (com ferrolho de puxar para trás num único movimento). [...] A câmara e o cano são envolvidos por uma manga de aço que vai quase até a ponta do cano, deixando um espaço onde se encaixa o anel da baioneta. O ferrolho é uma modificação do projeto de Peter Paul Mauser, mas com dois ressaltos de trancamento, e o carregador é o patenteado por Mannlicher. O correto seria chamá-lo de Fuzil 88 – ou Fuzil da Comissão 88, ou *Gewehr* 88 ou *Kommissionsgewehr* 88 (e ao Mannlicher 1888 de Mannlicher apenas). Foi comprado às pressas pelo Brasil em 1893 para reprimir as revoltas que pipocavam por toda parte, chegando em vários lotes. Segundo Mello, sua escolha se deu por influência pessoal de Floriano Peixoto na comissão técnica militar – da qual foi assessor o então major Moreira César – que escolheu o modelo proposto pela fábrica e não um 'modelo brasileiro' com características próprias, talvez pela pressa em adotar uma arma de repetição em pequeno calibre e pólvora sem fumaça já em estoque. Apresenta problemas de extração, vazamento de gases pelo ferrolho e desgate do raiamento (causado pela espoleta mercúrica e pelo raiamento de passo constante). O fuzil era usado pela Infantaria, enquanto a Cavalaria e a Artilharia usavam a versão curta: a carabina chamada de 'mosquetão', sempre em calibre 7,92 × 57

diziam que sucumbira em luta corpo a corpo com adversário possante. Caíra, certo, derreando-se[39] à violenta pancada que lhe sulcara a fronte, manchada de uma escara[40] preta. E ao enterrar-se, dias depois, os mortos, não fora percebido. Não compartira, por isto, a vala comum de menos de um côvado[41] de fundo em que eram jogados, formando pela última vez juntos, os companheiros abatidos na batalha. O destino que o removera do lar desprotegido fizera-lhe afinal uma concessão: livrara-o da promiscuidade lúgubre de um fosso repugnante; e deixara-o ali há três meses – braços largamente abertos, rosto voltado para os céus, para os sóis ardentes, para os luares claros, para as estrelas fulgurantes...

E estava intacto. Murchara apenas. Mumificara conservando os traços fisionômicos, de modo a incutir a ilusão exata de um lutador cansado, retemperando-se[42] em tranquilo sono, à sombra daquela árvore benfazeja[43]. Nem um verme – o mais vulgar dos trágicos analistas da matéria – lhe maculara os tecidos. Volvia ao turbilhão da vida sem decomposição repugnante, numa exaustão imperceptível. Era um aparelho revelando de modo absoluto, mas sugestivo, a secura extrema dos ares[44].

Os cavalos mortos naquele mesmo dia, semelhavam espécimes empalhados, de museus. O pescoço apenas mais alongado e fino, as pernas ressequidas e o arcabouço engelhado[45] e duro.

À entrada do acampamento, em Canudos, um deles, sobre todos, se destacava impressionadoramente. Fora a montada de um valente, o alferes[46] Wanderley; e abatera-se, morto juntamente com o cavaleiro. Ao resvalar, porém, estrebuchando malferido, pela rampa íngreme, quedou, adiante, à meia encosta, entalado entre fraguedos. Ficou quase em pé, com as patas dianteiras firmes num ressalto da pedra... E ali estacou feito

mm com munição tipo 'J' (de ponta arredondada, DWM 366)". Consultar Barbieri, p. 31. **38 estrondada** escoriada, esfolada, riscada. **39 derreando-se** tombando-se, prostrando-se, curvando-se. **40 escara** crosta de sangue seco e tecido mortificado, resultante do ferimento da pele. **41 côvado** antiga unidade de medida de comprimento equivalente a três palmos, ou seja, 0,66 m. **42 retemperando-se** recuperando-se, revigorando-se, fortalecendo-se. **43 benfazeja** caridosa, generosa. **44** Euclides voltará ao tema da desidratação dos seres nas pp. 617 e 635. **45 engelhado** enrugado, contraído. **46 alferes** militar que detinha a graduação acima do primeiro cadete e abaixo do primeiro tenente. Patente hierárquica do exército brasileiro colonial, imperial e do início da República. Corresponde ao atual aspirante a oficial.

um animal fantástico, aprumado sobre a ladeira, num quase curvetear, no último arremesso da carga paralisada, com todas as aparências de vida, sobretudo quando, ao passarem as rajadas ríspidas do Nordeste, se lhe agitavam as longas crinas ondulantes...

Quando aquelas lufadas[47], caindo a súbitas, se compunham com as colunas ascendentes, em remoinhos turbilhonantes, à maneira de minúsculos ciclones, sentia-se, maior, a exsicação[48] do ambiente adusto: cada partícula de areia suspensa do solo gretado e duro, irradiava em todos os sentidos, feito um foco calorífico[49], a surda combustão da terra.

Fora disto – nas longas calmarias, fenômenos ópticos bizarros.

Do topo da Favela, se a prumo dardejava o sol e a atmosfera estagnada imobilizava a natureza em torno, atentando-se para os descampados, ao longe, não se distinguia o solo.

O olhar fascinado perturbava-se no desequilíbrio das camadas desigualmente aquecidas, parecendo varar através de um prisma desmedido e intáctil[50], e não distinguia a base das montanhas, como que suspensas. Então, ao norte da Canabrava, numa enorme expansão dos plainos perturbados, via-se um ondular estonteador; estranho palpitar de vagas longínquas; a ilusão maravilhosa de um seio de mar, largo, irisado[51], sobre que caísse, e refrangesse[52], e ressaltasse a luz esparsa em cintilações ofuscantes...

---

47 lufadas rajadas de vento. **48 exsicação** ressequidão, secura. **49** Ver nesta descrição uma reelaboração de outra dada por Humboldt: "Os grãos de areia pequeníssimos que flutuam no ar são focos de calor" (*Caderneta*, p. 37). **50 intáctil** intátil, intocável. **51 irisado** matizado, que tem as cores do arco-íris. **52 refrangesse** refratasse.

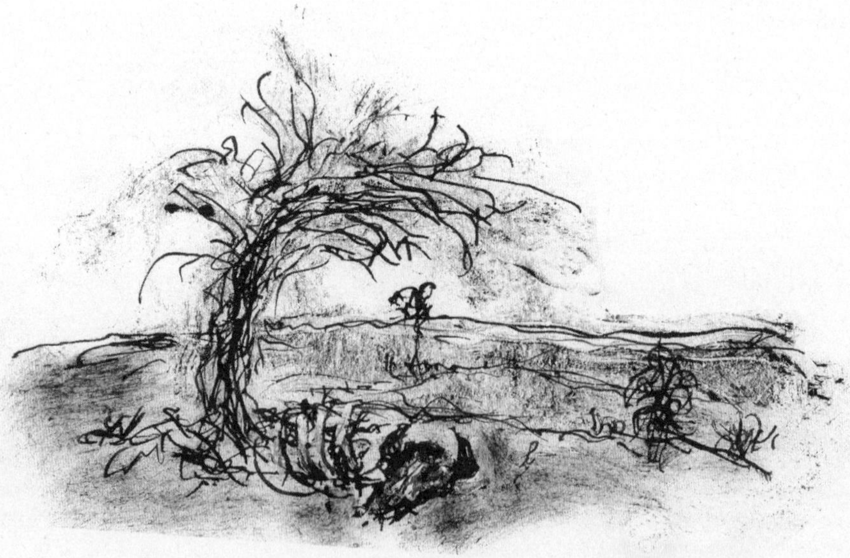

IV

AS SECAS[1]

O sertão de Canudos é um índice sumariando a fisiografia dos sertões do Norte. Resume-os, enfeixa os seus aspectos predominantes numa escala reduzida. É-lhes de algum modo uma zona central comum.

De fato, a inflexão peninsular estremada pelo Cabo de S. Roque, faz que para ele convirjam as lindes interiores de seis Estados – Sergipe, Alagoas, Pernambuco, Paraíba, Ceará e Piauí – que o tocam ou demoram distantes poucas léguas.

Desse modo é natural que as vicissitudes climáticas daqueles nele se exercitem com a mesma intensidade, nomeadamente[2] em sua manifestação mais incisiva, definida numa palavra que é o terror máximo dos rudes patrícios que por ali se agitam, a seca.

Escusamo-nos de longamente a estudar, averbando[3] o desbarate[4] dos mais robustos espíritos no aprofundar-lhe a gênese, tateantes ao través de[5] sem-número de agentes complexos e fugitivos[6]. Indiquemos, porém, inscrita num traçado de números inflexíveis, esta fatalidade inexorável[7].

---

1 Este capítulo é uma reescritura do ensaio "As Secas do Norte" publicado em três partes pelo Autor em *O Estado de S. Paulo*, em 29-30.10.1900 e 1.11.1900. Ver *Canudos e Inéditos*, pp. 148-159. **2 nomeadamente** sobretudo, principalmente. **3 averbando** comentando marginalmente; tocando de leve. **4 desbarate** fracasso, tentativa frustrada. **5 ao través de** em face de. 6 Euclides alude à tese de Julius von Hann sobre as secas do CE. Construída sobre uma analogia entre o clima da Austrália e dos Estados do CE e da PB, Hann "procura a gênese das secas" desses Estados "no paralelismo existente entre o litoral e o alísio". Euclides combate esta tese como se vê em *Canudos e Inéditos*, p. 149. **7 inexorável** implacável, inabalável.

De fato, os seus ciclos – porque o são no rigorismo técnico do termo – abrem-se e encerram-se com um ritmo tão notável, que recordam o desdobramento de uma lei natural, ainda ignorada.

Revelou-o, pela primeira vez, o senador Tomás Pompeu, traçando um quadro por si mesmo bastante eloquente, em que os aparecimentos das secas, no século passado e atual[8], se defrontam em paralelismo singular, sendo de presumir que ligeiras discrepâncias indiquem apenas defeitos de observação ou desvios na tradição oral que as registrou.

De qualquer modo ressalta à simples contemplação uma coincidência repetida bastante para que se remova a intrusão do acaso.

Assim, para citarmos apenas as maiores, as secas de 1710-1711, 1723-1727, 1736-1737, 1744-1745, 1777-1778, do século XVIII, se justapõem às de 1808-1809, 1824-1825, 1835-1837, 1844-1845, 1877-1879, do atual.

Esta coincidência, espelhando-se quase invariável, como se surgisse do decalque de uma quadra sobre outra, acentua-se ainda na identidade das quadras remansadas e longas que, em ambas, atreguaram a progressão dos estragos.

De fato, sendo, no século passado, o maior interregno[9] de 32 anos (1745-1777), houve no nosso outro absolutamente igual e, o que é sobremaneira[10] notável, com a correspondência exatíssima das datas (1845-1877)[11]. Continuando num exame mais íntimo do quadro, destacam-se novos dados fixos e positivos, aparecendo com um rigorismo de incógnitas que se desvendam. Observa-se, então, uma cadência raro perturbada na marcha do flagelo, intercortado de intervalos pouco díspares entre nove e doze anos, e sucedendo-se de maneira a permitirem previsões seguras sobre a sua irrupção.

Entretanto, apesar desta simplicidade extrema nos resultados imediatos, o problema, que se pode traduzir na fórmula aritmética mais simples, permanece insolúvel.

---

8 Isto é, no XVIII e XIX. No quadro traçado por Pompeu (p. 26), não se encontram nem as secas de 1835-1837 e nem, obviamente, as de 1877-1879, já que o seu trabalho sobre as secas foi publicado em 1877. Aliás, Pompeu realça que o período 1832-1839 foi caracterizado por inundações fatais no Ceará. Ver *Memórias sobre o Clima e Secas do Ceará*, 1877, p. 28. **9 interregno** interrupção, intervalo. **10 sobremaneira** excessivamente, extraordinariamente. **11** Esses cálculos provêm do estudo de Tomás Pompeu de Sousa Brasil, *Memória sobre o Clima e Secas do Ceará*, 1877, p. 54.

HIPÓTESES SOBRE A SUA GÊNESE

Impressionado pela razão desta progressão raro alterada, e fixando-a um tanto forçadamente em onze anos, um naturalista, o Barão de Capanema, teve o pensamento de rastrear nos fatos extraterrestres, tão característicos pelos períodos invioláveis em que se sucedem, a sua origem remota. E encontrou na regularidade com que repontam e se extinguem, intermitentemente, as manchas da fotosfera[12] solar, um símile[13] completo.

De fato, aqueles núcleos obscuros, alguns mais vastos que a Terra, negrejando dentro da cercadura[14] fulgurante das fáculas[15], lentamente derivando à feição da rotação do sol, têm, entre o máximo e o mínimo da intensidade, um período que pode variar de nove a doze anos. E como desde muito a intuição genial de Herschel lhes descobrira o influxo[16] apreciável na dosagem de calor emitido para a Terra, a correlação surgia inabalável, neste estear-se[17] em dados geométricos e físicos acolchetando-se num efeito único.

Restava equiparar o mínimo das manchas, anteparo à irradiação do grande astro, ao fastígio das secas no planeta torturado – de modo a patentear, cômpares[18], os períodos de umas e outras.

Falhou neste ponto, em que pese à sua forma atraentíssima, a teoria planeada[19]: raramente coincidem as datas do paroxismo estival, no Norte, com as daquele.

O malogro desta tentativa, entretanto, denuncia menos a desvalia de uma aproximação imposta rigorosamente por circunstâncias tão notáveis, do que o exclusivismo de atentar-se para uma causa única. Porque a questão, com a complexidade imanente aos fatos concretos, se atém, de preferência, a razões secundárias, mais próximas e enérgicas, e estas, em modalidades progredindo, contínuas, da natureza do solo à disposição geográfica, só serão definitivamente sistematizadas quando extensa

---

12 fotosfera camada solar, praticamente esférica, que ocupa um milésimo do raio, é origem da radiação solar visível e constitui o disco solar aparente. **13 símile** comparação. **14 cercadura** contorno. **15 fáculas** granulações luminosas que se apresentam nas vizinhanças da mancha solar. **16 influxo** influência. **17 estear-se** apoiar-se, basear-se, respaldar-se. **18 cômpares** iguais, semelhantes. **19 planeada** planejada.

série de observações permitir a definição dos agentes preponderantes do clima sertanejo[20].

Como quer que seja, o penoso regime dos Estados do Norte está em função de agentes desordenados e fugitivos, sem leis ainda definidas, sujeitas às perturbações locais, derivadas da natureza da terra, e a reações mais amplas, promanadas[21] das disposições geográficas. Daí as correntes aéreas que o desequilibram e variam.

Determina-o em grande parte, e talvez de modo preponderante, a monção[22] de nordeste, oriunda da forte aspiração dos planaltos interiores que, em vasta superfície alargada até ao Mato Grosso, são, como se sabe, sede de grandes depressões barométricas, no estio. Atraído por estas, o Nordeste vivo, ao entrar, de dezembro a março, pelas costas setentrionais, é singularmente favorecido pela própria conformação da terra, na passagem célere por sobre os chapadões desnudos que irradiando intensamente lhe alteiam o ponto de saturação diminuindo as probabilidades das chuvas, e repelindo-o, de modo a lhe permitir acarretar para os recessos do continente, intacta, sobre os mananciais dos grandes rios, toda a umidade absorvida na travessia dos mares[23].

De fato, a disposição orográfica dos sertões, à parte ligeiras variantes – cordas de serras que se alinham para nordeste paralelamente à monção reinante – facilita a travessia desta. Canaliza-a. Não a contrabate num antagonismo de encostas, abarreirando-a, alteando-a, provocando-lhe o resfriamento, e a condensação em chuvas.

Um dos motivos das secas repousa, assim, na disposição topográfica.

Falta às terras flageladas do Norte uma alta serrania que, correndo em direção perpendicular àquele vento, determine a *dynamic cooling*[24], consoante um dizer expressivo.

20 Termina aqui um trecho, incompleto, que corresponde à parte I de "As Secas do Norte". Ver nota 1, p. 101 da presente edição. Na reescritura desta longa passagem, notam-se alguns retoques estilísticos feitos por Euclides e a complementação de uma ideia expressa no último parágrafo do estudo que não entrou para o livro, conforme assinala Souza Andrade (*História e Interpretação de Os Sertões*): "[...] do clima sertanejo e, além disso, talvez mais séria a influência mediata sobre ele, do regime noutras regiões do continente" (*Canudos e Inéditos*, p. 152). 21 **promanadas** derivadas, procedidas, provindas. 22 **monção** vento que sopra da costa para o continente. 23 Segundo o que se encontra em Pompeu, à p. 10. 24 ***dynamic cooling*** (ingl.) resfriamento dinâmico. A expressão que incorretamente

Um fato natural de ordem mais elevada esclarece esta hipótese.

Assim é que as chuvas[24b] aparecem sempre entre duas datas fixadas há muito pela prática dos sertanejos, de 12 de dezembro a 19 de março. Fora de tais limites não há um exemplo único de extinção de secas. Se os atravessam, prolongam-se fatalmente por todo o decorrer do ano, até que se reabra outra vez aquela quadra. Sendo assim e lembrando-nos que é precisamente dentro deste intervalo que a longa faixa das calmas[25] equatoriais, no seu lento oscilar em torno do equador, paira no zênite[26] daqueles Estados, levando a borda até aos extremos da Bahia, não poderemos considerá-la, para o caso, com a função de uma montanha ideal que, correndo de leste a oeste e corrigindo momentaneamente lastimável disposição orográfica, se anteponha à monção e lhe provoque a parada, a ascensão das correntes, o resfriamento subsequente e a condensação imediata nos aguaceiros diluvianos que tombam então, de súbito, sobre os sertões?[27]

Este desfiar de conjecturas tem o valor de indicar quantos fatores remotos podem incidir numa questão que duplamente nos interessa, pelo seu traço superior na ciência, e pelo seu significado mais íntimo no envolver o destino de extenso trato do nosso país. Remove, por isto, a segundo plano o influxo até hoje inutilmente agitado dos alísios, e é de alguma sorte fortalecido pela intuição do próprio sertanejo para quem a persistência do Nordeste, – o vento da seca, como o batiza expressivamente – equivale à permanência de uma situação irremediável e crudelíssima[28].

As quadras benéficas chegam de improviso.

---

aparece nas três primeiras edições de *Os Sertões* e no AP é *dynamic colding*. Não é a primeira vez que Euclides a emprega. Ver p. 153 do seu artigo "As Secas do Norte". **24b** Em todas as edições até agora: *secas*. No entanto, o vocábulo correto é *chuvas*, constando também na Parte II do ensaio de Euclides "As seccas do Norte", publicado em 30.10.1900 em *O Estado de S. Paulo*. **25 calmas** grande calor atmosférico, em geral sem vento; calmarias. **26 zênite** no espaço, ponto culminante ou mais alto sobre uma área. **27** Esta teoria, especulativamente esboçada, em torno da influência orográfica sobre os climas, não é do Autor, mas de F. M. Draenert (*O Clima do Brasil*, p. 24), conforme nos indica o trecho de *Canudos e Inéditos* (pp. 149-150). **28** Até aqui, foram inseridos os três últimos parágrafos da p. 154 de *Canudos e Inéditos*, copiados pelo Autor quase na íntegra, exceto se não fosse pelas menores variantes estilísticas adotadas. Notar também o deslocamento de um parágrafo interposto entre este e o próximo no ensaio e que no livro ficou mais atrás: "Como quer que seja ...".

Depois de dois ou três anos, como de 1877-1879, em que a insolação rescalda[29] intensamente as chapadas desnudas, a sua própria intensidade origina um reagente inevitável. Decai afinal, por toda a parte, de modo considerável, a pressão atmosférica[30]. Apruma-se, maior e mais bem definida, a barreira das correntes ascensionais dos ares aquecidos, antepostas às que entram pelo litoral. E entrechocadas umas e outras, num desencadear de tufões violentos, alteiam-se, retalhadas de raios, nublando em minutos o firmamento todo, desfazendo-se logo depois em aguaceiros fortes sobre os desertos recrestados[31].

Então parece tornar-se visível o anteparo das colunas ascendentes, que determinam o fenômeno, na colisão formidável com o Nordeste.

Segundo numerosas testemunhas – as primeiras bátegas[32] despenhadas da altura não atingem a terra. A meio caminho se evaporam entre as camadas referventes que sobem, e volvem, repelidas, às nuvens, para, outra vez condensando-se, precipitarem-se de novo e novamente refluírem; até tocarem o solo que a princípio não umedecem, tornando ainda aos espaços com rapidez maior, numa vaporização quase, como se houvessem caído sobre chapas incandescentes; para mais uma vez descerem, numa permuta rápida e contínua, até que se formem, afinal, os primeiros fios de água derivando pelas pedras, as primeiras torrentes em despenhos pelas encostas, afluindo em regatos já avolumados entre as quebradas, concentrando-se tumultuariamente em ribeirões correntosos; adensando-se, estes, em rios barrentos traçados ao acaso, à feição dos declives, em cujas correntezas passam velozmente os esgalhos das árvores arrancadas, rolando todos e arrebentando na mesma onda, no mesmo caos de águas revoltas e escuras...

Se ao assalto subitâneo[33] se sucedem as chuvas regulares, transmudam-se os sertões, revivescendo[34]. Passam, porém, não raro, num giro

---

29 rescalda aquece em excesso. **30** Ver daqui para a frente a descrição das pancadas abruptas das chuvas a partir de Humboldt: "A corrente ascendente arrasta com ela uma massa de vapores que se condensam ao chegarem à linha de junção dos alísios. São chuvas súbitas e rápidas. As massas de ar descarregam-se da umidade nos lugares mesmos em que se elevam determinando a falta de chuvas nos países afastados do equador, em que sopra o leste regularmente" (*Caderneta*, p. 37). **31 recrestados** requeimados. **32 bátegas** pancadas de chuva, forte aguaceiro. **33 subitâneo** súbito. **34 revivescendo** retornando à vida, ressuscitando.

célere, de ciclone. A drenagem rápida do terreno e a evaporação, que se estabelece logo mais viva, tornam-nos, outra vez, desolados e áridos. E penetrando-lhes a atmosfera ardente, os ventos duplicam a capacidade higrométrica[35], e vão, dia a dia, absorvendo a umidade exígua da terra – reabrindo o ciclo inflexível das secas...

AS CAATINGAS

Então, a travessia das veredas sertanejas é mais exaustiva que a de uma *estepe*[36] nua.

Nesta, ao menos, o viajante tem o desafogo de um horizonte largo e a perspectiva das planuras francas.

Ao passo que a caatinga o afoga; abrevia-lhe o olhar; agride-o e estonteia-o; enlaça-o na trama espinescente e não o atrai; repulsa-o com as folhas urticantes, com o espinho, com os gravetos estalados em lanças; e desdobra-se-lhe na frente léguas e léguas, imutável no aspecto desolado: árvores sem folhas, de galhos estorcidos[37] e secos, revoltos, entrecruzados, apontando rijamente no espaço ou estirando-se flexuosos pelo solo, lembrando um bracejar imenso, de tortura, da flora agonizante...

Embora esta não tenha as espécies reduzidas dos desertos – mimosas[38] tolhiças ou eufórbias[39] ásperas sobre o tapete das gramíneas murchas – e se afigure farta de vegetais distintos, as suas árvores, vistas em conjunto, semelham uma só família de poucos gêneros, quase reduzida a uma espécie invariável, divergindo apenas no tamanho, tendo todas a mesma conformação, a mesma aparência de vegetais morrendo, quase sem troncos, em esgalhos logo ao irromper do chão. É que por um efeito

---

35 higrométrica relativa à umidade do ar. **36 estepe** tipo de terreno das zonas frias e secas, dominado por plantas pequenas, sobretudo gramíneas. A estepe é característica do sudeste da Europa, sendo comum também na Ásia, e aparece nos pampas sul-americanos. As plantas anuais são frequentes nas estepes, crescendo e florescendo na época das chuvas. **37 estorcidos** contorcidos. **38 mimosas** gênero de plantas da família das leguminosas, subfamília mimosoidea, que possuem folhas brancas e cor-de-rosa. **39 eufórbias** da família das eufórbiáceas, complexa e multiforme família de plantas floríferas, composta de árvores, arbustos e ervas, frequentemente lactíciferas, com folhas alternas e estipuladas, flores pequeninas, unissexuais ou hermafroditas. Há perto de 7 200 espécies espalhadas pelo globo; o Brasil é rico em representantes, entre eles a seringueira.

explicável de adaptação às condições estreitas do meio ingrato, evolvendo[40] penosamente em círculos estreitos, aquelas mesmas que tanto se diversificam nas matas, ali se talham por um molde único. Transmudam-se, e em lenta metamorfose vão tendendo para limitadíssimo número de tipos caracterizados pelos atributos dos que possuem maior capacidade de resistência.

Esta impõe-se, tenaz e inflexível.

A luta pela vida que nas florestas se traduz como uma tendência irreprimível para a luz, desatando-se os arbustos em cipós, elásticos, distensos, fugindo ao afogado das sombras e alteando-se presos mais aos raios do sol do que aos troncos seculares – ali, de todo oposta, é mais obscura, é mais original, é mais comovedora. O sol é o inimigo que é forçoso evitar, iludir ou combater. E evitando-o pressente-se de algum modo, como o indicaremos adiante, a inumação da flora moribunda, enterrando-se os caules pelo solo. Mas como este, por seu turno, é áspero e duro, exsicado pelas drenagens dos pendores ou esterilizado pela sucção dos estratos completando as insolações, entre dois meios desfavoráveis – espaços candentes e terrenos agros – as plantas mais robustas trazem no aspecto anormalíssimo, impressos, todos os estigmas desta batalha surda[41].

As leguminosas, altaneiras noutros lugares, ali se tornam anãs. Ao mesmo tempo ampliam o âmbito das frondes[42], alargando a superfície de contato com o ar, para a absorção dos escassos elementos nele difundidos. Atrofiam as raízes mestras batendo contra o subsolo impenetrável e substituem-nas pela expansão irradiante das radículas[43] secundárias, ganglionando-as em tubérculos[44] túmidos[45] de seiva. Amiúdam as folhas. Fitam-nas[46] rijamente, duras como cisalhas[47], à ponta dos galhos para diminuírem o campo da insolação. Revestem de um indumento

---

40 evolvendo evoluindo, evolucionando. **41** Euclides já assimila aqui um dos grandes achados do livro: a metáfora bélica ("inimigo", "combater", "batalha") que dominará nestas páginas, ao discorrer sobre a natureza dos sertões, e que se enlaça, antecipando-as, com as imagens da guerra da última parte do livro. **42 frondes** ramos, ramagens, copas. **43 radículas** pequenas raízes. **44 tubérculos** caules curtos e grossos, ricos em substâncias nutritivas (por exemplo, batata); engrossamentos mais ou menos globosos em qualquer parte de uma planta, com tecidos de reserva. **45 túmidos** inchados, cheios de. **46 fitam** conservam em posição levantada e imóvel. **47 cisalhas** aparas ou pequenos fragmentos de metal.

protetor os frutos, rígidos, às vezes, como estróbilos[48]. Dão-lhes na deiscência[49] perfeita com que as vagens se abrem, estalando como se houvessem molas de aço, admiráveis aparelhos para propagação das sementes, espalhando-as profusamente pelo chão. E têm, todas, sem excetuar uma única, no perfume suavíssimo das flores[50], anteparos intácteis que nas noites frias sobre elas se alevantam e se arqueiam obstando a que sofram de chofre as quedas de temperatura, tendas[51] invisíveis e encantadoras, resguardando-as...

Assim disposta, a árvore aparelha-se para reagir contra o regime bruto.

Ajusta-se sobre os sertões o cautério[52] das secas; esterilizam-se os ares urentes[53]; empedra-se o chão, gretando, recrestado; ruge o Nordeste nos ermos; e, como um cilício[54] dilacerador, a caatinga estende sobre a terra as ramagens de espinhos... Mas, reduzidas todas as funções, a planta, *estivando*[55], em vida latente, alimenta-se das reservas que armazena nas quadras remansadas e rompe os estios, pronta a transfigurar-se entre os deslumbramentos da primavera.

Algumas, em terrenos mais favoráveis, iludem ainda melhor as intempéries, em disposição singularíssima.

Veem-se, numerosos, aglomerados em *caapões*[56] ou salpintando, isolados, as macegas[57], arbúsculos de pouco mais de metro de alto, de largas folhas espessas e luzidias, exuberando floração ridente[58] em meio da desolação geral. São os cajueiros anões, os típicos *anacardia humile* das chapadas áridas, os *cajuís* dos indígenas[59]. Estes vegetais estranhos, quando ablaqueados[60] em roda, mostram raízes que se entranham a surpreendente profundura. Não há desenraizá-los. O eixo descendente

---

48 estróbilos plantas coníferas (por exemplo, a pinha do pinheiro-do-paraná). O estróbilo é grande, duro, e composto de brácteas ou escamas e óvulos, ambos inseridos em torno de um eixo grosso. **49 deiscência** abertura espontânea de órgão ou partes vegetais ao alcançarem a maturidade. **50 Nota do Autor:** Veja-se a bela indução de Tyndall. **51 tendas** coberturas, capas. **52 cautério** calor cáustico. **53 urentes** ardentes. **54 cilício** pequena túnica ou cinto ou cordão, de crina, de lã áspera, às vezes com farpas de madeira, que, por penitência, se trazia vestido diretamente sobre a pele. **55 estivando** permanecendo estacionária no verão. **56 caapões** trechos de mato isolado. **57 macegas** arbustos de pouco mais de um metro. **58 ridente** verdejante, vicejante. **59 *anacardia humila*** cajueiros do campo (50 cm de altura), cuja castanha miniaturizada se assemelha à do cajueiro do litoral (*Anacardium occidentale*), mas cujas raízes podem chegar até 6 m de comprimento. O nome científico aqui utilizado por Euclides vem da classificação de Saint-Hilaire. **60 ablaqueados** escavados em volta da planta.

aumenta-lhes maior à medida que se escava. Por fim se nota que ele vai repartindo-se em divisões dicotômicas. Progride pela terra dentro até a um caule único e vigoroso, embaixo.

Não são raízes, são galhos. E os pequeninos arbúsculos, esparsos, ou repontando em tufos, abrangendo às vezes largas áreas, uma árvore única e enorme, inteiramente soterrada.

Espancado pelas canículas, fustigado[61] dos sóis, roído dos enxurros, torturado pelos ventos, o vegetal parece derrear-se aos embates desses elementos antagônicos e abroquelar-se[62] daquele modo, invisível, no solo sobre que alevanta apenas os mais altos renovos[63] da fronde majestosa.

Outros, sem esta conformação, se aparelham de outra sorte.

As águas que fogem no volver selvagem das torrentes, ou entre as camadas inclinadas dos xistos, ficam retidas, longo tempo, nas espatas[64] das bromélias, aviventando-as[65]. No pino[66] dos verões, um pé de macambira[67] é para o matuto sequioso um copo d'água cristalina e pura. Os *caroás*[68] verdoengos[69], de flores triunfais e altas; os gravatás[70] e ananases bravos[71], trançados em touceiras impenetráveis, copiam-lhe a mesma for-

---

61 **fustigado** açoitado, castigado. 62 **abroquelar-se** proteger-se, defender-se. 63 **renovos** rebentos. 64 **espatas** folhas amplas que envolvem as espigas de muitas plantas, como as aráceas e as palmeiras. 65 **aviventando-as** vivificando-as. 66 **pino** ponto mais alto ou intenso; auge. 67 **macambira** planta da família das bromeliáceas (*Bromelia laciniosa* Arr. Cam.), de folhas rígidas e espinhosas, muito dispersa nas regiões secas nordestinas, onde o povo, premido pela fome resultante da seca, prepara com as folhas dela uma espécie de pão, sem qualquer valor nutritivo. Em aparência, menor que o gravatá, suas folhas são mais estreitas e de cor bordô. Euclides ainda a define desta maneira: "as *macambiras*, com a feição exata dos ananases-bravos, formam sebes compactas, instransponíveis, sobretudo quando nelas enredam-se as folhas de estomas longos do *cansanção* [*Jatropha urens*] urtigante, dolorosíssimo, queimando como um cautério ou cáustico abrasado" (*Canudos e Inéditos*, p. 93). O coronel Siqueira Meneses ainda dá a seguinte descrição: "[...] da família dos gravatás, cujas palmas curvas no sentido longitudinal são alongadas como espadas e guarnecidas em suas bordas por duas ordens de espinhos curvos e em sentido opostos, em forma de unhas de tigre, para ferirem quem avança e quem recua, se em tempo não tomar esta precaução" (Galvão, *No Calor da Hora*, p. 462). 68 **caroás** plantas acaules terrestres, da família das bromeliáceas (*Bromelia variegata*), de poucas folhas, flores variegadas, protegidas por brácteas, e frutos em bagas sucosas, cujas fibras se usam na manufatura de barbante, linhas de pesca e tecidos; caruá, gravatá, coroatá, gravá. 69 **verdoengos** verdes ou que não estão maduros ainda. 70 **gravatás** plantas pertencentes à família das bromeliáceas (*Bromelia fastuosa*), das quais há espécies ornamentais, que são epífitas e terrestres; caruatás, caraguatás, caroás, caravatás. Essas plantas são parecidas com as babosas e são maiores que as macambiras. O líquido contido nas suas folhas pode ser bebido. 71 **ananases-bravos** ou ananases-do-mato (*Bromelia muricata*). Outros nomes: ananases-de-agulha, gravatás-do-mato.

ma, adrede[72] feita àquelas paragens estéreis. As suas folhas ensiformes[73], lisas e lustrosas, como as da maioria dos vegetais sertanejos, facilitam a condensação dos vapores escassos trazidos pelos ventos, por maneira a debelar-se[74] o perigo máximo à vida vegetativa, resultante de larga evaporação pelas folhas, esgotando e vencendo a absorção pelas radículas.

Sucedem-se outros, diversamente apercebidos, sob novos aprestos[75], mas igualmente resistentes.

As *nopáleas*[76] e *cactos*, nativas em toda a parte, entram na categoria das fontes vegetais, de Saint-Hilaire. Tipos clássicos da flora desértica, mais resistentes que os demais, quando decaem a seu lado, fulminadas, as árvores todas, persistem inalteráveis ou mais vívidos talvez. Afeiçoaram-se aos regimes bárbaros; repelem os climas benignos em que estiolam[77] e definham. Ao passo que o ambiente em fogo dos desertos parece estimular melhor a circulação da seiva entre os seus cladódios[78] túmidos.

As *favelas*[79], anônimas ainda na ciência – ignoradas dos sábios, conhecidas demais pelos tabaréus – talvez um futuro gênero *cauterium*[80] das leguminosas, têm, nas folhas de células alongadas em vilosidades[81], notáveis aprestos de condensação, absorção e defesa. Por um lado, a sua epiderme ao resfriar-se, à noite, muito abaixo da temperatura do ar, provoca, a despeito da secura deste, breves precipitações de orvalho; por outro, a mão, que a toca, toca uma chapa incandescente de ardência inaturável.

Ora quando, ao revés das anteriores, as espécies não se mostram tão bem armadas para a reação vitoriosa, observam-se dispositivos porven-

---

72 **adrede** de propósito, intencionalmente. 73 **ensiformes** em forma de espada. 74 **debelar-se** vencer-se, extinguir-se. 75 **aprestos** aparatos de sobrevivência da planta que a protegem contra as ameaças ou intempéries do meio; dispositivos retentores de umidade da planta. 76 **nopáleas** gênero de cactáceas, a que pertence a *Nopalea coccinellifera*, e que visualmente se assemelha à figueira-da--índia, com cladódios em forma de raquetas. 77 **estiolam** definham, debilitam, enfraquecem. 78 **cladódios** ramos achatados e verdes, frequentemente muito parecidos com a folha, que, em muitas plantas, desempenham as funções destas, como, por exemplo, nas cactáceas. 79 **favelas** arbustos grandes da família das euforbiáceas (*Jatropha phyllacantha*), de flores alvas, dispostas em cimeiras, e cujo fruto é cápsula verrucosa, escura, contendo sementes pardacentas e oleaginosas; faveleira, faveleiro, mandioca-brava. 80 *cauterium* gênero de plantas que se adaptam aos climas de alta temperatura. 81 **vilosidades** características de algumas plantas que possuem pelos para a retenção de umidade e para sua defesa.

tura mais interessantes: unem-se, intimamente abraçadas, transmudando-se em plantas sociais. Não podendo revidar[82] isoladas, disciplinam-se, congregam-se, arregimentam-se. São deste número todas as cesalpinas[83] e as *caatingueiras*[84], constituindo, nos trechos em que aparecem, sessenta por cento das caatingas; os *alecrins-dos-tabuleiros*[85], e os *canudos-de-pito*[86], heliotrópios[87] arbustivos de caule oco, pintalgado[88] de branco e flores em espigas, destinados a emprestar o nome ao mais lendário dos vilarejos...

Não estão no quadro das plantas sociais brasileiras, de Humboldt, e é possível que as primeiras vicejem, noutros climas, isoladas. Ali se associam. E, estreitamente solidárias as suas raízes, no subsolo, em apertada trama, retêm as águas, retêm as terras que se desagregam, e formam, ao cabo, num longo esforço, o solo arável em que nascem, vencendo, pela capilaridade do inextricável tecido de radículas enredadas em malhas numerosas, a sucção insaciável dos estratos e das areias. E vivem. Vivem é o termo – porque há, no fato, um traço superior à passividade da evolução vegetativa...

Têm o mesmo caráter os juazeiros[89], que raro perdem as folhas de um verde intenso, adrede modeladas às reações vigorosas da luz. Sucedem-

---

82 **revidar** lutar para sobreviver. 83 **cesalpinas** pertencentes à família de plantas superiores, constituídas pela subfamília das cesalpinoideas, que, a seu turno, pertencem à família das leguminosas; celsapinácea; alguns espécimes dessa família no sertão são o jucá ou pau-ferro (*Caesalpinia ferrea*) e também a catingueira. 84 **caatingueiras** arbustos da família das leguminosas (*Caesalpinia pyramidalis*), de flores amarelas, com cinco a nove folíolos ovados ou orbiculares, dispostas em racimos reunidos em panículas piramidais, cujo fruto é vagem sem haste de sustentação que vegeta em lugares pedregosos e que, durante a seca, serve de alimento para o gado; caatinga, catinga, catinga-de-porco, pau-de-porco, pau-de-rato. 85 **alecrim-dos-tabuleiros** provavelmente o alecrim-do-campo, da espécie *Lantana microphylla* e da família das *Cesalpiniaceae*. Conhecida também como *sempre-viva*. A. de Saint-Hilaire lhe dá outra classificação: *Hypericum laxiusculum*. 86 **canudos-de-pito** planta da família das convolvuláceas (*Ipomoea fistulosa*). Nome comum a diversas plantas (por exemplo, flacurtiáceas, cesalpinas, euforbiáceas) cuja haste longa se empregava em cachimbos. 87 **heliotrópios** ervas da família das boragináceas (*Heliotropium peruvianum*) que se encontram no Brasil, de flores diminutas, reunidas em inflorescências escorpioides, corola com tubo curto e limbo plano, e fruto que se separa em quatro partes, cada uma com uma semente; designação comum às plantas cuja flor se volta para o sol; *baunilhas-dos-jardins*. 88 **pintalgado** pintado de cores variegadas, matizado. 89 **juazeiros** árvores altas e copadas, da família das ramnáceas (*Zizyphus joazeiro*), características da caatinga nordestina, de folhas trinérveas, flores pequeninas, fruto drupáceo, amarelo, com polpa édule, e cuja casca é rica em saponina e serve como sabão e dentifrício. Segundo Euclides, as folhas são "elípticas e coriáceas" (*Canudos e Inéditos*, p. 46). Fornecem ao gado sombra e alimento, não perdendo a folhagem durante a seca.

-se meses e anos ardentes. Empobrece-se inteiramente o solo aspérrimo. Mas, nessas quadras cruéis, em que as soalheiras se agravam, às vezes, com os incêndios espontaneamente acesos pelas ventanias atritando rijamente os galhos secos e estonados – sobre o depauperamento geral da vida, em roda, eles agitam as ramagens virentes, alheios às estações, floridos sempre, salpintando o deserto com as flores cor-de-ouro, álacres[90], esbatidas no pardo dos restolhos[91] – à maneira de oásis verdejantes e festivos[92].

A dureza dos elementos cresce, entretanto, em certas quadras, ao ponto de os desnudar: é que se enterroaram há muito os fundos das cacimbas, e os leitos endurecidos das ipueiras mostram, feito enormes carimbos, em moldes, os rastros velhos das boiadas; e o sertão de todo se improupriou à vida.

Então, sobre a natureza morta, apenas se alteiam os *cereus* esguios[93] e silentes[94], aprumando os caules circulares repartidos em colunas poliédricas e uniformes, na simetria impecável de enormes candelabros. E avultando ao descer das tardes breves sobre aqueles ermos, quando os abotoam grandes frutos vermelhos destacando-se, nítidos, à meia luz dos crepúsculos, eles dão a ilusão emocionante de círios[95] enormes, fincados a esmo no solo, espalhados pelas chapadas, e acesos...

Caracterizam a flora caprichosa da plenitude do estio.

Os *mandacarus* (*cereus jaramacaru*) atingindo notável altura, raro aparecendo em grupos, assomando isolados acima da vegetação caótica,

---

90 **álacres** viçosos, exuberantes. 91 **restolhos** as partes inferiores das gramíneas que ficam enraizadas após a seca. 92 Comparar com este trecho de J. M. Caminhoá: "[...] na *época* ou *estação da seca* os campos apresentam-se negros ou pardos, por causa da relva requeimada; o solo, quando não arenoso, greta-se profundamente; as árvores acham-se despidas de folhagens, e os galhos e ramos que morreram ficam por tal modo ressequidos, que em algumas espécies basta o atrito de um no outro, para produzir-se fogo que, se não há o necessário cuidado, ativa medonho incêndio pelos estorricados arbustos e arbúsculos; incêndio quase inextinguível, porque então só se encontra água em pouca porção e limitadíssimos lugares; além disso há grande risco para o gado. Chegada a estação quente e seca, cessa no sertão a verdura da folhagem, exceto nos juazeiros (*Sisiphus joazeiro*), e em poucos outros, e a paisagem toma o aspecto de inverno rigoroso em climas frios, ou temperados; mas distinguindo-se aqui principalmente pelas matas de cactáceas gigantescas (madacarus, palmatórias etc.) e outras armadas de espinhos" (J. C. de Carvalho, p. 30). 93 **esguios** altos, delgados. 94 **silentes** silenciosos, imóveis. 95 **círios** velas grandes e grossas de cera.

Um trecho das Caatingas.

são novidade atraente, a princípio. Atuam pelo contraste. Aprumam-se tesos, triunfalmente, enquanto por toda a banda a flora se deprime. O olhar, perturbado pelo acomodar-se à contemplação penosa dos acervos de ramalhos estorcidos, descansa e retifica-se percorrendo os seus caules direitos e corretos. No fim de algum tempo, porém, são uma obsessão acabrunhadora. Gravam em tudo monotonia inaturável, sucedendo-se constantes, uniformes, idênticos todos, todos do mesmo porte, igualmente afastados, distribuídos com uma ordem singular pelo deserto.

Os *xiquexiques*[96] (*cactus peruvianus*) são uma variante de proporções inferiores, fracionando-se em ramos fervilhantes de espinhos, recurvos e rasteiros, recamados de flores alvíssimas. Procuram os lugares ásperos e ardentes. São os vegetais clássicos dos areais queimosos. Aprazem-se no leito abrasante das lajens graníticas feridas pelos sóis.

Têm como sócios inseparáveis neste *habitat*, que as próprias orquídeas evitam, os *cabeças-de-frade*[97], deselegantes e monstruosos melocactos de forma elipsoidal, acanalada, de gomos espinescentes, convergindo-lhes no vértice superior formado por uma flor única intensamente rubra. Aparecem, de modo inexplicável, sobre a pedra nua, dando, realmente, no tamanho, na conformação, no modo por que se espalham, a imagem singular de cabeças decepadas e sanguinolentas jogadas por ali, a esmo, numa desordem trágica. É que estreitíssima frincha[98] lhes permitiu in-

---

96 xiquexiques espécimes da família das cactáceas (*Pilocereus gounellei*), característicos das caatingas sáfaras, cujo caule é um cladódio sem folhas, espinhoso, rico em água. São cilíndrico-angulosos e cespitosos. Segundo Euclides, esta planta é "semelhante ao mandacaru; alguns fazem do alvo miolo da planta cuscuz"; porém, estes cactos são "menores e de espinhos envenenados que produzem a paralisia" (*Caderneta*, p. 50, *Diário*, p. 92). **97 cabeças-de-frade** plantas da família das compostas (*Pithecoseris pacourinoides*) de folhas sésseis e flores dispostas em capítulos. Ainda assim a define Euclides: "espécie anã, cujos gomos eriçados de espinhos não destroem a forma esférica tendendo ligeiramente para a de um elipsoide. [...] Este vegetal túmido de seiva procura de preferência terrenos absolutamente exsicados. Neste sentido fiz uma observação que jamais deixará de ser comprovada: do mesmo modo que a *canela-da-ema* (*Vellozia*), no Norte de São Paulo, caracteriza a região de quartzitos, a *cabeça-de-frade*, com uma constância singular, aparece invariavelmente quando através das camadas de grés despontam os terrenos graníticos antigos. E surge ora sobre a camada pouco profunda que reveste a rocha, ora sobre ela mesma. A mais estreita frincha, na pedra inteiramente nua, que permita a intrusão das raízes longas e finíssimas, determina-lhe o aparecimento" (*Canudos e Inéditos*, p. 92). Euclides, quando pesquisava, não tinha muita certeza da sua classificação, pois na *Caderneta*, p. 81 se pergunta: "Cabeça-de-frade – *Echnocactus Ottoni*?". **98 frincha** fenda.

sinuar, através da rocha, a raiz longa e capilar até à parte inferior onde acaso existam, livres de evaporação, uns restos de umidade.

E a vasta família, revestindo todos os aspectos, decai, a pouco e pouco, até aos *quipás*[99] reptantes, espinhosos, humílimos, trançados sobre a terra à maneira de espartos[100] de um capacho dilacerador; às ripsalides[101] serpeantes, flexuosas, como víboras verdes pelos ramos, de parceria com os frágeis cactos epífitas[102], de um glauco[103] empalecido[104], presos por adligantes[105] aos estípites[106] dos ouricurizeiros, fugindo do solo bárbaro para o remanso da copa da palmeira.

Aqui, ali, outras modalidades: as *palmatórias-do-inferno*, opúntias[107] de palmas diminutas, diabolicamente erriçadas[108] de espinhos, – com o vivo carmim das cochonilhas[109] que alimentam; orladas de flores rutilantes, quebrando alacremente a tristeza solene das paisagens...

E pouco mais especializa quem anda, pelos dias claros, por aqueles ermos, entre árvores sem folhas e sem flores. Toda a flora, como em uma derrubada, se mistura em baralhamento indescritível. É a *caatanduva*[110], mato doente, da etimologia indígena, dolorosamente caída sobre o seu terrível leito de espinhos!

Vingado um cômoro qualquer, postas em torno as vistas, perturba-as o mesmo cenário desolador: a vegetação agonizante, doente e informe, exausta, num espasmo doloroso...

---

99 quipás vegetação nordestina (*Opuntia inanoena*), espécie de cardo rasteiro. **100 espartos** plantas medicinais, da família das gramíneas (*Stipa tenacissima*), cujas folhas se empregam no fabrico de cestas, cordas, alpargatas e esteiras. **101 ripsálides** plantas da família das *Cactaceae*, do gênero *Rhipsalis*, espécie *Clavata*, *Pachyptera* (Conambaia) e *Salicornioides* (bico-de-papagaio). **102 epífitas** cactos que vivem sobre um outro sem retirar nutrimento, apenas apoiando-se neste. **103 glauco** verde--claro. **104 empalecido** empalidecido. **105 adligantes** tentáculos. **106 estípites** caules das palmeiras e fetos arborescentes, que são indivisos e terminam por uma coroa de folhas. **107 opúntia** melhor conhecida como *opúncias* (por exemplo, figo-da-índia); gênero de enormes cactáceas sem folhas e espinhosas, cujos cladódios têm a forma de amplas raquetas, e que dão frutos carnosos que podem ser ingeridos. **108 erriçadas** eriçadas, ouriçadas. **109 cochonilhas** insetos homópteros, da família dos coccídeos, que segregam substâncias especiais (cera, laca) que servem de revestimento. Os machos adultos têm duas asas; as fêmeas são sempre ápteras. São pequeníssimas, alimentam-se de seiva de plantas, e vivem nas folhas, galhos, tronco e raízes. Conhecidos também como coccídeo, escama, piolho-de-planta, piolho-dos-vegetais. **110 Nota do Autor:** Caatanduva, caíva, mato ruim (*caá*, mato; *ahiva*, mau). Beaurepaire Rohan, *Dicionário de Vocábulos Brasileiros*. **Nota do Editor:** Há um comentário do Autor sobre este vocábulo nas últimas páginas do livro, na seção "Notas à 2ª Edição".

É a *silva aestu aphylla*[111], a *silva horrida*, de Martius, abrindo no seio iluminado da natureza tropical um vácuo de deserto.

Compreende-se, então, a verdade da frase paradoxal, de Aug. de Saint-Hilaire: "Há, ali, toda a melancolia dos invernos, com um sol ardente e os ardores do verão!"[112]

A luz crua dos dias longos flameja sobre a terra imóvel e não a anima. Reverberam as infiltrações de quartzo pelos cerros calcários, desordenadamente esparsos pelos ermos, num alvejar de banquisas[113]; e, oscilando à ponta dos ramos secos das árvores inteiriçadas, dependuram-se as tilândsias[114] alvacentas, lembrando flocos esgarçados, de neve, dando ao conjunto o aspecto de uma paisagem glacial, de vegetação hibernante, nos gelos...

A TORMENTA

Mas no empardecer de uma tarde qualquer, de março, rápidas tardes sem crepúsculos, prestes afogadas na noite, as estrelas pela primeira vez cintilam vivamente.

Nuvens volumosas abarreiram ao longe os horizontes, recortando-os em relevos imponentes de montanhas negras.

Sobem vagarosamente; incham, bolhando em lentos e desmesurados rebojos, na altura; enquanto os ventos tumultuam nos plainos, sacudindo e retorcendo as galhadas.

Embruscado em minutos, o firmamento golpeia-se de relâmpagos precipites[115], sucessivos, sarjando[116] fundamente a imprimadura[117] negra

---

111 *silva aestu aphylla* (lat.) literalmente "selva desfolhada pelo calor". 112 Comparar o seguinte trecho de Saint-Hilaire, citado por Caminhoá: "Há toda a tristeza de nossos invernos com um céu brilhante e os calores do verão" (J. C. de Carvalho, p. 31). Caminhoá também glosou a imagem: "[...] e a paisagem toma o aspecto de inverno rigoroso em climas frios, ou temperados" (J. C. de Carvalho, p. 30). 113 **banquisas** (fr. *banquises*), camadas de gelo formadas à superfície dos oceanos quando a temperatura desce a −2º ou −3º C, proveniente do congelamento da água do mar, e cujas bordas podem elevar-se a 50 ou 60 m acima do nível do mar; banco de gelo, campo de gelo. 114 **tilândsias** vegetais dendrícolas, cujas folhas se parecem com as do abacaxi; bromeliáceas do gênero *Tillandsia*. 115 **precípites** rápidos. 116 **sarjando** fazendo sarjas ou incisões; escarificando. 117 **imprimadura** painel de fundo onde se "pintará" a tormenta que está se formando.

da tormenta. Reboam[118] ruidosamente as trovoadas fortes. As bátegas de chuva tombam, grossas, espaçadamente, sobre o chão, adunando-se[119] logo em aguaceiro diluviano...

RESSURREIÇÃO DA FLORA

E ao tornar da travessia o viajante, pasmo, não vê mais o deserto.

Sobre o solo, que as amarílis[120] atapetam, ressurge triunfalmente a flora tropical.

É uma mutação de apoteose.

Os mulungus[121] rotundos, à borda das cacimbas cheias, estadeiam[122] a púrpura das largas flores vermelhas, sem esperar pelas folhas; as caraíbas[123] e baraúnas[124] altas refrondescem à margem dos ribeirões refertos[125], ramalham[126], ressoantes, os marizeiros[127] esgalhados, à passagem das virações[128] suaves; assomam, vivazes, amortecendo as truncaduras das quebradas, as quixabeiras de folhas pequeninas e frutos que lembram contas de ônix; mais virentes, adensam-se os icozeiros pelas várzeas, sob o ondular festivo das copas dos ouricuris[129]: ondeiam, móveis, avivando a paisagem, acamando-se nos plainos, arredondando as encostas, as moitas floridas do alecrim-dos-tabuleiros, de caules finos e flexíveis; as

---

118 **reboam** repercutem, retumbam, ecoam. 119 **adunando-se** congregando-se, reunindo-se. 120 **amarílis** designação comum às espécies do gênero *Hippeastrum*, da família das amarilidáceas, de flores coloridas e variegadas, e que se propagam facilmente. 121 **mulungus** plantas da família das leguminosas papilonáceas (*Erythrina mulungu*), de pedúnculos florais vermelhos e fruto que é vagem pedunculada e de cujos caules leves e porosos se fazem jangadas e balsas. São plantas muito usadas na farmacopeia sertaneja. O nosso Autor anota na *Caderneta* (p. 36): "árvore frondosa, de espinhos". Ainda sob outra variante, *murungus*, Euclides define esta árvore como "interessantíssim[a] em cujos ramos tostados e sem folhas desdobram-se como flâmulas festivas grandes flores de um escarlate vivíssimo e deslumbrante" (*Canudos e Inéditos*, p. 47). 122 **estadeiam** ostentam. 123 **caraíbas** árvores típicas do cerrado, da família das bignoniáceas (*Tabebuia caraiba*), de casca suberosa e grossa. 124 **baraúnas** árvores da família das anacardiáceas (*Schinopsis brasiliensis*), muito comuns na caatinga, onde atingem até 12 m de altura, com folhas aromáticas, ramos espinhosos, flores alvas, muito pequenas; o fruto é alado; a madeira, duríssima, serve para dormentes. 125 **refertos** muito cheios, plenos. 126 **ramalham** fazem sussurar os ramos de uma árvore. 127 **marizeiros** conhecidas também como *marizeiras*. Plantas da família das leguminosas, subfamília papilonácea (*Geoffroya spinosa*). Segundo Euclides: "árvore[s] grande[s] – frutos que alimentam" (*Caderneta*, p. 51). 128 **virações** ventos brandos e frescos. 129 **ouricuris** ouricurizeiros.

umburanas[130] perfumam os ares, filtrando-os nas frondes enfolhadas, e – dominando a revivescência geral – não já pela altura senão pelo gracioso do porte, os umbuzeiros[131] alevantam dois metros sobre o chão, irradiantes em círculo, os galhos numerosos.

O UMBUZEIRO

É a árvore sagrada do sertão. Sócia fiel das rápidas horas felizes e longos dias amargos dos vaqueiros. Representa o mais frisante exemplo de adaptação da flora sertaneja. Foi, talvez, de talhe mais vigoroso e alto – e veio descaindo, pouco a pouco, numa intercadência de estios flamívomos[132] e invernos torrenciais, modificando-se à feição do meio, desinvoluindo[133], até se preparar para a resistência e reagindo, por fim, desafiando as secas duradouras, sustentando-se nas quadras miseráveis mercê da energia vital que economiza nas estações benéficas, das reservas guardadas em grande cópia nas raízes.

E reparte-as com o homem. Se não existisse o umbuzeiro, aquele trato de sertão, tão estéril que nele escasseiam os carnaubais[134] tão providencialmente dispersos nos que o convizinham até ao Ceará, estaria

---

130 umburanas pequenas árvores da caatinga, muito esgalhadas, da família das burseráceas (*Bursera leptophloeos* Mart.), de folhas penadas, com folíolos aromáticos, flores muito pequenas, fruto oleífero, comestível quando bem maduro, e madeira branca e dura, utilizável em carpintaria e construção. Conhecidas também como *imburanas*. Desta maneira ainda as define o Autor: "de casca lustrosa e de madeira compacta quase sem fibras, como uma massa homogênea e plástica com a qual o *tabaréu* ardiloso faz até sinetes admiráveis" (*Canudos e Inéditos*, p. 93). **131 umbuzeiros** arvoretas muito copadas, da família das anacardiáceas (*Spondias tuberosa* Arr. Cam.), próprias da caatinga, de folhas penadas, flores minutas, e cujas raízes têm grandes tubérculos ocos, que variam do tamanho de um punho a uma cabeça de criança, reservadores de água, sendo os frutos (umbus ou imbus) bagas comestíveis, bastante apreciadas; *imbuzeiro* ou *jique*. Às vezes numa só raiz se encontra mais de meio litro de água, que pode ser ora clara, ora um tanto opalescente. Euclides ainda os define como tendo "saboroso fruto" e de folhas "ácidas" e "dispostas em palmas", e de "raízes úmidas" (*Canudos e Inéditos*, pp. 47 e 93). "Umbu – Raízes fasciculadas desdobrando-se horizontalmente no solo, expandindo-se muitas em tubérculos de seiva – Provém disto a facilidade com que caem ante as grandes ventanias" / "Umbu, umburana – folhas internas rectinervadas" (*Caderneta*, p. 81). **132 flamívomos** que lançam chamas, extremamente quentes. **133 desinvoluindo** desenvolvendo. **134 carnaubais** agrupamentos de carnaubeiras, plantas da família das palmáceas (*Copernicia prunifera*; *Corypha cerifera*), de estipe ereto, folhas grandes e em forma de leque, com flores amarelas, a qual produz cera (carnaúba) muito usada na indústria de ceras e graxas para sapatos e assoalho; conhecida também como carandá ou carnaíba.

despovoado. O umbu[135] é para o infeliz matuto que ali vive o mesmo que a *mauritia*[136], para os garaúnos dos *llanos*[137].

Alimenta-o e mitiga-lhe a sede. Abre-lhe o seio acariciador e amigo, onde os ramos recurvos e entrelaçados parecem de propósito feitos para a armação das redes bamboantes. E ao chegarem os tempos felizes dá-lhe os frutos de sabor esquisito[138] para o preparo da *umbuzada*[139] tradicional.

O gado, mesmo nos dias de abastança, cobiça o sumo acidulado das suas folhas. Realça-se-lhe, então, o porte, levantada, em recorte firme, a copa arredondada, num plano perfeito sobre o chão, à altura atingida pelos bois mais altos, ao modo de plantas ornamentais entregues à solicitude de práticos jardineiros. Assim decotadas[140] semelham grandes calotas esféricas. Dominam a flora sertaneja nos tempos felizes, como os *cereus* melancólicos nos paroxismos estivais[141].

A JUREMA

As juremas[142], prediletas dos caboclos – o seu haxixe[143] capitoso[144], fornecendo-lhes, grátis, inestimável beberagem, que os revigora depois das

---

135 **umbu** fruto do umbuzeiro; imbu. Os umbus maduros são deliciosos e lembram, no dizer de Martius, as ameixas rainha-cláudia. 136 ***mauritia*** gênero de palmeira a que pertence o buriti (*Mauritia vinifera* ou *Mauritia flexuosa*) dotada de fruto amarelo, do qual se extrai óleo e broto terminal comestível, e com o espique e espádices se fabrica o vinho de buriti; coqueiro-buriti, muriti. 137 ***llanos*** (esp.) extensas planícies de vegetação herbácea da Venezuela, entre a Cordilheira do Andes e o rio Orinoco; lhanos. 138 **esquisito** raro, incomum, delicioso. 139 **umbuzada** bebida típica, agridoce, e saborosa preparada com o suco do umbu, leite quente e açúcar mascavo, muito apreciada no Nordeste. 140 **decotadas** cortadas por cima ou em volta; aparadas, podadas. 141 Comparar a seguinte passagem de J. M. Caminhoá: "Além dos cactos e do juazeiro, há em geral raríssimas outras plantas que se conservam verdes durante a estação seca nos sertões; por exemplo, uma utilíssima, o umbuzeiro, do qual nos ocupamos adiante, e cuja *rama* ou folhagem, como o do juazeiro, serve para dar-se ração aos carneirinhos e ao gado miúdo em muitos lugares"; e esta de Saint-Hilaire: "O umbuzeiro (*Spondias tuberosa*) floresce logo, e pouco depois cobre-se de saborosos frutos agridoces e odoríferos, de cuja polpa, misturada com leite, fazem ali uma deliciosa bebida, a *umbuzada*, que, é tomada só, ou com a *coalhada* (leite coalhado e sem soro)" (J. C. de Carvalho, pp. 30 e 32). 142 **juremas** arbustos do gênero das acácias (*Acacia jurema*) armados de espinhos, da família das leguminosas (*Pithecolobium tortum*), de ramos em ziguezague e muito duros, folhas com numerosos folíolos pequenos, flores alvacentas ou esverdeadas, agregadas em pequenos glomérulos, legume recurvado como alça intestinal, grosso e rígido, sendo a madeira dura, pouco utilizável. Da casca (rica em tanino), raízes ou frutos dessa planta se produz bebida do mesmo nome com propriedades alucinógenas. 143 **haxixe** resina extraída das folhas e das inflorescências do cânhamo. Mascado ou fumado, é de uso comum no Oriente, com efeito estupefaciente semelhante ao da maconha. 144 **capitoso** estonteante, embriagante.

caminhadas longas, extinguindo-lhes as fadigas em momentos, feito um filtro[145] mágico – derramam-se em sebes[146], impenetráveis tranqueiras[147] disfarçadas em folhas diminutas; refrondam os marizeiros raros – misteriosas árvores que pressagiam a volta das chuvas e das épocas aneladas do *verde* e o termo da *magrém*[148] – quando, em pleno flagelar da seca, lhes porejam[149] na casca ressequida dos troncos algumas gotas d'água; reverdecem os angicos[150]; lourejam[151] os juás[152] em moitas, e as baraúnas de flores em cachos, e os araticuns[153] à ourela[154] dos banhados...[155] mas, destacando-se, esparsos pelas chapadas, ou no bolear[156] dos cerros, os umbuzeiros, estrelando flores alvíssimas, abrolhando em folhas, que passam em fugitivos cambiantes de um verde pálido ao róseo vivo dos rebentos novos, atraem melhor o olhar, são a nota mais feliz do cenário deslumbrante.

A VISÃO DO PARAÍSO

E o sertão é um paraíso...
Ressurge ao mesmo tempo a fauna resistente das caatingas: disparam pelas baixadas[157] úmidas os caititus[158] esquivos[159]; passam, em varas[160],

---

145 filtro poção, bebida. **146 sebes** cercas de arbustos, cercas vivas. O vocábulo era até então desconhecido de Euclides, segundo o que deduzimos da nota do Autor na *Caderneta*, p. 12: "Sebe – Tapume de rama para vedar o acesso à casa. *Sebe viva* valado de arbustos que *pegaram* [?]." **147 tranqueiras** estacadas, cercas, barreiras. **148 Nota do Autor:** *Verde* e *magrém*, termos com que os matutos denominam as quadras chuvosas e as secas. **Nota do Editor:** Na *Caderneta* (p. 15), no entanto, o Autor nos dá outra definição, a partir de Vieira de Aguiar: "estado de imensa magreza do gado na *seca*". **149 porejam** deixam cair gota a gota; ressudam. **150 angicos** árvores do gênero *Piptadenia*, da família das leguminosas, subfamília mimosoidea, de madeira utilíssima. **151 lourejam** amarelecem, alouram. **152 juás** plantas que pertencem à família das solanáceas (*Solanum balbisii* Dun.). **153 araticuns** árvores do cerrado, da família das anonáceas (*Anona crassiflora*), cujos frutos, do mesmo nome, e em forma de enormes bagos múltiplos, doces, perfumados e agradáveis ao paladar, chegam a pesar dois quilos, e cujas flores são amplas e coriáceas; araticu, araticum-cortiça, marolo. Sua fruta é também conhecida como *fruta-do-conde*, ou *pinha*. Provavelmente a espécie a que se refere o Autor seja o araticum-do-rio (*Anona spinescens*). **154 ourela** margem. **155 banhados** pântanos cobertos de vegetação. **156 pelo bolear dos cerros** pelos contornos arredondados dos cerros. **157 baixada** planície entre montanhas; terreno úmido coberto de capim. **158 caititu** mamífero da ordem dos artiodáctilos, família dos taiaçuídeos (*Tayassu tajacu* ou *Dicotyles torquatus*), da região cisandina da América do Sul. Pelagem anelada de branco, ou amarelo e negro, ou castanho-claro, resultando numa coloração rosada; linha de longos pelos no pescoço, e patas pretas, com faixa característica em forma de colar branco cingindo o pescoço até os ombros. Conhecido também como *caitatu, taititu, cateto, tateto, pecari*. **159 esquivos** ariscos. **160 varas** manadas de porcos.

pelas tigueras[161], num estrídulo estrepitar de maxilas percutindo[162], os queixadas[163] de canela ruiva; correm pelos tabuleiros altos, em bandos, esporeando-se com os ferrões de sob as asas, as emas[164] velocíssimas; e as seriemas[165] de vozes lamentosas, e as sericoias[166] vibrantes, cantam nos balsedos[167], à fímbria[168] dos banhados onde vem beber o tapir[169] estacando um momento no seu trote, brutal, inflexivelmente retilíneo, pela caatinga, derribando árvores; e as próprias suçuaranas[170], aterrando os mocós[171] espertos que se aninham aos pares nas luras[172] dos fraguedos,

161 tigueras roças depois de ter sido efetuada a colheita. **162 percutindo** batendo, soando. **163 queixadas** mamíferos da ordem dos artiodáctilos, família dos taiaçuídeos (*Tayassu pecari*), distribuídos da Venezuela ao norte do RS. Possuem coloração negro-pardacenta, pelagem das costas muito longa; diferem dos caititus por terem os lábios brancos. Quando acuados, batem forte os queixos, e são valentíssimos. O queixada-de-canela-ruiva é uma variação desse mamífero. **164 emas** aves reiformes, da família Rheidae (*Rhea americana*; *Struthio rhea*), dos campos e cerrados brasileiros, de dorso bruno-cinzento, parte inferior mais clara, e com três dedos nos pés. Vivem em bandos, alimentam-se de frutos e grãos, e de toda sorte de pequenos animais, e atingem 1,30 m de altura. O macho é quem choca os ovos postos por várias fêmeas, em ninhadas de até 40 ovos. **165 seriemas** aves gruiformes, da família dos cariamídeos (*Cariama cristata*), do norte da Argentina, Paraguai, Brasil central e oriental, de coloração cinzento-suja, com riscas escuras muito finas por todo o corpo, o abdome mais claro, penas da base do bico em forma de pincel, bico e pernas vermelhos. Durante o dia, vivem nos descampados, alimentando-se de insetos, répteis e pequenos roedores; à noite, dormem empoleiradas em árvores, onde também nidificam, usando gravetos de todos os tamanhos para construir o ninho. São tidas como aves úteis porque atacam as cobras e os gafanhotos. Seu canto é muito característico, bem conhecido nos cerrados e caatingas. **166 sericoias** aves gruiformes, da família dos ralídeos (*Aramides cajanea*), largamente distribuídas desde a Costa Rica até ao norte da Argentina, de dorso superior oliváceo-esverdeado, dorso inferior e cauda enegrecidos, peito inferior e abdome vermelhos. Conhecidas também como três-potes, saracuras, sericoras. **167 balsedos** amontoados de plantas aquáticas formando uma pequena ilha que desce os rios. **168 fímbria** orla, beira, margem. **169 tapir** mamífero perissodáctilo da família dos tapirídeos (*Tapirus terrestri*), distribuído desde a Colômbia até o norte da Argentina. Atinge até 2 m de comprimento por 1 m de altura, tem quatro dedos na mão e três no pé. Seu peso pode alcançar até 180 quilos. Pelo uniforme, pardacento; os filhotes, porém, são malhados, com quatro ou cinco linhas longitudinais claras, além de outros traços e manchas irregulares intercalados. A cauda é muito curta, o nariz prolongado em tromba. O período de gestação é de 14 meses, parindo um filho de cada vez. Vive nas matas, nas proximidades de rios ou lagoas, alimentando-se de frutas e folhas. Conhecido mais popularmente como *anta*. **170 suçuaranas** mamíferos carnívoros, da família dos felídeos (*Puma concolor*), comuns em toda a América nos tempos coloniais. A coloração é amarelo-avermelhada queimada, mais escura no dorso, amarelo-claro na parte ventral, e os filhotes nascem pintados com manchas escuras no corpo. Mede 1,20 m de corpo e 65 cm de cauda. Alimentam-se de pequenos mamíferos, e também de aves e, até, de répteis. Conhecidos também como *jaguaruna, puma, onça-parda, onça-vermelha*. **171 mocós** roedores da família dos cavídeos (*Kerodon rupestris* ou *Cavia rupestris*), semelhantes às cobaias. **172 luras** esconderijos, tocas, covis, covas.

pulam, alegres, nas macegas altas, antes de quedarem[173] nas tocaias[174] traiçoeiras aos veados ariscos ou novilhos desgarrados...[175]

MANHÃS SERTANEJAS

Sucedem-se manhãs sem par, em que o irradiar do levante incendido retinge a púrpura das eritrinas[176] e destaca melhor, engrinaldando as umburanas de casca arroxeada, os festões[177] multicores das bignônias[178]. Animam-se os ares numa palpitação de asas, céleres, ruflando[179]. – Sulcam-nos as notas de clarins estranhos. Num tumultuar de desencontrados voos passam, em bandos, as pombas bravas que remigram, e rolam as turbas turbulentas das maritacas[180] estridentes... enquanto feliz, deslembrado de mágoas, segue o campeiro[181] pelos *arrastadores*[182], tangendo a boiada farta, e entoando a cantiga predileta...[183]

Assim se vão os dias.

Passam-se um, dois, seis meses venturosos, derivados da exuberância da terra, até que surdamente, imperceptivelmente, num ritmo maldito, se despeguem, a pouco e pouco, e caiam, as folhas e as flores, e a seca se desenhe[184] outra vez nas ramagens mortas das árvores decíduas...

---

173 **quedarem** ficarem. 174 **tocaias** emboscadas. 175 Comparar este trecho de Caminhoá: "Nesta época as feras sedentas deixam os antros, e vêm até perto das habitações perseguir o gado! A caça grossa (veados, caititus etc.) é morta facilmente perto dos vales, ou onde há cacimbas, e até junto das habitações; as pombas, juritis, perdizes e centenares de outras aves são apanhadas quase que à mão!" (J. C. de Carvalho, p. 31). 176 **eritrinas** árvores que podem ser tanto a corticeira (*Erythrina crista-galli*) quanto a flor-de-coral (*Erythrina coraelodendron*). 177 **festões** ramalhetes de flores e folhagens. 178 **bignônia** plantas ornamentais, cultivadas, da família das bignoniáceas (*Bignonia velutina*) de folhas opostas e flores em racemos. 179 **ruflando** agitando com rumor análogo ao da ave que esvoaça; fazendo tremular. 180 **maritacas** designação comum às jandaias, especialmente a duas espécies: a *Aratinga aurea* e a *Aratinga aurica pilla*, ambas com larga distribuição geográfica. A primeira tem coloração verde, com a fronte vermelho-alaranjada, marginada de azul, abdome verde-amarelado, parte das rêmiges azuis. São comuns especialmente no Nordeste a *Aratinga jantaya*, de coloração amarela, dorso verde, asas azuladas, cauda do verde ao azul com ponta escura. Vive em bandos, sobretudo nas regiões dos carnaubais, e se adapta bem ao cativeiro. Os jovens são quase totalmente verdes. 181 **campeiro** vaqueiro. 182 **arrastadores** caminhos estreitos nos matos, atalhos, picadas toscas. 183 Todo este trecho, mostrando o dinamismo da natureza, está glosado a partir de Saint-Hilaire. Ver J. C. de Carvalho, pp. 30-31. 184 **desenhe** apareça.

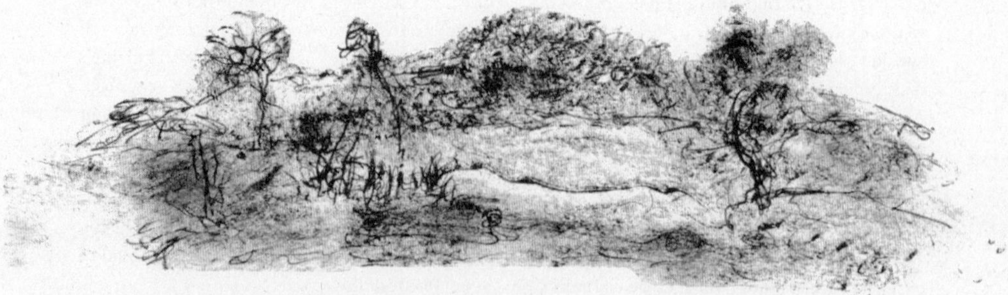

V

UMA CATEGORIA GEOGRÁFICA QUE HEGEL NÃO CITOU

Resumamos; enfeixemos estas linhas esparsas.

Hegel delineou três categorias geográficas como elementos fundamentais colaborando com outros no reagir sobre o homem, criando diferenciações étnicas:

As estepes de vegetação tolhiça, ou vastas planícies áridas; os vales férteis, profusamente irrigados; os litorais e as ilhas.

Os *llanos*[1] da Venezuela; as savanas[2] que alargam o vale do Mississippi, os pampas desmedidos e o próprio Atacama desatado sobre os Andes – vasto terraço onde vagueiam dunas – inscrevem-se rigorosamente nos primeiros.

Em que pese aos estios longos, às trombas[3] formidáveis de areia, e ao saltear de súbitas inundações, não se incompatibilizam com a vida.

Mas não fixam o homem à terra.

A sua flora rudimentar, de gramíneas e ciperáceas[4], reviçando vigorosa nas quadras pluviosas[5], é um incentivo à vida pastoril, às sociedades

---

1 Ver nota 137, p. 120.   2 **savanas** planícies das regiões tropicais de longa estação seca, cuja vegetação se caracteriza por dois estratos: um estrato baixo, dominado por gramíneas com subarbustos de folhas grandes e duras, e outro formado de árvores baixas, retorcidas e afastadas entre si, de cascas grossas e fendidas.   3 **trombas** tempestades de areia em forma de redemoinho.   4 **ciperáceas** semelhantes às gramíneas, porém dotadas de caule triangular e folhas com bainhas fechadas. Flores em espiguetas reunidas em inflorescências compostas, minutíssimas; fruto seco, provido de uma só semente; a junça pertence a essa família. Há umas três mil espécies, distribuídas pelo orbe, sendo o Brasil riquíssimo em representantes, sobretudo em hábitats úmidos.   5 **pluviosas** chuvosas.

errantes dos pegureiros[6], passando móveis, num constante armar e desarmar de tendas, por aqueles plainos – rápidas, dispersas aos primeiros fulgores do verão.

Não atraem. Patenteiam sempre o mesmo cenário de uma monotonia acabrunhadora, com a variante única da cor: um oceano imóvel, sem vagas e sem praias.

Têm a força centrífuga do deserto: repelem; desunem; dispersam. Não se podem ligar à humanidade pelo vínculo nupcial do sulco dos arados. São um isolador étnico como as cordilheiras e o mar, ou as estepes da Mongólia, varejadas[7], em corridas doidas, pelas catervas[8] turbulentas dos tártaros[9] errabundos[10].

Aos sertões do Norte, porém, que à primeira vista se lhes equiparam, falta um lugar no quadro do pensador germânico.

Ao atravessá-los no estio, crê-se que entram, de molde, naquela primeira subdivisão; ao atravessá-los no inverno, acredita-se que são parte essencial da segunda.

Barbaramente estéreis; maravilhosamente exuberantes...

Na plenitude das secas são positivamente o deserto. Mas quando estas não se prolongam ao ponto de originarem penosíssimos êxodos, o homem luta como as árvores, com as reservas armazenadas nos dias de abastança e, neste combate feroz, anônimo, terrivelmente obscuro, afogado na solidão das chapadas, a natureza não o abandona de todo. Ampara-o muito além das horas de desesperança, que acompanham o esgotamento das últimas cacimbas.

Ao sobrevir das chuvas, a terra, como vimos, transfigura-se em mutações fantásticas, contrastando com a desolação anterior. Os vales secos fazem-se rios. Insulam-se os cômoros escalvados[11], repentinamente verdejantes. A vegetação recama de flores, cobrindo-os, os grotões[12] escancelados, e disfarça a dureza das barrancas, e arredonda em colinas os acervos de blocos disjungidos – de sorte que as chapadas grandes,

---

6 **pegureiros** pastores. 7 **varejadas** destruídas, atacadas, investidas, acometidas, invadidas. 8 **catervas** multidões, bandos. 9 **tártaros** habitantes nômades da República Autônoma da Tartária (ex--URSS). 10 **errabundos** errantes. 11 **escalvados** áridos, estéreis. 12 **grotões** depressões fundas entre montanhas de lombadas muito alcantiladas.

intermeadas de convales[13], se ligam em curvas mais suaves aos tabuleiros altos. Cai a temperatura. Com o desaparecer das soalheiras anula-se a secura anormal dos ares. Novos tons na paisagem: a transparência do espaço salienta as linhas mais ligeiras, em todas as variantes da forma e da cor.

Dilatam-se os horizontes. O firmamento, sem o azul carregado dos desertos, alteia-se, mais profundo, ante o expandir revivescente da terra.

E o sertão é um vale fértil. É um pomar vastíssimo, sem dono.

Depois tudo isto se acaba. Voltam os dias torturantes; a atmosfera asfixiadora; o empedramento do solo; a nudez da flora; e nas ocasiões em que os estios se ligam sem a intermitência das chuvas – o espasmo assombrador da seca.

A natureza compraz-se em um jogo de antíteses.

Eles impõem por isto uma divisão especial naquele quadro. A mais interessante e expressiva de todas – posta, como mediadora, entre os vales nimiamente[14] férteis e as estepes mais áridas.

Relegando a outras páginas a sua significação como fator de diferenciação étnica, vejamos o seu papel na economia da terra.

A natureza não cria normalmente os desertos. Combate-os, repulsa-os. Desdobram-se, lacunas inexplicáveis, às vezes sob as linhas astronômicas definidoras da exuberância máxima da vida. Expressos no tipo clássico do Saara – que é um termo genérico da região maninha[15] dilatada do Atlântico ao Índico, entrando pelo Egito e pela Síria, assumindo todos os aspectos da enorme depressão africana ao platô arábico ardentíssimo de Nedjed e avançando daí para as areias dos *bejabãs*[16], na Pérsia – são tão ilógicos que o maior dos naturalistas lobrigou a gênese daquele na ação tumultuária de um cataclismo, uma irrupção do Atlântico, precipitando-se, águas revoltas, num irresistível remoinhar de correntes, sobre o Norte da África e desnudando-a furiosamente.

Esta explicação de Humboldt, embora se erija apenas como hipótese brilhante, tem um significado superior.

---

13 **convales** vales entre colinas. 14 **nimiamente** excessivamente, demasiadamente. 15 **maninha** estéril. 16 *bejabãs* palavra persa que significa "mares de areia".

Extinta a preponderância do calor central e normalizados os climas, do extremo norte e do extremo sul, a partir dos polos inabitáveis, a existência vegetativa progride para a linha equinocial. Sob esta ficam as zonas exuberantes por excelência, onde os arbustos de outras se fazem árvores e o regime, oscilando em duas estações únicas, determina uniformidade favorável à evolução dos organismos simples, presos diretamente às variações do meio. A fatalidade astronômica da inclinação da eclíptica, que coloca a Terra em condições biológicas inferiores às de outros planetas, mal se percebe nas paragens onde uma montanha única sintetiza, do sopé às cumeadas, todos os climas do mundo.

Entretanto, por elas passa, interferindo a fronteira ideal dos hemisférios, o equador termal, de traçado perturbadíssimo de inflexões vivas, partindo-se nos pontos singulares em que a vida é impossível; passando dos desertos às florestas, do Saara, que o repuxa para o norte, à Índia opulentíssima, depois de tangenciar a ponta meridional da Arábia paupérrima; varando o Pacífico num longo traço – rarefeito colar de ilhas desertas e escalvadas – e abeirando, depois, em lento descambar para o sul, a Hileia portentosa do Amazonas.

Da extrema aridez à exuberância extrema...

É que a morfologia da Terra viola as leis gerais dos climas. Mas todas as vezes que o *fácies* geográfico não as combate de todo, a natureza reage. Em luta surda, cujos efeitos fogem ao próprio raio dos ciclos históricos, mas emocionante, para quem consegue lobrigá-la ao través de séculos sem conto, entorpecida sempre pelos agentes adversos, mas tenaz, incoercível, num evolver seguro, a Terra, como um organismo, se transmuda por intuscepção[17], indiferente aos elementos que lhe tumultuam a face.

De sorte que se as largas depressões eternamente condenadas, a exemplo da Austrália, permanecem estéreis, se anulam, noutros pontos, os desertos.

A própria temperatura abrasada acaba por lhes dar um mínimo de pressão atraindo o afluxo[18] das chuvas; e as areias móveis, riscadas pelos ventos, negando largo tempo a pega à planta mais humilde, imobilizam-

---

17 intuscepção assimilação de agentes externos. **18 afluxo** convergência.

-se, a pouco e pouco, presas nas radículas das gramíneas; o chão ingrato e a rocha estéril decaem sob a ação imperceptível dos líquens, que preparam a vinda das lecídeas[19] frágeis; e, por fim, os platôs desnudos, *llanos*[20] e pampas de vegetação escassa, as savanas e as estepes mais vivazes da Ásia central, surgem, num crescendo, refletindo sucessivas fases de transfigurações maravilhosas.

COMO SE FAZ UM DESERTO[21]

Ora, os sertões do Norte, a despeito de uma esterilidade menor, contrapostos a este critério natural, figuram talvez o ponto singular de uma evolução regressiva.

Imaginamo-los há pouco, numa retrospecção em que, certo, a fantasia se insurgiu contra a gravidade da ciência, a emergirem, geologicamente modernos, de um vasto mar terciário.

À parte essa hipótese absolutamente instável, porém, o certo é que um complexo de circunstâncias lhes têm dificultado regime contínuo, favorecendo flora mais vivaz.

Esboçamos anteriormente algumas.

Esquecemo-nos, todavia, de um agente geológico notável – o homem.

Este, de fato, não raro reage brutalmente sobre a terra e entre nós, nomeadamente, assumiu, em todo o decorrer da História, o papel de um terrível fazedor de desertos.

Começou isto por um desastroso legado indígena.

Na agricultura primitiva dos silvícolas era instrumento fundamental – o fogo.

Entalhadas as árvores pelos cortantes *dgis*[22] de diorito[23]; encoivarados[24], depois de secos, os ramos, alastravam-lhes por cima, crepitando,

---

19 lecídeas subordem dos líquens. **20** Ver nota 137, p. 120. **21** As análises deste capítulo sobre o homem como agente geológico já haviam sido realizadas pelo Autor no seu ensaio "Fazedores de Deserto" (*O Estado de S. Paulo*, em 21.10.1901) e publicado sob o mesmo título mais tarde em *Contrastes e Confrontos* (1907). Ver *Obra Completa*, vol. I, pp. 181-184. **22 *dgis*** machado. **23 diorito** rocha maciça de textura granular, cuja cor é geralmente verde-escuro. **24 encoivarados** juntados (ramos do mato mal queimado) em coivaras ou pilhas, nos preparativos dum roçado, para queimá-los de novo, e assim poder com as cinzas adubar a lavoura.

as *caitaras*[25], em bulcão[26] de fumo, tangidas pelos ventos. Inscreviam, depois, nas cercas de troncos combustos[27] das *caiçaras*[28], a área em cinzas onde fora a mata exuberante. Cultivavam-na. Renovavam o mesmo processo na estação seguinte, até que, de todo exaurida, aquela mancha da terra fosse, imprestável, abandonada em *caapuera*[29] – mato extinto – como o denuncia a etimologia tupi, jazendo dali por diante irremediavelmente estéril porque, por uma circunstância digna de nota, as famílias vegetais que surgiam subsecutivamente[30] no terreno calcinado[31] eram sempre de tipos arbustivos enfezados[32], de todo distintos dos da selva primitiva. O aborígine prosseguia abrindo novas roças, novas derrubadas, novas queimas, alargando o círculo dos estragos em novas *caapueras*, que ainda uma vez deixava para formar outras noutros pontos, aparecendo maninhas, num evolver enfezado, inaptas para reagir com os elementos exteriores, agravando, à medida que se ampliavam, os rigores do próprio clima que as flagelava, e entretecidas de carrascais[33], afogadas em macegas, espelhando aqui o aspecto adoentado da *caatanduva* sinistra, além a braveza convulsiva da *caatinga* brancacenta.

Veio depois o colonizador e copiou o mesmo proceder. Engravesceu-o ainda com o adotar, exclusivo, no centro do país, fora da estreita faixa dos canaviais da costa, o regime francamente pastoril.

Abriram-se desde o alvorecer do século XVII, nos sertões abusivamente sesmados[34], enormíssimos campos, compáscuos[35] sem divisas, estendendo-se pelas chapadas em fora.

Abria-os, de idêntico modo, o fogo livremente aceso, sem aceiros[36], avassalando largos espaços, solto nas lufadas violentas do Nordeste.

---

25 caitaras (*tupi*, "o que se queima"; "o queimador") queimadas. A partir do AP, este vocábulo foi corrigido para *caiçaras*, pensando em tratar-se de erro do Autor. Na verdade, o lapso de Euclides foi ter invertido a ordem das duas palavras no parágrafo. *Caitaras* é o nome correto pois denomina "o que se queima" e *caiçaras* "paus dispostos em cerca ou trincheira em torno da roça". Ver T. Sampaio, pp. 73 e 118. **26 bulcão** nuvem. **27 combustos** queimados. **28 caiçaras** galhos queimados. **29 caapuera** (*tupi*, "roça que foi") terreno em que o mato foi roçado e/ou queimado para cultivo da terra; capoeira. **30 subsecutivamente** que subsegue imediatamente; consecutivamente. **31 calcinado** muito seco, estorricado. **32 enfezados** raquíticos, acanhados, pequenos. **33 carrascais** formações vegetais nordestinas, mais ralas, enfezadas e ásperas do que a caatinga; carrascões, carrasqueiros. **34 sesmados** divididos em sesmarias. **35 compáscuos** pastos ou pastagens comuns. **36 aceiros** limpezas de

Aliou-se-lhe ao mesmo tempo o sertanista ganancioso e bravo, em busca do silvícola e do ouro. Afogado nos recessos de uma flora estupenda que lhe escurentava as vistas e sombreava perigosamente as tocaias do tapuia e as tocas do canguçu[37] temido, dilacerou-a golpeando-a de chamas, para desafogar os horizontes e destacar bem perceptíveis, tufando nos descampados limpos, as montanhas que o norteavam, balizando a marcha das bandeiras.

Atacou a fundo a terra, escarificando-a nas explorações a céu aberto; esterilizou-a com os lastros das grupiaras[38]; feriu-a a pontaços de alvião[39]; degradou-a corroendo-a com as águas selvagens das torrentes; e deixou, aqui, ali, em toda a parte, para sempre estéreis, avermelhando nos ermos com o intenso colorido das argilas revolvidas, onde não medra[40] a planta mais exígua, as grandes catas[41], vazias e tristonhas, com a sua feição sugestiva de imensas cidades mortas, derruídas...

Ora, estas selvatiquezas atravessaram toda a nossa História. Ainda em meados deste século[42], no atestar de velhos habitantes das povoações ribeirinhas do S. Francisco, os exploradores que em 1830 avançaram, a partir da margem esquerda daquele rio, carregando em vasilhas de couro indispensáveis provisões de água, tinham, na frente, alumiando-lhes a rota, abrindo-lhes a estrada e devastando a terra, o mesmo batedor sinistro, o incêndio. Durante meses seguidos viram, eles, no poente, entrando pelas noites dentro, o reflexo rubro das queimadas.

Imaginem-se os resultados de semelhante processo aplicado, sem variantes, no decorrer de séculos...

---

terreno em volta de propriedades, matas, coivaras, para, pela descontinuidade assim estabelecida na vegetação, evitar a propagação de incêndios ou queimadas. **37 canguçu** carnívoro fissípede, da família dos felídeos (*Panthera onca*), de coloração amarelo-avermelhada, com manchas pretas arredondadas ou irregulares, porém simétricas, em todo o corpo, encontrado (salvo no Chile e nos Andes) em toda a América, desde o sudeste dos EUA. Tem cerca de 1,50 m de comprimento, afora a cauda, que tem 60 cm, e 80 cm de altura. É considerada a fera mais terrível da América, e alimenta-se da caça e da pesca de animais, preferindo grandes peças; onça-pintada, jaguar. **38 grupiaras** cascalhos diamantíferos ralos, que têm pouca terra a encobri-lo; *gupiaras*. **39 alvião** picareta. **40 medra** cresce, vinga, desenvolve-se. **41 catas** excavação mais ou menos profunda onde se pratica a mineração a céu aberto. **42** Euclides quis referir-se ao século XIX, já que com toda probabilidade este trecho do livro fora escrito entre os anos 1898-1900. Ver nota 21.

Previu-os o próprio governo colonial. Desde 1713 sucessivos decretos visaram opor-lhes paradeiros[43]. E ao terminar a seca lendária de 1791- -1792, a *grande seca*, como dizem ainda os velhos sertanejos, que sacrificou todo o Norte, da Bahia ao Ceará, o governo da metrópole figura-se tê-la atribuído aos inconvenientes apontados, estabelecendo desde logo, como corretivo único, severa proibição ao corte das florestas.

Esta preocupação dominou-o por muito tempo. Mostram-no-lo as cartas régias de 17 de março de 1796, nomeando um juiz conservador das matas; e a de 11 de junho de 1799, decretando que "se coíba a indiscreta e desordenada ambição dos habitantes (da Bahia e Pernambuco) que têm assolado a ferro e fogo preciosas matas... que tanto abundavam e já hoje ficam a distâncias consideráveis" etc.[44]

Aí estão dizeres preciosos relativos diretamente à região que palidamente descrevemos.

Há outros, cômpares na eloquência.

Deletreando-se[45] antigos roteiros dos sertanistas do Norte, destemerosos caatingueiros que pleiteavam parelhas[46] com os bandeirantes do Sul, nota-se a cada passo uma alusão incisiva à bruteza das paragens que atravessavam, perquirindo[47] as chapadas, em busca das "minas de prata" de Melchior Moreia – e passando quase todos à margem do sertão de Canudos, com escala em Monte Santo, então o *Piquaraçá* dos tapuias. E falam nos "campos frios (certamente à noite, pela irradiação intensa do solo desabrigado) cortando léguas de caatinga sem água nem caravatá[48] que a tivesse e com raízes de umbu e mandacaru, remediando a gente" no penoso desbravar das veredas[49].

---

43 paradeiros fins, limites. **44** Na verdade a carta régia que nomeia o juiz é de 12.7.1799; o que Euclides atribuía a 11.6.1799 não é propriamente uma carta régia mas um *Regimento da Conservatoria das Reaes Matas*. A transcrição que faz Euclides é ligeiramente diferente do original: "[...] dos habitantes, que com o pretexto das suas lavouras, têm assolado e destruído preciosas matas a ferro e fogo, de tal sorte que, a não acudir Eu com as mais enérgicas providências, ficarão, em poucos anos, reduzidas à inutilidade de poderem fornecer os paus de construção, de que tanto abundaram e já hoje ficam em distâncias consideráveis dos portos de embarque" (*Annaes do Rio de Janeiro*, Rio de Janeiro, 1835, tomo IV, pp. 158, 177-178). **45 deletreando-se** observando-se atentamente. **46 pleiteavam parelhas** rivalizavam-se ou disputavam. **47 perquirindo** pesquisando, perscrutando, esquadrinhando. **48 caravatá** caroá, gravatá. **49 Nota do Autor:** Carta de Pedro Barbosa Leal ao conde de Sabugosa. **Nota**

Já nessa época, como se vê, tinham função proverbial as plantas, para as quais, hoje, apelam os nossos sertanejos.

É que o mal é antigo. Colaborando com os elementos meteorológicos, com o Nordeste, com a sucção dos estratos, com as canículas, com a erosão eólia, com as tempestades subitâneas – o homem fez-se uma componente nefasta entre as forças daquele clima demolidor. Se o não criou, transmudou-o, agravando-o. Deu um auxiliar à degradação das tormentas, o machado do caatingueiro; um supletivo à insolação, a queimada.

Fez, talvez, o deserto. Mas pode extingui-lo ainda, corrigindo o passado. E a tarefa não é insuperável. Di-lo uma comparação histórica[50].

COMO SE EXTINGUE O DESERTO[51]

Quem atravessa as planícies elevadas da Tunísia, entre Beja e Bizerta, à ourela do Saara, encontra ainda, no desembocar dos vales, atravessando normalmente o curso caprichoso e em torcicolos dos *oueds*[52], restos de antigas construções romanas. Velhos muradais derruídos, embrechados de silhares e blocos rolados, cobertos em parte pelos detritos de enxurros de vinte séculos, aqueles legados dos grandes colonizadores delatam a um tempo a sua atividade inteligente e o desleixo bárbaro dos árabes que os substituíram.

Os romanos, depois da tarefa da destruição de Cartago, tinham posto ombros à empresa incomparavelmente mais séria de vencer a natureza antagonista. E ali deixaram belíssimo traço de sua expansão histórica.

Perceberam com segurança o vício original da região, estéril menos pela escassez das chuvas do que pela sua péssima distribuição adstrita aos relevos topográficos. Corrigiram-no. O regime torrencial que ali

---

do Editor: Esta carta é a de 22.11.1725, cujo manuscrito se encontra no Instituto Histórico Brasileiro. Ver nota 10, p. 173 e p. 338 da presente edição. 50 Notar ainda, à p. 130, o uso repetido do adjetivo "enfezado", cuja deselegante repetição passou despercebida pelo Autor nas revisões. O tema das queimadas já havia sido tocado pela ficção de Alencar em *O Sertanejo*, pp. 16-21. 51 Toda essa seção corresponde à Parte III do ensaio "As Secas do Norte" (*Canudos e Inéditos*, pp. 156-159). Ver nota 1, p. 101 da presente edição. 52 Ver nota 187, p. 83.

aparece, intensíssimo em certas quadras, determinando alturas pluviométricas maiores que as de outros países férteis e exuberantes, era, como nos sertões do nosso país, além de inútil, nefasto[53]. Caía sobre a terra desabrigada, desarraigando a vegetação mal presa a um solo endurecido; turbilhonava por algumas semanas nos regatos transbordantes, alagando as planícies; e desaparecia logo, derivando em escarpamentos, pelo norte e pelo levante, no Mediterrâneo, deixando o solo, depois de uma revivescência transitória, mais desnudo e estéril. O deserto, ao sul, parecia avançar, dominando a paragem toda, vingando-lhe os últimos acidentes que não tolhiam a propulsão do simum[54].

Os romanos fizeram-no recuar. Encadearam as torrentes; represaram as correntezas fortes, e aquele regime brutal, tenazmente combatido e bloqueado, cedeu, submetido inteiramente, numa rede de barragens. Excluído o alvitre[55] de irrigações sistemáticas dificílimas, conseguiram que as águas permanecessem mais longo tempo sobre a terra. As ravinas[56], recortando-se em gânglios estagnados, dividiram-se em açudes abarreirados pelas muralhas que trancavam os vales, e os *oueds*[57], parando, intumesciam-se[58] entre os morros, conservando largo tempo as grandes massas líquidas, até então perdidas, ou levando-as, no transbordarem, em canais laterais aos lugares próximos mais baixos, onde se abriam em sangradouros e levadas, irradiantes por toda a parte, e embebendo o solo. De sorte que este sistema de represas, além de outras vantagens, criara um esboço de irrigação geral. Ademais, todas aquelas superfícies líquidas, esparsas em grande número e não resumidas a um Quixadá único – monumental e inútil – expostas à evaporação, acabaram reagindo sobre o clima, melhorando-o. Por fim a Tunísia, onde haviam aproado os filhos prediletos dos fenícios, mas que até então se reduzira a um litoral povoado de traficantes ou númidas[59] erradios, com suas tendas

---

53 **nefasto** trágico, sinistro, funesto. 54 *simum* (fr., *simoun*) vento abrasador que sopra do centro da África para o norte. 55 **alvitre** proposta, opção, sugestão. 56 **ravinas** pequenos cursos de água que correm por desfiladeiros em leito escavado pelas enxurradas. 57 Ver nota 187, p. 83. 58 **intumesciam-se** avolumavam-se, inchavam-se. 59 **númidas** habitantes da Numídia, antigo território do norte da África situado ao sudoeste de Cartago e que ocupava a maior parte do que hoje é a Argélia.

de tetos curvos branqueando nos areais como quilhas[60] encalhadas – se fez, transfigurada, a terra clássica da agricultura antiga. Foi o celeiro da Itália; a fornecedora, quase exclusiva, de trigo, dos romanos.

Os franceses, hoje, copiam-lhes em grande parte os processos, sem necessitarem alevantar muramentos monumentais e dispendiosos. Represam por estacadas, entre muros de pedras secas e terras, à maneira de palancas[61], os *oueds*[62] mais bem dispostos, e talham pelo alto das suas bordas, em toda a largura das serranias que os ladeiam, condutos derivando para os terrenos circunjacentes, em redes irrigadoras.

Deste modo as águas selvagens estacam, remansam-se, sem adquirir a força acumulada das inundações violentas, disseminando-se, afinal, estas, amortecidas, em milhares de válvulas, pelas derivações cruzadas. E a histórica paragem, liberta da apatia do muslim[63] inerte, transmuda-se volvendo de novo à fisionomia antiga. A França salva os restos da opulenta herança da civilização romana, depois desse declínio de séculos.

Ora, quando se traçar, sem grande precisão embora, a carta hipsométrica[64] dos sertões do Norte, ver-se-á que eles se apropriam a uma tentativa idêntica, de resultados igualmente seguros.

A ideia não é nova. Sugeriu-a há muito, em memoráveis sessões do Instituto Politécnico do Rio, em 1877, o belo espírito do conselheiro Beaurepaire Rohan, talvez sugestionado pelo mesmo símile, que acima apontamos.

Das discussões então travadas, onde se enterreiraram[65] os melhores cientistas do tempo – da sólida experiência de Capanema à mentalidade rara de André Rebouças – foi a única coisa prática, factível, verdadeiramente útil que ficou.

Idearam-se, naquela ocasião, luxuosas cisternas de alvenarias; miríades[66] de poços artesianos, perfurando as chapadas; depósitos colossais,

---

60 quilhas (fig.) embarcações, navios. **61 palancas** estacas. **62** Ver nota 187, p. 83. **63 muslim** muçulmano. **64 hipsométrica** relativa à altitude do terreno em uma planta topográfica. **65 enterreiraram** debateram, desafiaram-se. **66 miríades** quantidades indeterminadas, porém grandíssimas.

ou armazéns desmedidos para as reservas acumuladas; açudes vastos, feitos cáspios[67] artificiais; e por fim, como para caracterizar bem o desbarate completo da engenharia, ante a enormidade do problema, estupendos alambiques para a destilação das águas do Atlântico!...[68]

O alvitre mais modesto, porém, efeito imediato de um ensinamento histórico, sugerido pelo mais elementar dos exemplos, suplanta-os. Porque é, além de prático, evidentemente o mais lógico.

O MARTÍRIO SECULAR DA TERRA

Realmente, entre os agentes determinantes da seca se intercalam, de modo apreciável, a estrutura e a conformação do solo. Qualquer que seja a intensidade das causas complexas e mais remotas que anteriormente esboçamos, a influência daquelas é manifesta desde que se considere que a capacidade absorvente e emissiva dos terrenos expostos, a inclinação dos estratos que os retalham, e a rudeza dos relevos topográficos, agravam, do mesmo passo, a crestadura[69] dos estios e a degradação intensiva das torrentes. De sorte que, saindo das insolações demoradas para as inundações subitâneas, a terra, mal protegida por uma vegetação decídua, que as primeiras requeimam e as segundas erradicam, se deixa, a pouco e pouco, invadir pelo regime francamente desértico.

As fortes tempestades que apagam o incêndio surdo das secas, em que pese à revivescência que acarretam, preparam de algum modo a região para maiores vicissitudes. Desnudam-na rudemente, expondo-a cada vez mais desabrigada aos verões seguintes; sulcam-na numa molduragem de contornos ásperos; golpeiam-na e esterilizam-na; e ao desaparecerem, deixam-na ainda mais desnuda ante a adustão dos sóis. O regime decorre num intermitir deplorável, que lembra um círculo vicioso de catástrofes[70].

---

67 cáspios derivado de mar Cáspio (entre as fronteiras da Europa e Ásia). Pela sua característica de grande "lago" salgado, rodeado de terra, e possuindo uma extensão de 1 210 km por 320 km de largura, a 28 m abaixo do nível do mar, Euclides o compara a gigantescos açudes. **68** Todas essas soluções se encontram no estudo de André Rebouças, *A Seca nas Províncias do Norte*, pp. 61-62. **69 crestadura** queimadura. **70 Nota do Autor:** "[...] é digno de mencionar-se o forte declive para o mar

Deste modo a medida única a adotar-se deve consistir no corretivo destas disposições naturais. Pondo de lado os fatores determinantes do flagelo, oriundos da fatalidade de leis astronômicas ou geográficas inacessíveis à intervenção humana, são, aquelas, as únicas passíveis de modificações apreciáveis.

O processo que indicamos, em breve recordação histórica, pela sua própria simplicidade dispensa inúteis pormenores técnicos.

A França copia-o hoje, sem variantes, revivendo o traçado de construções velhíssimas.

Abarreirados os vales, inteligentemente escolhidos, em pontos pouco intervalados, por toda a extensão do território sertanejo, três consequências inevitáveis decorreriam: atenuar-se-iam de modo considerável a drenagem violenta do solo, e as suas consequências lastimáveis; formar-se-lhes-iam à ourela, inscritas na rede das derivações, fecundas áreas de cultura; e fixar-se-ia uma situação de equilíbrio para a instabilidade do clima, porque os numerosos e pequenos açudes, uniformemente distribuídos e constituindo dilatada superfície de evaporação, teriam, naturalmente, no correr dos tempos, a influência moderadora de um mar interior, de importância extrema.

Não há alvitrar-se[71] outro recurso. As cisternas, poços artesianos e raros, ou longamente espaçados lagos como o de Quixadá, têm um valor local, inapreciável. Visam, de um modo geral, atenuar a última das consequências da seca – a sede; e o que há a combater e a debelar nos sertões do Norte – é o deserto.

O martírio do homem, ali, é o reflexo de tortura maior, mais ampla, abrangendo a economia geral da Vida.

Nasce do martírio secular da Terra...

---

que existe nos terrenos do sertão, onde correm os seus rios... Logo que cai uma chuva nesses pedregosos tabuleiros, de rara vegetação, as águas seguem incontinenti pelos sulcos ou regos, produzindo verdadeiras avalanches que tudo destroem em sua passagem..." (I. Joffily, *Notas sobre a Paraíba*). **Nota do Editor:** O trecho acima provém da p. 103 do livro citado. Nas três primeiras edições de *Os Sertões* e no AP, o nome e sobrenome aparecem com outra grafia: J. Yoffily. **71 alvitrar-se** propor-se, sugerir-se, aconselhar-se.

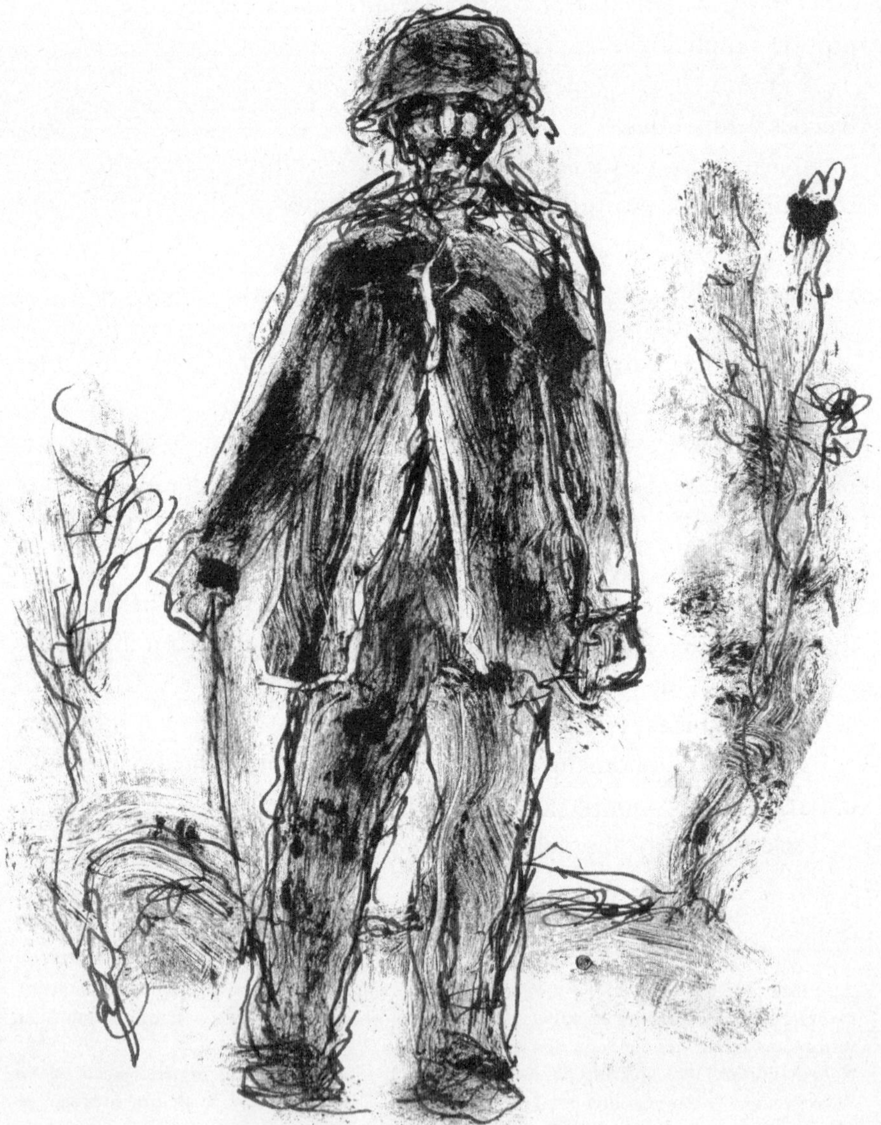

O HOMEM

I. Complexidade do problema etnológico no Brasil [p. 141]. Variabilidade do meio físico e sua reflexão na história [p. 146]. Ação do meio na fase inicial da formação das raças [p. 162]. A formação brasileira no Norte [p. 163]. [Os primeiros povoadores, p. 164]. [Os jesuítas, p. 166]. [Gênese do mulato, p. 168].

II. Gênese do jagunço [p. 171]. O vaqueiro, mediador entre o bandeirante e o padre [p. 172]. Função histórica do Rio S. Francisco [p. 173]. [Os jagunços:] colaterais[1] prováveis dos paulistas [p. 175]. Fundações jesuíticas na Bahia [p. 179]. Causas favoráveis à formação mestiça dos sertões, distinguindo-a dos cruzamentos no litoral [p. 182]. [Um parêntese irritante, p. 186]. Uma raça forte [p. 188][2].

III. O sertanejo [p. 191]. Tipos díspares: o jagunço e o gaúcho [p. 194]. Os vaqueiros [p. 199]. Servidão inconsciente; vida primitiva [p. 200]. A *vaquejada*[3] e a *arribada*[4] [p. 205]. Tradições [p. 208]. A seca [p. 211]. Insulamento[5] no deserto [p. 214]. Religião mestiça; seus fatores históricos [p. 218]. Caráter variável da religiosidade sertaneja: a Pedra Bonita e Monte Santo [p. 221]. As missões atuais [p. 227].

---

1 colaterais parentes colaterais ou não em linha direta, somente por aproximação. **2** Nas três primeiras edições de *Os Sertões* e no AP, os seguintes subtítulos do item II aparecem em ordem inversa: "Gênese dos jagunços; colaterais prováveis dos paulistas. Função histórica do rio S. Francisco. O vaqueiro, mediador entre o bandeirante e o padre. Fundações jesuíticas na Bahia. Um parêntese irritante. Causas favoráveis à formação mestiça dos sertões, distinguindo-a dos cruzamentos no litoral". *Idem* para o caso dos seguintes subtítulos do item V: "Polícia de bandidos. População multiforme". **3 vaquejada** ato de procurar o gado que se encontra espalhado pelos matos, nas caatingas e nos campos, e reuni-los nos rodeadores, donde é conduzido aos currais da fazenda para apartação, ferra, capação etc. Euclides nos dá uma breve definição às pp. 221-223. **4 arribada** estouro da boiada. Ver a descrição e a definição do termo dadas pelo Autor na nota 179, p. 206. **5 insulamento** isolamento.

IV. Antônio Conselheiro, documento vivo de atavismo[6] [p. 229]. Um gnóstico[7] bronco[8] [p. 231]. Grande homem pelo avesso, representante natural do meio em que nasceu [p. 233]. Antecedentes de família: os Maciéis [p. 234]. Uma vida bem auspiciada[9] [p. 240]. Primeiros reveses; e a queda [p. 241]. Como se faz um monstro [p. 243]. Peregrinações e martírios [p. 244]. Lendas [p. 246]. As prédicas [p. 250]. Preceitos de montanista[10] [p. 251]. Profecias [p. 252]. Um heresiarca do século II em plena idade moderna [p. 253]. Tentativas de reação legal [p. 254]. Hégira[11] para o sertão [p. 260].

V. Canudos – antecedentes – aspecto original – e crescimento vertiginoso [p. 263]. Regime da *urbs*[12] [p. 265]. População multiforme [p. 271]. Polícia de bandidos [p. 275]. O templo [p. 278]. Estrada para o céu [p. 280]. As rezas [p. 281]. Agrupamentos bizarros [p. 281]. Por que não pregar contra a República? [p. 287]. Uma missão abortada [p. 292]. Maldição sobre a Jerusalém de taipa[13] [p. 297].

---

6 atavismo reaparecimento, em um descendente, de um caráter não presente em seus ascendentes imediatos, mas, sim, em remotos. **7 gnóstico** adepto do gnosticismo ou do ecletismo filosófico-religioso surgido nos primeiros séculos da nossa era e diversificado em numerosas seitas, e que visava a conciliar todas as religiões e a explicar-lhes o sentido mais profundo por meio da gnose. São dogmas do gnosticismo: a emanação, a queda, a redenção e a mediação, exercida por inúmeras potências celestes, entre a divindade e os homens. Relaciona-se o gnosticismo com a cabala, o neoplatonismo e as religiões orientais. **8 bronco** rude, inculto, ignorante. **9 auspiciada** augurada, prenunciada. **10 montanista** adepto do Montanismo, movimento fundado pelo heresiarca Montano (século II), originário da Frígia, atual Turquia, que professava a encarnação do Espírito Santo e o extremo rigorismo moral. **11 hégira** fuga; o vocábulo se refere ao período maometano que tem como ponto de partida a fuga de Maomé de Meca para Medina, em 622 da nossa era. **12 *urbs*** cidade. Euclides já procura contextualizar o fenômeno Antônio Conselheiro na tradição bíblica do agnosticismo cristão em relação à antiga Roma, a *urbs* por excelência. A mesma equiparação, ao contrário e por isso irônica, já tinha sido feita por Afonso Arinos: "As legiões romanas cercavam Numância, cidade da Espanha, que resistia de longo tempo com sua constância que as armas romanas não estavam habituadas a topar nos inimigos da *Urbs*" (*O Comércio de S. Paulo*, 14.10.1897. Ver Galvão, pp. 100-102). **13 taipa** por metonímia, moradias cujas paredes são feitas de barro ou de cal e areia com enxaiméis e fasquias de madeira; tabique, estuque, taipal, pau a pique.

I

COMPLEXIDADE DO PROBLEMA ETNOLÓGICO NO BRASIL

Adstrita às influências que mutuam, em graus variáveis, três elementos étnicos, a gênese das raças mestiças do Brasil é um problema que por muito tempo ainda desafiará o esforço dos melhores espíritos.

Está apenas delineado.

Entretanto no domínio das investigações antropológicas brasileiras se encontram nomes altamente encarecedores[14] do nosso movimento intelectual. Os estudos sobre a pré-história indígena patenteiam modelos de observação sutil e conceito crítico brilhante, mercê dos quais parece definitivamente firmado, contravindo ao pensar dos caprichosos construtores da ponte Alêutica, o autoctonismo[15] das raças americanas.

Neste belo esforço, rematado pela profunda elaboração paleontológica de Wilhelm Lund, destacam-se o nome de Morton, a intuição genial de Frederick Hartt, a inteiriça organização científica de Meyer, a rara lucidez de Trajano de Moura, e muitos outros cujos trabalhos reforçam os de Nott e Gliddon[16] no definir, de uma maneira geral mas completa, a América como um centro de criação desligado do grande viveiro da Ásia Central. Erige-se autônomo entre as raças o *Homo americanus*[17].

A face primordial da questão ficou assim aclarada. Quer resultem do "homem da Lagoa Santa"[18] cruzado com o pré-colombiano dos "samba-

---

14 **encarecedores** enaltecedores. 15 **autoctonismo** nativismo. 16 Nas três primeiras edições de *Os Sertões* e no AP, o sobrenome aparece com outra grafia: Gordon. 17 ***Homo americanus*** denominação científica para o tipo étnico ou homem americano. 18 Euclides alude aqui às pesquisas de Lund em MG.

quis"[19] ou se derivem, altamente modificados por ulteriores cruzamentos e pelo meio, de alguma raça invasora do Norte, de que se supõem oriundos os tupis tão numerosos na época do descobrimento – os nossos silvícolas[20], com seus frisantes caracteres antropológicos, podem ser considerados tipos evanescentes de velhas raças autóctones[21] da nossa terra.

Esclarecida deste modo a preliminar[22] da origem do elemento indígena, as investigações convergiram para a definição da sua psicologia especial; e enfeixaram-se, ainda, em algumas conclusões seguras.

Não precisamos revivê-las. Sobre faltar-nos[23] competência, nos desviaríamos muito de um objetivo prefixado.

Os dois outros elementos formadores, alienígenas[24], não originaram idênticas tentativas. O negro banto[25], ou cafre[26], com as suas várias modalidades, foi até neste ponto o nosso eterno desprotegido. Somente nos últimos tempos um investigador tenaz, Nina Rodrigues, subordinou a uma análise cuidadosa a sua religiosidade original e interessante. Qualquer, porém, que tenha sido o ramo africano para aqui transplantado trouxe, certo, os atributos preponderantes do *homo afer*[27], filho das paragens adustas e bárbaras, onde a seleção natural, mais que em quaisquer outras, se faz pelo exercício intensivo da ferocidade e da força.

Quanto ao fator aristocrático de nossa *gens*[28], o português, que nos liga à vibrátil estrutura intelectual do celta[29], está, por sua vez, malgrado o complicado caldeamento[30] de onde emerge, de todo caracterizado.

Conhecemos, deste modo, os três elementos essenciais, e, imperfeitamente embora, o meio físico diferenciador – e ainda, sob todas as suas

---

19 sambaquis antiquíssimos depósitos, situados ora na costa, ora em lagoas ou rios do litoral, e formados de montões de conchas, restos de cozinha e de esqueletos amontoados por tribos selvagens que habitaram o litoral americano em época pré-histórica. **20 silvícolas** índios, aborígines. **21 autóctones** nativos, aborígines. **22 preliminar** observação prévia. **23 sobre faltar-nos** além de faltar-nos. **24 alienígenas** de outro país, estrangeiros. **25 banto** indivíduo dos bantos, raça negra sul-africana à qual pertenciam, entre outros, os negros escravos chamados no Brasil angolas, cabindas, benguelas, congos, moçambiques. **26 cafre** da Cafraria (antigo nome dado à parte da África habitada por não-muçulmanos, e que hoje designa duas regiões da África do Sul). **27 Homo afer** denominação científica para o tipo ou homem africano. **28 gens** raça, ancestrais. **29 celta** indivíduo dos celtas, povo de raça indo-germânica, que já na Idade do Bronze chegara às Ilhas Britânicas, através dos Bálcãs, e à Gália central, e que foi vencido pelos romanos no século III a.C. **30 caldeamento** miscigenação, mistura de raças.

formas, as condições históricas adversas ou favoráveis que sobre eles reagiram. No considerar, porém, todas as alternativas e todas as fases intermédias desse entrelaçamento de tipos antropológicos de graus díspares nos atributos físicos e psíquicos, sob os influxos de um meio variável, capaz de diversos climas, tendo discordantes aspectos e opostas condições de vida, pode afirmar-se que pouco nos temos avantajado. Escrevemos todas as variáveis de uma fórmula intricada[31], traduzindo sério problema; mas não desvendamos todas as incógnitas.

É que, evidentemente, não basta, para o nosso caso, que postos uns diante de outros o negro banto, o indo-guarani[32] e o branco, apliquemos ao conjunto a lei antropológica de Broca. Esta é abstrata e irredutível. Não nos diz quais os reagentes que podem atenuar o influxo da raça mais numerosa ou mais forte, e causas que o extingam ou atenuem quando ao contrário da combinação binária, que pressupõe, despontam três fatores diversos, adstritos às vicissitudes da história e dos climas.

É uma regra que nos orienta apenas no indagarmos a verdade. Modifica-se, como todas as leis, à pressão dos dados objetivos. Mas ainda quando por extravagante indisciplina mental alguém tentasse aplicá-la, de todo despeada[33] da intervenção daqueles, não simplificaria o problema.

É fácil demonstrar.

Abstraiamos de inúmeras causas perturbadoras, e consideremos os três elementos constituintes de nossa raça em si mesmos, intactas as capacidades que lhes são próprias.

Vemos, de pronto[34], que, mesmo nesta hipótese favorável, deles não resulta o produto único imanente às combinações binárias, numa fusão imediata em que se justaponham ou se resumam os seus caracteres, unificados e convergentes num tipo intermediário. Ao contrário, a combinação ternária inevitável determina, no caso mais simples, três outras, binárias. Os elementos iniciais não se resumem, não se unificam; desdobram-se; originam número igual de subformações – substituindo-se pelos derivados, sem redução alguma, em uma mestiçagem emba-

---

31 **intricada** intrincada, complexa. 32 **indo-guarani** indígenas guaranis; mais especificamente os tupis do Sul. 33 **despeada** liberada, livre. 34 **de pronto** imediatamente, prontamente.

ralhada onde se destacam como produtos mais característicos o *mulato*, o *mameluco* ou *curiboca*, e o *cafuz*[35]. As sedes iniciais das indagações deslocam-se apenas mais perturbadas, graças a reações que não exprimem uma redução, mas um desdobramento. E o estudo destas subcategorias substitui o das raças elementares agravando-o e dificultando-o, desde que se considere que aquelas comportam, por sua vez, inúmeras modalidades consoante as dosagens variáveis do sangue.

O brasileiro, tipo abstrato que se procura, mesmo no caso favorável acima firmado, só pode surgir de um entrelaçamento consideravelmente complexo.

Teoricamente ele seria o *pardo*[36], para que convergem os cruzamentos sucessivos do mulato, do curiboca e do cafuz.

Avaliando-se, porém, as condições históricas que têm atuado, diferentes nos diferentes tratos do território; as disparidades climáticas que nestes ocasionam reações diversas diversamente suportadas pelas raças constituintes; a maior ou menor densidade com que estas cruzaram nos vários pontos do país; e atendendo-se ainda à intrusão – pelas armas na quadra colonial e pelas imigrações em nossos dias – de outros povos, fato que por sua vez não foi e não é uniforme, vê-se bem que a realidade daquela formação é altamente duvidosa, senão absurda.

Como quer que seja, estas rápidas considerações explicam as disparidades de vistas[37] que reinam entre os nossos antropólogos. Forrando-se, em geral, à tarefa penosa de subordinar as suas pesquisas a condições tão complexas, têm atendido sobremaneira ao preponderar das capacidades étnicas. Ora, a despeito da grave influência destas, e não a negamos, elas foram entre nós levadas ao exagero, determinando a irrupção de uma meia-ciência difundida num extravagar de fantasias, sobre[38] ousadas, estéreis. Há como que um excesso de subjetivismo no ânimo dos

---

35 Nota do Autor: Respectivamente, produtos do negro e do branco; do branco e do tupi (*cari-boc*, que procede do branco); do tupi e do negro. Abrange-os, como termo genérico, embora de preferência aplicado ao segundo, a palavra *mameluco* ou melhor *mamaluco*. *Mamã-ruca*, tirado da mistura. De *mamã* – misturar; *ruca* – tirar. **Nota do Editor:** A etimologia de *curiboca* parece ter sido extraída de Couto Magalhães, *O Selvagem*. **36 pardo** de cor entre o branco e o preto. **37 vistas** opiniões, visões. **38 sobre** além de.

que entre nós, nos últimos tempos, cogitam de coisas tão sérias com uma volubilidade[39] algo escandalosa, atentas as proporções do assunto. Começam excluindo em grande parte os materiais objetivos oferecidos pelas circunstâncias mesológica e histórica.

Jogam, depois, e entrelaçam, e fundem as três raças consoante os caprichos que os impelem no momento. E fazem repontar desta metaquímica[40] sonhadora alguns precipitados[41] fictícios.

Alguns firmando preliminarmente, com autoridade discutível, a função secundária do meio físico e decretando preparatoriamente a extinção quase completa do silvícola e a influência decrescente do africano depois da abolição do tráfico, preveem a vitória final do branco, mais numeroso e mais forte, como termo geral de uma série para o qual tendem o mulato, forma cada vez mais diluída do negro, e o caboclo, em que se apagam, mais depressa ainda, os traços característicos do aborígine.

Outros dão maiores largas[42] aos devaneios[43]. Ampliam a influência do último. E arquitetam fantasias que caem ao mais breve choque da crítica: devaneios a que nem faltam a metrificação e as rimas, porque invadem a ciência na vibração rítmica dos versos de Gonçalves Dias[44].

Outros vão terra a terra[45] demais. Exageram a influência do africano, capaz, com efeito, de reagir em muitos pontos contra a absorção da raça superior. Surge o mulato. Proclamam-no o mais característico tipo da nossa subcategoria étnica.

O assunto assim vai derivando multiforme e dúbio.

Acreditamos que isto sucede porque o escopo[46] essencial destas investigações se tem reduzido à pesquisa de um tipo étnico único, quando há, certo, muitos.

Não temos unidade de raça.

Não a teremos, talvez, nunca.

Predestinamo-nos à formação de uma raça histórica em futuro remoto, se o permitir dilatado tempo de vida nacional autônoma. Invertemos,

---

39 **volubilidade** inconstância. 40 **metaquímica** que extrapola ou distorce as leis da Química. 41 **precipitados** resultados, produtos. 42 **dar largas** dar rédeas ou voo (à imaginação). 43 **devaneios** fantasias, sonhos. 44 Ver Sílvio Romero, p. 435. 45 **terra a terra** de modo simplista, banal. 46 **escopo** ponto de mira, alvo, intenção.

sob este aspecto, a ordem natural dos fatos. A nossa evolução biológica reclama⁴⁷ a garantia da evolução social.

Estamos condenados à civilização.

Ou progredimos, ou desaparecemos.

A afirmativa é segura.

Não a sugere apenas essa heterogeneidade de elementos ancestrais. Reforça-a outro elemento igualmente ponderável: um meio físico amplíssimo e variável, completado pelo variar de situações históricas, que dele em grande parte decorreram.

A este propósito não será desnecessário considerá-lo por alguns momentos.

VARIABILIDADE DO MEIO FÍSICO...

Contravindo⁴⁸ à opinião dos que demarcam aos países quentes um desenvolvimento de 30° de latitude, o Brasil está longe de se incluir todo em tal categoria. Sob um duplo aspecto, astronômico e geográfico, aquele limite é exagerado. Além de ultrapassar a demarcação teórica vulgar, exclui os relevos naturais que atenuam ou reforçam os agentes meteorológicos, criando climas equatoriais em altas latitudes ou regimes temperados entre os trópicos. Toda a climatologia, inscrita nos amplos lineamentos⁴⁹ das leis cosmológicas gerais, desponta em qualquer parte adicta⁵⁰ de preferência às causas naturais mais próximas e particulares. Um clima é como que a tradução fisiológica de uma condição geográfica. E definindo-o deste modo concluímos que o nosso país, pela sua própria estrutura, se impropria a um regime uniforme.

Demonstram-no os resultados mais recentes, e são os únicos dignos de fé, das indagações meteorológicas. Estas o subdividem em três zonas claramente distintas: a francamente tropical, que se expande pelos Estados do norte ao sul da Bahia, com uma temperatura média de 26°; a temperada, de São Paulo ao Rio Grande, pelo Paraná e Santa Catarina, entre

---

47 **reclama** exige. 48 **contravindo a** divergindo de. 49 **lineamentos** traços, linhas. 50 **adicta** adstrita, dependente de.

as isotermas[51] 15° e 20° e, como transição, – a subtropical, alongando-se pelo centro e norte de alguns Estados, de Minas ao Paraná.

Aí estão, claras, as divisas de três hábitats distintos.

Ora, mesmo entre as linhas mais ou menos seguras destes despontam modalidades, que ainda os diversificam.

Indiquemo-las a traços rápidos.

A disposição orográfica brasileira, possantes massas sublevadas que se orientam perlongando o litoral perpendicularmente ao rumo do SE, determina as primeiras distinções em largos tratos de território que demoram ao oriente, criando anomalia climatológica expressiva.

De fato, o clima aí inteiramente subordinado ao fácies geográfico viola as leis gerais que o regulam. A partir dos trópicos para o Equador a sua caracterização astronômica, pelas latitudes, cede às causas secundárias perturbadoras. Define-se, anormalmente, pelas longitudes.

É um fato conhecido. Na extensa faixa da costa, que vai da Bahia à Paraíba, se veem transições mais acentuadas, acompanhando os paralelos[52], no rumo do ocidente, do que os meridianos[53], demandando o norte. As diferenças no regime e nos aspectos naturais, que segundo este rumo são imperceptíveis, patenteiam-se, claras, no primeiro. Distendida até às paragens[54] setentrionais extremas, a mesma natureza exuberante ostenta-se sem variantes nas grandes matas que debruam[55] a costa, fazendo que a observação rápida do estrangeiro prefigure dilatada região vivaz e feracíssima. Entretanto, a partir do 13°. paralelo[55b], as florestas mascaram[56] vastos territórios estéreis, retratando nas áreas desnudas as inclemências de um clima em que os graus termométrico e higrométrico progridem em relação inversa, extremando-se exageradamente.

Revela-o curta viagem para o ocidente, a partir de um ponto qualquer daquela costa. Quebra-se o encanto de ilusão belíssima. A natureza empobrece-se; despe-se das grandes matas; abdica o fastígio das mon-

---

51 **isotermas** linhas que, num mapa, ligam os pontos que apresentam a mesma temperatura. 52 **paralelos** cada um dos círculos menores do globo terrestre perpendiculares aos meridianos. 53 **meridianos** círculos máximos da esfera terrestre que passam pelos polos norte e sul. 54 **paragens** lugares, zonas. 55 **debruam** orlam, margeiam. 55b No ensaio "As Seccas do Norte", I (OESP, 20.10.1900), lê-se: "12° paralelo". 56 **mascaram** encobrem, ocultam.

tanhas; erma-se[57] e deprime-se[58] – transmudando-se nos sertões exsicados e bárbaros, onde correm rios efêmeros, e desatam-se chapadas nuas, sucedendo-se, indefinidas, formando o palco desmedido para os quadros dolorosos das secas.

O contraste é empolgante.

Distantes menos de cinquenta léguas, apresentam-se regiões de todo opostas, criando opostas condições à vida.

Entra-se, de surpresa, no deserto.

E, certo, as vagas[59] humanas, que nos dois primeiros séculos do povoamento embateram as plagas do Norte, tiveram na translação para o ocidente, demandando o interior, obstáculos mais sérios que a rota agitada dos mares e das montanhas, na travessia das caatingas ralas e decíduas. O malogro da expansão baiana, que entretanto precedera à paulista no devassar[60] os recessos do país, é exemplo frisante.

O mesmo não sucede, porém, dos trópicos para o sul.

Aí a urdidura[61] geológica da terra, matriz de sua morfogenia interessante, persiste inalterável, abrangendo extensas superfícies para o interior, criando as mesmas condições favoráveis, a mesma flora, um clima altamente melhorado pela altitude, e a mesma feição animadora dos aspectos naturais.

A larga antemural[62] da cordilheira granítica, derivando a prumo para o mar, nas vertentes interiores descamba suavemente em vastos plainos ondulados.

É a escarpa abrupta e viva dos planaltos.

Sobre estes os cenários, sem os traços exageradamente dominadores das montanhas, revelam-se mais opulentos e amplos. A terra patenteia essa *manageability of nature*[63], de que nos fala Buckle, e o clima, tem-

---

57 erma-se torna-se ermo ou deserto, esteriliza-se. **58 deprime-se** enfraquece-se, abaixa-se, rebaixa-se (no sentido topográfico), abate-se. **59 vagas** ondas, multidões. **60 devassar** penetrar. **61 urdidura** composição, desenho. **62 antemural** conjunto de rochas simulando antemuros diante de uma serra ou cordilheira, mais baixos que estas. **63 *manageability of nature*** (ingl.) a frase literalmente significa "manejabilidade da natureza"; flexibilidade da natureza; possibilidade de manejo da natureza. A expressão foi extraída do capítulo II, p. 98, da *History of Civilization in England*. Euclides já havia usado a expressão no seu artigo "Distribuição dos Vegetais no Estado de São Paulo", publicado pela primeira vez em *O Estado de S. Paulo* de 4.3.1897. Ver *Obra Completa*, vol. I, p. 482.

perado quente, desafia na benignidade o admirável regime da Europa meridional. Não o regula mais, como mais para o norte, exclusivamente, o SE[64]. Rolando dos altos chapadões do interior, o NO prepondera então, em toda extensíssima zona que vai das terras elevadas de Minas e do Rio ao Paraná, passando por São Paulo.

Ora, estas largas divisões, apenas esboçadas, mostram já uma diferença essencial entre o Sul e o Norte, absolutamente distintos pelo regime meteorológico, pela disposição da terra e pela transição variável entre o sertão e a costa.

Descendo à análise mais íntima desvendaremos aspectos particulares mais incisivos ainda.

Tomemos os casos mais expressivos, evitando extensa explanação do assunto.

Vimos em páginas anteriores que o SE, sendo o regulador predominante do clima na costa oriental, é substituído, nos Estados do Sul, pelo NO e nas estremas setentrionais pelo NE. Ora, estes, por sua vez, desaparecem no âmago dos planaltos, ante o SO que, como um hausto[65] possante dos pampeiros[66], se lança pelo Mato Grosso, originando desproporcionadas amplitudes termométricas, agravando a instabilidade do clima continental, e submetendo as terras centrais a um regime brutal, diverso dos que vimos rapidamente delineando[67].

Com efeito, a natureza em Mato Grosso balanceia os exageros de Buckle. É excepcional e nitidamente destacada. Nenhuma se lhe assemelha. Toda a imponência selvagem, toda a exuberância inconceptível, unidas à brutalidade máxima dos elementos, que o preeminente pensador, em precipitada generalização, ideou no Brasil, ali estão francas, rompentes[68] em cenários portentosos. Contemplando-as, mesmo através da frieza das observações de naturalistas pouco vezados[69] a efeitos descritivos, vê-se que aquele regime climatológico anômalo é o mais fundo traço da nossa variabilidade mesológica.

---

64 SE o vento Sudeste. Semelhante designação para os ventos é dada ao NO (Noroeste), NE (Nordeste) e SO (Sudoeste). 65 **hausto** sopro. 66 **pampeiros** ventos que sopram das regiões meridionais da Argentina e podem alcançar o RS, onde são chamados minuanos. 67 Ver Draenert, p. 23. 68 **rompentes** altivas, imponentes. 69 **vezados** acostumados, habituados.

DISTRIBUIÇÃO
DA
FLORA SERTANEJA

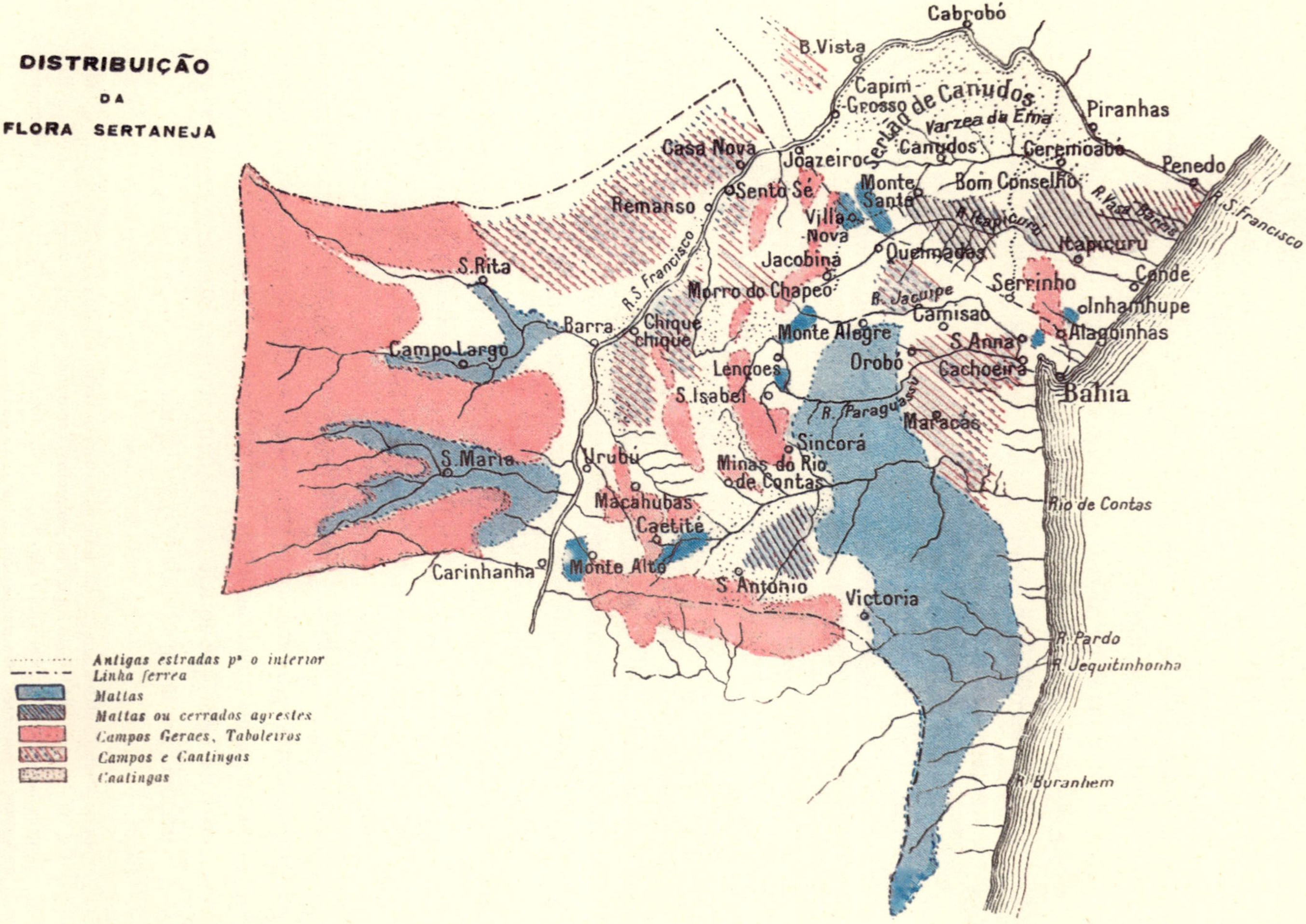

Nenhum se lhe equipara, no jogar das antíteses. A sua feição aparente é a de benignidade extrema: – a terra afeiçoada à vida; a natureza fecunda erguida na apoteose[70] triunfal dos dias deslumbrantes e calmos; e o solo abrolhando em vegetação fantástica – farto, irrigado de rios que irradiam pelos quatro pontos cardeais. Mas esta placidez opulenta esconde, paradoxalmente, germes de cataclismos, que irrompendo, sempre com um ritmo inquebrável, no estio, traindo-se nos mesmos prenúncios infalíveis, ali tombam com a finalidade irresistível de uma lei.

Mal poderemos traçá-los. Esbocemo-los.

Depois de soprarem por alguns dias as rajadas quentes e úmidas de NE, os ares imobilizam-se, por algum tempo, estagnados. Então "a natureza como que se abate extática[71], assustada; nem as grimpas das árvores balouçam; as matas, numa quietude medonha, parecem sólidos inteiriços. As aves se achegam nos ninhos, suspendendo os voos e se escondem"[72].

Mas, volvendo-se o olhar para os céus, nem uma nuvem! O firmamento límpido arqueia-se[73] alumiado ainda por um sol obscurecido, de eclipse. A pressão, entretanto, decai vagarosamente, numa descensão contínua, afogando a vida. Por momentos um cúmulos compacto, de bordas acobreado-escuras, negreja no horizonte, ao sul. Deste ponto sopra, logo depois, uma viração, cuja velocidade cresce rápida, em ventanias fortes. A temperatura cai em minutos e, minutos depois, os tufões sacodem violentamente a terra. Fulguram relâmpagos; estrugem[74] trovoadas nos céus já de todo bruscos e um aguaceiro torrencial desce logo sobre aquelas vastas superfícies, apagando, numa inundação única, o *divortium aquarum* indeciso que as atravessa, adunando todas as nascentes dos rios e embaralhando-lhes os leitos em alagados indefinidos...[75]

---

70 **apoteose** glorificação, esplendor. 71 **extática** em estado de êxtase, absorta, enlevada. 72 **Nota do Autor:** *Viagem ao Redor do Brasil, 1875-1878*, do dr. João Severiano da Fonseca. **Nota do Editor:** A citação, fragmentada, provém da edição de 1880, vol. I, p. 198. 73 **arqueia-se** curva-se, recurva-se. 74 **estrugem** estrondam, atroam. 75 Comparar a passagem seguinte de Saint-Hilaire: "Ao cabo desta fase, há um dia em que a atmosfera se torna brumosa, o céu enegrece-se, e prepara-se uma terrível tormenta! É a proximidade das *primeiras águas*. Coisa curiosa! Enquanto isto se dá, e logo que começam os primeiros, extensos e rápidos relâmpagos sucedidos pelo estrondo do trovão, o gado saltita pelas encostadas e colinas, parecendo ter prazer, e como que prevendo as vantagens que disso lhe provirão!" (J. C. de Carvalho, p. 31).

É um assalto subitâneo. O cataclismo irrompe arrebatadamente na espiral vibrante de um ciclone. Descolmam-se[76] as casas; dobram-se, rangendo, e partem-se, estalando, os carandás[77] seculares; ilham-se os morros; alagoam-se os plainos...

E uma hora depois o sol irradia triunfalmente no céu puríssimo! A passarada irrequieta descanta[78] pelas frondes[79] gotejantes; suavizam os ares virações suaves – e o homem, deixando os refúgios a que se acolhera trêmulo, contempla os estragos entre a revivescência universal da vida. Os troncos e galhos das árvores rachadas pelos raios, estorcidas pelos ventos; as choupanas estruídas[80], colmos[81] por terra; as últimas ondas barrentas dos ribeirões, transbordantes; a erva acamada pelos campos, como se sobre eles passassem búfalos em tropel – mal relembram a investida fulminante do flagelo...[82]

Dias depois, os ventos rodam outra vez, vagarosamente, para leste; e a temperatura começa a subir de novo; a pressão a pouco e pouco diminui; e cresce continuamente o mal-estar, até que se reate nos ares imobilizados a componente formidável do pampeiro e ressurja, estrugidora, a tormenta, em *rodeos*[83] turbilhonantes, enquadrada pelo mesmo cenário lúgubre, revivendo o mesmo ciclo, o mesmo círculo vicioso de catástrofes.

Ora – avançando para o norte – desponta, contrastando com tais manifestações, o clima do Pará. Os brasileiros de outras latitudes mal o compreendem, mesmo através das lúcidas observações de Bates. Madrugadas tépidas, de 23° centígrados, sucedendo-se inesperadamente a noites chuvosas; dias que irrompem como apoteoses fulgurantes, revelando transmutações inopinadas[84]; árvores, na véspera despidas, aparecendo juncadas[85] de flores; brejos apaulados[86] transmudando-se em prados. E logo depois, no círculo estreitíssimo de vinte e quatro horas, mutações completas: florestas silenciosas, galhos malvestidos pelas folhas

---

76 descolmam-se arrancam-se ou levantam-se violentamente os tetos das casas. **77 carandás** (*Copernicia australis*) carnaúbas. **78 descanta** canta em harmonia, unissonamente. **79 frondes** copas das árvores. **80 estruídas** destruídas. **81 colmos** tetos de sapé. **82** A descrição dos últimos quatro parágrafos se baseia na obra acima citada de J. S. da Fonseca, vol. 1, pp. 197-199. **83 rodeos** rodeios, giros. **84 inopinadas** imprevistas, não esperadas. **85 juncadas** cobertas de juncos, de flores ou folhas. **86 apaulados** alagadiços, pantanosos, palustres.

requeimadas ou murchas; ares vazios e mudos; ramos viúvos das flores recém-abertas, cujas pétalas exsicadas se despegam e caem, mortas, sobre a terra imóvel sob o espasmo enervante de um bochorno[87] de 35°, à sombra. "Na manhã seguinte, o sol se alevanta sem nuvens e deste modo se completa o ciclo – primavera, verão e outono num só dia tropical"[88].

A constância de tal clima faz que se não percebam as estações que, entretanto, como em um índice abreviado, se delineiam nas horas sucessivas de um só dia, sem que a temperatura quotidiana tenha durante todo o ano uma oscilação maior que 1° ou 1,5°. Assim a vida se equilibra numa constância imperturbável.

Entretanto, a um lado, para o ocidente, no Alto Amazonas manifestações diversas caracterizam novo hábitat. E este, não há negá-lo, impõe aclimação penosa a todos os filhos dos próprios territórios limítrofes.

Ali, no pleno dos estios quentes, quando se diluem, mortas nos ares parados, as últimas lufadas de leste, o termômetro é substituído pelo higrômetro na definição do clima. As existências derivam numa alternativa dolorosa de vazantes[89] e enchentes dos grandes rios. Estas alteiam-se sempre de um modo assombrador. O Amazonas referto[90] salta fora do leito, levanta em poucos dias o nível das águas, de dezessete metros; expande-se em alagados vastos, em *furos*[91], em *paranás-mirins*[92], entrecruzados em rede complicadíssima de mediterrâneo[93] cindido[94] de correntes fortes, dentre as quais emergem, ilhados, os igapós[95] verdejantes.

A enchente é uma parada na vida. Preso nas malhas dos *igarapés*[96], o homem aguarda, então, com estoicismo raro ante a fatalidade incoercível[97], o termo[98] daquele inverno paradoxal, de temperaturas altas. A vazante é o verão. É a revivescência da atividade rudimentar dos que ali

---

87 bochorno ar abafadiço, sufocante; vento quente. **88 Nota do Autor:** Draenert, *O Clima do Brasil*. **Nota do Editor:** A citação aparece à p. 29. **89 vazantes** períodos em que um rio apresenta o menor volume de águas. **90 referto** muito cheio, abundante, volumoso, transbordante. **91 furos** comunicações naturais entre dois rios ou entre um rio e um lago. **92 paranás-mirins** designação dada ao menor dos dois braços em que um rio se divide. **93 mediterrâneo** (*fig.*) mar interior cercado por terra de quase todos os lados. **94 cindido** separado, cortado, sulcado. **95 igapós** matas cheias de água ou trechos de floresta onde a água, após a enchente dos rios, fica por algum tempo estagnada. **96 igarapés** canais naturais, estreitos, entre duas ilhas, ou entre uma ilha e a terra firme. **97 incoercível** irreprimível, que não se pode controlar. **98 termo** fim, término.

se agitam, do único modo compatível com uma natureza que se demasia em manifestações díspares tornando impossível a continuidade de quaisquer esforços.

Tal regime acarreta o parasitismo franco. O homem bebe o leite da vida sugando os vasos túmidos das sifônias...[99]

Mas neste clima singular e típico destacam-se outras anomalias, que ainda mais o agravam. Não bastam as intermitências de cheias e estiagens[100], sobrevindo rítmicas como a sístole[101] e a diástole[102] da maior artéria na terra. Outros fatos tornam ao forasteiro inúteis todas as tentativas de aclimação real.

Muitas vezes em plena enchente, em abril ou maio, no correr de um dia calmoso e claro, dentro da atmosfera ardente do Amazonas difundem-se rajadas frigidíssimas do Sul.

É como uma bafagem enregelada[103] do polo...

O termômetro desce, então, logo, numa queda única e forte, de improviso. Estabelece-se por alguns dias uma situação inaturável.

Os *regatões*[104] espertos que esporeados pela ganância se avantajam até ali, e os próprios silvícolas enrijados[105] pela adaptação, acolhem-se aos *tijupás*[106], tiritantes, abeirando-se das fogueiras. Cessam os trabalhos. Abre-se um novo hiato nas atividades. Despovoam-se aquelas grandes solidões alagadas; morrem os peixes nos rios, enregelados; morrem as aves nas matas silenciosas, ou emigram; esvaziam-se os ninhos; as próprias feras desaparecem, encafurnadas nas tocas mais profundas; – e aquela natureza maravilhosa do Equador, toda remodelada pela reação esplêndida dos sóis, patenteia um simulacro[107] crudelíssimo de desolamento polar e lúgubre. É o tempo da *friagem*.

Terminemos, porém, esses debuxos[108] rápidos.

---

99 sifônias plantas do gênero das euforbiáceas (*Siphonia* spp.) – por exemplo, a seringueira (*Hevea brasiliensis*) – que produzem borracha. **100 estiagens** secas. **101 sístole** estado de contração das fibras musculares do coração. A metáfora é perfeita, pois o Autor compara os diferentes tributários do Amazonas com os vasos sanguíneos do corpo humano. **102 diástole** movimento de dilatação do coração, após a fase de contração. **103 enregelada** congelada, regélida. **104 regatões** vendedores que percorrem os rios de barco, parando de lugar em lugar. **105 enrijados** enrobustecidos, fortalecidos. **106 tijupás** cabanas de índio, de tamanho menor que o da oca; tijupares. **107 simulacro** imitação, arremedo, imagem falsa. **108 debuxos** desenhos, esboços, bosquejos.

Os sertões do Norte, vimo-lo anteriormente, refletem, por sua vez, novos regimes, novas exigências biológicas. Ali a mesma intercadência de quadras remansadas e dolorosas se espelha mais duramente talvez, sob outras formas.

Ora, se considerarmos que estes vários aspectos climáticos não exprimem casos excepcionais, mas aparecem todos, desde as tormentas do Mato Grosso aos ciclos das secas do Norte, com a feição periódica imanente às leis naturais invioláveis, conviremos em que há no nosso meio físico variabilidade completa.

Daí os erros em que incidem os que generalizam, estudando a nossa fisiologia própria, a ação exclusiva de um clima tropical. Esta exercita-se, sem dúvida, originando patologia *sui generis*, em quase toda a faixa marítima do norte e em grande parte dos Estados que lhe correspondem, até ao Mato Grosso. O calor úmido das paragens amazonenses, por exemplo, deprime e exaure[109]. Modela organizações tolhiças[110] em que toda a atividade cede ao permanente desequilíbrio entre as energias impulsivas das funções periféricas fortemente excitadas e a apatia das funções centrais: inteligências marasmáticas, adormidas sob o explodir das paixões; inervações periclitantes[111], em que pese à acuidade[112] dos sentidos, e mal reparadas ou refeitas pelo sangue empobrecido nas hematoses[113] incompletas...

Daí todas as idiossincrasias[114] de uma fisiologia excepcional: o pulmão que se reduz, pela deficiência da função, e é substituído, na eliminação obrigatória do carbono, pelo fígado, sobre o qual desce pesadamente a sobrecarga da vida: organizações combalidas[115] pela alternativa persistente de exaltações impulsivas e apatias enervadoras, sem a vibratilidade, sem o tônus[116] muscular enérgico dos temperamentos robustos e sanguíneos. A seleção natural, em tal meio, opera-se à custa de compromissos

---

109 exaure esgota, extenua. **110 tolhiças** dificultosas, entorpecidas, privadas. **111 periclitantes** que correm perigo. **112 acuidade** agudeza. **113 hematoses** fenômenos ocorrentes na pequena circulação: o sangue trazido pelas artérias pulmonares, com alto teor de oxigênio, transita pelos pulmões, de onde sai, pelas veias pulmonares, com baixo teor de dióxido de carbono e alto teor de oxigênio. **114 idiossincrasias** disposições do temperamento do indivíduo, que o fazem reagir de maneira muito pessoal à ação dos agentes externos. **115 combalidas** abaladas. **116 tônus** contração muscular leve e contínua; tono.

graves com as funções centrais, do cérebro, numa progressão inversa prejudicialíssima entre o desenvolvimento intelectual e o físico, firmando inexoravelmente a vitória das expansões instintivas e visando o ideal de uma adaptação que tem, como consequências únicas, a máxima energia orgânica, a mínima fortaleza moral. A aclimação traduz uma evolução regressiva. O tipo deperece[117] num esvaecimento[118] contínuo, que se lhe transmite à descendência até à extinção total. Como o inglês nas Barbados, na Tasmânia ou na Austrália, o português no Amazonas, se foge ao cruzamento, no fim de poucas gerações tem alterados os caracteres físicos e morais de uma maneira profunda, desde a tez, que se acobreia pelos sóis e pela eliminação incompleta do carbono, ao temperamento, que se debilita despido das qualidades primitivas. A raça inferior, o selvagem bronco, domina-o; aliado ao meio vence-o, esmaga-o, anula-o na concorrência formidável ao impaludismo[119], ao hepatismo, às pirexias[120] esgotantes, às canículas abrasadoras, e aos alagadiços maleitosos.

Isto não acontece em grande parte do Brasil central e em todos os lugares do Sul.

Mesmo na maior parte dos sertões setentrionais o calor seco, altamente corrigido pelos fortes movimentos aéreos provindos dos quadrantes de leste, origina disposições mais animadoras e tem ação estimulante mais benéfica.

E volvendo ao sul, no território que do norte de Minas para o sudoeste progride até ao Rio Grande, deparam-se condições incomparavelmente superiores:

Uma temperatura anual média oscilando de 17° a 20°, num jogo mais harmônico de estações; um regime mais fixo das chuvas que, preponderantes no verão, se distribuem no outono e na primavera de modo favorável às culturas. Atingido o inverno, a impressão de um clima europeu é precisa: sopra o so frigidíssimo sacudindo chuvisqueiros finos e esgarçando[121] garoas; a neve rendilha[122] as vidraças; gelam os banhados, e as geadas branqueiam pelos campos...

---

117 deperece vai-se finando, enfraquecendo-se. **118 esvaecimento** desânimo, desvanecimento. **119 impaludismo** malária. **120 pirexias** febres ou estados febris. **121 esgarçando** salpicando, desfiando. **122 rendilha** salpica; cola-se à vidraça formando um desenho de renda.

...E SUA REFLEXÃO NA HISTÓRIA[123]

A nossa história traduz notavelmente estas modalidades mesológicas.

Considerando-a sob uma feição geral, fora da ação perturbadora dos pormenores inexpressivos, vemos, logo na fase colonial, esboçarem-se situações diversas.

Enfeudado o território, dividido pelos donatários felizes, e iniciando-se o povoamento do país com idênticos elementos, sob a mesma indiferença da metrópole, voltada ainda para as últimas miragens da "Índia portentosa"[124], abriu-se separação radical entre o Sul e o Norte.

Não precisamos rememorar os fatos decisivos das duas regiões. São duas histórias distintas, em que se averbam movimentos e tendências opostas. Duas sociedades em formação, alheadas[125] por destinos rivais – uma de todo indiferente ao modo de ser da outra, ambas, entretanto, evolvendo sob os influxos de uma administração única. Ao passo que no Sul se debuxavam novas tendências, uma subdivisão maior na atividade, maior vigor no povo mais heterogêneo, mais vivaz, mais prático e aventureiro, um largo movimento progressista em suma – tudo isto contrastava com as agitações, às vezes mais brilhantes mas sempre menos fecundas, do Norte – capitanias esparsas e incoerentes, jungidas[126] à mesma rotina, amorfas e imóveis, em função estreita dos alvarás[127] da corte remota[128].

A história é ali mais teatral, porém menos eloquente.

Surgem heróis, mas a estatura avulta-lhes, maior, pelo contraste com o meio; belas páginas vibrantes mas truncadas, sem objetivo certo, em que colaboram, de todo desquitadas entre si, as três raças formadoras.

Mesmo no período culminante, a luta com os holandeses, acampam, claramente distintos em suas tendas de campanha, os negros de Hen-

---

123 As reflexões deste capítulo foram depois aproveitadas pelo Autor no seu "Discurso de Posse" no Instituto Histórico e Geográfico Brasileiro, em 20.11.1903. Ver *Obra Completa*, vol. I, pp. 417-419. 124 A expressão já tinha sido utilizada no comentário que tece Euclides sobre o livro de Manuel Tapajós, *Fronteira Sul do Amazonas – Questão de Limites*, publicado em O Estado de S. Paulo em 14.11.1898. Ver *Obra Completa*, vol. I, p. 484. 125 **alheadas** afastadas, distanciadas, desviadas. 126 **jungidas** ligadas, unidas. 127 **alvarás** licenças administrativas para o exercício de uma atividade, ou para realização de obra arquitetônica. 128 Euclides voltará a repisar essa herança medieval no seu "Discurso de Posse" no Instituto Histórico e Geográfico Brasileiro. Ver *Obra Completa*, vol. I, pp. 418-419.

rique Dias, os índios de Camarão e os lusitanos de Vieira. Mal unidos na guerra, distanciam-se na paz. O drama de Palmares, as correrias dos silvícolas, os conflitos na orla dos sertões, violam a transitória convergência contra o batavo[129].

Preso no litoral, entre o sertão inabordável e os mares, o velho agregado colonial tendia a chegar ao nosso tempo, imutável, sob o emperramento de uma centralização estúpida, realizando a anomalia de deslocar para uma terra nova o ambiente moral de uma sociedade velha.

Bateu-o, felizmente, a onda impetuosa do Sul.

Aqui, a aclimação mais pronta, em meio menos adverso, emprestou, cedo, mais vigor aos forasteiros[130]. Da absorção das primeiras tribos surgiram os cruzados das conquistas sertanejas, os mamalucos audazes. O *paulista* – e a significação histórica deste nome abrange os filhos do Rio de Janeiro, Minas, S. Paulo e regiões do Sul[131] – erigiu-se como um tipo autônomo, aventuroso, rebelde, libérrimo, com a feição perfeita de um dominador da terra, emancipando-se, insurreto, da tutela longínqua, e afastando-se do mar e dos galeões da metrópole, investindo com os sertões desconhecidos, delineando a epopeia inédita das *bandeiras*...

Este movimento admirável reflete o influxo das condições mesológicas. Não houvera distinção alguma entre os colonizadores de um e outro lado. Em todos prevaleciam os mesmos elementos, que eram o desespero de Duarte Coelho[132].

"Piores qua na terra que peste..."[133]

Mas no Sul a força viva restante no temperamento dos que vinham de romper o mar imoto[134] não se delia[135] num clima enervante; tinha nova componente na própria força da terra; não se dispersava em adaptações difíceis. – Alterava-se, melhorando. O homem sentia-se forte. Deslocado

---

129 batavo holandês. **130** O trecho acima se baseia na p. 1 do MS. Ver Bernucci, pp. 119-125. **131** Leia-se a seguinte definição em João Mendes de Almeida: "Denominavam-se *paulistas* todos os que nasciam na capitania de S. Vicente e S. Paulo, compreendendo ainda então Minas Gerais, Mato Grosso, Goiás, Santa Catarina e Rio Grande do Sul" (*Algumas Notas Genealógicas*, p. 256). **132** Nas três primeiras edições de *Os Sertões* e no AP, o nome é outro: Diogo. **133** "Piores cá na terra que peste." Dizeres da carta (20.12.1546) de Duarte Coelho ao rei D. João III, referindo-se aos degredados no Brasil. Ver J. B. Fernandes Gama, *Memórias*, vol. I, pp. 70-82. **134 imoto** imóvel. **135 delia** desvanecia, apagava.

apenas o teatro dos grandes cometimentos[136], podia volver para o sertão impérvio[137] a mesma audácia que o precipitara nos périplos[138] africanos.

Além disto – frisemos este ponto escandalizando embora os nossos minúsculos historiógrafos – a disposição orográfica libertava-o da preocupação de defender o litoral, onde aproava a cobiça do estrangeiro.

A Serra do Mar tem um notável perfil em nossa história. A prumo sobre o Atlântico desdobra-se como a cortina de baluarte[139] desmedido. De encontro às suas escarpas embatia[140], fragílima, a ânsia guerreira dos Cavendish e dos Fenton[141]. No alto, volvendo o olhar em cheio para os chapadões, o forasteiro sentia-se em segurança. Estava sobre ameias[142] intransponíveis que o punham do mesmo passo a cavaleiro do invasor e da metrópole. Transposta a montanha – arqueada como a precinta[143] de pedra de um continente – era um isolador étnico e um isolador histórico. Anulava o apego irreprimível ao litoral, que se exerce ao norte; reduzia-o a estreita faixa de mangues[144] e restingas[145], ante a qual se amorteciam todas as cobiças, e alteava, sobranceira[146] às frotas, intangível no recesso das matas, a atração misteriosa das minas...

Ainda mais – o seu relevo especial torna-a um condensador de primeira ordem, no precipitar a evaporação oceânica.

Os rios que se derivam pelas suas vertentes nascem de algum modo no mar. Rolam as águas num sentido oposto à costa. Entranham-se no interior, correndo em cheio para os sertões. Dão ao forasteiro a sugestão irresistível das *entradas*.

A terra atrai o homem; chama-o para o seio fecundo; encanta-o pelo aspecto formosíssimo; arrebata-o, afinal, irresistivelmente, na correnteza dos rios.

---

136 **cometimentos** acometimentos, empreendimentos, façanhas. 137 **impérvio** intransitável, impenetrável, inóspito. 138 **périplos** navegações à volta de um continente. 139 **baluarte** fortaleza inexpugnável, bastião, lugar seguro. 140 **embatia** chocava-se, esbarrava-se. 141 Nas três primeiras edições de *Os Sertões* e no AP, o sobrenome aparece com outra grafia: Fulton. 142 **ameias** cada uma das partes salientes retangulares, separadas por intervalos iguais, na parte superior das muralhas, castelos etc. 143 **precinta** faixa, cinturão. 144 **mangues** brejos ou pântanos dominados por árvores ditas mangues, dos gêneros *Rhizophora*, *Laguncularia* e *Avicennia*, localizados nos trópicos, em áreas justamarítimas sujeitas às marés. 145 **restingas** terrenos litorâneos arenosos e salinos, recobertos de plantas herbáceas e arbustivas típicas desses lugares. 146 **sobranceira** acima de.

Daí o traçado eloquentíssimo do Tietê, diretriz preponderante nesse domínio do solo. Enquanto no S. Francisco, no Parnaíba, no Amazonas, e em todos os cursos d'água da borda oriental, o acesso para o interior seguia ao arrepio das correntes, ou embatia nas cachoeiras que tombam dos socalcos dos planaltos, ele levava os sertanistas, sem uma remada, para o rio Grande e daí ao Paraná e ao Paranaíba. Era a penetração em Minas, em Goiás, em Santa Catarina, no Rio Grande do Sul, no Mato Grosso, no Brasil inteiro[147]. Segundo estas linhas de menor resistência, que definem os lineamentos mais claros da expansão colonial, não se opunham, como ao norte, renteando[148] o passo às *bandeiras*, a esterilidade da terra, a barreira intangível dos descampados brutos.

Assim é fácil mostrar como esta distinção de ordem física esclarece as anomalias e contrastes entre os sucessos nos dois pontos do país, sobretudo no período agudo da crise colonial, no século XVII.

Enquanto o domínio holandês, centralizando-se em Pernambuco, reagia por toda a costa oriental, da Bahia ao Maranhão e se travavam recontros[149] memoráveis em que, solidárias, enterreiravam o inimigo comum às nossas três raças formadoras, o sulista, absolutamente alheio àquela agitação, revelava, na rebeldia aos decretos da metrópole, completo divórcio com aqueles lutadores. Era quase um inimigo tão perigoso quanto o batavo. Um povo estranho de mestiços levantadiços, expandindo outras tendências, norteado por outros destinos, pisando, resoluto, em demanda de outros rumos, bulas[150] e alvarás entibiadores[151]. Volvia-se em luta aberta com a corte portuguesa, numa reação tenaz contra os jesuítas. Estes, olvidando o holandês e dirigindo-se, com Ruiz de Montoya a Madri e Díaz Taño[152] a Roma, apontavam-no como inimigo mais sério[153].

De feito, enquanto em Pernambuco as tropas de van Schkoppe preparavam o governo de Nassau, em São Paulo se arquitetava o drama

---

147 Ver uma primeira versão do trecho acima na *Caderneta*, p. 146. **148 renteando** cortando. **149 recontros** embates de dois corpos, choques. **150 bulas** na Igreja Católica Apostólica Romana, cartas pontifícias de caráter especialmente solene nas quais se expressam os desejos do Vaticano em matéria de dogma e política. **151 entibiadores** que enfraqueçam, afrouxam. **152** Nas três primeiras edições de *Os Sertões* e no AP, os sobrenomes dos religiosos aparecem com outra grafia: Dias Taño e Ruy de Montoya. **153** Neste particular, Euclides segue muito de perto a narração histórica de João Ribeiro.

sombrio de Guaíra. E quando a restauração em Portugal veio alentar em toda a linha a repulsa ao invasor, congregando de novo os combatentes exaustos, os sulistas frisaram ainda mais esta separação de destinos, aproveitando-se do mesmo fato para estadearem a autonomia franca, no reinado de um minuto de Amador Bueno.

Não temos contraste maior na nossa história. Está nele a sua feição verdadeiramente nacional. Fora disto mal a vislumbramos nas cortes espetaculosas dos governadores, na Bahia, onde imperava a Companhia de Jesus com o privilégio da conquista das almas, eufemismo casuístico[154] disfarçando o monopólio do braço indígena.

Na plenitude do século XVII o contraste se acentua.

Os homens do Sul irradiam pelo país inteiro[155]. Abordam as raias extremas do Equador. Até aos últimos quartéis do século XVIII, o povoamento segue as trilhas embaralhadas das *bandeiras*. Seguiam sucessivas, incansáveis, com a fatalidade de uma lei, porque traduziam, com efeito, uma queda de potenciais, as grandes caravanas guerreiras, vagas humanas desencadeadas em todos os quadrantes, invadindo a própria terra, batendo-a em todos os pontos, descobrindo-a depois do descobrimento, desvendando-lhe o seio rutilante das minas.

Fora do litoral, em que se refletia a decadência da metrópole e todos os vícios de uma nacionalidade em decomposição insanável, aqueles sertanistas, avantajando-se às terras extremas de Pernambuco ao Amazonas, semelhavam uma outra raça, no arrojo temerário e resistência aos reveses[156].

Quando as correrias do bárbaro ameaçavam a Bahia, ou Pernambuco, ou a Paraíba, e os quilombos se escalonavam pelas matas, nos últimos refúgios do africano revoltoso – o sulista, di-lo a grosseira odisseia de "Palmares", surgia como o debelador clássico desses perigos, o empreiteiro predileto das grandes hecatombes[157].

---

154 casuístico excessivamente sutil e com a aparência de lógico mas com a intenção de enganar. **155** A colonização do Norte já havia sido estudada pelo Autor em seus comentários ao livro de Manuel Tapajós, *Fronteira Sul do Amazonas – Questão de Limites*, publicados em *O Estado de S. Paulo* em 14.11.1898. Ver *Obra Completa*, vol. I, p. 484. **156 reveses** golpes, desgraças, derrotas. **157 hecatombes** matanças ou massacres humanos.

É que o filho do Norte não tinha um meio físico que o blindasse[158] de igual soma de energias. Se tal acontecesse, as *bandeiras* irromperiam também do oriente e do norte e, esmagado num movimento convergente, o elemento indígena desapareceria sem traços remanescentes. Mas o colono nortista, nas *entradas* para oeste ou para o sul, batia logo de encontro à natureza adversa. Refluía prestes ao litoral sem o atrevimento dos dominadores, dos que se sentem à vontade sobre uma terra amiga, sem as ousadias oriundas da própria atração das paragens opulentas e acessíveis. As explorações ali iniciadas na segunda metade do século XVI, por Sebastião Tourinho, no rio Doce, Bastião Álvares, no São Francisco, e Gabriel Soares, pelo norte da Bahia até às cabeceiras do Paraguaçu, embora tivessem depois os estímulos enérgicos das Minas de Prata de Belchior Dias, são um pálido arremedo das arremetidas do *Anhanguera* ou de um Pascoal de Araújo.

Apertados entre os canaviais da costa e o sertão, entre o mar e o deserto, num bloqueio engravecido pela ação do clima, perderam todo o aprumo e este espírito de revolta, eloquentíssimo, que ruge em todas as páginas da história do Sul.

Tal contraste não se baseia, por certo, em causas étnicas primordiais.

Delineada, deste modo, a influência mesológica em nosso movimento histórico, deduz-se a que exerceu sobre a nossa formação étnica.

AÇÃO DO MEIO NA FASE INICIAL DA FORMAÇÃO DAS RAÇAS

Volvamos ao ponto de partida.

Convindo em que o meio não forma as raças, no nosso caso especial variou demais nos diversos pontos do território as dosagens de três elementos essenciais. Preparou o advento de sub-raças diferentes, pela própria diversidade das condições de adaptação. Além disso (é hoje fato inegável) as condições exteriores atuam gravemente sobre as próprias sociedades constituídas, que se deslocam em migrações seculares aparelhadas embora pelos recursos de uma cultura superior. Se isto se verifica

---

158 **blindasse** protegesse, resguardasse.

nas raças de todo definidas abordando outros climas, protegidas pelo ambiente de uma civilização, que é como o plasma sanguíneo desses grandes organismos coletivos, que não diremos da nossa situação muito diversa? Neste caso – é evidente – a justaposição dos caracteres coincide com íntima transfusão de tendências e a longa fase de transformação correspondente erige-se como período de fraqueza, nas capacidades das raças que se cruzam, alteando o valor relativo da influência do meio. Este como que estampa, então, melhor, no corpo em fusão, os seus traços característicos. Sem nos arriscarmos demais a paralelo ousado, podemos dizer que, para essas reações biológicas complexas, ele tem agentes mais enérgicos que para as reações químicas da matéria.

Ao calor e à luz, que se exercitam em ambas, adicionam-se, então, a disposição da terra, as modalidades do clima e essa ação de presença inegável, essa espécie de força catalítica misteriosa que difundem os vários aspectos da natureza.

Entre nós, vimo-lo, a intensidade destes últimos está longe da uniformidade proclamada. Distribuíram, como o indica a história, de modo diverso as nossas camadas étnicas, originando uma mestiçagem dissímil[159].

Não há um tipo antropológico brasileiro.

A FORMAÇÃO BRASILEIRA NO NORTE

Procuremos, porém, neste intricado caldeamento a miragem fugitiva de uma sub-raça, efêmera talvez. Inaptos para discriminar as nossas raças nascentes, acolhamo-nos[160] ao nosso assunto. Definamos rapidamente os antecedentes históricos do jagunço.

Ante o que vimos a formação brasileira do Norte é mui diversa da do Sul. As circunstâncias históricas, em grande parte oriundas das circunstâncias físicas, originaram diferenças iniciais no enlace das raças, prolongando-as até ao nosso tempo.

---

159 **dissímil** dessemelhante.   160 **acolhamo-nos** limitemo-nos.

OS PRIMEIROS POVOADORES

A marcha do povoamento, do Maranhão à Bahia, revela-as.

Foi vagaroso. As gentes portuguesas não abordavam o litoral do Norte robustecidas pela força viva das migrações compactas, grandes massas invasoras capazes, ainda que destacadas do torrão nativo, de conservar, pelo número, todas as qualidades adquiridas em longo tirocínio[161] histórico. Vinham esparsas, parceladas em pequenas levas de degredados ou colonos contrafeitos[162], sem o desempeno[163] viril dos conquistadores.

Deslumbrava-as ainda o Oriente.

O Brasil era a terra do exílio; vasto presídio com que se amedrontavam os heréticos e os relapsos, todos os passíveis do *morra per ello*[164] da sombria justiça daqueles tempos. Deste modo nos primeiros tempos o número reduzido de povoadores contrasta com a vastidão da terra e a grandeza da população indígena. As instruções dadas, em 1615, ao capitão Fragoso de Albuquerque, a fim de regular com o embaixador espanhol em França o tratado de tréguas com La Ravardière, são claras a respeito. Ali se afirma "que as terras do Brasil não estão despovoadas porque nelas existem mais de três mil portugueses"[165].

Isto para o Brasil todo – mais de cem anos após o descobrimento...

Segundo observa Ayres de Cazal[166] "a população crescia tão devagar, que na época da perda do Senhor D. Sebastião ainda não havia um estabelecimento fora da Ilha de Itamaracá, cujos vizinhos andavam por uns duzentos, com três engenhos de açúcar...".

Quando alguns anos mais tarde se povoou melhor a Bahia, a desproporção entre o elemento europeu e os dois outros continuou desfavorável, em progressão aritmética perfeita. Segundo Fernão Cardim, ali existiam 2 mil brancos, 4 mil negros e 6 mil índios[167]. É visível durante

---

161 tirocínio prática, experiência, aprendizado. **162 contrafeitos** forçados, obrigados. **163 desempeno** aprumo, galhardia. **164 *morra per ello*** a frase significa "deixe que ele morra por isso" e provém do contexto da Idade Média italiana, quando era aplicada aos crimes que implicavam pena de morte. **165** Comparar: "[...] terá a cidade com seu termo passante de três mil vizinhos portugueses, oito mil índios cristãos, e três ou quatro mil escravos de Guiné" (Fernão Cardim, *Tratados da Terra*, p. 175). **166 Nota do Autor:** p. 174, *Corografia Brasilica*. **Nota do Editor:** tomo II, 1833. **167** Esta informação não corresponde exatamente ao que se encontra na "Narrativa Epistolar" (Parte III do *Trata-

muito tempo a predominância do elemento autóctone. Nos primeiros cruzados, portanto, ele deve ter influído muito.

Os forasteiros que aproavam àquelas plagas eram, ademais, de molde[168] para essa mistura em larga escala. Homens de guerra, sem lares, afeitos à vida solta dos acampamentos, ou degredados e aventureiros corrompidos, norteava-os a todos como um aforismo o *ultra æquinoctialem non peccavi*[169], na frase de Barléus. A mancebia com as cabocas descambou logo em franca devassidão, de que nem o clero se isentava. O padre Nóbrega definiu bem o fato, na célebre carta ao rei (1549)[170] em que, pintando com ingênuo realismo a dissociação dos costumes, declara estar o interior do país cheio de filhos de cristãos, multiplicando-se segundo os hábitos gentílicos. Achava conveniente que lhe enviassem órfãs, ou mesmo mulheres *que fossem erradas, que todas achariam maridos, por ser a terra larga e grossa*. A primeira mestiçagem fez-se, pois, nos primeiros tempos, intensamente, entre o europeu e o silvícola. "Desde cedo", di-lo Cazal, "os tupiniquins, gentio de boa índole, foram cristianizados e aparentados com os europeus, sendo inúmeros os brancos naturais do país com casta tupiniquina"[171].

Por outro lado, embora existissem em grande cópia[172] mesmo no reino, os africanos tiveram, no primeiro século, uma função inferior. Em muitos lugares rareavam. Eram poucos, diz aquele narrador sincero, no Rio Grande do Norte, "onde os índios há largo tempo que foram reduzidos, apesar da sua ferocidade e cujos descendentes por meio das alianças com os europeus e africanos têm aumentado as classes dos brancos e dos pardos"[173].

---

dos da Terra). Ver nota 165 da p. 176. **168 de molde** oportunos. **169** A frase significa "Além da linha equinocial não se peca", na tradução de Cláudio Brandão. Aparece com grafia ligeiramente incorreta nas três primeiras edições de *Os Sertões* e no AP: *ultra equinoctialem non peccavi*. Ver Casparis Barlaei, *Rervm per Octennivm in Brasilia et Alipi Nuper Gestarum*, p. 47. No original de Barléus, possivelmente, há um erro tipográfico (*peccari*). *História dos Feitos...* (1974), p. 49. **170** Trata-se de carta enviada ao Padre Mestre Simão Rodrigues de Azevedo, de 9.8.1549, e não ao rei. **171** A transcrição literal do texto de Ayres de Cazal seria esta: "Os *Tupiniquins*, possuidores do beira-mar, quando os conquistadores nele se estabeleceram, estão de largos anos geralmente cristianizados; e aparentados com os Europeus; sendo numerosos os Brancos naturais do país com casta Tupininquina" (tomo II, pp. 90). **172 cópia** número. **173** Ver Ayres de Cazal, *Corographia*, 1833, vol. II, p. 158.

Estes excertos são expressivos.

Sem ideia alguma preconcebida, pode-se afirmar que a extinção do indígena, no Norte, proveio, segundo o pensar de Varnhagen, mais em virtude de cruzamentos sucessivos que de verdadeiro extermínio.

Sabe-se ainda que havia no ânimo dos donatários[174] a preocupação de aproveitar-lhes o mais possível a aliança, captando-lhes o apego. Este proceder refletia os intuitos da metrópole. Demonstram-no-lo as sucessivas cartas régias que, de 1570 a 1758 – em que pese "a uma série nunca interrompida de hesitações e contradições"[175] – apareceram como minorativo[176] à ganância dos colonos visando à escravização do selvagem. – Sendo que algumas, como a de 1680, estendiam a proteção ao ponto de decretar que se concedessem ao gentio terras "ainda mesmo as já dadas a outros de sesmaria", visto que deviam ter preferência os mesmos índios "naturais senhores da terra".

OS JESUÍTAS

Contribuiu para esta tentativa persistente de incorporação a Companhia de Jesus que, obrigando-se no Sul a transigências[177] forçadas, dominava no Norte. Excluindo quaisquer intenções condenáveis, os jesuítas ali realizaram tarefa nobilitadora. Foram ao menos rivais do colono ganancioso. No embate estúpido da perversidade contra a barbaria, apareceu uma função digna àqueles eternos condenados. Fizeram muito. Eram os únicos homens disciplinados de seu tempo. Embora quimérica a tentativa de alçar o estado mental do aborígine às abstrações do monoteísmo, ela teve o valor de o atrair por muito tempo, até à intervenção oportuna de Pombal, para a nossa história.

O curso das missões, no Norte, em todo o trato de terras do Maranhão à Bahia, patenteia sobretudo um lento esforço de penetração no âmago das terras sertanejas, das fraldas[178] da Ibiapaba às da Itiúba, que

---

174 **donatários** pessoas que recebiam uma porção do território para desenvolver e governar durante a época colonial. 175 **Nota do Autor:** João Francisco Lisboa. 176 **minorativo** suavizante, que abranda. 177 **transigências** tolerâncias. 178 **fraldas** sopés de serras ou montanhas.

completa de algum modo a movimentação febril das *bandeiras*. Se estas difundiam largamente o sangue das três raças pelas novas paragens descobertas, provocando um entrelaçamento geral, a despeito das perturbações que acarretavam – os aldeamentos, centros da força atrativa do apostolado, fundiam as malocas em aldeias; unificavam as cabildas[179]; integravam as tribos. Penetrando fundo nos sertões, graças a um esforço secular, os missionários salvaram em parte este fator das nossas raças. Surpreendidos vários historiadores pela vinda, em grandíssima escala, do africano, que iniciada em fins do século XVI nunca mais parou até ao nosso (1850) e considerando que ele foi o melhor aliado do português na quadra colonial, dão-lhe geralmente influência exagerada na formação do sertanejo do Norte. Entretanto, em que pese a esta invasão de vencidos e infelizes, e à sua fecundidade rara, e a suas qualidades de adaptação, apuradas na África adusta, é discutível que ela tenha atingido profundamente os sertões.

É certo que o consórcio afro-lusitano era velho, anterior mesmo ao descobrimento, porque se consumara desde o século XV, com os azenegues[180] e jalofos[181] de Gil Eanes e Antão Gonçalves. Em 1530 salpintavam as ruas de Lisboa mais de dez mil negros, e o mesmo sucedia noutros lugares. Em Évora tinham maioria sobre os brancos.

Os versos de um contemporâneo, Garcia de Resende, são um documento:

"Vemos no reyno metter,
Tantos captivos crescer,
Irem-se os naturaes
Que, se assim for, serão mais
Elles que nós, a meu ver."

---

179 cabildas tribos, bandos. **180 azenegues** indivíduos pertencentes aos berberes, raça que engloba os povos muçulmanos da África setentrional. **181 jalofos** povo da costa da África ocidental que vive entre o Senegal e a Gâmbia.

GÊNESE DO MULATO

Assim a gênese do mulato teve uma sede fora do nosso país. A primeira mestiçagem com o africano operou-se na metrópole. Entre nós, naturalmente, cresceu. A raça dominada, porém, teve, aqui, dirimidas[182] pela situação social, as faculdades de desenvolvimento. Organização potente afeita à humildade extrema, sem as rebeldias do índio, o negro teve, de pronto, sobre os ombros toda a pressão da vida colonial. Era a besta de carga adstrita a trabalhos sem folga. As velhas ordenações, estatuindo[183] o "como se podem enjeitar os escravos e bestas por os acharem doentes ou mancos", denunciam a brutalidade da época. Além disto – insistamos num ponto incontroverso – as numerosas importações de escravos se acumulavam no litoral. A grande tarja[184] negra debruava a costa da Bahia ao Maranhão, mas pouco penetrava o interior. Mesmo em franca revolta, o negro humilde feito quilombola[185] temeroso, agrupando-se nos mocambos[186], parecia evitar o âmago do país. Palmares, com seus trinta mil mocambeiros, distava afinal poucas léguas da costa.

Nesta última a uberdade da terra fixara simultaneamente dois elementos, libertando o indígena. A cultura extensiva da cana, importada da Madeira, determinara o olvido[187] dos sertões. Já antes da invasão holandesa[188] do Rio Grande do Norte à Bahia havia cento e sessenta engenhos. E esta exploração, em dilatada escala, progrediu depois em rápido crescendo.

O elemento africano de algum modo estacou nos vastos canaviais da costa, agrilhoado[189] à terra e determinando cruzamento de todo diverso do que se fazia no recesso das capitanias. Aí campeava, livre, o indígena inapto ao trabalho e rebelde sempre, ou mal tolhido nos aldeamentos pela tenacidade dos missionários. A escravidão negra, constituindo-se

---

182 **dirimidas** anuladas, dissolvidas. 183 **estatuindo** decretando, deliberando. 184 **tarja** lista, faixa. 185 **quilombola** designação dada aos escravos refugiados em quilombos. 186 **mocambos** redutos de escravos fugidos, na floresta; quilombos. 187 **olvido** esquecimento. 188 **Nota do Autor:** Diogo Campos, *Razão do Estado do Brasil*. **Nota do Editor:** Trata-se da obra de Diogo de Campos Moreno, *Livro que Dá Razão do Estado do Brasil*, publicado em 1955 a partir de manuscrito do século XVII, que se encontra no Instituto Histórico e Geográfico Brasileiro, RJ. 189 **agrilhoado** preso, acorrentado.

derivativo ao egoísmo dos colonos, deixava aqueles mais desembaraçados que no Sul, nos esforços da catequese. Os próprios sertanistas ao chegarem, ultimando as rotas atrevidas, àquelas paragens, tinham extinta a combatividade.

Alguns, como Domingos Sertão, cerravam a vida aventureira, atraídos pelos lucros das *fazendas de criação*, abertas naqueles grandes latifúndios.

Deste modo se estabeleceu distinção perfeita entre os cruzamentos realizados no sertão e no litoral.

Com efeito, admitido em ambos como denominador comum o elemento branco, o *mulato* erige-se como resultado principal do último e o *curiboca* do primeiro.

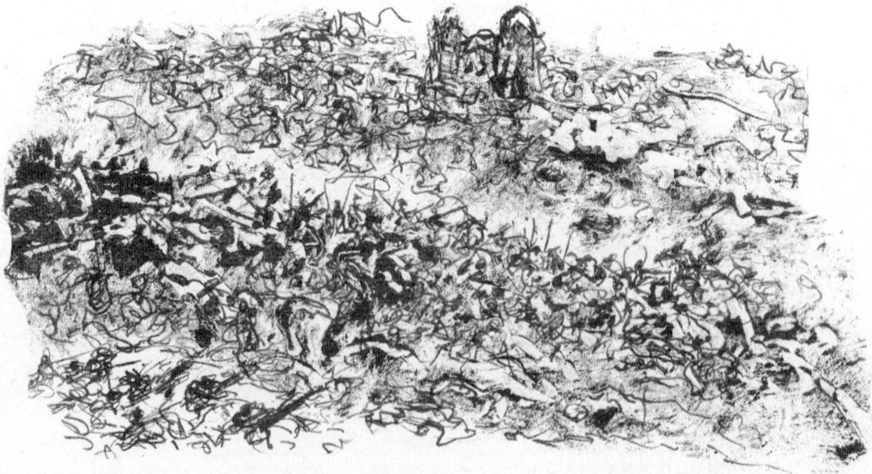

II

GÊNESE DO JAGUNÇO

A demonstração é positiva[1]. Há um notável traço de originalidade na gênese da população sertaneja, não diremos do Norte, mas do Brasil subtropical.

Esbocemo-lo; e para não nos delongarmos demais, afastemo-nos pouco do teatro em que se desenrolou o drama histórico de Canudos, percorrendo rapidamente o rio de São Francisco, "o grande caminho da civilização brasileira", conforme o dizer feliz de um historiador[2].

Vimos, de relance, em páginas anteriores, que ele atravessa as regiões mais díspares. Ampla nas cabeceiras, a sua dilatada bacia colhe na rede de numerosos afluentes a metade de Minas, na zona das montanhas e das florestas. Estreita-se depois passando na parte mediana pela paragem formosíssima dos *gerais*. No curso inferior, a jusante de Juazeiro, constrita entre pendores que a desnivelam torcendo-a para o mar, torna-se pobre de tributários, quase todos efêmeros, derivando, apertada por uma corredeira única de centenares de quilômetros, até Paulo Afonso – e corta a região maninha das caatingas.

Ora, sob esta tríplice disposição, é um diagrama da nossa marcha histórica, refletindo, paralelamente, as suas modalidades variáveis.

Balanceia a influência do Tietê.

Enquanto este, de traçado incomparavelmente mais próprio à penetração colonizadora, se tornou o caminho predileto dos sertanistas

---

1 **positiva** científica. 2 **Nota do Autor:** João Ribeiro, *História do Brasil*.

visando sobretudo a escravização e o *descimento*[3] do gentio, o São Francisco foi, nas altas cabeceiras, a sede essencial da agitação mineira; no curso inferior, o teatro das missões; e na região média, a terra clássica do regime pastoril, único compatível com a situação econômica e social da colônia.

O VAQUEIRO, MEDIADOR ENTRE O BANDEIRANTE E O PADRE

Bateram-lhe por igual as margens o *bandeirante*, o *jesuíta* e o *vaqueiro*.

Quando, mais tarde, maior cópia de documentos permitir a reconstrução da vida colonial, do século XVII ao fim do XVIII, é possível que o último, de todo olvidado ainda, avulte com o destaque que merece na formação da nossa gente. Bravo e destemeroso como o primeiro, resignado e tenaz como o segundo, tinha a vantagem de um atributo supletivo que faltou a ambos – a fixação ao solo.

As *bandeiras*, sob os dois aspectos que mostram, já destacados, já confundidos, investindo com a terra ou com o homem, buscando o ouro ou o escravo, desvendavam desmedidas paragens, que não povoavam e deixavam porventura mais desertas, passando rápidas sobre as "malocas"[4] e as "catas".

A sua história, às vezes inextricável como os dizeres adrede obscuros dos roteiros, traduz a sucessão e enlace destes estímulos únicos, revezando-se quer consoante a índole dos aventureiros, quer de acordo com a maior ou menor praticabilidade das empresas planeadas. E neste permanente oscilar entre aqueles dois desígnios, a sua função realmente útil, no desvendar o desconhecido, repontava como incidente obrigado, consequência inevitável em que se não cuidava[5].

Assim é que extinta com a expedição de Glimmer (1601)[6] a visão enganadora da "Serra das Esmeraldas", que desde meados do século XVI atraíra para os flancos do Espinhaço, um após outro, inacessíveis a

---

3 **descimento** na era colonial, transporte para o litoral de silvícolas aprisionados nos sertões, e que eram escravizados. 4 **malocas** casas de habitação índia que alojam diversas famílias. 5 **cuidava** supunha, cogitava. 6 João Ribeiro nos dá outra data, 1602.

constantes malogros, Bruzzo Spinosa[7], Sebastião Tourinho, Dias Adorno e Martins Carvalho, e desaparecendo ao norte o país encantado que idealizara a imaginação romântica de Gabriel Soares, grande parte do século XVII é dominada pelas lendas sombrias dos caçadores de escravos, centralizados pela figura brutalmente heroica de Antônio Raposo. É que se haviam apagado quase que ao mesmo tempo as miragens da misteriosa "Sabarabuçu" e as das "Minas de Prata", eternamente inatingíveis; até que, renovadas pelas pesquisas indecisas de Pais Leme, que avivou, depois de um apagamento quase secular, as veredas de Glimmer; alentadas pelas oitavas de ouro de Arzão pisando em 1693 as mesmas trilhas de Tourinho e Adorno; e ao cabo[8] francamente ressurgindo logo depois com Bartolomeu Bueno, em Itaberaba, e Miguel Garcia, no ribeirão do Carmo, as *entradas* sertanejas volvessem ao anelo[9] primitivo e, irradiando do distrito de Ouro Preto, se espraiassem de novo, mais fortes, pelo país inteiro.

Ora, durante este período em que, aparentemente, só se observam, no litoral, a luta contra o batavo e no âmago dos planaltos o espantoso ondular das bandeiras, surgira na região que interfere o médio São Francisco um notável povoamento do qual os resultados somente depois apareceram.

FUNÇÃO HISTÓRICA DO RIO S. FRANCISCO

Formara-se obscuramente. Determinaram-no, em começo, as *entradas* à procura das minas de Moreia que embora anônimas e sem brilho parecem ter-se prolongado até ao governo de Lancastro, levando até às serranias de Macaúbas, além do Paramirim, sucessivas turmas de povoadores[10]. Vedado nos caminhos diretos e normais à costa, mais curtos porém

---

7 As três primeiras edições de *Os Sertões* e o AP usam Bruno em vez de Bruzzo. **8 ao cabo** afinal, finalmente. **9 anelo** desejo, anseio. **10 Nota do Autor:** Carta do coronel Pedro Barbosa Leal ao Conde de Sabugosa (1725). Ver F. A. Pereira da Costa, *Em Prol da Integridade do Território de Pernambuco* e Pedro Taques, *Nobiliarquia Paulistana*. **Nota do Editor:** A carta citada por Euclides é de 22.11.1725. Essas duas obras foram publicadas pela primeira vez em 1896 e 1869-1872, respectivamente. Nas três primeiras edições de *Os Sertões* e no AP, o título do estudo biográfico de Pedro Taques aparece ligeiramente diferente: *Nobiliarquia Paulista*.

interrompidos pelos paredões das serras ou trancados pelas matas, o acesso fazia-se pelo S. Francisco. Abrindo aos exploradores duas entradas únicas, à nascente e à foz, levando os homens do Sul ao encontro dos homens do Norte, o grande rio erigia-se desde o princípio com a feição de um unificador étnico, longo traço de união entre as duas sociedades que se não conheciam. Porque provindos dos mais diversos pontos e origens, ou fossem os paulistas de Domingos Sertão, ou os baianos de Garcia d'Ávila, ou os pernambucanos de Francisco Caldas, com os seus pequenos exércitos de tabajaras[11] aliados, ou mesmo os portugueses de Manuel Nunes Viana, que dali partiu da sua fazenda do Escuro, em Carinhanha, para comandar os *emboabas*[12] no rio das Mortes, os forasteiros, ao atingirem o âmago daquele sertão, raro voltavam.

A terra, do mesmo passo exuberante e acessível, compensava-lhes a miragem desfeita das minas cobiçadas. A sua estrutura geológica original criando conformações topográficas em que as serranias, últimos esporões e contrafortes da cordilheira marítima, têm a atenuante dos tabuleiros vastos; a sua flora complexa e variável, em que se entrelaçam florestas sem a vastidão e o trançado impenetrável das do litoral, com o "mimoso"[13] das planuras e o "agreste" das chapadas, desafogadas, todas, salteadamente[14], nos vastos claros das caatingas; a sua conformação hidrográfica especial de afluentes que se ajustam, quase simétricos, para o ocidente e o oriente ligando-a, de um lado à costa, de outro ao centro dos planaltos – foram laços preciosos para a fusão desses elementos esparsos, atraindo-os, entrelaçando-os. E o regime pastoril ali se esboçou como uma sugestão dominadora dos gerais.

---

11 **tabajaras** indígenas da serra de Ibiapaba, CE. 12 **emboabas** alusão à guerra dos Emboabas ou à disputa armada pelas minas entre os paulistas e os reinóis (portugueses e aliados), estes últimos comandados por Manuel Nunes Viana. Travaram sangrentos combates (1709) na região do rio das Mortes, MG. *Emboaba*, nome tupi, em alusão aos portugueses calçados que se assemelhavam às aves de pernas empenadas, era usado em sentido pejorativo pelos paulistas para referir-se aos conquistadores lusitanos. 13 **mimoso** campo baixo, com clima quente e seco, cujo solo é revestido de gramínea denominada *mimoso* ou *capim-mimoso* (*Gymnopogus mollis*), muito bom para o gado vacum. 14 **salteadamente** entremeadamente.

Nem faltava para isto, sobre a rara fecundidade do solo recamado de pastagens naturais, um elemento essencial, o sal[15], gratuito, nas baixadas salobras dos "barreiros"[16].

Constituiu-se, desta maneira favorecida, a extensa zona de criação de gado que já no alvorecer do século XVIII ia das raias setentrionais de Minas a Goiás, ao Piauí, aos extremos do Maranhão e Ceará pelo ocidente e norte, e às serranias das lavras baianas, a leste. Povoara-se e crescera autônoma e forte, mas obscura, desadorada dos cronistas do tempo, de todo esquecida não já pela metrópole longínqua senão pelos próprios governadores e vice-reis. Não produzia impostos ou rendas que interessassem o egoísmo da coroa. Refletia, entretanto, contraposta à turbulência do litoral e às aventuras das minas, "o quase único aspecto tranquilo da nossa cultura"[17]. À parte os raros contingentes[18] de povoadores pernambucanos e baianos, a maioria dos criadores opulentos, que ali se formaram, vinha do Sul, constituída pela mesma gente entusiasta e enérgica das *bandeiras*.

OS JAGUNÇOS: COLATERAIS PROVÁVEIS DOS PAULISTAS

Segundo o que se colhe em preciosas páginas de Pedro Taques[19], foram numerosas as famílias de S. Paulo que, em contínuas migrações, procuraram aqueles rincões longínquos e acredita-se, aceitando o concei-

---

15 Nota do Autor: "Todos os animais buscam com sofreguidão esses lugares; não só mamíferos como aves e reptis. O gado lambe o chão e, atolando-se nas poças, bebe com delícia aquela água e come o barro". – *Escragnolle Taunay*. Tratando-se dos lugares a montante da Barra do Rio Grande, diz Aires de Casal: "[...] há várias lagoas pequenas em maior ou menor distância do rio, todas d'água mais ou menos salobre, em cujas margens o calor do sol faz aparecer sal como geada. A água destes lagos (e mesmo a doce) filtrada por uma porção da terra adjacente em cochos de pau ou de couro finamente furados, e exposta em tabuleiros ao tempo, em oito dias de calor se congela, e cristaliza, ficando sal alvo como o marinho. [...] Quase todo este sal sobe para o centro de Minas Gerais" (*Corografia Brasílica ou Relação Histórico-Geográfica do Brasil*, vol. II, p. 168). **Nota do Editor:** A edição citada é a segunda da *Corografia*, publicada em 1833. O texto de Taunay foi extraído do "Relatório Geral da Comissão de Engenheiros...", p. 220. **16 barreiros** são eflorescências salino-salitrosa dos terrenos baixos do vale do rio São Francisco, muito procuradas pelo gado, por antas, veados e outros animais, que vão lamber a terra por causa do sal. **17 Nota do Autor:** João Ribeiro. **18 contingentes** grupos. **19 Nota do Autor:** *Nobiliarquia Paulistana*.

to de um historiógrafo perspicaz, que o "vale de S. Francisco, já aliás muito povoado de paulistas e de seus descendentes desde o século XVII, tornou-se uma como colônia quase exclusiva deles"[20]. É natural por isto que Bartolomeu Bueno, ao descobrir Goiás, visse, surpreendido, sinais evidentes de predecessores, anônimos pioneiros que ali tinham chegado, certo, pelo levante, transmontando a serra de Paranã; e que ao se reabrir em 1697 o ciclo mais notável das pesquisas do ouro, nas agitadas e ruidosas vagas de imigrantes, que rolavam dos flancos orientais da Serra do Espinhaço ao talvegue do rio das Velhas, passassem mais fortes talvez, talvez precedendo as demais no descobrimento das minas de Caeté, e sulcando-as de meio a meio, e avançando em direção contrária como um refluxo promanado[21] do Norte, as turmas dos "baianos", termo que como o de "paulista" se tornara genérico no abranger os povoadores setentrionais[22].

É que já se formara no vale médio do grande rio uma raça de cruzados idênticos àqueles mamalucos estrênuos[23] que tinham nascido em S. Paulo. E não nos demasiamos em arrojada hipótese admitindo que este tipo extraordinário do paulista, surgindo e decaindo logo no sul, numa degeneração completa ao ponto de declinar no próprio território que lhe deu o nome, ali renascesse e, sem os perigos das migrações e do cruzamento, se conservasse prolongando, intacta, ao nosso tempo, a índole varonil e aventureira dos avós.

Porque ali ficaram, inteiramente divorciados do resto do Brasil e do mundo, murados a leste pela Serra Geral, tolhidos no ocidente pelos

---

20 Nota do Autor: Dr. João Mendes de Almeida, *Notas Genealógicas*, p. 258. **Nota do Editor:** Leia-se na sua íntegra o trecho citado: "[...] o vale do rio S. Francisco, de Carinhanha a Juazeiro, já aliás muito povoado de *paulistas* e de seus descendentes desde o século XVII, tornou-se uma como colônia quase que exclusivamente deles". **21 promanado** derivado, provindo. **22 Nota do Autor:** Diz o professor Orville Derby: "Conforme Antonil as descobertas na região de Caeté foram anteriores às do rio das Velhas, ou de Sabará, e neste caso é de presumir que fossem feitas por mineiros de Ouro Preto – passando para o oeste das cabeceiras do Santa Bárbara, ou talvez por baianos vindos do Norte. A importância que tiveram certos baianos nos acontecimentos de 1709 [a guerra dos Emboabas] e a referência de Antonil ao capitão Luís do Couto, 'que da Bahia foi para esta paragem com três irmãos, grandes mineiros' favorecem esta última hipótese" etc. (*Os Primeiros Descobrimentos de Ouro em Minas Gerais*, pp. 275-276). **Nota do Editor:** *Revista do Instituto Histórico e Geográfico de S. Paulo*, v (1899-1900), pp. 240-278. **23 estrênuos** valentes, corajosos, denodados.

amplos campos gerais, que se desatam para o Piauí e que ainda hoje o sertanejo acredita sem fins.

O meio atraía-os e guardava-os.

As *entradas* de um e outro lado da meridiana, impróprias à dispersão, facilitavam antes o entrelaçamento dos extremos do país. Ligavam-nos no espaço e no tempo. Estabelecendo no interior a contiguidade do povoamento, que faltava ainda em parte na costa, e surgindo entre os nortistas, que lutavam pela autonomia da pátria nascente, e os sulistas, que lhe alargavam a área, abastecendo-os por igual com as fartas boiadas que subiam para o vale do rio das Velhas ou desciam até às cabeceiras do Parnaíba, aquela rude sociedade, incompreendida e olvidada, era o cerne vigoroso da nossa nacionalidade.

Os primeiros sertanistas que a criaram, tendo suplantado em toda a linha o selvagem, depois de o dominarem escravizaram-no e captaram-no, aproveitando-lhe a índole na nova indústria que abraçavam.

Veio subsequentemente o cruzamento inevitável. E despontou logo uma raça de curibocas puros quase sem mescla de sangue africano, facilmente denunciada, hoje, pelo tipo normal daqueles sertanejos. Nasciam de um amplexo feroz de vitoriosos e vencidos. Criaram-se numa sociedade revolta e aventurosa, sobre a terra farta; e tiveram, ampliando os seus atributos ancestrais, uma rude escola de força e de coragem naqueles *gerais* amplíssimos, onde ainda hoje ruge impune o jaguar e vagueia a ema velocíssima, ou nas serranias de flancos despedaçados pela mineração superficial, quando as lavras[24] baianas, mais tarde, lhes deram esse derivativo à faina dos *rodeios*.

Fora longo traçar-lhes a evolução do caráter. Caldeadas[25] a índole aventureira do colono e a impulsividade do indígena, tiveram, ulteriormente, o cultivo do próprio meio que lhes propiciou, pelo insulamento, a conservação dos atributos e hábitos avoengos[26], ligeiramente modificados apenas consoante as novas exigências da vida[27]. E ali estão com as

---

24 **lavras** terrenos de mineração; lugares de onde se extrai ouro ou diamante. 25 **caldeadas** misturadas, mescladas. 26 **avoengos** herdados de avós, tradicionais, antigos. 27 Este trecho se baseia na p. 2 do MS. Ver Bernucci, pp. 123-126.

suas vestes características, os seus hábitos antigos, o seu estranho aferro às tradições mais remotas, o seu sentimento religioso levado até ao fanatismo, e o seu exagerado ponto de honra, e o seu folclore[28] belíssimo de rimas de três séculos...

Raça forte e antiga, de caracteres definidos e imutáveis mesmo nas maiores crises – quando a roupa de couro do vaqueiro se faz a armadura flexível do jagunço – oriunda de elementos convergentes de todos os pontos, porém diversa das demais deste país, ela é inegavelmente um expressivo exemplo do quanto importam as reações do meio. Expandindo-se pelos sertões limítrofes ou próximos, de Goiás, Piauí, Maranhão, Ceará e Pernambuco, tem um caráter de originalidade completa expresso mesmo nas fundações que erigiu. Todos os povoados, vilas ou cidades, que lhe animam hoje o território, têm uma origem uniforme bem destacada da dos demais que demoram ao norte e ao sul.

Enquanto deste lado se levantaram nas cercanias das minas ou à margem das catas, e no extremo norte, a partir de dilatada linha entre a Itiúba e Ibiapaba sobre o local de antigas aldeias das missões, ali surgiram, todas, de antigas fazendas de gado.

Escusamo-nos de apontar exemplos por demais numerosos. Quem considera as povoações do S. Francisco, das nascentes à foz, assiste à sucessão dos três casos apontados.

Deixa as regiões alpestres, cidades alcandoradas[29] sobre serras, refletindo o arrojo incomparável das *bandeiras*; atravessa depois os grandes *gerais*, desmedidas arenas feitas à sociedade rude, libérrima e forte dos vaqueiros; e atinge por fim as paragens pouco apetecidas, amaninhadas[30] pelas secas, eleitas aos roteiros lentos e penosos das missões...

É o que indicam, completando estes ligeiros confrontos, os traçados das fundações jesuíticas, no trato de terras que há pouco demarcamos.

---

28 Nas três primeiras edições de *Os Sertões* e no AP, Euclides usa a palavra em inglês com sua grafia antiga e com itálicos (*folk-lore*). **29 alcandoradas** elevadas. **30 amaninhadas** esterilizadas, esgotadas.

FUNDAÇÕES JESUÍTICAS NA BAHIA

Com efeito, ali, totalmente diversos na origem, os atuais povoados sertanejos se formaram de velhas aldeias de índios, arrebatadas, em 1758, do poder dos padres pela política severa de Pombal[31]. Resumindo-nos aos que ainda hoje existem, próximos e em torno do lugar onde existia há cinco anos a Troia de taipa[32] dos jagunços, vemos, mesmo em tão estreita área, os melhores exemplos.

De fato, em toda esta superfície de terras, que abusivas concessões de sesmarias subordinaram à posse de uma só família, a de Garcia d'Ávila (Casa da Torre), acham-se povoados antiquíssimos. De *Itapicuru de Cima* a Jeremoabo e daí acompanhando o S. Francisco até aos sertões de Rodelas e Cabrobó, avançaram logo no século XVII as missões num lento caminhar que continuaria até o nosso tempo.

Não tiveram um historiador.

A extraordinária empresa apenas se retrata, hoje, em raros documentos, escassos demais para traçarem a sua continuidade. Os que existem, porém, são eloquentes para o caso especial que consideramos. Dizem, de modo iniludível[33], que, enquanto o negro se agitava na azáfama do litoral, o indígena se fixava em aldeamentos que se tornariam cidades. A solicitude calculada do jesuíta e a rara abnegação dos capuchinhos e franciscanos incorporavam as tribos à nossa vida nacional; e quando no alvorecer do século XVIII os paulistas irromperam em Pambu e na Jacobina, deram de vistas, surpresos, nas paróquias que, ali, já centralizavam cabildas. O primeiro daqueles lugares, vinte e duas léguas a montante[34] de Paulo Afonso, desde 1682 se incorporara à administração da metrópole. Um capuchinho dominava-o, desfazendo

---

[31] Euclides alude à expulsão dos jesuítas do Brasil pelo Marquês de Pombal em 1759. [32] Metáfora usada para aludir à Troia, situada na região onde hoje é a Turquia, e que resistiu durante toda uma década contra a tomada dos gregos. Homero, de forma épica, narra na *Ilíada* os acontecimentos que levaram por fim a cidade a ser invadida pelos guerreiros gregos. A metáfora em Euclides é complexa, pois se por um lado enobrece a resistência de Canudos e a coragem e persistência dos jagunços, ao evocar as famosas façanhas cantadas por Homero, por outro compromete estas mesmas qualidades, através do uso do epíteto *de taipa*, designando as construções do arraial *versus* as *de pedra* dos antigos troianos. [33] **iniludível** indubitável. [34] **a montante de** em direção à nascente de um rio.

as dissensões[35] tribais e imperando, humílimo, sobre os morubixabas[36] mansos. No segundo preponderava, igualmente exclusivo, o elemento indígena da velhíssima missão do Saí.

Jeremoabo aparece, já em 1698, como julgado[37], o que permite admitir-se-lhe origem muito mais remota. Aí o elemento indígena se mesclava ligeiramente com o africano, o *canhembora* ao *quilombola*[38]. Incomparavelmente mais animado do que hoje, o humilde lugarejo desviava para si, não raro, a atenção de João de Lancastro, governador-geral do Brasil, principalmente quando se exacerbavam as rivalidades dos chefes índios, munidos com as patentes, perfeitamente legais, de capitães. Em 1702 a primeira missão dos franciscanos disciplinou aqueles lugares, tornando-se mais eficaz que as ameaças do governo. Harmonizaram-se as cabildas; e o afluxo de silvícolas captados pela Igreja foi tal que em um só dia o vigário de Itapicuru batizou 3700 catecúmenos[39].

Perto se erigia, também vetusta, a missão de Maçacará, onde, em 1687, tinha o opulento Garcia d'Ávila uma companhia[40] de seu regimento[41]. Mais para o sul avultavam outras: Natuba, também bastante antiga aldeia, ereta pelos jesuítas; Inhambupe, que no elevar-se à paróquia originou larga controvérsia entre os padres e o rico sesmeiro precitado; Itapicuru (1639) fundada pelos franciscanos.

Mais para o norte, ao começar o século XVIII, o povoamento, com os mesmos elementos, continuou mais intenso, diretamente favorecido pela metrópole.

Na segunda metade do século XVII surgira no sertão de Rodelas a vanguarda das *bandeiras* do Sul. Domingos Sertão centralizou na sua fazenda do Sobrado o círculo animado da vida sertaneja. A ação desse

---

35 **dissensões** divergências, desavenças. 36 **morubixabas** chefes de tribo. 37 **julgado** território de jurisdição de alguns juízes. 38 **Nota do Autor:** *Quilombola*, negro foragido nos quilombos. *Canhembora (cãnybora)*, índio fugido. É singular a identidade da forma, significação e som destas palavras que, surgindo a primeira na África e a segunda no Brasil, destinam-se a caracterizar a mesma desdita de duas raças de origens tão afastadas! 39 **Nota do Autor:** *Os Orizes Conquistados*, de José Freire de Monterroyo Mascarenhas. **Nota do Editor:** Nas três primeiras edições e no AP um dos sobrenomes de José Freire aparece incorreto: Monteiro Mascarenhas. 40 **companhia** subdivisão de batalhão comandada por um capitão e composta normalmente de três pelotões. 41 **Nota do Autor:** Livro 3º, pat. gov. fl. 272. **Nota do Editor: regimento** corpo de tropa sob o comando de um coronel, formado de três batalhões ou esquadrões ou grupos de artilharia.

rude sertanista, naquela região, não tem tido o relevo que merece. Quase na confluência das capitanias setentrionais, próximo ao mesmo tempo do Piauí, do Ceará, de Pernambuco e da Bahia, o rústico *landlord*[42] colonial aplicou no trato de suas cinquenta fazendas de criação a índole aventurosa e irrequieta dos curibocas. Ostentando como os outros dominadores do solo um feudalismo achamboado[43] – que o levava a transmudar em vassalos os foreiros[44] humildes e em servos os tapuias[45] mansos – o bandeirante atingindo aquelas paragens, e havendo conseguido o seu ideal de riqueza e poderio, aliava-se na mesma função integradora ao seu tenaz e humilde adversário, o padre. É que a metrópole, no Norte, secundava, sem vacilar, os esforços deste último. Firmara-se desde muito o princípio de combater o índio com o próprio índio, de sorte que cada aldeamento de catecúmenos era um reduto[46] ante as incursões dos silvícolas soltos e indomáveis.

Ao terminar o século XVII, Lancastro fundou com o indígena catequizado o arraial da Barra, para atenuar as depredações dos acaroases e mocoases. E daquele ponto à feição da corrente do S. Francisco[47], sucederam-se os aldeamentos e as missões, em Nossa Senhora do Pilar, Sorobabé, Pambu, Aracapá[48], Pontal, Pajeú etc. É evidente, pois, que, precisamente no trecho dos sertões baianos mais ligados aos dos demais Estados do Norte – em toda a orla do sertão de Canudos – se estabeleceu desde o alvorecer da nossa história um farto povoamento, em que sobressaía o aborígine amalgamando-se ao branco e ao negro, sem que estes se avolumassem ao ponto de dirimir a sua influência inegável.

As fundações ulteriores à expulsão dos jesuítas calcaram-se no mesmo método. Do final do século XVIII ao nosso, em Pombal, no Cumbe, em Bom Conselho e Monte Santo etc., perseverantes missionários, de

---

42 **landlord** (ingl., "proprietário") o vocábulo tem conotações medievais ligadas ao senhor de terras dominando seus vassalos. 43 **achamboado** grosseiro, tosco, rude. 44 **foreiros** aqueles que têm o domínio útil duma propriedade, pagando foro ou tributo ao senhorio direto. 45 **tapuias** geralmente mestiços de índio. Euclides emprega *tupi* e *tapuia* como designações de duas raças indígenas. Entretanto, *tapuia* era usado para indicar índio inimigo, embora sendo do mesmo grupo e da mesma língua. 46 **reduto** refúgio, esconderijo, abrigo. 47 Todos esses lugares margeiam o São Francisco, mas a sua real disposição cartográfica não é a mesma dada pelo livro. Ao longo do rio, partindo da Barra, encontram-se: Pajeú, Pontal, Acarapá, Pambu. 48 Provavelmente Acarapá.

que é modelo belíssimo Apolônio de Todi, continuaram até aos nossos dias o apostolado penoso.

Ora, toda essa população perdida num recanto dos sertões lá permaneceu até agora, reproduzindo-se livre de elementos estranhos, como que insulada, e realizando, por isso mesmo, a máxima intensidade de cruzamento uniforme capaz de justificar o aparecimento de um tipo mestiço bem definido, completo.

Enquanto mil causas perturbadoras complicavam a mestiçagem no litoral revolvido pelas imigrações e pela guerra; e noutros pontos centrais outros empeços[49] irrompiam no rastro das *bandeiras* – ali, a população indígena, aliada aos raros mocambeiros[50] foragidos, brancos escapos à justiça ou aventureiros audazes, persistiu dominante.

CAUSAS FAVORÁVEIS À FORMAÇÃO MESTIÇA DOS SERTÕES, DISTINGUINDO-A DOS CRUZAMENTOS NO LITORAL

Não sofismemos[51] a história. Causas muito enérgicas determinaram o insulamento e conservação do autóctone. Destaquemo-las.

Foram, primeiro, as grandes concessões de sesmarias, definidoras da feição mais durável do nosso feudalismo tacanho[52].

Os possuidores do solo, de que são modelos clássicos os herdeiros de Antônio Guedes de Brito, eram ciosos dos dilatados latifúndios, sem raias, avassalando a terra. A custo toleravam a intervenção da própria metrópole. A ereção de capelas, ou paróquias, em suas terras fazia-se sempre através de controvérsias com os padres; e embora estes afinal ganhassem a partida caíam de algum modo sob o domínio dos grandes potentados. Estes dificultavam a entrada de novos povoadores ou concorrentes e tornavam as fazendas de criação, dispersas em torno das

---

49 **empeços** empecilhos, obstáculos. 50 **mocambeiros** malfeitores que se refugiavam em mocambo ou em reduto de escravos fugidos. 51 **sofismemos** deturpemos, enganemos com sofismas (argumentos que partem de premissas verdadeiras, ou tidas como verdadeiras, e chegam a conclusões inadmissíveis, que não podem enganar ninguém, mas que se apresentam como resultantes das regras formais do raciocínio, não podendo ser refutados). 52 **tacanho** avaro, mesquinho.

freguesias recém-formadas, poderosos centros de atração à raça mestiça que delas promanava.

Assim, esta se desenvolveu fora do influxo de outros elementos. E entregues à vida pastoril, a que por índole se afeiçoavam, os curibocas ou cafuzos trigueiros[53], antecedentes diretos dos vaqueiros atuais, divorciados inteiramente das gentes do Sul e da colonização intensa do litoral, evolveram, adquirindo uma fisionomia original. Como que se criaram num país diverso.

A carta régia de 7 de fevereiro de 1701 foi, depois, uma medida supletiva desse isolamento. Proibira, cominando severas penas aos infratores, quaisquer comunicações daquela parte dos sertões com o Sul, com as minas de S. Paulo. Nem mesmo as relações comerciais foram toleradas; interditas as mais simples trocas de produtos[54].

Ora, além destes motivos, sobreleva-se, considerando a gênese do sertanejo no extremo norte, um outro: o meio físico dos sertões em todo o vasto território que se alonga do leito do Vaza-Barris ao do Parnaíba, no ocidente. Vimos-lhe a fisionomia original: a flora agressiva, o clima impiedoso, as secas periódicas, o solo estéril crespo de serranias desnudas, insulado entre os esplendores do majestoso *araxá*[55] do centro dos planaltos e as grandes matas, que acompanham e orlam a curvatura das costas. Esta região ingrata para a qual o próprio tupi tinha um termo sugestivo *pora-pora-eima*[56], remanescente ainda numa das serranias que a fecham pelo levante (Borborema), foi o asilo do tapuia. Batidos pelo português, pelo negro e pelo tupi coligados, refluindo ante o número, os indômitos *cariris*[57] encontraram proteção singular naquele colo duro da

---

53 cafuzos trigueiros mestiços de índio com preto, com cabelo corrido e grosso e pele acobreada. **54** Assim comenta esse decreto Pereira da Costa: "No seguinte ano de 1701, tendo o governo em vista manter a estabilidade das povoações do sertão e o desenvolvimento da sua população, que se ia rareando pela corrente de imigrantes que corria para as lavras das capitanias do Sul, proibiu expressamente por Carta Régia de 7 de fevereiro – toda e qualquer comunicação dos sertões de Pernambuco com as minas de São Paulo, e que se não mandasse para elas nem gado e nem mantimentos de qualidade alguma" (*Em Prol da Integridade*, p. 10). **55 Nota do Autor:** segundo Couto de Magalhães, decompõe-se este belo vocábulo em *ara*, dia, e *echá*, ver, avistar. Araxá – lugar de onde se avista primeiro o sol; por extensão, terras altas dos chapadões do interior. **56 Nota do Autor:** lugar despovoado, estéril. **57 cariris** povo indígena habitante da Bahia e de outros Estados do Norte na época do descobrimento do Brasil.

terra, escalavrado pelas tormentas, endurado pela ossamenta rígida das pedras, ressequido pelas soalheiras, esvurmando[58] espinheirais e caatingas. Ali se amorteciam, caindo no vácuo das chapadas, onde ademais nenhuns indícios se mostravam dos minérios apetecidos, os arremessos das *bandeiras*. A *tapui-retama*[59] misteriosa ataviara-se[60] para o estoicismo do missionário. As suas veredas multívias[61] e longas retratavam a marcha lenta, torturante e dolorosa dos apóstolos. As *bandeiras*, que a alcançavam, decampavam logo, seguindo, rápidas, fugindo, buscando outras paragens.

Assombrava-as a terra, que se modelara para as grandes batalhas silenciosas da Fé. Deixavam-na, sem que nada lhes determinasse a volta; e deixavam em paz o gentio.

Daí a circunstância, revelada por uma observação feliz, de predominarem ainda hoje, nas denominações geográficas daqueles lugares, termos de origem tapuia resistentes às absorções do português e do tupi, que se exercitaram noutros pontos. Sem nos delongarmos demais, resumamos às terras circunjacentes a Canudos a exemplificação deste fato de linguagem, que tão bem traduz uma vicissitude histórica.

"Transpondo-se o S. Francisco em direção ao sul, penetra-se de novo numa região ingrata pela inclemência do céu, e vai-se atravessando a bacia elevada do Vaza-Barris, antes de ganhar os trechos esparsos e mais deprimidos das chapadas baianas que, depois do salto de Paulo Afonso, depois de Canudos e de Monte Santo, levam a Itiúba, ao Tombador e ao Açuruá. Aí, nesse trecho do pátrio território, aliás dos mais ingratos, onde outrora se refugiaram os perseguidos destroços dos orizes[62], procás[63] e cariris, de novo aparecem, designando os lugares, os nomes bárbaros de procedência tapuia, que nem o português nem o tupi logrou suplantar.

Leem-se então no mapa da região com a mesma frequência dos acidentes topográficos os nomes como Pambu, Patamuté, Uauá, Bendegó,

---

58 esvurmando abortando; suporando. **59 Nota do Autor:** *tapui-retama*, região do Tapuia. **60 ataviara-se** enfeitara-se, adornara-se. **61 multívias** que apresentam muitos caminhos. **62 orizes** indígenas da extinta tribo não tupi dos orizes, da província da BA. **63 procás** indivíduos dos procás, antiga tribo indígena.

Cumbe, Maçacará, Cocorobó, Jeremoabo, Tragagó, Canché, Chorrochó, Quincuncá, Cochó, Centocé, Açuruá, Xiquexique, Jequié, Sincorá, Caculé ou Catolé, Orobó, Mocujé e outros, igualmente bárbaros e estranhos"[64].

É natural que grandes populações sertanejas, de par com as que se constituíam no médio S. Francisco, se formassem ali com a dosagem preponderante do sangue tapuia. E lá ficassem ablegadas[65], evolvendo em círculo apertado durante três séculos, até à nossa idade, num abandono completo, de todo alheias dos nossos destinos, guardando, intactas, as tradições do passado. De sorte que, hoje, quem atravessa aqueles lugares observa uma uniformidade notável entre os que os povoam: feições e estaturas variando ligeiramente em torno de um modelo único, dando a impressão de um tipo antropológico invariável, logo ao primeiro lance de vistas distinto do mestiço proteiforme[66] do litoral. Porque enquanto este patenteia todos os cambiantes da cor e se erige ainda indefinido, segundo o predomínio variável dos seus agentes formadores, o homem do sertão parece feito por um molde único, revelando quase os mesmos caracteres físicos, a mesma tez, variando brevemente do mamaluco bronzeado ao cafuz trigueiro; cabelo corredio e duro ou levemente ondeado; a mesma envergadura atlética, e os mesmos caracteres morais traduzindo-se nas mesmas superstições, nos mesmos vícios, e nas mesmas virtudes.

A uniformidade, sob estes vários aspectos, é impressionadora. O sertanejo do Norte é, inegavelmente, o tipo de uma subcategoria étnica já constituída.

---

64 Nota do Autor: Teodoro Sampaio, *Da Expansão da Língua Tupi e do seu Predomínio na Língua Nacional*. **Nota do Editor:** É possível que aqui haja erro de transcrição por parte de Euclides que teria trocado o termo original ("Geografia Nacional") do título por "Língua Nacional". Contudo, este não se refere a nenhum título de obra e sim ao capítulo I de *O Tupi na Geografia Nacional* (pp. 14-15) de Teodoro Sampaio. Há ainda quem conjeture que o título citado por Euclides poderia ter sido o que provisoriamente Teodoro Sampaio tinha reservado para o livro mas que não chegou adotá-lo: "Trata-se na verdade do livro *O Tupi na Geografia Nacional*, publicado em 1901, e a diferença do nome pode ser atribuída a uma possível consulta direta às anotações de Teodoro, o que sugere que aquele seria um título provisório do referido livro" (Santana, 1998, p. 161). Ao citar Teodoro Sampaio, Euclides tomou a liberdade de omitir alguns topônimos e de acrescentar outros à lista. No processo, alguns nomes foram incorretamente transcritos. **65 ablegadas** afastadas, relegadas. **66 proteiforme** que muda de forma com frequência.

UM PARÊNTESE IRRITANTE

Abramos um parêntese...

A mistura de raças mui diversas é, na maioria dos casos, prejudicial. Ante as conclusões do evolucionismo, ainda quando reaja sobre o produto o influxo de uma raça superior, despontam vivíssimos estigmas da inferior. A mestiçagem extremada é um retrocesso. O indo-europeu, o negro e o brasílio-guarani ou o tapuia, exprimem estádios evolutivos que se fronteiam, e o cruzamento, sobre obliterar as qualidades preeminentes do primeiro, é um estimulante à revivescência dos atributos primitivos dos últimos. De sorte que o mestiço – traço de união entre as raças, breve existência individual em que se comprimem esforços seculares – é, quase sempre, um desequilibrado. Foville[67] compara-os, de um modo geral, aos histéricos. Mas o desequilíbrio nervoso, em tal caso, é incurável: não há terapêutica para este embater de tendências antagonistas, de raças repentinamente aproximadas, fundidas num organismo isolado. Não se compreende que após divergirem extremadamente, através de largos períodos entre os quais a história é um momento, possam dois ou três povos convergir, de súbito, combinando constituições mentais diversas, anulando em pouco tempo distinções resultantes de um lento trabalho seletivo. Como nas somas algébricas, as qualidades dos elementos que se justapõem não se acrescentam, subtraem-se ou destroem-se segundo os caracteres positivos e negativos em presença. E o mestiço – mulato, mamaluco ou cafuz – menos que um intermediário, é um decaído, sem a energia física dos ascendentes selvagens, sem a altitude intelectual dos ancestrais superiores. Contrastando com a fecundidade que acaso possua, ele revela casos de hibridez moral extraordinários: espíritos fulgurantes, às vezes, mas frágeis, irrequietos, inconstantes, deslumbrando um momento e extinguindo-se prestes, feridos pela fatalidade das leis biológicas, chumbados ao plano inferior da raça menos favorecida. Impotente para formar qualquer solidariedade entre as gerações opostas, de

---

[67] A partir deste trecho de *Os Sertões*, Euclides inicia uma paráfrase do artigo de Nina Rodrigues, "A Loucura Epidêmica de Canudos", 1897.

que resulta, reflete-lhes os vários aspectos predominantes num jogo permanente de antíteses. E quando avulta – não são raros os casos – capaz das grandes generalizações ou de associar as mais complexas relações abstratas, todo esse vigor mental repousa (salvante[68] os casos excepcionais cujo destaque justifica o conceito) sobre uma moralidade rudimentar, em que se pressente o automatismo impulsivo das raças inferiores.

É que nessa concorrência admirável dos povos, evolvendo todos em luta sem tréguas, na qual a seleção capitaliza atributos que a hereditariedade conserva, o mestiço é um intruso. Não lutou; não é uma integração de esforços; é alguma coisa de dispersivo e dissolvente; surge, de repente, sem caracteres próprios, oscilando entre influxos opostos de legados discordes. A tendência à regressão às raças matrizes caracteriza a sua instabilidade. É a tendência instintiva a uma situação de equilíbrio. As leis naturais pelo próprio jogo parecem extinguir, a pouco e pouco, o produto anômalo que as viola, afogando-o nas próprias fontes geradoras. O mulato despreza então, irresistivelmente, o negro e procura com uma tenacidade ansiosíssima cruzamentos que apaguem na sua prole o estigma da fronte[69] escurecida; o mamaluco faz-se o bandeirante inexorável, precipitando-se, ferozmente, sobre as cabildas aterradas...

Esta tendência é expressiva. Reata, de algum modo, a série contínua da evolução, que a mestiçagem partira. A raça superior torna-se o objetivo remoto para onde tendem os mestiços deprimidos e estes, procurando-a, obedecem ao próprio instinto da conservação e da defesa. É que são invioláveis as leis do desenvolvimento das espécies; e se toda a sutileza dos missionários tem sido impotente para afeiçoar o espírito do selvagem às mais simples concepções de um estado mental superior; se não há esforços que consigam do africano, entregue à solicitude dos melhores mestres, o aproximar-se sequer do nível intelectual médio do indo-europeu – porque todo o homem é antes de tudo uma integração de esforços da raça a que pertence e o seu cérebro uma herança, – como compreender-se a normalidade do tipo antropológico que aparece, de improviso, enfeixando tendências tão opostas?

68 salvante salvo. **69 fronte** rosto.

UMA RAÇA FORTE

Entretanto a observação cuidadosa do sertanejo do norte mostra atenuado esse antagonismo de tendências e uma quase fixidez nos caracteres fisiológicos do tipo emergente.

Este fato, que contrabate, ao parecer, as linhas anteriores, é a sua contraprova frisante.

Com efeito, é inegável que para a feição anormal dos mestiços de raças mui diversas contribui bastante o fato de acarretar o elemento étnico mais elevado mais elevadas condições de vida, de onde decorre a acomodação penosa e difícil para aqueles. E desde que desça sobre eles a sobrecarga intelectual e moral de uma civilização, o desequilíbrio é inevitável.

A índole incoerente, desigual e revolta do mestiço, como que denota um íntimo e intenso esforço de eliminação dos atributos que lhe impedem a vida num meio mais adiantado e complexo. Reflete – em círculo diminuto – esse combate surdo e formidável, que é a própria luta pela vida das raças, luta comovedora e eterna caracterizada pelo belo axioma de Gumplowicz como a força motriz da História. O grande professor de Graz não a considerou sob este aspecto. A verdade, porém, é que se todo o elemento étnico forte "tende subordinar ao seu destino o elemento mais fraco ante o qual se acha", encontra na mestiçagem um caso perturbador. A expansão irresistível do seu círculo singenético[70], porém, por tal forma iludida, retarda-se apenas. Não se extingue. A luta transmuda-se, tornando-se mais grave. Volve do caso vulgar, do extermínio franco da raça inferior pela guerra, à sua eliminação lenta, à sua absorção vagarosa, à sua diluição no cruzamento. E durante o curso deste processo redutor, os mestiços emergentes, variáveis, com todas as nuanças da cor, da forma e do caráter, sem feições definidas, sem vigor, e as mais das vezes inviáveis, nada mais são, em última análise, do que os mutilados inevitáveis do conflito que perdura, imperceptível, pelo correr das idades.

---

[70] **singenético** relativo à singênese, hipótese que admite haverem sido criados simultaneamente todos os seres vivos.

É que neste caso a raça forte não destrói a fraca pelas armas, esmaga-a pela civilização.

Ora, os nossos rudes patrícios dos sertões do norte forraram-se[71] a esta última. O abandono em que jazeram teve função benéfica. Libertou-os da adaptação penosíssima a um estádio social superior, e, simultaneamente, evitou que descambassem para as aberrações e vícios dos meios adiantados.

A fusão entre eles operou-se em circunstâncias mais compatíveis com os elementos inferiores. O fator étnico preeminente transmitindo-lhes as tendências civilizadoras não lhes impôs a civilização.

Este fato destaca fundamentalmente a mestiçagem dos sertões da do litoral. São formações distintas, senão pelos elementos, pelas condições do meio. O contraste entre ambas ressalta ao paralelo mais simples. O sertanejo tomando em larga escala, do selvagem, a intimidade com o meio físico, que ao invés de deprimir enrija o seu organismo potente, reflete, na índole e nos costumes, das outras raças formadoras apenas aqueles atributos mais ajustáveis à sua fase social incipiente.

É um retrógrado; não é um degenerado. Por isto mesmo que as vicissitudes históricas o libertaram, na fase delicadíssima da sua formação, das exigências desproporcionadas de uma cultura de empréstimo, prepararam-no para a conquistar um dia.

A sua evolução psíquica, por mais demorada que esteja destinada a ser, tem, agora, a garantia de um tipo fisicamente constituído e forte. Aquela raça cruzada surge autônoma e, de algum modo, original, transfigurando, pela própria combinação, todos os atributos herdados; de sorte que, despeada afinal da existência selvagem, pode alcançar a vida civilizada por isto mesmo que não a atingiu de repente.

Aparece logicamente.

Ao invés da inversão extravagante que se observa nas cidades do litoral, onde funções altamente complexas se impõem a órgãos mal constituídos, comprimindo-os e atrofiando-os antes do pleno desenvolvimento – nos sertões a integridade orgânica do mestiço desponta inteiriça e

---

71 **forram-se a** evitaram.

robusta, imune de estranhas mesclas, capaz de evolver, diferenciando-se, acomodando-se a novos e mais altos destinos, porque é a sólida base física do desenvolvimento moral ulterior.

* * *

Deixemos, porém, este divagar pouco atraente.

Prossigamos considerando diretamente a figura original dos nossos patrícios retardatários. Isto sem método, despretensiosamente, evitando os garbosos neologismos etnológicos.

Faltaram-nos, do mesmo passo, tempo e competência para nos enredarmos em fantasias psíquico-geométricas, que hoje se exageram num quase materialismo filosófico, medindo o ângulo facial, ou traçando a *norma verticalis*[72] dos jagunços[73].

Se nos embaraçássemos nas imaginosas linhas dessa espécie de topografia psíquica, de que tanto se tem abusado, talvez não os compreendêssemos melhor. Sejamos simples copistas.

Reproduzamos, intactas, todas as impressões, verdadeiras ou ilusórias, que tivemos quando, de repente, acompanhando a celeridade[74] de uma marcha militar, demos de frente, numa volta do sertão, com aqueles desconhecidos singulares, que ali estão – abandonados – há três séculos.

---

72 norma verticalis ou *norma superior*, contínua à *norma facialis*, é o mapeamento do crânio, quando visto de cima. Para a frenologia, é o perfil psicológico do sertanejo, segundo o qual pode-se definir o seu caráter com base na morfologia do seu crânio. **73** Euclides alude às teorias frenológicas ou craniométricas, ainda populares na sua época, segundo as quais se podia avaliar as características psíquicas, como, por exemplo, a inteligência ou a criminalidade, a partir das medidas tiradas do crânio. Desta forma, o negro ou a mulher eram seres inferiores porque o seu cérebro era menor em relação ao do homem branco. A nova antropologia física desqualificou estas teorias, demonstrando que estavam contaminadas pelo racismo do investigador. O mais conhecido desses teóricos foi Lombroso. Com base em semelhantes premissas é que a cabeça de Antônio Conselheiro foi cortada oficialmente e levada ao Dr. Nina Rodrigues, em Salvador, para exames científicos que nada provaram. **74 celeridade** rapidez, velocidade.

III

O SERTANEJO

O sertanejo é, antes de tudo, um forte. Não tem o raquitismo exaustivo dos mestiços neurastênicos[1] do litoral.

A sua aparência, entretanto, ao primeiro lance de vista, revela o contrário. Falta-lhe a plástica impecável, o desempeno, a estrutura corretíssima das organizações atléticas.

É desgracioso, desengonçado, torto. Hércules-Quasímodo, reflete no aspecto a fealdade típica dos fracos. O andar sem firmeza, sem aprumo, quase gingante e sinuoso, aparenta a translação de membros desarticulados. Agrava-o a postura normalmente abatida, num manifestar de displicência que lhe dá um caráter de humildade deprimente. A pé, quando parado, recosta-se invariavelmente ao primeiro umbral ou parede que encontra; a cavalo, se sofreia o animal para trocar duas palavras com um conhecido, cai logo sobre um dos estribos, descansando sobre a espenda[2] da sela. Caminhando, mesmo a passo rápido, não traça trajetória retilínea e firme. Avança celeremente, num bambolear característico, de que parecem ser o traço geométrico os meandros das trilhas sertanejas. E se na marcha estaca pelo motivo mais vulgar, para enrolar um cigarro, bater o isqueiro, ou travar ligeira conversa com um amigo, cai logo – cai é o termo – de cócaras, atravessando largo tempo numa posição de equilíbrio instável, em que todo o seu corpo fica suspenso pelos dedos

---

1 neurastênicos pessoas que sofrem de neurastenia ou afecção mental caracterizada por astenia física ou psíquica, preocupações com a saúde, grande irritabilidade, cefaleia e alterações de sono. **2 espenda** parte da sela em que assenta a coxa do cavaleiro.

grandes dos pés, sentado sobre os calcanhares, com uma simplicidade a um tempo ridícula e adorável.

É o homem permanentemente fatigado.

Reflete a preguiça invencível, a atonia[3] muscular perene, em tudo: na palavra remorada, no gesto contrafeito, no andar desaprumado, na cadência langorosa[4] das modinhas, na tendência constante à imobilidade e à quietude.

Entretanto, toda esta aparência de cansaço ilude.

Nada é mais surpreendedor do que vê-la desaparecer de improviso. Naquela organização combalida operam-se, em segundos, transmutações completas. Basta o aparecimento de qualquer incidente exigindo-lhe o desencadear das energias adormecidas. O homem transfigura-se. Empertiga-se[5], estadeando novos relevos, novas linhas na estatura e no gesto; e a cabeça firma-se-lhe, alta, sobre os ombros possantes, aclarada pelo olhar desassombrado e forte; e corrigem-se-lhe, prestes, numa descarga nervosa instantânea, todos os efeitos do relaxamento habitual dos órgãos; e da figura vulgar do tabaréu canhestro[6] reponta, inesperadamente, o aspecto dominador de um titã[7] acobreado e potente, num desdobramento surpreendente de força e agilidade extraordinárias.

Este contraste impõe-se ao mais leve exame. Revela-se a todo o momento, em todos os pormenores da vida sertaneja – caracterizado sempre pela intercadência impressionadora entre extremos impulsos e apatias longas.

É impossível idear-se cavaleiro mais chucro e deselegante; sem posição, pernas coladas ao bojo[8] da montaria, tronco pendido para a frente e oscilando à feição da andadura dos pequenos cavalos do sertão, desferrados e maltratados, resistentes e rápidos como poucos. Nesta atitude indolente, acompanhando morosamente, a passo, pelas chapadas, o passo tardo das boiadas, o vaqueiro preguiçoso quase transforma o *campeão*[9] que cavalga na rede amolecedora em que atravessa dois terços da existência.

3 **atonia** frouxidão, inércia, fraqueza. 4 **langorosa** frouxa, abatida, lânguida. 5 **empertiga-se** apruma-se, endireita-se. 6 **canhestro** desajeitado, desengonçado. 7 **titã** cada um dos gigantes que, segundo a mitologia, pretenderam escalar o Céu e destronar Júpiter. 8 **bojo** barriga. 9 **campeão** cavalo.

Mas se uma rês *alevantada*[10] envereda, esquiva[11], adiante, pela caatinga *garranchenta*[12], ou se uma ponta de gado, ao longe, se trasmalha[13], ei-lo em momentos transformado, cravando os acicates[14] de rosetas largas nas ilhargas[15] da montaria e partindo como um dardo, atufando-se[16] velozmente nos dédalos inextricáveis das juremas.

Vimo-lo neste *steeplechase*[17] bárbaro.

Não há contê-lo, então, no ímpeto. Que se lhe antolhem[18] quebradas[19], acervos[20] de pedras, coivaras[21], moitas de espinhos ou barrancas de ribeirões, nada lhe impede encalçar o *garrote*[22] desgarrado, porque *por onde passa o boi passa o vaqueiro com o seu cavalo...*

Colado ao dorso deste, confundindo-se com ele, graças à pressão dos jarretes[23] firmes, realiza a criação bizarra de um centauro[24] bronco: emergindo inopinadamente nas clareiras; mergulhando nas macegas altas; saltando valos e ipueiras; vingando cômoros alçados; rompendo, célere, pelos espinheirais mordentes; precipitando-se, a toda brida[25], no largo[26] dos tabuleiros...

A sua compleição[27] robusta ostenta-se, nesse momento, em toda a plenitude. Como que é o cavaleiro robusto que empresta vigor ao cavalo pequenino e frágil, sustendo-o nas rédeas improvisadas de caroá, suspendendo-o nas esporas, arrojando-o na carreira – estribando curto, pernas encolhidas, joelhos fincados para a frente, torso colado no arção[28] –, *escanchado no rastro*[29] do novilho esquivo: aqui curvando-se agilíssimo, sob um ramalho, que lhe roça[30] quase pela sela; além des-

---

10 alevantada indócil, irrequieta, levantadiça. **11 esquiva** arisca, intratável. **12 garranchenta** tortuosa, de ramos tortos. **13 trasmalha** tresmalha, dispersa, escapa, extravia. **14 acicates** esporas de um só aguilhão. **15 ilhargas** cada uma das partes laterais e inferiores do baixo-ventre do animal. **16 atufando-se** internando-se, embrenhando-se. **17 steeplechase** (ingl.) corrida com saltos de obstáculos. **18 antolhem** apresentem, ponham diante dos olhos, apareçam pela frente. **19 quebradas** irregularidades do terreno, anfractuosidades. **20 acervos** montes. **21 coivaras** restos ou pilhas de ramagens não atingidas pela queimada, na roça à qual se deitou fogo, e que se juntam para serem incineradas a fim de limpar o terreno e adubá-lo com as cinzas, para uma lavoura. **22 garrote** bezerro de dois a quatro anos. **23 jarretes** cada uma das partes da perna situadas atrás da articulação do joelho. **24 centauro** criatura fabulosa, metade homem metade cavalo. **25 a toda brida** em disparada. **26 largo** largueza, anchura. **27 compleição** constituição física de alguém. **28 arção** parte arqueada e saliente da sela. **29 escanchado no rastro** com as pernas alargadas ou abertas, quando se monta a cavalo e sai em disparada em busca de um animal. **30 roça** fricciona, esfrega, toca de leve.

montando, de repente, como um acrobata, agarrado às crinas do animal, para fugir ao embate de um tronco percebido no último momento e galgando, logo depois, num pulo, o selim; – e galopando sempre, através de todos os obstáculos, sopesando[31] à destra[32] sem a perder nunca, sem a deixar no inextricável dos cipoais, a longa aguilhada[33] de ponta de ferro encastoada[34] em couro, que por si só constituiria, noutras mãos, sérios obstáculos à travessia...

Mas terminada a refrega[35], restituída ao rebanho a rês dominada, ei-lo, de novo caído sobre o lombilho[36] retovado[37], outra vez desgracioso e inerte, oscilando à feição da andadura lenta, com a aparência triste de um inválido esmorecido.

TIPOS DÍSPARES: O JAGUNÇO E O GAÚCHO

O *gaúcho* do Sul, ao encontrá-lo nesse instante, sobreolhá-lo-ia comiserado.

O vaqueiro do Norte é a sua antítese. Na postura, no gesto, na palavra, na índole e nos hábitos não há equipará-los. O primeiro, filho dos plainos sem fins, afeito às correrias fáceis nos pampas e adaptado a uma natureza carinhosa que o encanta, tem, certo, feição mais cavalheirosa e atraente. A luta pela vida não lhe assume o caráter selvagem da dos sertões do Norte. Não conhece os horrores da seca e os combates cruentos com a terra árida e exsicada. Não o entristecem as cenas periódicas da devastação e da miséria, o quadro assombrador da absoluta pobreza do solo calcinado, exaurido pela adustão dos sóis bravios do Equador. Não tem, no meio das horas tranquilas da felicidade, a preocupação do futuro, que é sempre uma ameaça, tornando aquela instável e fugitiva. Desperta para a vida amando a natureza deslumbrante que o aviventa; e passa pela vida, aventureiro, jovial, diserto[38], valente e fanfarrão,

---

31 **sopesando** aguentando o peso ao mesmo tempo que levantando com a mão. 32 **à destra** com a mão direita. 33 **aguilhada** vara comprida com ferrão na ponta, usada para tanger os bois. 34 **encastoada** engastada, embutida. 35 **refrega** luta, lida, faina. 36 **lombilho** modalidade rústica de selim. 37 **retovado** coberto ou revestido de couro. 38 **diserto** que se exprime com facilidade, simplicidade e elegância; bem falante.

despreocupado, tendo o trabalho como uma diversão que lhe permite as *disparadas*[39], domando distâncias, nas pastagens planas, tendo aos ombros, palpitando aos ventos, o pala[40] inseparável, como uma flâmula festivamente desdobrada.

As suas vestes são um traje de festa, ante a vestimenta rústica do vaqueiro. As amplas *bombachas*[41], adrede talhadas para a movimentação fácil sobre os *baguais*[42], no galope fechado ou no corcovear raivoso, não se estragam em espinhos diiaceradores de caatingas. O seu poncho vistoso jamais fica perdido, embaraçado nos esgalhos das árvores garranchentas. E, rompendo pelas coxilhas[43], arrebatadamente na marcha do redomão[44] desensofrido[45], calçando as largas botas russilhonas[46], em que retinem as rosetas das esporas de prata; lenço de seda, encarnado, ao pescoço; coberto pelo sombreiro de enormes abas flexíveis, e tendo à cinta, rebrilhando, presas pela *guaiaca*[47], a pistola e a faca – é um vitorioso jovial e forte. O cavalo, sócio inseparável desta existência algo romanesca, é quase objeto de luxo. Demonstra-o o arreamento complicado e espetaculoso. O gaúcho andrajoso[48] sobre um *pingo*[49] bem aperado[50] está decente, está corretíssimo. Pode atravessar sem vexames os vilarejos em festa.

O vaqueiro, porém, criou-se em condições opostas, em uma intermitência, raro perturbada, de horas felizes e horas cruéis, de abastança e misérias – tendo sobre a cabeça, como ameaça perene, o sol, arrastando de envolta no volver das estações, períodos sucessivos de devastações e desgraças.

Atravessou a mocidade numa intercadência de catástrofes. Fez-se homem, quase sem ter sido criança. Salteou-o, logo, intercalando-lhe

---

39 disparadas dispersão do gado, quando corre de repente e em várias direções. **40 pala** poncho leve, de tecido, com as pontas franjadas. **41 bombachas** calças muito largas em toda a perna, salvo no tornozelo, onde são presas por botões, típicas, sobretudo, do vestuário regional gaúcho. **42 baguais** cavalos espantadiços, assustados, indomáveis. **43 coxilhas** campinas com pequenas e contínuas elevações, arredondadas, típicas da planície sul-rio-grandense, em geral cobertas de pastagem, e onde se desenvolve a pecuária. **44 redomão** cavalo que ainda está sendo domado. **45 desensofrido** fogoso, irrequieto, ágil. **46 russilhonas** botas de cano alto para montaria. **47 guaiaca** cinto largo de couro, provido de pequenos bolsos, usado para se guardar dinheiro e objetos miúdos, e também para o porte de armas. **48 andrajoso** esfarrapado, malvestido. **49 pingo** cavalo bom, bonito e corredor. **50 aperado** encilhado com esmero, ajaezado.

agruras[51] – nas horas festivas da infância, o espantalho das secas no sertão. Cedo encarou a existência pela sua face tormentosa. É um condenado à vida. Compreendeu-se envolvido em combate sem tréguas, exigindo-lhe imperiosamente a convergência de todas as energias.

Fez-se forte, esperto, resignado e prático.

Aprestou-se, cedo, para a luta.

O seu aspecto recorda, vagamente, à primeira vista, o de guerreiro antigo exausto da refrega. As vestes são uma armadura. Envolto no *gibão*[52] de couro curtido, de bode ou de vaqueta; apertado no colete também de couro; calçando as *perneiras*[53], de couro curtido ainda, muito justas, cosidas às pernas e subindo até as virilhas, articuladas em *joelheiras*[54] de sola; e resguardados os pés e as mãos pelas *luvas* e *guarda-pés*[55] de pele de veado – é como a forma grosseira de um campeador[56] medieval desgarrado em nosso tempo.

Esta armadura, porém, de um vermelho pardo, como se fosse de bronze flexível, não tem cintilações, não rebrilha ferida pelo sol. É fosca e poenta. Envolve ao combatente de uma batalha sem vitórias...

A sela da montaria, feita por ele mesmo, imita o lombilho rio-grandense, mas é mais curta e cavada, sem os apetrechos luxuosos daquele. São acessórios uma manta de pele de bode, um couro resistente, cobrindo as ancas do animal, *peitorais*[57] que lhe resguardam o peito, e as *joelheiras* apresilhadas às juntas[58].

Este equipamento do homem e do cavalo talha-se à feição do meio. Vestidos doutro modo não romperiam, incólumes[59], as caatingas e os pedregais cortantes.

Nada mais monótono e feio, entretanto, do que esta vestimenta original, de uma só cor – o pardo avermelhado do couro curtido – sem

---

51 agruras dificuldades, obstáculos, aflições. **52 gibão** jaqueta ou casaco de couro curtido que se veste sobre a camisa. **53 perneiras** calças de couro ajustadas ao corpo. **54 joelheiras** peças de couro para proteger os joelhos. **55 guarda-pés** protetores de couro em forma de bota ou polainas. **56 campeador** cavaleiro. **57 peitorais** correias que cingem o peito do cavalo. **58** Comparar a seguinte passagem extraída de Saint-Hilaire: "Em breve começam as *vaquejadas* ou ajuntamento do gado, para ser marcado com o ferro distintivo da fazenda a que pertence. Vestido com seu *gibão*, *perneiras*, *guarda-peito* e *chapéu*, tudo de couro curtido, o vaqueiro cavalga dextro e veloz animal [...]" (J. C. Carvalho, pp. 32-33). **59 incólumes** livres de perigo, sãos e salvos.

uma variante, sem uma lista sequer diversamente colorida. Apenas, de longe em longe, nas raras *encamisadas*[60], em que aos descantes[61] da viola o matuto deslembra as horas fatigadas, surge uma novidade – um colete vistoso de pele de gato-do-mato ou de suçuarana, com o pelo mosqueado[62] virado para fora, ou uma bromélia rubra e álacre[63] fincada no chapéu de couro[64].

Isto, porém, é incidente passageiro e raro.

Extintas as horas do folguedo[65], o sertanejo perde o desgarre folgazão[66] – largamente expandido nos *sapateados*[67], em que o estalo seco das alpercatas sobre o chão se parte nos tinidos das esporas e soalhas[68] dos pandeiros, acompanhando a cadência das violas vibrando nos *rasgados*[69] – e cai na postura habitual, tosco, deselegante e anguloso, num estranho manifestar de desnervamento e cansaço extraordinários.

Ora, nada mais explicável do que este permanente contraste entre extremas manifestações de força e agilidade e longos intervalos de apatia.

Perfeita tradução moral dos agentes físicos da sua terra, o sertanejo do Norte teve uma árdua aprendizagem de reveses. Afez-se, cedo, a encontrá-los, de chofre, e a reagir, de pronto.

Atravessa a vida entre ciladas, surpresas repentinas de uma natureza incompreensível, e não perde um minuto de tréguas. É o batalhador perenemente combalido e exausto, perenemente audacioso e forte; preparando-se sempre para um recontro[70] que não vence e em que se não deixa vencer; passando da máxima quietude à máxima agitação; da

---

60 encamisadas grupos de mascarados que, a cavalo, envolvidos em amplos e longos camisolões brancos que lhes caíam até os pés, saíam durante o dia, ou à noite, com archotes, anunciando festas populares locais. Ainda existe este costume nas cavalhadas dramáticas. Euclides também dá a definição do termo na *Caderneta,* p. 17: "festa; cavalhada noturna com lanternas, cavaleiros vestidos de branco, os cavalos cobertos de alvas e compridas mantas". **61 descantes** cantigas populares acompanhadas de viola. **62 mosqueado** que tem malhas escuras, sarapintado. **63 álacre** viva, vistosa. **64** Curiosamente, Euclides corrigiu mais tarde o formato do chapéu do sertanejo, que num artigo de jornal era descrito como "de abas largas" (ver *Canudos e Inéditos,* p. 48). **65 folguedo** descanso, festa, divertimento. **66 desgarre folgazão** atitude alegre e galhofeira. **67 sapateados** danças populares em que se faz muito ruído com os saltos e as solas dos sapatos. **68 soalhas** as chapas metálicas dos pandeiros. **69 rasgados** movimentos no acompanhamento peculiar a certos instrumentos populares, como a guitarra, o violão, a viola de arame, que consistem em passar as unhas, sucessiva e rapidamente, sobre as cordas, sem as pontear. **70 recontro** embate, luta de pouca duração.

rede preguiçosa e cômoda para o lombilho duro, que o arrebata como um raio pelos arrastadores estreitos, em busca das malhadas[71]. Reflete, nestas aparências que se contrabatem, a própria natureza que o rodeia – passiva ante o jogo dos elementos e passando, sem transição sensível, de uma estação à outra, da maior exuberância à penúria dos desertos incendidos, sob o reverberar dos estios abrasantes.

É inconstante como ela. É natural que o seja. Viver é adaptar-se. Ela talhou-o à sua imagem: bárbaro, impetuoso, abrupto...

O gaúcho, o *pealador*[72] valente, é, certo, inimitável numa carga guerreira; precipitando-se, ao ressoar estrídulo dos clarins vibrantes, pelos pampas, com o conto[73] da lança enristada[74], firme no estribo; atufando-se loucamente nos *entreveros*[75]; desaparecendo, com um grito triunfal, na voragem[76] do combate, onde espadanam[77] cintilações de espadas; transmudando o cavalo em projétil e varando quadrados[78] e levando de rojo o adversário no rompão das ferraduras[79], ou tombando, prestes, na luta, em que entra com despreocupação soberana pela vida.

O jagunço é menos teatralmente heroico; é mais tenaz; é mais resistente; é mais perigoso; é mais forte; é mais duro.

Raro assume esta feição romanesca e gloriosa. Procura o adversário com o propósito firme de o destruir, seja como for.

Está afeiçoado aos prélios[80] obscuros e longos, sem expansões entusiásticas. A sua vida é uma conquista arduamente feita, em faina diuturna[81]. Guarda-a como capital precioso. Não esperdiça a mais ligeira contração muscular, a mais leve vibração nervosa sem a certeza do resultado. Calcula friamente o pugilato. Ao *riscar da faca*[82] não dá um golpe em falso. Ao apontar a lazarina longa ou o trabuco pesado[83], *dorme na pontaria...*[84]

---

71 **malhadas** rebanhos de bois. 72 **pealador** laçador. 73 **conto** a extremidade inferior da lança. 74 **enristada** posta em riste, em posição de investida. 75 **entreveros** misturas, desordens, confusões entre animais. 76 **voragem** turbilhão (*fig.*), tumulto. 77 **espadanam** jorram, rebrilham. 78 **quadrados** nas antigas fazendas, aglomerados de habitações de escravos. 79 **rompão das ferraduras** "salto" das ferraduras. 80 **prélios** combates, lutas. 81 **diuturna** diária. 82 **riscar da faca** manobrar a faca como se com ela estivesse desenhando no ar antes de golpear. 83 **lazarina** arma de fuzil e de pequeno calibre, de fabricação belga, outrora utilizada pelos pretos africanos; espingarda de passarinhar, de cano fino e longo; pica-pau. "O termo 'lazarina' viria do nome do armeiro italiano Lazarino Cominazzo.

Se, ineficaz o arremesso fulminante, o contrário[85] enterreirado não baqueia[86], o gaúcho, vencido ou pulseado[87], é fragílimo nas aperturas de uma situação inferior ou indecisa.

O jagunço, não. Recua. Mas no recuar é mais temeroso ainda. É um negacear[88] demoníaco. O adversário tem, daquela hora em diante, visando-o pelo cano da espingarda, um ódio inextinguível, oculto no sombreado das tocaias...[89]

OS VAQUEIROS

Esta oposição de caracteres acentua-se nas quadras normais.

Assim todo sertanejo é vaqueiro. À parte a agricultura rudimentar das *plantações da vazante*[90] pela beira dos rios, para a aquisição de cereais de primeira necessidade, a criação de gado é, ali, a sorte de trabalho menos impropriada ao homem e à terra.

Entretanto não há vislumbrar nas fazendas do sertão a azáfama[91] festiva das *estâncias*[92] do Sul.

Parar o rodeio[93] é para o gaúcho uma festa diária, de que as cavalhadas[94] espetaculosas são ampliação apenas. No âmbito estreito das mangueiras[95] ou em pleno campo, ajuntando o gado costeado[96] ou encalçando

---

Embora 'lazarina' signifique carabina (palavra da qual derivam 'clavina', 'carabinote' e 'clavinote'), na confusão de termos passam a designar também armas cuja operação caracteriza a espingarda (arma longa de alma lisa que em funcionamento típico dispara bagos múltiplos; segundo alguns autores 'clavina' indicaria carabina sem encaixe para baioneta). Nesta categoria acham-se também os chamados 'trabucos' ou 'bacamartes', que além daquela característica também possuem a boca em forma de sino, para facilitar a recarga e espalhar o chumbo". Consultar Barbieri, pp. 29-30. **84 dorme na pontaria** faz pontaria demorada antes de atirar. **85 contrário** adversário. Entenda-se: "Se, como resultado ineficaz do arremesso fulminante, o adversário (*contrário*) enterreirado não baqueia, o gaúcho...". **86 baqueia** deixa-se vencer, prostra-se. **87 pulseado** pego com força ou dominado pela força do adversário. **88 negacear** negaça, ilusão, jogo de aparências. **89** Este longo trecho sobre o sertanejo que começa na p. 207 já havia sido esboçado e publicado pelo Autor na edição de 19.1.1898 de *O Estado de S. Paulo* (ver Sousa Andrade, pp. 183-193). **90 plantações da vazante** plantio que se faz na beira de um rio ou açude depois de ser alagado pelas enchentes. **91 azáfama** trabalho muito ativo, atividade muito dinâmica. **92 estâncias** nome regional dado às fazendas do sul. **93 parar o rodeio** ajuntar o gado em determinado lugar do campo. **94 cavalhadas** folguedos populares que constam de uma espécie de justa ou torneio. **95 mangueiras** grandes currais de gado, de pedra ou de madeira, junto ao edifício da estância. Conhecidas também como *mangues*, lugares onde, segundo Euclides, "engorda-se boiada, cabendo animais aos milhares" (*Caderneta*, p. 16). **96 costeado** já trabalhado, amansado.

os bois esquivos, pelas sangas[97] e banhados, os pealadores, capatazes[98] e peões, preando[99] à ilhapa[100] dos laços o potro bravio, ou fazendo tombar, fulminado pelas bolas silvantes, o touro alçado, nas evoluções rápidas das carreiras, como se tirassem *argolinhas*[101], seguem no alarido e na alacridade[102] de uma diversão tumultuosa[103]. Nos trabalhos mais calmos, quando nos rodeios marcam o gado, curam-lhe as feridas, apartam os que se destinam às charqueadas[104], separam os novilhos *tambeiros*[105] ou escolhem os baguais condenados às chilenas[106] do domador, – o mesmo fogo que incandesce as marcas, dá as brasas para os ágapes[107] rudes de assados com couro ou ferve a água para o chimarrão amargo.

Decorre-lhes a vida variada e farta.

SERVIDÃO INCONSCIENTE; VIDA PRIMITIVA

O mesmo não acontece ao Norte. Ao contrário do estancieiro, o fazendeiro dos sertões vive no litoral, longe dos dilatados domínios que nunca viu, às vezes. Herdaram velho vício histórico. Como os opulentos sesmeiros[108] da colônia, usufruem, parasitariamente, as rendas das suas terras, sem divisas fixas. Os vaqueiros são-lhes servos submissos.

Graças a um contrato pelo qual percebem certa percentagem dos produtos, ali ficam, anônimos – nascendo, vivendo e morrendo na mesma quadra de terra – perdidos nos *arrastadores* e mocambos[109]; e cuidando, a vida inteira, fielmente, dos rebanhos que lhes não pertencem.

O verdadeiro dono, ausente, conhece-lhes a fidelidade sem par. Não os fiscaliza. Sabe-lhes, quando muito, os nomes[110].

---

97 **sangas** escavações profundas no terreno, produzidas pelas chuvas ou por correntes de água subterrâneas. 98 **capatazes** administradores de fazenda ou estância. 99 **preando** prendendo, aprisionando. 100 **ilhapa** a parte mais grossa do laço de pealar, a qual tem cerca de 1 m, estando a ela presa a argola. 101 **argolinhas** certo jogo popular que lembra a justa medieval. 102 **alacridade** vivacidade, alegria, entusiasmo. 103 Ver Viera de Aguiar, p. 169. 104 **charqueadas** estabelecimentos onde se charqueia a carne; saladeiro, tablada. 105 **tambeiros** bezerros cuja mãe foi ordenhada por algum tempo; novilhos mansos. 106 **chilenas** grandes esporas, cujas rosetas às vezes têm mais de meio palmo de diâmetro. 107 **ágapes** refeições rústicas que se tomam em comum. 108 **sesmeiros** aqueles a quem se concediam sesmarias ou lotes de terra inculta no tempo da Colônia para cultivar. 109 **mocambos** cerrados de mato, ou moitas, onde o gado costuma às vezes esconder-se. 110 O trecho acima se baseia na p. 6 do MS (ver Bernucci, pp. 142-145).

Envoltos, então, no traje característico, os sertanejos encourados erguem a choupana de pau a pique à borda das cacimbas, rapidamente, como se armassem tendas; e entregam-se, abnegados, à servidão que não avaliam.

A primeira coisa que fazem é aprender o *a b c* e, afinal, toda a exigência da arte em que são eméritos: conhecer os *ferros*[111] das suas fazendas e os das circunvizinhas. Chamam-se assim os sinais de todos os feitios, ou letras, ou desenhos caprichosos como siglas, impressos, por tatuagem a fogo, nas ancas do animal, completados pelos cortes, em pequenos ângulos, nas orelhas. *Ferrado* o boi, está garantido. Pode romper tranqueiras e tresmalhar-se. Leva, indelével[112], a indicação que o reporá na *solta*[113] primitiva. Porque o vaqueiro não se contentando com ter de cor os ferros de sua fazenda, aprende os das demais. Chega, às vezes, por extraordinário esforço de memória, a conhecer, uma por uma, não só as reses de que cuida, como as dos vizinhos, incluindo-lhes a genealogia e hábitos característicos, e os nomes, e as idades etc. Deste modo, quando surge no seu *logrador*[114] um animal alheio, cuja marca conhece, o restitui de pronto. No caso contrário, conserva o intruso, tratando-o como aos demais. Mas não o leva à feira anual, nem o aplica em trabalho algum; deixa-o morrer de velho. Não lhe pertence.

Se é uma vaca e dá cria, ferra a esta com o mesmo sinal desconhecido, que reproduz com perfeição admirável; e assim pratica com toda a descendência daquela. De quatro em quatro bezerros, porém, separa um, para si. É a sua paga. Estabelece com o patrão desconhecido o mesmo convênio que tem com o outro. E cumpre estritamente, sem juízes e sem testemunhas, o estranho contrato, que ninguém escreveu ou sugeriu.

Sucede muitas vezes ser decifrada, afinal, uma marca somente depois de muitos anos, e o criador feliz receber, ao invés da peça única que lhe

---

111 ferros marcas deixadas pelo ferro no couro do gado. **112 indelével** que não se pode apagar. **113 Nota do Autor:** Pastagens sem cerca, às vezes muito afastadas dos sítios. Têm o nome particular de *logrador* quando, mais próximas, estão em lugares aprazíveis. **Nota do Editor:** Euclides dá outra definição na *Caderneta,* p. 16: "lugares onde ficam para engordar os animais que não tiveram cotação na *feira*". **114 logrador** seção da fazenda de criação em lugar afastado, onde estão situados curral, aguada etc., e aonde vai o vaqueiro tratar o gado e principalmente dos animais feridos, que ali se restabelecem.

fugira e da qual se deslembrara, uma ponta de gado, todos os produtos dela.

Parece fantasia este fato, vulgar, entretanto, nos sertões.

Indicamo-lo como traço encantador da probidade[115] dos matutos. Os grandes proprietários da terra e dos rebanhos a conhecem. Têm, todos, com o vaqueiro o mesmo trato de parceria resumido na cláusula única de lhe darem, em troca dos cuidados que ele despende, um quarto dos produtos da fazenda. E sabem que nunca se violará a percentagem.

O ajuste de contas faz-se no fim do inverno e realiza-se, ordinariamente, sem que esteja presente a parte mais interessada. É formalidade dispensável. O vaqueiro separa escrupulosamente a grande maioria de novas cabeças pertencentes ao patrão (nas quais imprime o sinal da fazenda) das poucas, um quarto, que lhe couberam por sorte. Grava nestas o seu sinal particular; e conserva-as ou vende-as. Escreve ao patrão[116], dando-lhe conta minuciosa de todo o movimento do sítio, alongando-se aos mínimos pormenores; e continua na faina ininterrupta.

Esta, ainda que, em dadas ocasiões, fatigante, é a mais rudimentar possível. Não existe no Norte uma indústria pastoril. O gado vive e multiplica-se à gandaia[117]. Ferrados em junho, os garrotes novos perdem-se nas caatingas, com o resto das malhadas. Ali os rareiam epizootias[118] intensas, em que se sobrelevam[119] o *rengue*[120] e o *mal-triste*[121]. Os vaqueiros mal procuram atenuá-las. Restringem a atividade às corridas desabaladas[122] pelos arrastadores. Se a bicheira[123] devasta a tropa, sabem de

---

115 **probidade** qualidade de probo; integridade de caráter; honradez, pundonor. 116 **Nota do Autor:** Subscrevendo as cartas repugna-lhe a fórmula vulgar: *amº e criado*; substitui-a ingenuamente por outra: *seu amigo e vaqueiro F.* Às vezes, noticiando um desastre, um extravio da boiada, é de uma concisão alarmante: "Patrão e amigo. Participo-lhe que a sua boiada está no *despotismo*. Somente quatro bois deram o couro às varas. O resto *trovejou no mundo!*" **Nota do Editor: no despotismo** num lugar inacessível, não sabido, oculto; no mato; **deram o couro às varas** morreram; **trovejou no mundo** escapou em estampido pelos campos afora. Esta carta foi oferecida a Euclides pelo seu amigo Teodoro Sampaio. 117 **à gandaia** a esmo, à toa, ao léu. 118 **epizootias** doenças, contagiosas ou não, que atacam numerosos animais ao mesmo tempo e no mesmo lugar. 119 **sobrelevam** predominam, excedem. 120 **rengue** rengo ou doença nos quartos traseiros dos animais, que, impedindo-os praticamente de andar, os inutiliza para qualquer trabalho. 121 **mal-triste** babesíase ou infecção causada por protozoários do gênero *Babesia*, ao qual pertence o *B. bovis*, transmitidos por picadas de carrapato, que se multiplicam no sangue destruindo os glóbulos vermelhos; babesiose. 122 **desabaladas** desenfreadas, disparadas. 123 **bicheira** ferida nos animais, cheia de bichos, de vermes.

específico[124] mais eficaz que o mercúrio: a reza. Não precisam de ver o animal doente. Voltam-se apenas na direção em que ele se acha e rezam, tracejando no chão inextricáveis linhas cabalísticas[125]. Ou então, o que é ainda mais transcendente, curam-no pelo rastro[126].

E assim passam numa agitação estéril.

Raro, um incidente, uma variante alegre, quebra a sua vida monótona.

Solidários todos, auxiliam-se incondicionalmente em todas as conjunturas. Se foge a algum boi levantadiço[127], toma da guiada[128], põe pernas ao campeão, e ei-lo escanchado no rastro, jogado pelas veredas tiradas a facão. Se não pode levar avante a empresa, *pede campo*, frase característica daquela cavalaria rústica, aos companheiros mais vizinhos, e lá seguem todos, aos dez, aos vinte, rápidos, ruidosos, amigos – *campeando*[129], voando pelos tombadores[130] e esquadrinhando[131] as caatingas até que o bruto[132], *desautorizado*[133], *dê a venta*[134] no termo da corrida, ou tombe, de rijo[135], mancornado[136] às mãos possantes que se lhe aferram aos chifres[137].

A *VAQUEJADA*

Esta solidariedade de esforços evidencia-se melhor na *vaquejada*, trabalho consistindo essencialmente no reunir, e discriminar depois, os gados de diferentes fazendas convizinhas, que por ali vivem em comum, de mistura em um compáscuo[138] único e enorme, sem cercas e sem valos[139].

---

124 **específico** medicamento, remédio. 125 **cabalísticas** secretas, misteriosas, obscuras, esotéricas. 126 **curam-no pelo rastro** curam-no com orações depois de haverem encontrado as pisadas do animal e cruzado dois gravetos no chão. 127 **levantadiço** indócil, irrequieto, alevantado. 128 **Nota do Autor:** Nome dado ao ferrão alongado, aguilhada. 129 **campeando** andando pelo campo à procura do gado. 130 **tombadores** encostas, escarpas pedregosas e irregulares. 131 **esquadrinhando** examinando minuciosamente; vigiando com cuidado; investigando, pesquisando, perscrutando. 132 **bruto** animal indômito. 133 **desautorizado** (*fig.*) fugitivo. 134 **dê a venta** deixe-se apanhar. 135 **de rijo** com força, com energia. 136 **mancornado** com os cornos do touro presos pelas mãos, enquanto o derruba. 137 Notar como Euclides vem construindo a metáfora do vaqueiro, como personagem épico. O porte atlético (referido mais adiante) e a sugestão de levarem armaduras (*encourados*) deixam supor a imagem do herói de uma epopeia. O princípio utilizado ao longo do livro é acumulativo: Hércules, armaduras, Troia, titãs, Tebaida etc. 138 **compáscuo** pasto comum. 139 **valos** valas profundas que servem para demarcar terras ou domínios.

Realizam-na de junho a julho.

Escolhido um lugar mais ou menos central, as mais das vezes uma várzea complanada[140] e limpa, o *rodeador*[141], congrega-se a vaqueirama[142] das vizinhanças. Concertam nos dispositivos da empresa[143]. Distribuem-se as funções que a cada um caberão na lide[144]. E para logo, irradiantes pela superfície da arena, arremetem com as caatingas que a envolvem os encourados atléticos.

O quadro tem a movimentação selvagem e assombrosa de uma corrida de tártaros[145].

Desaparecem em minutos os sertanejos, perdendo-se no matagal circundante. O rodeio permanece por algum tempo deserto...

De repente estruge ao lado um estrídulo[146] tropel de cascos sobre pedras, um estrépito de galhos estalando, um estalar de chifres embatendo; tufa nos ares, em novelos, uma nuvem de pó; rompe, a súbitas, na clareira, embolada[147], uma ponta[148] de gado; e, logo após, sobre o cavalo que estaca esbarrado[149], o vaqueiro, teso[150] nos estribos...

Traz apenas exígua[151] parte do rebanho. Entrega-a aos companheiros que ali ficam, *de esteira*[152]; e volve em galope desabalado, renovando a pesquisa. Enquanto outros repontam além, mais outros, sucessivamente, por toda a banda, por todo o âmbito do rodeio, que se anima, e tumultua em disparos: bois às marradas[153] ou escarvando[154] o chão, cavalos curveteando, confundidos e embaralhados sobre os plainos vibrantes num prolongado rumor de terremoto. Aos lados, na caatinga, os menos felizes se agitam às voltas com os marruás[155] recalcitrantes[156]. O touro

---

140 complanada nivelada, plana. **141 rodeador** nos campos, local onde vaqueiros reúnem, para revista, magotes ou pontas de gado; rodeio. **142 vaqueirama** reunião de vaqueiros, no inverno, para efetuarem a apartação ou vaquejada. **143** Entenda-se: "Discutem o empreendimento, a vaqueirama, procurando chegar a um acordo". **144 lide** lida, trabalho, tarefa. **145 tártaros** naturais ou habitantes da Tartária, antiga URSS. Muçulmanos, os tártaros carregaram o estigma de serem povos bárbaros, como os mouros. Dominaram a região da ex-União Soviética do século XIII até o XV. **146 estrídulo** estridente. **147 embolada** entrelaçada, emaranhada. **148 ponta** pequena porção de animais. **149 esbarrado** parado repentinamente pelo cavaleiro que o faz escorregar sobre as patas traseiras; assentado. **150 teso** rijo, tenso. **151 exígua** diminuta, escassa. **152 de esteira** de vigia. **153 às marradas** arremetendo com a cornada e batendo com a cabeça; dando cabeçadas. **154 escarvando** cavando superficialmente, solapando. **155 marruás** novilhos que não foram amansados; bois bravos. **156 recalcitrantes** teimosos, obstinados.

largado[157] ou o garrote vadio[158] em geral refoge[159] à revista. Afunda na caatinga. Segue-o o vaqueiro. Cose-se-lhe[160] no rastro. Vai com ele às últimas bibocas[161]. Não o larga; até que surja o ensejo para um ato decisivo: alcançar repentinamente o fugitivo, de arranco[162]; cair logo para o lado da sela, suspenso num estribo e uma das mãos presa às crinas do cavalo; agarrar com a outra a cauda do boi em disparada e com um repelão fortíssimo, de banda, derribá-lo pesadamente em terra... Põe-lhe depois a *peia* ou a máscara de couro, levando-o jugulado[163] ou vendado para o rodeador.

Ali o recebem ruidosamente os companheiros. Conta-lhes a façanha. Contam-lhe outras idênticas; e trocam-se as impressões heroicas numa adjetivação *ad hoc*[164], que vai num crescendo do *destalado*[165] ríspido ao *temero*[166] pronunciado num trêmulo enrouquecido e longo.

Depois, ao findar do dia, a última tarefa: contam as cabeças reunidas. Apartam-nas. Separam-se, seguindo cada um para sua fazenda tangendo por diante as reses respectivas. E pelos ermos ecoam melancolicamente as notas do *aboiado*...[167]

Entretanto, mesmo ao cabo desta faina penosa, surgem outras maiores.

...E A ARRIBADA

Segue a boiada vagarosamente, à cadência daquele canto triste e preguiçoso. Escanchado, desgraciosamente, na sela, o vaqueiro, que a revê unida e acrescida de novas crias, rumina os lucros prováveis: o que toca ao patrão, e o que lhe toca a ele, pelo trato feito. Vai dali mesmo contando as peças destinadas à feira; considera, aqui, um velho boi que ele conhece há dez anos e nunca levou à feira, mercê de[168] uma amizade

---

157 largado de que ninguém mais cuida, por ser indomável. **158 vadio** indisciplinado, indomável, largado. **159 refoge** torna a escapar, consegue escapulir. **160 cose** persegue. **161 bibocas** covas, barrocas ou grotas remotas. **162 de arranco** de súbito, com ímpeto. **163 jugulado** subjugado pelo pescoço. **164 ad hoc** (*lat.*) utilizada especificamente para descrever esse tipo de façanha. **165 destalado** desembaraçado, tagarela, audacioso. **166 temero** terrível. **167 Nota do Autor:** *Aboiar* – Cantar à frente do gado; toada pouco variada e triste, serve para guiar e pacificar as reses e sobre estas exercer muita influência quando saudosa e em viagem (Juvenal Galeno, *Lendas e Canções*). **168 mercê de** graças a, em virtude de.

antiga; além, um mumbica[169] claudicante[170], em cujo flanco se enterra estrepe agudo, que é preciso arrancar; mais longe, mascarado, cabeça alta e desafiadora, seguindo apenas guiado pela compressão dos outros, o garrote bravo, que subjugou, pegando-o, *de saia*[171], e derrubando-o, na caatinga; acolá, soberbo, caminhando folgado, porque os demais o respeitam, abrindo-lhe em roda um claro, largo pescoço, envergadura de búfalo, o touro vigoroso, inveja de toda a redondeza, cujas armas rígidas e curtas[172] relembram, estaladas[173], rombas[174] e cheias de terra, guampaços[175] formidáveis, em luta com os rivais possantes, nos logradouros; além, para toda a banda, outras peças, conhecidas todas, revivendo-lhe todas, uma a uma, um incidente, um pormenor qualquer da sua existência primitiva e simples.

E prosseguem, em ordem, lentos, ao toar merencório[176] da cantiga, que parece acalentá-los, embalando-os com o refrão[177] monótono:

Ê cou mansão
Ê cou... é cão...

ecoando saudoso nos descampados mudos...

De súbito, porém, ondula um frêmito[178] sulcando, num estremeção repentino, aqueles centenares de dorsos luzidios. Há uma parada instantânea. Entrebatem-se, enredam-se, trançam-se e alteiam-se fisgando vivamente o espaço, e inclinam-se, e embaralham-se milhares de chifres. Vibra uma trepidação no solo; e a boiada *estoura*...[179]

A boiada arranca.

Nada explica, às vezes, o acontecimento, aliás vulgar, que é o desespero dos campeiros.

---

169 mumbica bezerro pequeno, magro ou raquítico. **170 claudicante** manco, vacilante. **171 de saia** pelo rabo. **172** Euclides se refere aqui aos chifres do animal. **173 estaladas** lascadas ou quebradas. **174 rombas** desgastadas, diminuídas de tamanho. **175 guampaços** chifradas, corneadas. **176 merencório** melancólico. **177 refrão** estribilho. O significado deste vocábulo está dado na última página de *Os Sertões*, na seção "Notas à 2ª Edição", p. 709 (Consultar S. Romero, p. 271). **178 frêmito** tremor, estremecimento, vibração. **179 Nota do Autor:** *Estourar, arrancar*, ou *arribar* a boiada, são sinônimos do mesmo fato que nos sertões do Norte reproduzem, talvez mais intensas, as *disparadas* dos pampas.

Origina-o o incidente mais trivial – o súbito voo rasteiro de uma araquã[180] ou a corrida de um mocó esquivo. Uma rês se espanta e o contágio, uma descarga nervosa subitânea, transfunde o espanto sobre o rebanho inteiro. É um solavanco único, assombroso, atirando, de pancada[181], por diante, revoltos, misturando-se embolados, em vertiginosos disparos, aqueles maciços corpos tão normalmente tardos e morosos.

E lá se vão: não há mais contê-los ou alcançá-los. Acamam-se[182] as caatingas, árvores dobradas, partidas, estalando em lascas e gravetos; desbordam[183] de repente as baixadas num marulho[184] de chifres; estrepitam, britando e esfarelando as pedras, torrentes de cascos pelos tombadores; rola surdamente pelos tabuleiros ruído soturno e longo de trovão longínquo...

Destroem-se em minutos, feito montes de leivas[185], antigas roças penosamente cultivadas; extinguem-se, em lameiros revolvidos, as ipueiras rasas; abatem-se, apisoados, os pousos; ou esvaziam-se, deixando-os os habitantes espavoridos, fugindo para os lados, evitando o rumo retilíneo em que se despenha a "arribada", – milhares de corpos que são um corpo único, monstruoso, informe, indescritível, de animal fantástico, precipitado na carreira doida. E sobre este tumulto, arrodeando-o, ou arremessando-se impetuoso na esteira de destroços, que deixa após si aquela avalanche viva, largado numa disparada estupenda sobre barrancas, e valos, e cerros, e galhadas – enristado o ferrão, rédeas soltas, soltos os estribos, estirado sobre o lombilho, preso às crinas do cavalo – o vaqueiro!

Já se lhe tem associado, em caminho, os companheiros, que escutaram, de longe, o estouro da boiada[186]. Renova-se a lida: novos esforços,

---

180 araquã ave galiforme da família dos cracídeos, gênero *Ortalis*, com cinco espécies no Brasil. Vivem a maior parte do tempo nas árvores, raramente vindo ao chão; e se alimentam sobretudo de pequenos frutos e vegetais em geral. O gênero é diferenciado de outros cracídeos por ter a maxila mais alta que larga, barba interior das rêmiges da mão não recortada, e garganta com uma estria de penas no meio. Var.: aracuã, arancuã, aranquã. **181 de pancada** de chofre, de repente, de golpe. **182 acamam-se** deitam-se pisoteadas pelo gado. **183 desbordam** enchem em demasia, transbordam. **184 marulho** agitação, tumulto. **185 montes de leivas** montes de terra deixados na faixa entre os sulcos feitos pelo arado. **186** Esta cena do "estouro da boiada" provavelmente teria sido baseada no romance de Franklin Távora, *Lourenço* (1881). Certos escritores, como Rui Barbosa, certamente pensando nesta bela descrição que nos deu Euclides, procuraram estilizá-la. Consultar "O 'Estouro da Boiada' (Pesquisa à Margem de um Texto de *Os Sertões*)" de Émerson Ribeiro Oliveira.

novos arremessos, novas façanhas, novos riscos e novos perigos a despender, a atravessar e a vencer, até que o boiadão, não já pelo trabalho dos que o encalçam e rebatem pelos flancos senão pelo cansaço, a pouco e pouco afrouxe e estaque, inteiramente abombado[187].

Reaviam-no à vereda da fazenda[188]; e ressoam, de novo, pelos ermos, entristecedoramente, as notas melancólicas do aboiado.

TRADIÇÕES

Volvem os vaqueiros ao pouso e ali, nas redes bamboantes, relatando as peripécias da vaquejada ou famosas aventuras de feira, passam as horas matando, na significação completa do termo, o tempo, e desalterando-se[189] com a umbuzada saborosíssima, ou merendando a iguaria incomparável de jerimum[190] com leite.

Se a quadra é propícia, e vão bem as plantações da vazante, e viça o *panasco*[191] e o *mimoso* nas soltas dilatadas, e nada revela o aparecimento da seca, refinam a ociosidade nos braços da preguiça benfazeja. Seguem para as vilas se por lá se fazem festas de cavalhadas e mouramas[192], divertimentos anacrônicos que os povoados sertanejos reproduzem, intactos, com os mesmos programas de há três séculos. E entre eles a exótica *encamisada*, que é o mais curioso exemplo do aferro às mais remotas tradições. Velhíssima cópia das vetustas[193] quadras dos fossados[194] ou arrancadas[195] noturnas, na Península, contra os castelos árabes, e de todo esquecida na terra onde nasceu, onde a sua mesma significação é hoje inusitado[196] arcaísmo[197], esta diversão dispendiosa e interessante, feita à luz de lanternas e archotes, com os seus longos cortejos de homens a pé,

---

187 **abombado** exausto, arquejante. 188 **à vereda** isto é, "no caminho de volta". 189 **desalterando-se** aplacando a própria sede. 190 **jerimum** abóbora. 191 **panasco** erva de pasto, da família das umbelíferas (*Peucedanum satirum*). 192 **mouramas** festa folclórica de antiga tradição portuguesa, em que os cavaleiros divididos em dois bandos – mouros e cristãos – aparecem vestidos respectivamente de trajes festivos vermelhos e azuis. Ensaiam corridas e estocadas, empunhando piquetes de madeira (ver S. Romero, p. 226. 193 **vetustas** antigas). 194 **fossados** investidas ou correrias em território inimigo. 195 **arrancadas** fossados. 196 **inusitado** incomum. O significado deste vocábulo está dado na última página do livro, na seção "Notas à 2ª Edição", p. 709. 197 **Nota do Autor:** *Encamisada* (Ant.) Assalto noturno em que as tropas vestiam camisões por disfarce. – C. de Figueiredo, *Novo Dicionário da Língua Portuguesa*.

vestidos de branco, ou à maneira de muçulmanos, e outros a cavalo em animais estranhamente ajaezados[198], desfilando rápidos, em escaramuças e simulados recontros, é o encanto máximo dos matutos folgazãos[199].

Nem todos, porém, a compartem. Baldos[200] de recursos para se alongarem das rancharias, agitam-se, então, nos folguedos costumeiros. Encourados de novo, seguem para os sambas e cateretês[201] ruidosos, os solteiros, famanazes[202] no desafio, sobraçando[203] os machetes[204], que vibram no *choradinho* ou *baião*[205], e os casados levando toda a *obrigação*, a família. Nas choupanas em festa recebem-se os convivas com estrepitosas salvas de ronqueiras[206] e como em geral não há espaço para tantos, arma-se fora, no terreiro varrido, revestido de ramagens, mobiliado de cepos[207], e troncos, e raros tamboretes[208], mas imenso, alumiado pelo luar e pelas estrelas, o salão do baile. *Despontam o dia* com uns largos tragos de aguardente, a *teimosa*. E rompem estridulamente os sapateados vivos.

Um cabra destalado ralha na viola. Serenam, em vagarosos meneios[209], as caboclas bonitas. Revoluteia[210], "brabo e corado", o sertanejo moço.

Nos intervalos travam-se os desafios.

Enterreiram-se[211], adversários, dois cantores rudes. As rimas saltam e casam-se em quadras muita vez belíssimas[212].

198 ajaezados animais com todos os seus arreios e elegantemente enfeitados. **199** Ver Viera de Aguiar, p. 169. **200 baldos** carentes, faltos. **201 cateretês** danças rurais, em fileiras opostas e cantadas, e cujo nome indica origem tupi, mas que coreograficamente se mostra muito influenciada pelos processos africanos de dançar; catira. **202 famanazes** famosos, de muita fama. **203 sobraçando** mantendo seguro ou metendo debaixo do braço. **204 machetes** cavaquinhos. **205 choradinho ou baião** dança e canto popular, ao som da viola e de outros instrumentos, derivada do baiano. Conhecida também como baiano ou chorado. Esses nomes também se aplicam ao pequeno trecho instrumental que os contendores executam nos desafios para dar tempo ao adversário de preparar a sua resposta. **206 ronqueiras** cano de ferro cheios de pólvora, presos a uma tora de madeira, e que detonam com vivo estrondo. **207 cepos** toros ou pedaços de toro cortados transversalmente. **208 tamboretes** banquinhos de madeira. **209 meneios** gestos, ademãs, balanços, gingas. **210 revoluteia** agita, abala. **211 enterreiram-se** desafiam-se. **212 Nota do Autor:** *Famanaz no desafio* – grande repentista. *Choradinho e baião* – danças vulgares no Norte. *Despontar o dia* – o primeiro gole de qualquer bebida no começo da função. *Destalado, brabo e corado, bala e onça, destabocado* e outros – são termos comuns, significando todo indivíduo forte, hábil etc. *Serenar na dança* – dançar muito vagarosamente, sem fazer barulho com os pés. *Ralhar na viola* – tocar ruidosamente com habilidade. A denominação *teimosa*, dada à cachaça, é de uma filosofia adorável. Nada diz melhor a atração que ela exerce sobre aqueles valentes e o desejo nunca realizado que eles têm, de evitá-la. **Nota do Editor:** Estas quadras se encontram em Juvenal Galeno, *Lendas e Canções*. Ver também S. Romero, p. 271.

Nas horas de Deus, amém,
Não é zombaria, não!
Desafio o mundo inteiro
Pra cantar nesta função!

O adversário retruca logo, levantando-lhe o último verso da quadra:

Pra cantar nesta função,
Amigo, meu camarada,
Aceita teu desafio
O *fama* deste sertão!

É o começo da luta que só termina quando um dos bardos[213] se engasga numa rima difícil e titubeia, repenicando[214] nervosamente o machete, sob uma avalanche de risos saudando-lhe a derrota. E a noite vai deslizando rápida no folguedo que se generaliza, até que as *barras venham quebrando*[215] e cantem as sericoias nas ipueiras, dando o sinal de debandar[216] ao agrupamento folgazão.

Terminada a festa volvem os vaqueiros à tarefa rude ou à rede preguiçosa.

Alguns, de ano em ano, arrancam[217] dos pousos tranquilos para remotas paragens. Transpõem o S. Francisco; mergulham nos *gerais* enormes do ocidente, vastos planaltos indefinidos em que se confundem as bacias daquele e do Tocantins em alagados de onde partem os rios indiferentemente para o levante e para o poente; e penetram em Goiás, ou, avantajando-se mais para o norte, as serras do Piauí.

Vão à compra de gados. Aqueles lugares longínquos, pobres e obscuros vilarejos que o Porto Nacional estrema, animam-se, então, passageiramente, com a romaria dos *baianos*. São os autocratas[218] das feiras. Dentro da armadura de couro, galhardos, brandindo a *guiada*, sobre os

---

213 **bardos** poetas. 214 **repenicando** percutindo ou fazendo soar de maneira rápida, leve e repetida, o cavaquinho. 215 Entenda-se: "E a noite vai deslizando [...] até que surjam as cores avermelhadas da aurora, isto é, até que amanheça". 216 **debandar** dissipar, dispersar. 217 **arrancam** partem ou saem com ímpeto ou de repente. 218 **autocratas** os soberanos, os que dominam.

cavalos ariscos, entram naqueles vilarejos com um desgarre atrevido de triunfadores felizes. E ao tornarem – quando não se perdem para todo o sempre sem tino[219] na *travessia* perigosa dos descampados uniformes – reatam a mesma vida monótona e primitiva...

A SECA

De repente, uma variante trágica.
Aproxima-se a seca.
O sertanejo adivinha-a e prefixa-a graças ao ritmo singular com que se desencadeia o flagelo.
Entretanto não foge logo, abandonando a terra a pouco e pouco invadida pelo limbo[220] candente que irradia do Ceará.
Buckle, em página notável, assinala a anomalia de se não afeiçoar nunca, o homem, às calamidades naturais que o rodeiam. Nenhum povo tem mais pavor aos terremotos que o peruano; e no Peru as crianças ao nascerem têm o berço embalado pelas vibrações da terra[221].
Mas o nosso sertanejo faz exceção à regra. A seca não o apavora. É um complemento à sua vida tormentosa, emoldurando-a em cenários tremendos. Enfrenta-a, estoico[122]. Apesar das dolorosas tradições que conhece através de um sem-número de terríveis episódios, alimenta a todo o transe[223] esperanças de uma resistência impossível.
Com os escassos recursos das próprias observações e das dos seus maiores, em que ensinamentos práticos se misturam a extravagantes crendices, tem procurado estudar o mal, para o conhecer, suportar e suplantar. Aparelha-se com singular serenidade para a luta. Dois ou três meses antes do solstício[224] de verão, espeça[225] e fortalece os muros dos

---

219 tino perspicácia, juízo. **220 limbo** ar, bafo. **221** A ideia central contida na primeira frase pode ser encontrada em Buckle (p. 111) em sua paráfrase do texto (*South-Sea Whaling Voyage*) de Thomas Beale (p. 205). A segunda frase, concluindo o pensamento do historiador inglês, é criação livre de Euclides. **222 estoico** impassível ante a dor e a adversidade. **223 a todo o transe** a todo custo, à viva força. **224 solstício** época em que o Sol passa pela sua maior declinação austral, e durante a qual cessa de afastar-se do Equador. O solstício de verão se situa nos dias 22 ou 23 de dezembro para a maior declinação austral do Sol. **225 espeça** escora.

açudes, ou limpa as cacimbas. Faz os roçados e arregoa[226] as estreitas faixas de solo arável à orla dos ribeirões. Está preparado para as plantações ligeiras à vinda das primeiras chuvas.

Procura em seguida desvendar o futuro. Volve o olhar para as alturas; atenta longamente nos quadrantes; e perquire os traços mais fugitivos das paisagens...

Os sintomas do flagelo despontam-lhe, então, encadeados em série, sucedendo-se inflexíveis, como sinais comemorativos de uma moléstia cíclica, da sezão[227] assombradora da Terra. Passam as "chuvas do caju"[228] em outubro, rápidas, em chuvisqueiros prestes delidos[229] nos ares ardentes, sem deixarem traços; e *pintam*[230] as caatingas, aqui, ali, por toda a parte, mosqueadas de tufos pardos de árvores marcescentes[231], cada vez mais numerosos e maiores, lembrando cinzeiros de uma combustão abafada, sem chamas; e greta-se o chão[232]; e abaixa-se vagarosamente o nível das cacimbas... Do mesmo passo nota que os dias, estuando[233] logo ao alvorecer, transcorrem abrasantes, à medida que as noites se vão tornando cada vez mais frias. A atmosfera absorve-lhe, com avidez de esponja, o suor na fronte, enquanto a armadura de couro, sem mais a flexibilidade primitiva, se lhe endurece aos ombros, esturrada, rígida, feito uma couraça de bronze. E ao descer das tardes, dia a dia menores e sem crepúsculos, considera, entristecido, nos ares, em bandos, as primeiras aves emigrantes, transvoando a outros climas...[234]

É o prelúdio da sua desgraça.

Vê-o acentuar-se, num crescendo, até dezembro.

Precautela-se: revista, apreensivo, as malhadas. Percorre os logradouros longos. Procura entre as chapadas que se esterilizam várzeas mais benignas para onde tange os rebanhos. E espera, resignado, o dia 13 da-

---

226 **arregoa** abre regos em, regoa. 227 **sezão** febre cíclica como a da malária. 228 **chuvas do caju** chuvas finas de setembro e outubro que caem principalmente nas serras. Conhecidas também como chuvas de maturi. Euclides possivelmente extraiu esta informação do livro de Charles Frederick Hartt, *Geology and Physical Geography of Brazil*, p. 485. 229 **delidos** dissoltos, desfeitos. 230 **pintam** salpicam, esborrifam. 231 **marcescentes** que murcham, que secam. 232 Ver J. M. Caminhoá (J. C. de Carvalho, p. 30). 233 **estuando** aquecendo muito. 234 Ver uma descrição muito parecida em J. de Alencar, *O Sertanejo*, p. 13.

quele mês. Porque, em tal data, usança[235] avoenga lhe faculta[236] sondar o futuro, interrogando a Providência.

É a experiência tradicional de Santa Luzia. No dia 12 ao anoitecer expõe ao relento, em linha, seis pedrinhas de sal, que representam, em ordem sucessiva da esquerda para a direita, os seis meses vindouros, de janeiro a junho. Ao alvorecer de 13 observa-as: se estão intactas, pressagiam a seca; se a primeira apenas se deliu, transmudada em aljôfar[237] límpido, é certa a chuva em janeiro; se a segunda, em fevereiro; se a maioria ou todas, é inevitável o inverno benfazejo[238].

Esta experiência é belíssima. Em que pese ao estigma supersticioso, tem base positiva, e é aceitável desde que se considere que dela se colhe a maior ou menor dosagem de vapor d'água nos ares, e, dedutivamente, maiores ou menores probabilidades de depressões barométricas, capazes de atrair o afluxo das chuvas.

Entretanto, embora tradicional, esta prova deixa ainda vacilante o sertanejo. Nem sempre desanima, ante os seus piores vaticínios[239]. Aguarda, paciente, o equinócio da primavera[240], para definitiva consulta aos elementos[241]. Atravessa três longos meses de expectativa ansiosa e no dia de S. José, 19 de março, procura novo augúrio[242], o último.

Aquele dia é para ele o índice dos meses subsequentes. Retrata-lhe, abreviadas em doze horas, todas as alternativas climáticas vindouras. Se durante ele chove, será chuvoso o inverno: se, ao contrário, o sol atravessa abrasadoramente o firmamento claro, estão por terra todas as suas esperanças[243].

A seca é inevitável.

---

235 usança hábito antigo e tradicional. **236 faculta** ocorre. **237 aljôfar** gota de água. **238 Nota do Autor:** "Conta-se que no Ceará fizeram esta experiência diante do naturalista George Gardner; mas o sábio fazendo observações meteorológicas, e chegando a um resultado diferente do atestado pela santa, exclamou em seu português atravessado: *Non! Non! Luzia mentiu...*" (Sílvio Romero, "A Poesia Popular no Brasil"). **Nota do Editor:** Ver pp. 202-203 da obra citada. **239 vaticínios** profecias. **240 equinócio da primavera** ponto vernal ou o dia 21 de março, quando se registra, ao cortar o Sol – no seu movimento anual aparente, o Equador celeste – uma igual duração do dia e da noite. É o início da primavera. **241 elementos** na ciência da Antiguidade, cada uma das substâncias básicas: a terra, o ar, a água e o fogo. Aqui, devemos entender aqueles elementos básicos da natureza: o ar ou os ventos, o voo dos pássaros e os diferentes aspectos que toma o céu. **242 augúrio** agouro, presságio. **243** Ver esta descrição em Tomás Pompeu de Sousa Brasil, p. 35.

INSULAMENTO NO DESERTO

Então se transfigura. Não é mais o indolente incorrigível ou o impulsivo violento, vivendo às disparadas pelos arrastadores. Transcende a sua situação rudimentar. Resignado e tenaz, com a placabilidade[244] superior dos fortes, encara de fito a fatalidade incoercível; e reage. O heroísmo tem nos sertões, para todo o sempre perdidas, tragédias espantosas. Não há revivê-las ou episodiá-las. Surgem de uma luta que ninguém descreve – a insurreição da terra contra o homem. A princípio este reza, olhos postos na altura. O seu primeiro amparo é a fé religiosa. Sobraçando os santos milagreiros, cruzes alçadas, andores erguidos, bandeiras do Divino[245] ruflando, lá se vão, descampados em fora, famílias inteiras – não já os fortes e sadios senão os próprios velhos combalidos e enfermos claudicantes, carregando aos ombros e à cabeça as pedras dos caminhos, mudando os santos de uns para outros lugares. Ecoam largos dias, monótonas, pelos ermos, por onde passam as lentas procissões propiciatórias[246], as ladainhas tristes. Rebrilham longas noites nas chapadas, pervagantes[247], as velas dos penitentes... Mas os céus persistem sinistramente claros; o sol fulmina a terra; progride o espasmo[248] assombrador da seca. O matuto considera a prole apavorada; contempla entristecido os bois sucumbidos, que se agrupam sobre as fundagens[249] das ipueiras, ou, ao longe, em grupos erradios e lentos, pescoços dobrados, acaroados[250] com o chão, em mugidos prantivos "farejando a água"; – e sem que se lhe amorteça a crença, sem duvidar da Providência que o esmaga, murmurando às mesmas horas as preces costumeiras, apresta-se[251] ao sacrifício. Arremete de alvião[252] e enxada com a terra, buscando nos

---

244 **placabilidade** tranquilidade, serenidade, placidez. 245 Alude-se aqui a um dos cultos mais populares no Brasil, o do Divino Espírito Santo, comemorado no dia de Pentecostes, cinco semanas depois da Páscoa. Muito antes da chegada do dia santo, faz-se uma coleta para a festa em lugares públicos, sempre acompanhada de violeiros que cantam músicas em louvor ao Santo. Empunha-se na mesma ocasião uma bandeira colorida com uma pomba branca, um dos emblemas do Divino. Ver S. Romero, p. 195. 246 **propiciatórias** para aplacar a ira divina. 247 **pervagantes** que cruzam, atravessam, vagam. 248 **espasmo** convulsão, agonia, suplício. 249 **fundagens** sedimentos ou resíduos que ficam no fundo d'água. 250 **acaroados** com a cara tocando o chão. 251 **apresta-se** prepara-se. 252 **alvião** enxadão.

estratos inferiores a água que fugiu da superfície. Atinge-os às vezes; outras, após enormes fadigas, esbarra em uma laje que lhe anula todo o esforço despendido; e outras vezes, o que é mais corrente, depois de desvendar tênue lençol líquido subterrâneo, o vê desaparecer um, dois dias passados, evaporando-se sugado pelo solo. Acompanha-o tenazmente, reprofundando a mina, em cata do tesouro fugitivo. Volve, por fim, exausto, à beira da própria cova que abriu, feito um desenterrado. Mas como frugalidade rara lhe permite passar os dias com alguns manelos[253] de paçoca, não se lhe afrouxa, tão de pronto, o ânimo.

Ali está, em torno, a caatinga, o seu celeiro agreste. Esquadrinha-o. Talha em pedaços os mandacarus que desalteram, ou as ramas verdoengas dos juazeiros que alimentam os magros bois famintos; derruba os estípites[254] dos ouricuris e rala-os, amassa-os, cozinha-os, fazendo um pão sinistro, o *bró*[255], que incha os ventres num enfarte[256] ilusório, empanzinando o faminto; atesta[257] os jiraus[258] de coquilhos[259]; arranca as raízes túmidas dos umbuzeiros, que lhe dessedentam[260] os filhos, reservando para si o sumo adstringente[261] dos cladódios do "xiquexique", que enrouquece ou extingue a voz de quem o bebe, e demasia-se em trabalhos, apelando infatigável para todos os recursos, – forte e carinhoso – defendendo-se e estendendo à prole abatida e aos rebanhos confiados a energia sobre-humana.

Baldam-se-lhe, porém, os esforços.

A natureza não o combate apenas com o deserto. Povoa-a, contrastando com a fuga das seriemas, que emigram para outros tabuleiros, e

---

253 manelos punhados. **254 estípites** estipes ou caules das palmeiras e fetos arborescentes, que são indivisos e terminam por uma coroa de folhas. **255 bró** "[...] não é mais do que um amargo *pó de serra* extraído, a pancadas de machado, do tronco do *nicuri* [ouricuri] (*Cocos coronata*); depois levam-no [*sic*] e torram. O uso frequente desta substância ocasiona inflamações de toda espécie e até suspende a *regra* às mulheres, que ficam anêmicas e inchadas" (Vieira de Aguiar, p. 76). Farinha de pau, preparada da medula da palmeira ouricuri, consumida em tempos de seca. **256 enfarte** estado de satisfação depois de comer. **257 atesta** abastece. **258 jiraus** quaisquer armações de madeira em forma de estrado ou palanque. **259 coquilhos** plantas da família das canáceas (*Canna glauca*), nativas na Amazônia, de rizoma tuberoso, comestível, caule e folhas glaucas, flores amareladas, e cujo fruto encerra sementes de albume córneo. **260 dessedentam** saciam, matam a sede, desalteram. Entenda-se: "arranca as raízes [...] que matam a sede dos seus filhos". **261 adstringente** que aperta ou que amarra como certas frutas verdes (por exemplo, a banana verde).

jandaias[262], que fogem para o litoral remoto, uma fauna cruel. Miríades de morcegos agravam a magrém, abatendo-se sobre o gado, dizimando-o. Chocalham as cascavéis, inúmeras, tanto mais numerosas quanto mais ardente o estio, entre as macegas recrestadas.

À noite, a suçuarana traiçoeira e ladra, que lhe rouba os bezerros e os novilhos, vem beirar a sua rancharia pobre.

É mais um inimigo a suplantar.

Afugenta-a e espanta-a, precipitando-se com um tição aceso no terreiro deserto. E se ela não recua, assalta-a. Mas não a tiro porque sabe que desviada a mira, ou pouco eficaz o chumbo, a onça, "vindo em cima da fumaça", é invencível[263].

O pugilato é mais comovente. O atleta enfraquecido, tendo à mão esquerda a forquilha e à direita a faca, irrita e desafia a fera, provoca-lhe o bote e apara-a no ar, trespassando-a de um golpe.

Nem sempre, porém, pode aventurar-se à façanha arriscada. Uma moléstia extravagante completa a sua desdita – a hemeralopia[264]. Esta falsa cegueira é paradoxalmente feita pelas reações da luz; nasce dos dias claros e quentes, dos firmamentos fulgurantes, do vivo ondular dos ares em fogo sobre a terra nua. É uma pletora[265] do olhar. Mal o sol se esconde no poente a vítima nada mais vê. Está cega. A noite afoga-a, de súbito, antes de envolver a terra. E na manhã seguinte a vista extinta lhe revive, acendendo-se no primeiro lampejo do levante, para se apagar, de novo, à tarde, com intermitência dolorosa.

Renasce-lhe com ela a energia. Ainda se não considera vencido. Restam-lhe, para desalterar e sustentar os filhos, os talos tenros, os *mangarás*[266] das bromélias selvagens. Ilude-os com essas iguarias bárbaras.

Segue, a pé agora, porque se lhe parte o coração só de olhar para o cavalo, para os logradouros. Contempla ali a ruína da fazenda: bois espectrais, vivos não se sabe como, caídos sob as árvores mortas, mal

---

262 **jandaias** maritacas, papagaios. 263 A seguinte descrição foi baseada na de Vieira Aguiar, *Descrições*, p. 52. 264 **hemeralopia** distúrbio visual em que há baixa acentuada de visão quando diminui a luminosidade do ambiente, sendo normal a visão diurna. 265 **pletora do olhar** exposição excessiva dos olhos à luz muito intensa. 266 **mangarás** pontas terminais e tenras da inflorescência das bromélias, formada pelas brácteas que cobrem as pequenas pencas de flores abortadas; corações.

soerguendo o arcabouço murcho sobre as pernas secas, marchando vagarosamente, cambaleantes; bois mortos há dias e intactos, que os próprios urubus rejeitam, porque não rompem a bicadas as suas peles esturradas[267]; bois jururus[268], em roda da clareira de chão entorroado[269] onde foi a aguada predileta; e, o que mais lhe dói, os que ainda não de todo exaustos o procuram, e o circundam, confiantes, urrando em longo apelo triste que parece um choro.

E nem um cereus avulta mais em torno; foram ruminadas as últimas ramas verdes dos juás...[270]

Trançam-se, porém, ao lado, impenetráveis renques[271] de macambiras. É ainda um recurso. Incendeia-os, batendo o isqueiro nas acendalhas das folhas ressequidas para os despir, em combustão rápida, dos espinhos. E quando os rolos de fumo se enovelam e se diluem no ar puríssimo, veem-se, correndo de todos os lados, em tropel moroso de estropiados[272], os magros bois famintos, em busca do último repasto[273].

Por fim tudo se esgota e a situação não muda. Não há probabilidades sequer de chuvas. A casca dos marizeiros não transuda, prenunciando-as. O Nordeste persiste intenso, rolando, pelas chapadas, zunindo em prolongações uivadas na galhada[274] estrepitante das caatingas e o sol alastra, reverberando no firmamento claro, os incêndios inextinguíveis da canícula. O sertanejo, assoberbado de reveses, dobra-se afinal.

Passa certo dia, à sua porta, a primeira turma de "retirantes". Vê-a, assombrado, atravessar o terreiro, miseranda[275], desaparecendo adiante, numa nuvem de poeira, na curva do caminho... No outro dia, outra. E outras. É o sertão que se esvazia.

Não resiste mais. Amatula-se[276] num daqueles bandos, que lá se vão caminho em fora, debruando de ossadas as veredas, e lá se vai ele no êxodo penosíssimo para a costa, para as serras distantes, para quaisquer lugares onde o não mate o elemento primordial da vida[277].

267 **esturradas** estorricadas, queimadas. 268 **jururus** abatidos, acabrunhados. 269 **entorroado** convertido em torrões. 270 Comparar esta descrição com a de J. de Alencar em *O Sertanejo*, p. 13. 271 **renques** fileiras. 272 **estropiados** fatigados, doloridos de tanto caminhar. 273 **repasto** alimento, refeição. Ver J. M. Caminhoá (J. C. de Carvalho, p. 30). 274 **galhada** ramagem. 275 **miseranda** miserável, lastimável, deplorável. 276 **amatula-se** junta-se ou agrega-se. 277 **o elemento primordial da vida** o sol.

Atinge-os[278]. Salva-se.

Passam-se meses. Acaba-se o flagelo. Ei-lo de volta. Vence-o saudade do sertão. Remigra[279]. E torna feliz, revigorado, cantando; esquecido de infortúnios, buscando as mesmas horas passageiras da ventura perdidiça e instável, os mesmos dias longos de transes[280] e provações demorados.

RELIGIÃO MESTIÇA;...

Insulado deste modo no país que o não conhece, em luta aberta com o meio, que lhe parece haver estampado na organização e no temperamento a sua rudeza extraordinária, nômade ou mal fixo à terra, o sertanejo não tem, por bem dizer, ainda capacidade orgânica para se afeiçoar à situação mais alta.

O círculo estreito da atividade remorou-lhe[281] o aperfeiçoamento psíquico. Está na fase religiosa de um monoteísmo incompreendido, eivado[282] de misticismo extravagante, em que se rebate o fetichismo[283] do índio e do africano. É o homem primitivo, audacioso e forte, mas ao mesmo tempo crédulo, deixando-se facilmente arrebatar pelas superstições mais absurdas. Uma análise destas revelaria a fusão de estádios emocionais distintos.

A sua religião é, como ele – mestiça.

Resumo dos caracteres físicos e fisiológicos das raças de que surge, sumaria-lhes identicamente as qualidades morais. É um índice da vida de três povos. E as suas crenças singulares traduzem essa aproximação violenta de tendências distintas. É desnecessário descrevê-las. As lendas arrepiadoras do *caapora*[284] travesso e maldoso, atravessando célere, montado em caititu arisco, as chapadas desertas, nas noites misteriosas

---

278 Entenda-se: "consegue chegar até esses lugares". 279 **remigra** volta ao lugar de origem. 280 **transes** crises, perigos. 281 **remorou-lhe** retardou-lhe, demorou-lhe. 282 **eivado** contaminado. 283 **fetichismo** culto de objetos materiais, considerados como a encarnação de um espírito, ou em ligação com ele, e possuidores de virtude mágica. 284 **caapora** ente fantástico oriundo da mitologia tupi, representado, segundo as regiões, ou com a forma de uma mulher unípede que anda aos saltos, ou como uma criança de cabeça grandíssima, ou como um cabloclinho encantado, ou como um homem agigantado, montado num porco-do-mato, ou com um pé só, redondo, seguido do cachorro papa--mel etc.; caipora.

de luares claros; os *sacis* diabólicos, de barrete[285] vermelho à cabeça, assaltando o viandante retardatário, nas noites aziagas[286] das sextas-feiras, de parceria com os *lobisomens* e *mulas sem cabeça* noctívagos[287]; todos os mal-assombramentos, todas as *tentações do maldito* ou do diabo – esse trágico emissário dos rancores celestes em comissão na terra; as rezas dirigidas a S. Campeiro, canonizado *in partibus*[288], ao qual se acendem velas pelos campos, para que favoreça a descoberta de objetos perdidos; as benzeduras cabalísticas para curar os animais, para *amassar* e *vender sezões*[289]; todas as visualidades[290], todas as aparições fantásticas, todas as profecias esdrúxulas[291] de messias[292] insanos; e as romarias piedosas; e as missões; e as penitências... todas as manifestações complexas de religiosidade indefinida, são explicáveis.

...SEUS FATORES HISTÓRICOS

Não seria difícil caracterizá-las como uma mestiçagem de crenças. Ali estão, francos, o antropismo[293] do selvagem, o animismo[294] do africano e, o que é mais, o próprio aspecto emocional da raça superior, na época do descobrimento e da colonização.

Este último é um caso notável de atavismo, na história.

Considerando as agitações religiosas do sertão e os evangelizadores e messias singulares, que, intermitentemente, o atravessam, ascetas[295] mortificados de flagícios[296], encalçados sempre pelos sequazes[297] numerosos, que fanatizam, que arrastam, que dominam, que endoidecem –

---

285 barrete gorro de tecido mole. **286 aziagas** de mau agouro, azarentas. **287 noctívagos** que andam ou vagueiam de noite, noctâmbulos. **288 *in partibus*** isto é, *in partibus infidelium*; não oficial, não efetivo, nominal. Para o trecho acima, consulte-se S. Romero, p. 202. **289 amarrar e vender sezões** na fonte desse trecho se encontra: *vender ou amarrar as sezões*, ou seja, para "curar as febres". Ver S. Romero, p. 265. **290 visualidades** miragens, visagens. **291 esdrúxulas** esquisitas, extravagantes. **292 messias** líder carismático a quem, acredita-se, Deus comunica algo de seu poder ou autoridade. **293 antropismo** antropomorfismo ou sistema consistente em imaginar os deuses ou as coisas dotados de qualidades humanas. **294 animismo** tendência a considerar todos os seres da natureza como dotados de vida e capazes de agir conforme uma finalidade. **295 ascetas** aqueles que praticam a ascese ou exercícios práticos (jejum, orações, sacrifícios, flagícios etc.) que os levam à efetiva realização da virtude, à plenitude da vida moral. Por extensão: santos, beatos. **296 flagícios** flagelos, tormentos, torturas. **297 sequazes** seguidores, acompanhantes, partidários.

espontaneamente recordamos a fase mais crítica da alma portuguesa, a partir do final do século XVI, quando, depois de haver por momentos centralizado a história, o mais interessante dos povos caiu, de súbito, em decomposição rápida, mal disfarçada pela corte oriental de D. Manuel.

O povoamento do Brasil fez-se, intenso, com D. João III, precisamente no fastígio de completo desequilíbrio moral, quando "todos os terrores da Idade Média tinham cristalizado no catolicismo peninsular"[298].

Uma grande herança de abusões[299] extravagantes, extinta na orla marítima pelo influxo modificador de outras crenças e de outras raças, no sertão ficou intacta. Trouxeram-na as gentes impressionáveis, que afluíram para a nossa terra, depois de desfeito no Oriente o sonho miraculoso da Índia[300]. Vinham cheias daquele misticismo feroz, em que o fervor religioso reverberava à candência forte das fogueiras inquisitoriais, lavrando[301] intensas na Península. Eram parcelas do mesmo povo que em Lisboa, sob a obsessão dolorosa dos milagres e assaltado de súbitas alucinações, via, sobre o paço[302] dos reis, ataúdes agoureiros[303], línguas de flamas misteriosas, catervas de mouros de albornozes[304] brancos, passando processionalmente; combates de paladinos[305] nas alturas... E da mesma gente que após Alcácer-Quibir, em plena "caquexia[306] nacional", segundo o dizer vigoroso de Oliveira Martins, procurava, ante a ruína iminente, como salvação única, a fórmula superior das esperanças messiânicas[307].

De feito, considerando as desordens sertanejas, hoje, e os messias insanos que as provocam, irresistivelmente nos assaltam, empolgantes, as figuras dos profetas peninsulares de outrora – o rei de *Penamacor*[308], o rei

---

298 Ler em Oliveira Martins, *História de Portugal*, vol. II, p. 39: "Os terrores fúnebres da Idade Média tinham cristalizado no catolicismo peninsular". **299 abusões** crendices, superstições. **300** Grandes navegadores, os portugueses alcançaram as costas do Oceano Índico no final do século XV e a partir dessa data passaram a colonizá-la. Submeteram várias regiões sob o seu domínio (Goa, Damão, Timor, Diu) e embora logo perdessem o seu poder imperial, conservaram por muito tempo uma das colônias naquelas regiões (Macau, até dezembro de 1999). **301 lavrando** alastrando, propagando. **302 paço** palácio. **303 agoureiros** agourentos, que anunciam desgraça. **304 albornozes** grandes mantos de lã com capuz, usados pelos árabes. **305 paladinos** cavaleiros de grande coragem e habilidade. **306 caquexia** debilitamento, enfraquecimento. **307** A citação provém da *História de Portugal*, vol. II, p. 63. **308 rei de Penamacor** em 1584, nas faldas da Serra da Estrela, em Portugal, junto à fronteira com a Espanha, surgiu um oleiro que percorrendo a região contava estórias sobre a guerra marroquina e se dizia ser D. Sebastião. O embuste chegou ao conhecimento das autoridades

da Ericeira[309], errantes pelas faldas[310] das serras, devotados ao martírio, arrebatando na mesma idealização, na mesma insânia, no mesmo sonho doentio, as multidões crendeiras.

Esta justaposição histórica calca-se sobre três séculos. Mas é exata, completa, sem dobras. Imóvel o tempo sobre a rústica sociedade sertaneja, despeada do movimento geral da evolução humana, ela respira ainda na mesma atmosfera moral dos iluminados[311] que encalçavam, doidos, o Miguelinho ou o Bandarra. Nem lhe falta, para completar o símile, o misticismo político do *sebastianismo*[312]. Extinto em Portugal, ele persiste todo, hoje, de modo singularmente impressionador, nos sertões do Norte.

Mas não antecipemos.

CARÁTER VARIÁVEL DA RELIGIOSIDADE SERTANEJA:...

Estes estigmas atávicos tiveram entre nós, favoráveis, as reações do meio, determinando psicologia especial.

O homem dos sertões – pelo que esboçamos – mais do que qualquer outro está em função imediata da terra. É uma variável dependente no jogar dos elementos. Da consciência da fraqueza para os debelar, resulta, mais forte, este apelar constante para o maravilhoso, esta condição inferior de pupilo[313] estúpido da divindade. Em paragens mais benéficas a necessidade de uma tutela[314] sobrenatural não seria tão imperiosa. Ali, porém, as tendências pessoais como que se acolchetam[315] às vicissitudes externas e deste entrelaçamento resulta, copiando o contraste que observamos entre a exaltação impulsiva e a apatia enervadora da atividade, a

---

portuguesas que o castigaram em praça pública e depois o condenaram às galés perpétuas. **309 rei da Ericeira** em 1585, ao pé da Serra de Sintra, em Portugal, junto ao mar, apareceu um pedreiro, Mateus Álvares, que se apresentou como D. Sebastião. Teve a mão direita cortada pelas autoridades portuguesas, como castigo pela ousadia de assinar papéis como se fossem reais. Morreu no cadafalso. **310 faldas** sopés ou fraldas das montanhas. **311 iluminados** indivíduos que se consideram inspirados ou tocados por forças divinas. **312 sebastianismo** movimento messiânico, que se intensificou no final do século XVII, cuja principal crença era na volta do rei português D. Sebastião, derrotado e desaparecido em Alcácer-Quibir, Marrocos. **313 pupilo** protegido, aluno, órfão menor a cargo de tutor. **314 tutela** defesa, amparo, proteção dada por um tutor a um pupilo. **315 acolchetam** unem, enfeixam.

indiferença fatalista pelo futuro e a exaltação religiosa. Os ensinamentos dos missionários não poderiam exercitar-se estremes[316] das tendências gerais da sua época. Por isto, como um palimpsesto[317], a consciência imperfeita dos matutos revela nas quadras agitadas, rompendo dentre os ideais belíssimos do catolicismo incompreendido, todos os estigmas de estádio inferior.

É que, mesmo em períodos normais, a sua religião é indefinida e vária. Da mesma forma que os negros hauçás, adaptando à liturgia todo o ritual *iorubano*[318], realizam o fato anômalo, mas vulgar mesmo na capital da Bahia, de seguirem para as solenidades da Igreja por ordem dos fetiches[319], os sertanejos, herdeiros infelizes de vícios seculares, saem das missas consagradas para os ágapes selvagens dos *candomblés* africanos ou *poracés*[320] do tupi. Não espanta que patenteiem, na religiosidade indefinida, antinomias surpreendentes.

Quem vê a família sertaneja, ao cair da noite, ante o oratório tosco ou registo[321] paupérrimo, à meia-luz das candeias de azeite, orando pelas almas dos mortos queridos, ou procurando alentos[322] à vida tormentosa, encanta-se.

O culto dos mortos é impressionador. Nos lugares remotos, longe dos povoados, inumam-nos[323] à beira das estradas, para que não fiquem de todo em abandono, para que os rodeiem sempre as preces dos viandantes[324], para que nos ângulos da cruz deponham estes, sempre, uma flor, um ramo, uma recordação fugaz mas renovada sempre. E o vaqueiro que segue arrebatadamente, estaca, prestes, o cavalo, ante o humilde mo-

---

316 **estremes** livres, independentes. 317 **palimpsesto** manuscrito antigo sob cujo texto se descobre, em alguns casos a olho desarmado, mas na maioria das vezes recorrendo a técnicas especiais (por exemplo, processo químico), a escrita ou escritas anteriores. Em razão de sua escassez ou alto preço, o material de escritura, geralmente feito de pergaminho, era aproveitado várias vezes; daí deixar as marcas das escrituras anteriores que nem sempre era possível eliminar. 318 **hauçás** e **iorubanos** entre os vários nomes atribuídos aos grupos africanos escravizados no Brasil, estes dois proveem respectivamente do norte da Nigéria (século XIX) e do grupo sudanês da África Ocidental, que vivia no sudoeste da Nigéria, no Daomé (atualmente, sul do Benim) e no Togo. 319 **fetiches** ídolos, amuletos. 320 **poracés** danças religiosas dos índios, ao som do maracá, do tambor e da flauta. 321 **registo** imagem de santo ou de objetos de devoção. 322 **alentos** ânimo, conforto espiritual, coragem. O uso da palavra no plural pelo Autor é incomum. 323 **inumam** enterram. 324 **viandantes** caminhantes, viajantes.

numento – uma cruz sobre pedras arrumadas – e, a cabeça descoberta, passa vagaroso, rezando pela salvação de quem ele nunca viu talvez, talvez de um inimigo.

A terra é o exílio insuportável, o morto um bem-aventurado sempre[325].

O falecimento de uma criança é um dia de festa. Ressoam as violas na cabana dos pobres pais, jubilosos entre as lágrimas; referve o samba turbulento; vibram nos ares, fortes, as coplas[326] dos desafios; enquanto, a uma banda, entre duas velas de carnaúba, coroado de flores, o anjinho exposto espelha, no último sorriso paralisado, a felicidade suprema da volta para os céus, para a felicidade eterna – que é a preocupação dominadora daquelas almas ingênuas e primitivas[327].

No entanto há traços repulsivos no quadro desta religiosidade de aspectos tão interessantes, aberrações brutais, que a derrancam[328] ou maculam.

...A "PEDRA BONITA"...

As agitações sertanejas, do Maranhão à Bahia, não tiveram ainda um historiador. Não as esboçaremos sequer. Tomemos um fato, entre muitos, ao acaso.

No termo[329] de Pajeú, em Pernambuco, os últimos rebentos das formações graníticas da costa se alteiam, em formas caprichosas, na serra *Talhada*, dominando, majestosos, toda a região em torno e convergindo em largo anfiteatro[330] acessível apenas por estreita garganta, entre muralhas a pique. No âmbito daquele, como púlpito gigantesco, ergue-se um bloco solitário – a *Pedra Bonita*.

---

325 Entenda-se: O vocábulo *terra* está por sofrimento, vida corpórea, assim como *morto* está por felicidade eterna em oposição ao céu. 326 **coplas** pequenas composições poéticas antigas, geralmente em quadras, para ser cantadas. 327 Consultar S. Romero, p. 264. 328 **derrancam** estragam, pervertem, depravam. 329 **termo** subdivisão da comarca, sob a jurisdição de um juiz ou pretor. 330 **anfiteatro** porção de terreno de forma semicircular ou ovalada, formada por rochas circundantes na encosta duma montanha. A comparação do Autor inverte, logicamente, a disposição original do anfiteatro, como fosso semicircular ou ovalado formado geralmente pela erosão do terreno, o que o faz semelhante aos antigos teatros gregos.

Este lugar foi, em 1837, teatro de cenas que recordam as sinistras solenidades religiosas dos achantis[331]. Um mamaluco ou cafuz, um iluminado, ali congregou toda a população dos sítios convizinhos e, engrimpando-se[332] à pedra, anunciava, convicto, o próximo advento do reino encantado do rei d. Sebastião. Quebrada a pedra, a que subira, não a pancadas de marreta, mas pela ação miraculosa do sangue das crianças, esparzido[333] sobre ela em holocausto, o grande rei irromperia envolto de sua guarda fulgurante, castigando, inexorável, a humanidade ingrata, mas cumulando[334] de riquezas os que houvessem contribuído para o *desencanto*.

Passou pelo sertão um frêmito de nevrose...[335]

O transviado[336] encontrara meio propício ao contágio da sua insânia. Em torno da ara[337] monstruosa comprimiam-se as mães erguendo os filhos pequeninos e lutavam, procurando-lhes a primazia no sacrifício... O sangue espadanava sobre a rocha jorrando, acumulando-se em torno; e afirmam os jornais do tempo, em cópia tal que, depois de desfeita aquela lúgubre farsa, era impossível a permanência no lugar infeccionado.

Por outro lado, fatos igualmente impressionadores contrabatem tais aberrações. A alma de um matuto é inerte ante as influências que a agitam. De acordo com estas pode ir da extrema brutalidade ao máximo devotamento.

Vimo-la, neste instante, desvairada pelo fanatismo. Vejamo-la transfigurada pela fé.

...E MONTE SANTO

Monte Santo é um lugar lendário.

Quando, no século XVII, as descobertas das minas determinaram a atração do interior sobre o litoral, os aventureiros que ao norte investiam com o sertão, demandando as serras da Jacobina, arrebatados pela

---

[331] **achantis** ou acantis; povo que vive na região de Gana, na África Centro-Oeste. Está composto de inúmeras tribos cuja religião é uma mistura de animismo com adoração dos ancestrais. No passado praticavam sacrifícios humanos. [332] **engrimpando** subindo às grimpas, elevando. [333] **esparzido** espargido, derramado, espalhado. [334] **cumulando** concedendo em grande quantidade. [335] **frêmito de nevrose** vibração, comoção com tremor dos nervos, sensação espasmódica. [336] **transviado** diz-se daquele que se desviou dos padrões éticos e sociais vigentes. [337] **ara** altar.

miragem das minas de prata e rastreando o itinerário enigmático de Belchior Dias, ali estacionavam longo tempo. A serra solitária – a *Piquaraçá* dos roteiros caprichosos – dominando os horizontes, norteava-lhes a marcha vacilante[338].

Além disto, atraía-os por si mesma, irresistivelmente.

É que em um de seus flancos, escritas em caligrafia ciclópica[339] com grandes pedras arrumadas, apareciam letras singulares – um A, um L e um S – ladeadas por uma cruz, de modo a fazerem crer que estava ali e não avante, para o ocidente ou para o sul, o *el-dorado*[340] apetecido.

Esquadrinharam-na, porém, debalde[341] os êmulos[342] do Muribeca astuto, seguindo, afinal, para outros rumos, com as suas tropas de potiguaras[343] mansos e forasteiros armados de biscainhos...[344]

A serra desapareceu outra vez entre as chapadas que domina...

No fim do século passado, porém, descobriu-a um missionário – Apolônio de Todi. Vindo da missão de Maçacará, o maior apóstolo do Norte impressionou-se tanto com o aspecto da montanha, "achando-a semelhante ao calvário de Jerusalém", que planeou logo a ereção de uma capela. Ia ser a primeira do mais tosco e do mais imponente templo da fé religiosa.

Descreve o sacerdote, longamente, o começo e o curso dos trabalhos e o auxílio franco que lhe deram os povoadores dos lugares próximos. Pinta a última solenidade, procissão majestosa e lenta ascendendo a montanha, entre as rajadas de tufão violento que se alteou das planícies apagando as tochas; e, por fim, o sermão terminal da penitência, exortando o povo a "que nos dias santos viesse visitar os santos lugares, já que vivia em tão grande desamparo das coisas espirituais".

"E aqui, termina, sem pensar em mais nada disse que daí em diante não chamariam mais serra de *Piquaraçá,* mas sim *Monte Santo*."

---

338 Ver pp. 95 e 141 da presente edição. 339 **ciclópica** à maneira dos monumentos antigos construídos com enormes blocos de pedra irregulares. 340 **el-dorado** região imaginária e paradisíaca, abundante em riquezas, que se dizia existir na América meridional. 341 **debalde** inutilmente, em vão. 342 **êmulos** imitadores. 343 **potiguaras** índios potiguares da tribo indígena tupi que habitavam as margens do rio Paraíba do Norte, PB. 344 **biscainhos** mosquetes que tinham alcance maior que as espingardas comuns.

E fez-se o templo prodigioso, monumento erguido pela natureza e pela fé, mais alto que as mais altas catedrais da terra.

A população sertaneja completou a empresa do missionário.

Hoje, quem sobe a extensa *via-sacra* de três quilômetros de comprimento, em que se erigem, a espaços, vinte e cinco capelas de alvenaria, encerrando painéis dos *passos*[345], avalia a constância e a tenacidade do esforço despendido.

Amparada por muros capeados; calçada, em certos trechos; tendo, noutros, como leito, a rocha viva talhada em degraus ou rampeada, aquela estrada branca, de quartzito, onde ressoam, há cem anos, as litanias[346] das procissões da quaresma e têm passado legiões de penitentes, é um prodígio de engenharia rude e audaciosa. Começa investindo com a montanha, segundo a normal[347] de máximo declive, em rampa de cerca de vinte graus. Na quarta ou quinta capelinha inflete à esquerda e progride menos íngreme. Adiante, a partir da capela maior – ermida interessantíssima ereta num ressalto da pedra a cavaleiro do abismo, volta à direita, diminuindo de declive até à linha de cumeadas. Segue por esta segundo uma selada[348] breve. Depois se alteia, de improviso, retilínea, em ladeira forte, arremetendo com o vértice pontiagudo do monte, até ao *Calvário*, no alto!

À medida que ascende, ofegante, estacionando nos *passos*, o observador depara perspectivas que seguem num crescendo de grandezas soberanas: primeiro os planos das chapadas e tabuleiros, esbatidos embaixo em planícies vastas; depois as serranias remotas, agrupadas, longe, em todos os quadrantes; e, atingindo o alto, o olhar a cavaleiro das serras – o espaço indefinido, a emoção estranha de altura imensa, realçada pelo aspecto da pequena vila, embaixo, mal percebida na confusão caótica dos telhados.

E quando, pela *Semana Santa*, convergem ali as famílias da redondeza e passam os crentes pelos mesmos flancos em que vaguearam outrora, inquietos de ambição, os aventureiros ambiciosos, vê-se que Apolônio

---

345 passos quadros da via-sacra que representam os episódios da Paixão de Cristo. **346 litanias** ladainhas. **347 normal** reta perpendicular a uma curva ou superfície. **348 selada** depressão na lombada de uma elevação.

de Todi, mais hábil que o Muribeca, decifrou o segredo das grandes letras de pedra, descobrindo o *el-dorado* maravilhoso, a mina opulentíssima oculta no deserto...

AS MISSÕES ATUAIS

Infelizmente o apóstolo não teve continuadores. Salvo raríssimas exceções, o missionário moderno é um agente prejudicialíssimo no agravar todos os desequilíbrios do estado emocional dos *tabaréus*. Sem a altitude dos que o antecederam, a sua ação é negativa: destrói, apaga e perverte o que incutiram de bom naqueles espíritos ingênuos os ensinamentos dos primeiros evangelizadores, dos quais não tem o talento e não tem a arte surpreendente da transfiguração das almas. Segue vulgarmente processo inverso do daqueles: não aconselha e consola, aterra e amaldiçoa; não ora, esbraveja. É brutal e traiçoeiro. Surge das dobras do hábito escuro como da sombra de uma emboscada armada à credulidade incondicional dos que o escutam. Sobe ao púlpito das igrejas do sertão e não alevanta a imagem arrebatadora dos céus; descreve o inferno truculento e flamívomo, numa algaravia[349] de frases rebarbativas[350] a que completam gestos de maluco e esgares[351] de truão.

É ridículo, e é medonho. Tem o privilégio estranho das bufonerias melodramáticas. As parvoíces[352] saem-lhe da boca trágicas.

Não traça ante os matutos simples a feição honesta e superior da vida – não a conhece; mas brama em todos os tons contra o pecado; esboça grosseiros quadros de torturas; e espalha sobre o auditório fulminado avalanches de penitências, extravagando largo tempo, em palavrear interminável, fungando as pitadas habituais e engendrando catástrofes, abrindo alternativamente a caixa de rapé e a boceta de Pandora...[353]

E alucina o sertanejo crédulo; alucina-o, deprime-o, perverte-o.

---

349 algaravia linguagem confusa e ininteligível. **350 rebarbativas** irritantes, antipáticas, desagradáveis. **351 esgares** trejeitos ou caretas de sem-vergonha, demagogo, cínico. **352 parvoíces** babaquices, besteiras. **353** A expressão significa que, ao mesmo tempo, o Conselheiro fala de coisas mundanas (caixa de rapé) como de catástrofes cósmicas (boceta de Pandora). Segundo o poeta grego Hesíodo (século VIII a.C.), Zeus enviou Pandora à terra com uma caixa que continha todos os males do mundo.

Busquemos um exemplo único, o último.

Em 1850 os sertões de Cariri foram alvorotados pelas depredações dos *Serenos*[354], exercitando o roubo em larga escala.

Aquela denominação indica *companhias de penitentes*[355] que à noite, nas encruzilhadas ermas, em torno das cruzes misteriosas, se agrupavam, adoidadamente, numa agitação macabra de flagelantes, impondo-se o cilício[356] dos espinhos, das urtigas e outros duros tratos de penitência. Ora, aqueles agitados saíram certo dia, repentinamente, da matriz do Crato, dispersos, em desalinho – mulheres em prantos, homens apreensivos, crianças trementes – em procura dos flagícios duramente impostos. Dentro da igreja, missionários recém-vindos haviam profetizado próximo fim do mundo. Deus o dissera – em mau português, em mau italiano e em mau latim – estava farto dos desmandos[357] da terra...

E os desvairados foram pelos sertões em fora, esmolando, chorando, rezando, numa mândria[358] deprimente, e como a caridade pública não os podia satisfazer a todos, acabaram – roubando.

Era fatal. Os instrutores do crime foram, afinal, infelicitar outros lugares e a justiça a custo reprimiu o banditismo incipiente[359].

---

354 **Serenos** penitentes ou romeiros. 355 **companhias de penitentes** grupos ou séquitos de penitentes. 356 **cilício** pequena túnica ou cinto ou cordão, de crina, de lã áspera, às vezes com farpas de madeira, que, por penitência, se trazia vestido diretamente sobre a pele. 357 **desmandos** abusos, indisciplinas, desobediências, excessos. 358 **mândria** malandrice, vadiagem. 359 **Nota do Autor:** *Memória sobre o Estado da Bahia*, 1893, publicação oficial feita em 1893, pormenoriza a fundação de Monte Santo. Sobre a *Pedra Bonita*, leia-se o livro de Araripe Júnior, *O Reino Encantado*, onde o acontecimento, brilhantemente romanceado, se desdobra com todos os seus aspectos emocionantes. **Nota do Editor:** A descrição de Monte Santo se encontra às pp. 525-528 do *Memórias*. Consultar ainda: Nina Rodrigues, pp. 135-139; Pereira de Queiroz, pp. 200-202.

IV

ANTÔNIO CONSELHEIRO, DOCUMENTO VIVO DE ATAVISMO

É natural que estas camadas profundas da nossa estratificação étnica se sublevassem numa anticlinal¹ extraordinária – Antônio Conselheiro...
A imagem é corretíssima.

Da mesma forma que o geólogo interpretando a inclinação e a orientação dos estratos truncados de antigas formações esboça o perfil de uma montanha extinta, o historiador só pode avaliar a altitude daquele homem, que por si nada valeu, considerando a psicologia da sociedade que o criou. Isolado, ele se perde na turba² dos nevróticos³ vulgares. Pode ser incluído numa modalidade qualquer de psicose progressiva⁴. Mas posto em função do meio, assombra. É uma diátese⁵, e é uma síntese⁶. As

---

1 **anticlinal** dobra, curvamento ou flexão que sofrem as rochas, cujos flancos se voltam para baixo e cuja convexidade se volta para cima; anticlíneo. Com esta imagem o Autor sugere que os mesmos princípios da análise geológica se aplicam à do fenômeno Antônio Conselheiro. As várias estratificações rochosas e as suas diferentes posições, sejam contíguas ou superpostas, ajudam o geólogo a deduzir sobre a existência e idade de montanhas em épocas remotas. Assim, camadas mais antigas afloram à terra superpondo-se às estratificações mais recentes. O paralelo é extremamente ilustrativo, porque através dele entendemos como um indivíduo arcaico – o Conselheiro – chegou à "superfície" da História. O asceta é o resultado de toda uma longa e complexa tradição dos fanatismos religiosos que agora se atualiza nos sertões do Nordeste. Mas como tal, explica também o seu desequilíbrio psíquico como indivíduo. 2 **turba** bando, multidão. 3 **nevróticos** neuróticos. 4 **psicose progressiva** psicopatia que se desenvolve a passos lentos mas firmes. O diagnóstico é de Nina Rodrigues, exposto no artigo "A Loucura Epidêmica de Canudos", depois republicado no livro *As Coletividades Anormais*, 1939. Tanto Nina Rodrigues como Euclides sustentavam as teorias europeias, vindas principalmente da França e da Itália sobre as loucuras coletivas. Estas marcaram de modo acentuado as ciências sociais do século XIX. 5 **diátese** disposição geral em virtude da qual um indivíduo reage de maneiras especiais a determinados estímulos ambientais ou do meio, o que lhe confere uma tendência a ser mais suscetível do que o habitual a certas doenças. 6 **síntese** conjunto dos caracteres individuais de um grupo enfeixados num único indivíduo. Com esta comparação, o

fases singulares da sua existência não são, talvez, períodos sucessivos de uma moléstia grave, mas são, com certeza, resumo abreviado dos aspectos predominantes de mal social gravíssimo. Por isto o infeliz destinado à solicitude dos médicos, veio, impelido por uma potência superior, bater de encontro a uma civilização, indo para a história como poderia ter ido para o hospício. Porque ele para o historiador não foi um desequilibrado. Apareceu como integração de caracteres diferenciais – vagos, indecisos, mal percebidos quando dispersos na multidão, mas enérgicos e definidos, quando resumidos numa individualidade.

Todas as crenças ingênuas, do fetichismo bárbaro às aberrações católicas, todas as tendências impulsivas das raças inferiores, livremente exercitadas na indisciplina da vida sertaneja, se condensaram no seu misticismo feroz e extravagante. Ele foi, simultaneamente, o elemento ativo e passivo da agitação de que surgiu. O temperamento mais impressionável apenas fê-lo absorver as crenças ambientes, a princípio numa quase passividade pela própria receptividade mórbida do espírito torturado de reveses, e elas refluíram, depois, mais fortemente, sobre o próprio meio de onde haviam partido, partindo da sua consciência delirante.

É difícil traçar no fenômeno a linha divisória entre as tendências pessoais e as tendências coletivas: a vida resumida do homem é um capítulo instantâneo da vida de sua sociedade...

Acompanhar a primeira é seguir paralelamente e com mais rapidez a segunda; acompanhá-las juntas é observar a mais completa mutualidade de influxos.

Considerando em torno[7], o falso apóstolo, que o próprio excesso de subjetivismo predispusera à revolta contra a ordem natural, como que observou[8] a fórmula do próprio delírio. Não era um incompreendido. A multidão aclamava-o representante natural das suas aspirações mais altas. Não foi, por isto, além. Não deslizou para a demência. No gravitar

---

Autor coloca o seu objeto de estudo em perspectiva dialética. O Conselheiro é diferente dos demais indivíduos de seu grupo social e étnico mas também é a própria representação deste. Em palavras de Euclides mais adiante, o Conselheiro absorve as tendências grupais numa determinada fase (*passivo*) para depois, em outra, ser o seu melhor representante (*ativo*). **7 em torno** no seu conjunto, todos os elementos em torno dele. **8 como que observou** agiu como se observasse.

contínuo para o mínimo de uma curva[9], para o completo obscurecimento da razão, o meio reagindo por sua vez amparou-o, corrigindo-o, fazendo-o estabelecer encadeamento nunca destruído nas mais exageradas concepções, certa ordem no próprio desvario, coerência indestrutível em todos os atos e disciplina rara em todas as paixões, de sorte que ao atravessar, largos anos, nas práticas ascéticas[10], o sertão alvorotado[11], tinha na atitude, na palavra e no gesto, a tranquilidade, a altitude e a resignação soberana de um apóstolo antigo.

Doente grave, só lhe pode ser aplicado o conceito da paranoia[12], de Tanzi e Riva.

Em seu desvio ideativo[13] vibrou sempre, a bem dizer exclusiva, a nota étnica. Foi um documento raro de atavismo.

A constituição mórbida levando-o a interpretar caprichosamente as condições objetivas, e alterando-lhe as relações com o mundo exterior, traduz-se fundamentalmente como uma regressão ao estádio mental dos tipos ancestrais da espécie.

UM GNÓSTICO BRONCO

Evitada a intrusão dispensável de um médico, um antropologista encontrá-lo-ia normal, marcando logicamente certo nível da mentalidade humana, recuando no tempo, fixando uma fase remota da evolução. O que o primeiro caracterizaria como caso franco de delírio sistematizado, na fase persecutória ou de grandezas, o segundo indicaria como fenômeno de incompatibilidade com as exigências superiores da civilização, – um anacronismo palmar[14], a revivescência de atributos psíquicos remotíssimos. Os traços mais típicos do seu misticismo estranho, mas naturalíssimo para nós, já foram, dentro de nossa era, aspectos religiosos vulgares.

---

9 A metáfora geométrica ilustra mais uma vez a trajetória do estado mental do Conselheiro, como indivíduo que vai se aproximando, continuamente, do ponto da irracionalidade, sem chegar a tocar nele de modo completo. 10 **ascéticas** místicas, contemplativas. 11 **alvorotado** agitado, sobressaltado. 12 **paranoia** psicopatia, de que há várias formas clínicas, caracterizada pelo aparecimento de ambições suspeitas, que se acentuam, evoluindo para delírios persecutório e de grandeza estruturados sobre base lógica. 13 **desvio ideativo** desvio mental, alucinação. 14 **palmar** evidente, palpável.

Deixando mesmo de lado o influxo das raças inferiores, vimo-los há pouco, de relance, em período angustioso da vida portuguesa.

Poderíamos apontá-los em cenário mais amplo[15]. Bastava que volvêssemos aos primeiros dias da Igreja, quando o gnosticismo universal se erigia como transição obrigatória entre o paganismo e o cristianismo, na última fase do mundo romano em que, precedendo o assalto dos Bárbaros, a literatura latina do ocidente declinou, de súbito, mal substituída pelos sofistas[16] e letrados tacanhos de Bizâncio.

Com efeito, os montanistas[17] da Frígia, os adamitas[18] infames, os ofiólatras[19], os maniqueus[20] bifrontes entre o ideal cristão emergente e o budismo antigo, os discípulos de Markos, os encratitas[21] abstinentes e macerados de flagícios, todas as seitas em que se fracionava a religião nascente, com os seus doutores histéricos e exegeses hiperbólicas, forneceriam hoje casos repugnantes de insânia[22]. E foram normais. Acolchetaram-se bem a todas as tendências da época em que as extravagâncias de Alexandre do Abonótico abalavam a Roma de Marco Aurélio, com as suas procissões fantásticas, os seus mistérios e os seus sacrifícios tremendos de leões lançados vivos ao Danúbio, com solenidades imponentes presididas pelo imperador filósofo...[23]

---

[15] A partir deste ponto o Autor deixará de glosar Nina Rodrigues para apoiar-se nas ideias de Ernest Renan. [16] **sofistas** pseudofilósofos que no século II d.C. dominaram o cenário intelectual greco-romano. Frequentemente, Renan os compara com pessoas sem caráter, cuja filosofia se compunha de diversas correntes de pensamento, fazendo deles portanto verdadeiros embusteiros. Muitos deles se apresentavam como emissários de Deus em nome das verdades eternas. Ver Renan, *Marc-Aurèle*, pp. 44-46. [17] **montanistas** ver nota 10, p. 140. [18] **adamitas** membros de uma seita religiosa herética do século II, cujos adeptos compareciam às assembleias despidos para imitar o estado de inocência de Adão antes do pecado, e que ressuscitou no século XV entre os tchecos. Ver Renan, *Marc-Aurèle*, pp. 125-26. [19] **ofiólatras** adoradores de serpentes. Aparentemente, o culto se desenvolveu na Assíria, mas se popularizou no Egito, na Frígia e na Fenícia. Ver Renan, *Marc-Aurèle*, pp. 132-133. [20] **maniqueus** adeptos do maniqueísmo, doutrina do persa Mani ou Manes (século III), sobre a qual se criou uma seita religiosa que teve adeptos na Índia, China, África, Itália e sul da Espanha, e segundo a qual o Universo foi criado e é dominado por dois princípios antagônicos e irredutíveis: Deus ou o bem absoluto, e o mal absoluto ou o Diabo. Segundo Renan, o maniqueísmo é uma continuação do gnosticismo e está profundamente marcado pelo Budismo. Ver Renan, *Marc-Aurèle*, p. 136. [21] **encratitas** ou abstinentes, ou ainda, severianos são nomes que caracterizavam os indivíduos de uma seita de agnósticos seguidores de Tatiano e Markos. O grupo condenava o sexo dentro do matrimônio, o vinho e a carne. Suas crenças se expandiram por toda a Ásia Menor chegando até Roma. Ver Renan, *Marc-Aurèle*, pp. 166-169. [22] A enumeração das várias seitas gnósticas nos dá uma ideia da fragmentação entre os cultos e crenças religiosos na época politeísta e pré-cristã. [23] Ver essa descri-

A história repete-se.
Antônio Conselheiro foi um gnóstico bronco[24].
Veremos mais longe a exação do símile.

GRANDE HOMEM PELO AVESSO,...

Paranoico indiferente, este dizer, talvez, mesmo não lhe possa ser ajustado, inteiro. A regressão ideativa que patenteou, caracterizando-lhe o temperamento vesânico[25], é, certo, um caso notável de degenerescência intelectual, mas não o isolou – incompreendido, desequilibrado, retrógrado, rebelde – no meio em que agiu.

Ao contrário, este fortaleceu-o. Era o profeta, o emissário das alturas, transfigurado por ilapso[26] estupendo, mas adstrito a todas as contingências humanas, passível do sofrimento e da morte, e tendo uma função exclusiva: apontar aos pecadores o caminho da salvação. Satisfez-se sempre com este papel de delegado dos céus. Não foi além. Era o servo jungido[27] à tarefa dura; e lá se foi, caminho dos sertões bravios, largo tempo, arrastando a carcaça claudicante, arrebatado por aquela ideia fixa, mas de algum modo lúcido em todos os atos, impressionando pela firmeza nunca abalada e seguindo para um objetivo fixo com finalidade irresistível.

A sua frágil consciência oscilava em torno dessa posição média, expressa pela linha ideal que Maudsley lamenta não se poder traçar entre o bom senso e a insânia.

Parou aí indefinidamente, nas fronteiras oscilantes da loucura, nessa zona mental onde se confundem facínoras[28] e heróis, reformadores brilhantes e aleijões[29] tacanhos, e se acotovelam gênios e degenerados. Não a transpôs. Recalcado pela disciplina vigorosa de uma sociedade culta, a sua nevrose explodiria na revolta, o seu misticismo comprimido esmagaria a razão. Ali, vibrando a primeira uníssona com o sentimento

ção em Renan, *Marc-Aurèle*, pp. 48-50. **24** A teoria de Euclides de que o Conselheiro era sectário do gnosticismo pode ser refutada com base no livro de sermões do asceta, cujo conteúdo nada tem a ver com o gnosticismo e sim com os pressupostos da ortodoxia católica. Ver Ataliba Nogueira, *Antônio Conselheiro e Canudos*. **25 vesânico** de um alienado. **26 ilapso** influência de Deus na alma das pessoas, segundo os crentes. **27 jungido** preso, unido. **28 facínora** homem perverso e criminoso. **29 aleijões** pessoas com grande deformidade física ou moral; monstros.

ambiente, difundido o segundo pelas almas todas que em torno se congregavam, se normalizaram.

...REPRESENTANTE NATURAL DO MEIO EM QUE NASCEU

O fator sociológico, que cultivara a psicose mística do indivíduo, limitou-a sem a comprimir, numa harmonia salvadora. De sorte que o espírito predisposto para a rebeldia franca contra a ordem natural cedeu à única reação de que era passível. Cristalizou num ambiente propício de erros e superstições comuns.

ANTECEDENTES DE FAMÍLIA: OS MACIÉIS

A sua biografia compendia e resume a existência da sociedade sertaneja. Esclarece o conceito etiológico[30] da doença que o vitimou. Delineemo-la de passagem.

"Os Maciéis que formavam, nos sertões entre Quixeramobim e Tamboril, uma família numerosa de homens válidos, ágeis, inteligentes e bravos, vivendo de vaqueirice e pequena criação, vieram, pela lei fatal dos tempos, a fazer parte dos grandes fastos criminais do Ceará, em uma guerra de família. Seus êmulos foram os Araújos, que formavam uma família rica, filiada a outras das mais antigas do norte da província.

"Viviam na mesma região, tendo como sede principal a povoação de Boa Viagem, que demora cerca de dez léguas de Quixeramobim.

"Foi uma das lutas mais sangrentas dos sertões do Ceará, a que se travou entre estes dois grupos de homens, desiguais na fortuna e posição oficial, ambos embravecidos na prática das violências, e numerosos."

Assim começa o narrador consciencioso[31] breve notícia sobre a genealogia de Antônio Conselheiro.

Os fatos criminosos a que se refere são um episódio apenas entre as *razzias*[32], quase permanentes, da vida turbulenta dos sertões. Copiam

---

30 etiológico relativo ao estudo da origem das coisas. **31 Nota do Autor:** Coronel João Brígido dos Santos. **32 *razzias*** invasões predatórias em território inimigo, saques, arremetidas.

mil outros de que ressaltam, evidentes, a prepotência sem freios dos mandões de aldeia e a exploração pecaminosa por eles exercida sobre a bravura instintiva do sertanejo. Luta de famílias – é uma variante apenas de tantas outras, que ali surgem, intermináveis, comprometendo as próprias descendências que esposam as desavenças dos avós, criando uma quase predisposição fisiológica e tornando hereditários os rancores e as vinganças.

Surgiu de incidente mínimo: pretensos roubos cometidos pelos Maciéis em propriedade de família numerosa, a dos Araújos.

Tudo indicava serem aqueles vítimas de acusação descabida. Eram "homens vigorosos, simpáticos, bem-apessoados, verdadeiros e serviçais" gozando em toda a redondeza de reputação invejável.

Araújo da Costa e um seu parente, Silvestre Rodrigues Veras, não viam, porém, com bons olhos, a família pobre que lhes balanceava a influência, sem a justificativa de vastos latifúndios e boiadas grandes. Criadores opulentos, senhores de baraço e cutelo[33], vezados a fazer justiça por si mesmos, concertaram em dar exemplar castigo aos delinquentes. E como estes eram bravos até à temeridade, chamaram a postos a guarda pretoriana[34] dos capangas[35].

Assim apercebidos, abalaram[36] na expedição criminosa para Quixeramobim.

Mas volveram logo depois, contra a expectativa geral, em derrota. Os Maciéis, reunida toda a parentela, rapazes desempenados[37] e temeros, haviam-se afrontado com a malta[38] assalariada, repelindo-a vigorosamente, suplantando-a, espavorindo-a[39].

O fato passou em 1833.

Batidos, mal sofrendo o desapontamento e a cólera, os potentados[40], cuja imbecilidade triunfante passara por tão duro trato, apelaram para recursos mais enérgicos. Não faltavam então, como não faltam hoje, fa-

---

33 **senhores de baraço e cutelo** *baraço*: corda ou laço para estrangular; *cutelo*: faca. A expressão denota o poder do senhor sobre seus vassalos na Idade Média. 34 **guarda pretoriana** serviço de guarda-costa. 35 **capangas** valentões que se colocam a serviço de quem lhes paga. 36 **abalaram** partiram, saíram. 37 **desempenados** fortes. 38 **malta** bando, turma. 39 **espavoriando-a** amedrontando-a, assuntando-a. 40 **potentados** pessoas muito influentes e poderosas.

cínoras de fama que lhes alugassem a coragem. Conseguiram dois, dos melhores: José Joaquim de Meneses, pernambucano sanhudo[41], célebre pela rivalidade sanguinolenta com os Mourões famosos; e um *cangaceiro*[42] terrível, Vicente Lopes, de Aracatiaçu. Reunida a matula[43] turbulenta, a que se ligaram os filhos e genros de Silvestre, seguiu, de pronto, para a empreitada criminosa.

Ao acercarem-se, porém, da vivenda dos Maciéis, os sicários[44] – embora fossem em maior número – temeram-lhes a resistência. Propuseram-lhes que se entregassem, garantindo-lhes, sob palavra, a vida. Aqueles, certos de não poderem resistir por muito tempo, aquiesceram[45]. Renderam-se. A palavra de honra dos bandidos teve, porém, o valor que poderia ter. Quando seguiam debaixo de escolta e algemados, para a cadeia de Sobral, logo no primeiro dia da viagem foram os presos trucidados[46]. Morreram nesta ocasião, entre outros, o chefe da família, Antônio Maciel, e um avô de Antônio Conselheiro[47].

Mas um tio deste, Miguel Carlos, logrou escapar. Manietado[48] e além disto com as pernas amarradas por baixo da barriga do cavalo que montava, a sua fuga é inexplicável. Afirma-a, contudo, a sisudez de cronista sincero[49].

Ora, os Araújos tinham deixado fugir o seu pior adversário. Perseguiram-no. Bem armados, bem montados, encalçaram-no, prestes, em monteria[50] bárbara, como se fossem sobre rastros de suçuarana bravia. O foragido, porém, emérito batedor de matas[51], seguido na fuga por uma irmã, iludiu por algum tempo a escolta perseguidora chefiada por Pedro Martins Veras; e no sítio da "Passagem", perto de Quixera-

---

41 sanhudo temível. **42 Nota do Autor:** Derivado de *cangaço*, complexo de armas que trazem os malfeitores. "O assassino foi à feira debaixo do *cangaço*, dizem os habitantes do sertão" (Franklin Távora, *O Cabeleira*). **43 matula** corja, bando. **44 sicários** assassinos pagos para cometer toda a sorte de crimes. **45 aquiesceram** consentiram, concordaram. **46 trucidados** mortos barbaramente. **47 Nota do Autor:** Manuel Ximenes, falando em suas memórias destes dois infelizes, diz que nunca tinham dito mal deles, nem os próprios inimigos, que acusaram a seus filhos; e põe em dúvida mesmo a participação destes nos roubos aludidos. **48 manietado** maniatado ou com as mãos amarradas. **49 Nota do Autor:** Manuel Ximenes, *Memórias*. **Nota do Editor:** Com toda probabilidade, Euclides teria citado o *Memórias* (livro raríssimo!) a partir do livro de João Brígido. **50 monteria** montaria; perseguição feita por muita gente. **51 emérito batedor de matas** experimentado ou velho conhecedor das matas da redondeza.

mobim, ocultou-se, exausto, numa choupana abandonada, coberta de ramos de oiticica[52].

Ali chegaram, em breve, rastreando-o, os perseguidores. Eram nove horas da manhã. Houve então uma refrega desigual e tremenda. O temerário sertanejo, embora estropiado e doente de um pé que luxara, afrontou-se com a horda[53] assaltante, estendendo logo em terra a um certo Teotônio, desordeiro façanhudo, que se avantajara aos demais. Este caiu transversalmente à soleira da porta, impedindo-a que se fechasse. A irmã de Miguel Carlos, quando procurava arrastá-lo dali, caiu atravessada por uma bala. Alvejara-a o próprio Pedro Veras, que pagou logo a façanha, levando à queima-roupa uma carga de chumbo. Morto o cabecilha, os agressores recuaram por momentos, o suficiente para que o assaltado trancasse rapidamente a porta.

Isto feito, o casebre fez-se um reduto. Pelas frinchas das paredes estourava de minuto em minuto um tiro de espingarda. Os bandidos não ousaram investi-lo; mas foram de covardia feroz. Atearam fogo à cobertura de folhas.

O efeito foi pronto. Mal podendo respirar no abrigo em chamas, Miguel Carlos resolve abandoná-lo. Derrama toda a água de um pote na direção do fundo da choupana, apagando momentaneamente as brasas, e, saltando por sobre o cadáver da irmã, arroja-se, de clavina[54] sobraçada e *parnaíba*[55] em punho, contra o círculo assaltante. Rompe-o e afunda na caatinga...

Tempos depois um dos Araújos contratou casamento com a filha de rico criador de Tapaiara; e no dia das núpcias, já perto da igreja, tombou varado por uma bala, entre o alarma dos convivas e o desespero da noiva desditosa.

Velava[56], inextinguivelmente, a vingança do sertanejo...

---

52 oiticica nome dado a dois tipos de árvores: a da família das rosáceas (*Licania rigida*), que habita o NE, e de cuja semente se tira óleo secativo muito útil; e a da família das moráceas (*Clarisia racemosa*), que se estende da Amazônia ao NE e produz madeira de boa qualidade, sobretudo para fazer canoas. **53 horda** bando, corja. **54 clavina** carabina, fuzil. **55 parnaíba** faca longa, de lâmina dura e pontuda; adaga dos cangaceiros, longa como uma espada; pernambucana. **56 velava** conservava-se acesa.

Este tinha, agora, uma sócia no rancor justificado e fundo, outra irmã, Helena Maciel, a "Nêmesis da família", conforme o dizer do cronista referido. A sua vida transcorria em lances perigosos, muitos dos quais desconhecidos senão fabulados pela imaginação fecunda dos matutos. O certo, porém, é que, desfazendo a urdidura[57] de todas as tocaias, não raro lhe caiu sob a faca o espião incauto que o rastreava, em Quixeramobim[58].

Diz a narrativa a que acima nos reportamos:

"Parece que Miguel Carlos tinha ali protetores que o garantiam. O que é certo é que, não obstante a sorte que tivera aquele seu apaniguado[59], costumava estar na vila.

Uma noite, estando à porta da loja de Manuel Procópio de Freitas, viu entrar um indivíduo, que procurava comprar aguardente. Dando-o como espião, falou em matá-lo ali mesmo, mas, sendo detido pelo dono da casa, tratou de acompanhar o suspeito, e o matou, à faca, ao sair da vila, no riacho da Palha.

Uma manhã, finalmente, saiu da casa de Antônio Caetano de Oliveira, casado com uma sua parenta, e foi banhar-se no rio, que corre por trás dessa casa, situada quase no extremo da praça principal da vila, junto à garganta que conduz à pequena praça Cotovelo. Nos fundos da casa indicada era então a embocadura do riacho da Palha, que em forma quase circular contornava aquela praça, e de inverno constituía uma cinta lindíssima de águas represadas. Miguel Carlos estava já despido, como muitos companheiros, quando surgiu um grupo de inimigos, que o esperavam acocorados por entre o denso *mata-pasto*[60]. Estranhos e parentes de Miguel Carlos, tomando as roupas depostas na areia, e vestindo-as ao mesmo tempo que corriam, puseram-se em fuga. Em ceroulas somente, e com a sua faca em punho, ele correu também na direção dos fundos de uma casa, que quase enfrenta com a

---

[57] **urdidura** trama. [58] Euclides se refere ao delator, André Jacinto de Sousa Pimentel, parente dos Araújos e que vinha informando o bando dos Araújos e dos Veras que estavam no encalço de Miguel Carlos. Helena Maciel, irmã deste último, ordena a morte de Pimentel, como se verá nas linhas seguintes. [59] Entenda-se: "[...] não obstante a má sorte que tivera aquele seu (de Quixeramobim) apaniguado (protegido, sectário, favorito)". [60] **mata-pasto** arbusto da família das leguminosas (*Cassia bicapsularis*), de flores amarelas e legumes roliços, e cuja casca é tida por medicinal; caquera, tareroque.

embocadura do riacho da Palha; casa na qual morava em 1845 Manuel Francisco da Costa. Miguel Carlos chegou a abrir o portão do quintal, de varas, da casa indicada; mas, quando quis fechá-lo, foi prostrado por um tiro, partido do séquito, que o perseguia. Outros dizem que isto se dera, quando ele passava pelo buraco da cerca de uma vazante que havia por ali. Agonizava, caído, com a sua faca na mão, quando Manuel de Araújo, chefe do bando, irmão do noivo outrora assassinado, pegando-o por uma perna, lhe cravou uma faca. Moribundo, Miguel Carlos lhe respondeu no mesmo instante com outra facada na carótida, morrendo ambos instantaneamente, este por baixo daquele! Helena Maciel, correndo em fúria ao lugar do conflito, pisou a pés a cara do matador de seu irmão, dizendo-se satisfeita da perda dele pelo fim que dera ao seu inimigo!

Pretendem[61] que os sicários tinham passado a noite em casa de Inácio Mendes Guerreiro, da família de Araújo, agente do correio da Vila. Vinham a título de prender os Maciéis; mas, só no propósito de matá-los.

Helena não se abateu com esta desgraça. Nêmesis da família, imolou um inimigo aos manes do seu irmão[62]. Foi ela, como ousou confessar muitos anos depois, quem mandou espancar barbaramente a André Jacinto de Sousa Pimentel, moço de família importante da Vila, aparentado com os Araújos, a quem atribuía os avisos que estes recebiam em Boa Viagem, das vindas de Miguel Carlos. Desse espancamento resultou uma lesão cardíaca, que fez morrer em transes horrorosos o infeliz, em verdade culpado dessa derradeira agressão dos Araújos.

O fato de ter sido o crime perpetrado por soldados do destacamento de linha, ao mando do alferes Francisco Gregório Pinto, homem insolente, de baixa educação e origem, com quem Pimentel andava inimizado, fez acreditar muito tempo que fora esse oficial mal reputado o autor do crime.

Helena deixara-se ficar queda e silenciosa.

Inúmeras vítimas anônimas fez esta luta sertaneja, que dizimava os sequazes das duas famílias, sendo o último dos Maciéis – Antônio

---

61 pretendem dizem, afirmam. **62 aos manes de seu irmão** "invocando a alma de seu irmão".

Maciel, irmão de Miguel Carlos, morto em Boa Viagem. Ficou célebre muito tempo a valentia de Miguel Carlos e era por ele e seus parentes a estima e respeito dos coevos[63], testemunhas da energia dessa família, dentre a qual surgiram tantos homens de esforço, para uma luta com poderosos tais, como os da Boa Viagem e Tamboril"[64].

Não prossigamos.

UMA VIDA BEM AUSPICIADA

Nada se sabe ao certo sobre o papel que coube a Vicente Mendes Maciel, pai de Antônio Vicente Mendes Maciel (o *Conselheiro*), nesta luta deplorável. Os seus contemporâneos pintam-no como "homem irascível[65] mas de excelente caráter, meio visionário e desconfiado, mas de tanta capacidade que sendo analfabeto negociava largamente em fazendas, trazendo tudo perfeitamente contado e medido de memória, sem mesmo ter escrita para os devedores".

O filho, sob a disciplina de um pai de honradez proverbial e ríspido, teve educação que de algum modo o isolou da turbulência da família. Indicam-no testemunhas de vistas[66], ainda existentes, como adolescente tranquilo e tímido, sem o entusiasmo feliz dos que seguem as primeiras escalas da vida; retraído, avesso à troça[67], raro deixando a casa de negócio do pai, em Quixeramobim, de todo entregue aos misteres de caixeiro consciencioso, deixando passar e desaparecer vazia a quadra triunfal dos vinte anos. Todas as histórias, ou lendas entretecidas de exageros, segundo o hábito dos narradores do sertão, em que eram muita vez protagonistas os seus próprios parentes, eram-lhe entoadas em torno evidenciando-lhes sempre a coragem tradicional e rara[68]. A sugestão

---

63 **coevos** contemporâneos, coetâneos. 64 **Nota do Autor:** Coronel João Brígido, *Crimes Célebres do Ceará. Os Araújos e Maciéis*. **Nota do Editor:** Trata-se de João Brígido dos Santos, autor do artigo "Antônio Conselheiro – Sua Família – Crimes Célebres – Maciéis e Araújos" publicado no *Jornal de Notícias* (Salvador, BA), 23.12.1896. 65 **irascível** que se ira com facilidade, iracundo, irritável. 66 **testemunhas de vista** testemunhas oculares. 67 **troça** brincadeira, graça, zombaria. 68 Entenda-se: "Todas as histórias [...] que ele ouvia ao seu redor, impreterivelmente realçavam a coragem tradicional e rara de seus parentes".

das narrativas, porém, tinha o corretivo enérgico da ríspida sisudez do velho Mendes Maciel e não abalava o ânimo do rapaz[69]. Talvez ficasse latente, pronta a se expandir em condições mais favoráveis. O certo é que falecendo aquele em 1855, vinte anos depois dos trágicos sucessos que rememoramos, Antônio Maciel prosseguiu na mesma vida corretíssima e calma.

Arrostando com[70] a tarefa de velar por três irmãs solteiras revelou abnegação rara. Somente depois de as ter casado procurou, por sua vez, um enlace que lhe foi nefasto.

PRIMEIROS REVESES;...

Data daí a sua existência dramática. A mulher foi a sobrecarga adicionada à tremenda tara hereditária, que desequilibraria uma vida iniciada sob os melhores auspícios.

A partir de 1858 todos os seus atos denotam uma transformação de caráter. Perde os hábitos sedentários. Incompatibilidades de gênio com a esposa ou, o que é mais verossímil, a péssima índole desta, tornam instável a sua situação.

Em poucos anos vive em diversas vilas e povoados. Adota diversas profissões.

Nesta agitação, porém, percebe-se a luta de um caráter que se não deixa abater. Tendo ficado sem bens de fortuna, Antônio Maciel, nesta fase preparatória de sua vida, a despeito das desordens do lar, ao chegar a qualquer nova sede de residência procura logo um emprego, um meio qualquer honesto de subsistência. Em 1859, mudando-se para Sobral, emprega-se como caixeiro. Demora-se, porém, pouco ali. Segue para Campo Grande, onde desempenha as funções modestas de escrivão do Juiz de Paz. Daí, sem grande demora, se desloca para Ipu. Faz-se solicitador, ou requerente no fórum.

---

[69] Entenda-se: "qualquer efeito sugestivo provocado por essas narrativas, porém, era energicamente abrandado pela seriedade extrema do pai, evitando que a sugestão abalasse o ânimo do rapaz". **70 arrostando com** enfrentando sem medo.

Nota-se já em tudo isto um crescendo para profissões menos trabalhosas, exigindo cada vez menos a constância do esforço; o contínuo despear-se da disciplina primitiva, a tendência acentuada para a atividade mais irrequieta e mais estéril, o descambar para a vadiagem franca. Ia-se-lhe ao mesmo tempo, na desarmonia do lar, a antiga serenidade.

Este período de vida mostra-o, todavia, aparelhado de sentimentos dignos. Ali estavam, em torno, permanentes lutas partidárias abrindo-lhe carreira aventurosa, em que poderia entrar como tantos outros, ligando-se aos condutícios de qualquer conquistador de urnas, para o que tinha o prestígio tradicional da família. Evitou-as sempre. E na descensão contínua, percebe-se alguém que perde o terreno, mas lentamente, reagindo, numa exaustão dolorosa.

...E A QUEDA

De repente, surge-lhe revés violento. O plano inclinado daquela vida em declive termina, de golpe, em queda formidável. Foge-lhe a mulher, em Ipu, raptada por um policial[71]. Foi o desfecho. Fulminado de vergonha, o infeliz procura o recesso dos sertões, paragens desconhecidas, onde lhe não saibam o nome; o abrigo da absoluta obscuridade.

Desce para o sul do Ceará.

Ao passar em Paus Brancos, na estrada do Crato, fere com ímpeto de alucinado, à noite, um parente, que o hospedara. Fazem-se breves inquirições[72] policiais, tolhidas logo pela própria vítima reconhecendo a não culpabilidade do agressor. Salva-se da prisão. Prossegue depois para o sul, à toa, na direção do Crato. E desaparece...

Passaram-se dez anos. O moço infeliz de Quixeramobim ficou de todo esquecido. Apenas uma ou outra vez lhe recordavam o nome e o termo escandaloso da existência, em que era *magna pars*[73] um Lovelace de coturno reúno[74], um sargento de polícia[75].

---

71 o policial é João da Mota e a raptada é Brasilina Laurentina. 72 **inquirições** inquérito, sindicância. 73 *magna pars* (*lat.*) parte importante, papel principal. 74 **coturno reúno** bota de soldado cedida pelo governo, cujo cano é fechado com cordões. 75 Euclides alude de novo à fuga da mulher do Conselheiro com um policial em Ipu.

Graças a este incidente, algo ridículo, ficara nas paragens natais breve resquício de sua lembrança.

Morrera por assim dizer.

COMO SE FAZ UM MONSTRO

... E surgia na Bahia o anacoreta[76] sombrio, cabelos crescidos até aos ombros, barba inculta e longa; face escaveirada; olhar fulgurante; monstruoso, dentro de um hábito azul de brim americano[77]; abordoado[78] ao clássico bastão em que se apoia o passo tardo dos peregrinos...

É desconhecida a sua existência durante tão largo período. Um velho caboclo, preso em Canudos nos últimos dias da campanha, disse-me algo a respeito, mas vagamente, sem precisar datas, sem pormenores característicos. Conhecera-o nos sertões de Pernambuco, um ou dois anos depois da partida do Crato. Das palavras desta testemunha, concluí que Antônio Maciel, ainda moço, já impressionava vivamente a imaginação dos sertanejos. Aparecia por aqueles lugares sem destino fixo, errante. Nada referia sobre o passado. Praticava em frases breves e raros monossílabos. Andava sem rumo certo, de um pouso para outro, indiferente à vida e aos perigos, alimentando-se mal e ocasionalmente, dormindo ao relento à beira dos caminhos, numa penitência demorada e rude...

Tornou-se logo alguma coisa de fantástico ou *mal-assombrado* para aquelas gentes simples. Ao abeirar-se das rancharias dos tropeiros aquele velho singular, de pouco mais de trinta anos, fazia que cessassem os improvisos e as violas festivas.

Era natural. Ele surdia[79] – esquálido e macerado – dentro do hábito escorrido, sem relevos, mudo, como uma sombra, das chapadas povoadas de duendes...

Passava, buscando outros lugares, deixando absortos os matutos supersticiosos.

Dominava-os, por fim, sem o querer.

---

76 **anacoreta** monge, ermitão. 77 **brim americano** algodão grosso índigo. 78 **abordoado** apoiado. 79 **surdia** emergia, irrompia.

No seio de uma sociedade primitiva que pelas qualidades étnicas e influxo das *santas missões* malévolas compreendia melhor a vida pelo incompreendido dos milagres, o seu viver misterioso rodeou-o logo de não vulgar prestígio, agravando-lhe, talvez, o temperamento delirante. A pouco e pouco todo o domínio que, sem cálculo, derramava em torno, parece haver refluído sobre si mesmo. Todas as conjecturas ou lendas que para logo o circundaram fizeram o ambiente propício ao germinar do próprio desvario. A sua insânia estava, ali, exteriorizada. Espelhavam-lha a admiração intensa e o respeito absoluto que o tornaram em pouco tempo árbitro incondicional de todas as divergências ou brigas, conselheiro predileto em todas as decisões. A multidão poupara-lhe o indagar torturante acerca do próprio estado emotivo, o esforço dessas interrogativas angustiosas e dessa intuspecção[80] delirante, entre os quais evolve a loucura nos cérebros abalados. Remodelava-o à sua imagem. Criava-o. Ampliava-lhe, desmesuradamente, a vida, lançando-lhe dentro os erros de dois mil anos.

Precisava de alguém que lhe traduzisse a idealização indefinida, e a guiasse nas trilhas misteriosas para os céus...

O evangelizador surgiu, monstruoso, mas autômato[81].

Aquele dominador foi um títere[82]. Agiu passivo, como uma sombra. Mas esta condensava o obscurantismo de três raças.

E cresceu tanto que se projetou na História...

PEREGRINAÇÕES E MARTÍRIOS

Dos sertões de Pernambuco passou aos de Sergipe, aparecendo na cidade de Itabaiana em 1874.

Ali chegou, como em toda a parte, desconhecido e suspeito, impressionando pelos trajes esquisitos – camisolão azul, sem cintura; chapéu de abas largas, derrubadas, e sandálias. Às costas um surrão[83] de couro

---

80 intuspecção autorreflexão, ensimesmamento. **81 autômato** pessoa que age como máquina, sem raciocínio e sem vontade própria; fantoche. **82 títere** fantoche, boneco, marionete. **83 surrão** bolsa ou saco de couro usado sobretudo para farnel de pastores; sarrão.

em que trazia papel, pena e tinta; a *Missão Abreviada* e as *Horas Marianas*[84].

Vivia de esmolas, das quais recusava qualquer excesso, pedindo apenas o sustento de cada dia. Procurava os pousos solitários. Não aceitava leito algum, além de uma tábua nua e, na falta desta, o chão duro.

Assim pervagou largo tempo, até aparecer nos sertões, ao norte da Bahia. Ia-lhe crescendo o prestígio. Já não seguia só. Encalçavam-no na rota desnorteada os primeiros fiéis. Não os chamara. Chegavam-lhe espontâneos, felizes por atravessarem com ele os mesmos dias de provações e misérias. Eram, no geral, gente ínfima e suspeita, avessa ao trabalho, farândola[85] de vencidos da vida, vezada à mândria e à rapina[86].

Um dos adeptos carregava o templo único, então, da religião minúscula e nascente: um oratório tosco, de cedro, encerrando a imagem do Cristo.

Nas paradas pelos caminhos prendiam-no a um galho de árvore; e, genuflexos, rezavam. Entravam com ele, triunfalmente erguido, pelos vilarejos e povoados, num coro de ladainhas.

Assim se apresentou o Conselheiro, em 1876, na vila do Itapicuru de Cima. Já tinha grande renome.

Di-lo documento expressivo publicado aquele ano, na capital do Império.

"Apareceu no sertão do norte um indivíduo, que se diz chamar Antônio Conselheiro, e que exerce grande influência no espírito das classes populares servindo-se de seu exterior misterioso e costumes ascéticos, com que impõe à ignorância e à simplicidade. Deixou crescer a barba e cabelos, veste uma túnica de algodão e alimenta-se tenuamente, sendo quase uma múmia. Acompanhado de duas professoras[87], vive a rezar terços e ladainhas e a pregar e a dar conselhos às multidões, que reúne, onde lhe permitem os párocos; e, movendo sentimentos religiosos, vai arreba-

---

84 *Missão Abreviada* **e as** *Horas Marianas* livros de devoções popularíssimos, com o *imprimatur* da Igreja, muito comuns no interior do Brasil. O primeiro é de autoria do Padre Manuel José Gonçalves Couto. Em 1878 este livro estava na 11ª. edição; o segundo, do Padre F. de J. M. Sarmento, em 1807, gozava já de 25 impressões. 85 **farândola** bando de maltrapilhos, súcia. 86 **rapina** roubo violento. 87 **professoras** beatas.

nhando o povo e guiando-o a seu gosto. Revela ser homem inteligente, mas sem cultura"[88].

Estes dizeres, rigorosamente verídicos, de um anuário impresso centenares de léguas de distância, delatam bem a fama que ele já granjeara[89].

LENDAS

Entretanto a vila de Itapicuru esteve para ser o fecho da sua carreira extraordinária. Foi, ali, naquele mesmo ano, entre o espanto dos fiéis, inopinadamente preso. Determinara a prisão uma falsidade, que o seu modo de vida excepcional e as antigas desordens domésticas de algum modo justificavam: diziam-no assassino da esposa e da própria mãe[90].

Era uma lenda arrepiadora.

Contavam que a última, desadorando a nora, imaginara perdê-la. Revelara, por isto, ao filho, que era traído; e como este, surpreso, lhe exigisse provas do delito, propôs-se apresentá-las sem tardança. Aconselhou-o a que fantasiasse qualquer viagem, permanecendo, porém, nos arredores, porque veria, à noite, invadir-lhe o lar o sedutor que o desonrara. Aceito o alvitre[91], o infeliz, cavalgando e afastando-se cerca de meia légua, torceu depois de rédeas, tornando, furtivamente, por desfrequentados desvios, para uma espera adrede escolhida, de onde pudesse observar bem e agir de pronto.

Ali quedou[92] longas horas, até lobrigar, de fato, noite velha, um vulto aproximando-se de sua vivenda. Viu-o achegar-se cautelosamente e galgar uma das janelas. E não lhe deu tempo para entrar. Abateu-o com um tiro.

Penetrou, em seguida, de um salto, no lar e fulminou com outra descarga a esposa infiel, adormecida.

---

88 Nota do Autor: *Folhinha Laemmert*, de 1877. **Nota do Editor:** Esta nota biográfica do Conselheiro não se encontra na *Folhinha* de 1877. Provavelmente, Euclides estaria citando o artigo publicado no *Diário da Bahia* de 29.6.1876. **89 granjeara** conquistara. **90** A sua mãe, Maria Joaquina de Jesus, faleceu quando Antônio Maciel tinha apenas cinco anos de idade. **91 alvitre** proposta, sugestão. **92 quedou** ficou.

Voltou, depois, para reconhecer o homem que matara... E viu com horror que era a sua própria mãe, que se disfarçara daquele modo para a consecução do plano diabólico.

Fugira, então, na mesma hora, apavorado, doido, abandonando tudo, ao acaso, pelos sertões em fora...

A imaginação popular, como se vê, começava a romancear-lhe a vida, com um traço vigoroso de originalidade trágica[93].

Como quer que fosse, porém, o certo é que em 1876 a repressão legal o atingiu quando já se ultimara[94] a evolução do seu espírito, imerso de todo no sonho de onde não mais despertaria. O asceta despontava, inteiriço, da rudeza disciplinar de quinze anos de penitência. Requintara nessa aprendizagem de martírios, que tanto preconizam os velhos luminares da Igreja. Vinha do tirocínio[95] brutal da fome, da sede, das fadigas, das angústias recalcadas e das misérias fundas. Não tinha dores desconhecidas. A epiderme seca rugava-se-lhe como uma couraça amolgada[96] e rota sobre a carne morta. Anestesiara-a com a própria dor; macerara-a[97] e sarjara-a[98] de cilícios mais duros que os buréis[99] de esparto[100]; trouxera-a, de rojo[101], pelas pedras dos caminhos; esturrara-a nos rescaldos das secas; inteiriçara-a[102] nos relentos frios; adormecera-a, em transitórios repousos, nos leitos dilacerantes das caatingas...

Abeirara muitas vezes a morte nos jejuns prolongados, com requinte de ascetismo que surpreenderia Tertuliano, esse sombrio propagandista da eliminação lenta da matéria, "descarregando-se do seu sangue, fardo pesado e importuno da alma impaciente por fugir"[103].

Para quem estava neste tirocínio de amarguras, aquela ordem de prisão era incidente mínimo. Recebeu-a indiferente. Proibiu aos fiéis que

---

93 Esta estória, na verdade, sumariza a peça de teatro, *Antônio Maciel, o Conselheiro*, 1897, de Júlio César Leal, publicada no *Jornal do Brasil* em folhetins. **94 ultimara** completara, concluíra. **95 tirocínio** prática, experiência, exercício. **96 amolgada** amassada. **97 macerara-a** mortificara-a, torturara-a por penitências. **98 sarjara-a** fizera sarjas ou incisões na epiderme, escarificara-a. **99 buréis** túnicas feitas de pano grosseiro. **100 esparto** planta medicinal, da família das gramíneas (*Stipa tenacissima*), cujas folhas se empregam no fabrico de cestas, cordas, esteiras, capachos etc. **101 de rojo** de rastos, de supetão. **102 inteiriçara-a** tornara-a hirta, áspera, crespa. **103 Nota do Autor:** *De Jejunio*. **Nota do Editor:** Trata-se da obra de Tertuliano citada no capítulo x do livro de Renan, *Marc-Aurèle*, p. 171. Nas três primeiras edições de *Os Sertões* e no AP o título aparece incorreto: *De Jejum*.

o defendessem. Entregou-se. Levaram-no à capital da Bahia. Ali, a sua fisionomia estranha: face morta, rígida como uma máscara, sem olhar e sem risos; pálpebras descidas dentro de órbitas profundas; e o seu entrajar singularíssimo; e o seu aspecto repugnante, de desenterrado, dentro do camisolão comprido, feito uma mortalha preta; e os longos cabelos corredios e poentos caindo pelos ombros, emaranhando-se nos pelos duros da barba descuidada, que descia até à cintura – aferroaram a curiosidade geral.

Passou pelas ruas entre ovações de esconjuros e "pelos-sinais" dos crentes assustados e das beatas retransidas[104] de sustos.

Interrogaram-no os juízes estupefatos.

Acusavam-no de velhos crimes, cometidos no torrão nativo. Ouviu o interrogatório e as acusações, e não murmurou sequer, revestido de impassibilidade marmórea.

A escolta que o trouxera, soube-se depois, espancara-o covardemente nas estradas. Não formulou a mais leve queixa.

Quedou na tranquila indiferença superior de um estoico.

Apenas – e este pormenor curioso ouvimo-lo a pessoa insuspeita – no dia do embarque para o Ceará pediu às autoridades que o livrassem da curiosidade pública, a única coisa que o vexava.

Chegando à terra natal, reconhecida a improcedência da denúncia, é posto em liberdade[105]. E no mesmo ano reaparece na Bahia entre os discípulos, que o aguardavam sempre.

Esta volta "coincidindo, segundo afirmam, com o dia que prefixara, no momento de ser preso, – tomou aspectos de milagre.

Tresdobrou a sua influência.

Vagueia, então, algum tempo, pelos sertões de Curaçá, estacionando (1877) de preferência em Chorrochó, lugarejo de poucas centenas de habitantes, cuja feira movimentada congrega a maioria dos povoadores daquele trecho do S. Francisco. Uma capela elegante indica-lhe, ainda hoje, a estadia. E mais venerável talvez, pequena árvore, à entrada da vila, que

---

104 **retransidas** tolhidas, repassadas. 105 Até aqui, Euclides se baseia, para os dados biográficos do Conselheiro, na obra de João Brígido dos Santos (ver *A Notícia* de 21-22.8.1897).

foi por muito tempo objeto de uma fitolatria[106] extraordinária. À sua sombra descansara o peregrino. Era um arbusto sagrado. À sua sombra curavam-se os crédulos doentes; as suas folhas eram panaceia infalível.

O povo começava a grande série de milagres de que não cogitava talvez o infeliz...

De 1877 a 1887 erra por aqueles sertões, em todos os sentidos, chegando mesmo até ao litoral, em Vila do Conde (1887).

Em toda esta área não há, talvez, uma cidade ou povoado onde não tenha aparecido. Alagoinhas, Inhambupe, Bom Conselho, Jeremoabo, Cumbe, Mucambo, Maçacará, Pombal, Monte Santo, Tucano e outros viram-no chegar, acompanhado da farândola de fiéis. Em quase todas deixava um traço da passagem: aqui um cemitério arruinado, de muros reconstruídos; além uma igreja renovada; adiante uma capela que se erguia, elegante sempre.

A sua entrada nos povoados, seguido pela multidão contrita, em silêncio, alevantando imagens, cruzes e bandeiras do Divino, era solene e impressionadora. Paralisavam-se as ocupações normais. Ermavam-se[107] as oficinas[108] e as culturas[109]. A população convergia para a vila onde, em compensação, avultava o movimento das feiras; e durante alguns dias, eclipsando as autoridades locais, o penitente errante e humilde monopolizava o mando, fazia-se autoridade única.

Erguiam-se na praça, revestidas de folhagens, as latadas[110], onde à tarde entoavam, os devotos, terços e ladainhas; e quando era grande a concorrência, improvisava-se um palanque ao lado do barracão da feira, no centro do largo, para que a palavra do profeta pudesse irradiar para todos os pontos e edificar todos os crentes.

---

106 filolatria culto às folhas. **107 ermavam-se** tornavam-se desertas. **108 oficinas** oficinas de ofício, lugares de trabalho. **109 culturas** lavouras, roças. **110 latadas** estrados ou palanques cercados e cobertos de trepadeiras ou folhagem; coberturas improvisadas (em geral de folhas de coqueiro) para abrigar alguém ou alguma coisa. **111 abstrusa** confusa, obscura, intrincada.

AS PRÉDICAS

Ele ali subia e pregava. Era assombroso, afirmam testemunhas existentes. Uma oratória bárbara e arrepiadora, feita de excertos truncados das *Horas Marianas,* desconexa, abstrusa[111], agravada, às vezes, pela ousadia extrema das citações latinas; transcorrendo em frases sacudidas; misto inextricável e confuso de conselhos dogmáticos, preceitos vulgares da moral cristã e de profecias esdrúxulas...

Era truanesco[112] e era pavoroso.

Imagine-se um bufão[113] arrebatado numa visão do Apocalipse...

Parco de gestos, falava largo tempo, olhos em terra, sem encarar a multidão abatida sob a algaravia, que derivava demoradamente, ao arrepio do bom senso, em melopeia[114] fatigante.

Tinha, entretanto, ao que parece, a preocupação do efeito produzido por uma ou outra frase mais incisiva. Enunciava-a e emudecia; alevantava a cabeça, descerrava de golpe as pálpebras; viam-se-lhe então os olhos extremamente negros e vivos, e o olhar – uma cintilação ofuscante... Ninguém ousava contemplá-lo. A multidão sucumbida abaixava, por sua vez, as vistas, fascinada, sob o estranho hipnotismo daquela insânia formidável.

E o grande desventurado realizava, nesta ocasião, o seu único milagre: conseguia não se tornar ridículo...

Nestas prédicas, em que fazia vitoriosa concorrência aos capuchinhos vagabundos das missões, estadeava o sistema religioso incongruente e vago. Ora, quem as ouviu não se forra a aproximações históricas sugestivas. Relendo as páginas memoráveis[115] em que Renan faz ressurgir, pelo galvanismo[116] do seu belo estilo, os adoidados chefes de seita dos primeiros séculos, nota-se a revivescência integral de suas aberrações extintas. Não há desejar mais completa reprodução do mesmo sistema, das mesmas imagens, das mesmas fórmulas hiperbólicas, das mesmas palavras quase. É um exemplo belíssimo da identidade dos estados evo-

---

112 **truanesco** cômico, chegando a ser patético. 113 **bufão** palhaço. 114 **melopeia** discurso monótono. 115 **Nota do Autor:** *Marc-Aurèle.* 116 **galvanismo** brilho.

lutivos entre os povos. O retrógrado do sertão reproduz o fácies dos místicos do passado. Considerando-o, sente-se o efeito maravilhoso de uma perspectiva através dos séculos...

Está fora do nosso tempo. Está de todo entre esses retardatários que Fouillée compara, em imagem feliz, *à des coureurs sur le champ de la civilisation, de plus en plus en retard*[117].

PRECEITOS DE MONTANISTA[118]

É um dissidente do molde exato de Themison. Insurge-se contra a Igreja romana, e vibra-lhe objurgatórias[119], estadeando o mesmo argumento que aquele: ela perdeu a sua glória e obedece a Satanás. Esboça uma moral que é a tradução justalinear da de Montano: a castidade exagerada ao máximo horror pela mulher, contrastando com a licença absoluta para o amor livre, atingindo quase à extinção do casamento.

O frígio[120] pregava-a, talvez como o cearense, pelos ressaibos[121] remanentes[122] das desditas[123] conjugais. Ambos proíbem severamente que as moças se ataviem; bramam contra as vestes realçadoras; insistem do mesmo modo, especialmente, sobre o luxo dos toucados[124]; e – o que é singularíssimo – cominam[125], ambos, o mesmo castigo a este pecado: o demônio dos cabelos, punindo as vaidosas com diliceradores pentes de espinho[126].

A beleza era-lhes a face tentadora de Satã[127]. O Conselheiro extremou-se mesmo no mostrar por ela invencível horror. Nunca mais olhou para uma mulher. Falava de costas mesmo às beatas velhas, feitas para amansarem sátiros[128].

---

117 Tradução do francês: *aos que correm pelo campo da civilização cada vez com mais atraso.* **118** O seguinte trecho foi extraído do capítulo XIII, p. 222, do *Marc-Aurèle* de Renan. **119 objurgatórias** censuras, repreensões violentas. **120 frígio** nativo da Frígia, atual Turquia, e lugar de nascimento de Montano, a quem o epíteto se refere. **121 ressaibos** ressentimentos, desgostos. **122 remanentes** remanescentes, restantes. **123 desditas** desventuras, desgraças. **124 toucados** adornos femininos para o cabelo. **125 cominam** ameaçam com pena e castigo. **126** Ver Renan, *Marc-Aurèle*, pp. 243-244, 553-554. **127** A expressão vem de Renan, *Marc-Aurèle*, p. 553. **128 sátiros** semideuses lúbricos, habitantes das florestas, e que, segundo os pagãos, tinham chifres curtos e pés e pernas de bode; egipãs.

PROFECIAS

Ora, esta identidade avulta, mais frisante, quando se comparam com as do passado as concepções absurdas do esmaniado[129] apóstolo sertanejo. Como os montanistas, ele surgia no epílogo da Terra... O mesmo milenarismo extravagante, o mesmo pavor do Anticristo despontando na derrocada universal da vida. O fim do mundo próximo...

Que os fiéis abandonassem todos os haveres, tudo quanto os maculasse com um leve traço da vaidade. Todas as fortunas estavam a pique da catástrofe iminente e fora temeridade inútil conservá-las.

Que abdicassem as venturas mais fugazes e fizessem da vida um purgatório duro; e não a manchassem nunca com o sacrilégio de um sorriso. O Juízo Final aproximava-se, inflexível.

Prenunciavam-no anos sucessivos de desgraças[130]:

... Em 1894 ha de vir rebanhos mil correndo do centro da Praia para o certão; então o certão virará Praia e a Praia virará certão.

Em 1897 haverá muito pasto e pouco rasto[131] e um só Pastor e um só rebanho.

Em 1898 haverá muitos chapeos e poucas cabeças.

Em 1899 converterá-se as águas em sangue e o planeta ha de apparecer no nascente com o raio do Sol que o ramo se confrontará com a terra e a terra em algum lugar se confrontará no ceo...

Ha de chover uma grande chuva de estrellas e ahi será o fim do Mundo. Em 1901 se apagarão as luzes. Deus disse no Evangelho: eu tenho um rebanho que anda fora desse aprisco e é preciso que se reunam, porque há um só Pastor e um só rebanho!

---

129 esmaniado doido, maníaco. **130 Nota do Autor:** Os dizeres destas profecias estavam escritos em grande número de pequenos cadernos encontrados em Canudos. Os que aí vão, foram, lá mesmo, copiados de um deles, pertencente ao secretário do comandante em chefe da campanha. **Nota do Editor:** Euclides anotou estas profecias na sua *Caderneta*, pp. 73-75, introduzindo ligeiras variantes linguísticas e mudando algumas datas. Ver a notícia sobre estas profecias e Euclides da Cunha no *Diário de Notícias* de 6.11.1897. **131** Entenda-se: "Em 1897 haverá tanto pasto, que cobrirá as trilhas, os caminhos".

Como os antigos, o predestinado atingia a terra pela vontade divina. Fora o próprio Cristo que pressagiara a sua vinda quando

> Então na hora nona discançando no monte das Oliveira um dos seus apóstolos, pergunta-lhe: Senhor! para o fim desta edade que signaes vós deixaes?
> Elle respondeu: muitos signaes na Lua, no Sol e nas Estrellas. Ha de apparecer um Anjo mandado por meu pae terno, pregando sermões pelas portas, fazendo Povoações nos desertos, fazendo Egrejas e Capellinhas e dando seus conselhos...

E no meio desse extravagar adoidado, rompendo dentre o messianismo religioso, o messianismo da raça levando-o à insurreição contra a forma republicana:

> Em verdade vos digo, quando as Nações brigarem com as Nações, o Brazil com o Brazil, a Inglaterra com a Inglaterra, a Prúcia com a Prúcia, das ondas do mar D. Sebastião sahirá com todo o seu exercito.
> Desde o principio do mundo que encantou com todo seu exercito e o restituio em guerra.
> E quando encantou-se afincou a espada na pedra, ella foi até os copos[132] e elle disse: Adeus Mundo!
> Até mil e tantos a dois mil não chegarás!
> Nesse dia quando sahir com o seu exercito tira a todos no fio da espada deste papel da republica. O fim desta guerra se acabará na casa Santa de Roma e o sangue ha de ir até à junta Grossa...[133]

UM HERESIARCA DO SÉCULO II EM PLENA IDADE MODERNA

O profetismo tinha, como se vê, na sua boca, o mesmo tom com que despontou na Frígia, avançando para o Ocidente. Anunciava, idêntico,

---

132 copos guarda da mão na espada. **133 junta Grossa** é provável que a expressão se refira a uma assembleia suprema, sob a direção da Igreja e de Deus. Tanto a ortografia como a acentuação dos versos acima foram mais ou menos preservados por Euclides da Cunha, já a partir da primeira edição.

o juízo de Deus, a desgraça dos poderosos, o esmagamento do mundo profano, o reino de mil anos e suas delícias.

Não haverá, com efeito, nisto, um traço superior do judaísmo?

Não há encobri-lo. Ademais este voltar-se à idade de ouro dos apóstolos e sibilistas[134], revivendo vetustas ilusões, não é uma novidade. É o permanente refluxo do cristianismo para o seu berço judaico. Montano reproduz-se em toda a história, mais ou menos alterado consoante o caráter dos povos, mas delatando, na mesma rebeldia contra a hierarquia eclesiástica, na mesma exploração do sobrenatural, e no mesmo ansiar pelos céus, a feição primitivamente sonhadora da velha religião, antes que a deformassem os sofistas canonizados dos concílios.

A exemplo de seus comparsas do passado, Antônio Conselheiro era um pietista[135] ansiando pelo reino de Deus, prometido, delongado sempre e ao cabo de todo esquecido pela Igreja ortodoxa do século II.

Abeirara-se apenas do catolicismo mal compreendido.

TENTATIVAS DE REAÇÃO LEGAL

Coerente com a missão a que se devotara, ordenava, depois destas homilias[136], penitências que de ordinário redundavam em benefício das localidades. Reconstruíam-se templos abatidos; renovavam-se cemitérios em abandono; erigiam-se construções novas e elegantes. Os pedreiros e carpinteiros trabalhavam de graça; os abastados forneciam, grátis, os materiais indispensáveis; o povo carregava pedras. Durante dias seguidos, na azáfama piedosa, se agitavam os operários cujos salários se averbavam[137] nos céus.

E terminada a empresa o predestinado abalava... para onde? Ao acaso, tomando a primeira vereda, pelos sertões em fora, pelas chapadas multívias[138], sem olhar sequer para os que o encalçavam.

---

134 sibilistas profetas. **135 pietista** aquele que segue o pietismo ou o movimento de intensificação da fé, nascido na Igreja Luterana alemã no século XVII. **136 homilias** pregações em estilo familiar e quase coloquial sobre o Evangelho. **137 averbavam** registravam, anotavam. **138 multívias** de muitos caminhos ou sendas.

Não o contrariava o antagonismo de um adversário perigoso, o padre. A dar-se crédito a testemunho valioso[139], aquele, em geral, estimulava-lhe ou permitia-lhe as práticas pelas quais, sem nada usufruir, promovia todos os atos de onde saem os rendimentos do clero: batizados, desobrigas[140], festas e novenas.

Os vigários toleravam com boa sombra os despropósitos do Santo endemoninhado que ao menos lhes acrescia a côngrua[141] reduzida. Percebeu-o, em 1882, o arcebispo da Bahia, procurando pôr paradeiro a esta transigência, senão mal disfarçada proteção, por uma circular dirigida a todos os párocos.

> Chegando ao nosso conhecimento que, pelas freguesias do centro deste arcebispado, anda um indivíduo denominado Antônio Conselheiro, pregando ao povo, que se reúne para ouvi-lo, doutrinas supersticiosas e uma moral excessivamente rígida[142] com que está perturbando as consciências e enfraquecendo, não pouco, a autoridade dos párocos destes lugares, ordenamos a V. Revma., que não consinta em sua freguesia semelhante abuso, fazendo saber aos paroquianos que lhes proibimos, absolutamente, de se reunirem para ouvir tal pregação, visto como, competindo na Igreja católica, somente aos ministros da religião, a missão santa de doutrinar os povos, um secular, quem quer que ele seja, ainda quando muito instruído e virtuoso, não tem autoridade para exercê-la.

139 **Nota do Autor:** "Quando por ali passamos (no Cumbe, em 1887) achava-se na povoação um célebre *Conselheiro*, sujeito baixo, moreno, acaboclado, de barbas e cabelos pretos e crescidos, vestido de camisolão azul, morando sozinho numa desmobiliada casa, onde se apinhavam as beatas e afluíam os presentes com os quais se alimentava..." "...O povo costuma afluir em massa aos atos do *Conselheiro*, a cujo aceno cegamente obedece e resistirá ainda mesmo a qualquer ordem legal, por cuja razão os vigários o deixam impunemente *passar por santo*, tanto mais quanto ele nada ganha e, ao contrário, promove os batizados, casamentos, desobrigas, festas, novenas, tudo mais em que consistem os vastos rendimentos da Igreja" (Tenente-coronel Durval Vieira de Aguiar, *Descrições Práticas da Província da Bahia*). **Nota do Editor:** Euclides data a passagem de Durval V. de Aguiar pelo Cumbe em 1887, colocando-a entre parênteses na citação. Porém, o capitão fez suas viagens pelo território baiano durante 1882 e 1883. A primeira edição do livro de Vieira Aguiar é de 1888. Usamos aqui a edição moderna de 1979, cuja citação acima provém da p. 83. 140 **desobrigas** visitas periódicas feitas a regiões desprovidas de clero por padres, com o fim de desobrigar os fiéis ou proporcionar-lhes ocasião de receber os sacramentos da Igreja (por ex., matrimônio, batismo etc.). 141 **côngrua** pensão que se concedia aos párocos para sua conveniente sustentação. 142 **Nota do Autor:** Uma moral excessivamente rígida!...

Entretanto sirva isto para excitar cada vez mais o zelo que V. Revma., no exercício do ministério da pregação, a fim de que os seus paroquianos, suficientemente instruídos, não se deixem levar por todo o vento de doutrina etc.[143]

Foi inútil a intervenção da Igreja.

Antônio Conselheiro continuou sem embaraços a sua marcha de desnorteado apóstolo, pervagando nos sertões. E como se desejasse reviver sempre a lembrança da primeira perseguição sofrida, volve constantemente ao Itapicuru, cuja autoridade policial, por fim, apelou para os poderes constituídos, em ofício onde, depois de historiar ligeiramente os antecedentes do agitador, disse[144]:

"... Fez neste termo seu acampamento e presentemente está no referido arraial construindo uma capela a expensas do povo.

Conquanto esta obra seja de algum melhoramento, aliás dispensável, para o lugar, todavia os excessos e sacrifícios não compensam este bem, e, pelo modo por que estão os ânimos, é mais justo e fundado o receio de grandes desgraças.

Para que V. S. saiba quem é Antônio Conselheiro, basta dizer que é acompanhado por centenas e centenas de pessoas, que ouvem-no e cumprem suas ordens de preferência às do vigário da paróquia.

O fanatismo não tem limites e assim é que, sem medo de erro, e firmado em fatos, posso afirmar que adoram-no, como se fosse um Deus vivo.

Nos dias de sermões, terços e ladainhas, o ajuntamento sobe a mil pessoas. Na construção desta capela, cuja féria semanal é de quase cem mil-réis, décuplo[145] do que devia ser pago, estão empregados cearenses, aos quais

---

143 Nota do Autor: Circular, dirigida em 16 de fevereiro de 1882, ao clero baiano pelo arcebispo D. Luiz. **Nota do Editor:** Trata-se de D. Luiz Antônio dos Santos. O trecho desta circular se encontra na sua íntegra à p. 54 de *O Rei dos Jagunços* de Manuel Benício. **144 Nota do Autor:** Ofício dirigido em novembro de 1886 ao chefe de polícia da Bahia pelo delegado de Itapicuru. **Nota do Editor:** Trata-se do ofício de 10.11.1886 do delegado Luis Gonzaga de Macedo. As três citações anteriores provavelmente foram extraídas de *O Rei dos Jagunços* de Manuel Benício, pp. 55-58. **145 décuplo** dez vezes mais. Entenda-se: "a autoridade julga que os fiéis estão sendo explorados".

Antônio Conselheiro presta a mais cega proteção, tolerando e dissimulando os atentados que cometem, e esse dinheiro sai dos crédulos e ignorantes, que, além de não trabalharem, vendem o pouco que possuem e até furtam para que não haja a menor falta, sem falar nas quantias arrecadadas que têm sido remetidas para outras obras do Chorrochó, termo do Capim Grosso."

E depois de apontar a última tropelia dos fanáticos:

Havendo desinteligência entre o grupo de Antônio Conselheiro e o vigário de Inhambupe, está aquele municiado[146] como se tivesse de ferir[147] uma batalha campal, e consta que estão à espera que o vigário vá ao lugar denominado Junco para assassiná-lo. Faz medo aos transeuntes passar por alto, vendo aqueles malvados munidos de cacetes, facas, facões, clavinotes[148]; e ai daquele que for suspeito de ser infenso a Antônio Conselheiro.

Ao que se figura, este apelo, feito em termos tão alarmantes, não foi correspondido. Nenhuma providência se tomou até meados de 1887, quando a diocese da Bahia interveio de novo, oficiando o arcebispo ao presidente da província, pedindo providências que contivessem o "indivíduo Antônio Vicente Mendes Maciel que, pregando doutrinas subversivas, fazia um grande mal à religião e ao Estado, distraindo o povo de suas obrigações e arrastando-o após si[149], procurando convencer de que era Espírito Santo" etc.[150]

Ante o reclamo[151], o presidente daquela província dirigiu-se ao ministro do Império, pedindo um lugar para o tresloucado no hospício de alienados do Rio. O ministro respondeu ao presidente contrapondo o notável argumento de não haver, naquele estabelecimento, lugar algum vago; e o presidente oficiou de novo ao prelado[152], tornando-o ciente da resolução admirável do governo.

146 municiado municionado, abastecido de munições. **147 ferir** travar. **148 clavinotes** pequenas carabinas ou fuzis. **149 após si** atrás de si. **150** Ofício enviado pelo arcebispo da Bahia Dom Luiz ao Conselheiro João Capistrano Bandeira de Melo, datado de 11.6.1887 (Manuel Benício, *O Rei dos Jagunços*, pp. 48-49). **151 reclamo** reclamação, apelo. **152 prelado** autoridade eclesiástica; neste caso o arcebispo.

Assim se abriu e se fechou o ciclo das providências legais que se fizeram durante o Império.

* * *

O Conselheiro continuou sem tropeços na missão pervertedora, avultando na imaginação popular.

Apareciam as primeiras lendas.

Não as arquivaremos todas.

Fundou o arraial do Bom Jesus; e contam as gentes assombradas que em certa ocasião, quando se construía a belíssima igreja que lá está, esforçando-se debalde dez operários por erguerem pesado baldrame[153], o predestinado trepou sobre o madeiro e ordenou, em seguida, que dois homens apenas o levantem; e o que não haviam conseguido tantos, realizaram os dois rapidamente, sem esforço algum...

Outra vez – ouvi o estranho caso a pessoas que se não haviam deixado fanatizar! – chegou a Monte Santo e determinou que se fizesse uma procissão pela montanha acima, até a última capela, no alto. Iniciou-se à tarde a cerimônia. A multidão derivou[154], lenta, pela encosta clivosa[155], entoando benditos, estacionando nos *passos*, contrita. Ele seguia na frente – grave e sinistro – descoberto, agitada pela ventania forte a cabeleira longa, arrimando-se ao bordão inseparável. Desceu a noite. Acenderam-se as tochas dos penitentes, e a procissão, estendida na linha de cumeadas, traçou uma estrada luminosa no dorso da montanha...

Ao chegar à Santa Cruz, no alto, Antônio Conselheiro, ofegante, senta-se no primeiro degrau da tosca escada de pedra, e queda-se estático, contemplando os céus, o olhar imerso nas estrelas...

A primeira onda de fiéis enche logo o âmbito restrito da capela, enquanto outros permanecem fora ajoelhados sobre a rocha aspérrima.

O contemplativo, então, levanta-se. Mal sofreia[156] o cansaço. Entre alas respeitosas, penetra, por sua vez, na capela, pendida para o chão a cabeça, humílimo e abatido, arfando[157].

---

153 **baldrame** viga de madeira. 154 **derivou** fluiu, deixando-se levar. 155 **clivosa** cheia de declives. 156 **sofreia** reprime, contém. 157 **arfando** fungando, ofegando.

Ao abeirar-se do altar-mor, porém, ergue o rosto pálido, emoldurado pelos cabelos em desalinho. E a multidão estremece toda, assombrada... Duas lágrimas sangrentas rolam, vagarosamente, no rosto imaculado da Virgem Santíssima...

Estas e outras lendas são ainda correntes no sertão. É natural. Espécie de grande homem pelo avesso, Antônio Conselheiro reunia no misticismo doentio todos os erros e superstições que formam o coeficiente[158] de redução da nossa nacionalidade. Arrastava o povo sertanejo não porque o dominasse, mas porque o dominavam as aberrações daquele. Favorecia-o o meio e ele realizava, às vezes, como vimos, o absurdo de ser útil. Obedecia à finalidade irresistível de velhos impulsos ancestrais[159]; e jugulado[160] por ela espelhava em todos os atos a placabilidade de um evangelista incomparável.

De feito[161], amortecia-lhe a nevrose inexplicável placidez.

Certo dia o vigário de uma freguesia sertaneja vê chegar à sua porta um homem extremamente magro e sucumbido: longos cabelos despenteados pelos ombros, longas barbas descendo pelo peito; uma velha figura de peregrino a que não faltavam o crucifixo tradicional, suspenso a um lado entre as camândulas[162] da cintura, e o manto poento e gasto, e a borracha d'água[163], e o bordão[164] comprido...

Dá-lhe o pároco com que se alimente, aceita um pedaço de pão apenas; oferece-lhe um leito, prefere uma tábua sobre que se deita sem cobertas, vestido, sem mesmo desatacar as sandálias.

No outro dia o singularíssimo hóspede, que poucas palavras até então pronunciara, pede ao padre lhe conceda pregar por ocasião da festa que ia realizar-se na igreja.

— Irmão, não tendes ordens; a Igreja não permite que pregueis.

— Deixai-me, então, fazer a *via-sacra*.

— Também não posso, vou eu fazê-la, contraveio mais uma vez o sacerdote.

---

158 coeficiente fator, condição. **159** O Autor alude outra vez à condição atávica do Conselheiro. **160 jugulado** dominado, subjugado. **161 de feito** na verdade. **162 camândulas** contas grossas de rosário. **163 borracha d'água** odre ou bolsa de couro bojuda, com bocal, para conter água. **164 bordão** cajado, bastão.

O peregrino, então, encarou-o fito por algum tempo, e sem dizer palavra tirou de sob a túnica um lenço. Sacudiu o pó das alpercatas. E partiu.

Era o clássico protesto inofensivo e tranquilo dos apóstolos...

HÉGIRA PARA O SERTÃO

A reação, porém, crescendo, malignou-lhe[165] o ânimo. Dominador incondicional, principiou de se irritar ante a menor contrariedade.

Certa vez, em Natuba, estando ausente o vigário, com quem não estava em boas graças[166], apareceu e mandou carregar pedras para consertos da igreja. Chega o padre; vê a invasão dos domínios sagrados; irrita-se e resolve pôr embargos[167] à desordem. Era homem prático; apelou para o egoísmo humano.

Tendo a Câmara, dias antes, imposto aos proprietários o calçamento dos passeios[168] das casas, cedeu ao povo, para tal fim, as pedras já acumuladas.

O Conselheiro não se limitou, desta vez, a sacudir as sandálias[169]. Saiu-lhe da boca a primeira maldição, às portas da cidade ingrata; e partiu.

Tempos depois, a pedido do mesmo vigário, certa influência política do local o chamou. O templo desabava, em ruínas; o mato invadira todo o cemitério; e a freguesia era pobre. Só podia renová-los quem tão bem dispunha dos matutos crédulos. O apóstolo deferiu[170] ao convite. Mas fê-lo através de imposições discricionárias[171], relembrando, com altaneria[172] destoante da pacatez antiga, a afronta recebida.

Iam-no tornando mau[173].

---

165 **malignou** recrudesceu, azedou. 166 **em boas graças** em boas relações. 167 **pôr embargos** pôr fim. 168 **passeios** calçadas. 169 Esta frase bíblica que se repete na p. 297, possivelmente foi imitada a partir de uma crônica de Machado de Assis, titulada "Canção de Piratas", na coluna "A Semana" da *Gazeta de Notícias*, RJ, 22.7.1894: "Os partidários do Conselheiro lembraram-se dos piratas românticos, sacudiram as sandálias à porta da civilização e saíram à vida livre". 170 **deferiu** aceitou. 171 **discricionárias** arbitrárias, caprichosas. 172 **altaneria** orgulho, presunção. 173 Entenda-se: "as afrontas e as contrariedades iam-no tornando mau".

Viu a República com maus olhos e pregou, coerente, a rebeldia contra as novas leis. Assumiu desde 1893 uma feição combatente inteiramente nova.

Originou-a fato de pouca monta.

Decretada a autonomia dos municípios, as Câmaras das localidades do interior da Bahia tinham afixado nas tábuas[174] tradicionais, que substituem a imprensa, editais para a cobrança de impostos etc.[175]

Ao surgir esta novidade Antônio Conselheiro estava em Bom Conselho[176]. Irritou-o a imposição; e planeou revide[177] imediato. Reuniu o povo num dia de feira e, entre gritos sediciosos[178] e estrepitar de foguetes, mandou queimar as tábuas numa fogueira, no largo. Levantou a voz sobre o "auto de fé"[179], que a fraqueza das autoridades não impedira, e pregou abertamente a insurreição contra as leis.

Avaliou, depois, a gravidade do atentado.

Deixou a vila, tomando pela estrada de Monte Santo, para o norte.

O acontecimento repercutira na Capital, de onde partiu numerosa força de polícia para prender o rebelde e dissolver os grupos turbulentos[180]. Estes naquela época não excediam duzentos homens[181]. A tropa alcançou-os em Massété, lugar desabrigado e estéril entre Tucano e Cumbe, nas cercanias das serras do Ovó. As trinta praças[182], bem armadas, atacaram impetuosamente a turba de penitentes depauperados, certas de os destroçarem à primeira descarga. Deram, porém, de frente, com os jagunços destemerosos. Foram inteiramente desbaratadas, pre-

---

174 tábuas quadros de editais ou avisos. **175** Comparar: "*Antônio Conselheiro*, achando-a [a fazenda Canudos] desocupada em 1891, apossou-se dela e quando em 1893 foi decretada a lei da autonomia dos municípios ele aconselhou a todos os povos daquela circunvizinhança que não pagassem impostos, fazendo por essa ocasião a propaganda contra a República, a que continua a desacreditar" (*Jornal de Notícias* de 29.1.1897). **176** Segundo José Calasans, o Conselheiro estava em Amparo e não em Bom Conselho. **177 revide** contra-ataque. **178 sediciosos** de revolta, de motim. **179 auto de fé** cerimônia em que se proclamavam e executavam as sentenças do Tribunal da Inquisição, e na qual os penitenciados ou abjuravam os seus erros, ou eram condenados ao suplício da fogueira. **180 turbulentos** tumultuosos, agitados, buliçosos. **181** O *Jornal de Notícias* de 27.6.1893 menciona mais de 2000 pessoas armadas. Ver Alexandre H. Otten, "*Só Deus É Grande*": A Mensagem Religiosa de Antônio Conselheiro, São Paulo, Edições Loyola, 1990, pp. 165-166. **182 praças** assim recebem essa designação genérica os soldados no início da vida militar; refere-se à primeira graduação na escola hierárquica. Euclides não segue aqui o *Jornal de Notícias* de 27.6.1893 que menciona cinquenta praças e não trinta.

cipitando-se na fuga, de que fora o primeiro a dar o exemplo o próprio comandante.

Esta batalha minúscula teria, infelizmente, mais tarde, muitas cópias ampliadas.

Realizada a façanha, os crentes acompanharam, reatando a marcha, a hégira do profeta. Não procuravam mais os povoados, como dantes[183]. Demandavam o deserto.

O desbarato da tropa prenunciava-lhes perseguições mais vigorosas; e, certos do amparo da natureza selvagem, contavam com a vitória enterreirando entre as caatingas os novos contendores. Estes partiram, de fato, sem perda de tempo, da Bahia[184], em número de oitenta praças, de linha. Mas não prosseguiram além de Serrinha, de onde tornaram sem se aventurarem com o sertão. Antônio Conselheiro, porém, não se iludiu com o inexplicável recuo, que o salvara. Arrastou a matula de fiéis, a que se aliavam, dia a dia, dezenas de prosélitos[185], pelas trilhas sertanejas fora, seguindo prefixado rumo.

Conhecia o sertão. Percorrera-o todo numa romaria ininterrupta de vinte anos. Sabia de paragens ignotas de onde o não arrancariam. Marcara-as já, talvez prevenindo futuras vicissitudes.

Endireitou, rumo firme, em cheio para o norte.

Os crentes acompanharam-no. Não inquiriram para onde seguiam. E atravessaram serranias íngremes, tabuleiros estéreis e chapadas rasas, longos dias vagarosamente, na marcha cadenciada pelo toar das ladainhas e pelo passo tardo do profeta...

---

183 dantes antes.   **184** Entenda-se: Salvador, BA.   **185 prosélitos** conversos, sectários, adeptos.

V

CANUDOS – ANTECEDENTES – ASPECTO ORIGINAL – ...

Canudos, velha fazenda de gado à beira do Vaza-Barris, era, em 1890, uma tapera[1] de cerca de cinquenta capuabas[2] de pau a pique.

Já em 1876, segundo o testemunho de um sacerdote, que ali fora, como tantos outros, e nomeadamente o vigário de Cumbe[3], em visita espiritual às gentes de todo despeadas da terra, lá se aglomerava, agregada à fazenda então ainda florescente, população suspeita e ociosa, "armada até aos dentes"[4] e "cuja ocupação, quase exclusiva, consistia em beber aguardente e pitar uns esquisitos cachimbos de barro em canudos de metro de extensão"[5], de tubos naturalmente fornecidos pelas solanáceas[6] (*canudos de pito*), vicejantes[7] em grande cópia à beira do rio.

Assim, antes da vinda do Conselheiro, já o lugarejo obscuro – e o seu nome claramente se explica – tinha, como a maioria dos que fazem desconhecidos pelos nossos sertões, muitos germes da desordem e do crime. Estava, porém, em plena decadência quando lá chegou aquele em 1893: tijupares[8] em abandono; vazios os pousos; e, no alto de um esporão[9]

---

1 tapera fazenda inteiramente abandonada e em ruínas. **2 capuabas** malocas, barracos. **3** Trata-se do Padre Vicente Sabino dos Santos, natural da freguesia de N. S. da Piedade, do Lagarto (SE). Filho de Manuel Francisco da Piedade e Teodora Maria do Sacramento. Foi batizado no dia 1.2.1824, com um mês de idade na matriz do Lagarto. **4** Entenda-se: fortemente armada. **5 Nota do Autor:** Padre V. F. P., vigário de Itu. Informações manuscritas (1898). **Nota do Editor:** As iniciais se referem ao nome do Padre Vicente Ferreira dos Passos, antigo vigário da freguesia de Jeremoabo (cf. José Calasans, "Canudos – Origem e Desenvolvimento de um Arraial Messiânico"). **6 solanáceas** família de plantas da ordem das tubifloras, à qual pertencem os canudos-de-pito. **7 vicejantes** ridentes, exuberantes, verdejantes. **8 tijupares** ranchos, cabanas. **9 esporão** contraforte ou monte que se destaca mais ou menos perpendicularmente do Morro da Favela.

da Favela, destelhada, reduzida às paredes exteriores, a antiga vivenda senhoril, em ruínas...

Data daquele ano a sua revivescência e crescimento rápido. O aldeamento efêmero dos matutos vadios, centralizado pela igreja velha, que já existia, ia transmudar-se, ampliando-se, em pouco tempo, na Troia de taipa dos jagunços.

Era o lugar sagrado, cingido de montanhas, onde não penetraria a ação do governo maldito.

A sua topografia interessante modelava-o ante a imaginação daquelas gentes simples como o primeiro degrau, amplíssimo e alto, para os céus...

... E CRESCIMENTO VERTIGINOSO

Não surpreende que para lá convergissem, partindo de todos os pontos, turmas sucessivas de povoadores convergentes das vilas e povoados mais remotos.

> Diz uma testemunha[10]: "Alguns lugares desta comarca[11] e de outras circunvizinhas, e até do Estado de Sergipe, ficaram desabitados, tal a aluvião[12] de famílias que subiam para os Canudos, lugar escolhido por Antônio Conselheiro para o centro de suas operações. Causava dó verem-se expostos à venda nas feiras, extraordinária quantidade de gado cavalar, vacum, caprino etc., além de outros objetos, por preços de nonada[13], como terrenos, casas etc. O anelo extremo era vender, apurar algum dinheiro e ir reparti-lo com o Santo Conselheiro".

Assim se mudavam os lares.

Inhambupe, Tucano, Cumbe, Itapicuru, Bom Conselho, Natuba, Maçacará, Monte Santo, Jeremoabo, Uauá, e demais lugares próximos; Entre-Rios, Mundo Novo, Jacobina, Itabaiana e outros sítios remotos, forneciam constantes contingentes. Os raros viajantes que se arrisca-

---

10 **Nota do Autor:** Barão de Jeremoabo. 11 **comarca** circunscrição judiciária sob a jurisdição de um ou mais juízes de Direito. 12 **aluvião** (*fig.*) enxurrada, inundação, enchente. 13 **nonada** ninharia.

vam a viagens naquele sertão topavam grupos sucessivos de fiéis que seguiam, ajoujados[14] de fardos, carregando as mobílias toscas, as canastras[15] e os oratórios, para o lugar eleito. Isoladas a princípio, essas turmas adunavam-se pelos caminhos, aliando-se a outras, chegando, afinal, conjuntas, a Canudos.

O arraial crescia vertiginosamente, coalhando[16] as colinas.

A edificação rudimentar permitia à multidão sem lares fazer até doze casas por dia; – e, à medida que se formava, a tapera colossal parecia estereografar a feição moral da sociedade ali acoitada. Era a objetivação daquela insânia imensa. Documento iniludível permitindo o corpo de delito[17] direto sobre os desmandos de um povo.

Aquilo se fazia a esmo, adoidadamente.

REGIME DA *URBS*

A *urbs* monstruosa, de barro, definia bem a *civitas* sinistra do erro[18]. O povoado novo surgia, dentro de algumas semanas, já feito ruínas. Nascia velho. Visto de longe, desdobrado[19] pelos cômoros, atulhando[20] as canhadas[21], cobrindo área enorme, truncado nas quebradas[22], revolto[23] nos pendores – tinha o aspecto perfeito de uma cidade cujo solo houvesse sido sacudido e brutalmente dobrado por um terremoto.

Não se distinguiam as ruas. Substituía-as dédalo desesperador de becos estreitíssimos, mal separando o baralhamento caótico dos casebres feitos ao acaso, testadas[24] volvidas para todos os pontos, cumeeiras[25] orientando-se para todos os rumos, como se tudo aquilo fosse construído, febrilmente, numa noite, por uma multidão de loucos...

Feitas de pau a pique e divididas em três compartimentos minúsculos, as casas eram paródia grosseira da antiga morada romana: um

---

14 ajoujados curvados ao peso de uma carga física. **15 canastras** baús. **16 coalhando** enchendo, ocupando abundantemente. **17 corpo de delito** fato material em que se baseia a prova de um crime. **18** O vocábulo *urbs* refere-se ao espaço urbano; *civitas*, à organização social da cidade. **19 desdobrado** estendido. **20 atulhando** entulhando. **21 canhadas** valas profundas abertas por chuvas em ladeiras íngremes. **22** Entenda-se: "interrompido nos declives". **23 revolto** revirado, contorcido. **24 testadas** fachadas das casas. **25 cumeeiras** as partes mais altas dos telhados.

vestíbulo[26] exíguo, um *atrium*[27] servindo ao mesmo tempo de cozinha, sala de jantar e de recepção; e uma alcova[28] lateral, furna[29] escuríssima mal revelada por uma porta estreita e baixa. Cobertas de camadas espessas de vinte centímetros, de barro, sobre ramos de icó[30], lembravam as choupanas dos gauleses de César. Traíam a fase transitória entre a caverna primitiva e a casa. Se as edificações em suas modalidades evolutivas objetivam a personalidade humana, o casebre de teto de argila dos jagunços equiparado ao *wigwam*[31] dos Peles-Vermelhas sugeria paralelo deplorável[32]. O mesmo desconforto e, sobretudo, a mesma pobreza repugnante, traduzindo de certo modo, mais do que a miséria do homem, a decrepitude da raça.

Quando o olhar se acomodava à penumbra daqueles cômodos exíguos, lobrigava, invariavelmente, trastes raros e grosseiros: um banco tosco; dois ou três banquinhos com a forma de escabelos[33]; igual número de caixas de cedro, ou canastras; um jirau pendido do teto; e as redes. Eram toda a mobília. Nem camas, nem mesas. Pendurados aos cantos, viam-se insignificantes acessórios: o *bogó*, ou borracha, espécie de balde de couro para o transporte de água; pares de *caçuás* (jacás de cipó) e os *aiós*, bolsa de caça, feita das fibras de caroá. Ao fundo do único quarto, um oratório tosco. Neste, copiando a mesma feição achamboada do conjunto, santos mal acabados, imagens de linhas duras, a objetivarem a religião mestiça em traços incisivos de manipansos[34]: Santos Antônios proteiformes e africanizados, de aspecto bronco, de fetiches; Marias-Santíssimas, feias como megeras...[35]

---

26 vestíbulo espaço delimitado pela porta da frente e pelo átrio. **27 *atrium*** átrio ou segundo vestíbulo, maior, nas casas romanas; a sala principal. **28 alcova** pequeno quarto de dormir. **29 furna** toca. **30 icó** fruto do icozeiro em forma de baga de três a quatro cm de diâmetro, com polpa e muitas sementes. **31 *wigwam*** habitação dos índios norte-americanos da região dos Grandes Lagos, construída com uma armação arredondada e coberta de folhas e cascas de árvore. **32** Este trecho foi extraído de *Quadros das Instituições Primitivas* (1883) de Oliveira Martins. Este paralelo não segue a lógica do historiador português, porquanto O. Martins, ao mencionar o *wigwam* não estabelece uma referência direta com as edificações e suas modalidades evolutivas, mas sim com os sinais de transição de uma vida nômade para uma fixa, dos índios norte-americanos (*Caderneta*, pp. 154-157). **33 escabelos** bancos com espaldar, comprido e largo, e cujo assento serve de tampa a uma caixa formada pelo mesmo móvel. **34 manipansos** ídolos africanos. **35 megeras** bruxas, mulheres cruéis.

Por fim as armas – a mesma revivescência de estádios remotos: o facão *jacaré*[36], de folha larga e forte; a parnaíba dos cangaceiros, longa como uma espada; o ferrão ou *guiada*[37], de três metros de comprido, sem a elegância das lanças, reproduzindo os piques[38] antigos; os cacetes ocos e cheios pela metade de chumbo, pesados como montantes[39]; as bestas[40] e as espingardas.

Entre estas últimas, gradações completas, desde a de cano fino, carregada com escumilha[41], até à "legítima de Braga"[42], cevada[43] com chumbo grosso, ao trabuco brutal ao modo de uma colubrina[44] portátil, capaz de arremessar calhaus[45] e pontas de chifre, à lazarina ligeira, ou ao bacamarte[46] de boca de sino.

Nada mais. De nada mais necessitava aquela gente. Canudos surgia com a feição média entre a de um acampamento de guerreiros e a de um vasto *kraal*[47] africano. A ausência de ruas, as praças que, à parte a das igrejas, nada mais eram que o fundo comum dos quintais, e os casebres unidos, tornavam-no como vivenda única, amplíssima, estendida pelas colinas, e destinada a abrigar por pouco tempo o clã[48] tumultuário de Antônio Conselheiro.

Sem a alvura reveladora das paredes caiadas e telhados encaliçados[49], a certa distância era invisível. Confundia-se com o próprio chão. Aparecia, de perto, de chofre, constrito[50] numa volta do Vaza-Barris, que o limitava do levante ao sul abarcando-o.

Emoldurava-o uma natureza-morta: paisagens tristes; colinas nuas, uniformes, prolongando-se, ondeantes, até às serranias distantes, sem

---

36 facão jacaré facão sertanejo de folha larga e forte. Euclides já o havia chamado simplesmente de *facão* (ver p. 221) ou *facão-de-arrasto* (*Canudos e Inéditos*, p. 48). **37 guiada** aguilhada. **38 piques** lanças antigas. **39 montantes** grandes espadas antigas, que se brandiam com ambas as mãos. **40 bestas** armas antigas, formadas de arco, cabo e corda, com que se disparavam pelouros ou setas; balestras. **41 escumilha** chumbo miúdo para caçar pássaros. **42 legítima de Braga** espingarda pica-pau originária de Braga, Portugal. **43 cevada** alimentada, carregada. **44 colubrina** antiga peça de artilharia, comprida e fina, de longo alcance. **45 calhaus** seixos, fragmentos de rocha dura. **46 bacamarte** arma de fogo, de cano curto e largo, reforçada na coronha. **47 kraal** aldeia de nativos sul-africanos, cercada por uma paliçada. **48 clã** (ingl. *clan*) grupo descendente de um antepassado comum e que possui interesses ou características comuns. Nas três primeiras edições de *Os Sertões* e no AP a palavra aparece em inglês e com itálico. **49 encaliçados** emboçados; nos quais se usa uma argamassa branca. **50 constrito** comprimido.

uma nesga[51] de mato; rasgadas de lascas de talcoxisto, mal revestidas, em raros pontos, de acervos de bromélias, encimadas[52], noutros, pelos cactos esguios e solitários. O Monte da Favela, ao sul, empolava-se[53] mais alto, tendo no sopé, fronteiro à praça, alguns pés de quixabeiras, agrupados em horto selvagem. À meia encosta via-se solitária, em ruínas, a antiga casa da fazenda...

A uma banda, perto e dominante, um contraforte, o morro dos *Pelados*, termina de chofre em barranca a prumo sobre o rio e este, dali por diante progredindo numa inflexão[54] forte para montante[55], abarca o povoado em leito escavado e fundo, como um fosso. Ali vão ter quebradas de bordas a pique, abertas pelas erosões intensas por onde, no inverno, rolam acachoando afluentes efêmeros tendo os nomes falsos de rios: o Mucuim, o Umburanas, e outro, que sucessos ulteriores denominariam da "Providência".

Canudos, assim circunvalado[56] quase todo pelo Vaza-Barris, embatia ao sul contra as vertentes da Favela e dominado no ocidente pelas lombas mais altas de flancos em escarpa em que se comprimia aquele nas enchentes, desatava-se para o levante segundo o expandir dos plainos ondulados. As montanhas longínquas fechavam-se em roda, formando, quase contínua, uma elipse de eixos dilatados. Feito postigos[57] em baluarte desmedido, abriam-se, estreitas, as gargantas em que passavam os caminhos: o do Uauá, estrangulado entre os pendores fortes do Caipã; o de Jeremoabo, insinuando-se nos desfiladeiros de Cocorobó; o do Cambaio, em aclives, investindo com as vertentes do Calumbi; e o do Rosário.

Ora, por estas veredas, prendendo, no se ligarem a outras trilhas, o povoado nascente ao fundo dos sertões do Piauí, Ceará, Pernambuco e Sergipe – chegavam sucessivas caravanas de fiéis[58]. Vinham de todos os pontos, carregando os haveres todos; e, transpostas as últimas voltas do

---

51 **nesga** pequena área. 52 **encimadas** coroadas. 53 **empolava-se** ostentava-se, impunha-se. 54 **inflexão** curva. 55 **montante** para o lado da nascente de um rio. 56 **circunvalado** cercado de valas, de fossos. 57 **postigos** aberturas quadrangulares em portas ou janelas, que permitem observar sem as abrir; portinholas. 58 Entenda-se: "Ora por estas veredas, ao se ligarem a outras trilhas, prendendo o povoado nascente ao fundo dos sertões [...]".

caminho, quando divisavam o campanário humilde da antiga capela, caíam genuflexos sobre o chão aspérrimo. Estava atingido o termo da romagem[59]. Estavam salvos da pavorosa hecatombe, que vaticinavam as profecias do evangelizador. Pisavam, afinal, a terra da promissão – Canaã sagrada, que o Bom Jesus isolara do resto do mundo por uma cintura de serras...

Chegavam, estropiados da jornada longa, mas felizes. Acampavam à gandaia pelo alto dos cômoros. À noite acendiam-se as fogueiras nos pousos dos peregrinos relentados. Uma faixa fulgurante enlaçava o arraial; e, uníssonas, entrecruzavam-se, ressoando nos pousos e nas casas, as vozes da multidão penitente, na melopeia plangente dos benditos.

Ao clarear da manhã entregavam-se à azáfama da construção dos casebres. Estes, a princípio apinhando-se próximos à depressão em que se erigia a primitiva igreja, e descendo desnivelados ao viés[60] das encostas breves até ao rio, começaram a salpintar, esparsos, o terreno rugado[61], mais longe.

Construções ligeiras, distantes do núcleo compacto da casaria, pareciam obedecer ao traçado de um plano de defesa. Sucediam-se escalonadas[62], ladeando os caminhos. Marginavam o de Jeremoabo, eretas numa e outra margem do Vaza-Barris, para jusante, até Trabubu e o ribeirão de Macambira. Pontilhavam o do Rosário, transpondo o rio e contornando a Favela. Espalhavam-se pelos cerros, que se sucediam inúmeros segundo o rumo de Uauá. Inscritas[63] em cercas impenetráveis de gravatás, plantados na borda de um fosso envolvente, cada uma era, do mesmo passo, um lar e um reduto. Dispunham-se formando linhas irregulares de baluartes.

Porque a cidade selvagem, desde o princípio, tinha em torno, acompanhando-a no crescimento rápido, um círculo formidável de trincheiras cavadas em todos os pendores, enfiando todas as veredas, planos de fogo volvidos, rasantes com o chão, para todos os rumos[64]. Veladas

---

59 **romagem** romaria. 60 **ao viés** obliquamente. 61 **rugado** enrugado. 62 **escalonadas** construções em forma de escada. 63 **inscritas em cercas** rodeadas de cercas. 64 Entenda-se: "Porque a cidade tinha [...] trincheiras cavadas em todos os declives, ladeando todas as trilhas, com as miras voltadas para elas, niveladas com o chão, em todas a direções".

por touceiras inextricáveis de macambiras ou lascas de pedra, não se revelavam à distância. Vindo do levante, o viajor[65] que as abeirasse, ao divisar, esparsas sobre os cerros, as choupanas exíguas à maneira de guaritas, acreditaria topar uma rancharia esparsa de vaqueiros inofensivos. Atingia, de repente, a casaria compacta, surpreso, como se caísse numa tocaia.

Para quem viesse do sul, porém, pelo Rosário ou Calumbi, galgado o alto da Favela, ou as ladeiras fortes que se derivam para o rio Sargento, o casario aparecia a um quilômetro, ao norte, esbatido num plano inferior, francamente exposto, de modo a se poder num lance único de vista aquilatar-lhe[66] as condições de defesa.

Eram na aparência deploráveis. O arraial parecia disposto para o choque das cargas fulminantes, rolando impetuosas, com a força viva de uma queda, pelos aclives abruptos. O inimigo, livre de escaladas penosas, varejá-lo-ia em tiros mergulhantes. Podia assediá-lo todo, batendo todas as estradas, com uma bateria[67] única.

Tinha, entretanto, condições táticas preexcelentes. Compreendera-as algum Vauban inculto....

Fechado ao sul pelo morro, descendo escancelado de gargantas até ao rio, fechavam-no, a oeste, uma muralha e um valo. De fato, infletindo naquele rumo, o Vaza-Barris, comprimido entre as últimas casas e as escarpas a pique dos morros sobranceiros, torcia para norte feito um cânion fundo. A sua curva forte rodeava, circunvalando-a, a depressão em que se erigia o povoado, que se trancava a leste pelas colinas, a oeste e norte pelas ladeiras das terras mais altas, que dali se intumescem[68] até aos contrafortes extremos do Cambaio e do Caipã; e ao sul pela montanha.

Canudos era uma tapera dentro de uma furna. A praça das igrejas, rente ao rio, demarcava-lhe a área mais baixa. Dali, segundo um eixo orientado ao norte, se expandia alteando-se a pouco e pouco, em plano inclinado breve, feito um vale largo, em declive. Lá dentro se apertavam

---

65 viajor viajante. **66 aquilatar-lhe** avaliar-lhe. **67 bateria** menor unidade de emprego tático da artilharia, compondo-se normalmente de quatro peças, que podem ser quatro canhões de características idênticas (por exemplo, bateria de grosso calibre, bateria de tiro rápido etc.). **68 intumescem** avolumam, incham.

os casebres, atulhando toda a baixada, subindo, mais esparsos, pelas encostas de leste, transbordando, afinal, nas exíguas vivendas que vimos salpitando, raras, o alto dos cerros minados de trincheiras. A grei revoltosa – como se vê – não se ilhava em uma eminência[69], assoberbando os horizontes, a cavaleiro dos assaltos. Entocara-se. Naquela região belíssima, em que as linhas de cumeadas se rebatem no plano alto dos tabuleiros[70], escolhera precisamente o trecho que recorda uma vala comum enorme...

* * *

Lá se firmou logo um regime modelado pela religiosidade do apóstolo extravagante.

Jugulada pelo seu prestígio, a população tinha, engravecidas, todas as condições do estádio social inferior. Na falta da irmandade do sangue, a consanguinidade moral dera-lhe a forma exata de um clã, em que as leis eram o arbítrio do chefe e a justiça as suas decisões irrevogáveis[71]. Canudos estereotipava o fácies dúbio dos primeiros agrupamentos bárbaros.

O sertanejo simples transmudava-se, penetrando-o, no fanático destemeroso e bruto. Absorvia-o a psicose coletiva. E adotava, ao cabo, o nome até então consagrado aos turbulentos de feira, aos valentões das refregas eleitorais e saqueadores de cidades – *jagunço*.

POPULAÇÃO MULTIFORME

De sorte que ao fim de algum tempo a população constituída dos mais díspares elementos, do crente fervoroso abdicando de si todas as comodidades da vida noutras paragens, ao bandido solto, que lá chegava de clavinote ao ombro em busca de novo campo de façanhas, se fez a comunidade homogênea e uniforme[72], massa inconsciente e bruta, cres-

---

[69] **eminência** elevação, altura, cume. [70] Entenda-se: "Naquela região belíssima, em que as linhas dos picos (*cumeadas*) se alteiam (*se rebatem*), em disputadas altitudes, no plano alto dos tabuleiros, [a grei revoltosa] escolhera [...]". [71] **irrevogáveis** que não podem ser anuladas, invalidadas. [72] Notar, porém, em páginas adiante a galeria de contrastes entre os tipos canudenses.

cendo sem evolver, sem órgãos e sem funções especializadas, pela só justaposição mecânica de levas[73] sucessivas, à maneira de um polipeiro[74] humano. É natural que absorvesse, intactas, todas as tendências do homem extraordinário do qual a aparência proteica[75] – de santo exilado na terra, de fetiche de carne e osso e de bonzo[76] claudicante[77] – estava adrede talhada[78] para reviver os estigmas degenerativos de três raças.

Aceitando, às cegas, tudo quanto lhe ensinara aquele; imersa de todo no sonho religioso; vivendo sob a preocupação doentia da outra vida, resumia o mundo na linha de serranias que a cingiam. Não cogitava de instituições garantidoras de um destino na terra.

Eram-lhe inúteis. Canudos era o cosmos.

E este mesmo transitório e breve: um ponto de passagem, uma escala terminal, de onde decampariam[79] sem demora; o último pouso na travessia de um deserto – a Terra. Os jagunços errantes ali armavam pela derradeira vez as tendas, na romaria miraculosa para os céus...

Nada queriam desta vida. Por isto a propriedade tornou-se-lhes uma forma exagerada do coletivismo tribal dos beduínos[80]: apropriação pessoal apenas de objetos móveis e das casas, comunidade absoluta da terra, das pastagens, dos rebanhos e dos escassos produtos das culturas, cujos donos recebiam exígua quota-parte[81], revertendo o resto para a *companhia*[82]. Os recém-vindos entregavam ao Conselheiro noventa e nove por cento do que traziam, incluindo os santos destinados ao santuário comum. Reputavam-se[83] felizes com a migalha restante. Bastava-lhes de sobra. O profeta ensinara-lhes a temer o pecado mortal do bem-estar mais breve. Voluntários da miséria e da dor, eram venturosos na medida das provações sofridas. Viam-se bem, vendo-se em andrajos[84]. Este des-

---

73 **levas** grupos de indivíduos. 74 **polipeiro** habitação ou agrupamento de pólipos, do ramo *Coelenterata*, que vivem agrupados. Os pólipos são animais marinhos, de formas tróficas como as dos cnidários ou celenterados, com aspecto de tubo fechado em uma das extremidades e uma coroa de tentáculos em torno da abertura apical campanada, imitando o copo-de-leite. Os corais e as medusas pertencem a este mesmo ramo. 75 **proteica** multiforme. 76 **bonzo** monge budista. 77 **claudicante** incerto, vacilante, duvidoso. 78 Entenda-se: "especialmente destinada". 79 **decampariam** levantariam acampamento. 80 **beduínos** árabes do deserto que normalmente vivem acampados em tribos. 81 **quota-parte** cota, porção, porcentagem. 82 **companhia** sociedade religiosa. 83 **reputavam-se** diziam-se, consideravam-se. 84 **andrajos** trapos, farrapos.

CANUDOS E SUAS CERCANIAS

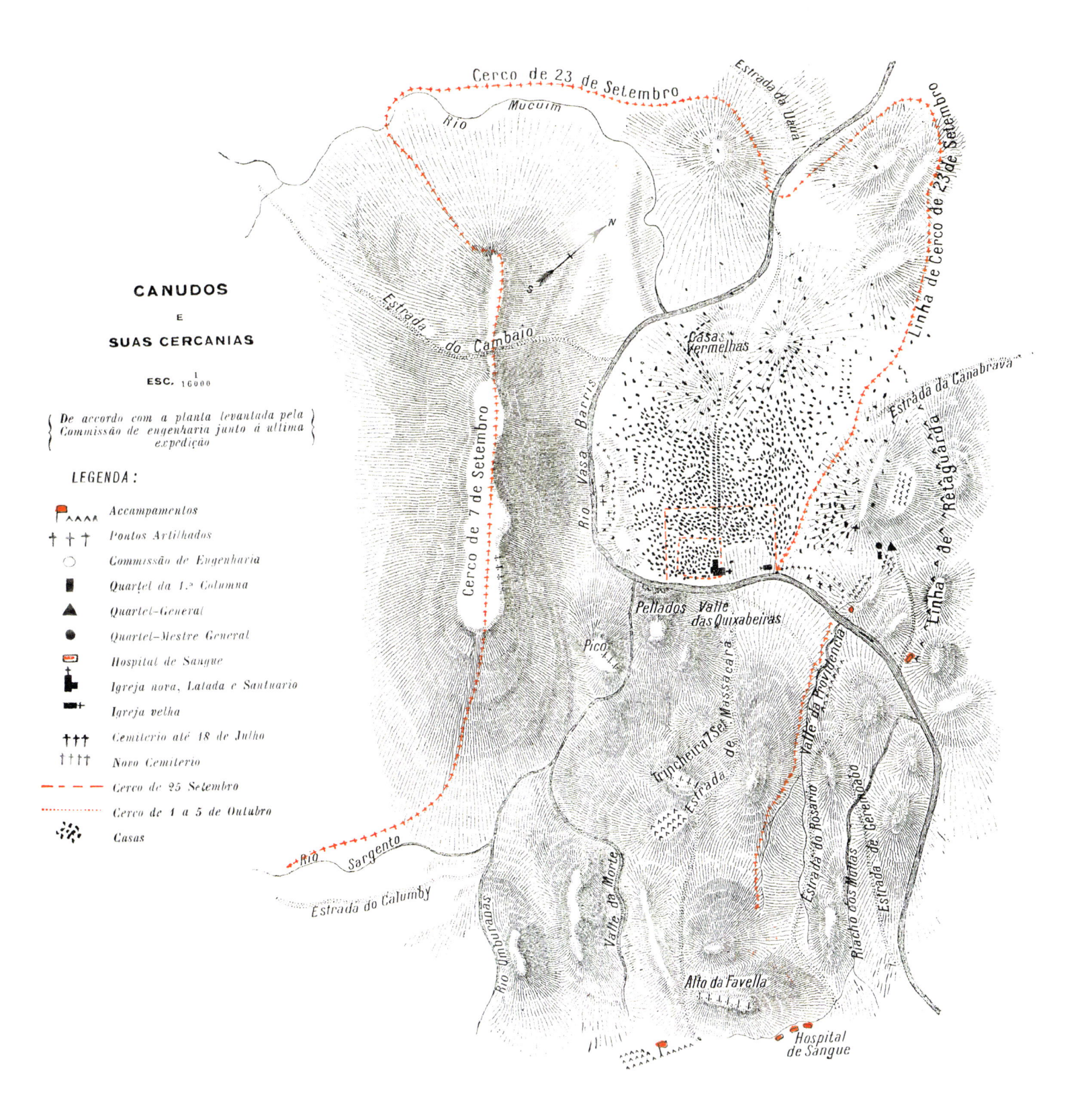

ESC. $\frac{1}{16000}$

{ De accordo com a planta levantada pela Commissão de engenharia junto á ultima expedição }

LEGENDA:

- Accampamentos
- Pontos Artilhados
- Commissão de Engenharia
- Quartel da 1.ª Columna
- Quartel-General
- Quartel-Mestre General
- Hospital de Sangue
- Igreja nova, Latada e Santuario
- Igreja velha
- Cemiterio até 18 de Julho
- Novo Cemiterio
- Cerco de 25 Setembro
- Cerco de 1 a 5 de Outubro
- Casas

prendimento levado às últimas consequências chegava a despi-los das belas qualidades morais, longamente apuradas na existência patriarcal dos sertões. Para Antônio Conselheiro – e neste ponto ele ainda copia velhos modelos históricos – a virtude era como que o reflexo superior da vaidade. Uma quase impiedade. A tentativa de enobrecer a existência na terra implicava de certo modo a indiferença pela felicidade sobrenatural iminente, o olvido do *além* maravilhoso anelado.

O seu senso moral deprimido só compreendia a posse deste pelo contraste das agruras suportadas.

De todas as páginas de catecismo que soletrara ficara-lhe preceito único:

Bem-aventurados os que sofrem...

A extrema dor era a extrema-unção. O sofrimento duro a absolvição plenária[85]; a teriaga[86] infalível para a peçonha[87] dos maiores vícios.

Que os homens se desmandassem[88] ou agissem virtuosamente – era questão somenos[89]. Consentia de boa feição que errassem, mas que todas as impurezas e todas as escorralhas[90] de uma vida infame saíssem, afinal, gota a gota, nas lágrimas vertidas.

Ao saber de caso escandaloso em que a lubricidade[91] de um devasso[92] maculara[93] incauta donzela teve, certa vez, uma frase ferozmente cínica, que os sertanejos repetiam depois sem lhe aquilatarem a torpeza:

Seguiu o destino de todas; passou por baixo da árvore do bem e do mal!

---

85 absolvição plenária indulgência plenária; perdão plena das penas temporais. **86 teriaga** remédio caseiro contra venenos. **87 peçonha** veneno. **88 desmandassem** excedessem, desregrassem. **89 Nota do Autor:** "Montanus ne prenait même pas la peine d'interdire un acte devenu absolument insignifiant, du moment que l'humanité en était à son dernier soir. La porte se trouvait ainsi ouverte à la débauche…" (Renan, *Marc-Aurèle*, p. 215). **Nota do Editor:** Tradução do francês: "Montano não se dava sequer ao trabalho de proibir um ato absolutamente insignificante, visto que a humanidade estava agora nos seus últimos momentos. A porta assim se achava aberta à libertinagem…"; **somenos** sem importância, de menor valor. **90 escorralhas** resíduos de um líquido, borras. **91 lubricidade** sensualidade, lascívia. **92 devasso** libertino, licencioso. **93 maculara** manchara.

Não é para admirar que se esboçasse logo, em Canudos, a promiscuidade de um heterismo[94] infrene[95]. Os filhos espúrios[96] não tinham à fronte o labéu[97] indelével da origem, a situação infamante dos *bancklings*[98] entre os germanos. Eram legião[99].

Porque o dominador se não estimulava, tolerava o amor livre. Nos *conselhos* diários não cogitava da vida conjugal, traçando normas aos casais ingênuos. E era lógico. Contados os últimos dias do mundo, fora malbaratá-los[100] agitando preceitos vãos, quando o cataclismo iminente viria, em breve, apagar para sempre as uniões mais íntimas, dispersar os lares e confundir no mesmo vórtice[101] todas as virtudes e todas as abominações. O que urgia era antecipá-lo pelas provações e pelo martírio. Pregava, então, os jejuns prolongados, as agonias da fome, a lenta exaustão da vida. Dava o exemplo fazendo constar, pelos fiéis mais íntimos, que atravessava os dias alimentando-se com um pires de farinha. Conta-se que em certo dia foi visitado por um crente abastado das cercanias. Repartiu com ele a refeição escassa; e este – milagre que abalou o arraial inteiro! – saiu do banquete minúsculo, repleto, empanzinado, como se volvesse de festim soberbo.

Esse regime severo tinha efeito duplo: tornava, pela própria debilidade, mais vibrátil a inervação enferma dos crentes e preparava-os para as aperturas dos assédios[102], talvez previstos. Era, talvez, intenção recôndita[103] de Antônio Conselheiro. Nem de outro modo se compreende que permitisse assistissem[104] no arraial indivíduos cuja índole se contrapunha à sua placabilidade humilde.

Canudos era o homizio[105] de famigerados facínoras. Ali chegavam, de permeio[106] com os matutos crédulos e vaqueiros iludidos, sinistros heróis da faca e da garrucha. E estes foram logo os mais quistos[107] daquele homem singular, os seus ajudantes de ordens prediletos, garantindo-lhe a

---

94 heterismo promiscuidade sexual feminina. **95 infrene** desenfreado, descomedido. **96 espúrios** ilegítimos, adulterados. **97 labéu** mancha na reputação, desonra. **98 bancklings** (al., *bäncklinge*) filhos bastardos. **99 legião** exército, multidão. **100 malbaratá-los** desperdiçá-los, perder o tempo com eles. **101 vórtice** redemoinho, voragem, furacão. **102 assédios** cercos, sítios militares. **103 recôndita** oculta. **104** Entenda-se: "permitisse que morassem". **105 homizio** esconderijo. **106 de permeio com** no meio dos. **107 quistos** queridos; amados.

autoridade inviolável. Eram, por um contraste natural, os seus melhores discípulos. A seita esdrúxula – caso de simbiose[108] moral em que o belo ideal cristão surgia monstruoso dentre aberrações fetichistas – tinha os seus naturais representantes nos Batistas truculentos, capazes de carregar os bacamartes homicidas com as contas dos rosários...

POLÍCIA DE BANDIDOS

Graças a seus braços fortes, Antônio Conselheiro dominava o arraial, corrigindo os que saíam das trilhas demarcadas. Na cadeia ali paradoxalmente instituída – a *poeira*[109], no dizer dos jagunços – viam-se, diariamente presos, pelos que haviam cometido a leve falta de alguns homicídios, os que haviam perpetrado o crime abominável de faltar às rezas[110].

Inexorável para as pequenas culpas, nulíssima para os grandes atentados, a justiça era, como tudo o mais, antinômica, no clã policiado por facínoras. Visava uma delinquência especial, traduzindo-se na inversão completa do conceito do crime. Exercitava-se, não raro duramente, cominando penas severíssimas sobre leves faltas.

O uso da aguardente, por exemplo, era delito sério. Ai! do dipsomaníaco[111] incorrigível que rompesse o interdito imposto!

Conta-se que de uma feita alguns tropeiros inexpertos, vindos do Juazeiro, foram ter a Canudos, levando alguns barris do líquido inconcesso[112]. Atraía-os o engodo[113] de lucro inevitável. Levavam a eterna cúmplice das horas ociosas dos matutos[114]. Ao chegarem, porém, tiveram, depois de descarregarem na praça a carga valiosa, desagradável surpresa.

---

108 simbiose associação, mistura, amálgama. **109** O nome já tinha sido registrado por um jornal baiano: "Um prisioneiro do 'Conselheiro', que chegou há dias ao Inhambupe, fugido, foi quem trouxe esta notícia, e contando diversos episódios acrescentou: 'Que passando perto de Canudos fora preso dias antes do combate de 18, como suspeito de ser espião, sendo recolhido à *poeira* (é como chamam a prisão dali) [...]'" (*Jornal de Notícias*, 10.2.1897). **110** Entenda-se: "viam-se, diariamente, indivíduos que tinham perpetrado o crime abominável de faltar às rezas sendo presos pelos que tinham cometido a 'leve falta' de alguns homicídios". Nesta e nas próximas páginas de *Os Sertões*, Euclides intensifica o tom irônico do livro, valendo-se da antítese, sua figura de linguagem predileta. **111 dipsomaníaco** metomaníaco ou indivíduo dado às bebidas alcoólicas. **112 inconcesso** proibido. **113 engodo** grande possibilidade, forte potencial. **114** Entenda-se: "a pinga ou a cachaça".

Viram, ali mesmo, abertos os barris, a machado, e inutilizado o contrabando sacrílego. E volveram rápidos, desapontados, tendo às mãos, ao invés do ganho apetecido, o ardor de muitas dúzias de palmatoadas[115], amargos bolos com que os presenteara aquela gente ingrata[116].

Este caso é expressivo. Sólida experiência ensinara ao Conselheiro todos os perigos que adviriam deste *haxixe*[117] nacional. Interdizia-o menos por debelar um vício que para prevenir desordens. Mas fora do povoado, estas podiam espalhar-se à larga[118]. Dali partiam bandos turbulentos arremetendo com os arredores. Toda a sorte de tropelias eram permitidas, desde que aumentassem o patrimônio da grei. Em 1894, as algaras[119], chefiadas por valentões de nota[120], tornaram-se alarmantes. Foram em um crescendo tal, de depredações e desacatos, que despertaram a atenção dos poderes constituídos, originando mesmo calorosa e inútil discussão na Assembleia Estadual da Bahia.

Em dilatado raio em torno de Canudos, talavam-se[121] fazendas, saqueavam-se lugarejos, conquistavam-se cidades! No Bom Conselho, uma horda atrevida, depois de se apossar da Vila, pô-la em estado de sítio, dispersou as autoridades, a começar pelo juiz da comarca[122] e, como entreato hilariante[123] na *razzia* escandalosa, torturou o escrivão dos casamentos que se viu em palpos de aranhas[124] para impedir que os crentes sarcásticos lhe abrissem, tosquiando-o[125], uma coroa[126] larga, que lhe justificasse o invadir as atribuições sagradas do vigário.

Os desordeiros volviam cheios de despojos[127] para o arraial onde ninguém lhes tomava conta dos desmandos.

Muitas vezes, diz o testemunho unânime da população sertaneja, tais expedições eram sugeridas por intuito diverso. Alguns fiéis abastados

---

115 **palmatoadas** pancadas de palmatória, bolos. 116 José Calasans dá outra versão, dizendo que segundo Pedrão a causa principal era a concorrência que o comboio de cachaça ia criar para o comércio de Antônio Vila-Nova. Este episódio sobre o uso da aguardente foi contado pelo jagunço Agostinho, de cartoze anos, segundo aparece na correspondência de Euclides para *O Estado de S. Paulo* de 19.8.1897 (*Diário*, pp. 77-80). 117 **haxixe nacional** vício, ópio do povo. 118 **à larga** à vontade. 119 **algaras** invasões. 120 **de nota** notáveis, de fama. 121 **talavam-se** destruíam-se, assolavam-se, devastavam-se. 122 Arlindo Leoni. 123 **hilariante** cômico. 124 **palpos de aranhas** papos-de-aranha; situação difícil e embaraçosa. 125 **tosquiando-o** cortando o cabelo rente, tonsurando. 126 **coroa** tonsura; corte circular rente do cabelo como o dos clérigos. 127 **despojos** restos, sobras.

tinham veleidades[128] políticas. Sobrevinha a quadra eleitoral. Os grandes conquistadores de urnas que, a exemplo de milhares de comparsas disseminados neste país, transformam a fantasia do sufrágio universal[129] na clava de Hércules[130] da nossa dignidade, apelavam para o Conselheiro.

Canudos fazia-se, então, provisoriamente, o quartel das guardas pretorianas dos capangas, que de lá partiam, trilhando rumos prefixos[131], para reforçarem, a pau e a tiro, a soberania popular, expressa na imbecilidade triunfante de um régulo[132] qualquer; e para o estraçoamento[133] das atas[134]; e para as mazorcas[135] periódicas que a lei marca, denominando-as "eleições", eufemismo que é entre nós o mais vivo traço das ousadias da linguagem. A nossa civilização de empréstimo arregimentava, como sempre o fez, o banditismo sertanejo.

Ora, estas arrancadas eram um ensinamento. Eram úteis. Eram exercícios práticos indispensáveis ao preparo para recontros mais valentes. Compreendera-as, talvez, assim, o Conselheiro. Tolerava-as. No arraial, porém, exigia, digamos em falta de outro termo – porque os léxicos não o têm para exprimir um tumulto disciplinado, – ordem inalterável. Ali permaneciam, inofensivos porque eram inválidos, os seus melhores crentes: mulheres, crianças, velhos alquebrados, doentes inúteis. Viviam parasitariamente da solicitude do chefe, que lhes era o Santo protetor, ao qual saudavam entoando versos há vinte e tantos anos correntes nos sertões:

Do céu veio uma luz
Que Jesus Cristo mandou.
Santo Antônio Aparecido
Dos castigos nos livrou!

Quem ouvir e não aprender
Quem souber e não ensinar

---

128 veleidades pretensões, intenções. **129 sufrágio universal** direito de voto a todos os cidadãos. **130 na clava de Hércules** no grande eufemismo. **131 prefixos** prefixados. **132 régulo** reizinho (*pejorativo*); chefe de um Estado bárbaro. **133 estraçoamento** despedaçamento. **134 atas** por analogia, "leis" ou "decretos". **135 mazorcas** badernas, perturbações da ordem.

No dia de Juízo
A sua alma penará![136]

Estas velhas quadras, que a tradição guardara, lembravam ao infeliz os primeiros dias da vida atormentada e avivavam-lhe, porventura, os últimos traços da vaidade, no confronto vantajoso com o santo milagreiro por excelência.

O certo é que abria aos desventurados os celeiros fartos pelas esmolas e produtos do trabalho comum. Compreendia que aquela massa, na aparência inútil, era o cerne[137] vigoroso do arraial. Formavam-na os eleitos, felizes por terem aos ombros os frangalhos[138] imundos, esfiapados sambenitos[139] de uma penitência que lhes fora a própria vida; bem-aventurados porque o passo trôpego[140], remorado pelas muletas e pelas anquiloses[141], lhes era a celeridade máxima, no avançar para a felicidade eterna.

O TEMPLO

Além disto ali os aguardava, no termo da jornada, a última penitência: a construção do templo.

A antiga capela não bastava. Era frágil e pequena. Mal sobranceava os colmos achatados. Retratava por demais, no aspecto modestíssimo, a pureza principal da religião antiga.

Era necessário que se lhe contrapusesse a *arx*[142] monstruosa, erigida como se fosse o molde monumental da seita combatente.

Começou a erigir-se a igreja nova. Desde antemanhã[143], enquanto uns se entregavam às culturas ou tangiam os rebanhos de cabras, ou abala-

---

136 Nota do Autor: Sílvio Romero, "A Poesia Popular no Brasil". O escritor transcrevia aquelas quadras em 1879, precedendo-as com o seguinte comentário: "Era um missionário a seu jeito. Com tão poucos recursos fanatizou as povoações que visitou, que o tinham por *Santo Antônio Aparecido*". Já em 1879!... **Nota do Editor:** Trata-se da série de capítulos publicados na *Revista Brasileira* (1879-1881) sob o título "A Poesia Popular no Brasil" (ver p. 200). **137 cerne** o âmago, o núcleo. **138 frangalhos** trapos, farrapos. **139 sambenitos** hábitos, túnicas; o nome é derivado das casulas brancas, usadas pelos réus da Santa Inquisição em Portugal, as quais traziam estampadas cruzes de Santo André, vermelhas, no peito e nas costas. **140 trôpego** arrastado, lento, dificultoso. **141 anquiloses** atrofiamentos. **142 arx** (*lat.*) lugar fortificado, praça forte, baluarte. **143 antemanhã** pouco antes de amanhecer.

vam[144] para *fazer o saco*[145] nas vilas próximas, e outros, dispersando-se em piquetes[146] vigilantes, estacionavam nas cercanias, bombeando[147] quem chegava, o resto do povo moirejava[148] na missão sagrada.

Defrontando o antigo, o novo templo erguia-se no outro extremo da praça. Era retangular, e vasto, e pesado. As paredes mestras, espessas, recordavam muralhas de reduto. Durante muito tempo teria esta feição anômala, antes que as duas torres muito altas, com ousadias de um gótico rude e imperfeito, o transfigurassem.

É que a catedral admirável dos jagunços tinha essa eloquência silenciosa dos edifícios, de que nos fala Bossuet...

Devia ser como foi. Devia surgir, mole[149] formidável e bruta, da extrema fraqueza humana, alteada pelos músculos gastos dos velhos, pelos braços débeis das mulheres e das crianças. Cabia-lhe a forma dúbia de *santuário* e de antro[150], de fortaleza e de templo, irmanando no mesmo âmbito, onde ressoariam mais tarde as ladainhas e as balas, a suprema piedade e os supremos rancores...

Delineara-a o próprio Conselheiro. Velho arquiteto de igrejas, requintara no monumento que lhe cerraria a carreira. Levantava, volvida para o levante, aquela fachada estupenda, sem módulos, sem proporções, sem regras; de estilo indecifrável; mascarada[151] de frisos grosseiros e volutas[152] impossíveis cabriolando[153] num delírio de curvas incorretas; rasgada de ogivas[154] horrorosas, esburacada de troneiras[155]; informe e brutal, feito a testada de um hipogeu[156] desenterrado; como se tentasse objetivar, a pedra e cal, a própria desordem do espírito delirante.

---

144 abalavam saíam, partiam. **145 fazer o saco** "ganhar o que dê para alguns dias, uma semana", segundo a definição anotada por Euclides (*Caderneta*, p. 17), a partir de Vieira de Aguiar, p. 154. **146 piquetes** grupos de cavaleiros a quem toca serviço de vigilância por turno. **147 bombeando** espreitando, espionando. **148 moirejava** mourejava; trabalhava duro, sem parar. **149 mole** grande massa informe; construção de grandes proporções, maciça e bruta. **150 antro** cova profunda, caverna, furna, covil. **151 mascarada** enfeitada. **152 volutas** ornatos espiralados de um capitel de coluna. **153 cabriolando** volteando, ondulando, serpeando. **154 ogivas** figuras formadas pelo cruzamento de dois arcos iguais que se cortam superiormente, formando um ângulo agudo, e que é típica das abóbadas góticas. **155 troneiras** aberturas ou intervalos típicos das fortalezas por onde se enfiam os canhões ou outras armas de fogo para atacar o inimigo. **156 hipogeu** cripta.

Era a sua obra-prima. Ali passava os dias, sobre os andaimes altos e bailéus[157] bamboantes. O povo enxameando[158] embaixo, na azáfama do transporte dos materiais, estremecia muita vez ao vê-lo passar, lentamente, sobre as tábuas flexuosas e oscilantes, impassível, sem um tremor no rosto bronzeado e rígido, feito uma cariátide[159] errante sobre o edifício monstruoso.

Não faltavam braços para a tarefa. Não cessavam reforços e recursos à sociedade acampada no deserto. Metade, por assim dizer, das gentes de Tucano e de Itapicuru para lá abalou. De Alagoinhas, Feira de Santana e Santa Luzia, iam toda a sorte de auxílios. De Jeremoabo, Bom Conselho e Simão Dias, grandes fornecimentos de gados.

Não assombravam aos recém-vindos os quadros que se lhes antolhavam. Tinham-nos como obrigatória a prova desafiando-lhes a fé inabalável.

ESTRADA PARA O CÉU

Os ingênuos contos sertanejos desde muito lhes haviam revelado as estradas fascinadoramente traiçoeiras que levam ao Inferno. Canudos, imunda antessala do Paraíso, pobre peristilo dos céus, devia ser assim mesmo – repugnante, aterrador, horrendo...

Entretanto, lá tinham ido, muitos, alimentando esperanças singulares. Os aliciadores da seita se ocupam em persuadir o povo de que todo aquele que se quiser salvar precisa vir para Canudos, porque nos outros lugares tudo está contaminado e perdido pela República. Ali, porém, nem é preciso trabalhar, "é a terra da promissão, onde corre um rio de leite e são de cuscuz de milho as barrancas"[160].

---

157 bailéus andaimes suspensos por cordas. **158 enxameando** trabalhando diligentemente como as abelhas. Notar o vocábulo ainda de gosto naturalista. **159 cariátide** figura humana, geralmente feminina, esculpida em fachadas de edifícios da Grécia antiga com a função de suporte de cornija ou arquitrave. **160 Nota do Autor:** Vide relatório de Frei João Evangelista de Monte-Marciano. **Nota do Editor:** Afirma Lelis Piedade que, "[c]onforme um jagunço, [o Conselheiro] dissera numa de suas *práticas* que, quando os republicanos chegassem, a água do Vaza-Barris se transformaria em sangue, para eles, ao passo que seria de leite para o seus *fiéis*; que as pedras de Canudos seriam para estes pães e para aqueles pedras" (*Jornal de Notícias*, 7.9.1897).

Chegavam.

Deparavam o Vaza-Barris seco, ou *empanzinado* volvendo apenas águas barrentas das enchentes, entre os flancos entorroados das colinas...

Tinham esvaecida[161] a miragem feliz; mas não se despeavam no misticismo lamentável...

AS REZAS

Ao cair da tarde, a voz do sino apelidava[162] os fiéis para a oração. Cessavam os trabalhos. O povo adensava-se sob a *latada* coberta de folhagens. Derramava-se pela praça. Ajoelhava-se.

Difundia-se nos ares o coro da primeira reza.

A noite sobrevinha, prestes, mal prenunciada pelo crepúsculo sertanejo, fugitivo e breve como o dos desertos.

Fulguravam as fogueiras, que era costume acenderem-se, acompanhando o perímetro do largo. E os seus clarões vacilantes emolduravam a cena meio afogada nas sombras.

Consoante antiga praxe, ou, melhor, capricho de A. Conselheiro, a multidão repartia-se, separados os sexos, em dois agrupamentos destacados. E em cada um deles um baralhamento enorme de contrastes...

AGRUPAMENTOS BIZARROS

Ali estavam, gafadas[163] de pecados velhos, serodiamente[164] penitenciados, as beatas – êmulas das bruxas das igrejas – revestidas da capona preta lembrando a holandilha[165] fúnebre da Inquisição; as *solteiras*[166], termo que nos sertões tem o pior dos significados, desenvoltas e despejadas[167], *soltas*[168] na gandaíce sem freios; as *moças donzelas* ou *moças damas*[169], recatadas e tímidas; e honestas mães de famílias; nivelando-se pelas mesmas rezas.

---

161 esvaecida apagada, dissipada. **162 apelidava** convocava, chamava. **163 gafadas** contaminadas, corrompidas. **164 serodiamente** tardiamente. **165 holandilha** túnica grosseira, sambenito. **166 solteiras** prostitutas, mulheres "perdidas". **167 despejadas** sem vergonha, sem brio. **168 soltas** em plena atividade, dinâmicas.. **169 moças damas** virgens. Euclides registra o regionalismo de modo

Faces murchas de velhas – esgrouviados[170] viragos[171] em cuja boca deve ser um pecado mortal a prece; – rostos austeros de matronas[172] simples; fisionomias ingênuas de raparigas crédulas, misturavam-se em conjunto estranho.

Todas as idades, todos os tipos, todas as cores...

Grenhas[173] maltratadas de crioulas retintas[174]; cabelos corredios e duros, de caboclas; trunfas[175] escandalosas, de africanas; madeixas[176] castanhas e louras de brancas legítimas, embaralhavam-se, sem uma fita, sem um grampo, sem uma flor, o toucado ou a coifa[177] mais pobre. Nos vestuários singelos, de algodão ou de chita, deselegantes e escorridos, não havia lobrigar-se a garridice[178] menos pretensiosa[179]: um xale de lã, uma mantilha[180] ou um lenço de cor, atenuando a monotonia das vestes encardidas quase reduzidas a saias e camisas estraçoadas[181], deixando expostos os peitos cobertos de rosários, de verônicas[182], de cruzes, de figas, de amuletos, de dentes de animais, de bentinhos, ou de nôminas[183] encerrando *cartas santas*[184], únicos atavios[185] que perdoava a ascese exigente do evangelizador. Aqui, ali, extremando-se a relanços[186] naqueles acervos de trapos, um ou outro rosto formosíssimo, em que ressurgiam, suplantando impressionadoramente a miséria e o sombreado das outras faces rebarbativas, as linhas dessa beleza imortal que o tipo judaico conserva imutável através dos tempos. Madonas[187] emparceiradas a fúrias[188], belos olhos profundos, em cujos negrumes afuzila o desvario místico; frontes adoráveis, mal escampadas[189] sob os cabelos em desalinho, eram profanação cruel afogando-se[190] naquela matulagem[191] repugnante que exsuda-

---

diferente: *mulher-dama*, sinônimo de prostituta (*Caderneta*, p. 25). **170 esgrouviados** revoltos, desgrenhados. **171 viragos** mulheres varonis, machonas, mulheres-machos. **172 matronas** mulheres legalmente casadas, esposas, mulheres respeitáveis. **173 grenhas** melenas, madeixas, cabeleiras. **174 retintas** de cor escura e carregada. **175 trunfas** turbantes. **176 madeixas** cabeleiras. **177 coifa** rede ou touca em que as mulheres envolvem o cabelo. **178 garridice** requinte no vestir. **179** Entenda-se: "não se observava sequer um traço, por mais mínimo que fosse, de requinte no vestir". **180 mantilha** manta para a proteção da cabeça. **181 estraçoadas** despedaçadas. **182 verônicas** relíquias geralmente de um pedaço da veste de um santo ou de uma santa. **183 nôminas** bolsinhas que guardam oração escrita para livrar-se do mal. **184 cartas santas** orações escritas. **185 atavios** adornos, enfeites. **186 a relanços** de relance, rapidamente, num passar de olhos. **187 madonas** por analogia, lindos rostos como os das estampas e imagens da Virgem Maria. **188 fúrias** mulheres desgrenhadas e coléricas. **189 mal escampadas** quase totalmente cobertas. **190 afogando-se** asfixiando-se,

va[192] do mesmo passo[193] o fartum[194] engulhento[195] das carcaças[196] imundas e o lento salmear[197] dos *benditos*[198] lúgubres como responsórios...[199]

A reveses[200], as fogueiras quase abafadas[201], vasquejando[202] sob nuvens de fumo, crepitam, revivendo ao sopro da viração noturna e chofrando[203] precípites[204] clarões sobre a turba. Destaca-se, então, mais compacto, o grupo varonil dos homens, mostrando idênticos contrastes: vaqueiros rudes e fortes, trocando, como heróis decaídos, a bela armadura de couro pelo uniforme reles[205] de brim americano; criadores, ricos outrora, felizes pelo abandono das boiadas e dos pousos animados; e menos numerosos, porém mais em destaque, gandaieiros[206] de todos os matizes, recidivos[207] de todos os delitos.

Na claridade amortecida dos braseiros esbatem-se os seus perfis interessantes e vários. Já são famosos alguns. Prestigia-os o renome de arriscadas aventuras, que a imaginação popular romanceia e amplia. Lugar-tenentes[208] do ditador humilde, tomam armados a frente do ajuntamento[209]. Mas não há distinguir-se-lhes neste instante, na atitude e no gesto, o desgarre[210] provocante dos valentões incorrigíveis.

De joelhos, mãos enclavinhadas[211] sobre o peito, o olhar tençoeiro[212] e mau esvai-se-lhes contemplativo e vago...

José Venâncio, o terror da Volta Grande, deslembra-se das dezoito mortes cometidas e do espantalho[213] dos processos à revelia[214], dobrando, contrito, a fronte para a terra.

---

sufocando-se. Entenda-se: "era um pecado estarem aquelas mulheres bonitas misturadas com aquelas bruxas". **191 matulagem** matula, corja, bando. **192 exsudava** desprendia, produzia lentamente. **193 do mesmo passo** ao mesmo tempo. **194 fartum** mau cheiro resultante de ranço, forte odor corporal. **195 engulhento** nauseabundo, asqueroso, nojento. **196 carcaças** corpos. **197 salmear** o cantar dos salmos. **198 benditos** rezas. **199 responsórios** séries de responsos ou versículos rezados ou cantados alternativamente por dois coros, ou por um coro e um solista, depois das lições ou dos capítulos. **200 a reveses** vez por outra, de vez em quando. **201 quase abafadas** prestes a apagar. **202 vasquejando** tremulando, vacilando. **203 chofrando** atirando de chofre. **204 precípites** com velocidade. **205 reles** simples. **206 gandaieiros** vadios, vagabundos. **207 recidivos** reincidentes. **208 lugar-tenentes** oficiais que desempenham temporariamente as funções de outros de patente mais elevada. **209 ajuntamento** grupo, bando. **210 desgarre** audácia, desplante, atrevimento. **211 mãos enclavinhadas** juntas, com os dedos metidos uns por entre os outros. **212 tençoeiro** insolente. **213 espantalho** espectro, visão medonha. **214 à revelia** sem audiência da parte do réu porque este resolveu não comparecer, ignorando as ordens do juiz.

Ladeia-o o afoito Pajeú, rosto de bronze vincado de apófises[215] duras, mal aprumado o arcabouço[216] atlético. Estático, mãos postas, volve, como as suçuaranas em noite de luar, olhar absorto para os céus[217]. Logo após o seu ajudante de ordens inseparável, Lalau, queda-se igualmente humílimo, joelhos dobrados sobre o trabuco carregado. Chiquinho e João da Mota, dois irmãos aos quais estava entregue o comando dos piquetes vigilantes nas entradas de Cocorobó e Uauá, aparecem unidos, desfiando, crédulos, as contas do mesmo rosário. Pedrão, cafuz entroncado e bruto, que com trinta homens escolhidos guardava as vertentes da Canabrava[218], mal se distingue, afastado, próximo de um digno êmulo de tropelias. Estêvão, negro reforçado, disforme, corpo tatuado à bala e à faca, que lograra vingar centenas de conflitos graças à disvulnerabilidade[219] rara. Era o guarda do Cambaio.

Joaquim *Tranca-pés*, outro espécime de guerrilheiro sanhudo que velava no Angico, ombreia com o *Major Sariema*, de estatura mais elegante, lidador sem posição fixa, destemeroso mas irrequieto, talhado para as arrancadas subitâneas e atrevidas. Antepõe-se-lhe, no aspecto, o tragicômico Raimundo *Boca-torta*, do Itapicuru, espécie de funâmbulo[220] patibular[221], face contorcida em esgar ferino, como um traumatismo hediondo. O ágil *Chico Ema*, a quem se confiara coluna volante[222] de espias, surge junto a um cabecilha de primeira linha, Norberto, predestinado à chefia suprema nos últimos dias de Canudos.

Quinquim de Coiqui, um crente abnegado que alcançaria a primeira vitória sobre a tropa legal; *Antônio Fogueteiro*, do Pau Ferro, incansável aliciador de prosélitos; *José Gamo*; *Fabrício de Cocobocó*...

A massa restante dos fiéis volve-lhes, intermitentes, nos intervalos dos *kyries* inçados[223] de silabadas incríveis, olhares carinhosos, refertos de esperanças.

---

215 apófises protuberâncias ósseas da face. **216 arcabouço** esqueleto. **217** O trecho acima se baseia na p. 25 do MS (ver Bernucci, pp. 244-249). **218** O lugar não é a Canabrava mas Cocorobó, segundo a declaração de Pedrão a Calasans, onde o jagunço chefiou quarenta homens e travou peleja. Euclides teria transposto esta informação da sua *Caderneta* (p. 23), onde se lê: "Pedrão na Canabrava – Caboclo grande". **219 disvulnerabilidade** invulnerabilidade. **220 funâmbulo** (*fig.*) indivíduo que muda facilmente de opinião ou de partido; traiçoeiro. **221 patibular** facínora, criminoso. **222 coluna volante** tropa ligeira. **223 inçados** repletos.

O velho Macambira, pouco afeiçoado à luta, de *coração mole*[224], segundo o dizer expressivo dos matutos, mas espírito infernal no gizar[225] tocaias incríveis; espécie de *Imanus* decrépito, mas perigoso ainda, tomba de bruços no chão, tendo ao lado o filho, Joaquim, criança arrojada e impávida[226], que figuraria em belo lance de heroísmo, mais tarde.

Alheio à credulidade geral, um explorador solerte[227], Vila-Nova, finge que ora, remascando cifras. E na frente de todos, o comandante da praça, o *chefe do povo*, o astuto João Abade, abrange no olhar dominador a turba genuflexa[228].

No meio destes perfis trágicos uma figura ridícula, Antônio *Beato*, mulato espigado[229], magríssimo, adelgaçado pelos jejuns, muito da privança do Conselheiro; meio sacristão, meio soldado, misseiro de bacamarte, espiando, observando, indagando, insinuando-se jeitosamente pelas casas, esquadrinhando todos os recantos do arraial, e transmitindo a todo instante ao chefe supremo, que raro abandonava o santuário, as novidades existentes. Completa-o, como um prolongamento, José Félix, o *Taramela*, quinhoneiro da mesma predileção, guarda das igrejas, chaveiro e mordomo do Conselheiro, tendo sob as ordens as beatas de vestidos azuis cingidas de cordas de linho, encarregadas da roupa, da refeição exígua daquele e de acenderem diariamente as fogueiras para as rezas[230].

E um tipo adorável, Manuel Quadrado, olhando para tudo aquilo com indiferença nobilitadora. Era o curandeiro; o médico. Na multidão suspeita a natureza tinha, afinal, um devoto, alheio à desordem, vivendo num investigar perene pelas drogarias primitivas das matas.

As rezas, em geral, prolongavam-se. Percorridas todas as escalas das ladainhas, todas as contas dos rosários, rimados todos os benditos, restava ainda a cerimônia final do culto, remate obrigado daquelas.

Era o "beija" das imagens.

Instituíra-o o Conselheiro, completando no ritual fetichista a transmutação do cristianismo incompreendido.

---

224 coração mole covarde. **225 gizar** calcular, traçar. **226 impávida** destemida. **227 solerte** sagaz, velhaco, manhoso. **228** O trecho acima se baseia na p. 22 do ms (ver Bernucci, pp. 226-230). **229 espigado** alto, crescido. **230** A caracterização da personagem se baseia na descrição que se faz dela em *Os Jagunços* (p. 252) de A. Arinos. Ver também o *Canudos e Inéditos*, p. 78.

Antônio Beatinho, o altareiro[231], tomava de um crucifixo; contemplava-o com o olhar diluído de um faquir[232] em êxtase; aconchegava-o do peito, prostrando-se profundamente; imprimia-lhe ósculo[233] prolongado; e entregava-o, com gesto amolentado, ao fiel mais próximo, que lhe copiava, sem variantes, a mímica reverente. Depois erguia uma virgem santa, reeditando os mesmos atos; depois o Bom Jesus. E lá vinham, sucessivamente, todos os santos, e registros, e verônicas, e cruzes, vagarosamente, entregues à multidão sequiosa[234], passando, um a um, por todas as mãos, por todas as bocas e por todos os peitos. Ouviam-se os beijos chirriantes[235], inúmeros e, num crescendo, extinguindo-lhes a assonância surda, o vozear indistinto das prédicas balbuciadas à meia voz, dos mea-culpas ansiosamente socados nos peitos arfantes e das primeiras exclamações abafadas, reprimidas ainda, para que se não perturbasse a solenidade.

O misticismo de cada um, porém, ia-se a pouco e pouco confundindo na nevrose coletiva. De espaço a espaço a agitação crescia, como se o tumulto invadisse a assembleia adstrito às fórmulas de programa preestabelecido, à medida que passavam as sagradas relíquias. Por fim as últimas saíam, entregues pelo Beato, quando as primeiras alcançavam as derradeiras filas dos crentes. E cumulava-se a ebriez e o estonteamento daquelas almas simples. Desbordavam as emoções isoladas, confundindo-se repentinamente, avolumando-se, presas no contágio irreprimível da mesma febre; e, como se as forças sobrenaturais, que o animismo ingênuo emprestava às imagens, penetrassem afinal as consciências, desequilibrando-as em violentos abalos, salteava à multidão um desvairamento irreprimível. Estrugiam exclamações entre piedosas e coléricas; desatavam-se movimentos impulsivos, de iluminados; estalavam gritos lancinantes, de desmaios. Apertando ao peito as imagens babujadas[236] de saliva, mulheres alucinadas tombavam escabujando[237] nas contorções violentas da histeria, crianças assustadiças desandavam em choros; e,

---

231 **altareiro** arrumador de altares, beato, carola. 232 **faquir** indivíduo que vive em ascetismo rigoroso e se exibe, deixando-se picar ou mutilar, aguentando jejuns rigorosos, sem dar o menor sinal de sensibilidade. 233 **ósculo** beijo religioso. 234 **sequiosa** sedenta. 235 **chirriantes** que produzem som agudo e prolongado. 236 **babujadas** sujas de baba ou babugem. 237 **escabujando** esbracejando, estrebuchando.

invadido pela mesma aura de loucura, o grupo varonil dos lutadores, dentre o estrépito, e os tinidos, e o estardalhaço das armas entrebatidas, vibrava no mesmo icto[238] assombroso, em que explodia, desapoderadamente, o misticismo bárbaro...

Mas de repente o tumulto cessava.

Todos se quedavam ofegantes, olhares presos no extremo da latada junto à porta do santuário, aberta e enquadrando a figura singular de Antônio Conselheiro.

Este abeirava-se de uma mesa pequena. E pregava...

POR QUE NÃO PREGAR CONTRA A REPÚBLICA?

Pregava contra a República; é certo.

O antagonismo era inevitável. Era um derivativo à exacerbação mística; uma variante forçada ao delírio religioso.

Mas não traduzia o mais pálido intuito político: o jagunço é tão inapto para apreender a forma republicana como a monárquico-constitucional.

Ambas lhe são abstrações inacessíveis. É espontaneamente adversário de ambas. Está na fase evolutiva em que só é conceptível o império de um chefe sacerdotal ou guerreiro.

Insistamos sobre esta verdade: a guerra de Canudos foi um refluxo em nossa história. Tivemos, inopinadamente, ressurrecta e em armas em nossa frente, uma sociedade velha, uma sociedade morta, galvanizada[239] por um doido. Não a conhecemos. Não podíamos conhecê-la. Os aventureiros do século XVII, porém, nela topariam relações antigas, da mesma sorte que os iluminados da Idade Média se sentiriam à vontade, neste século, entre os *demonopatas*[240] de Verzegnis[241] ou entre os *Stundistas*[242] da Rússia. Porque essas psicoses epidêmicas despontam em todos

---

238 icto acentuação do tempo forte de determinados compassos (geralmente o primeiro e o último) compreendidos dentro de um desenho temático, um ritmo ou uma frase musical. **239 galvanizada** reanimada, ressuscitada. **240 demonopatas** demonomaníacos ou aqueles que julgam possessos do demônio. **241** Nas três primeiras edições de *Os Sertões* e no AP, a grafia é outra: Varzenis. **242 Stundistas** nome dado aos membros de uma seita evangélica derivado de *Stunden* ("horas"), fundada no sudeste da Rússia por pastores alemães, principalmente luteranos, entre os colonos alemães da região. Reuniam-se às horas de repouso e liam a Bíblia.

os tempos e em todos os lugares como anacronismos palmares[243], contrastes inevitáveis na evolução desigual dos povos, patentes sobretudo quando um largo movimento civilizador lhes impele vigorosamente as camadas superiores.

Os *Perfectionistas*[244] exagerados rompem, então, ilógicos, dentre o industrialismo triunfante da América do Norte, e a sombria *Stürmisch*[245], inexplicavelmente inspirada pelo gênio de Klopstock, comparte o berço da renascença alemã...[246]

Entre nós o fenômeno foi porventura ainda mais explicável.

Vivendo quatrocentos anos no litoral vastíssimo, em que palejam[247] reflexos da vida civilizada, tivemos de improviso, como herança inesperada, a República. Ascendemos, de chofre, arrebatados na caudal[248] dos ideais modernos, deixando na penumbra secular em que jazem, no âmago do país, um terço da nossa gente. Iludidos por uma civilização de empréstimo; respigando[249], em faina cega de copistas, tudo o que de melhor existe nos códigos orgânicos de outras nações, tornamos, revolucionariamente, fugindo ao transigir mais ligeiro com as exigências da nossa própria nacionalidade[250], mais fundo o contraste entre o nosso modo de viver e o daqueles rudes patrícios mais estrangeiros nesta terra do que os imigrantes da Europa. Porque não no-los separa um mar, separam-no-los três séculos...

---

243 palmares visíveis. **244 Perfectionistas** (ingl. *Perfectionists*) membros da Comunidade de Oneida, no Estado de Nova York, fundada pelo americano John Humphrey Noyes (1811-1886). Pregava a abolição dos preceitos morais e o amor livre praticado em regime de vida comunitário instituído na sua "igreja" em Putney (Vermont) na década de 1830. Noyes é autor de *Bible Communism* [1848; *Comunismo da Bíblia*] e *Scientific Propagation* [*c.* 1893; *Propagação Científica*]. **245 Stürmisch** palavra alemã derivada do movimento literário pré-romântico, *Sturm und Drang* (Tempestade e Ímpeto; *c.* 1765-1785), surgido como reação contra as formas rígidas e tradicionais da literatura neoclássica. Inspirado por Rousseau e Herder, alguns escritores jovens alemães começaram a enfatizar a emoção e a espontaneidade da criação literária, elementos caros ao Romantismo. Este modo de expressão se encontra, por exemplo, em Goethe (*Gütz von Berlichingen*, 1773). **246** O trecho acima é a refundição de uma passagem de Scipio Sighele, *La Fola Delinquente* (1895), p. 44. **247 palejam** tornam-se pálidos, empalidecem. **248 caudal** torrente, abundância. **249 respigando** compilando. **250** Entenda-se: "Iludidos por uma civilização importada; e, como copistas cegos que somos, compilando o que de melhor existe nos códigos orgânicos de outras nações, ignorando as nossas próprias necessidades, acentuamos, pelo fervor revolucionário, o mais fundo contraste. [...]". **251 imprevidência** negligência, descuido.

E quando pela nossa imprevidência[251] inegável deixamos que entre eles se formasse um núcleo de maníacos, não vimos o traço superior do acontecimento. Abreviamos o espírito ao conceito[252] estreito de uma preocupação partidária. Tivemos um espanto comprometedor[253] ante aquelas aberrações monstruosas; e, com arrojo digno de melhores causas, batemo-los a cargas de baionetas[254], reeditando por nossa vez o passado, numa *entrada* inglória, reabrindo nas paragens infelizes as trilhas apagadas das bandeiras...[255]

Vimos no agitador sertanejo, do qual a revolta era um aspecto da própria rebeldia contra a ordem natural, adversário sério, estrênuo[256] paladino do extinto regime, capaz de derruir as instituições nascentes.

E Canudos era a Vendeia...

Entretanto, quando nos últimos dias do arraial foi permitido o ingresso nos casebres estraçoados, salteou o ânimo dos triunfadores decepção dolorosa. A vitória duramente alcançada dera-lhes direito à devassa dos lares em ruínas. Nada se eximiu à curiosidade insaciável.

Ora, no mais pobre dos saques que regista a história, onde foram despojos opimos imagens mutiladas e rosários de coco[257], o que mais acirrava[258] a cobiça dos vitoriosos eram as cartas, quaisquer escritos e, principalmente, os desgraciosos versos encontrados. Pobres papéis, em que a ortografia bárbara corria parelhas com os mais ingênuos absurdos e a escrita irregular e feia parecia fotografar o pensamento torturado, eles resumiam a psicologia da luta. Valiam tudo porque nada valiam. Registravam as prédicas de Antônio Conselheiro; e, lendo-as, põe-se de manifesto quanto eram elas afinal inócuas, refletindo o turvamento intelectual de um infeliz. Porque o que nelas vibra em todas as linhas é a mesma religiosidade difusa e incongruente, bem pouca significação política permitindo emprestar-se às tendências messiânicas expostas. O rebelado arremetia com a ordem constituída porque se lhe afigurava

---

252 Entenda-se: "Limitamos o espírito à ideia estreita de uma preocupação partidária". 253 Entenda-se: "Sentimo-nos de alguma forma responsáveis e horrorizados...". 254 **baionetas** sabres que se ajustam aos fuzis; por extensão, os fuzis que levam esta peça na extremidade do cano. 255 Este trecho se baseia na p. 4 do MS (ver Bernucci, pp. 131-133). 256 **estrênuo** diligente, tenaz. 257 Ver p. 282. 258 **acirrava** instigava, exasperava, intensificava.

iminente o reino de delícias prometido. Prenunciava-o a República – pecado mortal de um povo – heresia suprema indicadora do triunfo efêmero do Anticristo. Os rudes poetas rimando-lhe os desvarios em quadras incolores, sem a espontaneidade forte dos improvisos sertanejos, deixaram bem vivos documentos nos versos disparatados, que deletreamos pensando, como Renan, que há, rude e eloquente, a segunda Bíblia do gênero humano, nesse gaguejar do povo.

Copiemos ao acaso alguns:

Sahiu D. Pedro segundo
Para o reyno de Lisboa
Acabosse a monarquia
O Brazil ficou atôa!

A República era a impiedade:

Garantidos pela lei
Aquelles malvados estão
Nós temos a lei de Deus
Elles tem a lei do *cão*![259]

Bem desgraçados são elles
Pra fazerem a eleição
Abatendo a lei de Deus
Suspendendo a lei do *cão*!

Casamento vão fazendo
Só para o povo iludir
Vão casar o povo todo
No casamento civil!

O governo demoníaco, porém, desaparecerá em breve:

---

[259] **cão** demônio, diabo.

D. Sebastião já chegou
E traz muito regimento
Acabando com o civil
E fazendo o casamento!

O Anti-Christo nasceu
Para o Brazil governar
Mas ahi está o *Conselheiro*
Para delle nos livrar!

Visita nos vem fazer
Nosso rei D. Sebastião.
Coitado daquelle pobre
Que estiver na lei do *cão*![260]

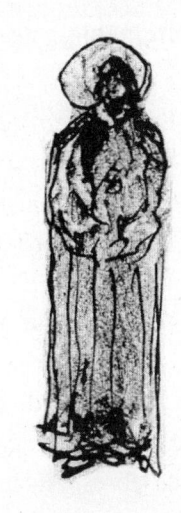

A lei do cão...
Este era o apotegma[261] mais elevado da seita. Resumia-lhe o programa. Dispensa todos os comentários.
Eram, realmente, fragílimos aqueles pobres rebelados...
Requeriam outra reação. Obrigavam-nos a outra luta.
Entretanto enviamos-lhes o legislador Comblain; e esse argumento único, incisivo, supremo e moralizador – a bala[262].

Mas antes tentou-se empresa mais nobre e mais prática.

---

260 Nota do Autor: Conservamos os originais destas quadras cuja ortografia alteramos em parte. **Nota do Editor:** Versos copiados por Euclides na *Caderneta* às pp. 59-61. **261 apotegma** aforismo, máxima. **262** Comparar com esta outra reflexão feita por Afonso Arinos: "[...] para aqueles desgraçados patrícios, sobre os quais nunca se fez sentir a ação civilizadora da administração do país; para aqueles, cujo primeiro contato com o governo de sua Pátria foi a ponta de baioneta e a boca de carabina – a crueldade do vencedor é o maior atestado da bravura do vencido" (*O Comércio de S. Paulo*, 14.10.1897). O trecho se baseia na p. 13 do MS (ver Bernucci, pp. 180-184).

UMA MISSÃO ABORTADA

Em 1895, em certa manhã[263] de maio, no alto de um contraforte da Favela, apareceu, ladeada de duas outras, figura estranha àqueles lugares. Era um missionário capuchinho.

Considerou por instantes o arraial imenso, embaixo. Desceu devagar a encosta.

Daniel vai penetrar na furna dos leões...

Acompanhemo-lo.

Seguido de Frei Caetano de S. Leo e do vigário[264] do Cumbe, Frei João Evangelista de Monte-Marciano passa o rio e abeira-se dos primeiros casebres. Alcança a praça desbordante de povo "perto de mil homens armados de bacamartes, garrucha, facão" etc.; e tem a impressão de haver caído, de súbito, no meio de um acampamento de beduínos. Não se lhe entibia[265], porém, o ânimo blindado pela fortaleza tranquila dos apóstolos. Passa, impassível, por diante da capela, em cuja porta se adensam mais compactos agrupamentos. Envereda logo por um beco tortuoso. Atravessa-o, seguido dos companheiros de apostolado. Enquanto às portas os moradores surpreendidos saem a vê-los, "ar irrequieto e o olhar ao mesmo tempo indagador e sinistro, denunciando consciências perturbadas e intenções hostis".

Chega por fim à casa do velho vigário do Cumbe (que não se abria há mais de ano, porque a tanto remontava a sua ausência, ressentido por desacato que sofrera) e mal se refaz da jornada extenuadora. Comoviam-no o espetáculo dos infelizes que acabava de encontrar armados até aos dentes, e o quadro emocionante daquela Tebaida turbulenta.

Antolham-se-lhe novas impressões desagradáveis.

A breve trecho passam-lhe à porta 8 defuntos levados sem sinal algum religioso para o cemitério, ao fundo da igreja velha: 8 redes de caroá sob que arcavam carregadores ofegantes passando, rápidos, ansiosos por

---

263 Na verdade, Frei Evangelista chegou no dia 13 de maio, como aparece no seu *Relatório*. 264 Trata-se do Padre Vicente Sabino dos Santos, vigário da paróquia do Cumbe, atual Euclides da Cunha, BA. 265 **entibia** abranda, esfria.

alijá-las[266], como se na cidade sinistra o morto fosse um desertor do martírio, indigno da atenção mais breve.

Entrementes[267], correra a nova da chegada, sem que o Conselheiro se abalasse ao encontro dos emissários da Igreja. Permanecera indiferente, assistindo aos trabalhos de reconstrução da capela. Procuraram-no, então, os padres.

Deixam a casa. Tomam de novo pela viela sinuosa. Entram na praça. Atravessam-na, sem que o menor brado hostil os perturbe, e ao chegarem à sede dos trabalhos "os magotes[268] de homens cerram fileiras junto à porta da capela", abrindo-lhes extensa ala.

Do ajuntamento temeroso parte animadora saudação de paz: "Louvado seja Nosso Senhor Jesus Cristo!", à qual era de praxe a resposta:

"Para sempre seja louvado tão bom Senhor!"

Entram no pequeno templo e acham-se diante de Antônio Conselheiro, que os acolhe com boa sombra; e, com a placabilidade habitual, dirige-lhes a mesma saudação pacífica.

"Vestia túnica de azulão[269], tinha a cabeça descoberta e empunhava um bordão. Os cabelos crescidos sem nenhum trato, a caírem sobre os ombros; as longas barbas grisalhas mais para brancas; os olhos fundos raramente levantados para fitar alguém; o rosto comprido de uma palidez quase cadavérica; o porte grave e ar penitente" impressionaram grandemente os recém-vindos[270].

Reanima-os, contudo, recepção quase cordial. De encontro ao que previam, o Conselheiro parece aprazer-se da visita. Quebra a habitual reserva e o obstinado mutismo. Informa-os do andamento dos trabalhos; convida-os a visitá-los; e presta-se de boa feição a servir-lhes de guia pelos repartimentos[271] do edifício. E lá seguem todos, vagarosos, guiados pelo velho solitário que orçava nesse tempo dos sessenta anos, e cujo corpo franzino[272], arcado sobre o bordão, avançava em andar remorado, sacudido de instante a instante por súbitos acessos de tosse...

---

266 alijá-las desembaraçar-se ou livrar-se delas. **267 entrementes** nesse ínterim. **268 magotes** grandes porções ou grupos. **269 azulão** tecido de algodão azul, preto ou vermelho; mescla de algodão encorpado, rústico, com fios brancos e azuis. **270 Nota do Autor:** Acompanhe-se o *Relatório* de Frei Monte-Marciano. **271 repartimentos** cômodos, quartos. **272 franzino** delgado, frágil, magro.

Não se podiam exigir melhores preliminares à missão.

Aquele agasalho[273] era meia vitória. Mas coube ao missionário anulá-la, desajeitadamente. Ao atingirem o coro, como se achassem um tanto afastados do grosso dos fiéis, que os seguiam à distância, pareceu-lhe que a oportunidade era de molde para interpelação decisiva.

Era uma precipitação, sobre[274] inútil, contraproducente. O insucesso sobreveio, inevitável....

"[...] aproveitei a ocasião de estarmos quase a sós e disse-lhe que o fim a que eu ia era todo de paz e que assim muito estranhava só enxergar ali homens armados e não podia deixar de condenar que se reunissem em lugar tão pobre tantas famílias entregues à ociosidade, num abandono e misérias tais que diariamente se davam de 8 a 9 óbitos. Por isto, de ordem, e em nome do Sr. Arcebispo, ia abrir uma santa missão e aconselhar o povo a dispersar-se e a voltar aos lares e ao trabalho no interesse de cada um e para o bem geral."

Esta intransigência, este mal sopitado[275] assomo[276] partindo a finura diplomática nas arestas rígidas do dogma, não teria, certo, o beneplácito[277] de S. Gregório – o Grande – a quem não escandalizaram os ritos bárbaros dos saxônios; e foi um desafio imprudente.

"Enquanto isto dizia, a capela e o coro enchiam-se de gente e ainda não acabara eu de falar e já eles a uma voz clamavam:

"Nós queremos acompanhar o nosso Conselheiro!"

Era a desordem iminente. Sobresteve-a[278], porém, a placidez admirável, a mansuetude[279] – por que não dizer cristã? – de Antônio Conselheiro. Que o próprio missionário fale:

"Este os fez calar, e voltando-se para mim disse:

"– É para minha guarda que tenho comigo estes homens armados, porque V. Revma. há de saber que a polícia atacou-me e quis matar-me no lugar chamado Masseté, onde houve mortes de um e outro lado. No tempo da monarquia deixei-me prender, porque reconhecia o governo; hoje não, porque não reconheço a República".

---

273 **agasalho** bom acolhimento, bom trato. 274 Ver nota 38, p. 144; nota 15, p. 522. 275 **sopitado** disfarçado. 276 **assomo** irritação, zanga. 277 **beneplácito** consentimento, aprovação. 278 **sobresteve-a** deteve-a, retardou-a. 279 **mansuetude** mansidão.

Esta explicação, de forma respeitosa e clara, não satisfez o capuchinho, que tinha a coragem de um crente mas não o tato finíssimo de um apóstolo. Contraveio, parafraseando a *Prima Petri*:

"– Senhor, se é católico, deve considerar que a Igreja condena as revoltas e, aceitando todas as formas de governo, ensina que os poderes constituídos regem os povos em nome de Deus".

Era quase, sem variantes, a própria frase de S. Paulo, em pleno reinado de Nero...

E continuou:

"É assim em toda parte: a França, que é uma das principais nações da Europa, foi monarquia por muitos séculos, mas há mais de 20 anos é República; e todo o povo, sem exceção dos monarquistas de lá, obedece às autoridades e às leis do governo".

Fr. Monte-Marciano, nesse remoer nulíssimas considerações políticas, insciente[280] da significação real da desordem sertaneja, diz por si mesmo as causas do insucesso. Desdobrou, afinal, inteira, a estatura anômala de propagandista, faltando apenas ter sob as dobras do hábito a escopeta[281] do cura de Santa Cruz:

"Nós mesmo aqui no Brasil, a principiar do bispo até o último católico, reconhecemos o governo atual; somente vós não vos quereis sujeitar?

"É mau pensar esse, é uma doutrina errada a vossa!"

A frase final vibrou como uma apóstrofe[282]. De dentro da multidão partiu, pronta, a réplica arrogante:

"– V. Revma. é que tem uma falsa doutrina e não o nosso *Conselheiro*!"

Desta vez ainda o tumulto, prestes a explodir, retraiu-se a um gesto lento do Conselheiro que, voltando-se para o missionário, disse:

"– Eu não desarmo a minha gente, mas também não estorvo a santa missão".

Esta iniciava-se agora sob maus auspícios. Apesar disto correu em paz até ao quarto dia, e concorridíssima: cerca de 5 mil assistentes, entre os quais todos os homens válidos se destacavam:

---

280 **insciente** ignorante, não ciente. 281 **escopeta** arma de fogo de repetição leve e cano curto. 282 **apóstrofe** acusação violenta e eloquente.

"[...] carregando bacamartes, garruchas, espingardas, pistolas e facões; de cartucheira à cinta e gorro à cabeça, na atitude de quem vai à guerra".

Assistia-as também o Conselheiro, ao lado do altar, atento e impassível como um fiscal severo, "deixando escapar alguma vez gestos de desaprovação que os maiores da grei[283] confirmavam com incisivos protestos".

Estes, contudo, ao que parece, não tinham gravidade alguma. Apenas um ou outro exaltado, violando velho privilégio, se permitia sulcar[284] de apartes[285] a oratória sagrada.

Assim que praticando o pregador sobre o jejum, como meio de mortificar a matéria e refrear as paixões, pela sobriedade, sem entretanto exigir demoradas angústias, porque "podia-se jejuar muitas vezes comendo carne ao jantar e tomando pela manhã, uma chávena de café", tolheu-lhe o sermão irreverente e irônica contradita:

"– Ora! isto não é jejum, é comer a fartar!"

No quarto dia da missão, porém, reincidindo o capuchinho no descabido tema político, pioraram as coisas. Começou intensa propaganda contra "a pregação do padre *maçom protestante e republicano*"[286], "emissário do governo e que de inteligência com este ia abrir caminho à tropa que viria de surpresa prender o Conselheiro e exterminar a todos eles".

Não se temeu aquele da rebelião emergente. Afrontou-se com ela, acirrando-a temerariamente. Escolheu como assunto da prédica subsequente o homicídio, e sem se furtar[287] aos perigos da arrojada tese, falando em corda na casa do enforcado[288], espraiou-se em alusões imprudentes que temos por escusado registrar.

---

283 grei rebanho (*fig.*), congregação. **284 sulcar** cortar, interromper. **285 apartes** comentários ou observações no decorrer de um sermão. **286 maçom protestante e republicano** a frase é sugestiva, pois incorpora três elementos que podem estar vinculados à luta contra os "hereges": o maçom, membro da Maçonaria, como sociedade secreta e que no século XIX exerceu influência decisiva na implantação do regime republicano brasileiro; o protestante, o anticatólico por natureza, discípulo de Lutero ou Calvino; e finalmente, o republicano, visto como inimigo dos conselheiristas por ter instaurado o casamento civil, o novo sistema métrico e a separação entre o Estado e a Igreja. **287 se furtar** a evitar, fugir de. **288 falando em corda na casa do enforcado** expressão que aponta a um ato imprudente, comprometedor e indelicado.

A reação foi imediata. Chefiava-a João Abade, cujo apito, vibrando estridulamente na praça, congregou todos os fiéis. O caso passou em 20 de maio, sétimo da missão. Reunidos, arrancaram dali em algazarra estrepitante de vivas ao Bom Jesus e ao Divino Espírito Santo, na direção da casa em que se acolhiam os visitantes, fazendo-lhes sentir que deles não careciam para a salvação eterna.

Estava extinta a missão[289]. Excetuando "55 casamentos de amancebados, 102 batizados e mais de 400 confissões", o resultado fora nulo, ou antes negativo.

MALDIÇÃO SOBRE A JERUSALÉM DE TAIPA

O missionário, "como outrora os apóstolos às portas das cidades que os repeliam, sacudiu o pó das sandálias" apelando para o *veredictum*[290] tremendo da Justiça Divina...

E abalou, furtando-se a seguro pelos becos, acompanhado dos dois sócios de reveses...

Galga a estrada coleante[291], entre os declives da Favela.

Atinge o alto da montanha. Para um momento...

Considera pela última vez o povoado, embaixo...

É invadido de súbita onda de tristeza. Equipara-se "ao Divino Mestre diante de Jerusalém".

Mas amaldiçoou...

---

289 Segundo José Calasans, a missão na freguesia durou de 29 de maio a 7 de junho de 1895. Antes de seguir para Canudos estivera em Iraporanga e no Cumbe, onde também pregou, fez 97 casamentos, 177 batizados e 980 confissões. **290** *veredictum* veredito, sentença final proferida pelo júri. **291 coleante** serpenteante.

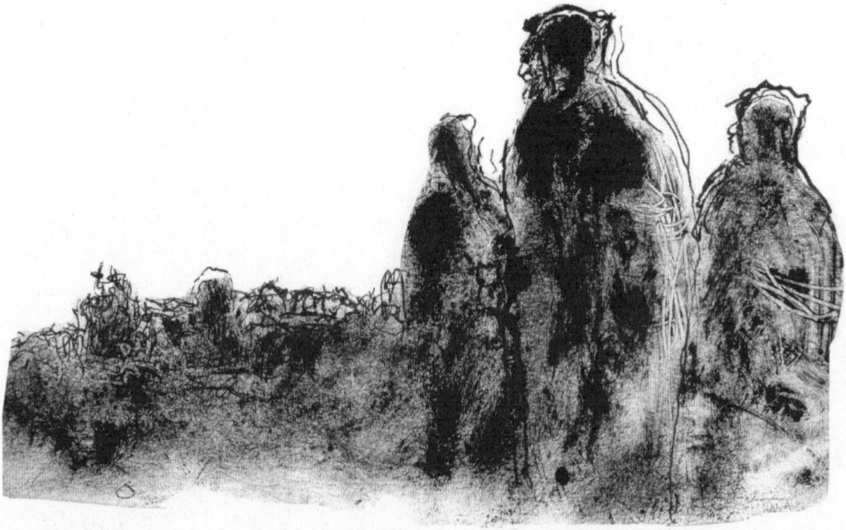

A LUTA

I. *Preliminares* [p. 301]. Antecedentes [p. 301].

II. Causas próximas da luta [p. 309]. Uauá [p. 314]. [Primeiro combate, p. 316].

III. Preparativos da reação [p. 321]. A guerra das caatingas [p. 323].

IV. Autonomia duvidosa [p. 331].

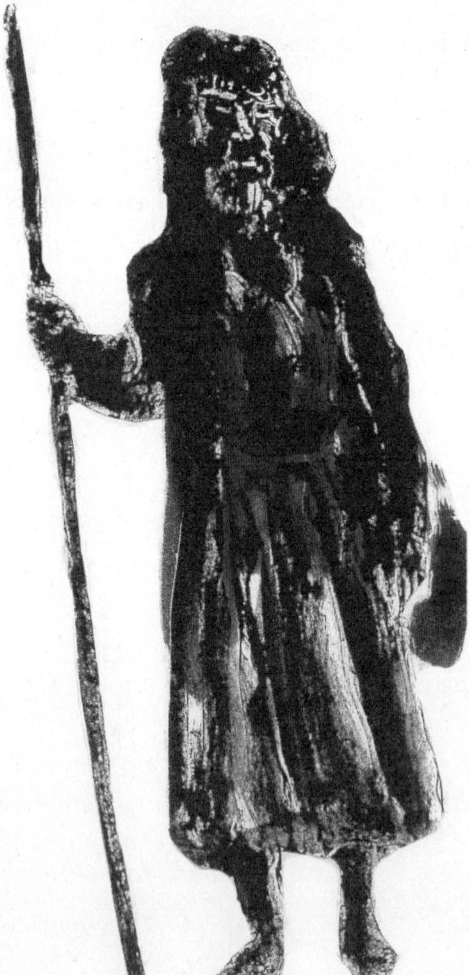

I

PRELIMINARES

Quando se tornou urgente pacificar o sertão de Canudos, o governo da Bahia estava a braços[1] com outras insurreições. A cidade de Lençóis fora investida por atrevida malta de facínoras, e as suas incursões alastravam-se pelas Lavras Diamantinas; o povoado de Barra do Mendes[2] caíra às mãos de outros turbulentos; e em Jequié se cometiam toda a sorte de atentados.

ANTECEDENTES

O mal era antigo[3].
   O trato do território que recortam as cadeias de Sincorá até às margens do S. Francisco era, havia muito, dilatado teatro de tropelias às gentes indisciplinadas do sertão.
   Opulentada de esplêndidas minas, aquela paragem, malsina-a[4] a própria opulência. Procuram-na há duzentos anos irrequietos aventureiros ferretoados pelo anelo de espantosas riquezas, e eles, esquadrinhando afanosamente os flancos das suas serranias e as nascentes dos rios, fizeram mais do que amaninhar a terra com a ruinaria das catas e o indumento áspero das grupiaras: legaram à prole erradia e, de contágio,

---

1 **a braços** em luta com. 2 José Calasans observa que, nas três primeiras edições de *Os Sertões* e no AP, aparece incorretamente como Brito Mendes, nome do poeta José Brito Mendes Guimarães (Portugal, 1874-?) e autor de *Harpas Eóleas* (1898) e *Canções Populares* (1911). 3 O trecho acima se baseia na p. 5 do MS (ver Bernucci, pp. 135-138). 4 **malsina** condena.

aos rudes vaqueiros que os seguiram, a mesma vida desenvolta e inútil livremente expandida na região fecunda, onde por muitos anos foram moeda corrente o ouro em pó e o diamante bruto[5].

De sorte que, sem precisarem despertar pela cultura as energias de um solo em que não se fixam e atravessam na faina desnorteada de faiscadores[6], conservaram na ociosidade turbulenta a índole aventureira dos avós, antigos fazedores de desertos[7]. E como, a pouco e pouco, se foram exaurindo os cascalhos e afundando os veeiros, o banditismo franco impôs-se-lhes como derivativo à vida desmandada.

O *jagunço*, saqueador de cidades, sucedeu ao *garimpeiro*, saqueador da terra. O mandão político substituiu o *capangueiro*[8] decaído.

A transição é antes de tudo um belo caso de reação mesológica. Caracterizemo-la, de relance.

Vimos como se formaram ali os mamalucos bravos e diligentes, interpostos tão a propósito, na quadra colonial, entre o torvelinho das bandeiras e o curso das missões, como elemento conservador formando o cerne da nossa nacionalidade nascente e criando uma situação de equilíbrio entre o desvario das pesquisas[9] mineiras e as utopias românticas do apostolado[10]. Ora, aqueles homens, depois de esboçarem talvez a única feição útil da nossa atividade naqueles tempos, tiveram desde o começo do século XVIII, quando se desvendaram as lavras do rio de Contas à Jacobina, perigosos agentes que, se lhes não derrancaram o caráter varonil, o nortearam[11] a lamentáveis destinos. De feito, transmudaram-se em contato com os sertanistas gananciosos. Estes vinham, então, do oriente, espavorindo a ferro e fogo o selvagem e fundando povoados que, ao revés dos já existentes, não tinham o germe de uma fazenda de gado, mas as ruínas das malocas. Bateram rudemente a região, estacionando largo tempo ante a barreira de serras que vão de Caetité para o norte; e quando as minas esgotadas lhes demandaram aparelhos para a exploração intensiva, tiveram, logo adiante, entre as matas que

---

5 Ver Vieira de Aguiar, p. 156. 6 **faiscadores** garimpeiros. 7 Ver Vieira de Aguiar, p. 154. 8 **capangueiro** indivíduo que vive da compra de diamantes e carbonados, feita diretamente aos garimpeiros. 9 **pesquisas** explorações. 10 **apostolado** missão jesuítica. 11 **nortearam** conduziram.

vão de Macaúbas e Açuruá, novas paragens opulentas, atraindo-os para o âmago das terras.

Devassaram-nas até nova barreira, o rio S. Francisco. Transpuseram-na. Na frente, indefinido, se lhes antolhou, cavado nos chapadões, aquele maravilhoso vale do rio das Éguas, tão aurífero que o ouvidor[12] de Jacobina, em carta dirigia à rainha Maria I[13] (1794), afirmava "que as suas minas eram a coisa mais rica de que nunca se descobriu nos domínios de Sua Majestade".

Naquele ponto se abeiravam das lindes de Goiás.

Não deram mais um passo além. Ultimara-se uma empresa deplorável. Pelos campos de criação avermelhavam, nodoando-os, os montões de argila revolvida das catas entorroadas; e da envergadura atlética do vaqueiro surgira, destemeroso, o jagunço. A nossa história tão malsinada de indisciplinados heróis adquiria um de seus mais sombrios atores. Fez-se a metamorfose da situação anterior: de par com a sociedade robusta e tranquila dos campeiros, uma outra caracterizando-se pelo nomadismo desenvolto, pela combatividade irrequieta, e por uma ociosidade singular sulcada de tropelias.

Imaginemos que dentro do arcabouço titânico do vaqueiro estale, de súbito, a vibratilidade incomparável do bandeirante. Teremos o jagunço.

É um produto histórico expressivo. Nascendo de cruzamento tardio entre colaterais, que o meio físico já diversificara, resume os atributos essenciais de uns e outros – na atividade bifronte que oscila, hoje, das vaquejadas trabalhosas às incursões dos quadrilheiros. E a terra, aquela incomparável terra que mesmo quando abrangida pelas secas, desnuda e empobrecida, ainda lhe sustenta os rebanhos nas baixadas salinas dos barreiros, ampara-o de idêntico modo ante as exigências da vida combatente: dá-lhe grátis em toda a parte o salitre para a composição da pólvora, enquanto as balas, luxuosos projetis feitos de chumbo e prata, lá estão, incontáveis, na galena[14] argentífera do Açuruá...[15]

---

12 ouvidor no período colonial, o juiz posto pelos donatários; antigo magistrado com as funções do atual juiz de direito. **13** Nas três primeiras edições de *Os Sertões* e no AP, o nome da rainha aparece incorreto: Maria II. **14 galena** mineral monométrico, sulfeto de chumbo, o principal minério de chumbo. Quando argentífero, é também minério de prata. **15 Nota do Autor:** Vide *Descrições*

É natural que desde o começo do século passado a história dramática dos povoados do S. Francisco começasse a refletir uma situação anômala[16]. E embora em todas as narrativas emocionantes, que a formam, se destaquem rivalidades partidárias e desmandos impunes de uma política intolerável de potentados locais, todas as desordens, surgindo sempre precisamente nos lugares em que se ostentou, outrora, mais ativa a ânsia mineradora, denunciam a gênese remota que esboçamos.

Exemplifiquemos. Todo o vale do rio das Éguas e, para o norte, o do rio Preto, formam a pátria original dos homens mais bravos e mais inúteis da nossa terra[17]. Dali abalam para as algaras aventurosas alugando a bravura aos potentados, e têm sempre, culminando-lhas, o incêndio e o saque de vilas e cidades, em todo o vale do grande rio. Avançando contra a corrente já chegaram, em 1879, à cidade mineira de Januária que conquistaram, tornando à Carinhanha, de onde haviam partido, carregados de despojos. Desta vila para o norte a história das depredações avulta cada vez maior, até Xiquexique, lendária nas campanhas eleitorais do Império.

Não há traçá-la em meia dúzia de páginas. O mais obscuro daqueles arraiais tem a sua tradição especial e sinistra.

Um único, talvez, se destaca sob outro aspecto, o de Bom Jesus da Lapa. É a Meca dos sertanejos. A sua conformação original, ostentando-se na serra de grimpas altaneiras, que ressoam como sinos; abrindo-se na gruta de âmbito caprichoso semelhando a nave de uma igreja, escassamente aclarada; tendo pendidos dos tetos grandes candelabros de estalactites[18]; prolongando-se em corredores cheios de velhos ossuários diluvianos; e a lenda emocionante do monge que ali viveu em compa-

---

Práticas da Província da Bahia pelo tenente-coronel Durval Vieira de Aguiar. **Nota do Editor:** Ver principalmente a p. 57 de Vieira de Aguiar. O trecho se baseia na p. 30 do MS (ver Bernucci, pp. 271-276). **16 Nota do Autor:** Caetano Pinto de Miranda Montenegro, vindo em 1804 de Cuiabá ao Recife, andando 670 léguas, passou pela Barra do Rio Grande, e no relatório que enviou ao Visconde de Anadia diz, referindo-se àqueles lugares, que "em nenhuma parte dos domínios portugueses a vida dos homens tem menos segurança" (Liv. 16, *Corr. da Corte*, 1804-1808). **17 Nota do Autor:** "Quem precisa de jagunços no rio S. Francisco manda-os contratar nesse grande viveiro. O clavinote com a munição é o preço; o mais arranjam facilmente conforme o valor da impunidade que a influência do patrão oferece" (Tenente-coronel Durval, *idem*). **18 estalactites** formações minerais, alongadas, em forma de espadas, nos tetos das cavernas ou dos subterrâneos, resultantes de respingos.

nhia de uma onça – tornaram-no objetivo predileto de romarias piedosas, convergentes dos mais longínquos lugares, de Sergipe, Piauí e Goiás.

Ora, entre as dádivas que jazem em considerável cópia no chão e às paredes do estranho templo, o visitante observa, de par com as imagens e as relíquias, um traço sombrio de religiosidade singular: facas e espingardas.

O clavinoteiro ali entra, contrito, descoberto. Traz à mão o chapéu de couro, e a arma à bandoleira[19]. Tomba genuflexo, a fronte abatida sobre o chão úmido do calcário transudante. E reza. Sonda longo tempo, batendo no peito, as velhas culpas. Ao cabo cumpre devotamente a *promessa* que fizera para que lhe fosse favorável o último conflito que travara: entrega ao Bom Jesus o trabuco famoso, tendo na coronha alguns talhos de canivete lembrando o número de mortes cometidas. Sai desapertado de remorsos, feliz pelo tributo que rendeu. Amatula-se de novo à quadrilha. Reata a vida temerosa.

Pilão Arcado, outrora florescente e hoje deserta, na derradeira fase de uma decadência que começou em 1856; Xiquexique, onde durante decênios se digladiaram liberais e conservadores; Macaúbas, Monte Alegre e outras, e todas as fazendas de seus termos, delatam, nas vivendas derruídas ou esburacadas à bala, esse velho regime de desmandos.

São lugares em que se normalizou a desordem esteada[20] no banditismo disciplinado.

O conceito é paradoxal, mas exato.

Porque há, de fato, uma ordem notável entre os jagunços. Vaidosos de seu papel de bravos condutícios e batendo-se lealmente pelo mandão que os chefia, restringem as desordens às minúsculas batalhas em que entram, militarmente, arregimentados.

O saque das povoações que conquistam, têm-no como direito de guerra, e neste ponto os absolve a história inteira.

Fora disto, são raros os casos de roubos, que consideram desaire[21] e indigno labéu. O mais frágil *positivo*[22] pode atravessar, inerme[23] e in-

---

19 **bandoleira** correia usada a tiracolo, à qual se prende a arma. 20 **esteada** sustentada, apoiada. 21 **desaire** desonra. 22 **positivo** mensageiro, portador. Segundo Euclides, seria também "capanga de confiança para incumbências sérias" (*Caderneta*, p. 17). 23 **inerme** desarmado.

dene[24], procurando o litoral, aquelas matas e campos, com os *picuás*[25] atestados de diamantes e pepitas. Não lhe faltará um só termo da viagem. O forasteiro, alheio às lutas partidárias, atravessa-os igualmente imune.

Não raro um mascate[26], seguindo por ali, com os seus cargueiros rengueando[27] ao peso das caixas preciosas, estaca – tremendo – ao ver aparecer inesperadamente um grupo de jagunços, acampado na volta do caminho...

Mas perde em momentos o medo. O clavinoteiro-chefe aproxima-se. Saúda-o com boa sombra; dirige-lhe a palavra, risonho; e mete-lhe à bulha[28] o terror, galhofeiro. Depois lhe exige um tributo – um cigarro. Acende-o numa pancada única do isqueiro; e deixa-o passar, levando, intactas, a vida e a fortuna.

São numerosos os casos deste teor revelando notável nobreza entre aqueles valentes desgarrados[29].

Cerca de dez ou oito léguas de Xiquexique demora a sua capital, o arraial de Santo Inácio, ereto entre montanhas e inacessível até hoje a todas as diligências policiais.

Estas, de ordinário, conseguem pacificar os lugares conflagrados, tornando-se interventoras neutras ante as facções combatentes. É uma ação diplomática entre potências. A justiça armada parlamenta com os criminosos; balanceia as condições de um e outro partido; discute; evita os ultimatos; e acaba ratificando verdadeiros tratados de paz, sancionando a soberania da capangagem impune.

Assim os estigmas hereditários da população mestiça se têm fortalecido na própria transigência das leis.

Não surpreende que hajam crescido, avassalando todo o vale do S. Francisco, e desbordando[30] para o norte.

---

24 indene ileso, incólume. **25 picuás** peças cilíndricas e ocas, para guardar diamantes, feitas de um gomo de taquara, de chifre, de osso ou doutra substância, e fechadas à rolha na extremidade aberta. Segundo Euclides, este objeto seria ainda um "canudo de taboca, com rolha de madeira, onde se guarda os diamantes ou quaisquer outras pedras" (*Caderneta*, p. 17). **26 mascate** mercador ambulante que percorre as ruas e estradas a vender objetos manufaturados, panos, joias etc. **27 rengueando** mancando, arrastando a perna ao caminhar. **28 mete-lhe à bulha** ridiculariza-lhe. **29** Ver Vieira de Aguiar, pp. 167-168. **30 desbordando** indo além dos seus limites.

Porque o cangaceiro[31] da Paraíba e de Pernambuco é um produto idêntico, com diverso nome. Distingue-o do jagunço talvez a nulíssima variante da arma predileta: a parnaíba de lâmina rígida e longa, suplanta a fama tradicional do clavinote de boca de sino. As duas sociedades irmãs tiveram, entretanto, longo afastamento que as isolou uma da outra. Os cangaceiros nas incursões para o sul, e os jagunços nas incursões para o norte, defrontavam-se, sem se unirem, separados pelo valado em declive de Paulo Afonso.

A insurreição da comarca de Monte Santo ia ligá-las.

A campanha de Canudos despontou da convergência espontânea de todas estas forças desvairadas, perdidas nos sertões.

---

31 Originalmente a nota 42, p. 236, se encontrava aqui. Foi por razões de ordem cronológica que decidimos transferi-la.

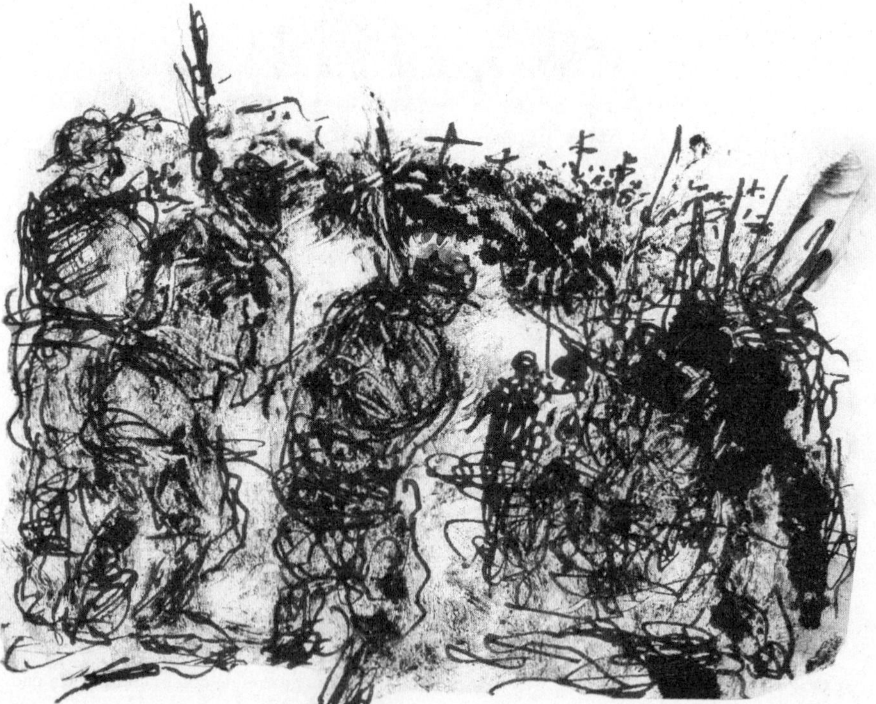

II

CAUSAS PRÓXIMAS DA LUTA

Determinou-a incidente desvalioso.

Antônio Conselheiro adquirira em Juazeiro certa quantidade de madeiras, que não podiam fornecer-lhe as caatingas paupérrimas de Canudos. Contratara o negócio com um dos representantes da autoridade daquela cidade[1]. Mas ao terminar o prazo ajustado para o recebimento do material, que se aplicaria no remate da igreja nova, não lho entregaram. Tudo denuncia que o distrato foi adrede feito, visando rompimento anelado.

O principal representante da justiça do Juazeiro tinha velha dívida a saldar com o agitador sertanejo, desde a época em que sendo juiz do Bom Conselho fora coagido a abandonar precipitadamente a comarca, assaltada pelos adeptos daquele.

Aproveitou, por isto, a situação, que surgia a talho para a desafronta. Sabia que o adversário revidaria à provocação mais ligeira. De fato, ante a violação do trato, aquele retrucou com a ameaça de uma investida sobre a bela povoação do S. Francisco: as madeiras seriam de lá arrebatadas, à força.

O caso passou em dias de outubro de 1896.

---

[1] **Nota do Editor:** Coronel João Evangelista Pereira e Melo. Os detalhes do início da Guerra de Canudos foram narrados em vários jornais: *Correio Paulistano* de 24.8.1897; *Diário de Notícias* de 5.11.1896 e 1.9.1897; *O Republicano* de 10.9.1897. Um cidadão anônimo desmente esta versão e defende o comissário de polícia de Juazeiro (*Jornal de Notícias*, de 7.9.1897).

Historiemos, adstritos a documentos oficiais:

"Era esta a situação[2] quando recebi do dr. Arlindo Leoni, Juiz de Direito de Juazeiro, um telegrama urgente comunicando-me correrem boatos mais ou menos fundados de que aquela florescente cidade seria por aqueles dias assaltada por gente de Antônio Conselheiro, pelo que solicitava providências para garantir a população e evitar o êxodo que da parte desta já se ia iniciando. Respondi-lhe que o governo não podia mover força por simples boatos e recomendei, entretanto, que mandasse vigiar as estradas em distância e, verificado o movimento dos bandidos, avisasse por telegrama, pois o governo ficava prevenido para enviar incontinenti, em trem expresso, a força necessária para rechaçá-los e garantir a cidade.

"Desfalcada a força policial aquartelada nesta Capital, em virtude das diligências a que anteriormente me referi, requisitei do sr. General comandante do distrito[3] 100 praças de linha, a fim de seguirem para Juazeiro, apenas me chegasse aviso do Juiz de Direito daquela comarca. Poucos dias depois recebi daquele magistrado um telegrama em que me afirmava estarem os sequazes de Antônio Conselheiro distantes do Juazeiro pouco mais ou menos dois dias de viagem. Dei conhecimento do fato ao sr. General que, satisfazendo a minha requisição, fez seguir, em trem expresso e sob o comando do tenente Pires Ferreira, a força preparada, a qual devia ali proceder de acordo com o Juiz de Direito.

"Esse distinto oficial, chegando ao Juazeiro, combinou com aquela autoridade seguir ao encontro dos bandidos, a fim de evitar que eles invadissem a cidade".

Não se podem imaginar móveis mais insignificantes para sucessos tão graves. O trecho acima extratado[4], entretanto, diz de modo claro que, desdenhando os antecedentes da questão, o governo da Bahia não lhe deu a importância merecida.

---

2 **Nota do Autor:** Mensagem do governador da Bahia (dr. Luís Vianna) ao presidente da República – 1897. 3 **distrito** trata-se do 3º Distrito Militar cuja sede era em Salvador e que compreendia os Estados da Bahia, Alagoas e Sergipe. Eram divisões do território brasileiro em áreas administrativas sob jurisdição do exército (Decreto nº. 431, de 2.7.1891), substituídas posteriormente pelas Regiões Militares. 4 **extratado** resumido.

Antônio Conselheiro, há vinte e dois anos, desde 1874, era famoso em todo o interior do Norte e mesmo nas cidades do litoral até onde chegavam, entretecidos de exageros e quase lendários, os episódios mais interessantes de sua vida romanesca; dia a dia ampliara o domínio sobre as gentes sertanejas; vinha de uma peregrinação incomparável, de um quarto de século, por todos os recantos do sertão, onde deixara como enormes marcos, demarcando-lhe a passagem, as torres de dezenas de igrejas que construíra; fundara o arraial de Bom Jesus, quase uma cidade; de Chorrochó à Vila do Conde, de Itapicuru a Jeremoabo, não havia uma só vila, ou lugarejo obscuro, em que não contasse adeptos fervorosos, e não lhe devesse a reconstrução de um cemitério, a posse de um templo ou a dádiva providencial de um açude; insurgira-se desde muito, atrevidamente, contra a nova ordem política e pisara, impune, sobre as cinzas dos editais das câmaras de cidades que invadira; destroçara completamente, em 1893, forte diligência policial, em Massetê, e fizera voltar outra, de oitenta praças de linha, que seguira até Serrinha[5]; em 1894, fora, no Congresso Estadual da Bahia, assunto de calorosa discussão na qual, impugnando a proposta de um deputado, chamando a atenção dos poderes públicos para a "parte dos sertões perturbada pelo indivíduo Antônio Conselheiro", outros eleitos do povo, e entre eles um sacerdote, apresentaram-no como benemérito do qual os conselhos se modelavam pela ortodoxia cristã mais rígida; fizera voltar, abortícia, em 1895, a missão apostólica planeada pelo arcebispo baiano, e no Relatório alarmante a propósito escrito por frei João Evangelista, afirmara o missionário a existência, em Canudos – excluídas as mulheres, as crianças, os velhos e os enfermos – de mil homens, mil homens robustos e destemerosos "armados até aos dentes"; por fim, sabia-se que ele imperava sobre extensa zona dificultando o acesso à cidadela em que se entocara, porque a dedicação dos seus sequazes era incondicional, e fora do círculo dos fiéis que o rodeavam havia, em toda a parte, a cumplicidade obrigatória

---

5 José Calasans observa que quarenta soldados eram do 18º Batalhão de Infantaria e quarenta do 7º. Um reforço foi solicitado pelo governador Rodrigues Lima, que o pediu a Floriano Peixoto. Numa reunião em Palácio, considerando-se a insuficiência da força, houve ordem em contrário e a tropa voltou à capital.

dos que o temiam... E achou-se suficiente para debelar uma situação de tal porte uma força de cem soldados.

Relata o general Frederico Solon, comandante do 3º Distrito Militar:

"A 4 de novembro do ano findo (1896) em obediência à ordem já referida, prontamente satisfiz a requisição, pessoalmente feita pelo dr. Governador do Estado, de uma força de cem praças da guarnição[6] para ir bater os fanáticos do arraial de Canudos, asseverando-me que, para tal fim, era aquele número mais que suficiente.

"Confiado no inteiro conhecimento, que ele devia ter, de tudo quanto se passava no interior de seu Estado, não hesitei; fazendo-lhe apresentar, sem demora, o bravo tenente Manuel da Silva Pires Ferreira, do 9º Batalhão[7] de Infantaria, a fim de receber as suas ordens e instruções, o qual, para cumpri-las, seguiu, a 7 do dito mês, para Juazeiro, ponto terminal da estrada de ferro, na margem direita do rio S. Francisco, comandando três oficiais e 104 praças de pré[8] daquele Corpo[9], conduzindo apenas uma pequena ambulância[10], fazendo eu seguir logo depois um médico com mais alguns recursos para o exercício de sua profissão. O mais correu pelo Estado"[11].

Aquele punhado de soldados foi recebido com surpresa em Juazeiro, onde chegou a 7 de novembro, pela manhã.

Não obstou a fuga de grande parte da população, subtraindo-se ao assalto iminente. Aumentou-a. Conhecendo a situação, os habitantes viram, de pronto, que um contingente tão diminuto tinha o valor negativo de exercer maior atração sobre a horda invasora.

6 guarnição tropa que defende determinada praça, vilarejo ou cidade, que foi destacada para servir nela; conjunto de tropas acantonadas em uma cidade. **7 batalhão** unidade tática de infantaria ou cavalaria que faz parte de um regimento e se subdivide em companhias. **8 praças de pré** militares que não têm patente de oficial. Encontram-se na condição de soldados, anspeçadas ou cabos. Eram designados no quartel como "baionetas". **9 corpo** conjunto de militares que constitui uma arma especial (por ex., corpo de infantaria). **10 ambulância** hospital militar móvel, dirigido normalmente por um médico do exército. **11** O trecho acima se baseia na p. 11 do MS (ver Bernucci, pp. 170-173).

Previram a derrota inevitável. E enquanto os partidários encobertos do *Conselheiro*, que os havia em toda a roda, se rejubilavam, prefigurando-a, alguns homens sinceros pediram ao comandante expedicionário para não seguir avante.

As dificuldades encontradas na aquisição de elementos essenciais à marcha ali retiveram a força até ao dia 12 em que partiu, ao anoitecer, quando, certo, já chegara a Canudos a nova da investida[12]. Partiu sem os recursos indispensáveis a uma travessia de 200 quilômetros, em terreno agro e despovoado, orientada por dois guias contratados em Juazeiro.

De sorte que, logo em princípio, o comandante reconheceu inexequível dar à marcha uma norma capaz de poupar as forças das praças. No sertão, mesmo antes do pleno estio, é impossível o caminhar de homens equipados, ajoujados de mochilas e cantis, depois das dez horas da manhã. Pelos tabuleiros o dia desdobra-se abrasador, sem sombras; a terra nua reverbera os ardores da canícula, multiplicando-os; e sob o influxo exaustivo de uma temperatura altíssima aceleram-se de modo pasmoso as funções vitais, determinando assaltos súbitos de cansaço[13]. Por outro lado raro é possível o itinerário disposto de maneira a aproveitarem-se as horas da madrugada ou da noite. É forçoso avançar a despeito das soalheiras fortes até às cacimbas dos pousos dos vaqueiros.

Além disto, aqueles lugares estão, como vimos, entre os mais desconhecidos da nossa terra. Poucos se têm afrontado com o aspérrimo vale do Vaza-Barris que, das vertentes orientais da Itiúba até Jeremoabo, se prolonga inóspito, desfrequentado, tendo, de léguas em léguas, esparsas, insignificantes vivendas. É o trecho da Bahia mais assolado pelas secas.

Por um contraste explicável ante as disposições orográficas, rodeiam-no, contudo, paragens exuberantes: ao norte o belo sertão de Curaçá e as várzeas feracíssimas estendidas para leste até Santo Antônio da Glória, perlongando a margem direita do S. Francisco; a oeste as terras fecundas centralizadas em Vila Nova da Rainha. Emolduram, porém, o

---

12 Nota do Autor: Pormenor curioso: a força seguiu a 12, ao anoitecer, para não seguir a 13, dia azíago. E ia combater o fanatismo... **13** O trecho acima se baseia na p. 5 do MS (ver Bernucci, pp. 135-141).

deserto. O Vaza-Barris, quase sempre seco, atravessa-o, feito um *oued* tortuoso e longo.

Piores que os *gerais*, onde *ficam vários*[14], às vezes, os mais atilados pombeiros[15], sem rumo, desnorteados pela uniformidade dos plainos indefinidos, as paisagens sucedem-se, uniformes e mais melancólicas mostrando os mais selvagens modelos, engravescidos por uma flora aterradora.

A própria caatinga assume um aspecto novo. E uma melhor caracterização da flora sertaneja, segundo os vários cambiantes que apresenta acarretando denominações diversas, talvez a definisse mais acertadamente como a paragem clássica das caatanduvas, progredindo, extensa, para o levante e para o sul até às cercanias de Monte Santo.

A pequena expedição penetrou-a logo ao segundo dia de viagem, quando, depois de repousar bivacando[16] duas léguas além de Juazeiro[17], teve que calcar[18], seguidamente, quarenta quilômetros de estrada deserta, até uma ipueira minúscula, a lagoa do Boi, onde havia uns restos de água. Dali por diante caminhou no deserto com escalas por Caraibinhas, Mari, Mucambo, Rancharia e outros pousos solitários, ou fazendas. Alguns estavam abandonados. O estio prenunciava a seca[19].

Os raros moradores, ou por evitá-la, ou aterrados pelas novas alarmantes, haviam abalado para o norte tangendo por diante os rebanhos de cabras, únicos animais afeitos àquele clima e àquele solo.

UAUÁ

A tropa chegou exausta a Uauá no dia 19, depois de uma travessia penosíssima.

Este arraial – duas ruas desembocando numa praça irregular – é o ponto mais animado daquele trecho do sertão. Como a maior parte dos

---

14 Nota do Autor: *Ficar vário* – diz-se do viajante que perde o rumo na uniformidade das chapadas. **15 Nota do Autor:** *Pombeiro – positivo*, camarada. **Nota do Editor:** Esta palavra e a expressão da nota anterior foram tiradas da obra de Vieira de Aguiar, p. 51, e já tinham sido registradas na *Caderneta*, p. 14. Em ambas, aparecem como *bombeiro*, corruptela de *pombeiro*. B. Rohan também define o vocábulo, acrescentando que significa também *espião, guia*. **16 bivacando** estacionando ou descansando em área em que a tropa só dispõe de abrigos naturais, como árvores. **17** na Fazenda da Favela. **18 calcar** caminhar. **19** O trecho acima se baseia na p. 6 do MS. Ver Bernucci, pp. 142-146.

vilarejos pomposamente gravados nos nossos mapas, é uma espécie de transição entre maloca e aldeia – agrupamento desgracioso de cerca de cem casas malfeitas e tijupares pobres, de aspecto deprimido e tristonho.

Alcançam-no quatro estradas que, a partir de Jeremoabo passando em Canudos, de Monte Santo, de Juazeiro e Patamuté, conduzem para a sua feira, aos sábados, grande número de tabaréus, sem recursos para viagens longas a lugares mais prósperos. Ali chegam por ocasião das festas como se procurassem opulenta capital das *terras grandes*[20]: entrajados das melhores vestes, ou encourados de novo; pasmos ante os mostradores de duas ou três casas de negócio, e contemplando no barracão da feira, no largo, os produtos de uma indústria pobre em que aparecem, como valiosos espécimes, *courinhos*[21] curtidos e redes de caroá. Nos demais dias, aberta uma ou outra venda, deserta a praça, Uauá figura-se um local abandonado. E foi num destes que a população recolhida, aguardando a passagem das horas mais ardentes, despertou surpreendida por uma vibração de cornetas.

Era a tropa.

Entrou pela rua em continuação à entrada e fez alto no largo. Foi um sucesso. Entre curiosos e tímidos os habitantes atentavam para os soldados – poentos, mal firmes na formatura, tendo aos ombros as espingardas cujas baionetas fulguravam – como se vissem exército brilhante.

Ensarilhadas[22] as armas, a força acantonou.

Fez-se em torno um círculo de vigilância: postaram-se sentinelas à saída dos quatro caminhos e nomeou-se o pessoal das rondas.

Feito praça de guerra[23], o vilarejo obscuro era, entretanto, uma escala transitória. A expedição, depois de breve descanso, devia abalar imediatamente para Canudos, ao alvorecer do dia subsequente, 20. Não o fez.

---

20 Nota do Autor: *Terras grandes* – frase vaga com que os matutos designam o litoral que não conhecem. Com ela abrangem o Rio de Janeiro, a Bahia, Roma e Jerusalém – que idealizam próximas umas de outras e muito afastadas do sertão. É o resto do mundo, a civilização inteira, que temem e evitam. **Nota do Editor:** Euclides assim registra o regionalismo na *Caderneta*: "Quem está acostumado nas terras grandes de divertimento, não se dá aqui" (p. 24). **21 courinhos** couros ou peles de cabra. **22 ensarilhadas** colocadas de pé no chão, apoiando-as umas nas outras pelas baionetas. **23 praça de guerra** local preparado para oferecer resistência a investidas de força; cidade fortificada, devidamente armada e preparada para defesa militar.

Ali, como em toda a parte, variavam, díspares, as informações, impedindo ajuizar-se sobre as coisas.

De sorte que todo aquele dia foi despendido inutilmente, em indagações, sendo resolvido o acometimento para o imediato, depois de demora prejudicialíssima. E ao cair da noite operou-se um incidente só explicado na manhã seguinte: a população, quase na totalidade, fugira. Deixara as vivendas, sem ser percebida, em pequenos grupos deslizando, furtivos, entre os claros das guardas avançadas. No repentino êxodo lá se foram os próprios doentes, famílias inteiras, ao acaso, pela noite dentro, dispartindo[24] espavoridos, descampados em fora.

Ora, este fato era um aviso. Uauá, como os demais lugares convizinhos, estava sob o domínio de Canudos. Habitavam-no dedicados adeptos de Antônio Conselheiro; de sorte que, mal a força fizera alto no largo, haviam-se aqueles precipitado para o arraial ameaçado, onde chegaram no amanhecer de 20, levando o alarma...

Aquela fuga de uma população em massa delatava que os emissários haviam tido tempo de voltar prevenindo os moradores do contra-ataque, resolvido pelos homens de Canudos. Ficaria, assim, o campo livre aos lutadores.

Os expedicionários não ligaram, porém, grande importância ao caso. Aprestaram-se para continuar a marcha na manhã seguinte; e inscientes da gravidade das coisas repousaram tranquilamente, acantonados[25].

PRIMEIRO COMBATE

Despertou-os o adversário, que imaginavam ir surpreender.

Na madrugada de 21 desenhou-se no extremo da várzea o agrupamento dos jagunços...

Um coro longínquo esbatia-se na mudez da terra ainda adormida, reboando longamente nos ermos desolados. A multidão guerreira avançava para Uauá, derivando à toada vagarosa dos *kyries*[26], rezando. Pare-

---

24 **dispartindo** partindo em diversas direções. 25 **acantonados** distribuídos e estacionados por diferentes casas de alvenaria, para descanso. 26 *kyries* invocações, recitadas ou cantadas que fazem parte da missa.

cia uma procissão de penitência, dessas a que há muito se afeiçoaram os matutos crendeiros para abrandarem os céus quando os estios longos geram os flagícios das secas[27].

O caso é original e verídico. Evitando as vantagens de uma arrancada noturna, os sertanejos chegavam com o dia e anunciavam-se de longe. Despertavam os adversários para a luta.

Mas não tinham, ao primeiro lance de vistas, aparências guerreiras. Guiavam-nos símbolos de paz: a bandeira do Divino e, ladeando-a, nos braços fortes de um crente possante, grande cruz de madeira, alta como um cruzeiro. Os combatentes armados de velhas espingardas, de chuços[28] de vaqueiros, de foices e varapaus[29], perdiam-se no grosso dos fiéis que alteavam, inermes, vultos e imagens dos santos prediletos, e palmas ressequidas retiradas dos altares. Alguns, como nas romarias piedosas, tinham à cabeça as pedras dos caminhos, e desfiavam rosários de coco. Equiparavam aos flagelos naturais, que ali descem periódicos, a vinda dos soldados. Seguiam para a batalha rezando, cantando – como se procurassem decisiva prova às suas almas religiosas.

Eram muitos. Três mil, disseram depois informantes exagerados, triplicando talvez o número. Mas avançavam sem ordem. Um pelotão[30] escasso de infantaria que os aguardasse, distribuído pelas caatingas envolventes, dispersá-los-ia em alguns minutos.

O arraial na frente, porém, não revelava lutadores a postos. Dormia.

A multidão aproximou-se, tudo o indica, até beirar a linha de sentinelas avançadas. E despertou-as. Os vedetas[31] estremunhando[32], surpresos, dispararam, à toa, as carabinas e refluíram precipitadamente para a praça que ficava à retaguarda, deixando em poder dos agressores um companheiro, espostejado[33] à faca. Foi, então, o alarma: soldados correndo estonteadamente pelo largo e pelas ruas; saindo, seminus, pelas portas; saltando pelas janelas; vestindo-se e armando-se às carreiras e às encontroadas... Não formaram. Mal se distendeu às pressas, dirigida

---

27 O trecho acima se baseia na p. 7 do MS. Ver Bernucci, pp. 147-151. **28 chuços** varas ou paus armados de aguilhão ou choupa. **29 varapaus** paus compridos, cacetes. **30 pelotão** cada uma das três frações em que se divide uma companhia de soldados. **31 vedetas** guardas avançadas, sentinelas. **32 estremunhando** despertando de repente. **33 espostejado** esquartejado, retalhado.

por um sargento, incorreta linha de atiradores. Porque os jagunços lá chegaram logo, de envolta[34] com os fugitivos. E o recontro empenhou-se brutalmente, braço a braço, adversários enleados entre disparos de garruchas e revólveres, pancadas de cacetes e coronhas, embates de facões e sabres – adiante, sobre a frágil linha de defesa. Esta cedeu logo. E a turba fanatizada, entre vivas ao "Bom Jesus" e ao "Conselheiro", e silvos estridentes de apitos de taquara, desdobrada, ondulante, a bandeira do Divino, erguidos para os ares os santos e as armas, seguindo empós[35] o curiboca audaz que levava meio inclinada em aríete[36] a grande cruz de madeira – atravessou o largo arrebatadamente...

Este movimento foi instantâneo e foi, afinal, a única manobra percebida pelos que testemunhavam a ação. Dali por diante não a descrevem os próprios protagonistas. Foi uma desordem de feira turbulenta.

Na maioria, as praças, protegidas pelas casas, e abrindo-lhes as paredes em seteiras[37], volveram à defensiva franca.

Foi a salvação. Os matutos conjuntos à roda dos símbolos sacrossantos, no largo, começaram de ser fuzilados em massa. Baquearam em grande número; e tornou-se-lhes a luta desigual a despeito da vantagem numérica. Batidos pelas armas de repetição, opunham um disparo de clavinote a cem tiros de *comblain*. Enquanto o soldado os alvejava em descargas nutridas, os jagunços revolviam os *aiós*, tirando sucessivamente a pólvora, a bucha e as balas no demorado processo da carga de seu armamento grosseiro; enfiando depois pelo cano largo do trabuco a vareta; cevando-o devagar; socando lá dentro aqueles ingredientes como se enchessem uma mina; escorvando-o[38] depois; aperrando-o[39] afinal, e ao cabo disparando-o; realizando o heroísmo de uma imobilidade de dois minutos na estonteadora ebriez do tiroteio...

Renunciaram, por isto, transcorrido algum tempo, à operação inexequível[40]. Caíram sobre os contrários, de facão desembainhado e ferrão em riste[41], vibrando as foices reluzentes.

---

34 de envolta confusamente, conjuntamente. **35 empós** atrás, depois. **36 aríete** antiga máquina de guerra em forma de viga para abater muralhas. **37 seteiras** frestas. **38 escorvando** preparando com escorva ou dispositivo para detonar. **39 aperrando** levantando (o cão da arma) ou engatilhando. **40 inexequível** inexecutável. **41 em riste** enristado, em posição de investida.

Mas foi-lhes ainda nefasta esta arremetida doida. Rareavam-se-lhes as fileiras sem vantagem contra adversários abrigados, ou aparecendo de golpe nas janelas, que se abriam em explosões de descargas. Numa delas, um alferes, serodiamente espertado[42], bateu-se longo tempo, quase desnudo, abocando[43], sobre o peitoril, a carabina ao peito dos assaltantes, sem errar um tiro; até cair, morto, sobre o leito em que dormira e não tivera tempo de deixar.

O conflito continuou, deste modo, ferozmente, cerca de quatro horas, sem episódios dignos de nota e sem vislumbrar um único movimento tático; batendo-se cada um por conta própria, consoante as circunstâncias. No quintal da casa em que se aboletara[44], o comandante se ateve à missão única compatível com a desordem: distribuía, jogando-os por sobre a cerca, cartuchos, sofregamente retirados, às mancheias[45], dos cunhetes[46] abertos a machado.

Reunidos sempre em volta da bandeira do Divino, estraçoada de balas e vermelha como um pendão de guerra, os jagunços enfiavam pelas ruas. Contorneavam o arraial. Volviam ao largo, vozeando imprecações e vivas, em ronda desnorteada e célere. E foram, lentamente, nesses giros revoltos, abandonando a ação e dispersando-se pelas cercanias. Reconheciam a inutilidade dos esforços feitos, ou imaginavam atrair os antagonistas para o plaino desafogado da várzea.

Como quer que fosse, abandonaram, a pouco e pouco, o campo. Em breve, ao longe, desapareceu, listrando uma ponta das caatingas, a bandeira sagrada que reconduziam a Canudos[47].

Os soldados não os encalçaram. Estavam exaustos.

Uauá patenteava quadro lastimoso. Lavravam[48] incêndios em vários pontos. Sobre os soalhos e balcões ensanguentados, à soleira das portas, pelas ruas e na praça, onde dardejava o sol, contorciam-se os feridos e estendiam-se os mortos.

---

42 **espertado** acordado. 43 **abocando** apontando. 44 **aboletara** alojara. 45 **às mancheias** aos punhados. 46 **cunhetes** caixotes de madeira utilizados sobretudo para guardar ou transportar munição de guerra. 47 O trecho acima se baseia na p. 8 do MS. Ver Bernucci, pp. 152-158. 48 **lavravam** alastravam-se.

Entre estes, dezenas de sertanejos – cento e cinquenta – diz a parte[49] oficial do combate, número desconforme ante as dez mortes – um alferes, um sargento, seis praças e os dois guias[50] – e dezesseis feridos da expedição. Apesar disto, o comandante, com setenta homens válidos, renunciou prosseguir na empresa. Assombrara-o o assalto. Vira de perto o arrojo dos matutos. Apavorara-o a própria vitória, se tal nome cabe ao sucedido, pois as suas consequências o desanimavam. O médico da força enlouquecera...[51] Desvairara-o o aspecto da peleja. Quedava-se, inútil, ante os feridos, alguns graves.

A retirada impunha-se, por tudo isto, urgente, antes da noite, ou de um outro recontro, ideia que fazia tremer aqueles triunfadores. Resolveram-na logo. Mal inumados na capela de Uauá os companheiros mortos, largaram dali sob um sol ardentíssimo.

Foi como uma fuga.

A travessia para Juazeiro fez-se a marchas forçadas, em quatro dias. E quando lá chegou o bando dos expedicionários, fardas em trapos, feridos, estropiados, combalidos, davam a imagem da derrota. Parecia que lhes vinham em cima, nos rastros, os jagunços. A população alarmou-se, reatando o êxodo. Ficaram de fogos acesos na estação da via férrea todas as locomotivas. Arregimentaram-se todos os habitantes válidos dispostos ao combate. E as linhas do telégrafo transmitiram ao país inteiro o prelúdio da guerra sertaneja...

---

49 parte comunicação verbal ou escrita sobre um fato do interesse da unidade ou do militar (por exemplo, parte de combate). **50** Pedro Francisco de Morais e seu filho João Batista (ver *Caderneta*, p. 95). **51** Trata-se do dr. Antônio Henrique Álvares dos Santos, médico-adjunto do exército (ver *Caderneta*, p. 96). Fernando Nery, a partir da 12ª. até a 27ª. ed. de *Os Sertões*, identifica o nome como sendo do dr. Antônio Alves [sic] dos Santos.

III

PREPARATIVOS DA REAÇÃO

O revés de Uauá requeria reação segura.

Esta, porém, preparou-se sob extemporânea[1] disparidade de vistas entre o chefe da força federal da Bahia e o governador do Estado[2]. Ao otimismo deste, resumindo a agitação sertaneja a desordem vulgar acessível às diligências policiais, contrapunha-se aquele, considerando-a mais séria, capaz de determinar verdadeiras operações de guerra.

De tal modo, a segunda expedição organizou-se sem um plano firme, sem responsabilidades definidas, através de explicações recíprocas entre as duas autoridades independentes e iguais. Compôs-se a princípio de 100 praças e 8 oficiais de linha, e 100 praças e 3 oficiais da força estadual.

Assim constituída, seguiu, a 25 de novembro, para Queimadas, sob o comando de um major do 9º Batalhão de Infantaria, Febrônio de Brito.

Simultaneamente o comandante do Distrito apelava para o governo federal requisitando, para a aparelhar melhor, 4 metralhadoras Nordenfeldt, 2 canhões Krupp, de campanha, e mais 250 soldados: 100 do 26º Batalhão, de Aracaju[3], e 150 do 33º, de Alagoas[4].

Todo este aparato era justificável. Sucediam-se informações alarmantes, dando, dia a dia, realce à gravidade das coisas. À parte os exageros que houvesse, delas se colhia a grandeza do número de rebeldes e os sérios empecilhos inerentes à região selvagem em que se acoitavam.

---

1 **extemporânea** inoportuna, inadequada.   2 Luís Viana.   3 Comandado pelo alferes Francisco Félix de Freitas.   4 Comandado pelos alferes Hermínio Pinto da Silva e Basílio de Carvalho.

Estas novas, porém, baralhavam-nas sem-número de versões contraditórias agravadas pelos interesses inconfessáveis de uma falsa política sobre a qual nos dispensamos de discorrer.

Nem os apontaremos, embora largo tempo se perdesse, inútil, nesse agitar estéril de minudências desvaliosas – enquanto as linhas telegráficas vibravam da orla dos sertões para o Brasil inteiro, e permanecia, expectante, em Queimadas, o chefe da nova expedição, à frente de 243 praças de pré.

Baldo de recursos e a braços com toda espécie de dificuldades; oscilando no desencontro das informações; ora em desalentos, afigurando-se-lhe insuperável a empresa; ora cheio de inesperadas esperanças no alcançar o fim que se propunha, dali abalou somente em dezembro, para Monte Santo, ao tempo que lhe era mandado da Bahia novo reforço, de cem praças.

Esta avançada já ia adscrita a um plano de campanha.

O comandante do Distrito compreendera a situação. Planeara atacar a revolta por dois pontos, fazendo avançar para um objetivo único não uma, mas duas colunas[5], sob a direção geral do coronel do 9º de Infantaria Pedro Nunes Tamarindo[6]. Era um plano compatível com as circunstâncias da luta: estabelecer antes de tudo um cerco à distância; bater os insurretos parceladamente e apertá-los, ao cabo, em movimentos envolventes de forças pouco numerosas e adestradas[7].

Realmente, libertas, estas, da morosidade própria às grandes massas, ajustar-se-iam melhor às escabrosidades do terreno, e do mesmo passo enfraqueceriam todas as causas de insucesso. Por outro lado, por mais original que seja o método combatente dos matutos – guerrilheiros impalpáveis dentro da tática estonteadora da fuga! – rola[8] todo neste círculo único. Não se desenvolve num plano qualquer permitindo dar aos grupos dispersos o centro unificador de um objetivo prefixado. Atacá-los, atraindo-os para diferentes pontos, é vencê-los.

---

5 **colunas** frações de corpo de tropa, subunidades ou unidades que se sucedem (por ex., colunas de pelotões). 6 O trecho acima se baseia na p. 11 do MS. Ver Bernucci, pp. 170-174. 7 O trecho acima se baseia na p. 9 do MS. Ver Bernucci, pp. 159-164. 8 **rola** concentra-se; ressoa.

Foi o que perceberam, desde muito, os nossos patrícios de há cem anos. Práticos nas vicissitudes das lutas sertanejas tinham organização militar correlativa[9] – visando a formação sistemática de "tropas irregulares", que, sem o embaraço das unidades[10] táticas inalteráveis, e sem formaturas, agissem folgadamente no trançado das matas e sobre as asperezas do solo, auxiliando, reforçando e esclarecendo a ação das tropas regulares.

Daí as façanhas que crivam a nossa história nos XVII e XVIII séculos; o sem-conto de revoltas debeladas ou quilombos dissolvidos por aqueles minúsculos exércitos de *capitães do mato*[11], através de batalhas ferocíssimas e sem nome. Imitando o próprio sistema do africano e do índio, os sertanistas dominavam-nos graças à mesma norma que se traduz por uma fórmula paradoxal: – dividir para fortalecer.

Devíamos, num transe igual, adotá-la. Era sem dúvida um recuo inevitável à guerra primitiva[12]. Mas, quando não o impusesse o jagunço solerte e bravo, impunha-o a natureza excepcional que o defendia.

Vejamos.

A GUERRA DAS CAATINGAS

Os doutores na arte de matar que hoje, na Europa, invadem escandalosamente a ciência, perturbando-lhe o remanso com um retinir de esporas insolentes – e formulam leis para a guerra, pondo em equação as batalhas, têm definido bem o papel das florestas como agente tático precioso, de ofensiva ou defensiva. E ririam os sábios *feldmarechais*[13] – guerreiros de cujas mãos caiu o franquisque[14] heroico trocado pelo lápis calculista – se ouvissem a alguém que às caatingas pobres cabe função mais definida e grave que às grandes matas virgens.

9 Nota do Autor: Vide a *Revista do Instituto Histórico e Geográfico Brasileiro*: – As instruções régias de 24 de fevereiro de 1775 ao capitão-general das Minas. **10 unidades** corpos de tropa com autonomia administrativa; conjuntos de soldados devidamente comandados para emprego tático. **11 capitães do mato** indivíduos que se dedicavam à captura dos escravos fugidos; capitães do campo. **12** O trecho acima se baseia na p. 10 do MS. Ver Bernucci, pp. 166-169. **13** *feldmarechais* militares que ocupavam o posto mais elevado na hierarquia militar da Alemanha e da Áustria. **14 franquisque** antiga acha d'armas, como o machado, usada pelos francos, godos e outros povos germânicos.

Porque estas, malgrado a sua importância para a defesa do território – orlando as fronteiras e quebrando o embate às invasões, impedindo mobilizações rápidas e impossibilitando a translação das artilharias – se tornam de algum modo neutras no curso das campanhas. Podem favorecer, indiferentemente, aos dois beligerantes oferecendo a ambos a mesma penumbra às emboscadas, dificultando-lhes por igual as manobras ou todos os desdobramentos em que a estratégia desencadeia os exércitos. São uma variável nas fórmulas do problema tenebroso da guerra, capaz dos mais opostos valores.

Ao passo que as caatingas são um aliado incorruptível do sertanejo em revolta. Entram também de certo modo na luta. Armam-se para o combate; agridem. Trançam-se, impenetráveis, ante o forasteiro, mas abrem-se em trilhas multívias, para o matuto que ali nasceu e cresceu.

E o jagunço faz-se o guerrilheiro-tugue[15], intangível...

As caatingas não o escondem apenas, amparam-no.

Ao avistá-las, no verão, uma coluna em marcha não se surpreende. Segue pelos caminhos em torcicolos, aforradamente[16]. E os soldados, devassando[17] com as vistas o matagal sem folhas, nem pensam no inimigo. Reagindo à canícula e com o desalinho natural às marchas, prosseguem envoltos no vozear confuso das conversas travadas em toda a linha, virguladas de tinidos de armas, cindidas de risos joviais mal sofreados.

É que nada pode assustá-los. Certo, se os adversários imprudentes com eles se afrontarem, serão varridos em momentos. Aqueles esgalhos far-se-ão em estilhas a um breve choque de espadas e não é crível que os gravetos finos quebrem o arranco das manobras prontas. E lá se vão, marchando, tranquilamente heroicos...

De repente, pelos seus flancos, estoura, perto, um tiro...

A bala passa, rechinante[18], ou estende, morto, em terra, um homem. Sucedem-se, pausadas, outras, passando sobre as tropas, em sibilos[19] lon-

---

15 **guerrilheiro-tugue** (hindi, *thag*: ladrão – ingl., *thug*: assassino) membro de uma seita religiosa da Índia que, em honra da deusa Cáli, praticava sacrifícios humanos e estrangulava as vítimas. Considera-se que os tugues foram exterminados, de 1828 a 1835, pelo então governador-geral, Lorde W. Bentick. **16 aforradamente** livre ou desembaraçadamente. **17 devassando** perscrutando, inquirindo. **18 rechinante** rangente. **19 sibilos** assovios.

gos. Cem, duzentos olhos, mil olhos perscrutadores, volvem-se, impacientes, em roda. Nada veem.

Há a primeira surpresa. Um fluxo de espanto corre de uma a outra ponta das fileiras.

E os tiros continuam raros, mas insistentes e compassados, pela esquerda, pela direita, pela frente agora, irrompendo de toda a banda...

Então estranha ansiedade invade os mais provados valentes, ante o antagonista que vê e não é visto. Forma-se celeremente em atiradores uma companhia, mal destacada da massa de batalhões constritos na vereda estreita. Distende-se pela orla da caatinga. Ouve-se uma voz de comando; e um turbilhão de balas rola estrugidoramente dentro das galhadas...

Mas constantes, longamente intervalados sempre, zunem[20] os projetis dos atiradores invisíveis batendo em cheio nas fileiras.

A situação rapidamente engravesce, exigindo resoluções enérgicas. Destacam-se outras unidades combatentes, escalonando-se por toda a extensão do caminho, prontas à primeira voz; – e o comandante resolve carregar contra o desconhecido. Carrega-se contra os duendes. A força, de baionetas caladas, rompe, impetuosa, o matagal numa expansão irradiante de cargas. Avança com rapidez. Os adversários parecem recuar apenas. Nesse momento surge o antagonismo formidável da caatinga.

As seções precipitam-se para os pontos onde estalam os estampidos e estacam ante uma barreira flexível, mas impenetrável, de juremas. Enredam-se no cipoal que as agrilhoa, que lhes arrebata das mãos as armas, e não vingam transpô-lo. Contornam-no. Volvem aos lados. Vê-se um como rastilho[21] de queimada: uma linha de baionetas[22] enfiando pelos gravetos secos. Lampeja por momentos entre os raios do sol joeirados[23] pelas árvores sem folhas; e parte-se, faiscando, adiante, dispersa, batendo contra espessos renques de xiquexiques, unidos como quadrados cheios, de falanges[24], intransponíveis, fervilhando espinhos...

Circuitam-nos, estonteadamente, os soldados. Espalham-se, correm, à toa, num labirinto de galhos. Caem, presos pelos laços corredios dos

---

20 **zunem** zumbem. 21 **rastilho** chama rastejante a modo de pavio. 22 **baionetas** praças de pré. 23 **joeirados** crivados. 24 **falanges** corpos de tropas.

quipás reptantes; ou estacam, pernas imobilizadas por fortíssimos tentáculos. Debatem-se desesperadamente até deixarem em pedaços as fardas, entre as garras felinas de acúleos[25] recurvos das macambiras...

Impotentes estadeiam, imprecando, o desapontamento e a raiva, agitando-se furiosos e inúteis. Por fim, à ordem dispersa do combate faz-se a dispersão do tumulto. Atiram a esmo, sem pontarias, numa indisciplina de fogo que vitima os próprios companheiros. Seguem reforços. Os mesmos transes reproduzem-se maiores, acrescidas a confusão e a desordem; – enquanto em torno, circulando-os, rítmicos, fulminantes, seguros, terríveis, bem apontados, caem inflexivelmente os projetis do adversário.

De repente cessam. Desaparece o inimigo que ninguém viu.

As seções voltam desfalcadas para a coluna, depois de inúteis pesquisas nas macegas. E voltam como se saíssem de recontro braço a braço, com selvagens: vestes em tiras; armas estrondadas ou perdidas; golpeados de gilvazes[26]; claudicando[27], estropiados; mal reprimindo o doer infernal das folhas urticantes; frechados de espinhos...

Reorganiza-se a tropa. Renova-se a marcha. A coluna, estirada a dois de fundo[28], deriva pelas veredas em fora, estampando no cinzento da paisagem o traço vigoroso das fardas azuis listradas de vermelho e o coruscar[29] intenso das baionetas ondulantes. Alonga-se; afasta-se; desaparece.

Passam-se minutos. No lugar da refrega, então, surgem, dentre moitas esparsas, cinco, dez, vinte homens no máximo. Deslizam, rápidos, em silêncio, entre os arbúsculos secos...

Agrupam-se na estrada. Consideram por momentos a tropa, indistinta, ao longe; e sopesando as espingardas ainda aquecidas, tomam precípites pelas veredas dos pousos ignorados.

A força vai prosseguindo mais cautelosa agora.

Subjugam o ânimo dos combatentes, caminhando em silêncio, o império angustioso do inimigo impalpável e a expectativa torturante dos assaltos imprevistos. O comandante rodeia-os de melhores resguardos: la-

---

25 acúleos espinhos. **26 gilvazes** cicatrizes no rosto. **27 claudicando** mancando. **28 a dois de fundo** um após outro, em cordão, em duas filas, marchando um ao lado do outro. **29 coruscar** reluzir.

deiam-nos companhias dispersas, pelos flancos: duzentos metros na frente, além da vanguarda, norteia-os um esquadrão[30] de praças escolhidas.

No descair de encosta agreste, porém, escancela-se um sulco de quebrada que é preciso transpor. Felizmente as barrancas, esterilizadas dos enxurros, estão limpas: escassos restolhos de gramíneas; cactos esguios avultando raros, entre blocos em montes; ramalhos mortos de umbuzeiros alvejando na estonadura[31] da seca...

Desce por ali a guarda da frente. Seguem-se-lhe os primeiros batalhões. Escoam-se, vagarosas, as brigadas[32] pela ladeira agreste. Embaixo, coleando nas voltas do vale estreito já está toda a vanguarda, armas fulgurantes, feridas pelo sol, feito uma torrente escura transudando raios...

E um estremecimento, choque convulsivo e irreprimível, fá-la estacar de súbito.

Passa, ressoando, uma bala.

Desta vez os tiros partem, lento, de um só ponto, do alto parecendo feitos por um atirador único.

A disciplina contém as fileiras; debela o pânico emergente; e, como anteriormente, uma seção se destaca e vai, encosta acima, rastreando a direção dos estampidos. O torvelino[33] dos ecos numerosos, porém, torna aquela variável; e os tiros não revelados, porque o fumo não se condensa naqueles ares ardentes, continuam lentos, assustadores, seguros.

Afinal cessam. Soldados esparsos pelos pendores pesquisam-nos inutilmente.

Volvem exaustos. Vibram os clarins. A tropa renova a marcha com algumas praças de menos. E quando as últimas armas desaparecem, ao longe, na última ondulação do solo, desenterra-se de montões de blocos – feito uma cariátide sinistra em ruínas ciclópicas – um rosto bronzeado

---

30 esquadrão fração de um regimento de cavalaria, menor unidade tática de emprego. **31 estonadura** descascamento; quando os umbuzeiros descascam na seca. **32 brigadas** cada um dos corpos militares, compostos individualmente de dois regimentos; conjuntos de duas ou três baterias ou peças individuais com características diferentes. **33** Notar como em páginas anteriores Euclides havia usado *torvelinho*, outra variante da palavra assinalada, e como esse duplo uso revela o regime de oscilação em que se encontrava a língua portuguesa na época. Outro exemplo é o uso da preposição *até*, acompanhada de *a* – frequente em *Os Sertões* – mas que às vezes omite a segunda; e os casos masculino (p. 194) e feminino (p. 125) para o vocábulo *pampa*.

e duro; depois um torso de atleta, encourado e rude; e transpondo velozmente as ladeiras vivas desaparece, em momentos, o trágico caçador de brigadas...

Estas seguem desinfluídas de todo. Daí por diante velhos lutadores têm pavores de criança. Há estremecimentos em cada volta do caminho, a cada estalido seco nas macegas. O exército sente na própria força a própria fraqueza.

Sem plasticidade segue numa exaustão contínua pelos ermos, atormentado no golpear das ciladas, lentamente sangrado pelo inimigo, que o assombra e que foge.

A luta é desigual. A força militar decai a um plano inferior. Batem-na o homem e a terra. E quando o sertão estua nos bochornos dos estios longos não é difícil prever a quem cabe a vitória. Enquanto o minotauro[34], impotente e possante, inerme com a sua envergadura de aço e grifos[35] de baionetas, sente a garganta exsicar-se-lhe de sede e, aos primeiros sintomas da fome, reflui à retaguarda, fugindo ante o deserto ameaçador e estéril, aquela flora agressiva abre ao sertanejo um seio carinhoso e amigo.

Então – nas quadras indecisas entre a *seca* e o *verde*, quando se topam os últimos fios de água no lodo das ipueiras e as últimas folhas amarelecidas nas ramas das baraúnas, e o forasteiro se assusta e foge ante o flagelo iminente, aquele segue feliz nas travessias longas, pelos desvios das veredas, firme na rota como quem conhece a palmo todos os recantos do imenso lar sem teto. Nem lhe importa que a jornada se alongue, e as habitações rareiem, e se extingam as cacimbas, e escasseiem, nas baixadas, os abrigos transitórios, onde sesteiam[36] os vaqueiros fatigados.

Cercam-lhe relações antigas. Todas aquelas árvores são para ele velhas companheiras. Conhece-as todas. Nasceram juntos; cresceram irmãmente; cresceram através das mesmas dificuldades, lutando com as mesmas agruras, sócios dos mesmos dias remansados.

---

34 **minotauro** na mitologia grega, monstro com cabeça de touro e corpo de homem. **35 grifos** (*fig.*) garras. **36 sesteiam** dormem a sesta, descansam.

O umbu desaltera-o e dá-lhe a sombra escassa das derradeiras folhas; o araticum, o ouricuri virente, a mari[37] elegante, a *quixaba* de frutos pequeninos, alimentam-no a fartar; as palmatórias, despidas em combustão rápida dos espinhos numerosos, os *mandacarus* talhados a facão, ou as folhas dos juás – sustentam-lhe o cavalo; os últimos lhe dão ainda a cobertura para o rancho provisório; os caroás fibrosos fazem-se cordas flexíveis e resistentes... E se é preciso avançar a despeito da noite, e o olhar afogado no escuro apenas lobriga a fosforescência azulada das *cunanãs*[38] dependurando-se pelos galhos como grinaldas fantásticas, basta-lhe partir e acender um ramo verde de *candombá*[39] e agitar pelas veredas, espantando as suçuaranas deslumbradas, um archote fulgurante...

A natureza toda protege o sertanejo. Talha-o como Anteu, indomável. É um titã bronzeado fazendo vacilar a marcha dos exércitos.

37 mari fruta do marizeiro. Ver nota 127, p. 118 da presente edição. **38 cunanã** ou cumanã, arbusto da família das euforbiáceas (*Euphorbia phosphorea*, Mart.). Segundo Euclides é um "arbusto em folhas, comum nas caatingas de Jeremoabo – dá uma cera alva, com todas as qualidades da cera comum com a qual faz o *tabaréu* grandes rolos que vende para iluminação de casas" (*Caderneta*, p. 50). Uma definição desta planta aparecerá mais adiante à p. 478 da presente edição. **39 candombá** segundo Euclides, é "vegetal fibroso do qual se extrai um pó resinoso igual ao breu, que misturado com sebo e areia fazem uma massa impermeável e dura com que se consertam canoas, bateias etc. Esta madeira dá bonita luz, por isso se aproveitam para fachos à noite"(*Caderneta*, p. 50).

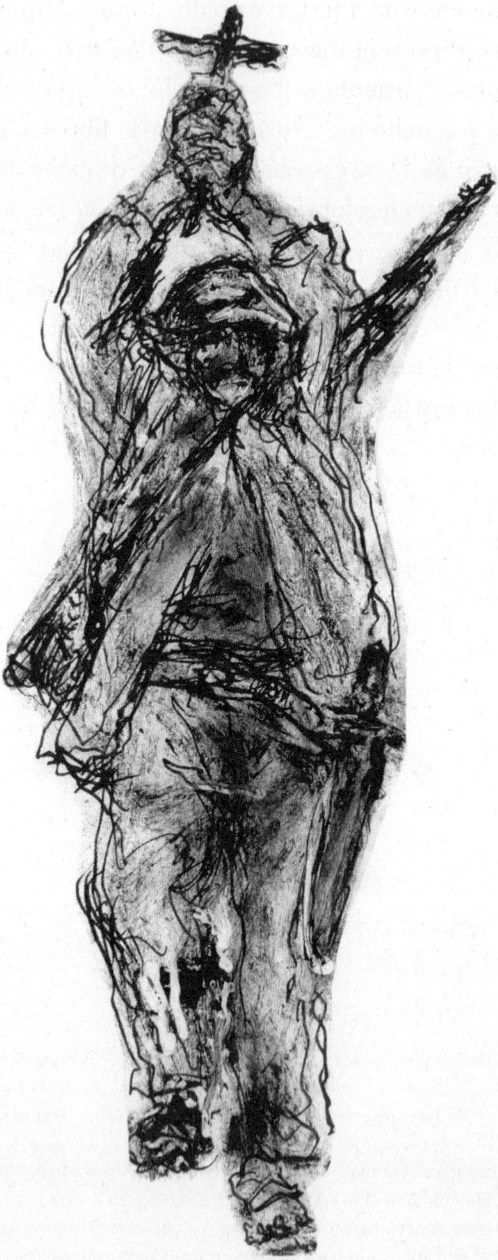

IV

AUTONOMIA DUVIDOSA

Ia-o demonstrar a campanha emergente... cópia mais ampla de outras que em todo o Norte têm aparecido, permitindo aquilatar-se de antemão tais dificuldades.

As medidas planeadas pelo general Solon denotavam, portanto, exata previsão de sucessos semelhantes, na luta excepcionalíssima para a qual nenhum Jomini delineara regras, porque invertia até os preceitos vulgares da arte militar.

Malgrado os defeitos do confronto, Canudos era a nossa Vendeia. O *chouan*[1] e as charnecas[2] emparelham-se bem como o jagunço e as caatingas. O mesmo misticismo, gênese da mesma aspiração política; as mesmas ousadias servidas pelas mesmas astúcias, e a mesma natureza adversa, permitiam que se lembrasse aquele lendário recanto da Bretanha[3], onde uma revolta, depois de fazer recuar exércitos destinados a um passeio militar por toda a Europa, só cedeu ante as divisões volantes de um general sem fama, "as colunas infernais" do general Turreau – pouco numerosas mas céleres, imitando a própria fugacidade dos vendeanos, até encurralá-los num círculo de dezesseis campos entrincheirados.

Não se olhou, porém, para o ensinamento histórico.

---

1 *chouan* (*fr.*) nome dado a cada um dos insurretos da Vendeia. 2 **charnecas** terrenos onde medra a charneca, tipo de vegetação xerófila de Portugal, semelhante aos maquis do Mediterrâneo e equivalente ao chaparral californiano. Este tipo de planta dificulta o acesso ou a sua penetração. 3 O Autor se refere à região da Vendeia.

É que se preestabelecera a vitória inevitável sobre a rebeldia sertaneja insignificante.

O governo baiano afirmou "serem mais que suficientes as medidas tomadas para debelar e extinguir o grupo de fanáticos e não haver necessidade de reforçar a força federal para tal diligência, pois as medidas tomadas pelo comandante do Distrito significavam mais prevenção que receio"; e aditava "não ser tão numeroso o grupo de Antônio Conselheiro, indo pouco além de quinhentos homens" etc.

Contravinha o chefe militar entendendo ter a repressão legal vingado o círculo das diligências policiais, cumprindo-lhe não mais prender criminosos, "mas extirpar o móvel de decomposição moral que se observava no arraial de Canudos em manifesto desprestígio à autoridade e às instituições", acrescentando que a força federal deveria seguir bastante forte para se subtrair à contingência de "retiradas prejudiciais e indecorosas". O governo estadual, porém, agindo dentro do elástico art. 6º da Constituição de 24 de fevereiro, cerrou a controvérsia levantando o espantalho de uma ameaça à soberania do Estado, e repelindo a intervenção que lhe implicava[4] incompetência para manter a ordem nos seus próprios domínios[5]. Deslembrara-se que em documento público se confessara desarmado para suplantar a revolta e que apelando para os recursos da União justificava, naturalmente, a intervenção que procurava encobrir.

Vinha serôdio[6] o falar em soberania apisoada[7] pelos turbulentos impunes. Ademais ninguém se iludia ante a situação sertaneja. Acima do desequilibrado que a dirigia estava toda uma sociedade de retardatários. O ambiente moral dos sertões favorecia o contágio e o alastramento da nevrose. A desordem, local ainda, podia ser núcleo de uma conflagração em todo o interior do Norte. De sorte que a intervenção federal exprimia o significado superior dos próprios princípios federativos: era a colaboração dos Estados numa questão que interessava não já à Bahia, mas ao país inteiro.

---

4 **implicava** supunha. 5 O trecho acima se baseia na p. 10 do MS. Ver Bernucci, pp. 166-169. 6 **serôdio** demasiado tarde. 7 **apisoada** pisoteada.

Foi o que sucedeu. A nação inteira interveio. Mas sobre as bandeiras vindas de todos os pontos, do extremo norte e do extremo sul, do Rio Grande ao Amazonas, pairou sempre, intangível, miraculosamente erguida pelos exegetas constitucionais, a soberania do Estado...

Para a resguardar melhor foi removido da Bahia o chefe da força militar, que traçara a sua atitude retilineamente pela lei[8]. E somente depois disto a coluna do major Febrônio – até então oscilante entre Monte Santo e Queimadas e objetivando nas contramarchas as vacilações do governo – seguiu reforçada pela tropa policial e adstrita às deliberações do governo baiano.

Perdera-se esterilmente o tempo – que o adversário aproveitara, aparelhando-se a um revide enérgico. Num raio de três léguas em roda de Canudos, fizera-se o deserto. Para todos os rumos e por todas as estradas e em todos os lugares, os escombros carbonizados das fazendas e dos pousos avultavam, insulando o arraial num grande círculo isolador, de ruínas[9]. Estava pronto o cenário para um emocionante drama da nossa história.

---

8 O trecho acima se baseia na p. 11 do MS. Ver Bernucci, pp. 170-174. 9 *Idem*, p. 14 do MS. Ver Bernucci, pp. 185-189.

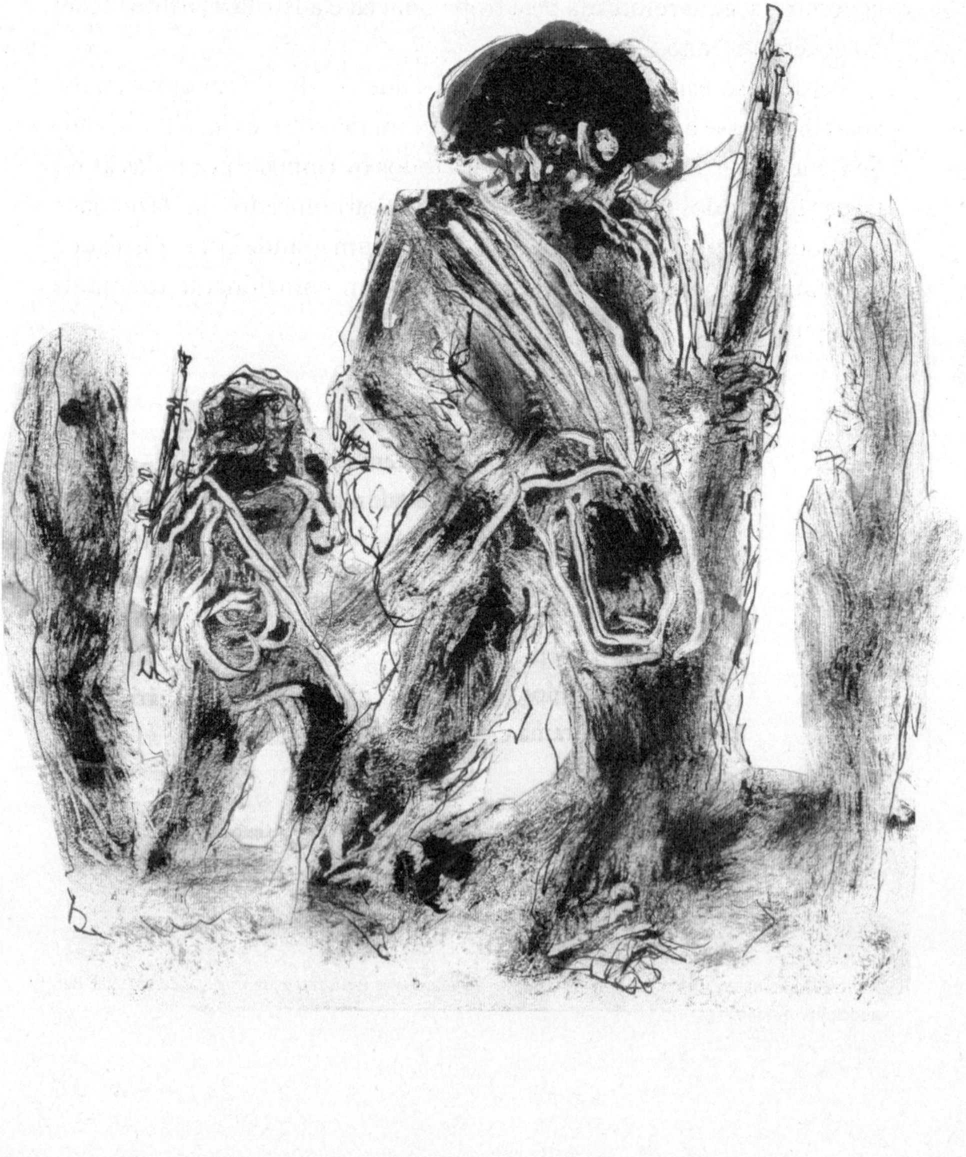

Travessia do Cambaio

I. Monte Santo [p. 337]. Triunfos antecipados [p. 341].

II. Incompreensão da campanha [p. 345]. Em marcha para Canudos [p. 350].

III. O Cambaio [p. 353]. Baluartes *sine calcis linimento*[1] [p. 354]. Primeiro recontro [p. 356]. [João Grande, p. 357]. Episódio dramático [p. 359].

IV. Nos Tabuleirinhos [p. 361]. Segundo combate [p. 361]. A *Legio Fulminata*[2] de João Abade [p. 365]. Novo milagre de Antônio Conselheiro [p. 366].

V. Retirada [p. 367].

VI. Procissão dos jiraus [p. 373].

---

1 Nas primeiras edições de *Os Sertões* e no AP, a expressão latina, que significa "sem a liga de cal", aparece com outra ortografia: *sine calcii linimenti*. A expressão pode ser encontrada ainda na *Caderneta*, p. 49 e em *Canudos e Inéditos*, p. 108. **2 Legio Fulminata** (*lat.*) "Legião Fulminada", isto é, tocada ou marcada por um favor celeste em forma de relâmpago (Renan, *Marc-Aurèle*, pp. 275-276).

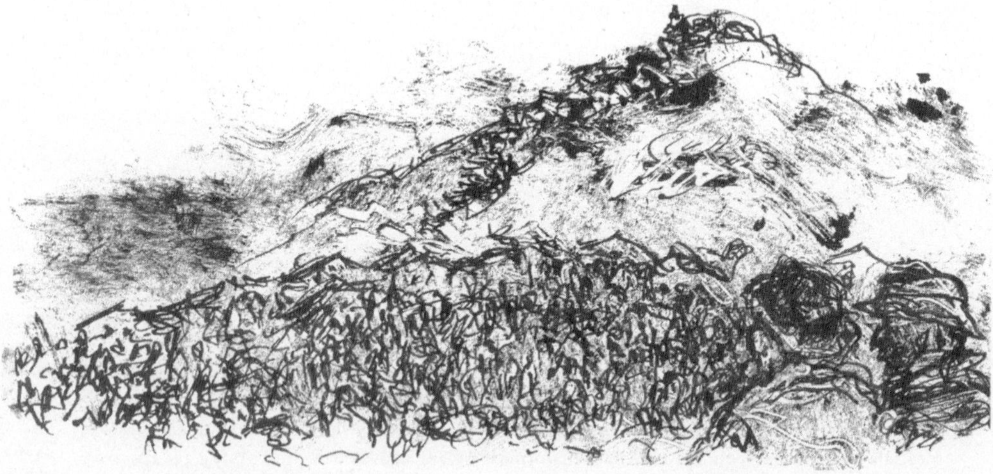

I

MONTE SANTO

No dia 29 de dezembro entraram os expedicionários em Monte Santo.

O povoado de frei Apolônio de Todi ia, a partir daquela data, celebrizar-se como base das operações de todas as arremetidas contra Canudos. Era o que mais se avantajava por aqueles sertões em fora na direção do objetivo da campanha, permitindo, além disto, mais rápidas comunicações com o litoral, por intermédio da estação de Queimadas.

A tais requisitos aliavam-se outros.

Vimos-lhe em páginas anteriores a gênese tocante.

Não dissemos, porém, que, criando-o, o estoico Anchieta do Norte aquilatara bem as condições privilegiadas do local.

De fato, a vila – ereta no sopé da serrania de onde promana a única fonte perene da redondeza – contrasta, insulada, com a esterilidade ambiente. Decorre isto de sua situação topográfica. A sublevação de rochas primitivas que se alteiam aos lados, para o norte e para o leste, levanta-se como anteparo aos ventos regulares, que até lá progridem, e torna-se condensador admirável dos escassos vapores que ainda os impregnam, graças ao resfriamento decorrente de uma ascensão repentina pelos flancos das serranias. Depõem-se, então, aqueles, em chuvas quase regulares, originando regime climatológico mais suportável, a dois passos dos sertões estéreis para onde rolam, mais secos, os ventos, depois da travessia.

De sorte que, enquanto em roda se desenrolam plainos desolados, num raio de alguns quilômetros partindo de Monte Santo se estende região incomparavelmente mais vivaz. Recortam-na pequenos cursos d'água resistentes às secas. Pelas baixadas, para onde descaem os morros, notam-se rudimentos de florestas, transmudando-se as caatingas em cerradões virentes; e o rio de Cariacá com seus tributários minúsculos, embora efêmero como os demais das cercanias, não se esgota de todo nas maiores secas: fraciona-se, retalhado em cacimbas reduzidas a imperceptíveis filetes deslizando entre pedras, mas permitindo ainda que resistam ao flagelo os habitantes convizinhos.

É natural que seja Monte Santo, desde muito, uma paragem remansada, predileta aos que se aventuram naquele sertão bravio. Não surgia pela primeira vez na história. Muito antes dos que agora o procuravam, outros expedicionários, porventura mais destemerosos e, com certeza, mais interessantes, por ali haviam passado, norteados por outros desígnios. Mas quer para os bandeirantes do século XVII, quer para os soldados destes tempos, o lugar predestinado constituiu-se escala transitória e breve mal relumbrando em acontecimentos de maior monta[3]. Não deixa, contudo, de ser expressiva a sua função histórica, entre devassadores de sertões, distintos por opostos intuitos e desunidos por três séculos, porém tendo – como veremos – a afinidade dos mesmos rancores e das mesmas arrancadas violentas.

Ali estacionara o pai de Robério Dias, Belchior Moreia, na sua rota atrevida "do rio Real para as serras da Jacobina pelo rio Itapicuru acima, buscando os sertões de Maçacará". E em torno desta *entrada* continuaram outras, orientadas pelos roteiros confusos, nos quais, todavia, o antigo nome da serra – Piquaraçá – se lê sempre, demarcando uma paragem benfazeja naqueles terrenos agros.

Por isto centralizou, de algum modo, a primeira agitação feita em torno das lendárias "Minas de Prata", desde as pesquisas inúteis do Muribeca, que até lá chegara e não passara avante, "com pouco efeito e pouca diligência", até ao tenaz Pedro Barbosa Leal[4], acompanhando as trilhas de Moreia e estacionando por muitos dias na montanha, onde

---

3 monta importância, gravidade. Este trecho se baseia na p. 4 do MS. Ver Bernucci, p. 133. **4** Ver nota 47, p. 132 e nota 10, p. 173 da presente edição.

marcas indecifráveis denotavam a passagem de antecessores igualmente audazes.

Passaram-se, porém, os tempos. Ficou perdida no sertão a serrania misteriosa onde muitos imaginavam, talvez, a sede do *el-dorado* apetecido, até que Apolônio de Todi a transformasse em templo majestoso e rude, como vimos.

E hoje quem segue pelo caminho de Queimadas, trilhando um solo abrolhando cactos e pedras, ao divisá-la, das cercanias de Quirinquinquá, duas léguas aquém, – estaca: volve em cheio para o levante a vista deslumbrada, e acredita que o ondular dos ares referventes e a fascinação da luz lhe alteiam defronte, entre o firmamento claro e as chapadas amplas, uma miragem estonteadora e grande.

A serra feita dessa massa de quartzito, tão própria às arquiteturas monumentais da terra, alteia-se, ao longe, acrescida a altitude pelas várzeas deprimidas em torno. Lança, retilínea, a linha de cumeadas. A vertente oriental cai, a pique, lembrando uma muralha, sobre o vilarejo. Este ali se encosta, sobre socalco breve, humílimo, assoberbado pela majestade da montanha.

Entretanto é por esta acima até ao vértice que se prolonga, saindo da praça, a mais bela de suas ruas – a *via-sacra* dos sertões, macadamizada de quartzo alvíssimo, por onde têm passado multidões sem conto em um século de romarias. A religiosidade ingênua dos matutos ali talhou, em milhares de degraus, coleante, em caracol pelas ladeiras sucessivas, aquela vereda branca de sílica, longa de mais de dois quilômetros, como se construísse uma escada para os céus...

Esta ilusão é empolgante ao longe.

Veem-se as capelinhas alvas, que a pontilham a espaços, subindo a princípio em rampa fortíssima, derivando depois, tornejantes, à feição dos pendores; alteando-se sempre, eretas sobre despenhadeiros, perdendo-se nas alturas, cada vez menores, diluídas a pouco e pouco no azul puríssimo dos ares, até à última, no alto...

E quem segue pelo caminho de Queimadas, atravessando um esboço do deserto, onde agoniza uma flora de gravetos – arbustos que nos esgalhos revoltos retratam contorções de espasmos, cardos agarrados a pedras ao modo de tentáculos constritores, bromélias desabotoando em floração sanguinolenta – avança rápido, ansiando pela paragem que o arrebata.

Chega; e não sofreia doloroso desapontamento.

A estrada vai até à praça, retangular, em declive, de chão estriado de enxurros. No centro o indefectível barracão da feira tem, ao lado, pequena igreja, e de outro o único ornamento da vila – um tamarineiro, secular talvez. Em torno casas baixas e velhas; e, sobressaído, um sobrado único que seria mais tarde o quartel-general das tropas.

Monte Santo, afinal, resume-se naquele largo. Ali desembocam pequenas ruas, descendo umas em ladeiras para larga sanga apaulada; abrindo outras para a várzea; outras embatendo, sem saídas, contra a serra.

Esta por sua vez, de perto, perde parte do encanto. Parece diminuir de altitude. Sem mais o perfil regular que assume à distância, tem, revestindo-lhe as encostas, uma flora de vivacidade inexplicável, arraigada na pedra, brotando pelas frinchas dos estratos e vivendo apenas das reações maravilhosas da luz. As capelinhas, tão brancas de longe, por sua vez aparecem exíguas e descuradas. E a estrada ciclópica de muros laterais, de alvenaria, a desabarem em certos trechos, cheia de degraus fendidos, tortuosa, lembra uma enorme escadaria em ruínas. O povoado triste e de todo decadente reflete o mesmo abandono, traindo os desalentos de uma raça que morre, desconhecida à história, entre paredes de taipa. Nada recorda o encanto clássico das aldeias. As casas baixas, unidas umas contra as outras, feitas à feição dos acidentes do solo, têm todas a mesma forma – tetos deprimidos sobre quatro muros de barro – gizadas todas por esse estilo brutalmente chato a que tanto se afeiçoavam os primitivos colonizadores. Algumas devem ter cem anos. As mais novas, copiando-lhes, linha a linha, os contornos desgraciosos, por sua vez nascem velhas.

Deste modo, Monte Santo surge desgracioso dentro de uma natureza que lhe cria em roda – como um parêntese naquele sertão aspérrimo – situação aprazível e ridente.

A campanha incipiente ia agravar o seu aspecto. Menos que arraial obscuro, transformá-lo-ia em grandíssimo quartel acaçapado[5], envolto de casernas[6].

TRIUNFOS ANTECIPADOS

Ali acantonaram as 543 praças, 14 oficiais combatentes e 3 médicos – toda a *primeira expedição regular* contra Canudos. Era uma massa heterogênea de três cascos de batalhões, o 9º, o 26º e o 33º, tendo, adidas, duzentas e tantas praças de polícia e pequena divisão[7] de artilharia, dois canhões Krupp $7^{1/2}$ e duas metralhadoras Nordenfeldt.

Menos de uma brigada, pouco mais de um batalhão completo.

Entretanto, afinados pelo otimismo oficial, as autoridades receberam os lutadores em triunfo, antes da batalha. Engalanou-se[8] o vilarejo pobre, transfigurando-se, ataviado de bandeiras e ramagens, com o ornamento supletivo dos vivos fortes das fardas e irradiação das armas.

E fez-se um dia de festa. A missão mais concorrida, a mais animada feira, jamais tiveram tanto brilho. Tudo aquilo era uma novidade estupenda. Ao chegarem da rota fatigante, rompendo, surpreendidos, pelas ruas cheias de combatentes, os vaqueiros amarravam o *campeão* à sombra do tamarineiro, na praça, e iam quedar-se, longo tempo, contemplando as *peças* em que tanto ouviam falar e nunca haviam visto, capazes de esboroar[9] montanhas e abalar com um só tiro, mais forte que o de mil *roqueiras*[10], o sertão inteiro. E aqueles titãs enrijados pelos climas duros, estremeciam dentro das armaduras de couro considerando as armas portentosas da civilização.

Galgavam[11], muitos, logo, os lombilhos retovados e largavam, transidos de susto, da vila, demandando a caatinga. Alguns volviam a toda

---

5 acaçapado abaixado, escondido. **6 casernas** habitação de soldados, dentro do quartel ou de uma praça fortificada. **7 divisão** unidade tática de combinação das armas do exército, comandada por general, composta de todas as armas e dos serviços essenciais para conduzir, por seus próprios meios, operações terrestres; conjunto de duas peças de artilharia com as mesmas características. **8 engalanou-se** adornou-se. **9 esboroar** reduzir a pó, desfazer. **10 roqueiras** antigos canhões de ferro para lançar pedras. **11 galgavam** subiam, pulavam.

a brida para o norte, tocando para Canudos. Ninguém os percebia. Na alacridade dos festejos, não se distinguiam os emissários solertes de Antônio Conselheiro – espiando, observando, indagando, contando o número de praças, examinando todo o trem[12] de guerra e desaparecendo depois, rápidos, precipitando-se para a aldeia sagrada.

Outros ali ficavam, encapotados, contemplando tudo aquilo com ironia cruel, certos do prelúdio hilariante de um drama doloroso. O profeta não podia errar: a sua vitória era fatal. Dissera-o – os invasores não veriam sequer as torres das igrejas sacrossantas.

Acendiam-se recônditos altares. E o riso dos soldados, e o estrépito das botas, percutindo as calçadas, e o vibrar dos clarins, e os vivas entusiásticos das ruas coavam-se pelas paredes, penetravam as frestas das casas e iam perturbar, lá dentro, as preces abafadas dos fiéis genuflexos...[13]

No banquete, preparado na melhor vivenda, ao mesmo tempo se ostentava o mais simples e emocionante gênero de oratória – a eloquência militar, esta eloquência singular do soldado, que é tanto mais expressiva quanto é mais rude – feita de frases sacudidas e breves, como as vozes de comando, e em que as palavras mágicas -- Pátria, Glória e Liberdade – ditas em todos os tons, são toda a matéria-prima dos períodos retumbantes. Os rebeldes seriam destruídos a ferro e fogo... Como as rodas dos carros de Shiva, as rodas dos canhões Krupp, rodando pelas chapadas amplas, rodando pelas serranias altas, rodando pelos tabuleiros vastos, deixariam sulcos sanguinolentos. Era preciso um grande exemplo e uma lição. Os rudes impenitentes, os criminosos retardatários, que tinham a gravíssima culpa de um apego estúpido às mais antigas tradições, requeriam corretivo enérgico. Era preciso que saíssem afinal da barbaria[14] em que escandalizavam o nosso tempo, e entrassem repentinamente pela civilização adentro, a pranchadas[15].

O exemplo seria dado. Era a convicção geral. Dizia-o a despreocupação e todo o arrebatamento feliz de uma população inteira; e a alegria ruidosa e vibrante dos oficiais e das praças; e toda aquela fes-

---

12 trem equipamento. **13** O trecho acima se baseia na p. 12 do MS. Ver Bernucci, pp. 175-179. **14 barbaria** selvageria, barbarismo. **15 a pranchadas** violentamente.

ta – ali – na véspera dos combates, a dois passos do sertão referto de emboscadas...

À tarde grupos ruidosos salpintavam a praça. Derivavam pelos becos. Espalhavam-se pelas cercanias. Atraídos pela novidade de uma perspectiva rara, outros ascendiam a montanha pela ladeira sinuosa orlada de capelinhas brancas.

Paravam nos *passos*, refazendo-se para a ascensão exaustiva. Examinavam, curiosos, os registros e estampas, que pendiam às paredes, e os altares toscos; e subiam.

No "alto da Santa Cruz", batidos pelas lufadas fortes do nordeste, consideravam em torno.

Ali estava – defronte – o sertão...

Uma breve opressão salteava os mais tímidos; mas desaparecia prestes. Volviam tranquilos para a vila, onde se acendiam as primeiras luzes, ao cair da noite...

Decididamente a campanha começara bem auspiciada.

Monte Santo antecipara-lhe as honras da vitória.

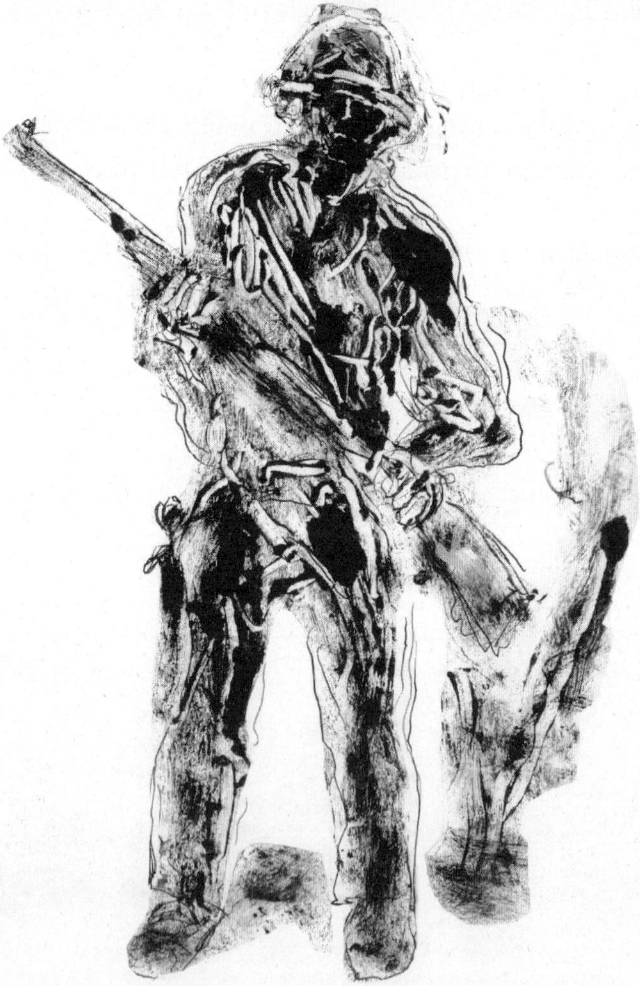

II

INCOMPREENSÃO DA CAMPANHA

Foi um mal.

Sob a sugestão de um aparato bélico, de parada, os habitantes preestabeleceram o triunfo; invadida pelo contágio desta crença espontânea, a tropa, por sua vez, compartiu-lhes as esperanças.

Firmara-se, de antemão, a derrota dos fanáticos.

Ora, nos sucessos guerreiros entra, como elemento paradoxal embora, a preocupação da derrota[1]. Está nela o melhor estímulo dos que vencem. A história militar é toda feita de contrastes singulares. Além disto a guerra é uma coisa monstruosa e ilógica em tudo. Na sua maneira atual é uma organização técnica superior. Mas inquinam-na[2] todos os estigmas do banditismo original. Sobranceiras ao rigorismo da estratégia, aos preceitos da tática, à segurança dos aparelhos sinistros, a toda a altitude de uma arte sombria, que põe dentro da frieza de uma fórmula matemática o arrebentamento de um *shrapnel*[3] e subordina a parábolas[4] invioláveis o curso violento das balas, permanecem – intactas – todas as

---

1 O trecho acima se baseia na p. 13 do MS. Ver Bernucci, pp. 180-184. **2 inquinam** mancham, infectam. **3 *shrapnel*** (ingl.) conhecido também como *charapa*, identificado por uma cinta branca e vermelha, lançado pelos canhões Krupp, este projétil consiste em uma câmara que contém uma carga de pólvora e numerosos grãos de chumbo grosso (balins ou metralha) e que é detonada na descendente da sua trajetória balística, a uma distância predeterminada do alvo, sem fragmentar-se, projetando a carga para a frente, como se o projétil fosse uma espingarda disparando para baixo. Consultar Barbieri, p. 32. **4 parábolas** curvas planas definidas como lugares geométricos dos pontos de um plano equidistante de um ponto fixo (foco) e de uma reta fixa (diretriz) desse mesmo ponto.

brutalidades do homem primitivo. E estas são, ainda, a *vis a tergo*[5] dos combatentes.

A certeza do perigo estimula-as. A certeza da vitória deprime-as.

Ora, a expedição ia na opinião de toda a gente, positivamente – vencer. A consciência do perigo determinaria mobilização rápida e um investir surpreendedor com o adversário. A certeza do sucesso imobilizou-a quinze dias em Monte Santo.

Analisemos o caso. O comandante expedicionário deixara em Queimadas grande parte de munições, para não protelar por mais tempo a marcha e impedir que os inimigos ainda mais se robustecessem. Assim, teve o intento de uma arremetida fulminante. Revoltado com as dificuldades que encontrara, entre as quais se notava quase completa carência de elementos de transporte, dispusera-se a ir celeremente ao couto[6] dos rebeldes, embora levando apenas a munição que as praças pudessem carregar nas patronas[7]. Isto, porém, não se realizou. De sorte que a partida rápida de uma localidade condena a demora inconsequente na outra. Esta somente se justificaria se, ponderando melhor a seriedade das coisas, ele a aproveitasse para agremiar[8] melhores elementos, fazendo, principalmente, vir de Queimadas o resto dos trens de guerra. Os inconvenientes de uma longa pausa, justificá-los-iam as vantagens adquiridas. Ganharia em força o que perdesse em celeridade. Às aventuras de um plano temerário, resumindo-se numa investida e num assalto, substituiria operação mais lenta e mais segura. Não fez isto. Fez o inverso: depois de longa inatividade em Monte Santo, a expedição partiu ainda menos aparelhada do que quando ali chegara quinze dias antes, abandonando, ainda uma vez, parte dos restos de um trem de guerra já muitíssimo reduzido. Entretanto, contravindo ao modo de ver dos propagandistas de uma vitória fácil, chegavam constantes informações sobre o número e recursos dos fanáticos. E no disparatado das opiniões – entre as que elevavam aquele, no máximo, a quinhentos, e as que o firmavam, decuplicando-o, no mínimo, em cinco mil, cumpria

---

5 ***vis a tergo*** (lat.) "impulso de trás para diante". 6 **couto** refúgio, esconderijo. 7 **patronas** cartucheiras. 8 **agremiar** reunir.

inferir-se uma média razoável. Além disto, de envolta num sussurrar de cautelosas denúncias e mal boquejados[9] avisos, esboçava-se a hipótese de uma traição. Apontavam-se influentes mandões locais, cujas velhas relações com o Conselheiro sugeriam, veemente, a presunção de que o estivessem auxiliando à socapa[10], fornecendo-lhe recursos e instruindo--o dos menores movimentos da investida. Ainda mais, sabia-se que a tropa, quando mesmo o maior sigilo rodeasse as deliberações, seria, no avançar, precedida e ladeada pelos espias espertos do inimigo, muitos dos quais, verificou-se depois, dentro da própria vila acotovelavam os expedicionários. Uma surpresa, depois de tantos dias perdidos e em tais circunstâncias, era inadmissível. Em Canudos saberiam da estrada escolhida para a linha de operações com antecedência bastante para se fortificarem os seus trechos mais difíceis, de sorte que, reeditando o caso de Uauá, o alcance do arraial preestabelecia a preliminar de um combate em caminho. Assim a partida da base de operações, do modo por que se fez, foi um erro de ofício[11]. A expedição endireitava para o objetivo da luta como se voltasse de uma campanha. Abandonando novamente parte das munições, seguia como se, pobre de recursos em Queimadas, paupérrima de recursos em Monte Santo, ela fosse abastecer-se – em Canudos... Desarmava-se à medida que se aproximava do inimigo. Afrontava-se com o desconhecido, ao acaso, tendo o amparo único da fragilidade de nossa bravura impulsiva.

A derrota era inevitável.

Porque a tais deslizes se aditaram[12] outros, denunciando a mais completa ignorância da guerra.

Revela-a a ordem do dia[13] organizadora das forças atacantes.

Escassa como uma ordem qualquer distribuindo contingentes[14], não há rastrear-se nela a mais fugaz indicação sobre o desdobramento, formaturas ou manobras das unidades combatentes, consoante os vários casos

---

9 boquejados murmurados, cochichados. **10 à socapa** disfarçada ou furtivamente. **11** O trecho acima se baseia na p. 14 do MS. Ver Bernucci, pp. 185-189. **12 aditaram** juntaram. **13 ordem do dia** documento militar pelo qual o comandante exorta os subordinados para o cumprimento do dever ou evoca episódios relevantes. **14 contingentes** grupos temporários de soldados para executar determinada tarefa.

fáceis de prever. Não há uma palavra sobre inevitáveis assaltos repentinos. Nada, afinal, visando uma distribuição de unidades, de acordo com os caracteres especiais do adversário e do terreno. Adstrito a uns rudimentos de tática prussiana[15], transplantados às nossas ordenanças, o chefe expedicionário, como se levasse o pequeno corpo de exército para algum campo esmoitado[16] da Bélgica, dividiu-o em três colunas, parecendo dispô-lo, de antemão, para recontros em que lhe fosse dado entrar repartindo em atiradores, reforço e apoio. Nada mais, além desse subordinar-se a uns tantos moldes rígidos de velhos ditames clássicos de guerra.

Ora, estes eram inadaptáveis no momento.

Segundo o exato conceito de Von der Goltz, qualquer organização militar deve refletir alguma coisa do temperamento nacional. Entre a incoercível tática prussiana, em que é tudo a precisão mecânica da bala, e a nervosa tática latina, em que é tudo o arrojo cavalheiresco da espada, tínhamos a esgrima perigosa com os guerrilheiros esquivos cuja força estava na própria fraqueza, na fuga sistemática, num vaivém doidejante de arrancadas e recuos, dispersos, escapantes do seio da natureza protetora[17]. Eram por igual inúteis as cargas e as descargas. Contra tais antagonistas e num tal terreno não havia supor-se a probabilidade de se estender a mais apagada linha de combate. Não havia até a possibilidade de um combate, no rigorismo técnico do termo. A luta, digamos com mais acerto, uma montaria[18] a homens, uma batida brutal em torno à ceva[19] monstruosa de Canudos, ia reduzir-se a ataques ferozes, a esperas ardilosas[20], a súbitas refregas, instantâneos recontros em que fora absurdo admitir-se que se pudessem desenvolver as fases principais daquele, entre os dois extremos dos fogos violentos, que o iniciam, a o epílogo delirante das cargas de baioneta. Função do homem e do solo, aquela guerra devia impulsionar-se a golpes de mão[21] de estrategista revolucionário e

---

15 prussiana relativo à Prússia, antigo Estado alemão, dividido atualmente entre a República Democrática Alemã, a República Federal da Alemanha, a Polônia e a antiga URSS. **16 esmoitado** desmoitado, desbastado. **17** O trecho acima se baseia na p. 15 do MS. Ver Bernucci, pp. 190-193. **18 montaria** caçada. **19 ceva** por metonímia, os "animais" (conselheiristas) que comem ou são tratados para serem depois sacrificados. **20 ardilosas** astuciosas. **21 golpes de mão** manobras que visam surpreender o inimigo.

inovador. Nela iam surgir, tumultuariamente, fundidas, penetrando-se, simultâneas, todas as situações, naturalmente distintas, em que se pode encontrar qualquer força em operações – a de repouso, a de marcha e a de combate. O exército marchando pronto a encontrar o inimigo em todas as voltas dos caminhos, ou a vê-lo romper dentre as próprias fileiras surpreendidas, devia repousar nos alinhamentos da batalha.

Nada se deliberou quanto a condições tão imperiosas. O comandante limitou-se a formar três colunas e a ir para a frente, pondo diante da astúcia sutil dos jagunços a potência ronceira[22] de três falanges compactas – homens inermes carregando armas magníficas. Ora, um chefe militar deve ter algo de psicólogo. Por mais mecanizado que fique o soldado pela disciplina, tendendo para esse sinistro ideal de *homúnculo*[23], feito um feixe de ossos amarrados por um feixe de músculos, energias inconscientes sobre alavancas rígidas, sem nervos, sem temperamento, sem arbítrio, agindo como um autômato[24] pela vibração dos clarins, transfiguram-no as emoções da guerra. E a marcha nos sertões desperta-as a todo o instante. Trilhando veredas desconhecidas, envolto por uma natureza selvagem e pobre, o nosso soldado, que é corajoso na frente do inimigo, acovarda-se, invadido de temores, todas as vezes que este, sem aparecer, se revela, impalpável, dentro das tocaias. Assim, se um tiroteio das guardas de frente se constitui, na campanha, aviso salutar[25] ao resto dos lutadores, naquelas circunstâncias anormais era um perigo. Quase sempre as seções se baralhavam, sacudidas pelo mesmo espanto, numa desordem súbita, tendendo a um refluxo instintivo para a retaguarda.

Era natural que fossem previstas estas conjunturas inevitáveis. Para atenuá-las, as diversas unidades deviam seguir com o máximo afastamento, embora agissem, no primeiro momento, completamente isoladas. Este dispositivo, além de lhes altear o ânimo, pela certeza de um pronto auxílio por parte das que fora da ação imediata do inimigo podiam acometê-lo levando a força moral do ataque, evitava o alastramento

---

22 **ronceira** vagarosa. 23 *homúnculo* "homenzinho", pessoa insignificante, abjeta. 24 **autômato** pessoa que age como máquina, sem raciocínio e sem vontade própria; robô. 25 **salutar** fortalecedor, moralizador.

do pânico e facultava um desdobramento desafogado. Embora a direção dos vários movimentos escapasse da autoridade de um comando único, substituída pela iniciativa mais eficaz dos comandantes de pequenas unidades, agindo autônomas de acordo com as circunstâncias do momento, impunha-se largo fracionamento das colunas. Era parodiar[26] a norma guerreira do adversário, seguindo-a paralelamente, em traçados mais firmes e opondo-lhe a mesma dispersão, única capaz de amortecer as causas de insucesso, de anular o efeito de repentinas emboscadas, de criar melhores recursos de reação, e de acarretar, ao cabo, a vitória, do único modo por que esta poderia ser alcançada, feito uma soma de sucessivos ataques parciais[27].

Em síntese, as forças, dispersas em marcha, a partir da base das operações, deviam ir, a pouco e pouco, apertando os fanáticos, concentrar-se em Canudos.

Fez-se sempre o contrário. Partiam unidas, em colunas, dentro da estrutura maciça das brigadas. Avançavam emboladas pelos caminhos em fora. Iam dispersar-se, repentinamente – em Canudos...

EM MARCHA PARA CANUDOS

Foi nestas condições desfavoráveis que partiram a 12 de janeiro de 1897.

Tomaram pela estrada do Cambaio.

É a mais curta e a mais acidentada. Ilude a princípio, perlongando o vale do Cariacá, numa cinta de terrenos férteis sombreados de cerradões que prefiguram verdadeiras matas.

Transcorridos alguns quilômetros, porém, acidenta-se; perturba-se em trilhas pedregosas e torna-se menos praticável à medida que se avizinha do sopé da serra do Acaru. Dali por diante se encurva para leste transmontando a serrania por três ladeiras sucessivas, até galgar o sítio da "Laje de Dentro", alçado trezentos metros sobre o vale.

Gastaram-se dois dias para atingir-se este ponto. A artilharia reduzia a marcha. Ascendiam penosamente os Krupps, enquanto os sapado-

---

26 parodiar imitar. **27** O trecho acima se baseia na p. 16 do MS. Ver Bernucci, pp. 194-198.

res[28] na frente reparavam a estrada, desentulhando-a e destocando-a, ou abrindo desvios contornantes, evitando fortíssimos declives. E a tropa, que tinha as condições de sucesso na mobilidade, paralisava-se presa no travão[29] daquelas massas metálicas.

Transposta a "Laje de Dentro" e a divisória das vertentes do Itapicuru e do Vaza-Barris, a estrada desce. Torna-se, porém, mais séria a travessia, metendo-se no acidentado de contrafortes, de onde fluem os tributários efêmeros do Bendegó. A bacia de captação deste desenha-se, então, ligando as abas de três serras, a do Acaru, a Grande e do Atanásio, que se articulam em desmedida curva. A expedição entrou por aquele vale fundo como uma furna até a um outro sítio, "Ipueiras", onde acampou. Foi uma temeridade. O acampamento, envolto de fraguedos, centralizaria os fogos do inimigo, se este aparecesse pelo topo dos morros. Felizmente não chegavam até lá os jagunços. De sorte que na antemanhã seguinte, rumo firme ao norte, a tropa prosseguiu para "Penedo", salva de uma posição dificílima.

Tinha meio caminho andado. As estradas pioravam, crivadas de veredas, serpeando em morros, alçando-se em rampas, caindo em grotões, desabrigadas, sem sombras...

Até "Mulungu", duas léguas além de "Penedo", os sapadores estradaram o solo para os canhões, e a jornada remorava-se no passo tardo da divisão que os guarnecia.

Entretanto, era imprescindível a máxima celeridade. Tornava-se suspeita a paragem: restos de fogueiras à margem do caminho e vivendas incendiadas davam sinais do inimigo. Em "Mulungu", à noite, eles se tornaram evidentes. Alarmou-se o acampamento. Tinham-se distinguido, próximos, encobertos na sombra, rondando em torno, vultos fugazes, de espias. Os soldados dormiram em armas[30]. E no amanhecer de 17 a expedição que se encravara nas montanhas, muito aquém ainda de um objetivo que podia ser atingido em três dias de marcha, começou de ser terrivelmente torturada[31].

---

28 **sapadores** soldados que executam trabalhos de sapa (abertura de fossos, trincheiras, picadas, galerias subterrâneas etc.). 29 **travão** obstáculo. 30 **dormiram em armas** dormiram armados. 31 O trecho acima se baseia na p. 17 do MS. Ver Bernucci, pp. 199-203.

Acabaram-se as munições de boca[32]. Foram abatidos os dois últimos bois para quinhentos e tantos combatentes. Isto valia por um combate perdido. A feição da luta agravava-se em plena marcha, antes de se dar um tiro. Prosseguir para Canudos, poucas léguas distante, era quase a salvação. Era lutar pela vida.

Completando o transe, desapareceram à noite, em grande parte, os cargueiros contratados em Monte Santo. E, sob o pretexto de providenciar para urgente remessa de munições, o comissário daquela vila largou para ignoradas paragens – e não voltou.

Alguém, entretanto, salvou a lealdade sertaneja, o guia Domingos Jesuíno. Conduziu as tropas para a frente até ao "Rancho das Pedras", onde acamparam.

Estavam cerca de duas léguas de Canudos.

E à noite um observador que do acampamento atentasse para o norte, distinguiria talvez, escassas, em bruxuleios longínquos, fulgindo e extinguindo-se, intermitentes, muito altas, como estrelas rubras entre nevoeiros, algumas luzes vacilantes. Demarcavam as posições inimigas.

Ao alvorecer, desdobraram-se imponentes[33].

---

32 **munições de boca** provisão de víveres para a tropa. 33 Entenda-se: "Ao alvorecer, as posições inimigas se tornaram visivelmente imponentes".

III

O CAMBAIO

As massas do Cambaio amontoavam-se na frente, dispostas de modo caprichoso, fundamente recortadas de gargantas longas e circulantes como fossos, ou alteando-se em patamares sucessivos, lembrando desmedidas bermas[1] de algum baluarte derruído, de titãs.

A imagem é perfeita. São vulgares naquele trato dos sertões esses aspectos originais da terra. As lendas das "cidades encantadas", na Bahia, que têm conseguido dar à fantasia dos matutos o complemento de sérias indagações de homens estudiosos, originando pesquisas que fora descabido relembrar, não têm outra origem[2].

E não se acredite que as exagere a imaginação daquelas gentes simples, iludindo tanto a expectativa dos graves respigadores[3] que por ali têm perlustrado[4], levando ansioso anelo de sábias sociedades ou institutos, onde se debateu o caso interessante[5]. Frios observadores atravessando escoteiros aquele estranho vale do Vaza-Barris têm estacado, pasmos, ao defrontar: "serras de pedra naturalmente sobrepostas formando fortalezas e redutos inexpugnáveis com tal perfeição que parecem obras de arte"[6].

---

1 **bermas** caminhos estreitos entre uma muralha e um fosso; sapatas. 2 **Nota do Autor:** Ver tomo 10, e outros, da *Revista do Instituto Histórico e Geográfico Brasileiro*. **Nota do Editor:** Nas três primeiras edições de *Os Sertões* e no AP, o título da revista aparece com um erro (*...e Geográfico do Brasil*). 3 **respigadores** pesquisadores, compiladores. 4 **perlustrado** observado ou examinado diligentemente. 5 O trecho acima se baseia na p. 18 do MS. Ver Bernucci, pp. 204-208. 6 **Nota do Autor:** Tenente-coronel Durval de Aguiar, *Descrições Práticas* etc. **Nota do Editor:** Na citação do trecho, que provém da p. 77 das *Descrições*, o verbo *parecer* está conjugado no pretérito imperfeito.

Às vezes esta ilusão se amplia.

Surgem necrópoles[7] vastas. Os morros, cuja estrutura se desvenda em pontiagudas apófises, em rimas[8] de blocos, em alinhamentos de penedias[9], caprichosamente repartidos, semelham, de fato, grandes cidades mortas ante as quais o matuto passa, medroso, sem desfitar[10] a espora dos ilhais[11] do cavalo em disparada, imaginando lá dentro uma população silenciosa e trágica de *almas do outro mundo...*

São deste tipo as "casinhas" que se veem para lá do Aracati, perto da estrada de Jeremoabo a Bom Conselho; e outras, despontando por todos aqueles lugares e imprimindo um traço singularmente misterioso naquelas paisagens melancólicas.

BALUARTES *SINE CALCIS LINIMENTO*

A serra do Cambaio é um desses monumentos rudes.

Certo ninguém lhe pode enxergar geométricas linhas de cortinas ou parapeitos bojando[12] em redentes[13] circuitados[14] de fossos. Eram piores aqueles redutos bárbaros. Erigiam-se à têmpera dos que os guarneciam. E à distância, indistintos os ressaltos das pedras e desfeitos os vincos das quebradas, o conjunto da serra incute, de fato, no observador, a impressão de topar, de súbito, fraldejando-a[15], subindo por ela em patamares sucessivos e estendidas pelas vertentes, as barbacãs[16] de velhíssimos castelos, onde houvessem embatido, outrora, assaltos sobre assaltos que os desmantelaram e aluíram[17], reduzindo-os a montões de silhares em desordem, mal aglomerados em enormes hemiciclos[18], sucedendo-se em renques de plintos[19], e torres, e pilastras truncadas, avultando mais ao longe no aspecto pinturesco de grandes colunatas derruídas...

---

7 necrópoles cemitérios. **8 rimas** pilhas, amontoados. **9 penedias** rochedos. **10 desfitar** retirar. **11 ilhais** cada uma das depressões laterais por baixo do lombo do cavalo; ilharga. **12 bojando** sobressaindo. **13 redentes** construções que formam ângulo em baluarte ou trincheira. **14 circuitados** rodeados. **15 fraldejando** percorrendo pelo sopé. **16 barbacãs** muros avançados, construídos diante de muralhas, e mais baixos do que elas; antemuros. **17 aluíram** abalaram, estremeceram, derrubaram. **18 hemiciclos** semicírculos. **19 plintos** peças quadrangulares que servem de base a pedestais ou colunas.

Porque o Cambaio é uma montanha em ruínas. Surge, disforme, rachando sob o periódico embate de tormentas súbitas e insolações intensas, disjungida e estalada – num desmoronamento secular e lento.

A estrada para Canudos não a torneja. Ajusta-se-lhe, retilínea, às ilhargas[20], subindo em declive, constrangida entre escarpas, mergulhando por fim, feito um túnel, na angustura de um desfiladeiro. A tropa por ali enfiou...

Naquela hora matinal a montanha deslumbrava. Batendo nas arestas das lajes em pedaços, os raios do sol refrangiam em vibrações intensas alastrando-se pelas assomadas, e dando a ilusão de movimentos febris, fulgores vivos de armas cintilantes, como se em rápidas manobras forças numerosas ao longe se apercebessem para o combate. Os binóculos, entretanto, percorriam inutilmente as encostas desertas. O inimigo traía-se[21] apenas na feição ameaçadora da terra. Encantoara-se. Rentes com o chão, rebatidos nas dobras do terreno, entaliscados[22] nas crastas[23] – esparsos, imóveis, expectantes – dedos presos aos gatilhos dos clavinotes, os sertanejos quedavam, em silêncio, tenteando[24] as pontarias, olhos fitos nas colunas ainda distantes, embaixo, marchando após os exploradores que esquadrinhavam cautelosamente as cercanias.

Caminhavam vagarosamente. Atulhavam as primeiras ladeiras cortadas à meia encosta. Seguiam devagar, sem aprumo, empurradas pelos canhões onde se revezavam soldados ofegantes em auxílio aos muares impotentes à tração vingando aqueles declives.

E foi nesta situação que as surpresou o inimigo.

Dentre as frinchas, dentre os esconderijos, dentre as moitas esparsas, aprumados no alto dos muramentos rudes, ou em despenhos[25] ao viés das vertentes – apareceram os jagunços, num repentino deflagrar[26] de tiros.

Toda a expedição caiu, de ponta a ponta, debaixo das trincheiras do Cambaio.

---

20 **às ilhargas** pelos flancos, aos lados. 21 **traía-se** manifestava-se, revelava-se. 22 **entaliscados** metidos. 23 **crastas** fendas nas rochas. 24 **tenteando** experimentando. 25 **despenhos** quedas. 26 **deflagrar** irrupção intensa.

PRIMEIRO RECONTRO

O recontro fez-se em vozeria em que, através dos costumeiros vivas ao "Bom Jesus" e ao "nosso Conselheiro", rompiam brados escandalosos de linguagem solta, apóstrofes insolentes, e entre outras uma frase desafiadora que no decorrer da campanha soaria invariável como um estribilho irônico[27]:

"Avança! *fraqueza* do governo!"[28]

Houve uma vacilação em toda a linha. A vanguarda estacou e pareceu recuar. Conteve-a, porém, uma voz imperiosa. O major Febrônio rompeu pelas fileiras alarmadas e centralizou a resistência – em réplica fulminante e admirável, atentas as[29] desvantajosas condições em que se realizou. Conteirados[30] rapidamente os canhões, bombardearam os matutos à queima-roupa, e estes, vendo pela primeira vez aquelas armas poderosas, que decuplavam[31] o efeito despedaçando pedras, debandaram, tontos, numa dispersão instantânea.

Aproveitando este refluxo foi feita a investida, iniciada de pronto, pelas cento e tantas praças do 33º de Infantaria. Tropeçando, escorregando nas lajes, contornando-as, ou transpondo-as aos saltos, insinuando-se pelos talhados, atirando a esmo para a frente, as praças arremeteram com as rampas; e logo depois a linha do assalto se estirou, tortuosa e ondulante, extremada à direita pelo 9º e à esquerda pelo 16º e a polícia baiana.

O combate generalizou-se em minutos, e, como era de prever, as linhas romperam-se de encontro aos obstáculos do terreno. Foi um avançar em desordem. Fracionados, galgando penhascos a pulso, carabinas presas aos dentes pelas bandoleiras, ou abordoando-se às armas, os combatentes arremeteram em tumulto – sem o mínimo simulacro de formatura, confundidos batalhões e companhias – vagas humanas raivando contra os morros, num marulho de corpos, arrebentando em descargas,

---

27 O trecho acima se baseia na p. 19 do MS. Ver Bernucci, pp. 209-212. 28 A frase reforça idêntica expressão do Autor nas pp. 328, 348 e 445. Ver como a expressão já tinha se popularizado: Siqueira Meneses, *O País*, 21.9.1897. 29 **atenta as** dadas as. 30 **conteirados** movimentados em torno de um eixo vertical, de modo que os aponte para a direção do horizonte que convier. 31 **decuplavam** tornavam dez vezes maior.

espadanando brilhos de aço, e estrugindo em estampidos sobre que passavam, estrídulas, as notas dos clarins soando a carga.

Embaixo na ladeira em que ficara a artilharia os animais de tração e os cargueiros, espavoridos pelas balas, partindo os tirantes, sacudindo fora canastras[32] e bruacas[33], desapareciam a galope ou tombavam pelos taludes íngremes. Acompanhou-os o resto dos tropeiros, fugindo, surdos às intimativas feitas com revólveres engatilhados, e agravando o tumulto.

No alto, mais longe, pelo teso da serra, reapareciam os sertanejos. Pareciam dispostos em duas sortes de lutadores: os que se agitavam, velozes, surgindo e desaparecendo, às carreiras, e os que permaneciam firmes nas posições alterosas. A cavaleiro do assalto, estes iludiam de modo engenhoso a carência de espingardas e o lento processo de carregamento das que possuíam. Para isto se dispunham em grupo de três ou quatro rodeando a um atirador único, pelas mãos do qual passavam, sucessivamente, as armas carregadas pelos companheiros invisíveis, sentados no fundo da trincheira. De sorte que se alguma bala fazia baquear o clavinoteiro, substituía-o logo qualquer dos outros. Os soldados viam tombar, mas ressurgir imediatamente, indistinto pelo fumo, o mesmo busto, apontando-lhes a espingarda. Alvejavam-no de novo. Viam-no outra vez cair, de bruços, baleado. Mas viam outra vez erguer-se, invulnerável, assombroso, terrível, abatendo-se e aprumando-se, o atirador fantástico.

JOÃO GRANDE

Este ardil foi logo descoberto pelas diminutas frações atacantes que se avantajaram até às canhoneiras[34] mais altas. Chegaram ali esparsas. A fugacidade do inimigo e o terreno davam por si mesmos à tropa a distribuição tática mais própria, circunstância que, aliada ao pequeno alcance das armas daquele, tornara a expedição quase indene. Os únicos tropeços à escalada eram as asperezas do solo. As cargas amorteciam-se nas escarpas. Não as esperavam os jagunços. Certos da inferioridade de

---

32 **canastras** baús. 33 **bruacas** sacos ou malas de couro cru, para transporte de objetos e mercadorias sobre bestas. 34 **canhoneiras** aberturas em muralha ou parapeito onde se põem os canhões.

seu armamento bruto, pareciam desejar apenas que ali ficassem, como ficaram, a maior parte das balas destinadas a Canudos. E falseavam a peleja franca. Via-se entre eles, sopesando o clavinote curto, um negro corpulento e ágil. Era o chefe, João Grande. Desencadeava as manobras, estadeando ardilezas de facínora provecto[35] nas correrias do sertão. Imitavam-lhe os movimentos, as carreiras, os saltos, as figurações selvagens, os sertanejos amotinados – num vaivém de avançadas e recuos, ora dispersos, ora agrupados, ou desfilando em fileiras sucessivas, ou repartindo-se extremamente rarefeitos; e a rojões[36], rolantes pelos pendores, subindo, descendo, atacando, fugindo, baqueando trespassados de balas, muitos; malferidos, outros, em plena descida, e rolando até ao meio das praças, que os acabavam a coice de armas[37].

Desapareciam inteiramente, às vezes.

Os projetis das *mannlichers* estralavam à toa na ossamenta rígida da serra. As seções avançadas ascendiam, porém, mais rápidas, pelas barrancas, conquistando o terreno, até que outra irrupção repentina do adversário lhes tomasse a frente, ou as aferrasse[38] de soslaio[39]. Algumas, então, paravam. Algumas recuavam mesmo, tolhidas de espanto, sem que as animassem oficiais acobardados[40], cujos nomes pouparam as partes oficiais, mas não os comentários acerbos[41] dos companheiros. A maior parte reagia. Rompia o espingardeamento à queima-roupa sobre os fanáticos dizimando-os, espalhando-os, em grandes correrias pelos cerros.

Por fim o rude cabecilha predispô-los, ao que se figura, a recontro decisivo, braço a braço. O seu perfil de gorila destacou-se, temerariamente, à frente de um bando de súbito congregado[42]. Num belo movimento heroico avançou sobre a artilharia. Cortou-lhe, porém, o passo a explosão de uma lanterneta[43] estraçoando-o e aos caudatários[44] mais

---

35 provecto muito experimentado. **36 a rojões** arrastando-se pelo chão. **37 a coice de armas** com a parte inferior da coronha. **38 aferrasse** atacasse. **39 de soslaio** de lado, obliquamente. **40 acobardados** acovardados. **41 acerbos** amargos, duros. **42** O trecho acima se baseia na p. 20 do MS. Ver Bernucci, pp. 214-220. **43 lanterneta** conhecida como *lanterna*, com o corpo de lata e alcance de 400 m, era lançada pelos canhões Krupp, composta por uma carga de subprojéteis, que se expande formando uma roseta de balins logo ao sair do cano (o mesmo princípio da espingarda); era usada no passada para neutralizar cargas de cavalaria e infantaria em "alça zero" (cano paralelo ao solo). **44 caudatários** seguidores, ajudantes.

próximos, enquanto os demais fugiam para as posições primitivas de envolta, agora, com as avançadas da tropa. Contingentes misturados de todos os corpos saltavam afinal dentro das últimas trincheiras à direita, perdendo o oficial que até lá os levara, Wenceslau Leal.

Estava conquistada a montanha após três horas de conflito. A vitória, porém, resultava da coragem cega junta a mais completa indisciplina de fogo – e compreende-se que mais tarde a ordem do dia relativa ao feito desse preeminente lugar às praças graduadas. Os seus cabos de guerra foram os cabos de esquadra[45]. Sobre os jagunços em fuga confluíram cargas em desordem: soldados em grupos, turbas sem comando, disparando à toa as carabinas, num fanfarrear irritante e numa alacridade feroz de monteiros[46] no último lance de uma batida a javardos[47].

Os jagunços escapavam-se-lhes adiante. Perseguiram-nos.

A artilharia, embaixo, começou a rodar, puxada a pulso, pelas ladeiras acima.

Realizara-se a travessia; e, tirante o dispêndio de munições, eram poucas as perdas – quatro mortos e vinte e tantos feridos. Em troca os sertanejos deixavam cento e quinze cadáveres, contados rigorosamente.

EPISÓDIO DRAMÁTICO

Fora uma hecatombe. Cumulou-a[48] um episódio trágico.

A algara tumultuária teve um desfecho teatral.

Foi no volver das últimas bicadas[49] da serra...

Ali sobre barranca agreste[50], avergoada[51] de algares[52], se alteava, oblíqua e mal tocando por um dos extremos o solo, imensa laje presa entre duas outras que a sustinham pelo atrito, semelhando um dólmen abatido. Este abrigo coberto tinha, na frente, a barbacã de um muro de rocha viva. Nele se acoitaram muitos sertanejos – cerca de quarenta, segundo

---

45 Entenda-se: "Os seus cabos de guerra (comandantes) foram os cabos de esquadra (as praças graduadas)". 46 **monteiros** aqueles que caçam nos montes. 47 **javardos** javalis. 48 **cumulou** aumentou. 49 **bicadas** extremidades longitudinais. 50 **agreste** áspera, de aspecto rústico. 51 **avergoada** talhada. 52 **algares** grutas.

um espectador do quadro⁵³ – provavelmente os que possuíam as derradeiras cargas dos trabucos.

A terra protetora dava aos vencidos o último reduto.

Aproveitaram-no. Abriram sobre os perseguidores um tiroteio escasso, e fizeram-nos estacar um momento, fazendo parar, mais longe, a artilharia que se aprestou a bombardear o pequeno grupo de temerários.

O bombardeio reduziu-se a um tiro. A granada⁵² partiu levemente desviada do alvo, e foi arrebentar numa das junturas em que se engastava a pedra. Dilatou-a. Abriu-a, de alto a baixo.

E o bloco despregado desceu pesadamente, em baque surdo, sobre os infelizes, sepultando-os...

Reatou-se a marcha. Adiante, numa exaustão crescente, percebida no rarear dos tiros, os últimos defensores do Cambaio tocavam para Canudos. Desapareceram, por fim⁵⁵.

---

53 **Nota do Autor:** Dr. Albertazzi, médico da expedição. **Nota do Editor:** Trata-se na verdade do dr. Edgard Henrique Albertazzi (cf. José Calasans, "As Memórias do Dr. Albertazzi", *Jornal da Bahia*, 12.3.1963). 54 Este tipo de granada (pintada de preto) era lançado pelos canhões Krupp. O projétil detonava no impacto (com o alvo ou com retardo), lançando balins e fragmentos para todos os lados. Em setembro de 1897, chegaram por engano a Canudos granadas perfurantes (contra blindagem naval), "inteiriças com ponta de aço" feitas na Casa da Moeda durante a Revolta da Armada, que terminaram por demolir a Igreja Velha. O propelente, pólvora preta em granulação grossa, era acondicionado em um cartucho de tecido ou papelão (saquitel), o qual era inserido num cartucho metálico com a estopilha (espoleta mais multiplicador). O projétil era montado no cartucho e o conjunto inserido na câmara. Consultar Barbieri, p. 32. 55 O trecho acima se baseia na p. 21 do MS. Ver Bernucci, pp. 221-225.

IV

NOS TABULEIRINHOS[1]

As colunas chegaram à tarde em "Tabuleirinhos", quase à orla do arraial, e não prosseguiram aproveitando o ímpeto da marcha perseguidora. Combalidos da refrega e famintos desde a véspera, tiveram apenas abrandada a sede na água impura da lagoa minúscula do *Cipó*, e acamparam. Fizeram-no, porém, com o desleixo das fadigas acumuladas e, talvez, também com a ilusão enganadora do triunfo recente. De sorte que não pressentiram, em torno, a sobrerrolda[2] dos jagunços. Porque a nova da investida chegara ao arraial com os foragidos; e para quebrar o ímpeto do invasor sobrestante[3], grande número de lutadores de lá partiram. Meteram-se, imperceptíveis, pelas caatingas; e aproximaram-se do acampamento.

À noite circularam-no. A tropa adormeceu sob a guarda terrível do inimigo...

SEGUNDO COMBATE

Ao amanhecer, porém, nada lho revelou; e, formadas cedo, as colunas dispuseram-se ao último arranco sobre o arraial, depois de um quarto de hora a marche-marche[4] sobre o terreno, que ali é desafogado e chão.

---

1 **tabuleirinhos** pequenos planaltos pouco elevados, em geral arenosos e de vegetação rasteira e acanhada. 2 **sobrerrolda** sobrerronda; vigia das rondas. 3 **sobrestante** ousado, arrogante. 4 **marche-marche** no passo mais rápido.

Mas antes de abalarem sobreveio ligeiro contratempo. Um *shrapnel* emperrara na alma de um dos canhões resistindo a todos os esforços para a extração[5]. Adotou-se, então, o melhor dos alvitres: disparar o Krupp na direção provável de Canudos.

Seria uma aldravada[6] batendo às portas do arraial, anunciando estrepitosamente o visitante importuno e perigoso.

De fato, o tiro partiu... E a tropa foi salteada por toda a banda! Reeditou-se o episódio de Uauá. Abandonando as espingardas imperfeitas pelos varapaus, pelos fueiros[7] dos carros, pelas foices, pelas forquilhas, pelas aguilhadas longas e pelos facões de folha larga, os sertanejos enterreiraram-na, surgindo em grita, todos a um tempo, como se aquele disparo lhes fosse um sinal prefixo para o assalto.

Felizmente os expedicionários, em ordem de marcha, tinham prontas as armas para a réplica, que se realizou logo em descargas rolantes e nutridas.

Mas os jagunços não recuaram. O arremesso da investida jogara-os dentro dos intervalos dos pelotões. E pela primeira vez os soldados viam, de perto, as faces trigueiras daqueles antagonistas, até então esquivos, afeitos às correrias velozes nas montanhas...

A primeira vítima foi um cabo do 9º. Morreu matando.

Ficou trespassado na sua baioneta o jagunço que o abatera atravessando-o com o ferrão de vaqueiro.

A onda assaltante passou sobre os dois cadáveres.

Tomara-lhe a frente um mamaluco possante – rosto de bronze afeado pela pátina[8] das sardas – de envergadura de gladiador sobressaindo no tumulto. Este campeador terrível ficou desconhecido à história. Perdeu-se-lhe o nome. Mas não a imprecação altiva que arrojou sobre a vozeria e sobre os estampidos, ao saltar sobre o canhão da direita, que abarcou nos braços musculosos, como se estrangulasse um monstro:

"Viram, canalhas, o que é ter coragem?!"

---

5 O trecho acima se baseia nas pp. 22 e 23 do MS. Ver Bernucci, pp. 226-237. **6 aldravada** movimento que se faz com a aldrava ou argola, quando se bate à porta anunciando a chegada de alguém. 7 **fueiros** estacas destinadas a amparar a carga do carro de bois. **8 pátina** camada; descoloração.

A guarnição da peça recuara espavorida, enquanto ela rodava, arrastada a braço, apresada.

Era o desastre iminente.

Avaliou-o o comandante expedicionário, que tudo indica ter sido o melhor soldado da própria expedição que dirigia. Animou valentemente os companheiros atônitos e, dando-lhes o exemplo, precipitou-se contra o grupo. E a luta travou-se braço a braço, brutalmente, sem armas, a punhadas, quase surda: um torvelinho de corpos enleados, de onde se difundiam estertores[9] de estrangulados, ronquidos de peitos ofegantes, baques de quedas violentas...

O canhão retomado volveu à posição primitiva. As coisas, porém, não melhoraram. Apenas repelidos os jagunços, num retroceder repentino que não era uma fuga, mas uma negaça[10] perigosa, fervilhavam no matagal rarefeito, em roda: vultos céleres, fugazes, indistintos, aparecendo e desaparecendo nos claros das galhadas. Novamente esparsos e intangíveis, punham, ressoantes, sobre os contrários, os projetis grosseiros – pontas de chifre, seixos rolados[11], e pontas de pregos – de sua velha ferramenta da morte, desde muito desusada[12]. Renovavam o duelo à distância, antepondo as espingardas de pederneira[13] e os trabucos de cano largo às *mannlichers* fulminantes[14]. Volviam ao sistema habitual de guerra, o que era delongar indefinidamente a ação, dando-lhe um caráter mais sério que o do ataque violento anterior; fazendo-a derivar cruelmente monótona, sem peripécias, na iteração[15] fatigante dos mesmos incidentes, até ao esgotamento completo do adversário que, relativamente incólume, cairia afinal exausto de os bater, vencido pelo cansaço de minúsculas vitórias, num esfalfamento[16] trágico de algozes enfastiados de matar; punhos amolecidos e frouxos pelo multiplicado dos golpes; forças perdidas em arremessos doidos contra o vácuo.

---

9 **estertores** respiração rouca e crepitante dos moribundos. 10 **negaça** manobra ilusória, jogo de aparências. 11 **seixos rolados** fragmentos de rochas duras, sem arestas, porque arredondados pelo desgaste, e que se encontram em margens e leitos de rios. 12 **Nota do Autor:** Os incidentes desta jornada, devo-os ao depoimento fidedigno do Dr. Albertazzi. 13 **espingardas de pederneira** armas que utilizam uma pedra muito dura (por exemplo, sílex) que produz faíscas quando ferida com outro fragmento da mesma pedra ou metal. 14 O trecho acima se baseia na p. 23 do MS. Ver Bernucci, pp. 231-237. 15 **iteração** repetição. 16 **esfalfamento** profunda fatiga.

A situação desenhou-se[17] insanável[18].

Restava aos invasores um recurso em desespero de causa: o avançar aforradamente[19], deslocando o campo do combate, e cair sobre o arraial, assaltantes e assaltados, tendo às ilhargas os guerrilheiros atrevidos, e talvez na frente, antes da entrada daquele, outros reforços tolhendo-lhes o passo. Mas nesse pelejar em marcha de três quilômetros, as munições, prodigamente gastas na façanha prejudicial do Cambaio, talvez se extinguissem em caminho e não podia alvitrar-se o meio extremo de se ultimar a empresa a choques de armas brancas[20], ante a sobrecarga muscular dos soldados famintos e combalidos, a que se aditavam cerca de setenta feridos agitando-se, inúteis, na desordem.

Estava, além disto, excluída a hipótese eficaz de um bombardeio preliminar: restavam apenas vinte tiros de artilharia.

A retirada impôs-se urgente e inevitável. Reunida em plena refrega a oficialidade, o comandante definiu-lhe a situação e determinou que optasse por uma das pontas do dilema: o prosseguimento da luta até ao sacrifício completo ou o seu abandono imediato. Foi aceita a última sob a condição expressa de não se deixar uma única arma, um único ferido e não ficar um único cadáver insepulto.

Este recuo, entretanto, era de todo contraposto aos resultados diretos do combate. Como na véspera, as perdas sofridas de um e outro lado estavam fora de qualquer paralelo. A tropa perdera apenas quatro homens excluídos trinta e tantos feridos, ao passo que os contrários, desconhecido o número dos últimos, foram dizimados.

Um dos médicos[21] contou rapidamente mais de trezentos cadáveres[22]. Tingira-se a água impura da lagoa do Cipó[23] e o sol batendo de chapa na sua superfície, destacava-a sinistramente no pardo escuro da terra requeimada, como uma nódoa amplíssima, de sangue...

---

17 **desenhou-se** afigurou-se. 18 **insanável** irremediável. 19 **aforradamente** livremente, sem embaraço. 20 **armas brancas** quaisquer armas constituídas essencialmente de uma lâmina metálica (por exemplo, facas, facões, machados, espadas, sabres etc.). 21 **Nota do Autor:** Dr. Edgard Albertazzi. 22 O trecho se baseia na p. 28 do MS. Ver Bernucci, pp. 261-264. 23 Observar esta mesma imagem em Macedo Soares, p. 31.

A *LEGIO FULMINATA* DE JOÃO ABADE

A retirada foi a salvação. Mas o investir de arranco com o arraial, arrostando tudo, talvez fosse a vitória.

Desvendemos – arquivando depoimentos de testemunhas contestes – um dos casos originais dessa campanha. Algum tempo depois de travado o conflito em Tabuleirinhos, os habitantes de Canudos, impressionados com a intensidade dos tiroteios, alarmaram-se; e prevendo as consequências que adviriam se os soldados ali chegassem, de chofre, caindo sobre a beataria medrosa, João Abade reuniu o resto dos homens válidos, cerca de seiscentos, seguindo em reforço aos companheiros. A meio caminho, porém, a sua coluna foi inopinadamente colhida pelas balas. Atirando contra os primeiros agressores no lugar do encontro, os soldados mal apontavam; de sorte que, na maior parte, os tiros, partindo em trajetórias altas, se lançavam segundo o alcance máximo das armas. Ora, todos estes projetis perdidos, passando sobre os combatentes, iam cair, adiante, no meio da gente de João Abade. Os jagunços, perplexos, viam os companheiros baqueando, como fulminados; percebiam o assovio tenuíssimo das balas e não lobrigavam o inimigo. Em torno, os arbúsculos estonados e raros não permitiam tocaias; os cerros mais próximos viam-se desnudos, desertos. E as balas desciam incessantes, aqui, ali, de soslaio, de frente, pelo centro da legião surpreendida, pontilhando-a de mortos – como uma chuva silenciosa de raios... Um assombro supersticioso sombreou logo nos rostos mais enérgicos. Volveram, atônitos, as vistas para o firmamento ofuscante, varado pelos ramos descendentes das parábolas invisíveis; e não houve, depois, contê-los. Precipitaram-se, desapoderadamente, para Canudos, onde chegaram originando alarma espantoso[24].

Não havia ilusão possível: o inimigo, dispondo de engenhos de tal ordem, ali estaria em breve, sobrestante, no rastro dos derradeiros defensores do arraial. Quebrou-se o encanto do Conselheiro. Tonto de pa-

---

[24] Euclides se refere aqui à superstição semelhante entre os romanos, narrada por E. Renan (ver *Marc-Aurèle*, pp. 275-277).

vor, o povo ingênuo perdeu, em momentos, as crenças que o haviam empolgado. Bandos de fugitivos, sobraçando trouxas estavanadamente[25] feitas, porfiavam[26] na fuga, atravessando, rápidos, a praça e os becos, demandando as caatingas, sem que os contivessem os cabecilhas mais prestigiosos; enquanto as mulheres, em desalinho, em gritos, soluçando, clamando, numa algazarra indefinível, mas ainda fascinadas, agitando os relicários, rezando, se agrupavam à porta do Santuário, implorando a presença do evangelizador[27].

NOVO MILAGRE DE ANTÔNIO CONSELHEIRO

Mas Antônio Conselheiro, que nos dias normais mesmo evitava encará-las, naquelas aperturas estabeleceu separação completa. Subiu com meia dúzia de fiéis para os andaimes altos da igreja nova, e fez retirar, depois, a escada.

O agrupamento agitado ficou embaixo, imprecando, chorando, rezando. Não o olhou sequer o apóstolo esquivo, atravessando impassível sobre as tábuas que infletiam, rangendo. Atentou para o povoado revolto, em que se atropelavam, prófugos[28], os desertores da fé, e preparou-se para o martírio inevitável...[29]

Neste comenos[30] sobreveio a nova de que a força recuava.

Foi um milagre. A desordem desfechava em prodígio.

---

25 estavanadamente estabanada ou precipitadamente. **26 porfiavam** competiam. **27** O trecho acima se baseia na p. 24 do MS. Ver Bernucci, pp. 238-243. **28 prófugos** fugitivos. **29** O trecho acima se baseia na p. 22 do MS. Ver Bernucci, pp. 226-230. **30 comenos** momento, instante.

V

RETIRADA

Começara, de fato, a retirada.

Extintas as esperanças de sucesso, resta aos exércitos infelizes o recurso desse oscilar entre a derrota e o triunfo, numa luta sem vitórias em que, entretanto, o vencido vence em cada passo que consegue dar para a frente, pisando, indomável, o território do inimigo – e conquistando a golpes de armas todas as voltas dos caminhos.

Ora, a retirada do major Febrônio se, pelo restrito do campo em que se operou, não se equipara a outros feitos memoráveis, pelas circunstâncias que a enquadraram é um dos episódios mais emocionantes de nossa história militar. Os soldados batiam-se ia para dois dias, sem alimento algum, entre os quais mediava o armistício[1] enganador de uma noite de alarmas; cerca de setenta feridos enfraqueciam as fileiras; grande número de estropiados mal carregavam as armas; os mais robustos deixavam a linha de fogo para arrastarem os canhões ou arcavam sob feixes de espingardas, ou, ainda, em padiolas, transportavam malferidos e agonizantes; – e, na frente desta multidão revolta, se estendia uma estrada de cem quilômetros, em sertão maninho, inçado de tocaias...

Ao perceberem o movimento, os jagunços encalçaram-na.

Capitaneava-os, agora, um mestiço de bravura inexcedível e ferocidade rara, Pajeú. Legítimo cafuz, no seu temperamento impulsivo acolchetavam-se todas as tendências das raças inferiores que o formavam.

---

[1] **armistício** trégua.

Era o tipo completo do lutador primitivo – ingênuo, feroz e destemeroso – simples e mau, brutal e infantil, valente por instinto, herói sem o saber – um belo caso de retroatividade atávica, forma retardatária de troglodita[2] sanhudo[3] aprumando-se ali com o mesmo arrojo com que, nas velhas idades, vibrava o machado de sílex[4] à porta das cavernas...[5]

Este bárbaro ardiloso distribuiu os companheiros pelas caatingas, ladeando as colunas.

Estas marchavam lutando. Dado um último choque partindo o círculo assaltante, começou a desfilar pelas veredas ladeirentas, sem que se lobrigasse neste movimento gravíssimo, o mais sério das guerras, o mais breve resquício de preceitos táticos, onde avulta a clássica formatura em escalões permitindo às unidades combatentes alternarem-se na repulsa.

É que a expedição perdera de todo em todo[6] a estrutura militar, nivelados oficiais e praças de pré pelo mesmo sacrifício. Enquanto o comandante, cujo ânimo não afrouxara, procurava os pontos mais arriscados; enquanto capitães e subalternos, sobraçando carabinas, se precipitavam, de mistura com as praças de pré, em cargas feitas sem vozes de comando, um sargento, contra todas as praxes, dirigia a vanguarda.

Desta maneira penetraram de novo nas gargantas do Cambaio. Ali estava a mesma passagem temerosa, estreitando-se em gargantas, ou içada[7] à meia encosta, num releixo[8] sobre os abismos; entalando-se entre escarpas; aberta a esmo ao viés das vertentes; sobranceada em todo o percurso pelas trincheiras alterosas. Uma variante apenas: de bruços ou de supino[9] sobre as pedras, desenlapando-se[10] à boca das furnas, esparsos pelas encostas, viam-se os jagunços vitimados na véspera.

Os companheiros sobreviventes passavam-lhes, agora, de permeio, parecendo uma turba vingadora de demônios entre caída multidão de espectros...

---

2 troglodita homem das cavernas. **3 sanhudo** temível. **4 sílex** pederneira; rocha muito dura da qual se faziam machados na época pré-histórica. 5 O trecho acima se baseia na p. 25 do MS. Ver Bernucci, pp. 244-249. **6 de todo em todo** total ou completamente. **7 içada** erguida. **8 releixo** atalho à beira de um muro ou de um fosso. **9 de supino** (deitados) de costas. **10 desenlapando-se** desentocando-se ou saindo das lapas.

Não arremetiam mais em chusma[11] sobre a linha, desafiando as últimas granadas; flanqueavam-na, em correrias pelos altos, deixando que agisse, quase exclusiva, a sua arma formidável – a terra. Esta bastava-lhes. O curiboca que partira a lazarina ou perdera o ferrão no torvelinho, volvia o olhar em torno – e a montanha era um arsenal. Ali estavam blocos esparsos ou arrumados em pilhas vacilantes prestes a desencadear o potencial de quedas violentas, pelos declives. Abarcava-os; transmudava a espingarda imprestável em alavanca; e os monólitos[12] abalados oscilavam, e caíam, e rolavam, a princípio em rumo incerto entre as dobras do terreno, depois, mais rápidos, pelas normais de máximo declive, despenhando-se, por fim, vertiginosamente, em saltos espantosos; e batendo contra as outras pedras, e esfarelando-as em estilhas, passavam como balas rasas monstruosas sobre as tropas apavoradas.

Estas embaixo salvavam-se cobertas pelo ângulo morto do próprio caminho à meia encosta, sob uma avalanche de blocos e graeiros[13]. As fadigas da marcha abatiam-nas mais que o inimigo. O sol culminara ardente e a luz crua do dia tropical caindo na região pedregosa e despida, refluía aos espaços num flamejar de queimadas grandes alastrando-se pelas serras.

A natureza toda quedava-se imóvel naquele deslumbramento, sob o espasmo da canícula. Os próprios tiros mal quebravam o silêncio: não havia ecos nos ares rarefeitos, irrespiráveis. Os estampidos estalavam, secos, sem ressoarem; e a brutalidade humana rolava surdamente dentro da quietude universal das coisas...

A travessia das trincheiras foi lenta.

Entretanto, os sertanejos por bem dizer não agrediam.

Num tripúdio[14] de símios amotinados[15] pareciam haver transmudado tudo aquilo num passatempo doloroso e num apedrejamento. Desfilavam pelos altos em corrimaças[16] turbulentas e ruidosas. Os lutadores embaixo seguiam como atores infelizes, no epílogo de um drama mal

---

11 em chusma em grupos grandes de combatentes. **12 monólitos** pedras de grandes dimensões. **13 graeiros** grãos de chumbo. **14 tripúdio** libertinagem, algazarra. **15 amotinados** sublevados, revoltosos. **16 corrimaças** tropelias.

representado. Toda a agitação de dois dias sucessivos de combates e provações tinha o repentino desfecho de uma arruaça sinistra. Piores que as descargas, ouviam brados irônicos e irritantes, cindidos de longos assovios e cachinadas[17] estrídulas, como se os encalçasse uma matula barulhenta de garotos incorrigíveis.

Assim chegaram, ao fim de três horas de marcha, a Bendegó de Baixo. Salvou-os a admirável posição desse lugar, breve planalto em que se complana a estrada, permitindo mais eficazes recursos de defesa.

O último recontro aí se fez, ao cair da noite, à meia luz dos rápidos crepúsculos do sertão.

Foi breve, mas temeroso. Os jagunços deram a última investida com a artilharia, que timbravam em arrebatar à tropa. As metralhadoras, porém, disparadas a cavaleiro, rechaçaram-nos[18]; e, varridos à metralha, deixando vinte mortos, rolaram para as baixadas, perdendo-se na noite...

Estavam findas as horas de provações.

Um incidente providencial completou o sucesso. Fustigado talvez pelas balas, um rebanho de cabras ariscas invadiu o acampamento, quase ao tempo em que refluíam os sertanejos repelidos. Foi uma diversão feliz. Homens absolutamente exaustos apostaram carreiras doidas com os velozes animais em torno dos quais a força circulou delirante de alegria, prefigurando os regalos[19] de um banquete, após dois dias de jejum forçado; e, uma hora depois, acocorados em torno das fogueiras, dilacerando carnes apenas sapecadas – andrajosos, imundos, repugnantes – agrupavam-se, tintos pelos clarões dos braseiros, os heróis infelizes, como um bando de canibais famulentos[20] em repasto bárbaro...

A expedição no outro dia, cedo, prosseguiu para Monte Santo.

Não havia um homem válido. Aqueles mesmos que carregavam os companheiros sucumbidos claudicavam, a cada passo, com os pés san-

---

[17] **cachinadas** gargalhadas zombeteiras. [18] **rechaçaram** repeliram. [19] **regalos** prazeres, alegrias. [20] **famulentos** famintos.

grando, varados de espinhos e cortados pelas pedras. Cobertos de chapéus de palha grosseiros, fardas em trapos, alguns tragicamente ridículos mal velando a nudez com os capotes em pedaços, mal alinhando-se em simulacro de formatura, entraram pelo arraial lembrando uma turma de retirantes, batidos dos sóis bravios, fugindo à desolação e à miséria[21].

A população recebeu-os em silêncio.

---

21 O trecho acima se baseia na p. 26 do MS. Ver Bernucci, pp. 250-254.

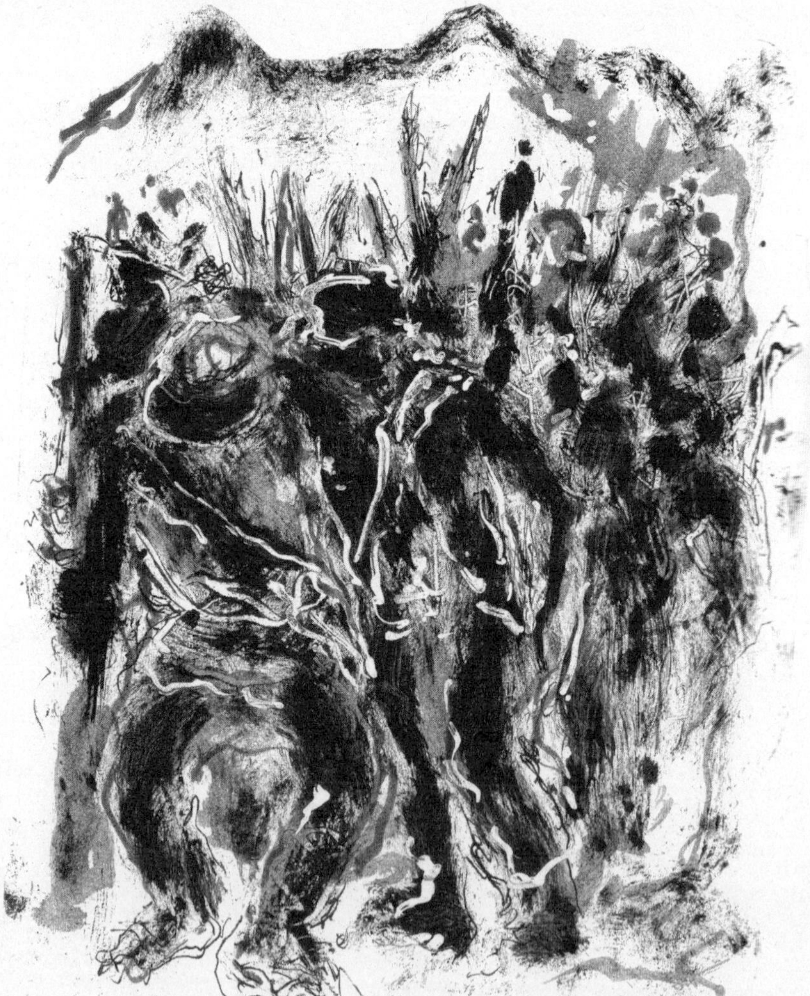

VI

PROCISSÃO DOS JIRAUS

Naquele mesmo dia, à tarde, animaram-se de novo as encostas do Cambaio. O fragor dos combates, porém, trocara-se pela assonância das litanias melancólicas. Lentamente, caminhando para Canudos, extensa procissão derivava pelas serras. Os crentes substituíam os batalhadores e volviam para o arraial, carregando aos ombros, em toscos pálios de jiraus[1] de paus roliços amarrados com cipós, os cadáveres dos mártires da fé.

O dia fora despendido na lúgubre pesquisa, a que se dedicara a população inteira. Haviam-se esquadrinhado todas as anfractuosidades[2], e todos os dédalos[3] rasgados entre pedras, e todos os algares fundos, e todas as taliscas[4] apertadas...

Muitos lutadores ao baquearem pelas ladeiras, em resvalos, tinham caído em barrocais e grotas; outros, mal seguros pelas arestas pontiagudas das rochas atravessando-lhes as vestes, balouçavam-se sobre abismos; e, descendo às grotas profundas, e alando-se aos vértices dos fraguedos abruptos, colhiam-nos os companheiros compassivos[5].

À tarde ultimava-se a missão piedosa.

Faltavam poucos, os que a tropa queimara.

O fúnebre cortejo seguia agora para Canudos...

---

1 pálios de jiraus sobrecéus portáteis, com varas, que se conduzem em cortejos, e que debaixo deles se carregam jiraus com os mortos. **2 anfractuosidades** saliências ou cavidades em rocha. **3 dédalos** labirintos, caminhos confusos. **4 taliscas** fendas nas rochas. 5 O trecho acima se baseia na p. 27 do MS. Ver Bernucci, pp. 255-260.

Muito baixo no horizonte, o sol descia vagarosamente, tangenciando com o limbo⁶ rutilante o extremo das chapadas remotas e o seu último clarão, a cavaleiro das sombras, que já se adunavam nas baixadas, caía sobre o dorso da montanha... Aclarou-o por momentos. Iluminou, fugaz, o préstito⁷, que seguia à cadência das rezas. Deslizou, insensivelmente, subindo, à medida que lentamente ascendiam as sombras, até ao alto, onde os seus últimos raios cintilaram nos pincaros altaneiros. Estes fulguravam por instantes, como enormes círios, prestes acesos, prestes apagados, bruxuleando na meia luz do crepúsculo.

Brilharam as primeiras estrelas. Rutilando na altura, a cruz resplandescente de Órion alevantava-se sobre os sertões...⁸

---

6 limbo orla, borda. **7 préstito** cortejo. **8** O trecho acima se baseia nas pp. 21 e 28 do MS. Ver Bernucci, pp. 221-225 e 261-264.

Expedição Moreira César

I. O coronel Antônio Moreira César e o meio que o celebrizou [p. 377]. [Floriano Peixoto, p. 378]. [Moreira César, p. 380]. Primeira expedição regular [p. 389]. Como a aguardam os jagunços [p. 393]. [Trincheiras, p. 394]. [Armas, pólvoras, balas e lutadores, p. 396]. [João Abade, p. 397]. [Procissões, p. 398]. [Rezas, p. 399].

II. Partida de Monte Santo [p. 401]. Primeiros erros [p. 402]. Nova estrada [p. 403]. [Em marcha para o Angico, p. 407]. Psicologia do soldado [p. 408].

III. Pitombas [p. 411]. O primeiro encontro [p. 411]. ["Esta gente está desarmada...", p. 412]. [O pânico e a bravura, p. 413]. "Em acelerado!" [p. 415]. Dois cartões de visita a Antônio Conselheiro [p. 415]. No alto da Favela. Um olhar sobre Canudos [p. 416]. [Chegada da força, p. 417]. [Rebate, p. 418].[1]

IV. A ordem de batalha e o terreno [p. 421]. Cidadela-mundéu [p. 423]. Ataques [p. 425]. Saque antes do triunfo [p. 426]. [No labirinto das vielas, p. 427]. [Situação inquietadora, p. 428]. [Moreira César fora de combate, p. 430]. Recuo [p. 431]. Ao bater da Ave-Maria [p. 431].

V. Sobre o alto do Mário [p. 433]. [O coronel Tamarindo, p. 434]. [Alvitre de retirada, p. 436]. [Protesto de Moreira César, p. 436]. Retirada [p. 438]. [Vaia, p. 438].

---

[1] Nas três primeiras edições de *Os Sertões* e no AP, os seguintes subtítulos do item III aparecem em ordem inversa: "III. O primeiro encontro; Pitombas". *Idem* para o caso do subtítulo "Retirada" do item V, que nessas edições aparece no seguinte item: "VI. Retirada; debandada; fuga".

VI. Debandada; fuga [p. 441]. [Salomão da Rocha, p. 441]. Um arsenal ao ar livre e uma diversão cruel² [p. 444].

2 Este esquema em capítulos se baseia no da p. 29 do MS. Ver Bernucci, pp. 265-269.

I

O CORONEL ANTÔNIO MOREIRA CÉSAR E O MEIO
QUE O CELEBRIZOU

O novo insucesso das armas legais, imprevisto para toda a gente, coincidia com uma fase crítica da nossa história.

A pique ainda das lamentáveis consequências de sanguinolenta guerra civil, que rematara ininterrupta série de sedições[3] e revoltas, emergentes desde os primeiros dias do novo regime[4], a sociedade brasileira, em 1897, tinha alto grau de receptividade para a intrusão de todos os elementos revolucionários e dispersivos. E quando mais tarde alguém se abalançar a definir, à luz de expressivos documentos, a sua psicologia interessante naquela quadra, demonstrará a inadaptabilidade do povo à legislação superior do sistema político recém-inaugurado, como se este, pelo avantajar-se em demasia ao curso de uma evolução vagarosa, tivesse, como efeito predominante, alastrar sobre o país que se amolentara no marasmo monárquico, intenso espírito de desordem, precipitando a República por um declive onde os desastres repontavam, ritmicamente, delatando a marcha cíclica de uma moléstia.

O governo civil, iniciado em 1894, não tivera a base essencial de uma opinião pública organizada. Encontrara o país dividido em vitoriosos e vencidos. E quedara na impotência de corrigir uma situação que, não sendo francamente revolucionária e não sendo também normal, repelia por igual os recursos extremos da força e o influxo sereno das leis. Estava

---

3 **sedições** agitações, motins. 4 Isto é, a República.

defronte de uma sociedade que progredindo em saltos, da máxima frouxidão ao rigorismo máximo, das conspirações incessantes aos estados de sítio repetidos, parecia espelhar incisivo contraste entre a sua organização intelectual imperfeita e a organização política incompreendida.

De sorte que lhe sendo impossível substituir o lento trabalho de evolução para alevantar a primeira ao nível da última, deixava que se verificasse o fenômeno inverso: a significação superior dos princípios democráticos decaía – sofismada, invertida, anulada.

FLORIANO PEIXOTO

Não havia obstar essa descensão. O governo anterior, do marechal Floriano Peixoto, tivera, pelas circunstâncias especialíssimas que o rodearam, função combatente e demolidora. Mas no abater a indisciplina emergente de sucessivas sedições, agravara a instabilidade social e fora de algum modo contraproducente, violando flagrantemente um programa preestabelecido. Assim é que, nascendo do revide triunfante contra um golpe de estado violador das garantias constitucionais, criara o processo da suspensão de garantias; abraçado tenazmente à Constituição, afogava-a; fazendo da Legalidade a maior síntese de seus desígnios, aquela palavra, distendida à consagração de todos os crimes, transmudara-se na fórmula antinômica de uma terra sem leis. De sorte que o inflexível marechal de ferro tivera, talvez involuntariamente, porque a sua figura original é ainda um intricado enigma, desfeita a missão a que se devotara. Apelando, nas aperturas das crises que o assoberbaram, incondicionalmente, para todos os recursos, para todos os meios e para todos os adeptos, surgissem de onde surgissem, agia inteiramente fora da amplitude da opinião nacional, entre as paixões e interesses de um partido que, salvante bem raras exceções, congregava todos os medíocres ambiciosos que, por instinto natural de defesa, evitam as imposições severas de um meio social mais culto. E ao debelar, nos últimos dias de seu governo, a Revolta de Setembro[5], que enfeixara todas as rebeldias

5 **Revolta de Setembro** ou Revolta da Armada (set. 1893 – mar. 1894) como ficou também conhecida

contrariadas e todos os tumultos dos anos anteriores, formara, latentes, prestes a explodir, os germes de mais perigosos levantes.

Destruíra e criara revoltosos. Abatera a desordem com a desordem. Ao deixar o poder não levara todos os que o haviam acompanhado nos transes dificílimos do governo. Ficaram muitos agitadores, robustecidos numa intensa aprendizagem de tropelias, e estes viam-se contrafeitos no plano secundário a que naturalmente volviam. Traziam o movimento irreprimível de uma carreira fácil e vertiginosa demais para estacar de súbito: dilataram-na pela nova situação adentro.

Viu-se, então, um caso vulgaríssimo de psicologia coletiva: colhida de surpresa, a maioria do país inerte e absolutamente neutral constituiu-se veículo propício à transmissão de todos os elementos condenáveis que cada cidadão, isoladamente, deplorava. Segundo o processo instintivo, que lembra na esfera social a herança de remotíssima predisposição biológica, tão bem expressa no *mimismo psichico*[6] de que nos fala Scipio Sighele, as maiorias conscientes, mas tímidas, revestiam-se, em parte, da mesma feição moral dos medíocres atrevidos que lhes tomavam a frente. Surgiram, então, na tribuna, na imprensa e nas ruas – sobretudo nas ruas – individualidades que nas situações normais tombariam à pressão do próprio ridículo. Sem ideais, sem orientação nobilitadora, peados[7] num estreito círculo de ideias, em que entusiasmo suspeito pela República se aliava a nativismo extemporâneo e à cópia grosseira de um jacobinismo pouco lisonjeiro à história – aqueles agitadores começaram a viver da exploração pecaminosa de um cadáver. O túmulo do marechal Floriano Peixoto foi transmudado na arca de aliança[8] da rebeldia impenitente e o nome do grande homem fez-se a palavra de ordem da desordem.

---

a sublevação levada a cabo por alguns militares rebeldes em Niterói. O contra-almirante Custódio de Melo, em 6.9.1893, lidera sedição que tem início no navio Aquidaban e consegue apoio de seu companheiro de armas e posto, Luiz Felipe Saldanha da Gama. O coronel Moreira César desempenhará papel de destaque no combate aos rebeldes que tinham como base logística a Ilha do Governador. Fracassada a Revolta da Armada e terminada a Revolução Federalista, salvara-se a República, mas lamentavelmente revestiu-se de tremenda crueldade a vingança empreendida por alguns militares, como o general Everton Quadros no Paraná e o coronel Moreira César em Santa Catarina. **6 mimismo psichico** (ital.) expressão de S. Sighele que significa "mimismo ou mimetismo psíquico", espécie de contágio que fatalmente sofre o indivíduo que se encontra entre uma multidão enfurecida ou exaltada. Ver Scipio Sighele, *La Folla Delinquente*, p. 65. **7 peados** presos, embaraçados. **8 arca de**

A retração criminosa da maioria pensante do país permitia todos os excessos; e no meio da indiferença geral todas as mediocridades irritadiças conseguiram imprimir àquela quadra, felizmente transitória e breve, o traço mais vivo que a caracteriza. Não lhes bastavam as cisões remanescentes, nem os assustava uma situação econômica desesperadora: anelavam avolumar aquelas e tornar a última insolúvel. E como o exército se erigia, ilogicamente, desde o movimento abolicionista até à proclamação da República, em elemento ponderador das agitações nacionais, cortejavam-no, captavam-no, atraíam-no afanosamente e imprudentemente.

Ora, de todo o exército, um coronel de infantaria, Antônio Moreira César, era quem parecia haver herdado a tenacidade rara do grande debelador de revoltas.

O fetichismo político exigia manipansos[9] de farda.

Escolheram-no para novo ídolo.

MOREIRA CÉSAR

E à nova do desastre avolumando a gravidade da luta nos sertões, o governo não descobriu quem melhor lhe pudesse balancear as exigências gravíssimas. Escolheu-o para chefe da expedição vingadora.

Em torno do nomeado criara-se uma legenda de bravura.

Recém-vindo de Santa Catarina, onde fora o principal ator no epílogo da Campanha Federalista[10] do Rio Grande, tinha excepcional renome feito de aclamações e apodos, consoante o modo de julgar incoe-

---

aliança baú sagrado que representava para os hebreus a presença de Deus entre eles. **9 manipansos** ídolos africanos. **10 Campanha Federalista** no RS, o Partido Federalista se alça contra o governo estadual e o republicano da União. Politicamente, dividia-se o Rio Grande do Sul entre os castilhistas, partidários de Júlio de Castilhos, presidente do Estado, e os federalistas, chefiados por Silveira Martins, com o apoio de João Nunes da Silva Tavares, Barão de Itagui, e do caudilho Gumercindo Saraiva. Os federalistas, entre os quais havia alguns membros nostálgicos da monarquia, preconizavam um governo federal poderoso, mas de natureza parlamentária. Os federalistas se propunham a "libertar o Rio Grande do Sul da tirania de Castilhos", conforme declararam no manifesto em que concitavam os gaúchos a acompanhá-los. O qualificativo *federalista* não tinha o sentido de federativo. Pelo contrário, os federalistas desejavam, teoricamente, maior predominância do poder federal sobre o estadual, defendendo também a adoção do sistema parlamentar. Nesse período a cidade de Bagé foi sitiada pelos federalistas. Carlos M. da Silva Teles a defendeu com bravura. Após o combate

rente e extremado da época em que eram vivos os mínimos incidentes da guerra civil distendida da baía do Rio de Janeiro para o Sul, pela Revolta da Esquadra[11].

Entre dois extremos, do arrojo de Gumercindo Saraiva à abnegação de Gomes Carneiro, a opinião nacional oscilava espelhando os mais díspares conceitos no aquilatar vitoriosos e vencidos; e nessa instabilidade, nesse baralhamento, nesse afogueado expandir da nossa sentimentalidade suspeita, o que de fato se fazia em todos os tons, com todas as cores e sob aspectos vários – era a caricatura do heroísmo. Os heróis, imortais de quarto de hora, destinados à suprema consagração de uma placa à esquina das ruas[12], entravam, surpreendidos e de repente pela história dentro, aos encontrões, como intrusos desapontados, sem que se pudesse saber se eram bandidos ou santos, envoltos de panegíricos[13] e convícios[14], surgindo entre ditirambos[15] ferventes, ironias e invectivas despiedadas, da sangueira de Inhanduí, da chacina de Campo Osório, do cerco memorável da Lapa, dos barrocais do Pico do Diabo, ou do platonismo[16] marcial de Itararé.

Irrompiam a granel[17]. Eram legião. Todos saudados; amaldiçoados todos.

Ora, entre eles, o coronel Moreira César era figura à parte.

Surpreendiam-se igualmente ao vê-lo admiradores e adversários.

O aspecto reduzia-lhe a fama. De figura diminuta – um tórax desfibrado sobre pernas arcadas em parêntese – era organicamente inapto para a carreira que abraçara.

---

do Inhanduí, os revolucionários praticamente foram derrotados. Porém, eles não se deram por vencidos totalmente depois dessa batalha. No Rio de Janeiro surgiria a 6.9.1893 a Revolta da Armada, levando os rebeldes suas operações militares ao Sul. Daí por diante identificam-se perfeitamente os dois movimentos cuja finalidade imediata era a queda do governo de Floriano. A revolução federalista começou em 2.2.1893, durou trinta e um meses e causou a morte de 10 000 soldados. **11 Revolta da Esquadra** ou Revolta da Armada ou de Setembro. Ver nota 4, p. 419. **12** O Autor alude a uma tendência muito brasileira de sobrestimar facilmente o valor dos personagens que em geral figuram nas placas das ruas e dos logradouros públicos. Este hábito intensificou-se muito mais na época da guerra, inclusive em Monte Santo, cujas ruas – segundo Euclides – já se chamavam Moreira César, Capitão Salomão etc. Ver também os novos nomes de rua em Niterói em artigo do *Jornal do Comércio*, RJ, de 14.3.1897. **13 panegíricos** discursos laudatórios. **14 convícios** afronta de palavras injuriosas. **15 ditirambos** composições líricas que exprimem entusiasmo ou delírio. **16 platonismo** idealismo. **17 a granel** em grande quantidade.

Faltava-lhe esse aprumo e compleição inteiriça que no soldado são a base física da coragem.

Apertado na farda, que raro deixava, o dólmã[18] feito para ombros de adolescente frágil agravava-lhe a postura.

A fisionomia inexpressiva e mórbida completava-lhe o porte desgracioso e exíguo. Nada, absolutamente, traía a energia surpreendedora e temibilidade rara de que dera provas, naquele rosto de convalescente sem uma linha original e firme: pálido, alongado pela calva em que se expandia a fronte bombeada, e mal alumiado por olhar mortiço, velado de tristeza permanente.

Era uma face imóvel como um molde de cera, tendo a impenetrabilidade oriunda da própria atonia muscular. Os grandes paroxismos da cólera e a alacridade mais forte, ali deviam amortecer-se inapercebidos, na lassidão[19] dos tecidos, deixando-a sempre fixamente impassível e rígida.

Aos[20] que pela primeira vez o viam custava-lhes admitir que estivesse naquele homem de gesto lento e frio, maneiras cortesas e algo tímidas, o campeador brilhante, ou o demônio crudelíssimo que idealizavam. Não tinha os traços característicos nem de um, nem de outro. Isto, talvez, porque fosse as duas coisas ao mesmo tempo[21].

Justificavam-se os que o aplaudiam e os que o invectivavam[22].

Naquela individualidade singular entrechocavam-se, antinômicas, tendências monstruosas e qualidades superiores, umas e outras no máximo grau de intensidade. Era tenaz, paciente, dedicado, leal, impávido, cruel, vingativo, ambicioso. Uma alma proteiforme[23] constrangida em organização fragílima.

Aqueles atributos, porém, velava-os reserva cautelosa e sistemática. Um único homem os percebeu ou decifrou bem, o marechal Floriano Peixoto. Tinha para isto a afinidade de inclinações idênticas. Aproveitou-

---

18 dólmã veste ou casaco militar que em geral leva galões de fio e botões metálicos. **19 lassidão** fadiga, relaxamento. **20** Esta construção verbal foi comentada por Euclides na seção "Nota à 2ª Edição", p. 709. O Autor corrigiu a frase "Os que pela primeira vez o viam custavam a admitir..." para "Os que pela primeira vez o viam custava-lhes admitir...". Entretanto, achamos por bem acrescentar a preposição: Aos que pela primeira vez o viam custava-lhes admitir... **21** Comparar com Macedo Soares, p. 38. **22 invectivavam** atacavam, censuravam. **23 proteiforme** que muda de forma com frequência.

-o, na ocasião oportuna, como Luís XII[24] aproveitaria Bayard, se pudesse enxertar na bravura romanesca do cavaleiro sem máculas as astúcias de Fra Diavolo.

Moreira César estava longe da altitude do primeiro e mais longe ainda da depressão moral do último. Não seria, entretanto, imperdoável exagero considerá-lo misto reduzido de ambos. Alguma coisa de grande e incompleto, como se a evolução prodigiosa do predestinado parasse, antes da seleção final dos requisitos raros com que o aparelhara, precisamente na fase crítica em que ele fosse definir-se como herói ou como facínora. Assim, era um desequilibrado. Em sua alma a extrema dedicação esvaía-se no extremo ódio, a calma soberana em desabrimentos repentinos e a bravura cavalheiresca na barbaridade revoltante.

Tinha o temperamento desigual e bizarro de um epiléptico provado, encobrindo a instabilidade nervosa de doente grave em placidez enganadora.

Entretanto, não raro, a sua serenidade partia-se rota pelos movimentos impulsivos da moléstia que somente mais tarde, mercê de comoções violentas, se desvendou inteiramente nas manifestações físicas dos ataques. E se pudéssemos acompanhar a sua vida assistiríamos ao desdobramento contínuo do mal, que lhe imprimiu, como a outros sócios de desdita, um feitio original e interessante, definido por uma sucessão por demais eloquente de atos que, aparecendo intercalados por períodos de calma crescentemente reduzidos, constituem os pontos determinantes da curva inflexível em que o arrebatava a fatalidade biológica.

De feito, eram correntes entre os seus companheiros de armas os episódios frisantes que, de tempos a tempos, com ritmo inabalável, lhe interferiam a linha de uma carreira militar correta como poucas.

Fora longo rememorá-los, além do perigo de incidirmos no arquivar versões exageradas ou falsas.

À parte, porém, todos os casos duvidosos, definidos sempre pelo traço preponderante de vias de fato violentíssimas – aqui o ultraje[25], a re-

---

24 Nas três primeiras edições de *Os Sertões* e no AP, o nome do rei é outro: Luís XI. **25 ultraje** insulto.

bencadas[26], de um médico militar[27]; além a arremetida a faca, felizmente tolhida em tempo, contra um oficial argentino, por certa palavra mal compreendida – apontemos, de relance, os mais geralmente conhecidos.

Um sobretudo dera relevo à sua energia selvagem.

Foi em 1883, no Rio de Janeiro. Um jornalista, ou melhor um alucinado, criara, agindo libérrimo graças à frouxidão das leis repressivas, escândalo permanente de insultos intoleráveis na corte do antigo Império; e tendo respingado sobre o exército parte das alusões indecorosas, que por igual abrangiam todas as classes, do último cidadão ao monarca, foi infelizmente resolvida por alguns oficiais, como supremo recurso, a justiça fulminante e desesperadora do linchamento.

Assim se fez. E entre os subalternos encarregados de executar a sentença – em plena rua, em pleno dia, diante da justiça armada pelos Comblains de toda a força policial em armas – figurava, mais graduado, o capitão Moreira César, ainda moço, à volta dos trinta anos, e tendo já em seus assentamentos averbados[28], merecidos elogios por várias comissões exemplarmente cumpridas. E foi o mais afoito, o mais impiedoso, o primeiro talvez no esfaquear pelas costas a vítima, exatamente na ocasião em que ela, num carro, sentada ao lado de autoridade superior do próprio exército, se acolhera ao patrocínio imediato das leis...[29]

---

26 a rebencadas a chicotadas. **27** Trata-se do major-médico Alfredo Paulo de Freitas, diretor do Hospital Militar de Florianópolis. Moreira César, insuflado por espíritos perversos, começou a encarcerar suspeitos da Revolta Federalista, logo depois de assumir o governo de SC. O médico baiano foi, então, intimado a comparecer perante as autoridades legais e, naquele clima de violência, recebeu ordem de prisão e subsequentemente foi embarcado, em 25.4.1894, na corveta *Niterói*, apenas com a farda que levava no corpo. O barco fez meia-volta e aproximou-se de Anhatomirim, pequena ilha ao norte de SC. Os prisioneiros foram desembarcados e levados à baixada do porto da Fortaleza de Santa Cruz. Aí teve lugar o fuzilamento de inúmeros suspeitos inimigos da República, inclusive o médico da Bahia. Estima-se em torno de 185 o número de prisioneiros que não retornaram de Anhatomirim (cf. Fontes, pp. 170-172.) **28 assentamentos averbados** anotações feitas nas alterações (por exemplo, promoções, transferências, atos disciplinares, doenças etc.) do militar durante o tempo de serviço ativo. **29** Nas três primeiras edições e no AP a data que aparece é a de 1884. A vítima do episódio foi o redator-chefe da gazeta carioca *O Corsário*, Apulcro de Castro. O crime hediondo foi matéria de primeira página na maioria dos jornais brasileiros nos dias que se seguiram. Aconteceu na Rua do Lavradio, no Rio de Janeiro, no dia 25.10.1883, o famigerado disseminador de notícias, terror da sociedade carioca, apresentou-se à repartição de polícia, alegando estar ameaçado de morte, para pedir garantias de vida. Enquanto ali se encontrava o infeliz jornalista, começaram a formar-se suspeitas

O crime acarretou-lhe a transferência para Mato Grosso, e dessa Sibéria canicular do nosso exército tornou somente após a proclamação da República[30].

Vimo-lo nessa época.

Era ainda capitão e embora nunca houvesse arrancado da espada em combate, recordava um triunfador. Nos dias ainda vacilantes do novo regime, o governo parecia desejar ter perto de si aquele esteio firme – o homem para as crises perigosas e para as grandes temeridades. A sua figura de menino atravessava os quartéis e as ruas envolta de murmúrio simpático e louvaminheiro[31] comentando-lhe em lisonjarias os lances capitais da vida, acerca dos quais, entretanto, era de todo muda uma fé de ofício de burocracia inofensivo e tímido, repleta de encômios[32] ao desempenho de missões pacíficas.

Por um contraste expressivo, nos documentos da profissão guerreira é que estava a placabilidade[33] de uma existência acidentada, revolta e turbulenta em que, não raro, relampagueara a faca, ao lado da espada inteiramente virgem.

Esta saiu-lhe da bainha, afinal, nos últimos anos da existência. Em 1893, já coronel, porque galgara velozmente três postos em dois anos, ao declarar-se a revolta da armada, o marechal Floriano Peixoto destacou-o armado de poderes discricionários[34] para Santa Catarina, como uma barreira à conflagração que se reanimara no Sul e ameaçava os Estados

---

aglomerações nas casas circunvizinhas e nas esquinas adjacentes. O delegado, saindo da repartição policial, foi até a Secretaria do Império e ali expôs a gravidade do caso. Foi solicitado ao ministro da Guerra recomendação para que o ajudante-general do Exército, capitão Ávila, fizesse tudo para que os ânimos fossem contidos. Ávila explicou aos exaltados que tudo estava sob controle e que ele próprio iria custodiar o malquisto editor à redação de seu jornal. O intento de pacificação converteu-se em denúncia, pois os inimigos de Apulcro foram ao seu encalço. A pouca distância das oficinas tipográficas do jornal, o carro no qual iam o capitão e o jornalista foi assaltado por um grupo de onze oficiais, todos eles disfarçados com grandes barbas postiças. Armados de punhais e revólveres, covardemente, lincharam o imprudente jornalista, aplicando-lhe sete punhaladas e dois tiros, um na boca e outro na ilharga. Instaurado inquérito policial, ficou provado que entre os assassinos encontrava-se Moreira César, que apenas tinha trinta anos na época (cf. Fontes, pp. 150-152). **30** Mato Grosso na época era o lugar de castigo para os militares insubordinados ou problemáticos, como o era a Sibéria, lugar friíssimo, para os russos. **31 louvaminheiro** adulador. **32 encômios** elogios. **33 placabilidade** serenidade. **34 discricionários** absolutos.

limítrofes[35]. Seguiu; e em ponto algum do nosso território pesou tão firme e tão estrangulador o guante[36] dos estados de sítios.

Os fuzilamentos que ali se fizeram, com triste aparato[37] de imperdoável maldade, dizem-no de sobra. Abalaram tanto a opinião nacional que, ao terminar a revolta, o governo civil, recém-inaugurado, pediu contas de tais sucessos ao principal responsável. A resposta, pelo telégrafo, foi pronta. Um "*não*", simples, seco, atrevido, cortante, um dardo batendo em cheio a curiosidade imprudente dos poderes constituídos, sem o atavio, sem o rodeio, sem a ressalva da explicação mais breve[38].

Meses depois chamaram-no ao Rio de Janeiro.

Embarca com o seu batalhão, o 7º num navio mercante; e em pleno mar, com surpresa dos próprios companheiros, prende o comandante. Assaltara-o – sem que para tal houvesse o mínimo pretexto – a suspeita de uma traição, um desvio na rota, adrede disposto para o perder e aos soldados. O ato seria absolutamente inexplicável se não o caracterizássemos como aspecto particular da desorganização psíquica que o vitimava[39].

Não lhe diminuiu, contudo, o prestígio. Fez-se dono do batalhão que comandava; deu-lhe um pessoal que ultrapassava, de muito, o número regulamentar de praças, entre as quais – em manifesta violação da lei – dezenas de crianças que não podiam carregar as armas; e, imperando incondicionalmente, organizou o melhor corpo do exército, porque nos longos intervalos lúcidos patenteava, francas, qualidades eminentes e raras de chefe disciplinador e inteligente, contrastando com os paroxismos da exaltação intermitente.

---

35 A nomeação para o cargo de governador se deu no dia 19.4.1894 (cf. Fontes, pp. 166-167). Nas três primeiras edições de *Os Sertões* e no AP aparece a data de 1893. **36 guante** (*fig.*) "mão de ferro" ou "autoridade despótica". Na Idade Média era a luva de ferro, na armadura antiga. **37 aparato** ostentação, pompa. **38** Assim se deu a sumária resposta: *Comando da Guarnição do Estado de Santa Catarina* – Florianópolis, 30 de janeiro de 1895. – Cidadão general de brigada Marechal Eufrásio dos Santos Dias, muito digno comandante do 5º. Distrito Militar. Em resposta ao ofício reservado do comando interino desse Distrito de 17 de janeiro último, relativamente à Portaria reservada do ministério da Guerra, de 18 de dezembro de 1894, que diz: "informai com urgência a este Ministério, se no distrito de vossa circunscrição houve fuzilamentos de militares de mar e terra determinados por autoridades da República, cumpre-me dizer em resposta que não" (cf. Fontes, p. 169) **39** O historiador Pedro Calmon confirma o fato: "Embarca Moreira César com o 7º. de Infantaria no Itaipu para o Rio de Janeiro, e a bordo, desvairadamente, prendeu o comandante e parte da guarnição – rezam os jornais de 4 de novembro de 1896 – por suspeitar que levavam noutro rumo" (cf. Fontes, p. 179).

Estes tornaram-se, por fim, mais ostensivos e repetidos – num crescendo inflexível.

Nomeado para a expedição contra Canudos, estadeou-os, numa série de desatinos culminados afinal por uma catástrofe.

Vê-los-emos em breve, extremados por dois ímpetos de impulsivo: a partida caprichosa de Monte Santo, de improviso, com espanto de seu próprio estado-maior[40], precisamente na véspera do dia prefixo em detalhe[41] para a marcha; e, três dias mais tarde, o arremesso contra o arraial, de mil e tantos homens exaustos de uma carreira de léguas, precisamente na véspera do dia marcado para o assalto.

Estes últimos fatos, e a sua identidade está no objetivarem a mesma nevrose, tiveram a intercorrência dos ataques.

Foram uma revelação.

Todos os acidentes singulares de sua existência desconexa, viu-se afinal que eram sinais comemorativos enfeixando uma diagnose única e segura...

Realmente, a epilepsia alimenta-se de paixões; avoluma-se no próprio expandir das emoções subitâneas e fortes; mas, quando, ainda larvada[42], ou traduzindo-se em uma alienação apenas afetiva, solapa[43] surdamente as consciências, parece ter na livre manifestação daquelas um derivativo salvador atenuando os seus efeitos. De sorte que, sem exagero de frase, se pode dizer que há muitas vezes num crime, ou num lance raro de heroísmo, o equivalente mecânico de um ataque. Contido o braço homicida, ou imobilizado, de chofre, o herói no arremesso glorioso, o doente pode surgir, *ex abrupto*[44], sucumbindo ao acesso. Daí esses atos inesperados, incompreensíveis ou brutais, em que a vítima procura iludir instintivamente o próprio mal, buscando muitas vezes o crime como um derivativo à loucura.

---

40 estado-maior grupo de oficiais que assessoram um comandante no planejamento e no controle de execução de operações militares. **41 detalhe** anotação diária minuciosa de todos os fatos da unidade e dos seus integrantes, distribuindo os militares que deverão realizar serviços diários ou periódicos e que dá legitimidade aos lançamentos nas alterações (escrituras no livro próprio: "livro de detalhes"). **42 larvada** diz-se de moléstia ou sintoma ainda não aparente, ou que se manifesta de modo incompleto: epilepsia larvada. **43 solapa** mina, abala, assolapa. **44 *ex abrupto*** (lat.) de repente.

Durante longo tempo numa semiconsciência de seu estado, numa série de delírios breves e fugazes, que ninguém percebe, que nem ela às vezes percebe, sente crescer a instabilidade da vida. E luta tenazmente. Os intervalos lúcidos fazem-se-lhe ponto de apoio à consciência vacilante à procura de motivos inibitórios numa ponderação cada vez mais penosa das condições normais ambientes. Aqueles, entretanto, a pouco e pouco se enfraquecem. A inteligência abalada afinal mal se subordina às condições exteriores ou relaciona os fatos e, em contínuo descair, baralha-os, perturba-os, inverte-os, deforma-os. O doente cai, então, no estado crepuscular, segundo uma expressão feliz, e condensa no cérebro, como se fosse a soma de todos os delírios anteriores, instável, pronto a desencadear-se em ações violentas, que o podem atirar no crime ou, acidentalmente, na glória, o potencial da loucura.

Cabe à sociedade, nessa ocasião, dar-lhe a camisa de força ou a púrpura. Porque o princípio geral da relatividade abrange as mesmas paixões coletivas. Se um grande homem pode impor-se a um grande povo pela influência deslumbradora do gênio, os degenerados perigosos fascinam com igual vigor as multidões tacanhas.

Ora, entre nós, se exercitava o domínio do *caput mortuum*[45] das sociedades. Despontavam, efêmeras, individualidades singulares; e entre elas o coronel César destacava-se em relevo forte, como se a niilidade[46] do seu passado salientasse melhor a energia feroz que desdobrara nos últimos tempos.

É cedo ainda para que se lhe defina a altitude relativa e a depressão do meio em que surgiu. Na apreciação dos fatos o tempo substitui o espaço para a focalização das imagens: o historiador precisa de certo afastamento dos quadros que contempla.

Cerremos esta página perigosa...

---

45 *caput mortuum* (lat.) "cabeça morta", frase com que os alquimistas designavam o resíduo no líquido de seus experimentos. Aqui significa detrito ou borra da sociedade, pessoas de pouco e nenhum valor que acompanham os líderes políticos (ver Scipio Sighele, *La Folla Delinquente*, p. 87). **46 niilidade** nulidade, insignificância.

PRIMEIRA EXPEDIÇÃO REGULAR

Deferindo ao convite que lhe fora feito, o coronel Moreira César seguiu a 3 de fevereiro para a Bahia, levando o batalhão que comandava, o 7º de Infantaria, entregue à direção do major Rafael Augusto da Cunha Matos; uma bateria do 2º Regimento de Artilharia, comandada pelo capitão José Salomão Agostinho da Rocha; e um esquadrão do 9º de Cavalaria, do capitão Pedreira Franco.

Era o núcleo da brigada de três armas, que se constituiu logo com a celeridade que as circunstâncias demandavam, ligando-se-lhe três outros corpos, desfalcados todos: o 16º, que estava em S. João del Rei, de onde abalou dirigido pelo coronel Sousa Meneses, com 28 oficiais e 290 praças; cerca de 140 soldados do 33º; o 9º de Infantaria, do coronel Pedro Nunes Tamarindo e pequenos contingentes da força estadual baiana.

O chefe expedicionário não se demorou na Bahia. Recolhida toda a força que lá estava, prosseguiu imediatamente para Queimadas, onde, cinco dias apenas depois que partira da capital da República, a 8 de fevereiro, estava toda a expedição reunida – quase 1300 combatentes, fartamente municiados com quinze milhões de cartuchos e setenta tiros de artilharia.

A mobilização fora, como se vê, um prodígio de rapidez. Continuou rápida. Deixando em Queimadas, "1.ª base de operações", sob o comando de um tenente, platônica[47] guarnição de oitenta doentes e setenta crianças, que não suportavam o peso das mochilas, seguiu o grosso da tropa para a "2.ª base de operações", Monte Santo, onde a 20 estava pronta para a investida.

Chegara, porém, mal auspiciada[48]. Um dia antes a inervação doentia do comandante explodira numa convulsão epileptiforme[49], em plena estrada, antes do sítio de "Quirinquinquá"; e fora de caráter tal que os cinco médicos do corpo de saúde previram uma reprodução de lastimáveis

---

47 platônica absurda, ilógica, fictícia. **48** Ver o contraste entre esta e a 2ª Expedição, sobre a qual afirmará o Narrador: "Decididamente a campanha começara bem auspiciada" (p. 343). **49 epileptiforme** epiléptica.

consequências. Os principais chefes de corpos, porém, bem que cientes de um diagnóstico, que implicava[50] seriamente a firmeza e as responsabilidades do comando geral ante as condições severas da luta, forraram-se, cautelosos e tímidos, à menor deliberação a respeito.

O coronel Moreira César abeirava-se do objetivo da campanha condenado pelos próprios médicos que comandava.

É natural que não fossem as operações concertadas com a indispensável lucidez e que as inquinassem[51], desde o primeiro passo nos caminhos, todos os erros e inexplicáveis descuidos e inexplicável olvido de preceitos rudimentares, já rudemente corrigidos ou expostos com a maior clareza nos desastres anteriores. Nada se resolveu de acordo com as circunstâncias especialíssimas da empresa. Ficou dominando todas as decisões um plano único, um plano de delegado policial enérgico: lançar a marche-marche mil e tantas baionetas dentro de Canudos.

Isto no menor tempo possível. Os engenheiros militares Domingos Alves Leite e Alfredo do Nascimento, tenentes do estado-maior de 1.ª classe, adidos à brigada, tiveram uma semana para reconhecer a paragem desconhecida e áspera. Na exiguidade de tal prazo não lhes era possível a escolha de pontos estratégicos, que firmassem uma linha de operações indispensável. O vertiginoso mesmo dos levantamentos militares estava aquém dessa missão de afogadilho[52], adstrita a trianguladas[53] fantásticas – bases medidas a olho, visadas divagantes pelos topos indistintos das serras, distâncias averbadas nos ponteiros dos podômetros[54] presos às botas dos operadores apressados. Estes esclareciam-se inquirindo os raros habitantes dos lugares percorridos: era o arquivar longuras[55] calcadas numa unidade traiçoeira, a légua, de estimativa exagerada pelo amor-próprio do matuto vezado às caminhadas longas; rumos desesperadamente embaralhados ou linhas de ensaios em que um erro de cinco graus era um primor de rigorismo; informes sobre acidentes, contextura do solo e aguadas, de existência problemática e dúbia.

---

50 **implicava** requeria. 51 **inquinassem** manchassem, sujassem. 52 **de afogadilho** às pressas. 53 **trianguladas** cálculos. 54 **podômetros** instrumentos de bolso para contagem dos passos percorridos por um caminhante; passômetros. 55 **longuras** extensões.

Subordinaram ao comandante o levantamento feito. Foi, sem maior exame, aprovado.

De acordo com ele escolheu-se a nova estrada[56]. Envolvente a do Cambaio, pelo levante[57], e mais longa de nove ou dez léguas, tinha, ao que se figurava, a vantagem de se arredar da zona montanhosa. Largando de Monte Santo, as forças demandariam o arraial do Cumbe no rumo seguro de ESE, e, atingido este, infletindo, rota em cheio para o norte, fraldejando as abas da serra de Aracati, em marcha contornante, a pouco e pouco rumando a NNO, iriam interferir no sítio do Rosário a antiga estrada de Maçacará. Escolhido este caminho não se cogitou de o transformar em linha de operações, pela escolha de dois ou três pontos defensáveis, garantidos de guarnições que, mesmo diminutas, pudessem estear a resistência, dado que houvesse um insucesso, um recuo ou uma retirada.

CRÍTICA

Ninguém cogitava na mais passageira hipótese de um revés. A exploração realizada fora até um transigir[58] dispensável com as velharias da estratégia: bastava o olhar perspícuo do guia, capitão Jesuíno, para aclarar a rota.

Sabia-se, no entanto, que esta atravessaria longos trechos de caatingas exigindo aberturas de picadas, e extenso areal de quarenta quilômetros onde, naquela quadra, na plenitude do estio, não se compreendia a viagem sem que os combatentes fossem arcando sob carregamento de água, a exemplo das legiões romanas na Tunísia[59]. Para obviar este inconveniente, levaram uma bomba artesiana, como se fossem conhecidas as camadas profundas da terra pelos que lhe ignoravam a própria superfície[60]; e houvesse, entre as fileiras, argutos rabdomantes[61] capazes de marcar, com a varinha misteriosa, o ponto exato em que existisse o lençol líquido a aproveitar-se[62]. Veremos a sua função mais longe.

56 estrada rota. 57 Entenda-se: "Traçada em sentido leste à do Cambaio". **58 transigir** ceder. 59 Euclides invoca aqui as descrições do imperador Júlio César nos seus *Comentários*. Ver nota 56, p. 533 da presente edição. 60 O trecho acima se baseia nas pp. 33 e 34 do MS. Ver Bernucci, pp. 277-284. 61 **rabdomantes** adivinhos ou magos que utilizam varinha mágica. 62 O trecho acima se baseia nas pp. 33 e 34 do MS. Ver Bernucci, pp. 277-280 e 281-285.

Entretanto ia-se marchar para o desconhecido, por veredas desfrequentadas, porque todas as travessias por ali se resumem no trecho de uma estrada secular, a de Bom Conselho a Jeremoabo[63], contornando e evitando pelo levante os agros tabuleiros que lhe demoram ao norte, e descem insensivelmente para o Vaza-Barris, formando no ligeiro *divortium aquarum*, entre este e o Itapicuru, desmedidos areais sem o mais exíguo regato, porque absorvem, numa sucção de esponja, os mais impetuosos aguaceiros.

A jornada pressupunha-se longa e inçada de tropeços. Cento e cinquenta quilômetros, um mínimo de vinte e cinco léguas, que valiam por uma longura décupla, ante o despovoamento e a maninhez[64] da terra. Era natural que se garantisse ao menos a pretensa base de operações, para que se não insulasse inteiramente a tropa no deserto. Apesar disto, Monte Santo, com as suas péssimas condições de defesa, dominada pela serrania a prumo, de onde meia dúzia de inimigos podiam batê-la toda, a salvo, ficaria sob o comando do coronel Meneses com uma guarnição deficiente de poucas dezenas de praças. De sorte que os jagunços poderiam facilmente tomá-la, enquanto o resto da tropa seguisse para Canudos. Não o fizeram. Mas era de presumir que o fizessem porque lá chegavam informes acordes todos no assegurar que os sertanejos se aparelhavam fortemente para a luta.

CRESCE A POPULAÇÃO DE CANUDOS

Eram certas as notícias.

Canudos aumentara em três semanas de modo extraordinário. A nova do último triunfo sobre a expedição Febrônio, avolumada pelos que a espalhavam, romanceada já de numerosos episódios, destruíra as últimas vacilações dos crentes que até então tinham temido procurar o falanstério[65] de Antônio Conselheiro.

---

[63] Esta estrada corre de s a n até as margens do Vaza-Barris e está localizada a l de Canudos. [64] **maninhez** esterilidade. [65] **falanstério** comunidade com sistema utópico de organização social, tendo como modelo o fourierismo, fundado por François-Marie Charles Fourier (França, 1772-1837) e seus discípulos.

Como nos primeiros tempos da fundação, a todo o momento, pelo alto das colinas, apontavam grupos de peregrinos em demanda da paragem lendária – trazendo tudo, todos os haveres; muitos carregando em redes os parentes enfermos, moribundos ansiando pelo último sono naquele solo sacrossanto, ou cegos, paralíticos e lázaros, destinando-se ao milagre, à cura imediata, a um simples gesto do taumaturgo[66] venerado. Eram, como sempre, toda a sorte de gente: pequenos criadores, vaqueiros crédulos e possantes, de parceria, na mesma congérie[67], com os vários tipos da mangalaça[68] sertaneja; ingênuas mães de família, irmanadas a zabaneiras[69] incorrigíveis e trêfegas[70]. No coice dessas procissões, viam-se, invariavelmente, sem compartirem das litanias entoadas, estranhos, seguindo sós, como de sobrerrolda ao movimento dos fiéis, os bandidos soltos – capangas em disponibilidade, procurando um teatro maior à índole aventureira e à valentia impulsiva. No correr do dia, pelas estradas de Calumbi, de Maçacará, de Jeremoabo e de Uauá, convergindo dos quadrantes, chegavam cargueiros repletos de toda a sorte de mantimentos, enviados diretamente a Canudos pelos adeptos que de longe o avitualhavam[71], em Vila Nova da Rainha, Alagoinhas, em todos os lugares. Havia abastança e um entusiasmo forte.

como [a nova expedição] aguardam os jagunços

Logo ao apontar da manhã distribuíam-se os trabalhos. Não faltavam braços; havia-os até de sobra. Destacavam-se piquetes vigilantes, de vinte homens cada um, ao mando de cabecilha de confiança, para vários pontos de acesso – em Cocorobó, junto à confluência do Macambira, na baixada das Umburanas e no alto da Favela, a fim de renderem os que ali haviam atravessado a noite, velando. Seguiam para as insignificantes plantações, estiradas pelas duas margens do rio, os que na véspera já tinham pago o tributo de se entregarem ao serviço comum. Dirigiam-se

---

66 taumaturgo pessoa que faz milagres. **67 congérie** massa informe, acervo. **68 mangalaça** vadiagem, libertinagem. **69 zabaneiras** mulheres impudicas, meretrizes. **70 trêfegas** manhosas, astutas. **71 avitualhavam** proviam de víveres.

para as obras da igreja, outros; e outros – os mais ardilosos e vivos – para mais longe, para Monte Santo[72], para o Cumbe, para Queimadas, em comissões delicadas, indagando acerca dos novos invasores, confabulando com os fiéis que naquelas localidades se afrontavam com a vigilância das autoridades, adquirindo armamentos, ajeitando contrabandos afinal fáceis de serem feitos, espiando tudo, de tudo inquirindo cautelosamente.

E partiam felizes. Pelos caminhos fora[73] passavam pequenos grupos ruidosos, carregando armas ou ferramentas de trabalho, cantando. Olvidavam os morticínios anteriores. No ânimo de muitos repontava a esperança de que os deixariam, afinal, na quietude da existência simples do sertão.

TRINCHEIRAS

Os chefes, porém, não se iludiam. Premunidos de cautelas, concertaram na defesa urgente. Pelos dias ardentes, viam-se os sertanejos, esparsos sobre o alto dos cerros e à ourela dos caminhos, rolando, carregando ou amontoando pedras, rasgando a terra a picareta e a enxada numa faina incessante. Construíam trincheiras.

O sistema era, pela rapidez, um ideal de fortificação passageira: aberta cavidade circular ou elíptica, em que pudesse ocultar-se e mover-se à vontade o atirador, bordavam-na de pequenos espaldões[74] de pedras justapostas, com interstícios para se enfiar o cano das espingardas. As placas de talcoxisto, facilmente extraídas com todas as formas desejadas, facilitavam a tarefa. Explicam o extraordinário número desses fojos[75] tremendos que progredindo, regularmente intervalados, para todos os rumos, crivando a terra toda em roda de Canudos, semelhavam canhoneiras incontáveis de uma fortaleza monstruosa e sem muros. Eram locadas[76], cruzando os fogos sobre as veredas, de tal modo que, sobretudo nos longos trechos onde aquelas seguem aproveitando o leito

---

72 O trecho acima se baseia na p. 29 do MS. Ver Bernucci, pp. 265-269. 73 **fora** afora. 74 **espaldões** anteparos de fortificação. 75 **fojos** covas fundas, cuja abertura se tapa ou disfarça com ramos a fim de que nela caiam animais ferozes. 76 **locadas** estrategicamente postas ou localizadas.

seco dos riachos, tornavam dificílima a travessia à tropa mais robusta e ligeira. E como previssem que esta, procurando escapar àquelas passagens perigosas, volvesse aos lados assaltando e conquistando as trincheiras que as orlavam, fizeram próximas, no alto das barrancas, outras mais distantes e identicamente dispostas, em que se pudessem acolher e continuar o combate os atiradores repelidos. De sorte que, seguindo pelos caminhos ou abandonando-os, os antagonistas seriam sempre colhidos numa rede de balas.

É que os rebeldes dispensavam quaisquer ensinamentos para estes preparativos. A terra era um admirável modelo: serrotes empinando-se em redutos, rios escavando-se em passagens cobertas e fossos; e, por toda a parte, as caatingas trançadas em abatises[77] naturais. Escolhiam os arbustos mais altos e frondentes. Trançavam-lhes jeitosamente os galhos interiores, sem lhes desfazer a fronde, de modo a se formar, dois metros sobre o chão, pequeno jirau suspenso, capaz de suportar comodamente um ou dois atiradores invisíveis, ocultos na folhagem. Eram uma usança[78] avoenga aqueles mirantes singulares, com os quais desde muito vezavam tocaiar os canguçus bravios. Os *mutãs*[79] dos indígenas intercalavam-se, deste modo, destacadamente, completando o alinhamento das trincheiras. Ou então dispositivos mais sérios. Descobriam um cerro coroado de grandes blocos redondos, em acervos. Desentupiam as suas junturas e as largas brechas, onde viçavam cardos e bromélias; abriam-nas como postigos estreitos, mascarados de espessos renques de gravatás; limpavam depois os repartimentos interiores; e moviam-se, por fim, folgadamente, entre os corredores do monstruoso blocausse[80] dominante sobre as várzeas e os caminhos, e de onde podiam, sem riscos, alvejar os mais remotos pontos.

---

77 abatises obstáculos feitos de troncos e galhos aguçados de árvores, entrançados com arame ou corda, para dificultar o avanço de pessoal ou de viaturas inimigas. **78 usança** hábito. **79 Nota do Autor:** *Mutã* – espécie de palanque, sobre o qual se espera a caça. **80 blocausse** primitivamente, fortaleza improvisada com troncos de árvores esquadriados, barras de ferro etc., formando uma espécie de cabana protegida de paliçada.

ARMAS, PÓLVORA, BALAS E LUTADORES

Não ficavam nisto os preparativos. Reparavam-se as armas. No arraial estrugia a orquestra estridente das bigornas, à cadência dos malhos[81] e marrões[82]: enrijando e maleando as foices entortadas; aguçando e aceirando[83] os ferrões buídos[84]; temperando as lâminas largas das *facas de arrasto*, compridas como espadas; retesando[85] os arcos, que lembram uma transição entre as armas dos selvagens e a antiga besta de polé[86]; consertando a fecharia[87] perra[88] das velhas espingardas e garruchas. E das tendas abrasantes irrompia um ressoar metálico de arsenais ativos.

Não era suficiente a pólvora adquirida nas vilas próximas, faziam-na: tinham o carvão, tinham o salitre, apanhado à flor da terra mais para o norte, junto ao S. Francisco, e tinham, desde muito, o enxofre. O explosivo surgia perfeito, de uma dosagem segura, rivalizando bem com os que adotavam nas caçadas.

Não faltavam balas. A goela larga dos bacamartes aceitava tudo: seixos rolados, pedaços de pregos, pontas de chifres, cacos de garrafas, esquírolas[89] de pedras.

Por fim não faltavam lutadores *famanazes,* cujas aventuras de pasmar corriam pelo sertão inteiro.

Porque a universalidade do sentimento religioso, de par com o instinto da desordem, ali agremiara não baianos apenas senão filhos de todos os Estados limítrofes. Entre o jagunço do S. Francisco e o "cangaceiro" do Cariris[90], surgiam, sob todos os matizes, os valentões tradicionais dos conflitos sertanejos, variando até então apenas no nome, nas sedições parceladas, dos "calangros"[91], dos "balaios"[92] ou dos "cabanos"[93].

---

81 malhos grandes martelos de ferro. **82 marrões** marretas. **83 aceirando** acerando ou dando têmpera de aço, afiando. **84 buídos** polidos. **85 retesando** enrijando. **86 besta de polé** arma antiga, formada de arco, cabo e corda, com que se disparavam pelouros ou setas; balestra. **87 fecharia** conjunto de peças que determinam a explosão nas armas de fogo. **88 perra** entravada. **89 esquírolas** lascas. **90** Isto é, dos sertões do Cariri, CE. **91 calangros** ou calangos, membros de um grupo de salteadores que invadiram o CE entre 1873 e 1880. O nome é derivado de João Calangro, chefe do grupo. **92 "balaios"** partidários ou sequazes do Balaio, alcunha de Manuel dos Anjos Ferreira, um dos chefes da Balaiada, guerra civil no MA que durou de 1838 a 1841. **93 "cabanos"** insurretos da revolta (Cabanagem) ocorrida na província do Grão-Pará durante o período das Regências (7.4.1831-

Correra nos sertões um toque de chamada...

JOÃO ABADE

Dia a dia chegavam ao arraial singulares recém-vindos, absolutamente desconhecidos. Vinham "debaixo do cangaço"[94]: a capanga atestada de balas e o polvarinho[95] cheio; a garrucha de dois canos atravessada à cinta, de onde pendia a *parnaíba* inseparável; à bandoleira, o clavinote de boca de sino. Nada mais. Entravam pelo largo, sem que lhes indagassem a procedência, como se fossem antigos conhecidos. Recebia-os o astuto João Abade que, pleiteando-lhes parelhas[96] na turbulência, tinha a ascendência de uma argúcia rara e uns laivos[97] de superioridade mental, graças talvez à circunstância de haver estudado no liceu de uma das capitais do norte, de onde fugira após haver assassinado a noiva, o seu primeiro crime. O certo é que os dominava e disciplinava. "Comandante da rua"[98], título inexplicável naquele labirinto de bitesgas[99], sem abandonar o povoado exercia-lhe absoluto domínio que estendia pela redondeza, num raio de cinco léguas em volta, percorrida continuamente pelas rondas velozes dos piquetes.

Obedeciam-no incondicionalmente. Naquela dispersão de ofícios, múltiplos e variáveis, onde ombreavam o tabaréu crendeiro e o facínora despejado, estabelecera-se raro entrelaçamento de esforços; e a mais perfeita conformidade de vistas volvidas para um objetivo único: reagir à invasão iminente.

23.7.1840). O movimento teve início em 1832 em PE, alastrou-se por AL, onde tomou o nome de "Revolta de Panelas" e alcançou o Pará (1835-1840). A Cabanagem coincidiu com um período de enorme tensão política no Império iniciado com a abdicação de D. Pedro I. Levantaram-se contra o governo da Regência Trina Permanente facções da elite e pessoas de condição social inferior (índios e mestiços), que moravam em cabanas (daí o nome do movimento). O movimento refletiu a reação das províncias contra as presidências que lhes eram impostas pelos governos regenciais. A fase de grandes agitações teve início com o assassinato, em Belém, do presidente da província, Bernardo Lobo de Sousa, e do comandante das armas, coronel Silva Santiago. Depois deste incidente houve ainda outros atos de tomada de poder e assassinatos que o governo regencial tentou reprimir. Foi somente durante a regência de Araújo Lima que os últimos focos de resistência foram eliminados. **94** Ver nota 42, p. 236. **95 polvarinho** polvarinho ou embornal. **96 pleiteando-lhes parelhas** pretendendo mostrar-se igual ou superior a eles. **97 laivos** indícios. **98** O apelido se encontra na p. 22 do MS. Ver Bernucci, pp. 226-230. **99 bitesgas** betesgas, ruas estreitas, becos sem saída, corredores escuros.

Houve, todavia, segundo o revelaram alguns prisioneiros no termo da campanha, uma parada súbita na azáfama guerreira, um como sobressalto, estuporando a grei revoltosa e pondo-a a pique de dissolução repentina: foi quando, voltando dos diversos pontos os emissários, que tinham ido indagar sobre a marcha invasora, trouxeram, a par de informações seguras quanto ao número e armamento dos soldados, o renome do novo comandante.

Imobilizou a atividade febril dos jagunços a síncope[100] de um espanto extraordinário. Exagerara-se demais na distensão das mais extravagantes fantasias a temibilidade daquele. Era o Anticristo, vindo jungir à derradeira prova os penitentes infelizes. Imaginaram-no herói de grande número de batalhas, quatorze como especificou um rude poeta sertanejo, no canto que depois consagrou à campanha; e prefiguraram a devastação dos lares, dias de torturas sem nome, a par de duríssimos tratos. Canudos dissolvido a bala, e a fogo, e a espada...

Deram-lhe um apelido lúgubre – "Corta-cabeças"...[101]

Segundo depois se soube, nenhuma das expedições foi aguardada com ansiedade igual. Houve mesmo algumas deserções, rareando principalmente as fileiras que deviam tornar-se mais fortes, a dos adventícios perigosos que para lá iam não já sob o estímulo de uma crença senão pelo anelo dos desmandos e dos conflitos. Os piquetes, ao tornarem dos arredores, chegavam desfalcados de alguns daqueles sinistros companheiros.

Mas esse movimento de temor redundara em movimento seletivo. Expungira o arraial de incrédulos e tímidos. A grande maioria dos verdadeiros crentes permaneceu resignada.

PROCISSÕES

Desinfluído embora, o povo volvera-se para a última instância da fé religiosa. E não raro, então, atirando para o lado as armas emperradas, o arraial inteiro saía em longas procissões de penitência pelos descampados.

---

100 síncope golpe. **101** Aparentemente, o apelido já existia desde a época da Revolução Federalista.

Cessaram, de chofre, os contingentes de peregrinos. Cessou o mourejar[102] febril dos preparativos bélicos. Os piquetes que diariamente, ao clarear das manhãs, seguiam para diversos pontos, não mais passavam pelas veredas entoando as cantigas altas e festivas; embrenhavam-se, cautos, pelas moitas, quedando-se largas horas, silenciosos, vigilantes.

REZAS

Nesta situação aflitíssima, saiu a campo, alentando os combatentes robustos mas apreensivos, a legião fragílima da beataria numerosa. Ao anoitecer, acesas as fogueiras, a multidão, genuflexa, prolongava além do tempo consagrado, as rezas, dentro da latada.

Esta, entressachada de ramas aromáticas de caçatinga[103], tinha, estremando-a, à porta do *Santuário*, uma pequena mesa de pinho coberta de toalha alvíssima.

Abeirava-a, ao findar dos terços, uma figura estranha.

Revestido da longa camisa de azulão, que lhe descia, sem cintura, desgraciosamente, escorrida pelo corpo alquebrado abaixo; torso dobrado, fronte abatida e olhos baixos, Antônio Conselheiro aparecia. Quedava longo tempo, imóvel e mudo, ante a multidão silenciosa e queda[104]. Erguia lentamente a face macilenta[105], de súbito iluminada por olhar fulgurante e fixo. E pregava.

A noite descia de todo e o arraial repousava sob o império do evangelista humílimo e formidável...[106]

---

102 mourejar labutar. **103 caçatinga** madeira aromática esbranquiçada dos sertões. **104 queda** quieta. **105 macilenta** magra, pálida. **106** O trecho acima se baseia na p. 30 do MS. Ver Bernucci, pp. 271-276.

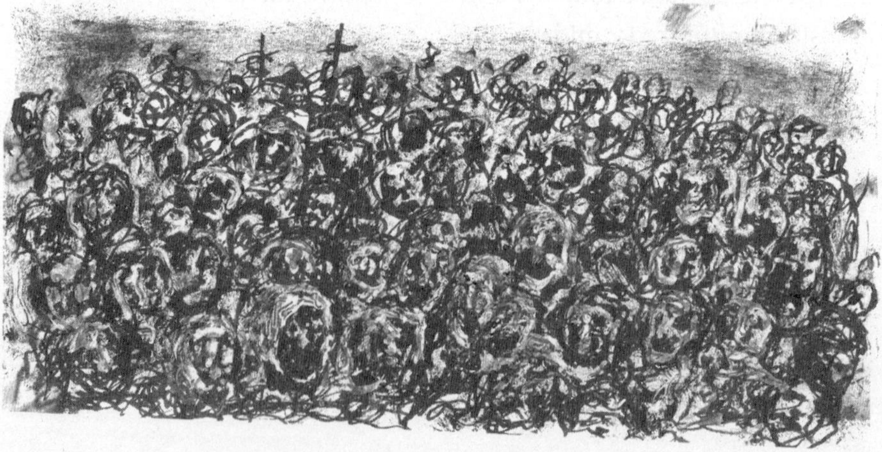

II

PARTIDA DE MONTE SANTO

Iam partir as tropas a 22 de fevereiro. E consoante a praxe, na véspera, à tarde, formaram numa revista em ordem de marcha para que se lhes avaliassem o equipamento e as armas.

A partida realizar-se-ia no dia subsequente, irrevogavelmente. Determinara-a "ordem de detalhe"[1].

Neste pressuposto alinharam-se os batalhões num quadrado, perlongando as faces do largo de Monte Santo.

Ali estavam: o 7º, com efetivo superior ao normal, comandado interinamente pelo major Rafael Augusto da Cunha Matos; o 9º, que pela terceira vez se aprestava à luta, ligeiramente desfalcado, sob o comando do coronel Pedro Nunes Tamarindo; frações do 33º e 16º, dirigidas pelo capitão Joaquim Quirino Vilarim; a bateria de quatro Krupps do 2º Regimento, comandada pelo capitão José Salomão Agostinho da Rocha; um esquadrão de cinquenta praças do 9º de Cavalaria, ao mando do capitão Pedreira Franco; contingentes da polícia baiana; corpo de saúde chefiado pelo dr. Ferreira Nina; e comissão de engenharia. Excetuavam-se setenta praças do 16º, que ficariam com o coronel Sousa Meneses guarnecendo a vila.

Eram ao todo 1 281 homens – tendo cada um 220 cartuchos nas patronas e cargueiros, à parte a reserva de 60 mil tiros no comboio geral.

1 **ordem de detalhe** aviso ou escrito com a norma a seguir numa operação militar.

Fez-se a revista. Mas contra a expectativa geral, ao invés da voz de ensarilhar armas e debandar, ressoou a corneta ao lado do comando em chefe, dando a de "coluna de marcha".

O coronel Moreira César, deixando depois, a galope, o lugar onde até então permanecera, tomou-lhe logo a frente[2].

Iniciava-se quase ao cair da noite a marcha para Canudos.

O fato foi de todo em todo inesperado. Mas não houve o mais leve murmúrio nas fileiras. A surpresa, retratando-se em todos os olhares, não perturbou o rigor da manobra. Retumbaram os tambores na vanguarda; deslocaram-se sucessivamente as seções, desfilando, adiante, a dois de fundo, ao penetrarem o caminho estreito; abalou o trem da artilharia; rodaram os comboios...

Um quarto de hora depois, os habitantes de Monte Santo viam desaparecer, ao longe, na última curva da estrada, a terceira expedição contra Canudos.

PRIMEIROS ERROS

A vanguarda chegou em três dias ao Cumbe sem o resto da força, que ficara retardada algumas horas – com o comandante retido numa fazenda próxima[3] por outro ataque de epilepsia.

E na antemanhã de 26, tendo alcançado na véspera o sítio de "Cajazeiras", a duas e meia léguas do Cumbe, abalaram rumo direto ao norte, para "Serra Branca" mais de três léguas na frente.

Esta parte do sertão, na orla dos tabuleiros que se dilatam até Jeremoabo, diverge muito das que temos rapidamente bosquejado. É menos revolta e é mais árida. Rareiam os cerros de flancos abruptos e estiram-se chapadas grandes. O aspecto menos revolto da terra, porém, encobre empeços porventura mais sérios. O solo arenoso e chato, sem depressões em que se mantenham, reagindo aos estios, as cacimbas salvadoras, é absolutamente estéril. E como as maiores chuvas ao caí-

---

2 O trecho acima se baseia na p. 34 do MS. Ver Bernucci, pp. 281-285. 3 Trata-se da Fazenda Lajinha.

rem, longamente intervaladas, mal o embebem, prestes desaparecendo sorvidas pelos areais, cobre-o flora mais rarefeita, transmudando-se as caatingas em caatanduvas.

Na plenitude do estio de novembro a março, a desolação é completa. Quem por ali se aventura tem a impressão de varar por uma roçada enorme de galhos secos e entrançados, onde a faúlha de um isqueiro ateia súbitos incêndios, se acaso estes não se alastram, espontaneamente no fastígio das secas, nos meios-dias quentes, quando o Nordeste atrita rijamente as galhadas. Completa-se então a ação esterilizadora do clima, e por maneira tal que naquele trato dos sertões – sem um povoado e onde passam, rápidos, raros viajantes, pela estrada de Jeremoabo a Bom Conselho – inscrito em vasto círculo irregular tendo como pontos determinantes os povoados que o abeiram, do Cumbe ao sul, a Santo Antônio da Glória ao norte, de Jeremoabo a leste, a Monte Santo a oeste, se opera lentamente a formação de um deserto.

As árvores escasseiam. Dominando a vegetação inteira, quase exclusivos em certos trechos, enredam-se, em todos os pontos, mirrados arbúsculos de mangabeiras, único vegetal que ali medra sem decair, graças ao látex protetor que lhe permite, depois das soalheiras e das queimadas, cobrir de folhas e de flores os troncos carbonizados, à volta das estações propícias.

NOVA ESTRADA

Mas a expedição por ali enveredava na quadra mais imprópria. E tinha que caminhar, de arranco, sob temperatura altíssima que esgotava os soldados e não os insolava mercê da secura extrema dos ares, até ao ponto prefixado, onde a existência de uma cacimba facultaria a alta.

A travessia foi penosamente feita. O terreno inconsistente e móvel fugia sob os passos aos caminhantes; remorava a tração das carretas absorvendo as rodas até ao meio dos raios; opunha, salteadamente, flexíveis barreiras de espinheirais, que era forçoso destramar a facão; e reduplicava, no reverberar intenso das areias, a adustão da canícula. De sorte que ao chegar, à tarde, à "Serra Branca", a tropa estava exausta. Exausta e sequiosa. Caminhara oito horas sem parar, em pleno arder do sol bravio do verão.

Mas para a sede inaturável que resulta da quase completa depleção[4] das veias esgotadas pelo suor, encontraram-se, ali, na profundura de uma cava, alguns litros d'água.

Fora previsto o transe, como vimos. Procurou-se cravar o tubo da bomba artesiana. A operação, porém, e os seus efeitos eram impacientemente aguardados, resultou inútil. Era inexequível. Ao invés de um bate-estacas que facilitasse a penetração da sonda, haviam conduzido aparelho de função inteiramente oposta, um macaco de levantar pesos.

Ante o singularíssimo contratempo, só havia alvitrar-se a partida imediata, malgrado a distância percorrida, para o sítio do Rosário, seis léguas mais longe[5].

A tropa combalida abalou à tarde.

A noite colheu-a na marcha, feita ao brilho das estrelas, varando pelas veredas rendilhadas de espinhos...

Calcula-se o que foi essa jornada de oito ou dez léguas, sem folga. Mil e tantos homens penetrando, quase em cambaleios, torturados de sede, acurvados sob as armas, em pleno território inimigo. O tropear soturno das fileiras, o estrépito dos reparos e carretas, os tinidos das armas, esbatiam-se na calada do ermo e naquela assonância ilhada no silêncio se afogavam imperceptíveis estalidos nas macegas.

Ladeavam a tropa – em rastejamentos à ourela dos desvios – os espias dos jagunços.

Ninguém cuidava[6] neles. Abatidos de um dia inteiro de viagem os expedicionários, deslembrados da luta, iam sob o anelo exclusivo do pouso apetecido. Seguiam imprudentemente, de todo entregues ao tino e lealdade dos guias.

Mas afinal pararam, em plena estrada: alguns estropiados perdiam-se distanciados à retaguarda e os mais robustos mesmo a custo caminhavam. Foi uma alta breve, ilusório descanso: praças caídas ao longo

---

4 depleção debilitação. **5** São apenas três léguas (18 km) de um lugar ao outro (cf. Fontes, p. 235). **6 cuidava** prestava atenção.

dos caminhos, oficiais dormindo, os que dormiam, com as rédeas dos cavalos enleadas aos punhos. E reatada a marcha, na antemanhã seguinte, reconheceram que estavam na zona perigosa. Cinzas de fogueiras a cada passo encontradas e algumas ainda mornas; restos de repasto em que eram preexcelente vitualha[7] jabutis assados e quartos de cabrito; rastros frescos na areia, entranhando-se tortuosamente nas caatingas, diziam que os sertanejos ali tinham estado, e passado também a noite, rodeando-os, invisíveis, nas rondas cautelosas.

Na "Porteira Velha" a vanguarda parece mesmo havê-los surpreendido, ocasionando precípite debandada. Ficaram junto à fogueira uma pistola de dois canos e um ferrão de vaqueiro.

O "Rosário" foi alcançado antes do meio-dia, ao tempo que caía violento e transitório aguaceiro, como soem sobrevir durante aquela quadra nos sertões. Aquele sítio, destinado a celebrizar-se no correr da campanha, era o que eram os demais das cercanias: uma ou duas casas pequenas de telha-vã[8], sem soalho; ladeadas de uma cerca de achas[9], ou paus roliços; fronteando um terreiro limpo com algumas árvores franzinas; e tendo, pouco distante, a cacimba ou a ipueira que determinou a escolha do local[10].

A expedição ali campou. Estava no âmago do território inimigo; e, ao que se afigura, invadiram-na pela primeira vez as apreensões da guerra.

Di-lo incidente expressivo.

No dia 1º de março, precisamente na hora em que outra chuva passageira e forte caía sobre a tropa desabrigada, estrugiram as notas de um alarma. O inimigo, certo, aproveitara o ensejo para sobressaltear os invasores, ligando-se ao furor dos elementos e surgindo naquele chuveiro, de improviso, armas disparadas no fragor da trovoada que abalava a altura...

Correndo e caindo, resvalando no chão escorregadio e encharcado; esbarrando-se em carreiras cruzadas sob o fustigar das bátegas, oficiais e praças procuravam a formatura impossível, vestindo-se, apresilhando

---

7 **vitualha** víveres. 8 **telha-vã** telhado sem forro. 9 **achas** paus para queimar, lenha. 10 O trecho acima se baseia na p. 35 do MS. Ver Bernucci, pp. 286-290.

cinturões e talins[11], armando-se às carreiras; surdos às discordes vozes de comando; alinhando seções e companhias ao acaso, num tumulto. E daquele enredamento de fileiras, rompeu aforradamente, de arremesso, um cavaleiro isolado, sem ordenanças[12], precipitando-se a galope entre os soldados tontos, e lançando-se pela estrada, na direção provável do inimigo, mal alcançado pelo engenheiro militar Domingos Leite.

Era o coronel Moreira César.

Felizmente o inimigo imaginário, a quem ia entregar-se, procurando-o naquela arremetida inútil, era um comboio de gêneros enviado por um fazendeiro amigo, das cercanias[13].

Tirante este incidente o dia passou em completa paz, tendo vindo à tarde um correio de Monte Santo e cavalos para o esquadrão que até ali viajara em muares imprestáveis.

E na alta madrugada no dia 2, os batalhões marcharam para o Angico onde chegaram às 11 horas da manhã, acampando dentro do grande curral do sítio em abandono.

Estava assente o plano definitivo da rota, adrede concebido de modo a diminuir o esfalfamento das marchas forçadas anteriores: descansando todo o resto do dia no "Rancho do Vigário" a tropa abalaria, a 3, para o Angico, andando apenas uns oito quilômetros, e ali, novamente descansando, pernoitaria. Decampando a 4, iria diretamente sobre Canudos, depois de caminhar pouco mais de légua e meia. Como estavam em pleno território inimigo, tomaram-se dispositivos para garantir o acampamento, rodeando-o de piquetes e sentinelas circulares.

O coronel César internou-se na caatinga próxima, onde mandou armar a sua barraca. Ali, não ocultou aos chefes dos corpos a segurança absoluta que tinha na vitória. Apresentaram-lhe vários alvitres atinentes[14] a rodearem de maiores resguardos a investida, um dos quais, aventado

---

11 talins correias a tiracolo, às quais se prende a espada ou outra arma. **12 ordenanças** soldados às ordens de um superior hierárquico. **13 Nota do Autor:** Coronel da Guarda Nacional, José Américo C. de Souza Velho, dono dos sítios de "Caimbê" e "Olhos d'Água". Foi quem aconselhou a estrada à expedição. **Nota do Editor:** Além de possuir as fazendas do Rosário e Ilha, era também proprietário da fazenda Jueté, onde se hospedaram os membros da 4ª Expedição do exército a caminho de Canudos. O nome completo do coronel era José Américo Camelo de Souza Velho. **14 atinentes** relativos, respeitantes.

pelo comandante do 7º, impunha a modificação preliminar da ordem até então adotada na marcha. Sugeria a divisão em duas, da coluna até então unida, destinando-se uma forte vanguarda para o reconhecimento e o primeiro combate; entrando a outra na ação, como reforço. Desse modo, se por qualquer circunstância se verificassem poderosos os recursos do adversário, tornar-se-ia factível um recuo em ordem para Monte Santo, onde se reorganizariam, aumentadas as forças.

Contra o que era de esperar, o chefe expedicionário não desadorou[15] o alvitre. A tropa prosseguiria a 3, pelo amanhecer, adstrita a um plano lucidamente traçado.

EM MARCHA PARA O ANGICO

Entretanto ao marchar para o Angico levava uma ordem que era a mesma da partida do Cumbe: na frente um piquete de exploradores montados; um guia, Manuel Rosendo, experimentado e bravo, e a comissão de engenharia; uma companhia de atiradores do 7º, comandada pelo tenente Figueira[16]; a ala[17] direita do 7º com o major Cunha Matos, marchando de costado, levando no centro o respectivo comboio de munições; 1ª Divisão do 2º Regimento, sob a imediata direção de Salomão da Rocha; ala esquerda do 7º, dirigida pelo capitão Alberto Gavião Pereira Pinto; 2ª Divisão de Artilharia, do 1º tenente Marcos Pradel de Azambuja; ala direita do 9º, sob o mando do coronel Tamarindo, separada da esquerda, dirigida pelo capitão Felipe Simões, pelo respectivo comboio.

À retaguarda o corpo de saúde; contingentes do 16º, do capitão Quirino Vilarim; e o comboio geral guardado pela polícia baiana.

Por último a cavalaria. O coronel César, na vanguarda, ia entre a companhia de atiradores e a ala direita do 7.º

Tinham partido às cinco horas da manhã. Alcançavam a região característica dos arredores de Canudos: fortemente riçada de serra-

---

15 desadorou desaprovou. **16** Ver telegrama enviado por este militar à *Gazeta de Notícias* e publicado em *O Estado de S. Paulo* em 16.3.1897. **17 ala** unidade ou fração de unidades que opera no flanco de um dispositivo de forças militares.

nias vestidas de vegetação raquítica, de cardos e bromélias; recortada de regatos derivando em torcicolos – num crescente enrugamento da terra cada vez mais adversa, onde a vinda recente das chuvas ainda não estendera a vestimenta efêmera da flora revivente[18], velando-lhe os pedroiços[19] e os algares.

Os chuvisqueiros da véspera, como sucede na plenitude do estio, haviam passado sem deixarem traços. O solo requeimado absorvera-os e repelira-os, permanecendo ressequido e agro. Em roda, até aonde se estendia o olhar, pelo bolear dos cerros, pelas rechãs que se estiram nos altos, pelas várzeas que os circuitam, pelas serranias de flancos degradados, por toda a parte, o mesmo tom nas paisagens a um tempo impressionadoras e monótonas: a natureza imóvel, caída num grande espasmo, sem uma flor sobre as ramagens nuas, sem um bater de asas nos ares quietos e serenos...

A coluna em marcha, estirada numa linha de três quilômetros, cortava-a em longo risco negro e tortuoso.

Viam-se, adiante e próximas, ao norte, as últimas serranias que rodeiam Canudos, sem que este abeirar-se do objetivo da luta conturbasse o ânimo dos soldados.

PSICOLOGIA DO SOLDADO

Seguiam tranquilamente a passo ordinário e seguro.

Da extensa linha da brigada evolava-se[20] um murmúrio vago de milhares de sílabas emitidas à meia voz, aqui, ali, repentinamente salteadas de risos joviais[21]. Os nossos soldados estadeavam o seu atributo preeminente naquela alacridade singular com que se aproximavam do inimigo. Homens de todas as cores, amálgamas de diversas raças, parece que no sobrevir dos lances perigosos e no abalo de emoções fortíssimas, lhes preponderam, exclusivas, no ânimo, por uma lei qualquer

---

18 Esta descrição aparece na p. 26 do MS. Ver Bernucci, pp. 250-254. **19 pedroiços** montões de pedras. **20 evolava-se** emanava. 21 O trecho acima se baseia nas pp. 36- 37 do MS. Ver Bernucci, pp. 291-303.

de psicologia coletiva, os instintos guerreiros, a imprevidência[22] dos selvagens, a inconsciência do perigo, o desapego à vida e o arremesso fatalista para a morte.

Seguem para a batalha como para algum folguedo turbulento. Intoleráveis na paz que os molifica[23], e infirma[24], e relaxa; inclassificáveis nas paradas das ruas, em que passam sem garbo, sem aprumo, corcundas sob a espingarda desastradamente manejada, a guerra é o seu melhor campo de instrução e o inimigo o instrutor predileto, transmudando-os em poucos dias, disciplinando-os, enrijando-os, dando-lhes em pouco tempo, nos exercícios extenuadores da marcha e do combate, o que nunca tiveram nas capitais festivas, – a altivez do porte, a segurança do passo, a precisão do tiro, a celeridade das cargas. Não sucumbem à provação. São inimitáveis no caminhar dias a fio pelos mais malgradados caminhos. Não bosquejam[25] a reclamação mais breve nas piores aperturas; e nenhuns se lhes emparelham no resistir à fome, atravessando largos dias à *brisa*[26], segundo o dizer de seu calão pinturesco. Depois dos mais angustiosos transes, vimos valentes escaveirados meterem à bulha o martírio e troçarem, rindo, com a miséria.

No combate, certo, nenhum é capaz de entrar e sair, como o prussiano, com um podômetro preso à bota – é desordenado, é revolto, é turbulento, é um garoto heroico e terrível, arrojando contra o adversário, de par com a bala ou a pranchada, um dito zombeteiro e irônico. Por isto se impropria ao desdobramento das grandes massas nas campanhas clássicas. Manietam-no as formaturas corretas. Estonteia-o o mecanismo da manobra complexa. Tortura-o a obrigação de combater adstrito ao ritmo das cornetas; e de bom grado[27] obediente aos amplos movimentos da estratégia, seguindo, impassível, para os pontos mais difíceis, quando o inimigo lhe chega à ponta do sabre quer combater a seu modo. Bate-se, então, sem rancor, mas estrepitosamente, fanfarrão, folgando entre as cutiladas[28] e as balas, arriscando-se doidamente, barateando[29] a bravura.

---

22 imprevidência desprevenção. **23 molifica** acalma, suaviza. **24 infirma** enfraquece. **25 bosquejam** esboçam. **26 à brisa** sem comer nada, de estômago vazio. **27 de bom grado** de boa vontade. **28 cutiladas** golpes de cutelo, punhaladas. **29 barateando** dando pouco valor a; menosprezando.

Fá-lo, porém, de olhos fixos nos chefes que o dirigem e de cuja energia parece viver exclusivamente. De sorte que a mínima vacilação daqueles tem, de chofre, extintas todas as ousadias e cai num abatimento instantâneo salteado de desânimos invencíveis.

Ora naquela ocasião tudo vaticinava aos expedicionários a vitória. Com tal chefe não havia cogitar em reveses. E endireitavam firmes para frente, impacientes por virem às mãos com o adversário esquivo. Vendiam escandalosamente a pele do urso sertanejo[30]. Gizavam antecipadas façanhas; coisas de pasmar, depois, aos ouvintes crédulos e tímidos; cenas joco-trágicas – lá dentro, na tapera monstruosa, quando a varressem a tiro. E faziam planos bizarros, projetos prematuros, iniciados todos por uma preliminar ingênua: "Quando eu voltar..."[31]

Alguns, às vezes, saíam-se com um pensamento extravagante, e no burburinho confuso passava, sulcando-o, um ondular de risos mal contidos...

Além disto, aquela manhã resplandecente os alentava. O belo firmamento dos sertões arqueava-se sobre a terra – irisado – passando em transições suavíssimas do zênite azul à púrpura deslumbrante do oriente.

Ademais o adversário que deixara livre até ali o caminho, desdenhando os melhores trechos para o cortar, ameaçava-os de um único contratempo sério: o toparem vazio o arraial sedicioso.

Assustava-os esse desapontamento provável; a campanha transformada em passeio militar penoso; a volta inglória, sem o dispêndio de um cartucho.

---

[30] Entenda-se: "Já contavam de antemão com o 'troféu' (pele) da caça (urso sertanejo)". [31] A frase provém de Dantas Barreto, *Última Expedição a Canudos*, p. 43.

III

PITOMBAS

Iam nestas disposições admiráveis quando chegaram a "Pitombas".

O pequeno ribeirão que ali corre, recortando fundamente o solo, ora ladeia, ora atravessa a estrada, interrompendo-a, serpeante. Por fim a deixa antes de chegar ao sítio a que dá o nome, arqueando-se em volta longa, um quase semicírculo de que o caminho é a corda.

O PRIMEIRO ENCONTRO

Tomou por esta a tropa. E, quando a vanguarda lhe atingiu o meio, estourou uma descarga de meia dúzia de tiros.

Era afinal o inimigo.

Algum piquete de sobrerronda à expedição, ou ali aguardando-a, que aproveitara a conformação favorável do terreno para um ataque instantâneo, ferindo-a de soslaio, e furtando-se a seguro pelas passagens cobertas das ribanceiras do rio.

Mas atirara com firmeza: abatera, mortalmente ferido, um dos subalternos da companhia de atiradores, o alferes Poli, além de seis a sete soldados. Descarregara as armas e fugira a tempo de escapar à réplica, que foi pronta.

Para logo conteirados os canhões da divisão Salomão, a metralha explodiu no matagal rasteiro. Os arbustos dobraram acamando-se, como à passagem de ventanias ríspidas. Varreram-no.

Logo depois nos ares, ainda ressoantes dos estampidos, correu triunfalmente o ritmo de uma carga e destacando-se, desenvolvida em atiradores, do grosso da coluna, a ala direita do 7º lançou-se na direção do inimigo, atufando-se nas macegas, a marche-marche, roçando-as a baioneta.

Foi uma diversão gloriosa e rápida.

O inimigo furtara-se[1] ao recontro. Volvidos minutos, a ala tornou à linha da coluna entre aclamações, enquanto o antigo toque de "trindades"[2], era agora o sinal da vitória, soava em vibrações altíssimas. O comandante em chefe abraçou, num lance de alegria sincera, o oficial feliz que dera aquele repelão valente no antagonista, e considerou auspicioso o encontro. Era quase para lastimar tanto aparelho bélico, tanta gente, tão luxuosa encenação em campanha destinada a liquidar-se com meia dúzia de disparos.

"ESTA GENTE ESTÁ DESARMADA..."

As armas dos jagunços eram ridículas. Como despojo, os soldados encontraram uma espingarda *pica-pau*[3], leve e de cano finíssimo, sobre a barranca. Estava carregada. O coronel César, mesmo a cavalo, disparou-a para o ar. Um tiro insignificante, de matar passarinho[4].

– "Esta gente está desarmada..." disse tranquilamente.

E reatou-se a marcha, mais rápida agora, a passos estugados[5], ficando em Pitombas os médicos e feridos, sob a proteção do contingente policial e resto da cavalaria. O grosso dos combatentes perdeu-se logo em adiante, em avançada célere. Quebrara-se, de vez, o encanto do inimigo. Os atiradores e flanqueadores, na vanguarda, batiam o caminho e embrenhavam-se nas caatingas, rastreando os espias que acaso por ali houvesse, desinçando-as[6] das tocaias prováveis, ou procurando alcançar os fugitivos que endireitavam para Canudos[7].

---

1 furtara-se evitara, esquivara-se. **2 toque de "trindades"** o toque das ave-marias. **3 pica-pau** arma com sistema de fecho com espoleta, não comportava projétil, disparando grãos de chumbo ou hematita, minério de ferro. **4** Essa passagem sobre a espingarda se baseia num trecho do romance *Os Jagunços* (p. 273) de A. Arinos. **5 estugados** apressados. **6 desinçando** limpando, desembaraçando. **7** O trecho acima se baseia na p. 37 do MS. Ver Bernucci, pp. 297-303.

O recontro fora um choque galvânico[8]. A tropa, a marche-marche, prosseguia, agora, sob a atração irreprimível da luta nessa ebriez mental perigosíssima, que estonteia o soldado duplamente fortalecido pela certeza da própria força e a licença absoluta para as brutalidades máximas[9].

O PÂNICO E A BRAVURA

Porque num exército que persegue há o mesmo automatismo impulsivo dos exércitos que fogem. O pânico e a bravura doida, o extremo pavor e audácia extrema, confundem-se no mesmo aspecto. O mesmo estonteamento e o mesmo tropear precipitado entre os maiores obstáculos, e a mesma vertigem, e a mesma nevrose torturante abalando as fileiras, e a mesma ansiedade dolorosa, estimulam e alucinam com idêntico vigor o homem que foge à morte e o homem que quer matar. É que um exército é, antes de tudo, uma multidão, "acervo de elementos heterogêneos em que basta irromper uma centelha de paixão para determinar súbita metamorfose, numa espécie de geração espontânea em virtude da qual milhares de indivíduos diversos se fazem um animal único, fera anônima e monstruosa caminhando para dado objetivo com finalidade irresistível"[10]. Somente a fortaleza moral de um chefe pode obstar esta transfi-

---

8 galvânico elétrico. **9** Estes dizeres foram extraídos de *La Folla Delinquente* de Scipio Sighele (p. 83) que por sua vez glosa Friedrich Heinrich Jacobi e H. Taine. As passagens dessas fontes são as seguintes: "La toute puissance subite et la licence de tuer – écrit Taine – sont un vin trop fort pour la nature humaine; le vertige vient, l'homme *voit rouge*, et son délire s'achève par la férocité". Na nota de rodapé: "Il Jacoby ha descritto il grado di ubbriacatura mentale, di alcoolismo intellettuale che produce l'onnipotenza in coloro che hanno raggiunto il potere supremo" ["A súbita onipotência e a licença de matar – escreveu Taine – são um vinho muito forte para a natureza humana; a vertigem vem, o homem encoleriza-se , e o seu delírio termina em ferocidade; Jacoby descreveu o grau de embriaguez mental, de alcoolismo intelectual que a onipotência produz sobre aqueles que atingiram o poder supremo"]. **10** A citação provém de Gabriel De Tarde (*La Philosophie Pénale*, p. 320) e provavelmente foi extraída do livro de Sighele (*La Folla Delinquente*, p. 31): "Una folla, scrive un acuto filosofo, è un fenomeno difficile a essere compresso: è una riunione di elementi eterogenei, sconosciuti gli uni agli altri e, nondimeno, appena che una scintilla di passione scoppia da uno di essi ed elettrizza questo ammasso di individui, vi si produce subito, per generazione spontanea, una specie di organizzazione. L'incoerenza diventa coesione, il rumore confuso diventa voce distinta e, d'un tratto, quel migliaio d'uomini prima divisi di sentimenti e di idee, non forma più che una sola e única persona, una belva innominata e mostruosa, che corre al suo scopo con una finalità irresistibile". Comparar ainda este trecho com o da p. 17 do MS. Ver Bernucci, pp. 199-203.

guração deplorável, descendo, lúcida e inflexível, impondo uma diretriz em que se retifique o tumulto. Os grandes estrategistas têm, instintivamente, compreendido que a primeira vitória a alcançar nas guerras está no debelar esse contágio de emoções violentas e essa instabilidade de sentimentos que com a mesma intensidade lançam o combatente nos mais sérios perigos e na fuga. Um plano de guerra, riscado a compasso numa carta, exige almas inertes – máquinas de matar – firmemente encarrilhadas nas linhas que preestabelece.

Mas estavam longe deste ideal sinistro os soldados do coronel Moreira César e este ao invés de reprimir a agitação ia ampliá-la. Far-se-ia o expoente da nevrose.

Sobreviera, entretanto, ensejo para normalizar a situação.

Chegaram ao Angico, ponto predeterminado da última parada. Ali, estatuíra-se em detalhe, repousariam. Decampariam pela manhã do dia seguinte: cairiam sobre Canudos após duas horas de marcha. O ímpeto que trazia a tropa, porém, teve uma componente favorável nas tendências arrojadas do chefe. Obsediava-o o anseio de vir logo às mãos com o adversário.

A alta no Angico foi de um quarto de hora; o indispensável para mandar tocar a oficiais; reuni-los sobre pequena ondulação dominante sobre os batalhões, ofegantes em torno; e apresentar-lhes, olvidando o axioma de que nada se pode tentar com soldados fatigados, o alvitre de prosseguirem naquela arremetida até ao arraial:

– "Meus camaradas! como sabem estou visivelmente enfermo. Há muitos dias não me alimento; mas Canudos está muito perto... Vamos tomá-lo!"

Foi aceito o alvitre.

– "Vamos almoçar em Canudos!" – disse, alto.

Respondeu-lhe uma ovação[11] da soldadesca.

A marcha prosseguiu. Eram 11 horas da manhã[12].

---

11 **ovação** aclamação pública acompanhada de "vivas". 12 O trecho acima se baseia na p. 38 do MS. Ver Bernucci, pp. 304-309. Possivelmente foi extraído de uma dessas fontes: *Jornal do Brasil* (RJ) de 15 e 25.4.1897; Manuel Benício, *O Rei dos Jagunços*, p. 224. Também para uma outra versão desse episódio, ver José Aras, *Sangue de Irmãos*, p. 112.

Dispersa na frente a companhia de atiradores revolvia as moiteiras[13], dentre as quais, distantes, raros tiros, espaçados, de adversários em fuga, estrondavam, como se tivessem o intuito único de a atraírem e ao resto da tropa; espelhando estratégia ardilosa, armada a arrebatá-la até ao arraial naquelas condições desfavoráveis – combalida e exausta de uma marcha de seis horas.

"EM ACELERADO!"

Há um atestado iniludível desta arrancada louca, encurtando o fôlego dos soldados perto da batalha: para que se não remorasse o passo de carga da infantaria, foi permitido às praças arrojarem de si as mochilas, cantis e bornais[14], e todas as peças do equipamento, excluídos os cartuchos e as armas, que a cavalaria, à retaguarda, ia recolhendo, à medida que encontrava.

Neste avançar desapoderado, galgaram a achada[15] breve do alto das Umburanas. Canudos devia estar muito perto, ao alcance da artilharia. A força fez alto...

DOIS CARTÕES DE VISITA A ANTÔNIO CONSELHEIRO

O guia Jesuíno, consultado, apontou com segurança a direção do arraial. Moreira César pôs em batalha a divisão Pradel e, graduada a alça de mira para três quilômetros, mandou dar dois tiros segundo o rumo indicado.

– "Lá vão dois cartões de visita ao Conselheiro..." – disse, quase jovial, com o humorismo superior de um forte.

A frase passou como um frêmito entre as fileiras. Aclamações. Renovou-se a investida febrilmente.

O sol dardejava a prumo. Transpondo os últimos acidentes fortes do terreno, os batalhões abalaram, dentro de uma nuvem pesada e cálida, de poeira.

---

13 moiteiras lugares onde há moitas, moital. **14 bornais** sacos de pano, couro etc., em geral utilizados a tiracolo, para transportar provisões, ferramentas etc.; embornais. **15 achada** planalto, ponto plano.

De súbito, surpreendeu-os a vista de Canudos.
Estavam no alto da Favela.

NO ALTO DA FAVELA. UM OLHAR SOBRE CANUDOS

Ali estava, afinal, a tapera enorme que as expedições anteriores não haviam logrado atingir.

Aparecia, de improviso, toda, numa depressão mais ampla da planície ondulada. E no primeiro momento, antes que o olhar pudesse acomodar-se àquele montão de casebres, presos em rede inextricável de becos estreitíssimos e dizendo[16] em parte para a grande praça onde se fronteavam as igrejas, o observador tinha a impressão exata de topar, inesperadamente, uma cidade vasta. Feito grande fosso escavado, à esquerda, no sopé das colinas mais altas, o Vaza-Barris abarcava-a e infletia depois, endireitando em cheio para leste, rolando lentamente as primeiras águas da enchente. A casaria compacta em roda da praça a pouco e pouco se ampliava, distendendo-se, avassalando os cerros para leste e para o norte até às últimas vivendas isoladas, distantes, como guaritas[17] dispersas – sem que uma parede branca ou telhado encaliçado quebrasse a monotonia daquele conjunto assombroso de cinco mil casebres impactos[18] numa ruga da terra. As duas igrejas destacavam-se, nítidas. A nova, à esquerda do observador – ainda incompleta, tendo aprumadas as espessas e altas paredes mestras, envolta de andaimes e bailéus, mascarada ainda de madeiramento confuso de traves, vigas e baldrames, de onde se alteavam as pernas rígidas das cábreas[19] com os moitões[20] oscilantes; – erguida dominadoramente sobre as demais construções, assoberbando a planície extensa; e ampla, retangular, fir-

---

16 dizendo indicando, dirigindo. **17 guaritas** casinhas portáteis de madeira destinadas ao abrigo das sentinelas. **18 impactos** metidos à força. O significado deste vocábulo está dado na última página de *Os Sertões*, na seção "Notas à 2ª Edição", p. 709. **19 cábreas** guindastes, com duas ou três pernas convergentes no topo, onde há uma roldana para apoiar o cabo, e que servem para levantar materiais, nas construções. **20 moitões** peças de madeira, ou metálicas, constituídas de uma ou duas faces ovais ou elípticas, atravessadas por um eixo, às vezes providas de roldana e de uma alça de ferro, e que servem para levantar pesos.

memente assente sobre o solo, patenteando nos largos muros grandes blocos dispostos numa amarração perfeita – tinha, com efeito, a feição completa de um baluarte formidável. Mais humilde, construída pelo molde comum das capelas sertanejas, enfrentava-a a igreja velha. E mais para a direita, dentro de uma cerca tosca, salpintado de cruzes pequenas e malfeitas – sem um canteiro, sem um arbusto, sem uma flor – aparecia um cemitério de sepulturas rasas, uma tibicuera[21] triste. Defrontando-as, do outro lado do rio, breve área complanada contrastava com o ondear das colinas estéreis: algumas árvores esparsas, pequenos renques de palmatórias rutilantes e as ramagens virentes de seis pés de quixabeiras davam-lhe o aspecto de um jardim agreste. Aí caía a encosta de um esporão[22] do morro da Favela, avantajando-se até ao rio, onde acabava em corte abrupto. Estes últimos rebentos da serrania tinham a denominação apropriada de Pelados, pelo desnudo das faldas. Acompanhando o espigão na ladeira, que para eles descamba em boléus[23], via-se, a meio caminho, uma casa em ruínas, a Fazenda Velha[24]. Sobranceava-a um socalco forte, o Alto do Mário.

No fastígio da montanha, a tropa.

CHEGADA DA FORÇA

Chegaram primeiro a vanguarda do 7º e a artilharia, repulsando violento ataque pela direita, enquanto o resto da infantaria galgava as últimas ladeiras. Mal atentaram para o arraial. Os canhões alinharam-se em batalha, ao tempo que chegavam os primeiros pelotões embaralhados e arfando – e abriram o canhoneio disparando todos a um tempo, em tiros mergulhantes.

Não havia errar o alvo desmedido. Viram-se os efeitos das primeiras balas em vários pontos; explodindo dentro dos casebres e estraçoando-os, e enterroando-os; atirando pelos ares tetos de argilas e vigamentos

---

21 tibicuera (*tupi*, tibicoara: "buraco na terra, cova, sepultura") conjunto de valas. **22 esporão** ver nota 25, p. 99. **23 boléus** quedas. **24** O trecho acima se baseia na p. 39 do MS. Ver Bernucci, pp. 310-314.

em estilhas[25]; pulverizando as paredes de adobes[26]; ateando os primeiros incêndios...

Em breve sobre a casaria fulminada se enovelou e se adensou, compacta, uma nuvem de poeira e de fumo, cobrindo-a.

Não a divisou mais o resto dos combatentes. O troar solene da artilharia estrugia os ares; reboava longamente por todo o âmbito daqueles ermos, na assonância ensurdecedora dos ecos refluídos das montanhas...

REBATE

Mas, passados minutos, começaram a ouvir-se, nítidas dentro da vibração dos estampidos, precípites vozes argentinas[27]. O sino da igreja velha batia, embaixo, congregando os fiéis para a batalha.

Esta não se travara ainda.

À parte ligeiro ataque de flanco, feito por alguns guerrilheiros contra a artilharia, nenhuma resistência tinham oposto os sertanejos. As forças desenvolveram-se pelo espigão aladeirado, sem que uma só descarga perturbasse o desdobramento; e a fuzilaria principiou, em descargas rolantes e nutridas, sem pontarias. Oitocentas espingardas arrebentando, inclinadas, tiros rasantes, pelo tombador do morro...

Entre os claros do fumo lobrigava-se o arraial. Era uma colmeia alarmada: grupos inúmeros, dispersos, entrecruzando-se no largo, derivando às carreiras pelas barrancas do rio, dirigindo-se para as igrejas, rompendo, sopesando as armas, dos becos; saltando pelos tetos...

Alguns pareciam em fuga, ao longe, no extremo do arraial, pervagantes na orla das caatingas, desaparecendo no descair das colinas. Outros aparentavam incrível[28] tranquilidade, atravessando a passo tardo a praça, alheios ao tumulto e às balas respingadas da montanha.

Toda uma companhia do 7º, naquele momento, fez fogo, por alguns minutos, sobre um jagunço, que vinha pela estrada de Uauá. E o serta-

---

25 **estilhas** estilhaços, lascas de madeira. 26 **adobes** pequenos blocos semelhantes ao tijolo, preparados com argila crua, secada ao sol, e que também são feitos misturados com palha, para se tornar mais resistentes; tijolos crus. 27 **argentinas** de timbre fino como o ruído da prata. 28 **incrível** inerente.

nejo não apressava o andar. Parava às vezes. Via-se o vulto impassível aprumar-se ao longe considerando a força por instantes, e prosseguir depois, tranquilamente. Era um desafio irritante. Surpreendidos, os soldados atiravam nervosamente sobre o ser excepcional, que parecia comprazer-se em ser alvo de um exército. Em dado momento ele sentou-se à beira do caminho e pareceu bater o isqueiro, acendendo o cachimbo. Os soldados riram. O vulto levantou-se e encobriu-se, lento e lento, entre as primeiras casas.

Dali nem um tiro partira. Diminuíra a agitação da praça. Cortavam-na os últimos retardatários. Viram-se passar, correndo, carregando ou arrastando pelo braço crianças, as últimas mulheres, na direção da latada, procurando o anteparo dos largos muros da igreja nova.

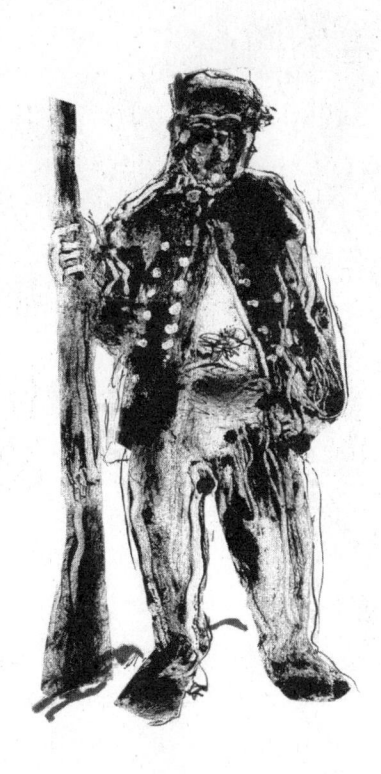

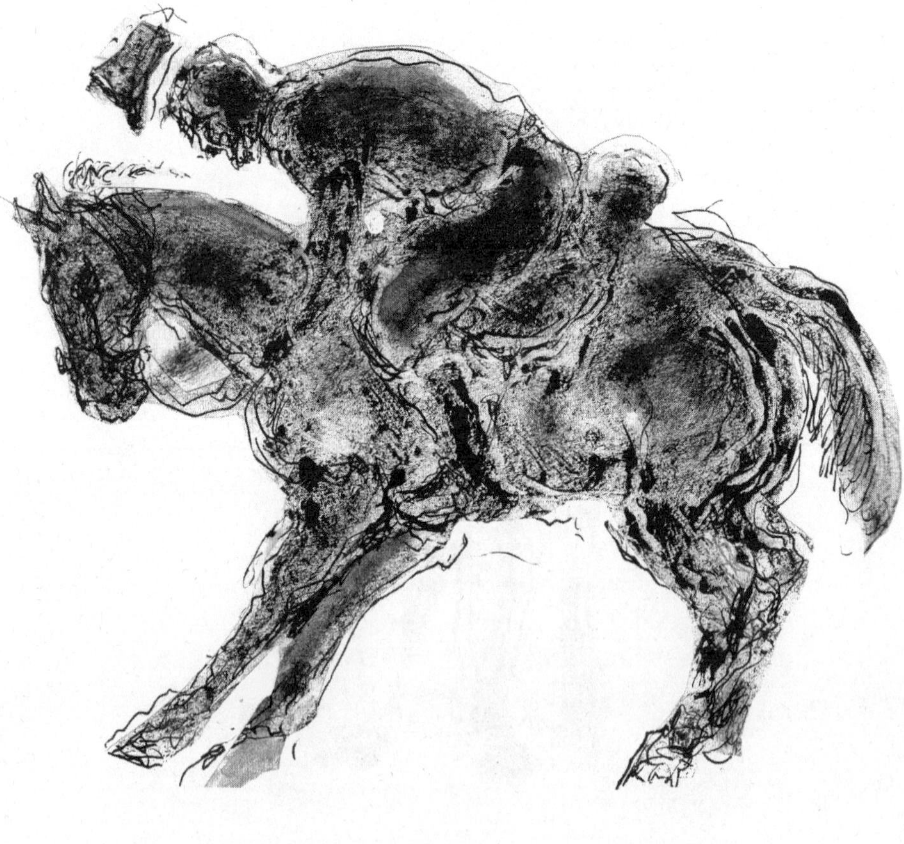

IV

A ORDEM DE BATALHA

Por fim emudeceu o sino.

A força começou a descer, estirada pelas encostas e justaposta, às vertentes. Deslumbrava num irradiar de centenares de baionetas. Considerando-a o chefe expedicionário disse ao comandante de uma das companhias do 7º, junto ao qual se achava:

– "Vamos tomar o arraial sem disparar mais um tiro!... à baioneta!"

Era uma hora da tarde.

Feita a descida, a infantaria desenvolveu-se, em parte, no Vale das Quixabeiras, estremada à direita pelo 7º, que se alinhara segundo o traçado do Vaza-Barris, e à esquerda pelos 9º e 16º mal distendidos em terreno impróprio. A artilharia, no centro, sobre o último esporão dos morros avançado e a prumo sobre o rio, fronteiro e de nível com as cimalhas[1] da igreja nova – fez-se o eixo desta tenalha[2] prestes a fechar-se, apertando os flancos do arraial.

Era a mais rudimentar das ordens de combate, a ordem paralela simples, feita para os casos excepcionalíssimos de batalhas campais, em que a superioridade do número e da bravura, excluindo manobras mais complexas, permitam, em terreno uniforme, a ação simultânea e igual de todas as unidades combatentes.

---

1 **cimalhas** saliências da parte mais alta da parede, onde assentam os beirais do telhado; cornijas. 2 **tenalha** instrumento constituído de duas hastes rígidas, movidas sobre um eixo, e que funcionam como alavancas articuladas, para apertar sob pressão (por exemplo, alicate, tenaz, torquês).

...E O TERRENO

Ali era inconceptível. Centralizada pela eminência onde estavam os canhões, a frente do assalto tinha, ao lado umas de outras, formas topográficas opostas: à direita, breve área de nível, facultando investida fácil porque o rio, naquele ponto, além de raso, corre entre bordas deprimidas; à esquerda, a terra mais revolta descaindo em recostos[3] resvalantes e separada do arraial por um fosso profundo. A observação mais rápida indicava, porém, que estas disposições da extrema esquerda, sendo de todo desfavoráveis para os lutadores que devessem percorrê-las rapidamente correndo para o assalto, eram, por outro lado, elemento tático de primeira ordem para uma reserva que ali estacionasse, de prontidão, destinando-se a uma diversão ligeira ou a intervir oportunamente, segundo as modalidades ulteriores do recontro. Deste modo, o relevo geral do solo ensinava, por si mesmo, a ordem oblíqua, simples ou reforçada numa das alas, e, ao invés do ataque simultâneo, o ataque parcial pela direita firmemente apoiado pela artilharia, cujo efeito, atirando a cerca de pouco mais de cem metros do inimigo, seria fulminante.

Além disto, não havia mais surpresas naquela luta e, caso o adversário desdobrasse[4], de súbito, imprevistos recursos de defesa, as tropas de reforço, agindo fora do círculo tumultuário do combate, poderiam mais desafogadamente mover-se segundo as eventualidades emergentes, em manobras decisivas, visando objetivos firmes. O coronel Moreira César, porém, desdenhara essas condições imperiosas e, arrojando à batalha toda a sua gente, parecia contar menos com a bravura do soldado e competência de uma oficialidade leal que com uma hipótese duvidosa: o espanto e o terror dos sertanejos em fuga, colhidos de improviso por centenares de baionetas. Revelou – claro – este pensamento injustificável, em que havia a insciência[5] de princípios rudimentares da sua arte de par com o olvido de acontecimentos recentes; e cumulou tal deslize planeando a mais desastrosa das disposições assaltantes.

3 **recostos** declives, vertentes. 4 **desdobrasse** produzisse, desenvolvesse. 5 **insciência** ignorância, inaptidão.

De feito, acometendo a um tempo por dois lados, os batalhões, de um e outro extremo, carregando convergentes para um objetivo único, fronteavam-se a breve trecho, trocando entre si as balas destinadas ao jagunço. Enquanto a artilharia, podendo a princípio bombardear as igrejas e centro do povoado, a pouco e pouco ia tendo restringido o âmbito de sua ação, à medida que avançavam aqueles, até perdê-la de todo, obrigada a emudecer na fase aguda da peleja generalizada, fugindo ao perigo de atirar sobre os próprios companheiros, indistintos com os adversários dentro daquele enredamento de casebres.

A previsão de tais inconvenientes, entretanto, não requeria vistas aquilinas[6] de estrategista emérito[7]. Revelaram-se nos primeiros minutos da ação.

CIDADELA-MUNDÉU

Esta foi iniciada heroicamente, abalando toda a tropa ao ressoar das cornetas de todos os corpos ao tempo que, vibrando de novo o sino da igreja velha, uma fuzilaria intensa irrompia das paredes e tetos das vivendas mais próximas ao rio e estrondavam, numa explosão única, os bacamartes dos guerrilheiros adensados dentro da igreja nova.

Favorecido pelo terreno, o 7º Batalhão marchou em acelerado, sob uma saraivada[8] de chumbo e seixos rolados, até à borda do rio. Em breve, vingando a barranca oposta viram-se à entrada da praça os primeiros soldados, em grupos, sem coisa alguma que lembrasse a formatura do combate. Alguns ali mesmo tombaram ou rolaram na água, arrastados na corrente, que se listrava de sangue. A maioria avançou, batida de soslaio e de frente. Na extrema esquerda uma ala do 9º, vencendo as dificuldades da marcha cheia de tropeços, tomara posição à retaguarda da igreja nova, enquanto o 16º e a ala direita do 7º investiam pelo centro. O combate desenrolou-se logo em toda a plenitude, resumindo-se naquele avançar temerário. Não teve, depois, a evolução mais simples, ou movimento combinado, que revelasse a presença de um chefe.

---

6 **aquilinas** de águia, penetrantes. 7 **emérito** sábio, experimentado. 8 **saraivada** grande descarga.

Principiou a fracionar-se em conflitos perigosos e inúteis numa dissipação inglória do valor. Era inevitável. Canudos, entretecido de becos de menos de dois metros de largo, trançados, cruzando-se em todos os sentidos, tinha ilusória fragilidade nos muros de taipa que o formavam. Era pior que uma cidadela inscrita em polígonos[9] ou blindada de casamatas[10] espessas. Largamente aberto aos agressores que podiam derruí-lo a coices de arma, que podiam abater-lhe a pulso as paredes e tetos de barro ou vará-lo por todos os lados, tinha a inconsistência e a flexibilidade traiçoeira de uma rede desmesurada. Era fácil investi-lo, batê-lo, dominá-lo, varejá-lo, aluí-lo; – era dificílimo deixá-lo. Completando a tática perigosa do sertanejo, era temeroso porque não resistia. Não opunha a rijeza de um tijolo à percussão e arrebentamento das granadas, que se amorteciam sem explodirem, furando-lhe de uma vez só dezenas de tetos. Não fazia titubear a mais reduzida seção assaltante, que poderia investi-lo, por qualquer lado, depois de transposto o rio. Atraía os assaltos; e atraía irreprimivelmente o ímpeto das cargas violentas, porque a arremetida dos invasores, embriagados por vislumbres de vitória e disseminando-se, divididos pelas suas vielas em torcicolos, lhe era o recurso tremendo de uma defesa surpreendedora.

Na história sombria das cidades batidas, o humílimo vilarejo ia surgir com um traço de trágica originalidade.

Intato – era fragílimo; feito escombros – formidável.

Rendia-se para vencer, aparecendo, de chofre, ante o conquistador surpreendido, inexpugnável e em ruínas. Porque a envergadura de ferro de um exército, depois de o abalar e desarticular todo, esmagando-o, tornando-o montão informe de adobes e madeiras roliças, se sentia inopinadamente manietada, presa entre tabiques[11] vacilantes de pau a pique e cipós, à maneira de uma suçuarana inexperta agitando-se, vigorosa e inútil, nas malhas de armadilha bem feita.

---

9 polígonos lugares onde se testam bocas de fogo, projetis, cargas de projeção etc.; campos de provas; praças fortificadas. **10 casamatas** abrigos subterrâneos, de grossas paredes, para instalação de baterias ou proteção de materiais e pessoas. **11 tabiques** ver nota 13, p. 140.

A prática venatória[12] dos jagunços inspirara-lhes, talvez, a criação pasmosa da "cidadela-mundéu"...[13]

Ora, as tropas do coronel Moreira César faziam-na desabar sobre si mesmas.

ATAQUES

A princípio, transposto o Vaza-Barris, a despeito de algumas baixas, o acometimento figurara-se fácil. Um grupo, arrastado por subalternos valentes, arrancara atrevidamente contra a igreja nova, sem efeito algum compensando-lhe o arrojo, perdendo dois oficiais e algumas praças. Outros, porém, contornando aquele núcleo resistente, lançaram-se às primeiras casas marginais ao rio. Tomaram-nas e incendiaram-nas; enquanto os que as guarneciam fugiam, adiante, em busca de outros abrigos. Perseguiram-nos. E nesse perseguir tumultuário, realizado logo nos primeiros minutos do combate, começou a esboçar-se o perigo único e gravíssimo daquele fossado monstruoso: os pelotões dissolviam-se. Entalavam-se nas vielas estreitas, enfiando a dois de fundo por ali dentro, atropeladamente. Torciam centenares de esquinas que se sucediam de casa em casa; dobravam-nas em desordem, de armas suspensas uns, atirando outros ao acaso, à toa, para a frente; e dividiam-se, a pouco e pouco, em seções pervagantes para toda a banda; e partiam-se, estas, por seu turno, em grupos aturdidos cada vez mais dispersos e rarefeitos, dissolvendo-se ao cabo em combatentes isolados...

De longe se tinha o espetáculo estranho de um entocamento[14] de batalhões, afundando, de súbito, no casario indistinto, em cujos tetos de argila se enovelava a fumarada dos primeiros incêndios.

Deste modo, o ataque assumiu logo o caráter menos militar possível. Diferenciou-se em conflitos parciais no cunhal[15] das esquinas, à entrada e dentro das casas.

---

12 **venatória** da caça. 13 **"cidadela-mundéu"** cidadela-armadilha. 14 **entocamento** ato de enfiar-se numa toca. 15 **cunhal** ângulo convergente formado por duas paredes convergentes.

Estas eram tumultuariamente investidas. Não opunham o menor tropeço. Escancarava-as um coice de arma nas portas ou nas paredes, rachando-as, abrindo por qualquer lado passagens francas[16]. Estavam vazias, muitas. Noutras, os intrusos tinham, de repente, abocado[17] ao peito um cano de espingarda ou baqueavam batidos de tiros à queima-roupa, rompendo dos resquícios das paredes[18]. Acudiam-nos os companheiros mais próximos. Enredava-se o pugilato corpo a corpo, brutalmente, até que os soldados, mais numerosos, transpusessem o portal estreito do casebre. Lá dentro, encouchado[19] num recanto escuro, o morador repelido descarregava-lhes em cima o último tiro e fugia. Ou então esperava-os a pé firme, defendendo tenazmente o lar paupérrimo. E revidava terrivelmente – sozinho – em porfia com a matula vitoriosa, com a qual se afoitava, apelando para todas as armas: repelindo-a a faca e a tiro; vibrando-lhe foiçadas; aferroando-a com a aguilhada; arremessando-lhe em cima os trastes miseráveis; arrojando-se, afinal, ele próprio, inerme, desesperadamente, resfolegando, procurando estrangular o primeiro que lhe caísse entre os braços vigorosos. Em torno mulheres desatinadas disparavam em choros, e rolavam pelos cantos; até baquear no chão, cosido à baioneta ou esmoído a coronhadas, pisoado sob o rompão[20] dos coturnos[21], o lutador temerário.

Reproduziam-se tais cenas.

SAQUE ANTES DO TRIUNFO

Quase sempre, depois de expugnar[22] a casa, o soldado faminto não se forrava à ânsia de almoçar, afinal, em Canudos. Esquadrinhava os jiraus suspensos. Ali estavam carnes secas ao sol; cuias cheias de paçoca, a farinha de guerra do sertanejo; aiós repletos de ouricuris saborosos. A um canto os bogós[23] transudantes, túmidos de água cristalina e fresca. Não havia resistir. Atabalhoadamente[24] fazia a refeição num minuto.

---

16 **francas** livres. 17 **abocado** apontado. 18 O trecho acima se baseia na p. 40 do MS. Ver Bernucci, pp. 316-321. 19 **encouchado** agachado, abaixado. 20 **rompão** sola. 21 **coturnos** botas de soldado. 22 **expugnar** conquistar à força de armas. 23 **bogós** vasos de couro com que se tira água da cacimba. 24 **atabalhoadamente** aturdida ou apressadamente.

Completava-a largo trago de água. Tinha, porém, às vezes, um pospasto[25] crudelíssimo e amargo – uma carga de chumbo...

Os jagunços à porta assaltavam-no. E invertiam-se os papéis, revivendo o conflito, até baquear no chão – cosido à faca e moído a pauladas, pisado pela alpercata dura, o lutador imprudente.

NO LABIRINTO DAS VIELAS

Muitos se perdiam no inextricável dos becos. Correndo no encalço do sertanejo em fuga, topavam, de súbito, na frente, desembocando duma esquina, cerrado magote de inimigos. Estacavam, atônitos, apenas o tempo necessário para uma pontaria malfeita e uma descarga; e recuavam, depois, metendo-se pelas casas dentro, onde os salteavam, às vezes, novos agressores entocaiados; ou arrojavam-se atrevidamente, dispersando o agrupamento antagonista e dispersando-se – reeditando os mesmos episódios; animados todos pela ilusão de uma vitória vertiginosamente alcançada, de que lhes eram sintoma claro toda aquela desordem, todo aquele espanto, todo aquele alarido e todo aquele pavor do povoado revolto e miserando[26] – alarmado à maneira de um curral invadido por onças bravias e famulentas.

De resto, não tinham insuperáveis obstáculos enfreando-lhes[27] o ímpeto. Os valentes temerários, que apareciam em vários pontos, defendendo os lares, tinham o contrapeso do mulherio acobarbado, sacudido das casas a pranchada, a bala e a fogo, e fugindo para toda a banda, clamando, rezando; ou uma legião armada de muletas – velhos trementes, aleijões[28] de toda a espécie, enfermos abatidos e mancos.

De sorte que nestas correrias desapoderadas, presos pela vertigem perseguidora, muitos se extraviaram, às tontas, no labirinto das vielas; e, tentando aproximar-se dos companheiros, desgarravam-se mais e mais – quebrando, a esmo, mil esquinas breves, perdidos por fim, no arraial convulsionado e imenso...

---

25 **pospasto** sobremesa. 26 **miserando** miserável, lastimável. 27 **enfreando** freando, contendo. 28 **aleijões** aleijados; pessoas com defeitos físicos.

SITUAÇÃO INQUIETADORA

À frente do seu estado-maior, na margem direita do rio, o chefe expedicionário observava este assalto, acerca do qual não podia certamente formular uma única hipótese. A tropa desaparecera toda nos mil latíbulos[29] de Canudos. Lá dentro rolava ruidosamente a desordem, numa assonância golpeada de estampidos, de imprecações, de gritos estrídulos, vibrantes no surdo tropear das cargas. Grupos esparsos, seções em desalinho de soldados, magotes diminutos de jagunços, apareciam, por vezes, inopinadamente, no claro da praça; e desapareciam, logo, mal vistos entre o fumo, embrulhados, numa luta braço a braço...

Nada mais. A situação era afinal inquietadora.

Nada prenunciava desânimo entre os sertanejos.

Os atiradores da igreja nova permaneciam firmes, visando todos os pontos quase impunemente, porque a artilharia por fim evitava alvejá-la temendo quaisquer desvios de trajetória, que lançassem as balas entre os próprios companheiros encobertos; e estalando em cheio no arruído da refrega, ouviam-se mais altas as pancadas repetidas do sino na igreja velha.

Além disto, a ação abrangia apenas a metade do arraial.

A outra, à direita, onde terminava a estrada de Jeremoabo, estava indene[30].

Menos compacta – era menos expugnável. Desenrolava-se numa lomba[31] extensa, permitindo a defesa a cavaleiro do inimigo, e obrigando-o a escaladas penosíssimas. De sorte que, ainda quando a parte investida fosse conquistada, aquela restaria impondo talvez maiores fadigas.

Realmente, embora sem o torvelinho dos becos, as casas isoladas, em disposição recordando vagamente tabuleiros de xadrez, facultavam extraordinário cruzamento de fogos, permitindo a um atirador único apontar para os quadrantes sem abandonar uma esquina[31b]. Consi-

---

29 latíbulos esconderijos. **30 indene** íntegra, ilesa. **31 lomba** ladeira, declive. **31b** Comparar: "Tive uma primeira decepção: não consegui descobrir a propalada disposição em xadrez das casas, à qual eu mesmo me referi anteriormente". *Canudos e Inéditos*, p. 124.

derando aquele lado do arraial a situação aclarava-se. Era gravíssima. Ainda contando com o sucesso franco na parte combatida, os soldados triunfantes, mas exaustos, arremeteriam, inúteis, com aquela encosta separada da praça pelo fosso natural de uma sanga profunda. Compreendeu-o o coronel Moreira César. E ao chegarem a retaguarda, a polícia e o esquadrão de cavalaria, determinou que aquela seguisse à extrema direita, atacando o bairro ainda indene e completando a ação que se desdobrara toda na esquerda. A cavalaria, secundando-a, teve ordem de atacar pelo centro, entre as igrejas.

Uma carga de cavalaria em Canudos...

Era uma excentricidade. A arma clássica das planícies rasas, cuja força é o arremesso do choque, surgindo de improviso no fim das disparadas velozes, ali, constrita entre paredes, carregando, numa desfilada dentro de corredores...

O esquadrão – cavalos abombados[32], rengueando sobre as pernas bambas – largou em meio galope curto até à beira do rio, cujas águas respingavam chofradas[33] de tiros; e não foi adiante. Os animais assustadiços refugavam[34]. Dilacerados à espora, chibateados à espada, mal vadearam[35] até ao meio da corrente, e empinando, e curveteando, freios tomados nos dentes, em galões, cuspindo da sela os cavaleiros, volveram em desordem à posição primitiva. Por seu turno, a polícia, depois de transpor o rio com água pelos joelhos, numa curva a jusante, vacilava ao deparar o álveo[36] resvaladio[37] e fundo da sanga que naquele ponto corre de norte a sul, separando do resto do arraial o subúrbio que devia acometer.

O movimento complementar quebrava-se assim aos primeiros passos. O chefe expedicionário deixou então o lugar em que permanecera, à meia encosta dos Pelados, entre a artilharia e o plaino das quixabeiras.

– "Eu vou dar brio àquela gente..."

---

32 **abombados** cansados, exaustos. 33 **chofradas** golpeadas. 34 **refugavam** negavam-se a seguir. 35 **vadearam** passaram, atravessaram. 36 **álveo** leito. 37 **resvaladio** escorregadio.

MOREIRA CÉSAR FORA DE COMBATE

E descia. A meio caminho, porém, refreou o cavalo. Inclinou-se, abandonando as rédeas, sob o arção dianteiro do selim. Fora atingido no ventre por uma bala[38].

Rodeou-o logo o estado-maior.

– "Não foi nada; um ferimento leve", disse, tranquilizando os companheiros dedicados. Estava mortalmente ferido.

Não descavalgou. Volvia amparado pelo tenente Ávila, para o lugar que deixara, quando foi novamente atingido por outro projetil. Estava fora de combate.

Devia substituí-lo o coronel Tamarindo, a quem foi logo comunicado o desastroso incidente. Mas aquele nada podia deliberar recebendo o comando quando desanimava de salvar o seu próprio batalhão, na outra margem do rio.

Era um homem simples, bom e jovial, avesso a bizarrear façanhas. Chegara aos sessenta anos candidato a uma reforma tranquila. Fora, ademais, incluído contra a vontade na empresa. E ainda quando tivesse envergadura para aquela crise não havia mais remediá-la.

A polícia, investindo, copiara afinal o modo de agir dos outros assaltantes – varejando casas e ateando incêndios.

Não se rastreava na desordem o mais leve traço de combinação tática; ou não se podia mesmo imaginá-la.

Aquilo não era um assalto. Era um combater temerário contra barricada monstruosa, que se tornava cada vez mais impenetrável à medida que a arruinavam e carbonizavam, porque sob os escombros, que atravancavam as ruas, sob os tetos abatidos e entre os esteios fumegantes, deslizavam melhor, a salvo, ou tinham mais invioláveis esconderijos, os sertanejos emboscados.

Além disto, despontava, inevitável, contratempo maior: a noite prestes a confundir os combatentes exaustos de cinco horas de peleja.

---

38 O seguinte trecho se baseia na matéria de autor anônimo publicada no *Jornal do Brasil* em 25.4.1897.

RECUO

Mas antes que ela sobreviesse, começou o recuo. Apareceram sobre a ribanceira esquerda, esparsos, em grupos estonteadamente correndo, os primeiros contingentes repelidos. Em breve outros se lhes aliaram no mesmo desalinho, rompendo dos cunhais das igrejas e dentre os casebres marginais: soldados e oficiais de mistura, chamuscados e poentos, fardas em tiras, correndo, disparando ao acaso as espingardas, vociferando, alarmados, tontos, titubeantes, em fuga...

Este refluxo que começara à esquerda propagou-se logo à extrema direita. De sorte que, rebatida às posições primitivas, toda a linha do combate rolou torcida e despedaçada a tiros pela borda do rio abaixo.

Sem comando, cada um lutava a seu modo. Destacaram-se ainda diminutos grupos para queimarem as casas mais próximas ou travarem breves tiroteios. Outros, sem armas e feridos, principiaram a repassar o rio.

Era o desenlace.

Repentinamente, largando as últimas posições, os pelotões, de mistura, numa balbúrdia indefinível, sob a hipnose do pânico, enxurraram na corrente rasa das águas!

Repelindo-se; apisoando os malferidos, que tombavam; afastando rudemente os extenuados trôpegos; derrubando-os, afogando-os, os primeiros grupos bateram contra a margem direita. Aí, ansiando por vingá-la, agarrando-se às gramíneas escassas, especando-se nas armas, filando-se[39] às pernas dos felizes que conseguiam vencê-las, se embaralharam outra vez em congérie ruidosa. Era um fervilhar de corpos transudando vozear estrídulo, e discordante, e longo, dando a ilusão de alguma enchente repentina, em que o Vaza-Barris, engrossado, saltasse, de improviso, fora do leito, borbulhando, acachoando, estrugindo...

AO BATER DA AVE-MARIA

Naquele momento o sineiro da igreja velha interrompeu o alarma.

---

39 filando-se agarrando-se com força.

Vinha caindo a noite. Dentro da claridade morta do crepúsculo soou, harmoniosamente, a primeira nota da Ave-Maria...

Descobrindo-se, atirando aos pés os chapéus de couro ou os gorros de azulão, e murmurando a prece habitual, os jagunços dispararam a última descarga...

V

SOBRE O ALTO DO MÁRIO

Os soldados, transposto o rio, acumularam-se junto à artilharia. Eram uma multidão alvorotada sem coisa alguma recordando a força militar, que se decompusera, restando, como elementos irredutíveis, homens atônitos e inúteis, e tendo agora, como preocupação exclusiva, evitarem o adversário que tão ansiosamente haviam procurado.

O cerro em que se reuniam estava próximo demais daquele, e passível, talvez, de algum assalto, à noite. Era forçoso abandoná-lo. Sem ordem, arrastando os canhões, deslocaram-se logo para o alto do Mário, quatrocentos metros na frente. Ali improvisaram um quadrado incorreto, de fileiras desunidas e bambas, envolvendo a oficialidade, os feridos, as ambulâncias, o trem da artilharia e os cargueiros. Centralizava-o uma palhoça em ruínas – a Fazenda Velha; e dentro dela o comandante em chefe, moribundo...

A expedição era agora aquilo: um bolo de homens, animais, fardas e espingardas, entupindo uma dobra de montanha...

Tinha descido a noite – uma destas noites ardentíssimas mas vulgares no sertão, em que cada estrela, fixa, sem cintilações, irradia como um foco de calor e os horizontes, sem nuvens, iluminam-se, de minuto em minuto, como se refletissem relâmpagos de tempestades longínquas...

Não se via o arraial. Alguns braseiros sem chamas, de madeiras ardendo sob o barro das paredes e tetos; ou luzes esparsas de lanternas mortiças bruxuleando nas sombras, deslizando vagarosamente, como em pesquisas lúgubres, indicavam-no embaixo, e traindo também a vigília do inimigo. Tinham, porém, cessado os tiros e nem uma voz dali subia. Apenas na difusão luminosa das estrelas desenhavam-se, dúbios, os perfis imponentes das igrejas. Nada mais. A casaria compacta, as colinas circundantes, as montanhas remotas, desapareciam na noite.

O acampamento em desordem contrastava a placidez ambiente. Constritos entre os companheiros, cento e tantos feridos e estropiados por ali se agitavam ou se arrastavam, torturados de dores e da sede, quase pisados pelos cavalos que espavoridos nitriam[1], titubeando no atravancamento das carretas e fardos dos comboios. Não havia curá-los no escuro onde fora temeridade incrível o rápido fulgurar de um fósforo[2]. Além disto não bastava para tantos o número reduzido de médicos, um dos quais – morto, extraviado ou preso – desaparecera à tarde para nunca mais tornar[3].

O CORONEL TAMARINDO

Faltava, ademais, um comando firme. O novo chefe não suportava as responsabilidades, que o oprimiam. Maldizia talvez, mentalmente, o destino extravagante que o tornara herdeiro forçado de uma catástrofe. Não deliberava. A um oficial que ansiosamente o interpelara sobre aquele transe, respondera com humorismo triste, rimando um dito popular do Norte:

É tempo de murici[4]
cada um cuide de si...

---

1 nitriam relinchavam. **2** Comparar: "À noite era temeridade riscar-se um fósforo, mesmo dentro das casinhas onde vivíamos, porque o inimigo, extraordinariamente aproximado das nossas linhas, não nos perdia de vista um só momento" (Dantas Barreto, p. 164). **3 Nota do Autor:** O dr. Fortunato Raimundo de Oliveira. **4 murici** designação comum a várias espécies do gênero *Byrsonima*, da família das malpighiáceas, árvores e arbustos que produzem um tipo de fruto drupáceo, do mesmo nome, de polpa édula, e que habitam maciçamente os cerrados. A expressão corresponde ao ditado: "Cada um por si e Deus para todos" que é também conhecida na seguinte variante: "Em tempo de murici cada qual cuide de si" (consultar Luís da Câmara Cascudo, *Locuções Tradicionais no Brasil*, p. 146).

Foi a sua única ordem do dia. Sentado na caixa de um tambor, chupando longo cachimbo, com o estoicismo doente do próprio desalento, o coronel Tamarindo, respondendo de tal jeito ou por monossílabos, a todas as consultas, abdicara à missão de remodelar a turba esmorecida e ao milagre de subdividi-la em novas unidades de combate.

Ali estavam, certo, homens de valor e uma oficialidade pronta ao sacrifício. O velho comandante, porém, tivera a intuição de que um ajuntamento em tais conjunturas não significa a soma das energias isoladas e avaliara todos os elementos que, nas coletividades presas de emoções violentas, reduzem sempre as qualidades pessoais mais brilhantes. Quedava impassível, alheio à ansiedade geral, passando de modo tácito o comando a toda a gente. Assim, oficiais incansáveis davam por conta própria providências mais urgentes; retificando o pretenso quadrado, em que se misturavam, a esmo, praças de todos os corpos; organizando ambulâncias e dispondo padiolas; reanimando os ânimos abatidos. Pelo espírito de muitos passara mesmo o intento animador de um revide, um novo assalto, logo ao despontar da manhã, descendo a força toda, em arremetida violenta, sobre os fanáticos, depois que os abalasse um bombardeio maior do que o realizado. E concertavam-se em planos visando corrigir o revés com um lance de ousadia. Porque a vitória devia ser alcançada a despeito dos maiores sacrifícios. Pensavam: nos quatro lados daquele quadrado malfeito inscreviam-se os destinos da República. Era preciso vencer. Repugnava-os, revoltava-os, humilhava-os angustiosamente, aquela situação ridícula e grave, ali, no meio de canhões modernos, sopesando armas primorosas, sentados sobre cunhetes repletos de cartuchos – e encurralados por uma turba de matutos turbulentos...

A maioria, porém, considerava friamente as coisas. Não se iludia. Um rápido confronto entre a tropa que chegara horas antes, entusiasta e confiante na vitória, e a que ali estava, vencida, patenteava-lhe uma solução única – a retirada.

ALVITRE DE RETIRADA

Não havia alvitrar outro recurso, ou protraí-lo[5] sequer.

Às onze horas, juntos os oficiais, adotaram-no, unânimes. Um capitão de infantaria foi incumbido de cientificar da resolução o coronel Moreira César. Este impugnou-a logo, dolorosamente surpreendido; a princípio calmo, apresentando os motivos inflexíveis do dever militar e demonstrando que ainda havia elementos para uma tentativa qualquer, mais de dois terços da tropa apta para o combate e munições suficientes; depois, num crescendo de cólera e de angústia, se referiu à mácula que para sempre lhe sombrearia o nome. Finalmente explodiu: não o sacrificassem àquela covardia imensa...

Apesar disto manteve-se a resolução.

PROTESTO DE MOREIRA CÉSAR

Era completar a agonia do valente infeliz. Revoltado, deu a sua última ordem: fizessem uma ata de tudo aquilo, deixando-lhe margem para um protesto, em que incluiria o abandono da carreira militar.

A dolorosa reprimenda do chefe, ferido por duas balas, não moveu, contudo, a oficialidade incólume.

Rodeavam-na, perfeitamente válidos ainda, centenares de soldados, oitocentos talvez; dispunha de dois terços das munições e estava em posição dominante sobre o inimigo...

Mas a luta sertaneja começara, naquela noite, a tomar a feição misteriosa que conservaria até ao fim. Na maioria mestiços, feitos da mesma massa dos matutos, os soldados, abatidos pelo contragolpe de inexplicável revés, em que baqueara o chefe reputado invencível, ficaram sob a sugestão empolgante do maravilhoso, invadidos de terror sobrenatural, que extravagantes comentários agravavam.

O jagunço, brutal e entroncado, diluía-se em duende intangível. Em geral os combatentes, alguns feridos mesmo no recente ataque, não ha-

---

5 **protraí-lo** prolongá-lo, prorrogá-lo.

viam conseguido ver um único; outros, os da expedição anterior, acreditavam, atônitos e absortos ante o milagre estupendo, ter visto, ressurretos, dois ou três cabecilhas que, afirmavam convictos, tinham sido mortos no Cambaio[6]; e para todos, para os mais incrédulos mesmo, começou a despontar algo de anormal nos lutadores-fantasmas, quase invisíveis, ante os quais haviam embatido impotentes, mal os lobrigando, esparsos e diminutos, rompendo temerosos dentre ruínas, e atravessando incólumes os braseiros dos casebres em chamas.

É que grande parte dos soldados era do Norte, e criara-se ouvindo, em torno, de envolta com o dos heróis dos contos infantis, o nome de Antônio Conselheiro. E a sua lenda extravagante, os seus milagres, as suas façanhas de feiticeiro sem par, apareciam-lhes – então – verossímeis, esmagadoramente, na contraprova tremenda daquela catástrofe.

Pelo meio da noite todas as apreensões se avolumaram. As sentinelas, que cabeceavam nas fileiras frouxas do quadrado, estremeceram, subitamente despertas, contendo gritos de alarma.

Um rumor indefinível avassalara a mudez ambiente e subia pelas encostas. Não era, porém, um surdo tropear de assalto. Era pior. O inimigo, embaixo, no arraial invisível – rezava.

E aquela placabilidade extraordinária – ladainhas tristes, em que predominavam ao invés de brados varonis vozes de mulheres, surgindo da ruinaria de um campo de combate – era, naquela hora, formidável. Atuava pelo contraste. Pelo burburinho da soldadesca pasma, os *kyries* estropiados e dolentes[7] entravam, piores que intimações enérgicas. Diziam, de maneira eloquente, que não havia reagir contra adversários por tal forma transfigurados pela fé religiosa.

A retirada impunha-se.

Pela madrugada uma nova emocionante tornou-a urgentíssima. Falecera o coronel Moreira César[8].

---

6 O trecho acima se baseia na p. 16 do MS. Ver Bernucci, pp. 194-198.　7 **dolentes** lastimosos, magoados, lamentosos.　8 Para um sumário desta desastrosa campanha, desde a sua chegada nas proximidades de Canudos, em 3.3.1897, até o dia da morte de Moreira César, consultar a nota enviada por Alfredo Silva e publicada em *A Notícia* de 22/23.9.1897.

RETIRADA

Era o último empuxo no desânimo geral. Os aprestos[9] da partida fizeram-se, então, no atropelo de um tumulto indescritível. De sorte que, quando ao primeiro bruxulear da manhã uma força, constituída por praças de todos os corpos abalou, fazendo a vanguarda, encalçada pelas ambulâncias, cargueiros, fardos, feridos e padiolas, entre as quais a que levantava o corpo do comandante malogrado, nada indicava naquele momento a séria operação de guerra que ia realizar-se.

A retirada era a fuga. Avançando pelo espigão do morro no rumo da Favela e dali derivando pelas vertentes opostas, por onde descia a estrada, a expedição espalhava-se longamente pelas encostas, dispersando-se sem ordem, sem formaturas.

Neste dar as costas ao adversário que, desperto, embaixo, não a perturbara ainda, parecia confiar apenas na celeridade do recuo, para se libertar. Não se dividira em escalões, dispondo-se à defesa-ofensiva característica desses momentos críticos da guerra. Precipitava-se, à toa, pelos caminhos fora. Não retirava, fugia. Apenas uma divisão de dois Krupps, sob o mando de um subalterno de valor e fortalecida por um contingente de infantaria, permanecera firme por algum tempo no alto do Mário, como uma barreira anteposta à perseguição inevitável.

VAIA

Ao mover-se, afinal, esta fração abnegada foi rudemente investida. O inimigo tinha na ocasião o alento[10] do ataque e a certeza na própria temibilidade. Acometeu ruidosamente, entre vivas entusiásticos, por todos os lados, em arremetida envolvente. Embaixo começou a bater desabaladamente o sino; a igreja nova explodia em descargas, e, adensada no largo, ou correndo para o alto das colinas, toda a população de Canudos contemplava aquela cena, dando ao trágico do lance a nota galhofeira e irritante de milhares de assovios estridentes, longos, implacáveis...

9 **aprestos** preparativos. 10 **alento** coragem, ânimo, entusiasmo.

Mais uma vez o drama temeroso da guerra sertaneja tinha o desenlace de uma pateada[11] lúgubre.

O desfecho foi rápido. A última divisão de artilharia replicou por momentos e depois, por sua vez, abalou vagarosamente, pelo declive do espigão acima, retirando.

Era tarde. Adiante até aonde alcançava o olhar, a expedição, esparsa e estendida pelos caminhos, estava, de ponta a ponta, flanqueada pelos jagunços...

11 pateada vaia durante uma comédia ou patuscada.

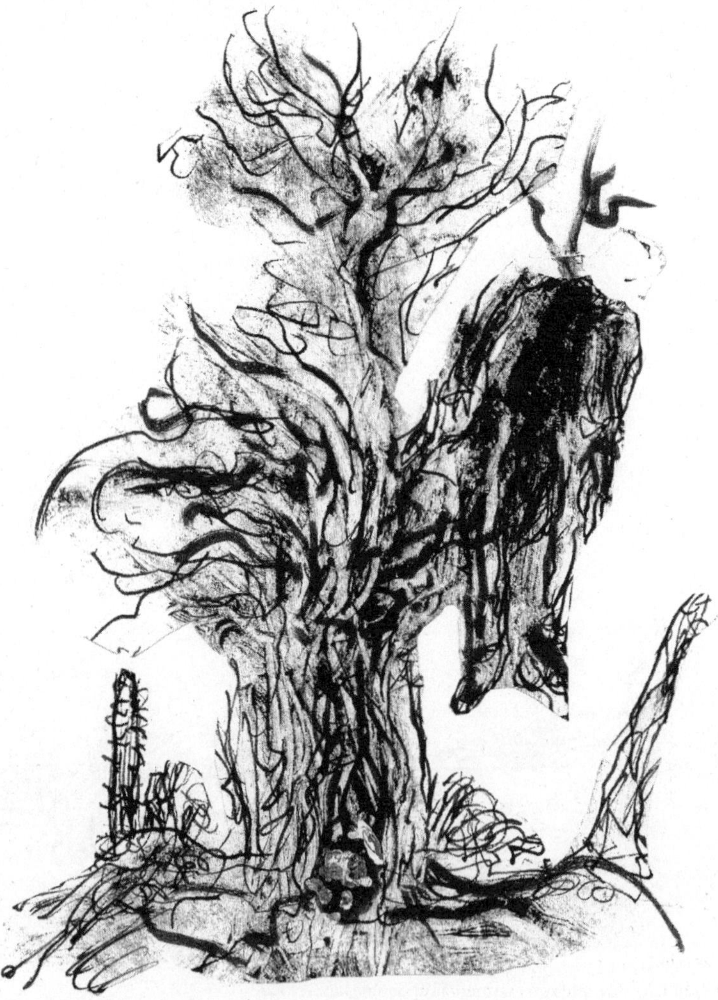

VI

DEBANDADA; FUGA

E foi uma debandada.

Oitocentos homens desapareciam em fuga, abandonando as espingardas; arriando[1] as padiolas, em que se estorciam feridos; jogando fora as peças de equipamento; desarmando-se; desapertando os cinturões, para a carreira desafogada; e correndo, correndo ao acaso, correndo em grupos, em bandos erradios, correndo pelas estradas e pelas trilhas que as recortam, correndo para o recesso das caatingas, tontos, apavorados, sem chefes...

Entre os fardos atirados à beira do caminho ficara, logo ao desencadear-se o pânico – tristíssimo pormenor! – o cadáver do comandante[2]. Não o defenderam. Não houve um breve simulacro de repulsa contra o inimigo, que não viam e adivinhavam no estrídulo dos gritos desafiadores e nos estampidos de um tiroteio irregular e escasso, como o de uma caçada. Aos primeiros tiros os batalhões diluíram-se.

SALOMÃO DA ROCHA

Apenas a artilharia, na extrema retaguarda, seguia vagarosa e unida, solene quase, na marcha habitual de uma revista, em que parava de quando

---

1 arriando deixando no chão. **2** Conforme depoimento de Pedrão a José Calasans, aquele o teria sepultado. Pedrão negou firmemente que o corpo do comandante houvesse sido queimado.

em quando para varrer a disparos as macegas traiçoeiras; e prosseguindo depois, lentamente, rodando, inabordável, terrível...

A dissolução da tropa parara no aço daqueles canhões, cuja guarnição diminuta se destacava maravilhosamente impávida, galvanizada pela força moral de um valente.

De sorte que no fim de algum tempo em torno dela se adensaram, mais numerosos, os perseguidores.

O resto da expedição podia escapar-se a salvo. Aquela bateria libertava-a. De encontro aos quatro Krupps de Salomão da Rocha, como de encontro a uma represa, embatia, e parava, adunava-se, avolumando, e recuava, e partia-se a onda rugidora dos jagunços.

Naquela corrimaça sinistra, em que a ferocidade e a covardia revoluteavam confundidas sob o mesmo aspecto revoltante, abriu-se de improviso um episódio épico.

Contidos a princípio em distância, os sertanejos constringiam a pouco e pouco o círculo do ataque, em roda das duas divisões, que os afrontavam, seguindo a passo tardo, ou, de súbito, alinhando-se em batalha e arrebentando em descargas, fulminando-os...

As granadas explodindo entre os restolhos secos do matagal incendiavam-nos; ouviam-se lá dentro, de envolta com o crepitar de queimadas sem labaredas extintas nos brilhos da manhã claríssima, brados de cólera e de dor; e tontos de fumo, saltando dos esconderijos em chamas, rompentes à ourela da caatinga junto à estrada, os sertanejos em chusma, gritando, correndo, disparando os trabucos e as pistolas – assombrados ante aquela resistência inexplicável, vacilantes no assaltar a zargunchadas[3] e a faca o pequeno grupo de valentes indomáveis.

Estes, entretanto, mal podiam prosseguir. Reduziam-se. Um a um tombavam os soldados da guarnição estoica. Feridos ou espantados os muares da tração empacavam; torciam de rumo; impossibilitavam a marcha.

A bateria afinal parou. Os canhões, emperrados, imobilizaram-se numa volta do caminho...

---

3 **a zargunchadas** com lanças curtas. 4 **tibieza** indolência, frouxidão.

O coronel Tamarindo, que volvera à retaguarda, agitando-se destemeroso e infatigável entre os fugitivos, penitenciando-se heroicamente na hora da catástrofe, da tibieza[4] anterior, ao deparar com aquele quadro estupendo, procurou debalde socorrer os únicos soldados que tinham ido a Canudos. Neste pressuposto ordenou toques repetidos de "meia volta, alto!" As notas das cornetas, convulsivas, emitidas pelos corneteiros sem fôlego, vibraram inutilmente. Ou melhor – aceleraram a fuga. Naquela desordem só havia uma determinação possível: "debandar!"

Debalde alguns oficiais, indignados, engatilhavam revólveres ao peito dos foragidos. Não havia contê-los. Passavam; corriam; corriam doidamente; corriam dos oficiais; corriam dos jagunços; e ao verem aqueles, que eram de preferência alvejados pelos últimos, caírem malferidos, não se comoviam. O capitão Vilarim batera-se valentemente quase só e ao baquear, morto, não encontrou entre os que comandava um braço que o sustivesse. Os próprios feridos e enfermos estropiados lá se iam, cambeteando[5], arrastando-se penosamente, imprecando[6] os companheiros mais ágeis...

As notas das cornetas vibravam em cima desse tumulto, imperceptíveis, inúteis...

Por fim cessaram. Não tinham a quem chamar. A infantaria desaparecera...

Pela beira da estrada, viam-se apenas peças esparsas de equipamento, mochilas e espingardas, cinturões e sabres, jogados a esmo por ali fora, como coisas imprestáveis.

Inteiramente só, sem uma única ordenança, o coronel Tamarindo lançou-se desesperadamente, o cavalo a galope, pela estrada – agora deserta – como se procurasse conter ainda, pessoalmente, a vanguarda. E a artilharia ficou afinal inteiramente em abandono, antes de chegar ao Angico.

Os jagunços lançaram-se então sobre ela.

---

5 **cambeteando** mancando. 6 **imprecando** rogando pragas.

Era o desfecho. O capitão Salomão tinha apenas em torno meia dúzia de combatentes leais. Convergiram-lhe em cima os golpes; e ele tombou, retalhado a foiçadas, junto dos canhões que não abandonara.

Consumara-se a catástrofe...

Logo adiante, na ocasião em que transpunha a galope o córrego do Angico, o coronel Tamarindo foi precipitado do cavalo por uma bala. O engenheiro militar Alfredo do Nascimento alcançou-o ainda com vida. Caído sobre a ribanceira, o velho comandante murmurou ao companheiro que o procurara a sua última ordem:

– Procure o Cunha Matos...

Esta ordem dificilmente podia ser cumprida.

UM ARSENAL AO AR LIVRE...

A terceira expedição anulada, dispersa, desaparecera. E como na maioria os fugitivos evitassem a estrada, desgarraram, sem rumo, errando à toa no deserto, onde muitos, e entre eles os feridos, se perderam para sempre, agonizando e morrendo no absoluto abandono. Alguns, desviando-se da rota, foram bater no Cumbe ou em pontos mais remotos. O resto chegou no outro dia a Monte Santo. O coronel Sousa Meneses, comandante da praça, não os esperou. Ao saber do desastre largou à espora fita[7] para Queimadas até onde se prolongara aquela disparada.

Enquanto isto sucedia, os sertanejos recolhiam os despojos. Pela estrada e pelos lugares próximos jaziam, esparsas, armas e munições, de envolta com as próprias peças do fardamento, dólmãs e calças de listra carmesim, cujos vivos denunciadores demais no pardo da caatinga os tornavam incompatíveis com a fuga. De sorte que a maior parte da tropa não se desarmara apenas diante do adversário. Despira-se...

Assim na distância que medeia do Rosário a Canudos, havia um arsenal desarrumado, ao ar livre, e os jagunços tinham com que se abaste-

---

7 **à espora fita** à espora cravada; às carreiras. Todas as edições de *Os Sertões* registram esta expressão que passou despercebida nas revisões e que sempre apareceu incorretamente: "à espora feita". Ver também p. 647.

cerem a fartar. A expedição Moreira César parecia ter tido um objetivo único: entregar-lhes tudo aquilo, dar-lhes de graça todo aquele armamento moderno e municiá-los largamente.

...E UMA DIVERSÃO CRUEL

Levaram para o arraial os quatro Krupps; substituíram nas mãos dos lutadores da primeira linha as espingardas velhas de carregamento moroso pelas *mannlichers* e Comblains fulminantes; e como as fardas, cinturões e bonés, tudo quanto havia tocado o corpo maldito das praças, lhes maculariam a epiderme de combatentes sagrados, aproveitaram-nos de um modo cruelmente lúgubre.

Os sucessos anteriores haviam-lhes exacerbado a um tempo o misticismo e a rudeza. Partira-se o prestígio do soldado, e a bazófia[8] dos broncos cabecilhas repastava-se[9] das mínimas peripécias dos acontecimentos. A força do governo era agora realmente a *fraqueza* do governo, denominação irônica destinada a permanecer por todo o curso da campanha. Haviam-na visto chegar – imponente e terrível – apercebida de armas ante as quais eram brincos[10] de criança os clavinotes brutos; tinham-na visto rolar terrivelmente sobre o arraial, e assaltá-lo, e invadi-lo, e queimá-lo, varando-o de ponta a ponta; e, depois destes arrancos temerários, presenciaram o recuo, e a fuga, e a disparada doida, e o abandono pelos caminhos fora das armas e bagagens.

Era sem dúvida um milagre. O complexo dos acontecimentos perturbava-os e tinha uma interpretação única: amparava-os visivelmente a potência superior da divindade.

E a crença, revigorada na brutalidade dos combates, crescendo, maior, num reviver de todos os instintos bárbaros, malignou-lhes a índole.

Atesta-o fato estranho, espécie de divertimento sinistro, lembrando a religiosidade trágica dos achantis[11], que rematou estes sucessos.

---

8 **bazófia** fanfarrice, vanglória. 9 **repastava-se** alimentava-se, comprazia-se. 10 **brincos** brinquedos. 11 **aschantis** ver nota 331, p. 224 da presente edição.

Concluídas as pesquisas nos arredores, e recolhidas as armas e munições de guerra, os jagunços reuniram os cadáveres que jaziam esparsos em vários pontos. Decapitaram-nos. Queimaram os corpos. Alinharam depois, nas duas bordas da estrada, as cabeças, regularmente espaçadas, fronteando-se, faces volvidas para o caminho. Por cima, nos arbustos marginais mais altos, dependuraram os restos de fardas, calças e dólmãs multicores, selins, cinturões, quepes de listras rubras, capotes, mantas, cantis e mochilas...

A caatinga mirrada e nua, apareceu repentinamente desabrochando numa florescência extravagantemente colorida no vermelho forte das divisas, no azul desmaiado dos dólmãs e nos brilhos vivos das chapas dos talins e estribos oscilantes...

Um pormenor doloroso completou esta encenação cruel: a uma banda avultava, empalado[12], erguido num galho seco, de angico, o corpo do coronel Tamarindo.

Era assombroso... Como um manequim terrivelmente lúgubre, o cadáver desaprumado, braços e pernas pendidos, oscilando à feição do vento no galho flexível e vergado, aparecia nos ermos feito uma visão demoníaca.

Ali permaneceu longo tempo...

Quando, três meses mais tarde, novos expedicionários seguiam para Canudos, depararam ainda o mesmo cenário: renques de caveiras branqueando as orlas do caminho, rodeadas de velhos trapos, esgarçados nos ramos dos arbustos e, de uma banda, – mudo protagonista de um drama formidável – o espectro do velho comandante...

---

12 **empalado** espetado pelo ânus.

Quarta Expedição

I. Desastres [p. 449]. Canudos – uma diátese [p. 449]. [Empastelamento de jornais monárquicos, p. 451]. A rua do Ouvidor e as caatingas [p. 452]. [Considerações, p. 453]. Versões disparatadas [p. 455]. Mentiras heroicas [p. 455]. O cabo Roque [p. 456]. Levantamento em massa [p. 457]. Planos [p. 458]. Um tropear de bárbaros [p. 458].

II. Mobilização de tropas [p. 461]. Concentração em Queimadas [p. 461]. Organiza-se a expedição [p. 463]. [Crítica, p. 464]. Delongas [p. 465]. Não há um plano de campanha [p. 468]. Erros de estratégia [p. 468]. A comissão de engenheiros [Siqueira de Meneses, p. 472]. Estrada de Calumbi [p. 473]. A marcha [para Canudos, p. 473]. [O 5º. Corpo de Polícia baiana, p. 474]. [Alteração da formatura, p. 475]. Incidentes [p. 477]. Um guia temeroso: Pajeú [p. 480]. [No Rosário, p. 480]. Passagem nas Pitombas [p. 482]. [Recordações cruéis, p. 483]. O alto da Favela [p. 484]. [Fuzilaria, p. 486]. [Crítica, p. 487]. [Trincheiras dos jagunços, p 487]. [Continua a fuzilaria, p. 488]. [Acampamento na Favela, p. 489]. [Canudos, p. 490]. [Chuva de balas, p. 492]. [Confusão e desordem, p. 493]. [Baixas, p. 494]. Uma divisão aprisionada [p. 495].

III. Coluna Savaget [de Aracaju a Canudos, p. 497]. [Carlos Teles, p. 498]. Cocorobó [p. 500]. [Retrospecção geológica, p. 500]. Diante das trincheiras [p. 502]. Carga de baionetas excepcional [p. 505]. A travessia [p. 508]. Macambira [p. 510]. [Nova carga de baionetas, p. 510]. [Fuzilaria, p. 511]. [Bombardeio, p. 513]. Trabubu [p. 513]. Emissário inesperado [p. 514]. Destrói-se um plano de campanha [p. 514].[1]

---

1 Nas três primeiras edições de *Os Sertões* e no AP, os seguintes subtítulos do item III não aparecem desmembrados: "Macambira e Trabubu".

iv. Vitória singular [p. 517]. [O medo, p. 518]. [Baixas, p. 518]. Começo de uma batalha crônica [p. 520]. [Canhoneio. Réplica dos jagunços, p. 521]. [Regime de privações, p. 524]. Aventuras do cerco. Caçadas perigosas [p. 525]. Desânimos [p. 529]. [Assalto ao acampamento. A "Matadeira", p. 531]. A atitude do comando-em-chefe [p. 532]. [Outro olhar sobre Canudos, p. 535]. [um exército intimado, p. 536]. [Deserções heroicas, p. 537]. [Um choque galvânico na expedição combalida, p. 538].

v. O assalto: preparativos [p. 541]; [plano do assalto, p. 545]; o recontro [p. 547]; [Linha de combate, p. 548]. [Crítica, p. 548]. [Confusão, p. 549]. [Tocaias dos jagunços, p. 553]. Nova vitória desastrosa [p. 556]. [Baixas, p. 558]. Nos flancos de Canudos p. 559]. [Posição crítica, p. 560]. [Notas de um diário, p. 563]. Triunfos pelo telégrafo [p. 566].

vi. Pelas estradas. Os feridos [p. 569].[Depredações e incêndios, p. 577]. Primeiras notícias certas [p. 579]. Baixas [p. 581]. Versões e lendas [p. 582]. ["Viva o bom Jesus!", p. 585]. [Um lance épico, p. 585]

vii. [Outros reforços, p. 589]. A Brigada Girard [p. 590]. Heroísmo estranho [p. 591]. Em viagem para Canudos [p. 591].

viii. Novos reforços [p. 593]. O marechal Carlos Machado de Bittencourt [p. 595]. [Quadro lancinante, p. 597]. Colaboradores prosaicos demais... [p. 600]. [Em Canudos, p. 601]. [O sino da igreja, p. 603]. [Fuzilaria, p. 604].

I

DESASTRES

A nova deste revés foi um desastre maior.

A quarta expedição organizou-se através de grande comoção nacional, que se traduziu em atos contrapostos à própria gravidade dos fatos. Foi a princípio o espanto; depois um desvairamento geral da opinião; um intenso agitar de conjeturas para explicar o inconceptível do acontecimento e induzir uma razão de ser qualquer para aquele esmagamento de uma força numerosa, bem aparelhada e tendo chefe de tal quilate. Na desorientação completa dos espíritos alteou-se logo, primeiro esparsa em vagos comentários, condensada depois em inabalável certeza, a ideia de que não agiam isolados os tabaréus turbulentos. Eram a vanguarda de ignotas falanges prontas a irromperem, de remanente[1], em toda a parte, convergentes sobre o novo regime. E como nas capitais, federal e estaduais, há muito, meia dúzia de platônicos, revolucionários contemplativos e mansos, se agitavam esterilmente na propaganda da restauração monárquica, fez-se de tal circunstância ponto de partida para a mais contraproducente das reações.

CANUDOS – UMA DIÁTESE

Era preciso uma explicação qualquer para sucessos de tanta monta. Encontraram-na: os distúrbios sertanejos significavam pródromos[2] de

---

1 de remanente impetuosamente. **2 pródromos** preâmbulos, indícios.

vastíssima conspiração contra as instituições recentes. Canudos era uma Koblenz de pardieiros³. Por detrás da envergadura desengonçada de Pajeú se desenhava o perfil fidalgo de um Brunswick qualquer. A dinastia em disponibilidade, de Bragança, encontrara afinal um Monck, João Abade⁴. E Antônio Conselheiro – um Messias de feira – empolgara⁵ nas mãos trementes e frágeis os destinos de um povo...

A República estava em perigo; era preciso salvar a República. Era este o grito dominante sobre o abalo geral...

Exageramos?

Deletreemos, ao acaso, qualquer jornal daqueles dias.

Doutrinava-se:

O que de um golpe abalava o prestígio da autoridade constituída e abatia a representação do brio da nossa pátria no seu renome, na sua tradição e na sua força era o movimento armado que, à sombra do fanatismo religioso, marchava acelerado contra as próprias instituições, não sendo lícito a ninguém iludir-se mais sobre o pleito em que audazmente entravam os saudosos do Império, francamente em armas.

Concluía-se: "Não há quem a esta hora não compreenda que o monarquismo revolucionário quer destruir com a República a unidade do Brasil"⁶.

Explicava-se:

A tragédia de 3 de março em que juntamente com o Moreira César perderam a vida o ilustre coronel Tamarindo e tantos outros oficiais briosíssimos do nosso exército, foi a confirmação de quanto o partido monarquista à sombra da tolerância do poder público, e graças até aos seus involuntários alentos, tem crescido em audácia e força⁷.

---

3 **pardieiros** edifícios velhos ou em ruínas. 4 Euclides, que em outros pontos coincide com Siqueira Meneses e inclusive, como veremos adiante, parafraseia-o, terá que forçosamente discordar dele num ponto. O competente tenente-coronel suspeitava, como muitos militares, que um experimentado estrategista de guerra estava por trás das vitórias dos jagunços. Ver Galvão, *No Calor*, pp. 473-474. 5 **empolgara** tomara. 6 **Nota do Autor:** *Gazeta de Notícias*. 7 **Nota do Autor:** *O País*.

Afirmava-se:

Trata-se da Restauração; conspira-se; forma-se o exército imperialista. O mal é grande; que o remédio corra parelhas com o mal. A monarquia arma-se? Que o presidente chame às armas os republicanos[8].

E assim por diante. A opinião nacional esbatia-se de tal modo na imprensa. Na imprensa e nas ruas.

Alguns cidadãos ativos congregaram o povo na capital da República e resumiram-lhe a ansiedade patriótica numa moção[9] incisiva:

O povo do Rio de Janeiro reunido em *meeting*[10] e ciente do doloroso revés das armas legais nos sertões da Bahia, tomadas pela caudilhagem[11] monárquica, e congregado em torno do governo, aplaudindo todos os atos de energia cívica que praticar pela desafronta do exército e da Pátria, aguarda, ansioso, a sufocação da revolta.

A mesma toada em tudo. Em tudo a obsessão do espantalho monárquico, transmudando em legião – coorte[12] misteriosa marchando surdamente na sombra –, meia dúzia de retardatários, idealistas e teimosos.

O presidente da República por sua vez quebrou a serenidade habitual:

Sabemos que por detrás dos fanáticos de Canudos, trabalha a política. Mas nós estamos preparados, tendo todos os meios para vencer, seja como for contra quem for.

EMPASTELAMENTO DE JORNAIS MONÁRQUICOS

Afinal a multidão interveio.
Copiemos:

---

8 **Nota do Autor:** *O Estado de S. Paulo.* 9 **moção** proposta. 10 *meeting* (ingl., reunião) comício onde se discutem questões de interesse público. 11 **caudilhagem** caudilhismo; à maneira do caudilho ou do chefe político de interior com amplos poderes e ilimitadas influências. 12 **coorte** legião armada, multidão de pessoas.

Já era tarde e a excitação do povo aumentava na proporção de sua massa sempre crescente; assim nesta indignação lembraram-se dos jornais monarquistas, e todos por um, em um ímpeto de desabafo, foram às redações e tipografias dos jornais *Gazeta da Tarde, Liberdade* e *Apóstolo*[13], e, apesar de ter a polícia corrido para evitar qualquer assalto a esses jornais, não chegou a tempo de evitá-lo, pois a multidão aos gritos de viva a República e à memória de Floriano Peixoto invadiu aqueles estabelecimentos e destruiu-os por completo, queimando tudo.

Então começaram a quebrar e inutilizar tudo quanto encontraram, atirando depois os objetos, livros, papéis, quadros, móveis, utensílios, tabuletas, divisões etc., para a rua de onde foram logo conduzidos para o largo de S. Francisco de Paula, onde formaram uma grande fogueira, ficando outros em montes de destroços na mesma rua do Ouvidor[14].

A RUA DO OUVIDOR E AS CAATINGAS

Interrompamos, porém, este respigar em ruínas. Mais uma vez, no decorrer dos sucessos que nos propusemos narrar, forramo-nos à demorada análise de acontecimentos que fogem à escala superior da história. As linhas anteriores têm um objetivo único: fixar, de relance, símiles que se emparelham na mesma selvatiqueza. A rua do Ouvidor valia por um desvio das caatingas. A correria do sertão entrava arrebatadamente pela civilização adentro[15]. E a guerra de Canudos era, por bem dizer, sintomática apenas. O mal era maior. Não se confinara num recanto da Bahia. Alastrara-se. Rompia nas capitais do litoral. O homem do sertão, encourado e bruto, tinha parceiros porventura mais perigosos.

Valerá a pena defini-los?

A força portentosa da hereditariedade, aqui, como em toda a parte e em todos os tempos, arrasta para os meios mais adiantados – enluvados[16] e encobertos de tênue verniz de cultura – trogloditas completos. Se o curso normal da civilização em geral os contém, e os domina, e

---

13 Ver *O Estado de S. Paulo* de 9.3.1897. **14 Nota do Autor:** *Jornal do Brasil*. **15** Euclides inverte aqui os termos: agora é a "civilização que se converte em barbárie". **16 enluvados** protegidos.

os manieta, e os inutiliza, e a pouco e pouco os destrói, recalcando-os na penumbra de uma existência inútil, de onde os arranca, às vezes, a curiosidade dos sociólogos extravagantes ou as pesquisas da psiquiatria, sempre que um abalo profundo lhes afrouxa em torno a coesão das leis, eles surgem e invadem escandalosamente a história[17]. São o reverso fatal dos acontecimentos, o claro-escuro[18] indispensável aos fatos de maior vulto.

Mas não têm outra função, nem outro valor; não há analisá-los. Considerando-os, o espírito mais robusto permanece inerte a exemplo de uma lente de *flint glass*[19], admirável no refratar, ampliadas, imagens fulgurantes, mas imprestável, se a focalizam na sombra.

Deixamo-los; sigamos.

Antes, porém, insistamos numa proposição única: atribuir a uma conjuração política qualquer a crise sertaneja exprimia palmar insciência das condições naturais da nossa raça.

CONSIDERAÇÕES

O caso, vimo-lo anteriormente, era mais complexo e mais interessante. Envolvia dados entre os quais nada valiam os sonâmbulos erradios e imersos no sonho da restauração imperial. E esta insciência ocasionou desastres maiores que os das expedições destroçadas. Revelou que pouco nos avantajáramos aos rudes patrícios retardatários. Estes, ao menos, eram lógicos. Insulado no espaço e no tempo, o jagunço, um anacronismo étnico, só podia fazer o que fez – bater, bater terrivelmente a nacionalidade que, depois de o enjeitar cerca de três séculos, procurava levá-lo para os deslumbramentos da nossa idade dentro de um

---

17 Euclides sugere neste trecho que os indivíduos do litoral, supostamente "civilizados", são potencialmente bárbaros. **18 claro-escuro** em pintura, é a impressão do contraste dos claros com os escuros. A imagem reforça ainda o conjunto dos oxímoros utilizados pelo Autor. **19** *flint glass* (*ingl.*) vidro óptico, grosso e brilhante, obtido pela fusão em alta temperatura de cristais de rocha. Contém óxido de chumbo, apresenta um índice relativamente alto de refração e é usado para a construção de lentes e prismas. A forma ortograficamente correta em inglês não é a de unir as duas palavras, *flintglass*, como aparece em todas as edições brasileiras de *Os Sertões*.

quadrado de baionetas, mostrando-lhe o brilho da civilização através do clarão de descargas.

Reagiu. Era natural. O que surpreende é a surpresa originada por tal fato. Canudos era uma tapera miserável, fora dos nossos mapas, perdida no deserto, aparecendo, indecifrável, como uma página truncada e sem número das nossas tradições. Só sugeria um conceito – e é que, assim como os estratos geológicos não raro se perturbam, invertidos, sotopondo-se uma formação moderna a uma formação antiga, a estratificação moral dos povos por sua vez também se baralha, e se inverte, e ondula riçada de sinclinais[20] abruptas, estalando em *faults*[21], por onde rompem velhos estádios[22] há muito percorridos.

Sob tal aspecto era, antes de tudo, um ensinamento e poderia ter despertado uma grande curiosidade. A mesma curiosidade do arqueólogo ao deparar as palafitas de uma aldeia lacustre[23], junto a uma cidade industrial da Suíça...

Entre nós, de um modo geral, despertou rancores. Não vimos o traço superior do acontecimento. Aquele afloramento originalíssimo do passado, patenteando todas as falhas da nossa evolução, era um belo ensejo para estudarmo-las, corrigirmo-las ou anularmo-las. Não entendemos a lição eloquente.

Na primeira cidade da República, os patriotas satisfizeram-se com o auto de fé[24] de alguns jornais adversos, e o governo começou a agir. Agir era isto – agremiar batalhões.

---

20 sinclinais dobras cujas concavidades são voltadas para cima. **21 *faults*** (*ingl.*) gretas ou rachaduras na crosta da terra acompanhadas de deslocamentos sismológicos de um dos seus lados com respeito ao outro lado, geralmente em direção paralela a elas. A palavra aparece com ortografia incorreta (*flaults*) nas três primeiras edições de *Os Sertões* e no AP. **22** Entenda-se: "estádios evolutivos éticos". Notar como o Autor voltará a reformular a sua analogia, a partir desta imagem que equipara a terra ao homem. Na literatura brasileira, depois de Euclides, só vamos encontrar no poeta João Cabral de Melo Neto imagens tão perfeitas sobre a matéria dura representada pelas pedras e pelo homem. **23 lacustre** à beira de um lago. **24 auto de fé** cerimônia em que se proclamavam e executavam as sentenças do Tribunal da Inquisição, e na qual os penitenciados ou abjuravam os seus erros, ou eram condenados ao suplício da fogueira. A expressão (*auto de fé*) possivelmente foi sugerida por Rui Barbosa, que em conferência publicada em quinze edições de *O Comércio de S. Paulo* (9-13/16-19/24/27/29-30.6.1897 e 2/7.7.1897) protesta justamente em defesa dos jornais empastelados (ver Galvão, *No Calor*, p. 93).

VERSÕES DISPARATADAS

As primeiras notícias do desastre prolongaram por muitos dias a agitação em todo o país. A parte de combate do major Cunha Matos, deficientíssima, mal indicando as fases capitais da ação, eivada de erros singulares, tinha apenas a eloquência do alvoroço com que fora escrita[25]. Incutia nos que a liam o pensamento de uma hecatombe, ulteriormente agravada de outras informações. E estas, instáveis, acirrando num crescendo a comoção e a curiosidade públicas, desencontradamente, lardeadas[26] de afirmativas contraditórias, derivavam pelos espíritos inquietos num desfiar de conjeturas intermináveis.

Não havia acertar no abstruso das opiniões com a mais breve noção sobre as coisas. Ideavam-se sucessos sofregamente aceitos com todos os visos de realidade, até que outros, diversos, os substituíssem, dominando por um dia ou por uma hora as atenções, e extinguindo-se por sua vez diante de outras versões efêmeras. De sorte que num alarma crescente – do boato medrosamente boquejado no recesso dos lares à mentira escandalosa rolando com estardalhaço pelas ruas – se avolumaram apreensões e cuidados. Era uma tortura permanente de dúvidas cruciantes. Nada se sabia de positivo. Nada sabiam mesmo os que haviam compartido o revés. Na inconsistência dos boatos, uma informação única tomava os mais diversos cambiantes[27].

MENTIRAS HEROICAS

Afirmava-se: o coronel Tamarindo não fora morto; salvara-se valorosamente, com um punhado de companheiros leais, e estava a caminho de Queimadas. Contravinha-se: salvara-se mas estava gravemente ferido em Maçacará, onde chegara exausto[28].

---

25 Ver o conteúdo desta parte no *Jornal do Comércio* de 8.3.1897 ou em Alencar Araripe, pp. 84-88. **26 lardeadas** intercaladas, entremeadas. 27 Alfredo Silva, jornalista do diário carioca *A Notícia*, confirma tal situação ao sintetizá-la num mote: "em tempo de guerra, mentira como terra". "Parece", diz ele, "que em Canudos sabe-se menos quanto se passa do que em Queimadas, e aí no Rio sabe-se mais do que em toda a Bahia" (*A Notícia*, 29.8.1897). 28 Comparar: "Alagoinhas – Dizem estar vivo

Depois uma afirmativa lúgubre: o infeliz oficial fora de fato trucidado. E assim em seguida.

Agitavam-se ideias alarmantes: os sertanejos não eram "um bando de carolas[29] fanáticos", eram um "exército instruído, disciplinado" – admiravelmente armados de carabinas Mauser, tendo ademais artilharia, que manejavam com firmeza. Alguns dos nossos, e entre eles o capitão Vilarim, haviam sido despedaçados por estilhas de granadas...

O CABO ROQUE

Nessas incertezas, a verdade aparecia, às vezes, sob uma forma heroica. A morte trágica de Salomão da Rocha foi uma satisfação ao amor próprio nacional. Aditou-se-lhe depois, mais emocionante, a lenda do Cabo Roque, abalando comovedoramente a alma popular. Um soldado humilde, transfigurado por um raro lance de coragem, marcara a peripécia culminante da peleja. Ordenança de Moreira César, quando desbaratara-se a tropa e o cadáver daquele ficara em abandono à margem do caminho, o lutador leal permanecera a seu lado, guardando a relíquia veneranda abandonada por um exército. De joelhos, junto ao corpo do comandante, batera-se até ao último cartucho, tombando, afinal, sacrificando-se por um morto...

E a cena maravilhosa, fortemente colorida pela imaginação popular, fez-se quase uma compensação à enormidade do revés. Abriram-se subscrições patrióticas; planearam-se homenagens cívicas e solenes; e, num coro triunfal de artigos vibrantes e odes[30] ferventes, o soldado obscuro transcendia à história quando – vítima da desgraça de não ter morrido – trocando a imortalidade pela vida, apareceu com os últimos retardatários supérstites[31], em Queimadas.

A este desapontamento aditaram-se outros, à medida que a situação se esclarecia. A pouco e pouco se reduzia por um lado, agravando-se por

---

o coronel Tamarindo e que vem em viagem de Monte Santo para Queimadas" (*Jornal do Comércio* de 10.3.1897). **29 carolas** pessoas muito assíduas à igreja; muito beatas. **30 odes** pertencem a um tipo de composição poética de caráter lírico. Entre os antigos gregos, eram composições em versos destinadas a serem cantadas. **31 supérstites** sobreviventes.

outro, a catástrofe. Os trezentos e tantos mortos das informações oficiais ressurgiam. Três dias depois do recontro, três dias apenas, já se achava em Queimadas, a duzentos quilômetros de Canudos, grande parte da expedição. Uma semana depois, verificava-se, ali, a existência de 74 oficiais. Duas semanas mais tarde, no dia 19 de março, lá estavam – salvos – 1081 combatentes.

Vimos quantos entraram em ação. Não subtraiamos. Deixemos aí, registrados, estes algarismos inexoráveis.

Eles não diminuíram, com a sua significação singularmente negativa, o fervor das adesões entusiásticas.

LEVANTAMENTO EM MASSA

Os governadores de Estados, os Congressos, as corporações municipais, continuaram vibrantes no anelo formidável da vingança. E em todas as mensagens, variantes de um ditado único, monótono pela simulcadência[32] dos mesmos períodos retumbantes, persistiu, como aspiração exclusiva, o esmagamento dos inimigos da República, armados pela caudilhagem monárquica. Como o da Capital Federal, o povo das demais cidades entendeu também deliberar na altura da situação gravíssima, apoiando todos os atos de energia cívica que praticasse o governo pela desafronta do exército e (esta conjunção valia por cem páginas eloquentes) da Pátria. Decretou-se o luto nacional. Exararam-se[33] votos de pesar nas atas das sessões municipais mais remotas. Sufragaram-se[34] os mortos em todas as igrejas. E dando à tristeza geral a nota supletiva da sanção[35] religiosa, os arcebispados expediram aos sacerdotes dos dois cleros ordem para dizerem nas missas a oração *Pro pace*[36].

Congregaram-se em toda a linha cidadãos ativos, aquartelando. Ressurgiram batalhões, o *Tiradentes*, o *Benjamim Constant*, o *Acadêmicos* e o *Frei Caneca*[37], feitos de veteranos já endurados[38] ao fogo da revolta

---

32 simulcadência terminação de frases ou períodos por palavras iguais. **33 exararam-se** lavraram--se, registraram-se. **34 sufragaram-se** rezaram em intenção de. **35 sanção** aprovação. **36 Pro pace** (*lat.*) "Pela paz". **37** Os nomes, com exceção de *Acadêmicos*, referem-se aos vultos da história brasileira. Frei Caneca foi revolucionário pernambucano. Benjamin Constant foi um dos principais

anterior, da Armada[39]; – enquanto agremiando patriotas de todos os matizes, formavam-se outros, o *Deodoro*, o *Silva Jardim*, o *Moreira César*... Não bastava.

PLANOS

No quartel-general do exército abriram-se inscrições para o preenchimento dos claros[40] de diversos corpos. O presidente da República declarou, em caso extremo, chamar às armas os próprios deputados do Congresso Federal; e, num ímpeto de lirismo patriótico, o vice-presidente escreveu ao Clube Militar propondo-se valentemente cingir o sabre vingador. Fervilhavam planos geniais, ideias raras, incomparáveis. Engenheiros ilustres apresentavam o traçado de um milagre de engenharia – uma estrada de ferro de Vila Nova a Monte Santo, saltando por cima de Itiúba, e feita em trinta dias, e rompendo de chofre, triunfantemente, num coro estrugidor de locomotivas acesas, pelo sertão bravio dentro.

É que estava em jogo, em Canudos, a sorte da República...

Diziam-no informes surpreendedores: aquilo não era um arraial de bandidos truculentos apenas. Lá existiam homens de raro valor – entre os quais se nomeavam conhecidos oficiais do exército e da armada foragidos desde a Revolta de Setembro, que o Conselheiro avocara[41] ao seu partido.

UM TROPEAR DE BÁRBAROS

Garantia-se: um dos chefes do reduto era um engenheiro italiano habilíssimo, adestrado talvez nos polígonos bravios da Abissínia[42]. Expunham-se detalhes extraordinários: havia no arraial tanta gente que tendo

---

articuladores da República. 38 **endurados** endurecidos. 39 Ver nota 5, p. 378. 40 **claros** vagas. 41 **avocara** atraíra. 42 Alude-se aqui à batalha de Adwa entre Itália e a Abissínia em 1896, na qual a Itália perde o seu poder colonizador. A suspeita a que se refere Euclides foi largamente comentada nos jornais da época (*O Estado de S. Paulo* de 31.1.1897; *Jornal de Notícias* de 29.1.1897 e 11.3.1897; *Gazeta de Notícias* de 23.8.1897). A paranoia foi tal que houve inclusive episódios xenofóbicos, como o que envolveu um vendedor italiano de sabonetes preso por Artur Oscar, sob suspeita de ser espião (*Jornal de Notícias* de 11.3.1897 e 25.8.1897).

desertado cerca de setecentos só lhes deram pela falta muitos dias depois. E sucessivas, impiedosas, novas notícias acumulavam-se sobre o fardo extenuador de apreensões, premindo as almas comovidas. Assim, estavam já expugnadas pelos jagunços Monte Santo, Cumbe, Maçacará e, talvez, Jeremoabo. As hordas invasoras, depois de saquearem aquelas vilas, marchavam convergentes para o Sul, reorganizando-se no Tucano, de onde, acrescidas de novos contingentes, demandavam o litoral, avançando sobre a capital da Bahia...

As gentes alucinadas ouviam um surdo tropear de bárbaros...

Os batalhões de Moreira César eram as legiões de Varo... Encalçavam-nos, na fuga, catervas formidandas[43].

Não eram somente os jagunços. Em Juazeiro, no Ceará, um heresiarca sinistro, o padre Cícero, conglobava multidões de novos cismáticos[44] em prol do Conselheiro. Em Pernambuco, um maníaco, José Guedes, surpreendia as autoridades, que o interrogavam, com a altaneria estoica de um profeta. Em Minas, um quadrilheiro desempenado, João Brandão, destroçava escoltas e embrenhava-se no alto sertão do S. Francisco, tangendo cargueiros ajoujados de espingardas.

A aura da loucura soprava também pelas bandas do Sul: o Monge do Paraná, por sua vez, aparecia nessa concorrência extravagante para a história e para os hospícios.

E tudo isto, punha-se de manifesto, eram feituras de uma conjuração que desde muito vinha solapando as instituições. A reação monárquica tomava afinal a atitude batalhadora precipitando nas primeiras escaramuças, coroadas do melhor êxito, aquela vanguarda de retardatários e de maníacos.

O governo devia agir prontamente.

---

43 **formidandas** formidáveis, terríveis. 44 **cismáticos** aqueles que se separaram da comunhão de uma igreja; dissidentes religiosos.

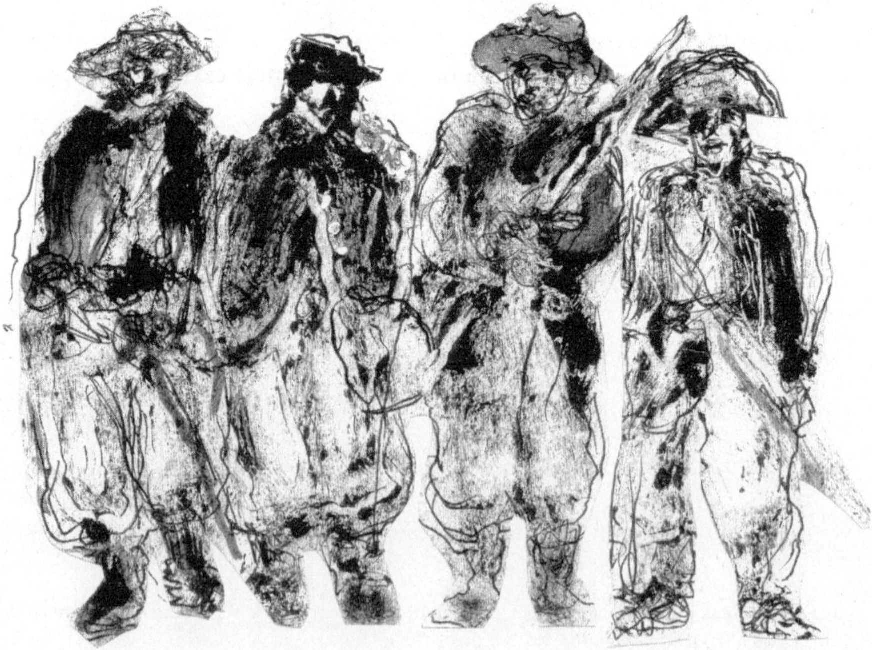

II

MOBILIZAÇÃO DE TROPAS

Deslocaram-se batalhões de todos os Estados: 12º, 25º, 30º, 31º, 32º, do Rio Grande do Sul; o 27º, da Paraíba; o 34º, do Rio Grande do Norte; o 33º e o 35º, do Piauí; o 5º, do Maranhão; o 4º, do Pará; o 26º, de Sergipe; o 14º e o 5º, de Pernambuco; o 2º, do Ceará; o 5º e parte do 9º de Cavalaria, Regimento da Artilharia da Capital Federal; o 7º, o 9º e o 16º, da Bahia.

O comandante do 2º Distrito Militar, general Artur Oscar de Andrade Guimarães, convidado para assumir a direção da luta, aceitou-a tendo antes, numa proclamação pelo telégrafo, definido o seu pensar sobre as coisas: "Todas as grandes ideias têm os seus mártires; nós estamos votados ao sacrifício de que não fugimos para legar à geração futura uma República honrada, firme e respeitada".

A mesma nota em tudo: era preciso salvar a República...

CONCENTRAÇÃO EM QUEIMADAS

As tropas convergiam na Bahia. Chegavam àquela capital em batalhões destacados e seguiam imediatamente para Queimadas. Esta medida além de corresponder à urgência de uma organização pronta naquela vila – feita base de operações provisórias – impunha-se por outro motivo igualmente sério.

É que, generalizando-se de um conceito falso, havia no ânimo dos novos expedicionários uma suspeita extravagante a respeito das crenças monárquicas da Bahia. Ali saltavam com altaneria provocante de triunfadores em praça conquistada. Aquilo, preestabelecera-se, era um Canudos grande. A velha capital com o seu aspecto antigo[1], alteada sobre a montanha, em que embateram por tanto tempo as chusmas dos "varredores do mar"[2], batavos e normandos[3]; conservando, a despeito do tempo, as linhas tradicionais da antiga metrópole do oceano; ereta para a defesa, com os seus velhos fortes disjungidos, esparsos pelas eminências, acrópoles desmanteladas, canhoneiras abertas para o mar; com as suas ladeiras a prumo, envesgando pela montanha segundo o mesmo traçado das trincheiras de taipa de Tomé de Sousa; e com as suas ruas estreitas e embaralhadas pelas quais passaria hoje Fernão Cardim ou Gabriel Soares sem notar diferenças sensíveis – aparecia-lhes como uma ampliação da tapera sertaneja[4]. Não os comovia; irritava-os. Eram cossacos[2] em ruas de Varsóvia. Nos lugares públicos a população surpreendida ouvia-lhes comentários acerbos, enunciados num fanfarrear contínuo sublinhado pelo agudo retinir das esporas e das espadas. E a animadversão[6] gratuita, dia a dia avolumando-se, traduzia-se ao cabo em desacatos e desmandos.

Citemos um caso único: Os oficiais de um batalhão, o 30º, levaram a dedicação pela República a um assomo iconoclasta[7]. Em pleno dia tentaram despedaçar, a marretadas, um escudo em que se viam as armas imperiais, erguido no portão da alfândega velha. A soldadesca por seu lado, assim edificada, exercitava-se em correrias e conflitos.

---

1 Salvador foi a sede do Governo de 1549 a 1763, quando esta foi transferida ao Rio de Janeiro. 2 **"varredores do mar"** piratas. 3 **batavos e normandos** os holandeses e os franceses. 4 Em 1897, Salvador – na expressão de um filho da terra – era ainda "muito acanhada. Seu perímetro urbano não ultrapassava os 12 km de extensão. Desdobrava-se da Barra à Península de Itapajibe. [...] Havia em torno de 120 mil prédios, em ambas as cidades, Alta e Baixa. [...] Toda a Bahia tinha pouco mais de dois milhões de almas. Salvador não ultrapassava as 200 mil. [...] De modo geral as ruas do centro eram calçadas, as principais servidas por linhas de bonde, único veículo de que se poderia facilmente dispor para evitar as infatigáveis ladeiras. [...] O Palácio Municipal era o mais elegante edifício público. O Elevador Hidráulico [Lacerda], o Plano Inclinado, o Viaduto da Linha Circular, a Ponte de Ferro de Plataforma, a Ladeira da Montanha, eis as obras que mais causavam admiração aos viajantes que por Salvador transitavam" (Fontes, pp. 16-20). 5 **cossaco** soldado de um corpo de cavalaria russo, recrutado entre os povos, outrora nômades, das estepes do sul da Rússia. 6 **animadversão** rancor, ódio. 7 **iconoclasta** destruidor de imagens ou de símbolos.

A paixão patriótica roçava⁸, derrancada, pela insânia. A imprensa e a mocidade do Norte, afinal, protestaram e, mais eloquente que as mensagens então feitas, falava em toda a parte o descontentamento popular, prestes a explodir.

ORGANIZA-SE A EXPEDIÇÃO

Assim, como medida preventiva, os batalhões chegavam, desembarcavam, atulhavam os carros da Estrada de Ferro Central e seguiam logo para Queimadas. De sorte que em pouco tempo ali estavam todos os corpos destinados à marcha por Monte Santo; e o comandante geral das forças, em ordem do dia de 5 de abril, pôde organizar a expedição:

> Nesta data ficam assim definitivamente organizadas as forças sob meu comando:
>
> Os 7º, 14º e 30º Batalhões de Infantaria constituem a 1ª Brigada sob o comando do coronel Joaquim Manuel de Medeiros; 16º, 25º e 27º Batalhões da mesma arma, a 2ª Brigada ao mando do coronel Inácio Henrique de Gouveia⁹; 5º Regimento de Artilharia de Campanha, 5º e 9º Batalhões de Infantaria, a 3ª Brigada sob o comando do coronel Olímpio da Silveira; 12º, 31º e 33º da mesma arma e uma divisão de artilharia, a 4ª Brigada sob o comando do coronel Carlos Maria da Silva Teles; 34º, 35º e 40º, a 5ª Brigada sob o comando do coronel Julião Augusto da Serra Martins; 26º, 32º da Infantaria e uma divisão de artilharia, a 6ª Brigada sob o comando do coronel Donaciano de Araújo Pantoja.
>
> A 1ª, 2ª e 3ª Brigadas formaram uma coluna, sob o comando do general João da Silva Barbosa, ficando responsável pela mesma até a respectiva apresentação daquele general, o coronel comandante da 1ª Brigada; a 4ª, 5ª e 6ª Brigadas outra coluna, sob o comando do general Cláudio do Amaral Savaget.

8 Entenda-se: "A paixão patriótica, exacerbada, abeirava a insânia". 9 Nas três primeiras edições de *Os Sertões* e no AP, Euclides não usa neste trecho (mas usará em outros lugares) a preposição *de* para o sobrenome de Inácio Henriques, contrariando a prática dos documentos militares. Ver p. 545 e nota 25, p. 604.

CRÍTICA

Estava constituída a expedição.

A ordem do dia nada dizia quanto ao desdobramento das operações, talvez porque este, desde muito conhecido, pouco se desviara do traçado anterior. Resumia-se naquela divisão de colunas. Ao invés de um cerco à distância para o que eram suficientes aqueles dezesseis corpos articulando-se em pontos estratégicos e a pouco e pouco constringindo-se em roda do arraial, planeara-se investir com os fanáticos por dois pontos, seguindo uma das colunas, a primeira, por Monte Santo, enquanto a segunda, depois de reunida em Aracaju, atravessaria Sergipe até Jeremoabo.

Destas vilas convergiriam sobre Canudos.

Linhas já escritas dispensam o insistir na importância de semelhante plano – cópia ampliada de erros anteriores, com uma variante única: em lugar de uma eram duas as massas compactas de soldados que iriam tombar, todos a um tempo, englobadamente, nas armadilhas da guerra sertaneja. E quando, agitando as mais favoráveis hipóteses, isto não acontecesse, era fácil verificar que a plena consecução dos itinerários preestabelecidos problematizava ainda um desenlace satisfatório da campanha. À simples observação de um mapa ressaltava que a convergência predeterminada, embora se realizasse, não determinaria o esmagamento da rebelião, mesmo à custa do alvitre extremo e doloroso da batalha.

As estradas escolhidas, do Rosário e de Jeremoabo, interferindo-se fora do povoado, num ponto de sua amplíssima periferia, eram inaptas para o assédio. Os jagunços batidos numa direção única, no quadrante de sudeste, tinham, caso fossem desbaratados, francos, para o ocidente e para o norte, os caminhos do Cambaio, do Uauá e da Várzea da Ema; todo o vasto sertão do S. Francisco, asilo impenetrável a que se acolheriam a salvo e onde se aprestariam para a réplica. Ora, a consideração desse abandono em massa do arraial raiava[10] pelo mais exagerado otimismo. Os sertanejos resistiriam, como resistiram, e reagindo aos assaltos feitos apenas por um único flanco, teriam, como tiveram, pelos outros,

---

10 raiava tocava as raias ou limites de, aproximava-se de.

mil portas por onde comunicarem com as cercanias e abastecerem-se à vontade.

Eram circunstâncias fáceis de deduzirem-se. E, previstas, apontavam naturalmente um corretivo único: uma terceira coluna, que, partindo de Juazeiro ou Vila Nova, e vencendo uma distância equiparada às percorridas pelas outras, com elas convergisse, trancando a pouco e pouco aquelas estradas, originando por fim um bloqueio efetivo.

Não se cogitou, porém, desta divisão suplementar indispensável. Não havia tempo para tal. O país inteiro ansiava pela desafronta do exército e da pátria...

Era preciso marchar e vencer. O general Savaget seguiu logo, nos primeiros dias de abril, para Aracaju; e o comandante em chefe, em Queimadas, dispôs-se para a investida.

DELONGAS

Mas esta só se realizaria dois meses depois, em fins de junho. Os lutadores, soldados e patriotas, chegavam à obscura estação da estrada de ferro do S. Francisco e quedavam impotentes para a partida.

O grande movimento de armas de março fora uma ilusão. Não tínhamos exército na significação real do termo em que se inclui, mais valiosa que a existência de alguns milhares de homens e espingardas, uma direção administrativa, técnica e tática, definida por um estado-maior enfeixando todos os serviços, desde o transporte das viaturas aos lineamentos superiores da estratégia, órgão preparador por excelência das operações militares[11].

Faltava tudo. Não havia um serviço de fornecimento organizado, de sorte que numa base de operações provisória, presa ao litoral por uma estrada de ferro, foi impossível conseguir-se um depósito de víveres. Não havia um serviço de transporte suficiente para cerca de cem toneladas de munições de guerra.

11 Entenda-se: "Não tínhamos exército na significação real do termo em que se inclui (mais valiosa que a existência somente de alguns milhares de homens e espingardas) uma direção administrativa, técnica e tática...".

Por fim não havia soldados: os carregadores de armas, que por ali desembarcavam, não vinham dos polígonos de tiro, ou campos de manobra. Os batalhões chegavam, alguns desfalcados, menores que companhias, com o armamento estragado e carecendo das noções táticas mais simples. Era preciso completá-los, armá-los, vesti-los, municiá-los, adestrá-los e instruí-los.

Queimadas fez-se um viveiro de recrutas e um campo de instrução. Os dias começaram a escoar-se monotonamente em evoluções e manobras, ou exercícios de fogo, numa linha de tiro improvisada num sulco aberto na caatinga próxima. E o entusiasmo marcial dos primeiros tempos afrouxava, molificado na insipidez daquela Cápua invertida, em que bocejavam, remansando, centenares de valentes, marcando passo diante do inimigo...

Dali seguiram, batalhão por batalhão, iludindo em transporte parcial a carência de viaturas, para Monte Santo, onde a situação não variou. Continuaram até meados de junho os mesmos exercícios e a mesma existência aleatória[12] de mais de três mil homens em armas, dispostos aos combates mas impotentes para a partida e – registremos esta circunstância singularíssima – vivendo à custa dos recursos ocasionais de um município pobre e talado[13] pelas expedições anteriores.

A custo terminara-se a linha telegráfica de Queimadas, pela comissão de engenheiros militares, dirigida pelo tenente-coronel Siqueira de Meneses[14]. E foi a única coisa apreciável durante tanto tempo perdido. O comandante em chefe, sem carretas para o transporte de munições, despercebido dos mais elementares recursos, quedava-se, sem deliberar, diante da tropa acampada, e mal avitualhada[15] por alguns bois magros e famintos, dispersos em torno sobre as macegas secas das várzeas. O deputado do quartel-mestre-general[16] não conseguira sequer um serviço regular de comboios, que partindo de Queimadas abastecessem a base das operações, de modo a armazenar reservas capazes de sustentar por

---

12 aleatória incerta, casual. **13 talado** destruído, assolado. **14** Euclides usa a preposição *de* para o sobrenome de Siqueira Meneses, contrariando a prática dos documentos militares. **15 avitualhada** abastecida de víveres. **16 deputado do quartel-mestre-general** militar comissionado para tratar de interesses materiais das unidades ou de outras pessoas.

oito dias a tropa. De sorte que ao chegar o mês de julho, quando a 2ª coluna, atravessando Sergipe, se abeirava de Jeremoabo, não havia em Monte Santo um único saco de farinha em depósito. A penúria e uns como prenúncios de fome condenavam à imobilidade a divisão em que se achava o principal chefe da campanha.

Esta estagnação desalentava os soldados e alarmava o país. Como um diversivo[17], ou um pretexto de afastar por alguns dias de Monte Santo mil e tantos concorrentes aos escassos recursos da coluna, duas brigadas seguiram em reconhecimentos inúteis até ao Cumbe e Maçacará. Foi o único movimento militar realizado e não teve sequer o valor de aplacar a impaciência dos expedicionários.

Uma delas, a 3ª de Infantaria, – recém-formada com o 5º e 9º Batalhões de Artilharia, porque esta se reconstituíra com a anexação de uma bateria de tiro rápido e com o 7º destacado da 1ª – estava sob o comando de um oficial incomparável no combate, mas de temperamento irrequieto demais para aquela apatia. E ao chegar a Maçacará, depois de prear em caminho alguns cargueiros que demandavam o arraial sedicioso, em vez de volver à base de operações esteve na iminência de seguir, isolada, pela estrada do Rosário, para o centro da luta. O coronel Thompson Flores planeando este movimento indisciplinado e temerário, mal contido pela sua oficialidade, delatava, bem que exagerada pelo seu forte temperamento nervoso, a situação moral dos combatentes[18]. Revoltava-os a todos a imobilidade em que se amortecera o arranco marcial dos primeiros dias.

Estremeciam muitos imaginando o desapontamento de receberem, de improviso, a nova da tomada de Canudos pelo general Savaget[19]. Calculavam os efeitos daquela dilação[20] ante a opinião pública ansiosa por um desenlace; e consideravam quão útil se tornaria ao adversário, alentado por três vitórias, aquele armistício de três meses.

Esta última consideração era capital.

---

17 diversivo ação diversiva, desculpa para fazer esquecer, ou para atenuar, um pensamento triste, uma ideia fixa etc. **18** Ver Dantas Barreto, p. 44. **19** *Idem, ibidem.* **20 dilação** adiamento, prorrogação.

NÃO HÁ UM PLANO DE CAMPANHA

O general Artur Oscar determinou de agir traçando, a 19 de junho, a ordem do dia da partida na qual "deixa à imparcialidade da história a justificativa de tal demora".

Sem o laconismo próprio de tais documentos, o general, após augurar inevitável vitória sobre a gente de Antônio Conselheiro, "o inimigo da República", aponta às tropas os perigos que as saltearão à entrada do sertão, onde "o inimigo as atacará pela retaguarda e flancos" no meio daquelas "matas infelizes" eivadas "de caminhos obstruídos, trincheiras, surpresas de toda a sorte, e tudo quanto a guerra tem de mais odioso"[21].

Em que pese à sua literatura alarmante, eram dados verdadeiros, estes. A comissão de engenharia realizara reconhecimentos acordes no afirmarem, mais viva[22], a aspereza do solo, cujos traços topográficos impunham três condições ao favorável sucesso da campanha: forças bem abastecidas, que dispensassem os recursos das paragens pobres; mobilidade máxima; e plasticidade[23], que as adaptasse bem às flexuras[24] de terreno revolto e agro.

ERROS DE ESTRATÉGIA

Eram três requisitos essenciais, completando-se. Mas nem um só foi satisfeito. As tropas partiriam da base de operações – à meia ração[25]. Seguiriam chumbadas[26] às toneladas de um canhão de sítio[27]. E avançariam em brigadas cujos batalhões, a quatro de fundo, guardavam escasso intervalo de poucos metros.

Persistia a obsessão de uma campanha clássica. Mostram-na as instruções entregues, dias antes, aos comandantes de corpos. Resumo de

---

21 Esta ordem do dia foi publicada em *O País* de 28.6.1897 e no *Diário de Notícias* de 6.7.1897. 22 **mais viva** enfaticamente. 23 **plasticidade** flexibilidade, maleabilidade. 24 **flexuras** descidas de um compartimento de terreno, sem interrupção de continuidade com o compartimento seguinte ou vizinho. 25 **à meia ração** à meia refeição. 26 **chumbadas** presas, ligadas. 27 **canhão de sítio** canhão para fortaleza, ou seja, que não pode ser transportado facilmente e é capaz de lançar projéteis de aproximadamente 32 libras (14,4 kg), como o da marca Whitworth 32, por exemplo.

uns velhos preceitos que cada um de nós, leigos no ofício, podemos encontrar, nas páginas do Vial, o que em tal documento se depara – é a teimosia no imaginar, impactas, dentro de traçados gráficos, as guerrilhas solertes dos jagunços.

O chefe expedicionário alongou-se exclusivamente numa distribuição de formaturas. Não se preocupou com o aspecto essencial de uma campanha que, reduzida ao domínio estrito da tática – se resumia no aproveitamento do terreno e numa mobilidade vertiginosa. Porque a sua tropa mal distribuída ia seguir para o desconhecido, sem linhas de operações – adstrita aos reconhecimentos ligeiros feitos anteriormente, ou dados colhidos, de relance, por oficiais das outras expedições – e nada existe de prático naquelas instruções sobre serviços de segurança na vanguarda e nos flancos. Em compensação ostenta a preocupação da ordem mista, em que os corpos, na emergência da batalha, se deveriam desenvolver, com as distâncias regulamentares, de modo que cada brigada, desarticulando-se em campo raso, pudesse, geometricamente – cordões de atiradores, linhas de apoio e reforço, e reservas – agir com a segurança mecânica estatuída pelos luminares da guerra. E o chefe expedicionário citou, a propósito, Ther Brun. Não quis inovar. Não imaginou que o frio estrategista invocado, um gênio que não valia na ocasião as ardilezas de um *capitão do mato*, capitularia os dispositivos preceituados de idealização sem nome, nas guerras sertanejas – guerras à gandaia[28], sem programas rígidos, sem regras regulares, rodeadas de mil casos fortuitos, e aos recontros súbitos em todas as voltas dos caminhos ou tocaias em toda a parte.

Copiou instruções que nada valiam porque estavam certas demais. Quis desenhar o imprevisto. A luta que só pedia um chefe esforçado e meia dúzia de sargentos atrevidos e espertos, ia iniciar-se enleada em complexa rede hierárquica – uns tantos batalhões maciços entalando-se em veredas flexuosas e emperrados diante de adversários fugitivos e bravos[29]. Prendeu-se-lhes, além disto, às ilhargas, a mole[30] de aço de um

---

28 **à gandaia** sem destino, ao esmo. 29 Compare-se: "[...] o general cogitou de princípios que estabelecessem a maior ordem na travessia que devíamos fazer, porém os movimentos de tropa pelo

Whitworth de 32, pesando 1700 quilos! A tremenda máquina, feita para a quietude das fortalezas costeiras – era o entupimento dos caminhos, a redução da marcha, a perturbação das viaturas, um trambolho a qualquer deslocação vertiginosa de manobras. Era, porém, preciso assustar os sertões com o monstruoso espantalho de aço, ainda que se pusessem de parte medidas imprescindíveis[31].

Exemplifiquemos: As colunas partiram da própria base das operações em situação absolutamente inverossímil – à meia ração. Marcharam em desdobramentos que, como veremos em breve, não as forravam dos assaltos. Por fim, não tiveram a garantia de uma vanguarda eficaz, de flanqueadores capazes de as subtraírem a surpresas[32].

Os que as acompanhavam nada valiam. Tinham que marchar, ladeando o grosso da tropa por dentro das caatingas, e estas tolhiam-lhes o passo. Soldados vestidos de pano, rompendo aqueles acervos de espinheirais e bromélias, mal arriscariam alguns passos, deixando por ali, esgarçados, os fardamentos, em tiras.

Entretanto, poderiam avançar adrede predispostos à remoção de tais inconvenientes. Bastava que fossem apropriadamente fardados. O hábito dos vaqueiros era um ensinamento. O flanqueador devia meter-se pela caatinga, envolto na armadura de couro do sertanejo – garantido pelas alpercatas fortes, pelos *guarda-pés* e *perneiras*, em que roçariam inofensivos os estiletes dos *xiquexiques*, pelos *gibões* e *guarda-peitos*, protegendo-lhe o tórax, e pelos chapéus de couro, firmemente apresilhados ao queixo, habilitando-o a arremessar-se, imune, por ali adentro. Um ou dois corpos assim dispostos e convenientemente adestrados acabariam por copiar as evoluções estonteadoras dos jagunços, sobretudo

---

interior do Norte raras vezes obedecerão a regras e preceitos, que se traçam para campanhas regulares, em países onde as condições topográficas do terreno não têm as particularidades dos nossos longínquos sertões" (Dantas Barreto, p. 59). **30 mole** grande massa informe, construção maciça. **31** Comparar: "[...] este colosso, cuja possibilidade de ser transportado a Canudos só podia caber na mente de engenheiros brasileiros, querendo dizer só de *malucos*, que o assestaram contra o poderosíssimo reduto central e tresloucado e caduco monarquismo, vencendo precipícios, subindo e descendo serras, transpondo desfiladeiros, atravessando rios, sem um instante de desfalecimento sequer" (Siqueira Meneses, *O País* de 8.9.1897). **32** Entenda-se: "Por fim [...] capazes de livrá-las de surpresas".

considerando que ali estavam, em todos os batalhões, filhos do norte, nos quais o uniforme bárbaro não se ajustaria pela primeira vez[33].

Não seria, isto, excessiva originalidade. Mais extravagantes são os dólmãs europeus de listas vivas e botões fulgentes, entre os gravetos da caatinga decídua[34]. Além disto, atestam-no os nossos admiráveis patrícios dos sertões, aquela vestidura bizarra, capaz, em que pese ao seu rude material, de se afeiçoar aos talhos de uma plástica elegante, parece que robustece e enrija. É um mediador de primeira ordem ante as intempéries. Atenua o calor no estio, atenua o frio no inverno; amortece as mais repentinas variações de temperatura; normaliza a economia fisiológica, e produz atletas. Harmoniza-se com as maiores vicissitudes da guerra. Não se gasta; não se rompe. Depois de um combate longo, o lutador exausto tem o fardamento intato e pode repousar sobre uma moita de espinhos. Ao ressoar de um alarma súbito, apruma-se, de golpe, na formatura, sem uma prega na sua couraça flexível. Marcha sob uma chuva violenta e não tirita encharcado; depara, adiante, um ervaçal[35] em chamas e rompe-o aforradamente; antolha-se-lhe um ribeirão correntoso e vadeia-o, leve, dentro da véstia[37] impermeável.

Mas isto seria uma inovação extravagante. Temeu-se colar à epiderme do soldado a pele coriácea[37] do jagunço. A expedição devia marchar corretíssima. Corretíssima e fragílima.

Partira em primeiro lugar, no dia 14, a comissão de engenharia, protegida por uma brigada[38]. Levava uma tarefa árdua: afeiçoar à marcha as trilhas sertanejas; e retificá-las, ou alargá-las, ou nivelá-las, ou ligá-las por estivas e pontilhões ligeiros, de modo que em tais veredas cindidas de boqueirões e envesgando pelos morros, passasse aquela artilharia imprópria – as baterias de Krupp, alguns canhões de tiro rápido, e o aterrador 32, que por si só requeria estrada de rodagem, consolidada e firme[39].

---

33 Esta recomendação parte da sugestiva advertência de Siqueira Meneses. Ver *O País* de 8.9.1897. 34 O uniforme do exército brasileiro, mesmo durante os primeiros dias da República, não havia mudado desde os tempos imperiais: calças vermelhas, dólmã azul-marinho com botões dourados, cores todas chamativas e que faziam dos soldados o alvo predileto dos jagunços. 35 **ervaçal** pasto. 36 **véstia** gibão, casaco curto de couro. 37 **coriácea** semelhante ao couro. 38 A 2ª do coronel Inácio Henrique de Gouveia. A partir deste ponto do livro, Euclides dependerá primordialmente dos apontamentos de Siqueira Meneses, publicados pelo *O País*. 39 Ver Siqueira Meneses, *O País* de 8.9.1897.

Esta estrada foi feita. Abriu-a num belo esforço e com tenacidade rara, a comissão de engenharia, desenvolvendo-a ao alto da Favela, num percurso de quinze léguas.

A COMISSÃO DE ENGENHARIA [SIQUEIRA DE MENESES]

Para este trabalho notável houve um chefe – o tenente-coronel Siqueira de Meneses.

Ninguém até então compreendera com igual lucidez a natureza da campanha ou era mais bem aparelhado para ela. Firme educação teórica e espírito observador tornavam-no guia exclusivo daqueles milhares de homens, tateantes em região desconhecida e bárbara. Percorrera-a quase só, acompanhado de um ou dois ajudantes, em todos os sentidos. Conhecia-a toda; e infatigável, alheio a temores, aquele campeador, que se formara fora da vida dos quartéis, surpreendia os combatentes mais rudes. Largava pelas chapadas amplas, perdia-se no deserto referto de emboscadas, observando, estudando e muitas vezes lutando. Cavalgando animais estropiados, inaptos a um meio galope frouxo, afundava nos grotões; varava-os; galgava os cerros abruptos, em reconhecimentos perigosos; e surgia no Caipã, em Calumbi e no Cambaio, em toda a parte, mais preocupado com a carteira de notas e os croquis[40] ligeiros do que com a vida.

Atraía-o aquela natureza original. A sua flora estranha, o seu fácies topográfico atormentado, a sua estrutura geognóstica ainda não estudada – antolhavam-se-lhe, largamente expandidas, em torno, escritas numa página revolta da terra que ainda ninguém lera. E o expedicionário destemeroso fazia-se, não raro, o pensador contemplativo. Um pedaço de rocha, o cálice de uma flor ou um acidente do solo, despeavam-no das preocupações da guerra, levando-o à região remansada da ciência.

Conheciam-no os vaqueiros amigos das cercanias e por fim os próprios jagunços. Assombrava-os aquele homem frágil, de fisionomia nazarena[41], que, apontando em toda a parte com uma carabina à bandoleira

---

40 croquis esboços, mapas improvisados. **41 nazarena** semelhante à de Cristo.

e um podômetro preso à bota, lhes desafiava a astúcia e não tremia ante as emboscadas e não errava a leitura da bússola portátil entre os estampidos dos bacamartes.

Por sua vez o comandante em chefe avaliara o seu valor. O tenente-coronel Meneses era o olhar da expedição. Oriundo de família sertaneja do Norte e tendo até próximos colaterais entre os fanáticos, em Canudos, aquele jagunço alourado, de aspecto frágil, física e moralmente brunido pela cultura moderna, a um tempo impávido e atilado – era a melhor garantia de uma marcha segura. E deu-lhe um traçado que surpreendeu os próprios sertanejos.

ESTRADA DE CALUMBI

Entre os caminhos que demandavam Canudos, dois, o do Cambaio e o de Maçacará, haviam sido trilhados pelas expedições anteriores. Restava o de Calumbi, mais curto e em muitos pontos menos impraticável, sem as trincheiras alterosas do primeiro ou vastos plainos estéreis do último. Tais requisitos faziam crer que fosse inevitavelmente escolhido. Neste pressuposto os sertanejos fortificaram-no de tal maneira que a marcha da expedição por ali acarretaria desastre completo, muito antes do arraial.

O plano esboçado pela comissão de engenharia evitou-o, norteando a estrada mais para o levante, beirando os contrafortes de Aracati.

A MARCHA [PARA CANUDOS]

Por ali avançaram, parceladamente, as brigadas.

A de artilharia, decampando de Monte Santo, a 17, deparou, logo aos primeiros passos, dificuldades sérias. Enquanto os canhões mais ligeiros chegavam, transcorridos dez quilômetros, ao rio Pequeno, o obstruente 32 ficara distanciado de uma légua. Pela estrada escorregadia e cheia de tremedais[42], ronceavam[43] penosamente as vinte juntas[44] de bois que o

---

[42] **tremedais** atoleiros. [43] **ronceavam** andavam com lentidão. [44] **vinte juntas** vinte pares.

arrastavam, guiadas por inexpertos carreiros, uns e outros pouco afeitos àquele gênero de transportes, inteiramente novo e em que toda a sorte de empecilhos surgiam a todo o instante e a cada passo, nas flexuras fortes do caminho, na travessia das estivas malfeitas, ou em repentinos desnivelamentos fazendo adornar a máquina pesadíssima.

Somente no dia 19, à tarde, gastando três dias para percorrer três léguas, chegou o canhão retardatário ao Caldeirão Grande, permitindo que se reorganizasse a brigada de artilharia que, juntamente com a 2ª, de Infantaria, tendo à vanguarda o 25º Batalhão, do tenente-coronel Dantas Barreto, prosseguiria na manhã subsequente para a Jitirana, distante oito quilômetros da estação anterior, com a mesma marcha fatigante e remorada.

Naquele mesmo dia saíra de Monte Santo o comandante-geral e o grosso da coluna constituído pelas 1ª e 3ª Brigadas, com o efetivo de 1 933 soldados.

O 5º. CORPO DE POLÍCIA BAIANA

Toda a expedição em caminho, forte de uns três mil combatentes, avançou até ao Aracati, 46 quilômetros além de Monte Santo, de idêntico modo: as grandes divisões progredindo isoladas, ou concentrando-se e dispersando-se logo, distanciando-se às vezes demais, contrastando sempre a investida ligeira da vanguarda com o tardo caminhar da artilharia. Mais afastado ainda, no coice de toda a tropa, ia o grande comboio geral de munições, sob o mando direto do deputado do quartel--mestre-general, coronel Campelo França, e guarnecido com 432 praças, o 5º Corpo de Polícia Baiana – o único entre todos que se talhara pelas condições da campanha. Recém-formara-se com sertanejos engajados nas regiões ribeirinhas do S. Francisco. Mas não era um batalhão de linha, como não era um batalhão de polícia. Aqueles caboclos rijos e bravos, joviais e bravateadores que mais tarde, nos dias angustiosos do assédio de Canudos, descantariam, ao som dos machetes, modinhas folgazãs, debaixo de fuzilarias rolantes – eram um batalhão de jagunços. Entre as forças regulares de um e outro matiz, imprimiam o traço original da velha bravura a um tempo romanesca e bruta, selvagem e heroica, cavaleira e despiedada, dos primeiros mestiços, batedores de *bandeiras*. Eram o temperamento primitivo de uma raça, guardado, intacto, no insulamento das chapadas, fora da intrusão de outros elementos e aparecendo, de chofre, com a sua feição original; misto interessante de atributos antilógicos, em que uma ingenuidade adorável e a lealdade levada até ao sacrifício e o heroísmo distendido até à barbaridade, se confundem e se revezam, indistintos. Vê-lo-emos ao diante.

ALTERAÇÃO DA FORMATURA

O 5º Corpo e o comboio, partindo por último, de Monte Santo, à reçaga[45] da expedição, quando deviam centralizá-la, seguiam, ao cabo, completamente isolados. E isto acontecia aos demais batalhões. A despeito da formatura estatuída, verificara-se logo a impossibilidade de uma concentração imediata, na emergência da batalha. Adstrito ao trabalho dos sapadores, todo o trem da artilharia ficava, por vezes, longamente separado do resto da coluna, como um trambolho obstruente entre a vanguarda e o comboio geral. De sorte que se, por um golpe de ousadia, os jagunços, em trechos adrede escolhidos, houvessem salteado o último, o refluxo da primeira, correndo em auxílio, estacaria de encontro às baterias engajadas nas veredas estreitas.

Revela-o o roteiro pormenorizado da marcha. Enquanto o grosso da coluna decampava, no alvorecer de 21, do rio Pequeno, pouco mais de uma légua de Monte Santo, e chegava, seriam nove horas da manhã, ao Caldeirão Grande, depois de caminhar duas léguas, já desta escala largara à retaguarda da artilharia o canhão 32, protegido pela Brigada Medeiros. Na mesma ocasião, mais avantajada, a Brigada Gouveia atingia a Jitirana, à noite, onde já se achavam a comissão de engenheiros e o general Artur Oscar, que até lá fora, escoteiro, seguido de um piquete de vinte praças de cavalaria e do 9º de Infantaria. Considerando-se que o comboio dirigido pelo coronel Campelo França e protegido pelo 5º de

---

45 **à reçaga** na retaguarda, atrasada.

Polícia ficara à retaguarda, vê-se que a tropa se espalhara em longura de quase quatro léguas, violando-se inteiramente as instruções preestabelecidas.

No amanhecer do dia 22, enquanto o general Barbosa, que permanecera o resto do dia anterior em Caldeirão, levantava acampamento seguindo para Jitirana, daí partia o comandante-geral com a primeira brigada, o 9º Batalhão da 3ª e 25º da 2ª, a ala de cavalaria do major Carlos de Alencar e a artilharia, levando o dispositivo prefixado: na frente o 14º e 30º Batalhões, no centro a cavalaria e a artilharia; depois dois outros corpos, o 9º e o 25º. Ora, enquanto o comandante-geral seguia rapidamente naquele dia chegando em pouco tempo com a vanguarda a Juá, 7600 metros além de Jitirana, a artilharia imobilizava-se nesta última escala aguardando que a comissão de engenheiros ultimasse a abertura de picadas e trabalhos de sapa; e como o grosso das forças vinha ainda pela estrada do Caldeirão, estas mais uma vez se subdividiam forçadamente, ficando em condições desvantajosas na emergência de um assalto, porque não vinham adrede dispostas a afastamentos tão largos, que deviam ter sido de antemão estabelecidos, realizando-se não como um vício de mobilidade mas como requisito tático indispensável.

As brigadas reuniram-se, por fim, na noite daquele dia, em Juá. Ali chegou, às 6 horas, logo após a artilharia, o resto da coluna composta dos 5º, 7º, 15º, 16º e 27º corpos de infantaria. Excetuava-se o comboio, retardado num trecho qualquer dos caminhos.

Daquele ponto seguiram, os dois generais, na manhã de 23, para Aracati, 12800 metros na frente, fazendo a vanguarda os batalhões do coronel Gouveia. Mas a artilharia, protegida pelos do coronel Medeiros, só se moveu ao meio-dia, depois que os engenheiros, apoiados pela brigada Flores, executaram penosíssimos trabalhos de reparos.

Pormenorizamos, miudeando-a aos menores incidentes, esta marcha, para que se revelem as condições excepcionais que a rodearam.

Depois da partida de Juá e atingida a velha fazenda do "Poço", totalmente em ruínas, sobreveio incidente indicador do quanto era conhecido o terreno em que se avançava.

INCIDENTES

Ao invés de prosseguirem em rumo para a direita – buscando a fazenda do "Sítio", de um sertanejo aliado, Tomás Vila-Nova, inteiramente dedicado à nossa gente – entraram os sapadores por um desvio, à esquerda. Quando já iam longe, depois de algumas horas de trabalho, reconheceu o tenente-coronel Siqueira de Meneses a impossibilidade de afeiçoar os caminhos com a presteza necessária. "Tais eram o grande movimento de terra a fazer-se, o cerrado da caatinga, os pesados lajedos a remover-se, além dos acidentes do terreno para a subida e descida dos veículos..."[46]. Abandonando então todo o trabalho feito, procurou o sítio de Vila-Nova. Esclarecido por este, atacou, à tarde, a nova vereda que, embora alongando a distância, tinha melhores condições de viabilidade. A artilharia por ali só avançou ao cair da tarde, passando pelo sítio dos Pereiras. Foi acampar à meia-noite na lagoa da Laje, dois quilômetros aquém de Aracati, onde já estava havia muito toda a coluna. Ficara ainda mais à retaguarda com a 3ª Brigada[47], o moroso 32, à borda a pique de um ribeirão[48], o dos Pereiras, que o adiantado da noite obstara se pudesse atravessar.

Entrava-se, no entanto, na zona perigosa[49]. Nesse dia, na lagoa da Laje, o piquete do comando geral, guiado por um alferes[50], surpresara alguns rebeldes que destelhavam a casa ali existente[51]. O recontro foi rápido. Os sertanejos de surpresa acometidos por uma carga, fugiram sem replicar. Um único ficou. Estava sobre o telhado levadio e ao descer viu-se circulado. Reagiu apesar de ferido. Afrontou-se com o adversário mais próximo, um anspeçada[52]; desmontou-o; e arrancou-lhe das mãos a clavina, derreando-o com ela a coronhadas. Encostou-se depois à parede do casebre e fez frente aos soldados, girando-lhes à cabeça a arma, em

---

46 A citação, incompleta e com ligeiras variantes, foi extraída da carta do dia 9.9.1897 de Siqueira Meneses, enviada a *O País*. 47 Siqueira Meneses diz que foi a 1ª Brigada. Ver *O País* de 8.9.1897. 48 Entenda-se: "Ficara ainda mais [...] o moroso 32, à beira inclinada de um ribeirão [...]". 49 Ver Dantas Barreto, p. 68. 50 Alferes Rocha. 51 De propriedade de um tal de Amâncio, morador da fazenda do coronel José Américo. Ver Dantas Barreto, p. 68. 52 **anspeçada** militar que detinha a graduação acima do soldado e abaixo do cabo de esquadra dentro da hierarquia militar do exército brasileiro colonial, imperial e dos primeiros anos da República.

molinete⁵³. Batido, porém, de toda a banda, baqueou, exausto e retalhado. Mataram-no. Era a primeira façanha, exígua demais para tanta gente. Suceder-se-lhe-iam outras.

No dia 24 agravou-se a marcha. A coluna, que decampara de Aracati ao meio-dia, porque teve de aguardar a vinda dos retardatários da véspera, endireitou, unida, para Juetê, distante 13 200 metros, – para mais uma vez se subdividir.

Os caminhos pioravam.

Tornou-se necessário, além dos trabalhos de sapa, abrir mais de uma légua de picada contínua através de uma caatinga feroz que naquele trecho justifica bem o significado da denominação indígena do lugar⁵⁴.

Relata o chefe desse trabalho memorável⁵⁵:

Aos xiquexique, palmatória, rabo-de-raposa, mandacarus, croás, cabeça-de-frade, culumbi, cansanção, favela, quixaba e a respeitabilíssima macambira, reuniu-se a muito falada e temida *cunanã*, espécie de cipó com aspecto arborescente, imitando no todo a uma planta cultivada nos jardins, cujas folhas são cilíndricas. A poucos centímetros do chão o tronco divide-se em muitos galhos que se multiplicam numa profusão admirável, formando uma grande copa, que se mantém no espaço por seus próprios esforços ou favorecido por algumas plantas que vegetam de permeio. Estende suas franças⁵⁶ de folhas cilíndricas com oito caneluras⁵⁷ e igual número de filetes em gume e pouco salientes, semelhando-se a um enorme polvo de milhões de antenas, como elas flexíveis e elásticas, cobrindo, não raras vezes, considerável superfície do solo, emaranhando-se, por entre a esquisita e raquítica vegetação destas paragens, em uma trama impenetrável. A foice mais afiada dos nossos soldados do contingente de engenharia (*chineses*, na frase gaiata dos companheiros dos corpos combatentes) e polícia dificilmente as dece-

---

53 **em molinete** movimento giratório rápido, que se faz com uma espada, um pau etc., à volta do corpo.   54 **Nota do Autor:** *Ju-etê* – espinho grande. Por extensão: espinheiral, grande espinheiro.   55 **Nota do Autor:** Tenente-coronel Siqueira de Meneses. Artigos publicados em *O País*, com o pseudônimo Hoche. **Nota do Editor:** Artigo publicado em 9.9.1897.   56 **franças** conjunto das ramificações menores da copa das árvores.   57 **caneluras** estrias nos caules.

pava nos primeiros golpes, oferecendo, portanto, resistência inesperada ao empenho que todos traziam em ir por diante.

Nesse labirinto de nova espécie, teve a comissão de engenharia em poucas horas de abrir mais de seis quilômetros de estrada, tendo ao encalço a artilharia, que a atropelava impaciente.

O ingente esforço desenvolvido pelos distintos e patriotas republicanos empenhados neste pesadíssimo labor não impediu que a noite os viesse surpreender, antes de chegar à espécie de clareira denominada pelo povo do lugar de Queimadas, onde esta vegetação traiçoeira desaparecia de sua frente, como que tomada de medo.

Antes que o desânimo, o cansaço e o sono se apoderassem dos nossos soldados resignados e trabalhadores, a citada comissão representada nesta ocasião pelo chefe, tenentes Nascimento e Crisanto, alferes Ponciano, Virgílio e Melquíades, os dois últimos da polícia, o terceiro auxiliar e o quarto comandante do contingente de engenharia, pois o capitão Coriolano e tenente Domingos Ribeiro achavam-se mais atrás em outros trabalhos, tomou o alvitre de mandar acender, já escura a noite, de distância em distância, grandes fogueiras para à sua luz prosseguirem os obreiros da boa causa da Pátria.

Assim concluiu-se com alegria geral e contentamento, das 8 para as 9 horas da noite, este último trecho, em que a *cunanã* se dissolveu em mais benigna vegetação ao sair das Queimadas de que já falamos. O canhão 32, não podendo vencer os obstáculos avolumados pela noite, ficou dentro da picada até o dia seguinte e com ele o dr. Domingos Leite, que trabalhava desde o rio Pequeno com uma turma de chineses no empenho de levá-lo a Canudos.

Pouco depois de nove horas estava a comissão reunida e acampada na clareira debaixo de chuvas torrenciais, que se prolongaram até o dia seguinte, a todos contrariando, a todos causando mal-estar e aborrecimento. Aí também acampou a brigada de artilharia, o 16º e o 25º Batalhões de Infantaria, tendo-se conservado em proteção ao 32º. o 27º, que dormiu na picada. Foi magnífico, esplêndido mesmo, o espetáculo que a todos vivamente impressionou, vendo a artilharia com seus metais faiscantes e polidos, altiva de sua força soberana, atravessar garbosa e imponente, como rainha do mundo, por entre os fantásticos clarões de grandes fogos, acesos no deserto, como que pelo gênio da liberdade, para mostrar-lhe o caminho do dever, da honra e da glória.

Durante este tempo chegava a Juetê, onde pernoitou, o general Oscar, com o estado-maior e o piquete de cavalaria. Ao passo que o general Barbosa, com a 1ª e 3ª Brigadas, endireitava para a fazenda do "Rosário", 4700 metros na frente.

Ali chegou na antemanhã seguinte o comandante-geral; e mais tarde o resto da divisão, tendo-se tornado, ainda, necessário taludar[58] as ribanceiras do rio Rosário para que o atravessasse a artilharia.

UM GUIA TEMEROSO: PAJEÚ

O inimigo apareceu outra vez. Mas célere, fugitivo. Algum piquete que bombeava[59] a tropa. Dirigia-o Pajeú. O quadrilheiro famoso visara, à primeira vista, um reconhecimento. Mas, de fato, como o denunciaram ulteriores sucessos, trazia objetivo mais inteligente: renovar o delírio das cargas e um marche-marche doido, que tanto haviam prejudicado a expedição anterior. Aferrou a tropa num tiroteio rápido, de flanco, fugitivo, acompanhando-a velozmente por dentro das caatingas. Desapareceu. Surgiu, logo depois, adiante. Caiu num arremesso vivo e fugaz sobre a vanguarda, feita neste dia pelo 9º de Infantaria. Passou, num relance, acompanhado de poucos atiradores, por diante, na estrada. Não foi possível distingui-los bem. Trocadas algumas balas, desapareceram. Ficou aprisionado e ferido um curiboca de doze ou quatorze anos, que nada revelou no interrogatório a que o sujeitaram.

NO ROSÁRIO

A tropa acampou, sem outros sucessos, naquele sítio.

---

58 **taludar** construir rampas em.   59 **bombeava** espionava, espreitava; seguia às escondidas.

Reuniram-se os combatentes, exceto a 3ª Brigada que se avantajara até às Baixas, seis quilômetros na frente.

O comandante em chefe enviou, ao general Savaget, um emissário reiterando o compromisso anterior de se encontrarem, a 27, nas cercanias de Canudos.

Decamparam a 26, seguindo para o "Rancho do Vigário", dezoito quilômetros mais longe, após pequena alta nas Baixas.

Estavam a cerca de oitenta quilômetros de Monte Santo. Em plena zona perigosa. A breve troca de balas da véspera pressupunha eventualidades de combates. Talvez esclarecidos pelo reconhecimento feito, os jagunços se dispusessem a refregas mais sérias. Denunciava-os, como sempre, de algum modo, a fisionomia da terra, a conformação do terreno que dali por diante se acidenta, erriçado de cômoros escalvados, até às Baixas, onde se alcantila a serra do Rosário, de flancos duros e vegetação rara.

As tropas iam escalar pelo sul a antemural que circunscreve Canudos. Progrediam cautelosas na rota. Não ressoaram mais as cornetas. Formados cedo, os batalhões marcharam até ao sopé da serrania. Galgaram-na. Derivaram, depois, na descida pelo boqueirão que a separa do "Rancho do Vigário".

Toda a coluna se subdividiu ainda, largamente fracionada: enquanto a vanguarda atingia, ao entardecer, o pouso, a artilharia ligeira, que abandonara com os engenheiros o ronceiro 32, vinha pelos primeiros recostos da vertente e aquele ascendia vagarosamente, do outro lado, à feição dos trabalhos de sapa que lhe estradavam as ladeiras. A noite, e com a noite uma chuva torrencial batida de ventanias violentas, desceu sobre os expedicionários que em tais condições seriam facilmente desbaratados pelas guerrilhas dos adversários, velhos conhecedores do terreno. Não o fizeram. Tinham mais bem disposta outra posição, como veremos. Deixaram também em paz o comboio que seguia, perdido à retaguarda, pela estrada de Juetê. Haviam afrouxado os animais de tiro e toda a carga de 53 carroças e sete grandes carros de bois passara, subdividida, para as costas dos rijos sertanejos do 5º Batalhão da Polícia.

Passou, entretanto, em paz, a noite. No dia subsequente, 27, emprazado[60] para o encontro temeroso das duas colunas – apisoando ovantes[61] os escombros do arraial investido – pôs-se tudo em movimento para a última jornada. E na alacridade singular sulcada de impaciências, de apreensões, e de entusiasmo vibrante, que antecede a vinda da batalha, ninguém cogitou nos companheiros remorados.

As brigadas abalaram, deixando de todo esquecido, ao longe, o comboio, desguarnecido por completo, porque os seus soldados, já arcando sob grandes fardos, já auxiliando os raros muares que ainda suportavam as cargas, estavam nas mais impróprias condições para o mais ligeiro recontro.

Seguiram as brigadas: na frente a do coronel Gouveia com duas bocas de fogo; no centro a do coronel Olímpio da Silveira e a cavalaria; e depois, sucessivamente, as dos coronéis Thompson Flores e Medeiros. Atravessaram sobre dois pontilhões ligeiros o riacho do Angico. Estiraram-se vagarosamente, estrada em fora, numa linha de dez quilômetros.

Rompia a marcha o 25º Batalhão, ladeado de dois pelotões de flanqueadores, inúteis, mal rompendo a golpes de facão as galhadas.

PASSAGEM NAS PITOMBAS

De sorte que os jagunços os assaltaram, de surpresa, antes da chegada, ao meio-dia, no Angico. Foi mais sério o ataque, ainda que não valesse o nome de combate, que mais tarde lhe deram. Pajeú congregara os piquetes que se sucediam daquele ponto até Canudos, e viera, de soslaio, sobre a força. Esta, sobre uma rampa escampada, ficou em alvo ante os tiros por elevação dos sertanejos imperfeitamente distinguidos na orla do matagal, embaixo; mas replicou com firmeza, perdendo apenas dois soldados, um morto e outro ferido. E continuou avançando em ordem, a passo ordinário, até ao sítio memorável de Pitombas, onde houvera o primeiro encontro de Moreira César com os fanáticos.

O lugar era lúgubre.

---

60 emprazado convocado, ajustado. **61 ovantes** vitoriosos.

RECORDAÇÕES CRUÉIS

Despontavam em toda a banda recordações cruéis; molambos[62] já incolores, de fardas, oscilando à ponta dos esgalhos secos; velhos selins, pedaços de mantas e trapos de capotes esparsos pelo chão, de envolta com fragmentos de ossadas. À margem esquerda do caminho, erguido num tronco – feito um cabide em que estivesse dependurado um fardamento velho – o arcabouço do coronel Tamarindo, decapitado, braços pendidos, mãos esqueléticas calçando luvas pretas...

Jaziam-lhe aos pés o crânio e as botas[63].

E do correr da borda do caminho ao mais profundo das macegas, outros companheiros de infortúnio: esqueletos vestidos de fardas poentas e rotas, estirados no chão, de supino, num alinhamento de formatura trágica; ou desequilibradamente arrimados aos arbustos flexíveis, que, oscilando à feição do vento, lhes davam singulares movimentos de espectros – delatavam demoníaca encenação adrede engenhada pelos jagunços. Nada lhes haviam tirado, excluídas as munições e as armas. Uma praça do 25.º encontrou, no lenço envolto na tíbia descarnada de um deles, um maço de notas somando quatro contos de réis – que o adversário desdenhara, como a outras coisas de valor para ele despiciendas[64].

Os combatentes, assombrados, mal atentaram naquele cenário; porque o inimigo continuava aferroando-os, de esguelha[65]. Repelido no re-

---

[62] **molambos** farrapos. [63] Comparar: "Não tínhamos avançado duzentos metros quando, de repente, deparamos à margem esquerda da estrada, junto a um monte de pedras, com o esqueleto do inditoso coronel Tamarindo, ex-comandante do 9º. batalhão de infantaria, vitimado na retirada da expedição Moreira César, no dia 4 de março. Tinham degolado o velho oficial e pendurado o seu corpo com os braços abertos, como em geral figuram o Cristo. De um lado estava o crânio ainda inteiro e à frente viam-se as botas que o infeliz comandante calçava nesse dia fatal" (Dantas Barreto, pp. 88-89). [64] **despiciendas** desprezíveis. Comparar: "Os jagunços divertiam-se com esses quadros de horror! [...] Todos os sacrifícios de março estavam à margem da estrada, em posições diferentes, para escárnio de sua gente que por ali transitava e terror dos que ainda tentassem inquietá-los na zona dos seus domínios. Nada tiravam dos mortos. Roupas, calçados, dinheiro, tudo ainda ali se encontrava, nesses corpos ressequidos dos infelizes companheiros do bravo coronel Moreira César. Em um dos esqueletos de oficiais, havia quatro contos de réis em cédulas de duzentos mil-réis, que um soldado do 25º. achou muito enroladas num lenço de chita, preso ao osso da canela e cujo dono não se pôde reconhecer. Só as armas e as munições os fanáticos tinham recolhido para defesa das suas posições" (Dantas Barreto, pp. 89-90). [65] **de esguelha** de soslaio, obliquamente; de lado.

contro anterior, depois que o contornara pela direita uma companhia do 25º dirigida pelo capitão Trogílio de Oliveira, recuava, atacando.

O 25º e logo após o 27º, do major Henrique Severiano da Silva, prosseguiram repelindo-o, até ao Angico.

Era meio-dia. A batalha parecia iminente. Em vários pontos, partindo dos flancos e da frente, estalavam tiros destacados. O comandante-geral tomou as disposições mais convenientes para repelir o adversário que tudo denotava ir aparecer, rodeando-o. Um piquete de cavalaria dirigido pelo alferes Marques da Rocha, de seu estado-maior, enviado a bater o matagal, à esquerda, revolveu-o, entretanto, inutilmente. A avançada prosseguiu.

Duas horas depois, ao transpor o general o teso de uma colina, o ataque recrudesceu, de súbito. Fizeram-se alguns disparos de Krupp. Um sargento de cavalaria e algumas praças arrojaram-se temerariamente na caatinga. Varreram-na. A marcha continuou. Na frente o 25º vanguardeado por uma companhia de exploradores, e sucessivamente seguidos do 27º e o 16º, replicava aos tiroteios escassos e acelerava a investida.

Aproximava-se a noite. A vanguarda arremeteu com as últimas ladeiras vivas do caminho, nas Umburanas. Subiu-as ofegante, sem vacilar na marcha. Repeliu mais uma vez o ataque sério, pelo flanco.

E vingou a montanha.

No último passo da ascensão se lhe antolhou um plano levemente inclinado, entre duas largas ondulações, fechado adiante por alguns cerros desnudos.

Era o alto da Favela.

O ALTO DA FAVELA

Naquele ponto este morro lendário é um vale. Subindo-o tem-se a impressão imprevista de se chegar numa baixada.

Parece que se desceu. Toda a fadiga da ascensão difícil se volve em penoso desapontamento ao viajor exausto. Constringe-se o olhar repelido por toda a sorte de acidentes. Ao contrário de uma linha de cumeadas, depara-se, no prolongamento do caminho do Rosário, um talvegue, um sulco extenso, espécie de calha desmedida trancada, transcorridos trezentos metros, pela barragem de um cerro.

Atingindo este, veem-se-lhe aos lados, esbotenando-lhe[66] os flancos e corroendo-os, fundos rasgões de enxurros que drenam a montanha. Por um deles, o da direita, se enfia, entalando-se em passagem estreita de rampas vivas e altas, quase verticais, lembrando restos de antigos túneis, aquele caminho, descendo, em desnivelamentos fortes. À esquerda outra depressão, terminando na encosta suave de um morro, o do Mário, se dilata na extensão maior de norte a sul, fechando-se, naquele primeiro rumo, ante outro cerro, que oculta o povoado e tomba, de chofre, pelo outro, em boqueirão profundo até ao leito do Umburanas. À frente, em nível inferior, a Fazenda Velha. O pequeno serrote dos "Pelados" cai logo, em seguida, em declive, até ao Vaza-Barris, embaixo. E para todos os quadrantes – para leste buscando o vale do Macambira, aquém das cumeadas de Cocorobó e a estrada de Jeremoabo que o atravessa; para o norte derivando para a vasta planície ondeada; para o ocidente procurando os leitos dos pequenos rios, o Umburanas e o Mucuim[67] perto do extremo da estrada do Cambaio; para todos os lados, o terreno descamba com o mesmo fácies que lhe imprimem sucessivos cômoros empolando-se numa confusão de topos e talhados[68]. Tem-se a imagem real de uma montanha que desmorona, avergoada pelas tormentas, escancelando-se em gargantas, que as chuvas torrenciais de ano a ano reprofundam, sem o abrigo de vegetação que lhe amorteça a crestadura dos estios e as erosões das torrentes.

Porque o morro da Favela, como os demais daquele trato dos sertões, não tem nem mesmo o revestimento bárbaro da caatinga. É desnudo e áspero. Raros arbúsculos, esmirrados e sem folhas, raríssimos cereus ou bromélias esparsas, despontam-lhe no cimo sobre o chão duro, en-

---

66 esbotenando cortando, golpeando, esborcelando. O significado deste vocábulo está dado na última página de *Os Sertões*, na seção "Notas à 2ª Edição", p. 709. **67** Siqueira Meneses diz que o rio deságua no s do Vaza-Barris. Ver Galvão, *No Calor*, p. 483. **68** Comparar: "À frente da Favela, em plano que se inclina para o citado rio, o terreno, abaixo dele, empola-se em ondulações repetidas, formando inúmeras ramificações à direita e à esquerda" (Siqueira Meneses, *O País* de 23.9.1897).

tre as junturas das placas xistosas justapostas em planos estratigráficos, nitidamente visíveis, expondo, sem o disfarce da mais tênue camada superficial, a estrutura interior do solo. Entretanto, embora desabrigado, quem o alcança pelo sul não vê logo o arraial, ao norte. Tem que descer, como vimos, em suave declive, a larga plicatura[69] em que se arqueia, em diedro[70], a montanha, numa selada entre lombas paralelas.

FUZILARIA

Por ali enveredou, ao anoitecer, a testa da coluna e uma bateria de Krupp, seguidas do resto da 2ª Brigada e da 3ª, ficando a 1ª e o grosso da tropa retardados à retaguarda. Mas deram poucos passos mais. O tiroteio frouxo, que até então acompanhara os expedicionários, progredira num crescendo contínuo, à medida que se realizava a ascensão, transmudando-se ao cabo, no alto, em fuzilaria furiosa.

E desencadeou-se uma refrega original e cruenta.

Não se via o inimigo – encafurnado em todas as socavas, metido dentro das trincheiras-abrigos, que minavam as encostas laterais, e encoberto nas primeiras sombras da noite que descia.

As duas companhias do 25º Batalhão suportaram valentemente o choque. Desenvolvendo-se em atiradores avançaram, disparando, ao acaso, as armas – enquanto as duas brigadas, que as precediam, se abriram para que passasse a bateria. Esta, jogada violentamente para a frente, arrastada mais a pulso que pelos muares exaustos e espantados, passou entre elas, em acelerado, ruidosamente. Subiu o cômoro fronteiro. Alinhou-se em batalha, no alto. Desenrolou-se no ar a bandeira nacional. Uma salva de 21 tiros de granadas atroou sobre Canudos.

O general Artur Oscar, a cavalo junto aos canhões, observou pela primeira vez, embaixo, esbatido no clarão do luar deslumbrante, a misteriosa cidade sertaneja; e teve o mais fugaz dos triunfos na eminência varejada em que se expusera temerariamente.

---

69 plicatura dobra. **70 diedro** num ângulo de 90 graus.

Porque a situação era desesperadora. A sua tropa, batida por todos os flancos, envolta pelo inimigo a cavaleiro, comprimia-se numa flexura estreita que lhe impedia as manobras.

Se estivesse toda reunida era possível uma solução: prosseguir logo, vencendo a perigosa travessia, e juntar-se ao general Savaget que, depois de uma marcha entrecortada de combates, fizera alto três quilômetros adiante. Não havia, porém, chegado a 1ª Brigada, que ficara protegendo a bateria de tiro rápido e o 32; e mais moroso ainda, o comboio ficara no Angico, distanciado de duas léguas.

CRÍTICA

Aquele plano de campanha dera o único resultado que podia dar. A expedição homogênea que, pelo seu dispositivo inicial, não podia fracionar-se, porque vinha adstrita a uma direção única e abastecida por um comboio único, dividira-se precisamente ao chegar ao objetivo da luta. De sorte que a arremetida doida rematada por uma salva real[71], de balas, sobre Canudos, era a mais contraproducente das vitórias. O chefe expedicionário definiu-a depois como um combate de êxito brilhante mercê do qual o inimigo fugira, abandonando-lhe a posição expugnada. Entretanto todos os sucessos ulteriores revelaram a ânsia irreprimível da tropa por abandoná-la e o empenho persistente, dos jagunços, em impedir que ela dali saísse.

TRINCHEIRAS DOS JAGUNÇOS

Aquilo era uma armadilha singularmente caprichosa. Quem percorresse mais tarde as encostas da Favela avaliava-a. Estavam minadas. A cada passo uma cava circular e rasa, protegida de tosco espaldão de pedras, demarcava uma trincheira. Eram inúmeras; e volvendo todas para a estrada os planos de fogo quase à flor da terra, indicavam-se adrede dispostas para um cruzamento sobre aquela.

71 **salva real** sequência de tiros rápidos sobre um alvo.

Explicavam-se, assim, os ataques ligeiros feitos em caminho e a insistência, a partir do Angico, do inofensivo tiroteio em que os sertanejos, salteando e correndo, tinham evidente intuito de atrair a expedição segundo um rumo certo, impedindo-lhe a escolha de qualquer atalho entre tantos que dali por diante levam ao arraial.

Triunfara-lhes o ardil. Os expedicionários, sob o estímulo da ânsia perseguidora contra o antagonista disperso na frente, em fuga, haviam imprudentemente enveredado, sem uma exploração preparatória, pela paragem desconhecida, acompanhando, sem o saberem, um guia ardiloso e terrível, com que não contavam – Pajeú.

E tombaram na tocaia com aquele aprumo de triunfadores. Mas a breve trecho o perderam, num tumultuar de fileiras retorcidas, quando, em réplica ao bombardeio que tempesteava a um lado, correu vertiginoso, de extremo e de alto a baixo, nas encostas, incendiando-as, um relampaguear de descargas terríveis e fulminantes, rompentes de centenares de trincheiras, explodindo debaixo do chão como fogaças.

CONTINUA A FUZILARIA

Era um fuzilamento em massa...

Os batalhões surpreendidos fizeram-se multidão atônita, assombrada e inquieta: centenares de homens esbarrando-se desorientadamente, tropeçando nos companheiros que baqueavam, atordoados pelos estampidos, deslumbrados pelos clarões dos tiros, e tolhidos, sem poderem arriscar um passo na região ignota sobre que descera a noite.

A réplica alvejando as encostas era inútil. Os jagunços atiravam sem riscos, de cócaras ou deitados no fundo dos fossos, em cuja borda estendiam os canos das espingardas; excluído o alvitre de os desalojar a cargas de baionetas, lançando-as desesperadamente contra os morros, ou de prosseguirem, aventurando-se a piores assaltos e abandonando a retaguarda, restava aos combatentes o de permanecerem a pé firme na posição perigosa aguardando o amanhecer.

ACAMPAMENTO NA FAVELA

Esta solução única foi favorecida pelo adversário. O ataque ao fim de uma hora amorteceu-se e afinal cessou inesperadamente. As brigadas acamparam na formatura da batalha. A 2ª desenvolveu-se em linhas avançadas, do centro para a direita, tendo à retaguarda a 1ª; a artilharia alinhou-se próxima, sobre o cerro fronteiro, extremada à direita pela bateria de tiro rápido tendo no centro o Whitworth 32, que se confiara à guarda do 30º, do tenente-coronel Tupi Caldas. O general, que comandara este batalhão quando coronel, pô-lo em pessoa naquele posto perigoso: –"À honra do 30º entrego a defesa da artilharia e fico tranquilo"[72].

O resto do 5º Regimento, do major Barbedo, emparcou[73], desenvolvendo-se para a esquerda, tendo próxima a ala de cavalaria do major Carlos de Alencar. Perto da depressão, junto ao alto do Mário, ponto fraco da posição, a que ulteriores sucessos dariam o nome de "Vale da Morte", se adensaram os batalhões do coronel Flores. Numa sanga menos enfiada pelos fogos se improvisou um hospital de sangue[74]. Para lá se arrastaram 55 feridos, que com vinte mortos por ali esparsos, porque não havia como os remover, alteavam a 75 o número de baixas do dia, em pouco mais de uma hora de combate.

Estendeu-se em torno um cordão de sentinelas; e a tropa, comandantes e praças deitados pelo chão na mais niveladora promiscuidade – repousou em paz[75].

A inopinada quietude do inimigo dera-lhes a ilusão da vitória. Saudaram-na antecipadamente as bandas de música da 3ª Brigada, esgotando até desoras[76] um grande repertório de dobrados[77]; e um luar admirável alteou-se sobre os batalhões adormecidos...

---

72 A frase está reproduzida em carta de 23.9.1897, de Siqueira Meneses a *O País*. A frase original que aparece nas edições de *Os Sertões* apresenta uma variante: "À honra do 30º entrego a artilharia e fico tranquilo". 73 **emparcou** acampou. 74 O hospital ficava situado no vale da Erosão, que contornava a Favela pela direita e ia cair no riacho das Umburanas. Por haver uma considerável superfície, entre o morro do Mário e a retaguarda do morro da Favela, ali se acampava e foi construído o Hospital de Sangue, ao lado da estrada *sagrada* ou de Maçacará. 75 Comparar: "Em um amontoado inconcebível, em uma promiscuidade profundamente niveladora, dormiam generais, oficiais, soldados e até bestas de bagagens" (Siqueira Meneses, *O País* de 9.9.1897). 76 **desoras** tarde, fora de hora. 77 **dobrados**

Mas era uma placidez enganadora. Os sertanejos haviam conseguido o intento que lhes ditara a astúcia. Tendo arrastado até lá a expedição, restava-lhes, de todo desprotegido, à retaguarda, o comboio de munições de guerra e de boca. No dia imediato assaltariam simultaneamente por dois pontos, na Favela e no Angico – e, ainda quando vitoriosas no primeiro as forças arremetessem com o arraial, alcançá-lo-iam desmuniciadas, inermes.

CANUDOS

Esta circunstância não pesou, porém, no ânimo dos que se haviam abeirado tão precipitadamente do centro das operações.

Ao clarear da manhã de 28, reunidos na posição dominante da artilharia, oficiais e praças, contemplavam, afinal a "caverna dos bandidos", segundo o dizer pinturesco das ordens do dia do comandante em chefe.

Canudos crescera ainda, porém tendo apenas mais amplo o aspecto primitivo: a mesma casaria vermelha, de tetos de argila, alargando-se cada vez mais esparsa pelo alto das colinas em torno do núcleo compacto abraçado pela volta viva do rio. Circunvalada nos quadrantes de sudoeste e noroeste por aquele, abrangida ao norte e a leste pelas linhas ondeantes dos cerros, emergia, a pouco e pouco, na claridade daquela hora matinal com a feição perfeita de uma cidadela de expugnação dificílima. Percebia-se que um corpo de exército ao cair no dédalo de sangas, que lhe enrugam em roda o terreno, marcharia como entre galerias estreitas de uma praça de armas colossal. Não havia lobrigar-se um ponto francamente acessível.

A estrada de Jeremoabo entrando, duzentos metros antes, pelo leito seco do Vaza-Barris, metia-se entre duas trincheiras, que lhe orlavam uma e outra margem, mascaradas[78] de sebes contínuas de gravatás bravios. A vereda *sagrada* de Maçacará – por onde seguia o Conselheiro nas suas peregrinações para o sul – tombando pelos morros, entre os

---

peças ou marchas executadas por bandas de música. **78 mascaradas** ocultas, cobertas.

quais se encaixa o Umburanas, era igualmente impraticável. As do Uauá e Várzea da Ema, ao norte, estavam livres, mas exigiam para atingirem--se longa e perigosa marcha contornante.

A igreja nova, quase pronta, alevantava as duas altas torres, assoberbando a casaria humilde e completava a defesa. Enfiava pela frente todos os caminhos, batia o alto de todos os morros, batia o fundo de todos os vales. Não tinha ângulo morto a espingarda do atirador alcandorado em suas cimalhas espessas, em que só faltavam planos de fogo de canhoneiras, ou recortes de ameias[79].

O terreno que na frente da Favela, ao norte, deriva até ao rio, empolado e revolto, abre-se, como vimos, para a esquerda na larga depressão, dando acesso ao morro do Mário e à linha de cumeadas em declive que se dirige para Fazenda Velha[80].

Ali estava a 3ª Brigada, desde cedo, formada em colunas.

Mais para a direita, dominante, a artilharia. Sucessivamente a 2ª e a 1ª Brigadas. A tropa amanhecera na formatura da batalha. Atendendo, porém, às vantagens táticas da posição, esta devia principiar e em grande parte sustentar-se com a artilharia, cujo efeito, no bater a tiros mergulhantes o arraial distante 1200 metros, se acreditou capaz de acarretar em pouco tempo a mais completa vitória.

As esperanças concentraram-se, por isto, no primeiro momento, nas baterias do coronel Olímpio da Silveira.

Eram tão grandes que pouco antes de ser feito o primeiro disparo, às seis horas da manhã, numerosos combatentes de outras armas, aglomerados em volta dos canhões, tinham o papel neutral de espectadores,

---

[79] Entenda-se: "A igreja nova, quase pronta, com suas duas altas torres eretas, impunha-se imponentemente sobre a casaria humilde e completava a defesa. Fazia convergir para si todos os caminhos, superava em altura o alto de todos os morros e o fundo de todos os vales. Onde quiser que estivesse, não encontrava nenhum obstáculo de mira pela frente a espingarda do atirador empoleirado em suas cimalhas espessas, em que só faltavam – como nas fortalezas – lugares apropriados para os canhões, ou recortes quadrados em vão livres como os das muralhas dos castelos". [80] Comparar: "À frente da Favela, em plano que se inclina para o citado rio, o terreno, abaixo dele, empola-se em ondulações repetidas, formando inúmeras ramificações à direita e à esquerda" (Siqueira Meneses, *O País* de 23.9.1897).

ansiando por um quadro terrivelmente dramático: Canudos ardendo sob a *túnica molesta*[81] do canhoneio! Uma população fulminada dentro de cinco mil casebres em ruínas!

Era mais uma ilusão a ser duramente desfeita...

O primeiro tiro partiu, disparando o Krupp da extrema direita. E determinou, de fato, um empolgante lance teatral.

Os jagunços haviam dormido ao lado da tropa, por todas aquelas encostas riçadas de algares e, sem aparecerem, circularam-na para logo[82] de descargas.

CHUVA DE BALAS

Mais tarde, relatando o feito, o chefe expedicionário se confessou impotente para descrever a imensa "chuva de balas que desciam dos morros e subiam das planícies num sibilo horrível de notas", que atordoavam. Por sua vez o comandante da 1ª coluna afirmou, em ordem do dia, que durante cinco anos, na guerra do Paraguai, jamais presenciara coisa semelhante.

Realmente, os sertanejos revelaram uma firmeza de tiro surpreendedora. As descargas, nutridas, rolantes e violentíssimas, deflagrando pelos cerros como se as ateasse um rastilho único, depois de abrangerem a tropa desabrigada, bateram, convergentes, sobre a artilharia. Dizimaram-na. Tombaram dezenas de soldados e a metade dos oficiais. Sobre o cerro, varrido em minutos, permaneceu, entretanto, firme, a guarnição rarefeita e no meio dela, atravessando entre as baterias impassível como se desse instrução num polígono de tiro, um velho de bravura serena e inamolgável[83] – um valente tranquilo, o coronel Olímpio da Silveira. Foi a salvação. Em tal emergência o abandono dos canhões seria o desbarato...

---

81 *túnica molesta* (*fig.*) "chuva de bala incômoda". 82 **para logo** imediatamente. 83 **inamolgável** indeformável.

CONFUSÃO E DESORDEM

Vibrara o alarma em todos os corpos. Instintivamente, sem direção fixa e sem ordem de comando, três mil espingardas dispararam a um tempo dirigidas contra os morros. Estes fatos passaram em minutos, e em minutos, na área comprimida em que se agitava, inútil, a expedição, viu-se a mais lastimável desordem.

Ninguém deliberava. Todos agiam. Ao acaso, estonteadamente, sem campo para o arremesso das cargas ou para a manobra mais simples, os pelotões englobados atiravam a esmo em pontarias altas, para não se trucidarem mutuamente, contra o inimigo sinistro que os rodeava, intangível, surgindo por toda a parte e por toda a parte invisível. Neste tumulto, a 3ª Brigada, no flanco esquerdo, disposta em colunas de batalhões e tendo na vanguarda o 7º, começou a avançar, descendo, na direção da Fazenda Velha, de onde rompiam mais fortes as descargas. Aquele batalhão, que quatro meses antes subira por aquele mesmo caminho em debandada, fugindo e atirando-lhe à margem o cadáver do coronel Moreira César, ia penitenciar-se do desaire. Completando esta circunstância especialíssima, acompanhava-o, logo depois, um sócio de reveses, o 9º. O major Cunha Matos dirigia a vanguarda. Os vencidos da expedição anterior deparavam ensejo raro para a desafronta e tinham um chefe que, sob muitos aspectos, se equiparava ao comandante infeliz que ali tombara – o coronel Thompson Flores. Era um lutador de primeira ordem. Embora lhe faltassem atributos essenciais de comando e, principalmente, esta serenidade de ânimo, que permite a concepção fria das manobras dentro do afogueamento de um combate – sobravam-lhe coragem a toda a prova e um quase desprezo pelo antagonista por mais temeroso e forte, que o tornavam incomparável na ação. Demonstrou-o o ataque temerário que realizou. Fê-lo indisciplinadamente autônomo, sem determinação superior e com o intento firme de arrebatar, numa carga única, até à praça das igrejas, vitoriosos, os mesmos soldados que lá se tinham debandado, vencidos, quatro meses antes. A sua brigada investiu, batida em cheio pelos fogos diretos do inimigo entrincheirado; e, quase cem metros da posição primitiva, a vanguarda desenvolveu-se em atiradores. O coronel Flores, que à cavalo lhe tomara a frente, descavalgou, então, a fim de pessoalmente ordenar a linha de fogo. Por um requinte dispensável, de bravura, não arrancara dos punhos os galões que o tornavam alvo predileto dos jagunços. Ao reatar-se, logo depois, a avançada, baqueou, ferido em pleno peito, morto[84].

BAIXAS

Substituiu-o o major Cunha Matos, que dignamente prosseguiu no movimento imprudentemente planeado, porque o 7º Batalhão, entre os demais corpos, era o único que não podia recuar naquele terreno. O seu comando foi, porém, brevíssimo. Desmontado logo por um projetil certeiro, passou-o ao major Carlos Frederico de Mesquita. Este por sua vez foi, adiante, atingido por uma bala, assumindo a direção da brigada um capitão, Pereira Pinto. Era assombroso: o 7º Batalhão teve em meia hora 114 praças fora de combate, e nove oficiais.

Reduzira-se de um terço. Dissolvia-se à bala. Idêntico destroço lavrava noutros pontos. Rapidamente, com um ritmo inflexível, de minuto em minuto, as graduações dos chefes caíam em escalas assustadoras. O 14º de Infantaria, ao abalar em reforço às linhas do flanco direito, perdera, transcorridos alguns metros, o comandante, major Pereira de Melo. Substituiu-o o capitão Martiniano de Oliveira e, a breve trecho, foi retirado da linha, baleado. O capitão Sousa Campos que lhe sucedeu, apenas dados alguns passos, caiu morto. O 14º prosseguiu comandado por um tenente.

A mortandade alastrava-se deste modo por todas as linhas e, como uma agravante, ao fim de duas horas de um combate feito sem a mínima combinação tática, viu-se que as munições se esgotavam. A artilharia, dizimada na eminência em que permanecera valentemente, dera o últi-

---

[84] Comparar: "[Thompson Flores] [e]stava de túnica azul, com os seus galões reluzentes ao sol já radioso das oito horas, e os fanáticos, que tudo observavam com a maior penetração, bem perceberam que estava ali um chefe decidido, de valor indomável, que era preciso eliminar logo. E foi o que fizeram, porque imediatamente o coronel Flores caiu varado por uma bala, que o matou instantaneamente" (Dantas Barreto, pp. 102-103).

mo tiro, calando o canhoneio. Perdera a metade dos oficiais, e entre estes o capitão fiscal do 5º Regimento, Nestor Vilar Barreto Coutinho.

Começaram a chegar ao quartel-general reclamos insistentes para que fossem municiados os batalhões.

Fez-se, então, seguir à retaguarda o capitão Costa e Silva, assistente do deputado do quartel-mestre-general, a fim de apressar a vinda do comboio. Resolução tardia. Dois ajudantes de ordens[85] imediatamente enviados depois dele volveram de rédeas, percorrido um quilômetro. Não podiam romper as fuzilarias que trancavam a passagem. Cortara-se a retaguarda. E se parassem o tumulto, o estrépito de armas, o alarido confuso e estampidos insistentes, que estrugiam os ares em torno dos lutadores, no alto da Favela, eles perceberiam o tiroteio longínquo do 5º de Polícia a braços com os jagunços, a duas léguas de distância.

UMA DIVISÃO APRISIONADA

Toda a primeira coluna estava aprisionada. Por mais estranho que se afigure o caso não havia aos triunfadores um meio de sair da posição que tinham conquistado. Confessa-o o general em chefe[86]:

> Atacado o comboio e interdita a passagem de qualquer soldado, como demonstraram os casos precedentes, tive de mandar uma força de cavalaria ao general Cláudio do Amaral Savaget, na intenção de receber socorro de munições, o que ainda uma vez contrariou o meu pensamento porque o piquete não pôde atravessar a linha de fogo do inimigo que tiroteava no flanco direito.

Deste modo, batida no flanco direito, de onde tornara repelido o piquete de cavalaria; batida à retaguarda, que dois auxiliares não conseguiram romper; batida no flanco esquerdo, onde se sacrificara gloriosamente e estacara a 3ª Brigada; e batida pela frente onde a artilharia,

---

85 **ajudantes de ordens** oficiais às ordens de um chefe militar de patente mais alta, normalmente general. 86 **Nota do Autor:** Ordem do dia 118.

dizimada, perdera quase toda a oficialidade e emudecera, a expedição estava completamente suplantada pelo inimigo.

Restava-lhe um recurso sobremaneira problemático e arriscadíssimo: saltar fora daquele vale sinistro da Favela, que era como uma vala comum imensa, a ponta de baionetas e a golpes de espadas.

Fez-se, porém, uma última tentativa. Um emissário seguiu furtivamente, insinuando-se pelas caatingas, em busca da 2ª coluna, que estacionara menos de meia légua, ao norte...

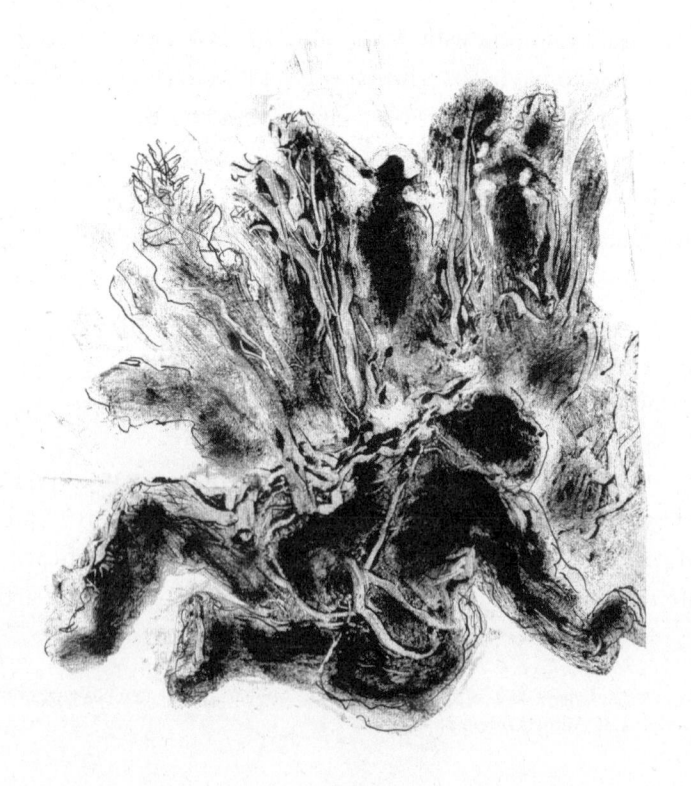

III

COLUNA SAVAGET [DE ARACAJU A CANUDOS]

A tropa do general Cláudio do Amaral Savaget partira de Aracaju. Fizera alto nas cercanias de Canudos, depois de uma marcha de setenta léguas. Viera pelo interior de Sergipe em brigadas isoladas até Jeremoabo, onde se reorganizara em 8 de junho, prosseguindo a 16, unida, para o objetivo das operações.

Forte de 2350 homens, incluídas as guarnições de dois Krupps ligeiros, caminhara passo folgado e firme, para o que contribuíra dispositivo mais bem composto para as circunstâncias.

Aquele general, sem avocar a si, inteira e rígida, uma autoridade, que sob tal forma seria contraproducente, repartira-a, sem deslize da inteireza militar, com os seus três auxiliares imediatos, coronéis Carlos Maria da Silva Teles, Julião Augusto de Serra Martins e Donaciano de Araújo Pantoja, comandantes da 4ª, 5ª e 6ª Brigadas. E estes realizaram até às primeiras casas do arraial uma marcha que se destaca das demais.

Não havia instruções prescritas. Não se ideara justapor ao áspero teatro da guerra a esquadria[1] das formaturas, ou a retitude de planos preconcebidos. A campanha, compreenderam-na como a deviam compreender: imprópria a opulências de teorias guerreiras exercitadas através de um formalismo compacto; e girando toda em tática estreita e selvagem, feita de deliberações de momento.

---

1 **esquadria** (*fig.*) disciplina; regularidade.

Pela primeira vez os lutadores suportavam-na numa atitude compatível: subdivididos em brigadas autônomas, para se não dispersarem; e móveis bastantes para se modelarem à rapidez máxima das manobras ou movimentos que, subtraindo-as a surpresas, as preparassem a aguardar a única coisa que na guerra aventurosa e sem regras lhes era dado esperar – o inesperado. As três brigadas, ágeis, elásticas e firmes, abastecidas de comboios parciais, que lhes não travavam os movimentos; feitas para desenvolverem a envergadura à ginástica das guerrilhas e às asperezas da terra, repartindo a massa da divisão, substituíam-lhe a importância do número pela da velocidade e vigor das evoluções aptas a se realizarem nas mais circunscritas áreas de combate, sem os entraves dos elefantes de Pirro[2] de uma artilharia imponente e imprestável.

Viera na frente a 4ª, composta dos 12º e 31º Batalhões, comandados pelo tenente-coronel Sucupira de Alencar Araripe e major João Pacheco de Assis.

CARLOS TELES

Dirigia-a o coronel Carlos Teles – a mais inteiriça organização militar do nosso exército nos últimos tempos.

Perfeito espécime desses extraordinários lidadores rio-grandenses – bravos, joviais e fortes – era como eles feito pelo molde de Andrade Neves, um chefe e um soldado: arrojado e refletido, impávido e prudente, misto de arremessos temerários e bravura tranquila; não desadorando o brigar ao lado da praça de pré no mais aceso dos recontros, mas depois de haver planeado friamente a manobra.

A Campanha Federalista do Sul dera-lhe invejável auréola. A sua figura de campeador – porte dominador e alto, envergadura titânica,

---

2 **elefantes de Pirro** Pirro (318-272 a.C.), rei do Epiro (NO da antiga Grécia). Em uma das guerras contra Roma em Heracleia, Pirro se apresentou com 25 elefantes, animais que dificultavam o avanço das tropas. Entretanto, ganhou esta batalha que lhe custou enormes perdas. Mais tarde, foi derrotado na de Benevento, posteriormente retirando-se para seu reino. Frequentemente em guerra com Roma e a Macedônia, Epiro foi finalmente devastado pelos romanos em 168 a.C. por ter feito aliança com os macedônios. Em 146 a.C. a região foi integrada ao império romano. Dos seus feitos ficou a expressão "vitória de Pirro", que significa uma vitória pouco compensadora.

olhar desassombrado e leal – culminara-lhe o episódio mais heroico, o Cerco de Bagé.

A campanha de Canudos ia ampliar-lhe o renome.

Compreendeu-a como poucos. Tinha a intuição guerreira dos gaúchos.

De posse de sua brigada e abalando com ela, isolado, para Simão Dias, onde chegou a 4 de maio, modelara-a em pequeno corpo de exército adaptando-a às exigências da luta.

Aligeirou-a; adestrou-a; e como era impossível transmudar a instrução prática de soldados que vinham de um severo exercício de batalhas nos campos do Rio Grande, procurou, malgrado o antagonismo do terreno, dar-lhe, em parte, a mesma celeridade das marchas, o mesmo arranco vertiginoso das cargas. Escolheu, entre as companhias do 31º, sessenta homens, cavaleiros adestrados, decaídos "monarcas das coxilhas" inaptos ao passo tardo dos pelotões de infantaria. E constituiu com eles um esquadrão de lanceiros, entregando-os ao comando de um alferes. Era uma inovação; e parecia um erro. A arma "fria e silenciosa" de Dragomiroff[3], feita para os arrancos e choques nas estepes e nos pampas, à primeira vista se impropriava em absoluto àquele solo revolto e recamado de espinheiros.

Entretanto mais tarde se verificou o alcance da medida.

Os improvisados lanceiros tinham a prática das corridas pulando sobre as "covas de touro" das campinas do sul.

Vingaram de idêntico modo os barrocais do sertão. Fizeram reconhecimentos preciosos. E mais tarde, quando se reuniram as colunas no ermo da Favela, a lança fez-se-lhes a aguilhada do vaqueiro, no arrebanhar o gado esparso pelas cercanias, único sustento com que contava a tropa combalida.

Esta função dupla patenteou-se valiosíssima, sob o primeiro aspecto, logo ao partir a divisão do general Savaget de Jeremoabo para Canudos. Levava esclarecida a marcha.

Dias antes, vinte soldados daquele esquadrão haviam batido a estrada até às cercanias do povoado, e do reconhecimento resultava estar, aque-

---

[3] Em todas as edições brasileiras de *Os Sertões*, o nome aparece como Damiroff.

la, franca até a Serra Vermelha onde o terreno se acidenta nos primeiros cerros de Cocorobó.

A coluna em marcha de duas léguas por dia, beirando o Vaza-Barris, passando sucessivamente pelos pequenos sítios de "Passagem", "Canabrava", "Brejinho", "Mauari", "Canché", "Estrada Velha" e "Serra Vermelha", chegou àquele ponto a 25 de junho certa de encontrar o inimigo.

Pela primeira vez uma tropa expedicionária dos sertões não se deixava surpreender.

COCOROBÓ

"Cocorobó", nome que caracteriza não uma serra única mas sem-número delas, recorda restos de antiquíssimos cânions, vales de erosão ou quebradas, abertos pelo Vaza-Barris em remotas idades, quando incomparavelmente maior efluía talvez de grande lago que cobria a planície rugada de Canudos. A massa de águas, então contida pelos acidentes mais possantes que ondulavam da Favela ao Caipã, nos dois quadrantes de SO e NO e deste último espraiando-se pelo de NE, abarreirada pelas serranias de "Poço-de-Cima" e "Canabrava", efluía para leste em escoadouros estreitos[4].

RETROSPECÇÃO GEOLÓGICA

A sua conformação topográfica instiga esta retrospecção geológica. Com efeito, as serranias cortadas de angusturas, fracionando-se em serrotes de aclives vivos, figuram-se ruínas de uma barragem aluída e rota pelas enchentes. Aprumam-se entre várzeas, feito um recorte nas planuras, e a despeito dos contornos incorretos, permitem que se lhes reviva o fácies primitivo. São uma montanha fóssil. Definido pelas mesmas camadas silurianas, que vimos noutros trechos[5], o núcleo da terra, ali, aflora à medida que a ablação[6] das torrentes lhe remove as

---

4 Notar como Euclides consolida a teoria sobre a existência de uma enorme bacia de água doce, em tempos passados, nessa região do Brasil. 5 Ver p. 84. 6 **ablação** remoção impetuosa.

formações sedimentárias mais modernas. E nesse exumar-se[7] a serra primitiva ressurge espelhando na ousadia das curvas hipsométricas a potência dos elementos que há longos séculos a combatem. Porque, como na Favela, a caatinga resistente lhe morre no sopé; evita-a; deixa--lhe desnudos os flancos; e estes, já lastrados[8] de blocos, já descendo a prumo, à maneira de muros em cujas junturas mal se apegam orquídeas enfezadas; ou alcantilando-se em fraguedos, repentinos ressaltos que os rasgam em pontas crivando-os até ao alto, onde se agrupam em grimpas serreadas, contrastam com os terrenos achanados[9] em roda, não já na forma, senão na estrutura definidora.

Quem segue de Canudos para Jeremoabo depara, entretanto, com uma passagem única – a brecha profunda por onde se enfia o Vaza--Barris, correndo para o levante. Rompe-a com ele, porque o rio é a única vereda, trilhando-lhe o leito vazio, e, transcorridos alguns metros, acredita haver varado por um postigo estreito. Acaba-se o desfiladeiro. Afastam-se vivamente as rampas abruptas que o formam; arqueando-se e desatando-se por diante, fronteando-se, contrapostas as concavidades numa arqueadura de anfiteatro amplíssimo. Ali dentro, porém, o terreno continua revolto; erguem-se outros cerros mais baixos, centralizando-o; e a primitiva passagem bifurca-se, encaixando-se na da direita, em curva, o Vaza-Barris. Estas duas gargantas de larguras variáveis, apertando-se de cerca de vinte metros em dados pontos, progridem, encurvando-se a pouco e pouco, segundo o traçado dos dois galhos exteriores da serra; e, acompanhando-os, aproximam-se convergentes, depois do primitivo afastamento, até se unirem outra vez, formando outra passagem única sobre a estrada de Jeremoabo. Aos lados de ambas antes deste cruzamento, em grande percurso, fronteiam os taludes dos cerros centrais com os das duas vertentes laterais, envolventes e maiores, eriçadas de penhascos acumulados a esmo ou agrupando-se em socalcos, repartindo-se em sucessivos patamares à maneira de galerias de um coliseu monstruoso.

O desfiladeiro de Cocorobó é em pálido resumo aquele rasgão da terra, de extremos afunilados, que se subdividem de um e outro lado na

7 **exumar-se** desenterrar-se. 8 **lastrados** cobertos. 9 **achanados** aplainados.

forquilha de dois outros porventura ainda menos praticáveis. A estrada duplica-se na falsa encruzilhada de dois desvios que o Vaza-Barris percorre por igual nas enchentes, ilhando os cômoros centrais – até sair, unidos os dois braços, numa várzea desimpedida e vasta que o caminho de Jeremoabo corta pelo meio, estirando-se em cheio para leste.

De sorte que quem a trilha em sentido oposto, vindo daquela vila para o ocidente, incide de idêntica maneira na bifurcação que a divide. Atravessa-a, metendo-se por uma das veredas, à direita ou à esquerda, até chegar à outra saída única. Transpõe-na. Mas livre da garganta multívia não encontra uma várzea complanada como a da outra banda. O solo, ainda que em menor escala, continua revolto. O Vaza-Barris, contorcido em meandros, alonga-se, entalado, entre cerros sucessivos. A estrada que o fraldeia, ou acompanha-lhe o leito, perturba-se em atalhos, ondulante, tornejando sem-número de encostas, derivando em aladeirados; e vai até ao vale de um ribeirão efêmero, ao qual deu o nome um dos cabecilhas sertanejos que ali tinha a vivenda, Macambira[10].

Segue dali, perlongando qualquer das bordas do rio, até Canudos, menos de duas léguas na frente.

DIANTE DAS TRINCHEIRAS

A vanguarda da força marchando neste sentido fez alto uns quinhentos metros antes daquela barreira, no dia 25 de junho, pouco antes do meio-dia.

O esquadrão de lanceiros descobrira o inimigo. Abeirara-se, galopando, dos entrincheiramentos grosseiros e vira-os, de relance. Recebido a tiro, volvera a toda à rédea, perdendo duas praças feridas, para junto da 5ª Brigada na testa da coluna, que desenvolveu imediatamente em atiradores um dos seus batalhões, o 40º, do major Nonato de Seixas[11],

---

[10] É duvidoso que o nome de batismo do ribeirão tenha sido dado pelo velho Macambira. Provavelmente o ribeirão teria ganho este nome pela vegetação homônima que abunda nas suas vizinhanças. Ver nota 67, p. 110. [11] Euclides não usa neste trecho, nem no da p. 545 (mas usará em outro lugar: p. 605n) a preposição *de* para o sobrenome de Manuel Nonato Neves de Seixas, contrariando a prática dos documentos militares.

enquanto os dois outros, o 34º e o 35º, se dispunham de reforço. O general Savaget, prevenido do encontro, adiantara-se acompanhando a 4ª Brigada. Estacou a quatrocentos metros da vanguarda, a fim de aguardar a 6ª, a divisão de artilharia e os comboios marchando ainda cerca de três quilômetros à retaguarda. Enquanto isto passava, os corpos avançados, mais de oitocentos homens ao mando do coronel Serra Martins, iniciavam o ataque num tiroteio nutrido, em que os fogos irregulares da linha de atiradores se intermeavam das descargas rolantes dos pelotões que a reforçavam mais de perto, revidando vigorosamente aos tiros dos antagonistas. Estes sustentaram o choque com valor. "Audaciosos e tenazes, diz a parte do combate do comando geral, qualidades essas que eram ao que parece reforçadas pelas excelentes posições que ocupavam, as quais dominavam a planície em toda a extensão e grande trecho da estrada, não arredaram pé e ao contrário aceitaram e sustentaram com firmeza e energia o ataque, rompendo renhida[12] fuzilaria sobre os nossos, tanto que começamos a ter algumas baixas por mortes e ferimentos."

Era, como se vê, a reprodução justalinear dos episódios do *Cambaio* e da *Favela*.

Os sertanejos reviviam em cenário idêntico todas as peripécias do dramalhão sinistro e monótono de que eram protagonistas invisíveis. Um maior tirocínio[13] na guerra não lhes variava o sistema, certo porque este, pela própria excelência, não comportava corretivos ou aditamentos[14]. Atiravam, a seguro, do alto daqueles parapeitos desmantelados sobre a força, inteiramente em alvo na planura descoberta e rasa embaixo. E os seus projetis começaram a rarear-lhe as fileiras mais próximas, derrubando os atiradores, caindo, adiante, entre os corpos que os apoiavam e, irradiando para mais longe em trajetórias altas, sulcando as últimas seções da retaguarda; expandindo-se, dominantes, sobre a expedição inteira.

Não se adensavam, contudo, em descargas por demais cerradas. A justeza substituía-lhes a quantidade. Percebia-se que os atiravam combatentes avaros no contar, um a um, os cartuchos, timbrando em não

---

12 renhida intensa; sangrenta, cruenta.   **13 tirocínio** prática, experiência.   **14 aditamentos** adições.

perderem um único, firmando-os em pontarias cuidadosas. De sorte que, no fim de algum tempo, o tiroteio calculado, ante o qual estrondavam terrivelmente oitocentas mannlichers, começou de se tornar funestíssimo.

A 5ª Brigada foi admirável de disciplina, afrontando-o por duas horas, na posição em que estacara, à margem do Vaza-Barris, abrigando-se entre os ralos arbustos que a revestem. Não adiantara, em todo esse tempo, um passo. A um simples lance de vista, punham-se, de manifesto, os riscos de uma investida visando as duas angusturas, que se lhe abriam fronteiras, e imporiam, durante o assalto, um desfilar em seções diminutas, capaz de lhe anular o vigor precisamente na fase mais decisiva. Por outro lado não havia evitá-las, contornando-as. À direita e à esquerda se sucediam montes crespos de contrafortes, e procurar entre eles um desvio qualquer pressupunha uma marcha de flanco, talvez dilatada, sob a vigilância do inimigo, o que seria problematizar ainda mais qualquer sucesso vantajoso.

O general Savaget aquilatou com firmeza a conjuntura gravíssima.

Em que pese aos seus oito batalhões, magnificamente armados, a luta era desigual.

Depois de uma marcha segura, esclarecida por explorações eficazes que predeterminaram o dia e a sede do recontro, tinha-os, ali, havia duas horas, manietados, sacrificados e inúteis – sob o espingardeamento impune de um ajuntamento de matutos. O transe requeria combinações concretas, de momento; improvisos de estratégia, repentinos e de pronto executados. Nas aperturas do dilema acima exposto, porém, e diante do contraste das posições adversas, nenhum ocorria capaz de o resolver. O alvitre do momento resumia-se no reagir, arrostando tudo, ao bárbaro fuzilamento. Foi reforçada a vanguarda. Chegara a divisão de artilharia e um dos Krupps destacou-se logo para junto das linhas avançadas.

Bombardeou-se a montanha. Arrojadas de perto as granadas e lanternetas, batendo-lhe em cheio os flancos ou ricochetando, confundiam nos ares as balas e estilhas de ferro com o lastro aspérrimo das encostas rijamente varridas; e, arrebentando entre fraguedos, deslocando-os, derrubando-os, fazendo-os rolar com estrépito pelos pendores abaixo, como um súbito derruir de lanços[15] de muralhas, pareciam desmascarar inteiramente as posições contrárias. Mas foram contraproducentes. Estimularam réplica violentíssima, estupenda, inexplicável, expluindo[16] maior e mais viva dentre o desabamento das trincheiras. Os atiradores suportavam-na a custo. Rareavam. Os dois batalhões de reforço, francamente engajados na ação, sacrificavam-se inutilmente tendo, crescente, o número de baixas. O resto da expedição, estirada em colunas numa linha de dois quilômetros para a retaguarda, permanecia imóvel.

Era quase um revés.

No fim de três horas de fogo os atacantes não tinham adquirido um palmo de terreno. A quinhentos metros dos adversários, não tinham – milhares de vistas fixas nas vertentes despidas – lobrigado um único sequer. Não lhes avaliavam o número. Os cerros mais altos, bojando em esporão sobre a várzea, figuravam-se desertos. Batia-os de chapa o sol ofuscante e ardente; viam-se-lhes os mínimos acidentes da estrutura; podiam contar-se-lhes um a um os grandes blocos, que por ali se espalham, a esmo, mal equilibrados em bases estreitas ao modo de *loggans*[17] oscilantes e prestes a caírem uns, outros acumulados em acervos imponentes; e distinguiam-se, intermeando-os, em touceiras, ou encimando-os, esparsas, as bromélias resistentes, caroás e macambiras de espatas lustrosas, retilíneas e longas, rebrilhando à luz como espadas; viam-se, mais raros, cactos esguios e desolados; mais longe, um tumultuar de cimos, do mesmo modo desertos...

E daquele desolamento, daquela solidão absoluta e impressionadora, irrompia, abalando as encostas, uma "fuzilaria cerrada e ininterrupta como se ali estivesse uma divisão inteira de infantaria!"[18]

CARGA DE BAIONETAS EXCEPCIONAL

Os jagunços eram duzentos ou eram dois mil. Nunca se lhes soube, ao certo, o número. Na frente dos expedicionários o enigmático da campa-

---

15 lanços seções. **16 expluindo** explodindo. **17** Ver nota 179, p. 83 da presente edição. **18 Nota do Autor:** Ordem do dia do general Savaget.

nha se antolhava mais uma vez, destinando-se a ficar para sempre indecifrável. Tolhendo-se-lhes deste modo o passo só restavam decisões extremas: ou recuarem lentamente, lutando, até se subtraírem ao alcance das balas; ou contornarem o trecho inabordável, buscando um atalho mais acessível, em movimento envolvente aventuroso, de flanco, o que redundaria em desbarate inevitável; ou arremeterem em cheio com os outeiros, conquistando-os. O último alvitre era o mais heroico e o mais simples. Sugeriu-o o coronel Carlos Teles. O general Savaget adotou-o. Conforme confessa em documento oficial onde define, com lastimável desquerer, o adversário temível que o fizera parar, não podia admitir "que duas ou três centenas de bandidos sustivessem a marcha da segunda coluna por tanto tempo". E, como empenhara na ação pouco mais de um terço das tropas, esta circunstância salvou-o, tornando factível uma manobra arrojada, certo irrealizável se todos os batalhões, num arremesso único, se tivessem embaralhado desde o começo às duas entradas do desfiladeiro.

Planeou-a: "A 5ª Brigada, que se mantinha desde o princípio nas suas posições por entre as caatingas, devia carregar pelo flanco esquerdo e pelo leito do rio, a fim de desalojar o inimigo dos cerros centrais e outeiros, que ficam desse lado; e a 4ª pelo flanco direito devendo, antes, desenvolver-se em linha, ao sair da estrada para a várzea".

O esquadrão de lanceiros, entre ambas, carregaria pelo centro. A 6ª Brigada não compartiria o combate, permanecendo à retaguarda em reforço, e garantindo os comboios.

Assim, os cinco batalhões destinados à investida se dispunham na ordem perpendicular reforçada numa das alas, a da esquerda, onde os corpos avançados do coronel Serra Martins formavam em colunas sucessivas, enquanto quatrocentos metros atrás e para a direita, se desdobrava, em linha, a Brigada Teles, tendo no flanco esquerdo o esquadrão de lanceiros.

O conjunto da formatura projetava-se na superfície de nível da várzea com a forma exata de um desmedido martelo.

E a carga, que logo depois se executou, – episódio culminante da refrega – semelhou, de fato, uma percussão, uma pancada única de mil e seiscentas baionetas de encontro a uma montanha.

Os assaltantes avançaram todos a um tempo: os pelotões da frente embatendo com os morros e enfiando pela bocaina da passagem esquerda, enquanto a 4ª Brigada, a marche-marche, de armas suspensas e sem atirar, vencia velozmente a distância que a separava do inimigo. Tomara-lhe a frente o coronel Carlos Teles. Este oficial notável – recordando Osório na postura e Turenne no arrojo cavalheiresco – sem desembainhar a espada, hábito que conservou em toda a campanha, atravessou com a sua gente todo o trecho do campo varejado de balas.

No sopé da serrania, à esquerda, se abria o desfiladeiro da direita, por onde se meteu atrevidamente, em disparada, o esquadrão de cavalaria. A 4ª Brigada, porém, evitou-o. Investiu com as encostas. Os jagunços não haviam contado com este movimento temerário, visando diretamente, a despeito dos obstáculos de uma ascensão difícil, as posições que ocupavam. Pela primeira vez se deixavam surpreender por inesperada combinação tática, que os desnorteava, obrigando-os a deslocarem para outros pontos os lutadores de antemão destinados a trancarem as duas passagens estreitas, por onde acreditavam investiria toda a tropa. A 4ª Brigada, realizando a mais original das cargas de baionetas, por uma ladeira íngreme e crespa de tropeços acima, ia decidir do pleito.

Foi um lance admirável. A princípio avançou corretíssima. Uma linha luminosa de centenares de metros se estirou, fulgurando. Ondulou à base dos cerros. Abarcou-os; e começou a subir. Depois infletiu em vários pontos; envesgou, torcida, pelas encostas; e, a pouco e pouco, desarticulada, fragmentou-se. Os sertanejos, entocaiados a cavaleiro, golpeavam-na; partiam-na, por sua vez, as anfractuosidades do solo. A linha do assalto, rota em todos os pontos, subdividida em pelotões estonteadamente avançando, espalhou-se, revolta, nos pendores da serra...

O coronel Teles, guiando-a pelo flanco direito do 31º de Infantaria, perdeu nessa ocasião o cavalo que montava, atravessado por uma bala junto à espenda da sela. Substituiu-o. Reuniu as frações dispersas de combatentes, em que já se misturavam soldados dos seus dois corpos. Animou-os. Arrojou-os valentemente sobre as trincheiras mais próximas. Encontraram-nas vazias, tendo cada uma, ao fundo, dezenas de cartuchos detonados e ainda mornos. Consoante à tática costumeira, os jagunços deslizavam-lhes adiante, recuando, negaceando, apoiando-se em todos os acidentes, deslocando a área do combate, impondo todas as fadigas de uma perseguição improfícua[19]. A breve trecho, porém, dominadas as primeiras posições, viu-se, sobre as vertentes que apertam o desfiladeiro naquele ponto, a 4ª Brigada, escalando-as. Dali tombavam os mortos e os feridos, alguns até ao fundo da garganta, embaixo, por onde tinham entrado os sessenta homens do esquadrão de lanceiros e a divisão de artilharia, quebrando-se, ambos de encontro a forte trincheira posta de uma e outra margem do rio, na bifurcação das duas bocainas, feito uma represa. Nas vertentes da esquerda, a 5ª Brigada, perdida igualmente a formatura primitiva, lutava do mesmo modo tumultuário.

A ação tornou-se formidável. Cinco batalhões debatiam-se entre morros, sem vantagem sensível, depois de quatro horas de luta. Aumentara grandemente o número de feridos repulsados do alvoroto das cargas, titubeantes, caindo ou arrimando-se às espingardas, errantes pelas faldas, descendo-as, entre os mortos por ali jacentes[20], a esmo.

Embaixo, no vale estreito, viam-se, sem dono, disparados em todos os sentidos, relinchando de pavor, os cavalos do esquadrão de lanceiros, que arrebentara arrojadamente sobre a forte trincheira do rio...

A TRAVESSIA

Nesta enorme confusão alguns pelotões do 31º de Infantaria galgaram, afinal, num ímpeto incomparável de valor, as trincheiras mais altas da vertente da direita. E cortadas, deste modo, as guarnições das que se sucediam a espaços pela linha de cumeadas, abandonaram-nas inesperadamente. Não era o recuo temeroso habitual; era a fuga. Os adversários foram ali, vistos de relance, pela primeira vez: dispersos pelos altos, correndo e sobraçando as armas, rolando e resvalando pelos declives, desaparecendo. Os soldados encalçaram-nos; e revigorada logo em todos os pontos, a investida, num movimento único para frente, propagou-se até às alas da extrema esquerda. Era a vitória. Minutos depois as duas briga-

19 improfícua vã, inútil. **20 jacentes** imóveis.

das, num imenso alvoroto de batalhões a marche-marche, adensavam-se, confundidas, na última e única passagem do desfiladeiro.

Os jagunços em desordem, contudo, depois do primeiro arranco da fuga, volveram ainda ao mesmo resistir inexplicável. Abandonando as posições e franqueando a travessia perigosa, recebiam, de longe, os triunfadores, a tiros longamente espaçados.

O general Savaget foi atingido e desmontado juntamente com um ajudante de ordens e parte do piquete quando, à retaguarda da coluna, penetrava a garganta da direita e já se ouviam, ao longe, as aclamações triunfais dos combatentes da vanguarda. Como sempre, os sertanejos tornavam incompleto o sucesso, ressurgindo inexplicavelmente dentre os estragos de um combate perdido. Batidos não se deixavam esmagar. Desalojados de todos os pontos abroquelavam-se noutros, vencidos e ameaçadores, fugindo e trucidando como os partas[21]. Haviam, entretanto, sofrido sério revés, e a denominação, que ulteriormente deram de "batalhão talentoso" à coluna que lho infligira, por si só o denota. Porque o combate de Cocorobó, a princípio vacilante, indeciso numa dilação de três horas de tiroteios ineficazes, e ultimando-se por uma carga de baionetas fulminante, foi, de fato, um raro golpe de audácia apenas justificável, senão pelo dispositivo das tropas que o vibraram, pela sua natureza especial. Predominava nas fileiras o soldado rio-grandense. E o gaúcho destemeroso, se é frágil ao suportar as lentas provações da guerra, não tem par no se despenhar em súbitos lances temerários.

A infantaria do sul é uma arma de choque. Podem suplantá-la outras tropas, na precisão e na disciplina de fogo, ou no jogo complexo das manobras. Mas nos encontros à arma branca aqueles centauros apeados arremetem com os contrários, como se copiassem a carreira dos ginetes ensofregados[22] dos pampas. E a ocasião sorrira-lhes para a empresa estupenda levada a cabo com brilho inexcedível.

---

21 partas habitantes da Pártia, antigo império da Ásia, correspondendo hoje em dia aos territórios do Irã e do Afeganistão. Eram excelentes arqueiros e cavaleiros e nas batalhas tinham o costume de, à medida que galopavam e fingiam fugir, atirar suas flechas para trás atingindo assim o inimigo desavisado. **22 ensofregados** que ficaram sôfregos, sequiosos. O significado deste vocábulo está dado na última página de *Os Sertões*, na seção "Notas à 2ª Edição", p. 709.

À tarde, acampadas as forças além da passagem, verificaram-se as perdas sofridas: cento e setenta e oito homens fora de combate, dos quais vinte e sete mortos, em que se incluíam dois oficiais mortos e dez feridos.

A 6ª Brigada, que não tomara parte na ação, foi encarregada do enterramento dos últimos, e acampou à retaguarda das duas outras, que ocupavam extensa rechã sobranceira à estrada.

MACAMBIRA

Depois disto a marcha se fez num combate contínuo. Foi lenta. Todo o dia 26 se despendeu em breve travessia até à confluência do Macambira, poucos quilômetros além de Cocorobó.

O general Savaget comunicou, então, às tropas que no dia subsequente, 27, segundo determinara o comando em chefe, deviam estar na orla de Canudos, de onde, feita a convergência das seis brigadas, iriam dar, reunidas, sobre o arraial. Este devia estar mui perto. Viam-se já, esparsas, pelo teso dos outeiros, as choupanas colmadas, de disposição especial anteriormente descrita: surgindo dentre trincheiras ou fossos mascarados de touceiras de bromélias, feitas a um tempo lares e redutos.

A 2ª coluna ao avançar naquele dia, – nos últimos passos da jornada – tendo à vanguarda a 6ª Brigada, com o 33º de Infantaria à frente, penetrava os subúrbios da tremenda cidadela. E mal percorridos dois quilômetros, quando ainda restava no acampamento o grosso dos combatentes, empenharam-se, batidos de todos os flancos, em combate sério, os batalhões do coronel Pantoja.

NOVA CARGA DE BAIONETAS

Foi, de pronto, adotado o expediente que na véspera tivera tão seguros efeitos. Os batalhões 26º, 33º e 39º, desdobrando-se em linha, calaram[23] as baionetas e lançaram-se impetuosamente pelos recostos das colinas.

---

23 **calaram** encaixaram (a baioneta) no fuzil.

Galgaram-nas em tropel. E depararam em torno por todos os lados, outras, sem-número de outras, apontoando o terreno rugado, desatado por muitos quilômetros em roda...

De todas elas, irrompendo dos casebres que as encimavam, convergiam descargas. O campo de combate, agora amplíssimo, estava adrede modelado às ardilezas do adversário: vencido qualquer um dos cômoros, viam-se centenares de outros a subir. Descida uma baixada, caía-se num dédalo de sangas. A investida seria um colear fatigante pelas linhas flexuosas dos declives. Poucos quilômetros adiante se lobrigava, indistinto, sob o aspecto tristonho de enorme cata abandonada, Canudos...

FUZILARIA

A peleja travara-se-lhe à ilharga e foi renhidíssima.

A breve trecho os três batalhões da vanguarda viram-se impotentes para a suportarem: das choupanas atestadas de lutadores, de todas as trincheiras dispersas pelos cerros, partiam, convergentes, fuzilarias seguras, dizimando-os.

Uma companhia do 39º, logo no começo da ação, fora literalmente esmagada batendo um daqueles redutos selvagens. Vingara improvisamente[24] o outeiro e no topo estacara à borda de um fosso largo, ao tempo que do casebre por este envolvido partiam, dentre as rachas das paredes, batendo-a em cheio e à queima-roupa, descargas furiosas. Perdeu logo o comandante, perdendo imediatamente depois, sucessivamente, dois subalternos que o substituíam, conquistando afinal a posição, depois de grandemente rarefeita, às ordens de um sargento.

Diante desta resistência imprevista aquela brigada única, inapta para abranger a área extensíssima do combate, foi reforçada pelas duas outras. Sucessivamente os batalhões 12º, 31º, 35º e 40º, enviados em reforço, avançaram. Eram mais de mil baionetas, quase toda a coluna, empenhadas no conflito. Os jagunços então recuaram; e recuando lentamente, de colina em colina, desalojados de um ponto para surgirem em ou-

---

24 **improvisamente** improvisadamente.

tro, obrigando os antagonistas a um contínuo descer e subir de ladeiras, parecia desejarem arrebatá-los até ao arraial, exaustos e torturados de tiroteios. Volviam à tática invariável. O campo do combate começou a fugir debaixo dos pés aos assaltantes. As cargas de baionetas não tiveram então o brilho das de Cocorobó. Amolentava-as a retratilidade[25] daquele recuo. Arrojados contra os cerros, os pelotões alcançavam os altos sem toparem mais um só adversário. Batidos logo na posição interjacente[26], enfiada pelos tiros partidos das eminências interpostas, desciam-na, em grupos, precipitadamente, buscando os ângulos mortos das baixadas – para reproduzirem, mais longe, a mesma escalada exaustiva e a mesma exposição perigosa às balas.

Começaram a perder, além de grande número de praças, oficiais altamente graduados. O comandante do 12º, tenente-coronel Tristão Sucupira, tombara moribundo quando seguia em esforço à vanguarda. O do 33º, tenente-coronel Virgílio Napoleão Ramos[27], fora também retirado, ferido, da ação, assim como o capitão Joaquim de Aguiar, fiscal do mesmo corpo. E outros e muitos outros se sacrificaram nesse mortífero combate de "Macambira", nome do sítio adjacente, porque, impropriando o terreno quaisquer combinações táticas capazes de balancearem as negaças vertiginosas do inimigo, todas as garantias de sucesso se resumiam na coragem pessoal. Alguns oficiais, como o capitão ajudante do 32º, com mais de um ferimento sério, se obstinavam no recontro, surdos à intimativa dos próprios comandantes determinando-lhes a retirada das linhas de fogo. Estas desatavam-se por três quilômetros. – Deflagravam pelos outeiros, crepitavam, ressoantes, nas baixadas, e rolavam para Canudos...

A noite fê-las parar. A expedição estava a um quarto de légua do arraial. Viam-se, fronteiras e altas, longe, branqueando no empardecer do crepúsculo, as torres da igreja nova...

Estava enfim atingido o termo da marcha por Jeremoabo. A segunda coluna, porém, pagara-o duramente: tivera neste dia 148 homens fora

---

25 retratilidade o caráter retraído ou tímido. **26 interjacente** entre dois lados. **27** Em todas as edições de *Os Sertões* o nome do militar é outro: Virgínio. No entanto, Virgílio é como aparece nos documentos militares.

de combate, entre os quais quarenta mortos, seis oficiais mortos e oito feridos. Somadas às perdas anteriores perfaziam 327 baixas, que tanto custara a travessia de menos de três léguas, de Cocorobó até àquele lugar.

Mas tudo delatava sucesso compensador. Realizara-se pontualmente o itinerário preestabelecido: minutos depois de acampadas, as tropas do general Savaget ouviram, no flanco esquerdo, estrugindo o silêncio das noites sertanejas e reboando longamente pelos contrafortes da Favela, o canhoneio àquela hora aberto pela vanguarda da 1ª coluna.

BOMBARDEIO

No dia 28, tendo avançado cedo e tomado posição em pequeno platô, distante dois quilômetros do arraial, começou por sua vez a bombardeá--lo, enquanto os dois batalhões da Brigada Carlos Teles se avantajavam mais para a frente ainda, em reconhecimento rápido. Um piquete de cavalaria, dirigido por um valente destinado a uma morte heroica, o alferes Wanderley, explorou o terreno pelo flanco esquerdo, até à Favela, onde àquela hora – oito da manhã – recrudescera, intenso, o canhoneio.

A dois passos do comando em chefe, a segunda coluna estava pronta para o assalto. Chegara até ali ultimando uma travessia de setenta léguas com um combate de três dias.

Impusera-se ao inimigo; afeiçoara-se ao caráter excepcional da luta; e o movimento irreprimível da carga que iniciara em Cocorobó e prolongara ininterruptamente até àquele ponto, poderia arrebatá-la, triunfante, ao centro de Canudos, em plena praça das igrejas. Vinha, a despeito das perdas que tivera, esperançosa e robusta. A ordem do dia de 26, em que o seu comandante lhe comunicou o próximo assalto, em companhia dos companheiros da 1ª coluna, é expressiva.

TRABUBU

Foi dada em "Trabubu", na travessia dos desfiladeiros, e diz muito no próprio laconismo. A nova, entusiasticamente recebida, deriva em poucas palavras, corteses e despretensiosas:

Acampamento no campo de batalha de Cocorobó, 26 de junho de 1897.

Meus camaradas. Acabo de receber do sr. general comandante em chefe um telegrama comunicando-me que amanhã nos abraçaremos em Canudos. Não podemos, portanto, faltar ao honroso convite, que é para nós motivo de justo orgulho e de completa alegria.

A concentração almejada, através de um assalto convergente, far-se-ia, porém, fora do centro da campanha.

EMISSÁRIO INESPERADO

Com surpresa geral dos combatentes da 2ª coluna, que – olhos fitos na Favela – esperavam ver, descendo as vertentes do norte, os batalhões da 1ª, apareceu no acampamento um sertanejo notificando-lhes, por ordem do comandante em chefe, as aperturas em que se achava aquela, exigindo imediato socorro. A nova era inverossímil, e pareceu, nos primeiros momentos, uma traça[28] do adversário. O homem ficou retido até que novo emissário a confirmasse. Este, um alferes honorário[29], adido à comissão de engenharia, não se fez esperar muito. O general em chefe apelava instantemente para o concurso da outra coluna. Ante o novo reclamo, e informações que o esclareciam, o general Savaget, que a princípio imaginara enviar apenas uma brigada levando munições, ficando as demais sustentando a posição conquistada, seguiu, inflectindo para a esquerda, com toda a sua gente. Chegou, seriam onze horas, ao alto da Favela, a tempo de libertar a tropa assediada.

DESTRÓI-SE UM PLANO DE CAMPANHA

Preposterara-se[30], porém, todo o plano de campanha e do mesmo passo se anulara o esforço despendido nas marchas pelo Rosário e Jeremoabo.

---

28 traça manha, ardil. **29** Trata-se de Henrique José Leite. **30 preposterara-se** invertera-se a ordem de. O significado deste vocábulo está dado na última página de *Os Sertões*, na seção "Notas à 2ª Edição", p. 709.

Reunidas as colunas, tornou-se possível destacar um contingente para reaver o comboio retido à retaguarda. Foi cometido o encargo ao coronel Serra Martins que prontamente refluiu à reçaga da expedição intercisa[31], levando a 5ª Brigada – num oscilar perigoso entre dois combates – até às Umburanas, onde chegou ainda a tempo de impedir o desbarate do 5º de Polícia e salvar parte dos volumes de 180 cargueiros que, dispersos pelos caminhos, tinham sido grandemente danificados pelos jagunços.

Este movimento feliz, porém, de pouco atenuou as condições estreitas da tropa. Mal paliou[32] o transe. Firmou-se logo um regime desesperador de contrariedades de toda a sorte.

31 intercisa fragmentada. **32 paliou** disfarçou, encobriu.

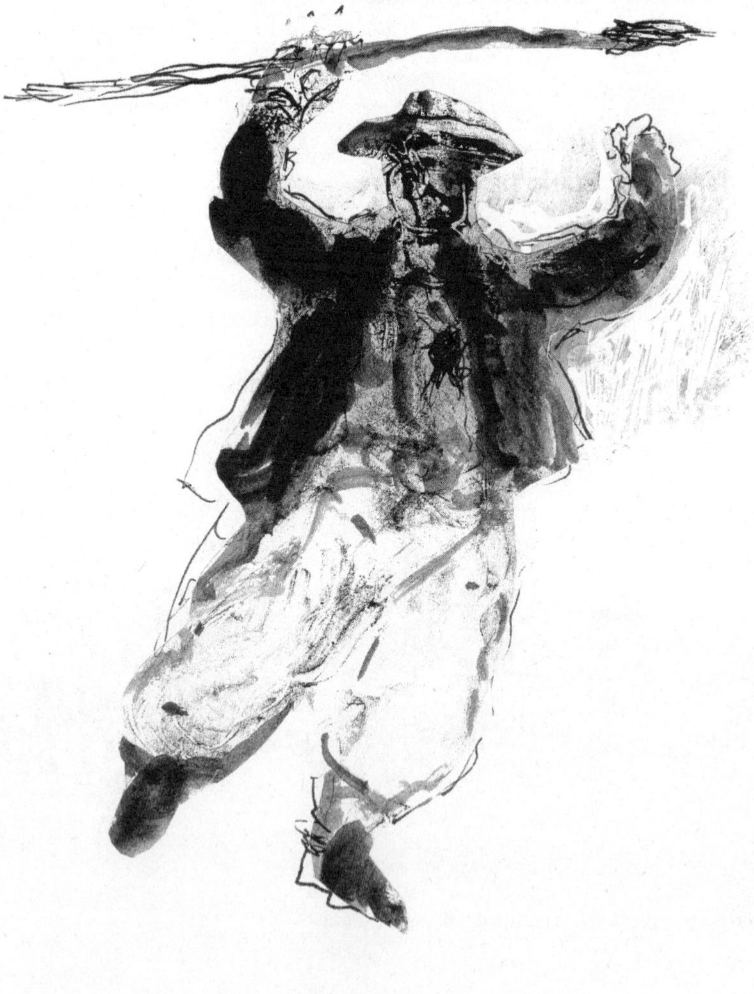

IV

VITÓRIA SINGULAR

A ordem do dia relativa ao feito de 28 de junho caracteriza-o "uma página tarjada de horrores, mas perfumada de glória".

Mas fora franco o revés[1].

Não iludiu a história o fanfarrear do vencido[2]. O "exército vitorioso", segundo o brilhante eufemismo das partes oficiais armadas a velarem aquele insucesso[3], apresentava na noite daquele dia o caráter perfeito de uma aglomeração de foragidos. Triunfadores, que não podiam ensaiar um passo fora da posição conquistada, tinham caído num período crítico da guerra: perdidos os alentos em recontros estéreis, ou duvidosas vitórias, que valiam derrotas, apoucando-lhes do mesmo passo as forças e o ânimo, sentiam-se dissociados e de algum modo unidos apenas pela pressão externa do próprio adversário que haviam julgado sopear[4] facilmente. O heroísmo era-lhes, agora, obrigatório. A coragem, a bravura retransida de sobressaltos, um compromisso sério com o terror. Circulavam-nos os mais originais dos vencidos: impiedosos, enterreirando-os em todos os pontos no círculo de um assédio indefinido e transmudando-se em fiscal incorruptível, trancando todas as abertas[5] à deserção. De sorte que, ainda quando não carecessem de valor, os nossos

---

[1] Entenda-se: "Mas a verdade é que foi um dia de derrota". [2] Entenda-se: "A vaidade do vencido não enganou a história". [3] Entenda-se: "[...] O 'exército vitorioso', segundo o brilhante eufemismo das partes oficiais armadas a encobrirem aquela derrota, apresentava [...]". [4] **sopear** conter, reprimir. [5] **abertas** saídas.

soldados não tinham como se subtrair à emergência gravíssima em que se equiparavam heróis e pusilânimes[6].

O MEDO

A história militar, de urdidura tão dramática a recamar-se por vezes das mais singulares antíteses, está cheia das grandes glorificações do medo. A ânsia perseguidora do persa fez a resignação heroica dos "Dez mil"[7]; a fúria brutal dos cossacos imortalizou o marechal Ney...

Íamos enxertar-lhe, idêntico, senão na amplitude do quadro, na paridade do contraste, um capítulo emocionante – porque a tenacidade feroz do jagunço transfigurou os batalhões combalidos do general Artur Oscar. E eles ali quedaram unidos, porque os enlaçava a cintura de pedra das trincheiras; impertérritos[8], porque lhes era impossível o recuo; forçadamente heroicos, encurralados, cosidos[9] à bala numa nesga de chão...

BAIXAS

Nada revelava mesmo breves linhas de acampamento no acervo das brigadas. Não se armaram barracas que roubariam espaço demais na área de si estreita[10]. Não se ordenaram ou se dividiram as unidades combatentes. A tropa – cinco mil soldados, mais de novecentos feridos e mortos, mil e tantos animais de montada e tração, centenares de cargueiros – sem flancos, sem retaguarda, sem vanguarda, desorganizara-se por completo. A primeira coluna tivera naquele dia 524 homens fora de combate que

---

6 pusilânimes covardes. **7 "Dez mil"** refere-se ao número de soldados (aproximadamente 10 mil) comandados pelo general e filósofo ateniense Xenofonte (430?-355? a.C). Depois de serem derrotados pelos persas, Xenofonte foi escolhido para chefiar as tropas gregas que ainda se encontravam no perigoso centro do território do império persa. Dirigindo os seus homens com coragem e enorme habilidade estratégica, Xenofonte bateu em retirada e conseguiu chegar a Trapezus, antiga colônia grega (atualmente Trabzon, Turquia), no Mar Negro, depois de uma marcha de 2 414 km e que durou cinco meses. A sobrevivência do seu numeroso exército se deve à visão, tato e estratégia do líder militar. No seu livro mais conhecido, *Anabasis*, Xenofonte narra, numa das mais célebres descrições da história militar, o sucesso da retirada do seu exército realizada sob as condições mais adversas: território hostil e desconhecido, obstáculos naturais quase intransponíveis, clima torturante e falta de víveres. **8 impertérritos** destemidos. **9 cosidos** metralhados, perfurados a modo de costura. **10** Entenda-se: "[...] na área em si mesma já muito estreita".

com 75 da véspera somavam 599 baixas. A segunda ligara-se-lhe desfalcada de 327 combatentes. Ao todo 926 vítimas. Fora sem-número de estropiados exauridos das marchas, sem-número de famintos e grande maioria de pusilânimes sob a emoção dos morticínios recentes e vendo por ali estirados, insepultos, companheiros pela manhã ainda entusiastas e vigorosos:

– Thompson Flores, vitimado no comando fatídico do 7º de Infantaria; Tristão Sucupira de Alencar, que chegara agonizante com a 2ª coluna; Nestor Vilar, capitão fiscal do 2º Regimento que caíra com mais de dois terços da oficialidade de artilharia; Gutiérrez, oficial honorário, um artista que fora até lá atraído pela estética sombria das batalhas; Sousa Campos, que comandara por um minuto o 14º... e outros, de todas as graduações, lançados por toda a parte.

Um rasgão de enxurros se escancelava longo, longitudinalmente, afundando o sulco da garganta. E dentro dele mais de oitocentos baleados punham no tumulto a nota lancinante de sofrimentos irreparáveis. Aquela prega do solo, onde se improvisara um hospital de sangue, era a imagem material do golpe que sulcara a expedição abrindo-a de meio a meio. Considerando-a entibiavam-se os mais fortes. Porque, afinal, nada compensava tais perdas ou explicava semelhante desfecho a planos de campanha tão maduramente arquitetados. Triunfantes e unidas, as duas colunas imobilizaram-se impotentes ante a realidade. Apagavam-se as linhas de ordens do dia retumbantes. Estavam no centro das operações – e não podiam dar um passo à frente ou, o que era pior, não podiam dar um passo à retaguarda. Haviam esparzido profusamente pelos ares mais de um milhão de balas; haviam rechaçado o adversário em todos os recontros e sentiam-no porventura mais ameaçador em roda, prendendo-os, cortando-lhes o passo para o recuo, depois de o haverem tolhido para a investida.

Realmente tudo delatava um assédio completo. A 5ª Brigada no movimento que fizera à retaguarda perdera quatorze homens[11]. O 5º de Po-

---

11 O números de mortos e feridos até aqui não correspondem necessariamente aos números dados pelos relatórios oficiais do exército.

lícia, quarenta e cinco. Foram e voltaram num tirotear incessante pelos caminhos entrincheirados.

A expedição, em pleno território rebelde, insulara-se sem a mais ligeira linha estratégica vinculando-a à base de operações em Monte Santo, a não ser que se considerasse tal a perigosa vereda do Rosário, repleta de emboscadas. E como o comboio reconquistado chegara reduzidíssimo, ficando mais de metade das cargas em poder dos sertanejos, ou inutilizada, a tropa perdera munições de inestimável valor na emergência, e ao mesmo tempo os aparelhara com cerca de 450 000 cartuchos, o bastante para prolongarem indefinidamente a resistência. Municiara-os. Completara o destino singular da expedição anterior que lhes dera espingardas. Estas estrondavam agora, a cavaleiro do acampamento. Os vencidos restituíam daquele modo as balas, estadeando provocações ferozes, aos vitoriosos tontos, que não lhes replicavam.

A noite descera sem que se atreguasse a luta; sem o mais curto armistício, permitindo que se corrigissem as fileiras. Um luar fulgurante desvendava-as às pontarias dos jagunços; e estes batendo-as calculadamente em tiros longamente pausados, revelavam-lhes a vigilância temerosa, em torno.

Um ou outro soldado, indisciplinadamente, revidava, disparando à toa, a arma, para os ares. Os demais, sucumbidos de fadigas, caídos sobre os fardos por ali esparsos a esmo, estirados sobre o chão duro, quedavam-se inúteis, abraçando as espingardas...

COMEÇO DE UMA BATALHA CRÔNICA

A noite de 28 de junho iniciara uma batalha crônica.

Daquela data ao termo da campanha a tropa iria viver em permanente alarma.

Começou desde logo um regime deplorável de torturas. Ao amanhecer de 29 verificaram-se insuficientes as munições de boca, para a ração completa das praças da 1ª coluna, já abatidas por uma semana de alimentação reduzida.

A 2ª, embora mais bem avitualhada, não tinha por sua vez garantido o sustento por três dias, depois de o repartir com a outra. De sorte que logo no começo desta fase excepcional da luta se lançou mão dos últimos recursos, sendo naquele mesmo dia abatidos os bois mansos, que até lá tinham conduzido o pesado canhão 32. Ao mesmo tempo antolhava-se uma tarefa penosíssima: fazer daquele acervo de homens e bagagens um exército; ordenar os batalhões dissolvidos; reconstituir as brigadas; curar centenares de feridos; enterrar os mortos e desatravancar a área reduzida dos fardos e cargueiros, postos por toda a banda. Estes trabalhos indispensáveis realizavam-se, porém, sem método, atumultuadamente, sem a diretriz de uma vontade firme. A colaboração justificável dos comandantes de corpos, dos próprios subalternos, surgia espontânea, de todos os lados, no sugerir sem-número de medidas urgentes. De modo que, a breve trecho, toda aquela gente, movendo-se às encontradas, em todos os sentidos; improvisando trincheiras; agrupando-se ao acaso em simulacros de formatura; arrastando fardos e cadáveres; retirando os muares, cujas patas entaloadas[12] eram ameaça permanente aos feridos que lhes rastejavam aos pés, não teve esforços convergentes e úteis.

Não a dominava, todavia, inteiramente, a desesperança.

Volvera-lhe com o amanhecer o valor; e, a despeito de tantos casos expressivos, não avaliara ainda bem a pervicácia[13] feroz dos sertanejos. De sorte que nos espíritos ressurgiu o pensamento consolador de próximo desenlace, ante um bombardeio vigoroso que propiciavam as vantajosas posições da artilharia, emparcada[14] a cavaleiro do arraial. Punha-se de manifesto que um vilarejo aberto do sertão não suportasse por muitas horas as balas mergulhantes de dezenove canhões modernos...

CANHONEIO. RÉPLICA DOS JAGUNÇOS

Mas o primeiro tiro partiu e bateu em Canudos como um calhau numa colmeia. O acampamento até àquele momento em relativa calma foi, como na véspera, improvisamente varrido de descargas; e, como na vés-

---

12 **entaloadas** ferradas. 13 **pervicácia** pertinácia, obstinação. 14 **emparcada** alojada.

pera, os combatentes compreenderam quase impossível a réplica em tiros divergentes, dispartindo pelo círculo amplíssimo do ataque. Além disto, encafurnados numa dobra de morro, atirando por elevação e sem alvo, as nossas descargas sobre[15] inócuas implicavam estéril malbaratar das munições escassas. Por outro lado o efeito do canhoneio se patenteou francamente nulo. As granadas, explodindo dentro das casas, perfuravam-lhes as paredes e os tetos e como que se amorteciam entre os frágeis anteparos de argila – estourando sem ampliarem o raio dos estragos, caindo muitas vezes intatas sem arrebentarem as espoletas. Por isso o alvo predileto foi, mais uma vez, a igreja nova, bojando no casario baixo, como um baluarte imponente. Ali se alinhavam os jagunços – por detrás das cimalhas das paredes mestras, engrimpados nas torres ou mais abaixo nas janelas abertas em ogivas, ou ao rés do chão[16] sobre o embasamento[17] cortado de respiradouros, estreitos à semelhança de troneiras.

Conteirara-se, visando-a, o Whitworth 32, que viera adrede para lhe derrubar os muros. Rugiu, porém, neste dia, sobre ela, sem a atingir: as balas passavam-lhe, silvando, sobre a cumeeira. Perdiam-se nos casebres unidos. Uma única tombou sobre o adro[18], escaliçando[19] a fachada. As demais se perderam. Esta péssima estreia do colosso proveio, principalmente, do açodamento[20] com que o açulavam[21].

Era uma nevrose doida. A grande peça – o maior cão de fila daquela montaria – fez-se monstruoso fetiche desafiando o despertar de velhas ilusões primitivas. Rodeavam-no, ofegantes, ansiosamente, mal reprimindo o desapontamento das trajetórias desviadas, toda a espécie de lutadores.

Até um médico, Alfredo Gama, não pôde forrar-se à ânsia de a apontar. Caiu vitimado. O escapamento de gases da peça mal obturada incendiando um barril de pólvora, perto, fê-la explodir, matando-o e incinerando-o, assim como o 2º tenente Odilon Coriolano e algumas praças[22].

---

15 Ver nota 38, p. 144; nota 274, p. 294. **16 rés do chão** ao nível do solo, andar térreo. **17 embasamento** base da construção. **18 adro** terreno em frente da igreja. **19 escaliçando** tirando os restos de cal. **20 açodamento** pressa, excitação. **21 açulavam** operavam, estimulavam. Notar como Euclides já começa aqui a personificar o canhão com o uso deste verbo que significa também "atiçar, incitar" um cão a morder. 22 Ficaram feridos o alferes José Augusto do Amaral e mais três praças. "A gra-

Este incidente mostra como se combatia...

É natural que a refrega resultasse inútil, traduzindo-se o bombardeio, estouraz e inofensivo, numa salva imponente à coragem dos matutos.

Ao cair da noite nada se adiantara. Verificara-se contraproducente aquele duelo à distância, ao mesmo passo que as descargas circulantes indicavam, iludível agora a todos os combatentes, o assédio que os prendia. Era um sítio em regra – embora disfarçado no rarefeito das linhas inimigas, desatando-se, frouxas mas numerosas, em raios indefinidos pelos recostos do morro. Uma brigada, um batalhão, uma companhia mesmo, poderia vará-las pelos claros que as cindiam ou quebrá-las numa carga de baionetas; mas quando estacasse na marcha, sentir-se-ia novamente circulada, batida pelos flancos e tendo outra vez, em roda, como se brotassem do chão, os antagonistas inexoráveis, jarretando-lhe[23] os movimentos. A tática invariável do jagunço expunha-se temerosa naquele resistir às recuadas, restribando-se[24] em todos os acidentes da terra protetora. Era a luta da sucuri[25] flexuosa com o touro pujante. Laçada a presa, distendia os anéis; permitia-lhe a exaustão do movimento livre e a fadiga da carreira solta; depois se constringia repuxando-o, maneando-o nas roscas contráteis, para relaxá-las de novo, deixando-o mais uma vez se esgotar no escavar, a marradas, o chão[26]; e novamente o atrair, retrátil, arrastando-o – até ao exaurir completo...

nada requeria um saquitel de 2,5 kg de propelente, e a bala rasa, um de 2 kg. Aparentemente, foram levados somente cartuchos de 2,5 kg, e usando-se bala rasa (que sendo mais longa não entrava completamente na câmara de disparo), era preciso rasgar o cartucho e retirar um pouco de pólvora para fechar a culatra. A obturação desta não era completa: ao disparar, parte dos gases saía por um lado. O grave acidente foi causado por esse vazamento e pela negligência de um tenente que deixara um barril com cartuchos de propelente ao lado da culatra, que explodiu com o disparo. Ao contrário do que diz Euclides, foi o barril que explodiu; o canhão permaneceu em uso. Apesar do peso do projétil, a arma era municiada à mão, pois não fora levado o guindaste para a munição... No fim de agosto a culatra se quebrou e a matadeira ficou inutilizada, achando-se hoje sobre um pedestal na praça de Monte Santo" (Consultar Barbieri, p. 32). **23 jarretando** paralisando, dificultando. **24 restribando-se** escorando-se. **25 sucuri** ou anaconda (*Eunectes murinus*, L.) réptil da família dos boídeos, das regiões de grandes rios e pântanos do Brasil, de coloração cinzento-esverdeada, tendente ao oliva, com manchas arredondadas escuras dispostas aos pares, ventre amarelado, cabeça com escamas, e desprovido de peçonha. Chega a 10 m de comprimento. Vive na água, em rios e lagoas, alimentando-se de peixes, aves e mamíferos, que engole após triturar-lhes os ossos por compressão muscular. **26** Consultar *Canudos e Inéditos*, p. 128; *Caderneta*, p. 8.

Havia ali uma inversão de papéis. Os homens, aparelhados pelos recursos bélicos da indústria moderna, é que eram materialmente fortes e brutais, jogando pela boca dos canhões toneladas de aço em cima dos rebeldes que lhes antepunham a esgrima magistral de inextricáveis ardis. Davam de bom grado aos adversários o engodo das vitórias inúteis, mas quando eles, depois de calçarem à bala o solo das caatingas, desdobravam bandeiras e enchiam os ermos quietos de toques de alvorada, como não possuíam esses requintes civilizados, compassavam-lhes os hinos triunfais com as balas ressoantes dos trabucos...[27]

O canhoneio de 29 não os abalara. Ao alvorar de 30 todo o acampamento foi investido. Foi como sempre, um choque, um sobressalto instantâneo, eterno reproduzir dos mesmos fatos. Apontou-se mais uma vitória. Os inimigos, que rolavam de todos os lados, foram repelidos para todos os lados. Para voltarem horas depois, e serem ainda rechaçados; e retornarem, passado breve intervalo, e serem novamente repulsados – intermitentemente, ritmicamente, feito o fluxo e refluxo de uma onda, batendo, monótona, os flancos da montanha. A artilharia, como na véspera, espalhou algumas balas sobre os tetos, embaixo. E uma fuzilaria frouxa, irradiando de lá e dos cerros próximos, como na véspera, sem variante alguma, caiu durante o dia sobre a tropa...

REGIME DE PRIVAÇÕES

Firmara-se definitivamente um regime insustentável. A estadia na Favela era sobremaneira inconveniente porque, além de acumular baixas diárias sem efeito algum, desmoralizava dia a dia a expedição, lhe malsinava o renome e tornar-se-ia em breve inaturável pelo esgotamento completo das munições. Abandoná-la era deixar as contingências de um cerco mais perigosas que as alternativas da batalha franca. Alguns ofi-

[27] Entenda-se: "Os jagunços davam de boa vontade aos adversários vitórias inúteis que serviam meramente para atraí-los depois. Mas quando os 'vitoriosos', depois de pavimentarem o solo das caatingas à bala, desdobravam bandeiras e enchiam os ermos quietos de toques de alvorada, os jagunços, como não possuíssem esses requintes civilizados, candenciavam-lhes os hinos triunfais com as balas ressoantes dos trabucos...".

ciais superiores sugeriram então a única medida – forçada e urgente – a alvitrar-se: o assalto imediato ao arraial.

Seja, porém, como for, no dia 30 de junho as forças estavam bem dispostas; a artilharia podia continuar a bombardear Canudos durante algumas horas ainda; em seguida era possível levar-se um ataque à cidadela. Havia para isto a melhor disposição dos comandantes das colunas, brigadas e corpos e dos oficiais subalternos e dos soldados cuja aspiração predominante era atingir o Vaza-Barris que lhes representava a abundância de que se achavam privados, numa posição acanhada, enfiada por toda a parte, sem capacidade para dois quanto mais para perto de seis mil homens![28]

O general em chefe, porém, repeliu o alvitre "acreditando que de Monte Santo chegasse, em breve, um comboio de gêneros alimentícios como lhe afiançara o deputado do quartel-mestre-general e só então, depois de três dias de ração completa, investiria sobre os baluartes do Conselheiro"[29].

Mas esse comboio não existia. Enviada a seu encontro, no dia 30, a brigada do coronel Medeiros, para o aguardar nas Baixas e dali o proteger até ao acampamento, aquele comandante, nada encontrando, prosseguiu na jornada para Monte Santo, onde também nada existia. E o exército, que à sua partida já sofria os primeiros aguilhões da fome, entrou num período de provações indescritíveis.

AVENTURAS DO CERCO. CAÇADAS PERIGOSAS

Vivia-se à ventura, de expedientes. De moto próprio[30], sem a formalidade na emergência dispensável, de uma licença qualquer, os soldados principiaram a realizar, isolados ou em pequenos grupos, excursões perigosas pelas cercanias, talando as raras roças de milho ou mandioca, que existiam; caçando cabritos quase selvagens por ali desgarrados, em

---

28 Nota do Autor: Coronel Dantas Barreto, *Última Expedição a Canudos*. **Nota do Editor:** pp. 116-117. **29** *Idem*, pp. 117-118. A citação está incompleta. **30 de moto próprio** de vontade própria.

abandono desde o começo da guerra; e arrebanhando gado. Não havia evitá-las ou proibi-las. Eram o último recurso. A partir de 2 de julho só houve gêneros – farinha e sal, nada mais – para os doentes. As caçadas faziam-se, pois, obrigatoriamente, a despeito dos maiores riscos. E os que a elas se abalançavam – vestindo a pele do jagunço, copiando-lhe a astúcia requintada, a marcha cautelosa acobertando-se em todos os sulcos do terreno – aventuravam-se a extremos lances temerários.

Não se podem individuar[31] os episódios parciais desta fase obscura e terrível da campanha. O soldado faminto, cevada a cartucheira de balas, perdia-se nas chapadas, premunindo-se[32] de resguardos como se fosse à caça de leões. Atufava-se no bravio das moiteiras... Rompia a galhada inflexa, entressachada de gravatás mordentes. E – olhos e ouvidos armados aos mínimos contornos e aos mínimos rumores – atravessava longas horas na perquisição[33] exaustiva...

Às vezes era um esforço vão. Volvia à noite para o acampamento, desinfluído e com as mãos vazias. Outros, mais infelizes, não apareciam mais, perdidos por aqueles ermos; ou mortos nalguma luta feroz, para todo o sempre ignorada. Porque os jagunços por fim opunham tocaias imprevistas aos caçadores bisonhos[34] que, sem lhes pleitearem parelhas na ardileza, não lhas evitavam.

Assim é que, não raro, depois de muitas horas de esforço inútil, o valente faminto dava tento[35], afinal, de um ressoar de cincerros[36], pressagos[37] da caça apetecida, porque é costume trazerem-nos as cabras, no sertão; e reanimava-se esperançado.

Recobrava-se um momento das fadigas. Refinando[38] no avançar cauteloso, por não espantar a presa fugidia, retraía-se das trilhas descobertas para o âmago das macegas. Seguia serpejando, deslizando devagar, guiado pelas notas da campainha, a pontilharem, nítidas e claras, o si-

---

31 **individuar** exprimir muito bem. 32 **premunindo-se** cobrindo-se. 33 **perquisição** investigação. O vocábulo era inusitado para Euclides que o encontrou no *Dicionário de F. J. Caldas Aulete*, como demonstram as anotações manuscritas do Autor que se encontram na Biblioteca Nacional do Rio de Janeiro. 34 **bisonhos** inexpertos, inexperientes. 35 **dava tento** se dava conta. 36 **cincerros** sinos pequenos que pendem do pescoço da besta. 37 **pressagos** sinais, avisos. 38 **refinando** caprichando, excedendo-se.

lêncio das chapadas. Adiantava-se até as ouvir perto... e era feliz, em que pese à dolorosa contrariedade, se as ouvia novamente ao longe, indistintas, inatingíveis, ao través do embaralhado dos desvios. Porque não imaginava, em certas ocasiões, os riscos que corria: a um lado, nos recessos da caatinga, em vez do animal arisco, negaceava, sinistro e traiçoeiro, procurando-o por sua vez, o jagunço. Acaroado com o chão, rente da barba a fecharia da espingarda e avançando de rastros, quedo e quedo entre as macegas, e fazendo a cada movimento tanger o cincerro que apresilhara ao próprio pescoço, via-se, ao invés da cabra, o cabreiro feroz. A caça caçava o caçador[39]. Este, inexperto, caía, geralmente abatido por um tiro seguro, a não ser que atirasse primeiro sobre o vulto lobrigado no último momento.

Outras vezes ante um grupo de famintos aparecia, num revesso[40] de colina, uma mangueira fechada. Dentro, alguns bois, presos. Eram um chamariz[41] ardilosamente disposto: e o cercado uma arapuca grande. Ante a imprevista descoberta, porém, mal desfechavam, aqueles, olhos indagadores em roda. Transpunham num pulo as cercas do curral. Arremetiam com os bois, abatendo-os a tiro ou jugando-os à faca... e espalhavam-se, tontos, alarmados, batidos de descargas envolventes, partidas das esperas, adrede predispostas aos lados...

No acampamento ouviam-se muitas vezes tiroteios nutridos e longos, como ecos de combates[42].

39 O trecho acima se baseia em notas manuscritas do autor, conforme declara Eugênio Gomes em *Visões e Revisões*, p. 285, e na p. 27 do MS. Ver Bernucci, pp. 255-260. **40 revesso** outro lado ou lado oposto ao do observador. **41 chamariz** isca, engodo. 42 Comparar: "Entretanto, quando os soldados se convenceram de que não existia em viagem o comboio de que tanto se falava, tomaram indistintamente uma resolução, que encerrava ao mesmo tempo vantagens e inconveniências da maior gravidade: atiraram-se ao mato, a distâncias consideráveis, em verdadeiras caçadas de bois, carneiros e cabritos; e esses animais mortos e conduzidos ao acampamento constituíram, durante treze dias sucessivos, o precioso elemento da nossa salvação. Essa caçada, em que se se empregava uma grande parte das forças, começava logo depois do toque de descansar, ao clarear do dia, e prolongava-se até o descambar do sol para trás da serra do Cambaio. E era tal o empenho que faziam os caçadores famintos, para matarem um cabrito em vertiginosa fuga pela caatinga, que de quando em quando ouviam-se tiroteios cerrados, insistentes, como se se tratasse de sérios encontros, em campos inimigos. Muitas vezes nessa faina em busca da vida, os soldados eram inesperadamente atacados pelos jagunços, que os caçavam também, e assim muitos do que partiam cheios de esperanças não voltavam mais ao acampamento" (Dantas Barreto, pp. 120-121).

Estas aventuras ao cabo foram regulamentadas. As ordens de detalhe escalavam[43], de véspera, os batalhões para as caçadas. Eram verdadeiras surtidas[44] de praças de armas em apuros. Mas inglórias. Um triste avançar sem bandeiras e sem clarins pela maninhez dos ermos. As linhas inimigas dobravam-se-lhes em frente, ralas, invisíveis, traidoras. Os corpos em diligência escoavam-se-lhes pelos claros. Batiam longo tempo a terra, onde a entrada da estação sem chuvas se refletia já na flora emurchecida. Recebiam meia dúzia de tiros de adversários incorpóreos, que não viam...

Voltavam abatidos e exaustos.

Apenas o esquadrão de lanceiros agia com algum efeito[45]. Partia diariamente em batidas longas pelos arredores. Montando cavalos estropiados, que rengueavam sob a espora, os gaúchos faziam façanhas de pealadores. Largavam, sem medir distâncias e perigos, pela região desconhecida; e, conseguindo sopear na carreira os bois esquivos, lançavam-nos em tropel, todas as tardes, para dentro de uma caiçara, à ilharga do acampamento. O inimigo perturbava-lhes a montaria. Além do trabalho de reunir as reses espantadiças, tinham o de impedir a sua dispersão ante súbitos assaltos. E nestes recontros rápidos e violentos, contendo do mesmo passo os bois alvorotados prestes a se espalharem por toda a banda, e replicando, a disparos de mosquetão[46], às tocaias que os aferroavam; caindo, surpresos, numa tocaia ao transpor uma baixada, alvejados por um tiroteio subitamente partindo do alto; e não abandonando nunca a presa irrequieta: circulando-a, arremessando-a para diante e ao mesmo tempo contendo-a pelos flancos, fizeram prodígios de equitação e bravura.

O gado diariamente adquirido – oito ou dez cabeças – era, porém, um paliativo insuficiente ao minotauro[47] de seis mil estômagos. Além

---

43 escalavam designavam. **44 surtidas** investidas, arremetidas. **45** Comparar: "A caçada, por fim, tornou-se oficial. Saíam os batalhões em ordem, com a sua oficialidade, os respectivos comandantes, e, então, o que se trazia dividia-se com os que ficavam no acampamento. Quase sempre eram os batalhões do sul os que melhores resultados apresentavam em semelhante serviço [...]" (Dantas Barreto, p. 123). **46 mosquetão** fuzil pequeno usado pelos soldados de cavalaria e de artilharia. **47** Ver *Canudos e Inéditos*, p. 81.

disto, a carne cozida sem sal, sem ingrediente algum, em água salobra e suspeita, ou chamuscada em espetos, era quase intragável. Repugnava à própria fome.

As pequenas roças de milho, feijão da vazante e mandioca, que atenuavam a princípio a sensaboria dessa alimentação de feras, exauriram-se prestes. Tornou-se necessário buscar outros recursos.

Como os *retirantes* infelizes, os soldados apelaram para a flora providencial. Cavavam os umbuzeiros em roda, arrancando-lhes os tubérculos túmidos; catavam cocos de ouricuris, ou talhavam os caules moles dos mandacarus, alimentando-se de cactos que a um tempo lhes disfarçavam ou iludiam a fome e a sede[48]. Não lhes bastava, porém, este recurso, que para os mais inexpertos mesmo era perigoso. Alguns morreram envenenados pela mandioca brava e outras raízes, que não conheciam.

Por fim a própria água faltava – tornando-se de aquisição dificílima. Nos regatos rasos do vale das Umburanas, não raro ficava de bruços, varado por um tiro, o soldado sequioso[49].

Cada dia que passava aumentava esses transes. A partir de 7 de julho, cessou a distribuição de gêneros aos doentes.

E os infelizes baleados, mutilados, estropiados, abatidos de febres, começaram a viver da esmola incerta dos próprios companheiros...

DESÂNIMOS

À medida que se agravavam estes fatos, surgiam, consequentes, outros, igualmente sérios. Relaxava-se a disciplina; esgotava-se a resignação da soldadesca. Uns murmúrios afrontosos de protestos, ante os quais se

---

[48] Comparar: "As roças de cana doce, milho verde e mandioca constituíram nos primeiros dias da Favela uma riqueza inestimável. [...] Depois já não havia mandioca, nem milho verde, nem cana doce; tudo parecia esgotado definitivamente; mas os nossos abnegados camaradas não desanimaram ainda. Voltaram-se para as raízes dos umbuzeiros e das parreiras bravas, de modo que à tardinha, na tristeza desoladora dessa hora na Favela, vinham aparecendo em grandes turmas, à semelhança de aldeões que voltam das lavouras distantes em busca das choupanas queridas" (Dantas Barreto, pp. 122-123). [49] Comparar: "A princípio não se conseguia uma gota d'água senão à força de bala, e nesse empenho desesperado muitos camaradas morreram em caminho ou à beira dos tanques, fuzilados pelos jagunços emboscados" (Dantas Barreto, p. 124). O trecho ainda se baseia na p. 6 do MS (ver Bernucci, pp. 142-146).

fingia surda a oficialidade impotente para os fazer calar, surgiam irreprimíveis, inevitáveis, como borborigmos[50] dos ventres vazios.

Por um contraste irritante, os adversários batidos em todos os combates afiguravam-se fartamente abastecidos, ao ponto de aproveitarem apenas nos comboios assaltados as munições de guerra. A 5ª Brigada, ao seguir certa vez até às Baixas, encontrara em suas vizinhanças, orlando os caminhos até próximo ao Angico, malas de carne-seca esturradas, montes de farinha, café e açúcar, de mistura com as cinzas das fogueiras que os haviam consumido. Era um traço firme de altivez selvagem com que se arrojavam à luta os jagunços que, afinal, não tinham abastança tal que justificasse tais atos. Afeitos, porém, às parcimônias[51] de frugalidade sem par, os rudes lidadores que nas quadras benignas atravessavam o dia com três manelos de paçoca e um trago d'água, haviam refinado a abstinência disciplinadora, na guerra, ostentando uma capacidade de resistência incomparável. Os nossos soldados não a tinham. Não podiam tê-la. A princípio reagiram bem. Deram um epíteto[52] humorístico à fome. Distraíram-se nas aventuras perigosas das caçadas ou no rastrear os rebotalhos[53] das roças em abandono. Ao soar dos alarmas precipitavam-se às linhas de fogo, sem que o jejum lhes sopeasse o arrojo. Depois fraquearam. Sobre o aniquilamento físico descia dolorosa incerteza do futuro. Estavam em função da sorte de uma brigada única, a 1ª, que seguira à descoberta do comboio e da qual nada se sabia. Cada dia que passava sem novas de sua vinda, sobrecarregava-lhes os desalentos. Além disto a insistência inflexível dos ataques tornara-se inaturável. Não havia uma hora de tréguas. Surgiam investidas súbitas à noite, pela manhã, no correr do dia, sempre improvisas, incertas e variáveis; carregando às vezes sobre a artilharia, outras sobre um dos flancos, outras, mais sérias, por toda a banda. Estridulavam os clarins; formava a tropa toda em fileiras bambas, em que mal se distinguiam as menores subdivisões táticas, e batia-se nervosamente por algum tempo. Os assaltantes eram repelidos. Caía-se, de improviso, na calma anterior. Mas o inimigo ali ficava, a dois passos, sinistramente,

---

50 **borborigmos** roncos gastrintestinais. 51 **parcimônias** economias, poupanças. 52 **epíteto** apelido, qualificativo. 53 **rebotalhos** refugos, restos.

acotovelando os triunfadores. Cessava o ataque. Mas de minuto em minuto, com precisão inflexível, caía uma bala entre os batalhões. Variava vagarosamente de rumo, percorrendo a pouco e pouco todas as linhas, de um a outro flanco, num giro longo e torturante, indo e vindo, devagar, traçando ponto a ponto o círculo espantoso, como se um atirador único, ao longe, do alto de algum cerro remoto, houvesse o compromisso bárbaro de ser o algoz de um exército. E era-o. Valentes ainda ofegantes de recontros em que entravam intrêmulos, estremeciam, por fim, ante o assovio daqueles projetis esparsos, transvoando ao acaso para o alvo imenso, escolhendo, entre milhares de homens, um vítima qualquer...

ASSALTO AO ACAMPAMENTO. A "MATADEIRA"

E iam-se assim os dias, nesse intermitir de refregas furiosas e rápidas, e longas reticências de calma, pontilhadas de balas...

Os assaltos, às vezes, contra toda a expectativa, não cessavam logo. Num crescendo aterrador, agitavam todas as linhas e tinham vislumbres de batalha. Num deles, a 1º de julho, os sertanejos penetraram em cheio o acampamento até ao centro das baterias. O ódio votado aos canhões, que dia a dia lhes demoliam os templos, arrebatara-os à façanha inverossímil, visando a captura ou a destruição do maior deles, o Whitworth 32, a *matadeira*, conforme o apelidavam. Foram poucos, porém, os que se abalançaram à empresa. Onze apenas, guiados por Joaquim Macambira, filho do velho cabecilha de igual nome. Mas ante o grupo diminuto formaram-se batalhões inteiros. Deram-se cargas cerradas de baionetas a toques de corneta, como se fosse uma legião; até que baqueassem todos, salvo um único, que escapou miraculosamente, varando pelas fileiras agitadas[54].

A tropa teve o adminículo[55] de mais uma vitória pouco lisonjeira e acrescido o respeito ao destemor do adversário.

---

54 O episódio é narrado duas vezes em *Os Sertões* (ver pp. 648-650), aparece também em *Canudos e Inéditos*, pp. 75-77, e ainda em *Os Jagunços* (p. 333) de Afonso Arinos.   55 **adminículo** contribuição, crédito.

O ascendente deste avultava dia a dia. Descobriam-se, mais próximas, avançando num constringir vagaroso, as trincheiras circulantes: pela esquerda, trancando o passo para a Fazenda Velha; pela direita, ameaçando o posto de carneação e reduzindo a área do pequeno pasto em que estavam os animais de tração e montaria; e pela retaguarda, aproximando-se pelo caminho do Rosário. Os corpos destacados para as tomar e demolir, tomavam-nas e demoliam-nas facilmente. Tornavam com poucas baixas ou de todo indenes. E no dia subsequente volviam à mesma tarefa, reconstruídos durante a noite, e cada vez mais próximos, os entrincheiramentos ameaçadores.

Enquanto se empregavam de tal modo os dias, reservavam-se as noites para o enterramento dos mortos, missão além de lúgubre perigosa, em que não raro o carregador aumentava a carga, caindo por sua vez entre os cadáveres, baqueando dentro da vala comum, que com as próprias mãos abria.

É natural que uma semana depois da ocupação do morro se generalizasse o desânimo. Afrouxamento em toda a linha. A própria artilharia, verificando-se a ineficácia do canhoneio e a necessidade de poupar a munição reduzida, apenas atirava, certos dias, dois ou três tiros longamente espaçados...

ATITUDE DO COMANDO EM CHEFE

Aguardava-se a brigada salvadora. Se por um golpe de mão, que o inimigo podia e não soube dar, ela tivesse cortado a marcha nas cercanias do Rosário ou do Angico, a expedição estaria perdida. Era a convicção geral. O estado da força facultava-lhe ainda uma defesa frouxa daquela posição, mas impossibilitava-lhe prolongar esse esforço por mais de oito dias. Somente o prestígio de alguns chefes de corpos a salvava da desorganização completa. Ficara em algumas brigadas, dominando a indisciplina emergente, a dedicação pessoal aos comandantes.

O general Artur Oscar, que se obstinara a permanecer ali, iludido, a princípio, pela miragem de um comboio, justificava-se, agora, pela impossibilidade absoluta de se mover.

Estadeou então a sua única qualidade militar frisante: a tendência a enraizar-se nas posições conquistadas. Este atributo contrasta com qualidades pessoais opostas. Irrequieto e ruidosamente franco; encarando a profissão das armas pelo seu lado cavalheiresco e tumultuoso; quase fanfarrão, embora valente, no relatar façanhas de pasmar; incomparável, no idear surpreendedores recontros; encontrando sempre nas conjunturas mais críticas uma frase explosiva, que as sublinha com traço vigoroso de jovialidade heroica, num calão pitoresco e incisivo e vibrante; patenteando sempre, insofridas, todas as impaciências e todos os arrojos de um temperamento nervoso e forte; – aquele general, numa campanha, no meio de cultura por excelência de tão notáveis requisitos, se transmuda, e, com espanto dos que o conhecem, só tem uma tática – a da imobilidade.

Resiste; não delibera.

Inflexivelmente imóvel diante do adversário, não o perturba com as surtidas bem combinadas e o arremesso das cargas; opõe-lhe a força emperradora da inércia.

Não o combate; cansa-o. Não o vence; esgota-o.

Guiando a expedição, concentrou-se inteiramente no objetivo da luta; absorveu-se desde o começo na sua fase derradeira, abstraindo de todas as circunstâncias intermediárias; e realizando uma investida original, sem bases e sem linhas de operações, não preestabeleceu a hipótese de um insucesso, a necessidade eventual de um recuo.

Tinha um plano único – ir a Canudos. Tudo mais era secundário. Levando seis mil baionetas à margem do Vaza-Barris, ganharia a partida, de qualquer modo, desse por onde desse. Não recuaria. Alterou um verbo na frase clássica do romano e seguiu.

Chegou; viu; e ficou[56].

Se no dia 28 o erro serodiamente corrigido do abandono do comboio lhe vedava marchar à investida, no dia 30, segundo o depoimento dos seus melhores auxiliares, devia tê-la feito. Não a fez. Entretanto estavam,

---

[56] Versão, ligeiramente alterada, da famosa frase de Júlio César ao conquistar o Ponto, atual Turquia, em 47 a.C.: *veni, vidi, vici* (vim, vi, venci). Na historiografia da guerra de Canudos a frase é atribuída a Moreira César (ver Macedo Soares, p. 37 e Albertazzi, p. 15).

afinal, reunidas as duas colunas e o arraial desdobrava-se à distância de um tiro de mannlicher. Completou, assim, com um erro outro, colocando-se em situação insustentável, de onde, se não ocorresse o curso caprichoso dos acontecimentos, talvez não mais saísse[57].

Não desanimara, porém. Compartia o destino comum, resignado, estoico, inflexível, imóvel...

"Não lhe afrouxara o garrão!..."[58] frase predileta, que despedia violentamente, como um golpe de sabre, despedaçando o fio dos comentários mais desalentados, ou desalentadoras conjecturas.

Mas presa nos liames de um assédio extravagante cujas linhas se distendiam elásticas, ante todas as cargas e se ligavam logo depois de serem rotas, em todos os pontos; exausta de fazer recuar o adversário, sem o esmagar nunca; sentindo engravescer-se a sua situação precária, a tropa não resistiria. Afrouxava. Surgiam já, traduzindo-se em alusões acerbas, surdos rancores contra imaginários responsáveis por aquelas desventuras. O deputado do quartel-mestre-general[59] foi, então e depois, a vítima expiatória de todos os desmandos. Era o único culpado, comentava o desquerer geral. Não se ponderava que a acusação ilógica refluía toda sobre o comando em chefe, do qual a absolvição pressupunha uma culpa maior – o olvido da sua autonomia incondicional de chefe.

De feito, aquele funcionário tinha, pela permanência no cargo, a sua confiança plena. E empunhando febrilmente o lápis calculista com que floreteava[60] a impaciência geral, permanecia, estéril, na Favela: somando, subtraindo, multiplicando e dividindo; pondo em equação a fome; discutindo estupendas soluções sobre cargueiros fantásticos; diferenciando a miséria transcendente; arquitetando fórmulas admiravelmente abstratas com sacos de farinha e malas de carne-seca; idealizando comboios...

Era todo o esforço. Não havia notícias da 1ª Brigada. Os batalhões, diariamente mandados até às Baixas, voltavam sem rastrear nem um

---

[57] Tais erros de Artur Oscar já tinham sido motivo de várias críticas durante a guerra e o próprio Euclides procurou manter-se neutro durante a fase inicial de sua viagem. Ver *telegrama*, Bahia, 8.8.1897, *Obra Completa*, vol. II, p. 494. [58] **Não lhe afrouxara o garrão** não tinha dobrado as pernas ainda; (*fig.*) não tinha se acovardado em face do adversário. [59] Coronel Campelo França. [60] **floreteava** esgrimia, contornava.

sinal da sua existência, pelas estradas vazias. Um deles, o 15º, comandado pelo capitão Gomes Carneiro, no dia 10, ao tornar da diligência inútil, comboiara como suprema irrisão um boi, um único boi – magro, retransido de fome, oscilante sobre as pernas secas – uma arroba de carne para seis mil famintos...

OUTRO OLHAR SOBRE CANUDOS

E sobre tudo aquilo uma monotonia acabrunhadora... A sucessão invariável das mesmas cenas no mesmo cenário pobre, despontando às mesmas horas com a mesma forma, dava aos lutadores exaustos a impressão indefinível de uma imobilidade no tempo.

À tarde ou durante o dia, nos raros momentos em que se atreguavam os assaltos, alguns se distraíam contemplando o arraial intangível. Lá se iam, então, cautelosamente, desenfiando-se pelo viés das encostas, alongando as distâncias, para atingirem com resguardos um ponto abrigado qualquer, de onde o distinguissem a salvo. Perturbavam-se-lhes, então, as vistas, no emaranhado dos casebres, esbatidos embaixo. E contavam: uma, duas, três, quatro mil, cinco mil casas! Cinco mil casas ou mais! Seis mil casas, talvez! Quinze ou vinte mil almas – encafurnadas naquela tapera babilônica... E invisíveis. De longe em longe, um vulto, rápido, cortava uma viela estreita, correndo, ou apontava, por um segundo, indistinto e fugitivo, à entrada da grande praça vazia, desaparecendo logo. Nada mais. Em torno o debuxo misterioso de uma paisagem bíblica: a infinita tristura das colinas desnudas, ermas, sem árvores. Um rio sem águas, tornejando-as, feito uma estrada poenta e longa. Mais longe, avassalando os quadrantes, a corda ondulante das serras igualmente desertas, rebatidas, nitidamente, na imprimadura do horizonte claro, feito o quadro desmedido daquele cenário estranho.

Era uma evocação. Como se a terra se ataviasse em dados trechos para idênticos dramas, tinha-se, ali, o que quer que era recordando um recanto da Idumeia, na paragem lendária que perlonga as ribas[61] meri-

---

61 ribas margens altas do rio.

dionais do Asfaltite, esterilizada para todo o sempre pelo malsinar fatídico dos profetas e pelo reverberar adusto dos plainos do Iêmen...

O arraial – "compacto" como as cidades do Evangelho – completava a ilusão.

Ao cair da noite de lá ascendia, ressoando longamente nos descampados em ondulações sonoras, que vagarosamente se alargavam pela quietude dos ermos e se extinguiam em ecos indistintos, refluindo nas montanhas longínquas, o toque da Ave-Maria...

Os canhões da Favela bramiam, despertos por aquelas vozes tranquilas. Cruzavam-se sobre o campanário humilde as trajetórias das granadas. Estouravam-lhe por cima e em roda os *shrapnels*. Mas lento e lento, intervaladas de meio minuto, as vozes suavíssimas se espalhavam, silentes, sobre a assonância do ataque. O sineiro impassível não claudicava[62] um segundo no intervalo consagrado. Não perdia uma nota.

Cumprida, porém, a missão religiosa; apenas extintos os ecos da última badalada, o mesmo sino dobrava estridulamente sacudindo as vibrações do alarma. Corria um listrão de flamas pelas cimalhas das igrejas. Caía feito um rastilho no arraial. Alastrava-se pela praça, deflagrando para as faldas do morro; abrangia-as; e uma réplica violenta caía estrepitosamente sobre a tropa. Fazia calar o bombardeio. O silêncio descia, amortecedoramente, sobre os dois campos. Os soldados escutavam, então, misteriosa e vaga, coada pelas paredes espessas do templo meio em ruínas, a cadência melancólica das rezas...

UM EXÉRCITO INTIMIDADO

Aquele estoicismo singular impressionava-os, e dominava-os; e como tinham mal esvaecidas na alma as mesmas superstições e a mesma religiosidade ingênua, vacilavam por fim ante o adversário, que se aliara à Providência.

Imaginavam-lhe recursos extraordinários. As próprias balas que usavam revelavam efeitos extravagantes. Crepitavam nos ares com estalidos

---

[62] **claudicava** vacilava.

secos e fortes, como se arrebentassem em estilhaços inúmeros. Criou-se, então, a lenda, depois insistentemente propalada, das balas explosivas dos jagunços[63]. Tudo a sugeria. Aceita ainda a hipótese de provirem os estalos do desigual coeficiente de dilatação entre os metais constituintes do projetil, expandindo-se o núcleo de chumbo mais rapidamente do que a camisa de aço, a natureza excepcional dos ferimentos afigurava-se eloquentíssima: a bala, que penetrava os corpos mal deixando visível o círculo do diminuto calibre, saía por um rombo largo de tecidos e ossos esmigalhados[64]. Tais fatos arraigavam na soldadesca, inapta ao apercebimento da lei física que os explicava, a convicção de que o adversário, terrivelmente aparelhado, requintava no estadear a selvageria impiedosa.

DESERÇÕES HEROICAS

Principiaram as deserções. Deserções heroicas, incompreensíveis quase, em que o soldado se aventurava aos maiores riscos, sob a fiscalização incorruptível do inimigo. No dia 9, vinte praças do 33º deixaram os companheiros, afundando no deserto. E, uma a uma, diariamente, outras as imitaram, preferindo o tiro de misericórdia do jagunço àquela agonia lenta.

Havia permanente em todos os espíritos o desejo absorvente de deixar afinal aquela paragem sinistra da Favela.

---

[63] A crença foi explorada pela maioria dos militares da Campanha que queriam sustentar a tese da ajuda monárquica vinda do estrangeiro. "[Houve] especulações sobre o uso de 'munição explosiva' pelos jagunços, baseadas na suposição de alguns projéteis encamisados – provavelmente deformados, danificados antes do disparo ou com algum defeito de fabricação que deixava ar dentro do núcleo – causariam ferimentos diversos dos de munição normal. A convenção de S. Petersburgo de 1868 determinava que projéteis explosivos não poderiam pesar menos de 450 g. Ora, se os jagunços usavam munição capturada aos soldados a munição explosiva que houvesse seria aquela levada pelos militares. A 'suspeita' foi explorada para justificar a demora na tomada da vila e a derrota das três primeiras expedições" (consultar Barbieri, p. 30). [64] Artur Oscar, que principalmente defendia esta tese, dizia tratar-se de "munição disparada por fuzis Kropatchek, anteriormente pertencentes à Marinha, cuja presença nas mãos dos jagunços nunca foi explicada; de algum outro calibre militar obtido em atividades de cangaço; de confusão provocada pelo pesadelo logístico reinante ou então de pura especulação como as 'balas explosivas'" (consultar Barbieri, p. 30).

Os batalhões que abalavam em diligência para vários pontos despertavam inveja aos que ficavam. Invejavam-lhes os perigos, as emboscadas, os combates. Tinham ao menos a esperança das presas acaso conquistadas. Viam-se por algum tempo fora do quadro miserando que o acampamento patenteava.

Como nos maus dias dos cercos lendários, rememorados em velhas crônicas, os gêneros mais vulgares adquiriram cotações fantásticas: uma raiz de umbu ou uma rapadura valiam como iguarias suntuárias. Um cigarro reles era um ideal de epicurista.

Falava-se, às vezes, na retirada. O boato surdo, cochichado a medo, por algum desesperado que atirava, anônimo, aquela consulta vacilante aos companheiros penetrava sussurrando, insidioso, entre os batalhões, despertando ora apóstrofes e protestos violentos, ora um silêncio comprometedor e suspeito. Mas a retirada era inexequível. Uma brigada ligeira podia, impune, varrer os arredores, ir tiroteando para qualquer ponto, e voltar. O exército, não. Se o tentasse, com o tardo movimento que lhe impunham a artilharia, as ambulâncias e o contrapeso de mil e tantos feridos – consumar-se-ia a catástrofe.

Ficar, a despeito de tudo, era o recurso supremo e único.

Se a 1ª Brigada, porém, retardasse por mais oito dias a vinda – nem este restaria. Os jagunços partiriam, afinal, num dos assaltos, as linhas de fogo dos soldados inteiramente exaustos...

* * *

UM CHOQUE GALVÂNICO NA EXPEDIÇÃO COMBALIDA

Na tarde de 11 de julho, porém, um vaqueiro, escoltado por três praças de cavalaria, apareceu inesperadamente no acampamento. Trazia um ofício do coronel Medeiros notificando a sua vinda e requisitando forças necessárias à proteção do grande comboio que puxava.

Foi um choque galvânico na expedição combalida.

Não há descrevê-lo. De uma à outra ponta das alas, correu, empolgante, a nova auspiciosa e transfigurados os rostos abatidos, corretas as posturas dobradas, movendo-se febrilmente em alacridade imensa, exposta em abraços, em gritos, em estrepitosas exclamações, entrecruzaram-se em todos os sentidos os lutadores. Desdobraram-se as bandeiras. Ressoaram os clarins, tocando a alvorada. Formaram as bandas de todos os corpos. Restrugiram hinos...

O vaqueiro rude, vestido de couro, montando no *campeão* suarento e resfolegante, empunhando ao modo de lança a *guiada* longa, olhava surpreendido para tudo aquilo[65]. A sua corpulência de atleta contrastava com os corpos mirrados que turbilhonavam em roda. Lembrava um gladiador possante entre bosquímanos[66] irrequietos.

A torrente ruidosa das aclamações rolou até à sanga do hospital de sangue. Os doentes e os moribundos calaram os gemidos – transmudando-os em vivas...

O Nordeste soprando rijo ruflava as bandeiras ondulantes; e arremessava sobre o arraial, misturadas, baralhadas, as notas metálicas das bandas marciais e milhares de brados de triunfo...

Descia a noite. De Canudos ascendia – vibrando longamente pelos descampados num ondular sonoro, que vagarosamente avassalava o silêncio dos ermos e se extinguia a pouco e pouco em ecos indistintos refluindo nas montanhas longínquas – o toque da Ave-Maria...

---

65 Ver p. 192. **66 bosquímanos** povo sul-africano.

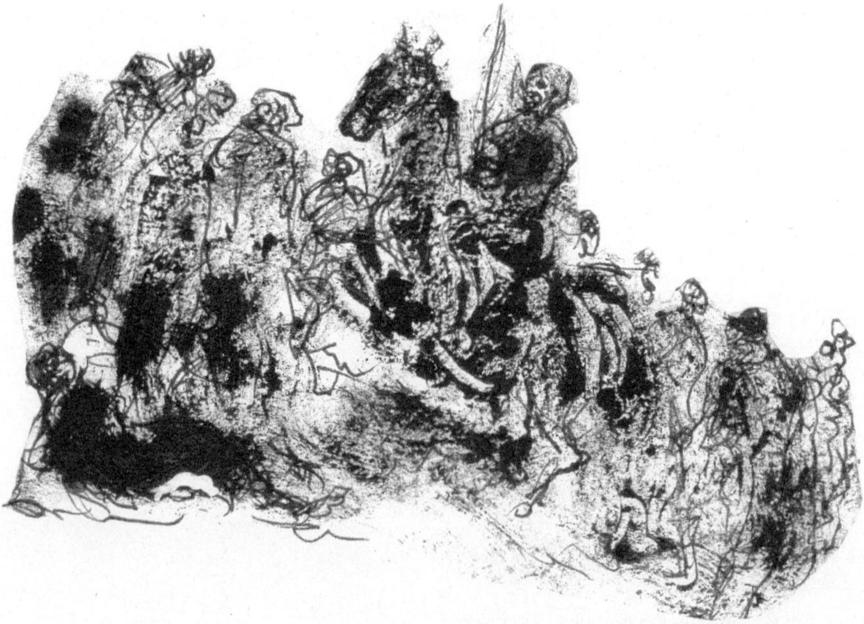

V

O ASSALTO: PREPARATIVOS

O comboio chegou ao alto da Favela a 13 de julho; e no dia subsequente, convocados os comandantes de brigadas, na tenda do general Savaget, enfermo do ferimento recebido em Cocorobó, concertaram sobre o assalto. O dia era propício: uma data de festa nacional[1]. Logo pela manhã uma salva de 21 tiros de bala a comemorara. Os matutos broncos foram varridos cedo, – surpreendidos, saltando estonteadamente das redes e dos catres miseráveis, – porque havia pouco mais de cem anos um grupo de sonhadores falara nos direitos do homem e se batera pela utopia maravilhosa da fraternidade humana...

O ataque contra o arraial era urgente.

O comandante da 1ª Brigada ao voltar comunicara que na pretensa base de operações nada existia. Encontrara-a desprovida de tudo, tendo-lhe sido necessário organizar com dificuldades o comboio que trouxera. Este em pouco se esgotaria e volver-se-ia de novo à crítica situação anterior.

Deliberou-se. As opiniões, dissentindo em minúcias, firmaram-se acordes no pensamento da investida em grandes massas por um único flanco. Os comandantes da 3ª, 4ª e 5ª Brigadas opinaram pelo abandono preliminar da Favela por uma posição mais próxima de onde, depois,

---

1 A tomada da Bastilha se celebra no dia 14 de julho, marco da Revolução Francesa e feriado nacional na França.

empenhassem a ação. Os demais, fortalecidos pelo voto favorável dos três generais, contravieram: permaneceriam na Favela o hospital de sangue, a artilharia e duas brigadas, garantindo-os.

Este alvitre, que afinal pouco divergia do primeiro, prevaleceu. Reincidia-se num erro. O inimigo ia ter, mais uma vez, diante da sua fugacidade a potência ronceira das brigadas. Havia, como se vê, persistente na maioria dos ânimos, o intento de se não executar o que a campanha desde o começo reclamava: a divisão dos corpos combatentes. O ataque por dois pontos, pelo caminho de Jeremoabo e pela extrema esquerda, derivando pelos contrafortes da Fazenda Velha, enquanto a artilharia, sem deixar a sua posição, agisse, bombardeando pelo centro, surgia, entretanto, como único plano – imperioso e intuitivo – à mais ligeira observação do teatro da luta. Não se cogitou, porém, de observar o teatro da luta. O plano firmado era mais simples. As duas colunas combatentes, após uma marcha de flanco de quase dois quilômetros para a direita do acampamento, que se preestabeleceu realizada sem que a perturbasse o inimigo, obliquariam à esquerda demandando o Vaza-Barris. Dali volvendo ainda à esquerda, arremeteriam em cheio até à praça das igrejas. O movimento, contornante a princípio, ultimar-se-ia em trajetória retilínea; e se fosse impulsionado com sucesso favorável, os jagunços, mesmo no caso de inteiro desbarate, teriam, francos ao recuo, três ângulos do quadrante. Poderiam, a salvo, deslocar-se para as posições inacessíveis do Caipã, ou qualquer outra de onde renovassem a resistência.

Esta era certa e previa-se a todo o transe.

Diziam-no acontecimentos recentes. Duas semanas de canhoneio e o reforço de munições aos adversários não tinham desinfluído os sertanejos. Revigoraram-nos. No dia 15, como se ideassem atrevida paródia à recente vinda do comboio, foram vistos, em bandos, em que se incluíam mulheres e crianças, avançando pela direita do acampamento, tangendo para o arraial numerosas reses. O 25º Batalhão enviado a atacá-los não os alcançara. Naquele mesmo dia, os expedicionários, fartos e alentados de novo pela esperança da vitória próxima, não tiveram permissão de andar à vontade na própria posição em que acampavam. A travessia de um para outro abarracamento[2] era a morte. Tombaram, baleados, o sargento-ajudante do 9º e várias praças. Foi assaltado o pasto, a dois passos da 2ª coluna, e capturados alguns animais de montaria e tração, sem que os retomasse o 30º de Infantaria, imediatamente destacado para a diligência. A 16 ostentaram o mesmo afoitar-se desafiador com o adversário abastecido. Bateram todas as linhas. A comissão de engenheiros, para fazer ligeiros reconhecimentos nas cercanias, fê-lo combatendo, levando a escolta formidável de dois batalhões, o 7º e o 5º. Esta atitude indicava-os dispostos a reagir com vigor; e, como se não conheciam os recursos que contavam, o ataque planeado devia ater-se à condição essencial de não ser nele, de chofre, comprometida toda a força, o que ademais impropriava a zona mesma do combate. Vista do alto da Favela, esta parecia ser, de fato, a de mais fácil acesso. Apesar disto, o solo, pregueado de sangas e ondeando em outeiros, impossibilitava o desdobramento rápido das colunas; permitia prever-se o travamento forçado da investida em massa e sugeria por si mesmo, como corretivo único à sua conformação especial, a ordem largamente dispersa. Mas esta só seria factível se, excluído de todo o alvitre das cargas de pelotões maciços, precipitando-se contra os cerros, a batalha tivesse a preliminar de uma demonstração preparatória ou reconhecimento enérgico feito por uma brigada única livremente desenvolvida e agindo fora da compreensão entibiadora de fileiras compactas e inúteis. Esta vanguarda combatente à medida que progredisse, varrendo as trincheiras abertas em todos os altos e em todas as encostas, seria gradativamente seguida pelas outras, que a reforçariam nos pontos mais convenientes, até se operar, afinal, naturalmente, na própria esteira do recuo do antagonista, a concentração de todas, dentro do arraial. Ia fazer-se o contrário. O comandante geral oscilava entre extremos. Saía da anquilose[3] para o salto; da inércia absoluta para os movimentos impulsivos. Deixou a vacilação inibitória, que o manietava no alto da Favela, para a obsessão delirante das cargas. Nas disposições, dadas a 16, para o combate, são elas a nota preponderante. Postos em plano inferior todos os dispositivos que garantissem o desen-

---

2 **abarracamento** acampamento.   3 **anquilose** apatia.

lace do recontro, espelha-se, ali, a preocupação absorvente dos choques violentos: três mil e tantas baionetas rolando, como uma caudal de ferro e chamas, pelo leito do Vaza-Barris em fora...

> Dado o sinal da carga ninguém mais procura evitar a ação dos fogos do inimigo. Carrega-se sem vacilar com a maior impetuosidade. Depois de cada carga cada soldado procura a sua companhia, cada companhia o seu batalhão e assim por diante.

Estas instruções iam de nível com as tendências gerais. As longas combinações concretas de um combate, adrede elaboradas consoante as condições excepcionais do meio e do adversário, não as satisfaziam. O rancor, longamente acumulado por anteriores insucessos, exigia revides fulminantes. Era preciso levar às recuadas os bandidos tontos e, de uma só vez, de pancada, socá-los dentro da cova de Canudos, a coices de armas.

A ordem do dia 17 de julho marcando o ataque para o imediato, 18, foi recebida com delírio. Esteando-se nas façanhas anteriores, o comandante em chefe, numa dedução atrevida, voltava uma página do futuro e punha diante dos lutadores a miragem da vitória.

> Valentes oficiais e soldados das forças expedicionárias no interior do Estado da Bahia!
> Desde Cocorobó até aqui o inimigo não tem podido resistir à vossa bravura. Atestam-no os combates de Cocorobó, Trabubu, Macambira, Angico, dois outros no alto da Favela e dois assaltos que o inimigo trouxe à artilharia.
> Amanhã vamos batê-lo na sua cidadela de Canudos. A pátria tem os olhos fitos sobre vós, tudo espera da vossa bravura. O inimigo traiçoeiro, que não se apresenta de frente, que combate-nos sem ser visto, tem, contudo, sofrido perdas consideráveis. Ele está desmoralizado, e, pois, se...

Paremos um momento diante de uma condicional comprometedora. Ante ela a ordem do dia, lida com aplausos a 17, devia ter sido trancada[4] ao cair da noite de 18.

---

4 **trancada** cancelada, suspensa.

...se tiverdes constância, se ainda uma vez fordes os bravos de todos os tempos, Canudos estará em vosso poder amanhã; iremos descansar e a Pátria saberá agradecer os vossos sacrifícios.

Canudos cairia no dia seguinte. Era fatal. O inimigo mesmo parecia ciente da resolução heroica: cessara os tiroteios irritantes. Acolhia-se embaixo, timorato e quedo, vencido de véspera. O acampamento não fora atormentado. À tarde as fanfarras dos corpos vibraram harmoniosamente até cair a noite.

PLANO DO ASSALTO

Delineou-se o ataque. Ficaram na Favela cerca de 1500 homens sob o mando geral do general Savaget, guardando a posição: a 2ª e 7ª Brigadas dos coronéis Inácio Henrique de Gouveia[5] e Antônio Nery, a última recém-formada, assim como a de artilharia, que secundaria o ataque num bombardeio firme.

A 1ª coluna, dirigida pelo general Barbosa, marcharia na frente para o combate encalçada logo pela ala de cavalaria e uma divisão de dois Krupps de 7 1/2. A 2ª acompanhá-la-ia fechando a retaguarda.

Entravam na ação 3349 homens repartidos em cinco brigadas: a 1ª do coronel Joaquim Manuel de Medeiros, composta de dois batalhões apenas, o 14º e o 30º, respectivamente comandados pelo capitão João Antunes Leite e tenente-coronel Antônio Tupi Ferreira Caldas; a 3ª do tenente-coronel Emídio Dantas Barreto, reunia o 5º, 7º, 9º e 25º, todos chefiados por capitães, Antônio Nunes de Sales, Alberto Gavião Pereira Pinto, Carlos Augusto de Sousa e José Xavier dos Anjos; a 4ª do coronel Carlos Maria da Silva Teles, formava-se com o 12º e o 31º sob o mando dos capitães José Luís Buchelle e José Lauriano da Costa; a 5ª do coronel Julião Augusto da Serra Martins, que substituíra o general Savaget na direção da 2ª coluna, estava sob o comando do major Nonato Seixas[6] e constituía-se com o 35º e 40º Batalhões do major Olegário Sampaio

5 Ver nota 9, p. 463. 6 Ver nota 11, p. 502.

e capitão J. Vilar Coutinho; e finalmente a 6ª do coronel Donaciano de Araújo Pantoja, com o 26º e 32º comandados pelo capitão M. Costa e major Colatino Góis. O 5º da polícia baiana, chefiado pelo capitão do exército Salvador Pires de Carvalho e Aragão, acompanhava, autônomo, a 2ª coluna.

O tenente-coronel Siqueira de Meneses, com um contingente reduzido, enquanto o grosso da expedição atacasse devia operar ligeira diversão à direita, sobre os contrafortes da Fazenda Velha.

Definidos os lutadores, via-se que ali estavam alguns para os quais o sertão de Canudos era um campo estreito:

Carlos Teles, uma altivez sem-par sangrando sob o cilício da farda[7], lembrava o belo episódio do cerco de Bagé; Tupi Caldas – nervoso, irrequieto e bulhento, trazia invejável reputação de coragem da refrega mortífera de Inhanduí, contra os federalistas do sul[8]; Olímpio da Silveira, o chefe da artilharia, com o seu fácies de estátua – face bronzeada vincada de linhas imóveis – realizava a criação rara de um lutador modesto, impassível diante da glória e diante do inimigo, seguindo retilineamente pela vida entre o tumulto das batalhas, como obediente a uma fatalidade incoercível. Nos menos graduados uma oficialidade moça, ávida de renome, anelando perigos, turbulenta, jovial, destemerosa: Salvador Pires, comandante do 5º de Polícia, que ele mesmo formara com os tabaréus robustos escolhidos nos povoados de S. Francisco; Wanderley, destinado a tombar heroicamente no último passo de uma carga temerária; Vieira Pacheco, o gaúcho intrépido que chefiava o esquadrão de lanceiros; Frutuoso Mendes e Duque Estrada, que desarticulariam pedra por pedra os muros da igreja nova; Carlos de Alencar, cujo comando se extinguiria pela morte de todos os soldados da ala de cavalaria que dirigia; e outros...

Toda essa gente aguardava com impaciência o combate. Porque o combate era a vitória decisiva. Segundo o velho hábito, os lutadores recomendaram aos que permaneciam na Favela que tivessem pronto o almoço, para quando tornassem da empresa fatigante...

---

7 Entenda-se: "Carlos Teles, uma altivez sem-par, mártir do dever militar, lembrava [...]". 8 Ver nota 10, p. 380.

O RECONTRO

As colunas abalaram, no dia 18, ainda alta a madrugada. Contramarchando à direita do acampamento, seguiram olhando em cheio para o levante, demandando o caminho de Jeremoabo, descendo. No fim de algum tempo, volveram à esquerda, descendo sempre, em rumo certo à borda do Vaza-Barris, embaixo. A marcha, a passo ordinário, realizava-se tranquilamente, sem a menor revelação do inimigo, como se fosse surpreendê-lo aquele movimento contornante. Apenas os dois Krupps, rangendo emperradamente na vereda mal gradada, perturbavam-na, às vezes. Eram tropeços breves, porém, prestamente removidos. O tropear da investida rolava surdamente, ameaçador, contínuo...

A terra despertava triste. As aves tinham abandonado, espavoridas, aqueles ares varridos, havia quase um mês, de balas. A manhã surgia rutilante e muda. Desvendava-se, a pouco e pouco, a região silenciosa e deserta: cômoros despidos ou chapadas breves; caatingas decíduas, *pintando*[9], já em julho, em grandes nódoas pardo-escuras, a revelarem o alastramento vagaroso da seca. A planície ondeante, alargando-se no quadrante de NE até ao sopé da Canabrava, indefinida para o norte, batendo ao sul contra a Favela, empolava-se para o poente em maciços sucessivamente mais altos, subindo para as grimpas longínquas do Cambaio. O Vaza-Barris, *cortado*[10] em gânglios esparsos, percorria-a em dobras divagantes. Numa destas, depois de correr direito para o ocidente, torce abruptamente ao sul e volve, transcorridos poucas centenas de metros, para leste, invertendo de todo o sentido da corrente e formando imperfeita península, tendo no extremo o arraial. Assim, bastava aos que o defendessem o estenderem-se ligando os dois galhos paralelos e próximos do rio, segundo a corda daquele círculo extensíssimo de circunvalação, para cortarem toda a frente do ataque. Porque a direção deste a interferia normalmente, como a flecha do enorme semicírculo: depois de transposta a baixada aquém de Trabubu, os assaltantes atravessariam

---

9 pintando mudando de cor. **10 cortado** interrompido.

a pés enxutos o Vaza-Barris e, volvendo mais uma vez, a última, à esquerda, carregariam de frente.

Antes de completa esta conversão, porém, o inimigo lhes renteou[11] o passo. Eram sete horas da manhã.

Os exploradores receberam os primeiros tiros ao galgarem a barranca esquerda do rio. O terreno próximo empolava-se num cerro, onde se viam, revestindo-o até ao topo, lembrando muros de pedra seca derruídos, irregulares entrincheiramentos de pedras. O arraial, mil e quinhentos metros na frente, desaparecia numa depressão mais forte, lobrigando-se, apenas, o olhar rasante pela crista dos cerros, os vértices das duas torres da igreja. Duas cruzes ameaçadoras e altas, recortando-se, nítidas, na claridade nascente...

A vanguarda atacada, uma companhia do 30º, replicou sem parar, acelerando o passo, ao tempo que o grosso da 1ª Brigada e quatro batalhões da 3ª chegavam, compactos, abeirando-se do leito do rio, transpondo-o.

Toda a 1ª coluna penetrava, reunida, a arena do combate.

LINHA DE COMBATE

Os breves tropeços à translação dos dois Krupps tinham, em boa hora, remorado a retaguarda. De sorte que atenuando-se, em parte, o grave inconveniente de um acúmulo compressor de batalhões[12], o general Barbosa pôde tentar o esboço de uma linha de combate: a 1ª Brigada distendendo-se em atiradores para a direita; a 3ª, na mesma ordem, para a esquerda – enquanto a ala de cavalaria, avantajando-se a toda brida a estremar o flanco direito, devia obstar que o envolvessem.

CRÍTICA

Mas este movimento geral da tropa, como era de prever, foi malfeito. Sobre ser uma manobra sob o olhar do adversário, impropriava-a o ter-

---

11 renteou ver nota 148, p. 160.   **12 compressor de batalhões** de batalhões comprimidos.

reno. Faltava-lhe a base física essencial à tática. A linha ideada, feita por um rápido desdobramento de brigadas numa longura de dois quilômetros, ia partir-se em planos verticais, segundo as cotas máximas dos cerros e o fundo das baixadas; e desde que não podia traçar-se com celeridade tal que tornasse o mais possível passageira uma situação de desequilíbrio e fraqueza, forçadamente assumida por todas as unidades combatentes, no se desarticularem e darem o flanco ao inimigo até nova posição de combate – era impraticável.

Impraticável e perigosíssimo. Diziam-no todas as condições palpáveis, concretas, em torno, da áspera topografia do solo ao extraordinário vigor de pronto patenteado pelo adversário, que tomara, desde os primeiros minutos, toda a frente à investida, numa fuzilaria impenetrável. E revelariam-no os resultados imediatos da ação. Os soldados – feixes de baionetas arremessando-se contra os morros – embatiam-lhes as ilhargas; tornejavam-nas, vingavam-nas a custo, no vertiginoso desatar-se das linhas de atiradores. Mas tudo isto sem a firmeza e a velocidade que implicava a tática concebida. Além de não conseguirem executá-la deste modo, o que era essencial, alteraram-na logo em pormenores, insignificantes talvez, mas delatadores de um princípio de confusão nas fileiras. Em contraposição à ordem primitiva, a 3ª Brigada começou a lutar pelo flanco direito do 30º, que era da primeira. O 9º Batalhão, na extrema esquerda, caíra no valo do Vaza-Barris por onde começou a avançar ferido de descargas irradiantes das duas bordas; enquanto o 25º, o 5º e a ala direita do 7º mal centralizavam o conflito.

CONFUSÃO

Era impossível estirar-se a formatura dispersa debaixo de balas em semelhante local. As seções, as companhias, os batalhões, destacando-se para a direita, única banda apropriada aos alinhamentos, enfiavam num labirinto de sangas em torcicolos e a breve trecho sentiam-se perdidos, desorientados, iludidos, sem verem o resto dos companheiros, sem poderem distinguir sequer os toques discordes das cornetas. Recuando, às vezes, no estonteamento da marcha tortuosa, supondo que avançavam, esbarravam, não raro, dados poucos passos, inopinadamente, com outras seções, outras companhias e outros batalhões, a marche-marche em sentido contrário...

Enredavam-se. O próprio general que os atirara em tais forças caudinas[13], mais tarde, na ordem do dia relativa ao feito, não encontrando no léxico opulento da nossa língua um termo lídimo[14] para caracterizar bem a desordem da refrega, aventurou um gauchismo[15] bárbaro – as forças *entrelisavam-se...*[16]

De sorte que quando, passada meia hora, chegou a 2ª coluna, era já sensível o número de baixas. Vinham mais duas brigadas, a 4ª e a 5ª, ficando apenas de reserva, à reçaga, uma, a 6ª, sob as ordens imediatas do comando em chefe. Os recém-vindos deviam ainda alongar-se para a direita, segundo o plano único imposto pelas circunstâncias, o que, além de tomar toda a frente ao inimigo, obstando-lhe qualquer ação contornante, facultaria, depois, a investida final numa concentração contínua, que o próprio campo de combate indicava, definindo-se como setor amplíssimo de raios convergentes na praça das igrejas. Mas esta concepção tática, aliás rudimentar, não foi ainda efetuada. As brigadas auxiliares, ao chegarem debaixo de uma fuzilaria estonteadora e deparando o tumulto, não podiam mais adaptar-se às linhas de um plano qualquer – articulando-se às que as tinham precedido, revigorando-as, reforçando-lhes os pontos fracos, ou completando-lhes os movimentos; ou, ainda, prendendo-se-lhes às alas extremas, expandindo-lhas, ampliando-lhas

---

13 forcas caudinas forcas ou desfiladeiros do antigo país dos samnitas [povo montanhês do sul da Itália antiga], onde os romanos se viram obrigados a render-se à discrição. Devido aos constantes assaltos sobre os povos da Campânia, estes se colocaram sob a proteção de Roma, desencadeando com isso uma série de guerras entre os samnitas e o romanos entre 343 e 290 a.C. Na segunda guerra, de 326 a 340 a.C., a derrota dos romanos nos desfiladeiros (latim, *furcae*) caudinos, em 321 a.C., por pouco não deu aos samnitas a oportunidade de governar a Itália. A frase de Euclides se refere à rendição humilhante dos romanos, forçados a desfilar como prisioneiros, depois dessa derrota ao tentarem transpor as gargantas próximas da cidade de Caudium. Pelo ano 324 a.C., entretanto, os caudinos foram forçados a reconhecer a supremacia de Roma. A terceira guerra (298-290 a.C.) terminou com a vitória de Roma. Os contingentes remanescentes dos samnitas tentaram unir-se ainda, sem nenhum sucesso, em alguns ataques contra Roma em 82 a.C., depois dos quais esses grupos foram romanizados ou vendidos como escravos. **14 lídimo** autêntico, vernáculo. **15 gauchismo** próprio do linguajar do gaúcho. **16 entrelisavam-se** misturavam-se desordenadamente.

de modo a estenderem, possante e vibrátil, defronte dos rudes antagonistas, a envergadura de ferro da batalha.

O coronel Carlos Teles em sua parte de combate – documento que não foi contestado – afirmou, depois, nuamente, que ao chegar notara não se acharem as forças nele engajadas com as formaturas que lhes são próprias.

"Não obstante, o dever único na ocasião era avançar e carregar..."

Avançaram e carregaram.

Eram oito horas da manhã. Formosa e quente manhã sertaneja que naquelas zonas irradia sempre num resplendor belíssimo de centelhas refluídas da terra desnuda e quartzosa... De sorte que se a tropa imprimisse naquele espadanar de brilhos o fulgor metálico de três mil baionetas, como se planeara, o cenário tornar-se-ia singularmente majestoso.

Mas foi lúgubre. Dez batalhões despencaram, de mistura, pelos cerros abaixo. Atulharam as baixadas. Galgaram depois as ladeiras que as apertam. Coalharam o topo das colinas; e desceram-nas de novo, ruidosamente, em tropel – para novamente investirem com as que se sucedem indefinidamente por toda a banda – num ondear de vagas humanas, revoltas, desencadeadas, estrepitosas, arrebentando nas encostas, espraiando-se nas planuras breves, acachoando em tumulto nos declives, represando-se comprimidas nas quebradas...

Os jagunços em roda fulminavam-nas, invisíveis, recuando talvez, talvez concentrando-se-lhes às ilhargas, talvez envolvendo-as...

Nada podia conjecturar-se. Os soldados começaram, certo, desde logo a conquistar bravamente o terreno. Vingavam morros sucessivos. Pisavam de momento em momento à borda de trincheiras, e no fundo destas os cartuchos detonados e ardentes delatavam-lhes a fuga recente do inimigo. Mas não sabiam no fim de algum tempo a direção real do próprio ataque que realizavam. A réplica dos adversários, por sua vez, variando em todos os rumos, parecia adrede disposta a desnorteá-los. Apenas no meio da ação ela se patenteou – uniforme e mais bem definida – na extrema direita, onde era lícito esperá-la tão constante, sugerindo o pensamento de algum vigoroso ataque de flanco que, se fosse impulsionado com energia, lançaria inevitavelmente os sertanejos, triunfantes, dentro dos batalhões desmantelados. Viu-se, porém, que aqueles realizavam apenas uma demonstração ligeira, deixando escapar a oportunidade para acometimento sério. Revelou-o o esquadrão de lanceiros num reconhecimento temerário. Precipitando-se velozmente naquela direção, deu de chofre, no tombar de uma encosta, com cerca de oitenta jagunços. Estavam dentro de um curral, de onde atiravam de soslaio sobre a tropa. Dispersou-os a pontaços de lança e a patas de cavalos, numa carga violenta. Subiu logo depois a galope, perseguindo-os, por uma ladeira menos abrupta, até ao alto de um dilatado platô, em rechã distendida para nordeste. E o arraial, a menos de trezentos metros, apareceu-lhe inopinadamente, na frente...

Neste comenos, por sua vez, ali chegavam atropeladamente alguns pelotões de infantaria.

A situação era culminante.

À fímbria das primeiras casas esparsas num recosto fronteiro a cerca de trezentos metros das igrejas, oferecia-se aos combatentes área mais desimpedida e plana. Estes, porém, ali chegavam em grupos e sem ordem, mal repartidos na larga divisão das brigadas: a 5ª marchando pela direita, a 3ª e a 4ª pelo centro e a 6ª, que entrara por último na refrega, pela esquerda, perlongando o rio.

Era o momento agudo do combate.

Naquela eminência, a tropa, sobretudo do centro para a direita, completamente exposta, estava dominada pelas igrejas e de nível com a parte alta do arraial, que se alteia para o norte. E deste último ponto até ao extremo da praça, a oeste, – abrangendo todo o quadrante em longura mínima de dois quilômetros, caiu-lhe em cima, convergente, uma fuzilaria tremenda. As brigadas, entretanto, avançaram ainda. Mas incoerentemente, num dissipar improdutivo de valor e de balas, sem a retitude de um plano, sem uniformidade na marcha. No torvelinho das fileiras sobrevinham paralisações súbitas. Cada soldado tendo levado somente 150 cartuchos nas patronas gastara-os logo. De modo que se tornou necessária a parada de batalhões inteiros – em pleno conflito e na eminência completamente batida – para se abrir a machado os cunhetes de munições e distribuí-las.

Além disto, completando os tiroteios nutridos que irrompiam do arraial, onde cada parede se rachava em seteiras, atrevidos guerrilheiros afrontavam-se, de perto, com os assaltantes, alvejando-os à queima-roupa, abrindo-lhes, em descargas esparsas, claros assustadores. Batiam-nos ainda pelo flanco direito. O rarefeito dos estampidos denunciava, naquela banda, raros franco-atiradores[17]. Mas estes, embora diminutos, tolhiam, pelo rigor das pontarias, o passo a pelotões inteiros.

Di-lo episódio expressivo.

TOCAIAS DOS JAGUNÇOS

Foi no último arranco da investida. A força, na ocasião fortalecida pela 4ª Brigada tendo à frente o coronel Carlos Teles, cujo estado-maior quase todo baqueara, abalara transpondo a última ladeira, quando as seções extremas daquele flanco, rudemente batidas, convergiam em acelerado para a direita, na repulsa a adversários que não viam, na planura desnuda e chata, que as vistas, entretanto, num lance devassavam. Arremeteram, ao acaso, na direção de um umbuzeiro, frondente ainda. Era a única árvore que ali aparecia. Os tiros rápidos, porém sucessivos como feitos por um homem único, bateram-nas, então de frente. Vararam-nas; desfalcaram-nas, derrubando, um a um, inflexivelmente, os que as formavam. Destes, muitos, por fim, estacaram atônitos pelo inconcebível de um fuzilamento em plaino escampo[18] e limpo, onde não havia a ondulação mais ligeira acobertando o adversário inexorável. Outros, porém, teimaram, correndo para a árvore solitária. E a alguns passos dela, viram afinal, à borda de uma cova circular, ressurgir à flor do chão um rosto bronzeado e duro. E pulando do fojo, sem largar a arma, o jagunço, escorregando célere ao viés da encosta, desapareceu embaixo no afogado das grotas. Na trincheira soterrada trezentos e tantos cartu-

---

[17] **franco-atiradores** indivíduos que fazem parte de um corpo irregular de tropas, em uma campanha militar. [18] **escampo** descampado.

chos vazios diziam que o caçador feroz estivera largo tempo de tocaia naquela espera ardilosamente escolhida. Outras, idênticas, salpicando o solo, apareciam, salteadamente em roda. E em todas os mesmos restos de munições revelavam a estadia recente de um atirador. Eram como fogaças perigosas, alastrando-se por toda a banda. O chão explodia sob os pés da tropa. Os sertanejos desalojados desses esconderijos acolhiam-se, recuando, noutros; e as novas trincheiras arrebentavam logo em descargas vivas, até serem por sua vez abandonadas – concentrando-se pouco a pouco, aqueles, no arraial, cujas primeiras casas foram, ao cabo, atingidas às dez horas da manhã.

Arrumadas a leste, derramam-se[19] aquelas em lombada extensa, expandida mais ou menos segundo a meridiana e tendo a vertente ocidental suavemente descaída até à praça das igrejas, adiante. A força chegou àquela situação dominante cobrindo-a de uma linha descontínua e torcida, que se alongava para a esquerda até ao Vaza-Barris. Em parte os soldados abrigaram-se então nos casebres conquistados. A maioria, porém, impelida por oficiais, que na conjuntura se revelaram dignos de mais gloriosos feitos, avançou ainda, fulminada, num círculo de descargas, até aos fundos da igreja velha. A 6ª Brigada e o 5º de Polícia, rompendo pelo álveo seco do rio, completaram esta acometida, que foi o derradeiro ímpeto da tropa.

Dali à frente ela não deu mais um passo. Conquistara um subúrbio diminuto da cidade bárbara e sentia-se impotente para ultimar a ação. As baixas avultaram. A retaguarda, coalhada de feridos e mortos, dava a impressão emocionante de uma derrota. Por entre eles passaram, contudo, ainda, impelidos a pulso, os dois Krupps. Postos logo depois em batalha, sobranceiros às igrejas, iniciaram um canhoneio firme – enquanto no alto da Favela, coroado de fumo, estrugiam dentro de uma cerração de tormenta as baterias do coronel Olímpio da Silveira. Mas, batido pelas granadas que ali tombavam, mergulhantes, batido pelas fuzilarias, que lhe tomavam toda a orla do nascente, o arraial recrudesceu

---

19 Trata-se, provavelmente, de um lapso de revisão. O verbo deveria estar no pretérito imperfeito, *derramavam-se*, já que todo o parágrafo foi narrado no passado.

na réplica. As balas irradiando de lá, inúmeras, varavam os tabiques das casas em que se acolhiam os assaltantes, e matavam-nos lá dentro. A igreja nova, à margem do rio, fulminava a 6ª Brigada. O 5º de Polícia, rudemente combatido, caiu por fim numa grota estreita e coleante que o livrou de um fuzilamento em massa.

O sol culminou nesta situação gravíssima e dúbia. A batalha iniciada a dois quilômetros continuava mais renhida na orla do casario.

Neste transe os chefes da 3ª e 4ª Brigadas, que se tinham avantajado até ao cemitério junto à igreja velha, reclamaram a presença do general Artur Oscar. Este apareceu depois de fazer a pé, mal encoberto pelas casinhas esparsas da vertente, uma travessia que foi um lance de bravura. Ao chegar encontrou, já gravemente feridos dentro do próprio pouso em que se haviam acolhido, o coronel Carlos Teles, o comandante do 5º de linha e o capitão Antônio Sales. A conferência – rápida – realizou-se dentro do casebre exíguo. Em torno estalava a desordem: vibrações de tiros, tropear de carreiras doidas, notas estrídulas de cornetas, vozes precípites de comando, brados de cólera, gritos de dor, imprecações e gemidos. O tumulto.

Desorganizados os batalhões, cada um lutava pela vida. Nos grupos combatentes reunidos ao acaso, feitos de praças de todos os corpos, adensando-se por trás de frágeis paredes de taipa ou no cunhal das esquinas, batendo-se a todo o transe, fizera-se uma seleção natural de valentes. Extintas todas as esperanças, o instinto animal da conservação, como sói[20] sempre acontecer nesses epílogos sombrios dos combates, vestia a clâmide[21] do heroísmo, desdobrando brutalmente a forma primitiva da coragem. Alheias ao destino dos outros companheiros, reduzindo a batalha à área estreita em que jogavam a vida, as frações combatentes atulhando os tijupares em cujas paredes, como os jagunços, rasgavam seteiras, negaceando nas esquinas, correndo desencontradamente pelos claros das vielas, com o adversário a dois passos, enleados quase em luta braço a braço, agiam, à toa, por conta própria.

---

20 sói costuma. **21 clâmide** manto dos antigos gregos, que se prendia por um broche ao pescoço ou ao ombro direito.

Famintos e agoniados de sede, ao penetrarem as pequenas vivendas, dentro das quais no primeiro minuto nada distinguiam, na penumbra dos cômodos estreitos e sem janelas, olvidavam o morador. Percorriam-nos, tateantes, em busca de uma moringa d'água ou um cabaz[22] de farinha. E baqueavam, não raro, por um disparo à queima-roupa. Soldados possantes, que vinham resfolegando de uma luta de quatro horas, caíram, alguns mortos por mulheres frágeis. Algumas valiam homens. Velhas megeras de tez baça[23], faces murchas, olhares afuzilando[24] faúlhas, cabelos corredios e soltos, arremetiam com os invasores num delírio de fúrias. E quando se dobravam, sob o pulso daqueles, juguladas e quase estranguladas pelas mãos potentes, arrastadas pelos cabelos, atiradas ao chão e calcadas pelo tacão[25] dos coturnos – não fraqueavam, morriam num estertor de feras, cuspindo-lhes em cima um esconjuro doloroso e trágico...

NOVA VITÓRIA DESASTROSA

No meio desta confusão desastrosa, o comandante em chefe resolveu que se guardasse a posição conquistada. O alvitre impunha-se por si, inflexivelmente. Mais uma vez no fim de uma arremetida violenta, a expedição se via adstrita a estacar, encravando-se em situação insolúvel. Eram por igual impossíveis – o avançamento[26] e o recuo.

Imobilizou-se ao cair da tarde numa ourela estreita do arraial – uma quinta parte deste, limitando-o pelo levante – na larga coxilha expandida de norte a sul e descendo em declive para a praça. As casas que ali se erigiam, menos unidas que as demais, tinham data recente. Canudos, no seu crescimento surpreendedor, desbordara da depressão, em que se formara, para o viso das colinas envolventes.

A tropa ocupara um desses subúrbios. A cidadela propriamente dita, com a sua feição original e bárbara, não fora a bem dizer atingida. Ali estava, perto, em frente – ameaçadoramente – sem muros, mas inexpug-

---

22 cabaz cesto. **23 baça** sem brilho; morena. **24 afuzilando** fuzilando. **25 tacão** salto. **26 avançamento** avanço.

nável, pondo diante da invasão milhares de portas, milhares de entradas abertas para a rede inextricável dos becos tortuosos.

Mas não se podia ultrapassar o esforço temerário feito. A linha avançada dos corpos, que mais se tinham adiantado firmou-se definitivamente. Numa grota profunda, que drenava os flancos da Favela, na extrema esquerda, entrincheirou-se o 5º de Polícia, distendendo-se até à borda direita do Vaza-Barris, onde se ligava ao 26º de Infantaria. Este, por sua vez, desdobrando-se, ia unir-se na margem oposta ao 5º de linha, junto ao cemitério. Seguiam-se sucessivamente: o 25º, nos fundos da igreja velha; o 7º, paralelamente à face oriental da praça; e depois o 25º, o 40º e 30º entranhando-se num dédalo de casebres, para o norte. Infletindo deste ponto à retaguarda, a linha, com as forças desenvolvidas do 12º, 31º e 38º, encurvava-se, convexa, afastando-se do casario e guardando o flanco direito do acampamento, onde ficou o quartel-general, na vertente oposta, protegido pelos 14º, 32º, 33º e 34º Batalhões e pela ala de cavalaria.

O resto do dia, e grande parte da noite, empregaram-no na construção dos entrincheiramentos, blindando-se de tábuas ou pedras as paredes das casas, ou escolhendo-se raros pontos menos enfiados[27] pelos projetis. Estes trabalhos impunham os máximos resguardos. Os expedicionários entalavam-se numa ilharga do arraial e o inimigo vigiava-os, implacável. Afrouxara a fuzilaria, mas para recair na praxe costumeira das tocaias: em cada frestão de parede insinuavam-se um cano de espingarda e um olhar indagador. Cada passo do soldado, fora do ângulo de uma esquina era a morte.

Começou-se a sentir o império de uma situação mais incômoda que a anterior, da Favela. Ali havia, ao menos, a esperança do assalto e da vitória; desprezava-se ainda o adversário, que só revidava de longe, entre ciladas. Agora nem este engano restava. O jagunço ali estava – indomável – desafiando um choque braço a braço. Não o atemorizara a proximidade dos contendores, profissionais da guerra, que lhe enviavam as gentes das *terras grandes*[28]. Eles estavam-lhe, agora, ao lado, a dois pas-

---

27 **enfiados** atravessados, varados. 28 **terras grandes** ver nota 20, p. 315.

sos, acotovelando-o, acolhidos sob os mesmos tetos de taipa e aumentando, de repente, em poucos minutos, de três mil almas, a população do lugarejo sagrado. Mas não lhe haviam modificado sequer o primitivo regime. Ao empardecer do dia, o sino da igreja velha batia, calmamente, a Ave-Maria; e, logo depois, do seio amplíssimo da outra, ressudava o salmear merencório das rezas...

Toda a agitação do dia fora como incidente vulgar e esperado.

BAIXAS

No entanto, a expedição atravessara violentíssima crise. Tivera cerca de mil homens, 947, entre mortos e feridos e estes, com os caídos nos recontros anteriores, reduziam-na consideravelmente. Impressionavam-na, ademais, os resultados imediatos do acometimento. Três comandantes de brigadas, Carlos Teles, Serra Martins e Antonio Nery, que viera à tarde com a 7ª, estavam fora de combate. Numa escala ascendente, avultavam baixas de oficiais menos graduados e praças. Alferes e tenentes haviam, com desassombro incrível, malbaratado a vida em toda a linha. De alguns citavam-se, depois, os arrojados lances: Cunha Lima, estudante da Escola Militar de Porto Alegre, que ferido em pleno peito numa carga de lanceiros concentrara os últimos alentos no último arremesso da lança caindo, em cheio, sobre o inimigo, feito um dardo; Wanderley, que, precipitando-se a galope pela encosta aspérrima da última colina, fora abatido ao mesmo tempo que o cavalo, no topo da escarpa, rolando por ela abaixo em queda prodigiosa, de titã fulminado; e outros, baqueando todos, valentemente – entre vivas retumbantes à República – haviam dado à refrega um traço singular de heroicidade antiga, revivendo o desprendimento doentio dos místicos lidadores da média idade[29]. O paralelo é perfeito. Há nas sociedades retrocessos atávicos notáveis; e entre nós os dias revoltos da República tinham imprimido, sobretudo na mocidade militar, um lirismo patriótico que lhe desequilibrara todo o estado emocional, desvairando-a e arrebatando-a em idealizações de

---

29 média idade Idade Média.

iluminados. A luta pela República, e contra os seus imaginários inimigos, era uma cruzada[30]. Os modernos templários[31], se não envergavam a armadura debaixo do hábito e não levavam a cruz aberta nos copos da espada, combatiam com a mesma fé inamolgável. Os que daquele modo se abatiam à entrada de Canudos tinham todos, sem excetuar um único, colgada ao peito esquerdo, em medalhas de bronze, a efígie do marechal Floriano Peixoto e, morrendo, saudavam a sua memória – com o mesmo entusiasmo delirante, com a mesma dedicação incoercível e com a mesma aberração fanática com que os jagunços bradavam pelo Bom Jesus misericordioso e milagreiro...

Ora, esse entusiasmo febril, à parte as precipitações desastrosas decorrentes, no dia 18 de julho foi a salvação...

Uma tropa exclusivamente robustecida pela disciplina, que se desorganizasse daquela maneira, estaria perdida. Mas os soldados rudes, em cujo ânimo combalido penetravam desalentos e incertezas, imobilizaram-se sob o hipnotismo da coragem pessoal dos chefes ou dominados pelo prestígio de oficiais que, gravemente feridos, alguns mal sustendo a espada, avançavam em cambaleios para as linhas de fogo – moribundos e desafiando a morte.

Ficaram de algum modo sitiados entre eles e os jagunços.

NOS FLANCOS DE CANUDOS

A noite de 18 de julho, contra a expectativa geral, passou em relativa calma. Os sertanejos, por sua vez, claudicavam. No ânimo do chefe expedicionário pairara o temor de um assalto noturno para o qual não havia reação possível. As frágeis linhas de defesa, ainda quando não fossem rotas por qualquer dos seus pontos, podiam ser envolvidas pelos lados e, postas entre dois fogos e contidas na frente pelo arraial impenetrável, seriam facilmente destruídas. A situação, porém, resolvera-se

---

30 **cruzada** expedição militar de caráter religioso que se fazia na Idade Média, contra hereges ou infiéis. 31 **templários** cavaleiros do Templo, ordem militar e religiosa fundada em Jerusalém, em 1123, por Hugo de Payns, com o fim de proteger os peregrinos, e supressa pelo Papa em 1312.

pela inércia dos adversários. No dia subsequente uma linha de bandeirolas vermelhas, feita de cobertores reúnos, demarcava um segmento de cerco diminutíssimo: um quinto da periferia enorme do arraial. Mal o fechava pelo levante. Nesta banda mesmo estava em claro a extrema direita; do mesmo modo que à esquerda, entre as vertentes da Favela e os primeiros sulcos do arroio da Providência, onde jazia o corpo policial, se via largo espaço livre. Para se ultimar a circunferência fazia-se mister um traçado que, prolongando-se para a direita em cheio ao norte, infletindo depois para oeste, ladeando o rio e acompanhando-o na sua curvatura para o sul, galgando as ondulações maiores do solo no primeiro socalco das serras do Calumbi e do Cambaio, volvesse finalmente a leste pelo esporão dos Pelados. – Um circuito de seis quilômetros, aproximadamente. Ora a expedição reduzida a pouco mais de três mil homens válidos, centenares dos quais se removiam à guarda da Favela, não poderia ajustar-se a tão ampla cercadura, mesmo que lha permitisse o adversário. A paralisação temporária das operações impunha-se inevitável, resumindo-se na defesa da posição ocupada, até que maiores reforços facultassem novos esforços.

POSIÇÃO CRÍTICA

O general Artur Oscar avaliou, então, com segurança, o estado das coisas. Pediu um corpo auxiliar de cinco mil homens e curou[32] de dispositivos para garantir a força que triunfara de maneira singular, a pique de uma derrota. Estava, depois de mais um triunfo, na conjuntura torturante de não poder arriscar nem um passo à frente, nem um passo atrás. Oficialmente, as ordens do dia decretavam o começo do sítio. Mas, de fato, como sempre sucedera desde 27 de junho, a expedição é que estava sitiada. Tolhia-a o arraial a oeste. Ao sul os altos da Favela fechavam-se-lhe atravancados de feridos e doentes. Para o norte e o nascente, desenrolava-se o deserto impenetrável. A área da sua ação aparentemente aumentara. Dois acampamentos distintos pareciam denotar mais larga

---

32 **curou** cuidou, tratou.

movimentação, liberta da constrição[33] de trincheiras envolventes. Esta ilusão, porém, extinguiu-se no próprio dia do assalto. Os cerros, varridos a cargas de baionetas poucas horas antes, figuravam-se de novo guarnecidos. As comunicações com a Favela tornaram-se logo dificílimas. Tombavam, novamente baleados, os feridos que para lá se arrastavam; e um médico, o dr. Tolentino[34], que na tarde do combate dali descera, caíra, gravemente ferido, na ribanceira do rio. A travessia no campo conquistado fez-se problema sério aos conquistadores. Por outro lado os que haviam invadido o breve trecho do arraial copiavam, linha a linha, a reclusão que antes observavam nos jagunços. Como estes, apinhavam-se nos casebres ardentes como fornos, ao reverberar dos meios-dias mormacentos e jaziam horas esquecidas, olhos enfiados pelas rachas das paredes, caindo escandalosamente na mesma guerrilha de tocaias, sondando com as vistas o casario e disparando as espingardas todas a um tempo – cem, duzentos, trezentos tiros! – contra um vulto, um trapo qualquer, percebido de relance, indistinto e fugitivo, ao longe, no torvelinho dos becos.

Distribuída a última ração – um litro de farinha para sete praças e um boi para um batalhão – restos do comboio salvador, era-lhes impossível preparar convenientemente a refeição escassa. Um fio de fumo branqueando no teto de barro da choupana era um chamariz de balas! À noite um fósforo aceso punha fogo a rastilhos de descargas.

Os jagunços sabiam que podiam fulminar dentro dos casebres – frágeis anteparos de argila – os moradores intrusos. O coronel Antonio Nery fora ferido, justamente quando, depois de atravessar com a sua brigada a zona perigosa e aberta do combate, se acolhera a um deles. Casamataram-nos, então. Espessaram-lhes as paredes com muros interiores, de pedras, ou revestiram-nas de tábuas. E assim mais garantidos, atravessando grande parte do dia, de bruços, sobre os jiraus, olhares rasantes pelos esvãos[35] do colmo[36], dedos enclavinhados nos fechos da espingarda – os vitoriosos cheios de sustos tocaiavam os vencidos...

---

33 **constrição** aperto, compressão. 34 Trata-se, provavelmente, de João Tolentino Barreto de Albuquerque. 35 **esvãos** espaços entre as paredes e o telhado de uma casa. 36 **colmo** cobertura de uma casa feita de folhas ou ramos.

Sobre o quartel-general, centralizado pela barraca do comandante em chefe, na vertente oposta, os projetis passavam inofensivos, repelidos pelo ângulo morto da colina. E aquele teve durante todo o correr da noite, que lhe fechara a jornada trabalhosa, passando-lhe em sibilos ásperos sobre a tenda, os respingos dos tiroteios que se renhiam do outro lado com as linhas avançadas. Os comandantes destas, tenentes-coronéis Tupi Caldas e Dantas Barreto, destemerosos ambos, sentiam-se todavia na iminência de um desastre, compreendendo "que um passo à retaguarda em qualquer ponto da linha central lhes seria a perdição total"[37]. Porque esta preocupação de uma catástrofe próxima, iniludível, ninguém a ocultava. Deduzia-se irresistivelmente na sequência de anteriores sucessos. Impunha-se. Durante muitos dias dominou todos os espíritos.

> Um inimigo habituado à luta regular, que soubesse tirar partido de nossas desvantagens táticas, não teria certamente deixado passar esse momento em que a vingança e a desforra teriam a consequência da mais requintada selvageria.

Mas o jagunço não era afeito à luta regular. Fora até demasia de frase caracterizá-lo inimigo, termo extemporâneo, esquisito eufemismo suplantando o "bandido famigerado" da literatura marcial das ordens do dia. O sertanejo defendia o lar invadido, nada mais[38]. Enquanto os que lho ameaçavam permaneciam distantes, rodeava-os de ciladas que lhes tolhessem o passo. Mas, quando eles, ao cabo, lhe bateram às portas e arrombaram-lhas a coices de armas, aventou-se-lhe, como único expediente, a resistência a pé firme, afrontando-os face a face, adstrito à preocupação digna da defesa e ao nobre compromisso da desforra. Canudos só seria conquistado casa por casa. Toda a expedição iria despender três

---

37 Nota do Autor: Coronel Dantas Barreto, *Última Expedição a Canudos*. **Nota do Editor:** A primeira citação extraída de Dantas Barreto diz na sua íntegra o seguinte: "Um passo à retaguarda em qualquer ponto da linha central, diante dos fanáticos enfurecidos, na escuridão infinita da noite, era talvez a nossa perdição total!"(p. 159). A segunda citação provém da p. 160 do mesmo autor. **38** Ver como Dantas Barreto (pp. 141-142) também defende o heroísmo dos jagunços na sua resistência às invasões dos lares.

meses para a travessia de cem metros, que a separavam da abside[39] da igreja nova. E no último dia de sua resistência inconcebível, como bem poucas idênticas na história, os seus últimos defensores, três ou quatro anônimos, três ou quatro magros titãs famintos e andrajosos, iriam queimar os últimos cartuchos em cima de seis mil homens!

Aquela pertinácia formidável começou no dia 18 e não fraqueou mais. Terminara o ataque mas a batalha continuou, interminável, monótona, aterradora, com a mesma intercadência espelhada na Favela: difundida em tiros que sulcavam o espaço de minuto em minuto, ou tiroteios alastrando-se furiosamente por todas as linhas, em arrancos súbitos, repentinos combates de quartos de hora, prestes travados, prestes desfeitos, antes que terminassem as notas emocionantes dos alarmas. Esses assaltos subitâneos, intermeados de longas horas de repouso relativo, traduziam sempre uma inversão de papéis. Os assaltantes eram, por via de regra, os assaltados. O inimigo encantoado é quem lhes marcava o momento angustioso das refregas, e estas surgiam sempre de chofre.

Noite velha, às vezes, quebrando um armistício de minutos, que os soldados da vanguarda aproveitavam para descanso ilusório, cabeceando abraçados às carabinas, um foguetão ascendia rechiando asperamente, feito um rasgão no firmamento escuro. E à sua luz fugaz viam-se as cimalhas das igrejas debruadas de uma orla negra e fervilhante. O combate feria-se na treva, aos fulgores intermitentes das fuzilarias.

Outras vezes, contra o que era de esperar, era ao romper do dia, em plena manhã esplendorosa e ardente, que os jagunços acometiam desassombradamente, às claras.

NOTAS DE UM DIÁRIO[40]

Um diário minucioso da luta naqueles primeiros dias, lhe patenteia o caráter anormalmente bárbaro. Esbocemo-lo em traços largos até ao dia 24

---

39 abside capela-mor. **40** As notas desse diário se encontram na *Caderneta*, pp. 124-143 e abarcam o período que vai de 9 de junho a 18 de setembro. O trecho selecionado por Euclides corresponde às notas das pp. 134-136 da *Caderneta* e provém do diário do alferes Praxedes transcrito pelo Autor, como o declara na *Caderneta*, p. 54.

de julho, apenas para definir uma situação que daquela data em diante não se transmudou.

Dia 19 – A fuzilaria inimiga principia às cinco horas da manhã. Prossegue durante o dia. Entra pela noite dentro. O comandante da 1ª coluna, para revigorar a repulsa, determina a vinda de mais dois canhões Krupps, que estavam na retaguarda, a fim de serem assestados[41] à noite. Às doze e meia foi ferido, em seu acampamento, dentro de um casebre onde descansava, numa rede, o comandante da 7ª Brigada. Às duas horas da tarde, depois de apontar e disparar o canhão da direita para uma das torres da igreja nova, morre trespassado por uma bala o tenente Tomás Braga. À tarde descem com dificuldade da Favela algumas reses para alimento da tropa. A boiada dispersa-se, fustigada a tiros, ao atravessar o Vaza-Barris, sendo a custo reunida, perdendo-se algumas cabeças. Ao toque de recolher os jagunços investem contra as linhas, perdurando o ataque até às nove e meia e continuando, frouxo, daí por diante. Resultado: um comandante superior ferido; um subalterno morto, dez ou doze praças fora de combate.

Dia 20 – O acampamento é subitamente atacado quando as cornetas de todos os corpos tocam a alvorada. Tiroteios durante o dia todo. Consegue-se assestar apenas um dos canhões reconduzidos. Há o mesmo número de baixas da véspera; um soldado morto.

Dia 21 – Madrugada tranquila. Poucos ataques durante o dia. Os canhões da Favela bombardeiam até à boca da noite. Dia relativamente calmo. Poucas baixas.

Dia 22 – Sem aguardar a iniciativa do adversário, a artilharia abre o canhoneio às cinco horas da manhã – provocando revide pronto e virulento de atiradores encobertos nos muros das igrejas. São penosamente conduzidos do campo da ação para o acampamento da Favela, os últimos feridos. Segue em reconhecimento pelas cercanias o tenente-coronel Siqueira de Meneses. Ao voltar declara estar o inimigo muito forte, e que muito poucas casas de Canudos estão em nosso poder, atenta a comparação com o número das que formam o povoado. Somente à

---

[41] **assestados** preparados e apontados para disparar.

noite se torna possível distribuir parcas rações de gêneros aos soldados da linha de frente, o que foi impossível fazer durante o dia, pela vigilância dos antagonistas. Às nove horas da noite assalto violento pelos dois flancos. Resultado: 25 homens fora de combate.

Dia 23 – Alvorada tranquila. Repentinamente, uma hora depois, às seis da manhã, os jagunços, depois de um movimento contornante despercebido, caem impetuosamente sobre a retaguarda do campo de batalha. São repelidos pelo 34º Batalhão e Corpo Policial, deixando quinze mortos, uma cabocla prisioneira e um surrão[42] de farinha. À noite tiroteios cerrados. Os três canhões deram apenas nove disparos por falta de munições.

Dia 24 – Começou o bombardeio ao levantar do sol. O povoado, contra o costume, suporta-o sem réplica. Os *shrapnels* da Favela caem lá dentro e estouram, como se batessem numa tapera deserta. Durante largo tempo trucida-o o canhoneio impunemente. Às oito horas, porém, ouvem-se alguns estampidos, raros, à direita; e logo depois são assaltados os canhões daquele flanco. Enreda-se o conflito braço a braço, carabinas abocadas aos peitos, e generaliza-se num crescendo apavorante. Vibram de ponta a ponta dezenas de cornetas. Toda a tropa forma para a batalha. O ataque visava cortar a retaguarda da linha de frente. Um movimento temerário. Cortando-a cairiam sobre o quartel-general, e poriam os sitiantes entre dois fogos. Era um plano de Pajeú que, tendo deposto os demais cabecilhas, assumira a direção da luta. Esse assalto durou meia hora. Os jagunços repelidos, porém, volveram minutos depois, outra vez sobre a tropa, arremetendo com maior arrojo sobre a direita. A custo repelidos recuam até às primeiras casas não conquistadas de onde reatam o tiroteio, cerrado, contínuo. Tombam o comandante do 33º, Antônio Nunes Sales, e muitos oficiais e praças. Ao meio-dia cessa a agitação.

Súbito silêncio desce sobre os dois campos. À uma hora – novo assalto, mais impetuoso ainda. Formam-se todos os batalhões. Era como a oscilação de um aríete. A nova pancada percutiu, insistente, nas linhas

---

42 Ver nota 83, p. 244.

do flanco direito. O impetuoso Pajeú baqueia mortalmente ferido. Tombam do nosso lado muitos combatentes entre os quais, mortos o tenente Figueira, de Taubaté; feridos o comandante do 33º, o capitão Joaquim Pereira Lobo e muitos oficiais. A fim de distrair o inimigo, o comandante em chefe determina que atirem os corpos do flanco esquerdo, ainda não investidos. A força toda descarrega as armas contra o arraial. Segue em acelerado uma metralhadora para reforçar a direita.

Atroam no alto todas as baterias da Favela...

Repele-se o inimigo. À noite tirotear constante até à madrugada.

No dia 25... Nesse dia, como nos outros, as mesmas cenas, pouco destoantes, imprimindo na campanha uma monotonia dolorosa. Os entrincheiramentos da linha de cerco faziam-se nesse intermitir de combates; e somente à noite podia ser distribuída a refeição insuficiente aos soldados famintos ou conseguiam, estes, ajoujados de cantis e marmitas, arriscar a tentativa heroica de alguns passos até às cacimbas do Vaza-Barris, buscando a água que lhes mitigasse a sede longamente suportada. Iam-se assim os dias...

TRIUNFOS PELO TELÉGRAFO

Estes fatos chegavam às capitais da República e dos Estados inteiramente baralhados.

Do exposto pode bem inferir-se que era isto inevitável.

Quando os próprios lidadores mal rastreavam, na discordância dos sucessos, um juízo qualquer sobre a própria situação, é natural que os que atentavam, de longe, para o drama imerso na profundura dos sertões, desandassem em conjeturas, sobre[43] instáveis, falsas. Falou-se a princípio na vitória. A travessia do Cocorobó, anteriormente sabida, pressagiava que o exército houvesse abatido, de um salto, os rebeldes. Notícias esparsas provindas do campo de ação, ou telegramas incisivos, marcavam além disto, à luta, um desenlace em três dias.

43 Ver nota 15, p. 522.

Volvidos, porém, quinze, patenteou-se a inanidade de esforços dos que se haviam entrado do capricho de fantasiar triunfos. Viu-se que os jagunços haviam mais uma vez vingado o círculo cortante das baionetas. De sorte que enquanto a expedição se exauria no ermo da Favela e ia tombar, exaurida por uma sangria profunda, num trecho de Canudos – a opinião nacional, pela imprensa, extravagava, balanceando as mais aventurosas hipóteses que ainda saltaram dos prelos[44].

O espantalho da restauração monárquica negrejava, de novo, no horizonte político atroado de tormentas. A despeito das ordens do dia em que se cantava vitória, os sertanejos apareciam como os *chouans* depois de Fontenay.

Olhava-se para a história através de uma ocular[45] invertida: o bronco Pajeú emergia com o fácies dominador de Cathelineau[46]. João Abade era um Charette[47] de chapéu de couro.

Depois do dia 18 a ansiedade geral cresceu. A notícia do acometimento, como a dos anteriores, principiando num entoar de vitórias, descambava depois, a pouco e pouco, recortando-se de lancinantes dúvidas, até quase à convicção de uma derrota. Chegavam, todavia, da zona das operações, telegramas paradoxais e deploravelmente extravagantes.

Calcavam-se numa norma única: – *Bandidos encurralados! Vitória certa! Dentro de dois dias estará em nosso poder a cidadela de Canudos! Fanáticos visivelmente abatidos!*

Mais verídicos, porém, começaram desde o dia 27 de julho a seguir para o litoral, demandando a capital da Bahia – os documentos vivos da catástrofe...

---

44 Euclides se refere aqui aos artigos espalhafatosos publicados pelos jornais da época. **45 ocular** parte de um instrumento óptico destinada a aumentar o ângulo de observação da imagem formada pela objetiva. 46 Em todas as edições brasileiras de *Os Sertões*, o sobrenome aparece com outra grafia: Chathelineau. 47 *Idem*: Charrette e Charrete.

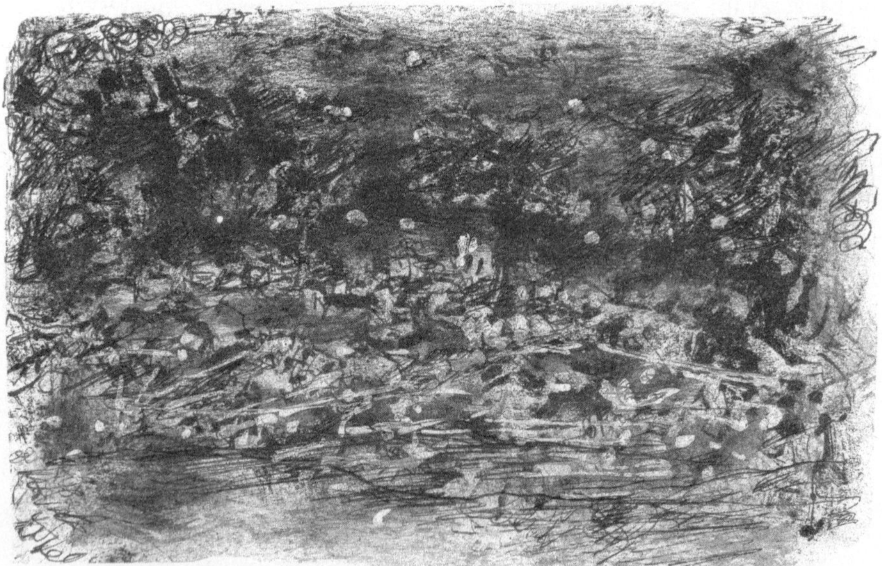

VI

PELAS ESTRADAS. OS FERIDOS

A remoção dos doentes e feridos para Monte Santo era urgente.

Assim, partiram logo as primeiras turmas protegidas por praças de infantaria até ao extremo sul da zona perigosa, Juá.

Começou, então, a derivar lastimavelmente pelos caminhos o refluxo da campanha. Golfava-o[1] o morro da Favela. Diariamente, em sucessivas levas, abalavam dali, em inúmeros bandos, todos os desfalecidos e todos os inúteis, em redes de caroá ou jiraus de paus roliços os enfermos mais graves, outros cavalgando penosamente cavalos imprestáveis e rengues, ou apinhados em carroças ronceiras. A grande maioria, a pé.

Saíam quase sem recursos, combalidos, exaustos de provações, afundando, resignados, na região ermada pela guerra.

Era à entrada do estio. O sertão principiava a mostrar um fácies melancólico, de deserto. Sugadas dos sóis as árvores dobravam-se murchas, despindo-se dia a dia das folhas e das flores; e, alastrando-se pelo solo, os restolhos pardo-escuros das gramíneas murchas refletiam já a ação latente do incêndio surdo das secas. A luz crua e viva dos dias claríssimos e cálidos descia, deslumbrante e implacável, dos céus sem nuvens, sem transições apreciáveis, sem auroras e sem crepúsculos, irrompendo, de chofre, nas manhãs doiradas, apagando-se repentinamente na noite, requeimando a terra. Deprimia-se o nível das cacimbas. Esgotavam-se os regatos efêmeros de leitos lastrados de seixos, onde tênues fios de

---

1 **golfava** expelia.

águas defluíam imperceptíveis como nos *oueds*[2] africanos; e, na atmosfera adurente, no chão gretado e poento, pressentia-se a invasão periódica do regime desértico sobre aquelas paragens infelizes.

O clima extremava-se em variações enormes: os dias repontavam queimosos, as noites sobrevinham frigidíssimas.

As marchas só podiam realizar-se às primeiras horas da manhã e ao descer das tardes. Mal culminava o sol era forçoso interrompê-las: todo o seu ardor parecia varar, intato, o ambiente puríssimo e, refluído pelo solo mal protegido por vegetação rarefeita, aumentar de intensidade. Ao mesmo tempo, dispersos, refletindo em todas as dobras do terreno, os seus raios rebrilhavam, ofuscantes, nos visos das serranias; e pelos ares irrespiráveis e quentes passavam como que fulgurações de queimadas extensas alastrando-se pelos tabuleiros. Assim, a partir das dez horas da manhã, estacionavam as caravanas nos lugares menos impróprios ao descanso, à beira dos cursos d'água ganglionados em poças esparsas, onde a umidade remanente alentava a folhagem das caraíbas e baraúnas altas; junto aos tanques ainda cheios, perto dos sítios em abandono; ou, em falta destes, à fímbria das ipueiras rasas salpicando pequenas várzeas sombreadas pelas ramagens virentes dos icozeiros.

Acampavam.

Neste mesmo dia, ao entardecer, mal refeitas as forças, reatavam a rota, progredindo, sem ordem, na medida do vigor de cada um. Saindo unidas da Favela, as turmas a pouco e pouco se distendiam pelos caminhos, fragmentando-se em pequenos grupos; esparsas, afinal, em caminhantes solitários.

Os mais fortes ou mais bem montados avantajavam-se rápidos, cortando escoteiros para Monte Santo, alheios aos companheiros retardatários. Acompanhavam-nos logo, conduzidos em redes aos ombros de soldados possantes, os oficiais feridos. A grande maioria não os encalçava; seguia vagarosamente, dissolvendo-se pelos caminhos. Alguns, quando os demais abalavam dos pousos transitórios, se deixavam ficar, quietos, à sombra dos arbustos murchos, de todo sucumbidos de fadigas

---

2 Ver nota 187, p. 83.

– enquanto outros, aguilhoados pela sede, mal extinta nas águas impuras das almácegas sertanejas e impelidos pela fome, torcendo o rumo, batiam afanosamente os desvios multívios das caatingas, apelando para os recursos da flora singular transbordante de frutos e de espinhos – e desgarravam, desarraigando tubérculos de umbuzeiros, sugando os cladódios túmidos dos cardos espinescentes, catando os últimos frutos das árvores desfolhadas.

Deslembravam-se do inimigo. A ferocidade do jagunço era balanceada pela selvatiqueza da terra.

Ao fim de poucos dias a tortuosa vereda do Rosário encheu-se de foragidos. Ali estava a mesma trilha que um mês antes haviam percorrido, impávidos ante quaisquer recontros com o adversário esquivo, fascinados pelo irradiar de quatro mil baionetas, sacudidos no ritmo febricitante das cargas. Parecia-lhes agora mais áspera e impraticável – coleando em curvas sucessivas, tombando em ladeiras resvalantes, empinando-se em cerros, tornejando encostas, insinuando-se, impacta, entre montanhas.

E reviam-lhe, pasmos, os trechos memoráveis.

Nas cercanias de Umburanas, o casebre estruído, onde os sertanejos, de tocaia, tinham aferrado de um choque o grande comboio da expedição Artur Oscar; além das Baixas, as margens do caminho debruando-se de ossadas brancas, adrede dispostas numa encenação cruel – recordavam o morticínio de março; numa inflexão antes do Angico, o ponto em que Salomão da Rocha alteara, por minutos, diante da onda rugidora que vinha em cima da coluna Moreira César, a barragem de aço de suas divisões de artilharia; no córrego seco, mais longe, a ribanceira a pique em que tombara do cavalo, pesadamente, morto, o coronel Tamarindo; nas proximidades do Aracati e Juetê, choupanas em ruínas, esteios e traves roídos dos incêndios, cercas arrombadas e invadidas de mato, velhas roças em abandono, estereografando, indelével, o rastro das expedições anteriores...

Perto do Rancho do Vigário, por um requinte de lúgubre ironia os jagunços cobriram de floração fantástica a flora tolhiça e decídua: dos galhos tortos dos angicos pendiam restos de divisas vermelhas, trapos de dólmãs azuis e brancos, molambos de calças carmesins ou negras, e pedaços de mantas rubras – como se a ramaria morta desabotoasse toda em flores sanguinolentas...

Em torno, sem variantes no aspecto entristecedor, a mesma natureza bárbara. Morros enterroados, formas evanescentes de montanhas roídas pelos aguaceiros fortes e repentinos, tendo às ilhargas, à mostra, a romper, a ossatura íntima da terra repontando em apófises rígidas ou desarticulando-se em blocos amontoados, em que há traços violentos de cataclismos; plainos desnudos e chatos feito *llanos*[3] desmedidos; e, por toda a parte, mal reagindo à atrofia no fundo das baixadas úmidas, uma vegetação agonizante e raquítica, esgalhada num baralhamento de ramos retorcidos – reptantes pelo chão, contorcendo-se nos ares num bracejar de torturas...

Choupanas paupérrimas, portas abertas para o caminho, surgiam em vários trechos, ainda não descolmadas, mas vazias, porque as deixara o vaqueiro que a guerra espavorira ou o fanático que endireitara para Canudos.

Eram logo tumultuariamente invadidas, ao tempo que as deixavam outros hóspedes surpreendidos: raposas ariscas e medrosas, saltando das janelas e esvãos da cobertura – olhos em chamas e pelo arrepiado – e atufando-se, aos pinchos[4], nas macegas; ou centenares de morcegos, esvoaçando desequilibradamente dos cômodos escuros, tontos, rechiantes.

A estância desolada animava-se por algumas horas. Armavam-se redes pelos quartos exíguos, na saleta sem soalho e fora, nos troncos das árvores do terreiro; amarravam-se os muares nas estacas cruzadas do curral deserto; estendiam-se pelas cercas frangalhos de capotes, cobertores e fardas velhas. Grupos erradios circuitavam a vivenda, esquadrinhando, curiosos, a horta maltratada, de canteiros invadidos pelas palmatórias de flores rutilantes; e um ressoar quase festivo, de vozes, relembrava, um instante, a quadra feliz em que os matutos ali passavam a vida, nas horas aligeiradas pela paz dos sertões. Os mais fortes enve-

---

3 Ver nota 137, p. 120. **4 pinchos** saltos. A palavra era desconhecida até então pelo Autor. Ver MS. de Euclides na Biblioteca Nacional do Rio de Janeiro.

redavam logo para a cacimba pouco distante onde, indiferentes aos retardatários e esquecidos dos que viriam depois e por muitas semanas ou meses ainda fariam a mesma escala obrigatória, se banhavam, lavavam os cavalos suados e poentos e abluíam[5] as chagas no líquido que só se renova de ano em ano, pelas chuvas, passageiras. Volviam com os cantis e marmitas cheios, avaramente sobraçados.

Não raro, alguns bois – rebotalhos de manadas grandes tresmalhadas pelo alvoroto da guerra – ao lobrigarem, de longe, a azáfama que movimentava de novo a paragem a que se haviam aquerenciado, o rancho tranquilo onde tinham sofrido a primeira *ferra*, para lá abalavam velozmente. Vinham urrando, numa alegria ruidosa e forte. Buscavam o vaqueiro amigo que os campeara outrora e iria, de novo, ao som das cantigas conhecidas ou ao toar tristonho do *aboiado*, levá-los às *soltas* prediletas, aos *logradouros* fartos e às aguadas frescas[6].

Irrompiam, troteando, no terreiro...

E tinham recepção cruel. A turba faminta circulava-os em tumulto numa assonância de gritos discordantes. Estrondavam as espingardas. Avivados todos os corpos combalidos, arremetiam em montaria doida com os animais surpresos e refluindo logo estonteadamente, embolados, para a trama do matagal bravio. Depois de se afadigarem[7] em correrias exaustivas, irritando nos espinhos as chagas recém-abertas e agravando a febre, matavam afinal um, dois, três bois no máximo, em tiroteios vivos, que lembravam combates. Carneavam. E quedavam-se, após esses incidentes providenciais, fartos, quase felizes pelo contraste da própria penúria, aguardando o amanhecer para reatarem o êxodo...

Então, naquela quietude breve, salteava-os uma ideia empolgante – um assalto dos jagunços! Viam-se inermes, depauperados, andrajosos e repulsivos quase, lívidos de fome, varridos para o deserto como trambolhos inúteis – e tinham temores infantis. O adversário, que se afoitara com as brigadas aguerridas[8] e levara os assomos[9] cegos ao ponto de afer-

---

5 **abluíam** limpavam. 6 Observar como o Autor volta, uma vez mais, a retomar o tema da lida do vaqueiro, já desenvolvido na segunda parte do livro, "O Homem". 7 **afadigarem** cansarem. 8 **aguerridas** habituadas às lutas, à guerra. 9 **assomos** iras, ódios.

rar canhões a pulso, trucidá-los-ia em minutos. E a noite descia cheia de ameaças...[10]

Valentes, endurados no regime bruto das batalhas, tinham sobressaltos de pavor ante as coisas mais vulgares, e velavam, cautos, a despeito das fadigas, armando os ouvidos aos rumores vagos e longínquos das chapadas...

Torturavam-nos alucinações cruéis. A deiscência das vagens das caatingueiras, abrindo-se com estalidos secos e fortes, soava-lhes feito percussão de gatilhos ou estalos de espoletas, dando a ilusão de súbitas descargas de alguma algara noturna repentina; e as grinaldas fosforescentes das *cunanãs*[11] irradiavam, ao longe, esbatidas nas sombras, como restos de fogueiras, em torno às quais velassem, em silêncio, espectantes, tocaias inumerosas...

A manhã libertava-os. Deixavam a paragem assombradora. Lá ficavam, porém, às vezes, rigidamente quietos, pelos cantos, os companheiros que a morte libertara. Não os enterravam. Escasseava o tempo. O chão duro, de grés, despedaçaria os alviões[12], opondo-lhes consistência de pedra. Alguns, depois dos primeiros passos, fraqueavam de vez. Deixavam-se ficar, exaustos, pelas curvas do caminho. Ninguém lhes dava pela falta. Desapareciam, eternamente esquecidos, agonizando no absoluto abandono. Morriam. E dias, semanas e meses sucessivos, os viandantes, passando, viam-nos na mesma postura: estendidos à sombra mosqueada de brilhos das ramagens secas, o braço direito arqueando-se à frente, como se a resguardasse do sol, com a aparência exata de combatentes fatigados, descansando. Não se decompunham. A atmosfera ressequida e ardente conservava-lhes os corpos. Murchavam apenas, refegando a pele, e permaneciam longo tempo à margem dos caminhos – múmias aterradoras revestidas de fardas andrajosas...[13]

Por fim, não impressionavam. Quem se aventura nos estios quentes à travessia dos sertões do Norte afeiçoa-se a quadros singulares. A terra, despindo-se de toda a umidade – numa intercadência de dias adustivos e

---

10 O trecho acima se baseia na p. 6 do MS. Ver Bernucci, pp. 142-146. 11 Ver nota 38, p. 329 da presente edição. 12 **alviões** enxadões; picaretas. 13 Observar, novamente, como Euclides retorna ao tema da p. 98.

noites quase frias – ao derivar para o ciclo das secas parece cair em vida latente, imobilizando apenas, sem os decompor, os seres que sobre ela vivem. Realiza, em alta escala, o fato fisiológico de uma existência virtual, imperceptível e surda – energias encadeadas, adormidas apenas, prestes a rebentarem todas, de chofre, à volta das condições exteriores favoráveis, originando ressurreições improvisas e surpreendedoras. E como as árvores recrestadas e nuas que, à vinda das primeiras chuvas, se cobrem, exuberando seiva, de flores, sem esperar pelas folhas, transmudando em poucos dias aqueles desertos em prados – as aves que tombam mortas dos ares estagnados, a fauna resistente das caatingas que se aniquila, e o homem que sucumbe à insolação fulminante, parecem, jazendo largo tempo intatos, sem que os vermes lhes alterem os tecidos, esperar também pela volta das quadras benfazejas. Por ali ficam, patenteando, por vezes, singulares aparências de vida: as suçuaranas – que não puderam vingar, demandando outras paragens, o círculo incandescente das secas – contorcidas, garras fincadas no chão, como em saltos paralisados; e, – à beira das cacimbas extintas – o pescoço alongado, procurando um líquido que não existe, os magros bois, mortos há três meses ou mais, caídos sobre as pernas ressequidas, agrupando-se em manadas imóveis...

Os primeiros aguaceiros varrem, de pronto, esses espantalhos sinistros. A decomposição é, então, vertiginosa, como se os devorassem flamas vorazes. É a sucção formidável da terra, arrebatando-lhes, ávida, todos os princípios elementares, para a revivescência triunfal da flora.

Os foragidos avançavam considerando, de relance, aqueles cenários lúgubres. Empolgara-os de todo o pensamento exclusivo do abandono, no menor tempo possível, do sertão maninho e bruto. O terror e a imagem da própria miséria venciam, por fim, a sobrecarga muscular das caminhadas feitas. Galvanizavam-nos; lançavam-nos desesperadamente pela estrada desmedida em fora...

Seguiam sem que entre eles se rastreassem breves laivos[14] sequer de organização militar. Tendo, na maior parte, por adaptação, copiado os hábitos do sertanejo, nem os distinguia o uniforme desbotado e em tiras.

---

14 laivos noções elementares, indícios.

E calçando alpercatas duras; vestindo camisas de algodão; sem bonés ou barretinas, cobertos de chapéus de couro, figuravam famílias de *retirantes* demandando em atropelo o litoral, fustigados pela seca.

Algumas mulheres, amantes de soldados, vivandeiras-bruxas[15], de rosto escaveirado e envelhecido, completavam a ilusão.

Oficiais ilustres, o general Savaget, os coronéis Teles e Nery e outros, volvendo feridos ou enfermos, passavam pelo meio desses bandos envoltos numa indiferença doentia. Não recebiam continência. Eram companheiros menos infelizes, nada mais. Passavam, desapareciam céleres, adiante, levantando ondas de pó. E recebiam pelas costas olhares ameaçadores, em que afuzilavam mal sopitados desapontamentos dos que lhes invejavam os cavalos ligeiros.

Os mais ditosos alcançavam por fim, depois de quatro dias de marcha, na trifurcação das estradas do Rosário, Monte Santo e Calumbi, o sítio de Juá, outra casinha de taipas no recosto de uma lomba, pela qual descai o terreno sombreado de juazeiros altos, tendo na frente os sem-fins das chapadas. Julgavam-se salvos. Mais um dia de jornada levava-os ao Caldeirão Grande, a melhor fazenda daqueles lugares, vivenda quase senhoril, ereta sobre um cerro largo, tendo ao sopé as águas de um riacho represadas em açude farto[16]. Aí, num raio de poucos quilômetros, a natureza é outra. Transfigura-se, movimentando-se em serranias pequenas orladas de vegetação mais viva, e os caminhantes forravam-se, durante algumas horas, à obsessão acabrunhadora dos plainos estéreis e das serras devastadas.

Estavam à entrada do que se chamava – "a base de operações" da campanha.

Ao outro dia prosseguiam para Monte Santo. E, depois de duas horas de caminho, reanimava-os o aspecto da pequena vila, percebida à distância de uma légua. Repontava ridente no ondear dos tabuleiros amplos – casinhas reunidas derramando-se por um socalco suavemente inclina-

---

15 **vivandeiras** mulheres que levam mantimentos acompanhando tropas em marcha. 16 Euclides assim deixou sua impressão do lugar na *Caderneta*, p. 18: "Caldeirão Grande é a única propriedade digna de tal título".

do às plantas da montanha abrupta, em cujo vértice a capela branca, arremessada na altura, destacando-se nítida, a projetar-se no firmamento azul, parecia enviar-lhes, de longe, um aceno carinhoso e amigo.

Ao alcançarem-na, porém, volviam as desesperanças. Era ainda o deserto. O vilarejo morto, vazio, desprovido de tudo, mal os abrigava por um dia. Havia-o deixado a população, *caindo na caatinga*[17], consoante o dizer dos matutos, fugindo, amedrontada por igual do jagunço e do soldado. Uma guarnição exígua tomara conta da praça humílima e lá atravessava, inútil, os dias, numa mândria mais insuportável que as marchas e as batalhas. Fantasiara-se em casarão acaçapado[18] e escuro um hospital militar. Mas este era o pavor e a condenação suprema de todos os feridos e doentes. De sorte que o vilarejo, com as suas vielas tortas, condecoradas de nomes sonoros – rua Moreira César! rua Capitão Salomão! – era uma agravante na região ingrata; era o deserto metido entre paredes e afogado na trama de alguns becos imundos, cheios de detritos e da farragem[19] repugnante dos batalhões que ali tinham acampado, mais deplorável que o deserto franco purificado pelos sóis e varrido pelos ventos.

DEPREDAÇÕES E INCÊNDIOS

Os caminhantes ao chegarem, fugindo à parceria incômoda dos morcegos nas casas em abandono, acampavam na única praça quadrangular e grande, disputando a sombra do velho tamarineiro, ao lado do barracão da feira. No outro dia, cedo, cada um por sua conta, largava para Queimadas, renovando a travessia. Eram mais dezesseis léguas extenuantes, mais seis ou oito dias de amarguras, sob o cautério dos mormaços crestadores, adstritos a escalas inevitáveis à borda das cacimbas, por Quirinquinquá – duas vivendas tristes, circuitadas de mandacarus silentes, eretas sobre larga bossa[20] de granito exposto[21]; pelo Cansanção, lugarejo minúsculo – uma dúzia de casas cingidas de ipueiras; – pela

---

17 **caindo na caatinga** fugindo, entrando pela caatinga. Este regionalismo, anotado na *Caderneta* (p. 144), ali aparece também de outra forma: "*Lascar no mundo!* fugir. Meu pai lascou no mundo" (p. 20). 18 **acaçapado** escondido; acanhado. 19 **farragem** mistura, promiscuidade. 20 **bossa** elevação arredondada. 21 O trecho acima se baseia na p. 6 do MS. (ver Bernucci, pp. 142-146).

Serra-Branca, lembrando uma rancharia de tropeiros, de aspecto festivo, ensombrada de ouricurizeiros apendoados[22]; pelo Jacurici; por todas as lagoas de águas esverdinhadas e suspeitas... E aquele caminho, então povoado, ermou-se. Os bandos revoltos rompiam-no espalhando estragos, como se foram restos de uma caravana de bárbaros claudicantes. Doentes e feridos, em magotes ameaçadores, de onde transudavam alaridos, imprecações e frases arrepiadoras de angústias e revoltas irrefreáveis, abeiravam-se das choupanas, apelando para a hospitalidade incondicional dos tabaréus. Fizeram a princípio pedidos coléricos, mais irritantes que intimações. Depois o assalto franco. Repruía-lhes[23] o ânimo, escandalizando-lhes a vida tormentosa, o quadro tranquilo daqueles lares pobres, onde deriva, quieta, a existência dos matutos. E varejavam-nos – impulsivamente, numa irreprimível hipnose de destruição – fazendo saltar as portas a coice d'armas, enquanto a família sertaneja, apavorada, fugia para os recessos das macegas. Depois – era preciso uma diversão qualquer estupidamente dramática que lhes distraísse um momento as agonias fundas! – tomando de tições em fogo chegavam-nos aos colmos de sapé. Irrompiam as flamas, num deflagrar instantâneo. Passavam os haustos rijos do Nordeste e esparziam as fagulhas pela caatinga seca. Em breve, céleres, arrebatadas pelo vento, enoveladas em rolos de fumo cindidos de labaredas, rolando pelas quebradas e transpondo-as, circulando todas as encostas, avassalando o topo dos morros, repentinamente acesos num relampaguear de crateras súbitas, crepitavam as queimadas, inextinguíveis, derramando-se por muitas léguas em roda.

Os foragidos, já agora salvos, suportavam os últimos transes do êxodo penosíssimo requintando nas tropelias, ampliando o círculo de ruínas da guerra e iam-se de abalada para o litoral – ao mesmo tempo miserandos e maus, inspirando a piedade e o ódio – rudemente vitimados, brutalmente vitimando. Chegavam a Queimadas esparsos e exaustos, alguns quase moribundos. Atulhavam os trens da estrada de ferro e desciam para a Bahia[24].

---

22 **apendoados** com cachos de flores (amarelas). 23 **repruía-lhes** excitava-lhes, inflamava-lhes. 24 Isto é, Salvador, BA.

PRIMEIRAS NOTÍCIAS CERTAS

Aguardava-os uma curiosidade ansiosa.

Iam chegar, afinal, as primeiras vítimas da luta que empolgara a atenção do país inteiro. A multidão desbordando da estação terminal da linha férrea, na Calçada, derramando-se pelas ruas próximas até ao forte da Jequitaia, contemplava diariamente a passagem do heroísmo infeliz. E nunca lhe imaginou aspectos tão dramáticos.

Sacudiam-na frêmitos de emoções nunca sentidas.

Os feridos chegavam em estado miserando. Prolongavam pelas ruas da cidade aquela onda repulsiva de trapos e carcaças, que vinham rolando pelas veredas sertanejas o refluxo repugnante da campanha.

Era um desfilar cruel. Oficiais e soldados, uniformizados pela miséria, vinham indistintos, revestidos do mesmo fardamento inclassificável: calças em fiapos, mal os resguardando, como tangas; camisas estraçoadas; farrapos de dólmãs sobre os ombros; farrapos de capotes, em tiras, escorridos pelos torsos desfibrados, dando ao conjunto um traço de miséria trágica. Coxeando, arrastando-se penosamente, em cambaleios, titubeantes e imprestáveis, traziam no escavado das faces e na atitude dobrada um traço comovente da campanha. Esta desvendava pela primeira vez sua feição real, naqueles corpos combalidos, varados de balas e de espinhos, retalhados de golpes. E chegavam às centenas todos os dias: a 6 de agosto, 216 praças e 26 oficiais; a 8, 150; a 11, 400; a 12, 260; a 14, 270; a 18, 53; e assim por diante.

A população da capital recebia-os comovida. Como sempre sucede, o sentimento coletivo ampliara as impressões individuais. O grande número de pessoas identificadas pela mesma comoção, fez-se o expoente do sentir de cada um e, vibrando uníssonas todas as almas, presas do mesmo contágio, e sugestionadas pelas mesmas imagens, todas as individualidades se apagaram no anonimato nobilitador da multidão piedosa que bem poucas vezes apareceu tão digna na história. A vasta cidade fez-se um grande lar. Organizaram-se em toda a linha comissões patrióticas, para agenciar donativos, que espontaneamente surgiram numerosos, constantes. No Arsenal de Guerra, na Faculdade médica, nos hospitais, nos próprios conventos, se improvisaram enfermarias. Em cada uma destas os gloriosos mutilados foram postos sob o patrocínio de algum nome ilustre: Esmarch[25], Claude Bernard, Duplay, Pasteur, jamais tiveram tão bela consagração no futuro.

Avantajando-se à ação do governo, o povo constituíra-se tutor natural dos enfermos, amparando-os incondicionalmente, abrindo-lhes os lares, rodeando-os, animando-os, auxiliando-lhes os passos trôpegos nas ruas. Nos dias facultados às visitas, invadia os hospitais, em massa, em silêncio – religiosamente. Abeiravam-se então os visitantes dos leitos como se neles jazessem velhos conhecidos; tratavam com os doentes menos graves sobre as provações sofridas e lances arriscados ocorridos; e ao deixarem aquelas trágicas exposições da guerra feitas de traumatismos e moléstias horríveis, levavam, afinal, um juízo claro sobre a luta mais brutal dos nossos tempos. Mas, por um contraste inexplicável, sobre esta comiseração profunda e geral pairava, intenso, um entusiasmo vibrante. Os mártires tinham ovações de triunfadores. E estas despontavam ao acaso, sem combinações prévias, rápidas, espontâneas, incisivas, aparecendo e desaparecendo em quartos de hora, num desencadear intermitente de movimentos impulsivos. Os dias sucediam-se agitados numa larga movimentação de multidões ruidosas, turbilhonando nas ruas e nas praças, no meio de expansões discordes, numa alacridade singular rorejada de prantos, por meio da qual se fazia a comemoração sombria do heroísmo. Os feridos eram uma revelação dolorosíssima, certo, mas de algum modo alentadora. Naquelas sevícias retratava-se a energia de uma raça. Aqueles homens, que chegavam dilacerados pelas garras do jagunço e pelos espinhos da terra eram o vigor de um povo posto à prova do ferro, à prova do fogo e à prova da fome. Abaladas pelo cataclismo da guerra, as camadas superficiais de uma nacionalidade cindiam-se, pondo à luz os seus elementos profundos naqueles titãs resignados e estoicos[26]. Sobre tudo isto um pensamento diverso, não boquejado sequer

---

[25] Nas três primeiras edições de *Os Sertões* e no AP, o sobrenome aparece com outra grafia: Esmarck. [26] Observar o uso do vocabulário geológico para descrever o fenômeno humano: "cataclismo", "camadas".

mas por igual dominador, latente em todos os espíritos: a admiração pela ousadia dos sertanejos incultos, homens da mesma raça, de encontro aos quais se despedaçavam daquele modo batalhões inteiros...

E um longo frêmito tonificador vibrava nas almas. Faziam-se romarias ao quartel da Palma, onde estava ferido o coronel Carlos Teles; à Jequitaia, onde convalescia o general Savaget; e quando este último pôde arriscar alguns passos nas ruas, paralisou-se inteiramente toda a azáfama comercial da cidade Baixa, em ovação espontânea e imensa, que, irradiando de repente e congregando a população em torno do heroico chefe da 2ª coluna, transmudou um dia comum de trabalho em dia de festa nacional[27].

BAIXAS

Sobre esta agitação chegavam diuturnamente pormenores que a acirravam. Sabia-se, por fim, positivamente, com rigor aritmético, a extensão do desastre. Era surpreendente.

De 25 de junho, em que trocara os primeiros tiros com o inimigo, até 10 de agosto, tivera a expedição 2 049 baixas.

Detalhavam-nas os mapas oficiais.

No total entrava a 1ª coluna com 1 171 homens e a 2ª com 878. Discriminadamente eram estes os algarismos:

1ª coluna – Artilharia: 9 oficiais e 47 praças feridas, 2 oficiais e 12 praças mortas; Ala de Cavalaria: 4 oficiais e 46 praças feridas, 30 oficiais e 16 praças mortas; engenheiros: 1 oficial e 3 praças feridas, 1 praça morta; Corpos de Polícia: 6 oficiais e 46 praças feridas, 3 oficiais e 24 praças mortas; 5º Batalhão de Infantaria: 4 oficiais e 66 praças feridas, 1 oficial e 25 praças mortas; 7º: 8 oficiais e 95 praças feridas, 5 oficiais e 52 praças mortas; 9º: 6 oficiais e 59 praças feridas, 2 oficiais e 22 praças mortas; 14º: 8 oficiais e 119 praças feridas, 5 oficiais e 42 praças mortas; 15º: 5 oficiais e 30 praças feridas, 10 praças mortas;

---

[27] O trecho se refere à correspondência de 13.8.1897 enviada pelo Autor a *O Estado de S. Paulo*. Ver *Canudos e Inéditos*, pp. 66-68.

16º: 5 oficiais e 24 praças feridas, 10 praças mortas; 25º: 9 oficiais e 134 praças feridas, 3 oficiais e 55 praças mortas; 27º: 6 oficiais e 45 praças feridas, 24 praças mortas; 30º: 10 oficiais e 120 praças feridas, 4 oficiais e 35 praças mortas. 2ª coluna – 1 general ferido; Artilharia: 1 oficial morto; 12º de Infantaria: 6 oficiais e 128 praças feridas, 1 oficial e 50 praças mortas; 26º: 6 oficiais e 36 praças feridas, 2 oficiais e 22 praças mortas; 31º: 7 oficiais e 99 praças feridas, 4 oficiais e 48 praças mortas; 32º: 6 oficiais e 62 praças feridas, 4 oficiais e 31 praças mortas; 33º: 10 oficiais e 65 praças feridas, 1 oficial e 15 praças mortas; 34º: 4 oficiais e 18 praças feridas, 7 praças mortas; 35º: 4 oficiais e 91 praças feridas, 1 oficial e 22 praças mortas; 40º: 9 oficiais e 75 praças feridas, 2 oficiais e 30 praças mortas.

E a hecatombe progredia com uma média diária de oito homens fora de combate. Por outro lado, os adversários pareciam dispor de extraordinários recursos.

VERSÕES E LENDAS

Transfiguravam-nos, além disto, numa distensão exagerada, as imaginações superexcitadas. Recente mensagem do Senado Federal, onde batera também a onda da comoção geral, tendo requerido, esteada em veementes denúncias, esclarecimentos sobre o terem sido despachadas em Buenos Aires com destino aos portos de Santos e Bahia, armas, que tudo delatava se destinarem aos *conselheiristas*, tal incidente, em que incidiam todas as fantasias, assumiu, ampliado pela nevrose comum, visos de realidade.

Completavam-no, justificando e do mesmo passo refletindo o modo de pensar das repúblicas americanas, todas as notícias transmitidas pelos seus órgãos mais sérios. O de mais peso talvez na América do Sul[28], depois de se referir aos curiosos sucessos da campanha, aditava-lhes pormenores de um simbolismo estranho e pavoroso:

---

28 Nota do Autor: A *Nación* de Buenos Aires, 30 de julho. **Nota do Editor:** o nome correto do diário portenho é *La Nación*.

Trata-se de duas missivas que com intervalo de dois dias recebemos da *Sección Buenos-Aires de la unión internacional de los amigos del imperio del Brasil* comunicando-nos por ordem da seção executiva em New York, que a referida União tem ainda uma reserva de não menos 15 mil homens – só no Estado da Bahia – para reforçar em caso de necessidade o exército dos fanáticos; além de 100 mil em vários Estados do norte do Brasil e mais 67 mil em certos pontos dos Estados Unidos da América do Norte, prontos a sair em qualquer momento para as costas do ex-Império, todos muito bem armados e preparados para a guerra. Também temos, ajuntam as missivas, armas dos mais modernos sistemas, munições e dinheiro em abundância.

De uma redação, caligrafia e ortografia corretas, estas enigmáticas comunicações trazem à sua frente a mesma inscrição que as subscreve, escrita com tinta que faz recordar a violácea cor dos mortos, destacando-se as maiúsculas em vermelho da vermelha cor do sangue.

Ante o quadro formidável de homens e armas que nos oferecem os misteriosos amigos do império, de forma não menos misteriosa, não sabemos se pensar em uma daquelas terríveis associações que forjam nas trevas seus planos de destruição ou em alguns cavalheiros dados à mistificação do próximo.

Entretanto, pelo que possa haver no fundo de tudo isto, é que fazemos constar e acusamos recebimento das repetidas missivas.

Acreditava-se. A quarta expedição ilhara-se de todo, no território conflagrado a pique de uma catástrofe. Diziam-no insuspeitos informes. Só do município de Itapicuru, garantia-se, haviam partido três mil fanáticos para Canudos, conduzidos por um padre que aberrando dos princípios ortodoxos lá se ia comungar das tolices abstrusas do cismático. Pela Barroca passavam centenares de quadrilheiros armados, seguindo o mesmo rumo. Citavam-se nomes de novos cabecilhas. Apelidos funambulescos[29], como os dos *chouans*: Pedro, *o Invisível*, *José Gamo*, *Caco de Ouro*[30]; e outros.

---

29 funambulescos extravagantes. **30** A alusão aqui é ao romance *Quatrevingt-treize* de Victor Hugo, no qual os apelidos brasileiros encontram os seus equivalentes: Gouge-le-Bruant (*Brise-Bleu*), Hoisnard (*Branche d'Or*), Chatenay (*Robi*). Para as relações entre Hugo e Euclides, consultar: Adelino Brandão, "Euclides e Victor Hugo"; Bernucci, pp. 25-38.

Agravando estas conjecturas vinham notícias verdadeiras. Os sertanejos dispartiam pelo sertão em algaras atrevidas: atacaram o termo de Mirandela, guiados por Antônio Fogueteiro; investiram, tomaram e saquearam a vila de Santana do Brejo; irradiavam para toda a banda. Alargavam o âmbito da campanha, revelando mesmo lineamentos firmes de estratégia segura. Além do arraial duas novas posições de primeira ordem e defensáveis estavam guarnecidas: as vertentes caóticas do Caipã e as cordas de cerros em torno da Várzea da Ema. Desbordando de Canudos, a insurreição espraiava-se desta maneira pelos lados de um triângulo enorme, em que podiam inscrever-se 50 mil baionetas. Alastrava-se.

Os comboios que partiam de Monte Santo, ainda que reforçados não por batalhões mas por brigadas, tinham viagem acidentada, tolhida de constantes assaltos. Atingido o Aracati, era indispensável que viessem de Canudos dois ou três batalhões a protegê-los. O sinistro trecho de estrada, entre o Rancho do Vigário e as Baixas, tornara-se o pavor dos mais provados valentes. Era o lugar clássico do *estouro* das boiadas e da dispersão dos cargueiros, espantados pelos tiroteios vivos e atropelando pelotões inteiros no recuar precípite da fuga.

E nesses recontros sucessivos, adrede feitos à perturbação das marchas, começara-se a lobrigar, por fim, uma variante do jagunço, auxiliando-o, indiretamente, com outros intuitos. Distinguiam-se entre os claros das galhadas rarefeitas, passando, céleres, no vertiginoso pervagar das guerrilhas, brilhos de botões de fardas, laivos rubros de calças carmesins...

O desertor faminto atacava os antigos companheiros.

Era um lastimável sintoma, completando com um outro caráter a campanha, cuja feição dia a dia se agravava num episodear extremado dos sucessos mais triviais.

Os soldados enfermos, em perene contato com o povo, que os conversava, tinham-se, ademais, constituído rudes cronistas dos acontecimentos e confirmavam-nos mercê da forma imaginosa por que a própria ingenuidade lhes ditava os casos, verídicos na essência, mas deformados de exageros, que narravam. Urdiam-se estranhos episódios. O jagunço começou a aparecer como um ente à parte, teratológico e monstruoso, meio homem e meio trasgo; violando as leis biológicas, no estadear resistências inconceptíveis; arrojando-se, nunca visto, intangível, sobre o adversário; deslizando, invisível, pela caatinga, como as cobras; resvalando ou tombando pelos despenhadeiros fundos, como espectro; mais leve que a espingarda que arrastava; e magro, seco, fantástico, diluindo-se em duende, pesando menos que uma criança, tendo a pele bronzeada colada sobre os ossos, áspera como a epiderme das múmias...

A imaginação popular, daí por diante, delirava na ebriez dos casos estupendos, apontoados de fantasias.

Alguns eram rápidos, espelhando incisivamente a energia inamoldável daqueles caçadores de exércitos.

"VIVA O BOM JESUS!"

Numa das refregas subsequentes ao assalto, ficara prisioneiro um curiboca ainda moço que a todas as perguntas respondia automaticamente, com indiferença altiva:

"Sei não!"

Perguntaram-lhe por fim como queria morrer.

"De tiro!"

"Pois há de ser a faca!" contraveio, terrivelmente, o soldado.

Assim foi. E quando o ferro embotado lhe rangia nas cartilagens da glote, a primeira onda de sangue borbulhou, escumando, à passagem do último grito gargarejando na boca ensanguentada:

"Viva o Bom Jesus!..."

UM LANCE ÉPICO

Outros tinham delineamentos épicos:

No dia 1º de julho, o filho mais velho de Joaquim Macambira, rapaz de dezoito anos, abeirou-se do ardiloso cabecilha:

"Pai! quero escangalhar a *matadeira*!"

O astuto guerrilheiro, espécie grosseira de *Imanus,* acobreado e bronco, encarou-o impassível:

"Consulta o Conselheiro – e vai".

O valente abalou, seguido de onze companheiros dispostos. Transpuseram o Vaza-Barris, *cortado* em cacimbas. Investiram com a larga encosta ondulante da Favela. Embrenharam-se, num deslizar flexuoso de cobras, pelas caatingas ralas.

Ia em meio o dia. O sol irradiava a pino sobre a terra, jorrando sem fazer sombras, até ao fundo dos grotões mais fundos, os raios verticais e ardentes...

Naquelas paragens o meio-dia é mais silencioso e lúgubre que a meia-noite. Transverberando nas rochas expostas, refletindo nas chapadas nuas, repelido pelo solo recrestado e duro, todo o calor emitido para a terra reflui, tresdobrado, para o espaço, nas colunas ascensionais dos ares irrespiráveis e candentes. A natureza queda-se, enervada em quietude absoluta. Não sopra a viração mais leve. Não bate uma asa nos ares, cuja transparência junto ao chão se perturba em ondulações rápidas e ferventes. Repousa, estivando, a fauna das caatingas. Pendem, murchos, os ramos das árvores estonadas...

O exército descansava no alto da montanha, abatido pela canícula. Deitados a esmo pelas encostas, bonés caídos sobre o rosto para os resguardar, dormitando ou pensando nos lares distantes, as praças aproveitavam alguns momentos de tréguas, refazendo forças para a afanosa lide. Em frente, derramado sobre colinas – minúsculas casinhas em desordem, sem ruas e sem praças, acervo incoerente de casebres – aparecia Canudos, deserto e mudo, como uma tapera antiga.

Todo o exército repousava...

Nisto despontam, cautos, emergindo à ourela do matagal rasteiro e trançado, de arbúsculos em esgalhos, na clareira, no alto, onde estaciona a artilharia, doze rostos inquietos, olhares felinos, rápidos, percorrendo todos os pontos. Doze rostos apenas de homens ainda jacentes[31], de rastro[32], nos tufos das bromélias. Surgem lentamente. Ninguém os vê; ninguém os pode ver. Dão-lhes as costas com indiferença soberana

---

[31] **jacentes** deitados, como estátuas jacentes. [32] **de rastro** arrastando-se.

vinte batalhões tranquilos. Adiante divisam a presa cobiçada. Como um animal fantástico, prestes a um bote repentino, o canhão Whitworth, a *matadeira*, empina-se no reparo sólido. Volta para "Belo Monte" a boca truculenta e rugidora que tantas granadas revessou já sobre as igrejas sacrossantas. Caem-lhe sobre o dorso luzidio e negro os raios do sol, ajaezando-a de lampejos. Os fanáticos contemplam-na algum tempo. Aprumam-se depois à borda da clareira. Arrojam-se sobre o monstro. Assaltam-no; aferram-no; jugulam-no. Um traz uma alavanca rígida. Ergue-a num gesto ameaçador e rápido...

E a pancada bate, estrídula e alta, retinindo...

E um brado de alarma estala na mudez universal das coisas; multiplica-se nas quebradas; enche o espaço todo; e detona em ecos que atroando os vales ressaltam pelos morros numa vibração triunfal e estrugidora, sacudindo num repelão violento o acampamento inteiro...

Formaram-se em acelerado as divisões. Num segundo os assaltantes se veem num círculo de espingardas e sabres, sob uma irradiação de golpes e de tiros. Um apenas se salva[33] – chamuscado, baleado, golpeado – correndo, saltando, rolando, impalpável entre os soldados tontos, varando redes de balas, transpondo cercas dilaceradoras de baionetas, caindo em cheio nas macegas, rompendo-as vertiginosamente e despenhando-se, livre afinal, alcandorado sobre abismos, pelos pendores abruptos da montanha...

Estes e outros casos – exagerado romancear dos mais triviais sucessos – dando à campanha um tom impressionante e lendário, abalavam a opinião pública da velha capital e por fim a de todo o país...

---

[33] Segundo José Calasans, este personagem se chamava Nicolau e morreu quinze anos depois da guerra.

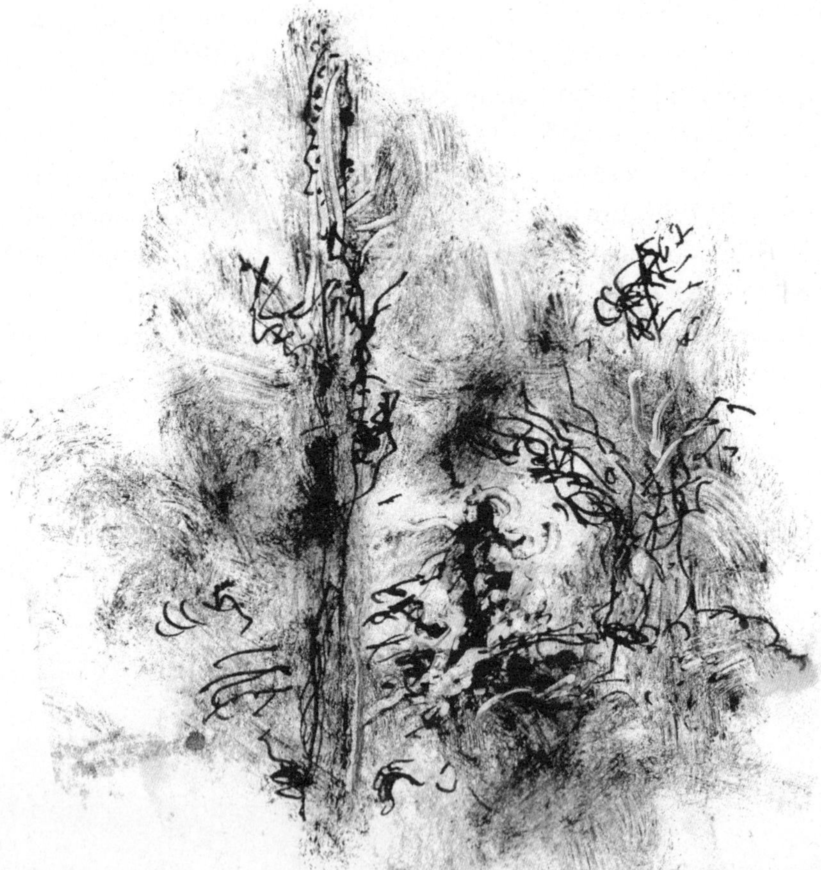

VII

OUTROS REFORÇOS

Era urgente uma intervenção mais enérgica do governo. Impunham-na, do mesmo passo, as apreensões crescentes, as últimas peripécias da luta e a própria insciência sobre o curso real das operações. As opiniões como sempre disparatavam, discordes. Para a maioria os rebeldes contavam com elementos sérios. Era evidente. Não se compreendia que batidos em todas as ordens do dia – heroicamente escritas – eles, tendo ainda franca a fuga para os sertões de S. Francisco, onde não havia descobri-los, esperassem, pertinazes, no arraial, que se lhes fechassem, pelo complemento do assédio, as derradeiras saídas. Deduziam-se, lógicos, corolários[1] graves. À parte a hipótese do sobre-humano devotamento, fazendo-os sucumbir em massa sob os escombros dos templos consagrados, imaginavam-se-lhes traças guerreiras formidáveis embaralhando de todo a estratégia regular. O número, que se dizia diminuto, dos que permaneciam em Canudos arrostando tudo, era, certo, um engodo armado a arrastar para ali exclusivamente o exército e iludi-lo em combates estéreis, até que se congregassem, noutros lugares, fortes contingentes para o assalto final, por toda a banda, sobre os sitiantes, pondo-os entre dois fogos.

Contravinham, porém, juízos mais animadores. O coronel Carlos Teles, em carta dirigida à imprensa, afirmou de maneira clara o número reduzido de jagunços – duzentos homens válidos, talvez sem recursos

---

1 **corolários** consequências.

nenhuns – abastecidos e aparelhados apenas do que haviam tomado às anteriores expedições. O otimismo, de fato exageradíssimo, do valente, porém, afogou-se na incredulidade geral. Anulavam-no todos os fatos e sobretudo aquelas irrupções diárias de feridos, abalando num crescendo a comoção nacional.

A BRIGADA GIRARD

Sobrevieram outros por igual desastrosos. Atendendo aos primeiros reclamos[2] do general Artur Oscar, o governo tinha prontamente organizado uma brigada auxiliar que, ao revés das demais, não entrava na luta distinta por um número seco e inexpressivo. Tinha, segundo louvável praxe, sem curso entre nós, mercê da qual se amplia sobre os comandados a glória do comandante, um nome – Brigada Girard.

Dirigia-a o general Miguel Maria Girard e formavam-na três corpos, saídos da guarnição da Capital Federal: o 22º, do coronel Bento Tomás Gonçalves, o 24º, do tenente Rafael Tobias, e o 38º, do coronel Filomeno José da Cunha. Eram 1042 praças e 68 oficiais, perfeitamente armados e levando para a luta insaciável o repasto esplêndido de 850 mil cartuchos Mauser.

Mas, por um conjunto de circunstâncias, que fora longo miudear, ao invés de auxiliar esta tropa tornou-se um agente debilitante. Abalou do Rio de Janeiro comandada pelo chefe que lhe dera o nome e foi com ele até Queimadas, onde se reuniu a 31 de julho. Partiu de Queimadas, a 3 de agosto, dirigida por um coronel, até Monte Santo. Largou de Monte Santo para Canudos, a 10 de agosto, sob o comando de um major[3]. Deixara na Bahia um coronel e alguns oficiais – doentes. Deixara em Queimadas um general, um tenente-coronel e mais alguns oficiais – doentes. Deixara em Monte Santo um coronel e mais alguns oficiais – doentes...

---

2 **reclamos** reclamações, apelos.   3 Trata-se de Henrique José de Magalhães.

HEROÍSMO ESTRANHO

Decompunha-se pelas estradas. Partiam-lhe do seio pedidos de reforma mais alarmantes do que aniquilamentos de brigadas. Salteara-a um beribéri excepcional exigindo não já a perícia de provectos médicos senão o exame de psicólogos argutos. Porque afinal o medo teve ali os seus grandes heróis, revelando a coragem estupenda de dizer a um país inteiro que eram covardes.

Ao endireitar de Queimadas para o sertão aquela força encontrara as primeiras turmas de feridos e fora sulcada pelo assombro da guerra. Passaram-lhe pelo meio do acampamento, em Contendas, o general Savaget, o coronel Nery, o major Cunha Matos, o capitão Chachá Pereira e outros oficiais. Recebeu-os ainda entusiasticamente: oficiais e praças enfileirados às margens do caminho, saudando-os. Mas depois amorteceu-se-lhe o fervor. Apenas com três dias de viagem, começou de sofrer privações, vendo diminuídos os víveres que levava e repartia com as sucessivas turmas de feridos encontrados, chegando exausta e esmorecida a Monte Santo.

EM VIAGEM PARA CANUDOS

Tomou para Canudos onde era ansiosamente esperada, a 10 de agosto, despida inteiramente do esplêndido aparato hierárquico com que nascera. Dirigia-a o fiscal do 24º, Henrique de Magalhães, estando os corpos comandados pelo major Lídio Porto e capitães Afonso de Oliveira e Tito Escobar. A marcha foi difícil e morosa. Desde Queimadas lutava-se com dificuldades sérias de transporte. Os cargueiros, animais imprestáveis, velhos e cansados muares refugados das carroças da Bahia e tropeiros improvisados – rengueavam, tropeçando pelos caminhos, imobilizando os batalhões, e remorando a avançada.

Chegou desse modo a Aracati, onde lhe foi entregue um comboio que devia guarnecer até Canudos.

Neste comenos dizimava-a a varíola. Destacavam-se das suas fileiras, diariamente, dois ou três enfermos, volvendo para o hospital, em Monte

Santo. Outros, estropiados, naquela repentina transição das ruas calçadas da Capital Federal para aquelas ásperas veredas, distanciavam-se, perdidos à retaguarda, confundindo-se com os feridos, que vinham em direção oposta.

De sorte que ao passar em Juetê, no dia 14 de agosto, lhe foi providencial o encontro com o 15º Batalhão de Infantaria, já endurado na luta, e que viera de Canudos. Porque no dia seguinte, depois de decampar das "Baixas", onde parara na véspera para aguardar a vinda de grande número de praças retardatárias, foi no "Rancho do Vigário" violentamente atacada. Os jagunços aferraram-na de flanco, pela direita, do alto de um cerro dominante, e quase de frente, de uma trincheira marginal. Abrangeram-na toda numa descarga única. Tombaram mortos na guarda da frente um alferes do 24º e, na extrema retaguarda, outro, do 38º. Baquearam algumas praças nas fileiras intermédias. Alguns pelotões se embaralharam estonteadamente, surpresos, bisonhos[4] ainda ante os guerrilheiros ferozes. A maioria disparou desesperadamente as armas. Estrugiram cornetas, vozes trêmulas, altas, entrecortadas, desencontradas, de comando. Dispararam, espavoridos, os cargueiros. A boiada estourou, mergulhando na caatinga...

O 15º Batalhão tomando a vanguarda guiou os lutadores vacilantes. Não se repeliu o inimigo. A retaguarda ao passar pelo mesmo ponto foi, por sua vez, alvejada.

Depois deste revés, porque o foi, bastando dizer-se que de 102 bois que comboiava restaram apenas onze, foi a brigada novamente investida no Angico. Deu uma carga de baionetas platônica, em que não perdeu um soldado, entrando afinal em Canudos, onde os enrijados campeadores, que ali estavam sob a disciplina tirânica dos tiroteios diuturnos, a acolheram com a denominação de "Mimosa"[5], nome, que, entretanto, mais tarde, os bravos oficiais fizeram que se apagasse, a exemplo do primeiro título.

---

4 bisonhos inexperientes. **5 mimosa** diz-se de alguém efeminado. O nome "Mimosa" se deve ao fato de a brigada ter sofrido deserções e ter chegado na zona de guerra desfalcada, inclusive pela falta de seu próprio comandante, o general Girard, que pediu baixa por "motivos de saúde".

VIII

NOVOS REFORÇOS

Este ataque chegou à Bahia com as proporções de batalha perdida, pondo mais um solavanco no desequilíbrio geral, mais uma dúzia de boatos no turbilhonar das conjecturas; e o governo começou a agir com a presteza requerida pela situação. Reconhecida a ineficácia dos reforços recém-enviados, cuidou de formar uma nova divisão, arrebanhando os últimos batalhões dispersos pelos Estados, capazes de mobilização rápida. E, para pulsear[1] de perto a crise, resolveu enviar para a base de operações um de seus membros, o Secretário de Estado dos Negócios da Guerra, marechal Carlos Machado de Bittencourt.

Este seguiu em agosto para a Bahia, ao tempo que de todos os ângulos do país abalavam novos lutadores. O movimento armado repentinamente se generalizara, assumindo a forma de um levantamento em massa.

As tropas confluíam do extremo norte e do extremo sul, acrescidas dos corpos policiais de São Paulo, Pará e Amazonas. Nessa convergência para o seio da antiga metrópole, o paulista, forma delida do bandeirante aventuroso; o rio-grandense, cavaleiro e bravo; e o curiboca nortista, resistente como poucos – índoles díspares, homens de opostos climas, contrastando nos usos e tendências étnicas, do mestiço escuro ao caboclo trigueiro e ao branco, ali se agremiavam sob o liame de uma aspiração uniforme. A antiga capital agasalhava-os no recinto de seus velhos baluartes, rodeando num mesmo afago carinhoso e ardente a imensa prole

---

1 **pulsear** tomar o pulso de, sentir.

havia três séculos erradia. Depois de longamente dispersos, os vários fatores da nossa raça volviam repentinamente ao ponto de onde tinham partido, tendendo para um entrelaçamento belíssimo. A Bahia ataviara-se para os receber. Transfigurou-a aquele fluxo e refluxo da campanha – mártires que chegavam, combatentes que seguiam – e, partida a habitual apatia, revestiu a feição guerreira do passado. As inúteis fortalezas, que se lhe intercalam, decaídas à parceria burguesa das casas, no alinhamento das ruas, prontamente reparadas, cortadas as árvores que nasciam nas fendas das suas muralhas, ressurgiam à luz, recordando as quadras em que rugiam naquelas ameias[2] as longas colubrinas[3] de bronze[4].

Nelas aquartelavam os contingentes recém-vindos: o 1º Batalhão Policial de São Paulo, com 458 praças e 21 oficiais, comandado pelo tenente-coronel Joaquim Elesbão dos Reis; os 29º, 39º, 37º, 28º e 4º, dirigidos pelo coronel João César de Sampaio[5], tenentes-coronéis José da Cruz, Firmino Lopes Rego e Antônio Bernardo de Figueiredo e major Frederico Mara, com efetivos sucessivos de 240 praças e 27 oficiais, 250 praças e 40 oficiais, 332 praças e 51 oficiais, 250 praças e 11 oficiais além de 36 alferes adidos, e o 4º com 219 praças e 11 alferes que eram toda a oficialidade, não tendo nem capitães nem tenentes. Por fim dois corpos: o Regimento Policial do Pará, somando 640 combatentes, comandados pelo coronel José Sotero de Meneses, e um da polícia do Amazonas, sob o comando do tenente Cândido José Mariano, com 328 soldados.

Estes reforços, que montavam a 2 914 homens incluídos perto de trezentos oficiais, foram repartidos em duas brigadas, a de linha ao mando do coronel Sampaio e os da polícia – excluída a de São Paulo, que seguira isolada na frente, sob o do coronel Sotero – constituindo uma divisão que foi entregue ao general de brigada Carlos Eugênio de Andrade Guimarães.

---

2 **ameias** cada uma das partes salientes retangulares, separadas por intervalos iguais, na parte superior das muralhas, castelos etc. 3 **colubrinas** antigas peças de artilharia, compridas e finas, de longo alcance. 4 Este trecho foi reescrito a partir da correspondência do dia 15.8.1897, enviada da Bahia e publicada em *O Estado de S. Paulo* no dia 28.8.1897. Ver *Canudos e Inéditos*, pp. 68-69. 5 Em todas as edições de *Os Sertões*, o nome do militar aparece como José. No entanto, os documentos militares trazem João.

Todo o mês de agosto gastou-se em mobilizá-los. Chegavam destacadamente à Bahia; municiavam-se e embarcavam para Queimadas e dali para Monte Santo, onde deviam concentrar-se nos primeiros dias de setembro.

Os batalhões de linha, além de desfalcados, como o indicam os números acima, reduzidos quase a duas companhias, vinham desprovidos de tudo, sem os mais simples apetrechos bélicos – à parte as espingardas velhas e o fardamento ruço[6], que haviam servido na recente campanha federalista do Sul.

O MARECHAL CARLOS MACHADO DE BITTENCOURT

O marechal Carlos Machado de Bittencourt, principal árbitro da situação, desenvolveu, então, atividade notável.

Vinha de molde para todas as dificuldades do momento.

Era um homem frio, eivado de um ceticismo tranquilo e inofensivo. Na sua simplicidade perfeitamente plebeia se amorteciam todas as expansões generosas. Militar às direitas[7], seria capaz – e demonstrou-o mais tarde ultimando tragicamente a vida – de se abalançar aos maiores riscos. Mas friamente, equilibradamente, encarrilhado nas linhas inextensíveis do dever. Não era um bravo e não era um pusilânime.

Ninguém podia compreendê-lo arrebatado num lance de heroísmo. Ninguém podia imaginá-lo subtraindo-se tortuosamente a uma conjuntura perigosa. Sem ser uma organização militar completa e inteiriça, afeiçoara-se todavia ao automatismo típico dessas máquinas de músculos e nervos feitas para agirem mecanicamente à pressão inflexível das leis.

Mas isto menos por educação disciplinar e sólida que por temperamento, inerte, movendo-se passivo, comodamente endentado[8] na entrosagem[9] complexa das portarias[10] e dos regulamentos. Fora disto era um nulo. Tinha o fetichismo das determinações escritas. Não as interpretava, não as criticava: cumpria-as. Boas ou péssimas, absurdas, extra-

---

6 **ruço** desbotado, surrado. 7 **às direitas** como convém ou como deve ser. 8 **endentado** encaixado, travado. 9 **entrosagem** engrenagem. 10 **portarias** decretos.

vagantes, anacrônicas, estúpidas ou úteis, fecundas, generosas e dignas, tornavam-no proteiforme, espelhando-as – bom ou detestável, extravagante ou generoso e digno. Estava escrito. Por isto todas as vezes que os abalos políticos lhas baralhavam, se retraía cautelosamente ao olvido.

O marechal Floriano Peixoto – profundo conhecedor dos homens do seu tempo – nos períodos críticos de seu governo, em que a índole pessoal de adeptos ou adversários influía, deixou-o sempre, sistematicamente, de parte. Não o chamou; não o afastou; não o prendeu. Era-lhe por igual desvalioso como adversário ou como partidário. Sabia que o homem, cuja carreira se desatava numa linha reta seca, inexpressiva e intorcível, não daria um passo a favor ou contra no travamento dos estados de sítio.

A República fora-lhe acidente inesperado no fim da vida. Não a amou nunca. Sabem-no quantos com ele lidaram. Foi-lhe sempre novidade irritante, não porque mudasse os destinos de um povo senão porque alterara umas tantas ordenanças e uns tantos decretos, e umas tantas fórmulas, velhos preceitos que sabia de cor e salteado.

Ao seguir para a Bahia desinfluíra todos os entusiasmos. Quem dele se abeirasse, buscando alentos de uma intuição feliz ou um traço varonil, sulcando a situação emocionante e grave, que até lá o arrastava, topava, surpreso, a esterilidade de uns conceitos triviais, longas frivolidades cruelmente enfadonhas sobre paradas de tropas, intermináveis minúcias sobre distribuição de gêneros e remontas[11] de cavalhadas – como se este mundo todo fosse uma imensa Casa da Ordem e a História uma variante da escrituração dos sargentos.

Saltou naquela capital quando ia em sua plenitude o fervor patriótico de todas as classes; e de algum modo o amorteceu. Manifestações ruidosas, versos flamívomos, oradores explosivos passaram-lhe por diante, estrondaram-lhe em torno, deflagraram-lhe aos ouvidos, num estrepitar de palmas e aplausos. Ouviu-os indiferente e contrafeito. Não sabia respondê-los. Tinha a frase emperrada e pobre. Além disso tudo quanto saía do passo ordinário da vida não o comovia, desorientava-o, contrariava-o.

---

11 **remontas** suprimentos de novos cavalos para as tropas de cavalaria.

Recém-vindos da luta, requerendo uma transferência ou uma licença, nada adiantavam se, dispensando a formalidade de um atestado médico, lhe pusessem à vista apenas o rombo de um tiro de trabuco ou um gilvaz sanguíneo ou um rosto cadavérico de esmaleitado[12]. Eram coisas banais, do ofício.

QUADRO LANCINANTE

Certa vez essa insensibilidade lastimável calou profundamente. Foi numa visita a um dos hospitais.
 O quadro do amplo salão era impressionador...
 Imaginem-se dois extensos renques de leitos alvadios[13], e sobre eles – em todas as atitudes, rígidos debaixo dos lençóis escorridos como mortalhas; de bruços, ou acaroados com os travesseiros, em mudos paroxismos de dores; sentados, ou acurvados, ou estorcendo-se, em gemidos – quatrocentos baleados! Cabeças envoltas em tiras sanguinolentas; braços partidos, em tipoias[14]; pernas encanadas[15], em talas[16] rigidamente estendidas; pés disformes pela inchação, atravessados de espinhos; peitos broqueados[17] à bala ou sarjados[18] à faca: todos os traumatismos e todas as misérias...
 A comitiva que encalçava o ministro – autoridades estaduais e militares, jornalistas, homens de toda a condição – ali entrou silenciosamente, tolhida de assombros.
 Começou a lúgubre visita. O marechal aproximava-se de um ou outro leito, lendo maquinalmente a papeleta pendida à cabeceira; e seguia.
 Mas teve que estacar um momento. Surgira-lhe em frente, emergindo dos cobertores, a face abatida de um velho, um cabo de esquadra, veterano de 35 anos de fileira. Uma vida batida a coice de armas desde os

---

12 **esmaleitado** que sofre de maleita. 13 **alvadios** esbranquiçados. 14 **tipoias** lenços ou tiras de pano que se prendem ao pescoço para descansar braço ou mão doente. 15 **encanadas** postas em talas, ou canas, quando o osso está fraturado, em direção para se soldar. Hoje em dia, diríamos "engessadas". 16 **talas** pedaços de madeira, de papelão ou doutra substância, impregnados de goma e gesso, e empregado em aparelhos destinados ao tratamento de fratura. 17 **broqueados** perfurados. 18 **sarjados** escarificados, cortados.

pântanos do Paraguai às caatingas de Canudos... E no rosto macilento do infeliz resplandecia um belo riso jovial e forte. Reconhecera o ministro do qual fora ordenança nos bons tempos de moço, em que o acompanhara na batalha, nos acantonamentos, nas longas marchas fatigantes. E dizia-o, agitado, voz sacudida e rouca, numa alegria dolorosíssima, num delírio de frases rudes e sinceras – olhos refulgentes de alacridade e de febre, e forçando por erguer-se, abordoando o tronco esmirrado aos braços finos e trêmulos; entreaberta a camisa de algodão deixando ver, na clavícula, a nódoa de uma cicatriz antiga...

Era empolgante a cena. Resfolegaram surdamente, opressos, todos os peitos. Empanaram-se[19] todas as vistas, de lágrimas... e o marechal Bittencourt prosseguiu, tranquilamente, continuando a leitura maquinal das papeletas.

É que tudo aquilo – fortes emoções ou quadros lancinantes – estava fora do programa. Não o distraía.

Era realmente o homem feito para aquela emergência. O governo não depararia quem melhor lhe transmitisse a ação, intata, rompendo retilineamente no tumulto da crise.

Nesse abnegar-se a si próprio, abdicando todas as regalias da própria posição, fez-se, na lídima significação do termo, o quartel-mestre-general de uma campanha em que era chefe supremo um seu inferior hierárquico.

É que um bom senso sólido, blindado da frieza que o libertava de quaisquer perturbações, fizera que ele apanhasse, de um lance, as exigências reais da luta. Destas – compreendeu-o logo – a menos valiosa era, decerto, a acumulação de um maior número de combatentes no conflito. Estes, penetrando a região conflagrada, agravariam antes o estado dos companheiros, que pretendessem auxiliar, se lá fossem compartir as mesmas provações, reduzindo-lhes os recursos escassos no concorrerem à mesma penúria. O que era preciso combater a todo o transe e vencer não era o jagunço, era o deserto. Fazia-se imprescindível dar à campanha o que ela ainda não tivera: uma linha e uma base de ope-

---

19 empanaram-se embaçaram-se.

rações. Terminava-se por onde devia começar-se. E foi essa a empresa impulsionada com sucesso pelo ministro. Atraído durante toda a estadia na Bahia por sem-número de questões de pormenores – equipamento dos batalhões que chegavam e acomodações para as turmas incessantes de feridos – o seu espírito superpunha-lhes sempre aquele objetivo capital, condição preponderante, e talvez única, do sério problema a resolver. Venceu-o, por fim, num destruir tenaz de numerosas dificuldades.

Nos últimos dias de agosto organizara-se, afinal, definitivamente, um corpo regular de comboios, atravessando continuamente os caminhos e ligando de modo efetivo, com breves intervalos de dias, o exército em operações a Monte Santo.

Este resultado pressagiava o desenlace próximo da contenda. Porque desde o começo, revelam-no as expedições antecedentes, as causas do insucesso em grande parte repousavam no insulamento em que cegamente se encravavam os expedicionários perdendo-se na região estéril, isolando-se diante do inimigo em espetaculosas diligências policiais, onde não havia rastrear-se os mínimos preceitos da estratégia.

O marechal Bittencourt fez, pelo menos, isto: transmudou um conflito enorme em campanha regular. A que até então se fizera traduzira-se num prodigalizar inútil da bravura, mas o heroísmo e abnegação mais rara não a impulsionariam. Cristalizara num assédio platônico e dúbio, recortado de fuzilarias inúteis, em que se jogava nobremente e estupidamente a vida. E este prolongar-se-ia, indeterminado, até que o arraial sinistro absorvesse, um a um, os que o acometiam. Em tal caso a simples substituição dos que ali tombavam – oito a dez por dia – por outros, tornava-se um círculo vicioso crudelíssimo. Além disto, numerosos assaltantes eram uma agravante. Circulariam todo o povoado, arrancar-lhe-iam todas as saídas, mas teriam, passados poucos dias, latentes em roda, as linhas de outro cerco intangível e formidável – o deserto recrestado, das caatingas, pondo-os nas aperturas crescentes e inelutáveis da fome.

Previu-o o marechal Bittencourt.

COLABORADORES PROSAICOS DEMAIS...

Um estrategista superior, atraído pela forma técnica e alta da questão, gizaria rasgos estupendos de tática e não a resolveria. Um lidador brilhante idearia novas arrancadas impetuosas, que esmagassem de vez a rebeldia, e extenuar-se-ia, inútil, a marche-marche pelas caatingas. O marechal Bittencourt, indiferente a tudo isto – impassível dentro da impaciência geral – organizava comboios e comprava muares...

De feito, aquela campanha cruenta e na verdade dramática só tinha uma solução, e esta singularmente humorística.

Mil burros mansos valiam na emergência por dez mil heróis. A luta com todo o seu cortejo de combates sanguentos descambava, deploravelmente prosaica, a um plano obscuro.

Dispensava o heroísmo, desdenhava o gênio militar, excluía o arremesso das brigadas, e queria tropeiros e azêmolas. Esta maneira de ver implicava[20] com o lirismo patriótico e doía, feito um epigrama[21] malévolo da História, mas era a única. Era forçada a intrusão pouco lisonjeira de tais colaboradores em nossos destinos. O mais caluniado dos animais ia assentar, dominadoramente, as patas entaloadas em cima de uma crise, e esmagá-la...

Ademais, somente eles podiam dar às operações a celeridade exigida pelas circunstâncias. É o caso que a guerra só podia delongar-se por mais dois meses, no máximo. Mais três meses seriam, e não havia remover a conclusão inabalável, a derrota, o abandono de quanto se havia feito, a paralisação obrigada.

Ia entrar, em novembro, sobre aquela zona, o regime torrencial e dele decorreriam consequências insanáveis.

Nos leitos até então secos, dos regatos, acachoariam rios de águas barrentas, e o Vaza-Barris, intumescido de repente, transmudar-se-ia em onda enorme e dilatada, rolando transbordante, intransponível, cortando todas as comunicações.

---

20 implicava era incompatível. **21 epigrama** poesia satírica; dito mordaz e malicioso.

Depois, quando as caudais se extinguissem, rápidas – porque o turbilhão das águas, derivando para o S. Francisco e para o mar, se esgota com a mesma celeridade com que se forma – despontariam entraves mais graves. Sob a adustão dos dias ardentíssimos, cada banhado, cada lagoa efêmera, cada caldeirão encovado nas pedras, cada poça de água – é um laboratório infernal, destilando a febre que irradia latente nos germes do impaludismo, profusamente disseminados nos ares, ascendendo em número infinito de cada ponto em que bata um raio de sol e descendo sobre as tropas, milhares de organismos em que as fadigas criavam receptividade mórbida funesta.

Era preciso liquidar a pendência antes dessa quadra perigosa, dispondo as coisas para um sítio real e firme determinando a rendição imediata. E vencido o inimigo que podia ser vencido, recuar incontinenti ante o inimigo invencível e eterno – a terra desolada e estéril. Mas para tal era indispensável garantir-se a subsistência do exército que, com os recentes reforços, montaria cerca de oito mil homens.

Conseguiu-o o ministro da guerra.

De sorte que ao partir, em começo de setembro, para Queimadas – estavam dispostos todos os elementos para desenlace próximo: aguardavam-no, concentradas em Monte Santo, as brigadas da "Divisão Auxiliar"; seguiam, ainda que raros, os primeiros comboios regulares para Canudos.

EM CANUDOS

Iam ainda a tempo de reanimar a expedição que até àquela data atravessara, presa aos flancos do arraial, quarenta e tantos dias de agitação perigosa e inútil. Definimo-la já, em breve diário que não alongamos para evitar a mesmice[22] dolorosa de episódios sucedendo-se sem variantes apreciáveis.

Os mesmos tiroteios improvisos, violentos, instantâneos, em horas incertas; os mesmos armistícios enganadores; a mesma apatia recortada

---

22 **mesmice** marasmo, chatice.

de alarmas; a mesma calma estranha e esmagadora, intermitentemente rota de descargas...

Combates diários, ora mortíferos rareando as fileiras e desfalcando-as de oficiais prestimosos, ora ruidosos e longos, mas à maneira dos recontros entre os mercenários na Idade Média, esgotando-se num dispêndio de milhares de balas, sem um ferido, sem um escoriado sequer, de lado a lado. Por fim a existência aleatória, a terços de rações, quando as havia, dividindo-se um boi por batalhão e um litro de farinha por esquadra; e, como nos maus dias da Favela, as empresas diárias, em que se escalavam corpos para arrebanharem gado.

Os comboios eram raros e incertos. Chegavam escassos, extraviando-se parte das cargas pelos caminhos. Diante dos expedicionários se levantou de novo, como perigo único, a fome.

Metidos nos casebres, ou nas tendas por detrás dos morros, ou colados às escarpas das trincheiras, pouco se temiam do jagunço. Os perigos consistiam, exclusivos, nas caçadas, que estes faziam, de incautos que se afastavam dos abrigos. As duas torres da igreja nova lá estavam sobranceiras na altura, como dois *mutãs*[23] sinistros sobre o exército. E nada escapava à pontaria dos que as guarneciam e que não as abandonavam no maior fragor dos canhoneios. A travessia para a Favela continuava, por isto, perigosa, tornando-se necessário estacionar uma guarda à margem do rio, no ponto em que ia dar o caminho, a fim de impedir que para lá seguissem soldados imprudentes. Naquele ponto recebiam o batismo de fogo[24] os reforços que chegavam: a Brigada Girard, a 15 de agosto, reduzida a 892 praças e 56 oficiais; o Batalhão Paulista a 23, com 424 praças e 21 oficiais; o 37º de Infantaria, que precedera a "Divisão Auxiliar", com 205 praças e 16 oficiais, comandado pelo tenente-coronel Firmino Lopes Rego. Os rudes adversários deixavam-nos descer em paz as últimas abas da montanha, timbrando em lhes fazer no último passo, embaixo, no álveo do rio, uma recepção retumbante e teatral, de tiros, cortada invariavelmente de estrídulos assovios terrivelmente irônicos.

---

23 Ver nota 79, p. 395. **24 batismo de fogo** o primeiro ferimento de guerra.

É que não os assustavam os novos antagonistas. Permaneciam na mesma atitude desafiadora, inamolgáveis. E pareciam disciplinar-se. Correspondiam-se, de um a outro extremo do povoado, ao través do casario, a disparos combinados de bacamartes. Arrojavam-se mais ordenados e seguros nos assaltos. Recebiam, por sua vez, comboios, entrando pelos caminhos da Várzea da Ema, sem que lhos capturasse a tropa assaltante para não desguarnecer as posições ocupadas ou, consideração mais séria, evitar ciladas perigosas. Porque pelas cercanias, derivando invisíveis pelas colinas do norte e dali para Canabrava e Cocorobó, circulando de longe os batalhões, rondavam rápidas colunas volantes de jagunços, das quais havia sinais iniludíveis. Não raro o soldado inexperto, ao avultar sobre um cerro, baqueava atravessado por uma bala, que partia de fora do arraial, das linhas intangíveis daquele outro assédio abarcando a tropa. Os animais de montaria e tração eram muitas vezes espavoridos a tiro, nas pastagens que se alongavam pelas duas margens do rio; e em certo dia de agosto 20 muares da artilharia foram capturados, apesar de estarem sob a guarda de um batalhão aguerrido, o 5º de linha, sobre o qual se fez carga da importância da presa.

Estes incidentes delatavam raro alento entre os rebeldes.

Não lhes davam, entretanto, tréguas os assaltantes. Os três Krupps que desde 19 de julho emparcavam sobre a encosta, tendo no sopé a vanguarda do 25º sobranceando a praça, batiam-nos noite e dia, ateando incêndios a custo debelados e arruinando inteiramente a igreja velha, de madeiramento já todo exposto a ressaltar no telhado abatido em parte e em cujo campanário não se compreendia que ainda subisse à tarde o impávido sineiro, tangendo as notas consagradas da Ave-Maria.

O SINO DA IGREJA

Como se não bastasse aquele bombardeio à queima-roupa, descera, a 23 de agosto, do alto da Favela, o Whitworth 32. Naquele dia fora ferido o general Barbosa, quando inspecionava a bateria do centro, próxima ao quartel-general da 1ª coluna. De sorte que a vinda do monstruoso canhão dava oportunidade a revide imediato. Este realizou-se logo ao amanhecer do dia subsequente. E foi, de fato, formidando. A grande peça detonou: viu-se arrebentar, com estrondo, o enorme *shrapnel* entre as paredes da igreja, esfarelando-lhe o teto, derrubando os restos do campanário e fazendo saltar pelos ares, revoluteando, estridulamente badalando, como se ainda vibrasse um alarma, o velho sino que chamava ao descer das tardes os combatentes para as rezas...

FUZILARIA

Mas, tirante este incidente, fora perdida a jornada: quebrara-se uma peça do aparelho obturador do canhão fazendo-o emudecer para sempre. Caíram nas linhas de fogo oito soldados, e uma fuzilaria fechada, estupenda, incomparável, entrou pela noite dentro até ao amanhecer. Reatou-se durante o dia, após ligeiro armistício vitimando mais quatro soldados, que com seis do 26º que aproveitando o tumulto desertaram, elevaram a dez as perdas do dia. Continuou no dia 26, abatendo cinco praças; matando quatro, no dia 27; quatro, no dia 28; no dia 29, quatro soldados e um oficial; e assim por diante, na mesma escala inflexível, que exauria a tropa.

As baixas, somando-se diariamente em parcelas pouco díspares, com os claros abertos em todas as fileiras pelos combates anteriores, tinham já, desde meados de agosto, imposto a reorganização das forças rarescentes. Na diminuição que tivera o número de brigadas, passando de sete a cinco, e no descair das graduações dos comandos, percebia-se, apesar dos reforços recém-vindos, o enfraquecimento da expedição[25].

25 **Nota do Autor:** "Quartel-general do Comando em chefe – Campo de combate em Canudos, 17 de agosto de 1897 – Ordem do dia nº 102 – Reorganização das forças em operações no interior do Estado. Nesta data passa a ter a seguinte organização a força do meu comando: 14º Batalhão de Infantaria sob o comando do capitão do 32º Antônio da Silva Paraguaçu; 22º sob o comando do major do mesmo corpo Lídio Porto; 24º sob o comando do major do mesmo corpo Henrique José de Magalhães; 38º sob o comando do capitão do mesmo corpo Afonso Pinto de Oliveira, todos da arma de infantaria, constituindo a 1ª Brigada, sob o comando do coronel do 14º Joaquim Manuel de Medeiros; 15º sob o comando do capitão do 38º José Xavier de Figueiredo Brito; 16º sob o comando do capitão do 24º Napoleão Felipe Aché; 27º sob o comando do capitão do 24º Tito Pedro Escobar; 33º sob o comando do capitão José Soares de Melo, constituindo a 2ª Brigada, sob comando do coronel do 27º Inácio Henrique de Gouveia; 5º comandado pelo capitão Leopoldo Barros e Vasconcelos,

Dos vinte batalhões de infantaria que lá estavam – à parte o 5º Regimento de Artilharia, o 5º da Polícia Baiana, uma bateria de tiro rápido e um esquadrão de cavalaria – quinze eram comandados por capitães e duas das brigadas por tenentes-coronéis, não descendo o das companhias aos sargentos por ser maior que o destes o número de alferes.

Breve, porém, a situação mudaria. Canudos teria em torno, em algarismos rigorosamente exatos, trinta batalhões, excluídos os corpos de outras armas[26].

Avançava pelos caminhos a Divisão salvadora.

do mesmo corpo; 7º sob o comando do capitão do mesmo corpo Alberto Gavião Pereira Pinto; 25º sob o comando do major Henrique Severiano da Silva; 34º comandado pelo capitão Pedro de Barros Falcão, constituindo a 3ª Brigada, sob o comando do tenente-coronel do 25º Emídio Dantas Barreto; 5º Regimento de Artilharia, comandado pelo capitão do mesmo João Carlos Pereira Ibiapina; bateria do 2º Regimento sob o comando do primeiro-tenente do 5º Batalhão de posição Anfrodísio Borba e bateria de tiro rápido comandada pelo capitão do 1º de posição Antônio Afonso de Carvalho, instituindo a brigada de artilharia, sob o comando do coronel do 5º Regimento Antônio Olímpio da Silveira, cujas brigadas ficam fazendo parte da 1ª coluna, sob o comando do general de brigada João da Silva Barbosa; 9º Batalhão de Infantaria, sob o comando do capitão do 31º José Lauriano da Costa; 26º sob o comando do capitão do 40º Francisco de Moura Costa; 32º sob o comando do major do mesmo corpo Florismundo Colatino dos Reis Araújo Góis; 35º comandado pelo capitão Fortunato de Sena Dias, constituindo a 4ª Brigada, do comando do coronel do 32º Donaciano de Araújo Pantoja; 12º de Infantaria do comando do capitão do 31º Joaquim Gomes da Silva; 30º comandado pelo capitão Altino Dias Ribeiro; 31º sob o comando do major do mesmo corpo João Pacheco de Assis; 40º sob o comando do major Manuel Nonato Neves de Seixas, constituindo a 5ª Brigada do comando do tenente-coronel do 30º Antônio Tupi Ferreira Caldas, as quais formarão a 2ª coluna sob o comando interino do coronel Joaquim Manuel de Medeiros, passando a comandar interinamente a 1ª Brigada o major do 16º Aristides Rodrigues Vaz. O contingente de cavalaria, comandado pelo alferes do 1º de Cavalaria João Batista Pires de Almeida, fará parte da 1ª Brigada e à disposição deste comando com o contingente de engenharia e o 5º Corpo de Polícia. Artur Oscar de Andrade Guimarães, general de brigada". **26 Nota do Autor:** 4º, 5º, 7º, 9º, 12º, 14º, 16º, 22º, 23º, 24º, 25º, 26º, 27º, 28º, 29º, 30º, 31º, 32º, 33º, 34º, 35º, 37º, 38º, 40º de linha; 5º da Bahia; 1 de São Paulo; 2 do Pará; 1 do Amazonas. Ao todo 30. Adite-se: 5º Regimento de Artilharia; bateria do 2º Regimento da mesma arma; uma bateria de tiro rápido; um esquadrão de cavalaria; o 4º Corpo de Polícia baiana e o Batalhão "Moreira César", dos comboios.

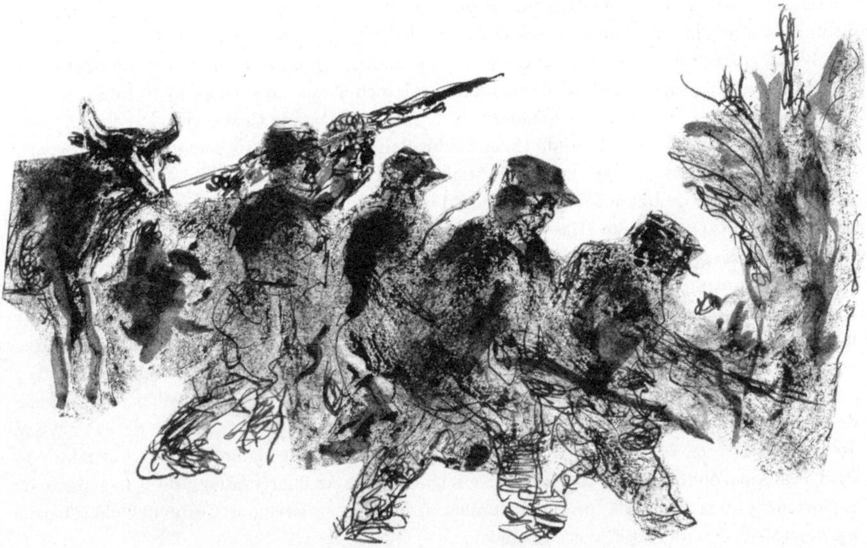

Nova Fase da Luta

I. Queimadas [p. 609]. [Páginas demoníacas, p. 610]. Uma ficção geográfica [p. 610]. Fora da Pátria [p. 611]. Novas animadoras [p. 613]. [Prisioneiros, p. 613]. Diante de uma criança [p. 614]. [Outra criança, p. 615] Na estrada de Monte Santo [p. 616]. Palimpsestos ultrajantes [p. 619]. Em Monte Santo [p. 620]. [Em Canudos, p. 621]. Uma "vaia entusiástica"... [p. 622]. Trincheira Sete de Setembro [p. 623]. Estrada de Calumbi [p. 625][1].

II. Marcha da divisão auxiliar [p. 629]. Medo glorioso [p. 629]. [Caxomongó, p. 630]. [Rebate falso, p. 631]. Em busca de uma meia ração de glória [p. 632]. Aspecto do acampamento [p. 633]. [Canudos, p. 635]. O charlatanismo da coragem [p. 639].

III. Embaixada ao céu [p. 641]. Complemento do assédio [p. 643]. [Cenário de tragédia, p. 645].

---

[1] Nas três primeiras edições de *Os Sertões* e no AP, os seguintes subtítulos do item I aparecem em ordem inversa: "Fora da Pátria. Diante de uma criança. Na estrada de Monte Santo. Novas animadoras". *Idem* para o caso dos seguintes subtítulos do item II: "Aspecto do acampamento. Em busca de uma meia ração de glória".

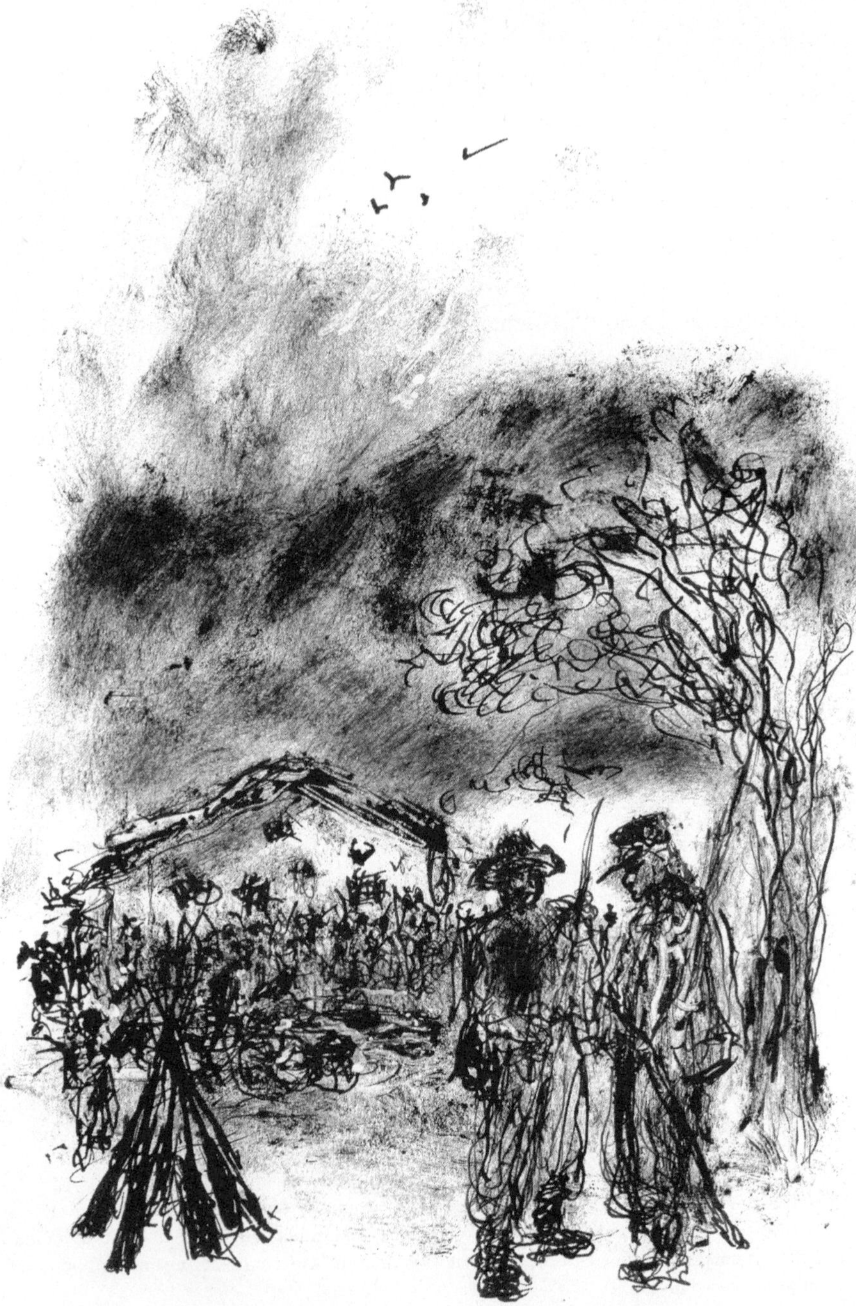

I

QUEIMADAS

Queimadas, povoado desde o começo deste século, mas em plena decadência, fez-se um acampamento ruidoso. O casario pobre, desajeitadamente arrumado aos lados da praça irregular, fundamente arado pelos enxurros – um claro no matagal bravio que o rodeia – e, principalmente, a monotonia das chapadas que se desatam em volta, entre os morros desnudos, dão-lhe um ar tristonho completando-lhe o aspecto de vilarejo morto, em franco descambar para tapera em ruínas.

Prendiam-se-lhe, ademais, recordações penosas. Ali tinham parado todas as forças anteriormente envolvidas na luta, no mesmo prolongamento do largo aberto para a caatinga cujos tons pardos e brancacentos, de folhas requeimadas, sugeriram a denominação da vila. Acervos repugnantes de farrapos e molambos; trapos multicores e imundos, de fardamentos velhos; botinas e coturnos acalcanhados; quepes e bonés; cantis estrondados; todos os rebotalhos de caserna, esparsos em área extensa, em que branqueavam restos de fogueiras, delatavam a passagem dos lutadores, que lá armaram as tendas, a partir da expedição Febrônio. Naquele chão batido dos rastros de dez mil homens, haviam turbilhonado na vozeria dos bivaques – paixões, ansiedades, esperanças, desalentos indescritíveis.

PÁGINAS DEMONÍACAS

Transposta acessível ondulação, via-se, recortando o cerrado dos arbustos, um sulco largo de roçada, retilíneo e longo, que um alvo estremava – a linha de tiro, onde se exercitara a divisão Artur Oscar. Perto, ao lado, a capela exígua e baixa, como um barracão murado. E nas suas paredes, cabriolando doidamente, a caligrafia manca e a literatura bronca do soldado. Todos os batalhões haviam colaborado nas mesmas páginas, escarificando-as a ponta de sabre ou tisnando-as[2] a carvão, no gravarem as impressões do momento. Eram páginas demoníacas aqueles muros sacrossantos: períodos curtos, incisivos, arrepiadores; blasfêmias fulminantes; imprecações, e brados, e vivas calorosos, rajavam-nas em todo o sentido, profanando-as, mascarrando-as[3], em caracteres negros espetados em pontos de admiração, compridos como lanças[4].

Dali para baixo, no descair de insensível descida, uma vereda estreita e mal-afamada – a estrada de Monte Santo, por onde tinham abalado, esperançosas, três expedições sucessivas, e de onde chegavam, agora, sucessivamente, bandos miserandos de foragidos. Vadeado[5] o Jacurici, volvendo águas rasas e mansas, ela enfiava, inflexa, pelas chapadas fora, ladeada, em começo, por uma outra que demarcavam os postes da linha telegráfica recentemente estabelecida.

UMA FICÇÃO GEOGRÁFICA

A linha férrea corre no lado oposto. Aquele liame do progresso passa, porém, por ali, inútil, sem atenuar sequer o caráter genuinamente roceiro do arraial. Salta-se do trem; transpõe-se[6] poucas centenas de metros entre casas deprimidas; e topa-se para logo, à fímbria da praça – o sertão...

---

2 **tisnando** sujando, manchando. 3 **mascarrando** escrevendo mal, sujando, emporcalhando. Nas três primeiras edições de *Os Sertões* e no AP, este verbo aparece com outra grafia: *mascarando*. 4 Observar mais adiante a recorrência do tema e uma idêntica elaboração estilística (p. 619). O trecho acima se baseia na p. 13 do MS. Ver Bernucci, pp. 180-184. 5 **vadeado** atravessado. 6 Notar o uso que Euclides faz deste verbo no singular, incomum atualmente.

Está-se no ponto de tangência de duas sociedades, de todo alheias uma à outra. O vaqueiro encourado emerge da caatinga, rompe entre a casaria desgraciosa, e estaca o *campeão* junto aos trilhos, em que passam, vertiginosamente, os patrícios do litoral, que o não conhecem.

FORA DA PÁTRIA

Os novos expedicionários ao atingirem-no perceberam esta transição violenta. Discordância absoluta e radical entre as cidades da costa e as malocas de telha do interior, que desequilibra tanto o ritmo de nosso desenvolvimento evolutivo e perturba deploravelmente a unidade nacional. Viam-se em terra estranha. Outros hábitos. Outros quadros. Outra gente. Outra língua mesmo, articulada em gíria original e pinturesca. Invadia-os o sentimento exato de seguirem para uma guerra externa. Sentiam-se fora do Brasil. A separação social completa dilatava a distância geográfica; criava a sensação nostálgica de longo afastamento da pátria.

Além disto, a missão que ali os conduzia frisava, mais fundo, o antagonismo. O inimigo lá estava, para leste e para o norte, homiziado nos sem-fins das chapadas, e no extremo delas ao longe, se desenrolava um drama formidável...

Convinha-se em que era terrivelmente paradoxal uma pátria que os filhos procuravam armados até os dentes, em som de guerra, despedaçando as suas entranhas a disparos de Krupps, desconhecendo-a de todo, nunca a tendo visto, surpreendidos ante a própria forma da terra árida, e revolta, e brutal, esvurmando espinheiros, tumultuando em pedregais, esboroando em montanhas derruídas, escancelada em grotões, ondeando em tabuleiros secos, estirando-se em planuras nuas, de estepes...

O que ia fazer-se era o que haviam feito as tropas anteriores – uma invasão – em território estrangeiro. Tudo aquilo era uma ficção geográfica. A realidade, tangível, enquadrada por todos os sucessos, ressaltando à observação mais simples, era aquela. Os novos campeadores sentiam-na dominadoramente. E como aquele povo desconhecido de matutos lhes devolvia, dia a dia, mutilados e abatidos, os companheiros que meses

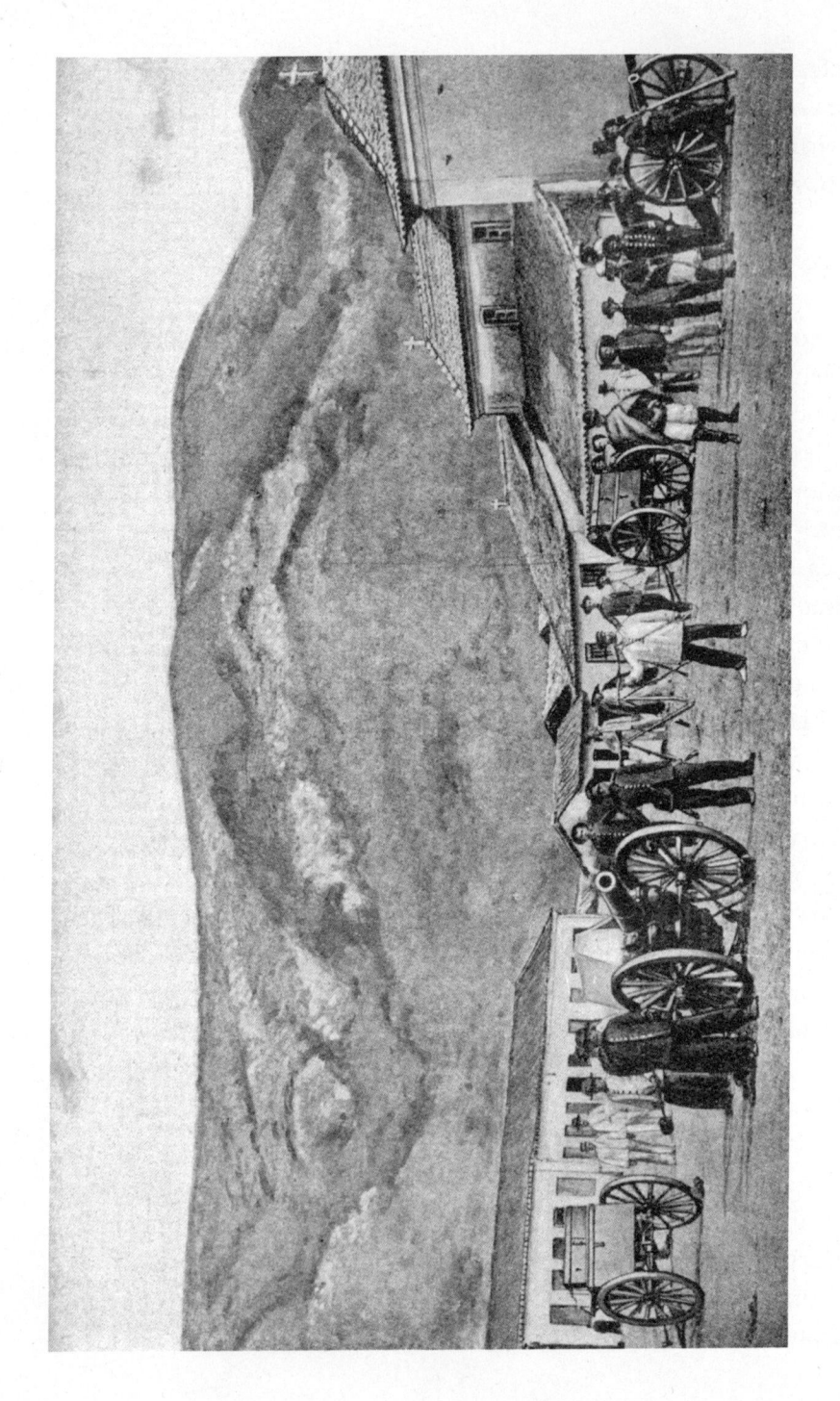

Monte Santo (base de operação). Foto de Flávio Barros.

antes tinham avançado robustos e altaneiros, não havia ânimo varonil que atentasse impassível para as bandas do sertão misterioso e agro...

NOVAS ANIMADORAS

Felizmente tiveram ao chegar o contrachoque de notícias animadoras recém-vindas do campo de operações.

Nenhum outro desastre ocorrera. Guardavam-se, malgrado tiroteios diários, as posições conquistadas. A Brigada Girard e o Batalhão Paulista tinham ido a tempo de preencher os claros da linha rarefeita do sítio. Com este reforço coincidiam os primeiros sintomas de desânimo entre os rebeldes: não batia mais com a sua serenidade gloriosa o sino da igreja velha, que caíra; não mais se ouviam ladainhas melancólicas entre os intervalos das fuzilarias; cessavam os ataques atrevidos às linhas; e à noite, sem o bruxulear de uma luz, o arraial mergulhava silenciosamente nas sombras. Reproduzia-se a atoarda[7] de que o *Conselheiro* lá estava, agora, coato[8], preso pelos próprios sequazes, revoltados pelo intento, que manifestara, de se entregar, dispondo-se ao martírio.

E citavam-se pormenores incidindo todos no denunciar o afrouxamento rápido da conflagração.

PRISIONEIROS

Os novos combatentes imaginaram-na extinta antes de chegarem a Canudos. Tudo o indicava. Por fim os próprios prisioneiros que chegavam e eram, no fim de tantos meses de guerra, os primeiros que apareciam. Notou-se apenas, sem que se explicasse a singularidade, que entre eles não surgia um único homem feito. Os vencidos, varonilmente ladeados de escoltas, eram fragílimos: meia dúzia de mulheres tendo ao colo crianças engelhadas[9] como fetos, seguidas dos filhos maiores, de seis a dez anos. Passaram pelo arraial entre compactas alas de curiosos, em que se apertavam fardas de todas as armas e de todas as patentes. Um espetáculo triste.

---

7 **atoarda** boato.   8 **coato** coagido, constrangido.   9 **engelhadas** murchas, secas, contraídas.

As infelizes, em andrajos, camisas entre cujas tiras esfiapadas se repastavam[10] olhares insaciáveis, entraram pelo largo, mal conduzindo pelo braço os filhos pequeninos, arrastados.

Eram como animais raros num divertimento de feira.

Em volta cruzavam-se, em todos os tons, comentários de toda a sorte, num burburinho de vozes golpeadas de interjeições vivíssimas, de espanto. O agrupamento miserando foi por algum tempo um derivativo, uma variante feliz aligeirando as horas enfadonhas do acampamento.

Mas acirrou a curiosidade geral, sem abalar os corações.

DIANTE DE UMA CRIANÇA

Um dos pequenos – franzino e cambaleante – trazia à cabeça, ocultando-a inteiramente, porque descia até aos ombros, um velho quepe reúno, apanhado no caminho. O quepe, largo e grande demais, oscilava grotescamente, a cada passo, sobre o busto esmirrado que ele encobria por um terço. E alguns espectadores tiveram a coragem singular de rir. A criança alçou o rosto, procurando vê-los. Os risos extinguiram-se: a boca era um chaga aberta de lado a lado por um tiro!

As mulheres eram, na maioria, repugnantes. Fisionomias ríspidas, de viragos, de olhos zanagas[11] e maus.

Destacava-se, porém, uma. A miséria escavara-lhe a face, sem destruir a mocidade. Uma beleza olímpica ressurgia na moldura firme de um perfil judaico, perturbados embora os traços impecáveis pela angulosidade dos ossos apontando duramente no rosto emagrecido e pálido, aclarado de olhos grandes e negros, cheios de tristeza soberana e profunda.

Esta satisfez a ânsia curiosa contando uma história simples. Uma tragédia em meia dúzia de palavras. Um drama a bem dizer trivial, então, com o epílogo invariável de uma bala ou de um estilhaço de granada[12].

10 repastavam deliciavam. **11 zanagas** estrábicos. **12** Este trecho foi reescrito a partir da correspondência do dia 3.9.1897 publicada em *O Estado de S. Paulo* de 14.9.1897. Ver *Canudos e Inéditos*, p. 97. O nome da criança era José, na declaração do Autor.

Postas na saleta térrea de casebre comprimido, junto ao largo, as infelizes, rodeadas pelos grupos insistentes, foram vítimas de perguntas intermináveis.

Estas deslocaram-se por fim às crianças. Procurava-se a sinceridade na ingenuidade infantil.

OUTRA CRIANÇA

Uma delas, porém, menor de nove anos, figurinha entroncada de atleta em embrião, face acobreada e olhos escuríssimos e vivos, surpreendeu-os pelo desgarre e ardileza precoce. Respondia entre baforadas fartas de fumo de um cigarro, que sugava com a bonomia[13] satisfeita de velho viciado. E as informações caíam, a fio, quase todas falsas, denunciando astúcias de tratante[14] consumado. Os inquiridores registravam-nas religiosamente. Falava uma criança. Num dado momento, porém, ao entrar um soldado sobraçando a Comblain, a criança interrompeu a algaravia. Observou, convicto, entre o espanto geral, que a *comblé*[15] não prestava. Era uma arma à toa, *xixilada*[16]: fazia um *zoadão danado*, mas não tinha força. Tomou-a: manejou-a com perícia de soldado pronto; e confessou, ao cabo, que preferia a *manulixe*[17], um clavinote de *talento*[18]. Deram-lhe, então, uma Mannlicher. Desarticulou-lhe agilmente os fechos, como se fosse aquilo um brinco infantil predileto.

Perguntaram-lhe se havia atirado com ela, em Canudos.

Teve um sorriso de superioridade adorável:

– E por que não? Pois si havia *tribuzana*[19] velha!... *Haverá de levar pancada, como boi acuado, e ficar quarando*[20] *à-toa, quando a cabrada*[21] *fechava o samba*[22] *desautorizando*[23] *as praças?!*[24]

---

13 bonomia pachorra. **14 tratante** velhaco. **15 comblé** Comblain. **16 xixilada** (*fig.*) "sem-vergonha". **17 manulixe** Mannlicher. **18 talento** verdade. Ver: "É rapaz de *talento* não recua diante de famanazes" (*Caderneta*, p. 37). **19 tribuzana** trabuzana, conflito, briga. **20 quarando** parado. **21 cabrada** grupo de cabras da peste ou de valentes. **22 fechava o samba** brigava com vigor. **23 desautorizando** desafiando, humilhando. **24** Estas expressões regionais não foram registradas da forma como se encontram aqui e sim em frases isoladas como demonstra a *Caderneta*: "O povo com um *zoadão* mt.º grande porq. caiu duas bichas que faz boum!" (p. 24); "Temos *tribusana* velha" (p. 36);

Aquela criança era, certo, um aleijão estupendo. Mas um ensinamento. Repontava, bandido feito, à tona da luta[25], tendo sobre os ombros pequeninos um legado formidável de erros. Nove anos de vida em que se adensavam três séculos de barbaria.

Decididamente era indispensável que a campanha de Canudos tivesse um objetivo superior à função estúpida e bem pouco gloriosa de destruir um povoado dos sertões. Havia um inimigo mais sério a combater, em guerra mais demorada e digna. Toda aquela campanha seria um crime inútil e bárbaro, se não se aproveitassem os caminhos abertos à artilharia para uma propaganda tenaz, contínua e persistente, visando trazer para o nosso tempo e incorporar à nossa existência aqueles rudes compatriotas retardatários.

Mas sob a pressão de dificuldades exigindo solução imediata e segura, não havia lugar para essas visões longínquas do futuro. O ministro da guerra, depois de se demorar quatro dias em Queimadas removendo os últimos entraves à mobilização das forças, seguiu para Monte Santo.

NA ESTRADA DE MONTE SANTO

Acompanhado apenas dos estados-maiores, seu e do general Carlos Eugênio, ia atingir a base das operações, atravessando a região coalhada de feridos e aquilatando pelas fadigas que assaltaram a sua comitiva bem montada e abastecida, em caminhos livremente trafegados, as torturas que assaltariam os caminhantes que seguiam, a pé, pelas trilhas aspérrimas do sertão. Naquela travessia folgada, feita em três dias, antolhara-se-lhe em cada volta da vereda um traço lúgubre da guerra, cuja encenação a par e passo se acentuava, acompanhando a aspereza crescente da terra calcinada e estéril. O primeiro pouso em que parara, o Tanquinho, prefigurara os demais. Era o melhor e era inaturável: um sítio meio destruído, duas casas em abandono, imersas na galhada[26] fina do alecrim-dos-tabuleiros, de onde irrompiam cereus esguios e melancólicos. O

"Levar pancada como cavalo acuado" (p. 36); "O cabra pulou na frente e desautorizou logo o homem! e *mandou-lhe o pau e fechou o samba!*" (p. 37); "Eh! cabrada sacudida!" (p. 37); "Estou *quarando* aqui há seis meses à toa" (p. 37). **25 à tona da luta** ao sabor da luta. **26 galhada** ramagem.

tanque que o batiza provém de um afloramento granítico originando reduzida mancha de solo impermeável sobre que jazem, estagnadas, as águas livres da sucção ávida do terreno de grés, envolvente. À sua borda, como à de todas as ipueiras marginais à estrada, sesteavam[27] dezenas de feridos, e acampava a recovagem[28] dos comboios. Mas isto sem a azáfama característica e ruidosa dos abarracamentos, soturnamente, silenciosamente; acúmulo entristecedor de homens macilentos, em grupos imóveis, paralisados na quietude de exaustão completa.

À noite, sobretudo, acesas as fogueiras rebrilhantes na superfície d'água escura, eles formavam, uns acocorados junto ao fogo e tiritando de maleitas, arrastando-se outros vagarosos e claudicantes e projetando sobre a tela unida da lagoa as sombras disformes, conjunto trágico e emocionante. Oficiais que se abeiravam sequiosos da ourela do pântano davam, de chofre, com espectros mal aprumados tentando fazer-lhes a continência militar: e volviam entristecidos. Dali por diante os mesmos quadros: pelos caminhos os mesmos retirantes abatidos, e, à beira dos pântanos verde-negros, recamados de algas, os mesmos agrupamentos miserandos[29].

Como contraste permanente, a nota superior da força e da robustez era dada, intermitentemente, pelos homens, mais tranquilos e inofensivos, irrompendo, isolados, dentre as caravanas dos guerreiros sucumbidos. No volver das inflexões da vereda, topava-se, às vezes, um vaqueiro amigo, um aliado, que se empregara nos serviços de transporte. A cavalo, entrajado de couro, sombreiro[30] largo galhardamente revirado à testa trigueira e franca; à cinta o longo facão *jacaré*; à destra a lança arpoada do ferrão – quedava o matuto imóvel, à orla da passagem, desviando-se, deixando livre o curso à cavalgata, numa atitude respeitosa e altiva, de valente disciplinado, muito firme dentro da sua couraça vermelho-parda feito uma armadura de bronze, figurando um campeador robusto, coberto ainda da poeira das batalhas.

---

27 sesteavam jaziam. **28 recovagem** a carga. **29** Esta experiência, nos conta Euclides, viveu o próprio Autor, segundo a sua carta de 4.9.1897 para *O Estado de S. Paulo*. Ver *Diário*, p. 99. **30 sombreiro** chapéu de aba larga.

A comitiva avançava e esquecia logo a imagem do sertanejo robusto – constantemente atraída pelos bandos incessantes de foragidos: soldados caminhando tardos, abordoando-se às espingardas; oficiais carregados em redes, chapéus caídos aos olhos, surdos ao tropel da cavalgata, que estrepitava a um lado, imóveis, rígidos como cadáveres; e aqui, ali, largas nódoas negras na caatinga, rastros escurentos dos incêndios, em que repontavam esteios[31] e cumeeiras dos casebres combustos, tracejando por aqueles ermos, numa urdidura de ruínas, o cenário terrivelmente estúpido da guerra.

Em Cansanção atreguaram-se estas impressões cruéis. Houve por duas horas um remanso consolador. O vilarejo era um clã. Pertence a uma família única. O seu chefe, genuíno patriarca[32], congregara filhos, netos e bisnetos em ovação ruidosa ao marechal, o *monarca*, conforme bradava convicto, numa alacridade ingênua e sã, ao alevantar nos braços cansados de um labutar de oitenta anos o ministro surpreendido[33].

Esta escala foi providencial. Cansanção era um parêntese feliz naquele desolamento. E o robusto velho que o governava, surgindo blindado de uma satisfação sadia ante homens que nunca vira, e apresentando-lhes um filho de cabelos brancos e netos quase grisalhos, era, por sua vez, uma revelação. Antítese do facínora precoce de Queimadas, revelava, animadora, esta robustez miraculosa, esta nobreza orgânica completada por uma alma sem refolhos[34], tão característica dos matutos, quando os não derrancam o fanatismo e o crime.

Por isto o lugarejo minúsculo, uma dúzia de casas adensadas em rua de poucas braças, é o único que não desperta, nas narrativas da campanha, recordações dolorosas. Era a única zona tranquila naquela balbúrdia[35]. Um pequeno hospital, entregue à solicitude de dois franciscanos, ali acolhia os romeiros sem forças que iam para Queimadas.

Deixando-o, os viajantes volviam logo às amarguras da trilha poenta, desesperadamente torcida em voltas infinitas, retalhando-se em desvios,

---

31 **esteios** escoras, arrimos. 32 Trata-se de Gomes Buraqueira. 33 Na sua carta de 5.9.1897 para *O Estado de S. Paulo*, Euclides diz que Buraqueira levantou o coronel Calado e não o general Bittencourt. Ver *Diário*, p. 100. 34 **refolhos** fingimento, dissimulação. 35 **balbúrdia** desordem, tumulto, caos.

orlada de choupanas estruídas e palmilhada de ponta a ponta pelas turmas sucessivas de foragidos.

PALIMPSESTOS ULTRAJANTES

E em toda a parte – a partir de Contendas – em cada parede branca de qualquer vivenda mais apresentável, aparecendo rara entre os casebres de taipa, se abria uma página de protestos infernais. Cada ferido, ao passar, nelas deixava, a riscos de carvão, um reflexo das agruras que o alanceavam, liberrimamente, acobertando-se no anonimato comum. A mão de ferro do exército ali se espalmara[36], traçando em caracteres enormes o entrecho do drama; fotografando, exata, naquelas grandes placas, o fácies tremendo da luta em inscrições lapidares, numa grafia bronca, onde se colhia em flagrante o sentir dos que o haviam gravado.

Sem a preocupação da forma, sem fantasias enganadoras, aqueles cronistas rudes deixavam por ali, indelével, o esboço real do maior escândalo da nossa história – mas brutalmente, ferozmente, em pasquinadas[37] incríveis – libelos brutos, em que se casavam pornografias revoltantes e desesperanças fundas, sem uma frase varonil e digna. A onda escura de rancores que rolava na estrada chofrava[38] aqueles muros, entrava pelas casas dentro, afogava as paredes até ao teto...

A comitiva penetrando-as repousava envolta num coro silencioso de impropérios e pragas. Versos cambeteantes[39], riçados de rimas duras, enfeixando torpezas incríveis na moldura de desenhos pavorosos; imprecações revoluteando pelos cantos numa coreia[40] fantástica de letras tumultuárias, em que caíam, violentamente, pontos de admiração rígidos como estocadas de sabre[41]; vivas! morras! saltando por toda a banda em cima de nomes ilustres, infamando-os, esbarrando-se discordes; trocadilhos ferinos; convícios desfibradores; alusões atrevidas; zombarias lôbregas[42] de caserna...

---

36 **espalmara** abrira, distendera. 37 **pasquinadas** difamações. 38 **chofrava** golpeava, vexava, escarnecia. 39 **cambeteantes** mancos, truncados. 40 **coreia** à maneira de distúrbio encefálico caracterizado por movimentos musculares anormais e espontâneos, sem propósito, irregulares, rápidos e transitórios, sugerindo uma dança. 41 Ver p. 610. 42 **lôbregas** lúgubres.

E a empresa perdia repentinamente a feição heroica, sem brilho, sem altitude. Os narradores futuros tentariam em vão velá-la em descrições gloriosas. Teriam em cada página, indestrutíveis, aqueles palimpsestos ultrajantes.

EM MONTE SANTO

Os novos lutadores chegavam a Monte Santo sem o mesmo anelo de arrancar das espadas. Desinfluídos. Reanimavam-se, porém, ao entrarem na base de operações.

Despindo-se em poucos dias da aparência comum aos arraiais sertanejos, engrunhidos[43] e estacionários, onde há cem anos não se constrói uma casa, a vila ampliara-se, tendo às ilhargas – branqueando sobre as chapadas, num bairro novo e maior que ela – duas mil barracas, num alinhamento de avenidas longas, destacando-se distintas sobre o chão limpo e descalhoado[44], em seis agrupamentos, sobre que ruflavam bandeiras ondulantes, e de onde irrompiam, de instante a instante, vibrações metálicas de clarins e o toar cadente dos tambores.

Uma multidão de habitantes adventícios enchera-a, de súbito, acotovelando-se no âmbito da praça, derivando às encontroadas pelas vielas; e contemplando-os tinha-se um acervo heterogêneo em que se ombreavam todas as posições sociais. Oficiais de todas as graduações e armas; carreiros poentos das viagens longas; soldados arcando sob o equipamento; feridos e convalescentes trôpegos; mulheres maltrapilhas; fornecedores azafamados[45]; grupos alegres de estudantes[46]; e num inquirir incessante jornalistas sequiosos de notícias, davam-lhe um tom de praça concorrida em dia de parada[47]. O marechal Bittencourt pô-la numa regulamentação rigorosa e demasiou-se no adotar medidas acordes com as exigências complexas da situação. O hospital militar tornou-se uma realidade, perfeitamente abastecido e dirigido por cirurgiões a que alia-

---

43 **engrunhidos** hirtos ou encolhidos com frio ou por doença; entorpecidos. 44 **descalhoado** limpo de calhaus ou pedras. 45 **azafamados** atarefados; apressados. 46 Esses estudantes eram os alunos e voluntários da Faculdade de Medicina da Bahia. 47 Comparar esse ambíguo clima de festa com o da chegada da expedição Febrônio de Brito em Monte Santo (pp. 341-342).

vam esforços desinteressados alguns alunos da Faculdade da Bahia[48]. Formou-se em tudo aquilo uma disciplina correta. Por fim a questão primordial que até lá o atraíra, o serviço de transportes, se ultimou definitivamente. Diariamente quase, chegavam e volviam comboios parciais para Canudos.

Os resultados deste esforço foram imediatos. Diziam-no as notícias supervenientes[49] da sede das operações, acordes todas no indicarem maior alento entre os sitiantes, levando-os mesmo a movimentos táticos decisivos.

É que aquele homem sem entusiasmos que até na base das operações não despira o paletó de alpaca com que burguesmente recebia a continência das brigadas, se tornara, mercê de rara dedicação e sem apisoar melindres dos que se afoitavam de perto com o inimigo, o diretor supremo da luta[50]. A dezesseis léguas do centro desta, dirigia-a de fato, sem alardo, sem balancear alvitres estratégicos, atravessando os dias na convivência rude dos tropeiros em Monte Santo, entre os quais não raro surgia impaciente, de relógio em punho, e dava a voz de partida.

Porque cada comboio que seguia valia batalhões. Era uma batalha vencida. Punha entre os combatentes alentos de vitórias; e pouco a pouco destruía a estagnação em que se paralisara o assédio. É o que se colhia das últimas notícias.

EM CANUDOS

De feito, o mês de setembro principiara auspicioso.

Logo em começo, no dia 4, uma bala de carabina havia abatido no arraial um cabecilha de valor. Baqueara junto às igrejas; e o açodamento com que os habitantes se precipitaram sobre o cadáver, e o levaram, delatava-lhe o prestígio.

---

48 Isto é, da Faculdade de Medicina da Bahia. 49 **supervenientes** que vieram depois. 50 Entenda-se: "É que aquele homem... se tornara o diretor da luta, em virtude da sua rara dedicação e não ferindo os brios dos que – ao conrário dele – se atreviam a enfrentar de perto o inimigo".

A 6, sucesso de maior monta: caíram, uma após outra, as torres da igreja nova. O caso ocorrera depois de seis horas consecutivas de bombardeio. E fora inteiramente imprevisto.

Determinara-o mesmo circunstância desagradável: um engano na remessa das munições tendo levado ao arraial, ao invés de granadas, balas rasas de Krupp pouco eficazes no canhoneio, resolvera-se gastá-las logo, revessando-as[51], de vez, sobre as igrejas, até se acabarem.

E o resultado fora surpreendente, rememorado em duas ordens do dia entusiásticas. O exército ficara, afinal, livre das seteiras altíssimas de onde o fulminavam os sitiados, porque as duas torres, assoberbando toda a linha do assédio, reduziam por toda a banda os ângulos mortos das trincheiras.

Desde 18 de julho revezavam-se nos seus campanários atiradores peritos – olhos percucientes devassando tudo – a que não se subtraía o menor vulto desviado do anteparo das casas[52].

Os comboios, ao chegarem, dali recebiam, em cheio, no último passo, ao transporem o rio, antes da sanga em passagem coberta que os levava ao acampamento, descargas violentas.

As forças recém-vindas, a brigada auxiliar, o Batalhão Paulista e o 37º de Infantaria, como vimos, do alto de suas arestas tinham recebido a primeira saudação ferocíssima do inimigo.

UMA "VAIA ENTUSIÁSTICA"

Haviam, afinal, caído. E ao vê-las baquear, uma após outra, imponentes, arrastando grandes panos de muro[53], desarticulando-se em grandes blocos em que vinham agarrados, tombando de borcos[54], atiradores atrevidos – e batendo pesadamente no chão do largo, entre nuvens de poeira da argamassa esboroada, o exército inteiro, calando a fuzilaria, atroou os ares em alaridos retumbantes.

---

51 **revessando** lançando. 52 Entenda-se: "Desde 18 de julho... devassando tudo – de maneira que ninguém se atrevesse a mostrar o rosto detrás dos abrigos das casas". 53 **panos de muros** lanços, seções ou fragmentos de muros. 54 **de borco** de barriga para baixo.

O comandante da 1ª coluna caracterizou-o bem na ordem do dia correspondente ao feito:

[...] prorrompendo nessa ocasião a linha de segurança e forças em apoio no acampamento entusiástica e violenta vaia na jagunçada[55].

A campanha era aquilo mesmo. Do início ao termo, uma corrimaça lúgubre. *Entusiástica vaia...*
Como quer que seja terminara o encanto do inimigo. O arraial enorme repentinamente diminuíra; e decaíra; e se acaçapara, parecendo ainda mais afundado na depressão em que se adensava, sem mais as duas balizas brancas que o indicavam aos pegureiros – muito altas e esbeltas, arremessadas no firmamento azul, branqueando nas noites estreladas, diluindo-se misteriosamente na altura, objetivando o misticismo ingênuo e pondo junto dos céus as rezas propiciatórias dos sertanejos rudes e crendeiros...

TRINCHEIRA SETE DE SETEMBRO

Fora, além disto, o acontecimento de mau agouro. No dia subsequente sobreveio maior desastre. Desde muito entrincheirados na Fazenda Velha, algumas dezenas de guerrilheiros zombavam dos canhões do co-

---

55 **Nota do Autor:** "Quartel-general do Comando da 1ª coluna. – Canudos, 6 de setembro de 1897, Ordem do dia nº 13. Para conhecimento das forças sob meu comando publico o seguinte: Determinando hoje aos comandantes das bocas de fogo que bombardeassem as torres da igreja nova, pontos escolhidos pelo inimigo para nos tirotear com mais eficácia, fazendo-nos muitas baixas por mortes e ferimentos e resguardados de nossas pontarias, tive a satisfação de ver em seis horas consecutivas despenharem-se as torres, devido aos certeiros tiros dirigidos pelos segundos-tenentes Manuel Félix de Meneses, Frutuoso Mendes e alferes H. Duque Estrada Macedo Soares, se bem se achasse com parte de doente o primeiro. Louvo portanto esses bravos oficiais, que ainda mais uma vez deram prova de sua perícia na direção dos canhões que comandam, acrescendo mais ter-se o segundo--tenente Manuel Félix apresentado pronto, estando com parte de doente, entusiasmado com o efeito que produziu não só a este como a todo o exército, que observa com interesse o efeito da artilharia, prorrompendo nessa ocasião a linha de segurança e forças em apoio no acampamento entusiástica e violenta vaia na jagunçada, e ter sido esse oficial o primeiro a iniciar o bombardeio e o último a atirar sobre a torre da direita, tendo o alferes Duque Estrada disparado o último sobre a da esquerda, conseguindo derribá-la" etc.

ronel Olímpio – que se emparcavam no alto num rebordo da Favela. A dois passos da artilharia e dos contingentes que a reforçavam, tinham durante mais de dois meses tolhido a dilatação do cerco por aquela banda, a despeito da tormenta de disparos que lhes estrugia a cavaleiro. Numa situação dominante sobre o grosso das linhas ajustadas à orla do povoado, enfiavam-nas de ponta a ponta, contribuindo muito para as baixas diárias que as rareavam, e emparelhando-se com as torres no devassar os mais bem escolhidos parapeitos ou abrigos. Mas no dia 7, às dez horas da noite, foram, de improviso, suplantados. Animados pelos sucessos da véspera, aquele coronel, obediente ao que lhe determinara o comando da 1ª coluna, abalou com uma força composta do 27º, sob o comando do capitão Tito Escobar, um contingente da 4ª bateria do 2º Regimento, um outro do 5º Regimento e uma boca de fogo. À frente e à retaguarda, seguiam ex-alunos das escolas militares. O coronel Olímpio dispôs o resto da sua pequena força em atiradores pelos dois flancos. Fê-la descer em silêncio os primeiros boléus das vertentes. Arrojou-a, por fim, num rolar de avalanche, pelo morro abaixo. Surpresos, derreando-se ao embate de trezentas baionetas repartidas em duas cargas laterais, tendo de permeio a metralha que os fulminava à queima-roupa, os jagunços mal resistiram, sendo de pronto desalojados das trincheiras de pedra, que ali tinham em torno à vivenda estruída da Fazenda Velha.

Durara cinco minutos a refrega.

Os adversários rechaçados, esparsos, perseguidos até ao cerro dos Pelados pela vanguarda, tombaram dali no rio, transpondo-o e embrenhando-se em Canudos.

A força teve apenas duas praças fora de combate.

Expugnada a posição, largo degrau sobre a vertente do morro, entre o alto do Mário anteriormente ocupado e o Vaza-Barris, aquele coronel armou a sua barraca no lugar onde expirara seis meses antes o chefe da 3ª expedição. Empregou-se todo o resto da noite em construir, reunindo as próprias pedras das trincheiras do inimigo, forte reduto de cerca de um metro de alto, orlando toda a borda avançada do socalco. E no outro dia, cedo, a "Trincheira Sete de Setembro" sobranceava o arraial. A periferia do sítio aumentara de uns quinhentos metros para a esquerda, na direção do sul, trancando inteiramente os dois quadrantes de leste.

Ora naquele mesmo dia, à tarde, ela se dilataria ainda mais, infletindo a partir do ponto conquistado para o poente, até estremar a estrada do Cambaio, perto da confluência do Mucuim, abarcando toda a face do oeste.

ESTRADA DO CALUMBI

Operara-se um movimento mais sério; talvez a ação realmente estratégica da campanha. Ideara-a, planeara-a e executara-a o tenente-coronel Siqueira de Meneses. Esclarecido por informações de alguns vaqueiros leais, aquele oficial viera a saber das vantagens de uma outra estrada, a do Calumbi, ainda desconhecida, que correndo entre as do Rosário e do Cambaio, e mais curta que ambas, facilitava travessia rápida para Monte Santo, onde ia ter em traçado quase retilíneo, seguindo firmemente a linha norte-sul. E propôs-se explorá-la afrontando-se com os maiores riscos.

Realizou a empresa em três dias. Saiu no dia 4 de Canudos, à frente de quinhentos homens, que a tanto montavam, reunidos, os batalhões 29º, 9º e 34º, sob o imediato comando do major Lídio Porto. Varou pelo novo caminho descoberto, voltando, a 7, pelo do Cambaio, num movimento rápido, ousado, feliz, e de resultados extraordinários para o desenlace da guerra.

De feito, a nova vereda franca à translação das tropas e comboios e fechada aos jagunços, que a trilhavam de preferência nas suas excursões para o sul, encurtava de mais de um dia a jornada para Monte Santo. Era entre todas a mais bem preparada para reagir à invasão. Partia de Juá, onde bifurcava com a do Rosário, derivando à esquerda desta no rumo certo do norte, perlongando por muitos quilômetros o ribeirão das Caraíbas, ou cortando-lhe os meandros intermináveis. Avançava, invariável no rumo, tocando em pequenos sítios, até a um outro riacho de existência efêmera, o Caxomongó. Daí para a frente era uma estrada estratégica incomparável.

Alongando-se na direção de sudeste, a serrania de Calumbi flanqueia-a toda em largo trato, à direita, distante menos de trezentos metros. Um exército atravessando-a daria todo o flanco ao adversário que guarnecesse as encostas. – E ao deixar esta situação gravíssima cairia em outra pior. Porque o caminho, depois de galgar extensa lombada, se constringe, de repente, em angustura estreita. Nada denuncia o desfiladeiro breve e mascarado pelos esgalhos tortuosos dos pés de umburanas, que se alevantam perto. É uma muralha de mármore silicoso pouco acima do chão, à maneira de barbacã grosseira, aberta ao meio por uma diáclase[56], rachando-a em postigo estreito. Ali não havia trincheiras. Eram dispensáveis. As espingardas, estendidas na crista daquele anteparo natural, varreriam colunas sucessivas. E se estas vingassem transpô-lo, o que pressupunha rara felicidade contra antagonistas de tal modo abrigados e batendo-as a salvo, tombariam surpreendidas, logo aos primeiros passos, em terreno impraticável quase.

Um fato geológico vulgar nos sertões do norte substituía, em seguida, estes acidentes, no criar idênticos empecilhos. Assim, transposta a passagem, o solo descai para o sítio da Várzea, aparentando travessia fácil mas realmente dificílima para uma tropa nas agitações do combate. Larga camada calcária derrama-se por ali, aspérrima, patenteando notável fenômeno de decomposição atmosférica. Broqueada de infinitas cavidades tangenciando-se em bordas de quinas vivas e cortantes, sarjada de sulcos fundos de longas arestas rígidas e finas, feito lâminas de facas; erriçada de ressaltos pontiagudos; duramente rugosa em todos os pontos; escavando-se salteadamente em caldeirões largos e brunidos, patenteia impressionadoramente o influxo secular dos reagentes enérgicos, que longamente a trabalham. Corroeram-na, e perfuraram-na, e minaram-na as chuvas ácidas das tempestades, depois das secas demoradas. Ela reflete, imóvel e corroída, a agitação revolta das tormentas.

Pisando naqueles estrepes unidos e fortes, estraçoar-se-iam as mais resistentes botas e não haveria resguardos para topadas[57] e tombos perigosíssimos. O combate seria inexequível em tal lugar, onde caminhantes

---

56 Ver nota 96, p. 73. 57 **topadas** tropeções, encontrões.

tranquilos só conseguiam avançar a um de fundo, por uma trilha intermédia levando à Várzea, embaixo – ampla bacia lastrada de fragmentos de sílex e cingida de caatingas espessas. De sorte que, em ali chegando, os invasores seriam inteiramente circulados de balas. E dado que conseguissem avançar, ainda teriam adiante, transcorrido um quilômetro, o aniquilamento inevitável. A estrada desaparece caindo dentro do rio Sargento, de leito sinuoso e fundo, e bordas nas quais rompem em grandes placas luzentes de cor azul-escura as camadas superpostas de um talcoxisto, riscadas de veios brancos de quartzo, alongando-se em certos pontos horizontalmente, quase de uma margem à outra, e dando a impressão de se passar por dentro de enorme encanamento em ruínas, conservando ainda, em vários trechos, restos da antiga abóbada desabada. Este fosso extenso que, como os demais das cercanias, não é um rio, mas um dreno transitoriamente cheio pelos enxurros que ele canaliza para o Vaza-Barris, substitui o caminho numa longura de meia légua. De uma e outra banda, apontando-lhe às margens, viam-se as trincheiras dos jagunços, pouco espaçadas, cruzando-lhe por cima os fogos, enfiando-o de esguelha ou batendo-o em cheio em todas as voltas.

Os três mil homens da coluna Artur Oscar não lograriam atravessá-lo. A marcha pelo Rosário fora a salvação. As antecedentes expedições, seguindo sucessivamente pelo Uauá, pelo Cambaio, por Maçacará e pelo Rosário, variando sempre na rota escolhida, tinham feito crer aos sertanejos que a última, adotada a mesma norma, tomaria pelo caminho do Calumbi, que ainda se não trilhara. E se tal sucedesse nem um soldado chegaria a Canudos. Um desastre maior agravaria a campanha. Tinham-se contornado por acaso, na mais completa insciência daquelas disposições formidáveis, dificuldades sérias.

O tenente-coronel Siqueira de Meneses, na sua rota admirável e feita com vantagem, porque os jagunços refluindo para o arraial haviam largado aquelas posições, foi guarnecendo os principais pontos da estrada até Juá. Daí enveredou para o Cambaio. Atravessou-lhe entrincheiramentos desguarnecidos, onde deixou, ocupando-os, uma ala do 22º. Passou pela lagoa do Cipó, onde alvejavam ossadas, recordando os morticínios da expedição Febrônio. Surpreendeu, aí, alguns piquetes inimigos, apresando-lhes treze cargueiros. E foi surgir na confluência do Mucuim, tomando de surpresa duas trincheiras inimigas ali existentes.

O sítio ampliara-se. Rasgara-se à mobilização das forças estrada rápida e segura. O seu trecho principal desde o rio Sargento ao sítio de Suçuarana, passando pela Várzea e Caxomongó, foi logo guarnecido pelos 33º, 16º e 28º Batalhões da 2ª Brigada e uma ala do Batalhão Paulista.

Canudos tinha agora circuitando-o, do extremo norte ao sul, na Fazenda Velha, e daí para o ocidente, na ponta da estrada do Cambaio, um desmedido semicírculo de assédio.

Restavam apenas aos jagunços, no quadrante de noroeste, as veredas do Uauá e Várzea da Ema.

Prefigurava-se próximo o termo da campanha.

II

MARCHA DA DIVISÃO AUXILIAR

Os novos expedicionários, abalando de Monte Santo pela estrada recém-aberta, levavam um temor singularmente original: o medo cruelmente ansioso de não depararem mais um só jagunço a combater. Certo iam encontrar tudo liquidado; e sentiam-se escandalosamente traídos pelos acontecimentos.

Partira em primeiro lugar, a 13 de setembro, a brigada dos corpos policiais do Norte, e tal precedência, oriunda exclusivamente de motivos de ordem administrativa, doera fundo no ânimo dos que compunham a brigada de linha, que marcharia alguns dias mais tarde, com o general Carlos Eugênio.

MEDO GLORIOSO

É que os rebeldes decaíam tanto todos os dias, tão cheios de reveses e repelidos dos melhores pontos de apoio, e tão enleados nas malhas constritoras do cerco, que cada hora passada era para o heroísmo retardatário crudelíssimo diminuir nas probabilidades de compartir as glorificações do triunfo.

A brigada nortista fez, por isto, um avançar vertiginoso, tropeando pelos caminhos desde o primeiro alvor da antemanhã e estacando somente quando as soalheiras queimosas esgotavam a soldadesca. A de linha alcançou-a, copiando a mesma celeridade, marchando aforradamente, aguilhoada identicamente pelo anelo doido de se medir, ao menos num recontro fugitivo, com aqueles pobres adversários.

E arrojando-se pelos caminhos, os campeadores – nutridos, garbosos e sãos – lá se iam de abalada demandando a cidadela de barro, havia três meses varrida pelos canhoneios, rota pelos assaltos, devorada pelos incêndios e defendida por uma guarnição única.

Ao alcançarem o sítio da Suçuarana, seis léguas distante de Canudos, reanimavam-se. Chegavam até lá soturnamente reboando os estampidos da artilharia. Em Caxomongó, se o vento era de feição[1], distinguiam mesmo o crebro[2] crepitar dos tiroteios...

CAXOMONGÓ

Entretanto nessa alacridade guerreira despontavam ainda inopinados sobressaltos. A luta sertaneja não perdera por completo o traço misterioso, que conservaria até o fim. Avantajando-se no sertão, os sôfregos lutadores, à medida que se sentiam cada vez mais longe entre as chapadas ermas, passando pelos sítios tristonhos e destruídos – em pleno deserto – tinham entre as fileiras aguerridas irrefreáveis frêmitos de espanto. Fui testemunha de um deles.

A brigada do coronel Sotero chegara no terceiro dia de marcha, a 15 de setembro, ao sítio de Caxomongó, à entrada da zona perigosa. A escala para quem vinha de Boa Esperança, numa várzea desimpedida rodeada de pinturescas serranias, ou da Suçuarana, à borda de uma ipueira farta, era estéril e lúgubre. O terreno, de grés vermelho e grosseiro, de estratos exageradamente inclinados de 45°, absorvendo logo, em virtude de tal disposição, as raras chuvas que ali tombam, engravescera a dureza da caatinga.

O sítio, um pouco miserável, surge à borda do rio, e este, um valo de ribanceiras a prumo, altas de três metros, inteiramente entupido de pedras de todos os tamanhos, inteiramente seco, desaparece logo metendo-se entre colinas pouco altas e nuas.

---

1 de feição propício. **2 crebo** frequente, repetido.

A tropa ali chegou em plena manhã. Os dois corpos do Pará, disciplinados como os melhores de linha, e o do Amazonas, com o uniforme característico que adotara desde a Bahia: cobertos, oficiais e soldados, de grandes chapéus de palha de carnaúba, desabados, dando-lhes aparência de numeroso bando de mateiros[3].

Apesar da hora matinal, como encontrassem água bastante numa cacimba próxima, profundíssima e escura, lembrando a boca de uma mina, acamparam. Era a última escala. No outro dia atingiriam o arraial. A paragem morta reanimou-se então, de súbito, cheia de tendas e barracas, armas em sarilhos, e a animação ruidosa de 968 combatentes. Pelas margens do rio alteavam-se ingaranas[4] altas, cruzando-lhe as ramagens ainda enfolhadas sobre o leito. Armaram-se por ali fora, suspensas, à maneira de redouças[5] oscilantes nos galhos flexíveis, dezenas de redes.

E o dia derivou tranquilamente.

Nada havia a temer-se.

Desceu a noite. Ouvia-se, muito longe, ao norte, soturno e compassado, rolando surdamente no silêncio, o bombardeio de Canudos...

O inimigo ali constrito não tinha mais alentos para aventurosas algaras nos caminhos. A noite, como o dia, derivaria na mais completa placidez. Mas dado que aparecessem, os jagunços viriam ao encontro de ainda não satisfeito anelo.

REBATE FALSO

E a tropa adormeceu cedo, em paz... para despertar toda, às dez horas da noite, num abalo único.

Detonara, no flanco esquerdo, um tiro. Uma sentinela do cordão de segurança que se estendera em torno dos abarracamentos, lobrigara ou julgara lobrigar vulto suspeito deslizando na sombra; e disparara a espingarda. Era, certo, o inimigo anelado. Vinha como viera sobre ou-

---

3 **mateiros** lenhadores; exploradores de matas. 4 **ingaranas** designação comum a várias árvores da família das leguminosas, pertencentes aos gêneros *Inga* e *Pithecolobium*, e cujas flores e folhas são muito semelhantes às dos ingás legítimos. 5 **redouças** balanças de uma só corda com assento às vezes.

tros expedicionários, de improviso, num arranco atrevido, e subitâneo, e célere.

Então sobre os que ansiavam tanto a medir-se com ele passou, alucinadoramente, a visão misteriosa da campanha. Avaliaram-na de perto. Dominou para logo os batalhões a hipnose de um espanto indescritível; estridularam cornetas, gritos de alarmas, brados de comandos, inquirições ansiosas; despencaram das redes, caindo sobre o lastro do rio, oficiais surpresos, pulando-lhe, às tontas, as bordas, esbarrando-se; caindo; precipitando-se – espadas desembainhadas, revólveres erguidos – entre as fileiras que se alinhavam num longo crepitar de estalidos de baionetas armando-se. E desencadeou-se o tumulto. Pelotões e companhias formando-se ao acaso; quadrados precipitadamente feitos como esperando cargas de cavalaria; seções de armas cruzadas prontas a carregarem contra o vácuo; e entre as seções, e os pelotões, e as companhias, parte dos combatentes pervagando, correndo, em busca da formatura embaralhada...

Transcorridos minutos, os lutadores, presos de uma emoção que jamais imaginaram sentir, aguardavam o assalto. A brigada aparecia como uma longa esteira, revolta e coruscante[6], na onda luminosa do luar tranquilo e grande, que abrangia a natureza adormecida e quieta.

E fora um rebate falso...

EM BUSCA DE UMA MEIA RAÇÃO DE GLÓRIA

Ao amanhecer extinguiram-se os temores. Volviam à impaciência heroica. Prosseguiam rápidos. Rompiam, intrêmulos, por dentro do valo sinuoso do rio Sargento, que desbordava numa enchente repentina de fardas. Galgavam logo adiante o morro desnudo cujas vertentes opostas abruptamente caíam para o vale de Umburanas. E tinham, de surpresa, na frente e embaixo, distante dois quilômetros – Canudos...

Era um desafogo. Lá estavam as duas igrejas derruídas fronteando-se na praça lendária: – a nova sem torres, alteando as paredes mestras

---

6 **coruscante** fulgurante, reluzente.

arrombadas, fendidas de alto a baixo, um muradal cheio de entulhos; a velha em ruínas e denegrida, sem fachada, erguendo um pedaço do campanário derruído, onde o fantástico sineiro tantas vezes apelidara os fiéis para a oração e para o combate. Em volta a casaria unida. Tinham chegado a tempo. Já agora não lhes faltaria a meia ração de glória disputada. Entravam ovantes pelo acampamento, num belo aprumo de candidatos à História, procurando o pleito sanguinolento e fácil.

ASPECTO DO ACAMPAMENTO

O acampamento mudara; perdera a aparência revolta dos primeiros dias. Era como um outro arraial despontando à ilharga de Canudos. Atravessando o leito vazio do Vaza-Barris, os recém-vindos enveredavam por uma sanga flexuosa; topavam, a meio caminho, à direita, entranhado em larga reentrância, vasto alpendre coberto de couro – o hospital de sangue; e a breve trecho atingiam a tenda do comandante-geral.

Nesse trajeto viam-se dentro de um novo povoado.

Havia-se reconstruído o bairro conquistado. De uma e outra banda do caminho, eretas ao viés das encostas, arruadas ou acumuladas pelos vales diminutos, pintalgando, numerosas e esparsas, o tom pardo dos abarracamentos, sucediam-se pequenas casas de aspecto original e festivo – feitas todas de folhagens, tetos e paredes verdes de ramas de juazeiros, de forma singularmente imprópria aos habitadores. Mas eram as únicas ajustáveis ao meio. A canícula abrasante, transmudando as barracas em fornos adurentes, inspirara aquela arquitetura bucólica e primitiva.

Nada que denunciasse, ao primeiro lance de vistas, a estadia de um exército. Tinha-se a impressão de chegar em vilarejo suspeito dos sertões. E encontrando-se os primeiros povoadores – homens à paisana, mal compostos, arrastando espadas e sobraçando espingardas; na maior parte cobertos de chapéus de couro com presilhas; descalços ou calçando alpercatas; e, num ou noutro ponto, mulheres maltrapilhas cosendo tranquilamente às portas ou passando arcadas sob achas de lenha, completava-se a ilusão. O estranho entrava a desconfiar que um engano na rota o havia desnorteado para o meio dos jagunços – até atingir a tenda do general, mais longe. Galgado o cerro em cujo sopé esta se erigia, chegava-se, no topo, à comissão de engenharia, em casebre que não fora destruído; e metido o olhar pelos resquícios das paredes espessadas de rachões de pedra, via-se, de perto, dali cem metros, a praça das igrejas. Estava-se sobre a encosta que tinha à base as paliçadas e palancas do trecho mais perigoso do sítio, centralizado pelo 25º Batalhão – a *linha negra* – lado por onde entrara mais fundo nos flancos do arraial o assalto de 18 de julho. Volvendo à esquerda, sob o anteparo da linha descontínua de choupanas por ali dispersas, passava-se, dados mais alguns passos, pelo quartel-general da 1ª coluna. Descia-se a vertente sul seguindo por um releixo[7] coleante, tendo à meia encosta, noutro casebre exíguo, o da segunda. Chegava-se à Repartição do quartel-mestre-general e acampamento do Batalhão Paulista, embaixo, numa planura arenosa, que o Vaza-Barris alaga nas enchentes. Continuando a rota, depois de atravessar o leito daquele sob o abrigo do espaldão de pedra, abarreirando-o de uma margem à outra e guarnecido pelo 26º, alcançava-se a tranqueira extrema do cerco prolongada pelo 5º da Bahia distendido na acanaladura funda do rio da Providência. Dali duzentos metros, atentando para a esquerda contemplava-se, alcandorada no alto, bojando na corcova da Fazenda Velha, à maneira de um baluarte pênsil – a trincheira Sete de Setembro.

Percorrendo desse modo a cercadura dos entrincheiramentos, os novos expedicionários tinham, nítida, a situação, traduzindo-se o exame feito num diluente[8] do otimismo anterior. Aquele segmento do sítio era ainda escasso se o defrontavam com a amplitude do arraial. Este surpreendia-os. Afeitos às proporções exíguas das cidades sertanejas, tolhidas e minúsculas, assombrava-os aquela Babilônia de casebres, avassalando colinas.

7 **releixo** ver nota 8, p. 368.   8 **diluente** diluidor, destruidor.

CANUDOS

Canudos tinha naquela ocasião – foram uma a uma contadas depois – 5 200 vivendas; e como estas, cobertas de tetos de argila vermelha, mesmo nos pontos em que se erigiam isoladas mal se destacavam, em relevo, no solo, acontecia que as vistas, acomodadas em princípio ao acervo de pardieiros compactos em torno da praça, se iludiam, avolumando-a desproporcionadamente. A perspectiva era empolgante. Agravava-a o tom misterioso do lugar. Repugnava admitir-se que houvesse ali embaixo tantas vidas. A observação mais afincada, quando transitório armistício a permitia, não lograva distinguir um vulto único, a sombra fugitiva de um homem; e não se ouvia o rumor mais fugaz. Lembrava uma necrópole antiga ou então, confundidos todos aqueles tetos e paredes no mesmo esboroamento, – uma cata enterroada e enorme, roída de erosões, abrindo-se em voçorocas[9] e pregueando-se em algares.

Que o observador, porém, não avultasse demais sobre o parapeito: as balas ressaltando a súbitas, de baixo, revelavam-lhe, de pronto, a população entocada. Bastava que um disparo qualquer, a qualquer hora, atroasse o alto do morro para que dali refluísse, inevitável, o revide imediato. Porque os jagunços se não tinham mais a iniciativa dos ataques replicavam com o vigor antigo. Exauriam-se sem perder o aprumo, timbrando no disfarçar quaisquer sintomas de enfraquecimento. Compreendia-se, no entanto, que este era completo. Objetivavam-no os próprios escombros em que se entaliscavam, ocultos. Além disso lá não estava apenas uma guarnição de valentes incorrigíveis. Havia mulheres e crianças sobre que rolavam durante três meses massas de ferros e de chamas, e elas punham muitas vezes no fragor das refregas a nota comovedora do pranto.

Dias antes um *shrapnel* arrojado da Favela, e que passara beirando as cimalhas da igreja nova, arrebentara dentro do casario anexo à latada das orações. E dali ascendera imediatamente uma réplica cruel pertur-

---

9 **voçorocas** desmoronamentos oriundos de erosão subterrânea causada por águas pluviais que facilmente se infiltram em terrenos muito permeáveis, ao atingirem regiões de menor permeabilidade.

bando os artilheiros do coronel Olímpio: um longo e indefinível choro; assonância dolorosíssima de clamores angustiosos, fazendo que o canhoneiro cessasse à voz austera e comovida daquele comandante...

Assim, duplamente bloqueados, entre milhares de soldados e milhares de mulheres – entre lamentações e bramidos, entre lágrimas e balas – os rebeldes se renderiam de um momento para outro. Era fatal. A segurança do pleito já dera mesmo ensanchas a grandes temeridades. Um sargento do 5º de Artilharia por duas vezes se aventurara, à noite, a atravessar todo o largo penetrando no templo em ruínas e atirando lá dentro duas bombas de dinamite, que não explodiram. Um alferes do 25º, dias depois, copiando-lhe o arrojo, lançara fogo aos restos da igreja velha, que ardera toda.

De sorte que os lutadores, vindo noviciar[10] na pendência desigual, cientes destas coisas, recaíam na preocupação primitiva: que o inimigo *in extremis*[11] tivesse ainda fôlego para lhes facultar desdobrassem o destemor e a força[12]. A musculatura de ferro das brigadas novas ansiava a medir-se com o espernear da insurreição. Os que ali estavam havia tantos meses tinham glórias demais. Fartos, impando[13] de triunfos e agora, mercê dos comboios diários, com a subsistência garantida, julgavam inútil despender mais vidas para que se apressasse a rendição inevitável. Quedavam numa mornidão[14] irritante.

O acampamento, afora os intervalos, que se tornavam maiores, dos assaltos, tinha a placabilidade de uma pequena povoação bem policiada. Nada que recordasse a campanha feroz. Na sede da comissão de engenharia o general Artur Oscar, com a atração irresistível de um temperamento franco e jovial, centralizava longas palestras. Discorria-se sobre assuntos vários de todo opostos à guerra; casos felizes de antanho[15], anedotas hílares[16], ou então alentadas discussões sobre política geral. Enquanto observadores tenazes, num invejável apego à ciência, registravam, hora por hora, pressões e temperaturas; inscreviam, inva-

---

10 **noviciar** fazer os primeiros exercícios, estrear-se. 11 *in extremis* (*lat.*, "em extremos") no final, no momento de morrer. 12 Entenda-se: "que o inimigo, no final de suas energias, tivesse ainda fôlego para atiçar nos soldados o destemor e a força". 13 **impando** mostrando-se desdenhosos. 14 **mornidão** abulia. 15 **antanho** antigamente. 16 **hílares** divertidas.

riável, um zero na nebulosidade do céu; e consultavam muito graves o higrômetro[17]. Na farmácia militar, estudantes em férias forçadas riam ruidosamente e recitavam versos; e pelas paredes ralas de todas as choupanas ridentes, de folhagens pintalgadas de flores murchas de juazeiros, transudavam vozes e risos dos que lá dentro não tinham temores, que lhes agourentassem as horas ligeiras e tranquilas. As balas que passavam, raras, repelidas pelas cristas dos cerros em trajetórias altas, eram inofensivas. Ninguém as percebia mais. Eram, indicava-o a precisão rítmica com que estalavam ou esfuziavam nos ares, lançadas por atiradores certos, que em Canudos parecia estarem apostados a lembrar aos sitiantes que o sertanejo velava. Mas não impressionavam, embora algumas, em trajetórias baixas, batessem no pano das barracas em vergastadas rijas; como não impressionavam mais os tiroteios fortes, que ainda surgiam, às vezes, inopinadamente, à noite.

A vida normalizara-se naquela anormalidade. Despontavam peripécias extravagantes. Os soldados da linha negra, na tranqueira avançada do cerco, travavam, às vezes, noite velha, longas conversas com os jagunços. O interlocutor da nossa banda subia à berma[18] da trincheira e, voltado para a praça, fazia ao acaso um reclamo qualquer, enunciando um nome vulgar, o primeiro que lhe acudia ao intento, com voz amiga e lhana[19], como se apelidasse algum velho camarada; e invariavelmente, do âmago da casaria ou, de mais perto, de dentro dos entulhos das igrejas, lhe respondiam logo, com a mesma tonalidade mansa, dolorosamente irônica. Entabulava-se o colóquio original através das sombras, num reciprocar de informações sobre tudo, do nome de batismo, ao lugar do nascimento, à família e às condições da vida. Não raro a palestra singular derivava a coisas escabrosamente jocosas e pelas linhas próximas, no escuro, ia rolando um cascalhar de risos abafados. O diálogo delongava-se até apontar a primeira divergência de opiniões. Salteavam-no, então, de lado a lado, meia dúzia de convícios[20] ríspidos, num calão enérgico. E logo depois um ponto final – a bala...

---

[17] Euclides estaria possivelmente aludindo aqui a Siqueira Meneses. [18] Ver nota 1, p. 353. [19] **lhana** afável, delicada, sincera, simples. [20] **convícios** injúrias.

Acampamento dentro de Canudos. Foto de Flávio Barros.

Os soldados do 5º de Polícia, malgrado o ilusório abrigo dos espaldões de terra, que os acobertavam, matavam o tempo, em descantes mitigando saudades dos rincões do S. Francisco. Se a fuzilaria apertava, pulavam de arremesso aos planos de fogo; batiam-se como demônios, terrivelmente, freneticamente, disparando as carabinas; e tendo nas bocas, ressoantes, cadenciadas a estampidos, as rimas das trovas prediletas. Baqueavam, alguns, cantando; e aplacada a refrega volviam ao folguedo sertanejo, ao toar langoroso das tiranas[21], aos *rasgados*[22] nos machetes, como se fosse aquilo uma rancharia grande de tropeiros felizes, sesteando[23].

O CHARLATANISMO DA CORAGEM

Toda a gente se adaptara à situação. O espetáculo diário da morte dera-lhe a despreocupação da vida. Os antigos lutadores andavam por fim pelo acampamento inteiro, da extrema direita à extrema esquerda, sem as primitivas cautelas. Ao chegarem aos altos expostos mal estugavam[24] o passo ante os projetis, que lhes caíam logo à roda, batendo, ríspidos, no chão. Riam-se dos recém-vindos inexpertos, que transpunham os pontos enfiados, retransidos de sustos, correndo, encolhidos, quase de cócaras, num agachamento medonhamente cômico; ou que não refreavam sobressaltos ante a bala que esfuziava[25] perto, riscando um assovio suavíssimo nos ares, como um *psiu* insidiosamente acariciador da morte; ou que não tolhiam interjeições vivas ante incidentes triviais – dois, três ou quatro moribundos, diariamente removidos dos pontos avançados.

Alguns estadeavam o charlatanismo da coragem. Um esnobismo lúgubre. Fardados – vivos dos galões irradiantes ao sol, botões das fardas rebrilhando – quedavam numa aberta qualquer livremente devassada

---

21 tiranas cantigas de amor, em andamento lento, e de caráter lânguido; cantos de trabalho, normalmente entoados ao desafio por lavadeiras, roceiros, canoeiros. **22 rasgados** acordes arpejados, executados no violão ou na viola como forma de acompanhamento; dança executada ao som desse acompanhamento. **23 sesteando** dormindo a sesta, descansando. **24 estugavam** apressavam. **25 esfuziava** zunia, sibilava.

ou aprumavam-se, longe, no cabeço[26] desabrigado de um cerro distante dois quilômetros do arraial, para avaliarem o rigor da mira dos jagunços em alcance máximo. Calejara-os a luta. Narravam aos novos companheiros, insistindo muito nos pormenores dramáticos, as provações sofridas. Os episódios sombrios da Favela com o seu cortejo temeroso de combates e agruras. Os longos dias de privações que vitimavam os próprios oficiais, um alferes, por exemplo, morrendo embuchado, ao desjejuar com punhados de farinha após três dias de fome. As lides afanosas das caçadas aos cabritos ariscos ou das colheitas de frutos avelados[27] nos arbustos mortos. Todos os incidentes. Todas as minúcias. E concluíam que o que restava fazer era pouco – um magro respigar[28] no rebotalho da seara[29] guerreira inteiramente ceifada[30] – porque o antagonista desairado e frágil estertorava[31] agonizando. Aquilo era agora um passatempo ruidoso, e nada mais.

A Divisão Auxiliar, porém, não podia ater-se a papel tão secundário: fazer trinta léguas de sertão, apenas para contemplar – espectadora inofensiva e armada dos pés à cabeça – o perdimento do arraial cedendo a pouco e pouco àquele estrangulamento vagaroso, sem a movimentação febril e convulsiva de uma batalha...

---

26 **cabeço** cume. 27 **avelados** murchos, enrugados. 28 **respigar** colher. 29 **seara** área cultivada. 30 **ceifada** cortada, colhida. 31 **estertorava** extinguia-se.

III

EMBAIXADA AO CÉU

Mas o bloqueio, incompleto e com extenso claro ao norte, não reduzira o inimigo aos últimos recursos. Os caminhos para a Várzea da Ema e o Uauá estavam francos, subdividindo-se multívios pelas chapadas em fora, para a extensa faixa do S. Francisco, atravessando rincões de todo desconhecidos, até atingirem os insignificantes lugarejos marginais àquele rio, entre Chorrochó e Santo Antônio da Glória. Por ali chegavam pequenos fornecimentos e poderiam entrar, à vontade, novos reforços de lutadores. Porque se dirigiam precisamente nos rumos mais favoráveis, atravessando vasto trato de um território que é o núcleo onde se ligam e se confundem os fundos dos sertões de seis Estados, da Bahia ao Piauí.

Deste modo formavam aos sertanejos a melhor saída, levando-os à matriz em que se haviam gerado todos os elementos da revolta. Em último caso, eram um escape à salvação. A população, trilhando-os, mal seria perseguida nas primeiras léguas, na pior alternativa. Abrigá-la-ia – impérvio e indefinido – o deserto.

Não o fez, porém, embora sentisse acrescida, em torno, a força dos adversários, coincidindo-lhe com o próprio deperecimento[1]. Haviam desaparecido os principais guerrilheiros: Pajeú, nos últimos combates de julho; o sinistro João Abade, em agosto; o ardiloso Macambira, recentemente; José Venâncio e outros. Restavam como figuras principais Pedrão, o terrível defensor de Cocorobó, e Joaquim Norberto, guindado[2]

---

1 **deperecimento** desfalecimento. 2 **guindado** ascendido.

ao comando pela carência de outros melhores. Por outro lado, escasseavam os mantimentos e acentuava-se cada vez mais o desequilíbrio entre o número de combatentes válidos, continuamente diminuído e o de mulheres, crianças, velhos, aleijados e enfermos, continuamente crescente. Esta maioria imprestável tolhia o movimento dos primeiros e reduzia os recursos. Podia fugir, escoar-se a pouco e pouco, em bandos diminutos, pelas veredas que restavam deixando aqueles desafogados e forrando-se ao último sacrifício. Não o quis. De moto próprio todos os seres frágeis e abatidos, certos da própria desvalia, se devotavam a quase completo jejum, em prol dos que os defendiam. Não os deixaram.

A vida no arraial tornou-se então atroz. Revelaram-na depois a miséria, o abatimento completo e a espantosa magreza de seiscentas prisioneiras. Dias de angústias indescritíveis foram suportados diante das derradeiras portas abertas para a liberdade e para a vida. E permaneceriam para todo o sempre inexplicáveis, se, mais tarde, os mesmos que os atravessaram não revelassem a origem daquele estoicismo admirável. É simples.

Falecera a 22 de setembro Antônio Conselheiro[3].

Ao ver tombarem as igrejas, arrombado o santuário, santos feitos em estilhas, altares caídos, relíquias sacudidas no encaliçamento das paredes e – alucinadora visão! – o Bom Jesus repentinamente a apear-se do altar--mor, baqueando sinistramente em terra, despedaçado por uma granada, o seu organismo combalido dobrou-se ferido de emoções violentas. Começou a morrer. Requintou na abstinência costumeira, levando-a a absoluto jejum. E imobilizou-se certo dia de bruços, a fronte colada à terra, dentro do templo em ruínas.

Ali o encontrou numa manhã Antônio Beatinho.

Estava rígido e frio, tendo aconchegado do peito um crucifixo de prata.

Ora, este acontecimento – capital na história da campanha – e de que parecia dever decorrer o seu termo imediato, contra o que era de esperar aviventou a insurreição. É que, gizada talvez pelo espírito astu-

---

3 Nas três primeiras edições de *Os Sertões* e no AP, o mês aparece incorretamente (agosto). A data correta, 22 de setembro, aparece ademais documentada na *Caderneta* (p. 22) e mais adiante (p. 696).

cioso de algum cabecilha, que prefigurara as consequências desastrosas do fato, ou, o que se pode também acreditar, nascida espontaneamente da hipnose coletiva, logo que a beataria impressionada notou a falta do apóstolo, embora este nos últimos tempos aparecesse raras vezes – se divulgou extraordinária notícia.

Relataram-na depois, ingenuamente, os vencidos:

Antônio Conselheiro seguira em viagem para o céu. Ao ver mortos os seus principais ajudantes e maior o número de soldados, resolvera dirigir-se diretamente à Providência. O fantástico embaixador estava àquela hora junto de Deus. Deixara tudo prevenido. Assim é que os soldados, ainda quando caíssem nas maiores aperturas, não podiam sair do lugar em que se achavam. Nem mesmo para se irem embora, como das outras vezes. Estavam chumbados às trincheiras. Fazia-se mister que ali permanecessem para a expiação suprema, no próprio local dos seus crimes. Porque o profeta volveria em breve, entre milhões de arcanjos descendo – gládios[4] flamívomos coruscando na altura – numa revoada olímpica, caindo sobre os sitiantes, fulminando-os e começando o Dia do Juízo...

Desoprimiram-se todas as almas; dispuseram-se os crentes para os maiores tratos daquela penitência, que os salvava; e nenhum deles notou que logo depois, sob pretextos vários, alguns incrédulos, e entre eles Vila-Nova, abandonavam a povoação, tomando por ignoradas trilhas.

Saíam ainda em tempo. Eram os últimos que escapavam, porque no dia 24 a situação mudou.

COMPLEMENTO DO ASSÉDIO

Logo ao alvorecer enquanto a esquerda da linha e os canhões da Favela iniciavam renhido ataque atraindo para aquele lado a atenção do inimigo, o tenente-coronel Siqueira de Meneses, seguido pelos 24º, 38º e 32º Batalhões de linha, comandados pelo major Henrique de Magalhães, capitão Afonso Pinto de Oliveira e tenente Joaquim Potengi; o do Amazonas; a ala direita do de São Paulo, guiada pelo major José Pedro

---

4 gládios espadas de dois gumes.

de Oliveira; e um contingente de cavalaria ao mando do alferes Pires de Almada – abalara o segmento ainda desguarnecido do assédio, assaltando os pequenos contingentes que o guarneciam dentro das últimas vivendas, que se derramavam, esparsas, por aquela banda.

Os jagunços não contavam que fossem até lá. Era o ponto de Canudos diametralmente oposto à Fazenda Velha e mais distante da primitiva frente do assalto.

Via-se ali um subúrbio novo, as "Casas Vermelhas"[5], ereto depois do fracasso da 3ª expedição, e nele edificações mais corretas, cobertas, algumas, de telhas. Não estava guarnecido convenientemente. Faltavam-lhe as trincheiras-abrigos, que abrolhavam tão numerosas noutros pontos, e, circunstância na emergência desastrosa para os rebeldes, todas as vivendas pelo fato de serem as mais remotas se atestavam de mulheres e crianças.

A força tendo à vanguarda o 24º, marchando pelo leito do rio, caiu-lhes em cima e varejou-as em minutos. Como em geral acontecia, os guerrilheiros viram-se tolhidos na balbúrdia do mulherio medroso. Entretanto não cederam desde logo a posição. Recuaram, resistindo; e acompanhando-os os soldados foram embrenhando-se nas vielas.

Tomando a ofensiva, reeditavam episódios inevitáveis. Enfiavam as espingardas pelos tabiques[6] de taipa, disparando-as, a esmo, para dentro; arrombavam-nos depois a coronhadas; e sobre a acendalha[7] de trapos e móveis miseráveis, atiravam fósforos acesos. Os incêndios deflagravam, abrindo-lhes caminho. Adiante recuava o sertanejo, recuando pelos cômodos escusos[8]. Aqui, ali, destacadamente uma resistência estupenda de um ou outro, jogando alto a vida. Um deles, abraçado pela esposa e a filha, no momento em que a porta da choupana se escancarou, estrondada em lascas, atirou-as rudemente de si: assomou de um salto ao limiar e abateu, num revide terrível, o primeiro agressor que deparou, um alferes, Pedro Simões Pontes[9], do 24º. Baqueou logo, circulado pelos

---

5 **"Casas Vermelhas"** eram as casas boas, de alvenaria e cobertas de telhas, como a dos Vila-Nova. 6 **tabiques** paredes finas feitas de taipa. 7 **acendalha** monte de objetos imprestáveis que servem para fazer fogo. 8 **escusos** misteriosos, suspeitos. 9 Todas as edições de *Os Sertões* trazem o nome do alferes de outra maneira: Pedro Simões Pinto. Ver *Diário [não seria Canudos e Inéditos?]*, p. 115.

soldados, a cutiladas. E ao expirar teve uma frase lúgubre: "Ao menos matei um..."[10]

Outro distraiu os soldados. Episódio truanesco e medonho: num recanto da saleta invadida, caído de banda, sem alento sequer para sentar-se, adelgaçado de magreza extrema, um curiboca velho, meio desnudo, revestido de esparadrapos, forcejava por disparar uma lazarina antiga. Sem forças para aperrá-la, levantava-a a custo. Deixava-a logo descair nos braços frouxos, desesperado, refegada[11] a face ossuda, num esgar[12] de cólera impotente. As praças rodearam-no um momento; e seguiram num coro estrepitoso de risadas[13].

Mas este resistir a todo o transe, em que entravam os próprios moribundos, cortou-lhes, afinal, o passo. Em pouco tempo tiveram treze baixas. Além disto o adversário recuava, mas não fugia. Ficava na frente, a dois passos, na mesma vivenda, no cômodo próximo, separado por alguns centímetros de taipa. Estacaram. Para não perderem o avançamento feito abarreiraram, com os móveis e destroços das casas, toda a frente da posição. Era o processo usual e obrigatório.

Defronte não havia terreno neutro. O jagunço ficava colado – indomável – na escarpa oposta do parapeito, vigilante, tenteando a pontaria.

CENÁRIO DE TRAGÉDIA

Esta refrega, atroando ao norte, ecoava no acampamento, alarmando-o. Atestadas de curiosos, todas as casinhas adjacentes à comissão de engenharia formavam a plateia enorme para a contemplação do drama. Assestavam-se binóculos em todos os rasgões das paredes. Aplaudia-se. Pateava-se. Estrugiam bravos. A cena – real, concreta, iniludível – aparecia-lhes aos olhos como se fora uma ficção estupenda, naquele palco

---

[10] Consultar a *Caderneta*, p. 56 e a correspondência do dia 24.9.1897 para *O Estado de S. Paulo* (*Canudos e Inéditos*, pp. 114-116). [11] **refegada** com mostras de cansaço da luta. [12] **esgar** gesto, cara. [13] Euclides voltará a descrever o personagem mais tarde (pp. 655-656). É muito provável que este preâmbulo tenha sido composto pelo nosso Autor para posteriormente ser complementado com dados de sua observação de testemunha ocular. Ver *Canudos e Inéditos*, pp. 115-116.

revolto, no resplendor sinistro de uma gambiarra[14] de incêndios. Estes progrediam constrangidos, ao arrepio do sopro do Nordeste, esgarçando-lhe a fumarada amarelenta, ou girando-a em rebojos largos em que fulguravam e se diluíam listrões fugazes de labaredas. Era o sombreado do quadro, abrangendo-o de extremo a extremo e velando-o de todo, às vezes, como o telão descido sobre um ato de tragédia.

Nesses intervalos desaparecia o arraial. Desaparecia inteiramente a casaria. Diante dos espectadores estendia-se, lisa e pardacenta, a imprimadura[15], sem relevos, do fumo. Recortava-a, rubro e sem brilhos – uma chapa circular em brasa – um sol bruxuleante, de eclipse. Rompia-a, porém, de súbito, uma lufada rija. Pelo rasgão enorme, de alto a baixo aberto, divisava-se uma nesga do arraial – bandos estonteados de mulheres e crianças correndo para o sul, em tumulto, indistintos entre as folhagens secas das latadas. As baterias da Favela batiam-nos de frente. Os grupos miserandos, entre dois fogos, fustigados pela fuzilaria, repelidos pelo canhoneio, desapareciam, por fim, entaliscados nos escombros, ao fundo do santuário. Ou escondiam-nos outra vez, promanando da combustão lenta e inextinguível e rolando vagarosamente sobre os tetos, os novelos de fumo, compactos, em cúmulos, alongando-se pelo solo, empolando-se na altura, num tardo ondular de grandes vagas silenciosas, adensando-se e desfazendo-se à feição dos ventos; chofrando a frontaria truncada da igreja nova, deixando lobrigar-se um pedaço de muramento esboroado, e encobrindo-o logo; dissolvendo-se adiante sobre um trecho deserto do rio; espraiando-se mais longe, delidos, pelo topo dos outeiros...

As vistas curiosas, dos que pelo próprio afastamento não compartiam a peleja, coavam-se naquele sendal[16] de brumas[17]. E quando estas se adunavam impenetráveis, em toda a cercadura de camarotes grosseiros do monstruoso anfiteatro explodiam irreprimíveis clamores de contrariedades e desapontamentos de espectadores frenéticos, agitando

---

14 **gambiarra** série formada por diversos pontos de luz. 15 **imprimadura** traço, desenho. 16 **sendal** caminho, vereda. 17 **brumas** turvação provocada pela fumaça.

os binóculos inúteis, procurando adivinhar o enredo inopinadamente encoberto.

Porque a ação se delongava. Delongava-se anormal, sem o intermitir das descargas intervaladas, o tiroteio cerrado e vivo, crepitando num estrepitar estrídulo de tabocas[18] estourando nos taquarais em fogo. De sorte que por vezes pairava no ânimo dos que o escutavam, ansiosos, o pensamento de uma surtida feliz dos sertanejos, saindo pelas tranqueiras rotas ao norte. Os ecos dos estampidos, variando de rumos, torcidos em ricochete pelos flancos das colinas, subindo de intensidade no nevoeiro compacto, desviavam-se. Estalavam-lhes perto, à direita e à retaguarda, dando a ilusão de um ataque do inimigo escapo e precipitando-se, em tropel, num revide repentino. Trocavam-se ordens precípites. Formavam-se os corpos de reserva. Cruzavam-se inquirições comovidas...

Ouvia-se, porém, longínquo, um ressoar de brados e vivas. Corria-se aos mirantes acasamatados[19]. Retomavam-se os binóculos. Uma rajada corria, em sulco largo e límpido, pela cerração dentro, talhando-a de meio a meio, e desvendando de novo o cenário.

Era um desafogo. Vozeavam aclamações e aplausos. Os jagunços recuavam.

Por fim se viu, estirando-se até ao caminho do Cambaio, uma linha de bandeirolas vermelhas.

Estava bloqueado Canudos.

A nova chegou em pouco ao acampamento de onde largaram, à espora fita, correios para Monte Santo, levando-a, para que de lá o telégrafo a espalhasse no país inteiro.

Circuitava agora toda a periferia do povoado uma linha interrompida de tranqueiras, nos intervalos das quais não havia escoar-se mais um único habitante: a leste, o centro do acampamento; à retaguarda da linha negra, centralizada pela 3ª Brigada; ao norte, as posições recém-expugnadas, alongando-se guarnecidas sucessivamente pelo 31º, ala esquerda do 24º, 38º, ala direita do Batalhão Paulista e o 32º, de Infantaria, cortando as estradas do Uauá e a Várzea da Ema; em todo o quadrante

18 **tabocas** bambus. 19 **acasamatados** abrigados; transformados em casamatas.

de noroeste, guarnições espaçadas, ladeando o redente[20] artilhado[21] no extremo da vereda do Cambaio; a Favela e o baluarte dominante da Sete de Setembro, ao sul.

Ainda que em fragmentos, traçara-se a curva fechada do assédio real, efetivo.

A insurreição estava morta.

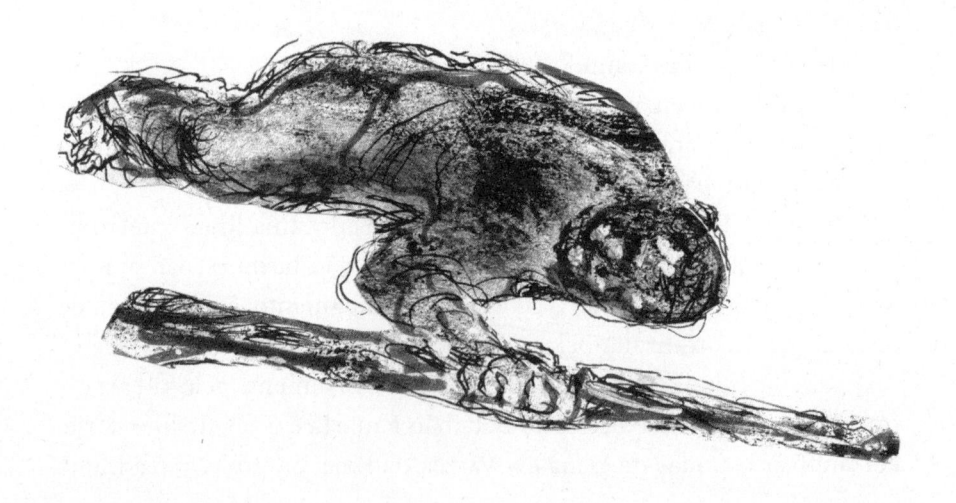

20 redente trincheira. **21 artilhado** fortificado com artilharia.

Últimos Dias

I. O estrebuchar dos vencidos [p. 651]. Os prisioneiros [p. 654]. [A degola, p. 655].

II. Depoimento de uma testemunha [p. 657]. [Um grito de protesto, p. 661].

III. Titãs contra moribundos [p. 665]. [Constringe-se o assédio, p. 667]. [Cavando a própria sepultura, p. 668]. [Trincheira de cadáveres, p. 669]. Em torno das cacimbas [p. 670]. Sobre os muradais da Igreja nova [p. 672].

IV. Passeio dentro de Canudos [p. 673].

V. O assalto [p. 683]. [O canhoneio. Réplica dos jagunços, p. 684]. [Baixas, p. 688]. [Tupi Caldas, p. 688]. [A dinamite, p. 690]. [Continua a réplica..., p. 692]. [Outras baixas, p. 692]. [No hospital de sangue, p. 693]. Notas de um diário [p. 695].

VI. O fim [p. 703]. [Canudos não se rendeu, p. 704]. Cadáver do Conselheiro [p. 705].

VII. Duas linhas [p. 707].

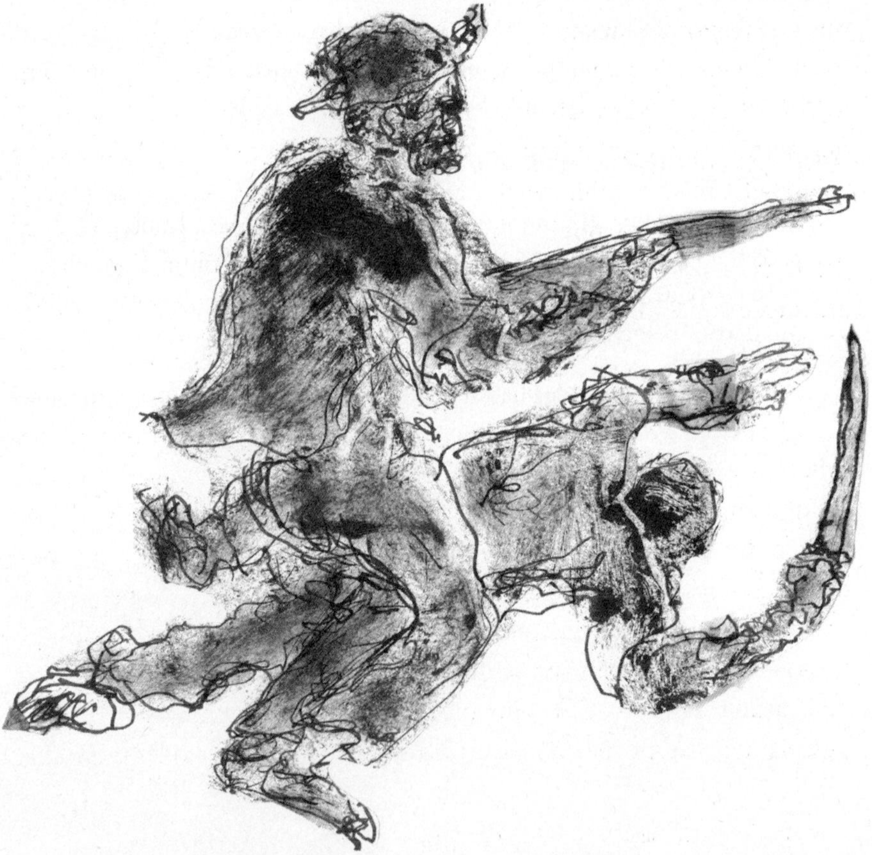

I

O ESTREBUCHAR DOS VENCIDOS

Sucedeu, então um fato extraordinário de todo em todo imprevisto.

O inimigo desairado revivesceu com vigor incrível. Os combatentes, que o enfrentavam desde o começo, desconheceram-no. Haviam-no visto, até aquele dia, astucioso, negaceando na maranha[1] das tocaias, indomável na repulsa às mais valentes cargas, sem-par na fugacidade com que se subtraía aos mais improvisos ataques. Começaram a vê-lo heroico.

A constrição de milhares de baionetas circulantes estimulara-o, enrijara-o; e dera-lhe, de novo, a iniciativa nos combates. Estes principiaram desde 23, insistentes como nunca, sulcando todos os pontos, num rumo gigante, estonteador, batendo, trincheira por trincheira, toda a cercadura do sítio.

Era como uma vaga revolta, desencadeando-se num tumulto de voragem. Repelida pelas tranqueiras avançadas de leste, refluía numa esteira fulgurante de descargas na direção do Cambaio; arrebentava nas encostas que ali descem, clivosas, para o rio: recebia, em cima e em cheio, a réplica das guarnições que as encimavam, e rolava, envesgando para o norte, acachoando dentro do álveo do Vaza-Barris, até se despedaçar de encontro às paliçadas que naquele sentido o represavam; volvia vertiginosamente ao sul; viam-na ondular, célere e agitante, por dentro do arraial, atravessando-o, e logo depois marulhar, recortada de tiros, na base dos primeiros esporões da Favela; saltava de novo para o leste, torcida,

---

[1] **maranha** emaranhamento.

embaralhada, estrepitosa; e batia a esquerda do 5º da Bahia, era repelida; caía adiante sobre a barreira do 26º, era repelida; retraía-se daquele ponto para o centro da praça, inflectindo, serpeante, rápida, e quebrava-se, um minuto depois, sobre a linha negra; passava indistinta, mal vista ao clarão fugaz das fuzilarias, e corria mais uma vez para o norte, chofrando os mesmos pontos, repulsada sempre e atacando sempre, num remoinhar irreprimível e rítmico de ciclone... Parava. Súbita quietitude substituía o torvelinho furioso. Absoluto silêncio descia sobre os dois campos. Os sitiantes deixavam a formatura do combate.

Mas repousavam alguns minutos breves.

Um estampido atroava na igreja nova, e viam-se-lhe sobre as cimalhas fendidas, engrimponados[2] nas pedras vacilantes, vultos erradios, cruzando-se, mal firmes sobre escombros, correndo numa ronda doida. Tombavam-lhes logo em cima, revessadas de todos os trechos artilhados, lanternetas desabrolhando em balas. Não as suportavam. Desciam, em despenhos e resvalos de símios, daqueles muradais. Perdiam-se nos pardieiros próximos ao santuário. E ressurgiam, inopinadamente, junto de um ponto qualquer da linha. Batiam-no, eram repelidos; atacavam as outras trincheiras anexas, eram repelidos; caíam sobre as que se sucediam, e prosseguiam no giro, arrebatados na rotação enorme dos assaltos.

Os que na véspera desdenhavam o adversário entaipado naqueles casebres assombravam-se. Como nos maus dias passados, mais intensamente ainda, jugulou-os o espanto.

Cessaram os desafios imprudentes. Determinou-se, de novo, que não soassem as cornetas. Só havia um toque possível – o de alarma – e este o inimigo eloquentemente o dava.

Despovoaram-se os cerros. Terminou o fanfarrear dos que por ali se estadeavam, desafiando tiros. Valentes de fama, premunidos de cautelas, fraldejavam-nos, às rebatinhas[3] pelas passagens cobertas, curvando-se, e transpondo aos pinchos os pontos enfiados. Tornaram-se outra vez dificílimas as comunicações. Os comboios desde que apontavam ao sul,

---

2 **engrimponados** instalados no alto. 3 **às rebatinhas** sem descanso, em disputa.

na crista dos morros, pela estrada do Calumbi, começavam a ser alvejados; desciam-nos precípites e alguns comboieiros vinham cair feridos no último passo, à entrada do acampamento.

A situação tornou-se, de repente, inaturável.

Não se compreendia que os jagunços tivessem ainda, após tantos meses de luta, tanta munição de guerra. E não a poupavam. Em certas ocasiões, no mais agudo dos tiroteios, pairava sobre os abarracamentos um longo uivar de ventania forte.

Projetis de toda a espécie, sibilos finos de Mannlicher e Mauser, zunidos cheios e sonoros de Comblain, rechinos[4] duros de trabucos, rijos como os de canhões-revólveres, transvoando a todos os pontos: sobre o âmbito das linhas; sobre as tendas próximas aos quartéis-generais; sobre todos os morros até ao colo abrigado da Favela, onde sesteavam cargueiros e feridos; sobre todas as trilhas; sobre o álveo longo e tortuoso do rio e sobre as depressões mais escondidas; resvalando com estrondo pela tolda[5] de couro da alpendrada[6] do hospital de sangue e despertando os enfermos retransidos de espanto; despedaçando vidros na farmácia militar, anexa; varando, sem que se explicasse tal abatimento de trajetória, as choupanas de folhagens, a um palmo das redes, de onde pulavam, surpreendidos, combatentes exaustos; percutindo, como pedradas rijas, as paredes espessas dos casebres da comissão de engenharia e quartel-general da 1.ª coluna; zimbrando, em sibilos de vergastas[7], o pano das barracas; e fora das barracas, dos casebres, dos toldos, das tendas, estralando, ricochetando, ressaltando, desparzindo[8] nos flancos das colinas, sobre as placas xistosas, quebrando-as e esfarelando-as em estilhas, numa profusão incomparável de metralha...

A luta atingia febrilmente o desenlace da batalha decisiva que a rematarîa. Mas aquele paroxismo estupendo acovardava os vitoriosos.

---

4 rechinos sons ásperos ou agudos. **5 tolda** toldo. **6 alpendrada** grande alpendre, apoiado em esteios, aberto aos quatro ventos, destinado a abrigar os feridos. **7 vergastas** chicotes. **8 desparzindo** espalhando, difundindo.

OS PRISIONEIROS

Chegaram no dia 24 os primeiros prisioneiros.

Voltando triunfante, a tropa, que a princípio colhera em caminho meia dúzia de crianças, de quatro a oito anos, por ali dispersas e tolhidas de susto, ao esquadrinhar melhor os casebres conquistados encontrara algumas mulheres e alguns lutadores, feridos.

Estes últimos eram poucos e vinham em estado deplorável: trôpegos, arrastados, exaustos.

Um suspenso pelas axilas entre duas praças, meio desmaiado, tinha, diagonalmente, sobre o peito nu, a desenhar-se num recalque forte, a lâmina do sabre que o abatera. Outro, o velho curiboca desfalecido que não vingara disparar a carabina sobre os soldados, parecia um desenterrado claudicante. Ferido, havia meses, por estilhaços de granada, no ventre, ali tinha dois furos, de bordos vermelhos e cicatrizados, por onde extravasavam os intestinos. A voz morria-lhe na garganta, num regougo[9] opresso. Não o interrogaram. Posto à sombra de uma barranca continuou na agonia, que o devorava, talvez havia três meses[10].

Algumas mulheres fizeram revelações: Vila-Nova seguira, na véspera, para a Várzea da Ema. Sentia-se, já há tempos, fome no arraial, sendo quase todos os mantimentos destinados aos que combatiam; e, revelação mais grave, o Conselheiro não aparecia desde muito[11].

Ainda mais, trancadas todas as saídas, começara para todos, lá dentro, o suplício crescente da sede.

Não iam além as informações. Os que as faziam, inteiramente sucumbidos, mal respondiam às perguntas. Um único não refletia na postura abatida as provações que vitimavam os demais. Forte, de estatura meã[12] e entroncada – espécime sem falhas desses hércules das feiras sertanejas, de ossatura de ferro articulando em juntas nodosas e apontando em apófises rígidas – era, tudo o revelava, um lutador de

---

9 regougo ronco. **10** Ver nota 13, p. 645 da presente edição. **11** Este trecho está baseado na correspondência do dia 24.9.1897 para *O Estado de S. Paulo*. Ver o *Diário [não seria Canudos e Inéditos?]*, pp. 114-116. Notar que nas suas cartas Euclides não falava sobre a degola de jagunços. **12 meã** média.

primeira linha, talvez um dos guerrilheiros acrobatas que se dependuravam ágeis nos dentilhões[13] abalados da igreja nova. Primitivamente branco, requeimara-se-lhe inteiramente o rosto, mosqueado de sardas. Pendia-lhe à cintura, oscilante, batendo abaixo do joelho, a bainha vazia de uma faca de arrasto[14]. Fora preso em plena refrega. Conseguira derribar, num arremessão valente, três ou quatro praças; e lograria escapar se não caísse, tonto, ferido de esconso[15] por uma bala na órbita[16] esquerda. Entrou, jugulado como uma fera, na tenda do comandante da 1ª coluna. Ali o largaram. O resfôlego precípite arguia o cansaço da luta. Alevantou a cabeça e o olhar singular que lhe saía dos olhos – um cheio de brilhos, outro cheio de sangue – assustava. Tartamudou, desajeitadamente, algumas frases mal percebidas. Tirou o largo chapéu de couro e, ingenuamente, fez menção de sentar-se.

Era a suprema petulância do bandido!

Brutalmente repelido, rolou aos tombos pela outra porta, escorjado sob punhos possantes.

Fora, passaram-lhe, sem que protestasse, uma corda de sedenho[17] na garganta. E, levado aos repelões para o flanco direito do acampamento, o infeliz perdeu-se com os sinistros companheiros que o ladeavam no seio misterioso da caatinga.

A DEGOLA

Chegando à primeira canhada encoberta, realizava-se uma cena vulgar. Os soldados impunham invariavelmente à vítima um viva à República, que era poucas vezes satisfeito. Era o prólogo invariável de uma cena cruel. Agarravam-na pelos cabelos, dobrando-lhe a cabeça, esgargalan-

---

13 dentilhões tijolos ou pedras salientes deixados numa parede para amarrar outra parede. **14** Comparar com o seguinte trecho de Saint-Hilaire: "o sertanejo [...] leva pendente da cintura a *faca de arrasto*, com que corta o *cipoal*, ou algum ramo espinhoso, que lhe impede a passagem, e ao lado o laço que habilmente maneja para prender a rês, que é por ele seguida sempre na corrida vertiginosa no campo, ou interrompida na catinga e na floresta" (J. C. de Carvalho, pp. 32-33). **15 de esconso** de soslaio, de esguelha. **16 órbita** cavidade óssea da face em que se aloja o globo ocular. **17 de sedenho** feita da crina ou da cauda do cavalo.

do-lhe o pescoço; e, francamente exposta a garganta, degolavam-na. Não raro a sofreguidão do assassino repulsava esses preparativos lúgubres. O processo era, então, mais expedito: varavam-na, prestes, a facão.

Um golpe único, entrando pelo baixo ventre. Um destripamento rápido...

Tínhamos valentes que ansiavam por essas covardias repugnantes, tácita e explicitamente sancionadas pelos chefes militares. Apesar de três séculos de atraso os sertanejos não lhes levavam a palma no estadear idênticas barbaridades.

II

DEPOIMENTO DE UMA TESTEMUNHA

Desvendemo-las rudemente.
Deponhamos.
O fato era vulgar. Fizera-se pormenor insignificante.
Começara sob o esporear da irritação dos primeiros reveses, terminava friamente feito praxe costumeira, minúscula, equiparada às últimas exigências da guerra. Preso o jagunço válido e capaz de aguentar o peso da espingarda, não havia malbaratar-se um segundo em consulta inútil. Degolava-se; estripava-se. Um ou outro comandante se dava o trabalho de um gesto expressivo. Era uma redundância capaz de surpreender.
Dispensava-a o soldado atreito[1] à tarefa.
Esta era, como vimos, simples. Enlear ao pescoço da vítima uma tira de couro, num cabresto ou numa ponta de chiqueirador[2]; impeli-la por diante; atravessar entre as barracas, sem que ninguém se surpreendesse; e sem temer que se escapasse a presa, porque ao mínimo sinal de resistência ou fuga um puxão para trás faria que o laço se antecipasse à faca e o estrangulamento à degola. Avançar até à primeira covanca[3] profunda, o que era um requinte de formalismo; e, ali chegados, esfaqueá-la. Nesse momento, conforme o humor dos carrascos, surgiam ligeiras variantes.

---

1 **atreito** acostumado. 2 **chiqueirador** relho amarrado na ponta de um cacete que serve de chicote e é usado para tanger bois ou fustigar animais de carga ou montaria. 3 **covanca** terreno pouco extenso, cercado de morros, com entrada natural apenas de um lado, formando uma espécie de bacia, e que é, de ordinário, o extremo de um vale ou de uma várzea.

Como se sabia, o supremo pavor dos sertanejos era morrer a ferro frio, não pelo temor da morte senão pelas suas consequências, porque acreditavam que, por tal forma, não se lhes salvaria a alma.

Exploravam esta superstição ingênua. Prometiam-lhes não raro a esmola de um tiro, à custa de revelações. Raros o faziam. Na maioria emudeciam, estoicos, inquebráveis – defrontando a perdição eterna. Exigiam-lhes vivas à República. Ou substituíam essa irrisão dolorosa pelo chasquear[4] franco e insultuoso de alusões cruéis, num coro hilar[5] e bruto de facécias[6] pungentes. E degolavam-nos, ou cosiam-nos a pontaços. Pronto. Sobre a tragédia anônima, obscura, desenrolando-se no cenário pobre e tristonho das encostas eriçadas de cactos e pedras, cascalhavam rinchavelhadas[7] lúgubres, e os matadores volviam para o acampamento. Nem lhes inquiriam pelos incidentes da empresa. O fato descambara lastimavelmente à vulgaridade completa. Os próprios jagunços, ao serem prisioneiros, conheciam a sorte que os aguardava. Sabia-se no arraial daquele processo sumaríssimo[8] e isto, em grande parte, contribuiu para a resistência doida que patentearam. Render-se-iam, certo, atenuando os estragos e o aspecto odioso da campanha, a outros adversários. Diante dos que lá estavam, porém, lutariam até à morte.

E quando, afinal jugulados, eram conduzidos à presença dos chefes militares, iam conformados ao destino deplorável. Revestiam-se de serenidade estranha e uniforme, inexplicável entre lutadores de tão variados matizes, e tão discordes caracteres, mestiços de toda a sorte, variando, díspares, na índole e na cor.

Alguns se aprumavam com altaneria incrível, no degrau inferior e último da nossa raça. Notemos alguns exemplos.

Um negro, um dos raros negros puros que ali havia, preso em fins de setembro, foi conduzido à presença do comandante da 1ª coluna, general João da Silva Barbosa. Chegou arfando, exausto da marcha aos encontrões e do recontro em que fora colhido. Era espigado e seco. Delatava

---

4 **chasquear** zombaria. 5 **hilar** hilariante, divertido. 6 **facécias** gozações, meio-termo entre a graça e a zombaria. 7 **rinchavelhadas** gargalhadas descomedidas, vulgares. 8 **sumaríssimo** muito breve e simples, sem formalidades.

na organização desfibrada os rigores da fome e do combate. A magreza alongara-lhe o porte, ligeiramente curvo. A grenha, demasiadamente crescida, afogava-lhe a fronte estreita e fugitiva; e o rosto, onde o prognatismo[9] se acentuara, desaparecia na lanugem[10] espessa da barba, feito uma máscara amarrotada e imunda. Chegou em cambaleios. O passo claudicante e infirme, a cabeça lanzuda[11], a cara exígua, um nariz chato sobre lábios grossos, entreabertos pelos dentes oblíquos e saltados, os olhos pequeninos, luzindo vivamente dentro das órbitas profundas, os longos braços desnudos, oscilando – davam-lhe a aparência rebarbativa de um orango[12] valetudinário[13].

Não transpôs a couceira[14] da tenda.

Era um animal. Não valia a pena interrogá-lo.

O general de brigada João da Silva Barbosa, da rede em que convalescia de ferimento recente, fez um gesto. Um cabo de esquadra, empregado na comissão de engenharia e famoso naquelas façanhas, adivinhou-lhe o intento. Achegou-se com o baraço[15]. Diminuto na altura, entretanto, custou a enleá-lo ao pescoço do condenado. Este, porém, auxiliou-o tranquilamente; desceu o nó embaralhado; enfiou-o pelas próprias mãos, jugulando-se...

Perto, um tenente do estado-maior de primeira classe e um quintanista de medicina contemplavam aquela cena.

E viram transmudar-se o infeliz, apenas dados os primeiros passos para o suplício. Daquele arcabouço denegrido e repugnante, mal soerguido nas longas pernas murchas, despontaram, repentinamente, linhas admiráveis – terrivelmente esculturais – de uma plástica estupenda.

Um primor de estatuária modelado em lama.

Retificara-se de súbito a envergadura abatida do negro aprumando-se, vertical e rígida, numa bela atitude singularmente altiva. A cabeça firmou-se-lhe sobre os ombros, que se retraíram dilatando o peito, alçada num gesto desafiador de sobranceria fidalga, e o olhar, num lampejo

---

9 **prognatismo** projeção anormal da mandíbula para frente; anormalidade anatômica de quem é queixudo. 10 **lanugem** pelo fino que antecede a barba. 11 **lanzuda** coberta de cabelos longos e crespos. 12 **orango** orangotango. 13 **valetudinário** fraco, doentio. 14 **couceira** limiar, soleira. 15 **baraço** corda ou laço para estrangular.

varonil, iluminou-lhe a fronte. Seguiu impassível e firme; mudo, a face imóvel, a musculatura gasta duramente em relevo sobre os ossos, num desempeno impecável, feito uma estátua, uma velha estátua de titã, soterrada havia quatro séculos e aflorando, denegrida e mutilada, naquela imensa ruinaria de Canudos. Era uma inversão de papéis. Uma antinomia vergonhosa...

E estas coisas não impressionavam...

Fizera-se uma concessão ao gênero humano: não se trucidavam mulheres e crianças. Fazia mister, porém, que se não revelassem perigosas. Foi o caso de uma mamaluca quarentona, que apareceu certa vez, presa, na barraca do comando em chefe. O general estava doente. Interrogou-a no seu leito de campanha – rodeado de grande número de oficiais. O inquérito resumia-se às perguntas do costume – acerca do número de combatentes, estado em que se achavam, recursos que possuíam, e outras, de ordinário respondidas por um "sei não!" decisivo ou um "E eu sei?" vacilante e ambíguo. A mulher, porém, desenvolta, enérgica e irritadiça, espraiou-se em considerações imprudentes. "Nada valiam tantas perguntas. Os que as faziam sabiam bem que estavam perdidos. Não eram sitiantes, eram presos. Não seriam capazes de voltar, como os das outras expedições; e em breve teriam desdita maior – ficariam, todos, cegos e tateando à toa por aquelas colinas..."

E tinha a gesticulação incorreta, desabrida e livre.

Irritou. Era um virago perigoso. Não merecia o bem-querer dos triunfadores. Ao sair da barraca, um alferes e algumas praças seguraram-na.

Aquela mulher, aquele demônio de anáguas, aquela bruxa agourentando a vitória próxima – foi degolada...[16]

Poupavam-se as tímidas, em geral consideradas trambolhos incômodos no acampamento, atravancando-o, como bruacas imprestáveis.

Era o caso de uma velha que se aboletara com dois netos de cerca de dez anos junto à vertente em que acampava o piquete de cavalaria. Os pequenos, tolhiços, num definhamento absoluto, não andavam mais; tinham volvido a engatinhar. Choravam desapoderadamente, de fome. E

---

16 Consultar *Canudos e Inéditos*, p. 117.

a avó, desatinada, esmolando pelas tendas os restos das marmitas, e correndo logo a acalentá-los, aconchegando-lhes dos corpos os frangalhos[17] das camisas; e deixando-os outra vez, agitante, infatigável no desvelo, andando aqui, ali, à cata de uma blusa velha, de uma bolacha caída do bolso dos soldados, ou de um pouco d'água; acurvada pelo sofrimento e pela idade, titubeando de um para outro lado, indo e vindo, cambeteante e sacudida sempre por uma tosse renitente[18], de tísica, – constringia os corações mais duros. Tinha o que quer que fosse de um castigo; passava e repassava como a sombra impertinente e recalcitrante de um remorso...

A degolação era, por isto, infinitamente mais prática, dizia-se nuamente. Aquilo não era uma campanha, era uma charqueada. Não era a ação severa das leis, era a vingança. Dente por dente. Naqueles ares pairava, ainda, a poeira de Moreira César, queimado; devia-se queimar. Adiante, o arcabouço decapitado de Tamarindo; devia-se degolar. A repressão tinha dois polos – o incêndio e a faca.

Justificavam-se: o coronel Carlos Teles poupara certa vez um sertanejo prisioneiro. A ferocidade dos sicários[19] retraíra-se diante da alma generosa de um herói...

Mas este pagara o deslize imperdoável de ser bom. O jagunço, que salvara, conseguira fugir e dera-lhe o tiro que o removera do teatro da luta. Acreditava-se nestas coisas. Inventavam-nas. Eram antecipados recursos absolutórios. Exageravam-se, calculadamente, outras: os martírios dos amigos trucidados, caídos nas tocaias traiçoeiras, ludibriados depois de cadáveres e postos como espantalhos à orla dos caminhos... A selvageria impiedosa amparava-se à piedade pelos companheiros mortos. Vestia o luto chinês da púrpura e, lavada em lágrimas, lavava-se em sangue.

UM GRITO DE PROTESTO

Ademais, não havia temer-se o juízo tremendo do futuro.
A História não iria até ali.

---

17 frangalhos farrapos. **18 renitente** obstinada, teimosa. **19 sicários** assassinos pagos.

Afeiçoara-se a ver a fisionomia temerosa dos povos na ruinaria majestosa das cidades vastas, na imponência soberana dos coliseus ciclópicos, nas gloriosas chacinas das batalhas clássicas e na selvatiqueza épica das grandes invasões. Nada tinha que ver naquele matadouro.

O sertão é o homizio[20]. Quem lhe rompe as trilhas, ao divisar à beira da estrada a cruz sobre a cova do assassinado, não indaga do crime. Tira o chapéu, e passa.

E lá não chegaria, certo, a correção dos poderes constituídos. O atentado era público. Conhecia-o, em Monte Santo, o principal representante do governo, e silenciara. Coonestara-o[21] com a indiferença culposa. Desse modo a consciência da impunidade, do mesmo passo fortalecida pelo anonimato da culpa e pela cumplicidade tácita dos únicos que podiam reprimi-la, amalgamou-se a todos os rancores acumulados, e arrojou, armada até aos dentes, em cima da mísera sociedade sertaneja, a multidão criminosa e paga para matar.

Canudos tinha muito apropriadamente, em roda, uma cercadura de montanhas. Era um parêntese; era um hiato. Era um vácuo. Não existia. Transposto aquele cordão de serras, ninguém mais pecava[22].

Realizava-se um recuo prodigioso no tempo; um resvalar estonteador por alguns séculos abaixo.

Descidas as vertentes, em que se entalava aquela furna enorme, podia representar-se lá dentro, obscuramente, um drama sanguinolento da idade das cavernas. O cenário era sugestivo. Os atores, de um e de outro lado, negros, caboclos, brancos e amarelos, traziam, intacta, nas faces, a caracterização indelével e multiforme das raças – e só podiam unificar-se sobre a base comum dos instintos inferiores e maus.

A animalidade primitiva, lentamente expungida pela civilização, ressurgiu, inteiriça. Desforrava-se afinal. Encontrou nas mãos, ao invés do machado de diorito e do arpão de osso, a espada e a carabina. Mas a faca relembrava-lhe melhor o antigo punhal de sílex lascado[23]. Vibrou-a. Nada tinha a temer. Nem mesmo o juízo remoto do futuro.

---

20 homizio esconderijo, lugar de desterro. **21 coonestara** fazia parecer honesto, decente. **22** Ver uma reduplicação da imagem usada anteriormente a partir de Barléu (nota 169, p. 165). **23** Observar

Mas que entre os deslumbramentos do futuro caia, implacável e revolta; sem altitude, porque a deprime o assunto; brutalmente violenta, porque é um grito de protesto; sombria, porque reflete uma nódoa – esta página sem brilhos...[24]

aqui a repetição de uma imagem, agora inversa, utilizada em outra passagem desta mesma parte do livro (p. 368). **24** Euclides neste trecho de *Os Sertões* lavra o seu protesto formal contra o massacre dos jagunços.

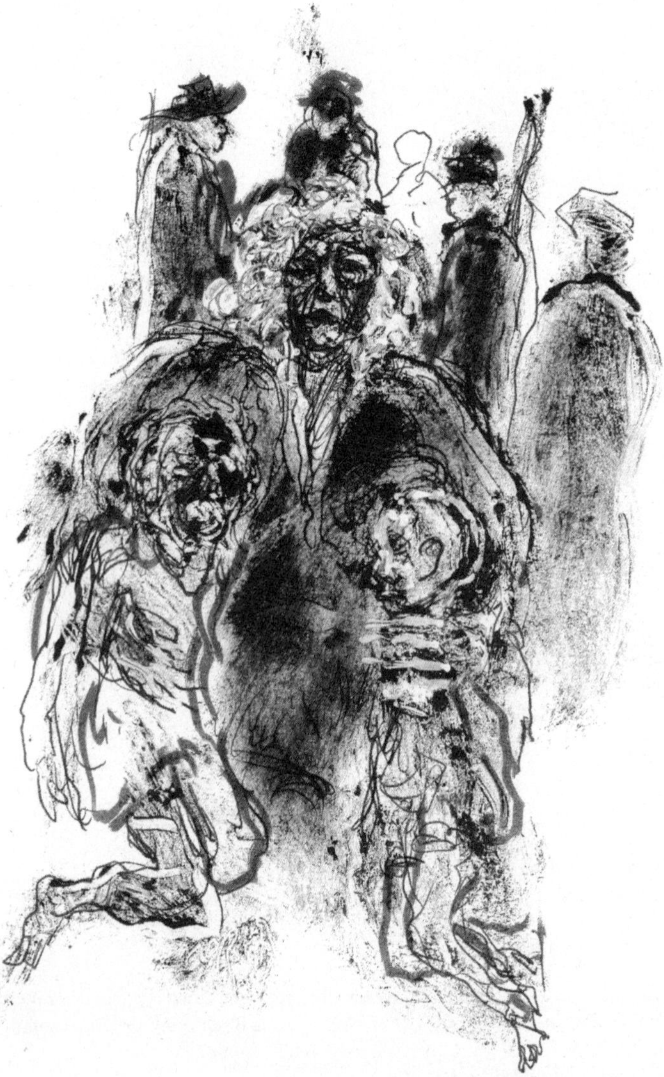

III

TITÃS CONTRA MORIBUNDOS

O combate de 24 precipitara o desfecho. À compressão que se realizara ao norte, correspondeu, do mesmo modo vigoroso, outra, a 25, avançando do sul. O cerco constringia-se num apertão de tenaz[1]. Entraram naquele dia em ação, descendo os pendores do alto do Mário onde acampavam, num colo abrigado à retaguarda da Sete de Setembro, os dois batalhões do Pará e o 37º de linha. E fizeram-no de moto próprio, alheios a qualquer ordem do comando geral.

Tinham motivos graves para aquele ato.

A derrocada de Canudos figurava-se-lhes iminente.

Da altura em que se abarracavam, no ângulo morto do boléu da vertente, examinavam-no a todo o instante; e viam arrochar-se embaixo a cintura do sítio; e ampliar-se, continuamente maior, a moldura lutuosa dos incêndios; e o povoado cada vez mais reduzido à grande praça deserta sempre, larga clareira onde por igual temiam penetrar os lutadores dos dois campos. Adiante, perto, estimulando-os, atroava o redente artilhado; embaixo, longe, crepitavam os tiroteios incessantes... e eles ali quedavam, inúteis, desdenhados pelas mesmas balas perdidas, que lhes ziniam[2] por cima, muito altas, inofensivas.

---

1 **tenaz** instrumento de ferreiro ou de serralheiro, parecido a uma tesoura, provido de longos cabos, e usado para tirar ou pôr peças nas forjas ou para segurar ferro em brasa e malhar na bigorna. 2 **ziniam** zuniam, zumbiam.

De um momento para outro aquilo terminaria; e restar-lhes-ia a volta inglória – espadas virginalmente novas, bandeiras intatas sem o rendado[3] precioso das batalhas. Porque o general em chefe não encobria o propósito de não precipitar os acontecimentos num dispêndio inútil de vidas, quando a rendição em poucos dias era inevitável. Este intento, expresso sem rodeios, sobre ser mais prático, era mais humano. Mas implicava o renome guerreiro por se fazer dos que não tinham ainda combatido. Desairava-lhes a fama. Coagia-os ao constrangimento de receberem, grátis, as coroas antecipadamente bordadas nos Estados nativos pelas mães, pelas esposas ou pelas noivas e pelas irmãs saudosas. E não puderam conter-se. Desceram ruidosamente as vertentes.

Travaram então um combate que foi uma surpresa, menos para os atacados que para o resto das linhas sitiantes. Desencadeara-se para os lados do Cambaio, secundado pela artilharia do coronel Olímpio da Silveira e, a breve trecho, cresceu com extraordinária intensidade.

Ao que se propalou depois, aqueles heróis impacientes, dirigidos pelos coronéis Sotero de Meneses e Firmino Rego, levavam o objetivo de tomar o arraial. Carregariam até ao rio. Transpô-lo-iam batendo-se sem parar, numa arrancada. Romperiam pela praça vazia. Enfiariam, a marche-marche, numa dispersão de cargas de baionetas, por aqueles becos fora. Varrê-los-iam. Pulariam os entulhos fumegantes, apisoando os matutos atônitos. E iriam tombar – numa explosão de aplausos – sobre a tranqueira do norte, entre as guarnições surpreendidas e pasmas...

Era um golpe de audácia estupendo. Mas não conheciam os sertanejos. Estes tomaram-lhes vigorosamente o passo. Jarretaram-nos. Anularam-lhes, no fim de algum tempo, o intento. E vingaram-se sem o saberem. Porque havia, de feito, algo de dolorosamente insolente e irritante no afogo, na inquietação, na ânsia desapoderada, com que aqueles bravos militares – robustos, bem fardados, bem nutridos, bem armados, bem dispostos – procuravam morcegar[4] a organização desfibrada de adversários que desviviam há três meses, famintos, baleados, queimados, dessangrados gota a gota, e as forças perdidas, e os ânimos frouxos, e as

---

3 rendado perfurações e rasgos. **4 morcegar** tirar partido de, explorar.

esperanças mortas, sucumbindo dia a dia num esgotamento absoluto. Dariam a última punctura de baioneta no peito do agonizante; o tiro de misericórdia no ouvido do fuzilado. E cobrariam, certo, pouca fama, com a façanha.

Mas nem esta tiveram.

Apertara-se mais o cerco, é certo, mas sem que o resultado atingido ressarcisse os sacrifícios feitos: cerca de oitenta homens fora de combate e entre eles, ferido, o coronel Sotero[5], e morto o capitão Manuel Batista Cordeiro, do regimento do Pará[6].

CONSTRINGE-SE O ASSÉDIO

Em compensação, dizia-se, fora enorme a perda do inimigo – centenares de mortos, centenares de casas conquistadas. Com efeito, a parte do arraial em poder daqueles reduzia-se agora a menos de terço – à orla setentrional da praça e casebres junto à igreja.

Onze batalhões (16º, 22º, 24º, 27º, 32º, 33º, 37º, 38º, de linha; o do Amazonas, a ala direita do de S. Paulo; e o 2º, do Pará), mais de 2 500 homens, tinham-se apoderado, nos últimos dias, de cerca de duas mil casas e comprimiam os sertanejos, atirando-os de encontro à vertente da Fazenda Velha ao sul, e a leste contra igual número de baionetas dos 25º, 7º, 9º, 35º, 40º, 30º, 12º, 26º, de linha e 5º de Polícia.

Eram cinco mil soldados, em números redondos, excluídos os que permaneciam de guarda ao acampamento e guarnecendo a estrada de Monte Santo.

A população combatida tinha, ao invés das linhas frouxas de um assédio largo, um círculo inteiriço de vinte batalhões; e amoitava-se em menos de quinhentos casebres, ao fundo da igreja, na última volta do rio. Os incêndios reduziam-lhe, além disto, hora por hora, o campo. E embora as casas, com o seu madeiramento escasso, pouco alimentassem as chamas, estas progrediam devagar, no abafamento das fumaradas pardacentas, lembrando a combustão imperfeita de centenares de for-

---

5 Trata-se do coronel José Sotero de Meneses. 6 Consultar *Canudos e Inéditos*, p. 118.

nos catalães[7] – nos densos rolos de fumo afuliginando[8] o firmamento, espraiando-se pelos tetos, tornando ainda mais tristonho o cenário desolado e monótono. A artilharia dos morros pouco atirava, exigindo as pontarias grandes resguardos porque o mínimo desvio ou variação das alças arrojaria as balas sobre os assaltantes.

Apesar disto, continuava inteiramente vazia a praça. Ninguém se abalançara ainda a tomar as casas que a limitavam pelo norte, perpendicularmente à latada; e dentro destas e das que se seguiam compactas, junto à igreja, se acolheram os últimos jagunços. Os mais afoitos guarneciam ainda os muramentos desmantelados do templo. Comandavam-nos chefes sem grande nomeada. Esses heróis anônimos, porém, dispuseram a sua gente para a morte e, voando a todos os pontos, alentavam resistência incompreensível, tomando todas as medidas que delongassem indefinidamente o desfecho.

Assim os lutadores, a partir de 26, se revezavam das trincheiras, de onde respondiam aos ataques, para outros misteres porventura mais pesados e sérios.

CAVANDO A PRÓPRIA SEPULTURA

Preparavam junto ao santuário o último reduto – uma escavação retangular e larga. Abriam o próprio túmulo. Batidos de todos os lados, iriam recuando, palmo a palmo, braço a braço, todos, para aquela cova onde se sepultariam, indomáveis.

Escavavam, buscando a água que lhes faltava, cacimbas profundas. As mulheres, e as crianças, e os velhos, e os enfermos, colaboravam nestes trabalhos brutos. Mal reprofundavam, porém, além de dois metros os estratos duríssimos, de modo a atingirem as camadas sobre que repousavam tênues lençóis, filtrados pelos últimos estagnados do rio. Alcançavam-nos, às vezes; para vê-los, uma hora depois, extintos, sugados na avidez de esponja da atmosfera exsicada. E começou logo a torturá-los

---

7 fornos catalães fornos de combustão incompleta outrora usados em siderurgia, hoje substituídos pelo alto-forno. **8 afuliginando** pretejando com fuligem.

a sede, avivada pelas comoções e pela canícula queimosa. O combate fez-se-lhes, então, um divertimento lúgubre, uma atenuante a maiores misérias. Atiravam desordenadamente, a esmo, sem o antigo rigor da pontaria, para toda a banda, num dispêndio de munições capaz de esgotar o arsenal mais rico. Os que se encurralavam na igreja nova continuavam varejando os altos, enquanto os demais tolhiam de frente, a dois passos, os batalhões entranhados no casario. Aí se realizavam episódios brutais. A apertura do campo e o estreito das bitesgas, impropriando o movimento às seções mais diminutas, davam à luta o traço exclusivo de uma bravura feroz. Alguns oficiais, ao avançarem, desapertavam os talins e jogavam a um lado a espada. Batiam-se à faca.

Mas a empresa tornara-se, ao cabo, dificílima. A constrição do sítio condensara nas casas os que as defendiam e estes, enchendo-as, opunham resistência crescente. Quando cediam num ou noutro ponto, os vencedores tinham, ainda, inopinadas surpresas. A traça[9] dos sertanejos colhia-os mesmo naquele transe doloroso.

TRINCHEIRA DE CADÁVERES

Foi o que sucedeu ao ser conquistado um casebre, depois de tenazmente defendido. Os soldados invadiram-no atumultuadamente. E depararam um monte de cadáveres; seis ou oito, caídos uns sobre outros, abarreirando a entrada. Não se impressionaram com o quadro. Enveredaram pelos cômodos escuros. Mas receberam em cheio, pelas costas, partindo daquela pilha de trapos sanguinolentos, um tiro. Voltando-se, pasmos, detonou-lhes outro, à queima-roupa, de frente. Sopitando o espanto, comprimidos na saleta estreita, viram então saltar e fugir o lutador fantástico, que adotara o estratagema profanador, batendo-se por trás de uma trincheira de mortos...

---

9 traça manha, ardil.

EM TORNO DAS CACIMBAS

O lento avançar do assédio estacou, então, novamente. Imobilizava-o pela última vez o vencido. Ademais a situação não requeria maiores esforços. A vitória viria por si mesma. Bastava que se conservassem as posições. Fechadas todas as saídas e francamente batidas as cacimbas marginais do rio, o perdimento do arraial era inevitável, em dois dias no máximo – mesmo admitida a presunção de poderem os assediados, por tanto tempo e naqueles dias ardentes, suportar a sede que os flagelava.

Mas a resistência duraria uma semana ainda. Porque aquele círculo maciço de batalhões começou de ser partido, intermitentemente, pelos sertanejos, à noite.

Na de 26 houvera quatro ataques violentos; na de 27, dezoito; nas dos dias subsequentes, um único, porque já não intermitiram, prolongando-se, contínuos, das seis da tarde às cinco do amanhecer.

Não visavam rasgar um caminho à fuga. Empenhando-se todos ao sul atendiam à conquista momentânea das cacimbas, ou gânglios rebalsados do Vaza-Barris. Enquanto o grosso dos companheiros se batia atraindo para o âmago do arraial a maior parte dos sitiantes, alguns valentes sem armas, carregando as borrachas vazias, aventuravam-se até à borda do rio. Avançavam cautelosamente. Abeiravam-se das poças esparsas e raras, que salpintavam o leito; e enchendo as vasilhas de couro volviam, correndo, arcados sob as cargas preciosas.

Ora, esta empresa, a princípio apenas difícil, foi-se tornando, a pouco e pouco, insuportável.

Descoberto o motivo único daqueles ataques, os sitiantes das posições ribeirinhas convergiam os fogos sobre as cacimbas, facilmente percebidas – breves placas líquidas rebrilhando ao luar ou joeirando[10], na treva, o brilho das estrelas...

De sorte que atingindo-lhes as bordas os sertanejos tinham, em torno e na frente, o chão varrido à bala.

Avançavam e caíam, às vezes, sucessivamente, todos.

10 joeirando balançando, cirandando.

Alguns antes que chegassem às ipueiras esgotadas, reduzidas a repugnantes lameiros; outros quando, de bruços, sugavam o líquido salobro e impuro; e outros quando, no termo da tarefa, volviam arcando sob os *bogós* repletos. Substituíam-nos outros, rompendo desesperadamente contra os tiroteios, afrontando-se com a morte. Ou, o que em geral sucedia, deixavam que se atreguasse a repulsa enérgica e mortífera e se descuidassem os soldados vigilantes. Mas estes, conhecendo-lhes os ardis, sabiam que tornariam outra vez em breve. Aguardavam-nos, pontarias imóveis, ouvidos armados ao menor ruído, olhos frechando[11], fitos, as sombras, como caçadores numa espera. E divisavam-nos, de fato, transcorridos minutos, indistintos, vultos diluídos no escuro, na barranca fronteira; e viam-nos, descendo lento e lento por ela abaixo, de bruços, rentes com o chão, vagarosamente, num rastejar serpejante de grandes sáurios[12] silenciosos; e viam-nos depois, embaixo, arrastando-se pelo esteiro areento do rio...

Seguravam as pontarias. Deixavam-nos aproximar-se, e deixavam-nos atingir os estagnados que eram o chamariz único daquela ceva monstruosa.

Então lampejava o fulgor das descargas subitâneas! Fulminavam-nos. Percebiam-se, adiante quinze metros, gritos dilacerantes de cólera e de dor; dois ou três corpos escabujando[13] à beira das cacimbas; correndo outros, espavoridos; outros, feridos, em cambaleios; e outros desafiando o fuzilamento, pulando, sem resguardos agora, das barrancas – e velozes, terríveis, desafiadores – passando sobre os companheiros moribundos, arremetendo com a barreira infernal que os devorava.

Um único às vezes escapava, às carreiras. Transpunha a barranca de um salto, e perdia-se nos escombros do casario, levando aos companheiros alguns litros de água que custavam hecatombes. E era um líquido suspeito, contaminado de detritos orgânicos, de sabor detestável em que se pressentia o tóxico das ptomaínas[14] e fosfatos dos cadáveres

---

11 frechando (*fig.*) flechando. **12 sáurios** lagartos. **13 escabujando** debatendo-se com os pés e com as mãos; espernando, esbracejando, estrebuchando. **14 ptomaínas** substâncias tóxicas aminadas provenientes da putrefação das matérias orgânicas de origem animal.

decompostos jazentes desde muito insepultos por toda aquela orla do Vaza-Barris[15].

Estes episódios culminaram o heroísmo dos matutos. Comoviam, por fim, aos próprios adversários.

SOBRE OS MURADAIS DA IGREJA NOVA

Não raro, quando toda a linha de sítio, ao norte, estrugia os ares em descargas compactas, sem que se distinguissem os tiros singulares, num ressoar intenso lembrando o de represas repentinamente abertas, e o bombardeio as completava, tombando dos morros – os combatentes da linha central do acampamento, arriscando-se aos projetis perdidos, borrifados pela refrega, faziam-se espectadores de uma cena extraordinária.

Em muitos despontou, ao cabo, irreprimível e sincero entusiasmo pelos valentes martirizados. Não o encobriam. O quadro que se lhes oferecia imortalizava os vencidos. Cada vez que os contemplavam tinham, crescente, o assombro.

A igreja sinistra bojava, em relevo, sobre o casario em ruínas; e impávidos ante as balas que sobre ela convergiam, viam-se, no resplendor fugaz das fuzilarias, deslizando-lhe pelas paredes e entulhos, subindo-lhe pelas torres derrocadas ou caindo por elas abaixo, de borco, presos aos blocos disjungidos, como titãs fulminados, vistos de relance num coriscar[16] de raios, aqueles rudes patrícios indomáveis...

---

15 O trecho acima se baseia na correspondência do dia 27.9.1897, para *O Estado de S. Paulo*. Consultar *Canudos e Inéditos*, pp. 119-121. **16 coriscar** brilhar, faiscar.

IV

PASSEIO DENTRO DE CANUDOS[1]

Percebia-se-lhes, contudo, hora por hora, a exaustão.
Durante o dia o povoado, silencioso, marasmava na estagnação do bloqueio. Nem um ataque, às vezes. A 28 de setembro não replicaram às duas salvas de 21 tiros, de bala, com que foi criminosamente saudada, pela manhã e à tarde, a data belíssima que resume um dos episódios mais viris da nossa história[2]. Era o fim.
Faziam-se já no acampamento preparativos para a volta; soavam livremente as cornetas; andava-se à vontade por toda a banda; entravam impunemente os comboios diários e correios, levando, os últimos, para os lares distantes, as esperanças e as saudades dos triunfadores; grupos descuidados seguiam perlustrando pelas cercanias; improvisavam-se banquetes; e à tarde, formadas à frente dos quartéis de vários comandos, tocavam, nas retretas[3], as fanfarras dos corpos.
Percorria-se, ao cabo, quase todo o arraial.
A 29 o general em chefe e o comandante da 2ª coluna realizaram, com os estados-maiores respectivos, este passeio atraentíssimo.
Seguiram a princípio pelo alto das colinas à direita do acampamento e, depois de uma inflexão à esquerda descendo por dentro de sanga

---

1 Consultar correspondência de Euclides do dia 29.9.1897 para *O Estado de S. Paulo*, em *Canudos e Inéditos*, pp. 123-126. 2 Euclides alude aqui a duas datas importantes no contexto da abolição da escravatura no Brasil: as assinaturas da Lei do Ventre Livre (28.9.1871) e da Lei dos Sexagenários (28.9.1885). 3 **retretas** concerto popular de banda.

flexuosa onde repontavam grandes placas de filades dando-lhe a feição de longa passagem coberta, avançaram até toparem as primeiras casas e, simultaneamente, esparsos, jazentes a esmo sobre montes de esteios, traves e ripas carbonizadas, os primeiros cadáveres insepultos do inimigo.

Tinha-se neste momento a impressão de uma entrada em velha necrópole que surgisse, desvendando-se de repente, à flor da terra. As ruínas agravavam a desordem das pequenas vivendas, construídas ao acaso, defrontando-se em bitesgas de um metro de largo, empachadas[4] pelos tetos de argila abatidos. De sorte que a marcha se fazia adstrita a desvios tortuosos e longos. E a cada passo, passando junto aos casebres que ainda permaneciam de pé, oscilantes e arrombados, livres ainda das chamas, despontava ante o visitante atônito um traço pungente da vida angustiosa que se atravessara ali dentro.

Dizia-o, mais expressiva, a nudez dos cadáveres. Estavam em todas as posições: estendidos, de supino, face para os céus; desnudos os peitos, onde se viam os bentinhos prediletos; inflexos no último crispar da agonia; malvistos, às vezes, caídos sob madeiramentos, ou de bruços sobre as trincheiras improvisadas, na atitude de combate em que os colhera a morte.

Em todos, nos corpos emagrecidos e nas vestes em pedaços, liam-se as provações sofridas. Alguns ardiam, lentamente, sem chamas, revelados por tênues fios de fumaça, que se alteavam em diversos pontos. Outros, incinerados, se desenhavam, salteadamente, nítidos, esbatida a brancura das cinzas no chão poento e pardo, à maneira de toscas e grandes caricaturas feitas a giz...

Seguia-se. A marcha gradativamente se tornava mais penosa, através de entulhos sucessivos de um esterquilínio[5] pavoroso. A soldadesca varejando as casas pusera fora, às portas, entupindo os becos em monturos, toda a ciscalhagem de trastes em pedaços, de envolta com a farragem de molambos inclassificáveis: pequenos baús de cedro; bancos e jiraus grosseiros; redes em fiapos; berços de cipó e balaios de taquara; jacás sem fundo; roupas de algodão, de cor indefinível; vasilhames amassados, de

---

4 empachadas avolumadas. **5 esterquilínio** monturo, estrumeira, lixeira.

ferro; caqueiradas de pratos, e xícaras, e garrafas; oratórios de todos os feitios; bruacas de couro cru; alpercatas imprestáveis; candeeiros amolgados, de azeite; canos estrondados, de trabucos; lascas de ferrões ou fueiros[6]; caxerenguengues[7] rombos...[8]

E nestes acervos, nada, o mais simples objeto que não delatasse uma existência miseranda e primitiva. Pululavam rosários de toda a espécie, dos mais simples, de contas policrômicas de vidro, aos mais caprichosos, feitos de ouricuris; e, igualmente inúmeras, rocas e fusos[9], usança avoenga tenazmente conservada, como tantas outras, pelas mulheres sertanejas. Sobre tudo aquilo, incontáveis, esparsos pelo solo, apisoados, rasgados – registros, cartas santas, benditos em quaderninhos costurados, doutrinas cristãs velhíssimas, imagens amarfanhadas[10] de santos milagreiros, verônicas[11] encardidas, crucifixos partidos; e figas, e cruzes, e bentinhos imundos...

Em alguns lugares – um claro limpo, cuidadosamente varrido, um aceiro para que os incêndios não atingissem os entrincheiramentos. Varava-se mais facilmente por ali; penetrando fundo no casario e aproximando-se daqueles.

Topava-se, então, adiante, uma sentinela que recomendava em voz baixa prosseguir com cautela: o jagunço estava perto, menos de três metros, da outra banda da paliçada...[12]

Os visitantes, generais, coronéis até ao último posto, na ansiedade de quem contorna uma emboscada, avançavam agachados, heroicamente cômicos, céleres, de cócaras, correndo. Transpunham a linha perigosa. Quebravam dois ou três becos. Chegavam à outra trincheira: soldados imóveis, espectantes, mudos ou conversando em cochichos. Reproduzia-se a mesma travessia com o coração e as pernas aos saltos, a mesma corrida ansiosa, até outra trincheira adiante: idênticos lutadores, cautos,

---

6 fueiros estacas destinadas a amparar a carga dos carros de bois. **7 caxerenguengues** facas velhas e imprestáveis e/ou sem cabos. **8 rombos** cegos, sem corte. **9 fusos** instrumentos roliços sobre os quais se forma, ao fiar, as maçarocas ou os novelos. **10 amarfanhadas** desgastadas pelo manuseio. **11 verônicas** relíquias, às vezes em forma de escapulários, da imagem do rosto de Cristo ou supostamente do pano com que Verônica enxugou o rosto de Cristo. **12 paliçada** obstáculo feito para defesa militar.

silenciosos, estendidas ou enfiadas as carabinas pelos parapeitos, que os resguardavam.

Transcorridos quinhentos metros, volvia-se à esquerda deixando à retaguarda as "Casas Vermelhas" e tinha-se uma surpresa – uma rua, uma verdadeira rua, a do Monte Alegre[13], a única que merecia tal nome, alinhada, larga de uns três metros e alongando-se de norte a sul até à praça, cortando todo o arraial. Nela se erigiam as melhores vivendas, algumas casas de telhas e soalho, e entre estas a de Antônio Vila-Nova, onde dias antes se tinham encontrado restos de munições da coluna Moreira César.

Descia-se por ela em suave declive, divisando-se no extremo, na praça, um lanço derruído da igreja. Mas a breve trecho estacava-se de encontro a outro entrincheiramento, onde se adensava maior número de combatentes. Era o último, naquele rumo. Dali por diante um passo mais era o espingardeamento certo. Toda a parte do arraial à direita e na frente estava ainda em poder dos habitantes. Os adversários acotovelavam-se. Ouvia-se, transudando das paredes de taipa, o surdo e indefinível arruído da população entocada: vozes precípites, cautas, segregando sob o abafamento dos colmos; arrastamentos de móveis; soar de passos; e uns como longínquos clamores e gemidos; e às vezes – notas cruelmente dramáticas! – gritos, e choros, e risos, de crianças...

Volvia-se dali para a esquerda, voltando ao ponto de partida, através das casas tomadas nas vésperas, e o passeio tornava-se amedrontador. Em todo este novo segmento da linha do sítio, definindo-lhe o avançamento máximo depois dos combates da última semana, não se tinham destruído os casebres. Derrubadas apenas as paredes interiores e as empenas[14], as coberturas de barro sucediam-se unidas ou pouco espaçadas, feito o teto de longuíssimo armazém abarracado. A barreira de esteios e vigas, canastras e trastes de toda a sorte, por detrás da qual se alinhavam os batalhões, progredia por ela dentro, torcida e longa, desaparecendo de todo numa distância de trinta metros, perdida na penumbra. Adivinha-

---

13 No *Diário*, p. 124, aparece como "Campo Alegre". 14 **empenas** paredes de madeira que vão do frechal à cumeeira; as partes superiores duma parede, com a forma de triângulo isóscele.

vam-se os soldados, a um lado, guarnecendo-a. Pelos recantos escuros, à retaguarda, lobrigavam-se os corpos dos jagunços mortos nos últimos dias, que fora perigoso queimar entre acervos de farrapos e estilhas de madeira, esparsos por toda a parte.

Impregnava o ambiente um bafio[15] angulhento[16] de caverna.

Era preciso valor para atravessar aquela espécie de túnel, em cuja boca, ao longe, mal se divisava um reflexo pálido do dia. Porque, a dois passos, ladeando-o, paralelamente, se estendia o entrincheiramento invisível do inimigo, interpostas as paredes fronteiras, enfrestadas. De sorte que o mínimo descuido, o mais rápido olhar por cima daqueles parapeitos de ciscalhos[17], era duramente pago. É que de parte a parte estavam as mesmas astúcias, avivadas dos mesmos ódios. Naquele sombrio finalizar da luta os antagonistas temiam-se por igual. Evitavam por igual o recontro franco. Negaceavam, estadeando as mesmas ardilezas e a mesma proditória[18] quietitude. Imóveis largo tempo, um em frente ao outro, abrigados na mesma sombra, parecendo refletir a adinamia[19] do mesmo esgotamento – espiavam-se, solertes, traiçoeiros, tocaiando-se. E não podiam encontrar melhor cenário para ostentarem, ambos, soldados e jagunços, a forma mais repugnante do heroísmo do que aquele esterquilínio de cadáveres e trapos, imersos na obscuridade de uma furna.

Seguia-se por ali envolto de um silêncio lúgubre. Percebiam-se os soldados esfrangalhados, imundos, sem bonés, sem fardas, cobertos de chapéus de couro ou de palha, calçando alpercatas velhas, vestidos com o mesmo uniforme do adversário. E acreditava-se que, com alguma presença de espírito, o sertanejo pudesse insinuar-se pelos rombos do tapume extenso, e aparecer entre eles, e achegar-se com a espingarda ao parapeito, e ali se quedar forrando-se às torturas do cerco, sem que o conhecessem – o que ademais era facilitado pela mistura dos diversos batalhões. Nem o atraiçoaria palmar ignorância dos deveres ou exigências da vida militar, porque esta se extinguira por completo. Não havia revistas, formaturas, nem toques, nem vozes de comando. Distribuídos

---

15 bafio cheiro de mofo ou de bolor. **16 angulhento** engulhento, asqueroso. **17 ciscalhos** entulhos. **18 proditória** traiçoeira. **19 adinamia** debilidade, estado de prostração física.

os cartuchos, cada um se encostava ao espaldão de cacaréus pronto ao que desse e viesse.

Distribuídas as rações diárias, fartas agora, cada um as preparava quando se lhe antojava ensejo. Aqui, ali, à retaguarda da linha ou dentro dos cubículos estreitos, sobre trempes[20] de adobes ou pedras, chiavam as chaleiras aquentando[21] água para o café; ferviam panelas; destacavam-se grandes quartos de boi, pendurados aos caibros, avermelhando no escuro, sobre braseiros, assando. Em torno, acocorados, carabinas sobraçadas, viam-se, em grupos, os combatentes que aproveitavam ligeira trégua para almoçar ou jantar. Dali corriam, não raro, em tumulto, jogando fora os canecos de jacuba[22] ou nacos de churrasco, precipitando-se para a estacada quando, de súbito, estalava um tiro adiante e zuniam logo as balas esfuziantes, varando os tetos, estilhaçando ripas e traves, esbotenando paredes, emborcando[23] caldeirões – espalhando soldados como um pé de vento[24] sobre palhas. No parapeito, adiante, replicavam de pronto os que já lá estavam, atirando a esmo contra o tabique que defrontavam e donde partira a agressão. Imitavam-nos os companheiros laterais. Logo depois vibrava um abalo nervoso único, estendendo-se daquele ponto aos dois extremos, com uma trepidação vibrátil de descargas; e travava-se o combate, de improviso, furiosamente, desordenadamente, entre adversários que se não viam...

Baqueavam algumas praças, mortas ou feridas. Conquistavam-se dois ou três casebres mais – empurrando-se logo por diante toda a cangalhada de móveis, encurvando-se a tranqueira num ângulo saliente em talhante avançado[25]. Volviam, prestes, os lutadores que mais se tinham avantajado, às posições primitivas. E o silêncio descia de novo, reinando outra vez o mesmo silêncio formidável: soldados mudos e imóveis, acaroados com a borda da tapada[26] sinistra, espectantes, na tocaia; ou, ao fundo, em roda dos brasidos, reatando as merendas ligeiras, que tinham,

---

20 trempes conjuntos de três pedras ou blocos de barro sobre os quais se assenta, ao fogo, a panela. **21 aquentando** aquecendo, esquentando. **22 jacuba** refresco ou pirão feito com água, farinha de mandioca, açúcar ou mel, e misturado com leite ou cachaça. **23 emborcando** virando de boca para baixo. **24 pé de vento** ventania. **25 em talhante avançado** na parte mais avançada ou dianteira da trincheira **26 tapada** terreno cercado.

às vezes, uns trágicos convivas – os moradores assassinados, estirados pelos recantos...

Deixava-se, por fim, este segmento sinistro do bloqueio, que trancava quase todo o quadrante do norte. Prosseguia-se, a céu aberto agora, em pleno dia, atravessando quintalejos[27] pobres de cercas caídas e canteiros rasos, sem mais uma flor, e atravancados da mesma ciscalhagem indefinível, em montes[28]. Sobre estes, corpos de sacrificados ainda: pernas surdindo[29] inteiriçadas; braços repontando desnudos, num retesamento[30] de angústia; mãos espalmadas e rígidas, mãos contorcidas em crispaduras[31] de garras, apodrecendo, sinistras, em gestos tremendos de ameaça ou apelos excruciantes...

Deparavam-se novos viventes: gozos[32] magríssimos, famélicos[33] lebréus[34], pelados, esvurmando lepra, farejando e respirando aqueles monturos, numa ânsia de chacais, devorando talvez os próprios donos. Fugiam rápidos. Alguns cães de fila, porém, grandes molossos[35] ossudos e ferozes, afastavam-se devagar, em rosnaduras ameaçadoras, adivinhando no visitante o inimigo, o intruso irritante e mau.

Ia-se descendo sempre, até à sanga escavada, embaixo, correndo, em direção perpendicular à que se levava, para o Vaza-Barris, ao longe, para onde canalizavam, nas quadras chuvosas, as águas das vertentes interopostas[36]. Ali terminava, batendo contra o topo da colina, onde estava a comissão de engenharia, a parte do arraial expugnada a 18 de julho. Podia atingir-se diretamente o acampamento seguindo em frente, transpondo o valo, subindo e atravessando, à meia encosta, a bateria de Krupps emparcada ao fundo do quartel-general da 1ª coluna; ou, num desvio longo, volvendo à direita, acompanhando o valo, perlongando a linha primitiva do assédio, descendo para o sul. A travessia era sem riscos. As casas – num desordenado arruamento às bordas daquele sulco de erosão, acompanhando-lhe o declive, caindo-lhe pelos ressaltos, envesgando-lhe pelas curvas vivas – tinham, na maioria, sido desmancha-

---

27 quintalejos pequenos quintais. **28** Consultar *Canudos e Inéditos*, pp. 124-125. **29 surdindo** irrompendo, surgindo. **30 retesamento** enrijecimento. **31 crispaduras** contrações. **32 gozos** cães pequenos e vulgares, vira-latas. **33 famélicos** famintos. **34 lebréus** cachorros. **35 molossos** cães. **36 interopostas** misturadas, entremescladas e mutuamente opostas.

das, salvante poucas, as melhores, onde se improvisavam salas de ordem das brigadas, quartéis e ranchos da oficialidade. Uma delas era digna de nota. Fora uma tenda de ferreiro. Mostravam-no ainda alguns gastos marrões, tenazes partidas e derruída forja fixa, de adobes. E aquela ferraria pobre do sertão tinha uma bigorna luxuosa, do mais fino aço, que se fundira em Essen: um dos canhões tomados à expedição Moreira César.

Continuando a marcha topava-se a linha negra, nome que primitivos sucessos justificavam, mas agora inexplicável para quem vinha das sombrias trincheiras deixadas ao norte.

Seguia-se acompanhando-a pelo fundo de um fosso, até se abrir a meio caminho, à direita, um claro amplo – a praça das igrejas, deserta, achanada, varrida, fazendo avultar maior, mais dominador, mais brutal, mais sinistro, com os seus paredões incumbentes, fendidos de alto a baixo, com a sua fachada estupenda esboroando em monólitos, com as suas torres roídas, e o adro entupido de blocos encaliçados, e a nave, lá dentro, vazia, escura, misteriosa – o templo monstruoso dos jagunços.

Dados mais alguns passos fronteava-se a igreja velha, inteiramente queimada, reduzida às quatro paredes exteriores.

Tinham-se nesse momento, à esquerda, o mais miserando dos campos-santos[37], centenares de cruzes – dois paus roliços amarrados com cipós – fincados sobre sepulturas rasas.

Transpunha-se depois o Vaza-Barris; enfiava-se pelo sulco profundo do rio da Providência, percorrendo, em torcicolos, as fileiras dizimadas do 5º de Polícia, reduzido ao terço do primitivo quadro – e chegava-se, no tombador[38] da Favela, a uma clareira em declive. No alto o baluarte Sete de Setembro sobressaía em balcão, dominante. Percorria-se rapidamente aquele intervalo perigoso, alcançando-o.

Contemplava-se o arraial embaixo. Modificara-se-lhe, afinal, o aspecto – sombreado de largas manchas escurentas, de incêndios; eriçado de madeiramentos varando pelos rombos dos tetos; tumultuando em montões de argila – num esmagamento completo, arruinado, queimado, devastado...

---

37 **campos-santos** cemitérios. 38 **tombador** encosta.

Apenas estreita fímbria da face norte da praça e o núcleo de casebres, junto à latada e à retaguarda da igreja, se figuravam intatos. Mas eram em número diminuto, quatrocentos talvez, comprimidos em área reduzida. E os que neles se abrigavam, certo, não suportariam por uma hora um assalto de seis mil homens.

Valia a pena tentá-lo.

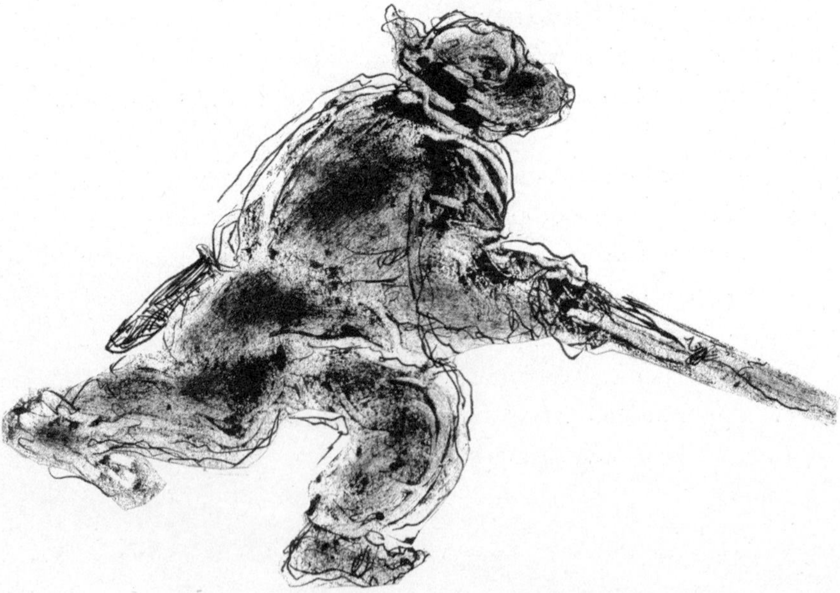

V

O ASSALTO

Foi o que fez o comando em chefe, contravindo ao propósito de aguardar a rendição sem dispêndio inútil de vidas, pelo enfraquecimento contínuo dos rebeldes.

Reunidos a 30 de setembro os principais chefes militares, concertaram nos dispositivos do recontro para o dia imediato. E, de acordo com os lineamentos do plano adotado, naquele mesmo dia à noite mobilizaram-se as unidades do combate, ocupando, assim, de véspera, as posições para a investida[1].

O assalto seria iniciado por duas brigadas, a 3ª e 6ª, dos coronéis Dantas Barreto e João César Sampaio, a primeira endurada por três meses de contínuos recontros e a última, recém-vinda, de combatentes que ansiavam a medir-se com os jagunços. Aquela deixou, então, a sua antiga posição na linha negra, sendo substituída por três batalhões, 9º, 22º e 34º, e contramarchando para a direita, seguiu rumo à Fazenda Velha, de onde juntamente com a outra, formada dos 29º, 39º e 4º Batalhões, se moveu até estacionar à retaguarda e flancos da igreja nova, objetivo central do acometimento.

Completariam este movimento primordial outros, secundários e supletivos: no momento da carga, o 26º de linha, o 5º da Bahia e ala direita do batalhão de S. Paulo, tomariam rapidamente posições junto à barran-

---

[1] **Nota do Autor:** Segundo os mapas dos batalhões havia, no dia 30 de setembro, 5 871 homens sob armas.

ca esquerda do Vaza-Barris, à ourela da praça, onde se conservariam até nova ordem. À sua retaguarda se estenderiam em apoio os dois corpos do Pará, prontos a substituírem-nos ou a reforçarem-nos, segundo as eventualidades do combate. De sorte que este, iniciado à retaguarda e aos flancos da igreja, iria, a pouco e pouco, deslocando-se para a linha de baionetas que se cosia à barranca lateral do rio, na face sul da praça.

Era, como se vê, um arrochar vigoroso – em que colaborariam os demais corpos guarnecendo as posições recém-conquistadas e o acampamento. Interviriam na ação à medida das circunstâncias, ou quando tombassem diante das trincheiras e das barrancas as chusmas de inimigos repulsados.

Sobre tudo isto – preliminar preparatória e indispensável – um bombardeio firme, em que entrariam todos os canhões do sítio, batendo por espaço de uma hora a estreita área a expugnar-se. Somente depois que eles emudecessem, arremeteriam as brigadas assaltantes, de baionetas caladas, sem fazerem fogo, salvo se o exigissem as circunstâncias. Em tal caso, porém, devia ser feito na direção única da meridiana, a fim de não serem atingidos os batalhões jazentes nas posições próximas ao conflito. A 3ª Brigada, ao toque geral partido do comando em chefe, de "infantaria avançar!", seguiria a marche-marche, procurando o flanco esquerdo da igreja, junto ao qual se estenderia distante cento e cinquenta metros; enquanto dois batalhões da 6ª, o 29º e o 39º, investissem para a retaguarda daquela, e o 4º, transpondo também o Vaza-Barris, a acometesse pelo flanco direito. Os demais combatentes seriam, a não ser que o imprevisto determinasse ulteriores combinações, simples espectadores da ação.

O CANHONEIO. RÉPLICA DOS JAGUNÇOS

E no amanhecer de 1º de outubro começou o canhoneio.

Convergia sobre o núcleo reduzido dos últimos casebres, partindo de longo semicírculo de dois quilômetros, das baterias próximas ao acampamento até ao redente extremo, da outra banda, onde findava a estrada do Cambaio. Durou 48 minutos apenas, mas foi esmagador. As pontarias estavam feitas de véspera. Não havia errar o alvo imóvel.

Dava-se, além disto, a última lição à rebeldia impenitente. Era preciso que, francamente desbravado o chão para o assalto, não sobreviessem mais surpresas dolorosas e ele se executasse, de pronto, fulminante e implacável, com os entraves únicos de um passo de cargas sobre ruínas. Fizeram-se as ruínas.

Via-se a transmutação do trecho torturado: tetos em desabamentos, prensando, certo, os que se lhes acolhiam por baixo, nos cômodos estreitos; tabiques esboroando, voando em estilhas e terrões; e aqui, e ali, em começo dispersos e logo depois ligando-se rapidamente, sarjando de flamas a poeira dos escombros, novos incêndios, de súbito deflagrando.

Por cima – toldada a manhã luminosa dos sertões – uma rede vibrante de parábolas...

Não havia perder-se uma granada única. Batiam nas cimalhas rotas das igrejas, explodindo em estilhas, ou saltando em ricochetes largos, para diante, sobre o santuário e a latada; arrebentavam nos ares; arrebentavam sobre a praça; arrebentavam sobre os colmos, esfarelando as coberturas de barro; entravam, arrebentando, pelos colmos dentro; basculhavam[2] os becos enredados, revolvendo-lhes os ciscalhos; e revolviam, de ponta a ponta, inflexivelmente, batendo-o casa por casa, o último segmento de Canudos. Não havia anteparos ou pontos desenfiados, que o resguardassem. O abrigo de um ângulo morto formado pelos muros da igreja nova, antepostos aos disparos da Sete de Setembro, era inteiramente destruído pelas trajetórias das baterias de leste e oeste. Os últimos jagunços tinham, intacta, fulminando-os, sem perda de uma esquírola de ferro, toda a virulência daquele bombardeio impiedoso.

Entretanto não se notou um grito irreprimível de dor, um vulto qualquer fugindo, ou a agitação mais breve. E quando se deu o último disparo, e cessou o fragor dos estampidos, a inexplicável quietude do casario fulminado fazia supor o arraial deserto, como se durante a noite a população houvesse, miraculosamente, fugido.

Houve um breve silêncio. Vibrou um clarim no alto da Fazenda Velha. Principiou o assalto.

---

2 **basculhavam** vasculhavam.

Consoante as disposições anteriores, os batalhões abalaram, convergentes de três pontos, sobre a igreja nova. Seguiram, invisíveis, entre os casebres ou pelo talvegue do Vaza-Barris. Um único, pela direção que trilhava, se destacou à contemplação do resto dos combatentes, o 4º de Infantaria. Viram-no atravessar a marche-marche, de armas suspensas, o rio; transpô-lo; galgar a barranca; aparecer, alinhado e firme, à entrada da praça.

Era a primeira vez que ali chegavam lutadores numa atitude corretamente militar.

Feito este movimento, aquele corpo marchou heroicamente, avançando. Mas desarticulou-se, dados alguns passos, num desequilíbrio instantâneo. Baquearam alguns soldados, de bruços, como se se preparassem para atirar melhor por trás dos blocos da fachada destruída; viram-se outros, recuando, fora da forma; distanciarem-se, arremetendo para a frente, outros; depois um enredado de baionetas entrebatendo-se, em grupos dispersos – erradios. E logo após, pelos ares ainda silenciosos, um estouro, lembrando arrebentamento de minas...

O jagunço despertava, como sempre, de improviso, surpreendedoramente, teatralmente e gloriosamente, renteando o passo aos agressores.

Estacou o 4º, batido de chapa[3] pelos adversários emboscados à ourela da praça; estacaram o 39º e o 29º, ante descargas à queima-roupa, através das paredes ao fundo do santuário; e, pela sua esquerda, imobilizou-se a carga da brigada Dantas Barreto. Fortemente atacada por um dos flancos, esta teve que avançar naquele sentido, abandonando a direção inicial da investida, o que foi imperfeitamente conseguido por três companhias dispersas, destacadas do grosso dos batalhões.

Modificavam-se todos os movimentos táticos preestabelecidos. Ao invés da convergência sobre a igreja, as brigadas paravam ou fracionavam-se embitesgando nas vielas.

Durante cerca de uma hora os combatentes que contemplavam a refrega, no alto das colinas circunjacentes, nada mais distinguiram, fora da assonância crescente dos estampidos e brados longínquos – arruído

---

3 **de chapa** em cheio.

confuso de onde expluíam, constantes, sucessivos, quase angustiosos, abafados clangores[4] de cornetas. Desapareceram as duas brigadas, embebidas de todo na casaria indistinta. Mas contra o que era de esperar, os sertanejos permaneceram invisíveis e nem um só apareceu, correndo para a praça. Batidos entretanto por três lados, deviam, recuando por ali e precipitando-se na fuga, ir de encontro às baionetas das forças estacionadas nas linhas centrais e nas beiradas do rio. Era este, como vimos, o objetivo primordial do assalto. Falhou completamente. E o malogro valia por um revés. Porque os assaltantes, deparando resistências com que não contavam, paravam; entrincheiravam-se; e assumiam atitude de todo contraposta à missão que levavam. Quedaram na defensiva franca. Caíam-lhes em cima, desbordando os casebres fumegantes e assaltando-os, os jagunços.

Apenas a igreja nova fora tomada e dentro da sua nave revolvida os soldados do 4º, trepados em montões de blocos e caliça, embaralhavam-se, em tumulto, com os das companhias pertencentes à 3ª Brigada. Este sucesso, porém, verificara-se inútil. A um lado, estrepitava, feroz, contínua, ensurdecedora, a trabucada dos guerrilheiros, que enchiam o santuário.

E a praça, onde devia aparecer o inimigo repelido, ferretoado à baioneta, permanecia deserta.

Era urgente ampliar o plano primitivo do ataque, lançando no conflito novos lutadores. Do alto da Sete de Setembro partiu o sinal do comando em chefe, e logo depois o toque de avançar para o 5º da Bahia. Lançava-se o jagunço contra o jagunço.

O batalhão de sertanejos avançou. Não foi a investida militar, cadente, derivando a marche-marche, num ritmo seguro. Viu-se um como serpear rapidíssimo de baionetas ondulantes, desdobradas, de chofre, numa deflagração luminosa, traçando em segundos uma listra de lampejos desde o leito do rio até aos muros da igreja...

O mesmo avançar dos jagunços, célere, estonteador, escapante à trajetória retilínea, num colear indescritível. Não foi uma carga, foi um

---

4 **clangores** sons rijos e estridentes.

bote. Em momentos uma linha flexível, de aço, enleou o baluarte sagrado do inimigo. Coruscou um relâmpago de duzentas baionetas: o 5º desapareceu mergulhando nos escombros...

Mas a situação não mudou. Aquele fragmento revolto do arraial, para cuja expugnação pareciam excessivas duas brigadas, absorvera-as; absorvera o reforço enviado; ia absorver batalhões inteiros. Seguiram, logo depois, o 34º, o 40º, o 30º e o 31º de Infantaria. Duplicavam as forças assaltantes. Aumentou, num crescendo, o estrépito da batalha invisível; ampliaram-se os incêndios; ardeu toda a latada. Mas na espessa afumadura dos ares embruscados, branqueava, embaixo, a praça absolutamente vazia.

BAIXAS

Ao fim de três horas de combate, tinham-se mobilizado dois mil homens sem efeito algum. As nossas baixas avultavam. Além de grande número de praças e oficiais de menor patente, baquearam mortos, logo pela manhã, o comandante do 29º, major Queirós, e o da 5ª Brigada, tenente-coronel Tupi Ferreira Caldas.

TUPI CALDAS

A deste originara raro lance de bravura. Os soldados do 30º idolatravam-no. Era uma rara vocação militar. Irrequieto, nervoso e impulsivo, o seu temperamento casava-se bem à vertigem das cargas e à rudeza das casernas. Nesta campanha mesmo jogara várias vezes a vida. Fora o comandante da vanguarda a 18 de julho; e depois daquele dia saíra indene dos mais mortíferos tiroteios. As balas tinham-no até então poupado, arranhando-o, rendando-lhe o chapéu[5], amolgando-lhe a chapa do talim. A última fulminou-o. Entrou por um dos braços, soerguido para sustentar o binóculo com que contemplava o assalto, e traspassou-lhe o peito. Atirou-o em terra, instantaneamente, morto. O 30º procurou

---

5 Consultar *Diário de Notícias* de 28.8.1897.

vingá-lo. Correu-lhe pelas fileiras um frêmito de pavor e de cólera, e depois transmontou de um pulo a tranqueira em que se abrigava. Embateu contra os casebres entrincheirados, de onde partira o projetil e arrojou-se a marche-marche, envesgando por uma viela em torcicolos. Não se ouviu um tiro. Soldados alvejados à queima-roupa caíam por terra rugindo enquanto os companheiros lhes passavam por cima esbarrando contra as portas, arrombando-as a coronhadas, penetrando os cômodos escuros, travando-se, lá dentro em pugilatos corpo a corpo.

Esta arremetida, porém, das mais temerárias que se fizeram em todo o decorrer da luta, como as demais, reduziu-se ao primeiro ímpeto. Sopeou-a[6] a tenacidade incoercível dos jagunços. O 30º, consideravelmente desfalcado, refluiu em desordem à posição primitiva.

Por toda a banda realizavam-se idênticos arremessos e idênticos recuos. O último estortegar[7] dos vencidos quebrava a musculatura de ferro das brigadas.

Entretanto, pouco antes de nove horas, alentou-as a ilusão arrebatadora da vitória. Ao avançar um dos batalhões de reforço, um cadete do 7º cravara nas junturas das paredes estaladas da igreja a bandeira nacional. Ressoaram dezenas de cornetas e um viva à República saltou, retumbando, de milhares de peitos. Surpreendidos com o inopinado da manifestação, os sertanejos amorteceram e cessaram o tiroteio. E a praça, pela primeira vez, desbordou de combatentes. Muitos espectadores desceram, rápidos, as encostas. Desceram os três generais. Ao passarem pela baixada da linha negra, viram às encontroadas entre quatro praças, dois jagunços presos. Adiante e aos lados – agitando os chapéus, agitando as espadas e as espingardas, cruzando-se, correndo, esbarrando-se, abraçando-se, torvelinhando pelo largo – combatentes de todos os postos em delírios de brados e ovações estrepitosas.

Terminara afinal a luta crudelíssima...

Mas os generais seguiam com dificuldades, rompendo pela massa tumultuária e ruidosa, na direção da latada, quando, ao atingirem grande

---

6 **sopeou** refreou, conteve. 7 **estortegar** torcer, contorcer.

depósito de cal que a defrontava, perceberam surpreendidos, sobre as cabeças, zimbrando[8] rijamente os ares, as balas...

O combate continuava. Esvaziou-se, de repente, a praça.

Foi uma vassourada.

A DINAMITE

E volvendo de improviso às trincheiras, volvendo em corridas para os pontos abrigados, agachados em todos os anteparos, esgueirando-se cosidos às barrancas protetoras do rio, retransidos de espanto, tragando amargos desapontamentos, singularmente menoscabados na iminência do triunfo, chasqueados em pleno agonizar dos vencidos, – os triunfadores, aqueles triunfadores, os mais originais entre todos os triunfadores memorados pela história, compreenderam que naquele andar acabaria por devorá-los, um a um, o último reduto combatido. Não lhes bastavam seis mil Mannlichers e seis mil sabres; e o golpear de doze mil braços, e o acalcanhar de doze mil coturnos; e seis mil revólveres; e vinte canhões, e milhares de granadas, e milhares de *shrapnels*; e os degolamentos, e os incêndios, e a fome, e a sede; e dez meses de combates, e cem dias de canhoneio contínuo; e o esmagamento das ruínas; e o quadro indefinível dos templos derrocados; e, por fim, na ciscalhagem das imagens rotas, dos altares abatidos, dos santos em pedaços – sob a impassibilidade dos céus tranquilos e claros – a queda de um ideal ardente, a extinção absoluta de uma crença consoladora e forte...

Impunham-se outras medidas. Ao adversário irresignável as forças máximas da natureza, engenhadas à destruição e aos estragos. Tinham-nas, previdentes. Havia-se prefigurado aquele epílogo assombroso do drama. Um tenente, ajudante de ordens do comandante-geral, fez conduzir do acampamento dezenas de bombas de dinamite. Era justo; era absolutamente imprescindível. Os sertanejos invertiam toda a psicologia da guerra: enrijavam-nos os reveses, robustecia-os a fome, empedernia-os a derrota.

8 zimbrando açoitando.

Ademais entalhava-se o cerne de uma nacionalidade.

Atacava-se a fundo a rocha viva da nossa raça[9]. Vinha de molde a dinamite... Era uma consagração.

Cessaram as fuzilarias; e desceu sobre todas as linhas um grande silêncio de expectativa ansiosa... Logo depois correu um frêmito pela cercadura do sítio; espraiou-se pela periferia dilatada; passou, vibrátil, pelo acampamento; passou, num súbito estremeção[10], pelas baterias dos morros; e avassalou a redondeza, num trêmulo vibrante de curvas sismais[11] cruzando-se pelo solo. Tombaram os dentilhões despegados das igrejas; desaprumaram-se paredes, caindo; voaram tetos e tetos; tufou um cúmulo de poeira espessando a afumadura[12] dos ares; e, dentre centenares de exclamações irreprimidas, de espanto, retumbou a atroada de explosões fortíssimas. Parecia tudo acabado. O último trecho de Canudos arrebentava todo.

Os batalhões, embolados pelos becos, fora da zona mortífera das traves e cumeeiras que zuniam, em estilhas, sulcando para toda a banda o espaço, aguardavam que se diluísse aquele bulcão[13] de chamas e pó, para o derradeiro acometimento.

Mas não o executaram. Houve ao contrário um recuo repentino. Batidos de descargas que não se compreendia como eram feitas daqueles braseiros e entulhos, os assaltantes acobertaram-se em todas as esquinas, esgueiraram-se pelas abas dos casebres e pularam, na maioria, para trás dos entrincheiramentos.

Adiante atordoava-os assonância indescritível de gritos, lamentos, choros e imprecações, refletindo do mesmo passo o espanto, a dor, o exaspero e a cólera da multidão torturada que rugia e chorava. Via-se indistinto entre lumaréus[14] um convulsivo pervagar de sombras: mulheres fugindo dos habitáculos em fogo, carregando ou arrastando crianças e entranhando-se, às carreiras, no mais fundo do casario; vultos desorientados, fugindo ao acaso para toda a banda; vultos escabujando por terra, vestes presas das chamas, ardendo; corpos esturrados, estorcidos,

---

9 Ver p. 712 da presente edição. 10 **estremeção** estremecimento. 11 **sismais** sísmicas. 12 **afumadura** enegrecimento. 13 **bulcão** nuvem espessa de fumaça. 14 **lumaréus** fogueiras.

sob tições fumarentos... E, dominantes, sobre este cenário estupendo, esparsos, sem cuidarem de ocultar-se, saltando sobre os braseiros e aprumando-se sobre os colmos ainda erguidos, os últimos defensores do arraial. Ouviam-se as suas apóstrofes rudes; distinguiam-se vagamente os seus perfis revoluteando por dentro da fumarada; e por toda a parte, salteadamente, a dois passos das linhas de fogo, aparecendo, improvisas, fisionomias sinistras, laivadas[15] de mascarras[16], bustos desnudos chamuscados, escoriados, embatendo-as, em assaltos temerários e doidos...

CONTINUA A RÉPLICA...

Vinham matar os adversários sobre as próprias trincheiras. Estes esmoreciam. Verificaram a inanidade do bombardeio, das cargas repetidas e do recurso extremo da dinamite. Desanimavam. Perderam a unidade da ação e do comando. Os toques das cornetas contrabatiam-se, discordes, interferentes nos ares, sem que ninguém os entendesse. Não havia obedecê-los, variando as condições táticas a cada minuto e a cada passo. As seções de uma mesma companhia avançavam, recuavam ou imobilizavam-se; subdividiam-se em todas as esquinas; misturavam-se com as de outros corpos; embatiam com as casas ou contornavam-nas, ou dispersavam-se aliando-se a outros grupos e reeditando, dados alguns passos, as mesmas avançadas e os mesmos recuos, e a mesma dispersão. De sorte que por fim se agitavam em bandos desorientados, em que se amalgamavam praças de todos os batalhões.

OUTRAS BAIXAS

Aproveitando este tumulto, os jagunços fuzilavam-nos a salvo e sem piedade. A breve trecho os combatentes, que não tinham o anteparo dos espaldões, acumularam-se às abas das vivendas ainda intatas, ou alongaram-se, distanciados, pelos becos da parte conquistada – evitando a zona perigosa. Esta, porém, alastrava-se. Baqueavam combatentes

---

15 laivadas manchadas. **16 mascarras** sujeiras.

para além das trincheiras; caíam inteiramente fora da órbita flamejante do combate e, como nos maus dias da primeira semana do assédio, a mínima imprevidência e o mais rápido afastamento daqueles abrigos frágeis eram uma temeridade.

O capitão-secretário do comando da 2ª coluna, Aguiar e Silva, quando lhe passava por perto um pelotão em marcha, retirou-se por um instante do cunhal[17] que o acobertava e, para animar o ataque, tirou entusiasticamente o chapéu, levantando um viva à República. Mas não pronunciou as últimas sílabas. Varou-o uma bala, em pleno peito, derrubando-o.

O comandante do 25º, major Henrique Severiano, teve idêntico destino. Era uma alma belíssima, de valente. Viu em plena refrega uma criança a debater-se entre as chamas. Afrontou-se com o incêndio. Tomou-a nos braços; aconchegou-a do peito – criando com um belo gesto carinhoso o único traço de heroísmo que houve naquela jornada feroz – e salvou-a.

Mas expusera-se. Baqueou, malferido, falecendo poucas horas depois.

E assim por diante. O combate transformara-se em tortura inaturável para os dois antagonistas.

NO HOSPITAL DE SANGUE

As nossas baixas avultavam. Os espectadores, atestando os mirantes acasamatados da colina extrema do acampamento, avaliavam-nas pela lúgubre procissão de andores, padiolas e redes que lhes passava de permeio, subindo. Saía da sanga, embaixo; derivava vagarosa na ascensão contornando em desvios as casas por ali espalhadas; galgava o alto e prosseguia, descendo para o hospital de sangue, onde, à uma hora da tarde, já haviam chegado cerca de trezentos feridos.

Mas aquela alpendrada de couro, cobrindo a reentrância que se abrigava entre colinas, não os continha. Os feridos entulhavam-na; desbordavam para as abas das encostas envolventes, ao sol, sobre as pedras; e arrastavam-se, disputando a sombra das barrancas, até à farmácia anexa

---

17 **cunhal** esquina.

e pavilhão dos médicos, por onde se cruzavam, correndo, enfermeiros e médicos diminutos demais para os satisfazer a todos. Ao fundo do barracão, arrimados aos cotovelos, de bruços, os antigos doentes, e feridos dos dias anteriores, olhavam inquietos para os novos sócios de infortúnio. A um lado, sobre o chão duro, corpos rígidos francamente batidos pelo sol, jaziam os cadáveres de alguns oficiais, o tenente-coronel Tupi, o major Queirós, os alferes Raposo, Neville, Carvalho e outros.

Soldados ofegantes e suarentos entravam e saíam intermitentemente, arcados sob padiolas. Despejavam-nas, volvendo, prestes, naquela azáfama fúnebre que ameaçava prolongar-se pelo dia todo. Porque até aquela hora a situação não melhorara. Persistia indecisa. Mantinha-se a réplica feroz dos adversários. Insistentes, imprimindo no tumulto a nota de uma monotonia cruel, reproduziam-se em todas as linhas os toques das cornetas, determinando as cargas; e estas realizavam-se, sucessivas, rápidas, impetuosas – pelotões, batalhões, brigadas, vagas de metal e flamas, fulgurando, rolando, arrebentando e detonando de encontro a represas intransponíveis.

As bombas de dinamite (foram arrojadas noventa nesse dia) estouravam de momento em momento, mas com absoluto insucesso. Adicionaram-se-lhes outros expedientes: latas de querosene derramadas por toda a orla da casaria, avivando os incêndios.

Este recurso bárbaro, porém, por sua vez, resultara inútil.

Por fim, às duas horas da tarde, se paralisou inteiramente o assalto; cessaram de todo as cargas; e no ânimo dos sitiantes, em franca defensiva nas posições primitivas, doíam desapontamentos de derrota. Defluindo da baixada, a leste da praça, continuou largo tempo a romaria penosa dos feridos, em busca do hospital de sangue. Em padiolas, em redes, ou suspensos pelos braços entre os companheiros, ascendiam exaustos, titubeantes, arrimando-se e cosendo-se às casas. E sobre eles, sobre as colinas, varrendo-as, sobre os morros artilhados, varejando-os, sobre o acampamento todo, ao cair da tarde, ao anoitecer e durante a noite inteira, visando todos os pontos da periferia do assédio, sibilando em todos os tons pelos ares, da zona reduzidíssima onde se acantonavam os jagunços irrompiam as balas...

O combate fora cruento e estéril. Desfalcara-nos de quinhentos e sessenta e sete lutadores, sem resultado apreciável.

Como sempre a vibração forte da batalha amortecera a pouco e pouco, atenuando-se em tiroteios escassos; e toda a noite passou, velando-a, a tropa combalida na expectativa cruel de novos recontros, novos sacrifícios inúteis e novos esforços malogrados.

Entretanto a situação dos sertanejos piorara. Tinham, com a perda da igreja nova, perdido as últimas cacimbas. Cercavam-nos braseiros enormes, progredindo-lhes em roda e avançando de três pontos – do norte, leste e oeste – obstringindo-os[18] no último reduto.

Mas à madrugada de 2 os triunfadores fatigados despertaram com uma descarga desafiadora e firme.

NOTAS DE UM DIÁRIO

Nesse dia...

Transladamos, sem lhes alterar uma linha, as últimas notas de um "Diário", escritas à medida que se desenrolavam os acontecimentos[19].

... Chegam à uma hora em grande número novos prisioneiros – sintoma claro de enfraquecimento entre os rebeldes. Eram esperados. Agitara-se pouco depois do meio-dia uma bandeira branca no centro dos últimos casebres e os ataques cessaram imediatamente do nosso lado. Rendiam-se, afinal. Entretanto não soaram os clarins. Um grande silêncio avassalou as linhas e o acampamento.

A bandeira, um trapo nervosamente agitado, desapareceu; e, logo depois, dois sertanejos, saindo de um atravancamento impenetrável, se apresentaram ao comandante de um dos batalhões. Foram para logo conduzidos à presença do comandante em chefe, na comissão de engenharia.

Um deles era Antônio, o "Beatinho", acólito e auxiliar do Conselheiro. Mulato claro e alto, excessivamente pálido e magro; ereto o busto adelga-

---

18 obstringindo apertando, comprimindo. **19 Nota do Autor:** Estas notas, esboçadas durante o dia no acampamento e completadas à noite, no alto da Favela – têm o valor da própria incorreção derivada do tumulto em que se traçaram.

çado. Levantava, com altivez de resignado, a fronte. A barba rala e curta emoldurava-lhe o rosto pequeno animado de olhos inteligentes e límpidos. Vestia camisa de azulão e, a exemplo do chefe da grei, arrimava-se a um bordão a que se esteava, andando. – Veio com outro companheiro, entre algumas praças, seguido de um séquito de curiosos.

Ao chegar à presença do general, tirou tranquilamente o gorro azul, de listras e bordas brancas, de linho; e quedou, correto, esperando a primeira palavra do triunfador.

Não foi perdida uma sílaba única do diálogo prontamente travado.

– Quem é você?

– Saiba o *seu doutor general*[20] que sou Antônio Beato e eu mesmo vim por meu pé me entregar porque a gente não tem mais opinião e não aguenta mais.

E rodava lentamente o gorro nas mãos lançando sobre os circunstantes um olhar sereno.

– Bem. E o Conselheiro?...

– O nosso bom Conselheiro está no céu...

Explicou então que aquele, agravando-se antigo ferimento, que recebera de um estilhaço de granada atingindo-o quando em certa ocasião passava da igreja para o Santuário, morrera a 22 de setembro, de uma disenteria, uma *caminheira* – expressão horrendamente cômica que pôs repentinamente um burburinho de risos irreprimidos naquele lance doloroso e grave.

O Beato não os percebeu. Fingiu, talvez, não os perceber. Quedou imóvel, face impenetrável e tranquila, de frecha sobre o general o olhar a um tempo humilde e firme. O diálogo prosseguiu:

– E os homens não estão dispostos a se entregarem?

– Batalhei com uma porção deles para virem e não vieram porque há um bando lá que não querem. São de muita opinião. Mas não aguentam mais. Quase tudo mete a cabeça no chão de necessidade. Quase tudo está seco de sede...

---

20 **Nota do Autor:** A extravagante denominação é textual. Devem recordar-se dela todos os que assistiram à interessante conferência. Ademais no que aí vai escrito só se altera a prosódia do sertanejo refratário aos *rr, ll* etc. A reprodução do diálogo é integral.

– E não podes trazê-los?
– Posso não[21]. Eles estavam em tempo de me atirar quando saí...[22]
– Já viu quanta gente aí está, toda bem armada e bem disposta?
– Eu fiquei espantado!

A resposta foi sincera, ou admiravelmente calculada. O rosto do altareiro desmanchou-se numa expressão incisiva e rápida, de espanto.

– Pois bem. A sua gente não pode resistir, nem fugir. Volte para lá e diga aos homens que se entreguem. Não morrerão. Garanto-lhes a vida. Serão entregues ao governo da República. E diga-lhes que o governo da República é bom para todos os brasileiros. Que se entreguem. Mas sem condições; não aceito a mais pequena condição...

O Beatinho, porém, recusava-se, obstinado, à missão. Temia os próprios companheiros. Apresentava as melhores razões para não ir.

Nessa ocasião interveio o outro prisioneiro, que até então permanecera mudo.

Viu-se, pela primeira vez, um jagunço bem nutrido e destacando-se do tipo uniforme dos sertanejos. Chamava-se Bernabé José de Carvalho e era um chefe de segunda linha.

Tinha o tipo flamengo, lembrando talvez, o que não é exagerada conjectura, a ascendência de holandeses que tão largos anos por aqueles territórios do norte trataram com o indígena.

Brilhavam-lhe, varonis, os olhos azuis e grandes; o cabelo alourado revestia-lhe, basto, a cabeça chata e enérgica.

Apresentou logo como credencial o mostrar-se duma linhagem superior. Não era um matuto largado. Era casado com uma sobrinha do capitão Pedro Celeste, de Bom Conselho...

Depois contraveio, num desgarre desabusado, insistindo com o Beatinho recalcitrante:

– Vamos! Homem! vamos embora... Eu falo uma fala com eles... deixe tudo comigo. Vamos![23]

E foram.

---

[21] **Nota do Autor:** Um traço do falar enérgico dos sertões, este sistema de negativa. [22] Consultar *Caderneta*, pp. 22-24. [23] Consultar *Caderneta*, p. 22.

As prisioneiras. Foto de Flávio Barros.

O efeito da comissão, porém, foi de todo em todo inesperado. O Beatinho voltou, passada uma hora, seguido de umas trezentas mulheres e crianças e meia dúzia de velhos imprestáveis. Parecia que os jagunços realizavam com maestria sem-par o seu último ardil. Com efeito, viam-se libertos daquela multidão inútil, concorrente aos escassos recursos que acaso possuíam, e podiam, agora, mais folgadamente delongar o combate.

O Beatinho dera – quem sabe? – um golpe de mestre. Consumado diplomata, do mesmo passo poupara às chamas e às balas tantos entes miserandos e aliviara o resto dos companheiros daqueles trambolhos prejudiciais.

A crítica dos acontecimentos indica que aquilo foi, talvez, uma cilada. Nem a exclui a circunstância de ter voltado o asceta ardiloso que a engenhara. Era uma condição favorável, adrede e astuciosamente aventurada como prova iniludível da boa-fé com que agira. Mas mesmo que assim não considerassem, alentava-o uma aspiração de todo admissível: fazer o último sacrifício em prol da crença comum: devotar-se, volvendo ao acampamento, à sagração do martírio, que desejava, porventura, ardentemente, com o misticismo doentio de um iluminado. Não há interpretar de outra maneira o fato, esclarecido, ademais, pelo proceder do outro parlamentar que não voltara, permanecendo entre os lutadores, instruindo-os sem dúvida da disposição das forças sitiantes.

A entrada dos prisioneiros foi comovedora. Vinha solene, na frente, o Beatinho, teso o torso desfibrado, olhos presos no chão, e com o passo cadente e tardo exercitado desde muito nas lentas procissões que compartira. O longo cajado oscilava-lhe à mão direita, isocronamente[24], feito enorme batuta, compassando a marcha verdadeiramente fúnebre. A um de fundo, a fila extensa, tracejando ondulada curva pelo pendor da colina, seguia na direção do acampamento, passando ao lado do quartel da primeira coluna e acumulando-se, cem metros adiante, em repugnante congérie de corpos repulsivos em andrajos.

Os combatentes contemplavam-nos entristecidos. Surpreendiam-se; comoviam-se. O arraial, *in extremis,* punha-lhes adiante, naquele armistício transitório, uma legião desarmada, mutilada, faminta e claudicante,

---

24 **isocronamente** com intervalos iguais.

num assalto mais duro que o das trincheiras em fogo. Custava-lhes admitir que toda aquela gente inútil e frágil saísse tão numerosa ainda dos casebres bombardeados durante três meses. Contemplando-lhes os rostos baços, os arcabouços esmirrados e sujos, cujos molambos em tiras não encobriam lanhos[25], escaras e escalavros[26] – a vitória tão longamente apetecida decaía de súbito. Repugnava aquele triunfo. Envergonhava. Era, com efeito, contraproducente compensação a tão luxuosos gastos de combates, de reveses e de milhares de vidas, o apresamento daquela caqueirada humana – do mesmo passo angulhenta e sinistra, entre trágica e imunda, passando-lhes pelos olhos, num longo enxurro de carcaças e molambos...

Nem um rosto viril, nem um braço capaz de suspender uma arma, nem um peito resfolegante de campeador domado: mulheres, sem-número de mulheres, velhas espectrais, moças envelhecidas, velhas e moças indistintas na mesma fealdade, escaveiradas e sujas, filhos escanchados[27] nos quadris desnalgados, filhos encarapitados às costas, filhos suspensos aos peitos murchos, filhos arrastados pelos braços, passando; crianças, sem-número de crianças; velhos, sem-número de velhos; raros homens, enfermos opilados[28], faces túmidas e mortas, de cera, bustos dobrados, andar cambaleante.

Pormenorizava-se. Um velho absolutamente alquebrado, soerguido por alguns companheiros, perturbava o cortejo. Vinha contrafeito. Forçava por se livrar e volver atrás os passos. Voltava-se, braços trêmulos e agitados, para o arraial onde deixara certo os filhos robustos, na última refrega. E chorava. Era o único que chorava. Os demais prosseguiam impassíveis. Rígidos anciãos, aquele desfecho cruento, culminando-lhes a velhice, era um episódio somenos entre os transes da vida nos sertões. Alguns respeitosamente se desbarretavam ao passarem pelos grupos de curiosos. Destacou-se, por momentos, um. Octogenário, não se lhe dobrava o tronco. Marchava devagar e de quando em quando parava. Considerava por instantes a igreja e reatava a marcha; para estacar outra vez, dados alguns passos, voltar-se lançando novo olhar ao templo em ruínas e prosseguir, intermitentemente, à medida

---

25 **lanhos** cortes. 26 **escalavros** escoriações. 27 **escanchados** trepados com as pernas muito abertas. 28 **opilados** amarelados de doenças de fígado.

que se escoavam pelos seus dedos as contas de um rosário. Rezava. Era um crente. Aguardava talvez ainda o grande milagre prometido...

Alguns enfermos graves vinham carregados. Caídos logo aos primeiros passos, passavam, suspensos pelas pernas e pelos braços, entre quatro praças. Não gemiam, não estortegavam; lá se iam imóveis e mudos, olhos muito abertos e muito fixos, feito mortos. Aos lados, desorientadamente, procurando os pais que ali estavam entre os bandos ou lá embaixo mortos, adolescentes franzinos, chorando, clamando, correndo. Os menores vinham às costas dos soldados agarrados às grenhas despenteadas há três meses daqueles valentes que havia meia hora ainda jogavam a vida nas trincheiras e ali estavam, agora, resolvendo desastradamente, canhestras[29] amas-secas, o problema difícil de carregar uma criança. Uma megera assustadora, bruxa rebarbativa e magra – a velha mais hedionda talvez destes sertões – a única que alevantava a cabeça espalhando sobre os espectadores, como faúlhas, olhares ameaçadores; e nervosa e agitante, ágil apesar da idade, tendo sobre as espáduas de todo despidas, emaranhados, os cabelos brancos e cheios de terra, – rompia, em andar sacudido, pelos grupos miserandos, atraindo a atenção geral. Tinha nos braços finos uma menina, neta, bisneta, tataraneta talvez. E essa criança horrorizava. A sua face esquerda fora arrancada, havia tempos, por um estilhaço de granada; de sorte que os ossos dos maxilares se destacavam alvíssimos, entre os bordos vermelhos da ferida já cicatrizada... A face direita sorria. E era apavorante aquele riso incompleto e dolorosíssimo aformoseando uma face e extinguindo-se repentinamente na outra, no vácuo de um gilvaz.

Aquela velha carregava a criação mais monstruosa da campanha. Lá se foi com o seu andar agitante, de atáxica[30], seguindo a extensa fila de infelizes...

Esta parara adiante, a um lado das tendas do esquadrão de cavalaria, represando entre as quatro linhas de um quadrado. Via-se, então, pela primeira vez, em globo, a população de Canudos; e, à parte as variantes impressas pelo sofrer diversamente suportado, sobressaía um traço de uniformidade rara nas linhas fisionômicas mais características. Raro um branco ou negro

---

29 canhestras desajeitadas. **30 atáxica** que sofre de incapacidade de coordenação dos movimentos musculares voluntários.

puro. Um ar de família em todos delatando, iniludível, a fusão perfeita de três raças.

Predominava o pardo lídimo, misto de cafre[31], português e tapuia – faces brônzeas, cabelos corredios e duros ou anelados[32], troncos deselegantes; e aqui, e ali, um perfil corretíssimo recordando o elemento superior da mestiçagem. Em roda, vitoriosos, díspares e desunidos, o branco, o negro, o cafuz e o mulato proteiformes com todas as gradações da cor... Um contraste: a raça forte e íntegra abatida dentro de um quadrado de mestiços indefinidos e pusilânimes. Quebrara-a de todo a luta. Humilhava-se. Do ajuntamento miserando partiam pedidos flébeis[33] e lamurientos[34], de esmola... Devoravam-na a fome e a sede de muitos dias.

O comandante-geral concedera naquele mesmo dia aos últimos rebeldes um armistício de poucas horas. Mas este só teve o efeito contraproducente de retirar do trecho combatido aqueles prisioneiros inúteis.

Ao cair da tarde estavam desafogados os jagunços.

Deixaram que se esgotasse a trégua. E quando lhes anunciou o termo uma intimativa severa de dois tiros de pólvora seca seguidos logo de outro, de bala rasa, estenderam sobre os sitiantes uma descarga divergente e firme.

A noite de 2 entrou, ruidosamente, sulcada de tiroteios vivos.

---

31 **cafre** africano; pertencente ou relativo à Cafraria (antigo nome dado à parte da África habitada por não muçulmanos, e que hoje designa duas regiões da África do Sul). 32 **anelados** encaracolados. 33 **flébeis** chorosos. 34 **lamurientos** queixosos.

VI

O FIM

Não há relatar o que houve a 3 e a 4.

A luta, que viera perdendo dia a dia o caráter militar, degenerou, ao cabo, inteiramente. Foram-se os últimos traços de um formalismo inútil: deliberações de comando, movimentos combinados, distribuições de forças, os mesmos toques de cornetas, e por fim a própria hierarquia, já materialmente extinta num exército sem distintivos e sem fardas.

Sabia-se de uma coisa única: os jagunços não poderiam resistir por muitas horas. Alguns soldados se haviam abeirado do último reduto e colhido de um lance a situação dos adversários. Era incrível: numa cava quadrangular, de pouco mais de metro de fundo, ao lado da igreja nova, uns vinte lutadores, esfomeados e rotos, medonhos de ver-se, predispunham-se a um suicídio formidável. Chamou-se aquilo o "hospital de sangue" dos jagunços. Era um túmulo. De feito, lá estavam, em maior número, os mortos, alguns de muitos dias já, enfileirados ao longo das quatro bordas da escavação e formando o quadrado assombroso dentro do qual uma dúzia de moribundos, vidas concentradas na última contração dos dedos nos gatilhos das espingardas, combatiam contra um exército.

E lutavam com relativa vantagem ainda.

Pelo menos fizeram parar os adversários. Destes os que mais se aproximaram lá ficaram, aumentando a trincheira sinistra de corpos esmigalhados e sangrentos. Viam-se, salpintando o acervo de cadáveres andrajosos dos jagunços, listras vermelhas de fardas e entre elas as divisas do sargento-ajudante do 39º que lá entrara, baqueando logo. Outros tiveram igual destino. Tinham a ilusão do último recontro feliz e fácil: romperam pelos últimos casebres envolventes, caindo de chofre sobre os titãs combalidos, fulminando-os, esmagando-os...

Mas eram terríveis lances, obscuros para todo o sempre. Raro tornavam os que os faziam. Aprumavam-se sobre o fosso e sopeava-lhes o arrojo o horror de um quadro onde a realidade tangível de uma trincheira de mortos, argamassada de sangue e esvurmando pus, vencia todos os exageros da idealização mais ousada. E salteava-os a atonia do assombro...

CANUDOS NÃO SE RENDEU

Fechemos este livro.

Canudos não se rendeu. Exemplo único em toda a história, resistiu até ao esgotamento completo. Expugnado palmo a palmo, na precisão integral do termo, caiu no dia 5, ao entardecer, quando caíram os seus últimos defensores, que todos morreram. Eram quatro apenas: um velho, dois homens feitos e uma criança, na frente dos quais rugiam raivosamente cinco mil soldados.

Forremo-nos à tarefa de descrever os seus últimos momentos. Nem poderíamos fazê-lo. Esta página, imaginamo-la sempre profundamente emocionante e trágica; mas cerramo-la vacilante e sem brilhos.

Vimos como quem vinga uma montanha altíssima. No alto, a par de uma perspectiva maior, a vertigem...

Ademais, não desafiaria a incredulidade do futuro a narrativa de pormenores em que se amostrassem mulheres precipitando-se nas fogueiras dos próprios lares, abraçadas aos filhos pequeninos?...[1]

E de que modo comentaríamos, com a só fragilidade da palavra humana, o fato singular de não aparecerem mais, desde a manhã de 3, os prisioneiros válidos colhidos na véspera, e entre eles aquele Antônio Beatinho que se nos entregara, confiante – e a quem devemos preciosos esclarecimentos sobre esta fase obscura da nossa história?

---

[1] Consultar Dantas Barreto, p. 225; Favila Nunes, *Gazeta de Notícia* (Bahia) de 28.10.1897 em W. Nogueira Galvão, *No Calor da Hora*, p. 207-214.

Caiu o arraial a 5. No dia 6 acabaram de o destruir desmanchando-lhe as casas, 5 200, cuidadosamente contadas.

O CADÁVER DO CONSELHEIRO

Antes, no amanhecer daquele dia, comissão adrede escolhida descobrira o cadáver de Antônio Conselheiro[2].

Jazia num dos casebres anexos à latada, e foi encontrado graças à indicação de um prisioneiro. Removida breve camada de terra, apareceu no triste sudário[3] de um lençol imundo, em que mãos piedosas haviam desparzido algumas flores murchas, e repousando sobre uma esteira velha, de taboa[4], o corpo do "famigerado e bárbaro" agitador. Estava hediondo. Envolto no velho hábito azul de brim americano, mãos cruzadas ao peito, rosto tumefato[5] e esquálido, olhos fundos cheios de terra[6] – mal o reconheceram os que mais de perto o haviam tratado durante a vida.

Desenterraram-no cuidadosamente. Dádiva preciosa – único prêmio, únicos despojos opimos[7] de tal guerra! – faziam-se mister os máximos resguardos para que se não desarticulasse ou deformasse, reduzindo-se a uma massa angulhenta de tecidos decompostos.

Fotografaram-no depois. E lavrou-se uma ata rigorosa firmando a sua identidade: importava que o país se convencesse bem de que estava, afinal, extinto aquele terribilíssimo antagonista.

Restituíram-no à cova. Pensaram, porém, depois, em guardar a sua cabeça tantas vezes maldita – e como fora malbaratar o tempo exumando-o de novo, uma faca jeitosamente brandida, naquela mesma atitude,

---

2 **Nota do Autor:** Trecho da parte de combate, do comandante da 1ª coluna. "... pelo que ordenei que se retirasse daquela cova, com todo o cuidado, o defunto, e o levassem para a praça e assim se poder melhor verificar a identidade de pessoa: tendo-se reconhecido ser o do famigerado e bárbaro Antônio Vicente Mendes Maciel (vulgo *Bom Jesus Conselheiro*), como consta da ata lavrada; mandei-o fotografar para terem certeza de ser ele, aqueles que o conheceram". 3 **sudário** espécie de lençol para envolver cadáveres; mortalha. 4 **taboa** planta da família das tifáceas de que se fazem esteiras e cestos. 5 **tumefato** inchado. 6 Comparar: "Removida boa quantidade de terra, deparou-se-lhe um cadáver coberto com um lençol, vestindo túnica azul estragada, calçado com alpercatas, tendo a barba preta e o cabelo com alguns fios brancos" (*Jornal de Notícias* 19.10.1897). 7 **opimos** excelentes, aproveitáveis.

cortou-lha; e a face horrenda, empastada de escaras e de sânie[8], apareceu ainda uma vez ante aqueles triunfadores...

Trouxeram depois para o litoral, onde deliravam multidões em festa, aquele crânio. Que a ciência dissesse a última palavra. Ali estavam, no relevo de circunvoluções[9] expressivas, as linhas essenciais do crime e da loucura...

8 sânie pus ou matéria purulenta gerada pelas úlceras e chagas não tratadas. **9 circunvoluções** saliências sinuosas.

VII

DUAS LINHAS

É que ainda não existe um Maudsley para as loucuras e os crimes das nacionalidades...

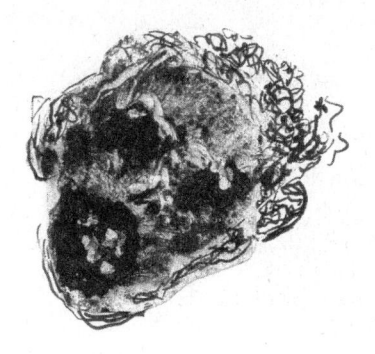

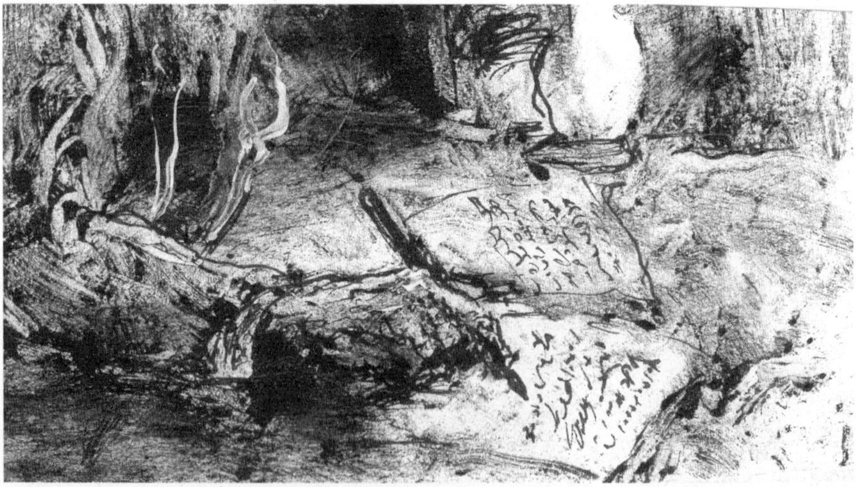

Notas à 2ª Edição

Este livro, secamente atirado à publicidade, sem amparos de qualquer natureza, para que os protestos contra as falsidades que acaso encerrasse se exercitassem perfeitamente desafogados, conquistou – franca e espontânea – expressa pelo seus melhores órgãos, a grande simpatia nobilitadora[1] da minha terra, que não solicitei e que me desvanece[2]. Os únicos deslizes apontados pela crítica são, pela própria desvalia, bastante eloquentes no delatarem a segurança das ideias e proposições aventadas[3].

É o que demonstra esta resenha rápida:

1. "... *Mercenários inconscientes*" (p. VI)[4]

Estranhou-se a expressão. Mas devo mantê-la: mantenho-a.

Não tive o intuito de defender os sertanejos, porque este livro não é um livro de defesa; é, infelizmente, de ataque.

Ataque franco e, devo dizê-lo, involuntário. Nesse investir, aparentemente desafiador, com os singularíssimos civilizados que nos sertões, diante de semibárbaros, estadearam tão lastimáveis selvatiquezas, obedeci ao rigor incoercível da verdade. Ninguém o negará.

E se não temesse envaidar-me em paralelo que não mereço, gravaria na primeira página a frase nobremente sincera de Tucídides, ao escrever

---

1 nobilitadora enobrecida, elevada. **2 desvanece** causa orgulho. **3** Ver Moreira Guimarães, p. 71. **4** Na p. 62 da presente edição. Esta primeira observação feita ao livro foi publicada no final da presente seção, "Notas à 2ª Edição", e assim se manteve nas edições posteriores emendadas por Euclides. O AP enumera a nota de forma incorreta: "Notas à 3ª. Edição". Esta defesa que faz Euclides é da crítica de Moreira Guimarães que escreveu neste mesmo ano uma série de artigos sobre *Os Sertões* no *Correio da Manhã*, RJ. Consultar: "O Livro de Euclydes da Cunha – II", *Correio da Manhã*, ano II, n. 610, de 11.2.1903.

a história da guerra do Peloponeso – porque eu também embora sem a mesma visão aquilina, escrevi

> sem dar crédito às primeiras testemunhas que encontrei, nem às minhas próprias impressões, mas narrando apenas os acontecimentos de que fui espectador ou sobre os quais tive informações seguras[5].

II. "... *desabrigadas de todo ante a acidez corrosiva dos aguaceiros tempestuosos...*" (p. 18)[6].

Viu-se nesta frase uma inexatidão e um dos imaginosos traços do meu apedrejado nefelibatismo[7] científico[8].

Ora, escasseando-me o tempo para citar autores, limito-me a apontar a página 168 da *Geologia* de Contejean sobre a erosão das rochas: "*des actions physiques et chimiques produites par les eaux pluviales plus ou moins chargées d'acide carbonique – principalement sur les roches les plus attaquables aux acides, comme les calcaires*"[9] etc.

Para o caso especial do Brasil, encontra-se ainda à página 151 do livro de Em. Liais, sobre a nossa conformação geológica, a caracterização do fenômeno que "*se montre très grande échelle, sans doute à cause de la fréquence et de l'acidité des pluies d'orage*"[10].

No entanto o crítico leciona: "Nem as chuvas causam erosões por conterem algumas moléculas a mais de nitro ou de amoníaco, senão pela rijeza da camada horizontal superior em relação às camadas moles inferiores etc."[11].

---

5 A citação provém do parágrafo 22 da *História da Guerra do Peloponeso* e encontra-se também numa caderneta de anotações do Autor, de Lorena, datada de 1902. Ver *Obra Completa*, vol. II, p. 587. **6** Na presente edição, p. 84. **7 nefelibatismo** qualidade que tem um escritor de desprezar os processos simples, fáceis e de gostar dos estilos rebuscados. **8 Nota do Autor:** *Revista do Centro de Letras e Artes*, de Campinas, n. 2, de 31 de janeiro de 1903. **Nota do Editor:** A crítica foi feita por José de Campos Novaes em artigo publicado na revista acima mencionada, cuja citação correta é n. 1, ano 2. A expressão (*nefelibatismo*) se encontra na p. 47 da *Revista*. **9** "as ações físicas e químicas pelas águas pluviais mais ou menos carregadas de ácido carbônico – principalmente sobre as rochas mais atacáveis pelos ácidos, como as calcárias". **10** "se mostra em escala muito maior, sem dúvida, por causa da frequência e acidez das chuvas de tempestade." A frase original em Liais é a seguinte: "...s'y montre sur très-grande échelle [...], sans doute à cause de la grande fréquence et de l'acidité des pluies d'orage". **11** Nesta citação, à p. 47 da *Revista*, ficaram faltando as palavras *diferença da* entre

Extraordinária geologia, esta...

III. "*...as favelas [...] têm, nas folhas, de estômatos*[12] *expandidos em vilosidades...*" (p. 41).
Apresso-me em corrigir evidentíssimo engano, tratando-se de noção tão simples.
Leia-se: *nas folhas, de células expandidas em vilosidades*[13].

IV. "*É que a morfologia da Terra viola as leis gerais dos climas*" (p. 52)[14].
Outro dizer malsinado. Impugna-o respeitável cientista:

> Penso que se a natureza combate os desertos, apenas o fácies geográfico modifica as condições extrínsecas do meio. E se violência importa modificação, violar é desobedecer ao preestabelecido. Assim, não há violação contra as leis gerais dos climas, eis o que não padece dúvida[15].

Inexplicável contradita[16], esta, que investe com todas as conclusões da meteorologia moderna! Basta saber-se que sendo as leis gerais de um clima as que se derivam das relações astronômicas – as próprias ondulações das isotermas, indisciplinadamente recurvos, mas que seguiriam os paralelos se respeitassem aquelas leis, são um atestado da violação.

Nem precisávamos exemplificar o predomínio permanente das causas particulares ou secundárias na constituição climática de qualquer país. De Santos, cujo clima equatorial é uma anomalia em latitude superior à do trópico, à Groenlândia coberta de gelos fronteira às paragens benignas da Noruega, encontraríamos esplêndidos exemplos.

"pela" e "rijeza da camada...". **12 estômatos** pequeninas aberturas na epiderme foliar e caulinar, que se abrem, internamente, num sistema de canais aeríferos, que permitem as trocas gasosas necessárias à vida das plantas. São formados por duas células reniformes, que se afastam ou se aproximam, abrindo ou fechando, assim, o ostíolo. 13 Na realidade, Euclides modifica um elemento da frase original (*alongadas* para *expandidas*), conforme aparece na p. 111 da presente edição. Assim é como está também à p. 47 da *Revista*, na crítica de Novaes. Os colchetes foram introduzidos pelo Editor. 14 Na p. 128 da presente edição. O Autor preferiu manter a palavra *terra* em minúscula. 15 **Nota do Autor:** *Correio da Manhã*, de 3 de fevereiro de 1903. **Nota do Editor:** O respeitável cientista, novamente, era Moreira: consultar "O Livro de Euclydes da Cunha – 1", *Correio da Manhã*, RJ, ano III, n. 602, 3.2.1903. 16 **contradita** contradição.

Ainda recentemente no belo livro sobre a psicologia dos ingleses, Boutmy assinala o fato de ter a Inglaterra, no paralelo de 52°, temperatura igual a 32° de lat., dos Estados Unidos.

Quem quer que acompanhe num mapa a isoterma de 0°, partirá da frigidíssima Islândia, avançará para o sul, numa curva caprichosa, para a Inglaterra, que não tocará; torcerá depois para o extremo norte da Noruega; e volverá de novo ao sul e se aproximará, nos meses frios, de Paris e de Viena – que assim se ligam, malgrado latitudes muito mais baixas, à enregelada terra polar.

E o viajante que perlonga a nossa costa, do Rio à Bahia, demandando o Equador, não vai também por uma linha quase inalterável, traduzindo geometricamente um regime constante, espelhado na uniforme opulência das matas que ajardinam o litoral vastíssimo?

Mas se parar em qualquer ponto e avançar para o ocidente, por um paralelo, pela linha definidora, astronomicamente, da uniformidade climática, deparará transcorridas poucas dezenas de léguas hábitats inteiramente outros.

Não estão, nestes exemplos, que multiplicaríamos se quiséssemos, palmares violações das leis gerais dos climas?[17]

v. Uma contradição apontada pelo mesmo crítico; diz ele[18]:

...vejo à pág. 70[19] os dizeres categóricos: *Não temos unidade de raça. Não a teremos, talvez, nunca.* E à pág. 616[20] lá está a proposição de que em Canudos se atacava a *rocha viva da nossa raça.*

Neste salto mortal de 616 – 70 = 546 páginas é natural que se encontrem coisas disparatadas. Mas quem segue as considerações que alinhei

---

17 Consultar p. 128 da presente edição. 18 Uma vez mais, o crítico aqui é Moreira Guimarães. Consultar "O Livro de Euclydes da Cunha – I", *Correio da Manhã*, RJ, ano III, n. 602, 3.2.1903. 19 Na p. 145 da presente edição. 20 Ao contrário dos demais números de páginas citados nesta seção do livro, todos provindos ou da 2ª. ou da 3ª. edição, este no entanto pertence à 1ª. edição. Trata-se, obviamente, de um erro de localização da expressão *rocha viva*, que também aparece na p. 616 das 2ª. e 3ª. edições, mas fora do contexto da citação. *Idem*, p. 691 da presente edição.

acerca da nossa gênese, se compreende que de fato não temos unidade de raça, admite também que nos vários caldeamentos operados eu encontrei no tipo sertanejo uma subcategoria étnica já formada (pág. 99)[21] liberta pelas condições históricas (pág. 112)[22] das exigências de uma civilização de empréstimo que lhe perturbariam a constituição definitiva.

Quer isto dizer que neste composto indefinível – o brasileiro – encontrei alguma coisa que é estável, um ponto de resistência recordando a molécula integrante das cristalizações iniciadas. E era natural que, admitida a arrojada e animadora conjetura de que estamos destinados à integridade nacional, eu visse naqueles rijos caboclos o núcleo de força da nossa constituição futura, a rocha viva da nossa raça.

Rocha viva... A locução sugere-me um símile eloquente.

De fato, a nossa formação como a do granito surge de três elementos principais. Entretanto quem ascende por um cerro granítico encontra os mais diversos elementos: aqui a argila pura, do feldspato decomposto, variavelmente colorida; além a mica[23] fracionada, rebrilhando escassamente sobre o chão; adiante a arena[24] friável[25], do quartzo[26] triturado; mais longe o bloco *moutonné*[27], de aparência errática[28]; e por toda a banda a mistura desses mesmos elementos com a adição de outros, adventícios, formando o incaracterístico solo arável, altamente complexo. Ao fundo, porém, removida a camada superficial, está o núcleo compacto e rijo da pedra. Os elementos esparsos, em cima, nas mais diversas misturas, porque o solo exposto guarda até os materiais es-

---

21 A partir do AP, *formada* deu lugar a *constituída* no corpo do texto. Ver na presente edição, p. 185. **22** A partir do AP, *civilização* deu lugar a *cultura*. Idem, p. 189. **23 mica** designação comum aos minerais do grupo das micas, silicatos de alumínio e de metais alcalinos aos quais frequentemente se associam magnésio e ferro; malacacheta. **24 arena** produto da decomposição de rochas feldspáticas, principalmente granitos ou gnaisses, no qual ainda se pode ver a textura primitiva da rocha. **25 friável** que se desagrega ou se reduz a pó facilmente. **26 quartzo** mineral trigonal, óxido de silício, que se apresenta em numerosas variedades, e também denominado cristal de rocha, quando é duro e transparente. **27 *moutonné*** (fr. "felpuda, como a lã do carneiro") se aplica aos blocos que sujeitos à ação das atividades glaciais terminam por ter superfícies estriadas e polidas no lado da contracorrente, semelhantes à textura da lã do carneiro. O lado do sentido da corrente apresenta uma superfície irregular e entalhada (ver Jean Louis R. Agassiz, *A Journey in Brazil*, p. 401). **28 de aparência errática** como uma rocha isolada no meio de uma planície.

tranhos trazidos pelos ventos, ali estão, embaixo, fixos numa dosagem segura, e resistentes, e íntegros.

Assim à medida que aprofunda, o observador se aproxima da matriz de todo definida, do local. Ora o nosso caso é idêntico – desde que sigamos das cidades do litoral para os vilarejos do sertão.

A princípio uma dispersão estonteadora de atributos, que vão de todas as nuanças da cor a todos os aspectos do caráter. Não há distinguir-se o brasileiro no intricado[29] misto de brancos, negros e mulatos de todos os sangues e de todos os matizes. Estamos à superfície da nossa *gens*, ou melhor, seguindo à letra a comparação de há pouco, calcamos o húmus[30] indefinido da nossa raça. Mas entranhando-nos na terra vemos os primeiros grupos fixos – o *caipira*, no Sul, e o *tabaréu*, ao Norte – onde já se tornam raros o branco, o negro e o índio puros. A mestiçagem generalizada produz, entretanto, ainda todas as variedades das dosagens díspares do cruzamento. Mas à medida que prosseguimos estas últimas se atenuam.

Vai-se notando maior uniformidade de caracteres físicos e morais. Por fim, a rocha viva – o sertanejo.

vi. Mas não fujo ainda a nova objeção, porque

> se "[t]ivemos, inopinadamente, ressurreta e em armas em nossa frente, *uma sociedade velha, uma sociedade morta, galvanizada por um doido*", se tivemos aquilo (continua o crítico) não se compreende como na guerra de Canudos se atacasse a *rocha viva da nossa raça*[31].

Ao falar em sociedade morta, referi-me a uma situação excepcional da gente sertaneja corrompida por um núcleo de agitados (pág. 205)[32]. O

---

29 intricado o mesmo que intrincado. **30 húmus** camada superficial derivada do produto da decomposição parcial dos restos vegetais que se acumulam no chão florestal, aos quais se juntam restos animais em menor escala. Em razão de suas propriedades coloidais, tem grande importância na constituição do solo, onde é a fonte de matéria orgânica para a nutrição vegetal. Favorece a estrutura do solo e retém água energicamente. **31** As aspas e os colchetes foram introduzidos pelo Editor. **32** Na presente edição, p. 287.

mesmo paralelo feito na mesma página com estados idênticos de outros povos delata-lhe o caráter excepcional. De modo algum enunciei uma proposição geral e permanente, senão transitória e especial, reduzida a um fragmento do espaço – Canudos – e a um intervalo de tempo – o ano de 1897.

Nada mais límpido. Encontraríamos perfeito símile nessa misteriosa isomeria[33], mercê da qual corpos identicamente constituídos, com os mesmos átomos num arranjo semelhante, apresentam todavia propriedades diversíssimas. Assim pensando – e que se não irritem demais as sensitivas[34] do nosso meio científico com mais esta arrancada feroz de nefelibatismo – eu vejo, e todos podem ver, no *jagunço* um corpo isômero[35] do *sertanejo*. E compreendo que Antônio Conselheiro repontasse como uma "integração de caracteres diferenciais, vagos e indefinidos, mal percebidos quando dispersos pela multidão" – e não como simples caso patológico, porque a sua figura de pequeno grande homem se explica precisamente pela circunstância rara de sintetizar, de uma maneira empolgante e sugestiva, todos os erros, todas as crendices e superstições, que são o lastro do nosso temperamento.

VII. *A própria caatinga assume* [um] *aspecto novo. E uma melhor caracterização* [...] *talvez a definisse mais acertadamente como a paragem clássica das* caatanduvas etc., pág. 229[36].

33 isomeria fenômeno apresentado por duas ou mais substâncias que têm os mesmos átomos na molécula, mas com diferentes disposições espaciais ou com diferentes ligações; isomerismo. **34 sensitivas** designação comum a várias plantas da família das leguminosas, uma espécie das quais é ornamental, tem flores róseas, dispostas em capítulos, reunidas em racimos, sendo os frutos vagens espinescentes lateralmente; feijão-de-árvore, juquiri-rasteiro, morre-joão, malícia, malícia-de-mulher, vergonha, vergonhosa, dormideira. Naturalmente, Euclides utiliza aqui a palavra em sentido figurado aludindo aos "espíritos melindrosos". **35 isômero** diz-se da molécula que contém as mesmas espécies e o mesmo número de átomos que outra, mas difere dessa outra na estrutura. **36** O trecho se encontra na p. 314 da presente edição. Note-se que Euclides não incorporou as modificações que essa passagem havia sofrido na citação. Mesmo nas correções da 3ª edição, o advérbio *ali* não tinha sido ainda eliminado. Os colchetes indicando frase incompleta foram introduzidos por nós. A citação, tal como aparece no ensaio de Novaes, apresenta variantes curiosas, porque não reflete literalmente o que se encontra à p. 235 da 1ª edição de *Os Sertões*: "A própria *caatinga* ali assume um novo aspecto. É a melhor caracterização da flora sertaneja segundo os vários cambiantes que apresenta acrescentando denominações diversas; talvez a definisse mais acertadamente como a paragem clássica das

Isto também sugeriu reparos[37]. Prestadios[38] amadores estremecendo por todas as corolas da botânica apisoadas pelo meu nefelibatismo científico (eterno labéu!)[39] puseram embargos ao dizer, doutrina [sic] errônea do livro[40].

E pontificaram: "*caatinga* (mato ruim) é o resultado não do terreno mas da secura do ar, ao passo que as *caatanduvas* são florestas cloróticas (mato doente) resultantes da porosidade e da secura do solo"[41].

Adorável objeção. Começa insurgindo contra o tupi; termina insurgindo-se contra o português.

Caatinga (mato ruim!)... *Caatanduva* (mato doente!)...

Florestas cloróticas... Clorose de uma planta significando, em vernáculo, o seu "estiolamento", isto é, alteração mórbida determinada pela falta de luz, são originalíssimas aquelas matas nas regiões brasileiras onde vegetam em pleno fustigar dos sóis!

Quanto à célebre doutrina, duas palavras. A discriminação dos aspectos da nossa flora é ainda um problema que aguarda solução clara.

Observando que o aspecto principal da caatinga (mato branco) é o de um cerrado rarefeito e tolhiço; e que o da catanduva (mato mau, áspero, doente) é o de uma mata enfezada e dura, tracei a frase combatida porque a flórula[42] indicada, diversa da que prepondera no sertão, me despontou aos olhos realmente com a última aparência.

VIII. Notaram-se, em todas as páginas, termos que vários críticos caracterizaram como invenções ou galicismos imperdoáveis. Mas foram infelizes com os que apontaram. Cito-os e defendo-os[43].

---

caatanduvas, progredindo extensa para o levante e para o Sul até as cercanias de Monte Santo". 37 Ainda por José de Campos Novaes. **38 prestadios** prestativos, obsequiosos. **39 labéu** desdouro, nota infame, desonra. 40 Note-se aqui ainda a expansão da metáfora vegetal criada por Euclides é recarregada de ironia. O parágrafo de Novaes, em que a frase aparece, se encontra à p. 50 da *Revista*: "No S. Francisco todo domina a *caatinga*, no Paraná humidíssimo há sempre *caatanduvas* que se seguem às boas terras quase sem solução de continuidade. A doutrina dos 'Sertões', portanto, é errônea". 41 **Nota do Autor:** *Revista do Centro de Letras e Artes*. **42 flórula** flora de uma região muito limitada. 43 A crítica que segue é ainda de Novaes e se encontra à p. 47 da *Revista*. Seria equívoco do crítico ou erro tipográfico o uso da forma verbal *esbotelando-lhe* no texto de Novaes, como também poderia sê-lo no caso de *presposterara-se*.

Esbotenar – esborcelar, esborcinar (*Novo Dicionário da Língua Portuguesa*, de Cândido Figueiredo).
Ensofregar – tornar sôfrego (*Dic. Cont.*, de Aulete).
Preposterar – inverter a ordem de qualquer coisa (*Idem*).
Impacto – metido à força (*Idem*).
Refrão – consideraram-no galicismo. Replico com a frase de um mestre, Castilho: "Eis o eterno refrão com que nos quebram o bichinho do ouvido".
Inusitado – Também se considerou francesismo. Em latim, *inusitatus*.

Não notaram outros. Antes considerassem à pág. 296, linha 6ª, a deplorável tortura de um verbo intransitivo que sucessivas revisões não libertaram[44]; e outros que exigem mais séria mondadura[45].

EUCLIDES DA CUNHA
27-4-1903

---

[44] Ver nota 20, p. 382 da presente edição. Euclides se refere à seguinte construção que aparece na 1ª e, surpreendentemente, na 2ª edição do livro: "Os que pela primeira vez o viam custavam a admitir...". A correção só aparecerá a partir da 3ª. edição. [45] **mondadura** revisão minuciosa, corrigindo os erros e emendando.

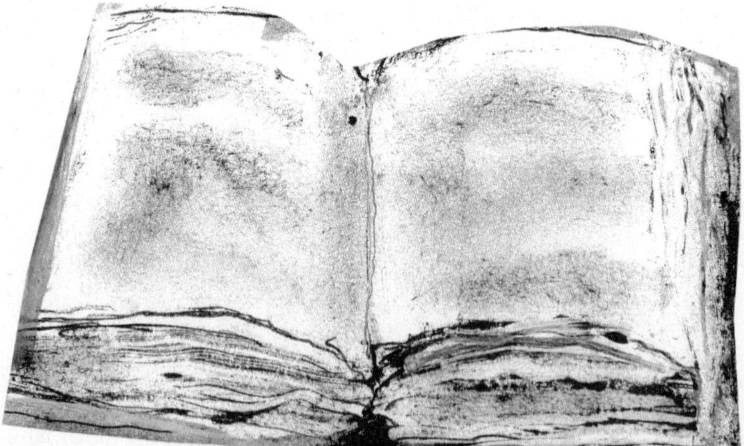

Glossário de Antropônimos e Topônimos

ABISSÍNIA corresponde aproximadamente às atuais Etiópia e Eritreia, entre outros territórios africanos vizinhos.

AÇURUÁ localidade baiana junto à serra homônima (11° 30' S – 42° 30' W). Ver SERRA DO AÇURUÁ.

AGASSIZ, JEAN LOUIS RODOLPHE (Suíça, 1807-1873) naturalista de renome residente nos Estados Unidos, professor da Harvard University, diretor da Expedição Thayer (1865-1866) ao Brasil, na qual foi acompanhado por Charles Frederick Hartt nas suas pesquisas etnográficas e científicas. Cientista que gozou de enorme prestígio nos Estados Unidos num primeiro momento de sua carreira, foi mais tarde retrucado por algumas de suas teorias expostas. Uma delas, refutando o evolucionismo darwiniano e afirmando a noção de uma inteligência divina na criação e transformação do mundo, custou-lhe o descrédito de alguns de seus mais respeitáveis colegas. Em outra ocasião, Agassiz foi responsável pela controvertida teoria em torno da "glaciação amazônica", ideia rebatida pelo seu fiel discípulo Hartt. Já em 1865, o Barão de Capanema havia refutado, oralmente, semelhante tese que aparece em seu ensaio "Decomposição dos Penedos do Brasil" (1866), julgando que os blocos de rochas encontrados isolados (erráticos), imersos em massa composta por solo, não eram produtos do *drift* glacial, como avaliara Agassiz, e sim produtos de processos intempéricos. Publicou *A Journey in Brazil*, 1867 (*Viagem ao Brasil, 1865-1866*, 1938). Já havia uma tradução francesa do livro em 1869 (*Voyage au Brésil*).

AGUIAR, JOSÉ JOAQUIM DE (25.12.1851–?) assentou praça em 5.1.1875, capitão de Infantaria e fiscal do 33º Batalhão, durante a 4ª. expedição.

AGUIAR E SILVA, ANTÔNIO MANUEL DE (1858-1897) pertenceu ao 2º Esquadrão do 1º Regimento de Cavalaria e foi capitão-secretário do comando da 2ª. coluna, durante a 4ª. expedição.

AIRES DE CASAL, MANUEL (Portugal?, c. 1754 – c. 1822) religioso, autor da *Corografia Brasílica ou Relação Histórico-Geográfica do Reino do Brasil* (1817).

ALAGOINHAS município baiano a 100 km de Salvador, em direção N (12° 7' S – 38° 26' W).

ALBERTAZZI, EDGAR HENRIQUE médico do regimento policial baiano da 2ª expedição.

ALBUQUERQUE, JOÃO TOLENTINO BARRETO DE (10.9.1861 – 18.7.1897) iniciou-se no exército em 31.12.1888, assentou praça em 31.5.1889, foi médico do Laboratório Pirotécnico do Campinho e tornou-se capitão em 27.3.1890. Participou da 4ª expedição.

ALCÁCER-QUIBIR batalha entre mouros e portugueses em Marrocos, em 1578, na qual o rei D. Sebastião perdeu a vida misteriosamente e os portugueses foram intensamente derrotados. Como resultado desse fracasso político e da crise econômica pela qual Portugal passava, o país passou a depender da Espanha de Filipe II por um período de sessenta anos (1580-1640). Desse episódio nacional, originaram-se várias manifestações de messianismo em Portugal que sustentavam que D. Sebastião não havia sido morto e iria reaparecer.

ALEXANDRE DO ABONÓTICO (século II d.C.) conhecido como o "Mágico de Abonótica". Veio a Roma em 174 e foi favorito de Marco Aurélio. Luciano de Samosatra ou Samósata escreveu sobre sua vida em *Alexandre ou o Falso Profeta*.

ALENCAR, JOSÉ CARLOS DE (22.10.1852-?) assentou praça em 7.4.1869, major, subcomandante do 1º regimento de Cavalaria, comandante da ala de Cavalaria da 2ª. Brigada durante a 4ª. expedição.

ALÊUTICA conjunto de ilhas que leva este nome localizado no Estreito de Bering, próximo do arquipélago de Catarina, da Ponta de Kamtchatka à Península do Alasca. Alguns autores argumentam que os ameríndios não sejam autóctones e que tenham tido origem asiática, vindo das Ilhas Alêuticas.

ALMADA, JOÃO BATISTA PIRES DE (1873-?) assentou praça em 25.1.1890, foi promovido a alferes em 3.11.1894, pertenceu ao 10º Batalhão, comandou o 1º Batalhão de Cavalaria durante a 4ª. expedição. Todas as edições de *Os Sertões* até agora traziam o seu sobrenome incorreto: ALMEIDA.

ALMEIDA, JOÃO MENDES DE (Caxias, MA, 1831 – c. 1913) advogado e jornalista. O título completo do seu livro é *Algumas Notas Genealógicas* (1886).

ALTO DO MÁRIO outeiro bordado de penhascos na periferia de Canudos, cujo cimo forma outra esplanada de menores dimensões que a do Alto da Favela, inclinando gradualmente até as margens do rio Vaza-Barris. Este cerro tem no seu centro a Fazenda Velha. O morro é ainda conhecido como Alto do Maia.

ÁLVARES, BASTIÃO [ou SEBASTIÃO] sertanista português, criado de Diogo Martins Seixas, que no século XVI explorou a região do São Francisco, em resgate de índios, o que valeu um protesto de João Fernandes Coelho, procurador do donatário daquela capitania. Foi mandado pelo governador-geral Luís de Brito e Almeida, a descobrir minas nas cabeceiras do dito rio e andou quatro anos pervagando sertões, vindo morrer às mãos dos tupinambás, retirantes do litoral, no segundo quartel do século.

ANADIA, VISCONDE [E PRIMEIRO CONDE] DE João Rodrigues de Sá e Melo (Aveiro, Portugal, 1755-RJ, 1809) moço-fidalgo, com exercício no paço, alcaide-mor de Campo Maior, e membro do Conselho de Fazenda. Foi ministro plenipotenciário em Berlim e sócio da Academia Real das Ciências. Acompanhou a família real em sua retirada para o Brasil, quando da invasão das tropas de Napoleão, falecendo no ano seguinte ao de sua chegada ao Rio de Janeiro.

ANCHIETA, PADRE JOSÉ DE (Laguna, Canárias, 1534 – Reritiba [hoje Anchieta], ES, 9.6.1597) conhecido como "o apóstolo do Brasil" pelo seu trabalho missionário junto aos índios brasileiros. Em 1554 foi para Coimbra, onde fez brilhantes estudos e, em 1551, entrou para a Companhia de Jesus. No dia 13.7.1553, chegou à Bahia com a comitiva de D. Duarte da Costa, segundo governador-geral. Enviado pelo padre Manuel da Nóbrega para a Capitania de São Vicente, fundou o Colégio de Piratininga e tomou parte na fundação da cidade de São Paulo. Na revolta dos tamoios teve atuação destacada. Ficou meses (na Praia de Iperoig, de abril a setembro de 1563) como refém entre os índios, enquanto Nóbrega parlamentava com os portugueses. Enquanto preso, concebeu seu poema em latim, consagrado à Virgem. Em 1560, foi nomeado reitor do Colégio de São Vicente, em 1565 assistiu à fundação da cidade do Rio de Janeiro e, em 1567, teve importante participação na expulsão dos franceses do Rio de Janeiro. Em 1578, foi à Bahia na qualidade de provincial da Companhia de Jesus; renunciando ao cargo em 1585, veio para o RJ, seguindo depois para o ES, onde organizou várias aldeias de índios Em 1595 é publicada em Coimbra a sua *Arte de Gramática da Língua mais Usada na Costa do Brasil*. Deixou cartas e um estudo de história natural baseado em observações da região do atual Estado de SP.

ANGICO localidade a SE de Canudos, junto à serra homônima e próxima de Pitombas (9° 55' s – 39° 5' w). Ver Serra do Angico.

ANHANGUERA (*tupi*, "diabo velho") (Sevilha, Espanha, século XVI) nome indígena de Bartolomeu Bueno, um dos mais audazes bandeirantes que impressionou os índios com o seu truque de queimar aguardente como se fosse água numa escudela. Partiu de São Paulo em 1682, penetrando os sertões de Goiás onde efetivamente conseguiu colher grandes porções de ouro. Foi casado duas vezes, a primeira com Isabel Cardoso e a segunda vez com Maria de Morais. O seu filho, também chamado Bartolomeu Bueno, colheu mais tarde (1724-1725) quantidade ainda maior.

ANJOS, JOSÉ XAVIER DOS (1853-?) assentou praça em 5.5.1869, foi promovido a capitão em 21.3.1891, comandou o 25º Batalhão durante a 4ª expedição.

ANTEU personagem da mitologia grega, filho da Terra de onde tivera suas forças. Hércules o derrotou suspendendo-o em seus braços, portanto cortando-lhe o contato com a terra.

ANTICRISTO personagem que, segundo o Apocalipse, virá antes do fim do mundo semear a impiedade até ser afinal vencido por Cristo; demônio.

ANTONIL, ANDRÉ JOÃO (1650 – c. 1716) pseudônimo de Giovanni Antonio Andreoni, jesuíta italiano que trabalhou no Brasil junto com o Padre A. Vieira. Autor do extraordinário livro *Cultura e Opulência no Brasil por suas Drogas e Minas* (1711), banido pela Coroa portuguesa logo depois de sua publicação.

ANTÔNIO *BEATO* personagem obscuro até os últimos momentos da Campanha de Canudos, quando, em companhia de Bernabé José de Carvalho, foi prestar rendição às tropas federais de Artur Oscar. Este prometeu-lhe garantia de vida a todos os rendidos. Foi traído pelo general e degolado no dia 3.10.1897.

ANTÔNIO FOGUETEIRO segundo o *Jornal de Notícias* de 25.8.1897, este personagem era comandante da Brigada Pau Ferro. Morre em Pombal, em agosto de 1897, durante um combate entre ele e seus homens e a força policial do lugar. O comissário de Pombal havia preso um jagunço de Canudos e o Fogueteiro fez chegar ao conhecimento do comissário que iria soltá-lo. Previdente, o comissário preparou uns 50 ou 60 homens bem municiados. De fato, o Fogueteiro e outros atacaram a cadeia, sendo recebidos com boa descarga, caindo logo morto o bandido chefe.

APÓSTOLO jornal monarquista carioca dirigido pelo padre Scaliggero.

Aracapá provavelmente Acarapá, localidade à margem esquerda do São Francisco, entre Curaçá e Pambu, BA (8° 36' S – 39° 34' W).
Aracatiaçu localidade cearense a SE de Sobral (3° 53' S – 40° 1' W).
Aragão, Salvador Pires de Carvalho e (1856 – ?) assentou praça em 10.10.1874, foi promovido a capitão em 17.3.1890, pertenceu ao 9º Batalhão e chefiou o 5º Batalhão de Polícia da Bahia durante a 4ª expedição. Em todas as edições de *Os Sertões* até agora o sobrenome Carvalho e Aragão aparecia sem o *e*.
Araripe, Tristão de Alencar (1891-?) autor de *Expedições Militares Contra Canudos* (1960).
Araripe, Tristão Sucupira de Alencar (21.3.1861-27.6.1897) cursou engenharia em 1874, assentou praça em 24.11.1877 e foi promovido a major em 23.7.1894. Na época da Guerra de Canudos já era tenente-coronel e comandou o 12º Batalhão de Infantaria da 4ª Brigada da coluna Savaget durante a 4ª expedição. Morreu no combate de Macambira. Não se deve confundir este soldado com o autor de *Expedições Militares Contra Canudos* (1960), Tristão de Alencar Araripe (1894-?).
Araripe Júnior, Tristão Alencar (Fortaleza, CE 1848 – Rio de Janeiro, 1911) crítico de literatura e autor de *O Reino Encantado, Crônica Sebastianista*, 1878. Suas obras críticas foram reunidas numa edição da Casa de Rui Barbosa (*Obra Crítica de Araripe Júnior*, 1958–1963). Foi um dos fundadores da Academia Brasileira de Letras.
Araújo, Manuel inimigo dos Maciéis e cujo irmão foi assassinado por eles, ao aproximar-se da igreja, no dia de seu casamento com a filha de um rico fazendeiro de Tapaiara.
Araújo, Pascoal Paes de bandeirante que saiu de São Paulo com a bandeira de Sebastião Paes de Barros e explorou as margens do rio Tocantins entre 1670 e 1674.
Araújos família cearense rival da dos Maciéis e parente de outra família, a dos Veras.
Arraial da Barra localidade à margem esquerda do S. Francisco (11° 5' S – 43° 10' W), entre Pambu e Rodelas, e em frente à Ilha da Barra (margem direita).
Arzão, Antônio Rodrigues de (Taubaté, SP, ? – *c*. 1720) bandeirante paulista que, em 1693, explorou o rio Doce onde encontrou ouro e desceu até Vitória do Espírito Santo.
Asfaltite (*Asfaltites lacus*) o Lago Asfaltite é o Mar Morto, localizado na região do Jordão e de Israel (31° 30' N – 35° 30' E).
Assis, Joaquim Pacheco de (21.4.1856 – ?) assentou praça em 30.6.1874 e foi promovido a major em 9.3.1894, comandou o 31º. Batalhão de Infantaria da 4ª Brigada, da coluna Savaget durante a 4ª expedição. Tio e padrinho de Dilermando de Assis.
Atacama deserto no N do Chile junto à costa do Pacífico (24° 30' S – 69° 15' W).
Ávila tenente da 3ª expedição que auxiliou Moreira César depois de ser atingido por um projétil dos conselheiristas.
Aché, Napoleão Felippe (23.6.1862 – ?) assentou praça em 7.12.1880 e serviu em várias unidades de infantaria. Participou da 4ª expedição.
Azambuja, Marcos Pradel de (1868 – ?) assentou praça em 19.2.1884, cursou artilharia em 1889 e foi promovido a 1º tenente em 9.3.1894. Participou na 3ª expedição, comandando a 2ª Divisão de Artilharia.

Babilônia uma das cidades mais importantes da Antiguidade, cuja localização hoje em dia seria, aproximadamente, a L do rio Eufrates, a 90 km ao S de Bagdá, no Iraque. Por volta de 615 a.c. a cidade pertencia ao Império Assírio. Nabucodonosor II a reconstruiu nesses anos com novos edifícios, palácios, fortificações e portões. Na época era a maior cidade do mundo de que se tinha notícia, cobrindo uma área de mil hectares.

BAIXAS sítio entre o Rosário e o Rancho do Vigário, nas proximidades de Canudos (10° 2' s – 39° 2' w).

BAGÉ cidade do RS ocupada pelos federalistas e cercada pelas tropas do Governo durante a Revolução Federalista (fev. 1893-ago. 1894) (31° 17' s – 54° 7' w).

BANDARRA, O (Trancoso, Portugal, c. 1500 – c. 1556) Gonçalo Anes, o "sapateiro santo", profeta português cujas trovas e cujos vaticínios (c. 1540) se tornaram muito populares em Portugal e no Brasil. Com os primeiros sintomas da decadência do Império Português, formou-se a lenda do Encoberto, que Bandarra transcreveu em trovas. Foi perseguido pelo Santo Ofício em 1541 e condenado com uma pena leve. Muitos de seus quartetos são apócrifos e foram compostos em épocas posteriores.

BARBACENA município a 59 km de São João del Rei, MG, em direção O (21° 14' s – 43° 46' w).

BARBADOS ilha caribenha ao NE de Trinidad e Tobago (13° 30' s – 59° 0' w).

BARBOSA, JOÃO DA SILVA (1835-?) assentou praça em 24.1.1850, foi promovido a alferes em 30.9.1859, a tenente em 1.7.1867, a capitão em 14.4.1871, contando a antiguidade de 6.10.1870. Foi considerado efetivo em 13.9.1871. Por merecimento foi promovido a major em 1.4.1882 e, igualmente por merecimento, teve a promoção a tenente-coronel em 3.11.1887, e a coronel em 17.3.1890. Foi promovido a general de brigada graduado em 31.12.1894 e tornou-se efetivo em 5.4.1895. Foi da arma de cavalaria, esteve inspecionando o 1º Regimento de Cavalaria e as companhias de reformados. Participou da 4ª. expedição.

BARBEDO, LUIZ (SC, 2.3.1857 – ?) assentou praça em 11.1.1875 e serviu como general de divisão, no final de sua carreira, na inspeção dos corpos de cavalaria. Participou da 4ª. expedição.

BARLEUS [CASPARIS BARLAEI ou BARLÉU(s), BARLAEUS] (Bélgica, 1584-1648) mais conhecido pelo nome alatinado "Barlaeus" ou o aportuguesado "Barléu". É autor de *Rerum per Octennium in Brasilia et Alibi Nuper Gestarum*, 1647 (*História dos Feitos Recentemente Praticados Durante Oito Anos no Brasil*, 1974).

BARRA arraial do médio São Francisco, ao lado da Barra do Rio Grande (11° 5' s – 43° 10' w).

BARRA DO MENDES cidade baiana localizada na Chapada Diamantina, vizinha de Irecê e tendo ao N Palmeiras (11° 43' s – 42° 4' w).

BARRA DO RIO GRANDE na confluência dos rios Grande e São Francisco, a NO da Bahia (11° 5' s – 43° 10' w).

BARROCA a SE de Ribeira do Pombal, BA, próxima da fronteira com Sergipe (10° 56' s – 38° 22' w).

BARROS, AUGUSTO FLÁVIO DE. Fotógrafo oficial da 4ª expedição a Canudos. Autor de uma série de fotos documentando o episódio histórico da guerra. Algumas de suas setenta fotografias foram aproveitadas por Euclides que as publica já a partir da primeira edição de *Os Sertões*. Trabalhou na capital baiana em ateliê à rua do Liceu, 3 e na Photographia Americana, rua da Misericórdia, 3.

BATES, HENRY WALTER (Inglaterra, 1825-1892), naturalista que, em companhia de A. R. wallace, se especializou na flora e fauna da região amazônica. Publicou *The Naturalist on the River Amazons*, 1863 (*O Naturalista no Rio Amazonas*, 1944).

Batistas seguidores da seita cristã protestante iniciada no século XVI, cujo nome é derivado de São João Batista (*c.* 8-4 a.C. – *c.* 27 d.C.). Os seus princípios primordiais se baseiam na justificação pela fé, na autoridade das Sagradas Escrituras e no sacerdócio dos crentes, combinados depois com práticas e crenças como a separação entre o Estado e a Igreja, o batismo dos crentes somente por imersão e a autonomia da igreja local. A primeira igreja batista foi fundada pelos ingleses John Smyth e Thomas Helwyns na Holanda, em 1609.

Bayard, Senhor de (França, 1473-1524) Pierre Terrail, bravo e intrépido oficial que brilhou nas campanhas contra a Itália sob o comando de Carlos VIII, Luís XII (no Cerco de Gênova) e Francisco I. Foi morto quando cobria a retirada francesa em Romagnano na Passagem do Sesia.

Beaurepaire Rohan, Henrique de (Niterói, RJ, 1812-1894) visconde, geógrafo, marechal de campo e historiador brasileiro, participou no cerco de Uruguaiana e foi governador do PR, PB, RN e PA. Lutou pela abolição dos escravos e pela alfabetização das zonas rurais. Autor do melhor mapa do Brasil conhecido até 1922. Publicou: *Dicionário de Vocábulos Brasileiros*, 1889, *Organisation de la Carte Géographique et de l'Histoire Physique et Politique du Brésil*, 1877 (*Organização da Carta Geográfica e da História Física e Política do Brasil*) e *As Secas do Ceará*, 1877, a cujas ideias, nesta última obra, alude Euclides em *Os Sertões*.

Beja cidade da Tunísia, próxima de Túnis, no Mecherda (36° 44' N – 9° 11' E).

Belo Monte *ver* Canudos.

Bendegó, riacho intermitente, tributário do rio Vaza-Barris (10° 14' S – 39° 17' W). O mesmo nome se aplica ao aerólito descoberto por Joaquim da Mota Botelho (1784), nas proximidades do riacho enquanto procurava o seu gado. Desde 1888, a rocha se encontra no Museu Nacional do Rio de Janeiro. Bendegó é também localidade situada a 17 km de Canudos em direção S.

Bendegó de Baixo lugarejo ao N de Bendegó e ao S da Fazenda Penedo (10° 8' S – 39° 17' W).

Bernard, Claude (França, 1813-1878) fisiólogo que se tornou conhecido pelos seus descobrimentos com respeito ao papel do pâncreas na digestão e às funções do fígado. Bernard foi quem estabeleceu ainda os princípios dos experimentos nas ciências da vida, indo além do vitalismo e do indeterminismo dos primeiros fisiólogos. Portanto, ficou conhecido como um dos fundadores do método experimental na medicina.

Bizerta cidade litorânea no N da Tunísia onde se encontra o principal porto do país (37° 17' N – 9° 52' E).

Bittencourt, Carlos Machado de (Porto Alegre, 1840 – Rio de Janeiro, 1897) marechal e Ministro da Guerra (17.5-5.11.1897) que no final do conflito em Canudos resolve ir pessoalmente ao arraial conselheirista. Parte no dia 3.8.1897 do Rio de Janeiro para a Bahia, e chega em Monte Santo no dia 7 do mês seguinte onde instala o seu quartel general e promove todos os recursos necessários para acelerar as operações de guerra. Morreu assassinado por Marcelino Bispo no atentado contra Prudente de Morais no Pátio do Arsenal de Guerra, RJ. Participou da 4ª expedição.

Bizâncio cidade europeia, situada às margens do Bósforo, fundada pelos gregos no século VII a.C., que se tornou a capital do Império Romano do Oriente, ou Império Bizantino (330 a 1453), tomando o nome de Constantinopla, atual Istambul. Dessa região floresceu toda uma civilização voltada para a cultura e as artes que, por sua continuidade, foram transmitidas ao Ocidente como herança da Antiguidade enriquecida pelo contato com o Oriente e pela prática do cristianismo.

BOA ESPERANÇA ao s de Canudos, entre Caxomongó e a Fazenda do Morcego (10° 6' s – 39° 9' w).

BOA VIAGEM cidade entre Tamboril e Quixeramobim, na região central do CE (5° 7' s – 39° 44' w).

BOM CONSELHO atualmente Cícero Dantas, povoado baiano a 60 km de Jeremoabo, em direção NE (10° 36' s – 38° 23' w).

BOM JESUS atualmente Crisópolis, entre Olindina e Acajutiba (11° 33' s – 38° 12' w).

BOM JESUS DA LAPA cidade baiana à margem direita do rio São Francisco, conhecida como centro de peregrinação, situada a 802 km de Salvador (13° 15' s – 43° 25' w).

BORBA, AFRODÍSIO (BA, 14.3.1871 – ?) assentou praça em 15.5.1886 e serviu em diversas unidades de artilharia. Participou da 4ª. expedição.

BORBOREMA serra no planalto cristalino do Nordeste oriental, situado entre a baixada litorânea e o sertão semiárido, com sua porção leste (onde se situam as escarpas mais abruptas) correspondendo à faixa de transição do Agreste. É o mais importante conjunto de elevações da região nordestina, estende-se por *c.* 350 km, no N do Estado de AL e ao s do Estado do RN, com altitude média de 600 m. A denominação chapada, apesar de consagrada pelo uso, é geomorfologicamente incorreta, pois não se trata de planalto de formação sedimentar, e sim cristalina (7° 35' s – 36° 40' w).

BOSSUET, JACQUES BENIGNE (França, 1627-1704) nascido em Dijon e educado em colégios de jesuítas e no de Navarra, em Paris, foi ordenado sacerdote em 1652. De 1670 a 1681 foi tutor do filho de Luís XIV e Maria Teresa, para o qual escreveu o seu grande *Discours sur l'Histoire Universelle* [*Discurso Sobre a História Universal*, 1681]. Em 1681 ordenou-se bispo de Meaux. Grande teólogo e o maior dos oradores sacros da França, tornou-se famoso pelas suas *Oraisons Funèbres* [*Orações Fúnebres*, 1689], panegíricos em homenagem às figuras nacionais mais proeminentes.

BOUTMY, ÉMILE GASTON (França, 1835-1906) membro do Institut Directeur de l'École Libre de Sciences Politiques, e professor da Escola de Arquitetura, onde ocupou a cátedra de História das Civilizações. Publicou *Études de Droit Constitutionnel: France, Angleterre, États-Units* [*Estudos de Direito Constitucional: França, Inglaterra, Estados Unidos*, 1895]; *Essai d'une Psychologie Politique du Peuple Anglais au XIXe Siècle* [*Ensaio de uma Psicologia Política do Povo Inglês no Século XIX*, 1901].

BRAGA, TOMÁS (4.11.1861 – 19.7.1897) cursou arma, assentou praça em 4.11.1879, tornou-se alferes em 4.1.1890 e foi promovido a tenente em 10.12.1893, pertenceu ao 9º Batalhão da 4ª expedição.

BRAGANÇA família reinante em Portugal, de 1640 a 1910, e no Brasil de 1822 a 1889, oriunda de um bastardo de D. João I, Afonso.

BRANDÃO, JOÃO segundo os boatos e o que se publica nos jornais da época, era amigo do monarquista coronel Gentil de Castro. Brandão foi acusado de já ter trabalhado para Gentil de Castro e de conduzir armamento pelo interior de MG, a partir de Sete Lagoas, aos revoltosos do sertão da BA (ver *Jornal do Brasil* de 19.3.1897; *Jornal de Notícias* de 11.3.1897).

Brejinho à margem esquerda do Vaza-Barris, entre Cruz e Brejo (9° 59' s – 38° 36' w).

Bretanha região no NO da França, cuja capital é Rennes e que inclui os *départements* de Îlle-et-Vilaine, Morbihan, Côtes-d'Armor e Finistère.

Brígido dos Santos, João (RJ, 1829-1921) advogado, major provisionado em Fortaleza, CE, onde dirigiu o jornal *O Unitário*. Panfletário, era de temperamento virulento, obstinado e cáustico. Morreu completamente cego. Os primeiros dados que João Brígido publicou sobre os Maciéis saíram nos jornais *A República* (Fortaleza, CE), de 28.6.1893; *Jornal de Notícias* (Salvador, BA), de 23.12.1896; *Jornal do Brasil* (RJ), de 22.2.1897 e *Jornal do Commercio* (RJ), de 1.4.1897. Posteriormente o autor publicou *Precursores da Independência – Homens e Fatos do Ceará* (1899) obra na qual aparece um capítulo (pp. 95-107) intitulado "Maciéis e Araújos (Antônio Conselheiro)".

Brito, Antônio Guedes de (BA, c. 1627 – MG, c. 1694) sertanista que, em 1650, organizou uma bandeira que percorreu a região de Jacobina, explorando os sertões do Morro do Chapéu. Foi dono do maior latifúndio do lado baiano do rio São Francisco e um dos maiores do Brasil colonial, que se estendia desde aquela região até o Rio das Velhas. Suas terras compreendiam 960 km ao longo desse rio. Com o falecimento de Afonso Furtado de Mendonça, integrou, como juiz ordinário, uma junta que governou interinamente o Brasil, de 1675 a 1678.

Brito, Febrônio de (BA, 25.6.1851 – 1919) assentou praça em 20.2.1869, tornou-se major em 2.7.1896 e pertenceu ao 9º. Batalhão da 2ª. expedição contra Canudos, a qual foi comandante. Depois da Guerra de Canudos esteve dois anos em Natal, RN, de 1906-1908, comandando o 2º Batalhão de Infantaria. "Baixo, grosso, áspero bigodão de piaçava, severo, chicote no punho, sempre a cavalo [...] era por todos admirado e temido pela naturalidade da arrogância profissional", assim o descreve Luís da Câmara Cascudo. Morreu no posto de general reformado em Recife. Espírita, deixou no testamento todos os seus bens para uma senhora com quem vivia, pedindo-lhe que continuasse a velar pela sua legítima esposa que há alguns anos vivia num hospício (consultar Câmara Cascudo, *O Tempo e Eu* (pp. 136-137); *A Tarde* (Bahia) de 4.7.1919).

Broca, Pierre Paul (França, 1824-1880) médico e célebre antropólogo, estudioso do cérebro e das funções da linguagem. Foi também o pai da craniologia ou frenologia. Publicou *Recherches sur l'Hybridité Animale en Genéral et sur l'Hybridité Humaine en Particulier Considerées dans Leurs Rapports avec la Question de la Pluralité des Espèces Humaines* [*Investigações sobre o Hibridismo Animal em Geral e o Hibridismo Humano em Particular, Considerados nas suas Relações com a Questão da Pluralidade das Espécies Humanas*, 1860].

Brunswick, duque de [ou Karl wilhelm Ferdinand] (1735-1806) célebre general prussiano, chefe dos exércitos da coalizão antifrancesa (alemães e austríacos). Procurou invadir a França para liquidar com a Revolução Francesa. Publicou o célebre Manifesto de Koblenz e foi derrotado em Valmy (1792) por Dumoriez e Kellermann.

Bruzzo [ou Bruza ou Braza] de Spinosa y Megero, Francisco (século XVI) bandeirante que, no governo de Tomé de Sousa (1549-1553) explorou, partindo de Porto Seguro, BA, e pelo Jequitinhonha, a região das minas Araçuabi, Minas Novas, Diamantina e Serro.

Buchelle, José Luís (1845-?) assentou praça em 5.2.1868, foi promovido a capitão em 18.3.1892, comandou o 12º Batalhão da 4ª. Brigada durante a 4ª. expedição.

Buckle, Henry Thomas (Inglaterra, 1821-1862) autor da *History of Civilization in England*, 1857 [*História da Civilização na Inglaterra*, 1900]. Buckle desenvolveu suas ideias em torno de pressupostos deterministas para explicar a formação das raças e o progresso e atraso dos povos. Juntamente com Taine, Buckle foi escritor de enorme influência no meio intelectual brasileiro da segunda metade do século xix.

Bueno da Ribeira, Amador (São Paulo, ? - c. 1649) filho de pai espanhol e casado com Bernarda Luís Camacho. Em 1641, os espanhóis de sp e os paulistas quiseram aclamá-lo rei, depois da notícia da Restauração de Portugal. Bueno, porém, repeliu colérico as manifestações do povo como intento de conspiração. Exerceu os cargos de ouvidor da Capitania em 1627, provedor e contador da Fazenda Real em 1634, juiz de órfãos em 1638.

Bueno, Bartolomeu *ver* Anhanguera.

Cabo São Roque ponto no litoral do rn em que a costa atlântica dobra em direção a no (50° 15' s - 35° 20' w).

Cabrobó município fronteiriço pernambucano ao n de Chorrochó, ba, à margem esquerda do São Francisco. Ali, o Conselheiro construiu uma de suas melhores igrejas (8° 31' s - 39° 19' w).

Caculé ou Catulé, localidade baiana na região da Serra do Jacaré e das Almas, ao n de Jacaraci e próxima de Guanambi (14° 30' s - 42° 13' w).

Caeté localidade na região aurífera de mg, próxima de Itabira e João Monlevade (19° 53' s - 43° 41' w).

Caetité localidade a so de Livramento de Nossa Senhora e a ne de Guanambi, na parte centro-sul da ba (14° 4' s - 42° 29' w).

Cajazeiras dista 18 km de Euclides da Cunha, ba, município a que pertence, e está a no de Ribeira do Pombal (10° 46' s - 38° 27' w).

Calçada nome da estação ferroviária de Salvador, inaugurada em 1860, obra do inglês John Watson.

Caldas antigo vulcão na região de Poços de Caldas, cidade ao s de mg (21° 56' s - 46° 15' w).

Caldas, Francisco de (século xvi) provedor da fazenda real em Olinda, pe, e comandante da expedição exploradora do São Francisco (1573-1577). Com Gaspar Dias de Ataíde, auxiliados por uma forte coluna de índios aliados, da tribo dos tabajaras, sob o comando de um de seus chefes – o valente "Braço de Peixe" – entraram muitas léguas pelo sertão, matando os que resistiam e capturando os mais; porém, a empresa foi de um completo malogro pelo desleal procedimento daqueles dois chefes com este dois índios.

Calumbi morro a so de Canudos, acima do Morro do Caxomongó (10° 2' s - 39° 9' w). É nome também de estrada que sai de Canudos em direção s. Ver Rosário.

Camaçari cidade baiana localizada a 20 km de Salvador, em direção ne (12° 41' s - 38° 18' w).

Camarão, Antônio Filipe (?-1648) famoso guerreiro índio, de grandes feitos militares, principalmente nas lutas contra os holandeses. Ao tornar-se cristão, ele que se chamava Poti (Camarão), tomou o nome de Antônio. A este nome acrescentou Filipe, quando o rei Filipe II o distinguiu com o hábito de cavaleiro da Ordem de Cristo, o título de *dom*, foro de fidalgo, soldo de 40 mil-réis, brasão d'armas e patente de capitão-mor de todos os índios do Brasil. Distinguiu-se na guerra contra os holandeses durante a primeira Batalha de Guararapes. Sua mulher, Clara, índia como ele, combateu ao seu lado dirigindo um batalhão de índias durante a Batalha de Porto Calvo (1635).

CAMINHO DO ROSÁRIO estrada, que ligava Canudos ao sítio do Rosário, ao s do arraial de Canudos (10° 11' s – 38° 59' w). Esta estrada se confunde também com a do Calumbi, porque havendo inicialmente duas vias para cada lugar, estas depois se entroncavam na proximidade de Canudos formando um único leito.

CAMPEIRO, S. santo protetor dos campeiros ou homens do campo, criado pelos nossos matutos.

CAMPO GRANDE localidade na região de Inhuçu, ao N do CE (41° 3' s – 4° 25' w).

CAMPO OSÓRIO localidade próxima de (Santana do) Livramento, RS, onde Saldanha da Gama foi assassinado (30° 53' s – 55° 31' w).

CAMPOS MORENO, DIOGO DE (Tânger, 1566 – c. 1617) militar português, serviu no Brasil nos postos de capitão e sargento-mor. Comandou com Jerônimo de Albuquerque as operações contra os franceses em 1614 no MA. É autor de *Jornada no Maranhão Feita por Jerônimo de Albuquerque em 1614* (1955). É atribuída a ele a autoria do *Livro que Dá Razão do Estado do Brasil* (em Cândido Mendes de Almeida, *Memórias para a História do Extinto Estado do Maranhão*, Rio de Janeiro, 1874, vol. II).

CANAÃ, no Antigo Testamento, designa a "Terra da Promissão", à margem O do rio Jordão, onde atualmente se encontra a Palestina. O povo de Israel pouco a pouco conquistou esta região a partir do século II a.C., ou até mesmo antes.

CANCHÉ povoado à margem direita do Vaza-Barris, na região da Serra Vermelha, entre os riachos Mandacaru e do Cipó (9° 53' s – 38° 54' w).

CANECA, FREI (JOAQUIM DO AMOR DIVINO RABELO E) (Recife, 1779 – 13.1.1825) filho de um tanoeiro, entrou para o Convento do Carmo, em Recife, ordenando-se em 1795. Lecionou geometria em AL, e em PE, foi professor de geometria, retórica, poética, filosofia racional e moral (1822). Espírito liberal e de grande atividade política, aderiu ao movimento republicano de PE, frequentando a Academia do Paraíso, um dos centros de conspiração contra o regime português. Eclodindo a Revolução (1817), dela participou ativamente, integrando como voluntário às tropas revoltosas. Derrotada a sublevação, foi encarcerado na Bahia, reunindo-se ao grupo de revolucionários que, na prisão, desenvolveu estudos e ministrou aulas. Posto em liberdade, voltou às atividades políticas, até que, outra vez preso, foi condenado à forca. Foi fuzilado no lugar onde, inicialmente, deveria ter sido enforcado.

CANSANÇÃO cidade baiana, a meio caminho entre Queimadas e Monte Santo, distante daquela 42 km e desta 34 km (10° 41' s – 39° 31' w).

CANUDOS arraial onde se instalaram Antônio Conselheiro e seus seguidores. Depois da vinda do asceta, o lugar ficou conhecido como Belo Monte. Antes de sua chegada, porém, era uma fazenda de grande extensão, pertencente à D. Mariana Fiel de Carvalho, filha do dr. Fiel de Carvalho (*Jornal de Notícias* de 29.1.1897). O velho arraial, que antes ficava à margem do rio Vaza-Barris, hoje está debaixo de um volume de 250 milhões de metros cúbicos de água do açude de Cocorobó, construído em 1966 pelo Departamento Nacional de Obras Contra a Seca (DNOCS) (9° 55' s – 39° 7' w).

CAPANEMA, BARÃO DE (GUILHERME SCHUCH DE CAPANEMA) (1824-1909), engenheiro, matemático e físico brasileiro que explorou algumas regiões do país, principalmente o CE.

Criou a Repartição Geral dos Telégrafos e instalou as estações meteorológicas do Brasil. Publicou "Trabalhos da Comissão Científica de Exploração", I (1863) e *Apontamentos Sobre Secas do Ceará* (1878). É neste último trabalho que Euclides se baseia para explicar o fenômeno das secas nos sertões.

CAPIM GROSSO *ver* CURAÇÁ.

CÁPUA localidade no s da Itália, na região da Campânia, banhada pelo rio Volturno. A antiga Cápua foi fundada antes do século VI a.C. próxima da atual e moderna localidade. Havia sido também a segunda maior cidade da Itália depois de Roma. Durante a Segunda Guerra Púnica, Cápua renunciou a sua lealdade a Roma aliando-se ao general cartaginês Aníbal, perdendo portanto a sua autonomia. Cápua conseguiu, entretanto, manter a sua importância até 840, apesar de sua destruição temporária pelos vândalos em 456. Depois de 840, os sarracenos a destruíram por completo. Em 856 os lombardos refundaram a Cápua perto do antigo Casilinum. Data desta mesma época a construção da Catedral de São Estêvão e a de um anfiteatro romano que ainda se conservam.

CARAIBINHAS possivelmente "Carnaubinho", localidade baiana à margem esquerda do Riacho da Rancharia, entre Lagoa do Boi e Ipueiras (9° 53' S – 40° 7' W).

CARDIM, FERNÃO (Portugal, c. 1548-1625) missionário jesuíta, falecido no Espírito Santo, cujas cartas, contendo um relatório de suas viagens através da Bahia, PE, RJ e SP, constituem rica fonte de informações sobre flora, fauna, folclore e etnografia. Foi reitor do Colégio da Bahia duas vezes e provincial. Escreveu *Tratados da Terra e Gente do Brasil* (1925), livro que inclui três obras principais: *Do Clima e Terra do Brasil* (publicado por primeira vez em inglês em 1625), *Do Princípio e Origem dos Índios do Brasil; e Seus Costumes, Adoração e Cerimônias* e *Narrativa Epistolar de uma Viagem e Missão Jesuítica*.

CARIACÁ ou CARIAÇÁ rio que corre no vale do mesmo nome, a SO de Monte Santo, cruzando suas vizinhanças em sentido N-S. É afluente do Itapicuru (10° 18' S – 39° 23' W).

CARINHANHA cidade baiana à beira do São Francisco, na fronteira com MG (14° 20' S – 43° 45' W).

CARIRI região da parte S do CE que abrange as cidades do Crato, Juazeiro do Norte e Barbalha (7° 16' S – 38° 57' W).

CARVALHO, BASÍLIO DE (?-1897) alferes, comandante do 33º Batalhão de Alagoas, lutou durante a 4ª expedição.

CASA DA TORRE latifúndio que vinha dos filhos de Diogo Alves Correia com a índia Catarina Paraguaçu. Suas propriedades ocupavam uma área de aproximadamente 1560 km de extensão, à margem pernambucana do rio São Francisco. No século XVII, passou às mãos de Francisco Dias d'Ávila e depois às de seu filho, Garcia d'Ávila. Os seus herdeiros e os de Antônio Guedes de Brito e Domingos Afonso Sertão, moradores na jurisdição da Bahia, eram senhores de quase todo o sertão de PE.

CASTRO, APULCO DE. Editor e diretor do pasquim *O Corsário*, publicado três vezes por semana no Rio de Janeiro. A folha, cuja tiragem alcançava vinte mil exemplares e durou três anos, era conhecida pela sua linguagem corrosiva e suas calúnias. Entretanto, esse jornal, cujo subtítulo era *Órgão de Moralização Social*, combatia o que Castro entendia como abuso de autoridade, imoralidade, corrupção e ócio. O pasquim foi empastelado ao menos uma vez e em 25.3.1883 o seu diretor foi linchado por um grupo de oficiais liderados pelo coronel Moreira César, quando este era capitão do 1º Regimento de Cavalaria Ligeira, aquele mesmo grupo que servia de guarda no palácio do imperador Pedro II (cf. notas de Thomas Holloway em *Who was Apulco de Castro, and why Haven't we Heard of Him* (ms.).

CATHELINEAU, JACQUES (França, 1759-1793) de origem modesta, tornou-se o "general supremo" dos insurretos vendeianos.

CATULÉ ver Caculé.

CAVENDISH, THOMAS (Inglaterra, c. 1555-1592) corsário e terceiro circunavegador do globo terrestre que saqueou a cidade de Santos e incendiou a de São Vicente, em 1591. Anteriormente a este ataque, também a Bahia já havia sido assaltada pelos corsários ingleses Withrington e Lister, em abril de 1587. James Lancaster atacaria Pernambuco (1594-1595), numa quarta e desastrosa expedição inglesa. Cavendish foi repelido do território brasileiro e morreu durante a viagem de retorno à Inglaterra.

CAXOMONGÓ *ver* MORRO DO CAXOMONGÓ.

CENTOCÉ trata-se de Sento Sé, localidade baiana na região de Santarém, próxima de Juazeiro, à margem direita do São Francisco (9° 40' S – 41° 18' W).

CÉSAR [JULIUS GAIUS CAESAR] (100-44 a.c.) grande general e ditador romano. O primeiro dos dozes césares. Autor dos *Comentários*, livro que narra os sucessos da guerra gálica. Euclides alude às guerras de Júlio César terminadas no ano 50 a.c., com a dominação do território gaulês, aproximadamente o território que hoje corresponde ao da França.

CHICO EMA conselheirista de biografia desconhecida.

CHACHÁ PEREIRA, ANTÔNIO CARLOS (1861 – ?) capitão, assentou praça em 12.12.1878, foi comandante da 2ª Companhia do 32º Batalhão de Infantaria durante a 4ª expedição.

CHARETTE DE LA CONTRIE, FRANÇOIS-ATHANASE (França, 1763-1796) um dos principais chefes das revoltas vendeianas. Era oficial da marinha e participou na defesa das Tulherias em 10.8.1792. Em 1793 se une aos exércitos católicos e monárquicos e em 10 de outubro do mesmo ano anuncia à frente de seus homens a Insurreição de Saint-Florent (10.3.1793). Foi preso e fuzilado em Nantes pelas tropas de Hoche. Era conhecido como o Santo d'Anjou.

CHORROCHÓ localidade no vale do São Francisco, ao N de Canudos, pertencente ao município de Capim Grosso, onde o Conselheiro mandou construir igreja (8° 55' S – 39° 8' W).

COCHÓ rio que nasce na Chapada Diamantina, afluente do rio Paraguaçu (margem esquerda), BA (13° 25' S – 41° 21' W).

COCOROBÓ cordilheira a NE de Canudos, vizinha à Serra [ou Morro] do Poço de Cima (9° 50' S – 39° 3' W). Nome também do atual açude, construído em 1966, que cobriu as ruínas de Canudos (9° 53' S – 38° 50' W).

COELHO, DUARTE (Portugal, ?-1554) enérgico e hábil donatário que recebeu a capitania de PE. No brasão concedido por D. João III em 6.6.1545, cinco castelos representavam os cinco centros de povoações criados por Duarte Coelho. A carta a D. João III foi escrita em 20.12.1546 (ver as cartas de Duarte Coelho em J. B. Fernandes Gama, *Memórias Históricas da Província de Pernambuco*, Pernambuco, 1844, tomo I, pp. 70-82; e em *História da Colonização Portuguesa no Brasil*, Porto, 1924, vol. 3, pp. 309 e ss).

COMBLAIN marca de fuzil e carabina "adotados em 1873 e conhecidos como *comblé* pelos jagunços. São variações da arma criada por Hubert-Joseph Comblain de Liège, Bélgica.

Há catorze modelos brasileiros. O fuzil do exército usado em Canudos era produzido em calibre 11,4 x 53 mm, cartucho sem gargalo (tipo "garrafa") com base Mauser tipo A e projétil de chumbo exposto, "mocho" (o único modo de desarmar o cão é batendo-o), sem telha e com a caixa da culatra curta. É possível que o fuzil e a carabina usem munições diferentes, o que é corroborado por uma carta em que o comandante da 1ª expedição requisita "200 mil [cartuchos] Comblain para carabina e 50 mil para mosquetão" (imaginemos as consequências logísticas!). Na terminologia correta atual, estas armas seriam "fuzil" e "carabina". Por definição o fuzil é usado pela Infantaria e a carabina pela Cavalaria e Engenharia. Os modelos do exército brasileiro foram feitos por diversos fabricantes, entre eles Francotte e Nagant. Alguns exemplares apresentam uma característica trava de gatilho. Na 4ª expedição foi usado apenas pelo 31º Batalhão de Bagé e pelas tropas policiais" (Barbieri, pp. 30-31).

COMÉRCIO DE SÃO PAULO (O) diário paulistano fundado por César Ribeiro, em 1893. Tornou-se órgão do partido monarquista e foi dirigido por Eduardo Prado, Afonso Arinos e Couto de Magalhães Sobrinho. Pertenceu depois também a Armando Prado, seu principal redator, defendendo então os princípios republicanos. Em 1915, teve como diretor Bento Bueno e como principal redator Joaquim Morse, auxiliado por Mário Guastini. Na época da Campanha de Canudos foi empastelado por grupos de republicanos revoltosos, logo após a derrota da expedição comandada por Moreira César.

CONTEJEAN, CHARLES-LOUIS (França, 1824-1907) autor de *Éléments de Géologie et de Paleontologie* [Elementos de Geologia e de Paleontologia, 1874]; *Géographie Botanique; Influence du Terrain sur la Végétation* [Geografia Botânica; Influência do Terreno sobre a Vegetação, 1881] e *La Mécanique du Coeur*, s.d. [A Mecânica do Coração].

CONSTANT BOTELHO DE MAGALHÃES, BENJAMIN (Niterói, RJ, 1836 – RJ, 1891) militar e político, bacharel em ciências físicas e matemáticas, formado em engenharia civil e militar. Aluno da Escola Militar em 1852, tornou-se alferes em 1856. Esteve na guerra contra o Paraguai, como capitão-engenheiro, nos trabalhos de fortificação do acampamento de Tuiuti. Exerceu o magistério em vários estabelecimentos de ensino: Escola Militar, Escola Politécnica, Escola Normal e Escola Superior de Guerra. Como Ministro da Guerra do primeiro governo provisório republicano, remodelou o ensino militar no país. Assumindo a pasta da Instrução Pública, empreendeu a reforma do ensino primário, secundário, superior, técnico e artístico, em todo o território nacional, realizada sob influência das ideias de Augusto Comte. Atingiu o generalato por aclamação, em 15.1.1890. Em 28.1.1891 o Congresso Nacional, em homenagem póstuma, decidiu figurar perpetuamente o seu nome no *Almanaque Militar*. A constituição de 1891 considera-o, nas disposições transitórias, "fundador da República". Euclides foi discípulo de Benjamin Constant, uma das mais fortes influências na sua formação, no Colégio Aquino (1883-1884), RJ, e na Escola Militar (1886-1888), RJ.

CONTENDAS localidade baiana ao N de Queimadas (10° 50' S – 39° 35' W).

CORDEIRO, MANUEL BATISTA (?-1897) capitão que pertenceu ao Regimento do Pará durante a 4ª expedição.

COSTA, JOSÉ LAURIANO DA (1857-?) assentou praça em 1.1.1875, foi promovido a capitão em 7.1.1890, comandou o 31º Batalhão da 4ª Brigada durante a 4ª expedição.

Costa, Francisco de Moura (MA, 1855-?) assentou praça em 11.12.1874 e foi comandante do 26º Batalhão de Infantaria durante a 4ª expedição.

Costa, Manuel Francisco da morador, em 1845, de Quixeramobim, CE, cuja residência se situava na embocadura do Riacho da Palha. No portão desta casa, foi morto Miguel Carlos Maciel por Manuel de Araújo, que por sua vez foi esfaqueado e também morto pelo moribundo tio de Antônio Conselheiro.

Costa e Silva capitão e assistente do deputado do quartel-mestre general durante a 4ª expedição.

Cotovelo nome de praça em Quixeramobim, CE.

Coutinho, Joaquim Vilar Barreto (1857-?) assentou praça em 30.8.1878, foi promovido a capitão em 6.5.1896, comandou o 40º Batalhão durante a 4ª expedição.

Coutinho, Nestor Vilar Barreto (? – 1897) cursou artilharia em 1874, assentou praça em 28.8.1878, tornou-se capitão em 7.4.1892 e pertenceu ao 1º Batalhão do 5º Regimento de Artilharia durante a 4ª expedição, e não ao 2º, como aparece em Os Sertões.

Couto, Luís do (BA, séculos XVII-XVIII) sertanista e descobridor das minas de ouro de Caeté, MG, transformando-se num dos maiores potentados da região. Emboaba ardoroso, foi, segundo Diogo de Vasconcelos, o aclamador de Manuel Nunes Viana para governador de MG (1708).

Couto de Magalhães, José Vieira (1837-1898) político, militar, escritor, etnólogo e geógrafo brasileiro que se dedicou aos estudos dos índios. Publicou O Selvagem (1876).

Coxomongó ver Caxomongó.

Crato principal cidade do s do CE na região do sertão de Cariri (7° 15' s – 9° 30' w).

Crisanto tenente, comandante-substituto da comissão de engenharia da 4ª expedição.

Cruz, José da tenente-coronel, comandante do 39° Batalhão durante a 4ª expedição.

Cumbe atualmente Euclides da Cunha. Pequena localidade ao s de Canudos, a 80 km desta e a 38 km de Monte Santo, em direção SE (10° 31' s – 39° 1' w).

Cunha, Filomeno José da (MA, 1852-?) cursou arma, assentou praça em 28.10.1869, foi promovido a capitão em 23.7.1894, pertenceu ao 36º. Batalhão e comandou o 38° durante a 4ª expedição.

Cunha Lima (?-1897) bravo estudante da Escola Militar de Porto Alegre, RS, lutou durante a 4ª expedição.

Cunha Matos, Rafael Augusto de Alcântara da (1850 – ?) assentou praça em 7.1.1867, foi promovido a major em 3.3.1892, pertencendo ao 24º Batalhão; foi comandante do 7º Batalhão de Infantaria, mais tarde substituído pelo coronel Tamarindo durante a 3ª expedição. Participou também da 4ª expedição e, depois de sua morte, foi substituído pelo coronel Thompson Flores.

Curaçá antiga Capim Grosso, localidade à margem direita do São Francisco, a NO de Canudos (8° 59' s – 39° 54' w).

D. João III (Portugal, 1502-1557) iniciou a colonização do Brasil, dividindo o território em capitanias em 1534. Foi o avô de D. Sebastião.

D. Manuel (Portugal, 1469-1521) D. Manuel I, "O Venturoso", rei de Portugal na época das grandes navegações e descobrimentos.

D. SEBASTIÃO (1554-1578) rei de Portugal, neto e sucessor de D. João III, morto na Batalha de Alcácer-Quibir, em expedição contra os mouros de Marrocos em 1578. Depois de sua morte, o império português entra em crise gravíssima e passa ao domínio espanhol durante o período 1580-1640. "Cristalizou-se em torno da figura do jovem rei malogrado a lenda de que era ele o Encoberto (denominação dada pelo Padre Vieira a D. João IV) e que, na distante Ilha das Brumas, aguardava o sinal divino para libertar Portugal, reconduzindo-o à chefia entre as nações" (Maria Isaura Pereira de Queiroz, O Messianismo, pp. 79 e 196).

DANIEL célebre profeta do Antigo Testamento, e considerado o autor da primeira parte do Livro Sagrado, em que ele aparece como prisioneiro dos babilônios, depois de ter sido levado de Jerusalém à Babilônia no ano 606 a.c. sob as ordens de Nabucodonosor. Esta data, no entanto, é tida como improvável pelos hermeneutas, daí a fixação de uma época mais plausível para a escritura do livro, meados do século II a.c., e a atribuição anônima da autoria. Para os católicos o Livro contém catorze capítulos com parábolas, dos quais o sexto conta como três de seus amigos, Misael, Ananias e Azarias reemergem da cova dos leões depois de terem sido lá atirados por recusarem a adorar um ídolo amado do rei Dario (6: 1-13). No capítulo décimo quarto (14: 28-40), uma cena semelhante se repetirá, agora sob as ordens do rei Ciro. Em ambas, Daniel sai ileso da cova dos leões.

DANTAS BARRETO, EMÍDIO (1850-1931) assentou praça em 20.2.1869, foi promovido a tenente-coronel em 9.3.1894, comandou a 3ª. brigada durante a 4ª expedição. Autor de *Última Expedição a Canudos* (1898).

DEODORO DA FONSECA (1828-1892) marechal, fundador da República e seu primeiro presidente. Foi pressionado a renunciar do seu cargo presidencial, ocupando o seu lugar o vice-presidente, o marechal Floriano Peixoto.

DERBY, ORVILLE ADELBERT (Estados Unidos, 1851-1915) geólogo que passou quarenta anos pesquisando no Brasil, onde construiu praticamente a reputação que o levou a receber o prêmio Wollaston Donation Fund, da Sociedade Geológica de Londres, e um dos mais importantes das ciências geológicas. Foi considerado, por muitos anos, o maior geólogo da América do Sul, e ainda é reputado como a figura mais importante da geologia do Brasil. Dirigiu o Serviço Geológico e Mineralógico do Brasil. Publicou 173 trabalhos, sendo noventa de geologia, em revistas especializadas, entre os quais: "Contribuições para o Estudo da Geologia do Vale do Rio São Francisco" (1879); *Os Picos Altos do Brasil* (1889); "Os Primeiros Descobrimentos de Ouro nos Distritos de Sabará e Caeté" (1899-1900). Naturalizou-se brasileiro, pouco antes de cometer suicídio no Rio de Janeiro.

DIÁRIO DE NOTÍCIAS jornal baiano e um dos principais veículos de informação durante a Campanha de Canudos.

DIAS ADORNO, ANTÔNIO (BA, ? – 1583) filho do genovês Paulo Dias Adorno e de Filipa Álvares, esta filha de Diogo Álvares e Catarina Paraguaçu; portanto, neto de Caramuru e explorador do sertão, que no governo de Luís de Brito e Almeida (1573-1577) subiu o Rio das Contas em expedição que durou nove meses (1575) buscando pedras preciosas. Prendeu e escravizou aproximadamente quatrocentos índios, trazidos para o litoral num percurso de mais de 1300 km. Depois do resultado da primeira pesquisa de Tourinho, sob muitos aspectos decepcionante, Adorno foi no mesmo encalço das riquezas antes constatadas sem ter muito sucesso. Possuiu engenho na região de Santo Amaro, BA. Casou-se com Antônia Fogaça.

DIAS [MOREIA}, BELCHIOR (BA, ?-1622) sertanista, filho de Vicente Dias, português, e de sua mulher Genebra Álvares, filha de Caramuru. Entre 1587 e 1590 tomou parte na conquista de Sergipe, com Cristóvão de Barros, e depois estabeleceu-se à margem do rio Real, com fazendas de criação. Seduzido pelas notícias da expedição de Gabriel Soares de Sousa, em 1591, resolveu fazer por conta própria uma entrada, em busca de ouro e prata. Em 1595, afundou pela região do rio Paraguaçu, pervagando durante oito anos pelos sertões sem dar novas de si e só regressando em 1603, cercado de grande mistério, dizendo que havia descoberto umas minas com mais prata que Biscaia tinha de ferro. Conta-se que Moreia deixou inscrições secretas em pedras ou marcos por onde passava e localizava as minas. Com esse segredo, seguiu em 1608 para Madrid, a fim de propor a revelação do local dessas minas, mas ali inutilmente andou fazendo requerimentos, regressando à Bahia em 1612. Sem desanimar, fez uma segunda viagem à Corte, mas nada conseguiu em dois anos que lá permaneceu. Em 1617, no governo de D. Luís de Sousa, com promessas de mercês da Corte, mas que não o satisfaziam, acompanhado de vários sertanistas, inclusive, Martim Correia de Sá, entrou na diretriz de Itabaiana, a fim de revelar as minas de prata. Andou desatinadamente por aqueles ermos e D. Luís de Sousa, convencido de que Moreia nada revelaria, mandou prendê-lo, mediante um auto que foi lavrado em 28.6.1619 e que teve a aprovação da Corte em 20.3.1620. Solto algum tempo depois, retirou-se para sua fazenda do rio Real e dali não mais saiu, até falecer, bastante idoso. Deixou instituído em suas terras um morgado, origem de seculares pleitos com a Casa da Torre (cf. F. de A. Carvalho Franco; Vieira de Aguiar).

DIAS, FORTUNATO DE SENA (SC, 1857-?) assentou praça em 1.1.1873 e serviu em diversos batalhões de infantaria. Participou da 4ª expedição.

DIAS, HENRIQUE (PE, 1600 – Recife, 1662) herói negro alforriado que se distinguiu na luta contra os holandeses. O seu nome começa a aparecer com frequência nas crônicas a partir de 1630. Sob o comando do coronel Matias de Albuquerque e ao lado de Antônio Filipe Camarão (índio) e de André Vidal de Negreiros (branco), todos brasileiros, participou da primeira Batalha de Guararapes (1648), decisiva para a vitória definitiva contra os holandeses. Ferido numerosas vezes, no início da guerra, Henrique Dias teve a mão esquerda amputada, mas nem por isso abandonou o campo de batalha, tornando-se ainda mais bravio e temido. Seus feitos valeram-lhe a patente de mestre de campo, o hábito de Cristo, o foro de fidalgo e o título, agraciado pelo rei de Portugal, de Governador dos pretos, crioulos e mulatos do Estado do Brasil. Para a história brasileira, de inspiração nacionalista, os três personagens acima vieram a simbolizar a união racial e fundadora da cultura.

DÍAZ TANO, FRANCISCO (século XVII) jesuíta que como Montoya foi a Roma, em 1637, queixar-se ao papa Urbano VIII dos abusos cometidos aos índios pelos portugueses na região de Sete Povos das Missões. O papa e o rei espanhol Filipe IV renovaram e revigoraram as leis e bulas já dadas contra a escravização dos indígenas.

DRAENERT, FREDERICO MAURÍCIO (Alemanha, século XIX) brasileiro naturalizado, doutor em ciências físicas e naturais, foi nomeado professor de química e física da escola agrícola do Imperial Instituto Baiano de Agricultura, e fez parte da comissão nomeada pelo governo para assistir às expedições da difusão no engenho central de Barcelos em 1887. Suas teorias climatológicas foram utilizadas por Euclides na primeira parte de *Os Sertões*, "A Terra". Além de *O Clima do Brazil* (1896), publicou "Meteorologia da Parte Setentrional da Bahia de Todos os Santos" (1882).

DRAGOMIROFF, MIKHAIL IVANOVICH (Rússia, 1830-1905) general, diretor da Academia Militar (1878-1889), um dos grandes estrategistas de guerra do século XIX, defendia com convicção o ataque à baioneta em suas teorias baseadas nas observações da tática do marechal de campo de Catarina II, o russo Suvorov (1729-1800), sanguinário, responsável pela expansão e defesa do Império Russo e considerado um dos maiores militares de todos os tempos. O ataque à baioneta consiste em fazer que o soldado avance a pé, sem dar um só tiro, até entrar em luta corporal com o inimigo.

DUPLAY, SIMON EMMANUEL (França, 1836-1924) professor de cirurgia clínica. Autor de *Leçons sur les Traumatismes Cérébraux* [Lições sobre os Traumatismos Cerebrais, 1883].

EANES, GIL ou GILLIANES (Algarve, século XV) navegante português, escudeiro do Infante D. Henrique. Foi o primeiro a dobrar o Cabo Bojador (1433) e nesse mesmo ano realizou também com Afonso Gonçalves uma expedição a Angra dos Ruivos.

ENTRE-RIOS tornou-se município em 3.4.1872, desmembrado do de Inhambupe, BA. Situa-se no litoral N e limita-se com os municípios de Esplanada, Alagoinhas, Inhambupe e Mata de São João. Dista de Salvador em linha reta 118 km (11° 57' S – 38° 4' W).

ERICEIRA cidade portuguesa na região centro-oeste do país (38° 59' N – 9° 25' W).

ESCHWEGE, WILHELM LUDWIG VON (Alemanha, 1777-1855) barão, geólogo, engenheiro e mineralogista que se estabeleceu em Portugal em 1802 e foi nomeado diretor das Minas do Brasil. Como geólogo, foi muito respeitado e traduzido por Derby. Veio a este país em 1810, a convite de D. João VI, ocupou o cargo de sargento-mor do Real Corpo de Engenheiro e diretor do Real Gabinete Mineralógico. Realizou trabalhos exploratórios entre 1810-1821. Batizou a Serra do Espinhaço, na qual se dá a mais alta convergência de águas da região. É autor de mais de vinte trabalhos sobre a geologia brasileira, entre os quais se destacam: *Nachrichten aus Portugal und dessen Colonien, mineralogischen und bergmannischen Inhaltes; ein Seitenstück zum Journal von Brasilien*, 1820 [Diário de uma Viagem do Rio de Janeiro à Vila Rica, na Capitania de Minas Gerais no Ano de 1811, 1936]; *Pluto brasiliensis*, 1833 [Pluto Brasiliensis, 1944].

ESCOBAR, TITO PEDRO (1854-?) cursou arma, assentou praça em 24.12.1872, foi promovido a capitão em 17.3.1890, pertenceu ao 24º Batalhão e comandou o 38º da Brigada Girard durante a 4ª expedição.

ESMARCH, JOHANNES FRIEDRICH AUGUST VON (Alemanha, 1823-1908) médico que ficou conhecido pelas suas contribuições à cirurgia e primeiros socorros militares, entre eles, o uso de faixas ou ataduras no campo de batalha. Publicou também um manual de técnicas cirúrgicas militares e guias de primeiros socorros que se tornaram muito populares.

ESSEN cidade do NO da Alemanha, acima de Bonn, que serviu de sede das siderúrgicas da Krupp.

ESTADO DE S. PAULO (O) jornal paulistano, que sucede *A Província de S. Paulo* na época do Império, e que começou a circular por primeira vez com o atual nome em 1.1.1890.

Em 1891, Rangel Pestana deixa o cargo de administrador da empresa para assumir o de senador federal por sp. Júlio Mesquita torna-se, então, diretor-político da folha. A partir desta data, o jornal passará por várias modificações de diretoria e conteúdo, mas sempre sob a liderança da família Mesquita. Em 1915, Alfredo Pujol passa a redator-político substituindo Júlio Mesquista. Amadeu Amaral é o secretário. Em 1940, durante a intervenção de Ademar de Barros, o jornal é invadido pela polícia, que, alegando preparativos de revolução, se apodera do órgão. Em 1945 é devolvido aos proprietários, sendo desde então dirigido por Júlio Mesquita Filho. Em 1969, com a morte deste, passou a ser dirigido por seus filhos Carlos, Rui e Júlio de Mesquita Neto. Na época da Campanha de Canudos, foi o jornal para o qual trabalhou Euclides como correspondente de guerra.

Estêvão conselheirista de biografia desconhecida. Euclides registra um único dado dele na *Caderneta* (p. 23): "Estêvão no caminho do Cambaio. Negrão".

Euclides da Cunha ver Cumbe.

Évora cidade medieval ao s de Portugal (38° 35′ N – 7° 54′ w).

Fabrício de Cocobocó conselheirista de biografia desconhecida.

Falcão, Pedro de Barros (rj, 1852-?) assentou praça em 11.8.1868, pertenceu ao 14º Batalhão de Infantaria. Participou da 4ª expedição.

Fazenda do Poço situada entre Juá e Aracati, ba (10° 11′ s – 39° 10′ w). Observar: "Depois de executados muitos cortes e aterros, nestes incluindo pontes para passagem da artilharia pesada, chegou a comissão à Fazenda do Poço, que já se acha em estado de ruínas" (Siqueira Meneses, *O País* de 8.9.1897).

Fazenda do Sítio a ne de Monte Santo, próxima do Sítio do Rosário, de propriedade de Tomás Vilanova (10° 2′ s – 38° 57′ w).

Fazenda Olhos d'Água trata-se, provavelmente, da atual Fazenda Olho d'Água, nas proximidades do Rosário, que na época da guerra foi de propriedade do coronel da Guarda Nacional, José Américo Camelo de Souza Velho (10° 2′ s – 39° 6′ w).

Fazenda Velha lugar já em ruínas na época da guerra, próximo da margem direita do Vaza-Barris e ao pé do Morro da Favela.

Feira de Santana importante cidade baiana, a no de Salvador, depois de Santo Amaro (12° 15′ s – 38° 57′ w).

Fenton, Edward (Inglaterra, ?-1603) por desvio de rota à China, este corsário foi dar em São Vicente, sp, para fazer provisões. Atacou a cidade vizinha de Santos, em 1583, combatendo com três naus espanholas, durante os anos de domínio filipino (1580-1640), já que a Inglaterra era adversária da Espanha.

Ferreira Nina, Francisco Joaquim (1.7.1846-?) assentou praça em 6.12.1879, foi promovido a major em 20.7.1896. Era tenente, 2º cirurgião e chefe do corpo de saúde da 3ª expedição.

Figueira (?-1897) tenente de Taubaté, sp, comandante de uma companhia de atiradores do 7º Batalhão, durante a 3ª expedição. Participou também da 4ª expedição.

Figueiredo, Antônio Bernardo de (1842-?) assentou praça em 1.7.1860, foi promovido a tenente-coronel em 17.2.1893, comandou o 28º Batalhão durante a 4ª expedição.

Figueiredo, Cândido de (Portugal, 1846-1925), filólogo e gramático, autor de um dicionário básico para o vocabulário euclidiano.

Fonseca, João Severiano da (1836-1897), médico e general brasileiro, geólogo e historiador, irmão do Marechal Deodoro. Publicou *Viagem ao Redor do Brasil, 1875-1878* (1880).

Fontenay-le-Comte um dos líderes da revolta em prol da restauração monárquica na Vendeia. Personagem do romance *Quatrevingt-treize* [*O Noventa e Três*, 1945] de Victor Hugo, que o qualifica de monarquista. O nome se deriva de lugar histórico no se da Vendeia, França. No curso da Revolução Francesa, os republicanos foram vencidos neste lugar em 16.5.1783, e nove dias depois derrotados pelos vendeianos.

Forte da Jequitaia próximo da Estação da Calçada, na cidade de Salvador, ba. Em 1937 o forte foi transferido para o controle do Ministério da Fazenda e hoje abriga uma repartição da Petrobrás.

Fouillé, Alfred Jules Émile (França, 1838-1912) filósofo, sociólogo e escritor, invocado junto com Renan para ilustrar a teoria do atraso cultural. Autor de *L'idée Moderne du Droit en Allegmagne, en Angleterre et en France* [*A Ideia Moderna do Direito na Alemanha, Inglaterra e França*, 1878], *La Science Sociale Contemporaine* [*A Ciência Social Contemporânea*, 1880], *Critique des Systèmes de Morale Contemporaine* [*Crítica dos Sistemas da Moral Contemporânea*, 1884]. A passagem retoma as analogias já traçadas no livro, entre a religiosidade sertaneja e as heresias dos primeiros tempos do cristianismo, personificadas nas figuras de Themiso e Montano.

Foville, Achille Louis (França, 1799-1878) neurologista e teórico que defendia a superioridade racial do europeu, visto como procedente de raça pura em contraste com o mestiço pertencente à raça inferior. A comparação entre o mestiço e o histérico fê-lo concluir que o mestiço é um anormal. Publicou *Traité Complet de l'Anatomie* [*Tratado Completo de Anatomia*, 1844].

Fra Diavolo (Itália, 1771-1806) Michele Pezze, salteador italiano que se insurgiu contra a dominação francesa em Nápoles. Foi, afinal, preso e enforcado.

Fragoso de Albuquerque, Gregório (século xvii) sobrinho do capitão-mor Jerônimo de Albuquerque, com quem lutou contra os franceses e os índios aliados, em 1614, no ma. Nessa circunstância, ele que também era capitão, assumiu o posto de almirante e viajou numa embarcação com cinquenta soldados, também arcabuzeiros, e seu alferes Conrado Lins e o sargento Francisco de Novais. Depois de estabelecido o armistício entre franceses e brasileiros, ambas as partes enviaram embaixada à França e à Espanha. Àquela foi o embaixador francês, Du Prat, e o capitão Fragoso de Albuquerque, de refém, onde lá morreu. À esta, em 4.1.1615, o sargento-mor Diogo de Campos e o capitão francês Mathieu Maillar, de refém.

França, Campelo (14.3.1854 – ?) coronel graduado, encarregado dos comboios de víveres e que é assaltado no caminho de Canudos pelos jagunços durante a 4ª expedição. Foi membro da 1ª. seção da Diretoria de Obras Militares.

Frei Apolônio de Todi (Todi, Itália, 1747-1819) capuchinho, fundador de Monte Santo (1785), construtor de sua Via Sacra e do cemitério e da Igreja do Bom Conselho (1812). Chegou a Salvador em 1779. Em 1782, por ordem do arcebispo baiano, d. Frei Antônio Correa, iniciou seus trabalhos de missionário na Bahia e em Sergipe. Conta-se que, tendo realizado missões em Jeremoabo e Maçacará, recebeu convite de Francisco da Costa Torres, um dos arrendatários da Casa da Torre e proprietário da Fazenda Lagoa da Onça, para nesta ir em ofício espiritual. Chegou o sacerdote italiano ao feudo de Francisco da Costa Torres em outubro de 1785. Como no local não existisse água, decidiu levar a cabo a missão nas faldas da Serra do Piquaraçá, terras da Fazenda Soledade, onde já existia capelinha erguida sob a invocação de N. S. da Conceição.

FREI CAETANO DE SÃO LEO religioso do Convento da Piedade, Salvador, BA, companheiro de missão de Monte-Marciano.

FREI JOÃO EVANGELISTA DO MONTE-MARCIANO (Itália, 1843-1921) missionário capuchinho, ordenou-se em 1870, chegou ao Brasil em 1872. A mando do arcebispo da Bahia, D. Jerônimo Tomé, foi com seu companheiro de ordem, frei Caetano de São Leo, em delicada missão apostólica (a sua 148ª missão, segundo José Calasans) a Canudos. Em vista das ameaças que o arraial conselheirista podia representar aos poderes do Estado, da Igreja e dos terratenentes, o governador baiano, Rodrigues Lima, em 1895, resolveu pedir a colaboração de D. Tomé. Os dois missionários se uniram ao vigário do Cumbe, padre Vicente Sabino dos Santos, que pastorava o rebanho de Canudos com alguma frequência. A missão durou quase uma semana e foi abortada no sétimo dia, com a saída intempestiva dos religiosos do arraial. Frei João Evangelista nos deixou um acrimonioso *Relatório* (1895) escrito não por ele, cujo português era quebrado, mas pelo Monsenhor Basílio Pereira (1850-1939), personalidade de relevo no clero baiano e muito ligado ao convento. O documento, embora inflamado no estilo e carregado nos juízos parciais, é valioso no registrar impressões daquilo que seria o primeiro encontro entre os conselheiristas e os representantes do *status quo* (cf. Calasans, "Apresentação", pp. 5-9).

FREITAS, FRANCISCO FÉLIX DE (? – ?) tornou-se alferes em 1894. Participou da 4ª expedição.

FREITAS, MANUEL PROCÓPIO DE (? – ?) morador e lojista de Quixeramobim, CE.

FRÍGIA região da Ásia Menor, equivalente a algumas áreas das atuais Grécia e Turquia, cuja extensão e limite variaram consideravelmente em diferentes períodos da história antiga. De um modo geral, a região cobria a maior parte do platô de Anatólia e seus povos ocupavam as costas do mar Egeu (39° 4' N – 27° 56' E).

GALENO DA COSTA E SILVA, JUVENAL (Ceará, 1836-1931) poeta e prosador sertanejo, autor de *Lendas e Canções Populares* (1865).

GALVÃO, JOSÉ PEDRO DE OLIVEIRA (1840-?) assentou praça em 30.9.1862, comandante da ala direita do Batalhão de São Paulo durante a 4ª expedição.

GAMA, ALFREDO AUGUSTO (22.12.1850-29.6.1897) promovido a capitão em 17.10.1888, foi médico da 2ª coluna, morto às 15:00 hs. (ver *Jornal do Comércio* de 8.8.1897).

GARCIA, MIGUEL (Taubaté, século XVII) integrou a expedição de Lourenço Castanho Taques, o "Moço", às Minas Gerais (1677). Em 1699, descobriu o Ribeirão do Carmo, antigo nome da cidade de Mariana, MG, por onde passa um curso d'água homônimo.

GARCIA D'ÁVILA [PEREIRA] (BA, ? – 1695) quando Euclides menciona o Garcia d'Ávila que tinha uma companhia de regimento em 1678, refere-se provavelmente ao segundo Francisco Dias d'Ávila (? – 1695), bandeirante e fazendeiro, proprietário da Casa da Torre. Filho do segundo Garcia d'Ávila (? – 1695) e de Leonor Pereira, bisneto do primeiro Garcia d'Ávila (?-23.5.1609) e neto do primeiro Francisco Dias d'Ávila (? – ?), este, explorador de minas de prata que remontou o rio Inhambupe para galgar as vertentes da serra de Jacobina em 1624, e que com Glimmer desceu o rio São Francisco em 1627. Os historiadores, comumente, confundem os nomes e as datas de nascimento e dos feitos dessa família. A coincidência de nomes entre os parentes e a falta de datas precisas vêm agravar ainda mais as coisas.

GARCIA DE RESENDE (Portugal, 1470-1536) notável escritor, desenhista e músico. Autor de obras como *Cancioneiro* (1516) e *Vida e Feitos de D. João II* (1545).

GARDNER, GEORGE A. (Escócia, 1812-1849) médico, naturalista e superintendente dos jardins botânicos do Ceilão. Viajou pelo Brasil e explorou os sertões do Norte de 1836 a 1841, publicando depois o livro *Travels in the Interior of Brasil*, 1846 [*Viagens no Brasil*, 1942].

GAZETA DE NOTÍCIAS jornal carioca, cujo correspondente de guerra foi Júlio Procópio Favila Nunes na época da Campanha de Canudos.

GAZETA DA TARDE jornal monarquista carioca de propriedade de Barros Barreto e César Marques.

GERBER, JONPIED HEUMIGH (Alemanha, século XIX) brasileiro por naturalização (Henrique Gerber), sendo engenheiro, serviu em MG, onde mediu o Pico do Itacolomi (1797 m de altura) em 1862. Realizou várias observações geológicas no Brasil. Publicou *Noções Geográficas e Administrativas da Província de Minas Gerais* (1863).

GIRARD brigada de reforço, sob o comando do general Miguel Maria Girard, que parte no dia 19 de julho de Salvador com três batalhões de infantaria iniciais (22º, 24º e 38º), à qual, mais tarde, acrescentam-se outros, formando um contingente de 286 oficiais e 3384 praças.

GIRARD, MIGUEL MARIA (11.12.1844-?) assentou praça em 16.1.1864, bacharelou-se em matemática e ciências físicas, foi promovido a general em 12.7.1895. Comandou brigada durante a 4ª expedição.

GLIDDON, GEORGE ROBINS (1809-1857) naturalista e coeditor, com J. C. Nott, dos importantes estudos de Samuel George Morton, para o volume de ensaios *Types of Mankind* (*Tipos Humanos*, 1854) e *Indigeneous Races of the Earth* (*Tipos Nativos da Terra*, 1857).

GLIMMER, WILHELM (Holanda, séculos XVI-XVII) morou em São Vicente, SP, e no governo de D. Francisco de Sousa (1592-1602) participou de uma bandeira em 1602, segundo o historiador João Ribeiro, com oitenta portugueses, que seguiu pelas margens do Tietê e atingiu a região do Alto São Francisco. Gastaram-se nove meses nesta expedição. Associadas ao seu nome estão as buscas das legendárias Serras das Esmeraldas, Minas de Prata e Sabarabuçu. Desacreditadas essas lendas, foi se passando à etapa do mero aprisionamento de índios.

GÓIS, FLORISMUNDO DO COLATINO DOS REIS ARAÚJO (30.7.1843 - ?) assentou praça em 19.12.1863, foi promovido a major em 7.4.1892, pertenceu ao 33º Batalhão e comandou o 32º durante a 4ª expedição.

GOMES BURAQUEIRA morador de Cansanção e patriarca de uma extensa família muito simpatizante do exército.

GOMES CARNEIRO, ANTÔNIO ERNESTO (Serro, MG 1846 – Lapa, PR 1894) militar, geógrafo e sertanista, serviu no Corpo de Voluntários da Pátria na Guerra do Paraguai. Com a República, foi destacado para o MT, com a missão de estender linhas telegráficas pelo país. Explorou diversas áreas desconhecidas e, com Cândido Rondon, contatou tribos e povos indígenas. Durante a Revolução Federalista, comandou as tropas que defenderam a praça da Lapa, no s do PR. Resistiu ao cerco por 26 dias, morrendo em combate. Em sua homenagem, desde 1946, o 7º Regimento de Infantaria passou a chamar-se Regimento Gomes Carneiro.

GONÇALVES, ANTÃO (século XV) navegante e descobridor português que em 1441 levou um casal de mouros cativos para Portugal e que foram devolvidos ao solo africano, em 1445, a pedido do Infante D. Henrique.

GONÇALVES, BENTO TOMÁS (7.1.1849-?) cursou infantaria, assentou praça em 5.11.1861, foi promovido a coronel em 5.9.1893, comandou o 22º Batalhão durante a 4ª expedição.

GONÇALVES DIAS, ANTÔNIO (Caxias, MA, 1823-1864) a mais destacada figura da primeira geração romântica, iniciador da corrente indianista na poesia e um dos maiores representantes do Romantismo no Brasil. Filho de um comerciante português e de uma mestiça brasileira, estudou em Coimbra e viveu em São Paulo e no Rio de Janeiro, cidade esta onde se dedicou ao jornalismo e ao magistério. Voltou mais tarde à Europa, em caráter diplomático, onde realizou trabalhos de teor etnográfico e pôde escrever poemas e obras de interesse filológico. Publicou: *Cantos* (1857), *Os Timbiras* (1857), *Dicionário da Língua Tupi* (1858). Foi membro do Instituto Histórico e Geográfico Brasileiro.

GOUVEIA, INÁCIO HENRIQUE DE (PB, 1838 - ?) assentou praça em 20.7.1854. Foi comandante do 33º Batalhão, como coronel partiu de Monte Santo, comandando a 2ª Brigada durante a 4ª expedição e marchou para o Caldeirão Grande, em proteção aos engenheiros que construíam pontes, aterros e executavam cortes e picadas. Seu último posto foi de general de divisão.

GRAZ cidade à margem do rio Mur, no SE da Áustria (47° 5' N - 15° 26' E).

GROENLÂNDIA ilha de vasta extensão e que pertence à Dinamarca. Está localizada a NE da América do Norte, ocupando quase totalmente o círculo polar ártico (71° 42' N - 42° 36' W).

GUAÍRA província missioneira, também conhecida como Sete Povos das Missões, RS, na confluência dos rios Pequeri e Paraná, palco onde os paulistas, em 1629, fizeram grande morticínio entre os índios aldeados pelos jesuítas (26° 5' S - 51°2' W).

GUEDES, JOSÉ BARBOSA DOS SANTOS (Nazaré, BA, 1837 - ?) beato que teve dez filhos e dizia ter adoecido de cruel enfermidade por volta de 1887. Torturado pela doença, resolveu abandonar a esposa, os filhos e amigos e assim recorreu a Deus, prometendo que se ficasse bom deixaria o seu engenho e iria tratar de levantar uma igrejinha. A partir daí, começou a percorrer os povoados interioranos vestindo um hábito de carmelita que lhe fora ofertado pelo vigário do Bom Jardim, com o qual depois deixou de ter boas relações. Quando presos pela polícia, o beato e seu "secretário" Manuel João Rodrigues foram enviados a Salvador em 21.3.1897 e durante interrogatório com o questor foi-lhe oferecido algo de comer ao que replicou Guedes – em jejum desde a véspera – dizendo que estava alimentado da graça divina e que não comia em casa de pecador (*Jornal de Notícias* de 22.3.1897).

GUERRA DO PARAGUAI o Brasil, a Argentina e o Uruguai formaram a Tríplice Aliança contra o Paraguai, durante uma guerra que durou cinco anos (1865-1870) e como resultado dela foi deposto o ditador paraguaio Francisco Solano López. A partir de 1868, a guerra se converteu em massacre dos paraguaios pelos aliados, principalmente pelos brasileiros. A população do Paraguai foi reduzida a duzentos mil habitantes, sendo que noventa por cento eram mulheres. Os gastos com a guerra foram enormes e a dívida externa brasileira com a Inglaterra aumentou vertiginosamente.

GUIMARÃES, ARTUR OSCAR DE ANDRADE (3.5.1850-?) assentou praça em 5.1.1864, foi promovido a alferes em 20.2.1869, por atos de bravura; a tenente graduado em 4.1871, a efetivo em 4.1873, por atos de bravura, a capitão em 28.6.1876, a major em 23.1.1889, a tenente-coronel e a coronel em 1890 (sendo estas três promoções por merecimento), e a general de brigada em 28.7.1893. Serviu na revolução do Rio Grande do Sul. Exerceu o cargo de 2º Comandante do Distrito Militar (Recife). Foi nomeado chefe da 4ª expedição contra Canudos em 7.3.1897.

GUIMARÃES, CARLOS EUGÊNIO DE ANDRADE (15.9.1851 – ?) assentou praça em 22.1.1866, bacharelou-se em matemática e ciências físicas, foi do Corpo de Engenheiros e do 6º Distrito Militar, tornou-se general de brigada em 12.7.1895. Comandou uma divisão de brigada durante a 4ª expedição.

GUMPLOWICZ, LUDWIG VON (Polônia, 1838-1909) sociólogo e economista, professor de Direito Público em Graz, Áustria, de 1875 até o seu suicídio. Contribuiu a dar à sociologia um *status* mais científico. Seu pensamento privilegiou a noção de grupos sociais e determinou que o fundamento da vida social é a interação (o conflito) entre grupos: comunidades, nações, grupos étnicos e raças. Autor de *Der Rassenkampf*, 1883 [*A Luta das Raças*], *Race und Staat*, 1875 [*Raça e Estado*], *Sociologie und Politik*, 1898 [*Sociologia e Política*]. Teorizou sobre a supremacia das raças mais fortes sobre as mais fracas.

GUTIÉRREZ DE PADILLA, JUAN (Espanha, ? – 28.6.1897) capitão e fotógrafo radicado no Rio de Janeiro. Tinha documentado a Revolta da Armada (1893-1894) antes de seguir para Canudos onde foi morto com uma bala no coração. Esteve em Canudos durante a 4ª expedição e, segundo Euclides, foi para documentar quadros de batalhas (ver Siqueira Meneses, *O País* de 25.9.1897).

HANN, JULIUS VON (Áustria, 1839-1921) meteorologista e climatólogo de enorme influência internacional. Publicou *Handbuch der Klimatologie* [*Manual de Climatologia*, 1883].

HARTT, CHARLES FREDERICK (Canadá, 1840-18.3.1878) eminente naturalista, radicado nos EUA, professor da Cornell University e diretor da Expedição Morgan (1870-1871), responsável pela exploração do baixo Amazonas. Viajou ao Brasil mais de uma vez e escreveu cerca de cinquenta trabalhos sobre questões brasileiras. Dirigiu a Comissão Geológica do Brasil desde a sua fundação, em 1875, até a sua extinção em 1877. Em 1876, foi nomeado diretor do departamento de geologia do Museu Imperial (atualmente Nacional) do Rio de Janeiro. Publicou *Geology and Physical Geography of Brazil* [*Geologia e Geografia Física do Brasil*, 1870], volume incorporado às pesquisas organizadas por Louis Agassiz e que vieram a lume sob o título de *Thayer Expedition: Scientific Results of a Journey in Brazil by Louis Agassiz and His Travelling Companions* [*Expedição Thayer: Resultados Científicos de uma Viagem ao Brasil por Louis Agassiz e seus Companheiros de Viagem*, 1870]. Participou da Expedição Thayer ao Brasil e publicou ainda *Morgan Expedition* [*Expedição Morgan*, 1874]. Vitimado pela febre amarela, faleceu no Rio de Janeiro.

HEGEL, GEORG WILHELM FRIEDRICH (Alemanha, 1770-1831) filósofo idealista, autor da *Phänomenologie des Geistes*, 1807 [*Fenomenologia do Espírito*, 1974] e da *Encyclopädie der Philosophischen wissenschaften*, 1817 [*Enciclopédia das Ciências Filosóficas*, 1936].

HÉRCULES-QUASÍMODO antítese notável porque reúne a força e a beleza do semideus Hércules e a deformidade horrorosa do personagem do romance *Notre Dame de Paris* de Victor Hugo.

HERSCHEL, SIR FREDERICK WILLIAM (Inglaterra, 1792-1871) astrônomo, descobridor do planeta Urano. Investigou as propriedades da luz infravermelha e concebeu o sol como sendo parecido à terra, isto é, um corpo cercado por uma atmosfera luminosa. Publicou *Light* [*Luz*, 1845]; *Outlines of Astronomy* [*Sumários de Astronomia*, 1849]; *A General Catalogue of Nebulae and Clusters of Stars* [*Catálogo Geral das Nebulosas e Núcleos de Estrelas*, 1864].

HOBBES, THOMAS (Inglaterra, 1588-1679) filósofo e autor de *Leviathan*, 1651 [*Leviatã*, 1974], livro que reivindica a substituição do poder da Igreja medieval pelo do absolutismo político.

HILEIA variação de *hylaea*, denominação dada por Humboldt e pelo botânico francês Aimé Bonpland à floresta amazônica, a que Martius chamou *regio najas*.

HUMBOLDT, F. W. H. ALEXANDER VON (Alemanha, 1769-1859) naturalista que, acompanhado do botânico francês Aimé Bonpland, percorreu a América do Sul, o México e os Estados Unidos, entre 1799 e 1804. Em coautoria com Bonpland publicou a monumental *Voyage aux Régions Équinoxiales du Nouveau Continent* [*Viagem às Regiões Equinociais do Novo Continente*, 1805-1834].

HUXLEY, THOMAS HENRY (Inglaterra, 1825-1895) cientista e defensor do evolucionismo, teoria concebida por Darwin que defende as afinidades entre o homem e os macacos antropoides. De 1846 a 1850, empreendeu uma expedição ao Oceano Pacífico onde pesquisou a fauna e a flora da região. Publicou *Paleontology and the Doctrine of Evolution* [*Paleontologia e a Doutrina da Evolução*, 1870] e *Man's Place in Nature, and other Anthropological Essays* [*O Lugar do Homem na Natureza, e outros Ensaios Antropológicos*, 1894].

IBIAPABA conjunto de serras no sertão de Camocim, CE (3° 30' S – 40° 55' W).

IDUMEIA terra de Edom e lugar bíblico da antiga Palestina, hoje Israel (32° 40' N – 34° 0' E).

IÊMEN país que se encontra no canto SO da Península Árabe, tendo ao N a Arábia Saudita e ao E Oman. Está separado do Djibouti e da Somália pelo Golfo de Aden, na parte SE, e da Eritreia pelo mar Vermelho, na parte O (14° 45' N – 46° 45' E).

IGUAÇU rio da região S do Brasil que se liga, de O a L, ao rio Paraná, na fronteira que o Estado do PR faz com o Paraguai e a Argentina. É conhecido pelas suas magníficas cachoeiras – as da Foz do Iguaçu (25° 33' S – 54° 35' W).

ILHA DA MADEIRA território português localizado na costa NO da África (32° 41' N -16° 15' W).

IMANUS personagem do romance *Quatrevingt-treize*, de Victor Hugo, conhecido pelas suas habilidades estratégicas em defesa dos vendeianos.

ÍNDICO oceano cuja extensão ocupa cerca de 20% da superfície aquática da terra. Banha o S da Ásia, a O a Península Árabe e a África, a L a Península de Malaia, as Ilhas de Sunda e a Austrália.

INHAMBUPE povoado baiano a 56 km de Alagoinhas, em direção N (11° 47' S – 38° 21' W).

INHANDUÍ afluente do Ibirapuitã (margem esquerda) no RS. Em suas margens ocorreu a grande vitória dos Farrapos contra as forças legais (29° 44' S – 56° 4' W).

IPU cidade cearense na região NO do Estado, quase na divisa com o Piauí (4° 20' S – 40° 42' W).

IPUEIRAS fazenda a 6 km de Acaru, BA, em direção N, entre Laje de Dentro (18 km) e Penedo (18 km) (10° 8' S – 39° 15' W).

IRAPIRANGA (*tupi-guarani*: "mel vermelho"). Cf. T. Sampaio, *O Tupi na Geografia Nacional*). Antigo nome do rio Vaza-Barris.

ITABAIANA município no centro de SE, no lado O da Serra de Itabaiana, a 48 km aproximadamente de Aracaju (10° 41' S – 37° 26' W).

ITABERABA (tupi: *i'ta* = pedra + *berab* = reluzente) termo com que os bandeirantes designavam as fabulosas minas que buscavam. Outra variação do nome era Itaberabuçu.

ITAPICURU (tupi: "laje fragmentada, pedra miúda, cascalho") rio também conhecido por São Jerônimo. Nasce nas serras de Jacobina e Vila Nova e corre (850 km) na região de Queimadas e Soure, BA, formando-se a partir do encontro do Itapicuruaçu e do Itapicurumirim (100 km) para desaguar no Atlântico. O vale do Itapicuru é conhecido pelas muitas fontes termais, entre as quais se encontra a do Cipó. Alguns dos seus mais notáveis tributários são o Jacurici (abaixo de Queimadas), o Itapicurumirim (a 12 km acima de Queimadas), o Cariaçá (antes de Tucano), o Riachão e o Rio do Peixe (depois de unido ao Riachão) (10° 48' S – 39° 37' W). Localidade no NE da BA (11° 19' S – 38° 13' W) às margens do rio com o mesmo nome, quase na divisa com o SE e próxima a Olindina, entre Nova Soure e Inhambupe. Antiga aldeia dos índios tupinambás, e posteriormente a Missão da Saúde ou de Santo Antônio (1639), situada a uma légua abaixo de Itapicuru de Cima e cuja igreja matriz, em 1893, já levava o nome da santa (N. S. de Nazaré de Itapicuru de Cima) do lugar de sua sede anterior (1728), localizada a uma légua acima do atual lugar (11° 19' S – 38° 15' W).

ITAPICURUAÇU (tupi: "grande caminho de pedras a cada passo") rio que corre na região de Itiúba e Queimadas, BA, e desemboca no Itapicuru (10° 56' S – 39° 40' W).

ITAPICURU DE CIMA fundada em 1648, dista 6 km da atual Itapicuru. Elevada a curato em 1680, construiu-se ali uma capela dedicada à N. S. de Nazaré. Foi elevada à vila pelo governador Vasco Fernandes César de Meneses em 1728. A partir de 1859 passou a ser a sede da Missão de Saúde ou de Santo Antônio, administrada pelos franciscanos. Em 1898 tornou-se freguesia com o nome de N. S. de Itapicuru de Cima. Foi transformada em município em 28.4.1872. É hoje conhecida como Vila Velha (11° 17' S – 38° 15' W).

ITARARÉ rio afluente do Paranapanema, PR (24° 7' S – 49° 20' W).

ITATIAIA, PICO DO na Serra da Mantiqueira, localizado na divisa dos Estados de SP, MG e RJ (22° 30' S – 44° 34' W).

JACOBINA região localizada mais ou menos no centro da BA, a O de Queimadas, entre o São Francisco e o Atlântico, à margem do rio Itapicurumirim (11° 11' S – 40° 31' W).

JACURICI riacho que corre entre Queimadas e Monte Santo, principal tributário do Itapicuru, nasce na lagoa Sucuriúba, entre as serras do Lopes e da Itiúba (10° 51' S – 39° 43' W).

JANUÁRIA município de MG, à margem esquerda do São Francisco, próximo de Tejuco (15° 31' S – 44° 17' W).

JEQUIÉ cidade baiana às margens do rio de Contas, ou Jussiape, como era chamado pelos índios Pataxós; a NE de Vitória da Conquista e a NO de Ilhéus (13° 51' S – 40° 5' W).

JEQUITINHONHA (*tupi*: "o covo mergulhado ou assentado na água") nasce na Serra do Espinhaço e corta, em sentido latitudinal, os Estados de MG e BA, desaguando no Atlântico, entre as cidades baianas de Canavieiras e Santo André (15° 51' S – 38° 53' W).

JEREMOABO município baiano a 110 km de Canudos, em direção O. A localidade é cortada pelo rio Vaza-Barris (10° 4' S – 38° 21' W).

JEREMOABO, BARÃO DE (Caritá, BA, 29.6.1838-1903) trata-se de Cícero Dantas Martins, influente fazendeiro em Camuciatá (atual Itapicuru), BA. Morou nesta propriedade e na do engenho "Regalo" (Recôncavo). Fez de Bom Conselho (atual Cícero Dantas), BA, lugar no qual passou a sua mocidade, o centro de ação de sua atividade política. Participou da política baiana, como seu representante de província, durante 1872-1877, 1886-1889. Durante a república foi senador (1891-1895).

JESUÍNO LIMA, DOMINGOS ou CAPITÃO JESUÍNO, personagem que viveu algum tempo entre os conselheiristas e que mais tarde prestou auxílios às tropas do governo a partir da 2ª expedição. Inimigo ferrenho de Antônio Conselheiro, mais tarde, com o capitão Severo, Jesuíno ajudou a expedição Moreira César. O *Diário de Notícias* publicou nos dias 15--16.9.1896 um interessante artigo sobre as relações entre Jesuíno e o líder de Canudos. Segundo o depoimento de Jesuíno, o Conselheiro o teria enxotado do arraial durante uma de suas visitas. O personagem ainda ganhou representação literária no romance *O Capitão Jagunço* (1959), de Paulo Dantas.

JITIRANA vila que na época da guerra possuía três casas em ruínas, completamente abandonadas. Fica próxima do Caldeirão (10° 18' S – 39° 12' W).

JOÃO ABADE o "chefe do povo" ou o "comandante da rua", nasceu na Vila de Tucano, BA, descendendo de boa família do Pé da Serra, embora outras informações desencontradas dizem ser ele de Ilhéus ou de Natuba. Criou-se em Buracos, município de Bom Conselho e começou a sua vida no cangaço sob o mando de João Geraldo e David, famanazes do rifle na região de Pombal. Tinha a cabeça roletada, como a de um frade, daí vir o seu apelido. Grande clavinoteiro e respeitado líder, dirigiu o ataque contra o tenente Pires Ferreira em Uauá. Morreu depois de ser atingido por um estilhaço de granada, quando cruzava a praça entre as duas igrejas de Canudos. Veja-se ainda na *Caderneta* (p. 23): "João Abade morreu ferido bala cabeça. Não era valente".

JOÃO GRANDE conselheirista de biografia desconhecida.

JOAQUIM TRANCA-PÉS conselheirista de biografia desconhecida.

JOFFILY, IRENEO GERALDO (1843-1902) membro da Assembleia Provincial de Campina Grande, PB, e fundador da *Gazeta do Sertão*, periódico que exerceu grande influência no interior deste mesmo Estado e que em 1891 foi empastelado pela força pública, por opor--se ao governo estadual. Publicou artigos no *Jornal do Commercio* carioca sobre diversos aspectos físicos da PB. Autor de *Notas Sobre a Paraíba* (1892).

JORNAL DE NOTÍCIAS diário baiano e um dos principais veículos de informação durante a Campanha de Canudos, cujo correspondente foi Lelis Piedade. Foi a um dos seus redatores, Aloísio de Carvalho (*Lulu Parola*), que Euclides doou um fragmento dos manuscritos de *Os Sertões*, em 1908, e que hoje se encontra na Biblioteca Nacional do RJ.

JORNAL DO COMÉRCIO começou a circular no Rio de Janeiro em 1827 sob a responsabilidade do francês Pierre Plancher. Em 1834 mudou de proprietário, sofreu modificações editoriais e de formato e cresceu de prestígio, até se tornar de grande influência política e cultural. Pela redação do *Jornal do Comércio* passaram grandes figuras, como o Barão do Rio Branco, Porto Alegre, Francisco Otaviano e Euclides da Cunha. Além dos folhetins (*A Moreninha* e o *Moço Loiro* de Joaquim Manuel de Macedo, *O Triste Fim de Policarpo Quaresma*, de Lima Barreto etc.), os maiores nomes da literatura brasileira apareceram em suas páginas (Raul Pompeia, Carlos de Laet, Machado de Assis, José Veríssimo, Araripe Júnior e muitos outros). Na época da Campanha de Canudos enviou ao campo de batalha o correspondente Manuel Benício, autor de *O Rei dos Jagunços* (1899). A partir de 1.12.1935 começou a circular uma edição vespertina, que desapareceu em março de 1922. Em 1935 começou novo período, integrado na cadeia dos Diários Associados.

JOSÉ GAMO personagem de biografia desconhecida.

JOMINI, ANTOINE-HENRI (Suíça, 1779-1869) um dos grandes analistas das guerras napoleônicas. Publicou *Traité des Grandes Operations Militaires*, 1811-1816 [*Tratado das Grandes Operações Militares*].

JUÁ antiga fazenda ao N de Monte Santo, próxima de Jitirana, a 9 km de Suaçuna e a 18 km de Penedo (10° 15' S – 39° 14' W)

JUAZEIRO cidade a 511 km de Salvador, BA, na divisa com Pernambuco e à margem do rio São Francisco (9° 30' S – 40° 30' W).

JUETÊ fazenda ao S de Canudos, entre Aracati e Rosário (4,7 km), de propriedade do coronel José Américo, amigo do exército e alvo dos conselheiristas (10° 5' S – 39° 4' W).

JUNCO lugar de localização duvidosa. Provavelmente, trata-se da localidade baiana próxima às cidades de Serrinha e Inhambupe (12° 14' S – 39° 6' W).

KLOPSTOCK, FRIEDRICH GOTTLIEB (Alemanha, 1724-1803) poeta e dramaturgo, um dos escritores mais importantes do Neoclassicismo alemão. Foi um ardente nacionalista. Sua principal obra é o poema épico *Der Messias*, 1751-1773 (*O Messias*, 1792).

KOBLENZ cidade fortificada e capital da Prússia na confluência com o Reno e o Mosela. Em 1792, tornou-se um dos principais lugares de concentração dos emigrados que formavam o exército de Condé, durante a Revolução Francesa (50° 18' N – 7° 36' E).

KRUPP metalúrgica alemã que fabricava os canhões de 7,5 cm utilizados na Campanha de Canudos. Este tipo de peça foi adquirido em 1882, substituído em 1894 pelo C 28. Possui cano de 24 calibres de comprimento. Sua designação brasileira é C 24, para 1,80 m de comprimento. Foi usado a partir da 2ª expedição regular. De tiro lento, culatra por fechamento por bloco deslizante, usa basicamente quatro tipos de munição: granada, *shrapnel*, lanterneta e alto explosivo (dinamite). Os Krupp acabaram sendo usados pelos jagunços como bigornas em suas ferrarias, pois eles não sabiam como operá-los (cf. Barbieri, p. 32).

LAGARTO cidade de SE localizada a O da Serra Tabuleiro (10° 55' S – 37° 40' W), dista de Aracaju 95 km por rodovia.

Lagoa da Laje junto à Serra do Aracati, BA (10° 8' S – 39° 8' W).

Laje de Dentro localidade a 30 km de Monte Santo, em sentido N e a 6 km de Acaru, ao pé da Serra da Gorunga (10° 13' S – 39° 20' W).

Lagoa do Boi próxima a Juazeiro, na região da Serra das Domingas, BA (9° 29' S – 40° 12' W).

Lagoa do Cipó entre o Morro do Cambaio e o riacho Mucuim, ao S de Canudos (9° 56' S – 39° 10' W).

Lagoa Santa município de MG que se limita com Jaboticatubas, Pedro Leopoldo, Santa Luzia, Vespasiano e Caeté (19° 38' S – 43° 53' W).

Lajinha hoje é povoado de não mais de trezentos habitantes, com uma única rua. Dista 8 km de Monte Santo e 32 km de Euclides da Cunha (10° 27' S – 39° 14' W).

Lalau o pintor Manuel Funchal Garcia, estando na década de 1950 em Canudos, tirou foto de Maria Francisca Macambira ao lado de Lalau que nesta época gozava de muito boa saúde. O seu nome aparece no *Jornal do Comércio* de 12.4.1897, a propósito de um depoimento de Manuel Pequeno, que diz que, estando aquele com um bando de jagunços em Cumbe, "tocaram fogo nos dois armazéns de gênero do governo, sem mais nada aproveitar, além das balas e pólvora. Um tal Lalau, porque me viu levando comida para os soldados escondidos, desconfiou e contou a Gangorra. [...] o Lalau era até meu vizinho, e não devia obrar de uma maneira tão incapaz".

La Ravardière (França, Berthegon, 1570-1631) trata-se de Daniel de La Touche, Senhor de La Ravardière, que ao redor de 1609 explora as costas do MA. De volta a seu país, recebe de Maria de Medici o comando de uma expedição que funda em 1612 a cidade de São Luís, MA. La Ravardière envia a Paris seis índios que são ali batizados com grande pompa. Em novembro de 1614, estando esta parte do território maranhense ocupada por La Ravardière, chega Jerônimo de Albuquerque com seus soldados para realizar a ocupação dessas terras. La Ravardière tenta intimidá-lo com uma carta ameaçadora, seguida de outras. Franceses e luso-brasileiros lutam. Finalmente, decide-se pela trégua e a 27.12.1615 convencionou-se a suspensão das hostilidades. La Ravardière foi, apesar da trégua, intimado a abandonar a terra. Relutou, mas acabou cedendo em promessa.

Lancastro [ou Lencastro ou Lencastre], João de (Portugal, 1646-1707) participou da Guerra da Restauração, recebeu, em 1688, carta patente de capitão-geral e foi nomeado governador de Angola. Foi também governador geral do Brasil (1692-1702), com sede na Bahia e dedicou-se à pesquisa das minas de metais preciosos. Foi o primeiro duque de Aveiro, filho de D. Jorge, mestre de Santiago e Avis, Duque de Coimbra. Extinguiu por completo Palmares (1695) e, a partir de 1694, iniciou, com a ajuda do coronel Manuel de Araújo, massacre dos índios que ocupavam o território que se estende da Borborema ao Rio do Peixe.

Lapa cidade do PR, entre os rios Iguaçu e Várzea. Foi cercada pelos revolucionários e defendida por Gomes Carneiro. Rendeu-se após ferimento e morte de seu defensor (25° 15' S – 45° 55' W).

Largo de São Francisco de Paula no centro do Rio de Janeiro (Rua do Ouvidor), entre as praças Tiradentes e 15 de Novembro, muito próximo do Largo da Carioca.

Lavras Diamantinas zona baiana localizada na Chapada Diamantina à qual pertencem os municípios de Mucugê, Andaraí, Lençóis e Palmeiras (11° 40' S – 41° 15' W).

LEAL, PEDRO BARBOSA (BA, séculos XVII-XVIII) sertanista, capitão de infantaria desde 1691 e proprietário de uma sesmaria entre os rios Sergipe e Japaracuba. Em 1696, partindo de Salvador, explorou os montes do Picaraçá, atingindo a região de Jacobina. Em 1697, voltou a esta área, nomeado administrador de uma fábrica de salitre erguida em Curaçá. Permaneceu nos sertões até 1702, retornando no ano seguinte e enviando a Salvador as amostras de outro que motivaram o início da mineração deste metal em Jacobina. Em 1707 obteve terras entre o rio Doce e Itacambira, nas Minas Gerais, ali pesquisando riquezas e combatendo indígenas. Deu notícias de minas no rio das Contas (1723) e no Paramirim (1725). Foi casado com Antônia Maria de Vasconcelos.

LEAL, WENCESLAU tenente da Polícia Militar da BA que atacou valentemente as trincheiras à baioneta (ver *Caderneta*, p. 97).

LEITE, DOMINGOS ALVES (1865 – ?) engenheiro militar da 3ª expedição, assentou praça em 3.1.1881, foi promovido a tenente em 17.3.1890.

LEITE, JOÃO ANTUNES (1850 – ?) assentou praça em 15.6.1888, foi promovido a capitão em 20.6.1891, pertenceu ao 16º Batalhão e lutou na 4ª expedição.

LENÇÓIS cidade da região de Lavras Diamantinas, no centro da BA, tendo a L a localidade de Palmeiras, e ao S Andaraí e Mucugê ($12°34'$ S – $41°31'$ W).

LEONI, ARLINDO BATISTA (Barra, BA, 1869-RJ, 1936) advogado, formou-se pela Faculdade de Direito do Recife em 1886. Foi promotor público da comarca de Brejo Grande, hoje Ituaçu (1887-1890); juiz de direito da comarca de Andaraí; juiz municipal do termo de Pombal (1800-1892); e, finalmente, juiz de direito de Paraguaçu, Bom Conselho, Juazeiro, Maragogipe e Valença. Foi eleito senador à Assembleia Legislativa da Bahia em 1910. Em 1923 renunciou à cadeira de deputado para aceitar nomeação de sua candidatura ao governo do Estado pelo partido Republicano Democrata. Em 1924 tendo sido proclamado governador da Bahia, em sucessão a J. J. Seabra, este não pôde transferir-lhe o governo devido ao estado de sítio e à intervenção federal realizada no Estado.

LIAIS, EMMANUEL (1826-1900) naturalista francês, ocupou o cargo de astrônomo titular do Observatório de Paris e de diretor do Observatório Astronômico do Rio de Janeiro. Autor de *Climats, Géologie, Faune et Géographie Botanique du Brésil*, 1872 [*Climas, Geologia, Fauna e Geografia Botânica do Brasil*]. As teorias geológicas de Liais, bem como as suas habilidades de paleontólogo, foram veementemente criticadas pelos seus mais renomados colegas contemporâneos (Derby, Branner). Este último o tacha de fantasiador. Euclides, ironicamente, caracteriza-o como "romântico". Um exemplar do *Climats* foi presenteado a Euclides pelo amigo professor e jornalista Júlio Bueno, em 1894, época em que o nosso escritor morou em Campanha, MG.

LIBERDADE jornal monarquista carioca de propriedade do Conselheiro Basson.

LISBOA, JOÃO FRANCISCO (MA, 1812 – Lisboa, 1863) escritor de sátiras políticas, publicou também a *Vida do Padre Antônio Vieira*, 1865, tida como uma das melhores biografias do famoso pregador.

LOBO, INÁCIO JOAQUIM PEREIRA (1885 – ?) assentou praça em 21.9.1875, foi subcomandante da 4ª Companhia do 33º Batalhão de Infantaria e como capitão, comandou o 33º Batalhão durante a 4ª expedição.

Lopes, Morro [ou Serra] do o nome se refere a uma cadeia de montanhas que corre em direção longitudinal, a o da região situada entre Monte Santo e Canudos e paralelamente à Serra Geral, cerca de 77 km além da mesma vila. O morro é um amontoado de blocos gigantescos e arredondados de rocha finamente granulada com palhetas muito tênues de mica escura. Este conjunto rochoso se eleva sobre uma esplanada cortada de sulcos profundos onde há blocos sonoros de fonólito (10° 18' s – 39° 25' w).

Lopes, Vicente cangaceiro temível do Aracatiaçu, ce, pago pelos Araújos para liquidar com os Maciéis.

Lovelace, Robert alusão ao conquistador de mulheres, personagem central do romance *Clarissa, or the History of a Young Lady* [*Clarissa, ou a História de uma Jovem*, 1747-1748] de Samuel Richardson (1689-1761).

Luís xii (França, 1462-1515) imperador de inteligência medíocre e de caráter débil, reinou paternalmente mas como déspota e sem escrúpulos (1498-1515). Comandou vários exércitos contra a Itália e provou ser frio e cruel contra seus inimigos.

Lund, Peter Wilhelm (Dinamarca, 1801 – 25.5.1880) arqueólogo e descobridor de restos pré-históricos do "Homem da Lagoa Santa", mg. Esteve pela primeira vez no Brasil entre 1825-1829. Retornou em 1832 e desenvolveu trabalhos sobre os fósseis humanos nas cavernas mineiras, na região do Rio das Velhas, de grande importância para a biologia e a geologia da América Latina. O célebre naturalista tornou-se herói do romance *Lagoa Santa* (1981), do escritor dinamarquês Henrik Stangerup. Alguns dos seus estudos sobre arqueologia no Brasil foram reunidos no volume *Memórias Científicas* (1935).

Macambira ribeirão afluente do Vaza-Barris, correndo perpendicularmente em direção s. Nasce em localidade do mesmo nome, que pertenceu a Joaquim Macambira, à margem esquerda do Vaza-Barris, situada na periferia de Canudos (8° 52' s – 39° 5' w).

Macambira, Joaquim importante agricultor e comerciante na região de Canudos. Dividia o mercado para a venda de seus produtos com outra família, a dos Mota, e mais tarde com a dos Vila-Nova. Sabe-se que as duas primeiras famílias guardavam laços estreitos de amizade. Era amigo do coronel João Evangelista Pereira de Melo, de Juazeiro, a quem encomendou o tabuado para a construção da igreja nova de Canudos, ponto de origem do conflito. Casado com Maria, tiveram muitos filhos conhecidos (Manuel, Joaquim, Maria Francisca, Teresa, Valeriana, Paulo e Antônio); um deles, com o mesmo nome do pai, se destacou pela sua audácia e valentia no episódio do ataque ao canhão apelidado de *matadeira*.

Macaúbas serra e vilarejo no so da Bahia entre os rios Onofre e Paramirim (13° 2' s – 42° 42' w).

Maçacará antiga aldeia dos índios quiriris e catrimbis e missão franciscana pertencente à Vila de Itapicuru. Esta localidade baiana está a 74 km de Monte Santo, em direção L (10° 26' s – 38° 42' w).

Maceté lugarejo baiano entre Tucano e Euclides da Cunha (10° 45' s – 38° 59' w).

Maciéis membros da família de Antônio Vicente Maciel, mais conhecido como Antônio Conselheiro.

Maciel, Antônio patriarca da família dos Maciéis, morto, traiçoeiramente com Manuel Carlos Maciel, tio-avô do Conselheiro, pelos Araújos e Veras na estrada de Sobral, ce.

MACIEL, ANTÔNIO VICENTE MENDES (Quixeramobim, CE 13.3.1830-22.9.1897) conhecido como Antônio Conselheiro, filho de Vicente Mendes Maciel, foi batizado no dia 22.5.1830, sua mãe se chamava Maria Joaquina, falecida em 1834. Nasceu filho natural, legitimado por consequente matrimônio. Casou-se com Brasilina Laurentina de Lima que o abandonou mais tarde para viver com um integrante da polícia de província, João da Mata. Beato, construtor de igrejas no sertão baiano (duas em Canudos e uma em Crisópolis), chegou a ser líder da comunidade de Canudos. Aparentemente, suas orações e reflexões religiosas foram encontradas num manuscrito datado de 12.1.1897.

MACIEL, VICENTE MENDES (? – 5.4.1855) segundo João Brígido e outros, era pai de Antônio Conselheiro, filho bastardo de Manuel Carlos Maciel e irmão de Helena e Miguel Carlos. Segundo José Calasans, era tio-avô de Conselheiro, sendo o pai deste Antônio.

MACIEL, HELENA tia de Antônio Conselheiro, pelo lado paterno.

MAGALHÃES, HENRIQUE JOSÉ DE (1851 – ?) cursou artilharia, assentou praça em 29.11.1870, foi promovido a major em 10.12.1893, pertenceu ao 7º Batalhão e foi fiscal do 24º e dirigente da Brigada Girard durante a 4ª expedição.

MAJOR SARIEMA conselheirista de biografia desconhecida que Euclides intentou realçar mas hesitou, desistindo depois, como ficou registrado na p. 24 do MS OS. Neste, inicialmente, segundo o Autor, o *major* teria sido morto no combate contra a 2ª expedição, a do major Febrônio de Brito, na região do Cambaio (cf. MS OS, p. 23). Segundo Henrique Albertazzi, o major Sariema era o comandante supremo da Guarda-Negra do Conselheiro, grupo de aproximadamente 1200 homens fardados de uniforme de brim azul e armados militarmente.

MARA, FREDERICO LISBOA DE (28.12.1842 – ?) tornou-se major em 3.2.1867, foi subcomandante do 4º Batalhão de Infantaria durante a 4ª expedição.

MARCO AURÉLIO (Itália, 121-180) imperador romano (161-180), filósofo estoico que apesar de suas grandes obras humanitárias e sociais perseguiu cruelmente os cristãos. Autor de *Meditações*, importante compêndio da filosofia estoica.

MARI antiga fazenda, a 27 km de Rancharia, junto à Serra da Itiúba e a dos Poços, BA (9° 39' S – 39° 52' W).

MARIA I (Lisboa, 1734-1816) conhecida como a Piedosa ou a Louca. Foi rainha de Portugal de 1777 a 1816, depois do reinado de seu pai, D. JOSÉ I, cujo ministro, o Marquês de Pombal, foi logo demitido por ela. Maria I também anulou várias medidas do governo pombalino na fase conhecida como Viradeira. Tentou coibir o processo de industrialização iniciado com a gestão pombalina, mediante dois alvarás de 1785, regulando a fabricação têxtil e a fundição de ferro. O pavor da Revolução Francesa, coincidindo com a morte do marido, D. Pedro III, e do filho primogênito, contribuiu para sua loucura, agravada a partir de 1792. Seu outro filho, D. João (futuro rei D. João VI) tornou-se regente.

MARIANO, CÂNDIDO JOSÉ (? – ?) assentou praça em 23.3.1885, foi promovido a tenente em 9.23.1894, pertenceu ao 11º Batalhão e comandou o Regimento Policial do Amazonas durante a 4ª expedição.

MARKOS (século II, d.C.) ou Marcos, heresiarca e chefe de uma seita que progrediu na Ásia e se expandiu na Europa. Segundo a sua doutrina, Marcos substituía a Santíssima Trindade católica com uma *quaternidade* composta do Inefável, do Silêncio, do Pai e da Verdade.

Ele buscava, como os cabalistas, os mistérios nos nomes e na combinação das letras. Via a criação como expressão do inexprimível. Rejeitava os sacramentos e admitia um princípio do mal. Santo Ireneu expõe longamente o sistema de Marcos na sua obra *Contra os Heréticos* (ver Renan, *Marc-Aurèle*, pp. 128-129).

MARTINS, JULIÃO AUGUSTO DE SERRA (junho 1841 – ?) assentou praça em 18.2.1857, foi promovido a coronel em 7.4.1892 e pertenceu ao 40º Batalhão e comandou primeiramente a 5ª. Brigada até substituir o general Savaget na 2ª coluna, durante a 4ª expedição. Este coronel prestou importante depoimento ao *Diário de Notícias* de 16.8.1897.

MARTINS CARVALHO, A. DE (BA, século XVI) trata-se de Martim de Carvalho, bandeirante e chefe da expedição que em 1567 deixou Porto Seguro e explorou os sertões de MG, pelo Jequitinhonha. Alcançou a Serra de Itacambira, onde foram descobertas as Minas Novas. Conseguindo vencer os embates contra os índios da região, retornou à Bahia pelo rio São Mateus. Em 1572, foi nomeado provedor da Fazenda Real. Estabelecendo-se com um engenho em Caípe, BA, nos últimos anos do século, foi acusado pela Inquisição, sendo preso em Olinda e remetido para Portugal.

MARTIUS, KARL FRIEDRICH PHILIPP VON (Alemanha, 17.4.1794-13.12.1868) comissionado pelo imperador da Baviera, Maximiliano José, o naturalista percorreu o Brasil acompanhado de seu colega Johann Baptiste von Spix (1781-1826). Publicaram duas obras fundamentais: *Reise in Brasilien in der Jahren 1817-1820* [*Viagem pelo Brasil*, 1938] e *Flora Brasiliensis* (1840-1868), esta última composta de 46 fascículos até a sua morte, mas que depois foi complementada por outros botânicos.

MAUARI fazenda entre Tarranchil e a Fazenda Cantinho, ao lado direito do Vaza-Barris (9° 56' S – 38° 45' W)

MAUDSLEY, HENRY (Inglaterra, 1835-1918) alienista, professor de medicina legal em Londres, diretor da revista *Journal of Mental Sciences* e autor de *Body and Mind*, 1870 [*Corpo e Mente*]; *Responsibility in Mental Disease*, 18874 [*Responsabilidade nos Doentes Mentais*]; *Le Crime et la Folie*, 1875 [*Crime e Loucura*]; *The Pathology of Mind*, 1879 [*A Patologia da Mente*].

MAUSER armas desenhadas por Peter Paul Mauser (Alemanha, 1838-1914) que trabalhou para uma fábrica de armas antes de unir-se ao exército alemão em 1859. Trata-se, provavelmente, do modelo 1893. "A Espanha percebendo as vantagens da munição de pequeno calibre, adotou em 1893 este fuzil, baseado no modelo turco, em calibre 7 x 57 mm (munição DWM 380 e derivadas), que ficou conhecido como 'Mauser espanhol'. Foi fabricado na Alemanha pela Loewe e na Bélgica pela FN (a Mauser estava ocupada produzindo duzentas mil peças do modelo turco), e vendido para o Brasil em 1894. Tem o depósito escalonado e o ferrolho de Mauser; seu carregador é um grampo com mola, que prende cinco cartuchos pelo aro. O grampo se encaixa em uma fenda atrás do pórtico de ejeção, os cartuchos são forçados para dentro e o grampo retirado manualmente. A série, feita sob licença em Oviedo em 1896, não foi usada em Canudos" (Barbieri, p. 31).

MECA fundada pelo profeta Maomé, está situada na Arábia Saudita e é considerada a cidade sagrada dos muçulmanos e o lugar, por excelência, de peregrinação dos seguidores dessa religião, que são aconselhados a visitá-la pelo menos uma vez durante suas vidas (21° 27' N – 39° 45' E).

Medeiros, Joaquim Manuel de (27.3.1838 – ?) assentou praça em 20.7.1854 e foi promovido a coronel em 2.6.1891. Comandou a 1ª Brigada durante a 4ª expedição.

Melquíades alferes, membro do Batalhão de Polícia e da comissão de engenharia da 4ª expedição.

Mendes, Frutuoso (28.12.1842-?) major, assentou praça em 3.2.1867, foi subcomandante do 4º Batalhão de Infantaria durante a 4ª. expedição.

Meneses, José Joaquim bandido pernambucano, célebre pelos crimes sanguinolentos contra os Mourões, pago pelos Araújos para matar os Maciéis.

Meneses, José Sotero de (1848-?) assentou praça em 19.4.1865, foi promovido a tenente-coronel em 9.3.1894, pertenceu ao 17º Batalhão e comandou o Regimento Policial do Pará durante a 4ª expedição.

Meyer, Hermann von (Alemanha, 1801-1869) paleontólogo e autor de trabalhos sobre os sáurios e fósseis.

Miguel Carlos da família dos Maciéis, tio de Antônio Conselheiro pelo lado paterno. Ver Maciéis.

Miguelinho líder popular sebastianista que viveu no século xvi em Portugal.

Mirandela antigo Saco dos Morcegos, localizada ao N de Pau Ferro, entre os municípios de Cícero Dantas, Tucano, Pombal e Anápolis, ba (10° 39' s – 38° 38' w).

Mocujé trata-se de Mucujé ou Mucujê, serra entre os rios Jequié ou das Almas e o Jequiriçá, ba, na região da Serra de Sincorá, próxima da Seabra (13° 0' s – 41° 23' w).

Monck, George primeiro duque de Albemarle (Inglaterra, 6.12.1608-3.1.1670) general que, após a abdicação e a morte de Cromwell, recolocou Carlos ii no trono, restabelecendo assim a monarquia dos Stuart em 1660. Monck serviu com os holandeses contra os espanhóis na Holanda entre 1629 e 1638 e distinguiu-se ao suprimir uma rebelião na Irlanda em 1642-1643, durante as guerras civis inglesas.

Monge do Paraná possivelmente se chamava Chico Pereira ou "Bispo", líder religioso que tinha mais de quinhentos adeptos. Segundo os informantes locais, andavam armados e viviam na localidade de Guabiroba, entre o Rio Negro e Campo de Estiva, pr. Este efêmero movimento, embora abafado, não se extinguiu por completo e teve outros líderes (*bispos*), entre 1910-1914 (cf. Pereira de Queiroz, pp. 246-260).

Mongólia nação da Ásia centro-leste, vizinha da China, cujo território é aproximadamente do tamanho do Alasca (46° 0' s – 100° 0' e).

Montano (Frígia, século ii d.c.) profeta herético que por volta do ano 156 começou a pregar de vila em vila na região que hoje é parte da Turquia e profetizando em palavras que ele acreditava ser o Espírito Santo. Com duas professas, Prisca e Maximila, cobriu grande extensão do território da Ásia Menor. Os montanistas predicavam a vinda do Messias e instruíam seus seguidores a buscar e a não evitar a perseguição e o martírio. Em 177, a Igreja temerosa dos efeitos dessas doutrinas, excomungou os montanistas. Depois disto, o montanismo foi retomado e atingiu o seu ápice no século iii, com Tertuliano. Já para o final do século v, o montanismo tinha perdido adeptos e impacto.

Monte Alto localidade no s da ba, ao e do São Francisco e quase na divisa com mg (14° 15' s – 43° 20' w).

Monte Alegre localidade próxima de Mundo Novo e Baixa Grande, tendo a NO Jacobina, BA (11° 42' S – 40° 6' W).

Monte Santo serra e povoado baianos ao S de Canudos. Este se encontra a 469 m acima do nível do mar, na fralda oriental da serra e a 76 km de Queimadas. Em 1786, foi fundado por frei Apolônio de Todi. Destaca-se pelas suas 24 capelinhas e por uma Via Sacra até o alto de um monte, de "3 mil metros aproximadamente", segundo Euclides (*Diário*, p. 108), mas que não fica a mais de 330 m acima da cidade. Serviu de base para o exército durante a Campanha de Canudos. Foi palco do filme *Deus e o Diabo na Terra do Sol*, 1964, de Glauber Rocha. Os tapuias denominavam esta região de serras, *Piquaraçá*. A Serra de Monte Santo é toda de quartzito (10° 26' S – 39° 20' W).

Monterroyo [ou Montarroio] Mascarenhas, José Freire de (Portugal, 1670-1760) escritor prolífico, ativo publicista e pai do jornalismo em Portugal. Fundou a *Gazeta* (1641) e o *Mercúrio* (1663). Publicou *Os Orizes Conquistados* em 1716.

Moreia, Belchior [Melchior] de Afonseca Saraiva Dias conhecido também como coronel Muribeca. Bisneto de Belchior Dias Moreia, filho de Lourença Dias com seu segundo marido e parente, Paulo de Araújo. Foi casado com Antônia de Góis. Dizendo-se possuidor do roteiro das minas de prata, do seu ancestral (bisavô), fez entradas de 1671 a 1675 nos sertões do rio Real e Jabiberi (SE) e na Serra de Canini, sem nada de positivo. De 1674 a 1678 auxiliou, por ordem do governo, as diligências de D. Rodrigo de Castelo Branco, à Serra de Itabaiana e outros lugares. Em 1688 teve patente de capitão com o encargo de combater mocambos desde a Torre de Garcia d'Ávila até o rio São Francisco. Em 1694 renovou as diligências para a procura das minas de prata, subindo o rio Real, regressando sem nada haver descoberto. Por ordem do governador-geral D. João de Lancastro, devassou grande parte dos sertões de Curaçá e da Serra de Picaruçu. Foi um temível déspota daquelas regiões e um documento de 1711 refere que o governador-geral mandou prendê-lo, não obstante ser "um dos poderosos homens do Brasil". Faleceu na sua mesma fazenda do rio Real, muito idoso, deixando geração.

Moreira César, Antônio (Pindamonhangaba, SP, 1850-1897) filho de mãe incógnita, seu progenitor foi o padre Antônio Moreira César de Almeida, vigário local de Pindamonhangaba. Ingressa voluntariamente no exército, assentando praça em 26.12.1869. Entra para a Escola Militar, RJ, e em 1873 pede licença para se ausentar e voltar temporariamente a São Paulo, o que lhe foi negado. Em dezembro do ano seguinte, já alferes-aluno, faz o mesmo pedido, que não lhe é concedido mais uma vez. Insiste e é advertido sobre as consequências, mas mesmo assim sai por sua conta. Ao voltar é punido com oito dias de prisão. Em 31.1.1877 é promovido a alferes de arma de infantaria e em 29.7.1877 ao posto de tenente, por estudos. Em dezembro de 1878, já no quarto ano do curso superior, conclui o curso de Estado-Maior de primeira classe. É designado, então, para a Escola de Tiro de Campo Grande, em Realengo, RJ, onde receberá nova punição por ter-se dirigido, sem intermediários, em memorando, ao Ministro da Guerra. Em 1881 ascende a ajudante de ordem do Ministro da Guerra e, por estudos, em 14 de maio do mesmo ano a capitão. Nos próximos dois anos ganhará reputação de competente professor adjunto de artilharia no Depósito de Aprendizes de Artilheiros, na Fortaleza de São João. Nesta época é afastado de suas funções, por três meses, para tratamento de saúde. Em 1883 Moreira César serve no 10º Batalhão de Infantaria, RJ. Neste mesmo ano envolve-se cruel e vergonhosamente no assassinato do jornalista Apulcro de Castro. Em setembro desse ano foi transferido para o 19º BI, em São Luís de Cáceres, MT, mas parte somente no dia 10.4.1884. Volta, no mesmo ano, para o RJ e é transferido para o 1º BI, com o qual ficará até setembro de 1888, quando é mandado servir no 3º BI, em Jaguarão, RS, até 3.8.1889. Transferem-no, outra vez, para São Luís de Cáceres e ali desembarca no dia 11.11.1889, mas dias depois tomará conhecimento da Proclamação da República e, no dia 21 do mesmo mês, receberá ordens para retornar ao RJ. Em 1890, é comissionado para elaborar o projeto, para reger, em bases modernas, a instrução da Arma de Infantaria. Para tal, se encarregará de organizar nomenclatura e prescreverá o manejo do fuzil e da clavina alemães, modelo 1888. É promovido a major no dia 7.1.1890, dois dias depois de ser excluído do 19º BI e a 17 de março do mesmo ano é ascendido a tenente-coronel e designado para comandar o 1º BI, RJ. Em 1891 auxiliará na derrubada do primeiro governador constitucional baiano, José Gonçalves da Silva. Era então, Moreira César em Salvador, comandante do 9º BI, do qual tomara posse a 14 de novembro do mesmo ano, e sua atuação foi de tal modo ativa que o alçaram ao cargo de chefe de Polícia, no qual se manteve de 24 de novembro a 22 de dezembro. Antes de haver sido designado para comandar corpo de tropas na Bahia, o tenente-coronel Antônio Moreira César estivera alguns meses em Aracaju, à frente do 33º BI. É promovido a coronel em 18.3.1892. No dia 11.4.1892 passa ao comando do 7º BI e no dia 14 de dezembro do mesmo mês embarca com o seu batalhão para Niterói. É nesse contexto que vamos encontrá-lo ativo durante os seis meses que durou a Revolta da Armada. A partir de outubro de 1893 intensificam-se os movimentos revolucionários. Moreira César traça planos para desfechar ataque contra a Ilha de Villegaignon (Governador) e outros redutos dos rebeldes. Efetivada a ocupação da Ilha do Governador, o 7º BI lá permanece até 9.2.1894, voltando depois ao Morro de Santo Antônio. Sua atuação na tomada da Ilha do Governador não passa despercebida do marechal Floriano Peixoto, naquela época vice-presidente da República. Já durante este período, começara a ganhar a sinistra alcunha de "corta-cabeças". Floriano Peixoto envia-o a Santa Catarina para abafar as sublevações dos rebeldes da Revolução Federalista que ameaçavam a nova República. No dia 22.4.1894, Moreira César assume o cargo de governador de SC. O 7º Batalhão, comandado agora pelo capitão Frederico Cadwell do Couto se transferirá para a base de operações em Desterro (Florianópolis) e passará de novo às mãos de Moreira César em 7.2.1895, depois de transferir o poder executivo ao novo governador sufragado, Hercílio Luz, em 27.9.1894. O célebre batalhão se transferirá a outros comandantes; e o restante do ano de 1895 e alguns meses de 1896, Moreira César estará no comando do 5º Distrito Militar. Gasta boa parte do seu tempo revisando, a nível de comissão, as *Instruções para a Infantaria do Exército Brasileiro, Tomando por Base a Instrução Portuguesa* (3ª. ed., 1897) (cf. Fontes, pp. 144-181 e *O Estado de S. Paulo* de 9.3.1897).

MOREIRA GUIMARÃES, JOSÉ MARIA (Laranjeiras, SE, 1864-1940) completou o curso de artilharia na Escola Militar da Praia Vermelha do Rio de Janeiro onde foi companheiro de Euclides da Cunha e com ele participou da campanha republicana. Nessa época, Euclides lhe dedicou um poema ("Fazendo Versos", *Dispersos*). Depois da Proclamação da República, tornou-se ajudante de ordens do governador de Sergipe e foi observador militar no conflito russo-japonês (1904-1905). Além de engenheiro militar, geógrafo, foi bacharel em matemática, em ciências físicas, naturais e médicas. Foi presidente da Sociedade de Geografia do Rio de Janeiro em 1925. Escreveu artigos e propaganda republicana em Sergipe e publicou *Escritos Militares* (1900) e *Estudos e Reflexões* (1912). Moreira Guimarães se manteve sempre leal a Euclides, mesmo depois de ter-lhe feito algumas críticas a *Os Sertões* que aparecem nas "Notas à 2ª. Edição". Suas críticas e a de outros colegas a *Os Sertões* foram reunidas em *Juízos Críticos* (1903). Em *Estudos e Reflexões* o autor faz uma defesa apaixonada de Euclides contra Dilermando de Assis, o que motivou uma longa correspondência deste a Moreira Guimarães. Para essa missiva e sua resposta, consultar Dilermando de Assis, *A Tragédia da Piedade* (1952), pp. 39-46.

MORENO, DIOGO DE CAMPOS (Portugal, 1566-1617) *Livro que Dá Razão do Estado do Brasil*, publicado em 1955 a partir de manuscrito do século XVII, que se encontra no Instituto Histórico e Geográfico Brasileiro, RJ. Moreno era militar e cronista e se destacou na campanha contra os franceses no MA. É autor ainda de *Jornada do Maranhão Feita por Ordem de Sua Majestade no Ano de 1614* (em Cândido Mendes de Almeida, *Memórias para a História do Extinto Estado do Maranhão*, 1874, vol. II).

MORNAY A. F. [DE] (Inglaterra, séculos XVIII-XIX) engenheiro comissionado pelo governo baiano a estudar as fontes minerais do interior do Estado e que em 17.1.1811 ficou conhecendo o Meteorito de Bendegó quando já estava posto em carreta para ser transportado. Publicou os resultados de suas pesquisas sobre o meteorito, em forma de carta (27.4.1816), enviada a Wollaston com uma amostra da rocha, sob o título "An Account of the Discovery of a Mass of Native Iron in Brasil [sic]" ["Relatório sobre o Descobrimento de uma Massa de Ferro Nativo no Brasil", 1816]. Gilberto Freyre, em seu livro *Ingleses no Brasil*, oferece dados importantes sobre o obscuro personagem: morou no Recife, por volta de 1845, com seu irmão gêmeo, também engenheiro, com quem construiu a estrada de ferro entre Recife e o São Francisco. O sonho grandioso dos dois irmãos era construir uma estrada de ferro que ligasse PE ao RJ. Não conseguindo realizá-lo, desenharam outro projeto semelhante, agora para o trecho Santos – S. Paulo.

MORRO [OU ALTO] DA FAVELA a L de Canudos, conhecido ainda como Morro Vermelho (aproximadamente 800 x 300 m), em forma de chapada, ao S do arraial conselheirista e distando mais ou menos 1300 m do seu centro, flanqueado pelas estradas de Maçacará e do Rosário. Foi ponto estratégico e de segurança das tropas do exército por possuir maior altitude em relação aos outros morros vizinhos. Hoje, o Alto da Favela recebe a denominação de Morro do Mário (9° 55' S – 38° 58' W).

MORRO [OU SERRA] DO CAXOMONGÓ ou CAXAMANGO, ou ainda CAXOMONGÓ, a SO de Canudos, vizinho dos morros do Cambaio e abaixo do Morro do Calumbi. Segundo Euclides, esta serra é a continuação da do Calumbi, para SE (*Caderneta*, p. 144). Também é ribeirão a SO de Canudos e ao longo da serra com o mesmo nome (10° 3' S – 39° 10' W).

MORRO DO LAJEDO na região SO de Canudos, acima de Senhor do Bonfim (10° 10' S – 39° 55' W).

MORRO DOS PELADOS à margem direita do Vaza-Barris, era o morro mais próximo do centro do arraial de Canudos.

MORTON, SAMUEL GEORGE (Inglaterra, 1799-1851) naturalista e paleontólogo influente que deixou importantes estudos inéditos sobre etnografia, mais tarde editados por Nott e

Gliddon sob o título *Types of Mankind* [*Tipos Humanos*, 1854]. É autor também de *Crania Americana* [*Crânios Americanos*, 1839].

MOTA, CHIQUINHO e JOÃO DA ambos irmãos segundo Euclides, mas o personagem com o mesmo sobrenome, e mais conhecido, é Antônio da Mota. Porém, é muito provável que se trate de João da Mata. O *Diário de Notícia* (Salvador) de 2.10.1897 registra uma notícia sobre um tal de Mota, possivelmente espião dos jagunços infiltrado entre as tropas. Euclides faz uma curta menção sobre este conselheirista: "João da Mata – no Cocorobó – caboclo moço / Irmão de Chiquinho no caminho de Uauá..." (*Caderneta*, p. 23). Ver Calasans, *Quase Biografias*, pp. 55-57.

MOURÕES família de donos de terras do interior de Pernambuco.

MUCAMBO antiga fazenda na Serra da Itiúba; atualmente Olindina, cidade situada ao lado de Itapicuru, no NE da BA (11° 22' S – 38° 21' W).

MUCUIM possivelmente trata-se do rio intermitente Mamuquém ou Mamuquim, tributário do Vaza-Barris, e que corre em direção S, entre as estradas de Uauá e do Cambaio, na zona de Canudos (9° 55' S – 39° 9' W).

MULUNGU localidade ao N de Monte Santo, próxima do Riacho das Pedras, a 18 km da Fazenda Penedo (9° 59' S – 39° 14' W).

MUNDO NOVO cidade na região central da BA, ao S de Jacobina, nas vertentes setentrionais da Serra do Orobó (11° 52' S – 40° 28' W)

MURIBECA *ver* MOREIA, BELCHIOR.

NASCIMENTO, ALFREDO SOARES DO (1863-?) membro da comissão de engenharia da 3ª e 4ª expedições, assentou praça em 27.2.1883 e foi promovido a tenente em 7.4.1894.

NASSAU, JOHANN MORITZ VAN (Holanda, 1604-1675) conhecido como Maurício de Nassau, conde que governou PE e seus territórios vizinhos de 1637 a 1644. Os holandeses também haviam tomado a Bahia em 9.5.1624, com a entrada da esquadra do vice-almirante Jacob Willeckens e as tropas de Van Dorth. Ocuparam a cidade até o ano seguinte. Em 1627 o mesmo vice-almirante entra de novo na Bahia e arrebata oito navios mercantes. Em vão procuraram recuperá-la mais uma vez em 1638. Nassau trouxe consigo um grupo de naturalistas, artistas e pesquisadores, entre eles Barléu, Jorge Marcgraf (Marcgrave) e Wilhelm Pise (Piso). O naturalista Marcgrave e o médico de Nassau, Piso, escreveram a *Historia Naturalis Brasiliae* (1648), um extraordinário trabalho sobre história natural que vem acompanhado de muitas ilustrações.

NATUBA antigamente aldeia dos quiriris, hoje (Nova) Soure, BA, pertencente à região de Itapicuru, mais ou menos a 12 km da margem direita do rio Itapicuru (11° 14' S – 38° 29' W).

NEDJED deserto que ocupa mais ou menos a metade de Israel, na sua parte S, entre o Egito e o Jordão. A sua latitude varia de cerca de 8 a 130 km e a sua longitude é de mais ou menos 240 km. Ardentíssimo no verão e frio no inverno, recebe menos de 254 mm de chuva por ano (28° 0' S – 36° 0' E).

NÊMESIS na mitologia grega é a personificação da justiça divina e da vingança dos deuses. Às vezes é chamada a "Filha da Noite". Ela representa a ira justificada dos deuses contra os malfeitores e aqueles que violam as leis; é ela também quem divide a sorte e o azar entre os mortais, sendo que ninguém pode escapar de seus poderes.

Nero Claudius Caesar Drusus Germanicus (37-68 d.c) tornou-se o quinto imperador romano com 17 anos de idade. Foi um dos líderes mais sanguinários na persecução dos cristãos. Mandou matar a própria mãe e assassinou a sua amante, Poppaea, para casar-se com Messalina, depois de haver matado seu marido. Suicidou-se no dia 6 de julho de 68 d.c.

Nery, Antônio Constantino (8.12.1859-?) cursou engenharia, assentou praça em 6.11.1873, foi promovido a major em 31.7.1891. Serviu no Estado-Maior do general Savaget como assistente do ajudante-general. Teve algumas notas de seu diário divulgadas pelo *Diário de Notícias*, ba. Publicou *A Quarta Expedição contra Canudos* (1898).

Ney, Michel (França, 10.1.1769-7.12.1815) Duque de Elchingen, um dos generais mais agressivos de Napoleão que lutou na Espanha, na Rússia e na batalha de waterloo. Depois da abdicação de Napoleão aceitou o reinado dos Bourbons. Quando Napoleão voltou de Elba, Ney tinha sido ordenado para interceptá-lo mas, ao contrário, acabou aderindo a ele. Acusado de traição, morreu fuzilado.

Neves, Joaquim José de Andrade (1807-1869) Barão do Triunfo, herói da Guerra do Paraguai que se destacou principalmente nas batalhas de Villeta e Humaitá.

Neville, Etelberto (1870-out. 1897) assentou praça em 12.1.1889 e como alferes lutou no 7º Batalhão de Infantaria durante a 4ª expedição.

Nina Rodrigues, Raimundo (1863-1906) professor de Medicina Legal na Universidade da Bahia e um dos primeiros a estudar o homem e a cultura afro-brasileira no Brasil. Interessou-se pela Guerra de Canudos, como fenômeno decorrente da psicologia das massas, e sobre o assunto escreveu *A Loucura Epidêmica de Canudos* (1897).

Nóbrega, Padre Manuel da (Portugal, 1517-1570) missionário jesuíta, um dos mais célebres catequizadores do Brasil colônia, fundador do Colégio dos Jesuítas em Piratininga (1554), lugar que deu origem à cidade de São Paulo. Suas *Cartas* foram publicadas no Rio de Janeiro em 1886. Sua obra mais conhecida é o *Diálogo Sobre a Conversão do Gentio* (1559).

Norberto conselheirista conhecido como Norberto das Baixas ou Norberto do Pé da Serra. Filho de Francisco Alves e proprietário em Bom Conselho, casado com Ana, de apelido Nana. Tiveram doze filhos e ambos morreram durante a guerra deixando cinco deles, dos quais três eram menores. José Américo Camelo de Sousa Velho, fazendeiro nos sertões da Bahia, numa publicação em folheto aparecida em 1898, ataca violentamente o "celerado Norberto", responsabilizando-o por diversos atentados praticados pelos conselheiristas. Um dos filhos de Norberto, Elpídio, foi também imputado por Sousa Velho por ter desferido campanha contra ele na imprensa. Chefe de influência no arraial, supostamente foi morto por um cabo do 26º Batalhão, enquanto passava diante da igreja nova.

Nordenfeldt ou Nordenfelt, "marca de armas baseadas no projeto de 1872 do engenheiro sueco Heldge Palmcrantz, podendo tratar-se do modelo fabricado pelo financista sueco Thorsten Nordenfelt em Londres. O modelo usado em Canudos, a partir da 2ª expedição, possui cinco canos em disposição horizontal. Sobre o grupo das câmaras, há uma coluna de carga, alimentada por munição a granel, que colocada na parte de cima, chega às câmaras por gravidade através de canaletas. O sistema é atuado por uma alavanca que opera o ciclo de carga em cada cano – puxar para ejetar –, empurrar para carregar, empurrar mais para disparar. As do contrato brasileiro, que substituíam as antigas Gatling em 1889, foram produzidas no mesmo calibre 11,4 x 53 mm do fuzil Comblain do exército – conveniente do ponto de vista logístico – com reparos sobre rodas e uma couraça ('chapa')" (Barbieri, p. 31).

NOSSA SENHORA DO PILAR antiga missão jesuítica na Ilha de Coripós, atualmente região de Santa Maria da Boa Vista, PE, à margem do São Francisco (8° 49' S – 39° 49' W).

NOTT, JOSIAH CLARK (1804-1873) ver MORTON.

NOVAES, JOSÉ DE CAMPOS (Campinas, SP, 1860-1932) botânico, ensaísta, historiador, polemista, músico e advogado formado em 1886 pela Faculdade de Direito de São Paulo. Porém, nunca exerceu a profissão jurídica, demonstrando maior interesse pela Botânica. Viveu na Europa e estudou em Leipzig. Criticou algumas concepções científicas adotadas por E. da Cunha em artigo na *Revista do Centro de Ciências, Letras e Artes* de Campinas. Escreveu artigos de polêmica acerca da construção da E. F. Sorocabana, pugnando pela ligação Ressaca-Moji Mirim ou Campinas-Santos, contornando a Bragantina e cruzando a Central do Brasil. Dedicou-se ao Centro de Ciências, Letras e Artes de Campinas que, com Coelho Neto e César Bierrenbach, ajudou a fundar e a sustentar, tendo ocupado a sua presidência de 1902 a 1904. Trabalhou no Instituto Agrícola de Campinas e foi membro da Linnean Society of London. Publicou uma polêmica com Álvaro Reis intitulada *Origens Caldaicas da Bíblia* (1899); *Tese Sobre a Viação Férrea Geral e a Navegação Fluvial do Brasil* (1902); "Teoria Fisiológica da Secagem do Café" e "Os Criptógamos das Videiras" (1905).

OLINDINA ver MUCAMBO.

OLIVEIRA, AFONSO PINTO DE (4.3.1847 – ?) assentou praça em 2.2.1870, foi promovido a capitão em 7.1.1890, pertenceu ao 38º Batalhão e comandou o 24º da Brigada Girard, durante a 4ª expedição.

OLIVEIRA, ANTÔNIO CAETANO DE morador de Quixeramobim, CE, casado com uma parenta de Miguel Carlos Maciel.

OLIVEIRA, FORTUNATO RAIMUNDO DE (10.8.1855-?) assentou praça em 1883, promovido a capitão em 27.3.1890 e a 2º tenente-cirurgião em 16.3.1889. Participou como médico na 3ª expedição e desapareceu dela misteriosamente sem nunca mais voltar.

OLIVEIRA, TROGÍLIO DE (29.5.1864 – ?) assentou praça em 6.6.1876, foi promovido a tenente em 12.5.1893, pertenceu ao 25º Batalhão e comandou uma companhia deste durante a 4ª expedição..

OLIVEIRA MARTINS, JOAQUIM PEDRO DE (Portugal, 1845-1894) notável historiador e brilhante polígrafo. Autor de *História da Civilização Ibérica*, 1897 (4ª ed.) e *Sistema dos Mitos Religiosos* (1882).

ÓRION constelação equatorial, a O do Unicórnio, a L do Erídano, ao S do Touro e ao N da Lebre, formada de estrelas brilhantes, três das quais são popularmente chamadas Três Marias. Euclides, no entanto, ao falar da cruz, estaria talvez se referindo ao Cruzeiro do Sul e não à Órion.

OSÓRIO, MANUEL LUIZ (1808-1879) Marquês de Herval, marechal e político que se distinguiu na maior parte das lutas do Império, desde a campanha pela Independência até a

Guerra do Paraguai. Nesta, ele foi um dos seus principais chefes militares, destacando-se vitorioso principalmente nas batalhas de Estero Bellaco, Tuiuti e Avaí, onde foi ferido. Foi um político de muito prestígio e senador durante o período monárquico.

OURO BRANCO povoado a 36 km, em direção s de Ouro Preto, MG (20° 32' S – 43° 42' W).

OURO PRETO cidade mineira que em tempos antigos foi o centro administrativo do governo português na região de MG. Hoje é conhecida pelas igrejas barrocas e pelo singular conjunto arquitetônico colonial que possui (20° 24' S – 43° 30' W).

PADRE CÍCERO ROMÃO (1844-1934) líder espiritual de Juazeiro do Norte, CE, lugar que se tornou centro de peregrinações para milhões de brasileiros. Conta-se que, em 1889, deu-se o milagre da hóstia que sangrou, consagrada pelo padre Cícero. Gozou de imenso prestígio político em todo o Nordeste e ajudou a eleger deputados conservadores da região. Suas ações carismáticas e políticas foram condenadas pelo Vaticano em 1898, sem que isto prejudicasse a sua popularidade (consultar Nina Rodrigues, pp. 75-77; Pereira de Queiroz, pp. 231-246).

PAÍS (O) fundado no RJ em 1.10.1884 por João José dos Reis Júnior, por sua redação passaram Rui Barbosa, Quintino Bocaiúva e Alcindo Guanabara, e nele colaboraram, entre outros, Joaquim Nabuco, Euclides da Cunha, Joaquim Serra, França Júnior, Pinheiro Chagas, Artur Azevedo e Urbano Duarte. Fez as campanhas do abolicionismo, da questão militar, da república e outras. Atingiu o apogeu nos anos de 1888 e 1895. Na época da Campanha de Canudos, caracterizou-se como jornal sensacionalista na apresentação das notícias, através de seu correspondente de guerra *Hoche*, pseudônimo do tenente-coronel Siqueira Meneses. Circulou até 1930.

PAIS LEME, FERNÃO DIAS (SP, c. 1608 – MG, 1681) casado com Maria Garcia Rodrigues Betim, era conhecido como o Caçador das Esmeraldas, desde 1638 desbravou os sertões dos atuais Estados do PR, RS e de SC, atingindo terras do Uruguai. Em 1661, estabeleceu-se às margens do Tietê, abaixo da Vila de Parnaíba, administrando uma aldeia com cerca de 5 mil indígenas escravizados. Em 1664 recebeu de Lisboa carta régia recomendando que auxiliasse no descobrimento das minas, partindo, assim, para uma jornada às lendárias minas de Sabarabuçu. Deixou SP, em 21.7.1674, como chefe de bandeira, em busca de esmeraldas que não encontrou. Foi abandonado pelos companheiros depois de haver percorrido por sete anos os sertões. Faleceu às margens do Rio das Velhas. Seus ossos foram sepultados no Mosteiro de São Bento, em São Paulo.

PAJEÚ localidade baiana à margem esquerda do São Francisco, na região de Petrolina, próxima de Pontal (9° 5' S – 40° 15' W). Também é região no centro-sul de PE, cortada pelo riacho do mesmo nome, quase na fronteira com a BA (7° 53' S – 39° 27' W).

PAJEÚ negro conselheirista, ex-soldado de linha, desertor, enxotado e perseguido pela polícia de Baixa Verde, PE, por ocasião do motim de Antônio "Diretor", onde cometera diversos crimes. Natural do Riacho do Navio, na região de Pajeú, PE, que lhe emprestou o nome. Ardiloso, teria assumido, na fase final da luta jagunça, depois da morte dos cabecilhas, o comando das guerrilhas. Na *Caderneta* (p. 23) Euclides faz constar o seguinte: "Pajeú nas Umburanas"; "Preto meia idade / Mais afoito Pajeú".

PALHA riacho que, em tempos idos, fazia então a sua barra abaixo do alinhamento do *Sobrado*, em frente à Igreja do Senhor do Bonfim. No final do século, o riacho corria para cair no Quixeramobim, CE, em ângulo reto por trás da Praça do Cotovelo.

PALMARES situado na Serra da Barriga, região do atual estado de AL, onde houve, de 1630 a 1695, o mais famoso quilombo ou a mais notável das colônias ou repúblicas de negros fugidos que a história brasileira registra. O célebre reduto foi destruído em 1695 pelo bandeirante paulista Domingos Jorge Velho, contratado pelo governo de PE.

PAMBU vilarejo à margem direita do São Francisco, a 136 km de Paulo Afonso, na região de Cabrobó, BA (8° 34' S – 39° 18' W).

PANDORA segundo o poeta grego Hesíodo (século VIII a.C.), Zeus envia Pandora à terra com uma caixa que contém todos os males do mundo.

PANTOJA, DONACIANO DE ARAÚJO (14.10.1848 – ?) assentou praça em 3.5.1873 e foi promovido a coronel em 9.3.1894, pertenceu ao 32º Batalhão e comandou a 6ª Brigada durante a 4ª expedição.

PASSAGEM localidade cearense entre Tamboril e Quixeramobim (5° 7' S – 39° 32' W). Também é localidade baiana entre Yuiê e Angico, do lado esquerdo do Vaza-Barris, a NE de Canudos (9° 54' S – 38° 39' W).

PASTEUR, LOUIS (França, 1822-1895) famoso químico e biólogo, fundador da microbiologia, provou a teoria dos germes nas doenças, inventou o processo de pasteurização e desenvolveu vacinas contra várias enfermidades, inclusive a raiva.

PATAMUTÉ riacho que nasce a NO de Canudos e que corta o município de mesmo nome. Corre em direção NE e, com o Riacho da Vargem, transforma-se em afluente do São Francisco na altura de Abaré, BA. É também localidade baiana da região de Curaçá, ao N de Uauá e à margem do riacho homônimo (9° 37' S – 39° 38' W).

PAU[S] BRANCO[S] provavelmente localidade cearense ao N do Serrote do Amantado (4° 32' S – 40° 24' W).

PEDRA BONITA bloco de pedra existente na Serra Talhada (7° 59' S – 38° 17' W), no termo de Pajeú, PE. Foi local de movimento sebastianista (1836-1838). Para a história desse acontecimento, consultar Nina Rodrigues, *As Coletividades Anormais*, pp. 135-148.

PEDRÃO (Várzea da Ema, BA, agosto de 1869-junho de 1958) Pedro Nolasco de Oliveira, também chamado Pedro José de Oliveira. Faleceu em Cocorobó, entrevado das duas pernas. Entroncado e homem de muita coragem e dignidade, declarou a José Calasans: "Faz pena um homem como eu morrer sentado". Conheceu Antônio Conselheiro em 1885, na sua terra natal, tornando-se adepto dele. Casou-se com Tibúrcia, natural do Soure em 18.8.1893. O matrimônio foi celebrado pelo vigário do Cumbe, Vicente Sabino dos Santos. Do enlace nasceram dezessete filhos. Lutou na Guerra de Canudos com paixão e mais tarde, na década de 1930, quis seguir nesta lida ao encabeçar uma volante de quinze homens para combater Lampião. Pedrão pertencia à guarda católica do Conselheiro. Ficou muitas vezes na porta do Santuário. Saiu várias vezes para arrecadar dinheiro. Não era muito amigo de João Abade nem de Pajeú. Depois da Guerra de Canudos foi para o PI, para depois voltar à Bahia. Ainda em depoimento a Calasans, Pedrão se lembrava do quadro desolador visto em Uauá, depois do combate. Ajudou a dar sepultura a mais de setenta cadáveres, entre os quais o do coronel Moreira César. Está sepultado na atual Canudos.

Pau Ferro nome comum de pelo menos três localidades baianas.

Pedreira Franco capitão e comandante de um esquadrão do 9º Batalhão de Cavalaria durante a 3ª expedição.

Peixoto, Floriano (1849-1896) marechal consolidador da República, assume a presidência do país em 1891, depois da renúncia do marechal Deodoro da Fonseca. Exerceu o cargo no executivo de forma altamente repressiva e por isso ficou conhecido como o Marechal de Ferro. Floriano ficou conhecido também por sua crueldade ao sufocar a Revolução Federalista e a Revolta da Armada.

Penamacor cidade portuguesa na região NE do país (40° 10' N – 7° 10' W).

Penedo antiga fazenda, a 18 km de Ipueiras, ao N de Monte Santo (10° 4' S – 39° 15' W).

Pereira da Costa, Francisco Augusto (1851-1923) historiador e autor também do *Dicionário Biográfico de Pernambucanos Célebres* (1882).

Pérsia país do sudoeste asiático, atual Irã (31° 15' N – 53° 30' E).

Pico do Diabo na Serra de Paranaguá, próximo da Estrada de Ferro Paranaguá-Curitiba, depois da Cascata do Véu da Noiva, Curitiba, PR (25° 39' S – 48° 42' W).

Pilão Arcado nas proximidades da represa de Sobradinho, vizinho de Campo Alegre de Lourdes e Remanso, BA (10° 2' S – 42° 29' W).

Pimentel, André Jacinto de Sousa personagem de vaga identidade, pertenceu a uma das famílias importantes de Quixeramobim, CE, foi assassinado por Helena Maciel, tia do Conselheiro.

Pinto, Alberto Gavião Pereira (1856-?) assentou praça em 22.12.1870, foi promovido a capitão em 7.1.1890, pertenceu ao 10º Batalhão e comandou o 7º durante a 4ª expedição.

Pinto, Francisco Gregório alferes cearense, homem insolente, inimigo de André Jacinto de Sousa Pimentel, a quem cruelmente tortura causando a sua morte sob o mando de Helena Maciel.

Piquaraçá *ver* Monte Santo.

Pires Ferreira, Tenente Manuel da Silva (18.1.1857 – 1897) assentou praça em 1.6.1875, foi promovido a alferes em 17.6.1887, a tenente em 23.7.1894. Pertenceu ao 9º Batalhão de Infantaria durante a 1ª expedição, da qual foi comandante.

Pitombas antiga fazenda a SE de Canudos, próxima do Rancho do Vigário na região da Serra da Tromba. Hoje existem em Pitombas apenas três casas residenciais (10° 5' S – 39° 4' W).

Pojuca região do povoado que fica cerca de 80 km da capital baiana (12° 2' S – 38° 21' W).

Poli, Vicente (1864-1897) militar, assentou praça em 24.2.1883, foi promovido a alferes em 3.11.1894, da companhia de atiradores do 7º Batalhão durante a 3ª expedição.

Pombal primeiramente aldeia dos quiriris e denominada Canabrava. Localidade baiana conhecida hoje como Ribeira do Pombal, entre Cícero Dantas e Tucano, mais ou menos a 30 km do rio Itapicuru (10° 50' S – 38° 32' W).

Pombal, Marquês de (Portugal, 1699-1782) título conferido a Sebastião José de Carvalho e Melo. Ministro de Estado (1750-1777) de D. José I. Déspota esclarecido, expulsou os jesuítas do Brasil em 1759. Foi autor de ambiciosas obras de restauração em Lisboa, depois do terremoto que assolou a cidade em 1755. Com a ascensão de D. Maria I, foi afastado do poder, tendo vivido seus últimos dias recluso em sua quinta em Pombal.

Pompeu de Sousa Brasil, Tomás (1818-1877) político e ensaísta. Publicou *Ensaio Estatístico da Província do Ceará* (1863); *Memória sobre o Clima e Secas do Ceará* (1877).

Ponciano alferes, auxiliar da comissão de engenharia durante a 4ª expedição.

Pontal localidade à margem esquerda do São Francisco, na região de Petrolina, entre Pajeú e Curaçá, BA (9° 5' S – 40° 12' W).

Pontes, Pedro Simões (1870-1897) assentou praça em 29.1.1890, foi promovido a alferes em 14.8.1894, pertenceu ao 24º Batalhão durante a 4ª expedição.

Porteira Velha propriedade localizada na antiga Estrada da Santíssima Trindade, ou do Cascudeiro, que liga Rosário a Maçacará, BA, a 7 km do primeiro povoado. Está no centro do areal que tanto trabalho causou à expedição Moreira César (10° 20' S – 38° 55' W).

Porto, Lídio (1847 – ?) major, assentou praça em 2.2.1870, comandou o 22º Batalhão de Infantaria da Brigada Girard, durante a 4ª expedição.

Porto Nacional cidade goiana à margem esquerda do rio Tocantins (10° 42' S – 48° 25' W).

Potengi, Joaquim de Aboim (30.3.1859-?) assentou praça em 7.4.1875, foi promovido a tenente em 9.3.1894, comandou o 32º Batalhão durante a 4ª expedição.

Prima-Petri a primeira epístola de São Pedro, talvez escrita no tempo de Nero, com o intuito de preparar os cristãos para o sofrimento e dirigida aos fiéis estrangeiros dispersos nas províncias do Ponto, da Galatia, Capadócia, Ásia e Betínia.

Prússia antigo reinado e território alemão que atingiu o seu estado de conquista mais avançado no final do século XIX, incorporando no seu vasto domínio a Bélgica, a Holanda, Luxemburgo, a Rússia, a Áustria, a Hungria e a Suíça.

Quadrado, Manuel natural de Chorrochó, BA, experimentado no ofício de curtidor de couro. Em Canudos, "espécie de curandeiro", segundo Honório Vilanova, medicava os doentes e tratava dos feridos. Morreu no mesmo dia da morte do Conselheiro, 22.9.1897 (cf. *Caderneta*, p. 22). Teria sido degolado na presença de uma de suas filhas de três anos, Adalgisa. Vestia-se como o Conselheiro e usava longas barbas.

Queimadas ou Santo Antônio das Queimadas, localidade a 76 km ao S de Canudos, situada às margens do Itapicuru, onde as tropas do exército desembarcavam de trem vindo de Salvador. A partir desse ponto, os soldados caminhavam a pé ou a cavalo. Ver Favila Nunes, *Gazeta de Notícias* de 17.8.1897 (10° 58' S – 39° 38' W).

Queirós, José Moreira de (1849-1897) major, assentou praça em 28.9.1865, foi comandante do 29º Batalhão de Infantaria durante a 4ª expedição.

Quincuncá deve tratar-se de Quincunçá, serra cearense (*c.* 600 m de altura), próxima do rio Jaguaripe, ao N, e no limite com PE, ao S (6° 52' S – 39° 37' W).

Quinquim de Coiqui conselheirista de biografia obscura. O *Jornal de Notícias* de 5.12.1896 registra uma declaração de um tal Quinquim Horácio, que afirmava que os canudenses não atacariam. Provavelmente, este não seja o personagem referido por Euclides.

Quirinquinquá ou ainda Quirinquinqual; fazenda ao S de Monte Santo, entre esta localidade e a de Queimadas, a 40 km desta (10° 33' S – 39° 23' W).

Quixadá cidade do CE, a cerca de 150 km ao S de Fortaleza, perto da qual foram construídos os açudes de Cedro e Choró (4° 58' S – 39° 1' W).

QUIXERAMOBIM cidade natal de Antônio Conselheiro, localizada na parte central do CE, à beira do rio do mesmo nome (5° 12' s - 39° 17' w).

RAIMUNDO BOCA-TORTA conselheirista de biografia obscura. José Aras nos dá alguns dados sobre ele: "era muito bagunceiro, sendo preso algumas vezes por João Abade, por ser intrometido para o lado de mulher bonita" (p. 151).

RAMOS, VIRGÍLIO NAPOLEÃO (1845-?) assentou praça em 16.11.1880, foi promovido a tenente-coronel em 26.12.1893, pertenceu ao 18º Batalhão. Durante a 4ª expedição lutou com o 33º Batalhão.

RANCHARIA antiga fazenda a SE de Juazeiro (80 km), próxima da Serra da Itiúba, de Tanque Novo e de Mari, BA (9° 38' s - 40° 4' w).

RANCHO DAS PEDRAS trata-se possivelmente do Riacho de Pedras, localidade situada entre Mulungu e o Cambaio, BA (9° 58' s - 39° 13' w).

RANCHO DO VIGÁRIO assim se chama por ter sido lugar de pouso nas jornadas entre Cumbe (atual Euclides da Cunha), Uauá, Maçacará e fazendas circunvizinhas. Os padres, em desobriga, ali faziam parada para descanso porque ali havia água de excelente qualidade e pastagens para animais. Hoje é uma das maiores propriedades do município de Canudos, com reservatório de água, gado e pasto de primeira (9° 58' s - 39° 3' w). Dista cerca de 19 km de Canudos (cf. Fontes, pp. 250-251).

RAPOSO, JOSÉ FRANCISCO (1868-out. 1897) assentou praça em 16.1.1886, pertenceu ao 25º Batalhão de Infantaria e como alferes lutou durante a 4ª expedição.

RAPOSO TAVARES, ANTÔNIO (SP, 1598-1658) bandeirante audaz que, entre 1628-1629, à frente de novecentos mamelucos e de dois mil sertanejos, investiu contra as reduções de Guará, PR, expulsando os jesuítas espanhóis ali aquartelados e desbaratando-as, trazendo consigo mais de 2500 índios prisioneiros. Sua maior proeza foi a viagem para o Oeste, pela qual, com renhidas lutas, acrescentou milhares de quilômetros ao território brasileiro. Em 1666, à frente de sessenta brancos e outros tantos índios, atravessou o Brasil de SO a NO, escalou os Andes, chegou ao Peru, e dali voltou, depois de vários combates, ao território brasileiro, mas já na região banhada pelos afluentes do Amazonas, desembarcando afinal no Guaporé (próximo de Vila Bela, MT).

REBOUÇAS, ANDRÉ PINTO (1838-1898) matemático e engenheiro negro, distinguido na corte imperial de D. Pedro II, e um dos propugnadores da abolição da escravatura no Brasil. Publicou *A Seca nas Províncias do Norte* (1877), onde lança algumas das ideias que Euclides aqui discute.

REGO, FIRMINO LOPES (1848 - ?) assentou praça em 21.1.1865, foi promovido a tenente-coronel em 10.12.1893, comandou o 37º Batalhão durante a 4ª expedição.

REIS, JOAQUIM ELESBÃO DOS (26.10.1868 - ?) cursou arma, assentou praça em 27.1.1875, foi promovido a capitão em 12.5.1893, pertenceu ao 20º Batalhão. Comandou, como tenente-coronel, o 1º Batalhão Policial de S. Paulo durante a 4ª expedição.

RENAN, ERNEST (França, 1823-1892) filósofo, historiador, orientalista de enorme popularidade entre os intelectuais brasileiros da segunda metade do século XIX. Autor de *Marc-Aurèle et la Fin du Monde Antique* [*Marco Aurélio e o Fim do Mundo Antigo*, 4ª ed., 1882], copiosamente citado por Euclides em *Os Sertões*. Este livro é o sétimo e último volume da sua coleção *Histoire des Origines du Christianisme* [*História das Origens do Cristianismo*, 1863-1899]. Segundo as deduções de Euclides, se a comparação entre o movimento messiânico de Canudos e o sebastianismo davam àquele um atraso de trezentos anos, agora com respeito às origens do cristianismo e suas ramificações agnósticas, Antônio Conselheiro estaria atualizando uma tradição de dois mil anos.

RIACHO [OU RIO DAS] UMBURANAS curso intermitente, tributário do Rio Sargento, que por sua vez é afluente do Vaza-Barris, corre em direção L cruzando a estrada do Calumbi ou do Rosário.

RIACHO DO ROSÁRIO curso intermitente d'água na região da Serra do Rosário.

RIBEIRA DO POMBAL *ver* POMBAL.

RIBEIRÃO DO CARMO atual Mariana, MG (20° 23' S – 43° 24' W).

RIBEIRÃO DOS PEREIRAS corre na região do Sítio dos Pereiras.

RIBEIRO, DOMINGOS (BA, 24.1.1863 – ?) assentou praça em 5.2.1879 e foi aprendiz de artífices do Arsenal de Guerra da BA. Como Coronel, comandou a 5ª Brigada durante a 4ª expedição.

RIBEIRO, JOÃO (1860-1934) filólogo e historiador. A sua *História do Brasil* (1900) foi muito utilizada por Euclides.

RIO [OU RIACHO] DA PROVIDÊNCIA curso de água intermitente, tributário do Vaza-Barris e vizinho do Umburanas, que fluía ao longo da estrada de Maçacará, BA, e chegava até Canudos (9° 55' S – 39° 6' W).

RIO DE CONTAS rio que corta a Chapada Diamantina e corre pelas regiões de Jussiape e Andaraí, BA (13° 10' S – 45° 45' W).

RIO DANÚBIO atravessa oito países da Europa (Alemanha, Áustria, República Tcheca, Hungria, a antiga Iugoslávia, Romênia, Bulgária e a Ucrânia).

RIO DOCE forma-se através do entroncamento de três outros, um em Ouro Preto, um em Guaraciaba e outro nas proximidades de Viçosa, MG, e segue cortando este Estado, por Governador Valadares, e o do ES para desaguar no Atlântico, na altura de Linhares. Seu curso total é avaliado ora em 700 km, ora em 977 km e até mesmo 998 km, conforme se toma sua origem mais ou menos remota, nas diversas cabeceiras, em MG. Deságua no Atlântico e em grandeza de curso é um dos maiores do Brasil (20° 15' S – 42° 54' W).

RIO DAS ÉGUAS ou "CORRENTINA", extensão do Rio Corrente que corta a região de Bom Jesus da Lapa, BA, e segue em sentido O até os limites de GO (13° 20' S – 44° 39' W).

RIO DAS MORTES afluente (275 km) do Rio Grande, à sua margem direita, acima de S. João del Rei, MG (21° 4' S – 44° 29' W).

RIO DAS VELHAS corta, em sentido N, a região entre Uberaba e Araxá, MG (18° 21' S – 48° 40' W).

RIO GRANDE forma-se na confluência do Paraná e do Paranaíba, correndo em direção L, e dividindo o S de MG com o N de SP (20° 0' S – 5° 0' W).

RIO MISSISSIPPI o maior rio dos Estados Unidos, corre de N a S, desembocando no Golfo do México, na altura do Estado de Louisiana.

RIO OROBÓ na região da Chapada Diamantina, BA (12° 21' S – 40° 28' W). Ver Serra do Orobó.

RIO PARAGUAÇU nasce na Chapada Diamantina e, depois de um curso muito sinuoso, se dirige para L desembocando na Baía de Todos os Santos, Salvador, BA (12° 45' S – 41° 7' W).

Rio Paraíba [do Sul] nasce na Serra da Bocaina, sp, formado pelo Paraitinga e Paraibuna, desembocando no Atlântico, na altura de São João da Barra, rj (22° 9' s – 43° 17' w).

Rio Paramirim no so da Bahia, tributário do São Francisco, com o qual se entronca nas proximidades de Morpará (13° 26' s – 42° 15' w).

Rio Parnaíba nasce em dois olhos ao pé da Serra da Tabatinga, também denominada Mangabeira, nas proximidades das fronteiras entre os Estados de to, ma, pi e ba. A Serra da Tabatinga é um despenhadeiro de vasta chapada alta que divide as águas do Parnaíba das do São Francisco e do Tocantins (20° 7' s – 51° 5' w).

Rio Pojuca corre entre Alagoinhas e Salvador, ba.

Rio Pequeno a pouco mais de 6 km de Monte Santo, ba (10° 22' s – 39° 17' w).

Rio Preto vem do to, passando pelo s do pi, tornando-se depois afluente do São Francisco (11° 0' s – 44° 32' w).

Rio Real na fronteira com a ba e se, a 150 km aproximadamente do Atlântico (11° 28' s – 37° 56' w).

Rio Santa Bárbara a o da cidade homônima, mg; faz confluência com o rio do Peixe (19° 47' s – 43° 6' w).

Rio Sargento tributário do Vaza-Barris, corre desde a região de Canudos em direção se, entroncando-se com o riacho das Umburanas e cruzando a estrada do Rosário ou Calumbi. Segundo Euclides, ali se podia encontrar talcoxisto e a sua distância é de 2 km da Favela (*Caderneta*, p. 144).

Rio Tietê nasce na Serra do Mar, corta todo o Estado de sp e desemboca no rio Paraná (20° 40' s – 51° 35' w).

Rio Tocantins nasce em Goiás na Serra Dourada, com o nome de Uru ou Uruu, e corta os Estados do to, ma e pa (3° 28' s – 49° 22' w).

Rio Vaza-Barris antigamente conhecido pelos índios como *Irapiranga*. Nasce na Serra da Borracha, próximo de Sete Lagoas, nos contrafortes da Itiúba, ba; recebe entre outros afluentes o Rio das Pedras e o Lomba. Rio intermitente (420 km) em cujas margens se formou o povoado de Canudos. Deságua no Atlântico depois de atravessar o Estado de Sergipe na direção se, formando uma enseada, onde fica a barra da cidade de São Cristóvão, se. Sua água é salobra e ruim (11° 10' s – 37° 10' w).

Riva a identificação deste cientista tem sido uma das mais difíceis devido à falta de dados em *Os Sertões* (nome completo ou citação de algum estudo do personagem). A pessoa que mais se aproxima a ele, por nacionalidade e época, seria o médico dr. Alberto Riva (Piacenza, Itália, 1844 – Pavia, 1916), mas mesmo assim ficará sempre a dúvida, até que não tenhamos outras informações, com respeito ao ramo de suas pesquisas (urobilina). Este médico, depois de ter estudado matemática, formou-se em medicina pela Universidade de Bolonha em 1868; em 1876 assumiu a cátedra de patologia médica em Perugia, e em 1886 em Pavia. Foi diretor da Clínica Médica de Parma a partir de 1888.

Rocha, Francisco Joaquim Márques (1865 – ?) assentou praça em 2.9.1881, pertenceu ao 9º Batalhão e como alferes lutou na 4ª expedição.

Rocha, José Salomão Agostinho da (1855-1897) assentou praça em 25.5.1875, foi promovido a alferes em 4.1.1886, a primeiro-tenente em 17.3.1890 e a capitão em 9.3.1894. Tinha o curso da arma de artilharia e tomou parte ativa no combate da Armação no período da Revolta da Esquadra. Comandou uma bateria de canhões Krupp do 2º Regimento de Artilharia durante a 3ª expedição.

ROCHA PITA, SEBASTIÃO DA (Salvador, BA, 1660-1738) autor da *História da América Portuguesa* (1730), uma das primeiras histórias do Brasil. Foi membro da Academia Brasílica dos Esquecidos (BA), formada por intelectuais durante o período barroco da Colônia.

RODELAS localidade baiana próxima da margem do São Francisco, na região de Chorrochó. Antiga aldeia dos periás, pertencente à Vila de Pambu. Não deve ser confundida com a área denominada *sertão de Rodelas*, região que nos tempos coloniais compreendia a extensão, do lado esquerdo do São Francisco, que ia de Carinhanha até o Pilão Arcado (8° 50' S – 38° 46' W).

ROMERO, SÍLVIO VASCONCELOS DA SILVEIRA RAMOS (SE, 1851-1914) a partir de 1874 passou a chamar-se, apenas, Sílvio Romero. Crítico literário, sociólogo e folclorista, autor de vários importantes trabalhos, entre eles *Cantos Populares do Brasil* (1883), *O Elemento Popular na Literatura do Brasil* (c. 1883). Na obra de Sílvio Romero se observa por um lado, uma busca de sistematização e rigor crítico que o Brasil ainda não tinha conhecido; e por outro lado, teorias redutivas que viam nos fenômenos culturais e, inclusive, literários a influência das raças. Esta visão determinista marcou todo o pensamento brasileiro de fins do século, do qual Euclides não pôde se livrar. Os seus estudos sobre "A Poesia Popular do Brasil" foram originalmente publicados em dez capítulos na *Revista Brasileira* (1879-1881).

ROQUE, ARNALDO cabo do 7º Batalhão, chefiado por Moreira César. Em torno desse praça criou-se a lenda, através da imprensa, de que Roque protegera até a morte, com seu próprio corpo, o cadáver de Moreira César (cf. *O Estado de S. Paulo* de 13/14.3.1897). O nome do "infeliz imortal" já se convertera em nome de rua (cf. *O Estado de S. Paulo* de 16.3.1897), quando logo a lenda foi desmentida pelos jornais (cf. *Jornal de Notícias* de 26/30.3.1897) depois de se saber que o cabo Roque foi "obrigado com seus companheiros, para escapar à morte, a abandonar o corpo [de Moreira César] no mato. Disse que não se abraçou com o cadáver do Coronel; o que fez foi fugir com seus companheiros" (*Gazeta de Notícias*, 4.4.1897). As lendas em torno do personagem serviram de base para a peça de teatro *O Berço do Herói* (1964) de Alfredo Dias Gomes.

ROSENDO, MANUEL guia que com um piquete de exploradores montados mais a comissão de engenharia orientou os soldados de Moreira César durante a marcha para o Angico.

RUA DO OUVIDOR no centro do Rio de Janeiro, nas imediações da Avenida Rio Branco e da Igreja da Candelária, onde se encontravam as redações dos principais jornais.

RUIZ DE MONTOYA, ANTONIO (Espanha, 1582-1652) jesuíta que catequizou no Paraguai, autor de *Vocabulario y Tesoro de la Lengua Guaraní* (1639), e *Conquista Espiritual* (1639). Nesta última, narra suas experiências como missionário na região de Sete Povos das Missões (Loreto, RS). Foi em 1639 à Madrid para reclamar a Filipe IV das invasões dos *paulistas* que atacavam as reduções para prender e escravizar os índios. Chegou ao continente americano em 1612 e foi Superior-Geral da República Guarani de 1620 a 1637. As missões que estavam localizadas na região de Guaíra (na confluência dos rios Pequeri e Paraná), pertencentes ao Brasil e ao Paraguai, mas que se estendiam até o Uruguai, a Argentina e a Bolívia, sucumbiram finalmente ao ataque dos *paulistas* e espanhóis de

Assunção e de Buenos Aires, protegidos pelas coroas espanhola e portuguesa. Os jesuítas do Brasil foram expulsos em 1759, pelo Marquês de Pombal; e os da América hispânica por Carlos III, em 1767.

SABARÁ localidade da região metropolitana de Belo Horizonte, MG, ao N desta capital (19° 54' S – 43° 48' W).

SABARABUÇU segundo Gândavo, era a Itaberaba-oçu dos índios, que foi transformada pelo português em Taberaboçu, e depois em Sabaraboçu. Esta região, que cobria uma larga extensão do N de MG e da Chapada Diamantina, BA, atraiu arrojadas expedições ao vale do São Francisco.

SABINO DOS SANTOS, PADRE VICENTE vigário da paróquia do Cumbe, BA.

SABUGOSA, CONDE DE (Portugal, 1673-1743) trata-se de Vasco Fernandes César de Meneses, fidalgo português, vice-rei da Índia em 1712 e vice-rei do Brasil (1720-1735), onde criou a Academia dos Esquecidos.

SAÍ antiga missão franciscana e aldeia de índios pertencente à antiga Vila de Jacobina, na microrregião do Senhor do Bonfim, BA (10° 32' S – 40° 14' W).

SAINT-HILAIRE, AUGUSTIN FRANÇOIS CESAR PROUVENÇAL DE (França, 1779-1853) naturalista e autor de *Voyages dans l'Intérieur du Brésil* [*Viagens pelo Interior do Brasil*, 1830-1851] e *Flora Brasiliae Meridionalis* [*Flora do Brasil Meridional*, 1824-1833] em colaboração com Jussieu e Cambessedés. Investigou no Brasil entre 1816 e 1822, por influência do conde de Luxemburgo. O etnógrafo francês é mais conhecido como Auguste de Saint-Hilaire.

SALDANHA DA GAMA, LUÍS FILIPE DE (1847 – Campo Osório, 24.6.1895) foi promovido a contra-almirante em 1891 e nomeado por Floriano diretor da Escola Naval em 1893. Foi um dos líderes rebeldes, ao lado de Gumercindo Saraiva, da Revolução Federalista.

SALES, ANTÔNIO NUNES DE (1846 – ?) assentou praça em 17.6.1871, foi promovido a capitão em 7.1.1890, pertenceu ao 1º Batalhão e comandou o 5º em Canudos durante a 4ª expedição.

SALTO DO PAULO AFONSO cachoeira no rio São Francisco, a NE de Canudos e na divisa da BA com PE (9° 21' S – 38° 14' W).

SAMPAIO, JOÃO CÉSAR DE (10.6.1849-?) assentou praça em 15.1.1866 e como coronel comandou o 29º Batalhão de Infantaria durante a 4ª expedição.

SAMPAIO, OLEGÁRIO ANTÔNIO DE (6.3.1844-?) assentou praça em 27.7.1861, foi promovido a major em 28.7.1893, comandou o 35º Batalhão durante a 4ª expedição.

SAMPAIO, TEODORO FERNANDES (1855-1937), engenheiro, historiador e etnólogo baiano. Foi um dos fundadores da Escola Politécnica de São Paulo e do Instituto Histórico da mesma cidade. Participou da Comissão Minor Roberts, criada em 1879 com o propósito de estudar os portos e a navegação fluvial do país. Com Orville Derby, entre outros, fez o levantamento da região do rio São Francisco e da Chapada Diamantina. Amigo de Euclides, embora monarquista, prestou-lhe imensos auxílios, sobretudo acerca da geologia, cartografia e geografia do país. Publicou *O Tupi na Geografia Nacional* (1901) e *O Rio São Francisco e a Chapada Diamantina* (1905).

SANTA CRUZ este padre seria D. Manuel Santa Cruz Loidi (1842-1927), figura controvertida e líder na última guerra dos Carlistas (Espanha). Em 1874, abandonou a guerrilha e se tornou jesuíta. Passou os últimos anos de missionário na Colômbia (cf. Berthold Zilly).

SANTA LUZIA atualmente Santa Luz, localidade baiana próxima de Serrinha (11° 17' S – 39° 19' W). Santa Luzia é a santa provedora das chuvas.

SANTANA DOS BREJOS atual Santana, localizada na zona do médio São Francisco, limitando-se com os municípios de Barreiras, Bom Jesus da Lapa, Angical e Santa Maria da Vitória, BA. Pertence à bacia hidrográfica do São Francisco (12° 58' S – 44° 3' W). Foi antiga fazenda para plantação de cana-de-açúcar e criação de gado, administrada por Antônio da Costa Xavier e mais tarde pelo filho, Raimundo da Costa Xavier. A fazenda deu origem a um arraial que pertenceu ao distrito de São Gonçalo, no município do Rio das Éguas. Foi a capela de Santana dos Brejos elevada à categoria de freguesia em 1868, continuando a fazer parte do município de Rio das Éguas. Com a criação do de Santa Maria da Vitória em 1880, a freguesia de Santana dos Brejos passou a integrar o novo município, voltando a pertencer ao do Rio das Éguas em 1888, pela Resolução provincial 2558 que suprimiu o de Santa Maria da Vitória. Finalmente, tornou-se município em 1890, e cidade, em 1901.

SANTO ANTÔNIO DA GLÓRIA lugar à beira do rio São Francisco, nas proximidades da Cachoeira de Paulo Afonso (9° 11' S – 38° 18' W).

SANTO INÁCIO antiga missão, atual Gentio do Ouro, ao S de Xiquexique, BA (11° 6' S – 42° 45' W).

SANTOS, ANTÔNIO HENRIQUE ÁLVARES DOS (22.8.1858 – ?) médico-adjunto do exército durante a 1ª expedição.

SÃO FRANCISCO rio que nasce em Pirapora, MG, corta a parte central do território brasileiro em direção N e NE e desemboca no Atlântico na região da divisa entre SE e AL. O rio São Francisco fica também equidistante de Canudos na altura de Juazeiro e Paulo Afonso.

SÃO GREGÓRIO (Itália, 540-604?) o Grande, foi o primeiro papa com este nome de uma série deles. Distinguiu-se por ser um habilidoso chefe espiritual e político. Tolerante e diplomático, estava disposto a reconhecer certos desvios nos costumes, principalmente quanto ao batismo e à crisma. Dedicou parte de sua missão à conversão dos povos anglo-saxônicos.

SÃO PAULO (3 – c. 62 d.C.) o maior missionário da cristandade e o seu primeiro teólogo, conhecido também como o Apóstolo dos Gentios. Depois de sua quarta peregrinação em missão apostólica, São Paulo chega a Roma em época de Nero, onde mais tarde possivelmente teria sido executado.

SARAIVA, GUMERCINDO (Quaraí, RS, 1848 – Carovi, 10.8.1894) líder rebelde que se destacou na Revolução Federalista. Caudilho, cabo de guerra, invadiu o território do RS, pelo Asseguá em 11.2.1893, veio com suas hostes bater às portas de SP. Foi delegado de polícia em Santa Vitória do Palmar, até a Proclamação da República. Foi tenente-coronel da Guarda Nacional. Com a sua morte e a de Saldanha da Gama, o movimento esvaziou-se, mas a luta continuou. Finalmente, a 23.8.1895, em Pelotas, RS, dois generais pactuaram em que a luta tivesse fim.

SAVAGET nome da coluna comandada pelo general Cláudio do Amaral Savaget durante a 4ª expedição.

SAVAGET, CLÁUDIO DO AMARAL (1845 – ?) assentou praça em 28.2.1863, foi da arma de infantaria e promovido a general em 12.7.1895. Foi nomeado comandante da 2ª coluna, da qual participaram a 4ª, 5ª e 6ª Brigadas. Saíram de Salvador no dia 26.4.1897 para no dia seguinte chegar em Aracaju (a aproximadamente 420 km de Canudos).

Seixas, Manuel Nonato Neves de (12.3.1842-?) assentou praça em 16.4.1859 e como major comandou o 40º Batalhão e a 5ª Brigada (originalmente do coronel Serra Martins) durante a 4ª expedição.

Serra Branca dista 30 km de Euclides da Cunha, município a que pertence, e ao N de Santa Luz, à margem direita do Itapicuru, BA. Atualmente possui umas duzentas casas e mais ou menos oitocentos habitantes (11° 9' S – 39° 19' W).

Serra da Canastra situa-se na região de Araxá, MG, passando a O da nascente do São Francisco (20° 0' S – 46° 20' W).

Serra da Furna situada na Chapada Diamantina, BA, ao lado esquerdo do rio Paraguaçu (13° 28' S – 41° 46' W).

Serra da Itiúba a O de Monte Santo e a L de Senhor do Bonfim (10° 20' S – 39° 50' W).

Serra da Mantiqueira cadeia de montanhas do Maciço Atlântico, dando continuação à Serra do Mar (22° 0' S – 44° 45' W).

Serra da Mata da Corda situada no N de MG, a O do São Francisco na altura de Pirapora e pertencente ao Maciço Central (17° 45' S – 45° 20' W).

Serra da Saúde nas proximidades de Queimadas, BA, em direção O (10° 52' S – 40° 27' W).

Serra da Tromba que corre em direção L ao rio São Francisco, nas imediações do rio Paramirim, BA. Nas furnas desta serra refugiou-se Tomás Vilanova e sua família, para escapar do ódio dos conselheiristas (12° 58' S – 41° 50' W).

Serra das Caraíbas a SE de Monte Santo e ao longo do ribeirão do mesmo nome (10° 28' S – 39° 25' W).

Serra das Esmeraldas no NE do Estado de MG, ao S do Rio Jequitinhonha.

Serra de Canabrava ao N de Canudos e a NO da Serra do Poço de Cima (9° 45' S – 39° 8' W). Também é nome de região onde se encontra esta serra.

Serra de Cocais ou Serra do Cocal situada próxima da Serra da Furna, BA, ao lado esquerdo do rio Paraguaçu (13° 15' S – 41° 40' W).

Serra de Paranã cadeia de montanhas no Estado de GO, que em certo ponto faz limite com o do TO (12° 33' S – 47° 52' W).

Serra de Sincorá ramificação da dos Aimorés, no S da BA, na região de Ibicoara e Capão da Volta, cortando o rio Paraguaçu em sentido NE (13° 10' S – 41° 30' W).

Serra do Acaru ao N de Monte Santo (24 km) e a L da Serra do Lopes. Esta serra e a do Sobrado estão situadas entre o rio Vaza-Barris e o Itapicuruaçu (10° 15' S – 39° 20' W).

Serra do Açuruá conhecida também como Serra de Santo Inácio, ao lado direito do médio São Francisco, na região de Xiquexique, BA. Ver Açuruá.

Serra do Angico ver Angico.

Serra do Aracati a SE de Canudos e a NE de Monte Santo. Nome também de localidade próxima a Juetê e Rosário (10° 7' S – 38° 50' W).

Serra do Atanásio com 650 m de altitude, ao S de Canudos e a NE de Monte Santo (10° 10' S – 39° 10' W).

Serra do Cabral situada na região de Pirapora, MG, próxima da nascente do São Francisco (17° 45' S – 44° 22' W).

Serra do Caipã a O de Canudos, ao longo do rio Vaza-Barris, BA (9° 55' S – 39° 15' W).

Serra [ou Morro] do Cambaio a SO de Canudos, próximo do rio Bendegó (9° 50' S – 39° 10' W).

Serra do Rosário serra a menos de 1 km das Baixas onde começa a sua ascensão, entre uma fazenda ou sítio de igual nome e o Sítio do Rancho do Vigário (10° 3' s – 38° 58' w).

Serra do Tombador serra baiana na região de Jacobina (11° 15' s – 40° 50' w).

Serra Grão-Mogol [ou do Mogol] montanhas que percorrem o no de mg, em direção n, chegando até o s da ba. Conhecida também como Serra de Santo Antônio (16° 34' s – 42° 54' w) (ver Spix e Martius, p. 75).

Serra do Espinhaço na vizinhança de Diamantina, mg; cadeia de montanhas que corta em mais de 250 km a região do n do Estado (17° 30' s – 43° 30' w) (ver Eschwege).

Serra do Orobó na região da Chapada Diamantina, ba (12° 21' s – 40° 28' w). Ver Rio Orobó.

Serras do Ovó na região de Nova Pombal e Tucano, ao n destas cidades e ao s de Euclides da Cunha, ba (10° 45' s – 38° 40' w).

Serra do Poço de Cima a ne de Canudos, conhecida ainda como Soém ou Soim, entre as serras de Canabrava e de Cocorobó (9° 48' s – 39° 4' w).

Serra dos Aimorés cordilheira que corta os Estados de mg, es e ba, na altura de Teófilo Otoni, mg (19° 30' s – 41° 4' w).

Serra Geral vem de mg com vários nomes através da ba, toma também várias denominações nas proximidades de (Senhor do) Bonfim, tais como Serra da Saúde, e do Mamão. Sua estrutura rochosa, segundo Teodoro Sampaio, faz lembrar a Serra do Espinhaço. Depois de dar passagem ao rio S. Francisco, investe pelo território baiano na direção n-s e se ramifica para todos os lados formando um sistema com outras serras secundárias: do Sobrado, do Itiú, do Lopes, do Acaru, do Atanásio, de Monte Santo, Grande, Branca e da Itiúba (17° 30' s – 43° 30' w) (ver J. C. de Carvalho, p. 27).

Serra Grande com 650 m de altitude, a ne de Monte Santo, na região da bacia de captação do rio Bendegó (10° 15' s – 39° 15' w).

Serra Talhada localizada na comarca de Pajeú, pe (7° 59' s – 38° 17' w).

Serra Vermelha a no de Canudos, entre Cocorobó e Tupipá, ao lado direito do Vaza--Barris (9° 48' s – 38° 58' w).

Serrinha localidade baiana a aproximadamente 100 km de Alagoinhas, entre esta e Queimadas (11° 39' s – 38° 55' w).

Sertão, Domingos Afonso [Mafrense] (Portugal, século xvii) bandeirante e explorador dos sertões da ba e do pi. Somente no pi, com Domingos Jorge Velho, fundou cerca de quarenta fazendas de gado, com mais de setecentos escravos índios. Sesmeiro, concederam-lhe terras os governadores de pe, fazendo dele um dos maiores latifundiários da Colônia. Depois de deixar sua vida de aventuras, dedicou-se a criar gado nas grandes terras conquistadas entre os rios Piauí e Canindé. A sua fazenda, a do Sobrado, que pelo menos desde 1671 até 1835 tinha esse mesmo nome, servia de limites à província da ba com a de pe pelo rio São Francisco, extremando o termo da Vila de Pilão Arcado com a de Cabrobó (atual Teresina). Não foi casado.

Shiva uma das maiores divindades hindus que sentia prazer no seu aspecto destruidor. Euclides talvez quisesse se referir a Krishna que, segundo o *Mahabharata*, é o condutor do carro de Arjuna.

Sighele, Scipio (Itália, 1868-1913) autor de *La Folla Delinquente* (1895).

SILVA, HENRIQUE SEVERIANO DA (1854-1.10.1897) cursou armas em 1874, assentou praça em 8.5.1875 e foi promovido a major em 23.7.1894. Pertenceu ao 13º Batalhão e comandou o 27º Batalhão durante a 4ª expedição.

SILVA, HERMÍNIO PINTO DA (1864 – ?), assentou praça em 20.11.1882, tornou-se alferes em 3.11.1894 e pertenceu ao 33º Batalhão durante a 4ª expedição.

SILVA JARDIM, ANTÔNIO DA (Capivari, RJ, 1860 – Nápoles, Itália, 1891) jornalista, trabalhou em *A Tribuna Liberal*, órgão do Partido Liberal. Um dos mais atuantes propagandistas da causa republicana, pregou a mudança do regime pela revolução. Suas ideias, no entanto, não foram bem recebidas. Desgostoso, empreendeu viagem pela Itália, onde morreu numa erupção do Vesúvio. Publicou *Ideias de Moço* (1897); *O General Osório* (1879); *A Gente do Mosteiro* (1879); *A Crítica de Escada Abaixo* (1880); *Campanhas de um Propagandista* (1891).

SILVEIRA, ANTÔNIO OLÍMPIO DA (? – ?) assentou praça em 10.12.1861 e como coronel comandou o 5º Regime de Artilharia e a 3ª Brigada durante a 4ª expedição.

SIMÃO DIAS cidade sergipana na região centro-oeste do Estado, pouco antes de se cruzar a fronteira com a BA (10° 44' S – 37° 49' W).

SIMÕES, PAULINO FELIPE (1856 – ?) assentou praça em 11.8.1875, como capitão comandou a 3ª Companhia do 33º Batalhão de Infantaria e a ala esquerda do 9º Batalhão durante a 3ª expedição.

SIQUEIRA MENESES, JOSÉ (DE) (Sergipe, 1852-1931) tenente-coronel, estudou na Escola Militar da Praia Vermelha, RJ, e serviu nas guarnições do Norte, na BA, em SE e no CE. Competente chefe da Comissão de Engenheiros, acompanhou a 4ª Expedição. Devido ao rigor das suas observações estratégicas e juízo científico sobre as plantas da caatinga, granjeou o interesse de Euclides que o elogia de modo excepcional. Os artigos deste militar no jornal republicano carioca, *O País*, sob o pseudônimo de Hoche, foram de enorme utilidade para Euclides, que os parafraseia em *Os Sertões*. Siqueira Meneses foi republicano fervoroso, florianista inclusive, o que surpreendentemente contrasta com a nota tão pessoal reveladora da serenidade do seu pensamento de "cientista" e engenheiro. Estava também convencido de que os jagunços estavam lutando contra a República em favor da restauração monárquica. O trabalho das linhas do telégrafo a que o trecho se refere foi concluído no dia 9 de junho de 1897. Depois da Guerra de Canudos chegou a ser governador de SE. Nesta ocasião, ao ser entrevistado por Gilberto Amado, declarou que tudo o que Euclides falou dele na obra-mestra "foi mentira". As relações entre Siqueira Meneses e Euclides podem ter sido problemáticas. É útil notar que Siqueira Meneses tinha em mente um esquema semelhante de trabalho ao de *Os Sertões* a ser publicado, o que significa que a publicação do livro maior de Euclides deve ter aborrecido o militar, principalmente em vista dos "empréstimos" que ali se encontram. Leia-se: "Consta que o dr. Siqueira Meneses deseja[va] publicar um estudo sob o ponto de vista militar, político, social e religioso do grupo conselheirista. Compreende também uma apreciação detida e imparcial das observações que fez sobre o original, o simpático tipo brasileiro do vaqueiro e o sertanejo. Este trabalho foi mostrado ao dr. Euclides da Cunha. Sabemos também que o ilustre oficial vai remeter a *O País* alguns autógrafos de cartas e poesias, que dão em síntese o modo de pensar e sentir do singular agrupamento e por falta de meios de transporte, apenas pequenos e incompletos espécimes mineralógicos da zona de Canudos" (*Jornal de Notícias* de 27.10.1897). Morreu com a patente de marechal. Ao longo de todo o livro, Euclides usa no sobrenome do militar uma preposição que parece não lhe pertencer: *de* Meneses.

Sítio da Estrada Velha entre Canché e a Serra Vermelha (9° 53' s – 38° 52' w).

Sítio do Caldeirão ou Caldeirão Grande, localidade a NE de Monte Santo, entre esta e Jitirana (10° 17' s – 39° 12' w). Segundo M. Horcades, "*Caldeirão Grande* [era] um lugar muito bonito e agradável. Divi[dia]-se a fazenda em duas partes; uma baixa com duas pequenas casas, terreiro regular e grande curral, tendo caldeirões com água que diziam ser potável e era a única ali existente, e lugares apropriados para pastagens de bois, carneiros e bodes, que lá havia em grande número; e outra, muito elevada, de um fresco extraordinário (relativamente), com muito boa casa, tendo também curral, assim como pequenas choças onde moravam os soldados que compunham a guarnição. O seu nome deriva-se dos *caldeirões* que possui, pospondo-se a palavra *grande*, por haver, uma légua seguramente antes de lá chegar, outro sitiozinho denominado *Caldeirão Pequeno*" (pp. 21-22). Júlio Procópio Favila Nunes afirma que "Caldeirão [era] uma vila abandonada, como todas aqui no sertão" (*Gazeta de Notícias* de 3.10.1897).

Sítio do Rosário atualmente povoado, de aproximadamente trezentos habitantes, pertence ao município de Canudos, do qual dista 34 km e ao qual se liga por estrada do mesmo nome. Fica ainda a O da Serra do Aracati e é cortado por riacho do mesmo nome. Era antiga fazenda, ou sítio, de propriedade de José Américo Camelo de Sousa Velho, ferrenho adversário do Conselheiro. Os fanáticos, inimigos do fazendeiro, tinham incendiado as casas, os currais e as cercas da sua propriedade. De sorte que somente ruínas e escombros existiam ali onde a coluna demorou um dia e meio (cf. Fontes, pp. 236-239).

Sítio dos Pereiras situado entre a Fazenda do "Sítio" e a Lagoa da Laje, ambos os lugares já próximos do Rosário, BA (10° 7' s – 39° 7' w).

Soares de Sousa, Gabriel (Portugal, 1540? – 1591) irmão de João Coelho de Sousa, de quem herdou os roteiros das minas de prata. Passou à Bahia em 1570, fez-se senhor de engenhos e proprietário de roças e fazendas entre o Jaguaribe e o Jequiriçá. É autor do *Tratado Descritivo do Brasil* (ms. 1587; Lisboa, 1825).

Soares, Henrique Duque Estrada de Macedo (RJ, 20.10.1870 – 1906) assentou praça em 25.2.1888, pertenceu ao 31º Batalhão de Infantaria sediado em Bagé, RS. Já em 1898 possuía a patente de tenente que até 1904 será reconhecida. Lutou na 4ª expedição. Autor de *A Guerra de Canudos* (1902).

Sobradinho povoado às margens do São Francisco e a 60 km de Juazeiro, BA (9° 23' s – 40° 52' w).

Sobral cidade cearense ao N do Estado e à beira do rio Acaraú (3° 40' s – 40° 20' w).

Solon Sampaio Ribeiro, Frederico (Porto Alegre, RS, *c.*1840 – Belém, 1900) assentou praça em 14.3.1857, cursou cavalaria e infantaria, tornou-se general de brigada em 7.4.1892, participou da Guerra do Paraguai. Após a Proclamação da República foi o emissário do governo provisório que entregou a Pedro II a mensagem que o intimava a abandonar o país com a família real. Foi comandante do 3º Distrito Militar na BA e sogro de Euclides da Cunha.

Sorobabé lugar de etimologia confusa e de difícil arbitragem. O capuchinho Claude d'Abbeville que esteve no MA, no século XVII, identificou um chefe principal de uma das aldeias dos tapuias, o qual levava nome de pássaro, Serueue [Sorô-bebe, segundo F. Varnhagen ou Serueue (*tupi*: "pássaro que carrega o filhote pelo ar")]. Rodolfo Garcia, em nota ao livro do religioso, informa que na "História da colonização do Norte figura um principal potiguara chamado *Corobabé* ou *Sorobabé*, ou ainda *Korobabé*, que no Rio Grande do Norte, por intervenção dos padres da Companhia de Jesus", celebrizou pazes com Manuel de Mascaranhas, em 1599 e em 1602". O nome da localidade baiana poderia ser ainda corruptela de Sorobabel, lugar à margem direita do São Francisco, próximo das localidades de Malhada Grande e Rodelas, BA. Haveria ainda que considerar, em meio a tantas especulações, que Sorobabel se assemelhe fonicamente a Zorobabel, também de uso corrente Zorobabé, o que eliminaria de uma vez a raiz indígena, mas criaria a possibilidade de se contemplar o lugar como antiga missão católica.

Sousa, Carlos Augusto de (1857 – ?) assentou praça em 1.1.1875, foi promovido a capitão em 5.2.1892, pertenceu ao 36º Batalhão e comandou o 9º durante a 4ª expedição.

Sousa Campos, João Militão de (? – 1897) capitão, assentou praça em 12.1.1869, pertenceu ao 14º Batalhão de Infantaria e comandou a 1ª Companhia durante a 4ª expedição.

Sousa Meneses, Francisco Agostinho de coronel e comandante do 16º Batalhão vindo de São João del Rei durante a 3ª expedição.

Sousa, Tomé de (Portugal, *c.* 1515-1573) primeiro governador-geral do Brasil (1549-1553).

Sousa Velho, José Américo Camelo de coronel da Guarda Nacional, proprietário de fazendas (Ilba, Olhos d'Água) e primo do Barão de Jeremoabo (cf. Calasans, "Quase Biografia de Jagunços", *A Tarde*, Salvador, 3.10.1982).

Suçuarana lugarejo a 36 km de Canudos, ao S, entre as fazendas de Jué e do Morcego (10° 9' S – 39° 11' W).

Tabuleirinho localidade vizinha de Canudos, BA (9° 55' S – 39° 13' W).

Taine, Hippolyte-Adolphe (França, 1828-1893) historiador e crítico literário que se identificou com o Naturalismo. Autor de *Essais de Critique et d'Histoire*, 1858 [*Ensaios de Crítica e de História*] e *Histoire de la Littérature Anglaise*, 1863 [*História da Literatura Inglesa*]. Euclides se baseou na concepção determinista formada pelo meio, raça e momento histórico, como princípios configuradores de um povo. Tal teoria, muito corrente na época, foi defendida, entre outros, por Taine e utilizada por Euclides para estruturar *Os Sertões* em três partes: A Terra, O Homem e A Luta.

Tamarindo, Pedro Nunes Batista Ferreira (Inhambupe, BA, 1837-1897) assentou praça em 22.9.1855, foi promovido a alferes em 2.12.1860, a tenente em 18.1.1868, a capitão em 15.10.1873, com antiguidade de 6.10.1870, a major em 23.1.1889 por merecimento, a tenente-coronel graduado em 8.10.1890, a efetivo em 21.3.1891 e a coronel em 7.4.1892, por merecimento. Tomou parte ativa na campanha do Uruguai e na Guerra do Paraguai. Era muito bem quisto entre os colegas, pelo seu gênio afável e caráter franco. Comandou o 9º Batalhão de Infantaria durante a 3ª expedição.

Tamboril cidade da região centro-oeste do CE a 150 km aproximadamente de Quixeramobim (4°50' S – 40° 20' W).

TANQUINHO "lugarejo insignificante [com] uma casa velha e um rancho inutilizado" (*Caderneta*, p. 10). O lugar fica a 30 km de Queimadas e está muito próximo de Cansanção, BA (10° 47' S – 39° 33' W).

TANZI, EUGENIO (Trieste, Itália, 1856-Saln, 1934) psiquiatra e neurologista, defensor do conceito de que a psiquiatria deve ser considerada um ramo da biologia. Considerou a histologia do sistema nervoso e o conhecimento desta como base indispensável para a construção dos esquemas psicológicos. A Tanzi se devem numerosas pesquisas sobre a associação das ideias e suas atrofias experimentais no centro nervoso. Mais importantes talvez sejam os seus profundos estudos, vastos e originais, sobre a paranoia, anomalia psíquica na qual ele considerou como fator fundamental o retorno ao pensamento primitivo e à tendência repressiva. Publicou: "Il Folk-lore nella Patologia Mentale" ["O Folclore na Patologia Mental", 1890], "I Limiti della Psicologia. Discorso Inaugurale" ["Os Limites da Psicologia – Discurso Inaugural", 1896], *Trattato delle Malattie Mentali* [*Tratado das Doenças Mentais*, 1904], *Psichiatria Forense* [*Psiquiatria Forense*, 1911] (ver Nina Rodrigues, *As Coletividades*, pp. 126-127).

TAPAIARA trata-se provavelmente de Tapuiara, localidade cearense a SE de Quixadá (5° 6' S – 38° 55' W).

TAQUES DE ALMEIDA PAIS LEME, PEDRO (São Paulo, 29.6.1714 – 3.3.1777) historiador e genealogista rigoroso, sobrinho-neto de Fernão Dias Pais e parente de Brás Cubas, escreveu várias obras de grande valor histórico, algumas reputadas perdidas ou incompletas. A *Nobiliarquia* foi originalmente escrita entre os anos 1742 e 1763, e o que conhecemos dela atualmente é apenas parte do seu grande trabalho. A obra de Pedro Taques foi originalmente publicada durante o período 1869-1872, na *Revista do Instituto Histórico, Geográfico e Etnográfico do Brasil*, n. 22-25, e em 1926 num número especial da mesma. É autor também de *Informação Sobre as Minas de S. Paulo* (1772).

TARAMELA apelido do conselheirista José Félix, natural de Soure, BA. Levava tal apelido pela sua natureza de homem falador, contador de estórias ("tramela") e milagres do asceta de Canudos. Já se encontrava no séquito de Antônio Conselheiro em 1893 e dizem alguns dos conselheiristas contemporâneos que Taramela lia cartas, desvendava o futuro. Uma carta dele, escrita a José Soares de Santos, na qual faz proselitismo, foi publicada por Favila Nunes, que era correspondente da *Gazeta de Notícias* da época. Deixou uma filha, Ana de José Félix.

TASMÂNIA ilha no S da Austrália (38° 20' S – 146° 30' E).

TAUNAY, ALFREDO MARIA ADRIANO D'ESCRAGNOLLE (RJ, 1843-1899) visconde e romancista cuja obra mais conhecida é *Inocência* (1872). Integrou a coluna que em 1865 seguiu para o Mato Grosso na Guerra do Paraguai. Tomou parte na operação militar que imortalizou com seu livro *A Retirada da Laguna* (1871), escrito em francês e traduzido pelo filho Afonso. Foi eleito senador em 1866 e exerceu o cargo de deputado entre 1881 e 1883. Foi presidente das províncias de SC (1876) e do PR (1885). Preconizou a laicização do matrimônio, a abolição do trabalho escravo e a imigração europeia de modo intensivo. Foi membro do Instituto Histórico e Geográfico, do qual renunciou depois de dissentir com a diretoria.

TÁVORA, JOÃO FRANKLIN DA SILVEIRA (Baturité, CE, 1842 – RJ, 1888) advogado, político e escritor romântico, autor de *O Cabeleira* (1876), *Lourenço* (1881) e da peça *Um Casamento no Arrabalde* (1869). Foi deputado estadual de pe e funcionário na Secretaria do Império no rj. Morreu pobre e desiludido com a falta de apoio de amigos políticos.

Tebaida cidade fortificada, como a histórica Tebas, a grande cidade da Beócia, a 70 km de Atenas, Grécia, cujo monumento mais famoso era a muralha externa com seus sete portões. Até o século 96-45 a.c., era provavelmente o maior baluarte artificial da Grécia, usado pelos seus habitantes para proteger-se contra os persas. Os tebaidanos demonstravam também aversão pelos atenienses, atitude que tem sido interpretada pela História como antipatriótica ou de rebeldia. O historiador Tucídides narra na sua *História da Guerra do Peloponeso* alguns eventos envolvendo a famosa cidade. O escritor latino Estácio (45-96 d.c.) dedicou doze cantos no seu poema épico *Tebaida*, cujos fatos se relacionam ao mencionado lugar.

Teles, Carlos Maria da Silva coronel e comandante da 4ª Brigada durante a 4ª expedição, ferido no assalto de Canudos no dia 18.7.1897.

Teotônio cearense obscuro, desordeiro temível, morto em legítima defesa, por Miguel Carlos Maciel, tio de Antônio Conselheiro.

Tertuliano (Quintus Septimius Florens Tertullianus; Cartago *c*. 155 – *c*. 222 d.c.) o primeiro escritor cristão importante que escreveu em latim, cuja obra é notável pelos seus epigramas, sarcasmos e espírito partidário agressivo. Foi jurisconsulto e praticou sua profissão em Roma. Entre 190 e 195, estando ainda na capital italiana converteu-se ao cristianismo. Por volta de 207 tornou-se partidário do Montanismo, seita que alentava a prática profética e uma rigorosa forma de ascetismo. Os montanistas, sempre em conflito com as autoridades eclesiásticas, foram declarados heréticos. Foi crítico acérrimo dos cristãos ortodoxos, aos quais acusava de possuírem uma moral lassa. Escreveu entre outras obras *Apolologeticus* (197), e, antes de 202-203, *De Baptismo* e *De Oratione*.

Themison trata-se provavelmente de Themiso, e não de Themison, como aparece em Renan. Themiso era heresiarca, natural da Frígia e aliado de Maximila, a protegida de Montano. Foi com Alcibíades e Milcíades figura central em Pepuza, depois da morte do líder montanista. Themiso também foi acusado de comprar a sua própria liberdade na prisão, prática condenada por Tertuliano na *De Fuga*, porque isso contradizia a ideia do martírio. Themiso ousou ainda escrever uma "epístola católica" e foi acusado de blasfemar contra Deus, os apóstolos e a Igreja.

Ther Brun nome próprio não identificado e que aparece como Ther Brun em Dantas Barreto (p. 56) e Ther-Brum em Alencar Araripe (p. 156).

Thompson Flores (? – 1897) coronel, comandante do 7º Batalhão durante a 4ª expedição.

Tobias, Rafael (1845 – ?) cursou artilharia, assentou praça em 11.2.1865, foi promovido a tenente-coronel em 9.3.1894, comandou o 24º Batalhão durante a 4ª expedição.

Tourinho, Sebastião Fernandes sertanista que em 1572-1573, a mando do quarto Governador-Geral do Brasil, Luís de Brito de Almeida, partiu de Porto Seguro e explorou pela primeira vez o Rio Doce e o Jequitinhonha, desembarcando no rio Mandi, conhecido ainda como Guandu ou Preto. Caminhou com sua expedição a partir daí pela região encontrando pedras preciosas.

Tragagó lugar não identificado nos mapas.

Trajano de Moura, Júlio médico e autor de *Do Homem Americano* (1889), rigoroso trabalho de etnologia.

Tucano cidade entre Serrinha e Cícero Dias, no NE da BA, aproximadamente a 13 km das margens do Itapicuru (10° 58' s – 38° 48' w).

Tucídides (Grécia, c. 460-c. 404 a.c.) grande historiador da Antiguidade e autor da incompleta *História da Guerra do Peloponeso*.

Tunísia país do N da África, fazendo divisas com Argélia e Líbia. Tornou-se independente da França, em 1956, depois de mais de setenta anos de colonização. A parte do extremo N do Saara corresponde ao extremo S da Tunísia (35° 0' N – 10° 11' E).

Tupi Ferreira Caldas, Antônio (1849 – 1.10.1897) assentou praça em 19.11.1862, foi promovido a tenente-coronel por bravura em 23.7.1894, pertenceu ao 30º Batalhão e foi comandante deste durante a 4ª expedição.

Turenne, Visconde de Henri de La Tour d'Auvergne (França, 1611-1675) famoso marechal a serviço de Luís XIII e grande estrategista. Sua conduta no cerco de La Motte o eleva ao grau de marechal de campo (1635). Napoleão o considerava o maior homem de guerra do século XVII.

Turreau (Louis-Marie de Garambourville), Barão de (França, 1756-1816) durante a Revolução Francesa foi eleito comandante do 3º Batalhão do Eure. Ocupou o posto e general de brigada no exército de Côtes de La Rochelle, em 30.7.1793, de general de divisão em 18.9.1793, e de comandante chefe do exército dos Pyrénées-Orientales. Em 1794, no comando de seu exército, foi pacificador da rebelião da Vendeia, na França.

Trabubu localidade baiana à margem esquerda do Vaza-Barris, entre Macambira e Cocorobó (9° 50' s – 38° 4' w).

Tyndall, John (Irlanda, 1820-1893) físico e filósofo, autor de *Heat as a Mode of Motion* [*O Calor Como Meio de Movimento*, 1863] e *Lectures on Light* [*Conferências Sobre a Luz*, 1873].

Uauá (*tupi*: "vaga-lume"), povoado a 50 km de Canudos, em direção NO (9° 45' s – 39° 28' w).

Vale da Morte região de Canudos, ao SO do Alto da Favela, próximo do rio Umburanas.

Vale das Quixabeiras no arraial de Canudos, a NE da Fazenda Velha, margeando o Vaza-Barris, juntamente no ponto em que, do outro lado do rio, encontram-se as duas igrejas e o cemitério velho.

Van Schkoppe, Sigemundt (Holanda, século XVII) militar que tomou parte na invasão da PB, em 1634, e na de PE. Nesta, lutou Schkoppe contra o exército do general Francisco Barreto de Meneses. Travou-se a primeira Batalha de Guararapes (19.4.1648), onde foram mais de quarenta mil holandeses batidos pela metade em número de brasileiros. Schkoppe retirou-se ferido.

Varnhagen, Francisco Adolfo de (1816-1878) Visconde de Porto Seguro. Historiador e um dos mais notáveis preservadores da cultura e literatura do Brasil colônia. Defendia o regime colonial e mostrava nos seus escritos clara antipatia pelo elemento indígena. Publicou *História Geral do Brasil* (1854-1857).

Varo [Varus], Publius Quintilius (? – 9 d.c.) primo e general do imperador Augusto, que se matou durante uma emboscada dos germanos contra as três legiões comandadas por ele, na Floresta de Teutoburgo. Os romanos até o momento não tinham sofrido uma derrota tão desastrosa como aquela. Varo se suicida caindo sobre a sua própria espada. Conta-se que Augusto, profundamente abalado pelo desastre, perguntava-se nas suas noites de insônia: "Varo, Varo, o que você fez com as minhas legiões?"

Varsóvia capital da Polônia (52° 15' N – 21° 5' E).

Várzea da Ema localidade ao N de Canudos na região de Santo Antônio da Glória, entre Santo Antônio e Mandacaru, ba (9° 26' S – 38° 58' W).

Vasco Fernandes César de Meneses ver Sabugosa, Conde de.

Vasconcelos, Leopoldo de Barros e (ma, 1854-?) assentou praça em 25.9.1868 e serviu em várias unidades de infantaria, inclusive no 14º Regimento (última comissão), já como major.

Vauban, Sebastién Le Preste de (França, 1633-1707) engenheiro militar, autor de obras de fortificações e construções estratégicas.

Vaz, Aristides Rodrigues (ba, 9.1.1851-?) assentou praça em 3.5.1867 e como tenente-coronel comandou o 32º Batalhão de Infantaria durante a 4ª expedição.

Venâncio, José conselheirista e jagunço destemido que integrou o grupo do terrível Volta Grande, das Lavras de Diamantina e chefe de cangaço nos anos de 1890. Os pais de Venâncio, João e Alexandrina, moravam em Ipueiras, sítio próximo de Canudos. Honório Vilanova afirmava que ele era de São Romão, mg, à margem esquerda do baixo São Francisco. José Venâncio era uma das pessoas encarregadas de angariar donativos. Pedrão recordava que, depois do choque de Uauá, a Venâncio coube a tarefa de derrubar casas de fazendas e outras moradas, para impedir que os inimigos nelas se abrigassem. Cerca de quarenta habitações foram destruídas. Combateu até o final da guerra.

Vendeia região litorânea do S da Bretanha, França, de onde surgiu uma sublevação monárquica de camponeses, imediatamente depois da Revolução Francesa (1793), contra o regime republicano. O território bélico compreende o S do rio Loire Atlântico (região de Retz), o so de Maine e Loire (les Mauges), o N da Vendeia (le Bocage) e o N de Deux Sèvres (le Haut Poitou). Esta área é atualmente conhecida como a Vendeia Militar (47° 13' N – 1° 35' W).

Veras, Pedro Martins parente de Silvestre Rodrigues Veras e inimigo dos Maciéis.

Veras, Silvestre Rodrigues parente de Araújo da Costa e inimigo dos Maciéis.

Verzegnis Euclides alude ao episódio coletivo de possessão do demônio ocorrido entre 1878-1879, na localidade de Verzegnis, na Cárnia, próxima de Udine, Itália. Nina Rodrigues registra o episódio como dado em 1854. Foi necessário que as forças armadas interviessem para poder dissipar os fanáticos (ver Nina Rodrigues, *As Coletividades Anormais*, p. 124; 46° 5' N – 13° 14' W).

Vial, Jean-Antoine coronel, autor de obras sobre a arte militar, em particular, a *Application de la Tactique et de la Stratégie* [Aplicação da Tática e da Estratégia], manual que durante anos foi adotado nas escolas militares brasileiras. Publicou também *Causes de la Guerre de la Vendée et des Chouans, et l'Amnistie Manquée* [Causas da Guerra da Vendeia e dos Chouans, e a Anistia Fracassada, 1795].

Viana, Luís governador da Bahia (1896-1900) na época em que os primeiros conflitos entre as autoridades policiais e os conselheiristas começaram.

Viana, Manuel Nunes (Portugal, ? – Salvador, 1738) sertanista e mestre de campo do rio São Francisco (1703), moveu guerra aos índios e estabeleceu fazendas na região do Rio das Velhas, de Carinhanha, e das margens pernambucanas do São Francisco. Por volta de 1708, achava-se em luta aberta contra o guarda-mor do distrito de Caeté, Manuel de Borba Gato, e os demais paulistas da região. Foi fiel cumpridor das ordens do governo português. Alguns lhe atribuem a prática de arbitrariedades e atos cruéis. De 1715 a 1718 dedicou-se à conquista do rs. Após uma viagem a Portugal (1725-1728), fixou-se em Salvador.

Vieira, João Fernandes (Funchal, Ilha da Madeira, 1613 – pe, 1681) mulato português que muito criança emigrou para o Brasil. A partir de 1635, começou a ascender social e financeiramente devido à sua aliança com os holandeses, colaborando ativamente na instalação e no funcionamento do governo destes: foi conselheiro municipal de Olinda (1641-1643). Já em 1645 era proprietário de pelo menos cinco engenhos de açúcar. Ao mesmo tempo, figurava em segundo lugar na lista dos que mais deviam aos holandeses em pe e na pb. A indisposição de Vieira com relação à ocupação holandesa começou quando, após a saída de Maurício de Nassau, a Companhia das Índias Ocidentais passou a pressionar os devedores. A partir daí, assumiu a liderança da insurreição pernambucana, lutando no Monte das Tabocas, em 3.8.1645, e nas duas Batalhas de Guararapes (19.4.1648 e 16.2.1649), tendo sempre papel de destaque até a capitulação holandesa em 1654. Em seguida, foi governador da pb (1655-1658), sendo depois transferido para Angola (1658-1661). De volta ao Brasil, passou a residir em uma ou outra de suas fazendas na pb. Por esta época, já era um dos maiores proprietários rurais do Nordeste. Como recompensa por seus serviços, foi nomeado membro do Conselho de Guerra em Lisboa, recebeu duas comendas da Ordem de Cristo e exerceu o cargo de superintendente de todas as fortificações existentes na costa entre al e ma. O seu testamento foi publicado na *Revista do Instituto Arqueológico e Geográfico Pernambucano* 3, 25 (1869), pp. 144-149. Consultar ainda: Diogo Lopes de Santiago, "História da Guerra de Pernambuco e Feitos Memoráveis do Mestre de Campo João Fernandes Vieira".

Vieira de Aguiar, Durval (Bahia, ? – ?) chegou a comandar o Corpo de Polícia, na qualidade de tenente-coronel. Anteriormente, quando exercia o posto de capitão, em 1882, fora encarregado de inspecionar os destacamentos situados no centro da ba. Na mesma época, encarregou-lhe o governo baiano de pacificar a então vila de Xiquexique, conflagrada por questões políticas locais. Publicou *Descrições Práticas da Província da Bahia* (1888).

Vila do Conde atualmente Conde, cidade a aproximadamente 205 km da capital baiana. Era ponto terminal da navegação a vapor entre Salvador e Santo Amaro. Foi local do engenho do Conde de Linhares (11° 49' S – 37° 37' W).

Vila Nova da Rainha hoje chamada Senhor do Bonfim, a 100 km de Monte Santo, em direção O e a 120 km de Jacobina em direção N (10° 27' S – 40° 11' W). Ver Favila Nunes, *Gazeta de Notícias* de 17.8.1897.

Vila-Nova, Antônio Francisco de Assunção natural do ce, filho de José Francisco, dono da Fazenda Urucu, e de Ana Maria da Conceição. Casou-se com Teresa Jardelina de Alencar, irmã de Antônia, casada com seu irmão, o também conhecido Honório Vila-Nova, que morreu com 105 anos e foi o melhor memorialista dos tempos de Antônio

Conselheiro. Tinha ainda um outro irmão, Pedro. Ganhou o apelido toponímico depois de ter chegado a Vila-Nova da Rainha, hoje Senhor do Bonfim, em 1877, escapando das secas. Por volta de 1873, residia em Assaré, onde ficou conhecendo Antônio Conselheiro que passava por ali em peregrinação. Não se transferiu a Belo Monte movido pela fé, mas pelo interesse comercial. Ali exerceu enorme influência e era, com João Abade, um dos indivíduos mais respeitados depois do Conselheiro. Morava na praça das igrejas, em casas de telhas. Comerciante astuto, pôde acumular riquezas e fugir do arraial para o CE com a família antes do final da guerra. Segundo Honório, seu irmão, era alto, tinha barba e bigode fechados, trajava sempre calça, paletó e camisa. Havia conseguido levar consigo na escapada três ou quatro quilos de ouro quebrado e algumas joias. Não conseguiu, no entanto, levar quatro barricas de prata que enterrara.

VILA-NOVA, TOMÁS pai de André Vila-Nova e que também auxiliou os engenheiros Siqueira Meneses e Nascimento. O velho Vila-Nova tinha sido "vítima dos ódios e consequentes perseguições que obrigaram-no com sua numerosa e honrada família a refugiar-se na caatinga, dentro das furnas, situadas na Serra da Tromba" (Siqueira Meneses, *O País* de 9.9.1897).

VILAR, NESTOR (? – 1897) capitão fiscal do 2º Regimento, durante a 4ª expedição.

VILARIM, JOAQUIM QUIRINO (1854-1897) assentou praça em 7.7.1872, foi promovido a alferes em 27.10.1883, a tenente, por estudos, em 17.3.1890, e a capitão, por estudos, em 9.1.1892. Tinha o curso da arma de Infantaria e mais a 1ª e 2ª cadeiras do 2º ano. Foi capitão-ajudante do 16º Batalhão comandando frações deste e do 33º durante a 3ª expedição.

VIRGÍLIO alferes, membro do Batalhão de Polícia e da comissão de engenharia da 4ª expedição.

VITORINO PEREIRA, MANUEL (30.1.1853 – 9.11.1902) primeiro governador da BA, médico e ardoroso abolicionista. Em 1894 foi eleito vice-presidente da República durante o governo de Prudente de Morais.

VOLTA GRANDE José Calasans sugere que Volta Grande não é nome de lugar e sim de um chefe dos facínoras de Mundo Novo, BA. Teodoro Sampaio, porém, assinala-o como nome de lugar pernambucano (ver *O Rio S. Francisco e a Chapada Diamantina*, p. 53). Provavelmente, Euclides colheu informação sobre a localidade no *Jornal de Notícias* de 29.1.1897: "José Venâncio, assassino de três mortes e uma das figuras de Volta Grande".

VON DER GOLTZ, COLMAR FREIHERR (Alemanha, 1843-1916) general, instrutor e teórico de guerra da Academia Militar de Berlim (1878-1883). Escreveu sobre a organização e história militar e sobre a ideia da "nação armada". Publicou *Das Volk in Waffen* [*A Nação Armada*].

WANDERLEY, ANTÔNIO alferes que, comandando um piquete de Cavalaria, foi morto no assalto de 28 de junho. O oficial pertencia ao 5º Batalhão de Polícia, comandado por Salvador Pires de Carvalho e Aragão. Pedro Antônio Constantino Nery diz que era do 26º e que foi morto no assalto a Canudos em 18.7.1897 (ver Nery, *A Quarta Expedição*, p. 84).

WHITWORTH canhão desenhado pelo engenheiro inglês Sir Joseph Whitworth. O exército brasileiro usou o modelo de 1890, para artilharia leve, embora o seu peso fosse de quase duas toneladas. Tinha as rodas mais altas que um homem e era puxado por treze juntas de bois. O modelo posterior, de 1900, já foi construído para artilharia pesada. Batizado pelos jagunços com o nome de *matadeira*. Conhecido ainda como *burra-negra, fogo de rodas*. Foi usado na 4ª expedição e era a maior peça de artilharia de sítio em serviço no Brasil. Disparava granada, *shrapnel*, lanterneta e *bala rasa* (projétil maciço para exercício), todos de perfil sextavado coincidente com o raiamento, engraxados manualmente. Seu calibre era expresso em unidade de peso, 32 libras (14,4 kg, para uma alma de 107 mm entre os ângulos). (Barbieri, p. 32).

WOLLASTON, WILLIAM HYDE (Inglaterra, 1766-1828) respeitado químico e mineralogista que analisou pela primeira vez uma amostra do aerólito de Bendegó. Euclides assume que a divulgação do aerólito na Europa se deu em 1810, como tem aparecido até agora nas edições de *Os Sertões*, mas o aerólito não seria conhecido de Mornay até 1811, data do seu primeiro contato com a rocha; e de Wollaston até 1816. A divulgação do seu estudo foi lida em 16.5.1816 e sua publicação, em âmbito acadêmico, só se deu depois no mesmo ano.

XIMENES, MANUEL autor de *Memórias* (s.d.), livro no qual se narram os episódios biográficos da família de Antônio Conselheiro.

XIQUEXIQUE cidade baiana próxima da margem direita do São Francisco, na região da represa de Sobradinho (10° 50' S – 42° 43' W).

Bibliografia

ACADEMIA Brasileira de Letras. *Vocabulário Ortográfico da Língua Portuguesa*. Rio de Janeiro, Block Editores, 1981.
AGASSIZ, Jean Louis Rodolphe. *A Decomposição dos Penedos do Brasil*, 1866.
_____. *A Journey in Brazil*. Boston, Ticknor and Fields, 1867.
_____. *Voyage au Brésil*. Trad. Félix Vogeli. Paris, Hachette, 1869.
_____. *Viagem ao Brasil, 1865-1866*. Trad. e notas de Edgar Sussekind de Mendonça. Biblioteca Pedagógica Brasileira. São Paulo, Cia. Editora Nacional, 1938. Série 5a, Brasiliana vol. 95.
AGUIAR, Durval V. de. *Descrições Práticas da Província da Bahia* [1888]. Rio de Janeiro/Brasília, Cátedra/INL, 1979.
ALMEIDA, João Mendes de. *Algumas Notas Genealógicas*. São Paulo, Tip. Baruel, Pauperio & Cia., 1886.
ANDRADE, Olímpio de Souza. *História e Interpretação de* Os Sertões. São Paulo, Edart, 1960.
AYRES DE CAZAL, Manoel. *Corographia Brasilica, ou Relação Historico-Geographica do Reino do Brasil*. Rio de Janeiro, Impressão Régia, 1817. 2 vols.
ALBERTAZZI, Edgar Henrique. *Memórias* [ms. transcrito por José Calasans]. Biblioteca do Centro de Estudos Baianos, *Núcleo Sertão*, Salvador, BA, s.d.
ALENCAR, José de. *O Sertanejo* [1875]. São Paulo, Ática, 1982.
ALMANAK do Ministério da Guerra. Rio de Janeiro, Imprensa Nacional, 1897.
ANTONIL, André João. *Cultura e Opulência no Brasil por suas Drogas e Minas*. Lisboa, Oficina Real Deslandesiana, 1711.
ARARIPE, Tristão de Alencar. *Expedições Militares contra Canudos*. Rio de Janeiro, Imprensa do Exército, 1960.
ARARIPE Júnior, Tristão de. *O Reino Encantado: Crônica Sebastianista*. Rio de Janeiro, Tip. da *Gazeta de Notícias*, 1878.
ARAS, José. *Sangue de Irmãos*. s.l., s.d.
ARINOS, Afonso. *Os Jagunços*, [1898]. *Obra Completa*. Rio de Janeiro, INL, 1968.
AULETE, F. J. Caldas. *Dicionário Contemporâneo da Língua Portuguesa*, 2 vols., Lisboa, Imprensa Nacional, 1881. 2 vols.
BARBIERI, Aldo. "O Apocalipse de Antônio ou *Annus Irae*". *Magnum* 55 (1997), pp. 26-33.
BARLAEI [Barléus / Barléu / Barlaeus], Casparis [ou Caspar van Baerle]. *Rervm per Octennivm in Brasilia et Alibi Nuper Gestarum*. Amsterdam, Ex Typographeio Joannis Blaev, 1647.

_____. *História dos Feitos Recentemente Praticados Durante Oito Anos no Brasil*. Tradução e anotações de Cláudio Brandão. Prefácio e notas de Mário G. Ferri. Belo Horizonte/São Paulo, Itatiaia/Edusp, 1974.

BATES, Henry Walter. *The Naturalist on the River Amazons, a Record of Adventures, Habits of Animals, Sketches of Brazilian and Indian Life and Aspects of Nature under the Equator during Eleven Years of Travel*. London, John Murray, 1863.

_____. *O Naturalista no Rio Amazonas*. Tradução, prefácio e notas de Cândido de Mello-Leitão. São Paulo, Cia. Editora Nacional, 1944. 2 vols., Biblioteca Pedagógica Brasileira, série 50, Brasiliana, vols. 237, 237-A.

BEALE, Thomas. *The Natural History of the Sperm Whale to Which is Added a Sketch of a South-Sea Whaling Voyage*. London, Jon Van Voorst, 1839.

BEAUREPAIRE ROHAN, Henrique de. *As Secas do Ceará*. Rio de Janeiro, Tipografia Impr. e Const. de J. Villeneuve & C., 1877.

_____. *Dicionário de Vocábulos Brasileiros*. Rio de Janeiro, Imprensa Nacional, 1889.

BENÍCIO, Manuel. *O Rei dos Jagunços*. Rio de Janeiro, Tip. do *Jornal do Comércio*, 1899.

BERNUCCI, Leopoldo M. *Historia de un Malentendido: Un Estudio Transtextual de* La Guerra del Fin del Mundo *de Mario Vargas Llosa*. New York, Peter Lang, 1989.

_____. *A Imitação dos Sentidos: Prógonos, Contemporâneos e Epígonos de Euclides da Cunha*. São Paulo, Edusp, 1995.

BOSI, Alfredo. *História Concisa da Literatura Brasileira*. São Paulo, Cultrix, 1975.

BOSSUET, Jacques Benigne. *Discours sur l'Histoire Universelle a Monseignevr de Davphin: Pour Expliquer la Suite de la Religion & les Changements des Empires. Première Partie Depuis le Commencement du Monde Jusqu'a l'Empire de Charlemagne*. Paris, S. Mabre-Cramoisy, 1681.

_____. *Oraisons Funèbres de Bossuet* [1689]. Edição corrigida e aumentada e com um sumário biográfico. Texto estabelecido, com introdução, notas, glossário e variantes por Jacques Truchet. Paris, Garnier freres, 1967.

BOUTMY, Émile Gaston. *Études de Droit Constitutionnel: France, Angleterre, États-Unis*, 20ª edição. Paris, E. Plon, Nourrit, 1888.

_____. *Essai d'une Psychologie Politique du Peuple Anglais au XIXe Siècle*. Paris, A. Colin, 1901.

BRANDÃO, Adelino. "Euclides e Victor Hugo". *Enciclopédia de Estudos Euclidianos*, 1. Org. e coord. de Adelino Brandão. Jundiaí, Gráfica-Editora Jundiá, 1982, pp. 23-45.

BRÍGIDO [dos Santos], João. "Antônio Conselheiro – Sua Família – Crimes Célebres – Maciéis e Araújos". *Jornal de Notícias* (Salvador, BA), 23.12.1896; também no *Jornal do Commercio* (RJ) (1.4.1897).

BROCA, Paul. *Recherches sur l'Hybridité Animale en General et sur l'Hybridité Humaine en Particulier Considerées dans Leurs Rapports avec la Question de la Pluralité des Espèces Humaines*. Paris, Imprimerie de J. Claye, 1860.

BUCKLE, Henry Thomas. *History of Civilization in England*. London, J. W. Parker and Son, West Strand, 1857.

CALASANS, José. *Quase Biografias de Jagunços*. Salvador, Centro de Estudos Baianos, UFB, 1986.

_____. "Apresentação" do *Relatório Apresentado pelo Revd. Frei João Evangelista de Monte Marciano ao Arcebispado da Bahia sobre Antônio Conselheiro e seu Séquito no Arraial de Canudos – 1895*. Salvador, BA, Centro de Estudos Baianos da UFB, 1987, pp. 5-9.
CALMON, Pedro. *A Conquista: História das Bandeiras Baianas*. Rio de Janeiro, Imprensa Nacional, 1929. Tese de Concurso à Cadeira de História do Brasil da Escola Normal do Rio de Janeiro.
CÂMARA CASCUDO, Luís. *Locuções Tradicionais no Brasil – Coisas que o Povo Diz*. Belo Horizonte/São Paulo, Itatiaia/Edusp, 1986.
CAMPOS, Augusto e Haroldo de. *Os Sertões dos Campos: Duas Vezes Euclides*. Rio de Janeiro, Sette Letras, 1997.
CAMPOS MORENO, Diogo de. *Livro que Dá Razão do Estado do Brasil*, [1612]. Edição crítica, com introdução e notas de Hélio Vianna. Recife, Arquivo Público Estadual, 1955. Também em Cândido Mendes de Almeida, *Memórias para a História do Extinto Estado do Maranhão*. Rio de Janeiro, 1874, vol. II.
_____. *Jornada no Maranhão Feita por Jerônimo de Albuquerque em 1614*. Em *Coleção de Notas para a História e Geografia das Nações Ultramarinas*, 1, Lisboa, 1812.
CAPANEMA, Guilherme Schuch de. *Apontamentos Sobre Secas do Ceará*. Rio de Janeiro, *Jornal do Commercio* de 23.10.1877; e Tipografia Nacional, 1878.
_____. "Trabalhos da Commissão Científica de Exploração". Parte I. Rio de Janeiro, 1862. Secção Geológica, pp. 120-143.
CARDIM, Fernão. *Narrativa Epistolar de uma Viagem e Missão Jesuítica*. Lisboa, 1847.
_____. *Do Princípio e Origem dos Índios do Brasil e de seus Costumes, Adoração e Cerimônias*. Rio de Janeiro, Tipografia da *Gazeta de Notícias*, 1881.
_____. *Do Clima e Terra do Brasil*. Dir. de Fernando Mendes de Almeida e Capistrano de Abreu. *Revista Mensal da Seção da Sociedade de Geografia de Lisboa no Rio de Janeiro*, 1881-1885.
_____. *Tratados da Terra e Gente do Brasil*. [Inclui as três obras anteriores]. Introdução e notas de Batista Caetano, Capistrano de Abreu e Rodolfo Garcia. Rio de Janeiro, J. Leite & Cia., 1925.
CARVALHO, José Carlos de. *Meteorito de Bendegó*. Rio de Janeiro, Imprensa Nacional, 1888.
CONTEJEAN, Charles Louis. *Éléments de Géologie et de Paléontologie*. Paris, J.-B. Baillière, 1874.
_____. *Géographie botanique; influence du terrain sur la végétation*. Paris, J.-B. Baillière et Fils, 1881.
_____. *La Mécanique du Couer*. s.l., s.d.
CORRÊA, Nereu. "A Tapeçaria Linguística de *Os Sertões*". *A Tapeçaria Linguística de* Os Sertões *e Outros Estudos*. São Paulo/Brasília, Quíron/INL, 1978.
COUTO DE MAGALHÃES, José Vieira. *O Selvagem*. Rio de Janeiro, Tipografia da Reforma, 1876.
CUNHA, Euclides da. *Os Sertões*. Ed. crítica por Walnice Nogueira Galvão. São Paulo, Brasiliense, 1985.
_____. *Os Sertões*, 3ª. ed. corrigida. Rio de Janeiro/São Paulo, Laemmert & C., 1905.
_____. *Os Sertões*. 2ª. ed. preparada por Alfredo Bosi, com texto cotejado e estabelecido por Hersílio Ângelo. São Paulo, Cultrix, 1975.

_____. *Rebellion in the Backlands*. Trad. Samuel Putnam. Chicago/London, The University of Chicago Press, 1944.

_____. *Los Sertones*. Prólogo, notas e cronologia de Walnice Nogueira Galvão. Trad. Estela dos Santos. Caracas, Ayacucho, 1980.

_____. *Hautes Terres: La Guerre de Canudos*. Trad. Jorge Coli e Antoine Seel. Paris, Éditions Métailié, 1993.

_____. *Krieg im Sertão*. Trad. Berthold Zilly. Frankfurt am Main, Suhrkamp Verlag, 1994.

_____. *Obra Completa*. Org. de Afrânio Coutinho. Rio de Janeiro, José Aguilar, 1966, 2 vols.

_____. *Caderneta de Campo*. Introdução, notas e comentários de Olímpio de Souza Andrade. São Paulo, Cultrix, 1975.

_____. *Canudos e Inéditos*. Org. de Olímpio de Souza Andrade. São Paulo, Melhoramentos, 1967.

_____. *Euclides da Cunha*. Org. de Walnice Nogueira Galvão. São Paulo, Ática, 1984.

_____. *À Margem da História*. Leopoldo M. Bernucci e Felipe Rissato (orgs.); Leopoldo M. Bernucci e Francisco Foot Hardman (coords.). São Paulo: Editora Unesp, 2019.

DANTAS BARRETO, Emídio. *Última Expedição a Canudos*. Porto Alegre, Franco & Irmão, 1898.

DANTAS, Paulo. "Cronologia de Euclides". *Os Sertões: 80 Anos de Publicação* (catálogo). São Paulo, Museu de Arte de São Paulo, 1982-1983.

DERBY, Orville Adelbert. "Contribuições para o Estudo da Geologia do Vale do Rio São Francisco". *Arquivos do Museu Nacional*, vol. IV (1879), pp. 87 e ss.

_____. "Os Picos Altos do Brasil". *Revista da Sociedade de Geografia do Rio de Janeiro* (1889-1890).

_____. "Os Primeiros Descobrimentos de Ouro nos Distritos de Sabará e Caeté". *Revista do Instituto Histórico e Geográfico de São Paulo* (1899-1900), pp. 240-278.

DRAENERT, Frederico Maurício. "Meteorologia da Parte Setentrional da Bahia de Todos os Santos". *Revista de Engenharia*, ano 4, n. 2-5, 8 e 10 (1882).

_____. *O Clima do Brazil*. Rio de Janeiro, Tip.-Litografia de Carlos Schmidt, 1896.

DUPLAY, Simon Emmanuel. *Leçons sur les Traumatismes Cérébraux*. Paris, 1883.

ENCICLOPÉDIA *dos Municípios*. Vols. 5, 20-21, *Nordeste*. Rio de Janeiro, IBGE, 1958.

ESCHWEGE, Wilhelm Ludwig von. "Extrato de uma Memória sobre a Decadência das Minas de Ouro da Capitânia de Minas Gerais, e Sobre Vários Objetos Montanísticos". Lisboa, Academia Real de Ciências, *Memórias*, t. pt. IV (1811), 20 pt., pp. 65-67.

_____. *Pluto Brasiliensis*. Berlin, G. Reimer, 1833.

_____. *Pluto Brasiliensis*. Trad. Domício de Figueiredo Murta. São Paulo, Cia. Editora Nacional, 1944. Biblioteca Pedagógica Brasileira, série 50, Brasiliana, vols. 257 e 257-A.

FACIOLI, Valentim A. *Euclides da Cunha: a Gênese da Forma*. Faculdade de Filosofia, Letras e Ciências Humanas, USP, 1990. Tese de Doutorado.

FERREIRA, Aurélio Buarque de Holanda. *Dicionário Aurélio Eletrônico*. v.2.0. São Paulo, Nova Fronteira, 1996.

FIGUEIREDO, Cândido de. *Novo Dicionário da Língua Portuguesa*, 11ª. ed., Lisboa/Rio de Janeiro, Bertrand/W. M. Jackson, Inc., 1949. 2 vols.

FONTES, Leone Coelho. *O Treme-Terra: Moreira César, a República e Canudos*. Petrópolis, Vozes, 1996.

FONSECA, João Severiano da. *Viagem ao Redor do Brasil, 1875-1878*. Rio de Janeiro, Tipografia de Pinheiro & C., 1880, 2 vols.
FOUILLÉE, Alfred Jules Émile. *L'Idée Moderne du Droit* [1878]. 2ª ed. Paris, Hachette, 1883.
_____. *Le Mouvement Positiviste et la Conception Sociologique du Monde*. Paris, F. Alcan, 1896.
FOVILLE, Achille Louis. *Traité Complet de l'Anatomie, de la Physiologie et de la Pathologie du Systéme Nerveux Cérébro-spinal...* Paris, Fortin, Masson, 1844.
FRANCO, Francisco de Assis Carvalho. *Dicionário de Bandeirantes e Sertanistas do Brasil*. São Paulo, Comissão do IV Centenário da Cidade de São Paulo, 1954.
GALENO DA COSTA E SILVA, Juvenal. *Lendas e Canções Populares*. Ceará, Tipografa de João Evangelista, 1865.
GALVÃO, Walnice Nogueira. *No Calor da Hora: A Guerra de Canudos nos Jornais*. São Paulo, Ática, 1977.
_____. "Euclides, Elite Modernizadora e Enquadramento". Em *Euclides da Cunha*. Org. de Walnice Nogueira Galvão. São Paulo, Ática, 1984, pp. 7-37.
GAMA, José Bernardo Fernandes. *Memórias Históricas da Província de Pernambuco*. Pref. de Mauro Mota. Recife, Secretaria da Justiça, Arquivo Público Estadual, 1977, 4 vols.
GARCIA DE RESENDE. *Cancioneiro Geral* [1516]. Nova ed. preparada por A. J. Gonçalves Guimarães. Coimbra, Imprensa da Universidade, 1910-1917. 5 vols., ed. fac-símile.
_____. *Crónica de El-Rei D. João II* [1545]. Cf. a edição de 1622. Lisboa, Escriptorio, 1902, 3 vols.
GARDNER, George. *Travels in the Interior of Brazil, Principally Through the Northern Provinces, and the Gold and Diamond Districts, During the Years 1836-1841*. London, Reeve, Brothers, 1846.
GAZETTEER, n. 71, Brazil. Office of Geography, Department of Interior. Washington, DC, jan. 1963.
GERBER, Henrique. *Noções Geográficas e Administrativas da Província de Minas Gerais*. Rio de Janeiro, 1863.
GLIDDON, George Robins. *Types of Mankind*. Org. dos trabalhos de Samuel George Morton. Philadelphia, Lippincott, Grambo & Co., 1854.
GOMES, Eugênio. *Visões e Revisões*. Rio de Janeiro, Ministério da Educação e Cultura/INL, 1958.
GRAHAM, R. B. Cunninghame. *A Brazilian Mystic*. New York, The Dial Press, 1925.
GUMPLOWICZ, Ludwig. *Race und Staat*. Wien, Manz, 1875.
_____. *Der Rassenkampf. Sociologische Untersuchungen*. Innsbruck, Wagner'sche Univ.--Buchhandlung, 1883.
_____. *Sociologie und Politik*. Leipzig, Duncker & Humblot, 1892.
_____. *La Lutte des Races; Recherches Sociologiques*. Trad. M. Charles Baye. Paris, Guillaumin et Cie., 1893.
HANN, Julius von. *Handbuch der Klimatologie* [1883]. Stuttgart, J. Engelhorns nachf., 1932.
HARTT, Charles Frederick. *Thayer Expedition, Scientific Results of a Journey in Brazil by Louis Agassiz and His Travelling Companions – Geology and Physical Geography of Brazil by Ch. Fred. Hartt. Professor of Geology in Cornell University*. Boston, Fields, Osgood & Co., 1870.

_____. *Geologia e Geografia Física do Brasil*. Introdução de E. Roquette-Pinto. Trad. de Edgar Süssekind de Mendonça e Elias Dolianiti. São Paulo, Cia. Editora Nacional, 1941.

_____. "Morgan Expeditions, 1870-1871. Contributions to the Geology and Physical Geography of the Lower Amazonas. The Ereré – Monte-Alegre District and the Table-Topped Hills". *Bulletin of the Buffalo Society of Natural Science*, Buffalo, NY, jan. 1874, pp. 201-235.

HEGEL, Georg Wilhelm Friedrich. *Die Phänomenologie des Geistes*. Bamberg und Würzburg, Joseph Anton Goebhardt, 1807.

_____. *Encyclopädie der philosophischen Wissenschaften im Grundrisse* [1817]. Heidelberg, A. Oswald, 1827.

HERSCHELL, [Sir] Frederick William. *Light*. London, 1845.

_____. *Outlines of Astronomy*. Philadelphia, Lea & Blanchard, 1849.

_____. *A General Catalogue of Nebulæ and Clusters of Stars, Arranged in Order of Right Ascension and Reduced to the Common Epoch 1860. (With Precessions Computed for the Epoch 1880)*. London, Taylor & Francis, 1864.

HOBBES, Thomas. *Leviathan*, [1615]. Introdução de A. D. Lindsay. London/New York, J. M. Dent/E. P. Dutton, 1914.

HORCADES, Alvim Martins. *Descrição de uma Viagem a Canudos*. Bahia, Lito-Tipografia Tourinho, 1899.

HUGO, Victor. *Quatrevingt-treize* [1874]. Paris, Garnier, 1963.

_____. *O Noventa e Três*. São Paulo, Clube do Livro, 1945.

HUMBOLDT, F. W. H. Alexander von. *Voyage aux Régions Équinoxiales du Nouveau Continent: Fait en 1799, 1800, 1801,1802, 1803 et 1804 par Al. de Humboldt et A. Bonpland* [1805-1834]. Redigida por Alexandre von Humboldt. Paris, Dufour, 1814-1834.

HUXLEY, Thomas Henry. *Evidence as to Man's Place in Nature*. London, Williams and Norgate, 1863.

IRENEU, Santo. *Contra os Heréticos*, c. 180 d.C. (em grego); 200 ou 400 d.C.? (em latim).

JOFFILY, Ireneo Geraldo. *Notas sobre a Paraíba*. Rio de Janeiro, Tipografia do *Jornal do Commercio*, 1892.

JOMINI, Antoine Henri. *Traité des Grandes Operations Militaires, Contenant l'Histoire Critique des Campagnes de Frédéric II, Comparées à celles de l'Empereur Napoléon: avec un Recueil des Principes Généraux de l'Art de la Guerre*. 2ª ed. Paris, Magimel, 1811-1816.

JÚLIO CÉSAR. *Los Comentarios de Cayo Julio César* [45 a.C.]. Trad. Diego López. Toledo, Peter Hagembach for Melchior Gorricio, 1498.

KLOPSTOCK, Friedrich Gottlieb. *Der Messias*. Halle, Hemmerde, 1751-1773.

_____. *O Messias*. Poema em dez cantos trad. do francês. Porto, Oficina de P. Ribeiro França & Maria Emery, 1792, 2 vols.

LIAIS, Emmanuel. *Climats, Géologie, Faune et Géographie Botanique du Brésil*. Paris, Garnier Frères, 1872.

LISBOA, João Francisco. *Vida do Padre Antônio Vieira* [1865]. Rio de Janeiro, B. L. Garnier, 1891.

_____. *Apontamentos para a História do Maranhão*, vols. II e III. *Obras de João Francisco Lisboa*. Precedidas de uma Notícia Biográfica pelo Dr. Antônio Henriques Leal. Editores e revisores Luís Carlos P. de Castro e o Dr. A. Henriques Leal. São Luís do Maranhão, 1864.

LUCIANO [de Samosata]. *Alexandre* [do Abonótico] ou *o Falso Profeta*.

Lund, Peter Wilhelm. *Memórias Científicas*. Trad. Leônidas Damásio. Belo Horizonte, Biblioteca Mineira de Cultura, 1935.

Marco Aurélio [Imperador de Roma]. *Meditações*, [c. 167 d.c.]. Introdução de Jaime Bruna. São Paulo, Cultrix, 1964.

Martius, Carl Friedrich Philipp von. *Reise in Brasilien auf Befehl Sr. Majestät Maximilian Joseph I., Königs von Baiern, in den Jahren 1817 bis 1820 gemacht und beschrieben von Dr. Joh. Bapt. von Spix...; und Carl Friedr. Phil. von Martius...*Munchen, M. Lindauer, 1823-1831, 3 vols.

_____. *Viagem pelo Brasil*. Em colaboração com Johann Baptist von Spix. Excertos e ilustrações. O texto desta edição foi baseado na tradução original de Lúcia Furquim Lahmeyer, revista por B. F. Ramiz Galvão e Basílio de Magalhães. Rio de Janeiro, Imprensa Nacional, 1938, 4 vols.

_____. *Flora Brasiliensis; Seu Enumeratio Plantarum in Brasilia tam sua Sponte quam Accedente Cultura Provenientium, quas in Itinere Auspiciis Maximiliani Josephi I. Bavariae regis annis 1817-1820 peracto collegit,...* Stuttgart, J. G. Cotta, 1829-1833, 2 vols.

_____. *Flora Brasiliensis: Enumeratio Plantarum in Brasilia...* Weinheim, J. Cramer, 1967, 15 vols.

Maudsley, Henry. *The Physiology and Pathology of the Mind.* New York, Appleton, 1867. Também trad. ao francês como *Pathologie de l'Ésprit*. Paris, Baillière, 1883.

Memória *Sobre o Estado da Bahia*. Feita por ordem do Exmo. Sr. Dr. Joaquim Manuel Rodrigues Lima, Governador do Estado da Bahia, pelo Dr. Francisco Vicente Viana. Salvador, ba, Tip. e Encad. do *Diário da Bahia*, 1893.

Monte Marciano, [Frei] João Evangelista de. *Relatório Apresentado pelo Revo. Frei João Evangelista de Monte Marciano ao Arcebispo da Bahia sobre Antônio Conselheiro e seu Séquito no Arraial de Canudos*. Bahia, Tipografia do *Correio de Notícias*, 1895.

Monterroyo Mascarenhas, José Freire de. *Os Orizes Conquistados, ou Notícia da Conversão dos Indômitos Orizes Procazes, Povos Bárbaros & Guerreiros do Sertão do Brasil, Novamente Reduzidos à Santa Fé Católica, & à Obediência da Coroa Portuguesa. Com a qual se Descreve Também a Aspereza do Sítio da sua Habitação, a Cegueira da sua Idolatria, & Barbaridade dos seus Ritos...* Lisboa, Na Oficina de Antônio Pedroso Galram, 1716. Há outra edição do mesmo ano publicada por Pascoal da Silva em Lisboa.

Moreira Guimarães, João Maria. "O Livro de Euclides da Cunha". *Juízos Críticos*. Rio de Janeiro, Laemmert, 1904, pp. 71-88.

Mornay, A. F. [De]. "An Account of the Discovery of a Mass of Native Iron in Brasil" [sic], *Philosophical Transactions of the Royal Society of London* 106 (1816), pp. 270-280.

Morton, Samuel George. *Crania Americana: or, a Comparative View of the Skulls of Various Aboriginal Nations of North and South America: to Which is Prefixed an Essay on the Varieties of the Human Species.* Philadelphia, J. Dobson, 1839.

_____. *Selected Papers*. Em Norton, J. C. e Gliddon, Geo. R., *Types of Mankind*. Philadelphia, Lippincott, Grambo & Co.,1854.

Nery, A. Constantino. *A Quarta Expedição contra Canudos*. Belém, pa, Tip. de Pinto Barbosa & Cia., 1898.

Nina Rodrigues, Raimundo. "A Loucura Epidêmica de Canudos". *Revista Brasileira* 12 (1897), pp. 129-144.
_____. *As Coletividades Anormais*. Rio de Janeiro, Civilização Brasileira, 1939.
Nóbrega, [Pe.] Manuel da. *Cartas do Brasil e mais Escritos do P. Manuel da Nóbrega*. Introdução e notas de Serafim Leite. Coimbra, Universidade de Coimbra, 1955.
Novaes, José de Campos. *Origens Caldeanas do Judaísmo*. São Paulo, Gerke, 1899.
_____. "*Os Sertões (Campanha de Canudos) por Euclides da Cunha*". *Revista do Centro de Ciências, Letras e Artes* 1 (Campinas, 1903), pp. 45-55.
Oliveira, Émerson Ribeiro. "O 'Estouro da Boiada' (Pesquisa à Margem de um Texto de Os Sertões)". *Enciclopédia de Estudos Euclidianos*, 1. Org. e coord. de Adelino Brandão. Jundiaí, Gráfica-Editora Jundiá, 1982, pp. 81-99.
Oliveira Martins, Joaquim Pedro de. *História de Portugal* [1879]. Europa-América Editores, s.l., s.d., 2 vols.
_____. *Portugal em África; a Questão Colonial, o Conflito Anglo-Português*. Porto, Chardron, 1891.
Ordens do Dia, 1897. Rio de Janeiro, Ministério do Exército, 1898.
Pereira de Queiroz, Maria Isaura. *O Messianismo no Brasil e no Mundo*. São Paulo, Dominus Editora, 1965.
Pereira da Costa, Francisco Augusto. *Em Prol da Integridade do Território de Pernambuco e dos seus Limites com o Estado de Alagoas*. Recife, Tip. do *Jornal do Recife*, 1896 (folheto).
_____. *Dicionário Biográfico de Pernambucanos Célebres*. Recife, Tipografia Universal, 1882.
Pompeu de Sousa Brasil, Tomás. *Memória sobre o Clima e Secas do Ceará*. Rio de Janeiro, Tipografia Nacional, 1877.
Rebouças, André. *A Seca nas Províncias do Norte*. Rio de Janeiro, Tipografia de G. Leuzinger & Filhos, 1877.
Renan, Ernest. *Histoire des Origines du Christianisme*. Paris, Michel Levy Frères, 1863-1883, 7 vols.
_____. *História das Origens do Cristianismo*. Porto, Livraria Chardron, 1925.
_____. *Marc-Aurèle et la Fin du Monde Antique* [1882]. 6ª ed. Paris, Calmann Levy, 1894.
Ribeiro, João. *História do Brasil*. Rio de Janeiro, Livraria Cruz Coutinho, 1900.
Richardson, Samuel. *Clarissa, or The History of a Young Lady* [1747-1748]. Edição e introdução de John Angus Burrell. New York, Modern Library [1950].
Rocha Pita, Sebastião da. *Historia da America Portugueza*. Lisboa Occidental, Na Officina de Joseph Antonio da Sylva,1730.
Romero, Sílvio Vasconcelos da Silveira Ramos. *Cantos Populares do Brasil*. Coligidos pelo Dr. Sílvio Romero [...] e acompanhados de introdução e notas comparativas por Teófilo Braga. Lisboa, Nova Livraria Internacional, 1883.
_____. "A Poesia Popular no Brasil". *Revista Brasileira*, tomo I, 1879.
_____. *A Filosofia no Brasil*. Porto Alegre, Tip. da Deutsche Zeitung, 1878.
Ruiz de Montoya, Antonio. *Vocabulario y Tesoro de la Lengua Guaraní, o Más Bien Tupí* [1639]. Viena, Faesy y Frick, 1876.
_____. *Conquista Espiritual Hecha por los Religiosos de la Compañía de Jesús*. Madrid, Imprenta del Reino, 1639.

SAINT-HILAIRE, Augustin François C. P. de. *Voyages dans l'Intérieur du Brésil*. Paris, 1830-1851.
SAMPAIO, Teodoro Fernandes. *O Tupi na Geografia Nacional*. Memória lida no Instituto Histórico e Geográfico de São Paulo. São Paulo, Casa Eclética, 1901.
_____. *O Rio de S. Francisco: Trechos de um Diário de Viagem e A Chapada Diamantina*. São Paulo, Escolas Profissionais Salesianas, 1905.
SANTANA, José Carlos Barreto de. *Ciência e Arte: Euclides da Cunha e as Ciências Naturais*. Feira de Santana, BA, Hucitec/Editora da Universidade Estadual de Feira de Santana, 2001.
SIGHELE, Scipio. *La Foule Criminelle*. Trad. Paul Vigny. Paris, Félix Alcan, 1892.
SOARES, Henrique Duque-Estrada de Macedo. *A Guerra de Canudos* [1902]. Rio de Janeiro/Brasília, Philobiblion/INL, 1985.
SOARES DE SOUSA, Gabriel. *Notícia do Brasil. Coleção de Notícias para a História e Geografia das Nações Ultramarinas*, 2ª ed., tomo III, parte 1. Lisboa, Academia Real das Ciências, 1825.
TAINE, Hippolyte-Adolphe. *Essais de Critique et d'Histoire*. Paris, L. Hachette et Cie., 1858.
_____. *Histoire de la l'Littérature Anglaise*. Paris, L. Hachette et Cie., 1863-1864.
_____. *Essai sur Tite Live*. Paris, L. Hachette et Cie., 1860.
TANZI, Eugenio. *Il Folk-lore nella Patologia Mentale*, 1890.
_____. *Al Limiti della Psicologia. Discorso Inaugurale*, 1896.
_____. *Trattato delle Malattie Mentali*, 3ª ed. Milano, Società Editrice Libraria, 1904.
_____. *Psichiatria Forense*. Milano, Vallardi, 1911.
TAQUES DE ALMEIDA PAES LEME, Pedro. *Nobiliarquia Paulistana, Histórica e Genealógica* [1742-1763]. 5ª edição com uma biografia do autor e estudo crítico de sua obra por Afonso d'Escragnolle Taunay. Belo Horizonte/São Paulo, Itatiaia/Edusp, 1980, 3 vols.
_____. *Informação Sobre as Minas de São Paulo. A Expulsão dos Jesuítas do Colégio de São Paulo*, [1772]. São Paulo, Melhoramentos, 1900. Também como *Notícias das Minas de São Paulo e dos Sertões da mesma Capitania*. Introdução e notas de Afonso d'Escragnolle Taunay. Belo Horizonte/São Paulo, Itatiaia/Edusp, 1980.
TAUNAY, Alfredo Maria Adriano d'Escragnolle. *A Retirada da Laguna: Episódio da Guerra do Paraguai* [1871]. Tradução da 5ª. edição francesa por Afonso d'Escragnolle Taunay. São Paulo, Melhoramentos, 1935.
_____. "Relatório Geral da Comissão de Engenheiros juntos às Forças em Expedição para a Província de Mato Grosso (1865-1866)". *Revista Trimestral do Instituto Histórico Geográfico e Ethnografico do Brasil, 37,* Parte II (Rio de Janeiro, 1874), pp. 79-177, 209-336.
TÁVORA, Franklin. *Lourenço: Crônica Pernambucana* [1881]. Introdução de Aníbal Fernandes. São Paulo, Martins, 1972.
TERTULIANO. *Apologeticus adversus gentes*. Veneza, 1515.
_____. *De Baptismo*. Em *Tertullian's Treatises: Concerning Prayer, Concerning Baptism*. Trad. Alexander Souter. London/New York, Society for Promoting Christian Knowledge/Macmillan, 1919.
_____. *De Oratione liber*. London, S.P.C.K., 1953.
_____. *De Fuga in Persecutione*. Io. Bapt. Paraviae et Sociorum, 1932.

TRAJANO DE MOURA, Júlio. *Do Homem Americano (Ensaio de Etnologia)*. Rio de Janeiro, Tipografia e Litografia de C. G. da Silva, 1889.

TUCÍDIDES. *História da Guerra do Peloponeso*. Tradução e notas de Mário da Gama Kury. Brasília, UNB, c. 1982.

TYNDALL, John. *Heat as a Mode of Motion* [1863]. London, Longman/Green/Longman, Roberts, & Green, 1865.

_____. *Lectures on Light*. New York, D. Appleton and Co., 1873.

VALENTE, Décio. "Vida e Obra de Euclides da Cunha". *Vida e Obra de Euclides da Cunha*. São Paulo, Banco do Estado de S. Paulo, 1966, pp. 3-56.

VARNHAGEN, Francisco Adolfo. *História Geral do Brasil*. Rio de Janeiro, Laemmert, 1854-1857.

VIAL, Jean-Antoine. *Causes de la Guerre de la Vendée et des Chouans, et l'Amnistie Manquée*. Angers, Impr. de Jahyer et Geslin, 1795.

VON DER GOLTZ, Colmar. *Das Volk in Waffen*. Berlin, R.v. Decker (G. Schenck), 1925.

XIMENES, Manuel. *Memórias*. s.l., s.d.

Índice Remissivo

A
Abade, João, 285, 297, 365, 397, 450, 567, 641
Abissínia, 458
aboiado, 25, 205, 208, 573
abolição do tráfico de escravos, 145
abolicionismo, ver abolição do tráfico de escravos, 145, 673n
Abonótico, Alexandre do, 232
acampamento em Canudos (últimos dias), 633-648
acaroases, 181
Acaru, Serra do, 89
achantis, 224, 445
Aché, Napoleão Felipe, 604n
Açuruá, 73, 184-185, 303; minas de chumbo de, 303
adamitas, 232
Adorno, Dias, 173
África, 23, 127, 134n, 142, 167n, 180n, 222n, 224n, 232n, 702n
Agassiz, Jean Louis R., 86, 713n
agreste, 78-79n, 174, 215, 327, 359, 417
aguardente, 209, 238; vício sertanejo, 263; em Canudos, 275-276n
Aguiar, Durval Vieira de, 121n, 200n, 209n, 215n-216n, 255n, 279n, 302n, 304n, 306n, 314n, 353n
Aguiar, Joaquim de, 512
Aguiar e Silva (capitão), 693
Aimorés, Serra dos, 70
aiós, 266, 318, 426

Aires de Casal, 175n
Alagoas, 101, 310n, 321
Alagoinhas, 52, 77-78, 249, 280, 393, 455
Albertazzi, (dr.) Edgard Henrique, 360n, 363n-364n, 533n
Alcácer-Quibir, 220-221n
alecrins-dos-tabuleiros, 112
Alencar, Carlos de, 476, 489, 546
Alencar, José de, 26, 40, 133
Alencar Araripe, Tristão Sucupira de, 455n, 498, 519
Alêutica, ponte, 141
almas do outro mundo, 354
Almeida, João Mendes de; *ver* Mendes de Almeida, (dr.) João, 158n, 176n
Alto Amazonas, região do; *ver* região do Alto Amazonas, 153
Alto do Mário (morro), 417, 433, 438, 489, 624, 665
Álvares, Bastião, 162
Amaral Savaget, (general) Cláudio do, 463, 465, 481, 487, 495, 497, 499, 503-506, 509-510, 513-514, 541, 545, 576, 581, 591
Amazonas, 86, 128, 153, 154, 156-157n, 160-161, 333, 593-594, 605, 631, 643, 667
Amazonas, rio; *ver* rio Amazonas; Amazonas
ambiente físico, variabilidade do, no Brasil, 146-162; *ver também* meio ambiente
ambulâncias, 433, 435, 438, 538
América do Norte, 73n, 288, 583

América do Sul, 73n, 121n, 582
América meridional, 225n
Américas, 86, 73n, 122n, 131n, 141; raças das: autoctonismo; como centro de criação das, 141
Américo, (coronel) José; *ver* Souza Velho, (coronel) José Américo C. de 406n, 477
"amigos do império"; *ver* Unión Internacional de los Amigos del Imperio del Brasil", 583
amor livre em Canudos, 251, 274, 288n
anacardia humilia, 109
Anadia (visconde de), 304n
Anchieta do Norte, 337
Andes, 18, 86-87, 125, 131; cordilheira dos, 120n
Andrade Guimarães, (general) Artur Oscar de, 458, 461, 468, 475, 486, 518, 532, 534, 537, 555, 560, 571, 590, 605n, 610, 627, 637
Andrade Guimarães, (general) Carlos Eugênio de, 594, 616, 629
Andrade Neves, 498
angico (planta), 121, 446, 571
Angico (localidade), 284, 406-407, 414, 443, 484, 487-488, 490, 530, 532, 544, 571; riacho/córrego, 444, 482; árvore combates do, 592
Anhanguera, 162
Anjos, (capitão) José Xavier dos, 545
Antônio, Santo; *ver* Santo Antônio 76-78, 277-278n, 313, 403, 641
animismo, 219, 224n, 286
Anteu, 329
AntiCristo, 19, 252, 290; Moreira César como, 398
antimilitarismo de Euclides, 345-350, 654--656.
Antonil, 176n
Antropismo; *ver* antropomorfismo
antropomorfismo, 219n
apatia, 135, 155, 192, 197, 221, 467, 543n, 594, 601
Apocalipse, 250

Apóstolo (jornal), 452
Arábia, 128
Árabes na Tunísia, 133
Aracaju, 464-465, 497
Aracapá, 181
Aracati, Serra do, 89, 354, 391, 473-474, 476--478, 571, 584, 591
Aracatiaçu, 236
Araripe Júnior, 228n
Araripe, Tristão Sucupira de Alencar; *ver* Alencar Araripe, Tristão Sucupira de
araticuns, 121
Araújo, Manuel de, 239
Araújo, Pascoal de, 162
Araújo da Costa, 235
Araújo Góis, (major) Florismundo Colatino dos Reis, 605
Araújo Lima, 397n
Araújo Pantoja, (coronel) Donaciano de, 463, 497, 546, 605n
Araújos (os), 234-240
araxá, 183
Araxá, 183n
arcos dos jagunços: "transição entre as armas dos selvagens e a antiga besta de polé", 396; *ver também* armas: dos habitantes de Canudos
armas: dos habitantes de Canudos, 267, 292, 295, 317; dos jagunços contrastadas com as dos soldados, 318; dos jagunços nos Tabuleirinhos, 361; clavina, 237n; lazarina, 198n; espingarda de Braga (*pica-pau*), 267, 412; piques, 267n; montantes, 267n; bacamartes, 267n; preparação de, 396; *ver também* mosquetão; metralhadoras; Krupp (canhões); arcos; *guiada*; facão *jacaré*; mannlinchers; *Mauser* (rifles); *parnaíba*; trabucos; foices; espingardas; vara-paus.
Arsenal de Guerra, na Bahia, 579
Artilharia, 318, 341, 350-351, 438; tentativa de capturar o canhão, 363; repetição da tentativa, 370, 531, 585-587

Artur Oscar (general), de Andrade Guimarães, *ver* Andrade Guimarães, (general) Artur Oscar de
Assis, (major) João Pacheco de; *ver* Pacheco de Assis, (major) João
Atacama, 18, 125
Atanásio, Serra do, 89, 351
atavismo: definição, 140n; tendência atávica das raças mestiças, 219; característica atávica da religião mestiça, 187; Antônio Conselheiro como exemplo de, 229, 231; Pajeú, como exemplo de atavismo recessivo, 367-368; fervor dos jovens republicanos como manifestação de, 558-559; *ver também* hereditariedade
atiradores, 318, 325, 348, 395, 407, 411-412, 415, 428, 469, 480, 486, 494, 502-503, 505, 548-549, 553, 564, 622, 624
Atlântico, oceano, 62, 86, 127; e o deserto do norte da África, 23, 159; plano para destilar a água salgada para aliviar a seca nos sertões, 136
Aurélio, Marco, 232
Austrália, 101, 128, 156
"Ave Maria" em Canudos, 412, 431-432, 536, 539, 558, 603
Ávila (tenente/capitão), 385n, 430
Azambuja, (tenente) Marcos Pradel de, 407
azenegues, 167

B
bacamarte(s), 199n, 267, 275, 285, 292, 296, 396, 423, 473, 603
Bahia, porto da, 582
Bahia, cidade da, 78, 222, 257n, 262; *ver também* Salvador
Bahia, Província e Estado da, 18, 53, 68, 71, 73, 75-76, 86-87, 105, 132, 139, 146, 160-161, 164, 166, 168, 176n, 179, 181, 183n-184, 222-223, 228, 243, 245, 248, 255n, 261, 276; clima da, 53; litoral da, 68; orografia da, 71, 75
"baianos", na região do rio S. Francisco, 162-164, 168, 193, 359; durante a corrida do ouro; termo genérico, 176; vaqueiros que trabalham nas minas, 175; *ver também* "paulistas" na região do rio S. Francisco
baionetas, descrição, 32, 289n, 312; cargas de, nas caatingas, 315, 325-326, 328; em Canudos, 390, 421-422; na Serra de Cocorobó, 454, 488, 496; em Macambira, 505, 510; uma carga "nominal" de baionetas, 512, 523
baixas: no morro da favela (Quarta Expedição), 494; em Cocorobó, 518; no assalto a Canudos, 688
"Baixas", sítio das, 480, 525, 530, 534, 592
Bagé, cerco de, 380n, 499, 546
Balaiada, 396n
"balaios" (rebeldes), 396; *ver* Balaiada
balas dos sertanejos, 396; *ver também* "balas explosivas" dos jagunços
"balas explosivas" dos jagunços, 537
bäncklinge, 274n
bancklings, 274; *ver também* bäncklinge
Bandarra, 221
bandeira, do Divino, 214, 317-319, 249; do exército, 333, 486, 524, 528, 539; dos conselheiristas, 695
bandeirante(s), 17, 78, 132, 172, 181, 187, 303, 338, 593
bandeiras, 41, 76, 158, 160-162, 167, 172, 175, 178, 180, 182, 184, 475; ver também *entradas*
bandido e banditismo, em Canudos, 236; polícia de bandidos, 139, 275; depredações, 237; e corrupção política, 277; descrição pessoal dos tipos de bandido em Canudos, 283-285; história do banditismo nos sertões, 228, 276; bandidos *versus* chefes políticos locais, 305; devoções dos assaltantes em Bom Jesus da Lapa, 304-305; "banditismo disciplinado", 305; senso de nobreza do, 306; capital dos bandidos, Santo Inácio, 306; o *cangaceiro* (da Paraíba e de Pernambuco), 307

baraúnas (árvores), 118, 121, 328, 570
Barbacena, 70, 86
Barbados, 156
Bárbara, Santa (rio); *ver* rio Santa Bárbara
Barbedo (major), 489
Barbosa (general); *ver* Silva Barbosa, (general) João da
Barbosa Leal, Pedro, 132n, 173n, 338
Barléu, 24, 165, 662n
Barléus; *ver* Barléu
Barra, arraial da, 181
Barra do Mendes, 301
Barra do Rio Grande, 175n, 304n
"barreiro", 175, 303
Barreto Coutinho, Nestor Vilar, 495
barroca, retórica, 13, 23, 26
Barros e Vasconcelos, Leopoldo, 604n
Barros Falcão, Pedro de, 605n
Bastilha, 541n
"batalha crônica", 520
Batalhão Acadêmico, 50, 457
Batalhão *Benjamim Constant*, 457
Batalhão *Deodoro*, 458
Batalhão *Frei Caneca*, 457
Batalhão *Tiradentes*, 457
batavos, 462; *ver* holandeses
bateria de tiros rápidos, 270n, 467, 487, 489, 605
Bates, Henry Walter, 152
Bayard, Pierre Terrail, Senhor de, 383
beatas, 245n, 248, 251, 255n, 285, 456; caráter suspeito das, no passado, 281; *ver também* mulheres piedosas
Beatinho, 285-286, 642, 695-697, 699, 704
Beato, Antônio; *ver* Beatinho
Beaurepaire-Rohan (conselheiro), 116n, 135; ver também *Dicionário de Vocábulos Brasileiros*
beduínos, 272, 292
"beija" das imagens (o), 285
Beja, 133
bejabãs, 127
Bélgica, 348

Belo Monte, fazenda/arraial do, 36, 587
Bendegó, rio, 89-90, 184, 351; aerólito de, 93
Bendegó de Baixo, 370
Benjamim Constant, Batalhão; *ver* Batalhão *Benjamim Constant*
benzeduras cabalísticas, 219; *ver também* linhas cabalísticas
Bernard, Claude, 580
bicheira, 202
Bittencourt, (marechal) Carlos Machado de, 593, 595, 598-600, 618n, 620
Bizâncio, 232
Bizerta, 133
Boa Esperança, 630
Boa Viagem, 234, 239-240
Boca-torta, Raimundo, 284
bogó, 266, 426, 671
Boi, lagoa do, 314
Bolívia, 86
Bolívia, Peru versus; ver *Peru versus Bolívia*, 56
Bom Conselho, 75, 78, 181, 249, 261, 264, 276, 280, 309, 354, 392, 403, 697
Bom Jesus, arraial do, 311; povoamento do, 265; fundado por Antônio Conselheiro, 258; *ver também* Canudos, arraial de
Bom Jesus da Lapa, 73, 304; "Meca dos sertanejos", 304; descrição e lenda, 305; santuário de bandidos, 304
bomba artesiana, 391, 404
bombardeios de Canudos, 360, 364, 435, 488, 513, 521, 525, 536, 545, 565, 603, 622-623, 631, 672, 684-685, 692
Borba, Afrodísio, 605n
Borborema, Serra da, 183
Bossuet, Jacques Benigne, 279
Braga, (tenente) Tomás, 564
Bragança, dinastia de, 450
Branca, Serra, fazenda da; *ver* Serra Branca
Brandão, Adelino, 583n
Brandão, João, 459
Brandão, Cláudio, 165n

Brasil: geografia do, 65-137; geologia do, 65-88; não corresponde à definição de um país tropical, 125-129; clima do, 93-99; formação racial do, 141-146; população do, em 1580 e 1615, 164-165; *ver também* sertões do Brasil
brasílio-guarani, 186
Brejinho, sítio do, 500
Bretanha, 331
Brígido, dos Santos, (coronel) João, 234n, 236n, 240n, 248n
Brito, Antônio Guedes de, 182
Brito, (major) Febrônio de; *ver* Febrônio de Brito, (major)
bró, 215n
Broca, lei antropológica de, 143
bromélia(s), 77, 110, 197, 216, 268, 340, 395, 408, 470, 485, 505, 510, 586
bronco, 140n, 156, 193, 231, 266, 567, 585
Brunswick, 450
Buchelle, José Luís, 545
Buckle, 68-69, 148-149, 211
Budismo, 232n
Bueno, Amador, 161
Bueno, Bartolomeu, 173, 176
Buenos Aires, 582-583
burros (do exército), 600

C
caapora, 218n
caatanduva(s), 130, 314, 403, 715; descrição da, 716; etimologia da, 116
caatinga(s), definição da, 65, 716
Cabanagem, 396n-397
"cabanos" (rebeldes); *ver* Cabanagem
cabeças-de-frade, 115
caboclo(a)s, 35, 120, 145, 243, 474, 593, 662, 713
Cabral, Serra do, 72
cabras, 278, 370, 526; únicos animais adaptados ao solo e ao clima dos sertões, 314
Cabrobó, sertão de, 179
caçadas perigosas, 525-529
cacete(s), 257, 267, 317-318, 657

Caco de Ouro, 583
cactos, 79, 80, 111, 115n-116, 120n, 268, 327, 339, 505, 529, 658
cactus peruvianus; *ver* xiquexique(s)
caçuás, 266
Caculé, 185
cães em Canudos, 679
Caeté (minas de), 176
Caetité, 302
cafuz(os), 144, 183, 185-186, 224, 284, 367, 702
caiçaras, 130
Caimbê, sítio do, 406n
Caipã, Serra do, 89, 92, 268, 270, 472, 500, 542, 584
caipira, 61, 79n, 714; *ver* matuto(s); *tabaréus*
caitaras, 130
caititus, 121-123n
"Cajazeiras", sítio de, 402
cajueiros, descrição dos, 109
cajuís, 109
"calangros" (rebeldes), 396
Calçada, terminal de, 579
Caldas, (tenente-coronel) Antônio Tupi Ferreira; *ver* Ferreira Caldas, (tenente-coronel) Antônio Tupi
Caldas, Francisco, 174
Caldas, vulcão de, 86
Caldas Aulete, F. J., 12, 526n
Caldeirão (o), estrada do, 476; sítio do, 81
Caldeirão Grande, 474-476, 576
caldeirões, 79, 85, 626, 678
calmas equatoriais, zona das; teoria sobre a sua influência no regime das chuvas nos sertões, 105
Calumbi, 472; estrada/caminho de, 473, 560, 576, 625, 627; Serra do, 89, 92, 268, 270, 393
calvário, semelhante ao de Jerusalém, 225
Calvário, em Monte Santo, 226
Camaçari, 76
Câmara Municipal de Natuba, 180, 260, 264
Camarão, os índios de, 158

Câmaras, municipais do interior da Bahia, 261
Cambaio, estrada/caminho do, 268, 270, 284, 350, 353, 391, 625, 628, Serra do, 354-355, 360, 364, 368, 485, 527n, 560, 628, 684 ; travessia do, 335, 373, 473, 627, 647; (descrição do) morro do, 89, 92, 464, 547, 648; primeiro recontro, 472; cenas depois da luta, 651, 666
Campanha Federalista no sul do Brasil, 380, 498, 546, 595
campeão, 25, 192, 203, 341, 539, 611
campeiro, 123, 206, 303
Campelo França, (coronel) Manuel Gonçalves, 474-475, 534n
Campo Grande, 241
Campo Osório, 381
campos gerais, 68n, 71n, 73-74, 177
Campos Moreno, Diogo de, 168n
cana de açúcar, cultura da, 77n
Canaã, 19, 269
Canabrava, Serra da, 89, 92, 99, 284, 500, 547, 603
Canastra, Serra da, 70
Canché, 185, 500
Cândido de Figueiredo, 12, 208n, 717
candombá, 329
candomblés, 222
cangaceiro, *ver* cangaço
cangaço, 236n, 397, 537n
canhembora, 180
cânion(s), 72, 270, 500
cansanção (planta), 110n, 478
Cansanção, 80, 577, 618
Canudos, arraial de, 263-297; origem do povoamento de, 263; origem do nome, 263; crescimento estonteante, 264-265; "tapera colossal", 265; aparência original, 263; descrição das casas, 265-266; mobília, 266n, 311; armas dos habitantes, 267; aparência durante a guerra, 264; características topográficas, 268; chegada dos romeiros, 268-269; condições de defesa, 264; regime do povoamento, 271, 274; caráter multifacetado da população, 271-272, 274; crescimento vertiginoso da população, 264, 272; coletivismo primitivo, 272; indiferença à moral, 273-275; proibição de aguardente, 275; construção da igreja, 278; descrição da estrutura, 279; "imunda antessala do Paraíso", 280; as rezas, 281; grupos bizarros, 283-285; missão do frei J. E. de Monte Marciano, 292, 297; descrição da população, 281-282, "armada até aos dentes", 263; alto índice de mortalidade, 292; descrição da congregação do frei, 294; suas armas, 296; Primeira Expedição contra o povoado, 299; domínio sobre as outras vilas, 316; "povoamento santo" e seus simpatizantes, 342, 346; vista do povoado à noite, 343; alarme dos habitantes depois do segundo combate nos Tabuleirinhos, 365; as ações do Conselheiro vistas como "milagres", 366; "procissão dos jiraus", 373; Expedição Moreira César, 375; preparativos para a defesa, 392-398; aumento da população, 392; trincheiras em Canudos, 394-395; armamento e munição, 396; guerreiros, 396; o papel de João Abade, 397-398; apreensões da Expedição Moreira César, 405; aproximação das tropas, 407; vista do arraial a partir do alto da Favela, 416; "cidadela-mundéu", 423; ataque de casa-em-casa, 425-426; habitantes que obtêm armas dos soldados foragidos, 444; Canudos visto como centro das atividades monarquistas, 450-451; "tapera miserável", 454; rumores, 455-457; aparência durante a Quarta Expedição, crescimento contínuo, 486; "caverna dos bandidos", 490; bombardeio de, 504, 521-524; visão que tinham as tropas do povoado, 505; vista do povoado pela Coluna Savaget, 490; "tapera babilônica", 535; número de casas, 635

Canudos, Campanha de: "um refluxo em nossa história", 287; conflito entre duas sociedades, 287; a "nossa Vendeia", 289; antecedentes e começo do conflito, 301-307; causas próximas da luta, 309; preparativos para a Primeira Expedição, 312; dificuldades de uma marcha militar no sertão, 313-314; recontro em Uauá, 314, 316; consequências da derrota em Uauá, organização da Segunda Expedição, 321; plano original da Campanha, 322; os problemas militares, 322-323; a guerra das caatingas, 323; cruzando o morro do Cambaio, 353-359; preparativos para a Terceira Expedição, 377-388; preparativos para a Quarta Expedição, 461-467

Canudos: nomes da região dados pelos tapuia, 184

canudos-de-pito, 112, 263n

Capanema (barão de), 103, 135, 719

capanga(s), 235, 277, 305, 393, 397

capangueiro, 302

Capim Grosso, 76, 257

Capital Federal, 457, 461, 590, 592

"capitães do mato", 323

Capitão Salomão, rua, 381, 444, 577

capoeira, 130n

Cápua, 466

capuchinhos, 179, 250; *ver também* Monte Marciano, (frei) João Evangelista de

caraíba(s) (árvore), 127n, 570

Caraíbas, rio; *ver* rio/ribeirão Caraíbas

Caraíbas, Serra dos, 89

Caraibinhas, 314

carandá (árvore), 119n, 152

Cardim, Fernão, 164, 462

cardo, 116n, 335, 339, 408, 571

Cariacá, rio do; *ver* rio de Cariacá; vale do Cariacá

Carinhanha, 174, 176, 304

Cariri(s), 228, 396

cariris, índios, 183-184

carnaíba; *ver* carandá

carnaúbas, 79n, 119, 123, 152, 223, 631

caroá(s), 110, 132, 193, 266, 292, 315, 329, 505, 569

Carlos, Miguel, 236-240

carta(s) régia(s), 132n, 166, 183

Cartago, 133-134n

"dois cartões de visita a Antônio Conselheiro", 415

Carvalho, (alferes) Basílio de, 321

Carvalho, Antônio Afonso de, 605n

Carvalho, Bernabé José de, 697

Carvalho, J. C. de, 86n, 95n, 113n, 117n, 120n, 123n, 151, 196, 212, 217, 655

Carvalho, Martins; *ver* Martins Carvalho

Carvalho e Aragão, Salvador Pires de, 546

Carvalho, Vicente de, 28, 55-56

Casa da Torre, 179

"casas vermelhas", 644, 676

casas de Canudos; *ver* moradias de Canudos

Casal, Aires de; *ver* Aires de Casal

casamento, atitude de Antônio Conselheiro e seus seguidores, 251; oposição ao casamento civil, 290

"casinhas" (formações montanhosas), 390, 555, 576, 586, 645

Castro, Apulcro de, 384n

catas, 131, 172, 178, 301, 303

catecúmenos, entre os índios, 180-181

cateretês, 209

Catolicismo: em Portugal no fim do século XVI, 220, 222, 254; *ver também* concílios da Igreja; seitas religiosas

catingueiras, 112n

Catulé; *ver* Caculé

"*caudilhagem monárquica*", 451, 457

caudilhos, 380, 451n

Cavendish, Thomas, 159

Caxomongó, riacho do, 625, 628; sítio do, 630; Serra do, 89

Ceará, 101-102n, 119, 132, 175, 178, 181, 211, 213n, 234, 240, 242, 248, 268, 459, 461

Celeste, (capitão) Pedro, 697

celta, estrutura intelectual do, 142

Centocé, 185
cereus; *ver* cactos
cereus jaramacaru; *ver* mandacaru
César, Julio, 247n, 391, 533
Charette, 567
Cathelineau, Jacques, 567
China, 232n
chineses, 478-479
Chiquinho, 284
choradinho, 209
Chorrochó, 185, 248, 257, 311, 641
chouan(s), 331, 567, 583
chuvas do cajú, 212
Cícero (padre), 459
ciclos das secas do Norte, 155
"cidadela-mundéu", 423, 425
cidade-Baixa; *ver* Salvador
"cidades encantadas", 353
cigarro, 191, 306, 538, 615
Cipó, lagoa do, 361, 364, 627
cirurgiões; *ver* médicos
civilização: "estamos condenados à", 146
civilização do Brasil, "nossa civilização de empréstimo", 277, 288, 713
civilização romana, vestígios da, salvos pela França, 135
clavina, 199n, 237, 477
Clima do Brasil (O), de Draenert, 105n, 153n
clima do sul da Europa, comparado com o dos sertões, 107n
Clube Militar, 458
Koblenz, 450
cobras, 122n, 585-586
Cocais, Serra dos, 74
Cocobocó, Fabrício de, 284
Cocorobó: desfiladeiro de, 89, 92, 185, 268, 284, 500-501, 510, 512-513, 641; estrada de, 485; combate de, 393, 509, 514, 541, 544; Serra de, 566, 603
Coelho, Duarte, 158
Coiqui, Quinquim de, 284
"Comandante da rua", 397; *ver* Abade, João

Comblain(s) (rifle): "o legislador", 384, 445, 615, 653; contraste com as armas dos jagunços, 291
comida, utensílios para o preparo de (jiraus), 426, 674
Comissão de Engenharia, 401, 407, 447, 466, 468, 472, 475; planos para a estrada nas montanhas para a Quarta Expedição, 472, 476, 479; engenheiros nas caatingas, 472-473
Companhia de Jesus, 161, 166; *ver também* jesuítas
Cochó, 185
concílios da Igreja, 254
concubinato dos brancos com as caboclas, 165
Conselheiro, Antônio, genealogia, 234, 248; aspecto físico, 245, 293, 399, 705; carisma, 255-256, 437; suas peregrinações, 258-259; fundador de Canudos, 261; seus seguidores, 264, 272; liderança, 274; suas prédicas, 289; conflito com os missionários, 294-295; conflito com as autoridades locais, 310; seus "milagres", 366, 643;
Constituição, artigo da, de 24 de fevereiro, 378
Contas, rio de; *ver* rio de Contas
Contejean, Charles Louis, 710
Contendas, fazenda de, 591, 619
coragem; *ver* medo; heroísmo; psicologia; "hipnotismo da coragem", 559
Cordeiro, Manuel Batista, 667
cordilheira (montanhas do litoral), 67, 71, 73-74, 86, 91, 126, 148, 174; *ver também* Serra do Mar
Coriolano (capitão), 479
Coriolano, (tenente) Odilon, 522
corypha cerifera; ver carnaúba
Corografia Brasílica, de Aires de Casal, 164n, 175n
corredeira, 74, 171
Correio da Manhã, 709n

corrupção política da época, 276-277
"Corta-cabeças", 398
cossacos: em Varsóvia; brutalidade dos, imortalizou o marechal Ney, 462, 518
Costa, (capitão) Francisco de Moura, 605
Costa, José Lauriano da, 545, 605
Costa, Manuel Francisco da, 239
Costa e Silva (capitão), 495
Cotovelo, praça, 238
Couto, (capitão) Luís do, 176
Couto, (Padre) Manuel José Gonçalves, 245
Couto de Magalhães, 144n, 183n
Crato, vila do, 228, 242
criação de gado nos sertões, 169, 175, 182, 199
criadores de gado; *ver* criação de gado nos sertões
crianças, em Canudos, 277, 279, 285-286, 386; falecimento de, no sertão, 223
Crimes célebres do Ceará, os Araújos e Maciéis, do coronel João Brígido dos Santos, 234, 240n
Crisanto (tenente), 479
croás, 478; *ver também caroá(s)*
Cruz, José da, 594
cuias, 426
Cumbe, *ver* Euclides da Cunha (município)
cunanã (planta), descrição, 329, 478-479, 574
Cunha, (coronel) Filomeno José da, 590
Cunha Lima, 558
Cunha Matos, (major) Rafael Augusto da, 389, 401, 407, 444, 455, 493-494, 591
Curaçá, 248, 313
curiboca(s), 144, 169, 177, 181, 183, 318, 369, 480, 585, 593, 645, 654
cuscuz, 19, 115n, 280

D
D. João III, 158n, 220
D. Luiz (arcebispo), 256n
D. Manuel, 220
D. Pedro I, 397
D. Pedro II, 319
D. Sebastião, 164, 220-221, 224, 253, 291

Da Expansão da Língua Tupi e do seu Predomínio na Língua Nacional, de Teodoro Sampaio, 185n
Damiroff, 499n
Daniel, 292
danças dos sertões, 197, 639n
Dantas Barreto, (coronel) Emídio, 410n, 434n, 467n, 470n, 474n, 477n, 483n, 494n, 525n, 527n-529n, 545, 562, 605, 683, 686, 704
Danúbio, 232
degola, 16, 654n, 655-659
De Jejunio, de Tertuliano, 247n
demonopatas, 287
Deodoro, Batalhão; *ver* Batalhão *Deodoro*, 458
Derby, Orville, 22, 176n
desafios, 209, 223, 652
descantes, 197, 639
Descrições Práticas da Província da Bahia, do tenente-coronel Durval Vieira de Aguiar, 216n, 255n, 303n, 353n
deserções, 398, 537, 592
deserto, fazedores de, 129n; 142n; origem do, 129-133; como extingui-lo, 133-135
deserto do Saara, 18, 83, 127-128, 133
desertus australis, 93
"Dez mil", retirada dos, 518
dgis, 129
"Diário" de um participante da Quarta Expedição, 563-566
Dias, (capitão) Altino Ribeiro; *ver* Ribeiro Dias, (capitão) Altino
Dias, Belchior, 162, 225, 338
Dias, Henrique, 157-158
Dias, Robério, 338
Díaz Taño, 160
Dicionário de Vocábulos Brasileiros, de Beaurepaire-Rohan, 116n
dinamite em Canudos, 30, 636, 690-692, 694, 745
dique(s), 69, 81; romanos, na Tunísia, 184
"Divisão Auxiliar", 601-602, 629, 640

Doce, rio; *ver* rio Doce
dólmãs, 444, 446, 471, 572, 579; a inadequação dos, nas caatingas, 444-445
dólmen(es), 30, 83, 359
"doutores na arte de matar", 323
Draenert, 105n; *ver também Clima no Brasil (O)*
"duas sociedades", 25, 174, 307, 611
Duplay, Simon Emmanuel, 580
Duque Estrada Macedo Soares, (alferes) H. *ver* Macedo Soares, (alferes) H. Duque Estrada

E
"Ê cou mansão", 206
"*É tempo de murici...*", 434
Eanes, Gil, 167
eclíptica, inclinação da, 31, 89, 128
Egito, 127, 232n
Éguas, rio das, 303-304; *ver* rio das Éguas
el-dorado, 225n, 227, 339
eleições, *ver* corrupção política da época
Em Prol da Integridade do Território de Pernambuco, de F. A. Pereira da Costa, 173n
emas, 122n
Ema, Chico, 284
emboabas; *ver* guerra dos Emboabas
encamisada(s), 208
encratitas, 232n
enfermeiros, falta de, em Canudos, 694
engenheiros; *ver* Comissão de Engenharia
enterros: das crianças sertanejas, 223; valas comuns dos soldados, 98
entradas, 76n, 159, 162, 173, 177; *ver também bandeiras*
Entre-Rios, 264
epilepsia: características da doença, 387; o carácter de Moreira César afetado pela doença, 402
equador, 105-106n; termal, 128
Ericeira, rei de, 221n

Eschwege, Wilhelm Ludwig, 70
Escobar, (capitão) Tito Pedro, 591, 604n, 624
Escola Militar de Porto Alegre, 558
Escola Militar do Rio de Janeiro, 30-31, 48-50, 55
Escragnolle Taunay; *ver* Taunay, Alfredo Maria Adriano d'Escragnolle
escravidão no Brasil, 142n, 164, 165, 168, 172n, 173, 177, 183n, 198n; *ver também* tráfico negro
Escuro, fazenda do; *ver* Fazenda do Escuro
Esmarch, Johannes Friedrich August von, 580
Esmeraldas, Serra das, 172
espias, do Conselheiro, 284, 347, 351, 404, 412; *ver também* sentinelas
espingardas, 225n, 267, 296, 305, 315; *ver também* arcos dos jagunços; Comblain(s); mannlichers; *pica-pau*.
Espinhaço, Serra do, 70, 172, 176
Espírito Santo, 67
Esquadrão de lanceiros, 499, 502, 506, 508, 528, 546, 552
Essen, 680
Estado de S. Paulo (O) (jornal), 49-50, 52-55, 62n, 101n, 105n, 129n, 148n, 157n, 161n, 199n, 276n, 407n, 451n-452n, 458n, 581n, 594n, 614n, 617n, 618n, 645n, 654n, 672n, 673n
estepe(s) da Ásia Central, 18, 107n, 126, 129
Estrada de Ferro Central, 51, 463
Estados Unidos da América do Norte, 583, 712
estâncias, do sul do Brasil, 199n
estancieiro comparado com o fazendeiro dos sertões do Norte, 200
estouro da boiada, 26, 139, 207n,
Estrada Velha, sítio da, 500
Euclides da Cunha, município de (Cumbe), 292n
Eugênio, Carlos; *ver* Andrade Guimarães, (general) Carlos Eugênio de

Europa, 49, 62, 107n, 136n, 149, 288, 295, 323, 331
Evangelista, (frei) João; *ver* Monte Marciano, (frei) João Evangelista de
evolucionismo, necessidade de evolução biológica, como garantia da evolução social, 186
Évora, 167
execuções dos prisioneiros, 585
Expedição Febrônio de Brito (segunda), 20, 321-371; *ver também* Canudos, Campanha de
Expedição Moreira César (terceira), 377-446; organização e equipamentos, 389-391; falta de planos táticos, 387; doença do comandante, 387, 389; trabalho preliminar dos engenheiros, escolha da rota, 390; crítica do Autor, 391; partida repentina de Monte Santo, 401-402; erros militares, 402-403; marcha para o Angico, 407-408; primeiro encontro, 411-412; a confiança do comandante, desdém pelos jagunços, 412-413; decisão de atacar imediatamente, 414; disparos da artilharia em direção ao arraial, 415; chegada das tropas ao morro da Favela, 417-418; plano de luta, 428-429; a luta, 428; comandante mortalmente ferido, 430; inadequação do coronel Tamarindo, 434; decisão de retirada geral, protesto de Moreira César, 436-437; retirada final, 438; a fuga, 441; o corpo do comandante abandonado na estrada, 456; morte do coronel Tamarindo, 444; abandono das armas, da munição e dos apetrechos pessoais, 444; o coronel Tamarindo empalado, 446; o final desastroso da Expedição Moreira César e sua repercussão pública, 449-459
exploradores de diamantes, 131, 173, 178
Expedição Pires Ferreira (primeira), 309-320; *ver também* Canudos, Campanha de

F
facas de arrasto, 396
facão *jacaré*, 267n, 617
Faculdade de Medicina da Bahia, 620n-621n
farmácia (militar), 637, 653, 693
fauna dos sertões, 121, 216, 575, 586
Favela, morro da, 17, 20, 89n, 263n, 417, 485, 489, 569
favelas, 111n, 711
Fazenda do Escuro, 174
fazenda do Norte do Brasil comparada com a estância do Sul, 200
fazendeiro do Norte do Brasil comparado com o estancieiro do Sul, 201
Fazenda Velha, casa da, 417, 433, 485, 491, 493, 532, 542, 546, 623-624, 628, 634, 644, 667, 683, 685
fazendas de criação, 169, 181-182
Febrônio de Brito, Expedição, 20, 620n
Febrônio de Brito, (major), 321
Federalista, Campanha; *ver* Campanha Federalista no sul do Brasil, 498
Feira de Santana, 280
feijão, 529
fenícios, 134
Fenton, 159
feridos; *ver* baixas
ferrão de vaqueiro, 362, 405; ver *guiada*
ferra, 573
Ferreira Caldas, (tenente-coronel) Antônio Tupi, 545, 605n, 688
fetichismo, 218n, 230, 595; Antônio Conselheiro como "fetiche de carne e osso", 272; "o beija" das imagens, 285; ver também *candomblés*; imagens sagradas
fetichismo político, 380
feudalismo no Brasil: "feudalismo achambondo", 181; "servidão inconsciente" dos vaqueiros, 139, 200--203; "feudalismo tacanho", 182; ver também *landlord*

feudos dos primeiros moradores portugueses e brasileiros nos sertões, 157
Figueira (tenente), 407, 566
Figueiredo, (tenente-coronel) Antônio Bernardo de, 594
Figueiredo Brito, José Xavier de, 604n
fisiologia, efeito climático na, 155
fitolatria, 249
flagelo(s), 16, 102, 137, 152, 211-212, 218, 328, 338
flint glass, 27, 453
flora dos sertões, 32, 77, 82, 86-87, 94-95, 107-108, 111, 113, 115-116, 118-120, 125, 127, 129, 131, 148, 174, 183, 314, 328, 339-340, 403, 408, 472, 528-529, 571, 575, 715-716
Flores, brigada, 476
Flores (coronel) Thompson, 467, 482, 489, 493-494, 519
floresta, o papel da, na arte da guerra, 323
Folhinha Laemmert, 246n
Fogueteiro, Antônio, 284, 584
folclore sertanejo, 16, 25, 178
foices, 317-318, 362, 396
Fonseca, João Severiano da, 151n-152n
Fontenay, Le-Comte, 567
fontes vegetais, de Saint-Hilaire, 111
Fortaleza de Santa Cruz, 49, 384n
"força motriz da História", 62, 188
forte da Jequitaia; *ver* Jequitaia, forte da
Fouillée, Alfred Jules Émile, 251
Foville, Achille Louis, 186
Fra Diavolo, 383
Fragoso de Albuquerque (capitão), 164
França, 135, 137, 164, 229, 295, 541n
França, Campelo; *ver* Campelo França, (coronel) Manuel Gonçalves
franceses na Tunísia, 135
franciscanos (Ordem de S. Francisco), 179-180, 618
"*fraqueza* do governo", 356, 445
Frei Caneca, Batalhão; *ver* Batalhão *Frei Caneca*
Freitas, Manuel Procópio de, 238

friagem, 154
Frígia, 140n, 232, 251 ,253
Furna, Serra da, 74
furos, 153

G
gado, lida com o, 573
Galeno, Juvenal, 205n, 209n
galicismos, defesa do Autor contra crítica aos, 716
Gama, Alfredo, 522
Gamo, José, 284, 583
Garcia, Miguel, 173
Garcia d'Avila, 174, 179-180
Garcia de Resende, 167
Gardner, George, 213n
garimpeiro(s), 302n; *ver também* exploradores de diamantes
gato do mato; *ver* suçuarana (felino)
gaúcho: comparado com o vaqueiro (jagunço), 194-195, 198-199; Vieira Pacheco, exemplo de gaúcho intrépido, 509, 546, 550n
gauleses, 266
Gazeta de Notícias (jornal), 260, 407, 450, 458
Gazeta da Tarde (jornal), 452
gerais, 74
Geral, Serra, 73-74, 176
Gerber, Jonpied Heumigh, 86
Girard, brigada, 590, 602
Girard, (general) Miguel Maria, 590
Gliddon, George Robins, 141
Glimmer, Wilhelm, 172-173
gnosticismo, 140n, 232n-233n
gnósticos: Antônio Conselheiro, um "gnóstico bronco", 231, 233
Goiás, 72, 86, 158n, 160, 175-176, 178, 210, 303, 305
Góis, (major) Florismundo Colatino dos Reis Araújo; *ver* Araújo Góis, (major) Florismundo Colatino dos Reis
golpes de estado, uso de, nos primeiros anos da República, 377-378

Gomes Carneiro, 381, 535
Gomes da Silva, Joaquim, 605n
Gonçalves, Antão, 167
Gonçalves, (coronel) Bento Tomás, 590
Gonçalves Dias, 48, 145
Gordon, 141n
Gouveia, Brigada, 475
Gouveia, (coronel) Inácio Henrique de, 463, 471n, 476, 482, 545, 604n
Graham, Robert Cunninghame, 96n
gramíneas, 90, 107, 113n, 116n, 125, 129, 247, 327, 431, 569
Grande, João; *ver* João Grande
Grande, rio; *ver* rio Grande; Serra, 69, 160
Grão Mogol, Serra do, 71
gravatá(s), 110n, 132n, 269, 395, 490, 526
Graz, "o grande professor de", 188
"grito de protesto", 661, 663
Groenlândia, 711
Guaíra, 161
guarda(s) pretoriana(s), 235n, 277
Guedes, José, 459
guerra civil (depois da proclamação da República), 377, 381, 396n
guerra de Canudos, *ver* Canudos, Campanha de
Guerra do Peloponeso, de Tucídides, 710n
guerra dos Emboabas, 174n, 176n
Guerreiro, Inácio Mendes, 239
guerrilha, *modus operandi* da, 469, 481, 498, 561, 584; relação com as lutas africanas e indianas, 324; e as táticas militares clássicas, 324
guerrilheiro-tugue, 324n
guiada, 210, 267, 539
Guianas, 86
Guimarães, (general) Artur Oscar Andrade; *ver* Andrade Guimarães, (general) Artur Oscar
Guimarães, (general) Carlos Eugênio de Andrade; *ver* Andrade Guimarães, (general) Carlos Eugênio de

Gumplowicz, Ludwig von, 62, 188
Gutiérrez, 519

H
Hartt, Charles Frederick, 22, 65n, 77n, 86, 141, 212
hauçás, 222
Hegel, Georg Wilhelm Friedrich, 65, 125
hemeralopia (cegueira noturna), 216
Hércules, 203n; clava de, 277
Hércules-Quasímodo, 26, 191
hereditariedade: "força portentosa" da, 187, 452; *ver também* atavismo
heroísmo, 42-44, 214, 285, 318, 381, 387, 475, 517, 555, 562, 579-580, 595, 599-600, 629, 672, 677, 693; "heroísmo estranho", 591; "o charlatanismo da coragem", 607, 639; "covardias repugnantes", 656; a "forma mais repugnante do heroísmo", 677
Herschel, Sir Frederick William, 103
heterismo, 274; *ver também* amor livre em Canudos
higrômetros: "higrômetros singulares", 65n, 96
"Himalaia brasileiro", 72
Hoche, 478n
Holanda, 75
holandilha, 281n
holandeses, 462n; luta contra os, 157
homo afer, 142
homo americanus, 141
homúnculo, 349
Horas Marianas, 245n, 250
hospital de sangue, 519, 539, 542, 633, 649, 653, 693-694, 703
Humboldt, F. W. H. Alexander von, 23, 99n, 106n, 112, 127
Huxley, Thomas Henry, 85
"Hileia portentosa do Amazonas", 128

I
Ibiapaba, Serra da, 166, 174n, 178
Ibiapina, (capitão) João Carlos Pereira, 605n

icozeiros, 97, 118, 266, 570
Idade Média: mercenários na, comparados com os guerreiros em Canudos, 602
Idumeia, 535
Iêmen, 536
igapós, 153
igarapés, 153
Igreja, relação da: com os oradores leigos, 254-258; com as autoridades do governo, 260-262; *ver também* capuchinhos; catecúmenos; Catolicismo; franciscanos; jesuítas; padre(s); seitas religiosas
igrejas em Canudos; *ver* igreja Nova; igreja Velha
igreja Nova (em Canudos): construção e descrição da, 278, 301, 366, 421; como uma fortaleza, 423, 428; torres da, 491, 512, 564, 602, 622
igreja Velha (em Canudos), 360n, 417, 636, 680; sino da, 418, 423, 428, 431, 558, 603, 613
Iguaçu, 69
imagens sagradas, 305, 317, 675, 690; o "beija" das, 285
Imanus, 285, 585
Império brasileiro: ataque jornalístico à corte do, por Apulcro de Castro, 384n
Império romano, 498n
Inácio, Santo; *ver* Santo Inácio, arraial de
Índia, 128, 157, 232n, 324n
índios: sob o comando de Camarão, 158; incursões dos, 161; número de, na Bahia no final do século XVI, 164; concubinato com os brancos, 165; no Rio Grande do Norte, 165; direitos de possessão da terra, 166; e os jesuítas, 166-167; *ver também* acaroases; caboclo(a)s; *cariris*; mocoases morubixabas; orizes; procás; tabajaras; tapuias; tupiniquins; tupis.
Índico, oceano, 127, 220n
indo-guarani, 143; *ver* índios
indumentária, do sertanejo (vaqueiro), 25
ingarana (árvore), 631

Inglaterra, 253, 712
ingleses nas Barbados, 156
Inhambupe, vila de, 77, 180, 249, 257, 264, 275n; Serra de, 77
Inhanduí, 381, 546
Inquisição, Santa; *ver* Santa Inquisição
Instituto Politécnico, 135
Invisível, Pedro, *o*; *ver* Pedro, *o Invisível*
iorubano, ritual, 222
Ipu, 241-242
ipueira(s), 79, 83, 113, 193, 207, 210, 214
Ipueiras, sítio, 351
Irapiranga (rio); *ver* rio Vaza-Barris
Islândia, 712
isolamento, como fator que perturba a unidade nacional, 21, 139, 183
Itabaiana, 244, 264
Itaberaba, 173
Itália, 135, 229n
Itamaracá, ilha de, 164
Itamarati, 56
Itapicuru, município de, 75, 78, 180, 246, 256, 264, 280, 284, 311, 583; Itapicuru, rio; *ver* rio Itapicuru
Itapicuru de Cima, 179, 245
Itapicuruaçu, rio; *ver* rio Itapicuruaçu
Itararé, 381
Itatiaia, 69
Itiúba, Serra da, 74-77, 87, 90, 166, 178, 184, 313, 458
Itu, vigário de, 263n

J
jacaré; *ver* facão *jacaré*
Jacobina, cidade de, 179, 264, 302-303; Serra da, 224, 338
jacobinismo dos primeiros dias da República, 379
jacuba, 678
Jacurici, rio; *ver* rio Jacurici
jagunços: origem, 171-172; provavelmente relacionados aos "paulistas", 175-178; comparado com o gaúcho, 194-200;

"banditismo disciplinado", 305; o Corpo de Polícia da Bahia como um "batalhão de jagunços", 474-475; *ver também* sertanejo
jalofos, 167
Januária, 304
Jequié, 185, 301
Jequitaia, forte da, 579, 581
Jequitinhonha, rio, *ver* rio Jequitinhonha
Jeremoabo, cidade de, 75, 76, 84, 89; chapadas de, 74; tabuleiros de, 89
jerimum, 208
Jerusalém, 225, 297, 315, 559
Jesuíno, (guia) Domingos, 352
jesuítas, missões jesuíticas na Bahia, 160, 166-167, 179-181; "solicitude calculada" com respeito ao índio, 179; e o marquês de Pombal, 166; *ver também* padre(s)
jirau, 266; *ver* comida
Jitirana, 474-476
João Grande, 357-359
Joffily, Irineu, 137n
Jomini, Antoine-Henri, 331
Jornal do Brasil, 75, 247, 414, 430, 452
Juá, fazenda do, 476, 569, 576, 625, 627
juazeiro(s), 112-113n, 120n, 215, 576, 633, 637
Juazeiro, cidade do, 77-78, 171, 176n, 275, 309-310, 312-313, 315, 320, 459, 465
judaísmo, elementos do, nos ensinamentos de Antônio Conselheiro e nos heresiarcas da antiga Igreja, 254
Juetê, fazenda do, 406n, 480, 571, 592; estrada do, 478, 481
Junco, 257
jurema(s), 120-121, 193, 325

K
kyries, 284, 316, 437
Klopstock, Friedrich Gottlieb, 288
Krupp(s) (canhões), 321, 341-342, 345, 350, 358n, 360n, 362, 401, 438, 442, 445, 471, 484, 486, 492, 497, 504, 545, 547-548, 554, 564, 603, 611, 622, 679

L
La Ravardière, 164
Lagoa Santa, 141
Laje, lagoa da, 477
"Laje de Dentro", sítio da, 350-351
Lajedo, morro do, 77
Lalau, 284
Lancastro, João de, vice-reinado de, 173, 180-181
lanceiros; *ver* Esquadrão de lanceiros
landlord, 181
Lapa, cerco da, 381
latifúndios no Brasil, dono das terras ausente, 182, 235
latinismos; *ver* galicismos
Lavras Diamantinas, 301
Legio Fulminata (a), de João Abade, 335n
"lei do *cão*", 290-291
Leal, Barbosa; *ver* Barbosa Leal, Pedro
Leal, Wenceslau, 359
Leite, Domigos Alves, 390, 406, 479
Leite, (capitão) João Antunes, 545
Lençóis, 301
lendas dos sertões, 353
Lendas e Canções, de Juvenal Galeno, 205n, 209n
Leoni, Arlindo, 276, 310
Liais, Emmanuel, 22, 85-86, 710
Liberdade (jornal), 452
linha negra, 634, 637, 647, 652, 680, 683, 689
linhas cabalísticas, 203
literatura latina, declínio da, nos últimos dias do Império Romano, 232
Lisboa, João Francisco, 166n
Lisboa, 167, 220
llanos da Venezuela, 18, 73n, 120, 125, 129, 572
lobisomens, 219
loggans, 30, 83, 505
logradouros, 25, 206, 212, 216, 381, 573
Lopes, morro do, 77, 89; Serra do, 743
Lopes, Rodolfo de Paula, 57
Lopes, Vicente, 236

Lopes Trovão, 49
Lovelace, Robert, 242
Luís XII, 383
Lund, Wilhelm, 71, 141
luta pela sobrevivência, da natureza, 87, 108, 128; "o homem luta como as árvores", 126
Luzia, Santa; *ver* Santa Luzia

M

Maçacará, 75, 180, 185, 225, 249, 264, 338, 391, 393, 455, 459, 467, 473, 489, 490, 627
macambira (planta), 110, 270, 326, 505, 478
Macambira, Joaquim, 23, 531, 585, 641
Macambira (o velho), 285, 502
Macambira, ribeirão, 217, 269, 393, 447, 510; vale do, 485, 512, 544
Macaúbas, Serra de, 173, 303; fazenda de, 305
Macedo Soares, (alferes) H. Duque Estrada, 364, 382, 533, 623
machete, 209-210, 474, 639
Maciéis (os), 140, 234-236, 239-240
Maciel, Antônio Vicente Mendes, 240-241, 247, 257, 705. Ver Conselheiro, Antônio
Maciel, Antônio, 236, 240-241, 243, 246
Maciel, Helena, 238-239
Madeira, Ilha da, 168
Madri, 160
Magalhães, Henrique José de, 47, 590-591, 604, 643
magrém, estação da, 121n, 216
mal-triste, 202
malária, 156, 212
malocas, 167, 172, 263, 302, 611
mamalucos, 158, 176, 302
manageability of nature (Buckle), 148
manchas solares e as secas nos sertões, 101
mandacaru(s) (cacto), 80, 113, 115, 132, 329, 478, 529, 577; *ver também* cactos
mandioca-brava, 111n
mangabeiras, 84, 403
mangueiras, 199, 527

maniqueus, 232
mannlichers, 358, 363, 445, 504
Mantiqueira, Serra da, 69
Mar, Serra do; *ver* Serra do Mar
Mara, (tenente-coronel) Frederico, 594
Maranhão, 76, 78, 160, 164, 166, 168, 175, 178, 223, 461
Marc-Aurèle, de Joseph Ernest Renan, 232-233, 250-251, 273, 335n, 365n
Marco Aurélio, 232
"mares de pedra", 83
Maria I, 303
Mariano, (tenente) Cândido José, 594
Mário, Alto do; *ver* Alto do Mário (morro)
maritacas, 123, 216
marizeiros, 118, 121, 217
Markos, 232
Marques da Rocha (alferes), 484
Martins Carvalho, 173
Martius, 81, 93, 117, 120
massapé, 77
Massété, 261, 294, 311
Mata da Corda, Serra da, 72
"matadeira" (a), 23, 523, 531, 585, 587
materialismo filosófico, 190
Mato Grosso, 104, 149, 155, 158, 160; como lugar de exílio, a "Sibéria tropical", 385
Matos, (major) Rafael Augusto da Cunha; *ver* Cunha Matos, (major) Rafael Augusto da
matuto(s); ver também *caipira*; *tabaréus*
Mauari, fazenda de, 500
Maudsley, 17, 233, 707
mauritia, 120n
Mauser (rifles), 97, 456, 590, 653
Medeiros, brigada, 475, 545
Medeiros, (coronel) Joaquim Manuel de, 463, 476, 482, 525, 538, 604-605n
médicos: o médico que acompanha a Primeira Expedição, 312; o médico enlouquece depois do episódio de Uauá, 320; um médico conta o número de mortos no morro do Cambaio, 364;

médicos e Moreira César, 390, 412; ver também ambulâncias; hospital de sangue
Mediterrâneo, 134, 331n
medo: como estímulo à vitória, 518; a "hipnose do pânico" que as tropas têm do sertanejo, 431; medo glorioso, 629
"meia ração de glória", 607, 632-633
meio ambiente: variabilidade do, no Brasil, 146-156; efeito do, na história do Brasil, 157-162; influência do, na formação das raças, 162-163; e na formação do sertanejo, 163-166; e o sertanejo em épocas de guerra, 323-324
melocactus bahiensis; ver *cabeças-de-frade*
Melquíades (alferes), 479
Memória sobre o Clima e Secas do Ceará, de Tomás Pompeu de Sousa Brasil, 102n
Memória sobre o Estado da Bahia, 228n
Memórias, de Manuel Ximenes, 236n
Mendes, Frutuoso, 546, 623
Mendes de Almeida, (dr.) João, 158
Meneses, (coronel) José Sotero de, 594, 667n
Meneses, (tenente-coronel) Siqueira de; ver Siqueira de Meneses (tenente-coronel)
Meneses (coronel); ver Sousa Meneses (coronel)
Meneses, José Joaquim de, 236
Menezes, Manuel Félix de, 623n
menires, 30, 72n
Mesquita, Carlos Frederico de, 494
mestiçagem, como retrocesso, 186
mestiço(s): "quase sempre, um desequilibrado", 186; tipo retrógrado, 189; Pajeú, guerreiro mestiço, 367; ver também caboclo(a)s, curibocas; mamelucos; mulato(s); negros
messias dos sertões, 219-220
metralhadoras Nordenfeldt, 321, 341
México, fósseis do, 86
Meyer, 141
Miguelinho, 221

mimismo psichico, 379
"Mimosa", brigada, 592
"mimoso", 174, 208
minas de chumbo de Açuruá; ver Açuruá
minas de prata, 132, 225
Minas (Minas Gerais), 51, 67, 69, 71, 73, 86, 147, 149, 156, 158, 160, 171, 175-176, 459
Miranda Montenegro, Caetano Pinto de, 304n
Mirandela, 584
Missão Abreviada, 245
missões: fundações jesuíticas na Bahia, 166; "utopias românticas do apostolado", 302; ver também capuchinhos; franciscanos; jesuítas; missionários; padre(s)
Mississipi, savanas/vale do, 18, 125
mocambeiros, 168, 182
Mucambo, 249, 314
mocó(s), 122n, 207
mocoases (os), 181
Mocujé, 185
monarquistas brasileiros: empastelamento de jornais de, 451
monção, 104-105
Monck, 450
Monge do Paraná, 459
Mongólia, estepes da, 18, 126
montanistas, da Frígia, 140, 232, 252, 253; ver também Montano
Montano, 140n, 251, 254, 273; ver também montanistas
montantes, 267
Monte Alegre, rua do (em Canudos), 676
Monte Alegre (vila), 305
Monte Alto, 73
Monte-Marciano, (frei) João Evangelista de, 280, 292-293, 295
Monte Santo, Serra de, 17; vila, 18, 19, 25, 52, 65, 74-75, 78, 87, 89, 94, 132, 335; clima, 337; origem e descrição de, 337; origem do nome, 338; base de operações militares contra Canudos, 346; descrição dos lugares vizinhos, 339; papel histórico

de, 338-340; descrição da chegada dos soldados, 341; aparência de, de perto, 340; na época da guerra, 341
Monterroyo Mascarenhas, José Freire de, 180n
Montoya, Ruiz de; *ver* Ruiz de Montoya
moradias de Canudos, 635
morcegos, 216, 572, 577
Moreia, Belchior/Melchior, 132, 338
Moreia, minas de, 173
Moreira César, Batalhão, 459, 571, 605, 676
Moreira César, (coronel) Antônio, 379-381, 383-386, 389-390, 402, 406, 414-415, 422, 425, 429, 436-437, 450, 456, 458, 482-483n, 493, 533n
Moreira César, rua, 577
Moreira Guimarães, João Maria, 709
morfologia da Terra e leis climáticas, 128, 711
Mornay, F. D., 93
morro da Favela; *ver* Favela, morro da
morro do Cambaio; *ver* Cambaio, morro do
Mortes, rio das; *ver* rio das Mortes
mortos, culto dos, 222
Morton, 141
morubixabas, 180
mosquetão, 97n, 528
Mota, João da, 242, 284
Moura, Trajano de, 141
mouros, 204n, 208n, 220
Mourões (os), 236
moutonné, bloco, 713
Mucuim, rio; *ver* rio Mucuim
mulas sem cabeça, 219
mulato(s), gênese do, 168-169
mulheres piedosas, 277, 286
mulungus (plantas), 118
Mulungu, 351
Mundo Novo, 264
munições: falta de, 352; dos jagunços, 396; abandono de, para os sertanejos, 444, 520, 530; não disponíveis pela falta de transporte, 363, 466, 565; falta de, no morro da Favela, 520-525; perda dos cartuchos deixados para o inimigo, 520; erros no envio de, 622
Muribeca, 225, 227, 338
mutãs, 395, 602

N

Nación, (*La*) (jornal), 582n
Nascimento, (tenente) Alfredo do, 390, 444, 479
Nassau, o governo de, 160
nativismo, 141n, 379
Natuba, 180, 260, 264
Nedjed, planaltos do, 127
negros, no Brasil: bantos, 142; em Portugal, 167; sob a liderança de Henrique Dias, 158; número de, na Bahia no final do século XVI, 187; vistos como passivos, 180; mistura dos, com brancos e índios nos sertões, 168; e os índios, 179, 181; intelecto dos, inferiores ao dos europeus, 186, 190n; penteados das africanas, 310
Nero, 295
Nery, (coronel) Antônio, 545, 558, 561, 576, 591
Neves, Andrade; *ver* Andrade Neves
Neville (alferes) Etelberto, 694
New York, 583
Ney (marechal), 518
Nina, dr. Ferreira, 401
Nina Rodrigues, 17, 142, 186, 190, 228-229, 232
Nobiliarquia Paulista, de Pedro Taques, 173n, 175n
Nóbrega (padre), 165
nopáleas, 111
Norberto, Joaquim, 284, 641
Nordenfeldt, metralhadoras; *ver* metralhadoras Nordenfeldt
Nordeste (região), 65n, 74n, 77n, 79n, 95n-96, 99, 104-106, 109
Nordeste (vento), 95n, 99, 104-106, 109, 130, 133

normandos, "varredores dos mares", 462
Noruega, 711-712
Nossa Senhora do Pilar, 181
Notas Genealógicas, de João Mendes de Almeida, 158n, 176n
Notas sobre a Paraíba, de I. Joffily, 137n
Novaes, José de Campos, 710n, 711, 715n-716n
Novo Dicionário da Língua Portuguesa, de Cândido de Figueiredo, 208, 717
Nott, J. C., 141
Nunes Viana, Manuel; *ver* Viana, Manuel Nunes

O
oceano cretáceo, 86
Ocidente, 253
ofiólatras, 232n
oiticica (árvore), 237n
Olhos d'Água, sítio, 406
Olímpio (coronel); *ver* Silveira, (coronel) Antônio Olímpio da
Oliveira, Afonso Pinto de (capitão), 591, 604, 643
Oliveira, Antônio Caetano de, 238
Oliveira, (dr.) Fortunato Raimundo de, 434
Oliveira, José Pedro de (major), 643-644
Oliveira, Martiniano de (capitão), 494
Oliveira, (capitão) Trogílio de, 484
Oliveira Martins, 220, 266
Oriente, 120n
Órion, 374
orizes, 184
Orizes Conquistados (Os), de José Freire de Monterroyo Mascarenhas, 180n
Orobó, 185
Os Sertões, notas à segunda edição de, 206n, 208n, 382n, 416n, 485n, 509n, 514n, 709
Oscar (general), Artur; *ver* Andrade Guimarães, (general) Artur Oscar de
Osório, 507
oueds, 30, 83, 133-135, 570

ouricuri (palmeira), 79, 215n, 329
Ouro Branco, 70
Ouro Preto, 70, 173, 176n
Ouvidor, rua do; *ver* rua do Ouvidor
Ovó, Serra do; *ver* Serra do Ovó

P
Pacífico, oceano, 86, 128
Pacheco de Assis, (major) João, 498, 605
paçoca, 215, 426, 530
padre(s): relações com os índios, 172; rivalidade com os bandeirantes, 139, 181; controvérsias com os proprietários de terra, 180; em *tapui-retama*, 184; relações com o Conselheiro, 255; *ver também* capuchinhos; franciscanos; jesuítas
País (O) (jornal), 356, 450, 468, 470-471, 477-478, 485, 489, 491
Pais Leme, 173
Pajeú (jagunço), 284, 367
Pajeú (vila), 181, 223
Palha, riacho da; *ver* riacho da Palha
palimpsesto(s), 222; inscrições dos soldados, 619
Palma, quartel da, 581
Palmares, 158, 161, 168
palmatórias (planta), 97, 113, 116, 329, 417, 572
Pambu, 179, 181, 184
pampas, 107, 125, 129, 194, 198, 206n, 499, 509
pampeiro(s), 149, 152
Panamá, bacias cretáceas do, 86
panasco, 208
Pandora, 227
pânico e bravura, 375, 413
Pantoja (coronel); *ver* Araújo Pantoja, (coronel) Donaciano de
Pará, 78, 396n, 461, 593, 605n, 631, 665, 667, 684
Paraguaçu, (capitão) Antônio da Silva, 604
Paraguaçu, rio; *ver* rio Paraguaçu
Paraguai, 122n, 598; guerra do, 492
Paraíba, Estado da, 101, 137, 147, 161, 307, 461

Paraíba, rio; *ver* rio Paraíba
Paramirim, rio; *ver* rio Paramirim
Paraná, rio; *ver* rio Paraná
Paranã, Serra do; *ver* Serra do Paranã
Paraná, Estado do, 69, 146-147, 149, 160, 716n
Paranaíba, rio, *ver* rio Paranaíba
parasitismo, à beira do Atlântico, 154
"parêntese irritante" (um), 139, 186-187
pardo (tipo), 183
Paris, 712
Parnaíba, rio; *ver* rio Parnaíba
parnaíba (faca longa), 267, 307, 397; descrição da, 237
partas, 509
Passagem, sítio de, 236, 500
Pasteur, Louis, 580
Patamuté, estrada de, 184, 315
Patamuté, rio, *ver* rio Patamuté
patologia, clima e, 155
Pau Ferro, 284
"paulista(s)": 174-175; prováveis parentes dos jagunços, 139, 175; como termo genérico, 158n, 176; em Pambu e Jacobina; na região do rio S. Francisco, 176
Paulo Afonso, salto de, 74-76, 86, 171, 179, 184, 307
Paus Brancos, 242
Pedra Bonita, 17, 36, 139, 223, 228
Pedrão, 276n, 284, 441, 641
Pedreira Franco (capitão), 389, 401
Pedro, *o Invisível*, 583
peia, 205
Peixoto, (marechal) Floriano, 51, 97n, 311, 375, 378-379, 382, 385, 452, 559, 596
Pelados, morro/serrote/esporão/cerro/ encosta dos, 268, 417, 429, 485, 560, 624
Peloponeso, guerra do; *ver* Guerra do Peloponeso
Penamacor, rei de, 220
"Penedo", 351
penitências e indulgências, 219, 226, 228, 273, 317, 398, 643

penitentes, 214; *companhias de*, 226; *ver* penitências e indulgências
Pequeno, rio; *ver* rio Pequeno
peregrinações, 244, 490
Pereira, (capitão) Chachá, 591
Pereira da Costa, F. A., 173, 183
Pereira de Melo (major), 494
Pereira Lobo, (capitão) Joaquim, 566
Pereira Pinto, (capitão) Alberto Gavião, 407, 494, 545, 605n
Pereiras, ribeirão dos; *ver* ribeirão dos Pereiras; sítio dos, 527
Perfectionistas, 288n
pernambucanos na região do S. Francisco, 175
Pernambuco, 76, 78, 101, 132, 160-161, 173, 178, 181, 183, 223, 243-244, 268, 307, 459, 461,
Pérsia, 127
persas e os "Dez mil", 518
Peru, 55-56; bacia cretácea do, 86; terremotos no, 211
Peru versus Bolívia, 56
peruanos, 55, 211
pesquisas meteorológicas no Brasil, 146, 213n
Piauí, 76, 78, 101, 175, 177-178, 181, 210, 268, 305, 461, 641
pica-pau (espingarda); *ver também* armas
Pico do Diabo, 381
Pilão Arcado, 305
pingo, 195n
Pinto, Francisco Gregório, 239
Piquaraçá, Serra; *ver* Monte Santo
piques, 267n
Pires, Salvador; *ver* Carvalho e Aragão, Salvador Pires de
Pires de Almada, (alferes) João Batista, 644
Pires Ferreira, (tenente) Manuel da Silva, 310, 312
Pita, Rocha, 26, 68
Pitombas, sítio das, 375n, 411-412, 447, 482
Planalto Central, 16, 18, 74
planalto(s), baianos, 74, 86

plantas sociais, 112
poços artesianos, 135, 137; ver também *ipueiras*
Poço, fazenda do, 476
Poço de Cima, Serra do, 89, 92, 500
poeira, 275
poesia folclórica dos sertões, 277
"A Poesia Popular no Brasil", de Sílvio Romero, 213n, 278n
Pojuca, 77
Polícia Baiana, 474, 605
polícia de Canudos, 275, 294
políticos locais, 347
pólvora, preparo da, 97n, 209n, 303, 318, 345n, 360n, 396, 702; pelos jagunços, 303; barril de pólvora, 522, 702
Poli (alferes), 411
Pombal, marquês de, 166, 179
Pombal (vila), 181, 249
pombas, 123
pombeiros, 314
Pompeu, (senador) Tomás, 102, 104n, 213n
Ponciano (alferes), 479
Pontal, 181
poracés, 222n
"Porteira Velha", fazenda, 405
Porto, (major) Lídio, 591, 604n, 625n
Porto Alegre, 558
Porto Nacional, 210
Portugal: crise em, no final do século XVI, 220
portugueses: "fator aristocrático de nossa *gens*", 142; lusitanos sob a liderança de Vieira, 158; "o mais interessante de todos os povos", 220
positivo, 305, 314
Potengi, (tenente) Joaquim, 643
potiguaras, 225
psicoses: epidêmicas, 287; urose da população sertaneja, 332; coletiva, 271
Praça do Cotovelo; *ver* Cotovelo, praça do, 238
Pradel, divisão, 415

Pradel, Marcos; *ver* Azambuja, (tenente) Marcos Pradel de
Praxedes, alferes, 563n
presidente da República, 57, 310n, 451, 458
Preto, rio; *ver* rio Preto
Prima Petri, 295
Primeira Força Expedicionária regular (de Febrônio de Brito) contra Canudos, 350; *ver também* Canudos, Campanha de
Primeiros Descobrimentos de Ouro em Minas Gerais, Os, de Orville A. Derby, 176n
prisioneiros, 51, 384n, 398, 550, 613-614, 649, 654-655, 658, 695, 699, 702, 704
procás, índios, 184
procissões, 214, 226, 232, 393, 398-399, 699
progesso, 610
promiscuidade em Canudos, 274, 489
Providência, arroio da; *ver* rio/arroio da Providência
provisões; *ver* rações
Prúcia, 253
Prússia, 348n; *ver também* Prúcia
Psicologia: do soldado brasileiro, 348-350, 408-410; da era republicana, 377; da sociedade que cria o Conselheiro, 230; *ver também* medo; heroísmo

Q
Quadrado, Manuel, 285
Quarta Expedição contra Canudos, 447-707; o ânimo nacional, 449-457; tributo das massas e recrutamento, 457-458; planos absurdos da, 458; perda de tempo em Queimadas, 461-465; falta de transporte, víveres e homens treinados, 465-467; uma campanha sem nenhum plano, 468; críticas do Autor à, 468-472; trabalho da Comissão de Engenharia e de Siqueira de Meneses, 472-473; estrada de Calumbi escolhida, 473; marcha para Canudos, 473-474; dificuldades

de engenharia, 478; primeiros recontros, 477, 482; chegada das tropas no morro da Favela, 484; emboscados e atacados pelos jagunços, 486, 490; acampamento no morro, 486, 489; "chuva de balas", 492; mensageiro despachado para o general Savaget, 514; a Coluna Savaget, 497; carga de baionetas, 505, 510; combate de Macambira, 510; bombardeio de Canudos, 513; "começo de uma batalha crônica", 520; futilidade do canhoneio, 521-522; privações das tropas, 524-525; desânimo entre os soldados, 529-531; o general Artur Oscar decide não partir, 532; medo e deserções, 536-538; chegada de um comboio de víveres, 541; assalto a Canudos, 547-548; erros táticos, 548; notas de um "Diário" de um dos participantes, 563-566; retorno dos feridos à Bahia, 569-577; recepção aos feridos na Bahia, 579-581; baixas, 581-582; lendas da Campanha, mais rumores sobre uma conspiração monarquista, 582-585; marcha da Brigada "Auxiliar", sua desintegração e dificuldades, 590-591; reforços adicionais, 593; o marechal Bittencourt controla a situação, 595-597; queda do sino da igreja Velha, 603-604
Quasímodo; *ver* Hércules-Quasímodo
queimadas, 130n-131, 133, 217, 369, 403, 442, 461, 570, 578, 609
Queimadas (vila), 24, 52, 78, 94, 321-322, 333, 337, 339, 346-347, 389, 394, 444, 447, 455-457, 461, 463, 465-466, 479, 577-578, 590-591, 595, 601, 607, 609, 616, 618
queixadas, 122n
Queirós (major), 688, 694
Queirós, (coronel) Clarindo de, 49
quilombola, 168, 180
quilombos, 161, 168n, 180n, 323
Quincuncá, 185
quipás, 116, 326
Quirinquinquá, fazenda, 81, 339, 389, 577
quixabeiras, 118, 268, 417, 429

Quixadá, 134, 137
Quixeramobim, 234-235, 238n, 240, 242,

R
rabo-de-raposa, 478
rações: partida da base com meia-ração, 565, 678; sofrimento das tropas, 602
Ramos, (tenente-coronel) Virgílio Napoleão, 512
Rancharia, 314
Rancho das Pedras, fazenda, 352
Rancho do Vigário, fazenda, 406, 481, 571, 584, 592
Razão do Estado do Brasil, Livro que Dá, de Diogo Campos Moreno, 168n
raposas, 572
Raposo (alferes), 694
Raposo, Antônio, 173
Ravardière La; *ver* La Ravardière
Real, rio; *ver* rio Real
Rebouças, André, 135, 136n
Recife, 304n
recifes, 67
Rego, (tenente coronel) Firmino Lopes, 594, 602, 666
região do Alto Amazonas, 153
Reino Encantado (O), de Araripe Júnior, 228n
Reis, (tenente coronel) Joaquim Elesbão dos, 594
Renan, Ernest, 17, 232n-233, 247, 250-251, 273, 290, 365
renascença alemã, 288
rengue, 202
Resende, Garcia de; *ver* Garcia de Resende
retirantes, 217, 371, 529, 576, 617
Revista do Centro de Letras e Artes, de Campinas, 710n, 716n
Revista do Instituto Histórico e Geográfico Brasileiro, 176n, 323n, 353n
Revolta da Armada, 51, 360n, 378n-379n, 381n
Revolta da Esquadra, 381n
Revolta de Setembro; *ver* Revolta da Armada

Revolução Francesa, 541n
rezas, em Canudos, 140; na latada, 281, 285 374, 399; *ver também* "Ave-Maria"; *kyries*
riacho da Palha, 238-239
ribeirão do Carmo, 173
ribeirão dos Pereiras, 477
Ribeiro, João, 160n, 171n-172n, 175n
Ribeiro, (tenente) Domingos, 479
Ribeiro, (general) Solon; *ver* Solon Ribeiro, (general) Frederico
Ribeiro, (capitão) Altino Dias, 605
rio Amazonas, 86, 128, 153, 160
rio/ribeirão Caraíbas, 89-90, 625
rio de Cariacá, 338, 350
rio de Contas, 302
Rio de Janeiro, baía e porto do, 381
rio/arroio da Providência, 536, 560, 634, 643, 680
rio das Éguas, 303-304
rio das Mortes, 174
rio/riacho do Umburanas, 485
rio das Velhas, 176-177
rio Doce, 70, 162
rio Grande, 69, 160; Barra do, 175n, 304
Rio Grande do Norte, 165, 168, 461
Rio Grande do Sul, 158n, 160, 380n, 461; *ver também* Campanha Federalista no sul do Brasil
rio Itapicuru, 75, 78, 89, 179-180, 338
rio Itapicuruaçu, 75
rio Jacurici, 78, 578, 610
rio Jequitinhonha, 70
rio Mucuim, 268, 625, 628
rio Paraguaçu, 74, 76, 162
rio Paraíba, 69, 225n
rio Paramirim, 173
rio Paranaíba, 160
rio Paraná, 69
rio Parnaíba, 90, 160, 177, 183
rio Patamuté, 90
rio Pequeno, 473, 475, 479
rio Preto, 304
rio Real, 338

rio Rosário, 480
rio Santa Bárbara, 176n
rio S. Francisco, 160, 304, 306, 312-313, 396, 474, 601, 639, 641; vale do, 176; bacia do, 72; função histórica do, 139
rio Sargento, 270, 627-628, 632
rio Sobradinho, 74
rio Tocantins, 210
rio Vaza-Barris, 43, 75, 89, 90, 92, 183-184, 263, 267-270, 280-281, 313-314, 351, 353, 392, 416, 421, 425, 431, 485, 490, 500-502, 504, 525, 533, 544, 547-549, 554, 557, 564, 586, 600, 624, 627, 633, 634, 651, 670, 679-680, 684, 686
ripsálides, 116
Riva, 231
Rocha, Salomão da; *ver* Salomão da Rocha, (capitão) José Agostinho
Rocha Pita, Sebastião da, 26, 68
rodeador, 139, 204-205
Rodelas, sertão de, 179-180
Rodrigues Vaz, (major) Aristides, 605
Roma, 140n, 160, 232, 253, 315, 498, 550
romanos na Tunísia, 80, 391
Romero, Sílvio, 54, 56, 145n, 206n, 208n-209n, 213-214, 219, 223, 278
Roque (cabo), Arnaldo, 447, 456
roqueiras, 341
Rosário, estrada do, 464, 467, 480, 484, 514, 576, 625, 627; fazenda do, 406; sítio do, 391, 404-405
Rosário, rio; *ver* rio Rosário
Rosário, Serra do, 481
Rosendo, Manuel, 407
roupas; *ver* indumentária
rua do Ouvidor, 447, 452,
Rússia, 287, 462n
Ruiz de Montoya, Antonio, 160

S
S. Campeiro, 219
S. Francisco, rio, *ver* rio S. Francisco; vale do
S. Francisco de Paula (largo de), 452

S. Gregório, o Grande, 294
S. João del Rei, 389
S. José, dia de, 213
S. Leo, (frei) Caetano de, 292
S. Paulo (apóstolo), 295
S. Paulo, cidade de, 53, 56-58; Estado de, 57, 115n; planalto de, 69
S. Roque (Cabo de), 101
Saara; *ver* deserto do Saara
Sabará, 70, 176n
Sabarabuçu, 173
Sabugosa (conde de), 132, 173
sacis, 219
Saí, missão do, 180
Saint-Hilaire, Auguste de, 109n, 111-112n, 117, 120, 123, 151, 196, 655
sal, abundância de, na região do S. Francisco, 175
salitre, abundância de, nos sertões, 303
Sales, (capitão) Antônio Nunes de, 545, 555, 565
Salomão, divisão, 411
Salomão Agostinho da Rocha, (capitão) José, 376, 381n, 389, 401, 407, 442, 444, 456, 571
Salomão, rua capitão, 577
Salvador, 47, 52, 190n, 240n, 262n, 310n, 462n, 578; cidade-Baixa, 581
samba, 223, 615n-616n
"sambaquis", 141-142
Sampaio, (coronel) João César de, 658, 659, 757
Sampaio, (major) Olegário, 545
Sampaio, Teodoro, 52, 130n, 185n, 201n
Santa Bárbara (rio); *ver* rio Santa Bárbara
Santa Catarina, 146, 158, 160, 379-380, 385
Santa Cruz, 49, 258, 295, 343, 384
Santa Inquisição, 213, 278n
Santa Luzia, 280
Santana, José Carlos Barreto de, 9, 31, 86n
Santana do Brejo, vila de, 584
Santo Antônio, 277-278n; culto africanizado de, 266

Santo Antônio da Glória, 76, 78, 313, 403, 641
Santo Inácio, arraial de, 306; *ver também* bandido e banditismo
Santos, 55; porto de, 582
"Santuário" de Antônio Conselheiro em Canudos, 366, 399, 696
sapateados, 197n, 209
sapadores, 36, 351, 475, 477
sapé, 152n, 578
saques, dos despojos de guerra, 289, 304-305; de fazendas, 302; dos soldados, 426
Saraiva, Gumercindo, 380n-381
Sargento, rio; *ver* rio Sargento
Sariema, *Major*, 284
Saúde, Serra da, 77
Savaget (general); *ver* Amaral Savaget, (general) Cláudio do
Savaget, Coluna (Segunda Coluna), 447, 497-498
saxônios, 294
sebastianismo, 92n, 221
Seca nas Províncias do Norte, A, de André Rebouças, 136n
seca(s), 26, 36, 65n, 80, 95n-97, 101, 105, 110, 112-113, 120-121, 123, 125, 127, 132, 136-137, 139, 194, 208, 211-215, 247, 327-328, 530, 547, 576; origem da, 103-107; ciclos históricos das, 102, 132
Segunda Expedição contra Canudos; *ver* Febrônio de Brito, Expedição
Segunda Expedição regular contra Canudos; *ver* Expedição Moreira César
seitas religiosas, 232n, 324n; *ver* flagelos; gnosticismo; gnósticos; montanistas; Montano; *Serenos*
Seixas, (major) Manuel Nonato Neves de, 502, 605
seleção natural na formação das raças, 142
Semana Santa, 226
Sena Dias, (capitão) Fortunato de, 605n
sentinelas: do exército, 315, 317, 406, 416, 437, 489; *ver* espias

Serenos (ordem dos), 228
Sergipe, 101, 244, 264, 268, 305, 310, 461, 464, 467, 497
sericoias, 122n, 210
seriemas, 122n, 215
Serra Branca, fazenda da, 402-403, 578
Serra Geral, 73-74, 176
Serra de Sincorá, 74, 185, 301
Serra do Mar, 159
Serra do Paranã, 176
Serra do Ovó, 261
Serra Martins, (coronel) Julião Augusto de, 463, 497, 503, 506, 515, 545, 558
Serra *Talhada*, 223
Serra Vermelha, fazenda da, 500
Serrinha, 77-78, 262
sertanejo: "uma raça forte", 188; descrição do, 191-194; "homem permanentemente fatigado", 192; aparência pessoal, 192; relaxamento físico, 192; como vaqueiro, 192; indumentária, 196; danças e divertimentos, 197; tradições sertanejas, 208-211; desafios, 209; a seca, 211-213; superstições, 213, 218-219; procissões religiosas, 214; precauções contra a seca, 214; luta com a onça, 216; hemeralopia, 216; êxodo e retorno, 217; religião mestiça, 218; inclinação do sertanejo para o sobrenatural, 219-223; sertanejo em Canudos, 272; "Anteu, indomável... titã bronzeado", 329
sertanistas, 78n, 132, 160-161, 169, 171, 177, 302, 323
Sertão, Domingos, 169, 174, 180
Sertões, Os; ver *Os Sertões*, notas à segunda edição de
sertões do Brasil, "quase um deserto", 88; agricultura, 129
serviço médico; *ver* ambulância; hospital de sangue; enfermeiros; farmácia; médicos
Severiano, Henrique; *ver* Silva, (major) Henrique Severiano da
Shiva, carros de, 342

shrapnel(s), 345, 362, 536, 565, 604, 635, 690
Sibéria, 385
sifônias, 154
Sighele, Scipio, 288n, 379, 388, 413
silva aestu aphylla, 117
silva horrida, 94, 117
Silva, (major) Henrique Severiano da, 43, 484, 605n, 693
Silva Barbosa, (general) João da, 463, 605, 658, 659
Silva Jardim, Batalhão, 458
Silva Teles, (coronel) Carlos Maria da, 380, 463, 497, 545
Silveira, (coronel) Antônio Olímpio da, 463, 482, 491-492, 546, 554, 605, 666
Silvestre; *ver* Veras, Silvestre Rodrigues
silvos dos jagunços, 318
Simão Dias (vila), 280, 499
Simões, (capitão) Felipe, 407
Sincorá, Serra de; *ver* Serra de Sincorá
sine calcis linimento, 354
sino da igreja Velha; *ver* igreja Velha (em Canudos)
Siqueira de Meneses (tenente-coronel), 447, 472, 477-478, 546, 564, 625, 627, 643
Síria, 127
Sítio, fazenda do, 477
Soares, Gabriel, 162, 173, 462
Soares de Melo, (capitão) José, 604n
soberania do Estado, 332-333
Sobradinho, rio; *ver* rio Sobradinho
Sobrado, fazenda do, 180
Sobral, 236, 241
"sociedade morta, uma, galvanizada por um doido", 714
solanáceas; ver *solanum balbisii*
solanum balbisii, 121n
soldados brasileiros: comparados com os prussianos, *ver* medo; heroísmo; psicologia; superstições; soldados prussianos, 409
soldados prussianos, comparados com os brasileiros, 409

Solon Ribeiro, (general) Frederico, 50, 312
soltas, 25
solteiras, 281
Sorobabé, 181
Sotero (coronel); *ver* Meneses, (coronel) José Sotero de
Sousa, (capitão) Carlos Augusto de, 545
Sousa, Tomé de, 462
Sousa Campos (capitão), 494, 519
Sousa Meneses (coronel), 389, 401, 444
Sousa Pimentel, André José Jacinto de, 238, 239
Souza Velho, (coronel) José Américo C. de, 406n
Spinosa, Bruzzo, 173
steeplechase do vaqueiro, 193
Stundistas, 287
Stürmisch, 288
Suçuarana, sítio da, 628, 630; Serra da, suçuarana (felino), 122, 197, 216, 236, 424
Sucupira de Alencar Araripe, (tenente-coronel) Tristão, 498, 512, 519
Suíça, 454
superstições, 44, 92n, 185, 218, 220n, 234, 259, 365, 536, 658, 715

T
tabajaras, 174
tabaréu(s), 61n, 119, 192, 329, 397, 714; *ver* caipira; matuto(s)
tabuleiros, 71n
"Tabuleirinhos", 361, 365
Talhada, Serra; *ver* Serra *Talhada*
talvegue(s), 176, 484, 686
Tamarindo (coronel), 375, 389, 401, 407, 430, 435, 443-444, 446, 450, 455-456n, 483, 571, 661
Tamboril, 234, 240
Taño, Díaz; *ver* Díaz Taño
Tanquinho, fazenda do, 616
Tanzi, 231
Tapaiara, 237
tapera, 22, 24, 76, 263, 265, 270, 410, 416, 454, 462, 565, 586, 609; "tapera babilônica", 20, 535

tapir, 122
tapuia, 131
Taques, Pedro, 173n
Taramela, José Félix, 285
tártaros, 126, 204n
Tasmânia, 156
táticas militares: latinas, contrastadas com as prussianas, 348-350
Taubaté, 566
Taunay, Alfredo Maria Adriano d'Escragnolle, 175n
Távora, Franklin, 26, 207n, 236n
"Tebaida turbulenta", 292
teimosa (a), 209
Teles, Brigada, 506
Teles, Carlos; *ver* Silva Teles, (coronel) Carlos Maria da
temperatura, variações de, na região de Canudos, 94-95, 109, 111, 117, 127-128, 146-147, 151-153, 156, 313, 403, 453, 471, 712
Teotônio, um certo, 237
Terceira Expedição contra Canudos, 11, 402, 444; *ver também* Segunda Expedição regular contra Canudos; Expedição Moreira César, 375-446
Terra (planeta), 212, 252, 272; condições biológicas da, 711
Terra Ignota, 20, 24, 75-78
"terras grandes", 315n, 557n
terremoto(s), 91, 204, 265; no Peru, 211
Tertuliano, 247
Themison, 251
Ther Brun, 469
tibicuera, 417
Tietê, 69, 160, 171
Tiradentes, Batalhão; *ver* Batalhão *Tiradentes*
tiranas, 639
Tobias, (tenente) Rafael, 590
Tocantins, rio; *ver* rio Tocantins
Todi, (frei) Apolônio de, 182, 225, 227, 337, 339
Tolentino, dr., 561
Tombador, Serra do, 184

toque de "trindades", 412
toucados das mulheres de Canudos, 251
Tourinho, Sebastião, 162, 173
Trabubu, 269, 447, 513, 544, 547
trabuco(s), 198, 267, 284, 305, 318, 597
tráfico negreiro, 145
Tragagó, 185
Tranca-pés, 284
transporte; *ver também* rações; Estrada de Ferro Central
travessões, 70
"trindades", toque de; *ver* "toque de trindades"
"Troia de taipa dos jagunços", 264
Tromba, Serra da, 74
trovas, 22, 639
Tucano, 249, 261, 264, 280, 459
Tucídides, 709
Tunísia, diques da, 80
Tupi na Geografia Nacional, O, de Teodoro Sampaio, 185n
Tupi Caldas (tenente-coronel), 489, 546, 562, 649
tupiniquins, 165
tupi, 65, 79
Turenne, 507
Turreau, 331
Tyndall, 109

U
Uauá, estrada de, 315; Uauá (vilarejo), 76, 314-316; descrição, 314-315; combate de (Primeira Expedição), 316-320; a feira de, 315; cenário depois da batalha, 320
ultra æquinoctialem non peccari; *ver também* Barléu
Última Expedição a Canudos, do coronel Dantas Barreto, 410n, 525n, 562n
umbuzeiro, 19, 65, 119-120
umbu, 120n, 132, 329, 538
umbunzada, 120n
umburanas (plantas), 119n, 123, 626

V
vaia(s), 438-439, 607, 622
"Vale da Morte", 489
vale do Cariacá, 350
"Vamos almoçar em Canudos!", 414
van Schkoppe, 160
vaquejada, 203-205
varapaus, 317, 362
varíola, 591
Varnhagen, 166
varredores dos mares; *ver* holandeses
Varsóvia, 462
Varo, legiões de, 459
Várzea, sítio da, 626
Várzea da Ema, 654; estrada da, 464, 491, 584, 603, 628, 641, 647, 654
Vauban, 270
Vaza-Barris, rio; *ver* rio Vaza-Barris
veado(s), 123, 175n, 196
Velhas, rio das; *ver* rio das Velhas
Venâncio, José, 283, 641
vendeanos, 331
Vendeia, 17, 289, 331
Venezuela, *llanos* da; ver *llanos* da Venezuela
ventos e secas nos sertões, 94-95, 106, 110--111, 117
Veras, Pedro Martins, 236-237
Veras, Silvestre Rodrigues, 235
verde, 121, 328; ver também *magrém*
"vermelhas", "casas"; *ver* "casas vermelhas"
Verzegnis, 287
vestimentas; *ver* indumentária
Vial, 469
Viana, Manuel Nunes, 174
Viagem ao Redor do Brasil, do dr. João Severiano da Fonseca, 151n
Vieira de Aguiar, Durval; *ver* Aguiar, Durval Vieira de
Vieira Pacheco, 546
Vieira, 158
Viena, 712
Vigário, Rancho do, 406, 481, 571, 584, 592

Vila do Conde, 249, 311
Vila-Nova, irmãos, 285, 643-644, 654
Vila Nova da Rainha, 77, 313, 393
Vila-Nova, Antônio, 276, 676
Vila-Nova, sítio de, 477
Vila-Nova, Tomás, 477
Vilar Barreto Coutinho, (capitão) Nestor, 495, 519
Vilar Coutinho, (capitão) J., 546
Vilarim, (capitão) Joaquim Quirino, 401, 407, 443, 456
Virgílio (alferes), 479
víveres; *ver* rações
Volta Grande, 283
Von der Goltz, 348

W
Wanderley (alferes), 98, 513, 546, 558
wigwam, 266
Whitworth (canhão), 23, 469-470, 489, 522, 603; dificuldades de transporte do; tentativa de destruição do, 23, 531-532, 585-587; fora de combate, 603-604; *ver também* "matadeira"
Wollaston, 93

X
Ximenes (Manuel), 236
xiquexique(s) (*cactus peruvianus*) 32, 115, 215, 325, 470, 478
Xiquexique (localidade), 185, 304-306

Iconografia

Euclides da Cunha aos 10 anos.

Eudóxia Alves Moreira da Cunha, mãe.    Manuel Rodrigues Pimenta da Cunha, pai.

Fazenda da Saudade, casa onde nasceu Euclides.

Ana (Saninha) Ribeiro, esposa de Euclides. Foto tirada na ocasião do matrimônio do casal (10.9.1890) na Igreja de São Cristóvão.

O Democrata, jornal estudantil do Colégio Aquino (RJ), onde Euclides escreveu o seu primeiro artigo individual aos 18 anos.

Euclides da Cunha numa das ruas do Rio de Janeiro. Foto da revista *Fon-Fon*.

Euclides com Alberto de Oliveira a caminho da Academia Brasileira de Letras (RJ).

Francisco Escobar, jurista, grande erudito e amigo íntimo de Euclides a quem deu apoio bibliográfico durante a escritura de *Os Sertões*.

Ponte sobre o Rio Pardo, na cidade de São José do Rio Pardo, SP, danificada pelas enchentes. Euclides foi o responsável na reconstrução da mesma. A ponte foi destruída após 50 dias de sua construção, em 1898.

Ponte de São José do Rio Pardo, reconstruída sob a direção de Euclides após 3 anos de trabalho.

Trabalhadores da obra de reconstrução da ponte, sob a direção de Euclides. À direita, ranchinho que entrou para a história mitológica do autor, onde se diz que Euclides passou muitas horas escrevendo *Os Sertões*.

Um grupo da comissão de reconhecimento do Alto Purus, chefiada por Euclides da Cunha (1905).

Gravura de Antônio Conselheiro publicada no *Diário Ilustrado* em 17.10.1897.

Desenho de Antônio Conselheiro na época da Campanha contra Canudos.

Desenho do arraial de Canudos tendo como plano frontal a igreja nova, à esquerda, e a velha, à direita. As cruzes, ao longo do rio Vaza-Barris indicam um dos dois cemitérios. As construções de alvenaria no fundo eram dos irmãos Vilanova.

Vista panorâmica de Canudos fotografada do ângulo norte do arraial. No lado esquerdo da linha do horizonte está o Morro da Favela. Foto publicada em *A Guerra de Canudos*, de Macedo Soares.

Igreja Velha destruída durante a 4ª Expedição. Foto de Flávio de Barros.

Igreja nova bombardeada pela 4a Expedição. Foto de Flávio de Barros.

Canhão Krupp de 7 ½ polegadas usado na campanha de Canudos.

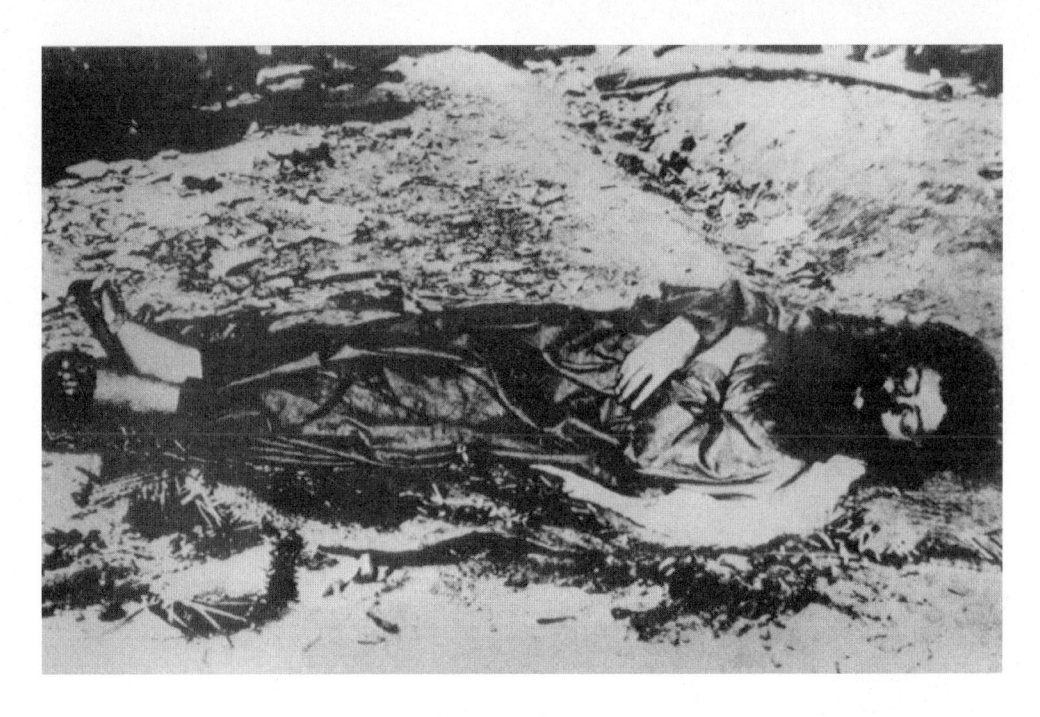

Corpo de Antônio Conselheiro. Foto de Flávio de Barros.

Tenente Manuel da Silva Pires Ferreira, comandante da 1ª Expedição.

Major Febrônio de Brito, comandante da 2ª Expedição.

Coronel Antônio Moreira César, militar controvertido e comandante da 3ª Expedição.

Tenente-Coronel Rafael Augusto da Cunha Matos, comandante do 7º Batalhão de Infantaria da 3ª Expedição. Lutou também na 4ª Expedição.

General Artur Oscar de Andrade Guimarães, comandante-em-chefe da 4ª Expedição.

General João da Silva Barbosa, comandante da 1ª Coluna da 4ª Expedição.

General Cláudio do Amaral Savaget, comandante da 2ª Coluna (Savaget) da 4ª Expedição.

General Carlos Eugênio de Andrade Guimarães, irmão de Artur Oscar, Comandante da 2ª Coluna (Savaget) da 4ª Expedição.

Tenente-Coronel Tristão Sucupira de Alencar Araripe, comandante do 12º Batalhão de Infantaria da 4ª Expedição.

Tenente-Coronel José de Siqueira Menezes, chefe da Comissão de Engenharia que acompanhou a 4ª Expedição.

Tenente-Coronel Antônio Tupi Ferreira Caldas, Comandante da 5ª Brigada da 4ª Expedição.

Coronel Emílio Dantas Barreto, chefe do 25º Batalhão da 4ª Expedição e autor de *Última Expedição a Canudos*, 1898.

Coronel Thompson Flores, comandante da 3ª Brigada pertencente à 1ª Coluna (Silva Barbosa) da 4ª Expedição.

Coronel Carlos Maria da Silva Teles, comandante da 4ª Brigada pertencente à 2ª Coluna (Savaget), da 4ª Expedição.

Coronel Antônio Olímpio da Silveira, comandante da Brigada de Artilharia, pertencente à 1ª Coluna (Silva Barbosa) da 4ª Expedição.

Estudos pioneiros sobre as secas no Nordeste utilizados por Euclides na discussão do problema em "A Terra".

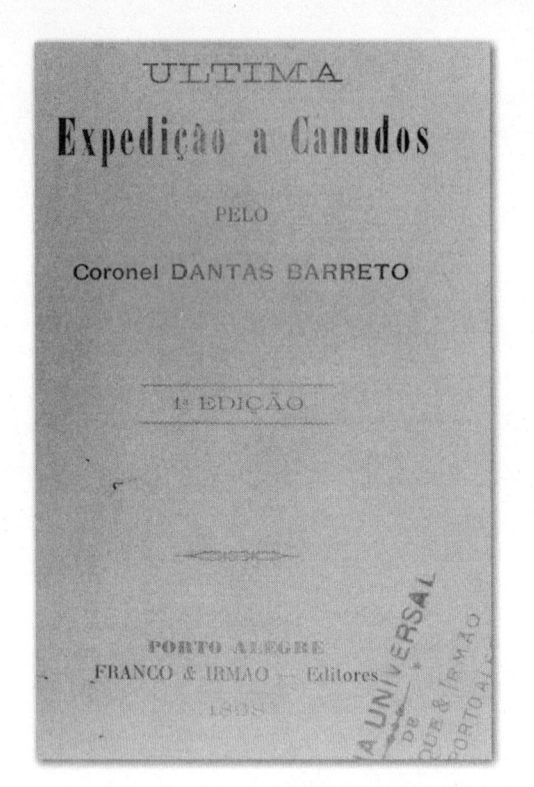

Última Expedição a Canudos, 1898, livro muito utilizado por Euclides na escritura de *Os Sertões*.

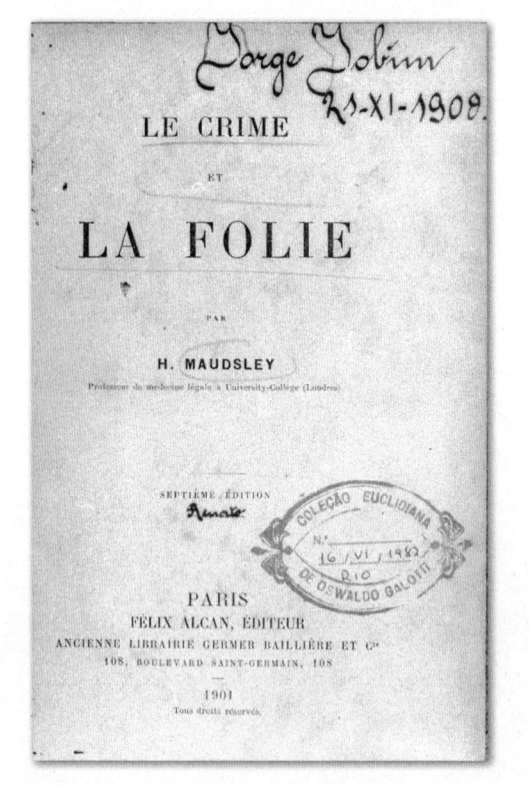

Folha de rosto da edição francesa de *Crime e a Loucura* de Henry Maudsley, autor citado por Euclides em *Os Sertões*.

O Mago do Sertão (romance francês), publicado em 1954 e baseado em *Os Sertões*.

A Guerra do Fim do Mundo (romance) do escritor peruano Mario Vargas Llosa, publicado em 1981 e baseado em *Os Sertões*.

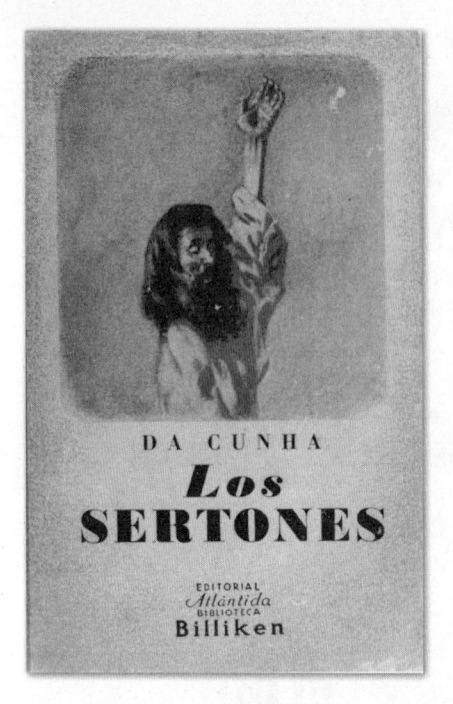

Uma das Edições em espanhol de
Os Sertões, Buenos Aires, 1941.

Folheto de cordel baseado no
episódio de Canudos.

Edição holandesa de *Os Sertões*,
Amsterdam, 1945.

Edição chinesa de *Os Sertões*, Pequim, 1945.

Edição norte-americana de *Os Sertões*, Chicago, 1945.

Primeira tradução francesa de *Os Sertões*, Rio de Janeiro, 1947

Segunda edição da segunda tradução alemã de *Os Sertões*, Frankfurt, 2000.

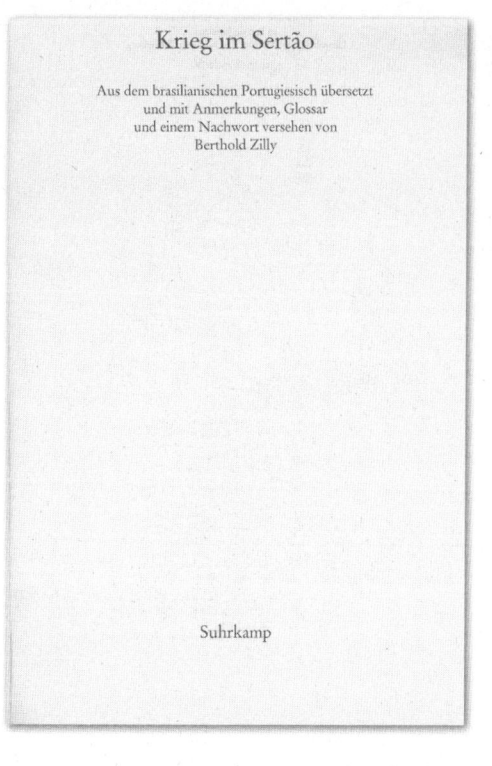

Título	Os Sertões (Campanha de Canudos)
Autor	Euclides da Cunha
Edição, Prefácio, Cronologia, Notas e Índices	Leopoldo Bernucci
Ilustrações	Enio Squeff
Apoio Editorial	Ivan Teixeira
Projeto Gráfico e Capa	Negrito Produção Editorial
Produção Editorial	Aline Sato
	Millena Machado
Revisão	Geraldo Gerson de Souza
Editoração Eletrônica	Negrito Produção Editorial
Formato	16 x 23 cm
Tipologia	Minion Pro
Papel	Pólen Soft 80 g/m² (miolo)
Número de Páginas	840
Impressão e Acabamento	Lis Gráfica